北京语言大学
列国汉学史书系
Sinological History Series

刘顺利 编著

中国与朝韩五千年交流年历

——以黄帝历、檀君历为参照

學苑出版社

图书在版编目（CIP）数据

中国与朝韩五千年交流年历 ：以黄帝历、檀君历为参照／刘顺利编著．－北京：学苑出版社，2011.9

（列国汉学史书系／阎纯德，吴志良主编）

ISBN 978-7-5077-3863-6

Ⅰ．①中… Ⅱ．①刘… Ⅲ．①中朝关系－国际关系史－研究 ②中外关系－国际关系史－研究－韩国 Ⅳ．① D822.331.2

中国版本图书馆CIP数据核字（2010）第197428号

责任编辑：杨　雷
封面设计：徐道会
出版发行：学苑出版社
社　　址：北京市丰台区南方庄 2 号院 1 号楼
邮政编码：100079
网　　址：www.book001.com
电子信箱：xueyuan@public.bta.net.cn
销售电话：010-67675512　67678944　67601101（邮购）
经　　销：新华书店
印 刷 厂：永恒印刷有限公司
开本尺寸：787×1092　　1/16
印　　张：39.5
字　　数：850 千字
印　　数：1500
版　　次：2011 年 10 月第 1 版
印　　次：2011 年 10 月第 1 次印刷
定　　价：98.00 元

本书系之出版获澳门霍英东基金会与澳门基金会资助

序 一

经过近 30 年多位学者的辛劳努力，现在我们可以说，国际汉学研究确实已经成长为一门具有特色的学科了。

“汉学”一词本义是对中国语言、历史、文化等的研究，而在国内习惯上专指外国人的这种研究，所以特称“国际汉学”，也有时作“世界汉学”、“国际中国学”，以区别于中国人自己的研究。至于“国际汉学研究”，则是对国际汉学的研究。中外都有学者从事国际汉学研究，但我们在这里讲的，是中国学术界的国际汉学研究。

自从“改革开放”以来，国际汉学研究改变了禁区的地位，逐渐开拓和发展。其进程我想不妨划分为三个阶段：一开始仅限于对国际汉学界状况的了解和介绍，中心工作是编纂有关的工具书，这是第一个阶段。到了 20 世纪 90 年代，出现国际汉学研究的专门机构，大量翻译和评述汉学论著，应作为第二个阶段。在这两个阶段里，学者们为深入研究国际汉学打好了基础，准备了条件。新世纪到来之后，进入全面系统地研究国际汉学的可能性应该说业已具备。

今后国际汉学研究应当如何发展，有待大家磋商讨论。以我个人的浅见，历史的研究与现实的考察应当并重。国际汉学研究不是和现实脱离的，认识国际汉学的现状，与外国汉学家交流沟通，对于我国学术文化的发展以至于多方面的工作都是必要的。我曾经提议，编写一部中等规模的《当代国际汉学手册》，使我们的学者便于使用；如果有条件的话，还要组织出版《国际汉学年鉴》。这样，大家在接触外国汉学界时，不会感到隔膜，阅读外国汉学作品，也就更容易体味了。必须指出的是，国际汉学有着长久的历史，因此现实和历史是分不开的，不了解各国汉学的历史传统，终究无法认识汉学的现状。

我们已经有了不少国际汉学史的著作及论文。实际上，公推为中国最早的汉学史专书，是 1949 年出版的莫东寅《汉学发达史》，尽管是通史体裁，也包含了分国的篇章。这本书最近已有经过校勘的新版，大家容易看到，尽管只是概述性的，却使读者能够看到各国汉学互相间的关系。由此可见，有组织、有系统地考察各国汉学的演进和成果，将之放在国际汉学整体的背景中来考察，实在是更为理想的。

这正是我在这里向大家推荐阎纯德教授、吴志良博士主编的这套“列国汉学史书系”的原因。

阎纯德教授在北京语言大学主持汉学研究所工作多年，是我在这方面的同行和老友，曾给我以许多帮助。他为推进国际汉学研究，可谓不遗余力，所做出的重要贡献是学术界周知的。在他的引导之下，《中国文化研究》季刊成为这一学科的园地，随之又主编了《汉学研究》，列为《中国文化研究汉学书系》，有非常广泛的影响。其锲而不舍的精神，我一直敬服无地。特别要说的是，阎纯德教授这几年为了编著这套“列国汉学史书系”所投入的心血精力，可称出人意想。

在《汉学研究》第八集的《卷前絮语》中，阎纯德教授慨叹：“《汉学研究》很像同人刊物，究其原因是因为从事这个领域研究的学者太少，尤其是专门的研究者更是少之又少，所以每一集多是读者相熟的面孔。”现在看“列国汉学史书系”，作者已形成不小的专业队伍，这是学科进步的表现，更不必说这套书涉及的范围比以前大为扩充了。希望“列国汉学史书系”的问世成为国际汉学研究这个学科在新世纪蓬勃发展的一个界标，让我们在此对阎纯德教授、这套书的各位作者，还有出版社各位所做出的劳绩表示感谢。

李学勤

2007年4月8日

于清华大学国际汉学研究所

序二

汉学历史与学术形态

汉学历史和学术形态历史是既抽象又具体的存在，是浩瀚无边的过去、现在和未来。历史会让我们兴奋，也会使我们悲哀，有时会令人觉得它又仿佛是一个梦。但是，当我们梦醒而理智的时候，便会发现——自然史、时间史、太阳史、地球史、人类社会史，一切的一切，不管是曾经存在过的恐龙，还是至今还在生生不息的蚂蚁社群，天上的，地下的，看得见的，看不见的，一切都有自己的历史。一切都有过发生，一切都还在发展，一切都还会灭亡。

任何事物的发生都有一个有形或无形的孕育过程，“汉学”（Sinology）也是这样，其孕育和成长，就是中国文化与异质文化相互交媾浸淫的历史。这个历史，始于公元1世纪前后汉代所开通的丝绸之路，接下来是7—8世纪的大唐帝国、14—15世纪的明代、清末的鸦片战争和“五四”新文化运动，这种文化的碰撞和交流之潮时起时伏直到今天。这是历史，是汉学的昨天和今天，孕育、发生和成长的过程显现出的文化精神。但是，昨天有远有近，我们可以循蛛丝马迹探讨，找回其真；而今天，只是一个过渡，一俟走过，便成为昨天的陈迹。写作汉学史是一件艰难的劳作，尤其对象是遥远的昨天，尤其是“遗失”在异国他乡的昨天，更非一件易事。时至今日，朦胧面纱下的汉学还不为一些学人所认识，因此有必要取下面纱，让人们看个究竟。

从20世纪70年代中期之后，尤其90年代以降，“汉学”（Sinology）便逐渐成为学术界耳熟能详的学术名词。中国大陆重提“汉学”（Sinology）至今，汉学就像隐藏在深山里的小溪，经过30年的艰辛跋涉之后，才终于形成一条奔腾的水流，并成为中国文化水系不可或缺的组成部分。这个变化是时代和历史变迁带来的结果，也是文化自己发展的规律。

那么，究竟什么是汉学（Sinology）呢？首先，这里的汉学非指汉代研究经学注重名物、训诂——后世称“研究经、史、名物、训诂考据之学”的“汉学”，而是指外国人研究中国历史、语言、哲学、文学、艺术、宗教、考古及社会、经济、法律、科技等人文和社会科学领域的那种学问，这起码已是200多年来世界上的习惯学术称谓。李学勤教授多次谈到这个问题：“‘汉学’，英语是Sinology，意思是对中国历史文化和语言文学等方面的研究。在国内学术界，'汉学'一词主要是指外国人对中国历史文化等的研究。有的学者主张把它改译为'中国学'，不过'汉学'沿用已久，在国外普遍流行，谈外国人这方面的研究，用'汉学'比较方便。"[1] Sinology 一词来自外国，它不是汉代的"汉"，也不是汉族的"汉"，不指一代一族，其词根 sino 源于秦朝的"秦"（Sin），所指是中国。

在历史长河里，汉学由胚胎逐渐发育成长。虽然在 1814 年 12 月 11 日，法国法兰西学院才有第一个被称为西方汉学起点的汉学讲座；但指代汉学的"Sinologie"（英文"Sinology"）一词则出现在 18 世纪末，早于由雷慕沙（Jean Pierre Abel Remusat）主持第一个汉学讲座的时间，更不会晚于 1838 年。从此之后，"Sinology"便成为主导汉学世界的图腾，约定俗成的学术"域名"。在世界文化史和汉学史上，外国人把研究中国的学问称为"汉学"，研究中国学问的造诣深厚的学者称为"汉学家"。因此，我认为，我们不必要标新立异，根据西方大部分汉学家的习惯看法，"Sinology"发展到如今，这一历史已久的学术概念有着最广阔的内涵，绝不是什么"汉族文化之学"，更不是什么汉代独有的"汉学"，它涵盖中国的一切学问，既有以儒释道为核心的传统文化，也包含"敦煌学"、"满学"、"西夏学"、"突厥学"以及"藏学"和"蒙古学"等领域。但是一直以来人们对汉学的理解和解释相左，因此便有了"中国学"、"海外汉学"、"海外中国学"、"域外汉学"、"国际汉学"、"世界汉学"等不同的叫法；如果咬文嚼字，推演下来，一定还会有"国内汉学"、"国内中国学"，甚至"北京汉学"、"河南汉学"等。由于汉学的发展、演进，以法国为首的"传统汉学"和以美国为首的"现代汉学"，到了 20 世纪中叶之后，研究内容、理念和方法，已经出现相互兼容并包状态，就是说 Sinology 可以准确地包含 Chinese Studies 的内容和理念；从历史上看，尽管 Sinology 和 Chinese Studies 所负载的传统和内容有所不同，但现在却可以互为表达同一个学术概念了。话再说回来，对于这样一个负载着深刻而丰富的历史内涵的学术"域名"，我以为还是 Sinology 最好，因为，Sinology 不仅承继了汉学的传统，而且也容纳了 Chinese Studies 较为广阔的内容。另外，中国人对中国文化的研究应该称为国学，而外国学者研究中国文化的那种学问则称为汉学。这样，汉学既符合中国文化的学术规范，又符合世界上的历史认同与学术发展实际。

汉学的历史是中国文化与异质文化交流的历史，是外国学者阅读、认识、理解、研究、诠释中国文明的结晶。汉学作为外国人认识中国及其文化的桥梁，是中国文化和外国文化撞击后派生出来的学问，实际上也是中国文化另一种形式的自然延伸。但是，汉学不是纯粹的中国文化，它与中国文化有着密不可分的血缘关系，既是中外文化的"混血儿"，又是可以照见"中国文化"的镜子，是可以攻玉的"他山之石"。"'Sinology'是一门在国际文化中涉及双边或多边文化关系的近代边缘性的学术，它以'中国文化'作为研究的'客体'，以研究者各自的'本土文化语境'作为观察'客体'的基点，在'跨文化'的层面上各自表述其研究的结果，它具有'泛比较文化研究'的性质。"[2] 以上两种表述虽有不同，但学理一致，基本可以厘清我们对于 Sinology（汉学）的基本学术定位。

1　李学勤《国际汉学漫步 · 序》，河北教育出版社，1997 年版。

2　严绍璗《我对 Sinology 的理解和思考》，2006 年《世界汉学》第四期。

法国汉学家马伯乐（Henri Maspero）说过："中国是欧洲以外仅有的这样的一个国家：自远古起，其古老的本土文化传统一直流传至今。"法国哲学家弗朗索瓦·于连（Fran ois Jullien）也说："中国文明是在与欧洲没有实际的借鉴或影响关系之下独自发展的、时间最长的文明……中国是从外部审视我们的思想——由此使之脱离传统成见——的理想形象。"[1]他在《为什么我们西方人研究哲学不能绕过中国》中提出："我们选择出发，也就是选择离开，以创造远景思维的空间。人们这样穿越中国也是为了更好地阅读希腊。"为了获得一个"外在的视点"，他才从遥远的视点出发，并借此视点去"解放"自己。这便是一个未曾断流、在世界上仅存的几种古老文化之一的中国文明的意义。中国文明是一道奔流不息的活水，活水流出去，以自己生命的光辉影响世界；流出的"活水"吸纳异国文化的智慧之后，形成既有中国文化的因子，又有外国文化思维的一种文化，这就是"汉学"。也就是说，汉学是以中国文化为原料，经过另一种文化精神的智慧加工而形成的一种文化。从某种意义上说，汉学既是外国化了的中国文化，又是中国化了的外国文化；抑或说是一种亦中亦西、不中不西有着独立个性的文化。汉学作为一门独立的具有跨文化性质的学科，是外国文化对中国文化借鉴的结果。汉学对外国人来说是他们的"中学"，对中国人来说又是西学，它的思想和理论体系仍属"西学"。

汉学研究是指对外国汉学家及其对中国文化研究成果的再研究，是中国学者对外国学者研究中国文化的反馈，也是对外国文化借鉴的一个方面。凡是对历史或异质文化进行研究，都有一个价值判断和公正褒贬的问题。因此，对于外国汉学家对于我们中国文化的研究，必得有我们自己的判断，然后做出公正的褒贬。我们说汉学是可以攻玉的"他山之石"，但是这句箴言并非只是适用于中国人，对外国人也是一样。汉学也像外国的本体文化一样，对我们来说有借鉴作用，对西方来说有启迪作用——西方学者以汉学为媒介来了解中国，汲取中国文化的精华，完善自己的文明。人类由于文化背景差异和文化语境的不同，思维方向和方式也会不同，因而就会得出不同的结论，讲出不同的道理。"西方学者接受近现代科学方法的训练，又由于他们置身局外，在庐山以外看庐山，有些问题国内学者司空见惯，习而不察，外国学者往往探骊得珠。如语言学、民俗学、考古学、人类学、社会学诸多领域，时时迸发出耀眼的火花。"[2]汉学的学术价值往往不被国人重视，并利用汉学家对于中国文化的一些误读贬低汉学的价值。其实，这并不公平，有些汉学家对于中国文化确实有其独到的见解，能发中国人未发之音。法国汉学家马伯乐（Henri Maspero,1883—1945）对中国上古文化和上古宗教的研究就有独到的贡献，被称对中国宗教研究有"先河"之功。他研究中国宗教的宗教社会学的方法，促进和推动了中国学者采用宗教社会学来研究中国宗教，被称为"中国宗教社会学研究的真正创始人"。瑞典汉学家高本汉（Bernhard Karlgren,1889—1978），终生的最高成就是根据研究古代韵书、韵图和现代汉语方言、日朝越诸语言中汉语借词译音构拟汉语中古音和根据中古音和《诗经》用韵、谐声字构拟古音，写出了著名的学术专著《中国音韵学研究》、《汉语中古音与古音概要》、《古汉语字典

1 ［法］弗朗索瓦·于连（Fran ois Jullien）《迂回与进入》，中国香港三联书店，1998 年版。

2 季羡林《汉学研究·序》第七集，中华书局，2003 年版。

重订本》、《中日汉字形声论》、《论汉语》、《诗经注释》、《尚书注释》和《汉朝以前文献中的假借字》等，他对汉语音韵训诂的研究是不少中国学者所不及的，并深刻影响了对于中国音韵训诂的研究。20世纪著名的日本学者津田左右吉关于中国文化的研究著述甚丰，他认为中国文化是一种“人事本位文化”，其核心是“帝王文化”，其他认识上尽管有偏颇，但也有其独异性和深刻之处。这就是“他山之石”的意义和价值。当然，不可否认，汉学家对于中国文化的误读或歪曲也是常见的，诸如瑞典考古学家安特生（John Gunnar Andersson）于1921年10月对河南仰韶文化遗址发掘之后，便说中国彩陶制作技术源于西方，并在他的《甘肃考古记》和《黄土儿女》著作中反复强调他的这一错误观点。这一观点亦为“西方文化东移造成中国文化之说”提供了说辞。日本学者石田　之助也推波助澜，闭门造车地推测出西方文化东渐的路线；甚至连我们的国学大师章太炎、刘师培也被“忽悠”得认可了“中国文化西来说”。[1]美国现代汉学（中国学）的奠基人费正清对中国历史尤其近代史的研究独具风采，为美国人民认识中国搭建了一座桥梁；但他在研究上的所谓“冲击—回应”模式，却近乎荒谬，认为是西方给中国带来了文明，是西方的侵略拯救了中国。综上所述，对于汉学成果的研究，只有冷静、公正、客观、全面，才能在沙中淘得真金，拥抱“他山之石”。

在中国，汉学的接受与命运，诚实地说，在20世纪80年代初期之前，基本上是无视它的学术价值，更没人把它看做是中国文化的延伸。此外，由于民族心理上的历史“障碍”，我们还曾视汉学为洪水猛兽，甚至觉得它是仇视中国、侮辱中国的一个境外的文化“孽种”。这种“观点”，虽嫌偏颇，但也不是空穴来风。因为自19世纪“鸦片战争”前后，直至20世纪40年代，偌大的中国曾经惨遭蹂躏，整个历史写满了炮火压迫和宗教怀柔，其间也不乏为列强殖民政策服务的传教士、“旅行家”和“学者”深入中国腹地，以旅行、探险、考古之名而实行搜集社会情报、盗窃和骗取中国大批文物。

人类思想的飞翔，是受社会和历史禁锢的，山高水远的阻隔也使得人类互相寻找的岁月特别漫长。交流是人类文化选择的自然形态，汉学就发生在这种物质交流和文化交流之中。

公元前后，中国人被称为赛里斯（Seres），中国叫赛里加（Serice），这是陆路交往关于中国最初的叫法，时间较早；另一种叫法，把中国人称为秦尼（Sinai），中国叫秦（Sin），这是海路交往关于中国的叫法，时间较晚。由商人输往西方的中国丝绸绢绘是当时帝王贵族倾慕的奢侈珍品，Seres和Serice两字系由阿尔泰语所转化，是希腊罗马称谓中国绢绘的Serikon、Sericum两字简化而来。西方人当时称中国为“秦”（Sin），称中国人为“秦尼”（Sinai），则是源于秦朝。[2]

人类在互相寻找的初级阶段，中国和西方试探性的商业交往还很原始，那时的人类，不同的国家、民族和族群处于相对落后和封闭的状态，人类各个角落的不同文化还处于相对不自觉或是相对蒙昧的历史时期。在人类最早的沟通中，中国人走在最前边。公元前

1　《章太炎全集·〈訄书·序〉·〈种姓篇〉》，上海古籍出版社，1985年；刘师培《刘中叔先生遗书·〈思念祖国〉·〈华夏篇〉·〈国土原始论〉》。

2　莫东寅《汉学发达史》，北平文化出版社，中华民国38年，第3页。

139年，张骞奉汉武帝之命，越过葱岭，亲历大宛、康居、大月氏、大夏、乌孙、安息等地，直达地中海东岸，先后两次出使中亚各国，历时10多年，开创了古代和中世纪贯通欧亚非的陆路“丝绸之路”，为人类交往开创了先河，也为汉学的萌发洒下最初的雨露。

在文化史上，以孔孟儒家学说为核心的中国文化最先影响朝鲜半岛，然后才是日本和越南等周边国家。这些周边国家与中国的关系复杂，甚至被说成同种同文，因此可以说它们的文化与中国文化有着很深的“血缘”关系。公元522年，中国佛教渡海东传日本，从那时开始，中国典籍便大量传入日本，但这只是一种“输入”，只是日本创建自己文化的借鉴，并没有形成对于中国文化的深层研究。及至唐代，由于文化上承接了汉朝的开放潮流，那时与异质文化的交流相对更加频繁，商贸往来和文化沟通有了发展，西方和中国周边国家或地域的人士通过陆路和水路进入中国腹地，长安、洛阳、扬州、广州、泉州等城市，都是中外贸易和文化交汇的重要都会，尤其是前者，更是当时世界最大的商业文化之都；而后者，由于东南沿海经济崛起、人口增多、手工业发达、农田水利的改善，为海外贸易发展创造了条件，再由于唐代中期“安史之乱”切断了陆路“丝绸之路”的缘故，曾称为“鲤城”、“温陵”、“刺桐城”的泉州，便成为联结亚洲、欧洲和非洲的海上丝绸之路的“东方第一大港”，是那时以丝绸、金银、铜器、铁器、瓷器为主的国际贸易之都。通过频繁的往来和交流，外国人对中国文化的认识越来越多、越来越深，汉学也便在这种交流中不知不觉慢慢衍生。

但是，源远流长的汉学，人们习惯地认为其洪流和网络在西方，西方是汉学的形象代表。这一看法一是源自近代以来西方强势文化和中国人的崇洋心理；二是西方汉学的某些特征也确实有别于朝鲜半岛、日本和越南的汉学。其实，如果我们从世界汉学历史发展的角度看，日本、朝鲜半岛和越南的汉学要早于西方的汉学，比如日本在十四五世纪已经初步形成了汉学，而那时西方的传教士还没有进入中国。因此，对于汉学的研究，无论是西方还是东方（朝鲜半岛、日本和越南），我们都不能顾此失彼，要以同样的关注和努力探讨其历史。当然，汉学的历史藏在文献里，而隐性源头却在文献之外。

文化往往伴随经济流动，其交流也会在不自觉或无意识状态下发生。到了明代初年，郑和率舰队出使西洋，前后7次，历经28年，到过30多个国家，最远抵达非洲东岸和红海口，真正拓展了海上“丝绸之路”。

在公元八九世纪至十六七八世纪期间，关于中国，多见于西方商人、外交使节、旅行家、探险家、传教士、文化人所写的游记、日记、札记、通信、报告之中，这些文字包含着重要的汉学资源，因此有人把这些文献称为“旅游汉学”。这些人的东来源于文艺复兴，因为思潮的开放影响了欧洲人的思想和生活，他们或通商，或传教，或猎奇，但了解和研究中国文化却是一致的，于是汉学便在葡萄牙、西班牙、意大利、法国、荷兰、英国、德国、俄罗斯等主要的西方国家逐步发展起来。

这类游记和著作较早的有约在公元851年成书的描述大唐帝国繁荣富强的阿拉伯佚名作者的《中国与印度游记》，吕布吕基斯的《远东游记》（1254），意大利的雅各·德安克纳的《光明城》，贝尔西奥的《中华王国的风俗与法律》（1554），《利玛窦中国札记》，亚历山大·德·罗德的《在中国的数次旅行》（1666），南怀仁的《中国皇帝出游西鞑靼行记》（1684），费尔南·门德斯·托平的《游记》，李明的《关于中国现状的新回忆录》(1696) 和《中华帝国全志》(《中国通志》) 等，以及罗明坚、金尼阁、汤若望、卫匡国等名士的著作，还有大量名不见经传的传教士、商人、旅行家、探险家的各种记述，都成为日后汉学兴旺发达的必然因素。这类著作主要涉及中国的物质文明，较多描述、介绍中国的山川、城池、气候，以及生活起居、饮食、服饰、音乐、舞蹈，也涉及一些中国的观念文化。这些“旅游汉学”著作中，影响最大的是《马可·波罗纪行》(《东方见闻录》)。马可·波罗 (Marco Polo) 于 1275 年随父亲和叔父来中国，觐见过元世祖忽必烈，1295 年回国后出版了这本书，它以美丽的语言和无穷的魅力翔实地记述了中国元朝的财富、人口、政治、物产、文化、社会与生活，第一次向西方细腻地展示了“唯一的文明国家”——“神秘中国”——的方方面面。

这些包罗万象的文献，不仅记录了不同时代的中国，还以自己的文化视角开始了中西文化最初的碰撞。作为文献，这些游记、日记、札记、通信和报告，有赞美，有误读，也有批评，但因为其中包含大量中国物质文化及政治、经济、历史、地理、宗教、科举等多方面的文化记载，而成为汉学的重要组成部分，在学术史上有重要价值。

汉学的发生、发展与经济、政治、交通以及资讯分不开。有学者把汉学的历史分为“萌芽”、“初创”、“成熟”、“发展”、“繁荣”几个时期，也有的分为“游记汉学时期”、“传教士汉学时期”和“专业汉学时期”三个阶段。但汉学的真正形成是在明末兴起的“西学东渐”和“中学西传”的互动之中。

从 16 世纪到十八九世纪，在数以千计的散布在中国各地的传教士中，有不少人成为名载史册的汉学先驱，他们为汉学的发展做出了重大贡献。自 1540 年罗耀拉 (S.Ignatins de Loyola)、圣方济各·沙勿略 (Francisco Xavier) 等人来华，开始了以意大利、西班牙传教士为主的第一时期的耶稣会的传教活动。接着，意大利的范礼安 (Alexandre Valignani)、罗明坚 (Michel Ruggieri) 等著名传教士来华。1583 年，即明朝万历十一年，罗明坚将利玛窦神甫 (Matteo Ricci) 带到中国，从此，耶稣会士在中国的宗教活动无论是对于西方或是东方，都开始了一个新的历史时期。西班牙的胡安·冈萨雷斯·德·门多萨 (Juan Gonzalez de Mendoza) 的《中华大帝国史》于 1588 年问世，这部世界汉学史上的第一部汉学著作，名副其实地对中国的政治、历史、地理、文字、教育、科学、军事、矿产、物产、衣食住行、风俗习惯等做了百科全书式的介绍，具有相当的学术价值，以七种文字印行，风靡欧洲。以利玛窦为核心的耶稣会士的历史意义在于他们开始了对中国文化的全面“开垦”，不仅著书立说，还把《大学》、《中庸》、《论语》、《孟子》等中国文化经典译成西文，不仅开西学东渐之先河，也推动了中学西传，使中国文化对西方科学与哲学产生重要影响，因此这位思想家当仁不让地被视为西方汉学的鼻祖。与其先后到达中国的著名的传教士都著书立说、传播中国文化，对推动西学东渐和中学西传做出了贡献。在世界汉学史上，除了以上提及的，还有许多汉学家的名字十分响亮，诸如曾德照、柏应理、卫匡国、殷铎泽、南怀仁、汤若望、龙华民、金尼阁、罗如望、熊三拔、李明、张诚、白晋、马若瑟、宋君荣、钱德明、翟理斯、安特生、雷慕沙、儒莲、德理文、安东尼·巴赞、蒙田、冯秉正、尼·雅·比丘林、巴拉第·卡法罗夫、瓦西里耶夫、沙畹、伯希和、马伯乐、葛兰言、斯文赫定、马礼逊、斯坦因、理雅各、翟里斯、李约瑟、韦利、霍克斯、卫礼贤、福兰阁、孔拉迪、高本汉、卫三畏、费正清、戴密微、石泰安、谢和耐、欧文等。他们和东方日本、朝鲜半岛的富有建树的汉学家以及当今散布在各国的汉学家，对中国文化的独特理解，铸造成汉学史上的思想学术之碑，开垦了汉学成长的沃土。

"西方的汉学是由法国人创立的。"但是，在欧洲全面研究中国文明的问题上，"法国的先驱是葡萄牙、西班牙和意大利"。[1]戴密微把以上三个国家誉为汉学的先锋，"他们于16世纪末叶，为法国的汉学家开辟了道路，而法国的汉学家稍后又在汉学中取代了他们"，真正建立起作为学术的汉学传统。就传统汉学而言，法国是汉学家最多的国家之一，有许多汉学界的学术巨擘，不断为汉学的崇高而添砖加瓦。

中外文化交流的结果不仅意味着中国文化"外化"的传播，也意味着异质文化对中国文化"内化"的接受。汉学家作为中外文化交流的桥梁和使者，在异质文化的交流中，也是人类和谐与进步的推动者。

汉学诞生在与异质文化碰撞、交流和相互浸淫之中。这个结果无异于一枚果子的成熟，只有"风调雨顺"才生长得好。和谐、宽容、理解与尊重，是异质文化彼此借鉴的保证。作为文化形态的汉学，其成长和生存离不开良好的国际语境。就中国而言，历史上凡是开放的时代，文化交流多，汉学就发展；反之，汉学就停滞，这似乎成为一种规律。

作为学术公器的汉学，文化上有其自己的成长过程。汉学是发展的，这一植根于中国文化土壤，生存于异国他乡的文化，同样深受不同时代语境的极大影响。这里所说的语境，既包括中国的历史演变，也包括异国和世界的历史变化。也就是说，不同的历史时期，不同的社会、政治、经济、文化背景，在很大程度上左右着汉学的发展方向和内容；换句话说，汉学的形成和发展，不仅受制于中国历史的更迭，也受制于他者社会的变化。这就是以历史悠久的中国文化为研究对象的汉学发展的基本轨迹。

汉学作为一种学术形态，总体上可以分为"传统汉学"和"现代汉学"。传统汉学以法国为中心，而现代汉学兴显于美国，20世纪中期以来，在西方其他国家葆有传统汉学的同时，现代汉学也很繁荣。随着中国与世界政治关系的变化，随着中国文化与世界文化交流的拓展，现代汉学有了显著的发展。

虽然20世纪的后50多年，中国文化与世界各国文化接触开始多了起来，但就整体而言，1949年后约有30多年是一个相对"闭关锁国"的时期。公正地讲，这道意识形态的"长城"也并非就是中国的政策，是那时期以美国为首的国家在政治、经济、军事、文化上对我国全面封锁的结果。这个时期的"汉学"涂满了政治色彩，以法国为代表的汉学较多地保持着传统汉学的学术精神，而美国的"中国学"却成了充满政治意识的现代汉学的代表。美国的"中国学"所关心的不是中国文化，更不是中国的传统文化，而是中国的政治、经济、军事、教育和社会生活各个层面的问题。这种政治特征，是那个时期美国汉学的基础，这一特征也影响了其他国家汉学的研究方向和内容。

由于中国与世界的隔离，由于西方与中国少有交流，因此汉学家不了解中国最新的文

1 戴密微《法国汉学研究史》，耿昇译《法国当代中国学》，中国社会科学出版社，1998年版。

化进展（比如新的考古发现），致使汉学处于断炊或“无米之炊”的状态，没有中国文化的支持，西方汉学要想取得研究上的突破也很困难。陌生感和神秘感困扰着汉学家，这不仅是文化的尴尬，也是汉学家的难堪。

人类文化包含了物质文化和观念文化等。物质文化表现在衣食住行生活方面，是一种看得见、摸得着又极易变化的“具象”文化，例如饮食、服饰、住房、音乐、舞蹈等；观念文化是一个民族的核心，表现在人的价值观、道德观、家庭观、宗教观等诸多方面，以及关于自由、平等、民主的理解，观念文化是一个民族的思维经过高度抽象后形成的思想、观念和精神，它通过文化灵魂——哲学、文学、语言、宗教、历史等来表达。[1] 观念文化，一俟进入外国汉学家的研究视野，他们的研究也就进入了对中国文化核心的深层研究。

汉学家从对中国物质文化到观念文化的研究，其领域越来越广越来越深。现在，汉学不仅包括对中国的哲学、文学、宗教、历史领域的研究，还包括社会学、政治学和自然科学。Sinology（汉学）和 Chinese Studies（中国学），它们已经发展到可以“异名共体”的地步。

时至今日，传统汉学和现代汉学这两种汉学形态不仅同时存在着、共荣着，而且还互相浸透着。

19 世纪末至 20 世纪初，美国汉学悄然嬗变为中国学，并以自己独有的个性特点和极强的生命力出现在世人面前。美国汉学始自 1830 年东方学会（American Oriental Society）的建立，这个学会虽然代表了欧洲那种对东方学文学的兴趣，但这个学会“从一开始就有一种与众不同的使命感”——“为美国国家利益服务，为美国对东方的扩张政策服务”。[2] 这个特点也与“美国海外传教工作理事会”向中国派出基督教传教士的宗旨相一致。可见，美国汉学一开始就和美国的国际战略和对华政策联系在一起。卫三畏（Samuel Wells Williams）1848 年出版的百科全书式的《中国总论：中华帝国的地理、政府、教育、社会、生活、艺术、宗教及其居民观》就带有较为浓厚的社会科学特点，与欧洲具有人文科学特征的汉学颇有差异，但它依然属于 Sinology 的范畴。

美国从南北战争后的统一中走向强大，加入强国之列。八国联军对中国的侵略行径，是列强联合的第一次尝试。从那时起，承担着相当“政治”角色的传教士进入中国。真正美国式的“汉学”——中国学，就从那时开始，而奠基人和开拓者是之后的费正清（John King Fairbank）。作为美国首席中国问题专家的费正清，他的中国学研究不仅影响了美国，也对其他国家的汉学研究或中国学研究有强烈的影响。

在西方，费正清的魅力在于，没有谁能像他那样以更清晰、更富于洞察力的笔触来表述中国。“在使美国人了解中国，了解中国的传统、中国纷扰不安的近代史，以及中国神秘莫测的现状等方面，谁的贡献也没有像他那样大。”费正清等一批知名的美国中国学家都参与过战时情报工作，在战后作为美国政府的智囊而直接为制定对华政策服务。费正清的研究虽然充满了实用和功利色彩，立场和观点也有偏见，但这并不妨碍他在历史上作为一个贡献巨大的汉学家和中国人民的朋友的光辉。美国学者从事研究的根本出发点是“使命感”、

---

1 任继愈《汉学发展前景无限》，《中华读书报》2001 年 9 月 19 日。

2 侯且岸《费正清与中国学》，李学勤主编：《国际汉学漫步》（上），河北教育出版社，1997 年版。

“学术个性”和“反唯理智论倾向”，“蔑视学问，更为强调实用性知识”，“更为明显同自己以外的社会，即政治家、实业家及其实践家始终保持紧密的联系”。[1] 这就是美国中国学家的基本心态，他们讲究功利和实用，不理会学术上的理智倾向，这与法国汉学家的学术心态、学术个性与学术传统几乎大相径庭。

传统汉学（Sinology）和现代汉学（Chinese Studies）的差异在于前者是以文献研究和古典研究为中心，它们包括哲学、宗教、历史、文学、语言等；而以美国为中心的现代汉学（中国学）则以现实为中心，以实用为原则，其兴趣根本不在那些负载着古典文化资源的“古典文献”，而重视正在演进、发展着的信息资源。但是，汉学发展到21世纪，其研究内容和方式已经出现了融通这两种形态的特点。这种状况既出现在欧洲的汉学世界，也出现在美国的中国学研究之中，可以说世界各国汉学家的研究中，都兼有以上两种汉学形态。

汉学（Sinology）对中国研究者来说，被尘封得太久，所以它的空白很多，浩如烟海的资源还有待于深入开掘。这种开掘，不仅可以收获汉学，还可以无意中发现被历史“放逐”和“遗失”在异国他乡的中国文化。编撰“列国汉学史书系”的目的和宗旨，不仅是为了梳理已有的汉学资源，在世界范围内追踪中国文化的外传历史状况、经验及影响，同时探究汉学的产生、成长、发展与繁荣，还要尽可能厘清这块“他山之石”对于中国文化的作用。当然，“列国汉学史书系”还期望对推动中国文化与世界文化的交流有所裨益。

“列国汉学史书系”作为一个文化工程，其撰写的难度非一般学术著作所能比拟。严绍璗教授谈到Sinology的研究者的学识素养时提出四个“必须”：①必须具有本国的文化素养（尤其是相关的历史、哲学素养）；②必须具有特定对象国的文化素养（同样包括历史、哲学素养）；③必须具有关于文化史学的基本学理素养（特别是关于“文化本体”理论的修养）；④必须具有两种以上语文的素养（很好的中文素养和对象国的语文素养）。这几点确实都是汉学研究者必须具备的文化和语文素养，否则很难进入汉学研究的学术境界。

写作“列国汉学史”艰难，而出版可谓难上加难。1995年曾经“落实”的出版经费，因故而一风吹。人间的事好像天上的云地上的风，飘忽不定没有根，铁板钉钉是没有的，因为钉子可以用“权力”拔出来，一切承诺和协议，都可以化为乌有。虽然“列国汉学史书系”的生长不断受到寒风的袭击，但它终没有自毙于摇篮之中，冬天之后是春天，接着便是收获的季节。这套富有创意和价值的书系，将对中外文化交流和汉学的发展及其比较研究产生深远影响。说到这里，“书系”编辑委员会同仁和作者，要感谢学苑出版社所给予的支持，尤其要感谢社长兼总编孟白先生和不久前病逝的总编辑助理郭强副编审，由于他们慧眼识金才使这一书系得以面世。

有人认为“汉学史中国人写不了”，当然这是一个很奇怪的“立论”。日本人石田　之助写了《欧人的中国研究》（1932）、莫东寅写了《汉学发达史》（1949），接下来又有严绍璗的《日本中国学史》（1991），张国刚的《德国的汉学研究》（1994），张静河的《瑞典汉学史》（1995），何寅、许光华主编的《国外汉学史》（2002），刘正的《图说汉学史》（2005）

---

1 ［美］赖肖尔《近代日本新观》，三联书店，1992年版。

和李庆的《日本汉学史》(2005）相继面世。在人类的文化长廊里，无论是中国还是外国，各种史书琳琅满目，这其中有外国人写中国的各类历史，也有中国人写外国的各类历史。历史，是往事，是记录，是选择，并有相对独立的评论和褒贬。但是，事实上任何一部历史都不是最后的历史，历史随着时光的流逝而演进，修史很难一步到位，它需要一代代学者“积跬步”才能“至千里”，只有“积土成山，积水成渊”，方能“风雨兴”、“蛟龙生”。学问之事非一夕之功，非得有前赴后继者敢于赴汤蹈火“流血牺牲”，才会达至光明顶峰。

开拓者也许会在某个时候将自己的真诚劳作化为欢乐，因为在以后的岁月里，定会有人踏着自己的肩膀或是踩着自己的鼻子和头顶攀上高峰，以鸟瞰美丽风光。21世纪是经济的大空间，对汉学来说也是一个“大空间”。但是，要探索这个“大空间”，需要有个和谐的“太空站”，需要大家联袂共建；当然世界上需要多元文化和谐相处的历史语境，共同创造彼此接近、认识、理解、尊重、沟通、借鉴与融合的机会，这个机会，就是汉学研究发展的机会。

时间在行走，历史在行走。人类创造过历史，书写过历史，但是没有最后的历史。汉学有历史，而且还正在创造新的历史，汉学及其研究将以自己的品格和个性在人类文化的世界里放出异彩。

阎纯德

2006年12月5日于北京半亩春

目录

前 言

这是我在最近十几年间搞朝韩研究时逐步积累起来的一个年历。本年历中，黄帝元年为公元前 2698 年，檀君元年为前 2333 年，相距 365 年。

邻国是永远也不搬走的邻居，中国与朝韩之间交流年历的编纂显然是必要的。本年历之所以要从公元前 3000 年开始，不仅是因为我在韩国工作时所用的日历同时标注“公历”和“檀君历（檀纪）”，还因为近代以来的许多朝韩文献都用檀君历。1897 年朝鲜高宗称帝，中止使用清朝皇历，部分朝鲜文人主张使用檀君历，是为了对抗日本军方强加的“明治三十年”。1948 年韩国首次国会开幕，即决定使用檀君历。六堂崔南善（1890—1957）所编高丽僧人一然的《三国遗事》[1] 现今在韩国还很畅销，该书第 1 页即有“4287 年 8 月，崔南善志”的字样，檀君历四千二百八十七年是公元 1954 年。2001 年，韩国林基中、日本夫马进两位教授编《燕行录全集日本所藏编》由东国大学校韩国文学研究所出版，在韩文《前言》里，林基中教授标注的时间是“4334 年仲秋节。”可见，研究朝韩与“燕行录”，不可不知檀君历。

高丽与朝鲜文人喜欢把半岛的历史与中国联系起来。朝鲜文人徐居正《笔苑杂记》云：“吾东方历年之数，大概与中国相同：帝尧作而檀君兴，周武立而箕子封，汉定天下卫满来平壤，宋太祖将兴而高丽太祖已起，我太祖开国，亦与（明）太祖高皇帝同时”[2]。但第二次世界大战以后至今，檀君历在韩国和朝鲜已家喻户晓，黄帝历在我国却并不普及。本年历试图用黄帝历与檀君历进行对照，逐年梳理中国与朝韩之间的交流与交往线索，为关心东北亚过去与未来的朋友们提供一个参照。

以黄帝历与檀君历相对照，还可以修正我国正史中涉及朝韩部分的某些讹误，最明显的就是“高丽”与“高句丽”经常混用。918 年高丽王朝建立以前文献中的“高丽”，实际上是指“高句丽”，二者不可混为一谈。朝鲜王朝建立以后，多次派使节团进行“宗系辩诬”，也是明清两朝正史与野史编著者对朝鲜的情况不太清楚造成的。朝鲜文人李德懋（1741—1793）《青庄馆全书》卷五十七有一篇文章，名《〈明史〉纰误》，指出张廷玉所修《明史》里面，涉及朝

1 见〔韩〕一然原著，崔南善编《三国遗事》，瑞文文化社，1999 年版。

2 见徐居正《笔苑杂记》，〔韩〕《大东野乘》卷之三。

鲜的人名错误很多。其实，在《清史稿》里面也有这种情况。清崇德五年（1640）十二月，清将英额尔岱拘捕朝鲜老臣金尚宪（1570—1652）。金尚宪是朝鲜名臣，有《清阴集》传世，但《清史稿》卷三记其为“朝鲜尚书金声黑尼”。半岛史书中涉及人名、地名的错误也有很多。半岛《高丽史》与我国《金史》卷六十一、卷六十二《交聘表（上、下)》中交替出现的“移剌”，显然是作为姓氏的“耶律”的又一个写法。明末朝鲜文献中反复出现的“龙马二将”，实即清军派出的英额尔岱与马福塔，“龙骨大”即英额尔岱。在为朝鲜无名氏《沈馆录》所作“叙”中，我国学者金毓黻已经明确指出了这一点[1]。本年历无法将史实考证作为主旨，但我国史书与朝韩文献相互对照确实很有益处。金朝大定二十五年（1185），金遣耶律履如高丽，贺王生辰。《金史》卷八“耶律履”作“移剌履”。显然,《金史》里的“移剌履”与《高丽史》里的“耶律履”是同一个人。

由于属国众多，在中国与朝韩关系史中，我国文献最常见的现象是过于简略。正德二年（1507）八月，大明遣朝鲜使臣卢公弼，赍帝准中宗“权署国事”敕命还。此时是朝鲜史上著名的“中宗反正”时期，朝鲜臣民对于燕山君的暴戾统治深恶痛绝，奏请正德帝认可中宗的使节团也络绎不绝。朝鲜方面的史书于此记述十分详细，朝鲜文人赵庆男《续杂录》(四)《历代要览》全文收录了正德帝的敕令。我国正史则于此一笔带过。本年历参照包括《大东野乘》卷三十四在内的朝鲜文献，于此逐年作了交代。

此外，随着CJK（中、日、朝韩）交往的日益密切，到朝鲜半岛旅行的国人越来越多，2008年访韩中国人已达到110万人次，但也有的朋友下飞机以后才发现，自己不仅不知道首尔市的象征物“獬豸”，也不清楚韩国的“开天节”是怎么回事。本年历希望能够为增进彼此之间的理解尽绵薄之力。

可以肯定地说，中国与朝鲜半岛地区先民之间的交流不止5000年。在更新世晚期的玉木期（开始于距今8万年前）冰河年代最盛时，海平面比现在要低80−100米，而黄海的深度还不到76米。到了玉木Ⅲ期（前29000 年—前19000 年)，气候重新变暖。从地质学的角度推论，那时的东亚大陆到朝鲜半岛、日本列岛可直接走过去，没有大海阻隔，当时居住在这些地区的人类的直接交流在旧石器时代就是极有可能的。事实上，韩国忠南石壮里旧石器与我国周口店的旧石器就有许多相似之处[2]。到了新石器时代，中韩在房址、陶器和支石墓三大方面都极为相似[3]。从这个意义来说，我国与朝韩的交流经历了“物候历”、“农历”、“公历”三大阶段。本年历涉及的只是后两种的部分时段。

就我国与朝韩上古史而言，西汉司马迁《史记》、西晋皇甫谧《帝王世纪》与北宋邵雍《皇极经世》对我国上古君主皆有详细论述。皇甫谧《帝王世纪》认为，夏朝之前的君主有太昊（伏羲)、女娲、炎帝、黄帝、少昊、颛顼、帝喾、帝挚、尧帝、舜帝等。中华民国临时大总统孙中山所认定前2698年的黄帝元年，乃是历代先哲所论黄帝历的一个总结。朝韩现今一致认定，檀君是韩民族共同的祖先，半岛南北双方每年都在公历10月3日隆重纪念檀君“开天节”。韩国认定前2333年为檀君元年，同时使用檀君历与西历。公元前2333年加上365年是前2698年，

1　参见金毓黻编《辽海丛书》，辽海书社排印本，1931—1934年。

2　参见冯宝胜编译《朝鲜旧石器研究》，第11、49、123页，文津出版社，1990年版。

3　参见杨昭全、何彤梅《中国—朝鲜韩国关系史（上)》，第4−6页，天津人民出版社，2001年版。

即孙中山先生所认定的黄帝元年。

这里需要补充的是，1658年西方的卫匡国（Marrtin Martini，1614—1661）神父的《中国上古史》，把中国的信史开端推定为公元前2952年的伏羲。1735年，杜赫德（Jean Baptiste Du halde，1674—1743）神父出版了大部头的《中华帝国全志》，把我国的信史推定至公元前2357年的尧帝[1]。西方神学家的这两部著作问世时间皆在我国的清朝，其中杜赫德神父《中华帝国全志》一书在西方产生了巨大的影响。

本年历中，夏商周三代各位君主在位年限主要依据清华大学李学勤教授主持"夏商周断代工程"于2000年11月9日正式公布的《夏商周年表》，以及北京大学翦伯赞教授主编《中外历史年表》。夏朝、商朝各位君主在位时间与翦伯赞教授著作一一对照，周朝以后不做对照。

现有书写文献于箕子公元前1046年东之朝鲜后，线索比较清楚，我国与朝韩古代文献中对箕子的记述也相当多。司马迁《史记》卷三十八《宋微子世家》所载箕子事迹相当详细，其中包括箕子答武王问、周武王封箕子于朝鲜、箕子朝周等。朝鲜文人徐命膺（1716—1787）《保晚斋丛书》之《畴史》"序"云："畴史者，箕子之史也。"《畴史》认定，箕子抵朝鲜后，在位40年薨，享寿93岁。按徐命膺的说法，参照本年历，则箕子生卒年分别为"前1098"、"前1006"，即箕子（前1098—前1006）。但现今中国与朝韩所存箕子朝鲜谱系还没有得到学术界一致认可，本年历亦不逐年标出。

本年历所依据半岛正史，除了高丽文人金富轼《三国史记》、朝鲜文人郑麟趾等《高丽史》以及大部头的《朝鲜王朝实录》等以外，高丽僧人一然《三国遗事》等也在参考之列。自古以来的半岛史籍，朝鲜文人李德懋（1741—1793）《青庄馆全书》卷五十四《东国史》一文开列得比较详细。清乾隆四十五年（1780），朝鲜文人徐命膺等编订《御定宋史筌》中的《列传第八十三·外国一·高丽》，所载高丽与北宋、南宋的交流比较详细。朝鲜王朝使节团于明清两朝来华的奏章，则参见现存朝鲜文献《文苑黼黻》卷四十及该书《别编》卷一、卷二的"奏文"、"咨文"、"进香文"、"祭文"、"表"、"笺"。朝鲜王朝后又编订了《文苑黼黻续编》，其卷十乃"表"、"奏文"。

本年历所依据我国正史主要是中华书局本，但我所收藏的《二十五史》是台北中华书局的版本，韩国一家出版社1995年做的影印。该书是杨家骆等先生校勘、标点的，其中多引朝韩文献，如郑麟趾等所修《高丽史》。1996年，我在韩国崇实大学任教期间，在首尔市的一家旧书店看到该书打折，急忙买下来"打的"运到我的研究室。1998年暑假，崇实大学中文系的同学们在吴淳邦教授带领下来华研修，我教过的韩国学生每人为我背1本坐上飞机，把这套原价165万元韩币的史书搬运到中国来。该书比《辞海》开本还要大，共33册。我至今将它们看作自己最重要的史学读本，同时也十分感谢吴淳邦教授和崇大的同学们。

我国学者吴晗教授、韩国林基中教授等中国与朝韩的学者们在中韩交流史研究中做了大量工作。吴晗先生"文革"前整理的《朝鲜李朝实录中的中国史料》于1980年由中华书局出版。姜孟山、刘子敏、金荣国主编《中国正史中的朝鲜史料》（第1卷）及刘子敏、姜孟山、王世英、金荣国主编《中国正史中的朝鲜史料》（第2卷）1996年由延边大学出版社出版，此书可

1　见王潇潇《〈中华帝国全志〉历史部分浅探》，阎纯德主编《国际汉学》，第8集，中华书局，2004年版。

与吴晗先生的著作对照参看。北大翦伯赞教授于“文革”前即在中华书局出版了《中外历史年表》，韩国林基中教授主编100卷的《燕行录全集》出版之后，林教授又于2006年出版了《燕行录研究》，在2008年出版了50卷的《燕行录续集》。

在佛教交流方面，2007年修缮后接纳游客参观的浙江省杭州市慧因高丽寺，梳理了历代来华半岛高僧的信息并做出了他们的金属头像。

朝韩野史中，比较集中记载与我国交流的包括：

朝鲜文人赵庆男《续杂录》（四）“历代要览”，集中记载了明洪武元年（1368）至隆庆二年（1568）两国200年间的交流活动，见〔韩〕《大东野乘》卷之三十四。

朝鲜文人鱼叔权的《稗官杂记》（一、二、三、四），集中记载了明嘉靖年间（1522—1566）中国与朝鲜的交流活动，见〔韩〕《大东野乘》卷之四。

朝鲜文人李德懋（1741—1793）《青庄馆全书》卷六十《华人记东事》一文开列书目，也很有参考价值。

本年历1900年以前月份用农历，其后用公历月份。

从1910年（清宣统二年）开始，日本军方在朝鲜半岛强制推行日本纪年，直至1945年。现今韩国中央图书馆、国会图书馆以及各大学图书馆所藏其时的出版物皆标明治、大正、昭和年号。这段时间的日本年号，本年历用伪总督“强迫朝鲜人记是岁为……年”的格式逐年标明。

朝鲜民主主义人民共和国于1997年推行“主体历”，把金日成首相诞生之年1912年作为主体历元年。朝鲜最近十几年的出版物皆标注“主体某某年”字样，但1912年日本军人统治着朝鲜半岛，故本表从1948年始标注朝鲜主体历年份。国人不一定感觉“朝鲜主体历”难记，因为“主体历元年”恰与我国的“民国元年”是同一年。1948年是“民国三十七年”，也是“朝鲜主体历37年”。

1919年为“大韩民国元年”,1945年为“大韩民国二十七年”。1945年8月15日，日本投降。美国以未参战抗击法西斯军队为由，不承认金九为首的“大韩民国临时政府”[1]，其“大韩民国纪年”亦停用。同样因为其时日军占领半岛，“大韩民国年历”亦不逐年标出。

年历中涉及日本方面的难点主要是百济王仁博士赴日时间问题。目前学术界对王仁赴日时间的两种看法，居然差了120年，一种是说公元285年，一种是说公元405年，分歧就在于如何看待《日本书纪》。而把《日本书纪》所标年代下延两个干支（120年），则是日本史学界早已开始做的尝试性工作了[2]。韩国现今多采用的是公元405年之说，而不是直接采用《日本书纪》的记载[3]。本年历并依据朝鲜文献《海行总载》《增正交邻志》，将朝鲜王朝出使日本的使节团情况简要标出。

半岛各王朝的君主绝大多数都称“王”，直到朝鲜高宗在1897年祭天并称帝为止。按照封建礼制，新罗、高丽、朝鲜的都城称“王城”、“王京”，皇帝所在称“皇城”、“帝京”。高丽王朝的王妃在《高丽史》里皆称“王后”。高丽晚期，王迎娶元公主，高丽乃驸马之国，其礼制一遵元朝。较之高丽王朝，朝鲜王朝更加讲究礼法。1897年以前受明、清皇帝诰封的朝鲜国

1　见共同编写委员会《东亚三国的近现代史》，第172页，社会科学文献出版社，2005年版。
2　参见田久川《古代中日关系史》，第76页，大连工学院出版社，1987年版。
3　参见拙著《朝鲜半岛汉学史》，第23页，学苑出版社，2009年版。

王正妻，皆称“王妃”。下一代君主继位，则王妃被尊为“大妃”。如果有三个辈分的老王妃同时在世，则分别是“大王大妃”、“王大妃”和“大妃”。现今所说朝鲜“王后”是半岛的尊称，或者是追封的，尤其是1897年朝鲜高宗李熙称帝后追封的。关于这一点，可参见朝鲜文献《文苑黼黻》“玉册文”部分。

感谢《今晚报》传媒集团董事长贾长华先生和记者李贤先生对我的大力支持。2004年，配合天津建城600周年纪念活动，《今晚报》三次将我的朝韩研究作为头版新闻进行报道，这在新中国成立后的天津新闻界是极少见的情况。

刘顺利

2010年岁末于天津

中国与朝韩五千年交流年历（一）

公元前3000年，农历辛酉年，鸡年。台湾黎东方认为，若依单安国说，“黄帝元年”当为公元前3706年；若依《春秋纬·命历序》，约为公元前4722年[1]。本年历从中华民国临时大总统孙中山所发通电的说法。参见本年历“公元前2698年”。

前2999年，壬戌。

前2998年，癸亥。

前2997年，甲子。

前2996年，乙丑。

前2995年，丙寅。

前2994年，丁卯。

前2993年，戊辰。

前2992年，己巳。

前2991年，庚午。

前2990年，辛未。

前2989年，壬申。

前2988年，癸酉。

前2987年，甲戌。

前2986年，乙亥。

前2985年，丙子。

前2984年，丁丑。

前2983年，戊寅。

前2982年，己卯。

前2981年，庚辰。

前2980年，辛巳。

前2979年，壬午。

前2978年，癸未。

前2977年，甲申。

前2976年，乙酉。

前2975年，丙戌。

前2974年，丁亥。

前2973年，戊子。

前2972年，己丑。

前2971年，庚寅。

1 见黎东方《中国上古史八论》，附录三，台湾“中国”文化大学出版部，1983年版。

前2970年，辛卯。
前2969年，壬辰。
前2968年，癸巳。
前2967年，甲午。
前2966年，乙未。
前2965年，丙申。
前2964年，丁酉。
前2963年，戊戌。
前2962年，己亥。

前2961年，庚子。
前2960年，辛丑。
前2959年，壬寅。
前2958年，癸卯。
前2957年，甲辰。
前2956年，乙巳。
前2955年，丙午。
前2954年，丁未。
前2953年，戊申。
前2952年，己酉。
前2951年，庚戌。
前2950年，辛亥。

前2949年，壬子。
前2948年，癸丑。
前2947年，甲寅。
前2946年，乙卯。
前2945年，丙辰。
前2944年，丁巳。
前2943年，戊午。
前2942年，己未。
前2941年，庚申。
前2940年，辛酉。
前2939年，壬戌。
前2938年，癸亥。

前2937年，甲子。

前 2936 年，乙丑。
前 2935 年，丙寅。
前 2934 年，丁卯。
前 2933 年，戊辰。
前 2932 年，己巳。
前 2931 年，庚午。
前 2930 年，辛未。
前 2929 年，壬申。
前 2928 年，癸酉。
前 2927 年，甲戌。
前 2926 年，乙亥。

前 2925 年，丙子。
前 2924 年，丁丑。
前 2923 年，戊寅。
前 2922 年，己卯。
前 2921 年，庚辰。
前 2920 年，辛巳。
前 2919 年，壬午。
前 2918 年，癸未。
前 2917 年，甲申。
前 2916 年，乙酉。
前 2915 年，丙戌。
前 2914 年，丁亥。

前 2913 年，戊子。
前 2912 年，己丑。
前 2911 年，庚寅。
前 2910 年，辛卯。
前 2909 年，壬辰。
前 2908 年，癸巳。
前 2907 年，甲午。
前 2906 年，乙未。
前 2905 年，丙申。
前 2904 年，丁酉。
前 2903 年，戊戌。
前 2902 年，己亥。

前2901年，庚子。
前2900年，辛丑。
前2899年，壬寅。
前2898年，癸卯。
前2897年，甲辰。
前2896年，乙巳。
前2895年，丙午。
前2894年，丁未。
前2893年，戊申。
前2892年，己酉。
前2891年，庚戌。
前2890年，辛亥。

前2889年，壬子。
前2888年，癸丑。
前2887年，甲寅。
前2886年，乙卯。
前2885年，丙辰。
前2884年，丁巳。
前2883年，戊午。
前2882年，己未。
前2881年，庚申。
前2880年，辛酉。
前2879年，壬戌。
前2878年，癸亥。

前2877年，甲子。
前2876年，乙丑。
前2875年，丙寅。
前2874年，丁卯。
前2873年，戊辰。
前2872年，己巳。
前2871年，庚午。
前2870年，辛未。
前2869年，壬申。
前2868年，癸酉。

前 2867 年，甲戌。
前 2866 年，乙亥。

前 2865 年，丙子。
前 2864 年，丁丑。
前 2863 年，戊寅。
前 2862 年，己卯。
前 2861 年，庚辰。
前 2860 年，辛巳。
前 2859 年，壬午。
前 2858 年，癸未。
前 2857 年，甲申。
前 2856 年，乙酉。
前 2855 年，丙戌。
前 2854 年，丁亥。

前 2853 年，戊子。
前 2852 年，己丑。
前 2851 年，庚寅。
前 2850 年，辛卯。
前 2849 年，壬辰。
前 2848 年，癸巳。
前 2847 年，甲午。
前 2846 年，乙未。
前 2845 年，丙申。
前 2844 年，丁酉。
前 2843 年，戊戌。
前 2842 年，己亥。

前 2841 年，庚子。
前 2840 年，辛丑。
前 2839 年，壬寅。
前 2838 年，癸卯。
前 2837 年，甲辰。
前 2836 年，乙巳。
前 2835 年，丙午。
前 2834 年，丁未。

前 2833 年，戊申。
前 2832 年，己酉。
前 2831 年，庚戌。
前 2830 年，辛亥。

前 2829 年，壬子。
前 2828 年，癸丑。
前 2827 年，甲寅。
前 2826 年，乙卯。
前 2825 年，丙辰。
前 2824 年，丁巳。
前 2823 年，戊午。
前 2822 年，己未。
前 2821 年，庚申。
前 2820 年，辛酉。
前 2819 年，壬戌。
前 2818 年，癸亥。

前 2817 年，甲子。
前 2816 年，乙丑。
前 2815 年，丙寅。
前 2814 年，丁卯。
前 2813 年，戊辰。
前 2812 年，己巳。
前 2811 年，庚午。
前 2810 年，辛未。
前 2809 年，壬申。
前 2808 年，癸酉。
前 2807 年，甲戌。
前 2806 年，乙亥。

前 2805 年，丙子。
前 2804 年，丁丑。
前 2803 年，戊寅。
前 2802 年，己卯。
前 2801 年，庚辰。
前 2800 年，辛巳。

前 2799 年，壬午。
前 2798 年，癸未。
前 2797 年，甲申。
前 2796 年，乙酉。
前 2795 年，丙戌。
前 2794 年，丁亥。

前 2793 年，戊子。
前 2792 年，己丑。
前 2791 年，庚寅。
前 2790 年，辛卯。
前 2789 年，壬辰。
前 2788 年，癸巳。
前 2787 年，甲午。
前 2786 年，乙未。
前 2785 年，丙申。
前 2784 年，丁酉。
前 2783 年，戊戌。
前 2782 年，己亥。

前 2781 年，庚子。
前 2780 年，辛丑。
前 2779 年，壬寅。
前 2778 年，癸卯。
前 2777 年，甲辰。
前 2776 年，乙巳。
前 2775 年，丙午。
前 2774 年，丁未。
前 2773 年，戊申。
前 2772 年，己酉。
前 2771 年，庚戌。
前 2770 年，辛亥。

前 2769 年，壬子。
前 2768 年，癸丑。
前 2767 年，甲寅。
前 2766 年，乙卯。

前2765年，丙辰。
前2764年，丁巳。
前2763年，戊午。
前2762年，己未。
前2761年，庚申。
前2760年，辛酉。
前2759年，壬戌。
前2758年，癸亥。

前2757年，甲子。
前2756年，乙丑。
前2755年，丙寅。
前2754年，丁卯。
前2753年，戊辰。
前2752年，己巳。
前2751年，庚午。
前2750年，辛未。
前2749年，壬申。
前2748年，癸酉。
前2747年，甲戌。
前2746年，乙亥。

前2745年，丙子。
前2744年，丁丑。
前2743年，戊寅。
前2742年，己卯。
前2741年，庚辰。
前2740年，辛巳。
前2739年，壬午。
前2738年，癸未。
前2737年，甲申。
前2736年，乙酉。
前2735年，丙戌。
前2734年，丁亥。

前2733年，戊子。
前2732年，己丑。

前 2731 年，庚寅。
前 2730 年，辛卯。
前 2729 年，壬辰。
前 2728 年，癸巳。
前 2727 年，甲午。
前 2726 年，乙未。
前 2725 年，丙申。
前 2724 年，丁酉。
前 2723 年，戊戌。
前 2722 年，己亥。

前 2721 年，庚子。
前 2720 年，辛丑。
前 2719 年，壬寅。
前 2718 年，癸卯。
前 2717 年，甲辰。
前 2716 年，乙巳。
前 2715 年，丙午。
前 2714 年，丁未。
前 2713 年，戊申。
前 2712 年，己酉。
前 2711 年，庚戌。
前 2710 年，辛亥。

前 2709 年，壬子。
前 2708 年，癸丑。
前 2707 年，甲寅。
前 2706 年，乙卯。
前 2705 年，丙辰。
前 2704 年，丁巳。
前 2703 年，戊午。
前 2702 年，己未。
前 2701 年，庚申。
前 2700 年，辛酉。
前 2699 年，壬戌。

公元前 2698 年，农历癸亥，猪年，☆黄帝历一年。1911 年，中华民国临时大总统孙中山发布通电，称民元乃黄帝历四千六百〇九年，故是岁为黄帝纪年开始。孙先生采用的是章炳麟主办《民报》的说法[1]。从本年历可见，黄帝元年之后365年，为半岛檀君元年。见本年历“前2333年”。

前2697年，甲子，☆黄帝历二年。
前2696年，乙丑，☆黄帝历三年。
前2695年，丙寅，☆黄帝历四年。
前2694年，丁卯，☆黄帝历五年。
前2693年，戊辰，☆黄帝历六年。
前2692年，己巳，☆黄帝历七年。
前2691年，庚午，☆黄帝历八年。
前2690年，辛未，☆黄帝历九年。
前2689年，壬申，☆黄帝历十年。
前2688年，癸酉，☆黄帝历十一年。
前2687年，甲戌，☆黄帝历十二年。
前2686年，乙亥，☆黄帝历十三年。

前2685年，丙子，☆黄帝历十四年。
前2684年，丁丑，☆黄帝历十五年。
前2683年，戊寅，☆黄帝历十六年。
前2682年，己卯，☆黄帝历十七年。
前2681年，庚辰，☆黄帝历十八年。
前2680年，辛巳，☆黄帝历十九年。
前2679年，壬午，☆黄帝历二十年。
前2678年，癸未，☆黄帝历二十一年。
前2677年，甲申，☆黄帝历二十二年。
前2676年，乙酉，☆黄帝历二十三年。
前2675年，丙戌，☆黄帝历二十四年。
前2674年，丁亥，☆黄帝历二十五年。

前2673年，戊子，☆黄帝历二十六年。
前2672年，己丑，☆黄帝历二十七年。
前2671年，庚寅，☆黄帝历二十八年。
前2670年，辛卯，☆黄帝历二十九年。
前2669年，壬辰，☆黄帝历三十年。
前2668年，癸巳，☆黄帝历三十一年。

1 见黎东方《中国上古史八论》，附录三，台湾“中国”文化大学出版部，1983年版。

前 2667 年，甲午，☆黄帝历三十二年。
前 2666 年，乙未，☆黄帝历三十三年。
前 2665 年，丙申，☆黄帝历三十四年。
前 2664 年，丁酉，☆黄帝历三十五年。
前 2663 年，戊戌，☆黄帝历三十六年。
前 2662 年，己亥，☆黄帝历三十七年。

前 2661 年，庚子，☆黄帝历三十八年。
前 2660 年，辛丑，☆黄帝历三十九年。
前 2659 年，壬寅，☆黄帝历四十年。
前 2658 年，癸卯，☆黄帝历四十一年。
前 2657 年，甲辰，☆黄帝历四十二年。
前 2656 年，乙巳，☆黄帝历四十三年。
前 2655 年，丙午，☆黄帝历四十四年。
前 2654 年，丁未，☆黄帝历四十五年。
前 2653 年，戊申，☆黄帝历四十六年。
前 2652 年，己酉，☆黄帝历四十七年。
前 2651 年，庚戌，☆黄帝历四十八年。
前 2650 年，辛亥，☆黄帝历四十九年。

前 2649 年，壬子，☆黄帝历五十年。
前 2648 年，癸丑，☆黄帝历五十一年。
前 2647 年，甲寅，☆黄帝历五十二年。
前 2646 年，乙卯，☆黄帝历五十三年。
前 2645 年，丙辰，☆黄帝历五十四年。
前 2644 年，丁巳，☆黄帝历五十五年。
前 2643 年，戊午，☆黄帝历五十六年。
前 2642 年，己未，☆黄帝历五十七年。
前 2641 年，庚申，☆黄帝历五十八年。
前 2640 年，辛酉，☆黄帝历五十九年。
前 2639 年，壬戌，☆黄帝历六十年。
前 2638 年，癸亥，☆黄帝历六十一年。

前 2637 年，甲子，☆黄帝历六十二年。
前 2636 年，乙丑，☆黄帝历六十三年。
前 2635 年，丙寅，☆黄帝历六十四年。
前 2634 年，丁卯，☆黄帝历六十五年。

前2633年，戊辰，☆黄帝历六十六年。
前2632年，己巳，☆黄帝历六十七年。
前2631年，庚午，☆黄帝历六十八年。
前2630年，辛未，☆黄帝历六十九年。
前2629年，壬申，☆黄帝历七十年。
前2628年，癸酉，☆黄帝历七十一年。
前2627年，甲戌，☆黄帝历七十二年。
前2626年，乙亥，☆黄帝历七十三年。

前2625年，丙子，☆黄帝历七十四年。
前2624年，丁丑，☆黄帝历七十五年。
前2623年，戊寅，☆黄帝历七十六年。
前2622年，己卯，☆黄帝历七十七年。
前2621年，庚辰，☆黄帝历七十八年。
前2620年，辛巳，☆黄帝历七十九年。
前2619年，壬午，☆黄帝历八十年。
前2618年，癸未，☆黄帝历八十一年。
前2617年，甲申，☆黄帝历八十二年。
前2616年，乙酉，☆黄帝历八十三年。
前2615年，丙戌，☆黄帝历八十四年。
前2614年，丁亥，☆黄帝历八十五年。

前2613年，戊子，☆黄帝历八十六年。
前2612年，己丑，☆黄帝历八十七年。
前2611年，庚寅，☆黄帝历八十八年。
前2610年，辛卯，☆黄帝历八十九年。
前2609年，壬辰，☆黄帝历九十年。
前2608年，癸巳，☆黄帝历九十一年。
前2607年，甲午，☆黄帝历九十二年。
前2606年，乙未，☆黄帝历九十三年。
前2605年，丙申，☆黄帝历九十四年。
前2604年，丁酉，☆黄帝历九十五年。
前2603年，戊戌，☆黄帝历九十六年。
前2602年，己亥，☆黄帝历九十七年。

前2601年，庚子，☆黄帝历九十八年。
前2600年，辛丑，☆黄帝历九十九年。

前2599年，壬寅，☆黄帝历一百年。
前2598年，癸卯，☆黄帝历一百〇一年。
前2597年，甲辰，☆黄帝历一百〇二年。
前2596年，乙巳，☆黄帝历一百〇三年。
前2595年，丙午，☆黄帝历一百〇四年。
前2594年，丁未，☆黄帝历一百〇五年。
前2593年，戊申，☆黄帝历一百〇六年。
前2592年，己酉，☆黄帝历一百〇七年。
前2591年，庚戌，☆黄帝历一百〇八年。
前2590年，辛亥，☆黄帝历一百〇九年。

前2589年，壬子，☆黄帝历一百一十年。
前2588年，癸丑，☆黄帝历一百一十一年。
前2587年，甲寅，☆黄帝历一百一十二年。
前2586年，乙卯，☆黄帝历一百一十三年。
前2585年，丙辰，☆黄帝历一百一十四年。
前2584年，丁巳，☆黄帝历一百一十五年。
前2583年，戊午，☆黄帝历一百一十六年。
前2582年，己未，☆黄帝历一百一十七年。
前2581年，庚申，☆黄帝历一百一十八年。
前2580年，辛酉，☆黄帝历一百一十九年。
前2579年，壬戌，☆黄帝历一百二十年。
前2578年，癸亥，☆黄帝历一百二十一年。

前2577年，甲子，☆黄帝历一百二十二年。
前2576年，乙丑，☆黄帝历一百二十三年。
前2575年，丙寅，☆黄帝历一百二十四年。
前2574年，丁卯，☆黄帝历一百二十五年。
前2573年，戊辰，☆黄帝历一百二十六年。
前2572年，己巳，☆黄帝历一百二十七年。
前2571年，庚午，☆黄帝历一百二十八年。
前2570年，辛未，☆黄帝历一百二十九年。
前2569年，壬申，☆黄帝历一百三十年。
前2568年，癸酉，☆黄帝历一百三十一年。
前2567年，甲戌，☆黄帝历一百三十二年。
前2566年，乙亥，☆黄帝历一百三十三年。

前 2565 年，丙子，☆黄帝历一百三十四年。
前 2564 年，丁丑，☆黄帝历一百三十五年。
前 2563 年，戊寅，☆黄帝历一百三十六年。
前 2562 年，己卯，☆黄帝历一百三十七年。
前 2561 年，庚辰，☆黄帝历一百三十八年。
前 2560 年，辛巳，☆黄帝历一百三十九年。
前 2559 年，壬午，☆黄帝历一百四十年。
前 2558 年，癸未，☆黄帝历一百四十一年。
前 2557 年，甲申，☆黄帝历一百四十二年。
前 2556 年，乙酉，☆黄帝历一百四十三年。
前 2555 年，丙戌，☆黄帝历一百四十四年。
前 2554 年，丁亥，☆黄帝历一百四十五年。

前 2553 年，戊子，☆黄帝历一百四十六年。
前 2552 年，己丑，☆黄帝历一百四十七年。
前 2551 年，庚寅，☆黄帝历一百四十八年。
前 2550 年，辛卯，☆黄帝历一百四十九年。翦伯赞主编《中外历史年表》认定是岁为黄帝元年[1]。
前 2549 年，壬辰，☆黄帝历一百五十年。
前 2548 年，癸巳，☆黄帝历一百五十一年。
前 2547 年，甲午，☆黄帝历一百五十二年。
前 2546 年，乙未，☆黄帝历一百五十三年。
前 2545 年，丙申，☆黄帝历一百五十四年。
前 2544 年，丁酉，☆黄帝历一百五十五年。
前 2543 年，戊戌，☆黄帝历一百五十六年。
前 2542 年，己亥，☆黄帝历一百五十七年。

前 2541 年，庚子，☆黄帝历一百五十八年。
前 2540 年，辛丑，☆黄帝历一百五十九年。
前 2539 年，壬寅，☆黄帝历一百六十年。
前 2538 年，癸卯，☆黄帝历一百六十一年。
前 2537 年，甲辰，☆黄帝历一百六十二年。
前 2536 年，乙巳，☆黄帝历一百六十三年。
前 2535 年，丙午，☆黄帝历一百六十四年。
前 2534 年，丁未，☆黄帝历一百六十五年。

1　见翦伯赞主编《中外历史年表》，第 2 页，中华书局，2008 年版。

前 2533 年，戊申，☆黄帝历一百六十六年。
前 2532 年，己酉，☆黄帝历一百六十七年。
前 2531 年，庚戌，☆黄帝历一百六十八年。
前 2530 年，辛亥，☆黄帝历一百六十九年。

前 2529 年，壬子，☆黄帝历一百七十年。
前 2528 年，癸丑，☆黄帝历一百七十一年。
前 2527 年，甲寅，☆黄帝历一百七十二年。
前 2526 年，乙卯，☆黄帝历一百七十三年。
前 2525 年，丙辰，☆黄帝历一百七十四年。
前 2524 年，丁巳，☆黄帝历一百七十五年。
前 2523 年，戊午，☆黄帝历一百七十六年。
前 2522 年，己未，☆黄帝历一百七十七年。
前 2521 年，庚申，☆黄帝历一百七十八年。
前 2520 年，辛酉，☆黄帝历一百七十九年。
前 2519 年，壬戌，☆黄帝历一百八十年。
前 2518 年，癸亥，☆黄帝历一百八十一年。

前 2517 年，甲子，☆黄帝历一百八十二年。
前 2516 年，乙丑，☆黄帝历一百八十三年。
前 2515 年，丙寅，☆黄帝历一百八十四年。
前 2514 年，丁卯，☆黄帝历一百八十五年。
前 2513 年，戊辰，☆黄帝历一百八十六年。
前 2512 年，己巳，☆黄帝历一百八十七年。
前 2511 年，庚午，☆黄帝历一百八十八年。
前 2510 年，辛未，☆黄帝历一百八十九年。
前 2509 年，壬申，☆黄帝历一百九十年。
前 2508 年，癸酉，☆黄帝历一百九十一年。
前 2507 年，甲戌，☆黄帝历一百九十二年。
前 2506 年，乙亥，☆黄帝历一百九十三年。

前 2505 年，丙子，☆黄帝历一百九十四年。
前 2504 年，丁丑，☆黄帝历一百九十五年。
前 2503 年，戊寅，☆黄帝历一百九十六年。
前 2502 年，己卯，☆黄帝历一百九十七年。
前 2501 年，庚辰，☆黄帝历一百九十八年。
前 2500 年，辛巳，☆黄帝历一百九十九年。

前2499年，壬午，☆黄帝历二百年。
前2498年，癸未，☆黄帝历二百〇一年。
前2497年，甲申，☆黄帝历二百〇二年。
前2496年，乙酉，☆黄帝历二百〇三年。
前2495年，丙戌，☆黄帝历二百〇四年。
前2494年，丁亥，☆黄帝历二百〇五年。

前2493年，戊子，☆黄帝历二百〇六年。
前2492年，己丑，☆黄帝历二百〇七年。
前2491年，庚寅，☆黄帝历二百〇八年。
前2490年，辛卯，☆黄帝历二百〇九年。
前2489年，壬辰，☆黄帝历二百一十年。
前2488年，癸巳，☆黄帝历二百一十一年。
前2487年，甲午，☆黄帝历二百一十二年。
前2486年，乙未，☆黄帝历二百一十三年。
前2485年，丙申，☆黄帝历二百一十四年。
前2484年，丁酉，☆黄帝历二百一十五年。
前2483年，戊戌，☆黄帝历二百一十六年。
前2482年，己亥，☆黄帝历二百一十七年。

前2481年，庚子，☆黄帝历二百一十八年。
前2480年，辛丑，☆黄帝历二百一十九年。
前2479年，壬寅，☆黄帝历二百二十年。
前2478年，癸卯，☆黄帝历二百二十一年。
前2477年，甲辰，☆黄帝历二百二十二年。
前2476年，乙巳，☆黄帝历二百二十三年。
前2475年，丙午，☆黄帝历二百二十四年。
前2474年，丁未，☆黄帝历二百二十五年。
前2473年，戊申，☆黄帝历二百二十六年。
前2472年，己酉，☆黄帝历二百二十七年。
前2471年，庚戌，☆黄帝历二百二十八年。
前2470年，辛亥，☆黄帝历二百二十九年。

前2469年，壬子，☆黄帝历二百三十年。
前2468年，癸丑，☆黄帝历二百三十一年。
前2467年，甲寅，☆黄帝历二百三十二年。
前2466年，乙卯，☆黄帝历二百三十三年。

前 2465 年，丙辰，☆黄帝历二百三十四年。
前 2464 年，丁巳，☆黄帝历二百三十五年。
前 2463 年，戊午，☆黄帝历二百三十六年。
前 2462 年，己未，☆黄帝历二百三十七年。
前 2461 年，庚申，☆黄帝历二百三十八年。
前 2460 年，辛酉，☆黄帝历二百三十九年。
前 2459 年，壬戌，☆黄帝历二百四十年。
前 2458 年，癸亥，☆黄帝历二百四十一年。

前 2457 年，甲子，☆黄帝历二百四十二年。
前 2456 年，乙丑，☆黄帝历二百四十三年。
前 2455 年，丙寅，☆黄帝历二百四十四年。
前 2454 年，丁卯，☆黄帝历二百四十五年。
前 2453 年，戊辰，☆黄帝历二百四十六年。
前 2452 年，己巳，☆黄帝历二百四十七年。
前 2451 年，庚午，☆黄帝历二百四十八年。

前 2450 年，辛未，☆黄帝历二百四十九年。翦伯赞主编《中外历史年表》认定是岁为颛顼元年。颛顼为黄帝之孙，号高阳。颛顼之子老童乃楚之先祖[1]。《现代汉语词典》（第 5 版）附录《我国历代纪元表》把黄帝、颛顼、帝喾、尧、舜合称为“五帝”[2]。

前 2449 年，壬申，☆黄帝历二百五十年。
前 2448 年，癸酉，☆黄帝历二百五十一年。
前 2447 年，甲戌，☆黄帝历二百五十二年。
前 2446 年，乙亥，☆黄帝历二百五十三年。

前 2445 年，丙子，☆黄帝历二百五十四年。
前 2444 年，丁丑，☆黄帝历二百五十五年。
前 2443 年，戊寅，☆黄帝历二百五十六年。
前 2442 年，己卯，☆黄帝历二百五十七年。
前 2441 年，庚辰，☆黄帝历二百五十八年。
前 2440 年，辛巳，☆黄帝历二百五十九年。
前 2439 年，壬午，☆黄帝历二百六十年。
前 2438 年，癸未，☆黄帝历二百六十一年。
前 2437 年，甲申，☆黄帝历二百六十二年。
前 2436 年，乙酉，☆黄帝历二百六十三年。

1 见翦伯赞主编《中外历史年表》，第 3 页，中华书局，2008 年版。
2 见中国社会科学院语言研究所词典编辑室编《现代汉语词典》（第 5 版），附录，商务印书馆，2005 年版。

前2435年，丙戌，☆黄帝历二百六十四年。
前2434年，丁亥，☆黄帝历二百六十五年。

前2433年，戊子，☆黄帝历二百六十六年。
前2432年，己丑，☆黄帝历二百六十七年。
前2431年，庚寅，☆黄帝历二百六十八年。
前2430年，辛卯，☆黄帝历二百六十九年。
前2429年，壬辰，☆黄帝历二百七十年。
前2428年，癸巳，☆黄帝历二百七十一年。
前2427年，甲午，☆黄帝历二百七十二年。
前2426年，乙未，☆黄帝历二百七十三年。
前2425年，丙申，☆黄帝历二百七十四年。
前2424年，丁酉，☆黄帝历二百七十五年。
前2423年，戊戌，☆黄帝历二百七十六年。
前2422年，己亥，☆黄帝历二百七十七年。

前2421年，庚子，☆黄帝历二百七十八年。
前2420年，辛丑，☆黄帝历二百七十九年。
前2419年，壬寅，☆黄帝历二百八十年。
前2418年，癸卯，☆黄帝历二百八十一年。
前2417年，甲辰[1]，☆黄帝历二百八十二年。
前2416年，乙巳，☆黄帝历二百八十三年。
前2415年，丙午，☆黄帝历二百八十四年。
前2414年，丁未，☆黄帝历二百八十五年。
前2413年，戊申，☆黄帝历二百八十六年。
前2412年，己酉，☆黄帝历二百八十七年。
前2411年，庚戌，☆黄帝历二百八十八年。
前2410年，辛亥，☆黄帝历二百八十九年。

前2409年，壬子，☆黄帝历二百九十年。
前2408年，癸丑，☆黄帝历二百九十一年。
前2407年，甲寅，☆黄帝历二百九十二年。
前2406年，乙卯，☆黄帝历二百九十三年。
前2405年，丙辰，☆黄帝历二百九十四年。

1　朝鲜文人徐居正《笔苑杂记》云："唐尧元年甲辰，至洪武元年戊申（1368），总三千七百八十五年。檀君元年戊辰，至我太祖元年壬申（1392），亦三千七百八十五年"。其中"唐尧元年甲辰"当为是岁（前2417年）。2417+1368=3785。见徐居正《笔苑杂记》，〔韩〕《大东野乘》卷之三。参见本年历"前2297年"脚注。

前 2404 年，丁巳，☆黄帝历二百九十五年。
前 2403 年，戊午，☆黄帝历二百九十六年。
前 2402 年，己未，☆黄帝历二百九十七年。
前 2401 年，庚申，☆黄帝历二百九十八年。
前 2400 年，辛酉，☆黄帝历二百九十九年。
前 2399 年，壬戌，☆黄帝历三百年。
前 2398 年，癸亥，☆黄帝历三百〇一年。

前 2397 年，甲子，☆黄帝历三百〇二年。
前 2396 年，乙丑，☆黄帝历三百〇三年。
前 2395 年，丙寅，☆黄帝历三百〇四年。
前 2394 年，丁卯，☆黄帝历三百〇五年。
前 2393 年，戊辰，☆黄帝历三百〇六年[1]。
前 2392 年，己巳，☆黄帝历三百〇七年。
前 2391 年，庚午，☆黄帝历三百〇八年。
前 2390 年，辛未，☆黄帝历三百〇九年。
前 2389 年，壬申，☆黄帝历三百一十年。
前 2388 年，癸酉，☆黄帝历三百一十一年。
前 2387 年，甲戌，☆黄帝历三百一十二年。
前 2386 年，乙亥，☆黄帝历三百一十三年。

前 2385 年，丙子，☆黄帝历三百一十四年。
前 2384 年，丁丑，☆黄帝历三百一十五年。
前 2383 年，戊寅，☆黄帝历三百一十六年。
前 2382 年，己卯，☆黄帝历三百一十七年。
前 2381 年，庚辰，☆黄帝历三百一十八年。
前 2380 年，辛巳，☆黄帝历三百一十九年。
前 2379 年，壬午，☆黄帝历三百二十年。
前 2378 年，癸未，☆黄帝历三百二十一年。
前 2377 年，甲申，☆黄帝历三百二十二年。
前 2376 年，乙酉，☆黄帝历三百二十三年。
前 2375 年，丙戌，☆黄帝历三百二十四年。
前 2374 年，丁亥，☆黄帝历三百二十五年。

1 朝鲜文人徐居正《笔苑杂记》云："唐尧元年甲辰，至洪武元年戊申（1368），总三千七百八十五年。檀君元年戊辰，至我太祖元年壬申（1392），亦三千七百八十五年"。依此说，则檀君元年当为是岁（公元前 2393 年）。见徐居正《笔苑杂记》，〔韩〕《大东野乘》卷之三。

前2373年，戊子，☆黄帝历三百二十六年。

前2372年，己丑，☆黄帝历三百二十七年。翦伯赞主编《中外历史年表》认定，是岁为帝喾元年。帝喾乃黄帝曾孙[1]。《大戴礼·帝系》："少典产轩辕，是为黄帝。黄帝产玄嚣，玄嚣产蟜极，蟜极产高辛，是为帝喾"。帝喾之妃子简狄吞燕卵而生契，契即商人先祖。朝鲜半岛的"建国神话"中，"卵生"是最明显的特征。

前2371年，庚寅，☆黄帝历三百二十八年。

前2370年，辛卯，☆黄帝历三百二十九年。

前2369年，壬辰，☆黄帝历三百三十年。

前2368年，癸巳，☆黄帝历三百三十一年。

前2367年，甲午，☆黄帝历三百三十二年。

前2366年，乙未，☆黄帝历三百三十三年。

前2365年，丙申，☆黄帝历三百三十四年。

前2364年，丁酉，☆黄帝历三百三十五年。

前2363年，戊戌，☆黄帝历三百三十六年。

前2362年，己亥，☆黄帝历三百三十七年。

前2361年，庚子，☆黄帝历三百三十八年。

前2360年，辛丑，☆黄帝历三百三十九年。

前2359年，壬寅，☆黄帝历三百四十年。

前2358年，癸卯，☆黄帝历三百四十一年。

前2357年，甲辰，☆黄帝历三百四十二年。

前2356年，乙巳，☆黄帝历三百四十三年。

前2355年，丙午，☆黄帝历三百四十四年。

前2354年，丁未，☆黄帝历三百四十五年。

前2353年，戊申，☆黄帝历三百四十六年。

前2352年，己酉，☆黄帝历三百四十七年。

前2351年，庚戌，☆黄帝历三百四十八年。

前2350年，辛亥，☆黄帝历三百四十九年。

前2349年，壬子，☆黄帝历三百五十年。

前2348年，癸丑，☆黄帝历三百五十一年。

前2347年，甲寅，☆黄帝历三百五十二年。

前2346年，乙卯，☆黄帝历三百五十三年。

前2345年，丙辰，☆黄帝历三百五十四年。

前2344年，丁巳，☆黄帝历三百五十五年。

1 见翦伯赞主编《中外历史年表》，第3页，中华书局，2008年版。

前2343年，戊午，☆黄帝历三百五十六年。
前2342年，己未，☆黄帝历三百五十七年。
前2341年，庚申，☆黄帝历三百五十八年。
前2340年，辛酉，☆黄帝历三百五十九年。
前2339年，壬戌，☆黄帝历三百六十年。
前2338年，癸亥，☆黄帝历三百六十一年。

前2337年，甲子，☆黄帝历三百六十二年。
前2336年，乙丑，☆黄帝历三百六十三年。
前2335年，丙寅，☆黄帝历三百六十四年。
前2334年，丁卯，☆黄帝历三百六十五年。

公元前2333年，戊辰，☆黄帝历三百六十六年；◇檀君历一年。高丽僧人一然《三国遗事》卷一《纪异·古朝鲜》中有檀君专论[1]。1948年韩国第一次国会会议认定，公元前2333年为檀君元年。本年历中，檀君元年与黄帝元年相距365年，即2333+365=2698。现今朝鲜民主主义人民共和国与大韩民国皆以每年公历10月3日为“开天节”，纪念檀君。

前2332年，己巳，☆黄帝历三百六十七年；◇檀君历二年。
前2331年，庚午，☆黄帝历三百六十八年；◇檀君历三年。
前2330年，辛未，☆黄帝历三百六十九年；◇檀君历四年。
前2329年，壬申，☆黄帝历三百七十年；◇檀君历五年。
前2328年，癸酉，☆黄帝历三百七十一年；◇檀君历六年。
前2327年，甲戌，☆黄帝历三百七十二年；◇檀君历七年。
前2326年，乙亥，☆黄帝历三百七十三年；◇檀君历八年。

前2325年，丙子，☆黄帝历三百七十四年；◇檀君历九年。
前2324年，丁丑，☆黄帝历三百七十五年；◇檀君历十年。
前2323年，戊寅，☆黄帝历三百七十六年；◇檀君历十一年。
前2322年，己卯，☆黄帝历三百七十七年；◇檀君历十二年。
前2321年，庚辰，☆黄帝历三百七十八年；◇檀君历十三年。
前2320年，辛巳，☆黄帝历三百七十九年；◇檀君历十四年。
前2319年，壬午，☆黄帝历三百八十年；◇檀君历十五年。
前2318年，癸未，☆黄帝历三百八十一年；◇檀君历十六年。
前2317年，甲申，☆黄帝历三百八十二年；◇檀君历十七年。
前2316年，乙酉，☆黄帝历三百八十三年；◇檀君历十八年。
前2315年，丙戌，☆黄帝历三百八十四年；◇檀君历十九年。
前2314年，丁亥，☆黄帝历三百八十五年；◇檀君历二十年。

1 见〔韩〕一然原著，崔南善编《三国遗事》，第33–34页，瑞文文化社，1999年版。但高丽文人金富轼《三国史记》中并无檀君专论。

前 2313 年，戊子，☆黄帝历三百八十六年；◇檀君历二十一年。

前 2312 年，己丑，☆黄帝历三百八十七年；◇檀君历二十二年。

前 2311 年，庚寅，☆黄帝历三百八十八年；◇檀君历二十三年。

前 2310 年，辛卯，☆黄帝历三百八十九年；◇檀君历二十四年。

前 2309 年，壬辰，☆黄帝历三百九十年；◇檀君历二十五年。

前 2308 年，癸巳，☆黄帝历三百九十一年；◇檀君历二十六年。

前 2307 年，甲午，☆黄帝历三百九十二年；◇檀君历二十七年。

前 2306 年，乙未，☆黄帝历三百九十三年；◇檀君历二十八年。

前 2305 年，丙申，☆黄帝历三百九十四年；◇檀君历二十九年。

前 2304 年，丁酉，☆黄帝历三百九十五年；◇檀君历三十年。

前 2303 年，戊戌，☆黄帝历三百九十六年；◇檀君历三十一年。

前 2302 年，己亥，☆黄帝历三百九十七年；◇檀君历三十二年。

前 2301 年，庚子，☆黄帝历三百九十八年；◇檀君历三十三年。

前 2300 年，辛丑，☆黄帝历三百九十九年；◇檀君历三十四年。

前 2299 年，壬寅，☆黄帝历四百年；◇檀君历三十五年。

前 2298 年，癸卯，☆黄帝历四百〇一年；◇檀君历三十六年。

前 2297 年，甲辰，☆黄帝历四百〇二年。翦伯赞主编《中外历史年表》认定，是岁为尧元年[1]；◇檀君历三十七年[2]。

前 2296 年，乙巳，☆黄帝历四百〇三年；◇檀君历三十八年。

前 2295 年，丙午，☆黄帝历四百〇四年；◇檀君历三十九年。

前 2294 年，丁未，☆黄帝历四百〇五年；◇檀君历四十年。

前 2293 年，戊申，☆黄帝历四百〇六年；◇檀君历四十一年。

前 2292 年，己酉，☆黄帝历四百〇七年；◇檀君历四十二年。

前 2291 年，庚戌，☆黄帝历四百〇八年；◇檀君历四十三年。

前 2290 年，辛亥，☆黄帝历四百〇九年；◇檀君历四十四年。

前 2289 年，壬子，☆黄帝历四百一十年；◇檀君历四十五年。

前 2288 年，癸丑，☆黄帝历四百一十一年；◇檀君历四十六年。

前 2287 年，甲寅，☆黄帝历四百一十二年；◇檀君历四十七年。

前 2286 年，乙卯，☆黄帝历四百一十三年；◇檀君历四十八年。

---

1 见翦伯赞主编《中外历史年表》，第 3 页，中华书局，2008 年版。朝鲜文人徐居正《笔苑杂记》有“唐尧元年甲辰”句。见徐居正《笔苑杂记》，〔韩〕《大东野乘》卷之三。

2 朝鲜文人徐居正《笔苑杂记》云：“唐尧元年甲辰（前 2297 年，依翦伯赞教授说）至洪武元年戊申（1368），总三千七百八十五年。檀君元年戊辰（前 2333 年）至我太祖元年壬申（1392），亦三千七百八十五年。吾东方历年之数，大概与中国相同”。见徐居正《笔苑杂记》，〔韩〕《大东野乘》卷之三（括号内文字乃笔者所加）。看来徐居正所说“唐尧元年甲辰”似是指公元前 2417 年，2417+1368=3785。徐居正心目中的“唐尧元年”需比翦伯赞教授所定提早 120 年、“檀君元年”要比韩国国会所定提前 60 年，即唐尧元年为前 2417 年，檀君元年为前 2393 年。2393+1392=3785。另参见朝鲜文人许筠《海东野言》(一)，〔韩〕《大东野乘》卷之七。

前 2285 年，丙辰，☆黄帝历四百一十四年；◇檀君历四十九年。
前 2284 年，丁巳，☆黄帝历四百一十五年；◇檀君历五十年。
前 2283 年，戊午，☆黄帝历四百一十六年；◇檀君历五十一年。
前 2282 年，己未，☆黄帝历四百一十七年；◇檀君历五十二年。
前 2281 年，庚申，☆黄帝历四百一十八年；◇檀君历五十三年。
前 2280 年，辛酉，☆黄帝历四百一十九年；◇檀君历五十四年。
前 2279 年，壬戌，☆黄帝历四百二十年；◇檀君历五十五年。
前 2278 年，癸亥，☆黄帝历四百二十一年；◇檀君历五十六年。

前 2277 年，甲子，☆黄帝历四百二十二年；◇檀君历五十七年。
前 2276 年，乙丑，☆黄帝历四百二十三年；◇檀君历五十八年。
前 2275 年，丙寅，☆黄帝历四百二十四年；◇檀君历五十九年。
前 2274 年，丁卯，☆黄帝历四百二十五年；◇檀君历六十年。
前 2273 年，戊辰，☆黄帝历四百二十六年；◇檀君历六十一年。
前 2272 年，己巳，☆黄帝历四百二十七年；◇檀君历六十二年。
前 2271 年，庚午，☆黄帝历四百二十八年；◇檀君历六十三年。
前 2270 年，辛未，☆黄帝历四百二十九年；◇檀君历六十四年。
前 2269 年，壬申，☆黄帝历四百三十年；◇檀君历六十五年。
前 2268 年，癸酉，☆黄帝历四百三十一年；◇檀君历六十六年。
前 2267 年，甲戌，☆黄帝历四百三十二年；◇檀君历六十七年。
前 2266 年，乙亥，☆黄帝历四百三十三年；◇檀君历六十八年。

前 2265 年，丙子，☆黄帝历四百三十四年；◇檀君历六十九年。
前 2264 年，丁丑，☆黄帝历四百三十五年；◇檀君历七十年。
前 2263 年，戊寅，☆黄帝历四百三十六年；◇檀君历七十一年。
前 2262 年，己卯，☆黄帝历四百三十七年；◇檀君历七十二年。
前 2261 年，庚辰，☆黄帝历四百三十八年；◇檀君历七十三年。
前 2260 年，辛巳，☆黄帝历四百三十九年；◇檀君历七十四年。
前 2259 年，壬午，☆黄帝历四百四十年；◇檀君历七十五年。
前 2258 年，癸未，☆黄帝历四百四十一年；◇檀君历七十六年。
前 2257 年，甲申，☆黄帝历四百四十二年；◇檀君历七十七年。
前 2256 年，乙酉，☆黄帝历四百四十三年；◇檀君历七十八年。
前 2255 年，丙戌，☆黄帝历四百四十四年；◇檀君历七十九年。
前 2254 年，丁亥，☆黄帝历四百四十五年；◇檀君历八十年。

前 2253 年，戊子，☆黄帝历四百四十六年；◇檀君历八十一年。
前 2252 年，己丑，☆黄帝历四百四十七年；◇檀君历八十二年。

前2251年，庚寅，☆黄帝历四百四十八年；◇檀君历八十三年。
前2250年，辛卯，☆黄帝历四百四十九年；◇檀君历八十四年。
前2249年，壬辰，☆黄帝历四百五十年；◇檀君历八十五年。
前2248年，癸巳，☆黄帝历四百五十一年；◇檀君历八十六年。
前2247年，甲午，☆黄帝历四百五十二年；◇檀君历八十七年。
前2246年，乙未，☆黄帝历四百五十三年；◇檀君历八十八年。
前2245年，丙申，☆黄帝历四百五十四年；◇檀君历八十九年。
前2244年，丁酉，☆黄帝历四百五十五年；◇檀君历九十年。
前2243年，戊戌，☆黄帝历四百五十六年；◇檀君历九十一年。
前2242年，己亥，☆黄帝历四百五十七年；◇檀君历九十二年。

前2241年，庚子，☆黄帝历四百五十八年；◇檀君历九十三年。
前2240年，辛丑，☆黄帝历四百五十九年；◇檀君历九十四年。
前2239年，壬寅，☆黄帝历四百六十年；◇檀君历九十五年。
前2238年，癸卯，☆黄帝历四百六十一年；◇檀君历九十六年。
前2237年，甲辰，☆黄帝历四百六十二年；◇檀君历九十七年。
前2236年，乙巳，☆黄帝历四百六十三年；◇檀君历九十八年。
前2235年，丙午，☆黄帝历四百六十四年；◇檀君历九十九年。
前2234年，丁未，☆黄帝历四百六十五年；◇檀君历一百年。
前2233年，戊申，☆黄帝历四百六十六年；◇檀君历一百〇一年。
前2232年，己酉，☆黄帝历四百六十七年；◇檀君历一百〇二年。
前2231年，庚戌，☆黄帝历四百六十八年；◇檀君历一百〇三年。
前2230年，辛亥，☆黄帝历四百六十九年；◇檀君历一百〇四年。

前2229年，壬子，☆黄帝历四百七十年；◇檀君历一百〇五年。
前2228年，癸丑，☆黄帝历四百七十一年；◇檀君历一百〇六年。
前2227年，甲寅，☆黄帝历四百七十二年；◇檀君历一百〇七年。
前2226年，乙卯，☆黄帝历四百七十三年；◇檀君历一百〇八年。
前2225年，丙辰，☆黄帝历四百七十四年；◇檀君历一百〇九年。
前2224年，丁巳，☆黄帝历四百七十五年；◇檀君历一百一十年。
前2223年，戊午，☆黄帝历四百七十六年；◇檀君历一百一十一年。
前2222年，己未，☆黄帝历四百七十七年；◇檀君历一百一十二年。
前2221年，庚申，☆黄帝历四百七十八年；◇檀君历一百一十三年。
前2220年，辛酉，☆黄帝历四百七十九年；◇檀君历一百一十四年。
前2219年，壬戌，☆黄帝历四百八十年；◇檀君历一百一十五年。
前2218年，癸亥，☆黄帝历四百八十一年；◇檀君历一百一十六年。

前2217年，甲子，☆黄帝历四百八十二年；◇檀君历一百一十七年。
前2216年，乙丑，☆黄帝历四百八十三年；◇檀君历一百一十八年。
前2215年，丙寅，☆黄帝历四百八十四年；◇檀君历一百一十九年。
前2214年，丁卯，☆黄帝历四百八十五年；◇檀君历一百二十年。
前2213年，戊辰，☆黄帝历四百八十六年；◇檀君历一百二十一年。
前2212年，己巳，☆黄帝历四百八十七年；◇檀君历一百二十二年。
前2211年，庚午，☆黄帝历四百八十八年；◇檀君历一百二十三年。
前2210年，辛未，☆黄帝历四百八十九年；◇檀君历一百二十四年。
前2209年，壬申，☆黄帝历四百九十年；◇檀君历一百二十五年。
前2208年，癸酉，☆黄帝历四百九十一年；◇檀君历一百二十六年。
前2207年，甲戌，☆黄帝历四百九十二年；◇檀君历一百二十七年。
前2206年，乙亥，☆黄帝历四百九十三年；◇檀君历一百二十八年。

前2205年，丙子，☆黄帝历四百九十四年；◇檀君历一百二十九年。
前2204年，丁丑，☆黄帝历四百九十五年；◇檀君历一百三十年。
前2203年，戊寅，☆黄帝历四百九十六年；◇檀君历一百三十一年。
前2202年，己卯，☆黄帝历四百九十七年；◇檀君历一百三十二年。
前2201年，庚辰，☆黄帝历四百九十八年；◇檀君历一百三十三年。
前2200年，辛巳，☆黄帝历四百九十九年；◇檀君历一百三十四年。
前2199年，壬午，☆黄帝历五百年；◇檀君历一百三十五年。
前2198年，癸未，☆黄帝历五百〇一年；◇檀君历一百三十六年。
前2197年，甲申，☆黄帝历五百〇二年；◇檀君历一百三十七年。
前2196年，乙酉，☆黄帝历五百〇三年；◇檀君历一百三十八年。
前2195年，丙戌，☆黄帝历五百〇四年；◇檀君历一百三十九年。
前2194年，丁亥，☆黄帝历五百〇五年；◇檀君历一百四十年。

前2193年，戊子，☆黄帝历五百〇六年；◇檀君历一百四十一年。
前2192年，己丑，☆黄帝历五百〇七年；◇檀君历一百四十二年。
前2191年，庚寅，☆黄帝历五百〇八年；◇檀君历一百四十三年。
前2190年，辛卯，☆黄帝历五百〇九年；◇檀君历一百四十四年。
前2189年，壬辰，☆黄帝历五百一十年；◇檀君历一百四十五年。
前2188年，癸巳，☆黄帝历五百一十一年；◇檀君历一百四十六年。
前2187年，甲午，☆黄帝历五百一十二年；◇檀君历一百四十七年。
前2186年，乙未，☆黄帝历五百一十三年；◇檀君历一百四十八年。
前2185年，丙申，☆黄帝历五百一十四年；◇檀君历一百四十九年。
前2184年，丁酉，☆黄帝历五百一十五年；◇檀君历一百五十年。
前2183年，戊戌，☆黄帝历五百一十六年；◇檀君历一百五十一年。

前2182年，己亥，☆黄帝历五百一十七年；◇檀君历一百五十二年。

前2181年，庚子，☆黄帝历五百一十八年；◇檀君历一百五十三年。

前2180年，辛丑，☆黄帝历五百一十九年；◇檀君历一百五十四年。

前2179年，壬寅，☆黄帝历五百二十年。翦伯赞主编《中外历史年表》认定，是岁为舜元年[1]；◇檀君历一百五十五年。

前2178年，癸卯，☆黄帝历五百二十一年；◇檀君历一百五十六年。

前2177年，甲辰，☆黄帝历五百二十二年；◇檀君历一百五十七年。

前2176年，乙巳，☆黄帝历五百二十三年；◇檀君历一百五十八年。

前2175年，丙午，☆黄帝历五百二十四年；◇檀君历一百五十九年。

前2174年，丁未，☆黄帝历五百二十五年；◇檀君历一百六十年。

前2173年，戊申，☆黄帝历五百二十六年；◇檀君历一百六十一年。

前2172年，己酉，☆黄帝历五百二十七年；◇檀君历一百六十二年。

前2171年，庚戌，☆黄帝历五百二十八年；◇檀君历一百六十三年。

前2170年，辛亥，☆黄帝历五百二十九年；◇檀君历一百六十四年。

前2169年，壬子，☆黄帝历五百三十年；◇檀君历一百六十五年。

前2168年，癸丑，☆黄帝历五百三十一年；◇檀君历一百六十六年。

前2167年，甲寅，☆黄帝历五百三十二年；◇檀君历一百六十七年。

前2166年，乙卯，☆黄帝历五百三十三年；◇檀君历一百六十八年。

前2165年，丙辰，☆黄帝历五百三十四年；◇檀君历一百六十九年。

前2164年，丁巳，☆黄帝历五百三十五年；◇檀君历一百七十年。

前2163年，戊午，☆黄帝历五百三十六年；◇檀君历一百七十一年。

前2162年，己未，☆黄帝历五百三十七年；◇檀君历一百七十二年。

前2161年，庚申，☆黄帝历五百三十八年；◇檀君历一百七十三年。

前2160年，辛酉，☆黄帝历五百三十九年；◇檀君历一百七十四年。

前2159年，壬戌，☆黄帝历五百四十年；◇檀君历一百七十五年。

前2158年，癸亥，☆黄帝历五百四十一年；◇檀君历一百七十六年。

前2157年，甲子，☆黄帝历五百四十二年；◇檀君历一百七十七年。

前2156年，乙丑，☆黄帝历五百四十三年；◇檀君历一百七十八年。

前2155年，丙寅，☆黄帝历五百四十四年；◇檀君历一百七十九年。

前2154年，丁卯，☆黄帝历五百四十五年；◇檀君历一百八十年。

前2153年，戊辰，☆黄帝历五百四十六年；◇檀君历一百八十一年。

前2152年，己巳，☆黄帝历五百四十七年；◇檀君历一百八十二年。

1　见翦伯赞主编《中外历史年表》，第4页，中华书局，2008年版。

前2151年，庚午，☆黄帝历五百四十八年；◇檀君历一百八十三年。
前2150年，辛未，☆黄帝历五百四十九年；◇檀君历一百八十四年。
前2149年，壬申，☆黄帝历五百五十年；◇檀君历一百八十五年。
前2148年，癸酉，☆黄帝历五百五十一年；◇檀君历一百八十六年。
前2147年，甲戌，☆黄帝历五百五十二年；◇檀君历一百八十七年。
前2146年，乙亥，☆黄帝历五百五十三年；◇檀君历一百八十八年。

前2145年，丙子，☆黄帝历五百五十四年；◇檀君历一百八十九年。
前2144年，丁丑，☆黄帝历五百五十五年；◇檀君历一百九十年。
前2143年，戊寅，☆黄帝历五百五十六年；◇檀君历一百九十一年。
前2142年，己卯，☆黄帝历五百五十七年；◇檀君历一百九十二年。
前2141年，庚辰，☆黄帝历五百五十八年；◇檀君历一百九十三年。
前2140年，辛巳，☆黄帝历五百五十九年。翦伯赞主编《中外历史年表》认定，是岁为禹元年[1]；◇檀君历一百九十四年。
前2139年，壬午，☆黄帝历五百六十年；◇檀君历一百九十五年。
前2138年，癸未，☆黄帝历五百六十一年；◇檀君历一百九十六年。
前2137年，甲申，☆黄帝历五百六十二年；◇檀君历一百九十七年。
前2136年，乙酉，☆黄帝历五百六十三年；◇檀君历一百九十八年。
前2135年，丙戌，☆黄帝历五百六十四年；◇檀君历一百九十九年。
前2134年，丁亥，☆黄帝历五百六十五年；◇檀君历二百年。

前2133年，戊子，☆黄帝历五百六十六年；◇檀君历二百〇一年。
前2132年，己丑，☆黄帝历五百六十七年；◇檀君历二百〇二年。
前2131年，庚寅，☆黄帝历五百六十八年；◇檀君历二百〇三年。
前2130年，辛卯，☆黄帝历五百六十九年；◇檀君历二百〇四年。
前2129年，壬辰，☆黄帝历五百七十年；◇檀君历二百〇五年。
前2128年，癸巳，☆黄帝历五百七十一年；◇檀君历二百〇六年。
前2127年，甲午，☆黄帝历五百七十二年；◇檀君历二百〇七年。
前2126年，乙未，☆黄帝历五百七十三年；◇檀君历二百〇八年。
前2125年，丙申，☆黄帝历五百七十四年；◇檀君历二百〇九年。
前2124年，丁酉，☆黄帝历五百七十五年；◇檀君历二百一十年。
前2123年，戊戌，☆黄帝历五百七十六年；◇檀君历二百一十一年。
前2122年，己亥，☆黄帝历五百七十七年；◇檀君历二百一十二年。

前2121年，庚子，☆黄帝历五百七十八年；◇檀君历二百一十三年。

1 见翦伯赞主编《中外历史年表》，第4页，中华书局，2008年版。

前2120年，辛丑，☆黄帝历五百七十九年；◇檀君历二百一十四年。
前2119年，壬寅，☆黄帝历五百八十年；◇檀君历二百一十五年。
前2118年，癸卯，☆黄帝历五百八十一年；◇檀君历二百一十六年。
前2117年，甲辰，☆黄帝历五百八十二年；◇檀君历二百一十七年。
前2116年，乙巳，☆黄帝历五百八十三年；◇檀君历二百一十八年。
前2115年，丙午，☆黄帝历五百八十四年；◇檀君历二百一十九年。
前2114年，丁未，☆黄帝历五百八十五年；◇檀君历二百二十年。
前2113年，戊申，☆黄帝历五百八十六年；◇檀君历二百二十一年。
前2112年，己酉，☆黄帝历五百八十七年；◇檀君历二百二十二年。
前2111年，庚戌，☆黄帝历五百八十八年；◇檀君历二百二十三年。
前2110年，辛亥，☆黄帝历五百八十九年；◇檀君历二百二十四年。

前2109年，壬子，☆黄帝历五百九十年；◇檀君历二百二十五年。
前2108年，癸丑，☆黄帝历五百九十一年；◇檀君历二百二十六年。
前2107年，甲寅，☆黄帝历五百九十二年；◇檀君历二百二十七年。
前2106年，乙卯，☆黄帝历五百九十三年；◇檀君历二百二十八年。
前2105年，丙辰，☆黄帝历五百九十四年；◇檀君历二百二十九年。
前2104年，丁巳，☆黄帝历五百九十五年；◇檀君历二百三十年。
前2103年，戊午，☆黄帝历五百九十六年；◇檀君历二百三十一年。
前2102年，己未，☆黄帝历五百九十七年；◇檀君历二百三十二年。
前2101年，庚申，☆黄帝历五百九十八年；◇檀君历二百三十三年。
前2100年，辛酉，☆黄帝历五百九十九年；◇檀君历二百三十四年。
前2099年，壬戌，☆黄帝历六百年；◇檀君历二百三十五年。
前2098年，癸亥，☆黄帝历六百〇一年；◇檀君历二百三十六年。

前2097年，甲子，☆黄帝历六百〇二年；◇檀君历二百三十七年。
前2096年，乙丑，☆黄帝历六百〇三年；◇檀君历二百三十八年。
前2095年，丙寅，☆黄帝历六百〇四年。翦伯赞主编《中外历史年表》认定，是岁为启元年[1]；◇檀君历二百三十九年。
前2094年，丁卯，☆黄帝历六百〇五年；◇檀君历二百四十年。
前2093年，戊辰，☆黄帝历六百〇六年；◇檀君历二百四十一年。
前2092年，己巳，☆黄帝历六百〇七年；◇檀君历二百四十二年。
前2091年，庚午，☆黄帝历六百〇八年；◇檀君历二百四十三年。
前2090年，辛未，☆黄帝历六百〇九年；◇檀君历二百四十四年。
前2089年，壬申，☆黄帝历六百一十年；◇檀君历二百四十五年。

1　见翦伯赞主编《中外历史年表》，第5页，中华书局，2008年版。

前 2088 年，癸酉，☆黄帝历六百一十一年；◇檀君历二百四十六年。
前 2087 年，甲戌，☆黄帝历六百一十二年；◇檀君历二百四十七年。
前 2086 年，乙亥，☆黄帝历六百一十三年；◇檀君历二百四十八年。

前 2085 年，丙子，☆黄帝历六百一十四年。翦伯赞主编《中外历史年表》认定，是岁为太康元年[1]；◇檀君历二百四十九年。
前 2084 年，丁丑，☆黄帝历六百一十五年；◇檀君历二百五十年。
前 2083 年，戊寅，☆黄帝历六百一十六年；◇檀君历二百五十一年。
前 2082 年，己卯，☆黄帝历六百一十七年；◇檀君历二百五十二年。
前 2081 年，庚辰，☆黄帝历六百一十八年；◇檀君历二百五十三年。
前 2080 年，辛巳，☆黄帝历六百一十九年；◇檀君历二百五十四年。
前 2079 年，壬午，☆黄帝历六百二十年；◇檀君历二百五十五年。
前 2078 年，癸未，☆黄帝历六百二十一年；◇檀君历二百五十六年。
前 2077 年，甲申，☆黄帝历六百二十二年；◇檀君历二百五十七年。
前 2076 年，乙酉，☆黄帝历六百二十三年；◇檀君历二百五十八年。
前 2075 年，丙戌，☆黄帝历六百二十四年；◇檀君历二百五十九年。
前 2074 年，丁亥，☆黄帝历六百二十五年；◇檀君历二百六十年。

前 2073 年，戊子，☆黄帝历六百二十六年；◇檀君历二百六十一年。
前 2072 年，己丑，☆黄帝历六百二十七年；◇檀君历二百六十二年。
前 2071 年，庚寅，☆黄帝历六百二十八年；◇檀君历二百六十三年。
前 2070 年，辛卯，兔年。〔夏〕禹一年，☆黄帝历六百二十九年；◇檀君历二百六十四年。《夏商周年表》认定夏朝共历 470 年，时间是前 2070 至前 1600 年[2]。《竹书纪年》以为："自禹至桀十七世，有王与无王，用岁四百七十一年"，其所论与《夏商周年表》大体一致[3]。
前 2069 年，壬辰，〔夏〕禹二年，☆黄帝历六百三十年；◇檀君历二百六十五年。
前 2068 年，癸巳，〔夏〕禹三年，☆黄帝历六百三十一年；◇檀君历二百六十六年。
前 2067 年，甲午，〔夏〕禹四年，☆黄帝历六百三十二年；◇檀君历二百六十七年。
前 2066 年，乙未，〔夏〕禹五年，☆黄帝历六百三十三年；◇檀君历二百六十八年。
前 2065 年，丙申，〔夏〕禹六年，☆黄帝历六百三十四年；◇檀君历二百六十九年。
前 2064 年，丁酉，〔夏〕禹七年，☆黄帝历六百三十五年；◇檀君历二百七十年。
前 2063 年，戊戌，〔夏〕禹八年，☆黄帝历六百三十六年；◇檀君历二百七十一年。
前 2062 年，己亥，〔夏〕禹九年，☆黄帝历六百三十七年；◇檀君历二百七十二年。

1 见翦伯赞主编《中外历史年表》，第 5 页，中华书局，2008 年版。
2 参见李学勤教授主持"夏商周断代工程"2000 年 11 月 9 日正式公布的《夏商周年表》，载《新华字典》，商务印书馆，2004 年第 10 版。
3 参见李民、杨择令、孙顺琳、史道祥《古本竹书纪年译注》，第 246 页，中州古籍出版社，1989 年版。

前2061年，庚子，〔夏〕禹十年，☆黄帝历六百三十八年；◇檀君历二百七十三年。

前2060年，辛丑，〔夏〕禹十一年，☆黄帝历六百三十九年；◇檀君历二百七十四年。

前2059年，壬寅，〔夏〕禹十二年，☆黄帝历六百四十年；◇檀君历二百七十五年。

前2058年，癸卯，〔夏〕禹十三年，☆黄帝历六百四十一年；◇檀君历二百七十六年。

前2057年，甲辰，〔夏〕禹十四年，☆黄帝历六百四十二年；◇檀君历二百七十七年。

前2056年，乙巳，〔夏〕禹十五年，☆黄帝历六百四十三年。翦伯赞主编《中外历史年表》认定，是岁为仲康元年[1]；◇檀君历二百七十八年。

前2055年，丙午，〔夏〕禹十六年，☆黄帝历六百四十四年；◇檀君历二百七十九年。

前2054年，丁未，〔夏〕禹十七年，☆黄帝历六百四十五年；◇檀君历二百八十年。

前2053年，戊申，〔夏〕禹十八年，☆黄帝历六百四十六年；◇檀君历二百八十一年。

前2052年，己酉，〔夏〕禹十九年，☆黄帝历六百四十七年；◇檀君历二百八十二年。

前2051年，庚戌，〔夏〕禹二十年，☆黄帝历六百四十八年；◇檀君历二百八十三年。

前2050年，辛亥，〔夏〕禹二十一年，☆黄帝历六百四十九年；◇檀君历二百八十四年。

前2049年，壬子，〔夏〕禹二十二年，☆黄帝历六百五十年；◇檀君历二百八十五年。

前2048年，癸丑，〔夏〕禹二十三年，☆黄帝历六百五十一年；◇檀君历二百八十六年。

前2047年，甲寅，〔夏〕禹二十四年，☆黄帝历六百五十二年；◇檀君历二百八十七年。

前2046年，乙卯，〔夏〕禹二十五年，☆黄帝历六百五十三年；◇檀君历二百八十八年。

前2045年，丙辰，〔夏〕禹二十六年，☆黄帝历六百五十四年；◇檀君历二百八十九年。

前2044年，丁巳，〔夏〕禹二十七年，☆黄帝历六百五十五年；◇檀君历二百九十年。

前2043年，戊午，〔夏〕禹二十八年，☆黄帝历六百五十六年。翦伯赞主编《中外历史年表》认定，是岁为相元年[2]；◇檀君历二百九十一年。

前2042年，己未，〔夏〕禹二十九年，☆黄帝历六百五十七年；◇檀君历二百九十二年。

前2041年，庚申，〔夏〕禹三十年，☆黄帝历六百五十八年；◇檀君历二百九十三年。

前2040年，辛酉，〔夏〕禹三十一年，☆黄帝历六百五十九年；◇檀君历二百九十四年。

前2039年，壬戌，〔夏〕禹三十二年，☆黄帝历六百六十年；◇檀君历二百九十五年。

前2038年，癸亥，〔夏〕禹三十三年，☆黄帝历六百六十一年；◇檀君历二百九十六年。

前2037年，甲子，〔夏〕禹三十四年，☆黄帝历六百六十二年；◇檀君历二百九十七年。

前2036年，乙丑，〔夏〕禹三十五年，☆黄帝历六百六十三年；◇檀君历二百九十八年。

前2035年，丙寅，〔夏〕禹三十六年，☆黄帝历六百六十四年；◇檀君历二百九十九年。

前2034年，丁卯，〔夏〕禹三十七年，☆黄帝历六百六十五年；◇檀君历三百年。

前2033年，戊辰，〔夏〕禹三十八年，☆黄帝历六百六十六年；◇檀君历三百〇一年。

前2032年，己巳，〔夏〕禹三十九年，☆黄帝历六百六十七年；◇檀君历三百〇二年。

1 见翦伯赞主编《中外历史年表》，第5页，中华书局，2008年版。

2 见翦伯赞主编《中外历史年表》，第5页，中华书局，2008年版。

前2031年，庚午，〔夏〕禹四十年，☆黄帝历六百六十八年；◇檀君历三百〇三年。

前2030年，辛未，〔夏〕禹四十一年，☆黄帝历六百六十九年；◇檀君历三百〇四年。

前2029年，壬申，〔夏〕禹四十二年，☆黄帝历六百七十年；◇檀君历三百〇五年。

前2028年，癸酉，〔夏〕禹四十三年，☆黄帝历六百七十一年；◇檀君历三百〇六年。

前2027年，甲戌，〔夏〕禹四十四年，☆黄帝历六百七十二年；◇檀君历三百〇七年。

前2026年，乙亥，〔夏〕禹四十五年，☆黄帝历六百七十三年。翦伯赞主编《中外历史年表》认定，禹在位时间共45年[1]；◇檀君历三百〇八年。

前2025年，丙子，〔夏〕启一年，☆黄帝历六百七十四年；◇檀君历三百〇九年。

前2024年，丁丑，〔夏〕启二年，☆黄帝历六百七十五年；◇檀君历三百一十年。

前2023年，戊寅，〔夏〕启三年，☆黄帝历六百七十六年；◇檀君历三百一十一年。

前2022年，己卯，〔夏〕启四年，☆黄帝历六百七十七年；◇檀君历三百一十二年。

前2021年，庚辰，〔夏〕启五年，☆黄帝历六百七十八年；◇檀君历三百一十三年。

前2020年，辛巳，〔夏〕启六年，☆黄帝历六百七十九年；◇檀君历三百一十四年。

前2019年，壬午，〔夏〕启七年，☆黄帝历六百八十年；◇檀君历三百一十五年。

前2018年，癸未，〔夏〕启八年，☆黄帝历六百八十一年；◇檀君历三百一十六年。

前2017年，甲申，〔夏〕启九年，☆黄帝历六百八十二年；◇檀君历三百一十七年。

前2016年，乙酉，〔夏〕启十年，☆黄帝历六百八十三年。翦伯赞主编《中外历史年表》认定，启在位共10年[2]；◇檀君历三百一十八年。

前2015年，丙戌，〔夏〕太康一年，☆黄帝历六百八十四年。翦伯赞主编《中外历史年表》认定，是岁为少康元年[3]；◇檀君历三百一十九年。

前2014年，丁亥，〔夏〕太康二年，☆黄帝历六百八十五年；◇檀君历三百二十年。

前2013年，戊子，〔夏〕太康三年，☆黄帝历六百八十六年；◇檀君历三百二十一年。

前2012年，己丑，〔夏〕太康四年，☆黄帝历六百八十七年；◇檀君历三百二十二年。

前2011年，庚寅，〔夏〕太康五年，☆黄帝历六百八十八年；◇檀君历三百二十三年。

前2010年，辛卯，〔夏〕太康六年，☆黄帝历六百八十九年；◇檀君历三百二十四年。

前2009年，壬辰，〔夏〕太康七年，☆黄帝历六百九十年；◇檀君历三百二十五年。

前2008年，癸巳，〔夏〕太康八年，☆黄帝历六百九十一年；◇檀君历三百二十六年。

前2007年，甲午，〔夏〕太康九年，☆黄帝历六百九十二年；◇檀君历三百二十七年。

前2006年，乙未，〔夏〕太康十年，☆黄帝历六百九十三年；◇檀君历三百二十八年。

前2005年，丙申，〔夏〕太康十一年，☆黄帝历六百九十四年；◇檀君历三百二十九年。

前2004年，丁酉，〔夏〕太康十二年，☆黄帝历六百九十五年；◇檀君历三百三十年。

前2003年，戊戌，〔夏〕太康十三年，☆黄帝历六百九十六年；◇檀君历三百三十一年。

1 见翦伯赞主编《中外历史年表》，第4–5页，中华书局，2008年版。

2 见翦伯赞主编《中外历史年表》，第5页，中华书局，2008年版。

3 见翦伯赞主编《中外历史年表》，第5页，中华书局，2008年版。

前 2002 年，己亥，〔夏〕太康十四年，☆黄帝历六百九十七年；◇檀君历三百三十二年。

前 2001 年，庚子，〔夏〕太康十五年，☆黄帝历六百九十八年；◇檀君历三百三十三年。

公元前 2000 年，农历辛丑年，牛年，〔夏〕太康十六年，☆黄帝历六百九十九年；◇檀君历三百三十四年。

中国与朝韩五千年交流年历（二）

前1999年，壬寅，〔夏〕太康十七年，☆黄帝历七百年。翦伯赞主编《中外历史年表》认定，是岁为杼元年[1]；◇檀君历三百三十五年。

前1998年，癸卯，〔夏〕太康十八年，☆黄帝历七百〇一年；◇檀君历三百三十六年。

前1997年，甲辰，〔夏〕太康十九年，☆黄帝历七百〇二年；◇檀君历三百三十七年。

前1996年，乙巳，〔夏〕太康二十年。☆黄帝历七百〇三年；◇檀君历三百三十八年。

前1995年，丙午，〔夏〕太康二十一年，☆黄帝历七百〇四年；◇檀君历三百三十九年。

前1994年，丁未，〔夏〕太康二十二年，☆黄帝历七百〇五年；◇檀君历三百四十年。

前1993年，戊申，〔夏〕太康二十三年，☆黄帝历七百〇六年；◇檀君历三百四十一年。

前1992年，己酉，〔夏〕太康二十四年，☆黄帝历七百〇七年；◇檀君历三百四十二年。

前1991年，庚戌，〔夏〕太康二十五年，☆黄帝历七百〇八年；◇檀君历三百四十三年。

前1990年，辛亥，〔夏〕太康二十六年，☆黄帝历七百〇九年；◇檀君历三百四十四年。

前1989年，壬子，〔夏〕太康二十七年，☆黄帝历七百一十年；◇檀君历三百四十五年。

前1988年，癸丑，〔夏〕太康二十八年，☆黄帝历七百一十一年。翦伯赞主编《中外历史年表》认定，太康在位时间为29年[2]；◇檀君历三百四十六年。

前1987年，甲寅，〔夏〕仲康一年，☆黄帝历七百一十二年。“仲康”方诗铭《中国历史纪年表》作“中康”[3]；◇檀君历三百四十七年。

前1986年，乙卯，〔夏〕仲康二年，☆黄帝历七百一十三年；◇檀君历三百四十八年。

前1985年，丙辰，〔夏〕仲康三年，☆黄帝历七百一十四年；◇檀君历三百四十九年。

前1984年，丁巳，〔夏〕仲康四年，☆黄帝历七百一十五年；◇檀君历三百五十年。

前1983年，戊午，〔夏〕仲康五年，☆黄帝历七百一十六年；◇檀君历三百五十一年。

前1982年，己未，〔夏〕仲康六年，☆黄帝历七百一十七年；◇檀君历三百五十二年。

前1981年，庚申，〔夏〕仲康七年，☆黄帝历七百一十八年；◇檀君历三百五十三年。

前1980年，辛酉，〔夏〕仲康八年，☆黄帝历七百一十九年；◇檀君历三百五十四年。

前1979年，壬戌，〔夏〕仲康九年，☆黄帝历七百二十年；◇檀君历三百五十五年。

前1978年，癸亥，〔夏〕仲康十年，☆黄帝历七百二十一年；◇檀君历三百五十六年。

前1977年，甲子，〔夏〕仲康十一年，☆黄帝历七百二十二年。翦伯赞主编《中外历史年表》认定，是岁为槐元年[4]；◇檀君历三百五十七年。

前1976年，乙丑，〔夏〕仲康十二年，☆黄帝历七百二十三年；◇檀君历三百五十八年。

前1975年，丙寅，〔夏〕仲康十三年，☆黄帝历七百二十四年；◇檀君历三百五十九年。

前1974年，丁卯，〔夏〕仲康十四年，☆黄帝历七百二十五年。翦伯赞主编《中外历史年表》认定，仲康在位时间为13年[5]；◇檀君历三百六十年。

---

1 见翦伯赞主编《中外历史年表》，第5页，中华书局，2008年版。

2 见翦伯赞主编《中外历史年表》，第5页，中华书局，2008年版。

3 见方诗铭《中国历史纪年表》，附一《三代世系表》，上海辞书出版社，1980年版。

4 见翦伯赞主编《中外历史年表》，第5页，中华书局，2008年版。

5 见翦伯赞主编《中外历史年表》，第5页，中华书局，2008年版。

前 1973 年，戊辰，〔夏〕相一年，☆黄帝历七百二十六年；◇檀君历三百六十一年。

前 1972 年，己巳，〔夏〕相二年，☆黄帝历七百二十七年；◇檀君历三百六十二年。

前 1971 年，庚午，〔夏〕相三年，☆黄帝历七百二十八年；◇檀君历三百六十三年。

前 1970 年，辛未，〔夏〕相四年，☆黄帝历七百二十九年；◇檀君历三百六十四年。

前 1969 年，壬申，〔夏〕相五年，☆黄帝历七百三十年；◇檀君历三百六十五年。

前 1968 年，癸酉，〔夏〕相六年，☆黄帝历七百三十一年；◇檀君历三百六十六年。

前 1967 年，甲戌，〔夏〕相七年，☆黄帝历七百三十二年；◇檀君历三百六十七年。

前 1966 年，乙亥，〔夏〕相八年，☆黄帝历七百三十三年；◇檀君历三百六十八年。

前 1965 年，丙子，〔夏〕相九年，☆黄帝历七百三十四年；◇檀君历三百六十九年。

前 1964 年，丁丑，〔夏〕相十年，☆黄帝历七百三十五年；◇檀君历三百七十年。

前 1963 年，戊寅，〔夏〕相十一年，☆黄帝历七百三十六年；◇檀君历三百七十一年。

前 1962 年，己卯，〔夏〕相十二年，☆黄帝历七百三十七年；◇檀君历三百七十二年。

前 1961 年，庚辰，〔夏〕相十三年，☆黄帝历七百三十八年；◇檀君历三百七十三年。

前 1960 年，辛巳，〔夏〕相十四年，☆黄帝历七百三十九年；◇檀君历三百七十四年。

前 1959 年，壬午，〔夏〕相十五年，☆黄帝历七百四十年；◇檀君历三百七十五年。

前 1958 年，癸未，〔夏〕相十六年，☆黄帝历七百四十一年；◇檀君历三百七十六年。

前 1957 年，甲申，〔夏〕相十七年，☆黄帝历七百四十二年；◇檀君历三百七十七年。

前 1956 年，乙酉，〔夏〕相十八年，☆黄帝历七百四十三年；◇檀君历三百七十八年。

前 1955 年，丙戌，〔夏〕相十九年，☆黄帝历七百四十四年；◇檀君历三百七十九年。

前 1954 年，丁亥，〔夏〕相二十年，☆黄帝历七百四十五年；◇檀君历三百八十年。

前 1953 年，戊子，〔夏〕相二十一年，☆黄帝历七百四十六年；◇檀君历三百八十一年。

前 1952 年，己丑，〔夏〕相二十二年，☆黄帝历七百四十七年；◇檀君历三百八十二年。

前 1951 年，庚寅，〔夏〕相二十三年，☆黄帝历七百四十八年。翦伯赞主编《中外历史年表》认定，是岁为芒元年[1]；◇檀君历三百八十三年。

前 1950 年，辛卯，〔夏〕相二十四年，☆黄帝历七百四十九年；◇檀君历三百八十四年。

前 1949 年，壬辰，〔夏〕相二十五年，☆黄帝历七百五十年；◇檀君历三百八十五年。

前 1948 年，癸巳，〔夏〕相二十六年，☆黄帝历七百五十一年；◇檀君历三百八十六年。

前 1947 年，甲午，〔夏〕相二十七年，☆黄帝历七百五十二年；◇檀君历三百八十七年。

前 1946 年，乙未，〔夏〕相二十八年，☆黄帝历七百五十三年。翦伯赞主编《中外历史年表》认定，相在位时间为 28 年[2]；◇檀君历三百八十八年。

前 1945 年，丙申，〔夏〕后羿一年，☆黄帝历七百五十四年。翦伯赞主编《中外历史年表》、李学勤教授主持“夏商周断代工程”中无“后羿”、“寒浞”[3]。中国社科院语言研究所词典编辑

1 见翦伯赞主编《中外历史年表》，第 6 页，中华书局，2008 年版。

2 见翦伯赞主编《中外历史年表》，第 5 页，中华书局，2008 年版。

3 见翦伯赞主编《中外历史年表》，第 5–6 页，中华书局，2008 年版。

室编《现代汉语词典》(第5版)《附录·我国历代纪元表》在“相”与“少康”之间空两行[1]；◇檀君历三百八十九年。

前1944年，丁酉，〔夏〕后羿二年，☆黄帝历七百五十五年；◇檀君历三百九十年。

前1943年，戊戌，〔夏〕寒浞一年，☆黄帝历七百五十六年；◇檀君历三百九十一年。

前1942年，己亥，〔夏〕寒浞二年，☆黄帝历七百五十七年；◇檀君历三百九十二年。

前1941年，庚子，〔夏〕寒浞三年，☆黄帝历七百五十八年；◇檀君历三百九十三年。

前1940年，辛丑，〔夏〕寒浞四年，☆黄帝历七百五十九年；◇檀君历三百九十四年。

前1939年，壬寅，〔夏〕寒浞五年，☆黄帝历七百六十年；◇檀君历三百九十五年。

前1938年，癸卯，〔夏〕寒浞六年，☆黄帝历七百六十一年；◇檀君历三百九十六年。

前1937年，甲辰，〔夏〕寒浞七年，☆黄帝历七百六十二年；◇檀君历三百九十七年。

前1936年，乙巳，〔夏〕寒浞八年，☆黄帝历七百六十三年；◇檀君历三百九十八年。

前1935年，丙午，〔夏〕寒浞九年，☆黄帝历七百六十四年；◇檀君历三百九十九年。

前1034年，丁未，〔夏〕寒浞十年，☆黄帝历七百六十五年；◇檀君历四百年。

前1933年，戊申，〔夏〕寒浞十一年，☆黄帝历七百六十六年。翦伯赞主编《中外历史年表》认定，是岁为泄元年[2]；◇檀君历四百〇一年。

前1932年，己酉，〔夏〕寒浞十二年，☆黄帝历七百六十七年；◇檀君历四百〇二年。

前1931年，庚戌，〔夏〕寒浞十三年，☆黄帝历七百六十八年；◇檀君历四百〇三年。

前1930年，辛亥，〔夏〕寒浞十四年，☆黄帝历七百六十九年；◇檀君历四百〇四年。

前1929年，壬子，〔夏〕寒浞十五年，☆黄帝历七百七十年；◇檀君历四百〇五年。

前1928年，癸丑，〔夏〕寒浞十六年，☆黄帝历七百七十一年；◇檀君历四百〇六年。

前1927年，甲寅，〔夏〕寒浞十七年，☆黄帝历七百七十二年；◇檀君历四百〇七年。

前1926年，乙卯，〔夏〕寒浞十八年，☆黄帝历七百七十三年；◇檀君历四百〇八年。

前1925年，丙辰，〔夏〕寒浞十九年，☆黄帝历七百七十四年；◇檀君历四百〇九年。

前1924年，丁巳，〔夏〕寒浞二十年，☆黄帝历七百七十五年；◇檀君历四百一十年。

前1923年，戊午，〔夏〕寒浞二十一年，☆黄帝历七百七十六年；◇檀君历四百一十一年。

前1922年，己未，〔夏〕寒浞二十二年，☆黄帝历七百七十七年；◇檀君历四百一十二年。

前1921年，庚申，〔夏〕寒浞二十三年，☆黄帝历七百七十八年；◇檀君历四百一十三年。

前1920年，辛酉，〔夏〕寒浞二十四年，☆黄帝历七百七十九年；◇檀君历四百一十四年。

前1919年，壬戌，〔夏〕寒浞二十五年，☆黄帝历七百八十年；◇檀君历四百一十五年。

前1918年，癸亥，〔夏〕寒浞二十六年，☆黄帝历七百八十一年；◇檀君历四百一十六年。

前1917年，甲子，〔夏〕寒浞二十七年，☆黄帝历七百八十二年。翦伯赞主编《中外历史

1 见中国社会科学院语言研究所词典编辑室编《现代汉语词典》(第5版)，第1838页，商务印书馆，2005年版。

2 见翦伯赞主编《中外历史年表》，第6页，中华书局，2008年版。

年表》认定，是岁为不降元年[1]；◇檀君历四百一十七年。

前1916年，乙丑，〔夏〕寒浞二十八年，☆黄帝历七百八十三年；◇檀君历四百一十八年。

前1915年，丙寅，〔夏〕寒浞二十九年，☆黄帝历七百八十四年；◇檀君历四百一十九年。

前1914年，丁卯，〔夏〕寒浞三十年，☆黄帝历七百八十五年；◇檀君历四百二十年。

前1913年，戊辰，〔夏〕寒浞三十一年，☆黄帝历七百八十六年；◇檀君历四百二十一年。

前1912年，己巳，〔夏〕寒浞三十二年，☆黄帝历七百八十七年；◇檀君历四百二十二年。

前1911年，庚午，〔夏〕寒浞三十三年，☆黄帝历七百八十八年；◇檀君历四百二十三年。

前1910年，辛未，〔夏〕寒浞三十四年，☆黄帝历七百八十九年；◇檀君历四百二十四年。

前1909年，壬申，〔夏〕寒浞三十五年，☆黄帝历七百九十年；◇檀君历四百二十五年。

前1908年，癸酉，〔夏〕寒浞三十六年，☆黄帝历七百九十一年；◇檀君历四百二十六年。

前1907年，甲戌，〔夏〕寒浞三十七年，☆黄帝历七百九十二年；◇檀君历四百二十七年。

前1906年，乙亥，〔夏〕寒浞三十八年，☆黄帝历七百九十三年；◇檀君历四百二十八年。

前1905年，丙子，〔夏〕少康一年，☆黄帝历七百九十四年；◇檀君历四百二十九年。

前1904年，丁丑，〔夏〕少康二年，☆黄帝历七百九十五年；◇檀君历四百三十年。

前1903年，戊寅，〔夏〕少康三年，☆黄帝历七百九十六年；◇檀君历四百三十一年。

前1902年，己卯，〔夏〕少康四年，☆黄帝历七百九十七年；◇檀君历四百三十二年。

前1901年，庚辰，〔夏〕少康五年，☆黄帝历七百九十八年；◇檀君历四百三十三年。

前1900年，辛巳，〔夏〕少康六年，☆黄帝历七百九十九年；◇檀君历四百三十四年。

前1899年，壬午，〔夏〕少康七年，☆黄帝历八百年；◇檀君历四百三十五年。

前1898年，癸未，〔夏〕少康八年，☆黄帝历八百〇一年；◇檀君历四百三十六年。

前1897年，甲申，〔夏〕少康九年，☆黄帝历八百〇二年；◇檀君历四百三十七年。

前1896年，乙酉，〔夏〕少康十年，☆黄帝历八百〇三年；◇檀君历四百三十八年。

前1895年，丙戌，〔夏〕少康十一年，☆黄帝历八百〇四年；◇檀君历四百三十九年。

前1894年，丁亥，〔夏〕少康十二年，☆黄帝历八百〇五年；◇檀君历四百四十年。

前1893年，戊子，〔夏〕少康十三年，☆黄帝历八百〇六年；◇檀君历四百四十一年。

前1892年，己丑，〔夏〕少康十四年，☆黄帝历八百〇七年；◇檀君历四百四十二年。

前1891年，庚寅，〔夏〕少康十五年，☆黄帝历八百〇八年；◇檀君历四百四十三年。

前1890年，辛卯，〔夏〕少康十六年，☆黄帝历八百〇九年；◇檀君历四百四十四年。

前1889年，壬辰，〔夏〕少康十七年，☆黄帝历八百一十年；◇檀君历四百四十五年。

前1888年，癸巳，〔夏〕少康十八年，☆黄帝历八百一十一年；◇檀君历四百四十六年。

前1887年，甲午，〔夏〕少康十九年，☆黄帝历八百一十二年；◇檀君历四百四十七年。

前1886年，乙未，〔夏〕少康二十年，☆黄帝历八百一十三年；◇檀君历四百四十八年。

前1885年，丙申，〔夏〕少康二十一年，☆黄帝历八百一十四年。翦伯赞主编《中外历史

1　见翦伯赞主编《中外历史年表》，第6页，中华书局，2008年版。

年表》认定，少康在位16年[1]；◇檀君历四百四十九年。

前1884年，丁酉，〔夏〕予[2]一年，☆黄帝历八百一十五年；◇檀君历四百五十年。

前1883年，戊戌，〔夏〕予二年，☆黄帝历八百一十六年；◇檀君历四百五十一年。

前1882年，己亥，〔夏〕予三年，☆黄帝历八百一十七年；◇檀君历四百五十二年。

前1881年，庚子，〔夏〕予四年，☆黄帝历八百一十八年；◇檀君历四百五十三年。

前1880年，辛丑，〔夏〕予五年，☆黄帝历八百一十九年；◇檀君历四百五十四年。

前1879年，壬寅，〔夏〕予六年，☆黄帝历八百二十年；◇檀君历四百五十五年。

前1878年，癸卯，〔夏〕予七年，☆黄帝历八百二十一年；◇檀君历四百五十六年。

前1877年，甲辰，〔夏〕予八年，☆黄帝历八百二十二年；◇檀君历四百五十七年。

前1876年，乙巳，〔夏〕予九年，☆黄帝历八百二十三年；◇檀君历四百五十八年。

前1875年，丙午，〔夏〕予十年，☆黄帝历八百二十四年；◇檀君历四百五十九年。

前1874年，丁未，〔夏〕予十一年，☆黄帝历八百二十五年；◇檀君历四百六十年。

前1873年，戊申，〔夏〕予十二年，☆黄帝历八百二十六年；◇檀君历四百六十一年。

前1872年，己酉，〔夏〕予十三年，☆黄帝历八百二十七年；◇檀君历四百六十二年。

前1871年，庚戌，〔夏〕予十四年，☆黄帝历八百二十八年；◇檀君历四百六十三年。

前1870年，辛亥，〔夏〕予十五年，☆黄帝历八百二十九年；◇檀君历四百六十四年。

前1869年，壬子，〔夏〕予十六年，☆黄帝历八百三十年；◇檀君历四百六十五年。

前1868年，癸丑，〔夏〕予十七年，☆黄帝历八百三十一年。翦伯赞主编《中外历史年表》认定，杼（予）在位22年[3]；◇檀君历四百六十六年。

前1867年，甲寅，〔夏〕槐一年，☆黄帝历八百三十二年；◇檀君历四百六十七年。

前1866年，乙卯，〔夏〕槐二年，☆黄帝历八百三十三年；◇檀君历四百六十八年。

前1865年，丙辰，〔夏〕槐三年，☆黄帝历八百三十四年；◇檀君历四百六十九年。

前1864年，丁巳，〔夏〕槐四年，☆黄帝历八百三十五年；◇檀君历四百七十年。

前1863年，戊午，〔夏〕槐五年，☆黄帝历八百三十六年；◇檀君历四百七十一年。

前1862年，己未，〔夏〕槐六年，☆黄帝历八百三十七年；◇檀君历四百七十二年。

前1861年，庚申，〔夏〕槐七年，☆黄帝历八百三十八年；◇檀君历四百七十三年。

前1860年，辛酉，〔夏〕槐八年，☆黄帝历八百三十九年；◇檀君历四百七十四年。

前1859年，壬戌，〔夏〕槐九年，☆黄帝历八百四十年；◇檀君历四百七十五年。

前1858年，癸亥，〔夏〕槐十年，☆黄帝历八百四十一年。翦伯赞主编《中外历史年表》认定，是岁为扃元年[4]；◇檀君历四百七十六年。

1 见翦伯赞主编《中外历史年表》，第5页，中华书局，2008年版。

2 参见中国社会科学院语言研究所词典编辑室编《现代汉语词典》（第5版），第1838页，商务印书馆，2005年版。“予”亦作“杼”。

3 见翦伯赞主编《中外历史年表》，第6页，中华书局，2008年版。

4 见翦伯赞主编《中外历史年表》，第6页，中华书局，2008年版。

前 1857 年，甲子，〔夏〕槐十一年，☆黄帝历八百四十二年；◇檀君历四百七十七年。

前 1856 年，乙丑，〔夏〕槐十二年，☆黄帝历八百四十三年；◇檀君历四百七十八年。

前 1855 年，丙寅，〔夏〕槐十三年，☆黄帝历八百四十四年；◇檀君历四百七十九年。

前 1854 年，丁卯，〔夏〕槐十四年，☆黄帝历八百四十五年；◇檀君历四百八十年。

前 1853 年，戊辰，〔夏〕槐十五年，☆黄帝历八百四十六年；◇檀君历四百八十一年。

前 1852 年，己巳，〔夏〕槐十六年，☆黄帝历八百四十七年；◇檀君历四百八十二年。

前 1851 年，庚午，〔夏〕槐十七年，☆黄帝历八百四十八年；◇檀君历四百八十三年。

前 1850 年，辛未，〔夏〕槐十八年，☆黄帝历八百四十九年；◇檀君历四百八十四年。

前 1849 年，壬申，〔夏〕槐十九年，☆黄帝历八百五十年；◇檀君历四百八十五年。

前 1848 年，癸酉，〔夏〕槐二十年，☆黄帝历八百五十一年；◇檀君历四百八十六年。

前 1847 年，甲戌，〔夏〕槐二十一年，☆黄帝历八百五十二年；◇檀君历四百八十七年。

前 1846 年，乙亥，〔夏〕槐二十二年，☆黄帝历八百五十三年；◇檀君历四百八十八年。

前 1845 年，丙子，〔夏〕槐二十三年，☆黄帝历八百五十四年；◇檀君历四百八十九年。

前 1844 年，丁丑，〔夏〕槐二十四年，☆黄帝历八百五十五年；◇檀君历四百九十年。

前 1843 年，戊寅，〔夏〕槐二十五年，☆黄帝历八百五十六年；◇檀君历四百九十一年。

前 1842 年，己卯，〔夏〕槐二十六年，☆黄帝历八百五十七年。翦伯赞主编《中外历史年表》认定，槐在位 26 年[1]；◇檀君历四百九十二年。

前 1841 年，庚辰，〔夏〕芒一年，☆黄帝历八百五十八年；◇檀君历四百九十三年。

前 1840 年，辛巳，〔夏〕芒二年，☆黄帝历八百五十九年；◇檀君历四百九十四年。

前 1839 年，壬午，〔夏〕芒三年，☆黄帝历八百六十年；◇檀君历四百九十五年。

前 1838 年，癸未，〔夏〕芒四年，☆黄帝历八百六十一年；◇檀君历四百九十六年。

前 1837 年，甲申，〔夏〕芒五年，☆黄帝历八百六十二年。翦伯赞主编《中外历史年表》认定，是岁为廑元年[2]；◇檀君历四百九十七年。

前 1836 年，乙酉，〔夏〕芒六年，☆黄帝历八百六十三年；◇檀君历四百九十八年。

前 1835 年，丙戌，〔夏〕芒七年，☆黄帝历八百六十四年；◇檀君历四百九十九年。

前 1834 年，丁亥，〔夏〕芒八年，☆黄帝历八百六十五年；◇檀君历五百年。

前 1833 年，戊子，〔夏〕芒九年，☆黄帝历八百六十六年；◇檀君历五百〇一年。

前 1832 年，己丑，〔夏〕芒十年，☆黄帝历八百六十七年；◇檀君历五百〇二年。

前 1831 年，庚寅，〔夏〕芒十一年，☆黄帝历八百六十八年；◇檀君历五百〇三年。

前 1830 年，辛卯，〔夏〕芒十二年，☆黄帝历八百六十九年；◇檀君历五百〇四年。

前 1829 年，壬辰，〔夏〕芒十三年，☆黄帝历八百七十年；◇檀君历五百〇五年。

前 1828 年，癸巳，〔夏〕芒十四年，☆黄帝历八百七十一年；◇檀君历五百〇六年。

1　见翦伯赞主编《中外历史年表》，第 6 页，中华书局，2008 年版。

2　见翦伯赞主编《中外历史年表》，第 6 页，中华书局，2008 年版。

前 1827 年，甲午，〔夏〕芒十五年，☆黄帝历八百七十二年；◇檀君历五百〇七年。

前 1826 年，乙未，〔夏〕芒十六年，☆黄帝历八百七十三年；◇檀君历五百〇八年。

前 1825 年，丙申，〔夏〕芒十七年，☆黄帝历八百七十四年；◇檀君历五百〇九年。

前 1824 年，丁酉，〔夏〕芒十八年，☆黄帝历八百七十五年。翦伯赞主编《中外历史年表》认定，芒在位 18 年[1]；◇檀君历五百一十年。

前 1823 年，戊戌，〔夏〕泄一年，☆黄帝历八百七十六年；◇檀君历五百一十一年。

前 1822 年，己亥，〔夏〕泄二年，☆黄帝历八百七十七年；◇檀君历五百一十二年。

前 1821 年，庚子，〔夏〕泄三年，☆黄帝历八百七十八年；◇檀君历五百一十三年。

前 1820 年，辛丑，〔夏〕泄四年，☆黄帝历八百七十九年；◇檀君历五百一十四年。

前 1819 年，壬寅，〔夏〕泄五年，☆黄帝历八百八十年；◇檀君历五百一十五年。

前 1818 年，癸卯，〔夏〕泄六年，☆黄帝历八百八十一年；◇檀君历五百一十六年。

前 1817 年，甲辰，〔夏〕泄七年，☆黄帝历八百八十二年；◇檀君历五百一十七年。

前 1816 年，乙巳，〔夏〕泄八年，☆黄帝历八百八十三年。翦伯赞主编《中外历史年表》认定，是岁为孔甲元年[2]；◇檀君历五百一十八年。

前 1815 年，丙午，〔夏〕泄九年，☆黄帝历八百八十四年；◇檀君历五百一十九年。

前 1814 年，丁未，〔夏〕泄十年，☆黄帝历八百八十五年；◇檀君历五百二十年。

前 1813 年，戊申，〔夏〕泄十一年，☆黄帝历八百八十六年；◇檀君历五百二十一年。

前 1812 年，己酉，〔夏〕泄十二年，☆黄帝历八百八十七年；◇檀君历五百二十二年。

前 1811 年，庚戌，〔夏〕泄十三年，☆黄帝历八百八十八年；◇檀君历五百二十三年。

前 1810 年，辛亥，〔夏〕泄十四年，☆黄帝历八百八十九年；◇檀君历五百二十四年。

前 1809 年，壬子，〔夏〕泄十五年，☆黄帝历八百九十年；◇檀君历五百二十五年。

前 1808 年，癸丑，〔夏〕泄十六年，☆黄帝历八百九十一年。翦伯赞主编《中外历史年表》认定，泄在位 16 年[3]；◇檀君历五百二十六年。

前 1807 年，甲寅，〔夏〕不降一年，☆黄帝历八百九十二年；◇檀君历五百二十七年。

前 1806 年，乙卯，〔夏〕不降二年，☆黄帝历八百九十三年；◇檀君历五百二十八年。

前 1805 年，丙辰，〔夏〕不降三年，☆黄帝历八百九十四年；◇檀君历五百二十九年。

前 1804 年，丁巳，〔夏〕不降四年，☆黄帝历八百九十五年；◇檀君历五百三十年。

前 1803 年，戊午，〔夏〕不降五年，☆黄帝历八百九十六年；◇檀君历五百三十一年。

前 1802 年，己未，〔夏〕不降六年，☆黄帝历八百九十七年；◇檀君历五百三十二年。

前 1801 年，庚申，〔夏〕不降七年，☆黄帝历八百九十八年；◇檀君历五百三十三年。

前 1800 年，辛酉，〔夏〕不降八年，☆黄帝历八百九十九年；◇檀君历五百三十四年。

前 1799 年，壬戌，〔夏〕不降九年，☆黄帝历九百年；◇檀君历五百三十五年。

1 见翦伯赞主编《中外历史年表》，第 6 页，中华书局，2008 年版。

2 见翦伯赞主编《中外历史年表》，第 6 页，中华书局，2008 年版。

3 见翦伯赞主编《中外历史年表》，第 6 页，中华书局，2008 年版。

前 1798 年，癸亥，〔夏〕不降十年，☆黄帝历九百〇一年；◇檀君历五百三十六年。

前 1797 年，甲子，〔夏〕不降十一年，☆黄帝历九百〇二年；◇檀君历五百三十七年。
前 1796 年，乙丑，〔夏〕不降十二年，☆黄帝历九百〇三年；◇檀君历五百三十八年。
前 1795 年，丙寅，〔夏〕不降十三年，☆黄帝历九百〇四年；◇檀君历五百三十九年。
前 1794 年，丁卯，〔夏〕不降十四年，☆黄帝历九百〇五年；◇檀君历五百四十年。
前 1793 年，戊辰，〔夏〕不降十五年，☆黄帝历九百〇六年；◇檀君历五百四十一年。
前 1792 年，己巳，〔夏〕不降十六年，☆黄帝历九百〇七年；◇檀君历五百四十二年。
前 1791 年，庚午，〔夏〕不降十七年，☆黄帝历九百〇八年；◇檀君历五百四十三年。
前 1790 年，辛未，〔夏〕不降十八年，☆黄帝历九百〇九年；◇檀君历五百四十四年。
前 1789 年，壬申，〔夏〕不降十九年，☆黄帝历九百一十年；◇檀君历五百四十五年。
前 1788 年，癸酉，〔夏〕不降二十年，☆黄帝历九百一十一年；◇檀君历五百四十六年。
前 1787 年，甲戌，〔夏〕不降二十一年，☆黄帝历九百一十二年；◇檀君历五百四十七年。
前 1786 年，乙亥，〔夏〕不降二十二年，☆黄帝历九百一十三年；◇檀君历五百四十八年。

前 1785 年，丙子，〔夏〕不降二十三年，☆黄帝历九百一十四年。翦伯赞主编《中外历史年表》认定，是岁为皋元年[1]；◇檀君历五百四十九年。
前 1784 年，丁丑，〔夏〕不降二十四年，☆黄帝历九百一十五年；◇檀君历五百五十年。
前 1783 年，戊寅，〔夏〕不降二十五年，☆黄帝历九百一十六年；◇檀君历五百五十一年。
前 1782 年，己卯，〔夏〕不降二十六年，☆黄帝历九百一十七年；◇檀君历五百五十二年。
前 1781 年，庚辰，〔夏〕不降二十七年，☆黄帝历九百一十八年；◇檀君历五百五十三年。
前 1780 年，辛巳，〔夏〕不降二十八年，☆黄帝历九百一十九年；◇檀君历五百五十四年。
前 1779 年，壬午，〔夏〕不降二十九年，☆黄帝历九百二十年；◇檀君历五百五十五年。
前 1778 年，癸未，〔夏〕不降三十年，☆黄帝历九百二十一年；◇檀君历五百五十六年。
前 1777 年，甲申，〔夏〕不降三十一年，☆黄帝历九百二十二年；◇檀君历五百五十七年。
前 1776 年，乙酉，〔夏〕不降三十二年，☆黄帝历九百二十三年；◇檀君历五百五十八年。
前 1775 年，丙戌，〔夏〕不降三十三年，☆黄帝历九百二十四年；◇檀君历五百五十九年。
前 1774 年，丁亥，〔夏〕不降三十四年，☆黄帝历九百二十五年。翦伯赞主编《中外历史年表》认定，是岁为发元年[2]；◇檀君历五百六十年。

前 1773 年，戊子，〔夏〕不降三十五年，☆黄帝历九百二十六年；◇檀君历五百六十一年。
前 1772 年，己丑，〔夏〕不降三十六年，☆黄帝历九百二十七年；◇檀君历五百六十二年。
前 1771 年，庚寅，〔夏〕不降三十七年，☆黄帝历九百二十八年；◇檀君历五百六十三年。
前 1770 年，辛卯，〔夏〕不降三十八年，☆黄帝历九百二十九年；◇檀君历五百六十四年。

1　见翦伯赞主编《中外历史年表》，第 7 页，中华书局，2008 年版。
2　见翦伯赞主编《中外历史年表》，第 7 页，中华书局，2008 年版。

前1769年，壬辰，〔夏〕不降三十九年，☆黄帝历九百三十年；◇檀君历五百六十五年。

前1768年，癸巳，〔夏〕不降四十年，☆黄帝历九百三十一年；◇檀君历五百六十六年。

前1767年，甲午，〔夏〕不降四十一年，☆黄帝历九百三十二年；◇檀君历五百六十七年。

前1766年，乙未，〔夏〕不降四十二年，☆黄帝历九百三十三年；◇檀君历五百六十八年。

前1765年，丙申，〔夏〕不降四十三年，☆黄帝历九百三十四年；◇檀君历五百六十九年。

前1764年，丁酉，〔夏〕不降四十四年，☆黄帝历九百三十五年；◇檀君历五百七十年。

前1763年，戊戌，〔夏〕不降四十五年，☆黄帝历九百三十六年。翦伯赞主编《中外历史年表》认定，是岁为桀元年[1]；◇檀君历五百七十一年。

前1762年，己亥，〔夏〕不降四十六年，☆黄帝历九百三十七年；◇檀君历五百七十二年。

前1761年，庚子，〔夏〕不降四十七年，☆黄帝历九百三十八年；◇檀君历五百七十三年。

前1760年，辛丑，〔夏〕不降四十八年，☆黄帝历九百三十九年；◇檀君历五百七十四年。

前1759年，壬寅，〔夏〕不降四十九年，☆黄帝历九百四十年；◇檀君历五百七十五年。

前1758年，癸卯，〔夏〕不降五十年，☆黄帝历九百四十一年；◇檀君历五百七十六年。

前1757年，甲辰，〔夏〕不降五十一年，☆黄帝历九百四十二年；◇檀君历五百七十七年。

前1756年，乙巳，〔夏〕不降五十二年，☆黄帝历九百四十三年；◇檀君历五百七十八年。

前1755年，丙午，〔夏〕不降五十三年，☆黄帝历九百四十四年；◇檀君历五百七十九年。

前1754年，丁未，〔夏〕不降五十四年，☆黄帝历九百四十五年；◇檀君历五百八十年。

前1753年，戊申，〔夏〕不降五十五年，☆黄帝历九百四十六年；◇檀君历五百八十一年。

前1752年，己酉，〔夏〕不降五十六年，☆黄帝历九百四十七年；◇檀君历五百八十二年。

前1751年，庚戌，〔夏〕不降五十七年，☆黄帝历九百四十八年；◇檀君历五百八十三年。

前1750年，辛亥，〔夏〕不降五十八年，☆黄帝历九百四十九年；◇檀君历五百八十四年。

前1749年，壬子，〔夏〕不降五十九年，☆黄帝历九百五十年。翦伯赞主编《中外历史年表》认定，不降在位59年[2]；◇檀君历五百八十五年。

前1748年，癸丑，〔夏〕扃一年，☆黄帝历九百五十一年；◇檀君历五百八十六年。

前1747年，甲寅，〔夏〕扃二年，☆黄帝历九百五十二年；◇檀君历五百八十七年。

前1746年，乙卯，〔夏〕扃三年，☆黄帝历九百五十三年；◇檀君历五百八十八年。

前1745年，丙辰，〔夏〕扃四年，☆黄帝历九百五十四年；◇檀君历五百八十九年。

前1744年，丁巳，〔夏〕扃五年，☆黄帝历九百五十五年；◇檀君历五百九十年。

前1743年，戊午，〔夏〕扃六年，☆黄帝历九百五十六年；◇檀君历五百九十一年。

前1742年，己未，〔夏〕扃七年，☆黄帝历九百五十七年；◇檀君历五百九十二年。

前1741年，庚申，〔夏〕扃八年，☆黄帝历九百五十八年；◇檀君历五百九十三年。

前1740年，辛酉，〔夏〕扃九年，☆黄帝历九百五十九年；◇檀君历五百九十四年。

1 见翦伯赞主编《中外历史年表》，第7页，中华书局，2008年版。

2 见翦伯赞主编《中外历史年表》，第6页，中华书局，2008年版。

前1739年，壬戌，〔夏〕扃十年，☆黄帝历九百六十年；◇檀君历五百九十五年。

前1738年，癸亥，〔夏〕扃十一年，☆黄帝历九百六十一年；◇檀君历五百九十六年。

前1737年，甲子，〔夏〕扃十二年，☆黄帝历九百六十二年；◇檀君历五百九十七年。

前1736年，乙丑，〔夏〕扃十三年，☆黄帝历九百六十三年；◇檀君历五百九十八年。

前1735年，丙寅，〔夏〕扃十四年，☆黄帝历九百六十四年；◇檀君历五百九十九年。

前1734年，丁卯，〔夏〕扃十五年，☆黄帝历九百六十五年；◇檀君历六百年。

前1733年，戊辰，〔夏〕扃十六年，☆黄帝历九百六十六年；◇檀君历六百〇一年。

前1732年，己巳，〔夏〕扃十七年，☆黄帝历九百六十七年；◇檀君历六百〇二年。

前1731年，庚午，〔夏〕扃十八年，☆黄帝历九百六十八年；◇檀君历六百〇三年。

前1730年，辛未，〔夏〕扃十九年，☆黄帝历九百六十九年；◇檀君历六百〇四年。

前1729年，壬申，〔夏〕扃二十年，☆黄帝历九百七十年；◇檀君历六百〇五年。

前1728年，癸酉，〔夏〕扃二十一年，☆黄帝历九百七十一年。翦伯赞主编《中外历史年表》认定，扃在位21年[1]；◇檀君历六百〇六年。

前1727年，甲戌，〔夏〕廑一年，☆黄帝历九百七十二年；◇檀君历六百〇七年。

前1726年，乙亥，〔夏〕廑二年，☆黄帝历九百七十三年；◇檀君历六百〇八年。

前1725年，丙子，〔夏〕廑三年，☆黄帝历九百七十四年；◇檀君历六百〇九年。

前1724年，丁丑，〔夏〕廑四年，☆黄帝历九百七十五年；◇檀君历六百一十年。

前1723年，戊寅，〔夏〕廑五年，☆黄帝历九百七十六年；◇檀君历六百一十一年。

前1722年，己卯，〔夏〕廑六年，☆黄帝历九百七十七年；◇檀君历六百一十二年。

前1721年，庚辰，〔夏〕廑七年，☆黄帝历九百七十八年；◇檀君历六百一十三年。

前1720年，辛巳，〔夏〕廑八年，☆黄帝历九百七十九年；◇檀君历六百一十四年。

前1719年，壬午，〔夏〕廑九年，☆黄帝历九百八十年；◇檀君历六百一十五年。

前1718年，癸未，〔夏〕廑十年，☆黄帝历九百八十一年；◇檀君历六百一十六年。

前1717年，甲申，〔夏〕廑十一年，☆黄帝历九百八十二年；◇檀君历六百一十七年。

前1716年，乙酉，〔夏〕廑十二年，☆黄帝历九百八十三年；◇檀君历六百一十八年。

前1715年，丙戌，〔夏〕廑十三年，☆黄帝历九百八十四年；◇檀君历六百一十九年。

前1714年，丁亥，〔夏〕廑十四年，☆黄帝历九百八十五年；◇檀君历六百二十年。

前1713年，戊子，〔夏〕廑十五年，☆黄帝历九百八十六年；◇檀君历六百二十一年。

前1712年，己丑，〔夏〕廑十六年，☆黄帝历九百八十七年；◇檀君历六百二十二年。

前1711年，庚寅，〔夏〕廑十七年，☆黄帝历九百八十八年。翦伯赞主编《中外历史年表》认定，是岁为商汤元年[2]；◇檀君历六百二十三年。

---

1 见翦伯赞主编《中外历史年表》，第7页，中华书局，2008年版。

2 见翦伯赞主编《中外历史年表》，第7页，中华书局，2008年版。

前1710年，辛卯，〔夏〕廑十八年，☆黄帝历九百八十九年；◇檀君历六百二十四年。

前1709年，壬辰，〔夏〕廑十九年，☆黄帝历九百九十年；◇檀君历六百二十五年。

前1708年，癸巳，〔夏〕廑二十年，☆黄帝历九百九十一年；◇檀君历六百二十六年。

前1707年，甲午，〔夏〕廑二十一年，☆黄帝历九百九十二年。翦伯赞主编《中外历史年表》认定，廑在位21年[1]；◇檀君历六百二十七年。

前1706年，乙未，〔夏〕孔甲一年，☆黄帝历九百九十三年；◇檀君历六百二十八年。

前1705年，丙申，〔夏〕孔甲二年，☆黄帝历九百九十四年；◇檀君历六百二十九年。

前1704年，丁酉，〔夏〕孔甲三年，☆黄帝历九百九十五年；◇檀君历六百三十年。

前1703年，戊戌，〔夏〕孔甲四年，☆黄帝历九百九十六年；◇檀君历六百三十一年。

前1702年，己亥，〔夏〕孔甲五年，☆黄帝历九百九十七年；◇檀君历六百三十二年。

前1701年，庚子，〔夏〕孔甲六年，☆黄帝历九百九十八年；◇檀君历六百三十三年。

前1700年，辛丑，〔夏〕孔甲七年，☆黄帝历九百九十九年；◇檀君历六百三十四年。

前1699年，壬寅，〔夏〕孔甲八年，☆黄帝历一千年；◇檀君历六百三十五年。

前1698年，癸卯，〔夏〕孔甲九年，☆黄帝历一千〇一年。翦伯赞主编《中外历史年表》认定，是岁为外丙元年[2]；◇檀君历六百三十六年。

前1697年，甲辰，〔夏〕孔甲十年，☆黄帝历一千〇二年；◇檀君历六百三十七年。

前1696年，乙巳，〔夏〕孔甲十一年，☆黄帝历一千〇三年。翦伯赞主编《中外历史年表》认定，是岁为壬仲元年[3]；◇檀君历六百三十八年。

前1695年，丙午，〔夏〕孔甲十二年，☆黄帝历一千〇四年；◇檀君历六百三十九年。

前1694年，丁未，〔夏〕孔甲十三年，☆黄帝历一千〇五年；◇檀君历六百四十年。

前1693年，戊申，〔夏〕孔甲十四年，☆黄帝历一千〇六年；◇檀君历六百四十一年。

前1692年，己酉，〔夏〕孔甲十五年，☆黄帝历一千〇七年。翦伯赞主编《中外历史年表》认定，是岁为太甲元年[4]；◇檀君历六百四十二年。

前1691年，庚戌，〔夏〕孔甲十六年，☆黄帝历一千〇八年；◇檀君历六百四十三年。

前1690年，辛亥，〔夏〕孔甲十七年，☆黄帝历一千〇九年；◇檀君历六百四十四年。

前1689年，壬子，〔夏〕孔甲十八年，☆黄帝历一千〇一十年；◇檀君历六百四十五年。

前1688年，癸丑，〔夏〕孔甲十九年，☆黄帝历一千〇一十一年；◇檀君历六百四十六年。

前1687年，甲寅，〔夏〕孔甲二十年，☆黄帝历一千〇一十二年；◇檀君历六百四十七年。

前1686年，乙卯，〔夏〕孔甲二十一年，☆黄帝历一千〇一十三年；◇檀君历六百四十八年。

前1685年，丙辰，〔夏〕孔甲二十二年，☆黄帝历一千〇一十四年；◇檀君历六百四十九年。

前1684年，丁巳，〔夏〕孔甲二十三年，☆黄帝历一千〇一十五年；◇檀君历六百五十年。

1 见翦伯赞主编《中外历史年表》，第7页，中华书局，2008年版。
2 见翦伯赞主编《中外历史年表》，第7页，中华书局，2008年版。
3 见翦伯赞主编《中外历史年表》，第7页，中华书局，2008年版。
4 见翦伯赞主编《中外历史年表》，第7页，中华书局，2008年版。

前1683年，戊午，〔夏〕孔甲二十四年，☆黄帝历一千〇一十六年；◇檀君历六百五十一年。

前1682年，己未，〔夏〕孔甲二十五年，☆黄帝历一千〇一十七年；◇檀君历六百五十二年。

前1681年，庚申，〔夏〕孔甲二十六年，☆黄帝历一千〇一十八年；◇檀君历六百五十三年。

前1680年，辛酉，〔夏〕孔甲二十七年，☆黄帝历一千〇一十九年；◇檀君历六百五十四年。

前1679年，壬戌，〔夏〕孔甲二十八年，☆黄帝历一千〇二十年；◇檀君历六百五十五年。

前1678年，癸亥，〔夏〕孔甲二十九年，☆黄帝历一千〇二十一年；◇檀君历六百五十六年。

前1677年，甲子，〔夏〕孔甲三十年，☆黄帝历一千〇二十二年；◇檀君历六百五十七年。

前1676年，乙丑，〔夏〕孔甲三十一年，☆黄帝历一千〇二十三年。翦伯赞主编《中外历史年表》认定，孔甲在位31年[1]；◇檀君历六百五十八年。

前1675年，丙寅，〔夏〕皋一年，☆黄帝历一千〇二十四年；◇檀君历六百五十九年。

前1674年，丁卯，〔夏〕皋二年，☆黄帝历一千〇二十五年；◇檀君历六百六十年。

前1673年，戊辰，〔夏〕皋三年，☆黄帝历一千〇二十六年；◇檀君历六百六十一年。

前1672年，己巳，〔夏〕皋四年，☆黄帝历一千〇二十七年；◇檀君历六百六十二年。

前1671年，庚午，〔夏〕皋五年，☆黄帝历一千〇二十八年；◇檀君历六百六十三年。

前1670年，辛未，〔夏〕皋六年，☆黄帝历一千〇二十九年；◇檀君历六百六十四年。

前1669年，壬申，〔夏〕皋七年，☆黄帝历一千〇三十年；◇檀君历六百六十五年。

前1668年，癸酉，〔夏〕皋八年，☆黄帝历一千〇三十一年；◇檀君历六百六十六年。

前1667年，甲戌，〔夏〕皋九年，☆黄帝历一千〇三十二年；◇檀君历六百六十七年。

前1666年，乙亥，〔夏〕皋十年，☆黄帝历一千〇三十三年；◇檀君历六百六十八年。

前1665年，丙子，〔夏〕皋十一年，☆黄帝历一千〇三十四年。翦伯赞主编《中外历史年表》认定，皋在位11年[2]；◇檀君历六百六十九年。

前1664年，丁丑，〔夏〕发一年，☆黄帝历一千〇三十五年；◇檀君历六百七十年。

前1663年，戊寅，〔夏〕发二年，☆黄帝历一千〇三十六年；◇檀君历六百七十一年。

前1662年，己卯，〔夏〕发三年，☆黄帝历一千〇三十七年；◇檀君历六百七十二年。

前1661年，庚辰，〔夏〕发四年，☆黄帝历一千〇三十八年；◇檀君历六百七十三年。

前1660年，辛巳，〔夏〕发五年，☆黄帝历一千〇三十九年；◇檀君历六百七十四年。

前1659年，壬午，〔夏〕发六年，☆黄帝历一千〇四十年。翦伯赞主编《中外历史年表》认定，是岁为沃丁元年[3]；◇檀君历六百七十五年。

前1658年，癸未，〔夏〕发七年，☆黄帝历一千〇四十一年；◇檀君历六百七十六年。

前1657年，甲申，〔夏〕发八年，☆黄帝历一千〇四十二年；◇檀君历六百七十七年。

前1656年，乙酉，〔夏〕发九年，☆黄帝历一千〇四十三年；◇檀君历六百七十八年。

前1655年，丙戌，〔夏〕发十年，☆黄帝历一千〇四十四年；◇檀君历六百七十九年。

1 见翦伯赞主编《中外历史年表》，第6–7页，中华书局，2008年版。

2 见翦伯赞主编《中外历史年表》，第7页，中华书局，2008年版。

3 见翦伯赞主编《中外历史年表》，第9页，中华书局，2008年版。

前 1654 年，丁亥，〔夏〕发十一年，☆黄帝历一千〇四十五年。翦伯赞主编《中外历史年表》认定，是岁为太康元年。该书还认定，发在位 11 年[1]；◇檀君历六百八十年。

前 1653 年，戊子，〔夏〕桀（癸）一年，☆黄帝历一千〇四十六年；◇檀君历六百八十一年。

前 1652 年，己丑，〔夏〕桀二年，☆黄帝历一千〇四十七年；◇檀君历六百八十二年。

前 1651 年，庚寅，〔夏〕桀三年，☆黄帝历一千〇四十八年；◇檀君历六百八十三年。

前 1650 年，辛卯，〔夏〕桀四年，☆黄帝历一千〇四十九年；◇檀君历六百八十四年。

前 1649 年，壬辰，〔夏〕桀五年，☆黄帝历一千〇五十年；◇檀君历六百八十五年。

前 1648 年，癸巳，〔夏〕桀六年，☆黄帝历一千〇五十一年；◇檀君历六百八十六年。

前 1647 年，甲午，〔夏〕桀七年，☆黄帝历一千〇五十二年；◇檀君历六百八十七年。

前 1646 年，乙未，〔夏〕桀八年，☆黄帝历一千〇五十三年；◇檀君历六百八十八年。

前 1645 年，丙申，〔夏〕桀九年，☆黄帝历一千〇五十四年；◇檀君历六百八十九年。

前 1644 年，丁酉，〔夏〕桀十年，☆黄帝历一千〇五十五年；◇檀君历六百九十年。

前 1643 年，戊戌，〔夏〕桀十一年，☆黄帝历一千〇五十六年；◇檀君历六百九十一年。

前 1642 年，己亥，〔夏〕桀十二年，☆黄帝历一千〇五十七年；◇檀君历六百九十二年。

前 1641 年，庚子，〔夏〕桀十三年，☆黄帝历一千〇五十八年；◇檀君历六百九十三年。

前 1640 年，辛丑，〔夏〕桀十四年，☆黄帝历一千〇五十九年；◇檀君历六百九十四年。

前 1639 年，壬寅，〔夏〕桀十五年，☆黄帝历一千〇六十年；◇檀君历六百九十五年。

前 1638 年，癸卯，〔夏〕桀十六年，☆黄帝历一千〇六十一年；◇檀君历六百九十六年。

前 1637 年，甲辰，〔夏〕桀十七年，☆黄帝历一千〇六十二年；◇檀君历六百九十七年。

前 1636 年，乙巳，〔夏〕桀十八年，☆黄帝历一千〇六十三年；◇檀君历六百九十八年。

前 1635 年，丙午，〔夏〕桀十九年，☆黄帝历一千〇六十四年；◇檀君历六百九十九年。

前 1634 年，丁未，〔夏〕桀二十年，☆黄帝历一千〇六十五年；◇檀君历七百年。

前 1633 年，戊申，〔夏〕桀二十一年，☆黄帝历一千〇六十六年；◇檀君历七百〇一年。

前 1632 年，己酉，〔夏〕桀二十二年，☆黄帝历一千〇六十七年；◇檀君历七百〇二年。

前 1631 年，庚戌，〔夏〕桀二十三年，☆黄帝历一千〇六十八年；◇檀君历七百〇三年。

前 1630 年，辛亥，〔夏〕桀二十四年，☆黄帝历一千〇六十九年。翦伯赞主编《中外历史年表》认定，是岁为太庚元年[2]；◇檀君历七百〇四年。

前 1629 年，壬子，〔夏〕桀二十五年，☆黄帝历一千〇七十年；◇檀君历七百〇五年。

前 1628 年，癸丑，〔夏〕桀二十六年，☆黄帝历一千〇七十一年；◇檀君历七百〇六年。

前 1627 年，甲寅，〔夏〕桀二十七年，☆黄帝历一千〇七十二年；◇檀君历七百〇七年。

前 1626 年，乙卯，〔夏〕桀二十八年，☆黄帝历一千〇七十三年；◇檀君历七百〇八年。

1　见翦伯赞主编《中外历史年表》，第 5 页、第 7 页，中华书局，2008 年版。

2　见翦伯赞主编《中外历史年表》，第 8 页，中华书局，2008 年版。

前 1625 年，丙辰，〔夏〕桀二十九年，☆黄帝历一千〇七十四年；◇檀君历七百〇九年。

前 1624 年，丁巳，〔夏〕桀三十年，☆黄帝历一千〇七十五年；◇檀君历七百一十年。

前 1623 年，戊午，〔夏〕桀三十一年，☆黄帝历一千〇七十六年；◇檀君历七百一十一年。

前 1622 年，己未，〔夏〕桀三十二年，☆黄帝历一千〇七十七年；◇檀君历七百一十二年。

前 1621 年，庚申，〔夏〕桀三十三年，☆黄帝历一千〇七十八年；◇檀君历七百一十三年。

前 1620 年，辛酉，〔夏〕桀三十四年，☆黄帝历一千〇七十九年；◇檀君历七百一十四年。

前 1619 年，壬戌，〔夏〕桀三十五年，☆黄帝历一千〇八十年；◇檀君历七百一十五年。

前 1618 年，癸亥，〔夏〕桀三十六年，☆黄帝历一千〇八十一年；◇檀君历七百一十六年。

前 1617 年，甲子，〔夏〕桀三十七年，☆黄帝历一千〇八十二年；◇檀君历七百一十七年。

前 1616 年，乙丑，〔夏〕桀三十八年，☆黄帝历一千〇八十三年；◇檀君历七百一十八年。

前 1615 年，丙寅，〔夏〕桀三十九年，☆黄帝历一千〇八十四年；◇檀君历七百一十九年。

前 1614 年，丁卯，〔夏〕桀四十年，☆黄帝历一千〇八十五年；◇檀君历七百二十年。

前 1613 年，戊辰，〔夏〕桀四十一年，☆黄帝历一千〇八十六年；◇檀君历七百二十一年。

前 1612 年，己巳，〔夏〕桀四十二年，☆黄帝历一千〇八十七年；◇檀君历七百二十二年。

前 1611 年，庚午，〔夏〕桀四十三年，☆黄帝历一千〇八十八年；◇檀君历七百二十三年。

前 1610 年，辛未，〔夏〕桀四十四年，☆黄帝历一千〇八十九年；◇檀君历七百二十四年。

前 1609 年，壬申，〔夏〕桀四十五年，☆黄帝历一千〇九十年；◇檀君历七百二十五年。

前 1608 年，癸酉，〔夏〕桀四十六年，☆黄帝历一千〇九十一年；◇檀君历七百二十六年。

前 1607 年，甲戌，〔夏〕桀四十七年，☆黄帝历一千〇九十二年；◇檀君历七百二十七年。

前 1606 年，乙亥，〔夏〕桀四十八年，☆黄帝历一千〇九十三年；◇檀君历七百二十八年。

前 1605 年，丙子，〔夏〕桀四十九年，☆黄帝历一千〇九十四年。翦伯赞主编《中外历史年表》认定，是岁为小甲元年[1]；◇檀君历七百二十九年。

前 1604 年，丁丑，〔夏〕桀五十年，☆黄帝历一千〇九十五年；◇檀君历七百三十年。

前 1603 年，戊寅，〔夏〕桀五十一年，☆黄帝历一千〇九十六年；◇檀君历七百三十一年。

前 1602 年，己卯，〔夏〕桀五十二年，☆黄帝历一千〇九十七年；◇檀君历七百三十二年。

前 1601 年，庚辰，〔夏〕桀五十三年，☆黄帝历一千〇九十八年。翦伯赞主编《中外历史年表》认定，桀在位 52 年[2]；◇檀君历七百三十三年。

前 1600 年，辛巳，〔商〕汤一年，☆黄帝历一千〇九十九年。李学勤教授主持“夏商周断代工程”2000 年 11 月 9 日公布《夏商周年表》认定，商朝为前 1600 至前 1046 年[3]；◇檀君历七百三十四年。

前 1599 年，壬午，〔商〕汤二年，☆黄帝历一千一百年；◇檀君历七百三十五年。

前 1598 年，癸未，〔商〕汤三年，☆黄帝历一千一百〇一年；◇檀君历七百三十六年。

1　见翦伯赞主编《中外历史年表》，第 8 页，中华书局，2008 年版。

2　见翦伯赞主编《中外历史年表》，第 8 页，中华书局，2008 年版。

3　参见商务印书馆 2004 年版《新华字典》附表。

前1597年，甲申，〔商〕汤四年，☆黄帝历一千一百〇二年；◇檀君历七百三十七年。
前1596年，乙酉，〔商〕汤五年，☆黄帝历一千一百〇三年；◇檀君历七百三十八年。
前1595年，丙戌，〔商〕汤六年，☆黄帝历一千一百〇四年；◇檀君历七百三十九年。
前1594年，丁亥，〔商〕汤七年，☆黄帝历一千一百〇五年；◇檀君历七百四十年。

前1593年，戊子，〔商〕汤八年，☆黄帝历一千一百〇六年；◇檀君历七百四十一年。
前1592年，己丑，〔商〕汤九年，☆黄帝历一千一百〇七年；◇檀君历七百四十二年。
前1591年，庚寅，〔商〕汤十年，☆黄帝历一千一百〇八年；◇檀君历七百四十三年。
前1590年，辛卯，〔商〕汤十一年，☆黄帝历一千一百〇九年。商朝初年人口400万–450万人[1]；◇檀君历七百四十四年。
前1589年，壬辰，〔商〕代王一年，☆黄帝历一千一百一十年；◇檀君历七百四十五年。
前1588年，癸巳，〔商〕外丙一年，☆黄帝历一千一百一十一年；◇檀君历七百四十六年。
前1587年，甲午，〔商〕外丙二年，☆黄帝历一千一百一十二年；◇檀君历七百四十七年。
前1586年，乙未，〔商〕中壬一年，☆黄帝历一千一百一十三年；◇檀君历七百四十八年。
前1585年，丙申，〔商〕中壬二年，☆黄帝历一千一百一十四年；◇檀君历七百四十九年。
前1584年，丁酉，〔商〕中壬三年，☆黄帝历一千一百一十五年；◇檀君历七百五十年。
前1583年，戊戌，〔商〕中壬四年，☆黄帝历一千一百一十六年；◇檀君历七百五十一年。
前1582年，己亥，〔商〕太甲一年，☆黄帝历一千一百一十七年；◇檀君历七百五十二年。

前1581年，庚子，〔商〕太甲二年，☆黄帝历一千一百一十八年；◇檀君历七百五十三年。
前1580年，辛丑，〔商〕太甲三年，☆黄帝历一千一百一十九年；◇檀君历七百五十四年。
前1579年，壬寅，〔商〕太甲四年，☆黄帝历一千一百二十年；◇檀君历七百五十五年。
前1578年，癸卯，〔商〕太甲五年，☆黄帝历一千一百二十一年；◇檀君历七百五十六年。
前1577年，甲辰，〔商〕太甲六年，☆黄帝历一千一百二十二年；◇檀君历七百五十七年。
前1576年，乙巳，〔商〕太甲七年，☆黄帝历一千一百二十三年；◇檀君历七百五十八年。
前1575年，丙午，〔商〕太甲八年，☆黄帝历一千一百二十四年；◇檀君历七百五十九年。
前1574年，丁未，〔商〕太甲九年，☆黄帝历一千一百二十五年；◇檀君历七百六十年。
前1573年，戊申，〔商〕太甲十年，☆黄帝历一千一百二十六年；◇檀君历七百六十一年。
前1572年，己酉，〔商〕太甲十一年，☆黄帝历一千一百二十七年；◇檀君历七百六十二年。
前1571年，庚戌，〔商〕太甲十二年，☆黄帝历一千一百二十八年；◇檀君历七百六十三年。
前1570年，辛亥，〔商〕沃丁一年，☆黄帝历一千一百二十九年；◇檀君历七百六十四年。

前1569年，壬子，〔商〕沃丁二年，☆黄帝历一千一百三十年；◇檀君历七百六十五年。

1 见宋镇豪《夏商社会生活史》，第110页，中国社会科学出版社，1994年版。

前1568年，癸丑，〔商〕沃丁三年，☆黄帝历一千一百三十一年；◇檀君历七百六十六年。

前1567年，甲寅，〔商〕沃丁四年，☆黄帝历一千一百三十二年；◇檀君历七百六十七年。

前1566年，乙卯，〔商〕沃丁五年，☆黄帝历一千一百三十三年；◇檀君历七百六十八年。

前1565年，丙辰，〔商〕沃丁六年，☆黄帝历一千一百三十四年；◇檀君历七百六十九年。

前1564年，丁巳，〔商〕沃丁七年，☆黄帝历一千一百三十五年；◇檀君历七百七十年。

前1563年，戊午，〔商〕沃丁八年，☆黄帝历一千一百三十六年；◇檀君历七百七十一年。

前1562年，己未，〔商〕沃丁九年，☆黄帝历一千一百三十七年；◇檀君历七百七十二年。

前1561年，庚申，〔商〕沃丁十年，☆黄帝历一千一百三十八年；◇檀君历七百七十三年。

前1560年，辛酉，〔商〕沃丁十一年，☆黄帝历一千一百三十九年；◇檀君历七百七十四年。

前1559年，壬戌，〔商〕沃丁十二年，☆黄帝历一千一百四十年。翦伯赞主编《中外历史年表》认定，是岁为雍己元年[1]；◇檀君历七百七十五年。

前1558年，癸亥，〔商〕沃丁十三年，☆黄帝历一千一百四十一年；◇檀君历七百七十六年。

前1557年，甲子，〔商〕沃丁十四年，☆黄帝历一千一百四十二年。翦伯赞主编《中外历史年表》认定，是岁为太戊元年[2]；◇檀君历七百七十七年。

前1556年，乙丑，〔商〕沃丁十五年，☆黄帝历一千一百四十三年；◇檀君历七百七十八年。

前1555年，丙寅，〔商〕沃丁十六年，☆黄帝历一千一百四十四年；◇檀君历七百七十九年。

前1554年，丁卯，〔商〕沃丁十七年，☆黄帝历一千一百四十五年；◇檀君历七百八十年。

前1553年，戊辰，〔商〕沃丁十八年，☆黄帝历一千一百四十六年；◇檀君历七百八十一年。

前1552年，己巳，〔商〕沃丁十九年，☆黄帝历一千一百四十七年；◇檀君历七百八十二年。

前1551年，庚午，〔商〕沃丁二十年，☆黄帝历一千一百四十八年；◇檀君历七百八十三年。

前1550年，辛未，〔商〕沃丁二十一年，☆黄帝历一千一百四十九年；◇檀君历七百八十四年。

前1549年，壬申，〔商〕沃丁二十二年，☆黄帝历一千一百五十年；◇檀君历七百八十五年。

前1548年，癸酉，〔商〕沃丁二十三年，☆黄帝历一千一百五十一年；◇檀君历七百八十六年。

1 见翦伯赞主编《中外历史年表》，第8页，中华书局，2008年版。

2 见翦伯赞主编《中外历史年表》，第9页，中华书局，2008年版。

前1547年，甲戌，〔商〕沃丁二十四年，☆黄帝历一千一百五十二年；◇檀君历七百八十七年。

前1546年，乙亥，〔商〕沃丁二十五年，☆黄帝历一千一百五十三年；◇檀君历七百八十八年。

前1545年，丙子，〔商〕沃丁二十六年，☆黄帝历一千一百五十四年；◇檀君历七百八十九年。

前1544年，丁丑，〔商〕沃丁二十七年，☆黄帝历一千一百五十五年；◇檀君历七百九十年。

前1543年，戊寅，〔商〕沃丁二十八年，☆黄帝历一千一百五十六年；◇檀君历七百九十一年。

前1542年，己卯，〔商〕沃丁二十九年，☆黄帝历一千一百五十七年；◇檀君历七百九十二年。

前1541年，庚辰，〔商〕太庚一年，☆黄帝历一千一百五十八年；◇檀君历七百九十三年。

前1540年，辛巳，〔商〕太庚二年，☆黄帝历一千一百五十九年；◇檀君历七百九十四年。

前1539年，壬午，〔商〕太庚三年，☆黄帝历一千一百六十年；◇檀君历七百九十五年。

前1538年，癸未，〔商〕太庚四年，☆黄帝历一千一百六十一年；◇檀君历七百九十六年。

前1537年，甲申，〔商〕太庚五年，☆黄帝历一千一百六十二年；◇檀君历七百九十七年。

前1536年，乙酉，〔商〕太庚六年，☆黄帝历一千一百六十三年；◇檀君历七百九十八年。

前1535年，丙戌，〔商〕太庚七年，☆黄帝历一千一百六十四年；◇檀君历七百九十九年。

前1534年，丁亥，〔商〕太庚八年，☆黄帝历一千一百六十五年；◇檀君历八百年。

前1533年，戊子，〔商〕太庚九年，☆黄帝历一千一百六十六年；◇檀君历八百〇一年。

前1532年，己丑，〔商〕太庚十年，☆黄帝历一千一百六十七年；◇檀君历八百〇二年。

前1531年，庚寅，〔商〕太庚十一年，☆黄帝历一千一百六十八年；◇檀君历八百〇三年。

前1530年，辛卯，〔商〕太庚十二年，☆黄帝历一千一百六十九年；◇檀君历八百〇四年。

前1529年，壬辰，〔商〕太庚十三年，☆黄帝历一千一百七十年；◇檀君历八百〇五年。

前1528年，癸巳，〔商〕太庚十四年，☆黄帝历一千一百七十一年；◇檀君历八百〇六年。

前1527年，甲午，〔商〕太庚十五年，☆黄帝历一千一百七十二年；◇檀君历八百〇七年。

前1526年，乙未，〔商〕太庚十六年，☆黄帝历一千一百七十三年；◇檀君历八百〇八年。

前1525年，丙申，〔商〕太庚十七年，☆黄帝历一千一百七十四年；◇檀君历八百〇九年。

前1524年，丁酉，〔商〕太庚十八年，☆黄帝历一千一百七十五年；◇檀君历八百一十年。

前1523年，戊戌，〔商〕太庚十九年，☆黄帝历一千一百七十六年；◇檀君历八百一十一年。

前1522年，己亥，〔商〕太庚二十年，☆黄帝历一千一百七十七年；◇檀君历八百一十二年。

前1521年，庚子，〔商〕太庚二十一年，☆黄帝历一千一百七十八年；◇檀君历八百一十三年。

前1520年，辛丑，〔商〕太庚二十二年，☆黄帝历一千一百七十九年；◇檀君历八百一十四年。

前1519年，壬寅，〔商〕太庚二十三年，☆黄帝历一千一百八十年；◇檀君历八百一十五年。

前1518年，癸卯，〔商〕太庚二十四年，☆黄帝历一千一百八十一年；◇檀君历八百一十六年。

前1517年，甲辰，〔商〕太庚二十五年，☆黄帝历一千一百八十二年；◇檀君历八百一十七年。

前1516年，乙巳，〔商〕小甲一年，☆黄帝历一千一百八十三年；◇檀君历八百一十八年。

前1515年，丙午，〔商〕小甲二年，☆黄帝历一千一百八十四年；◇檀君历八百一十九年。

前1514年，丁未，〔商〕小甲三年，☆黄帝历一千一百八十五年；◇檀君历八百二十年。

前1513年，戊申，〔商〕小甲四年，☆黄帝历一千一百八十六年；◇檀君历八百二十一年。

前1512年，己酉，〔商〕小甲五年，☆黄帝历一千一百八十七年；◇檀君历八百二十二年。

前1511年，庚戌，〔商〕小甲六年，☆黄帝历一千一百八十八年；◇檀君历八百二十三年。

前1510年，辛亥，〔商〕小甲七年，☆黄帝历一千一百八十九年；◇檀君历八百二十四年。

前1509年，壬子，〔商〕小甲八年，☆黄帝历一千一百九十年；◇檀君历八百二十五年。

前1508年，癸丑，〔商〕小甲九年，☆黄帝历一千一百九十一年；◇檀君历八百二十六年。

前1507年，甲寅，〔商〕小甲十年，☆黄帝历一千一百九十二年；◇檀君历八百二十七年。

前1506年，乙卯，〔商〕小甲十一年，☆黄帝历一千一百九十三年；◇檀君历八百二十八年。

前1505年，丙辰，〔商〕小甲十二年，☆黄帝历一千一百九十四年；◇檀君历八百二十九年。

前1504年，丁巳，〔商〕小甲十三年，☆黄帝历一千一百九十五年；◇檀君历八百三十年。

前1503年，戊午，〔商〕小甲十四年，☆黄帝历一千一百九十六年；◇檀君历八百三十一年。

前1502年，己未，〔商〕小甲十五年，☆黄帝历一千一百九十七年；◇檀君历八百三十二年。

前1501年，庚申，〔商〕小甲十六年，☆黄帝历一千一百九十八年；◇檀君历八百三十三年。

前1500年，辛酉，〔商〕小甲十七年，☆黄帝历一千一百九十九年；◇檀君历八百三十四年。

前1499年，壬戌，〔商〕雍己一年，☆黄帝历一千二百年；◇檀君历八百三十五年。

前1498年，癸亥，〔商〕雍己二年，☆黄帝历一千二百〇一年；◇檀君历八百三十六年。

前1497年，甲子，〔商〕雍己三年，☆黄帝历一千二百〇二年；◇檀君历八百三十七年。

前1496年，乙丑，〔商〕雍己四年，☆黄帝历一千二百〇三年；◇檀君历八百三十八年。

前1495年，丙寅，〔商〕雍己五年，☆黄帝历一千二百〇四年；◇檀君历八百三十九年。

前1494年，丁卯，〔商〕雍己六年，☆黄帝历一千二百〇五年；◇檀君历八百四十年。

前1493年，戊辰，〔商〕雍己七年，☆黄帝历一千二百〇六年；◇檀君历八百四十一年。

前1492年，己巳，〔商〕雍己八年，☆黄帝历一千二百〇七年；◇檀君历八百四十二年。

前1491年，庚午，〔商〕雍己九年，☆黄帝历一千二百〇八年；◇檀君历八百四十三年。

前 1490 年，辛未，〔商〕雍己十年，☆黄帝历一千二百〇九年；◇檀君历八百四十四年。

前 1489 年，壬申，〔商〕雍己十一年，☆黄帝历一千二百一十年；◇檀君历八百四十五年。

前 1488 年，癸酉，〔商〕雍己十二年，☆黄帝历一千二百一十一年；◇檀君历八百四十六年。

前 1487 年，甲戌，〔商〕雍己十三年，☆黄帝历一千二百一十二年；◇檀君历八百四十七年。

前 1486 年，乙亥，〔商〕太戊一年，☆黄帝历一千二百一十三年；◇檀君历八百四十八年。

前 1485 年，丙子，〔商〕太戊二年，☆黄帝历一千二百一十四年；◇檀君历八百四十九年。

前 1484 年，丁丑，〔商〕太戊三年，☆黄帝历一千二百一十五年；◇檀君历八百五十年。

前 1483 年，戊寅，〔商〕太戊四年，☆黄帝历一千二百一十六年；◇檀君历八百五十一年。

前 1482 年，己卯，〔商〕太戊五年，☆黄帝历一千二百一十七年。翦伯赞主编《中外历史年表》认定，是岁为仲丁元年[1]；◇檀君历八百五十二年。

前 1481 年，庚辰，〔商〕太戊六年，☆黄帝历一千二百一十八年；◇檀君历八百五十三年。

前 1480 年，辛巳，〔商〕太戊七年，☆黄帝历一千二百一十九年；◇檀君历八百五十四年。

前 1479 年，壬午，〔商〕太戊八年，☆黄帝历一千二百二十年；◇檀君历八百五十五年。

前 1478 年，癸未，〔商〕太戊九年，☆黄帝历一千二百二十一年；◇檀君历八百五十六年。

前 1477 年，甲申，〔商〕太戊十年，☆黄帝历一千二百二十二年；◇檀君历八百五十七年。

前 1476 年，乙酉，〔商〕太戊十一年，☆黄帝历一千二百二十三年；◇檀君历八百五十八年。

前 1475 年，丙戌，〔商〕太戊十二年，☆黄帝历一千二百二十四年；◇檀君历八百五十九年。

前 1474 年，丁亥，〔商〕太戊十三年，☆黄帝历一千二百二十五年；◇檀君历八百六十年。

前 1473 年，戊子，〔商〕太戊十四年，☆黄帝历一千二百二十六年；◇檀君历八百六十一年。

前 1472 年，己丑，〔商〕太戊十五年，☆黄帝历一千二百二十七年；◇檀君历八百六十二年。

前 1471 年，庚寅，〔商〕太戊十六年，☆黄帝历一千二百二十八年。翦伯赞主编《中外历史年表》认定，是岁为外壬元年[2]；◇檀君历八百六十三年。

前 1470 年，辛卯，〔商〕太戊十七年，☆黄帝历一千二百二十九年；◇檀君历八百六十四年。

前 1469 年，壬辰，〔商〕太戊十八年，☆黄帝历一千二百三十年；◇檀君历八百六十五年。

前 1468 年，癸巳，〔商〕太戊十九年，☆黄帝历一千二百三十一年；◇檀君历八百六十六

1 见翦伯赞主编《中外历史年表》，第 9 页，中华书局，2008 年版。
2 见翦伯赞主编《中外历史年表》，第 9 页，中华书局，2008 年版。

年。

前 1467 年，甲午，〔商〕太戊二十年，☆黄帝历一千二百三十二年；◇檀君历八百六十七年。

前 1466 年，乙未，〔商〕太戊二十一年，☆黄帝历一千二百三十三年；◇檀君历八百六十八年。

前 1465 年，丙申，〔商〕太戊二十二年，☆黄帝历一千二百三十四年；◇檀君历八百六十九年。

前 1464 年，丁酉，〔商〕太戊二十三年，☆黄帝历一千二百三十五年；◇檀君历八百七十年。

前 1463 年，戊戌，〔商〕太戊二十四年，☆黄帝历一千二百三十六年；◇檀君历八百七十一年。

前 1462 年，己亥，〔商〕太戊二十五年，☆黄帝历一千二百三十七年；◇檀君历八百七十二年。

前 1461 年，庚子，〔商〕太戊二十六年，☆黄帝历一千二百三十八年；◇檀君历八百七十三年。

前 1460 年，辛丑，〔商〕太戊二十七年，☆黄帝历一千二百三十九年；◇檀君历八百七十四年。

前 1459 年，壬寅，〔商〕太戊二十八年，☆黄帝历一千二百四十年；◇檀君历八百七十五年。

前 1458 年，癸卯，〔商〕太戊二十九年，☆黄帝历一千二百四十一年；◇檀君历八百七十六年。

前 1457 年，甲辰，〔商〕太戊三十年，☆黄帝历一千二百四十二年；◇檀君历八百七十七年。

前 1456 年，乙巳，〔商〕太戊三十一年，☆黄帝历一千二百四十三年。翦伯赞主编《中外历史年表》认定，是岁为河亶甲元年[1]；◇檀君历八百七十八年。

前 1455 年，丙午，〔商〕太戊三十二年，☆黄帝历一千二百四十四年；◇檀君历八百七十九年。

前 1454 年，丁未，〔商〕太戊三十三年，☆黄帝历一千二百四十五年；◇檀君历八百八十年。

前 1453 年，戊申，〔商〕太戊三十四年，☆黄帝历一千二百四十六年；◇檀君历八百八十一年。

前 1452 年，己酉，〔商〕太戊三十五年，☆黄帝历一千二百四十七年；◇檀君历八百八十二年。

前 1451 年，庚戌，〔商〕太戊三十六年，☆黄帝历一千二百四十八年；◇檀君历八百八十

1 见翦伯赞主编《中外历史年表》，第 9 页，中华书局，2008 年版。

三年。

前1450年，辛亥，〔商〕太戊三十七年，☆黄帝历一千二百四十九年；◇檀君历八百八十四年。

前1449年，壬子，〔商〕太戊三十八年，☆黄帝历一千二百五十年；◇檀君历八百八十五年。

前1448年，癸丑，〔商〕太戊三十九年，☆黄帝历一千二百五十一年；◇檀君历八百八十六年。

前1447年，甲寅，〔商〕太戊四十年，☆黄帝历一千二百五十二年。翦伯赞主编《中外历史年表》认定，是岁为祖乙元年[1]；◇檀君历八百八十七年。

前1446年，乙卯，〔商〕太戊四十一年，☆黄帝历一千二百五十三年；◇檀君历八百八十八年。

前1445年，丙辰，〔商〕太戊四十二年，☆黄帝历一千二百五十四年；◇檀君历八百八十九年。

前1444年，丁巳，〔商〕太戊四十三年，☆黄帝历一千二百五十五年；◇檀君历八百九十年。

前1443年，戊午，〔商〕太戊四十四年，☆黄帝历一千二百五十六年；◇檀君历八百九十一年。

前1442年，己未，〔商〕太戊四十五年，☆黄帝历一千二百五十七年；◇檀君历八百九十二年。

前1441年，庚申，〔商〕太戊四十六年，☆黄帝历一千二百五十八年；◇檀君历八百九十三年。

前1440年，辛酉，〔商〕太戊四十七年，☆黄帝历一千二百五十九年；◇檀君历八百九十四年。

前1439年，壬戌，〔商〕太戊四十八年，☆黄帝历一千二百六十年；◇檀君历八百九十五年。

前1438年，癸亥，〔商〕太戊四十九年，☆黄帝历一千二百六十一年；◇檀君历八百九十六年。

前1437年，甲子，〔商〕太戊五十年，☆黄帝历一千二百六十二年；◇檀君历八百九十七年。

前1436年，乙丑，〔商〕太戊五十一年，☆黄帝历一千二百六十三年；◇檀君历八百九十八年。

前1435年，丙寅，〔商〕太戊五十二年，☆黄帝历一千二百六十四年；◇檀君历八百九十九年。

1　见翦伯赞主编《中外历史年表》，第9页，中华书局，2008年版。

前1434年，丁卯，〔商〕太戊五十三年，☆黄帝历一千二百六十五年；◇檀君历九百年。

前1433年，戊辰，〔商〕太戊五十四年，☆黄帝历一千二百六十六年；◇檀君历九百〇一年。

前1432年，己巳，〔商〕太戊五十五年，☆黄帝历一千二百六十七年；◇檀君历九百〇二年。

前1431年，庚午，〔商〕太戊五十六年，☆黄帝历一千二百六十八年；◇檀君历九百〇三年。

前1430年，辛未，〔商〕太戊五十七年，☆黄帝历一千二百六十九年；◇檀君历九百〇四年。

前1429年，壬申，〔商〕太戊五十八年，☆黄帝历一千二百七十年；◇檀君历九百〇五年。

前1428年，癸酉，〔商〕太戊五十九年，☆黄帝历一千二百七十一年。翦伯赞主编《中外历史年表》认定，是岁为祖辛元年[1]；◇檀君历九百〇六年。

前1427年，甲戌，〔商〕太戊六十年，☆黄帝历一千二百七十二年；◇檀君历九百〇七年。

前1426年，乙亥，〔商〕太戊六十一年，☆黄帝历一千二百七十三年；◇檀君历九百〇八年。

前1425年，丙子，〔商〕太戊六十二年，☆黄帝历一千二百七十四年；◇檀君历九百〇九年。

前1424年，丁丑，〔商〕太戊六十三年，☆黄帝历一千二百七十五年；◇檀君历九百一十年。

前1423年，戊寅，〔商〕太戊六十四年，☆黄帝历一千二百七十六年；◇檀君历九百一十一年。

前1422年，己卯，〔商〕太戊六十五年，☆黄帝历一千二百七十七年；◇檀君历九百一十二年。

前1421年，庚辰，〔商〕太戊六十六年，☆黄帝历一千二百七十八年；◇檀君历九百一十三年。

前1420年，辛巳，〔商〕太戊六十七年，☆黄帝历一千二百七十九年；◇檀君历九百一十四年。

前1419年，壬午，〔商〕太戊六十八年，☆黄帝历一千二百八十年；◇檀君历九百一十五年。

前1418年，癸未，〔商〕太戊六十九年，☆黄帝历一千二百八十一年；◇檀君历九百一十六年。

前1417年，甲申，〔商〕太戊七十年，☆黄帝历一千二百八十二年；◇檀君历九百一十七年。

前1416年，乙酉，〔商〕太戊七十一年，☆黄帝历一千二百八十三年；◇檀君历九百一十八年。

1 见翦伯赞主编《中外历史年表》，第10页，中华书局，2008年版。

前1415年，丙戌，〔商〕太戊七十二年，☆黄帝历一千二百八十四年；◇檀君历九百一十九年。

前1414年，丁亥，〔商〕太戊七十三年，☆黄帝历一千二百八十五年；◇檀君历九百二十年。

前1413年，戊子，〔商〕太戊七十四年，☆黄帝历一千二百八十六年；◇檀君历九百二十一年。

前1412年，己丑，〔商〕太戊七十五年，☆黄帝历一千二百八十七年。翦伯赞主编《中外历史年表》认定，是岁为沃甲元年[1]；◇檀君历九百二十二年。

前1411年，庚寅，〔商〕仲丁一年，☆黄帝历一千二百八十八年；◇檀君历九百二十三年。

前1410年，辛卯，〔商〕仲丁二年，☆黄帝历一千二百八十九年；◇檀君历九百二十四年。

前1409年，壬辰，〔商〕仲丁三年，☆黄帝历一千二百九十年；◇檀君历九百二十五年。

前1408年，癸巳，〔商〕仲丁四年，☆黄帝历一千二百九十一年；◇檀君历九百二十六年。

前1407年，甲午，〔商〕仲丁五年，☆黄帝历一千二百九十二年；◇檀君历九百二十七年。

前1406年，乙未，〔商〕仲丁六年，☆黄帝历一千二百九十三年；◇檀君历九百二十八年。

前1405年，丙申，〔商〕仲丁七年，☆黄帝历一千二百九十四年；◇檀君历九百二十九年。

前1404年，丁酉，〔商〕仲丁八年，☆黄帝历一千二百九十五年；◇檀君历九百三十年。

前1403年，戊戌，〔商〕仲丁九年，☆黄帝历一千二百九十六年；◇檀君历九百三十一年。

前1402年，己亥，〔商〕仲丁十年，☆黄帝历一千二百九十七年；◇檀君历九百三十二年。

前1401年，庚子，〔商〕仲丁十一年，☆黄帝历一千二百九十八年；◇檀君历九百三十三年。

前1400年，辛丑，〔商〕外壬一年，☆黄帝历一千二百九十九年；◇檀君历九百三十四年。

前1399年，壬寅，〔商〕外壬二年，☆黄帝历一千三百年；◇檀君历九百三十五年。

前1398年，癸卯，〔商〕外壬三年，☆黄帝历一千三百〇一年；◇檀君历九百三十六年。

前1397年，甲辰，〔商〕外壬四年，☆黄帝历一千三百〇二年；◇檀君历九百三十七年。

前1396年，乙巳，〔商〕外壬五年，☆黄帝历一千三百〇三年；◇檀君历九百三十八年。

前1395年，丙午，〔商〕外壬六年，☆黄帝历一千三百〇四年；◇檀君历九百三十九年。

前1394年，丁未，〔商〕外壬七年，☆黄帝历一千三百〇五年；◇檀君历九百四十年。

前1393年，戊申，〔商〕外壬八年，☆黄帝历一千三百〇六年；◇檀君历九百四十一年。

前1392年，己酉，〔商〕外壬九年，☆黄帝历一千三百〇七年。翦伯赞主编《中外历史年表》认定，是岁为祖丁元年[2]；◇檀君历九百四十二年。

前1391年，庚戌，〔商〕外壬十年，☆黄帝历一千三百〇八年；◇檀君历九百四十三年。

前1390年，辛亥，〔商〕外壬十一年，☆黄帝历一千三百〇九年；◇檀君历九百四十四年。

1 见翦伯赞主编《中外历史年表》，第10页，中华书局，2008年版。

2 见翦伯赞主编《中外历史年表》，第10页，中华书局，2008年版。

前 1389 年，壬子，〔商〕外壬十二年，☆黄帝历一千三百一十年；◇檀君历九百四十五年。

前 1388 年，癸丑，〔商〕外壬十三年，☆黄帝历一千三百一十一年；◇檀君历九百四十六年。

前 1387 年，甲寅，〔商〕外壬十四年，☆黄帝历一千三百一十二年；◇檀君历九百四十七年。

前 1386 年，乙卯，〔商〕外壬十五年，☆黄帝历一千三百一十三年；◇檀君历九百四十八年。

前 1385 年，丙辰，〔商〕河亶甲一年，☆黄帝历一千三百一十四年；◇檀君历九百四十九年。

前 1384 年，丁巳，〔商〕河亶甲二年，☆黄帝历一千三百一十五年；◇檀君历九百五十年。

前 1383 年，戊午，〔商〕河亶甲三年，☆黄帝历一千三百一十六年；◇檀君历九百五十一年。

前 1382 年，己未，〔商〕河亶甲四年，☆黄帝历一千三百一十七年；◇檀君历九百五十二年。

前 1381 年，庚申，〔商〕河亶甲五年，☆黄帝历一千三百一十八年；◇檀君历九百五十三年。

前 1380 年，辛酉，〔商〕河亶甲六年，☆黄帝历一千三百一十九年；◇檀君历九百五十四年。

前 1379 年，壬戌，〔商〕河亶甲七年，☆黄帝历一千三百二十年；◇檀君历九百五十五年。

前 1378 年，癸亥，〔商〕河亶甲八年，☆黄帝历一千三百二十一年；◇檀君历九百五十六年。

前 1377 年，甲子，〔商〕河亶甲九年，☆黄帝历一千三百二十二年；◇檀君历九百五十七年。

前 1376 年，乙丑，〔商〕祖乙一年，☆黄帝历一千三百二十三年；◇檀君历九百五十八年。

前 1375 年，丙寅，〔商〕祖乙二年，☆黄帝历一千三百二十四年；◇檀君历九百五十九年。

前 1374 年，丁卯，〔商〕祖乙三年，☆黄帝历一千三百二十五年；◇檀君历九百六十年。

前 1373 年，戊辰，〔商〕祖乙四年，☆黄帝历一千三百二十六年；◇檀君历九百六十一年。

前 1372 年，己巳，〔商〕祖乙五年，☆黄帝历一千三百二十七年；◇檀君历九百六十二年。

前 1371 年，庚午，〔商〕祖乙六年，☆黄帝历一千三百二十八年；◇檀君历九百六十三年。

前 1370 年，辛未，〔商〕祖乙七年，☆黄帝历一千三百二十九年；◇檀君历九百六十四年。

前 1369 年，壬申，〔商〕祖乙八年，☆黄帝历一千三百三十年；◇檀君历九百六十五年。

前 1368 年，癸酉，〔商〕祖乙九年，☆黄帝历一千三百三十一年；◇檀君历九百六十六年。

前 1367 年，甲戌，〔商〕祖乙十年，☆黄帝历一千三百三十二年；◇檀君历九百六十七年。

前 1366 年，乙亥，〔商〕祖乙十一年，☆黄帝历一千三百三十三年；◇檀君历九百六十八年。

前1365年，丙子，〔商〕祖乙十二年，☆黄帝历一千三百三十四年；◇檀君历九百六十九年。

前1364年，丁丑，〔商〕祖乙十三年，☆黄帝历一千三百三十五年；◇檀君历九百七十年。

前1363年，戊寅，〔商〕祖乙十四年，☆黄帝历一千三百三十六年；◇檀君历九百七十一年。

前1362年，己卯，〔商〕祖乙十五年，☆黄帝历一千三百三十七年；◇檀君历九百七十二年。

前1361年，庚辰，〔商〕祖乙十六年，☆黄帝历一千三百三十八年；◇檀君历九百七十三年。

前1360年，辛巳，〔商〕祖乙十七年，☆黄帝历一千三百三十九年。翦伯赞主编《中外历史年表》认定，是岁为南庚元年[1]；◇檀君历九百七十四年。

前1359年，壬午，〔商〕祖乙十八年，☆黄帝历一千三百四十年；◇檀君历九百七十五年。

前1358年，癸未，〔商〕祖乙十九年，☆黄帝历一千三百四十一年；◇檀君历九百七十六年。

前1357年，甲申，〔商〕祖辛一年，☆黄帝历一千三百四十二年；◇檀君历九百七十七年。

前1356年，乙酉，〔商〕祖辛二年，☆黄帝历一千三百四十三年；◇檀君历九百七十八年。

前1355年，丙戌，〔商〕祖辛三年，☆黄帝历一千三百四十四年；◇檀君历九百七十九年。

前1354年，丁亥，〔商〕祖辛四年，☆黄帝历一千三百四十五年；◇檀君历九百八十年。

前1353年，戊子，〔商〕祖辛五年，☆黄帝历一千三百四十六年；◇檀君历九百八十一年。

前1352年，己丑，〔商〕祖辛六年，☆黄帝历一千三百四十七年；◇檀君历九百八十二年。

前1351年，庚寅，〔商〕祖辛七年，☆黄帝历一千三百四十八年；◇檀君历九百八十三年。

前1350年，辛卯，〔商〕祖辛八年，☆黄帝历一千三百四十九年；◇檀君历九百八十四年。

前1349年，壬辰，〔商〕祖辛九年，☆黄帝历一千三百五十年；◇檀君历九百八十五年。

前1348年，癸巳，〔商〕祖辛十年，☆黄帝历一千三百五十一年；◇檀君历九百八十六年。

前1347年，甲午，〔商〕祖辛十一年，☆黄帝历一千三百五十二年；◇檀君历九百八十七年。

前1346年，乙未，〔商〕祖辛十二年，☆黄帝历一千三百五十三年；◇檀君历九百八十八年。

前1345年，丙申，〔商〕祖辛十三年，☆黄帝历一千三百五十四年；◇檀君历九百八十九年。

前1344年，丁酉，〔商〕祖辛十四年，☆黄帝历一千三百五十五年；◇檀君历九百九十年。

前1343年，戊戌，〔商〕祖辛十五年，☆黄帝历一千三百五十六年；◇檀君历九百九十一年。

前1342年，己亥，〔商〕祖辛十六年，☆黄帝历一千三百五十七年；◇檀君历九百九十二

1 见翦伯赞主编《中外历史年表》，第10页，中华书局，2008年版。

年。

前1341年，庚子，〔商〕沃甲一年，☆黄帝历一千三百五十八年；◇檀君历九百九十三年。

前1340年，辛丑，〔商〕沃甲二年，☆黄帝历一千三百五十九年；◇檀君历九百九十四年。

前1339年，壬寅，〔商〕沃甲三年，☆黄帝历一千三百六十年；◇檀君历九百九十五年。

前1338年，癸卯，〔商〕沃甲四年，☆黄帝历一千三百六十一年；◇檀君历九百九十六年。

前1337年，甲辰，〔商〕沃甲五年，☆黄帝历一千三百六十二年；◇檀君历九百九十七年。

前1336年，乙巳，〔商〕祖丁一年，☆黄帝历一千三百六十三年；◇檀君历九百九十八年。

前1335年，丙午，〔商〕祖丁二年，☆黄帝历一千三百六十四年；◇檀君历九百九十九年。

前1334年，丁未，〔商〕祖丁三年，☆黄帝历一千三百六十五年；◇檀君历一千年。

前1333年，戊申，〔商〕祖丁四年，☆黄帝历一千三百六十六年；◇檀君历一千〇一年。

前1332年，己酉，〔商〕祖丁五年，☆黄帝历一千三百六十七年；◇檀君历一千〇二年。

前1331年，庚戌，〔商〕祖丁六年，☆黄帝历一千三百六十八年。翦伯赞主编《中外历史年表》认定，是岁为阳甲元年[1]；◇檀君历一千〇三年。

前1330年，辛亥，〔商〕祖丁七年，☆黄帝历一千三百六十九年；◇檀君历一千〇四年。

前1329年，壬子，〔商〕祖丁八年，☆黄帝历一千三百七十年；◇檀君历一千〇五年。

前1328年，癸丑，〔商〕祖丁九年，☆黄帝历一千三百七十一年；◇檀君历一千〇六年。

前1327年，甲寅，〔商〕南庚一年，☆黄帝历一千三百七十二年；◇檀君历一千〇七年。

前1326年，乙卯，〔商〕南庚二年，☆黄帝历一千三百七十三年；◇檀君历一千〇八年。

前1325年，丙辰，〔商〕南庚三年，☆黄帝历一千三百七十四年；◇檀君历一千〇九年。

前1324年，丁巳，〔商〕南庚四年，☆黄帝历一千三百七十五年。翦伯赞主编《中外历史年表》认定，是岁为盘庚元年[2]；◇檀君历一千〇十年。

前1323年，戊午，〔商〕南庚五年，☆黄帝历一千三百七十六年；◇檀君历一千〇一十一年。

前1322年，己未，〔商〕南庚六年，☆黄帝历一千三百七十七年；◇檀君历一千〇一十二年。

前1321年，庚申，〔商〕阳甲一年，☆黄帝历一千三百七十八年；◇檀君历一千〇一十三年。

前1320年，辛酉，〔商〕阳甲二年，☆黄帝历一千三百七十九年；◇檀君历一千〇一十四年。

前1319年，壬戌，〔商〕阳甲三年，☆黄帝历一千三百八十年；◇檀君历一千〇一十五年。

前1318年，癸亥，〔商〕阳甲四年，☆黄帝历一千三百八十一年；◇檀君历一千〇一十六年。

1 见翦伯赞主编《中外历史年表》，第10页，中华书局，2008年版。
2 见翦伯赞主编《中外历史年表》，第10页，中华书局，2008年版。

前 1317 年，甲子，〔商〕阳甲五年，☆黄帝历一千三百八十二年；◇檀君历一千〇一十七年。

前 1316 年，乙丑，〔商〕阳甲六年，☆黄帝历一千三百八十三年；◇檀君历一千〇一十八年。

前 1315 年，丙寅，〔商〕阳甲七年，☆黄帝历一千三百八十四年；◇檀君历一千〇一十九年。

前 1314 年，丁卯，〔商〕盘庚一年，☆黄帝历一千三百八十五年。《现代汉语词典》(第 5 版）附录《我国历代纪元表》把盘庚迁殷前后划分为“商前期”与“商后期”[1]。万国鼎则认为，盘庚元年是公元前 1300 年[2]；◇檀君历一千〇二十年。

前 1313 年，戊辰，〔商〕盘庚二年，☆黄帝历一千三百八十六年；◇檀君历一千〇二十一年。

前 1312 年，己巳，〔商〕盘庚三年，☆黄帝历一千三百八十七年；◇檀君历一千〇二十二年。

前 1311 年，庚午，〔商〕盘庚四年，☆黄帝历一千三百八十八年；◇檀君历一千〇二十三年。

前 1310 年，辛未，〔商〕盘庚五年，☆黄帝历一千三百八十九年；◇檀君历一千〇二十四年。

前 1309 年，壬申，〔商〕盘庚六年，☆黄帝历一千三百九十年；◇檀君历一千〇二十五年。

前 1308 年，癸酉，〔商〕盘庚七年，☆黄帝历一千三百九十一年；◇檀君历一千〇二十六年。

前 1307 年，甲戌，〔商〕盘庚八年，☆黄帝历一千三百九十二年；◇檀君历一千〇二十七年。

前 1306 年，乙亥，〔商〕盘庚九年，☆黄帝历一千三百九十三年；◇檀君历一千〇二十八年。

前 1305 年，丙子，〔商〕盘庚十年，☆黄帝历一千三百九十四年；◇檀君历一千〇二十九年。

前 1304 年，丁丑，〔商〕盘庚十一年，☆黄帝历一千三百九十五年；◇檀君历一千〇三十年。

前 1303 年，戊寅，〔商〕盘庚十二年，☆黄帝历一千三百九十六年；◇檀君历一千〇三十一年。

前 1302 年，己卯，〔商〕盘庚十三年，☆黄帝历一千三百九十七年；◇檀君历一千〇三十二年。

前 1301 年，庚辰，〔商〕盘庚十四年，☆黄帝历一千三百九十八年；◇檀君历一千〇三十

1 见中国社会科学院语言研究所词典编辑室编《现代汉语词典》(第 5 版)，附录，商务印书馆，2005 年版。

2 参见万国鼎《中国历史纪年表》，第 63 页，中华书局，1978 年版。

三年。

前 1300 年，辛巳，〔商〕盘庚十五年，☆黄帝历一千三百九十九年；◇檀君历一千〇三十四年。

前 1299 年，壬午，〔商〕盘庚十六年，☆黄帝历一千四百年；◇檀君历一千〇三十五年。

前 1298 年，癸未，〔商〕盘庚十七年，☆黄帝历一千四百〇一年；◇檀君历一千〇三十六年。

前 1297 年，甲申，〔商〕盘庚十八年，☆黄帝历一千四百〇二年；◇檀君历一千〇三十七年。

前 1296 年，乙酉，〔商〕盘庚十九年，☆黄帝历一千四百〇三年。翦伯赞主编《中外历史年表》认定，是岁为小辛元年[1]；◇檀君历一千〇三十八年。

前 1295 年，丙戌，〔商〕盘庚二十年，☆黄帝历一千四百〇四年；◇檀君历一千〇三十九年。

前 1294 年，丁亥，〔商〕盘庚二十一年，☆黄帝历一千四百〇五年；◇檀君历一千〇四十年。

前 1293 年，戊子，〔商〕盘庚二十二年，☆黄帝历一千四百〇六年；◇檀君历一千〇四十一年。

前 1292 年，己丑，〔商〕盘庚二十三年，☆黄帝历一千四百〇七年；◇檀君历一千〇四十二年。

前 1291 年，庚寅，〔商〕盘庚二十四年，☆黄帝历一千四百〇八年；◇檀君历一千〇四十三年。

前 1290 年，辛卯，〔商〕盘庚二十五年，☆黄帝历一千四百〇九年；◇檀君历一千〇四十四年。

前 1289 年，壬辰，〔商〕盘庚二十六年，☆黄帝历一千四百一十年；◇檀君历一千〇四十五年。

前 1288 年，癸巳，〔商〕盘庚二十七年，☆黄帝历一千四百一十一年；◇檀君历一千〇四十六年。

前 1287 年，甲午，〔商〕盘庚二十八年，☆黄帝历一千四百一十二年；◇檀君历一千〇四十七年。

前 1286 年，乙未，〔商〕盘庚二十九年，☆黄帝历一千四百一十三年；◇檀君历一千〇四十八年。

前 1285 年，丙申，〔商〕盘庚三十年，☆黄帝历一千四百一十四年；◇檀君历一千〇四十九年。

前 1284 年，丁酉，〔商〕盘庚三十一年，☆黄帝历一千四百一十五年；◇檀君历一千〇五十年。

1　见翦伯赞主编《中外历史年表》，第 11 页，中华书局，2008 年版。

前1283年，戊戌，〔商〕盘庚三十二年，☆黄帝历一千四百一十六年；◇檀君历一千〇五十一年。

前1282年，己亥，〔商〕盘庚三十三年，☆黄帝历一千四百一十七年；◇檀君历一千〇五十二年。

前1281年，庚子，〔商〕盘庚三十四年，☆黄帝历一千四百一十八年；◇檀君历一千〇五十三年。

前1280年，辛丑，〔商〕盘庚三十五年，☆黄帝历一千四百一十九年；◇檀君历一千〇五十四年。

前1279年，壬寅，〔商〕盘庚三十六年，☆黄帝历一千四百二十年；◇檀君历一千〇五十五年。

前1278年，癸卯，〔商〕盘庚三十七年，☆黄帝历一千四百二十一年；◇檀君历一千〇五十六年。

前1277年，甲辰，〔商〕盘庚三十八年，☆黄帝历一千四百二十二年；◇檀君历一千〇五十七年。

前1276年，乙巳，〔商〕盘庚三十九年，☆黄帝历一千四百二十三年；◇檀君历一千〇五十八年。

前1275年，丙午，〔商〕盘庚四十年，☆黄帝历一千四百二十四年。翦伯赞主编《中外历史年表》认定，是岁为小乙元年[1]；◇檀君历一千〇五十九年。

前1274年，丁未，〔商〕盘庚四十一年，☆黄帝历一千四百二十五年；◇檀君历一千〇六十年。

前1273年，戊申，〔商〕盘庚四十二年，☆黄帝历一千四百二十六年；◇檀君历一千〇六十一年。是岁，盘庚崩。盘庚力排众议，完成东迁，定商都于今河南省安阳的小屯村一带。其国道有六条，其一是"东北道"，通往今河北省卢龙县及辽宁等地[2]。

前1272年，己酉，〔商〕小辛一年[3]，☆黄帝历一千四百二十七年；◇檀君历一千〇六十二年。

前1271年，庚戌，〔商〕小辛二年，☆黄帝历一千四百二十八年；◇檀君历一千〇六十三年。

前1270年，辛亥，〔商〕小辛三年，☆黄帝历一千四百二十九年；◇檀君历一千〇六十四年。

前1269年，壬子，〔商〕小辛四年，☆黄帝历一千四百三十年；◇檀君历一千〇六十五年。

前1268年，癸丑，〔商〕小辛五年，☆黄帝历一千四百三十一年；◇檀君历一千〇六十六

1 见翦伯赞主编《中外历史年表》，第11页，中华书局，2008年版。

2 见马楚坚《中国古代的邮驿》，第7页，商务印书馆，1997年版。

3 中国社会科学院语言研究所词典编辑室编《现代汉语词典》（第5版）附录《我国历代纪元表》标注小辛、小乙在位是从公元前1300年至前1251年。见该书，第1839页，商务印书馆，2005年版。

年。

前1267年，甲寅，〔商〕小辛六年，☆黄帝历一千四百三十二年；◇檀君历一千〇六十七年。

前1266年，乙卯，〔商〕小辛七年，☆黄帝历一千四百三十三年；◇檀君历一千〇六十八年。

前1265年，丙辰，〔商〕小辛八年，☆黄帝历一千四百三十四年；◇檀君历一千〇六十九年。

前1264年，丁巳，〔商〕小辛九年，☆黄帝历一千四百三十五年；◇檀君历一千〇七十年。

前1263年，戊午，〔商〕小辛十年，☆黄帝历一千四百三十六年；◇檀君历一千〇七十一年。

前1262年，己未，〔商〕小辛十一年，☆黄帝历一千四百三十七年；◇檀君历一千〇七十二年。

前1261年，庚申，〔商〕小辛十二年，☆黄帝历一千四百三十八年；◇檀君历一千〇七十三年。

前1260年，辛酉，〔商〕小辛十三年，☆黄帝历一千四百三十九年；◇檀君历一千〇七十四年。

前1259年，壬戌，〔商〕小辛十四年，☆黄帝历一千四百四十年；◇檀君历一千〇七十五年。

前1258年，癸亥，〔商〕小辛十五年，☆黄帝历一千四百四十一年；◇檀君历一千〇七十六年。

前1257年，甲子，〔商〕小辛十六年，☆黄帝历一千四百四十二年；◇檀君历一千〇七十七年。

前1256年，乙丑，〔商〕小辛十七年，☆黄帝历一千四百四十三年；◇檀君历一千〇七十八年。

前1255年，丙寅，〔商〕小辛十八年，☆黄帝历一千四百四十四年；◇檀君历一千〇七十九年。

前1254年，丁卯，〔商〕小辛十九年，☆黄帝历一千四百四十五年。翦伯赞主编《中外历史年表》认定，是岁为武丁元年[1]；◇檀君历一千〇八十年。

前1253年，戊辰，〔商〕小辛二十年，☆黄帝历一千四百四十六年；◇檀君历一千〇八十一年。

前1252年，己巳，〔商〕小辛二十一年，☆黄帝历一千四百四十七年；◇檀君历一千〇八十二年。

前1251年，庚午，〔商〕小乙一年，☆黄帝历一千四百四十八年。万国鼎《中国历史纪年

1 见翦伯赞主编《中外历史年表》，第11页，中华书局，2008年版。

表》认为，盘庚至小乙是前1300至前1239年[1]；◇檀君历一千〇八十三年。

前1250年，辛未，〔商〕武丁一年，☆黄帝历一千四百四十九年。著名商朝女将军妇好乃武丁之妻，其墓地在今河南省安阳。中国社会科学院语言研究所词典编辑室编《现代汉语词典》（第5版），《附录·我国历代纪元表》亦认定是岁为武丁元年[2]。但万国鼎《中国历史纪年表》认为，武丁元年是公元前1238年[3]；◇檀君历一千〇八十四年。

前1249年，壬申，〔商〕武丁二年，☆黄帝历一千四百五十年；◇檀君历一千〇八十五年。

前1248年，癸酉，〔商〕武丁三年，☆黄帝历一千四百五十一年；◇檀君历一千〇八十六年。

前1247年，甲戌，〔商〕武丁四年，☆黄帝历一千四百五十二年；◇檀君历一千〇八十七年。

前1246年，乙亥，〔商〕武丁五年，☆黄帝历一千四百五十三年；◇檀君历一千〇八十八年。

前1245年，丙子，〔商〕武丁六年，☆黄帝历一千四百五十四年；◇檀君历一千〇八十九年。

前1244年，丁丑，〔商〕武丁七年，☆黄帝历一千四百五十五年；◇檀君历一千〇九十年。

前1243年，戊寅，〔商〕武丁八年，☆黄帝历一千四百五十六年；◇檀君历一千〇九十一年。

前1242年，己卯，〔商〕武丁九年，☆黄帝历一千四百五十七年；◇檀君历一千〇九十二年。

前1241年，庚辰，〔商〕武丁十年，☆黄帝历一千四百五十八年；◇檀君历一千〇九十三年。

前1240年，辛巳，〔商〕武丁十一年，☆黄帝历一千四百五十九年；◇檀君历一千〇九十四年。

前1239年，壬午，〔商〕武丁十二年，☆黄帝历一千四百六十年；◇檀君历一千〇九十五年。

前1238年，癸未，〔商〕武丁十三年，☆黄帝历一千四百六十一年；◇檀君历一千〇九十六年。

前1237年，甲申，〔商〕武丁十四年，☆黄帝历一千四百六十二年；◇檀君历一千〇九十七年。

前1236年，乙酉，〔商〕武丁十五年，☆黄帝历一千四百六十三年；◇檀君历一千〇九十八年。

前1235年，丙戌，〔商〕武丁十六年，☆黄帝历一千四百六十四年；◇檀君历一千〇九十九年。

---

1 参见万国鼎《中国历史纪年表》，第63页，中华书局，1978年版。

2 见中国社会科学院语言研究所词典编辑室编《现代汉语词典》（第5版），第1839页，商务印书馆，2005年版。

3 参见万国鼎《中国历史纪年表》，第63页，中华书局，1978年版。

前1234年，丁亥，〔商〕武丁十七年，☆黄帝历一千四百六十五年；◇檀君历一千一百年。

前1233年，戊子，〔商〕武丁十八年，☆黄帝历一千四百六十六年；◇檀君历一千一百〇一年。

前1232年，己丑，〔商〕武丁十九年，☆黄帝历一千四百六十七年；◇檀君历一千一百〇二年。

前1231年，庚寅，〔商〕武丁二十年，☆黄帝历一千四百六十八年；◇檀君历一千一百〇三年。

前1230年，辛卯，〔商〕武丁二十一年，☆黄帝历一千四百六十九年；◇檀君历一千一百〇四年。

前1229年，壬辰，〔商〕武丁二十二年，☆黄帝历一千四百七十年；◇檀君历一千一百〇五年。

前1228年，癸巳，〔商〕武丁二十三年，☆黄帝历一千四百七十一年；◇檀君历一千一百〇六年。

前1227年，甲午，〔商〕武丁二十四年，☆黄帝历一千四百七十二年；◇檀君历一千一百〇七年。

前1226年，乙未，〔商〕武丁二十五年，☆黄帝历一千四百七十三年；◇檀君历一千一百〇八年。

前1225年，丙申，〔商〕武丁二十六年，☆黄帝历一千四百七十四年；◇檀君历一千一百〇九年。

前1224年，丁酉，〔商〕武丁二十七年，☆黄帝历一千四百七十五年；◇檀君历一千一百一十年。

前1223年，戊戌，〔商〕武丁二十八年，☆黄帝历一千四百七十六年；◇檀君历一千一百一十一年。

前1222年，己亥，〔商〕武丁二十九年，☆黄帝历一千四百七十七年；◇檀君历一千一百一十二年。

前1221年，庚子，〔商〕武丁三十年，☆黄帝历一千四百七十八年；◇檀君历一千一百一十三年。

前1220年，辛丑，〔商〕武丁三十一年，☆黄帝历一千四百七十九年；◇檀君历一千一百一十四年。

前1219年，壬寅，〔商〕武丁三十二年，☆黄帝历一千四百八十年；◇檀君历一千一百一十五年。

前1218年，癸卯，〔商〕武丁三十三年，☆黄帝历一千四百八十一年；◇檀君历一千一百一十六年。

前1217年，甲辰，〔商〕武丁三十四年，☆黄帝历一千四百八十二年；◇檀君历一千一百一十七年。

前 1216 年，乙巳，〔商〕武丁三十五年，☆黄帝历一千四百八十三年；◇檀君历一千一百一十八年。

前 1215 年，丙午，〔商〕武丁三十六年，☆黄帝历一千四百八十四年；◇檀君历一千一百一十九年。

前 1214 年，丁未，〔商〕武丁三十七年，☆黄帝历一千四百八十五年；◇檀君历一千一百二十年。

前 1213 年，戊申，〔商〕武丁三十八年，☆黄帝历一千四百八十六年；◇檀君历一千一百二十一年。

前 1212 年，己酉，〔商〕武丁三十九年，☆黄帝历一千四百八十七年；◇檀君历一千一百二十二年。

前 1211 年，庚戌，〔商〕武丁四十年，☆黄帝历一千四百八十八年；◇檀君历一千一百二十三年。

前 1210 年，辛亥，〔商〕武丁四十一年，☆黄帝历一千四百八十九年；◇檀君历一千一百二十四年。

前 1209 年，壬子，〔商〕武丁四十二年，☆黄帝历一千四百九十年；◇檀君历一千一百二十五年。

前 1208 年，癸丑，〔商〕武丁四十三年，☆黄帝历一千四百九十一年；◇檀君历一千一百二十六年。

前 1207 年，甲寅，〔商〕武丁四十四年，☆黄帝历一千四百九十二年；◇檀君历一千一百二十七年。

前 1206 年，乙卯，〔商〕武丁四十五年，☆黄帝历一千四百九十三年；◇檀君历一千一百二十八年。

前 1205 年，丙辰，〔商〕武丁四十六年，☆黄帝历一千四百九十四年；◇檀君历一千一百二十九年。

前 1204 年，丁巳，〔商〕武丁四十七年，☆黄帝历一千四百九十五年；◇檀君历一千一百三十年。

前 1203 年，戊午，〔商〕武丁四十八年，☆黄帝历一千四百九十六年；◇檀君历一千一百三十一年。

前 1202 年，己未，〔商〕武丁四十九年，☆黄帝历一千四百九十七年；◇檀君历一千一百三十二年。

前 1201 年，庚申，〔商〕武丁五十年，☆黄帝历一千四百九十八年；◇檀君历一千一百三十三年。

前 1200 年，辛酉，〔商〕武丁五十一年，☆黄帝历一千四百九十九年；◇檀君历一千一百三十四年。

前 1199 年，壬戌，〔商〕武丁五十二年，☆黄帝历一千五百年；◇檀君历一千一百三十五年。

前 1198 年，癸亥，〔商〕武丁五十三年，☆黄帝历一千五百〇一年；◇檀君历一千一百三十六年。

前 1197 年，甲子，〔商〕武丁五十四年，☆黄帝历一千五百〇二年；◇檀君历一千一百三十七年。

前 1196 年，乙丑，〔商〕武丁五十五年，☆黄帝历一千五百〇三年；◇檀君历一千一百三十八年。

前 1195 年，丙寅，〔商〕武丁五十六年，☆黄帝历一千五百〇四年。翦伯赞主编《中外历史年表》认定，是岁为祖庚元年[1]；◇檀君历一千一百三十九年。

前 1194 年，丁卯，〔商〕武丁五十七年，☆黄帝历一千五百〇五年；◇檀君历一千一百四十年。

前 1193 年，戊辰，〔商〕武丁五十八年，☆黄帝历一千五百〇六年；◇檀君历一千一百四十一年。

前 1192 年，己巳，〔商〕武丁五十九年，☆黄帝历一千五百〇七年；◇檀君历一千一百四十二年。

前 1191 年，庚午，〔商〕祖庚一年，☆黄帝历一千五百〇八年。万国鼎《中国历史纪年表》认为，祖庚元年是公元前 1179 年[2]；◇檀君历一千一百四十三年。

前 1190 年，辛未，〔商〕祖庚二年，☆黄帝历一千五百〇九年；◇檀君历一千一百四十四年。

前 1189 年，壬申，〔商〕祖甲一年，☆黄帝历一千五百一十年。万国鼎《中国历史纪年表》认为，祖甲元年是前 1172 年[3]；◇檀君历一千一百四十五年。

前 1188 年，癸酉，〔商〕祖甲二年，☆黄帝历一千五百一十一年；◇檀君历一千一百四十六年。

前 1187 年，甲戌，〔商〕祖甲三年，☆黄帝历一千五百一十二年。翦伯赞主编《中外历史年表》认定，是岁为祖甲元年[4]；◇檀君历一千一百四十七年。

前 1186 年，乙亥，〔商〕祖甲四年，☆黄帝历一千五百一十三年；◇檀君历一千一百四十八年。

前 1185 年，丙子，〔商〕祖甲五年，☆黄帝历一千五百一十四年；◇檀君历一千一百四十九年。

前 1184 年，丁丑，〔商〕祖甲六年，☆黄帝历一千五百一十五年；◇檀君历一千一百五十年。

前 1183 年，戊寅，〔商〕祖甲七年，☆黄帝历一千五百一十六年；◇檀君历一千一百五十

1　见翦伯赞主编《中外历史年表》，第 11 页，中华书局，2008 年版。

2　见万国鼎《中国历史纪年表》，第 62 页，中华书局，1978 年版。

3　见万国鼎《中国历史纪年表》，第 63 页，中华书局，1978 年版。

4　见翦伯赞主编《中外历史年表》，第 12 页，中华书局，2008 年版。

一年。

前1182年，己卯，〔商〕祖甲八年，☆黄帝历一千五百一十七年；◇檀君历一千一百五十二年。

前1181年，庚辰，〔商〕祖甲九年，☆黄帝历一千五百一十八年；◇檀君历一千一百五十三年。

前1180年，辛巳，〔商〕祖甲十年，☆黄帝历一千五百一十九年；◇檀君历一千一百五十四年。

前1179年，壬午，〔商〕祖甲十一年，☆黄帝历一千五百二十年；◇檀君历一千一百五十五年。

前1178年，癸未，〔商〕祖甲十二年，☆黄帝历一千五百二十一年；◇檀君历一千一百五十六年。

前1177年，甲申，〔商〕祖甲十三年，☆黄帝历一千五百二十二年；◇檀君历一千一百五十七年。

前1176年，乙酉，〔商〕祖甲十四年，☆黄帝历一千五百二十三年；◇檀君历一千一百五十八年。

前1175年，丙戌，〔商〕祖甲十五年，☆黄帝历一千五百二十四年；◇檀君历一千一百五十九年。

前1174年，丁亥，〔商〕祖甲十六年，☆黄帝历一千五百二十五年；◇檀君历一千一百六十年。

前1173年，戊子，〔商〕祖甲十七年，☆黄帝历一千五百二十六年；◇檀君历一千一百六十一年。

前1172年，己丑，〔商〕祖甲十八年，☆黄帝历一千五百二十七年；◇檀君历一千一百六十二年。

前1171年，庚寅，〔商〕祖甲十九年，☆黄帝历一千五百二十八年；◇檀君历一千一百六十三年。

前1170年，辛卯，〔商〕祖甲二十年，☆黄帝历一千五百二十九年；◇檀君历一千一百六十四年。

前1169年，壬辰，〔商〕祖甲二十一年，☆黄帝历一千五百三十年；◇檀君历一千一百六十五年。

前1168年，癸巳，〔商〕祖甲二十二年，☆黄帝历一千五百三十一年；◇檀君历一千一百六十六年。

前1167年，甲午，〔商〕祖甲二十三年，☆黄帝历一千五百三十二年；◇檀君历一千一百六十七年。

前1166年，乙未，〔商〕祖甲二十四年，☆黄帝历一千五百三十三年；◇檀君历一千一百六十八年。

前 1165 年，丙申，〔商〕祖甲二十五年，☆黄帝历一千五百三十四年；◇檀君历一千一百六十九年。

前 1164 年，丁酉，〔商〕祖甲二十六年，☆黄帝历一千五百三十五年；◇檀君历一千一百七十年。

前 1163 年，戊戌，〔商〕祖甲二十七年，☆黄帝历一千五百三十六年；◇檀君历一千一百七十一年。

前 1162 年，己亥，〔商〕祖甲二十八年，☆黄帝历一千五百三十七年；◇檀君历一千一百七十二年。

前 1161 年，庚子，〔商〕祖甲二十九年，☆黄帝历一千五百三十八年；◇檀君历一千一百七十三年。

前 1160 年，辛丑，〔商〕祖甲三十年，☆黄帝历一千五百三十九年；◇檀君历一千一百七十四年。

前 1159 年，壬寅，〔商〕祖甲三十一年，☆黄帝历一千五百四十年；◇檀君历一千一百七十五年。

前 1158 年，癸卯，〔商〕祖甲三十二年，☆黄帝历一千五百四十一年；◇檀君历一千一百七十六年。

前 1157 年，甲辰，〔商〕祖甲三十三年，☆黄帝历一千五百四十二年；◇檀君历一千一百七十七年。

前 1156 年，乙巳，〔商〕廪辛一年，☆黄帝历一千五百四十三年。万国鼎《中国历史纪年表》认为，廪辛元年是公元前 1139 年[1]；◇檀君历一千一百七十八年。

前 1155 年，丙午，〔商〕廪辛二年，☆黄帝历一千五百四十四年；◇檀君历一千一百七十九年。

前 1154 年，丁未，〔商〕廪辛三年，☆黄帝历一千五百四十五年。翦伯赞主编《中外历史年表》认定，是岁为廪辛元年[2]；◇檀君历一千一百八十年。

前 1153 年，戊申，〔商〕廪辛四年，☆黄帝历一千五百四十六年；◇檀君历一千一百八十一年。

前 1152 年，己酉，〔商〕廪辛五年，☆黄帝历一千五百四十七年；◇檀君历一千一百八十二年。

前 1151 年，庚戌，〔商〕廪辛六年，☆黄帝历一千五百四十八年；◇檀君历一千一百八十三年。

前 1150 年，辛亥，〔商〕廪辛七年，☆黄帝历一千五百四十九年；◇檀君历一千一百八十四年。

1　见万国鼎《中国历史纪年表》，第 63 页，中华书局，1978 年版。

2　见翦伯赞主编《中外历史年表》，第 12 页，中华书局，2008 年版。

前1149年，壬子，〔商〕廪辛八年，☆黄帝历一千五百五十年；◇檀君历一千一百八十五年。

前1148年，癸丑，〔商〕庚丁一年，☆黄帝历一千五百五十一年。翦伯赞主编《中外历史年表》认定，是岁为庚丁元年，与本年历同[1]；◇檀君历一千一百八十六年。

前1147年，甲寅，〔商〕武乙一年，☆黄帝历一千五百五十二年。万国鼎《中国历史纪年表》认为，武乙元年是公元前1129年[2]；◇檀君历一千一百八十七年。

前1146年，乙卯，〔商〕武乙二年，☆黄帝历一千五百五十三年；◇檀君历一千一百八十八年。

前1145年，丙辰，〔商〕武乙三年，☆黄帝历一千五百五十四年；◇檀君历一千一百八十九年。

前1144年，丁巳，〔商〕武乙四年，☆黄帝历一千五百五十五年；◇檀君历一千一百九十年。

前1143年，戊午，〔商〕武乙五年，☆黄帝历一千五百五十六年；◇檀君历一千一百九十一年。

前1142年，己未，〔商〕武乙六年，☆黄帝历一千五百五十七年。翦伯赞主编《中外历史年表》认定，是岁为武乙元年[3]；◇檀君历一千一百九十二年。

前1141年，庚申，〔商〕武乙七年，☆黄帝历一千五百五十八年；◇檀君历一千一百九十三年。

前1140年，辛酉，〔商〕武乙八年，☆黄帝历一千五百五十九年；◇檀君历一千一百九十四年。

前1139年，壬戌，〔商〕武乙九年，☆黄帝历一千五百六十年；◇檀君历一千一百九十五年。

前1138年，癸亥，〔商〕武乙十年，☆黄帝历一千五百六十一年。翦伯赞主编《中外历史年表》认定，是岁为太丁元年[4]；◇檀君历一千一百九十六年。

前1137年，甲子，〔商〕武乙十一年，☆黄帝历一千五百六十二年；◇檀君历一千一百九十七年。

前1136年，乙丑，〔商〕武乙十二年，☆黄帝历一千五百六十三年；◇檀君历一千一百九十八年。

前1135年，丙寅，〔商〕武乙十三年，☆黄帝历一千五百六十四年。翦伯赞主编《中外历史年表》认定，是岁为帝乙元年[5]；◇檀君历一千一百九十九年。

1　见翦伯赞主编《中外历史年表》，第12页，中华书局，2008年版。中国社会科学院语言研究所词典编辑室编《现代汉语词典》（第5版）记“庚丁”为“康丁”。见该书，第1839页，商务印书馆，2005年版。

2　见万国鼎《中国历史纪年表》，第63页，中华书局，1978年版。但中国社会科学院语言研究所词典编辑室编《现代汉语词典》（第5版）附录所记武乙元年亦为“前1147年”，并标注是岁为“甲寅”。见该书，第1839页，商务印书馆，2005年版。

3　见翦伯赞主编《中外历史年表》，第12页，中华书局，2008年版。

4　见翦伯赞主编《中外历史年表》，第12页，中华书局，2008年版。

5　见翦伯赞主编《中外历史年表》，第12页，中华书局，2008年版。

前1134年，丁卯，〔商〕武乙十四年，☆黄帝历一千五百六十五年；◇檀君历一千二百年。

前1133年，戊辰，〔商〕武乙十五年，☆黄帝历一千五百六十六年；◇檀君历一千二百〇一年。

前1132年，己巳，〔商〕武乙十六年，☆黄帝历一千五百六十七年；◇檀君历一千二百〇二年。

前1131年，庚午，〔商〕武乙十七年，☆黄帝历一千五百六十八年；◇檀君历一千二百〇三年。

前1130年，辛未，〔商〕武乙十八年，☆黄帝历一千五百六十九年；◇檀君历一千二百〇四年。

前1129年，壬申，〔商〕武乙十九年，☆黄帝历一千五百七十年；◇檀君历一千二百〇五年。

前1128年，癸酉，〔商〕武乙二十年，☆黄帝历一千五百七十一年；◇檀君历一千二百〇六年。

前1127年，甲戌，〔商〕武乙二十一年，☆黄帝历一千五百七十二年；◇檀君历一千二百〇七年。

前1126年，乙亥，〔商〕武乙二十二年，☆黄帝历一千五百七十三年；◇檀君历一千二百〇八年。

前1125年，丙子，〔商〕武乙二十三年，☆黄帝历一千五百七十四年；◇檀君历一千二百〇九年。

前1124年，丁丑，〔商〕武乙二十四年，☆黄帝历一千五百七十五年；◇檀君历一千二百一十年。

前1123年，戊寅，〔商〕武乙二十五年，☆黄帝历一千五百七十六年；◇檀君历一千二百一十一年。

前1122年，己卯，〔商〕武乙二十六年，☆黄帝历一千五百七十七年；◇檀君历一千二百一十二年。朝鲜文人安鼎福（1712—1791）《东史纲目》卷一曰，是岁武王克商，“箕子朝鲜”开始[1]。按他的计算，周武王元年是公元前1134年。我国当代学者金毓黻《东北通史》上卷以为，箕子受周封，当为“箕侯”，一如“燕侯”、“鲁侯”，《魏略》即称箕子为“朝鲜侯”[2]。

前1121年，庚辰，〔商〕武乙二十七年，☆黄帝历一千五百七十八年；◇檀君历一千二百一十三年。

前1120年，辛巳，〔商〕武乙二十八年，☆黄帝历一千五百七十九年；◇檀君历一千二百一十四年。

前1119年，壬午，〔商〕武乙二十九年，☆黄帝历一千五百八十年；◇檀君历一千二百一十五年。

1　另参见朝鲜文人尹斗寿（1533—1601）《箕子志》。该书共9卷，其中有箕子像及箕子朝鲜世系。

2　参见本年历“公元前1046年”。金毓黻先生之说，见马大正、李大龙、耿铁华、权赫秀《古代中国高句丽历史续论》，第348–349页，中国社会科学出版社，2003年版。

前1118年，癸未，〔商〕武乙三十年，☆黄帝历一千五百八十一年；◇檀君历一千二百一十六年。

前1117年，甲申，〔商〕武乙三十一年，☆黄帝历一千五百八十二年；◇檀君历一千二百一十七年。

前1116年，乙酉，〔商〕武乙三十二年，☆黄帝历一千五百八十三年；◇檀君历一千二百一十八年。

前1115年，丙戌，〔商〕武乙三十三年，☆黄帝历一千五百八十四年；◇檀君历一千二百一十九年。

前1114年，丁亥，〔商〕武乙三十四年，☆黄帝历一千五百八十五年；◇檀君历一千二百二十年。

前1113年，戊子，〔商〕武乙三十五年，☆黄帝历一千五百八十六年；◇檀君历一千二百二十一年。

前1112年，己丑，〔商〕文丁一年，☆黄帝历一千五百八十七年。万国鼎《中国历史纪年表》认为，文丁元年是公元前1094年[1]；◇檀君历一千二百二十二年。

前1111年，庚寅，〔商〕文丁二年，☆黄帝历一千五百八十八年；◇檀君历一千二百二十三年。

前1110年，辛卯，〔商〕文丁三年，☆黄帝历一千五百八十九年；◇檀君历一千二百二十四年。

前1109年，壬辰，〔商〕文丁四年，☆黄帝历一千五百九十年；◇檀君历一千二百二十五年。

前1108年，癸巳，〔商〕文丁五年，☆黄帝历一千五百九十一年；◇檀君历一千二百二十六年。

前1107年，甲午，〔商〕文丁六年，☆黄帝历一千五百九十二年；◇檀君历一千二百二十七年。

前1106年，乙未，〔商〕文丁七年，☆黄帝历一千五百九十三年；◇檀君历一千二百二十八年。

前1105年，丙申，〔商〕文丁八年，☆黄帝历一千五百九十四年；◇檀君历一千二百二十九年。

前1104年，丁酉，〔商〕文丁九年，☆黄帝历一千五百九十五年；◇檀君历一千二百三十年。

前1103年，戊戌，〔商〕文丁十年，☆黄帝历一千五百九十六年；◇檀君历一千二百三十一年。

前1102年，己亥，〔商〕文丁十一年，☆黄帝历一千五百九十七年；◇檀君历一千二百三

1　见万国鼎《中国历史纪年表》，第63页，中华书局，1978年版。但中国社会科学院语言研究所词典编辑室编《现代汉语词典》（第5版）附录所记文丁元年亦为“前1112年”，并标注是岁为“己丑”。见该书第1839页，商务印书馆，2005年版。

十二年。

前 1101 年，庚子，〔商〕帝乙一年，☆黄帝历一千五百九十八年。中国社会科学院语言研究所词典编辑室编《现代汉语词典》（第 5 版）《附录 · 我国历代纪元表》所记帝乙元年亦为“前 1101 年”，“庚子”；◇檀君历一千二百三十三年。

前 1100 年，辛丑，〔商〕帝乙二年，☆黄帝历一千五百九十九年；◇檀君历一千二百三十四年。

前 1099 年，壬寅，〔商〕帝乙三年，☆黄帝历一千六百年；◇檀君历一千二百三十五年。

前 1098 年，癸卯，〔商〕帝乙四年，☆黄帝历一千六百〇一年。翦伯赞主编《中外历史年表》认定，是岁为纣元年[1]；◇檀君历一千二百三十六年。按朝鲜文人徐命膺（1716—1787）《保晚斋丛书》之《畤史》的说法，箕子（前 1098—前 1006）应于是岁出生。

前 1097 年，甲辰，〔商〕帝乙五年，☆黄帝历一千六百〇二年；◇檀君历一千二百三十七年。

前 1096 年，乙巳，〔商〕帝乙六年，☆黄帝历一千六百〇三年；◇檀君历一千二百三十八年。

前 1095 年，丙午，〔商〕帝乙七年，☆黄帝历一千六百〇四年；◇檀君历一千二百三十九年。

前 1094 年，丁未，〔商〕帝乙八年，☆黄帝历一千六百〇五年；◇檀君历一千二百四十年。

前 1093 年，戊申，〔商〕帝乙九年，☆黄帝历一千六百〇六年；◇檀君历一千二百四十一年。

前 1092 年，己酉，〔商〕帝乙十年，☆黄帝历一千六百〇七年；◇檀君历一千二百四十二年。

前 1091 年，庚戌，〔商〕帝乙十一年，☆黄帝历一千六百〇八年；◇檀君历一千二百四十三年。

前 1090 年，辛亥，〔商〕帝乙十二年，☆黄帝历一千六百〇九年；◇檀君历一千二百四十四年。

前 1089 年，壬子，〔商〕帝乙十三年，☆黄帝历一千六百一十年；◇檀君历一千二百四十五年。

前 1088 年，癸丑，〔商〕帝乙十四年，☆黄帝历一千六百一十一年；◇檀君历一千二百四十六年。

前 1087 年，甲寅，〔商〕帝乙十五年，☆黄帝历一千六百一十二年；◇檀君历一千二百四十七年。

前 1086 年，乙卯，〔商〕帝乙十六年，☆黄帝历一千六百一十三年；◇檀君历一千二百四十八年。

---

1 见翦伯赞主编《中外历史年表》，第 12 页，中华书局，2008 年版。

前1085年，丙辰，〔商〕帝乙十七年，☆黄帝历一千六百一十四年；◇檀君历一千二百四十九年。

前1084年，丁巳，〔商〕帝乙十八年，☆黄帝历一千六百一十五年；◇檀君历一千二百五十年。

前1083年，戊午，〔商〕帝乙十九年，☆黄帝历一千六百一十六年；◇檀君历一千二百五十一年。

前1082年，己未，〔商〕帝乙二十年，☆黄帝历一千六百一十七年；◇檀君历一千二百五十二年。

前1081年，庚申，〔商〕帝乙二十一年，☆黄帝历一千六百一十八年；◇檀君历一千二百五十三年。

前1080年，辛酉，〔商〕帝乙二十二年，☆黄帝历一千六百一十九年；◇檀君历一千二百五十四年。

前1079年，壬戌，〔商〕帝乙二十三年，☆黄帝历一千六百二十年；◇檀君历一千二百五十五年。

前1078年，癸亥，〔商〕帝乙二十四年，☆黄帝历一千六百二十一年；◇檀君历一千二百五十六年。

前1077年，甲子，〔商〕帝乙二十五年，☆黄帝历一千六百二十二年；◇檀君历一千二百五十七年。

前1076年，乙丑，〔商〕帝乙二十六年，☆黄帝历一千六百二十三年；◇檀君历一千二百五十八年。

前1075年，丙寅，〔商〕帝辛[1]一年，☆黄帝历一千六百二十四年。中国社会科学院语言研究所词典编辑室编《现代汉语词典》（第5版）《附录·我国历代纪元表》所记帝辛（纣王）元年亦为“前1075年”，“丙寅”[2]；◇檀君历一千二百五十九年。

前1074年，丁卯，〔商〕帝辛二年，☆黄帝历一千六百二十五年；◇檀君历一千二百六十年。

前1073年，戊辰，〔商〕帝辛三年，☆黄帝历一千六百二十六年；◇檀君历一千二百六十一年。

前1072年，己巳，〔商〕帝辛四年，☆黄帝历一千六百二十七年；◇檀君历一千二百六十二年。

前1071年，庚午，〔商〕帝辛五年，☆黄帝历一千六百二十八年；◇檀君历一千二百六十三年。

前1070年，辛未，〔商〕帝辛六年，☆黄帝历一千六百二十九年；◇檀君历一千二百六十四年。

1 帝辛即纣王。朝鲜文人李边《训世评话》一书里收录箕子见纣王用象牙筷子而叹息的故事。见〔韩〕李边原著，朴在渊、安章利、李在弘译解《训世评话》，第363页，太学社，1998年版。

2 见中国社会科学院语言研究所词典编辑室编《现代汉语词典》（第5版），第1839页，商务印书馆，2005年版。

前1069年，壬申，〔商〕帝辛七年，☆黄帝历一千六百三十年；◇檀君历一千二百六十五年。

前1068年，癸酉，〔商〕帝辛八年，☆黄帝历一千六百三十一年；◇檀君历一千二百六十六年。

前1067年，甲戌，〔商〕帝辛九年，☆黄帝历一千六百三十二年；◇檀君历一千二百六十七年。

前1066年，乙亥，〔商〕帝辛十年，☆黄帝历一千六百三十三年。翦伯赞主编《中外历史年表》认定，是岁为周武王十一年。依此说，则周武王元年当为前1076年[1]；◇檀君历一千二百六十八年。

前1065年，丙子，〔商〕帝辛十一年，☆黄帝历一千六百三十四年；◇檀君历一千二百六十九年。

前1064年，丁丑，〔商〕帝辛十二年，☆黄帝历一千六百三十五年；◇檀君历一千二百七十年。

前1063年，戊寅，〔商〕帝辛十三年，☆黄帝历一千六百三十六年。翦伯赞主编《中外历史年表》认定，是岁为周成王元年[2]；◇檀君历一千二百七十一年。

前1062年，己卯，〔商〕帝辛十四年，☆黄帝历一千六百三十七年；◇檀君历一千二百七十二年。

前1061年，庚辰，〔商〕帝辛十五年，☆黄帝历一千六百三十八年；◇檀君历一千二百七十三年。

前1060年，辛巳，〔商〕帝辛十六年，☆黄帝历一千六百三十九年；◇檀君历一千二百七十四年。

前1059年，壬午，〔商〕帝辛十七年，☆黄帝历一千六百四十年；◇檀君历一千二百七十五年。

前1058年，癸未，〔商〕帝辛十八年，☆黄帝历一千六百四十一年；◇檀君历一千二百七十六年。

前1057年，甲申，〔商〕帝辛十九年，☆黄帝历一千六百四十二年；◇檀君历一千二百七十七年。

前1056年，乙酉，〔商〕帝辛二十年，☆黄帝历一千六百四十三年；◇檀君历一千二百七十八年。

前1055年，丙戌，〔商〕帝辛二十一年，☆黄帝历一千六百四十四年；◇檀君历一千二百七十九年。

前1054年，丁亥，〔商〕帝辛二十二年，☆黄帝历一千六百四十五年；◇檀君历一千二百

1 见翦伯赞主编《中外历史年表》，第13页，中华书局，2008年版。

2 见翦伯赞主编《中外历史年表》，第13页，中华书局，2008年版。美国学者班大为在1981年从天文学线索中推断武王伐纣的时间为公元前1046年。参见〔美〕班大为原著，徐凤先译《中国上古史实揭秘：天文考古学研究》，"前言"，上海古籍出版社，2008年版。

八十年。

前1053年，戊子，〔商〕帝辛二十三年，☆黄帝历一千六百四十六年；◇檀君历一千二百八十一年。

前1052年，己丑，〔商〕帝辛二十四年，☆黄帝历一千六百四十七年；◇檀君历一千二百八十二年。

前1051年，庚寅，〔商〕帝辛二十五年，☆黄帝历一千六百四十八年；◇檀君历一千二百八十三年。

前1050年，辛卯，〔商〕帝辛二十六年，☆黄帝历一千六百四十九年；◇檀君历一千二百八十四年。

前1049年，壬辰，〔商〕帝辛二十七年，☆黄帝历一千六百五十年；◇檀君历一千二百八十五年。

前1048年，癸巳，〔商〕帝辛二十八年，☆黄帝历一千六百五十一年；◇檀君历一千二百八十六年。

前1047年，甲午，〔商〕帝辛二十九年，☆黄帝历一千六百五十二年；◇檀君历一千二百八十七年。

前1046年，乙未，〔西周〕武王一年，☆黄帝历一千六百五十三年；◇檀君历一千二百八十八年[1]。这一年箕子率众到朝鲜，建立“箕子朝鲜”。高丽文人金富轼《三国史记》的《年表》把半岛的历史从箕子朝鲜算起。朝鲜文人安鼎福（1712—1791）《东史纲目》卷一说：“己卯（周武王十三年），朝鲜箕子元年。殷太师箕子东来，周天子因以封之。箕子，子姓，名胥馀。封于箕而子爵，故号箕子，仕殷为太师。纣为淫佚，箕子谏，不听而囚之，乃被发佯狂而为奴，鼓琴以自悲。及周武王伐纣入殷，命召公[2]释箕子囚，问殷所以亡，箕子不忍言，王乃问以天道。箕子为陈《洪范》九畴。箕子不忍周之释，走之朝鲜。武王闻之，因以朝鲜封之而不臣也。”安鼎福所说的“己卯”是指前1122年，本年历标注是商武乙二十六年。安鼎福是在参考了该国《三国遗事》《三国史记》《三国史略》《高丽史》《丽史提纲》《东国通鉴》《东史纂要》《东史会纲》《海东绎史》《箕子志》《箕子外传》等书籍后，才算出其“箕子元年”来的。

前1045年，丙申，〔西周〕武王二年，☆黄帝历一千六百五十四年；◇檀君历一千二百八十九年。

前1044年，丁酉，〔西周〕武王三年，☆黄帝历一千六百五十五年；◇檀君历一千二百九十年。若按司马迁《史记·周本纪》的说法，周武王克商后二年，问箕子商所以亡，则箕子当于是岁远走朝鲜。近年我国学者认为，商朝末年人口总数约为780万人[3]。如此，则箕子带走之5000人并不太多，周武王会完全同意。朝鲜文人徐命膺（1716—1787）《保晚斋丛书》之《畴史》认定，箕子至朝鲜之年是54岁，在位40年而薨。

1 参见〔西汉〕司马迁《史记·世家第八·宋微子世家》（卷三十八）。

2 召公是燕国的创建者，其封地一说在今天津市蓟县的邦均镇。《诗经·大雅·荡之什·韩奕》有“王锡韩侯，其追其貊。奄受北国，因以其伯”句。《监本诗经》以为该诗首句“奕奕梁山，维禹甸之”里的“梁山”在同州韩城即今陕西省渭南的韩城县，但渭南离燕国太远了。其实，北京的西山与车箱渠连接处本来就叫“梁山”。参见芥子园原本《监本诗经》，京都文和堂藏板，笔者收藏。

3 见宋镇豪《夏商社会生活史》，第110页，中国社会科学出版社，1994年版。

前 1043 年，戊戌，〔西周〕武王四年，☆黄帝历一千六百五十六年；◇檀君历一千二百九十一年。

前 1042 年，己亥，〔西周〕武王五年、成王一年，☆黄帝历一千六百五十七年。周武王克商后 5 年而崩[1]；◇檀君历一千二百九十二年。

前 1041 年，庚子，〔西周〕成王二年，☆黄帝历一千六百五十八年；◇檀君历一千二百九十三年。

前 1040 年，辛丑，〔西周〕成王三年，☆黄帝历一千六百五十九年；◇檀君历一千二百九十四年。

前 1039 年，壬寅，〔西周〕成王四年，☆黄帝历一千六百六十年；◇檀君历一千二百九十五年。

前 1038 年，癸卯，〔西周〕成王五年，☆黄帝历一千六百六十一年；◇檀君历一千二百九十六年。

前 1037 年，甲辰，〔西周〕成王六年，☆黄帝历一千六百六十二年；◇檀君历一千二百九十七年。

前 1036 年，乙巳，〔西周〕成王七年，☆黄帝历一千六百六十三年；◇檀君历一千二百九十八年。

前 1035 年，丙午，〔西周〕成王八年，☆黄帝历一千六百六十四年；◇檀君历一千二百九十九年。

前 1034 年，丁未，〔西周〕成王九年，☆黄帝历一千六百六十五年；◇檀君历一千三百年。

前 1033 年，戊申，〔西周〕成王十年，☆黄帝历一千六百六十六年；◇檀君历一千三百〇一年。是岁，箕子回故国朝觐，作《麦秀歌》，为今河南安阳小屯村一带的荒凉而悲歌。该地为盘庚东迁至殷商灭亡时的商朝都城。

前 1032 年，己酉，〔西周〕成王十一年，☆黄帝历一千六百六十七年；◇檀君历一千三百〇二年。

前 1031 年，庚戌，〔西周〕成王十二年，☆黄帝历一千六百六十八年；◇檀君历一千三百〇三年。

前 1030 年，辛亥，〔西周〕成王十三年，☆黄帝历一千六百六十九年；◇檀君历一千三百〇四年。

前 1029 年，壬子，〔西周〕成王十四年，☆黄帝历一千六百七十年；◇檀君历一千三百〇五年。

前 1028 年，癸丑，〔西周〕成王十五年，☆黄帝历一千六百七十一年；◇檀君历一千三百〇六年。

前 1027 年，甲寅，〔西周〕成王十六年，☆黄帝历一千六百七十二年。万国鼎《中国历史

1 参见《尚书 · 召诰》。

纪年表》认为，是岁是纣王自焚之年[1]；◇檀君历一千三百〇七年。

前 1026 年，乙卯，〔西周〕成王十七年，☆黄帝历一千六百七十三年。翦伯赞主编《中外历史年表》认定，是岁为周康王元年[2]；◇檀君历一千三百〇八年。

前 1025 年，丙辰，〔西周〕成王十八年，☆黄帝历一千六百七十四年；◇檀君历一千三百〇九年。

前 1024 年，丁巳，〔西周〕成王十九年，☆黄帝历一千六百七十五年；◇檀君历一千三百一十年。

前 1023 年，戊午，〔西周〕成王二十年，☆黄帝历一千六百七十六年；◇檀君历一千三百一十一年。

前 1022 年，己未，〔西周〕成王二十一年，☆黄帝历一千六百七十七年；◇檀君历一千三百一十二年。

前 1021 年，庚申，〔西周〕成王二十二年，☆黄帝历一千六百七十八年；◇檀君历一千三百一十三年。

前 1020 年，辛酉，〔西周〕康王一年，☆黄帝历一千六百七十九年；◇檀君历一千三百一十四年。

前 1019 年，壬戌，〔西周〕康王二年，☆黄帝历一千六百八十年；◇檀君历一千三百一十五年。

前 1018 年，癸亥，〔西周〕康王三年，☆黄帝历一千六百八十一年；◇檀君历一千三百一十六年。

前 1017 年，甲子，〔西周〕康王四年，☆黄帝历一千六百八十二年；◇檀君历一千三百一十七年。

前 1016 年，乙丑，〔西周〕康王五年，☆黄帝历一千六百八十三年；◇檀君历一千三百一十八年。

前 1015 年，丙寅，〔西周〕康王六年，☆黄帝历一千六百八十四年；◇檀君历一千三百一十九年。

前 1014 年，丁卯，〔西周〕康王七年，☆黄帝历一千六百八十五年；◇檀君历一千三百二十年。

前 1013 年，戊辰，〔西周〕康王八年，☆黄帝历一千六百八十六年；◇檀君历一千三百二十一年。

前 1012 年，己巳，〔西周〕康王九年，☆黄帝历一千六百八十七年；◇檀君历一千三百二十二年。

前 1011 年，庚午，〔西周〕康王十年，☆黄帝历一千六百八十八年；◇檀君历一千三百二十三年。

1　见万国鼎《中国历史纪年表》，第 63 页，中华书局，1978 年版。
2　见翦伯赞主编《中外历史年表》，第 14 页，中华书局，2008 年版。

前1010年，辛未，〔西周〕康王十一年，☆黄帝历一千六百八十九年；◇檀君历一千三百二十四年。

前1009年，壬申，〔西周〕康王十二年，☆黄帝历一千六百九十年；◇檀君历一千三百二十五年。

前1008年，癸酉，〔西周〕康王十三年，☆黄帝历一千六百九十一年；◇檀君历一千三百二十六年。

前1007年，甲戌，〔西周〕康王十四年，☆黄帝历一千六百九十二年；◇檀君历一千三百二十七年。

前1006年，乙亥，〔西周〕康王十五年，☆黄帝历一千六百九十三年；◇檀君历一千三百二十八年。朝鲜文人徐命膺（1716—1787）《保晚斋丛书》之《畴史》认定，箕子抵朝鲜后，在位40年而薨，享寿93岁。按徐命膺的说法，箕子（前1098—前1006）是岁薨。

前1005年，丙子，〔西周〕康王十六年，☆黄帝历一千六百九十四年；◇檀君历一千三百二十九年。

前1004年，丁丑，〔西周〕康王十七年，☆黄帝历一千六百九十五年；◇檀君历一千三百三十年。

前1003年，戊寅，〔西周〕康王十八年，☆黄帝历一千六百九十六年；◇檀君历一千三百三十一年。

前1002年，己卯，〔西周〕康王十九年，☆黄帝历一千六百九十七年；◇檀君历一千三百三十二年。

前1001年，庚辰，〔西周〕康王二十年，☆黄帝历一千六百九十八年；◇檀君历一千三百三十三年。

公元前1000年，农历辛巳年，蛇年，〔西周〕康王二十一年，☆黄帝历一千六百九十九年。翦伯赞主编《中外历史年表》认定，是岁为周昭王元年[1]；◇檀君历一千三百三十四年。

1 见翦伯赞主编《中外历史年表》，第14页，中华书局，2008年版。

中国与朝韩五千年交流年历（三）

公元前999年—公元前1年

前999年，壬午，〔西周〕康王二十二年，☆黄帝历一千七百年；◇檀君历一千三百三十五年。前十世纪，朝韩从中国引进稻作[1]。

前998年，癸未，〔西周〕康王二十三年，☆黄帝历一千七百〇一年；◇檀君历一千三百三十六年。

前997年，甲申，〔西周〕康王二十四年，☆黄帝历一千七百〇二年；◇檀君历一千三百三十七年。

前996年，乙酉，〔西周〕康王二十五年，☆黄帝历一千七百〇三年；◇檀君历一千三百三十八年。

前995年，丙戌，〔西周〕昭王一年，☆黄帝历一千七百〇四年；◇檀君历一千三百三十九年。

前994年，丁亥，〔西周〕昭王二年，☆黄帝历一千七百〇五年；◇檀君历一千三百四十年。

前993年，戊子，〔西周〕昭王三年，☆黄帝历一千七百〇六年；◇檀君历一千三百四十一年。

前992年，己丑，〔西周〕昭王四年，☆黄帝历一千七百〇七年；◇檀君历一千三百四十二年。

前991年，庚寅，〔西周〕昭王五年，☆黄帝历一千七百〇八年；◇檀君历一千三百四十三年。

前990年，辛卯，〔西周〕昭王六年，☆黄帝历一千七百〇九年；◇檀君历一千三百四十四年。

前989年，壬辰，〔西周〕昭王七年，☆黄帝历一千七百一十年；◇檀君历一千三百四十五年。

前988年，癸巳，〔西周〕昭王八年，☆黄帝历一千七百一十一年；◇檀君历一千三百四十六年。

前987年，甲午，〔西周〕昭王九年，☆黄帝历一千七百一十二年；◇檀君历一千三百四十七年。

前986年，乙未，〔西周〕昭王十年，☆黄帝历一千七百一十三年；◇檀君历一千三百四十八年。

前985年，丙申，〔西周〕昭王十一年，☆黄帝历一千七百一十四年；◇檀君历一千三百四十九年。

前984年，丁酉，〔西周〕昭王十二年，☆黄帝历一千七百一十五年；◇檀君历一千三百五十年。

前983年，戊戌，〔西周〕昭王十三年，☆黄帝历一千七百一十六年；◇檀君历一千三百五十一年。

1　参见杨昭全、何彤梅《中国—朝鲜韩国关系史（上）》，第8–9页，天津人民出版社，2001年版。

前982年，己亥，〔西周〕昭王十四年，☆黄帝历一千七百一十七年；◇檀君历一千三百五十二年。

前981年，庚子，〔西周〕昭王十五年，☆黄帝历一千七百一十八年；◇檀君历一千三百五十三年。

前980年，辛丑，〔西周〕昭王十六年，☆黄帝历一千七百一十九年；◇檀君历一千三百五十四年。

前979年，壬寅，〔西周〕昭王十七年，☆黄帝历一千七百二十年；◇檀君历一千三百五十五年。

前978年，癸卯，〔西周〕昭王十八年，☆黄帝历一千七百二十一年；◇檀君历一千三百五十六年。

前977年，甲辰，〔西周〕昭王十九年，☆黄帝历一千七百二十二年；◇檀君历一千三百五十七年。

前976年，乙巳，〔西周〕穆王一年，☆黄帝历一千七百二十三年；◇檀君历一千三百五十八年。

前975年，丙午，〔西周〕穆王二年，☆黄帝历一千七百二十四年；◇檀君历一千三百五十九年。

前974年，丁未，〔西周〕穆王三年，☆黄帝历一千七百二十五年；◇檀君历一千三百六十年。

前973年，戊申，〔西周〕穆王四年，☆黄帝历一千七百二十六年；◇檀君历一千三百六十一年。

前972年，己酉，〔西周〕穆王五年，☆黄帝历一千七百二十七年；◇檀君历一千三百六十二年。

前971年，庚戌，〔西周〕穆王六年，☆黄帝历一千七百二十八年；◇檀君历一千三百六十三年。

前970年，辛亥，〔西周〕穆王七年，☆黄帝历一千七百二十九年；◇檀君历一千三百六十四年。

前969年，壬子，〔西周〕穆王八年，☆黄帝历一千七百三十年；◇檀君历一千三百六十五年。

前968年，癸丑，〔西周〕穆王九年，☆黄帝历一千七百三十一年；◇檀君历一千三百六十六年。

前967年，甲寅，〔西周〕穆王十年，☆黄帝历一千七百三十二年；◇檀君历一千三百六十七年。

前966年，乙卯，〔西周〕穆王十一年，☆黄帝历一千七百三十三年；◇檀君历一千三百六十八年。

前965年，丙辰，〔西周〕穆王十二年，☆黄帝历一千七百三十四年；◇檀君历一千三百六十九年。

前964年，丁巳，〔西周〕穆王十三年，☆黄帝历一千七百三十五年；◇檀君历一千三百七十年。

前963年，戊午，〔西周〕穆王十四年，☆黄帝历一千七百三十六年；◇檀君历一千三百七十一年。

前962年，己未，〔西周〕穆王十五年，☆黄帝历一千七百三十七年；◇檀君历一千三百七十二年。

前961年，庚申，〔西周〕穆王十六年，☆黄帝历一千七百三十八年；◇檀君历一千三百七十三年。

前960年，辛酉，〔西周〕穆王十七年，☆黄帝历一千七百三十九年；◇檀君历一千三百七十四年。

前959年，壬戌，〔西周〕穆王十八年，☆黄帝历一千七百四十年；◇檀君历一千三百七十五年。

前958年，癸亥，〔西周〕穆王十九年，☆黄帝历一千七百四十一年；◇檀君历一千三百七十六年。

前957年，甲子，〔西周〕穆王二十年，☆黄帝历一千七百四十二年；◇檀君历一千三百七十七年。

前956年，乙丑，〔西周〕穆王二十一年，☆黄帝历一千七百四十三年；◇檀君历一千三百七十八年。

前955年，丙寅，〔西周〕穆王二十二年，☆黄帝历一千七百四十四年；◇檀君历一千三百七十九年。

前954年，丁卯，〔西周〕穆王二十三年，☆黄帝历一千七百四十五年；◇檀君历一千三百八十年。

前953年，戊辰，〔西周〕穆王二十四年，☆黄帝历一千七百四十六年；◇檀君历一千三百八十一年。

前952年，己巳，〔西周〕穆王二十五年，☆黄帝历一千七百四十七年；◇檀君历一千三百八十二年。

前951年，庚午，〔西周〕穆王二十六年，☆黄帝历一千七百四十八年；◇檀君历一千三百八十三年。

前950年，辛未，〔西周〕穆王二十七年，☆黄帝历一千七百四十九年；◇檀君历一千三百八十四年。

前949年，壬申，〔西周〕穆王二十八年，☆黄帝历一千七百五十年；◇檀君历一千三百八十五年。

前948年，癸酉，〔西周〕穆王二十九年，☆黄帝历一千七百五十一年；◇檀君历一千三百八十六年。

前947年，甲戌，〔西周〕穆王三十年，☆黄帝历一千七百五十二年；◇檀君历一千三百八十七年。

前946年，乙亥，〔西周〕穆王三十一年，☆黄帝历一千七百五十三年；◇檀君历一千三百八十八年。

前945年，丙子，〔西周〕穆王三十二年，☆黄帝历一千七百五十四年；◇檀君历一千三百八十九年。

前944年，丁丑，〔西周〕穆王三十三年，☆黄帝历一千七百五十五年；◇檀君历一千三百九十年。

前943年，戊寅，〔西周〕穆王三十四年，☆黄帝历一千七百五十六年；◇檀君历一千三百九十一年。

前942年，己卯，〔西周〕穆王三十五年，☆黄帝历一千七百五十七年；◇檀君历一千三百九十二年。

前941年，庚辰，〔西周〕穆王三十六年，☆黄帝历一千七百五十八年；◇檀君历一千三百九十三年。

前940年，辛巳，〔西周〕穆王三十七年，☆黄帝历一千七百五十九年；◇檀君历一千三百九十四年。

前939年，壬午，〔西周〕穆王三十八年，☆黄帝历一千七百六十年；◇檀君历一千三百九十五年。

前938年，癸未，〔西周〕穆王三十九年，☆黄帝历一千七百六十一年；◇檀君历一千三百九十六年。

前937年，甲申，〔西周〕穆王四十年，☆黄帝历一千七百六十二年；◇檀君历一千三百九十七年。

前936年，乙酉，〔西周〕穆王四十一年，☆黄帝历一千七百六十三年；◇檀君历一千三百九十八年。

前935年，丙戌，〔西周〕穆王四十二年，☆黄帝历一千七百六十四年；◇檀君历一千三百九十九年。

前934年，丁亥，〔西周〕穆王四十三年，☆黄帝历一千七百六十五年；◇檀君历一千四百年。

前933年，戊子，〔西周〕穆王四十四年，☆黄帝历一千七百六十六年；◇檀君历一千四百〇一年。

前932年，己丑，〔西周〕穆王四十五年，☆黄帝历一千七百六十七年；◇檀君历一千四百〇二年。

前931年，庚寅，〔西周〕穆王四十六年，☆黄帝历一千七百六十八年；◇檀君历一千四百〇三年。

前930年，辛卯，〔西周〕穆王四十七年，☆黄帝历一千七百六十九年；◇檀君历一千四百〇四年。

前929年，壬辰，〔西周〕穆王四十八年，☆黄帝历一千七百七十年；◇檀君历一千四百〇五年。

前928年，癸巳，〔西周〕穆王四十九年，☆黄帝历一千七百七十一年；◇檀君历一千四百〇六年。

前927年，甲午，〔西周〕穆王五十年，☆黄帝历一千七百七十二年；◇檀君历一千四百〇七年。

前926年，乙未，〔西周〕穆王五十一年，☆黄帝历一千七百七十三年；◇檀君历一千四百〇八年。

前925年，丙申，〔西周〕穆王五十二年，☆黄帝历一千七百七十四年；◇檀君历一千四百〇九年。

前924年，丁酉，〔西周〕穆王五十三年，☆黄帝历一千七百七十五年；◇檀君历一千四百一十年。

前923年，戊戌，〔西周〕穆王五十四年，☆黄帝历一千七百七十六年；◇檀君历一千四百一十一年。

前922年，己亥，〔西周〕穆王五十五年，共王一年，☆黄帝历一千七百七十七年；◇檀君历一千四百一十二年。

前921年，庚子，〔西周〕共王二年，☆黄帝历一千七百七十八年；◇檀君历一千四百一十三年。

前920年，辛丑，〔西周〕共王三年，☆黄帝历一千七百七十九年；◇檀君历一千四百一十四年。

前919年，壬寅，〔西周〕共王四年，☆黄帝历一千七百八十年；◇檀君历一千四百一十五年。

前918年，癸卯，〔西周〕共王五年，☆黄帝历一千七百八十一年；◇檀君历一千四百一十六年。

前917年，甲辰，〔西周〕共王六年，☆黄帝历一千七百八十二年；◇檀君历一千四百一十七年。

前916年，乙巳，〔西周〕共王七年，☆黄帝历一千七百八十三年；◇檀君历一千四百一十八年。

前915年，丙午，〔西周〕共王八年，☆黄帝历一千七百八十四年；◇檀君历一千四百一十九年。

前914年，丁未，〔西周〕共王九年，☆黄帝历一千七百八十五年；◇檀君历一千四百二十年。

前913年，戊申，〔西周〕共王十年，☆黄帝历一千七百八十六年；◇檀君历一千四百二十一年。

前912年，己酉，〔西周〕共王十一年，☆黄帝历一千七百八十七年；◇檀君历一千四百二十二年。

前 911 年，庚戌，〔西周〕共王十二年，☆黄帝历一千七百八十八年；◇檀君历一千四百二十三年。

前 910 年，辛亥，〔西周〕共王十三年，☆黄帝历一千七百八十九年；◇檀君历一千四百二十四年。

前 909 年，壬子，〔西周〕共王十四年，☆黄帝历一千七百九十年；◇檀君历一千四百二十五年。

前 908 年，癸丑，〔西周〕共王十五年，☆黄帝历一千七百九十一年；◇檀君历一千四百二十六年。

前 907 年，甲寅，〔西周〕共王十六年，☆黄帝历一千七百九十二年；◇檀君历一千四百二十七年。

前 906 年，乙卯，〔西周〕共王十七年，☆黄帝历一千七百九十三年；◇檀君历一千四百二十八年。

前 905 年，丙辰，〔西周〕共王十八年，☆黄帝历一千七百九十四年；◇檀君历一千四百二十九年。

前 904 年，丁巳，〔西周〕共王十九年，☆黄帝历一千七百九十五年；◇檀君历一千四百三十年。

前 903 年，戊午，〔西周〕共王二十年，☆黄帝历一千七百九十六年；◇檀君历一千四百三十一年。

前 902 年，己未，〔西周〕共王二十一年，☆黄帝历一千七百九十七年；◇檀君历一千四百三十二年。

前 901 年，庚申，〔西周〕共王二十二年，☆黄帝历一千七百九十八年；◇檀君历一千四百三十三年。

前 900 年，辛酉，〔西周〕共王二十三年，☆黄帝历一千七百九十九年；◇檀君历一千四百三十四年。

前 899 年，壬戌，〔西周〕懿王一年，☆黄帝历一千八百年；◇檀君历一千四百三十五年。

前 898 年，癸亥，〔西周〕懿王二年，☆黄帝历一千八百〇一年；◇檀君历一千四百三十六年。

前 897 年，甲子，〔西周〕懿王三年，☆黄帝历一千八百〇二年；◇檀君历一千四百三十七年。

前 896 年，乙丑，〔西周〕懿王四年，☆黄帝历一千八百〇三年；◇檀君历一千四百三十八年。

前 895 年，丙寅，〔西周〕懿王五年，☆黄帝历一千八百〇四年；◇檀君历一千四百三十九年。

前 894 年，丁卯，〔西周〕懿王六年，☆黄帝历一千八百〇五年；◇檀君历一千四百四十年。

前 893 年，戊辰，〔西周〕懿王七年，☆黄帝历一千八百〇六年；◇檀君历一千四百四十一年。

前 892 年，己巳，〔西周〕懿王八年，☆黄帝历一千八百〇七年；◇檀君历一千四百四十二年。

前 891 年，庚午，〔西周〕孝王一年，☆黄帝历一千八百〇八年；◇檀君历一千四百四十三年。

前 890 年，辛未，〔西周〕孝王二年，☆黄帝历一千八百〇九年；◇檀君历一千四百四十四年。

前 889 年，壬申，〔西周〕孝王三年，☆黄帝历一千八百一十年；◇檀君历一千四百四十五年。

前 888 年，癸酉，〔西周〕孝王四年，☆黄帝历一千八百一十一年；◇檀君历一千四百四十六年。

前 887 年，甲戌，〔西周〕孝王五年，☆黄帝历一千八百一十二年；◇檀君历一千四百四十七年。

前 886 年，乙亥，〔西周〕孝王六年，☆黄帝历一千八百一十三年；◇檀君历一千四百四十八年。

前 885 年，丙子，〔西周〕夷王一年，☆黄帝历一千八百一十四年；◇檀君历一千四百四十九年。

前 884 年，丁丑，〔西周〕夷王二年，☆黄帝历一千八百一十五年；◇檀君历一千四百五十年。

前 883 年，戊寅，〔西周〕夷王三年，☆黄帝历一千八百一十六年；◇檀君历一千四百五十一年。

前 882 年，己卯，〔西周〕夷王四年，☆黄帝历一千八百一十七年；◇檀君历一千四百五十二年。

前 881 年，庚辰，〔西周〕夷王五年，☆黄帝历一千八百一十八年；◇檀君历一千四百五十三年。

前 880 年，辛巳，〔西周〕夷王六年，☆黄帝历一千八百一十九年；◇檀君历一千四百五十四年。

前 879 年，壬午，〔西周〕夷王七年，☆黄帝历一千八百二十年；◇檀君历一千四百五十五年。

前 878 年，癸未，〔西周〕夷王八年，☆黄帝历一千八百二十一年；◇檀君历一千四百五十六年。

前 877 年，甲申，〔西周〕厉王一年，☆黄帝历一千八百二十二年；◇檀君历一千四百五十七年。

前 876 年，乙酉，〔西周〕厉王二年，☆黄帝历一千八百二十三年；◇檀君历一千四百五十八年。

前 875 年，丙戌，〔西周〕厉王三年，☆黄帝历一千八百二十四年；◇檀君历一千四百五十九年。

前 874 年，丁亥，〔西周〕厉王四年，☆黄帝历一千八百二十五年；◇檀君历一千四百六十年。

前 873 年，戊子，〔西周〕厉王五年，☆黄帝历一千八百二十六年；◇檀君历一千四百六十一年。

前 872 年，己丑，〔西周〕厉王六年，☆黄帝历一千八百二十七年；◇檀君历一千四百六十二年。

前 871 年，庚寅，〔西周〕厉王七年，☆黄帝历一千八百二十八年；◇檀君历一千四百六十三年。

前 870 年，辛卯，〔西周〕厉王八年，☆黄帝历一千八百二十九年；◇檀君历一千四百六十四年。

前 869 年，壬辰，〔西周〕厉王九年，☆黄帝历一千八百三十年；◇檀君历一千四百六十五年。

前 868 年，癸巳，〔西周〕厉王十年，☆黄帝历一千八百三十一年；◇檀君历一千四百六十六年。

前 867 年，甲午，〔西周〕厉王十一年，☆黄帝历一千八百三十二年；◇檀君历一千四百六十七年。

前 866 年，乙未，〔西周〕厉王十二年，☆黄帝历一千八百三十三年；◇檀君历一千四百六十八年。

前 865 年，丙申，〔西周〕厉王十三年，☆黄帝历一千八百三十四年；◇檀君历一千四百六十九年。

前 864 年，丁酉，〔西周〕厉王十四年，☆黄帝历一千八百三十五年；◇檀君历一千四百七十年。

前 863 年，戊戌，〔西周〕厉王十五年，☆黄帝历一千八百三十六年；◇檀君历一千四百七十一年。

前 862 年，己亥，〔西周〕厉王十六年，☆黄帝历一千八百三十七年；◇檀君历一千四百七十二年。

前 861 年，庚子，〔西周〕厉王十七年，☆黄帝历一千八百三十八年；◇檀君历一千四百七十三年。

前 860 年，辛丑，〔西周〕厉王十八年，☆黄帝历一千八百三十九年；◇檀君历一千四百七十四年。

前 859 年，壬寅，〔西周〕厉王十九年，☆黄帝历一千八百四十年；◇檀君历一千四百七十五年。

前858年，癸卯，〔西周〕厉王二十年，☆黄帝历一千八百四十一年；◇檀君历一千四百七十六年。

前857年，甲辰，〔西周〕厉王二十一年，☆黄帝历一千八百四十二年；◇檀君历一千四百七十七年。

前856年，乙巳，〔西周〕厉王二十二年，☆黄帝历一千八百四十三年；◇檀君历一千四百七十八年。

前855年，丙午，〔西周〕厉王二十三年，☆黄帝历一千八百四十四年；◇檀君历一千四百七十九年。

前854年，丁未，〔西周〕厉王二十四年，☆黄帝历一千八百四十五年；◇檀君历一千四百八十年。

前853年，戊申，〔西周〕厉王二十五年，☆黄帝历一千八百四十六年；◇檀君历一千四百八十一年。

前852年，己酉，〔西周〕厉王二十六年，☆黄帝历一千八百四十七年；◇檀君历一千四百八十二年。

前851年，庚戌，〔西周〕厉王二十七年，☆黄帝历一千八百四十八年；◇檀君历一千四百八十三年。

前850年，辛亥，〔西周〕厉王二十八年，☆黄帝历一千八百四十九年；◇檀君历一千四百八十四年。

前849年，壬子，〔西周〕厉王二十九年，☆黄帝历一千八百五十年；◇檀君历一千四百八十五年。

前848年，癸丑，〔西周〕厉王三十年，☆黄帝历一千八百五十一年；◇檀君历一千四百八十六年。

前847年，甲寅，〔西周〕厉王三十一年，☆黄帝历一千八百五十二年；◇檀君历一千四百八十七年。

前846年，乙卯，〔西周〕厉王三十二年，☆黄帝历一千八百五十三年；◇檀君历一千四百八十八年。

前845年，丙辰，〔西周〕厉王三十三年，☆黄帝历一千八百五十四年；◇檀君历一千四百八十九年。

前844年，丁巳，〔西周〕厉王三十四年，☆黄帝历一千八百五十五年；◇檀君历一千四百九十年。

前843年，戊午，〔西周〕厉王三十五年，☆黄帝历一千八百五十六年；◇檀君历一千四百九十一年。

前842年，己未，〔西周〕厉王三十六年，☆黄帝历一千八百五十七年；◇檀君历一千四百九十二年。

前841年，庚申，〔西周〕厉王三十七年，共和一年，☆黄帝历一千八百五十八年。是岁乃我国传统上公认有确切纪年之始，翦伯赞主编《中外历史年表》自本年始标干支[1]；◇檀君历一千四百九十三年。

前840年，辛酉，〔西周〕共和二年，〔晋〕釐侯一年，☆黄帝历一千八百五十九年；◇檀君历一千四百九十四年。

前839年，壬戌，〔西周〕共和三年，☆黄帝历一千八百六十年；◇檀君历一千四百九十五年。

前838年，癸亥，〔西周〕共和四年，☆黄帝历一千八百六十一年；◇檀君历一千四百九十六年。

前837年，甲子，〔西周〕共和五年，〔楚〕熊严一年，〔蔡〕夷侯一年，☆黄帝历一千八百六十二年；◇檀君历一千四百九十七年。

前836年，乙丑，〔西周〕共和六年，☆黄帝历一千八百六十三年；◇檀君历一千四百九十八年。

前835年，丙寅，〔西周〕共和七年，☆黄帝历一千八百六十四年；◇檀君历一千四百九十九年。

前834年，丁卯，〔西周〕共和八年，〔曹〕幽伯一年，☆黄帝历一千八百六十五年；◇檀君历一千五百年。

前833年，戊辰，〔西周〕共和九年，☆黄帝历一千八百六十六年；◇檀君历一千五百〇一年。

前832年，己巳，〔西周〕共和十年，☆黄帝历一千八百六十七年；◇檀君历一千五百〇二年。

前831年，庚午，〔西周〕共和十一年，〔陈〕釐公一年，☆黄帝历一千八百六十八年；◇檀君历一千五百〇三年。

前830年，辛未，〔西周〕共和十二年，〔宋〕惠公一年，☆黄帝历一千八百六十九年；◇檀君历一千五百〇四年。

前829年，壬申，〔西周〕共和十三年，☆黄帝历一千八百七十年；◇檀君历一千五百〇五年。

前828年，癸酉，〔西周〕共和十四年，☆黄帝历一千八百七十一年；◇檀君历一千五百〇六年。

前827年，甲戌，〔西周〕宣王一年，〔楚〕熊霜一年，☆黄帝历一千八百七十二年；◇檀君历一千五百〇七年。

前826年，乙亥，〔西周〕宣王二年，〔燕〕釐侯一年，☆黄帝历一千八百七十三年；◇檀君历一千五百〇八年。

前825年，丙子，〔西周〕宣王三年，〔鲁〕武公一年，〔曹〕戴伯一年，☆黄帝历一千八

1　见翦伯赞主编《中外历史年表》，第16页，中华书局，2008年版。

百七十四年；◇檀君历一千五百〇九年。

前824年，丁丑，〔西周〕宣王四年，〔齐〕厉公一年，☆黄帝历一千八百七十五年；◇檀君历一千五百一十年。

前823年，戊寅，〔西周〕宣王五年，☆黄帝历一千八百七十六年；◇檀君历一千五百一十一年。

前822年，己卯，〔西周〕宣王六年，〔晋〕献侯一年，☆黄帝历一千八百七十七年；◇檀君历一千五百一十二年。

前821年，庚辰，〔西周〕宣王七年，〔秦〕庄公一年，〔楚〕熊徇一年，☆黄帝历一千八百七十八年；◇檀君历一千五百一十三年。

前820年，辛巳，〔西周〕宣王八年，☆黄帝历一千八百七十九年；◇檀君历一千五百一十四年。

前819年，壬午，〔西周〕宣王九年，☆黄帝历一千八百八十年；◇檀君历一千五百一十五年。

前818年，癸未，〔西周〕宣王十年，☆黄帝历一千八百八十一年；◇檀君历一千五百一十六年。

前817年，甲申，〔西周〕宣王十一年，☆黄帝历一千八百八十二年；◇檀君历一千五百一十七年。

前816年，乙酉，〔西周〕宣王十二年，☆黄帝历一千八百八十三年；◇檀君历一千五百一十八年。

前815年，丙戌，〔西周〕宣王十三年，〔鲁〕懿公一年，〔齐〕文公一年，☆黄帝历一千八百八十四年；◇檀君历一千五百一十九年。

前814年，丁亥，〔西周〕宣王十四年，☆黄帝历一千八百八十五年；◇檀君历一千五百二十年。

前813年，戊子，〔西周〕宣王十五年，☆黄帝历一千八百八十六年；◇檀君历一千五百二十一年。

前812年，己丑，〔西周〕宣王十六年，〔卫〕武公一年，☆黄帝历一千八百八十七年；◇檀君历一千五百二十二年。

前811年，庚寅，〔西周〕宣王十七年，〔晋〕穆侯一年，☆黄帝历一千八百八十八年；◇檀君历一千五百二十三年。

前810年，辛卯，〔西周〕宣王十八年，☆黄帝历一千八百八十九年；◇檀君历一千五百二十四年。

前809年，壬辰，〔西周〕宣王十九年，〔蔡〕釐侯一年，☆黄帝历一千八百九十年；◇檀君历一千五百二十五年。

前808年，癸巳，〔西周〕宣王二十年，☆黄帝历一千八百九十一年；◇檀君历一千五百二十六年。

前807年，甲午，〔西周〕宣王二十一年，☆黄帝历一千八百九十二年；◇檀君历一千五百二十七年。

前806年，乙未，〔西周〕宣王二十二年，〔鲁〕伯御（一说“孝公”）一年，〔郑〕桓公一年，☆黄帝历一千八百九十三年；◇檀君历一千五百二十八年。

前805年，丙申，〔西周〕宣王二十三年，☆黄帝历一千八百九十四年；◇檀君历一千五百二十九年。

前804年，丁酉，〔西周〕宣王二十四年，☆黄帝历一千八百九十五年；◇檀君历一千五百三十年。

前803年，戊戌，〔西周〕宣王二十五年，〔齐〕成公一年，☆黄帝历一千八百九十六年；◇檀君历一千五百三十一年。

前802年，己亥，〔西周〕宣王二十六年，☆黄帝历一千八百九十七年；◇檀君历一千五百三十二年。

前801年，庚子，〔西周〕宣王二十七年，☆黄帝历一千八百九十八年；◇檀君历一千五百三十三年。

前800年，辛丑，〔西周〕宣王二十八年，☆黄帝历一千八百九十九年；◇檀君历一千五百三十四年。

前799年，壬寅，〔西周〕宣王二十九年，〔宋〕戴公一年，〔楚〕熊鄂一年，☆黄帝历一千九百年；◇檀君历一千五百三十五年。

前798年，癸卯，〔西周〕宣王三十年，☆黄帝历一千九百〇一年；◇檀君历一千五百三十六年。

前797年，甲辰，〔西周〕宣王三十一年，☆黄帝历一千九百〇二年；◇檀君历一千五百三十七年。

前796年，乙巳，〔西周〕宣王三十二年，☆黄帝历一千九百〇三年；◇檀君历一千五百三十八年。

前795年，丙午，〔西周〕宣王三十三年，〔陈〕武公一年，〔曹〕惠公一年，☆黄帝历一千九百〇四年；◇檀君历一千五百三十九年。

前794年，丁未，〔西周〕宣王三十四年，〔齐〕庄公一年，☆黄帝历一千九百〇五年；◇檀君历一千五百四十年。

前793年，戊申，〔西周〕宣王三十五年，☆黄帝历一千九百〇六年；◇檀君历一千五百四十一年。

前792年，己酉，〔西周〕宣王三十六年，☆黄帝历一千九百〇七年；◇檀君历一千五百四十二年。

前791年，庚戌，〔西周〕宣王三十七年，☆黄帝历一千九百〇八年；◇檀君历一千五百四十三年。

前790年，辛亥，〔西周〕宣王三十八年，〔楚〕若敖一年，〔燕〕顷侯一年，☆黄帝历一千九百〇九年；◇檀君历一千五百四十四年。

前789年，壬子，〔西周〕宣王三十九年，☆黄帝历一千九百一十年；◇檀君历一千五百四十五年。

前788年，癸丑，〔西周〕宣王四十年，☆黄帝历一千九百一十一年；◇檀君历一千五百四十六年。

前787年，甲寅，〔西周〕宣王四十一年，☆黄帝历一千九百一十二年；◇檀君历一千五百四十七年。

前786年，乙卯，〔西周〕宣王四十二年，☆黄帝历一千九百一十三年；◇檀君历一千五百四十八年。

前785年，丙辰，〔西周〕宣王四十三年，☆黄帝历一千九百一十四年；◇檀君历一千五百四十九年。

前784年，丁巳，〔西周〕宣王四十四年，〔晋〕殇叔一年，☆黄帝历一千九百一十五年；◇檀君历一千五百五十年。

前783年，戊午，〔西周〕宣王四十五年，☆黄帝历一千九百一十六年；◇檀君历一千五百五十一年。

前782年，己未，〔西周〕宣王四十六年，☆黄帝历一千九百一十七年；◇檀君历一千五百五十二年。

前781年，庚申，〔西周〕幽王一年，☆黄帝历一千九百一十八年；◇檀君历一千五百五十三年。

前780年，辛酉，〔西周〕幽王二年，〔晋〕文侯一年，〔陈〕夷公一年，☆黄帝历一千九百一十九年；◇檀君历一千五百五十四年。

前779年，壬戌，〔西周〕幽王三年，☆黄帝历一千九百二十年；◇檀君历一千五百五十五年。

前778年，癸亥，〔西周〕幽王四年，☆黄帝历一千九百二十一年；◇檀君历一千五百五十六年。

前777年，甲子，〔西周〕幽王五年，〔秦〕襄公一年，〔陈〕平公一年，☆黄帝历一千九百二十二年；◇檀君历一千五百五十七年。

前776年，乙丑，〔西周〕幽王六年，☆黄帝历一千九百二十三年；◇檀君历一千五百五十八年。

前775年，丙寅，〔西周〕幽王七年，☆黄帝历一千九百二十四年；◇檀君历一千五百五十九年。

前774年，丁卯，〔西周〕幽王八年，☆黄帝历一千九百二十五年；◇檀君历一千五百六十年。

前773年，戊辰，〔西周〕幽王九年，☆黄帝历一千九百二十六年；◇檀君历一千五百六十一年。

前772年，己巳，〔西周〕幽王十年，☆黄帝历一千九百二十七年；◇檀君历一千五百六十二年。

前 771 年，庚午，〔西周〕幽王十一年，☆黄帝历一千九百二十八年；◇檀君历一千五百六十三年。

前 770 年，辛未，〔东周〕平王一年，〔郑〕武公一年，☆黄帝历一千九百二十九年；◇檀君历一千五百六十四年。

前 769 年，壬申，〔东周〕平王二年，☆黄帝历一千九百三十年；◇檀君历一千五百六十五年。

前 768 年，癸酉，〔东周〕平王三年，〔鲁〕惠公一年，☆黄帝历一千九百三十一年；◇檀君历一千五百六十六年。

前 767 年，甲戌，〔东周〕平王四年，☆黄帝历一千九百三十二年；◇檀君历一千五百六十七年。

前 766 年，乙亥，〔东周〕平王五年，〔燕〕哀侯一年，☆黄帝历一千九百三十三年；◇檀君历一千五百六十八年。

前 765 年，丙子，〔东周〕平王六年，〔秦〕文公一年，〔宋〕武公一年，☆黄帝历一千九百三十四年；◇檀君历一千五百六十九年。

前 764 年，丁丑，〔东周〕平王七年，〔燕〕郑侯一年，☆黄帝历一千九百三十五年；◇檀君历一千五百七十年。

前 763 年，戊寅，〔东周〕平王八年，〔楚〕霄敖一年，☆黄帝历一千九百三十六年；◇檀君历一千五百七十一年。

前 762 年，己卯，〔东周〕平王九年，☆黄帝历一千九百三十七年；◇檀君历一千五百七十二年。

前 761 年，庚辰，〔东周〕平王十年，〔蔡〕共侯一年，☆黄帝历一千九百三十八年；◇檀君历一千五百七十三年。

前 760 年，辛巳，〔东周〕平王十一年，☆黄帝历一千九百三十九年；◇檀君历一千五百七十四年。

前 759 年，壬午，〔东周〕平王十二年，〔蔡〕戴侯一年，〔曹〕穆公一年，☆黄帝历一千九百四十年；◇檀君历一千五百七十五年。

前 758 年，癸未，〔东周〕平王十三年，☆黄帝历一千九百四十一年；◇檀君历一千五百七十六年。

前 757 年，甲申，〔东周〕平王十四年，〔楚〕蚡冒一年，〔卫〕庄公一年，☆黄帝历一千九百四十二年；◇檀君历一千五百七十七年。

前 756 年，乙酉，〔东周〕平王十五年，〔曹〕桓公一年，☆黄帝历一千九百四十三年；◇檀君历一千五百七十八年。

前 755 年，丙戌，〔东周〕平王十六年，☆黄帝历一千九百四十四年；◇檀君历一千五百七十九年。

前 754 年，丁亥，〔东周〕平王十七年，〔陈〕文公一年，☆黄帝历一千九百四十五年；◇檀君历一千五百八十年。

前 753 年，戊子，〔东周〕平王十八年，☆黄帝历一千九百四十六年；◇檀君历一千五百八十一年。

前 752 年，己丑，〔东周〕平王十九年，☆黄帝历一千九百四十七年；◇檀君历一千五百八十二年。

前 751 年，庚寅，〔东周〕平王二十年，☆黄帝历一千九百四十八年；◇檀君历一千五百八十三年。

前 750 年，辛卯，〔东周〕平王二十一年，☆黄帝历一千九百四十九年；◇檀君历一千五百八十四年。

前 749 年，壬辰，〔东周〕平王二十二年，〔蔡〕宣侯一年，☆黄帝历一千九百五十年；◇檀君历一千五百八十五年。

前 748 年，癸巳，〔东周〕平王二十三年，☆黄帝历一千九百五十一年；◇檀君历一千五百八十六年。

前 747 年，甲午，〔东周〕平王二十四年，〔宋〕宣公一年，☆黄帝历一千九百五十二年；◇檀君历一千五百八十七年。

前 746 年，乙未，〔东周〕平王二十五年，☆黄帝历一千九百五十三年；◇檀君历一千五百八十八年。

前 745 年，丙申，〔东周〕平王二十六年，〔晋〕昭侯一年，☆黄帝历一千九百五十四年；◇檀君历一千五百八十九年。

前 744 年，丁酉，〔东周〕平王二十七年，〔陈〕桓公一年，☆黄帝历一千九百五十五年；◇檀君历一千五百九十年。

前 743 年，戊戌，〔东周〕平王二十八年，〔郑〕庄公一年，☆黄帝历一千九百五十六年；◇檀君历一千五百九十一年。

前 742 年，己亥，〔东周〕平王二十九年，☆黄帝历一千九百五十七年；◇檀君历一千五百九十二年。

前 741 年，庚子，〔东周〕平王三十年，☆黄帝历一千九百五十八年；◇檀君历一千五百九十三年。

前 740 年，辛丑，〔东周〕平王三十一年，〔楚〕武王一年，☆黄帝历一千九百五十九年；◇檀君历一千五百九十四年。

前 739 年，壬寅，〔东周〕平王三十二年，〔晋〕孝侯一年，☆黄帝历一千九百六十年；◇檀君历一千五百九十五年。

前 738 年，癸卯，〔东周〕平王三十三年，☆黄帝历一千九百六十一年；◇檀君历一千五百九十六年。

前 737 年，甲辰，〔东周〕平王三十四年，☆黄帝历一千九百六十二年；◇檀君历一千五百九十七年。

前 736 年，乙巳，〔东周〕平王三十五年，☆黄帝历一千九百六十三年；◇檀君历一千五百九十八年。

前735年，丙午，〔东周〕平王三十六年，☆黄帝历一千九百六十四年；◇檀君历一千五百九十九年。

前734年，丁未，〔东周〕平王三十七年，〔卫〕桓公一年，☆黄帝历一千九百六十五年；◇檀君历一千六百年。

前733年，戊申，〔东周〕平王三十八年，☆黄帝历一千九百六十六年；◇檀君历一千六百〇一年。

前732年，己酉，〔东周〕平王三十九年，☆黄帝历一千九百六十七年；◇檀君历一千六百〇二年。

前731年，庚戌，〔东周〕平王四十年，☆黄帝历一千九百六十八年；◇檀君历一千六百〇三年。

前730年，辛亥，〔东周〕平王四十一年，〔齐〕釐公一年，☆黄帝历一千九百六十九年；◇檀君历一千六百〇四年。

前729年，壬子，〔东周〕平王四十二年，☆黄帝历一千九百七十年；◇檀君历一千六百〇五年。

前728年，癸丑，〔东周〕平王四十三年，〔宋〕穆公一年，〔燕〕穆侯一年，☆黄帝历一千九百七十一年；◇檀君历一千六百〇六年。

前727年，甲寅，〔东周〕平王四十四年，☆黄帝历一千九百七十二年；◇檀君历一千六百〇七年。

前726年，乙卯，〔东周〕平王四十五年，☆黄帝历一千九百七十三年；◇檀君历一千六百〇八年。

前725年，丙辰，〔东周〕平王四十六年，☆黄帝历一千九百七十四年；◇檀君历一千六百〇九年。

前724年，丁巳，〔东周〕平王四十七年，☆黄帝历一千九百七十五年；◇檀君历一千六百一十年。

前723年，戊午，〔东周〕平王四十八年，〔晋〕鄂侯一年，☆黄帝历一千九百七十六年；◇檀君历一千六百一十一年。

前722年，己未，〔东周〕平王四十九年，〔鲁〕隐公一年，☆黄帝历一千九百七十七年。鲁之春秋编年始于是岁，止于前481年。是岁，我国进入春秋时代；◇檀君历一千六百一十二年。

前721年，庚申，〔东周〕平王五十年，☆黄帝历一千九百七十八年；◇檀君历一千六百一十三年。

前720年，辛酉，〔东周〕平王五十一年，☆黄帝历一千九百七十九年；◇檀君历一千六百一十四年。

前719年，壬戌，〔东周〕桓王一年，〔宋〕殇公一年，☆黄帝历一千九百八十年；◇檀君历一千六百一十五年。

前718年，癸亥，〔东周〕桓王二年，〔卫〕宣公一年，☆黄帝历一千九百八十一年；◇檀君历一千六百一十六年。

前717年，甲子，〔东周〕桓王三年，〔晋〕哀侯一年，☆黄帝历一千九百八十二年；◇檀君历一千六百一十七年。

前716年，乙丑，〔东周〕桓王四年，☆黄帝历一千九百八十三年；◇檀君历一千六百一十八年。

前715年，丙寅，〔东周〕桓王五年，〔秦〕宁公一年，☆黄帝历一千九百八十四年；◇檀君历一千六百一十九年。

前714年，丁卯，〔东周〕桓王六年，〔蔡〕桓侯一年，☆黄帝历一千九百八十五年；◇檀君历一千六百二十年。

前713年，戊辰，〔东周〕桓王七年，☆黄帝历一千九百八十六年；◇檀君历一千六百二十一年。

前712年，己巳，〔东周〕桓王八年，☆黄帝历一千九百八十七年；◇檀君历一千六百二十二年。

前711年，庚午，〔东周〕桓王九年，〔鲁〕桓公一年，☆黄帝历一千九百八十八年；◇檀君历一千六百二十三年。

前710年，辛未，〔东周〕桓王十年，〔宋〕（公子）冯一年，〔燕〕宣侯一年，☆黄帝历一千九百八十九年；◇檀君历一千六百二十四年。

前709年，壬申，〔东周〕桓王十一年，〔晋〕小子一年，☆黄帝历一千九百九十年；◇檀君历一千六百二十五年。

前708年，癸酉，〔东周〕桓王十二年，☆黄帝历一千九百九十一年；◇檀君历一千六百二十六年。

前707年，甲戌，〔东周〕桓王十三年，☆黄帝历一千九百九十二年；◇檀君历一千六百二十七年。

前706年，乙亥，〔东周〕桓王十四年，〔晋〕湣侯一年，〔陈〕厉公一年，☆黄帝历一千九百九十三年；◇檀君历一千六百二十八年。

前705年，丙子，〔东周〕桓王十五年，☆黄帝历一千九百九十四年；◇檀君历一千六百二十九年。

前704年，丁丑，〔东周〕桓王十六年，☆黄帝历一千九百九十五年；◇檀君历一千六百三十年。

前703年，戊寅，〔东周〕桓王十七年，〔秦〕出公一年，☆黄帝历一千九百九十六年；◇檀君历一千六百三十一年。

前702年，己卯，〔东周〕桓王十八年，☆黄帝历一千九百九十七年；◇檀君历一千六百三十二年。

前701年，庚辰，〔东周〕桓王十九年，〔曹〕庄公一年，☆黄帝历一千九百九十八年；◇

檀君历一千六百三十三年。

前700年，辛巳，〔东周〕桓王二十年，〔郑〕厉公一年，☆黄帝历一千九百九十九年；◇檀君历一千六百三十四年。

前699年，壬午，〔东周〕桓王二十一年，〔卫〕惠公一年，〔陈〕庄公一年，☆黄帝历二千年；◇檀君历一千六百三十五年。

前698年，癸未，〔东周〕恒王二十二年，☆黄帝历二千〇一年；◇檀君历一千六百三十六年。

前697年，甲申，〔东周〕桓王二十三年，〔齐〕襄公一年，〔秦〕武公一年，〔燕〕桓公一年，☆黄帝历二千〇二年；◇檀君历一千六百三十七年。

前696年，乙酉，〔东周〕庄王一年，〔卫〕黔牟一年，〔郑〕昭公一年，☆黄帝历二千〇三年；◇檀君历一千六百三十八年。

前695年，丙戌，〔东周〕庄王二年，☆黄帝历二千〇四年；◇檀君历一千六百三十九年。

前694年，丁亥，〔东周〕庄王三年，〔蔡〕哀侯一年，〔郑〕子亹一年，☆黄帝历二千〇五年；◇檀君历一千六百四十年。

前693年，戊子，〔东周〕庄王四年，〔鲁〕庄公一年，〔郑〕子婴一年，☆黄帝历二千〇六年；◇檀君历一千六百四十一年。

前692年，己丑，〔东周〕庄王五年，〔陈〕宣公一年，☆黄帝历二千〇七年；◇檀君历一千六百四十二年。

前691年，庚寅，〔东周〕庄王六年，〔宋〕湣公一年，☆黄帝历二千〇八年；◇檀君历一千六百四十三年。

前690年，辛卯，〔东周〕庄王七年，〔燕〕庄公一年，☆黄帝历二千〇九年；◇檀君历一千六百四十四年。

前689年，壬辰，〔东周〕庄王八年，〔楚〕文王一年，☆黄帝历二千〇一十年；◇檀君历一千六百四十五年。

前688年，癸巳，〔东周〕庄王九年，☆黄帝历二千〇一十一年；◇檀君历一千六百四十六年。

前687年，甲午，〔东周〕庄王十年，☆黄帝历二千〇一十二年；◇檀君历一千六百四十七年。

前686年，乙未，〔东周〕庄王十一年，☆黄帝历二千〇一十三年；◇檀君历一千六百四十八年。

前685年，丙申，〔东周〕庄王十二年，〔齐〕桓公一年，☆黄帝历二千〇一十四年；◇檀君历一千六百四十九年。

前684年，丁酉，〔东周〕庄王十三年，☆黄帝历二千〇一十五年；◇檀君历一千六百五十年。

前683年，戊戌，〔东周〕庄王十四年，☆黄帝历二千〇一十六年；◇檀君历一千六百五十一年。

前682年，己亥，〔东周〕庄王十五年，☆黄帝历二千〇一十七年；◇檀君历一千六百五十二年。

前681年，庚子，〔东周〕釐王一年，〔宋〕桓公一年，☆黄帝历二千〇一十八年；◇檀君历一千六百五十三年。

前680年，辛丑，〔东周〕釐王二年，☆黄帝历二千〇一十九年；◇檀君历一千六百五十四年。

前679年，壬寅，〔东周〕釐王三年，〔郑〕厉公（复立）一年，☆黄帝历二千〇二十年；◇檀君历一千六百五十五年。

前678年，癸卯，〔东周〕釐王四年，〔晋〕武公一（三十八）年，☆黄帝历二千〇二十一年；◇檀君历一千六百五十六年。

前677年，甲辰，〔东周〕釐王五年，〔秦〕德公一年，☆黄帝历二千〇二十二年；◇檀君历一千六百五十七年。

前676年，乙巳，〔东周〕惠王一年，〔晋〕献公一年，〔楚〕堵敖囏一年，☆黄帝历二千〇二十三年；◇檀君历一千六百五十八年。

前675年，丙午，〔东周〕惠王二年，〔秦〕宣公一年，☆黄帝历二千〇二十四年；◇檀君历一千六百五十九年。

前674年，丁未，〔东周〕惠王三年，〔蔡〕穆侯一年，☆黄帝历二千〇二十五年；◇檀君历一千六百六十年。

前673年，戊申，〔东周〕惠王四年，☆黄帝历二千〇二十六年；◇檀君历一千六百六十一年。

前672年，己酉，〔东周〕惠王五年，〔郑〕文公一年，☆黄帝历二千〇二十七年；◇檀君历一千六百六十二年。

前671年，庚戌，〔东周〕惠王六年，〔楚〕成王一年，☆黄帝历二千〇二十八年；◇檀君历一千六百六十三年。

前670年，辛亥，〔东周〕惠王七年，〔曹〕釐公一年，☆黄帝历二千〇二十九年；◇檀君历一千六百六十四年。

前669年，壬子，〔东周〕惠王八年，☆黄帝历二千〇三十年；◇檀君历一千六百六十五年。

前668年，癸丑，〔东周〕惠王九年，〔卫〕懿公一年，☆黄帝历二千〇三十一年；◇檀君历一千六百六十六年。

前667年，甲寅，〔东周〕惠王十年，☆黄帝历二千〇三十二年；◇檀君历一千六百六十七年。

前666年，乙卯，〔东周〕惠王十一年，☆黄帝历二千〇三十三年；◇檀君历一千六百六十八年。

前665年，丙辰，〔东周〕惠王十二年，☆黄帝历二千〇三十四年；◇檀君历一千六百六十九年。

前 664 年，丁巳，〔东周〕惠王十三年，☆黄帝历二千〇三十五年；◇檀君历一千六百七十年。

前 663 年，戊午，〔东周〕惠王十四年，〔秦〕成公一年，☆黄帝历二千〇三十六年；◇檀君历一千六百七十一年。

前 662 年，己未，〔东周〕惠王十五年，☆黄帝历二千〇三十七年；◇檀君历一千六百七十二年。

前 661 年，庚申，〔东周〕惠王十六年，〔曹〕昭公一年，〔鲁〕湣公一年，☆黄帝历二千〇三十八年；◇檀君历一千六百七十三年。

前 660 年，辛酉，〔东周〕惠王十七年，〔卫〕戴公一年，☆黄帝历二千〇三十九年；◇檀君历一千六百七十四年。山西省图书馆编印《中国日本朝鲜越南四国历史年代对照表（公元前 660 年—公元 1918 年）》标注是岁为日本神武天皇元年，朝鲜半岛为“古朝鲜国”[1]。

前 659 年，壬戌，〔东周〕惠王十八年，〔鲁〕釐公一年，〔秦〕穆公一年，〔卫〕文公一年，☆黄帝历二千〇四十年；◇檀君历一千六百七十五年。

前 658 年，癸亥，〔东周〕惠王十九年，☆黄帝历二千〇四十一年；◇檀君历一千六百七十六年。

前 657 年，甲子，〔东周〕惠王二十年，〔燕〕襄公一年，☆黄帝历二千〇四十二年；◇檀君历一千六百七十七年。

前 656 年，乙丑，〔东周〕惠王二十一年，☆黄帝历二千〇四十三年；◇檀君历一千六百七十八年。

前 655 年，丙寅，〔东周〕惠王二十二年，☆黄帝历二千〇四十四年；◇檀君历一千六百七十九年。

前 654 年，丁卯，〔东周〕惠王二十三年，☆黄帝历二千〇四十五年；◇檀君历一千六百八十年。

前 653 年，戊辰，〔东周〕惠王二十四年，☆黄帝历二千〇四十六年；◇檀君历一千六百八十一年。

前 652 年，己巳，〔东周〕惠王二十五年，〔曹〕共公一年，☆黄帝历二千〇四十七年；◇檀君历一千六百八十二年。

前 651 年，庚午，〔东周〕襄王一年，☆黄帝历二千〇四十八年。是岁，齐桓公大会诸侯于葵丘[2]；◇檀君历一千六百八十三年。是岁前后，朝鲜半岛之“文皮”（虎皮）多次运抵齐之斥山[3]。

前 650 年，辛未，〔东周〕襄王二年，〔晋〕惠公一年，〔宋〕襄公一年，☆黄帝历二千〇四十九年；◇檀君历一千六百八十四年。

1　见山西省图书馆编印《中国日本朝鲜越南四国历史年代对照表（公元前 660 年－公元 1918 年）》，1979 年印行。

2　葵丘，今河南省兰考。

3　斥山即今山东省荣成。《尔雅·释地》（卷九）：“东北之美者，有斥山之文皮焉”。参见《管子·轻重甲》及杨昭全、何彤梅《中国—朝鲜韩国关系史（上）》，第 20–21 页，天津人民出版社，2001 年版。

前 649 年，壬申，〔东周〕襄王三年，☆黄帝历二千〇五十年；◇檀君历一千六百八十五年。

前 648 年，癸酉，〔东周〕襄王四年，☆黄帝历二千〇五十一年；◇檀君历一千六百八十六年。

前 647 年，甲戌，〔东周〕襄王五年，〔陈〕穆公一年，☆黄帝历二千〇五十二年；◇檀君历一千六百八十七年。

前 646 年，乙亥，〔东周〕襄王六年，☆黄帝历二千〇五十三年；◇檀君历一千六百八十八年。

前 645 年，丙子，〔东周〕襄王七年，〔蔡〕庄侯一年，☆黄帝历二千〇五十四年；◇檀君历一千六百八十九年。

前 644 年，丁丑，〔东周〕襄王八年，☆黄帝历二千〇五十五年；◇檀君历一千六百九十年。

前 643 年，戊寅，〔东周〕襄王九年，☆黄帝历二千〇五十六年；◇檀君历一千六百九十一年。

前 642 年，己卯，〔东周〕襄王十年，〔齐〕孝公一年，☆黄帝历二千〇五十七年；◇檀君历一千六百九十二年。

前 641 年，庚辰，〔东周〕襄王十一年，☆黄帝历二千〇五十八年；◇檀君历一千六百九十三年。

前 640 年，辛巳，〔东周〕襄王十二年，☆黄帝历二千〇五十九年；◇檀君历一千六百九十四年。

前 639 年，壬午，〔东周〕襄王十三年，☆黄帝历二千〇六十年；◇檀君历一千六百九十五年。

前 638 年，癸未，〔东周〕襄王十四年，☆黄帝历二千〇六十一年；◇檀君历一千六百九十六年。

前 637 年，甲申，〔东周〕襄王十五年，☆黄帝历二千〇六十二年；◇檀君历一千六百九十七年。

前 636 年，乙酉，〔东周〕襄王十六年，〔晋〕文公一年，〔宋〕成公一年，☆黄帝历二千〇六十三年；◇檀君历一千六百九十八年。

前 635 年，丙戌，〔东周〕襄王十七年，☆黄帝历二千〇六十四年；◇檀君历一千六百九十九年。

前 634 年，丁亥，〔东周〕襄王十八年，〔卫〕成公一年，☆黄帝历二千〇六十五年；◇檀君历一千七百年。

前 633 年，戊子，〔东周〕襄王十九年，☆黄帝历二千〇六十六年；◇檀君历一千七百〇一年。

前 632 年，己丑，〔东周〕襄王二十年，〔齐〕昭公一年，☆黄帝历二千〇六十七年；◇檀君历一千七百〇二年。

前 631 年，庚寅，〔东周〕襄王二十一年，〔陈〕共公一年，☆黄帝历二千〇六十八年；◇

檀君历一千七百〇三年。

前630年，辛卯，〔东周〕襄王二十二年，☆黄帝历二千〇六十九年；◇檀君历一千七百〇四年。

前629年，壬辰，〔东周〕襄王二十三年，☆黄帝历二千〇七十年；◇檀君历一千七百〇五年。

前628年，癸巳，〔东周〕襄王二十四年，☆黄帝历二千〇七十一年；◇檀君历一千七百〇六年。

前627年，甲午，〔东周〕襄王二十五年，〔晋〕襄公一年，〔郑〕穆公一年，☆黄帝历二千〇七十二年；◇檀君历一千七百〇七年。

前626年，乙未，〔东周〕襄王二十六年，〔鲁〕文公一年，☆黄帝历二千〇七十三年；◇檀君历一千七百〇八年。

前625年，丙申，〔东周〕襄王二十七年，〔楚〕穆王一年，☆黄帝历二千〇七十四年；◇檀君历一千七百〇九年。

前624年，丁酉，〔东周〕襄王二十八年，☆黄帝历二千〇七十五年；◇檀君历一千七百一十年。

前623年，戊戌，〔东周〕襄王二十九年，☆黄帝历二千〇七十六年；◇檀君历一千七百一十一年。

前622年，己亥，〔东周〕襄王三十年，☆黄帝历二千〇七十七年；◇檀君历一千七百一十二年。

前621年，庚子，〔东周〕襄王三十一年，☆黄帝历二千〇七十八年；◇檀君历一千七百一十三年。

前620年，辛丑，〔东周〕襄王三十二年，〔晋〕灵公一年，〔秦〕康公一年，☆黄帝历二千〇七十九年；◇檀君历一千七百一十四年。

前619年，壬寅，〔东周〕襄王三十三年，〔宋〕昭公一年，☆黄帝历二千〇八十年；◇檀君历一千七百一十五年。

前618年，癸卯，〔东周〕顷王一年，☆黄帝历二千〇八十一年；◇檀君历一千七百一十六年。

前617年，甲辰，〔东周〕顷王二年，〔曹〕文公一年，〔燕〕桓公一年，☆黄帝历二千〇八十二年；◇檀君历一千七百一十七年。

前616年，乙巳，〔东周〕顷王三年，☆黄帝历二千〇八十三年；◇檀君历一千七百一十八年。

前615年，丙午，〔东周〕顷王四年，☆黄帝历二千〇八十四年；◇檀君历一千七百一十九年。

前614年，丁未，〔东周〕顷王五年，☆黄帝历二千〇八十五年；◇檀君历一千七百二十年。

前613年，戊申，〔东周〕顷王六年，〔楚〕庄王一年，〔陈〕灵公一年，☆黄帝历二千〇八十六年；◇檀君历一千七百二十一年。

前612年，己酉，〔东周〕匡王一年，〔齐〕懿公一年，☆黄帝历二千〇八十七年；◇檀君历一千七百二十二年。

前611年，庚戌，〔东周〕匡王二年，〔蔡〕文侯一年，☆黄帝历二千〇八十八年；◇檀君历一千七百二十三年。

前610年，辛亥，〔东周〕匡王三年，〔宋〕文公一年，☆黄帝历二千〇八十九年；◇檀君历一千七百二十四年。

前609年，壬子，〔东周〕匡王四年，☆黄帝历二千〇九十年；◇檀君历一千七百二十五年。

前608年，癸丑，〔东周〕匡王五年，〔鲁〕宣公一年，〔齐〕惠公一年，〔秦〕共公一年，☆黄帝历二千〇九十一年；◇檀君历一千七百二十六年。

前607年，甲寅，〔东周〕匡王六年，☆黄帝历二千〇九十二年；◇檀君历一千七百二十七年。

前606年，乙卯，〔东周〕定王一年，〔晋〕成公一年，☆黄帝历二千〇九十三年；◇檀君历一千七百二十八年。

前605年，丙辰，〔东周〕定王二年，〔郑〕灵公一年，☆黄帝历二千〇九十四年；◇檀君历一千七百二十九年。

前604年，丁巳，〔东周〕定王三年，〔郑〕襄公一年，☆黄帝历二千〇九十五年；◇檀君历一千七百三十年。

前603年，戊午，〔东周〕定王四年，〔秦〕桓公一年，☆黄帝历二千〇九十六年；◇檀君历一千七百三十一年。

前602年，己未，〔东周〕定王五年，☆黄帝历二千〇九十七年；◇檀君历一千七百三十二年。

前601年，庚申，〔东周〕定王六年，〔燕〕宣公一年，☆黄帝历二千〇九十八年；◇檀君历一千七百三十三年。

前600年，辛酉，〔东周〕定王七年，☆黄帝历二千〇九十九年；◇檀君历一千七百三十四年。

前599年，壬戌，〔东周〕定王八年，〔晋〕景公一年，〔卫〕穆公一年，☆黄帝历二千一百年；◇檀君历一千七百三十五年。

前598年，癸亥，〔东周〕定王九年，〔齐〕顷公一年，〔陈〕成公一年，☆黄帝历二千一百〇一年；◇檀君历一千七百三十六年。

前597年，甲子，〔东周〕定王十年，☆黄帝历二千一百〇二年；◇檀君历一千七百三十七年。

前596年，乙丑，〔东周〕定王十一年，☆黄帝历二千一百〇三年；◇檀君历一千七百三十八年。

前595年，丙寅，〔东周〕定王十二年，☆黄帝历二千一百〇四年；◇檀君历一千七百三十九年。

前594年，丁卯，〔东周〕定王十三年，〔曹〕宣公一年，☆黄帝历二千一百〇五年；◇檀君历一千七百四十年。

前593年，戊辰，〔东周〕定王十四年，☆黄帝历二千一百〇六年；◇檀君历一千七百四十一年。

前592年，己巳，〔东周〕定王十五年，☆黄帝历二千一百〇七年；◇檀君历一千七百四十二年。

前591年，庚午，〔东周〕定王十六年，〔蔡〕景侯一年，☆黄帝历二千一百〇八年；◇檀君历一千七百四十三年。

前590年，辛未，〔东周〕定王十七年，〔鲁〕成公一年，〔楚〕共王一年，☆黄帝历二千一百〇九年；◇檀君历一千七百四十四年。

前589年，壬申，〔东周〕定王十八年，☆黄帝历二千一百一十年；◇檀君历一千七百四十五年。

前588年，癸酉，〔东周〕定王十九年，〔宋〕共公一年，〔卫〕定公一年，☆黄帝历二千一百一十一年；◇檀君历一千七百四十六年。

前587年，甲戌，〔东周〕定王二十年，☆黄帝历二千一百一十二年；◇檀君历一千七百四十七年。

前586年，乙亥，〔东周〕定王二十一年，〔郑〕悼公一年，〔燕〕昭公一年，☆黄帝历二千一百一十三年；◇檀君历一千七百四十八年。

前585年，丙子，〔东周〕简王一年，〔吴〕寿梦一年，☆黄帝历二千一百一十四年；◇檀君历一千七百四十九年。

前584年，丁丑，〔东周〕简王二年，〔郑〕成公一年，☆黄帝历二千一百一十五年；◇檀君历一千七百五十年。

前583年，戊寅，〔东周〕简王三年，☆黄帝历二千一百一十六年；◇檀君历一千七百五十一年。

前582年，己卯，〔东周〕简王四年，☆黄帝历二千一百一十七年；◇檀君历一千七百五十二年。

前581年，庚辰，〔东周〕简王五年，〔齐〕灵公一年，☆黄帝历二千一百一十八年；◇檀君历一千七百五十三年。

前580年，辛巳，〔东周〕简王六年，〔晋〕厉公一年，☆黄帝历二千一百一十九年；◇檀君历一千七百五十四年。

前579年，壬午，〔东周〕简王七年，☆黄帝历二千一百二十年；◇檀君历一千七百五十五年。

前578年，癸未，〔东周〕简王八年，☆黄帝历二千一百二十一年；◇檀君历一千七百五十六年。

前577年，甲申，〔东周〕简王九年，〔曹〕成公一年，☆黄帝历二千一百二十二年；◇檀君历一千七百五十七年。

前576年，乙酉，〔东周〕简王十年，〔秦〕景公一年，〔卫〕献公一年，☆黄帝历二千一百二十三年；◇檀君历一千七百五十八年。

前575年，丙戌，〔东周〕简王十一年，〔宋〕平公一年，☆黄帝历二千一百二十四年；◇檀君历一千七百五十九年。

前574年，丁亥，〔东周〕简王十二年，☆黄帝历二千一百二十五年；◇檀君历一千七百六十年。

前573年，戊子，〔东周〕简王十三年，〔燕〕武公一年，☆黄帝历二千一百二十六年；◇檀君历一千七百六十一年。

前572年，己丑，〔东周〕简王十四年，〔鲁〕襄公一年，〔晋〕悼公一年，☆黄帝历二千一百二十七年；◇檀君历一千七百六十二年。

前571年，庚寅，〔东周〕灵王一年，☆黄帝历二千一百二十八年；◇檀君历一千七百六十三年。

前570年，辛卯，〔东周〕灵王二年，〔郑〕釐公一年，☆黄帝历二千一百二十九年；◇檀君历一千七百六十四年。

前569年，壬辰，〔东周〕灵王三年，☆黄帝历二千一百三十年；◇檀君历一千七百六十五年。

前568年，癸巳，〔东周〕灵王四年，〔陈〕哀公一年，☆黄帝历二千一百三十一年；◇檀君历一千七百六十六年。

前567年，甲午，〔东周〕灵王五年，☆黄帝历二千一百三十二年；◇檀君历一千七百六十七年。

前566年，乙未，〔东周〕灵王六年，☆黄帝历二千一百三十三年；◇檀君历一千七百六十八年。

前565年，丙申，〔东周〕灵王七年，〔郑〕简公一年，☆黄帝历二千一百三十四年；◇檀君历一千七百六十九年。

前564年，丁酉，〔东周〕灵王八年，☆黄帝历二千一百三十五年；◇檀君历一千七百七十年。

前563年，戊戌，〔东周〕灵王九年，☆黄帝历二千一百三十六年；◇檀君历一千七百七十一年。

前562年，己亥，〔东周〕灵王十年，☆黄帝历二千一百三十七年；◇檀君历一千七百七十二年。

前561年，庚子，〔东周〕灵王十一年，☆黄帝历二千一百三十八年；◇檀君历一千七百七十三年。

前560年，辛丑，〔东周〕灵王十二年，〔吴〕诸樊一年，☆黄帝历二千一百三十九年；◇檀君历一千七百七十四年。

前559年，壬寅，〔东周〕灵王十三年，〔楚〕康王一年，☆黄帝历二千一百四十年；◇檀君历一千七百七十五年。

前558年，癸卯，〔东周〕灵王十四年，〔卫〕殇公一年，☆黄帝历二千一百四十一年；◇檀君历一千七百七十六年。

前557年，甲辰，〔东周〕灵王十五年，〔晋〕平公一年，☆黄帝历二千一百四十二年；◇檀君历一千七百七十七年。

前556年，乙巳，〔东周〕灵王十六年，☆黄帝历二千一百四十三年；◇檀君历一千七百七十八年。

前555年，丙午，〔东周〕灵王十七年，☆黄帝历二千一百四十四年；◇檀君历一千七百七十九年。

前554年，丁未，〔东周〕灵王十八年，〔曹〕武公一年，〔燕〕文公一年，☆黄帝历二千一百四十五年；◇檀君历一千七百八十年。

前553年，戊申，〔东周〕灵王十九年，〔齐〕庄公一年，☆黄帝历二千一百四十六年；◇檀君历一千七百八十一年。

前552年，己酉，〔东周〕灵王二十年，☆黄帝历二千一百四十七年；◇檀君历一千七百八十二年。

前551年，庚戌，〔东周〕灵王二十一年，☆黄帝历二千一百四十八年；◇檀君历一千七百八十三年。

前550年，辛亥，〔东周〕灵王二十二年，☆黄帝历二千一百四十九年；◇檀君历一千七百八十四年。

前549年，壬子，〔东周〕灵王二十三年，☆黄帝历二千一百五十年；◇檀君历一千七百八十五年。

前548年，癸丑，〔东周〕灵王二十四年，〔燕〕懿公一年，☆黄帝历二千一百五十一年；◇檀君历一千七百八十六年。

前547年，甲寅，〔东周〕灵王二十五年，〔齐〕景公一年，〔吴〕馀祭一年，☆黄帝历二千一百五十二年；◇檀君历一千七百八十七年。

前546年，乙卯，〔东周〕灵王二十六年，〔卫〕献公一年，☆黄帝历二千一百五十三年；◇檀君历一千七百八十八年。

前545年，丙辰，〔东周〕灵王二十七年，☆黄帝历二千一百五十四年；◇檀君历一千七百八十九年。

前544年，丁巳，〔东周〕景王一年，〔楚〕郏敖一年，〔燕〕惠公一年，☆黄帝历二千一百五十五年；◇檀君历一千七百九十年。

前543年，戊午，〔东周〕景王二年，〔卫〕襄公一年，☆黄帝历二千一百五十六年；◇檀君历一千七百九十一年。

前542年，己未，〔东周〕景王三年，〔蔡〕灵侯一年，☆黄帝历二千一百五十七年；◇檀君历一千七百九十二年。

前541年，庚申，〔东周〕景王四年，〔鲁〕昭公一年，☆黄帝历二千一百五十八年；◇檀君历一千七百九十三年。

前540年，辛酉，〔东周〕景王五年，〔楚〕灵王一年，☆黄帝历二千一百五十九年；◇檀君历一千七百九十四年。

前539年，壬戌，〔东周〕景王六年，☆黄帝历二千一百六十年；◇檀君历一千七百九十五年。

前538年，癸亥，〔东周〕景王七年，☆黄帝历二千一百六十一年；◇檀君历一千七百九十六年。

前537年，甲子，〔东周〕景王八年，☆黄帝历二千一百六十二年；◇檀君历一千七百九十七年。

前536年，乙丑，〔东周〕景王九年，〔秦〕哀公一年，☆黄帝历二千一百六十三年；◇檀君历一千七百九十八年。

前535年，丙寅，〔东周〕景王十年，〔燕〕悼公一年，☆黄帝历二千一百六十四年；◇檀君历一千七百九十九年。

前534年，丁卯，〔东周〕景王十一年，〔卫〕灵公一年，☆黄帝历二千一百六十五年；◇檀君历一千八百年。

前533年，戊辰，〔东周〕景王十二年，〔陈〕惠公一年，☆黄帝历二千一百六十六年；◇檀君历一千八百〇一年。

前532年，己巳，〔东周〕景王十三年，☆黄帝历二千一百六十七年；◇檀君历一千八百〇二年。

前531年，庚午，〔东周〕景王十四年，〔晋〕昭公一年，〔宋〕元公一年，☆黄帝历二千一百六十八年；◇檀君历一千八百〇三年。

前530年，辛未，〔东周〕景王十五年，〔蔡〕平侯一年，〔吴〕馀眛一年，☆黄帝历二千一百六十九年；◇檀君历一千八百〇四年。

前529年，壬申，〔东周〕景王十六年，〔郑〕定公一年，☆黄帝历二千一百七十年；◇檀君历一千八百〇五年。

前528年，癸酉，〔东周〕景王十七年，〔楚〕平王一年，〔燕〕共公一年，☆黄帝历二千一百七十一年；◇檀君历一千八百〇六年。

前527年，甲戌，〔东周〕景王十八年，〔曹〕平公一年，☆黄帝历二千一百七十二年；◇檀君历一千八百〇七年。

前526年，乙亥，〔东周〕景王十九年，〔吴〕僚一年，☆黄帝历二千一百七十三年；◇檀君历一千八百〇八年。

前525年，丙子，〔东周〕景王二十年，〔晋〕顷公一年，☆黄帝历二千一百七十四年；◇檀君历一千八百〇九年。

前524年，丁丑，〔东周〕景王二十一年，☆黄帝历二千一百七十五年；◇檀君历一千八百一十年。

前 523 年，戊寅，〔东周〕景王二十二年，〔曹〕悼公一年，〔燕〕平公一年，☆黄帝历二千一百七十六年；◇檀君历一千八百一十一年。

前 522 年，己卯，〔东周〕景王二十三年，☆黄帝历二千一百七十七年；◇檀君历一千八百一十二年。

前 521 年，庚辰，〔东周〕景王二十四年，〔蔡〕悼侯一年，☆黄帝历二千一百七十八年；◇檀君历一千八百一十三年。

前 520 年，辛巳，〔东周〕景王二十五年，悼王一年，☆黄帝历二千一百七十九年；◇檀君历一千八百一十四年。

前 519 年，壬午，〔东周〕敬王一年，☆黄帝历二千一百八十年；◇檀君历一千八百一十五年。

前 518 年，癸未，〔东周〕敬王二年，〔蔡〕昭侯一年，☆黄帝历二千一百八十一年；◇檀君历一千八百一十六年。

前 517 年，甲申，〔东周〕敬王三年，☆黄帝历二千一百八十二年；◇檀君历一千八百一十七年。

前 516 年，乙酉，〔东周〕敬王四年，〔宋〕景公一年，☆黄帝历二千一百八十三年；◇檀君历一千八百一十八年。

前 515 年，丙戌，〔东周〕敬王五年，〔楚〕昭王一年，☆黄帝历二千一百八十四年；◇檀君历一千八百一十九年。

前 514 年，丁亥，〔东周〕敬王六年，〔曹〕襄公一年，〔吴〕阖闾一年，☆黄帝历二千一百八十五年；◇檀君历一千八百二十年。

前 513 年，戊子，〔东周〕敬王七年，〔郑〕献公一年，☆黄帝历二千一百八十六年；◇檀君历一千八百二十一年。

前 512 年，己丑，〔东周〕敬王八年，☆黄帝历二千一百八十七年；◇檀君历一千八百二十二年。

前 511 年，庚寅，〔东周〕敬王九年，〔晋〕定公一年，☆黄帝历二千一百八十八年；◇檀君历一千八百二十三年。

前 510 年，辛卯，〔东周〕敬王十年，〔越〕允常一年，☆黄帝历二千一百八十九年；◇檀君历一千八百二十四年。

前 509 年，壬辰，〔东周〕敬王十一年，〔鲁〕定公一年，〔曹〕隐公一年，☆黄帝历二千一百九十年；◇檀君历一千八百二十五年。

前 508 年，癸巳，〔东周〕敬王十二年，☆黄帝历二千一百九十一年；◇檀君历一千八百二十六年。

前 507 年，甲午，〔东周〕敬王十三年，☆黄帝历二千一百九十二年；◇檀君历一千八百二十七年。

前 506 年，乙未，〔东周〕敬王十四年，☆黄帝历二千一百九十三年；◇檀君历一千八百二十八年。

前 505 年，丙申，〔东周〕敬王十五年，〔陈〕怀公一年，〔曹〕靖公一年，☆黄帝历二千一百九十四年；◇檀君历一千八百二十九年。

前 504 年，丁酉，〔东周〕敬王十六年，〔燕〕简公一年，☆黄帝历二千一百九十五年；◇檀君历一千八百三十年。

前 503 年，戊戌，〔东周〕敬王十七年，☆黄帝历二千一百九十六年；◇檀君历一千八百三十一年。

前 502 年，己亥，〔东周〕敬王十八年，☆黄帝历二千一百九十七年；◇檀君历一千八百三十二年。

前 501 年，庚子，〔东周〕敬王十九年，〔陈〕湣公一年，〔曹〕伯阳一年，☆黄帝历二千一百九十八年；◇檀君历一千八百三十三年。

前 500 年，辛丑，〔东周〕敬王二十年，〔秦〕惠公一年，〔郑〕声公一年，☆黄帝历二千一百九十九年；◇檀君历一千八百三十四年。

前 499 年，壬寅，〔东周〕敬王二十一年，☆黄帝历二千二百年；◇檀君历一千八百三十五年。

前 498 年，癸卯，〔东周〕敬王二十二年，☆黄帝历二千二百〇一年；◇檀君历一千八百三十六年。

前 497 年，甲辰，〔东周〕敬王二十三年，☆黄帝历二千二百〇二年；◇檀君历一千八百三十七年。

前 496 年，乙巳，〔东周〕敬王二十四年，〔越〕勾践一年，☆黄帝历二千二百〇三年；◇檀君历一千八百三十八年。

前 495 年，丙午，〔东周〕敬王二十五年，〔吴〕夫差一年，☆黄帝历二千二百〇四年；◇檀君历一千八百三十九年。

前 494 年，丁未，〔东周〕敬王二十六年，〔鲁〕哀公一年，☆黄帝历二千二百〇五年；◇檀君历一千八百四十年。

前 493 年，戊申，〔东周〕敬王二十七年，☆黄帝历二千二百〇六年；◇檀君历一千八百四十一年。

前 492 年，己酉，〔东周〕敬王二十八年，〔卫〕出公一年，〔燕〕献公一年，☆黄帝历二千二百〇七年；◇檀君历一千八百四十二年。

前 491 年，庚戌，〔东周〕敬王二十九年，☆黄帝历二千二百〇八年；◇檀君历一千八百四十三年。

前 490 年，辛亥，〔东周〕敬王三十年，〔秦〕悼公一年，〔蔡〕成侯一年，☆黄帝历二千二百〇九年；◇檀君历一千八百四十四年。

前 489 年，壬子，〔东周〕敬王三十一年，〔齐〕晏孺子一年，☆黄帝历二千二百一十年；◇檀君历一千八百四十五年。

前 488 年，癸丑，〔东周〕敬王三十二年，〔齐〕悼公一年，〔楚〕惠王一年，☆黄帝历二千二百一十一年；◇檀君历一千八百四十六年。

前 487 年，甲寅，〔东周〕敬王三十三年，☆黄帝历二千二百一十二年；◇檀君历一千八百四十七年。

前 486 年，乙卯，〔东周〕敬王三十四年，☆黄帝历二千二百一十三年；◇檀君历一千八百四十八年。

前 485 年，丙辰，〔东周〕敬王三十五年，☆黄帝历二千二百一十四年；◇檀君历一千八百四十九年。

前 484 年，丁巳，〔东周〕敬王三十六年，〔齐〕简公一年，☆黄帝历二千二百一十五年；◇檀君历一千八百五十年。

前 483 年，戊午，〔东周〕敬王三十七年，☆黄帝历二千二百一十六年；◇檀君历一千八百五十一年。

前 482 年，己未，〔东周〕敬王三十八年，☆黄帝历二千二百一十七年；◇檀君历一千八百五十二年。

前 481 年，庚申，〔东周〕敬王三十九年，☆黄帝历二千二百一十八年；◇檀君历一千八百五十三年。

前 480 年，辛酉，〔东周〕敬王四十年，〔齐〕平公一年，〔卫〕庄公一年，☆黄帝历二千二百一十九年；◇檀君历一千八百五十四年。

前 479 年，壬戌，〔东周〕敬王四十一年，☆黄帝历二千二百二十年。是岁，孔子（前 551—前 479）逝世。箕子与孔子在朝鲜半岛经常被合称"二圣"；◇檀君历一千八百五十五年。

前 478 年，癸亥，〔东周〕敬王四十二年，☆黄帝历二千二百二十一年；◇檀君历一千八百五十六年。

前 477 年，甲子，〔东周〕敬王四十三年，〔卫〕起一年，☆黄帝历二千二百二十二年；◇檀君历一千八百五十七年。

前 476 年，乙丑，〔东周〕敬王四十四年，〔秦〕厉共公一年，〔卫〕出公（后元）一年，☆黄帝历二千二百二十三年。是岁，我国进入战国时代；◇檀君历一千八百五十八年。

前 475 年，丙寅，〔东周〕元王一年，〔赵〕襄子一年，☆黄帝历二千二百二十四年；◇檀君历一千八百五十九年。

前 474 年，丁卯，〔东周〕元王二年，〔晋〕出公一年，☆黄帝历二千二百二十五年；◇檀君历一千八百六十年。

前 473 年，戊辰，〔东周〕元王三年，☆黄帝历二千二百二十六年；◇檀君历一千八百六十一年。

前 472 年，己巳，〔东周〕元王四年，☆黄帝历二千二百二十七年；◇檀君历一千八百六十二年。

前 471 年，庚午，〔东周〕元王五年，☆黄帝历二千二百二十八年；◇檀君历一千八百六十三年。

前470年，辛未，〔东周〕元王六年，☆黄帝历二千二百二十九年；◇檀君历一千八百六十四年。

前469年，壬申，〔东周〕元王七年，☆黄帝历二千二百三十年；◇檀君历一千八百六十五年。

前468年，癸酉，〔东周〕贞定王一年，☆黄帝历二千二百三十一年；◇檀君历一千八百六十六年。

前467年，甲戌，〔东周〕贞定王二年，☆黄帝历二千二百三十二年；◇檀君历一千八百六十七年。

前466年，乙亥，〔东周〕贞定王三年，☆黄帝历二千二百三十三年；◇檀君历一千八百六十八年。

前465年，丙子，〔东周〕贞定王四年，☆黄帝历二千二百三十四年；◇檀君历一千八百六十九年。

前464年，丁丑，〔东周〕贞定王五年，☆黄帝历二千二百三十五年；◇檀君历一千八百七十年。

前463年，戊寅，〔东周〕贞定王六年，☆黄帝历二千二百三十六年；◇檀君历一千八百七十一年。

前462年，己卯，〔东周〕贞定王七年，☆黄帝历二千二百三十七年；◇檀君历一千八百七十二年。

前461年，庚辰，〔东周〕贞定王八年，☆黄帝历二千二百三十八年；◇檀君历一千八百七十三年。

前460年，辛巳，〔东周〕贞定王九年，☆黄帝历二千二百三十九年；◇檀君历一千八百七十四年。

前459年，壬午，〔东周〕贞定王十年，☆黄帝历二千二百四十年；◇檀君历一千八百七十五年。

前458年，癸未，〔东周〕贞定王十一年，〔越〕不寿一年，☆黄帝历二千二百四十一年；◇檀君历一千八百七十六年。

前457年，甲申，〔东周〕贞定王十二年，☆黄帝历二千二百四十二年；◇檀君历一千八百七十七年。

前456年，乙酉，〔东周〕贞定王十三年，☆黄帝历二千二百四十三年；◇檀君历一千八百七十八年。

前455年，丙戌，〔东周〕贞定王十四年，〔齐〕宣公一年，☆黄帝历二千二百四十四年；◇檀君历一千八百七十九年。

前454年，丁亥，〔东周〕贞定王十五年，〔燕〕成公一年，☆黄帝历二千二百四十五年；◇檀君历一千八百八十年。

前453年，戊子，〔东周〕贞定王十六年，☆黄帝历二千二百四十六年；◇檀君历一千八百八十一年。

前452年，己丑，〔东周〕贞定王十七年，☆黄帝历二千二百四十七年；◇檀君历一千八百八十二年。

前451年，庚寅，〔东周〕贞定王十八年，〔晋〕敬公一年，☆黄帝历二千二百四十八年；◇檀君历一千八百八十三年。

前450年，辛卯，〔东周〕贞定王十九年，〔宋〕昭公一年，☆黄帝历二千二百四十九年；◇檀君历一千八百八十四年。

前449年，壬辰，〔东周〕贞定王二十年，☆黄帝历二千二百五十年；◇檀君历一千八百八十五年。

前448年，癸巳，〔东周〕贞定王二十一年，☆黄帝历二千二百五十一年；◇檀君历一千八百八十六年。

前447年，甲午，〔东周〕贞定王二十二年，☆黄帝历二千二百五十二年；◇檀君历一千八百八十七年。

前446年，乙未，〔东周〕贞定王二十三年，☆黄帝历二千二百五十三年；◇檀君历一千八百八十八年。

前445年，丙申，〔东周〕贞定王二十四年，〔魏〕文侯一年，☆黄帝历二千二百五十四年；◇檀君历一千八百八十九年。

前444年，丁酉，〔东周〕贞定王二十五年，☆黄帝历二千二百五十五年；◇檀君历一千八百九十年。

前443年，戊戌，〔东周〕贞定王二十六年，☆黄帝历二千二百五十六年；◇檀君历一千八百九十一年。

前442年，己亥，〔东周〕贞定王二十七年，〔秦〕躁公一年，☆黄帝历二千二百五十七年；◇檀君历一千八百九十二年。

前441年，庚子，〔东周〕贞定王二十八年，☆黄帝历二千二百五十八年；◇檀君历一千八百九十三年。

前440年，辛丑，〔东周〕考王一年，☆黄帝历二千二百五十九年；◇檀君历一千八百九十四年。

前439年，壬寅，〔东周〕考王二年，☆黄帝历二千二百六十年；◇檀君历一千八百九十五年。

前438年，癸卯，〔东周〕考王三年，〔燕〕文公一年。☆黄帝历二千二百六十一年；◇檀君历一千八百九十六年。

前437年，甲辰，〔东周〕考王四年，☆黄帝历二千二百六十二年；◇檀君历一千八百九十七年。

前436年，乙巳，〔东周〕考王五年，☆黄帝历二千二百六十三年；◇檀君历一千八百九十八年。

前435年，丙午，〔东周〕考王六年，☆黄帝历二千二百六十四年；◇檀君历一千八百九十九年。

前434年，丁未，〔东周〕考王七年，☆黄帝历二千二百六十五年；◇檀君历一千九百年。

前433年，戊申，〔东周〕考王八年，〔晋〕幽公一年，☆黄帝历二千二百六十六年；◇檀君历一千九百〇一年。

前432年，己酉，〔东周〕考王九年，☆黄帝历二千二百六十七年；◇檀君历一千九百〇二年。

前431年，庚戌，〔东周〕考王十年，〔楚〕简王一年，☆黄帝历二千二百六十八年；◇檀君历一千九百〇三年。

前430年，辛亥，〔东周〕考王十一年，☆黄帝历二千二百六十九年；◇檀君历一千九百〇四年。

前429年，壬子，〔东周〕考王十二年，☆黄帝历二千二百七十年；◇檀君历一千九百〇五年。

前428年，癸丑，〔东周〕考王十三年，〔秦〕怀公一年，☆黄帝历二千二百七十一年；◇檀君历一千九百〇六年。

前427年，甲寅，〔东周〕考王十四年，☆黄帝历二千二百七十二年；◇檀君历一千九百〇七年。

前426年，乙卯，〔东周〕考王十五年，☆黄帝历二千二百七十三年；◇檀君历一千九百〇八年。

前425年，丙辰，〔东周〕威烈王一年，☆黄帝历二千二百七十四年；◇檀君历一千九百〇九年。

前424年，丁巳，〔东周〕威烈王二年，〔秦〕灵公一年，〔韩〕武子一年，〔赵〕桓子一年，☆黄帝历二千二百七十五年；◇檀君历一千九百一十年。

前423年，戊午，〔东周〕威烈王三年，〔赵〕献侯一年，☆黄帝历二千二百七十六年；◇檀君历一千九百一十一年。

前422年，己未，〔东周〕威烈王四年，☆黄帝历二千二百七十七年；◇檀君历一千九百一十二年。

前421年，庚申，〔东周〕威烈王五年，☆黄帝历二千二百七十八年；◇檀君历一千九百一十三年。

前420年，辛酉，〔东周〕威烈王六年，☆黄帝历二千二百七十九年；◇檀君历一千九百一十四年。

前419年，壬戌，〔东周〕威烈王七年，〔晋〕烈公一年，☆黄帝历二千二百八十年；◇檀君历一千九百一十五年。

前418年，癸亥，〔东周〕威烈王八年，☆黄帝历二千二百八十一年；◇檀君历一千九百一十六年。

前417年，甲子，〔东周〕威烈王九年，☆黄帝历二千二百八十二年；◇檀君历一千九百一十七年。

前416年，乙丑，〔东周〕威烈王十年，☆黄帝历二千二百八十三年；◇檀君历一千九百一十八年。

前415年，丙寅，〔东周〕威烈王十一年，☆黄帝历二千二百八十四年；◇檀君历一千九百一十九年。

前414年，丁卯，〔东周〕威烈王十二年，〔秦〕简公一年，〔燕〕简公一年，☆黄帝历二千二百八十五年；◇檀君历一千九百二十年。

前413年，戊辰，〔东周〕威烈王十三年，☆黄帝历二千二百八十六年；◇檀君历一千九百二十一年。

前412年，己巳，〔东周〕威烈王十四年，☆黄帝历二千二百八十七年；◇檀君历一千九百二十二年。

前411年，庚午，〔东周〕威烈王十五年，〔越〕翳一年，☆黄帝历二千二百八十八年；◇檀君历一千九百二十三年。

前410年，辛未，〔东周〕威烈王十六年，〔田齐〕悼子一年，☆黄帝历二千二百八十九年；◇檀君历一千九百二十四年。

前409年，壬申，〔东周〕威烈王十七年，☆黄帝历二千二百九十年；◇檀君历一千九百二十五年。

前408年，癸酉，〔东周〕威烈王十八年，〔韩〕景侯一年，〔赵〕烈侯一年，☆黄帝历二千二百九十一年；◇檀君历一千九百二十六年。

前407年，甲戌，〔东周〕威烈王十九年，〔楚〕声王一年，☆黄帝历二千二百九十二年；◇檀君历一千九百二十七年。

前406年，乙亥，〔东周〕威烈王二十年，☆黄帝历二千二百九十三年；◇檀君历一千九百二十八年。

前405年，丙子，〔东周〕威烈王二十一年，☆黄帝历二千二百九十四年；◇檀君历一千九百二十九年。

前404年，丁丑，〔东周〕威烈王二十二年，〔田齐〕和子一年。〔齐〕康公一年，☆黄帝历二千二百九十五年；◇檀君历一千九百三十年。

前403年，戊寅，〔东周〕威烈王二十三年，☆黄帝历二千二百九十六年；◇檀君历一千九百三十一年。

前402年，己卯，〔东周〕威烈王二十四年，☆黄帝历二千二百九十七年；◇檀君历一千九百三十二年。

前401年，庚辰，〔东周〕安王一年，〔楚〕悼王一年，☆黄帝历二千二百九十八年；◇檀君历一千九百三十三年。

前400年，辛巳，〔东周〕安王二年，☆黄帝历二千二百九十九年；◇檀君历一千九百三十四年。

前399年，壬午，〔东周〕安王三年，〔秦〕惠公一年，〔韩〕烈侯一年，☆黄帝历二千三百年；◇檀君历一千九百三十五年。

前398年，癸未，〔东周〕安王四年，☆黄帝历二千三百〇一年；◇檀君历一千九百三十六年。

前397年，甲申，〔东周〕安王五年，☆黄帝历二千三百〇二年；◇檀君历一千九百三十七年。

前396年，乙酉，〔东周〕安王六年，☆黄帝历二千三百〇三年；◇檀君历一千九百三十八年。

前395年，丙戌，〔东周〕安王七年，〔魏〕武侯一年，☆黄帝历二千三百〇四年；◇檀君历一千九百三十九年。

前394年，丁亥，〔东周〕安王八年，☆黄帝历二千三百〇五年；◇檀君历一千九百四十年。

前393年，戊子，〔东周〕安王九年，☆黄帝历二千三百〇六年；◇檀君历一千九百四十一年。

前392年，己丑，〔东周〕安王十年，☆黄帝历二千三百〇七年；◇檀君历一千九百四十二年。

前391年，庚寅，〔东周〕安王十一年，☆黄帝历二千三百〇八年；◇檀君历一千九百四十三年。

前390年，辛卯，〔东周〕安王十二年，☆黄帝历二千三百〇九年；◇檀君历一千九百四十四年。

前389年，壬辰，〔东周〕安王十三年，☆黄帝历二千三百一十年；◇檀君历一千九百四十五年。

前388年，癸巳，〔东周〕安王十四年，〔晋〕桓公一年，☆黄帝历二千三百一十一年；◇檀君历一千九百四十六年。

前387年，甲午，〔东周〕安王十五年，☆黄帝历二千三百一十二年；◇檀君历一千九百四十七年。

前386年，乙未，〔东周〕安王十六年，〔赵〕敬侯一年，〔韩〕文侯一年，〔秦〕出子一年，☆黄帝历二千三百一十三年；◇檀君历一千九百四十八年。

前385年，丙申，〔东周〕安王十七年，☆黄帝历二千三百一十四年；◇檀君历一千九百四十九年。

前384年，丁酉，〔东周〕安王十八年，〔秦〕献公一年，☆黄帝历二千三百一十五年；◇檀君历一千九百五十年。

前383年，戊戌，〔东周〕安王十九年，〔田齐〕齐侯剡一年，☆黄帝历二千三百一十六年；◇檀君历一千九百五十一年。

前382年，己亥，〔东周〕安王二十年，☆黄帝历二千三百一十七年；◇檀君历一千九百五十二年。

前381年，庚子，〔东周〕安王二十一年，☆黄帝历二千三百一十八年；◇檀君历一千九百五十三年。

前380年，辛丑，〔东周〕安王二十二年，〔楚〕肃王一年，☆黄帝历二千三百一十九年；◇檀君历一千九百五十四年。

前379年，壬寅，〔东周〕安王二十三年，☆黄帝历二千三百二十年；◇檀君历一千九百五十五年。

前378年，癸卯，〔东周〕安王二十四年，☆黄帝历二千三百二十一年；◇檀君历一千九百五十六年。

前377年，甲辰，〔东周〕安王二十五年，☆黄帝历二千三百二十二年；◇檀君历一千九百五十七年。

前376年，乙巳，〔东周〕安王二十六年，〔韩〕哀侯一年，☆黄帝历二千三百二十三年；◇檀君历一千九百五十八年。

前375年，丙午，〔东周〕烈王一年，☆黄帝历二千三百二十四年；◇檀君历一千九百五十九年。

前374年，丁未，〔东周〕烈王二年，〔韩〕懿侯一年，〔赵〕成侯一年，〔田齐〕桓公一年，☆黄帝历二千三百二十五年；◇檀君历一千九百六十年。

前373年，戊申，〔东周〕烈王三年，☆黄帝历二千三百二十六年；◇檀君历一千九百六十一年。

前372年，己酉，〔东周〕烈王四年，☆黄帝历二千三百二十七年；◇檀君历一千九百六十二年。

前371年，庚戌，〔东周〕烈王五年，☆黄帝历二千三百二十八年；◇檀君历一千九百六十三年。

前370年，辛亥，〔东周〕烈王六年，☆黄帝历二千三百二十九年；◇檀君历一千九百六十四年。

前369年，壬子，〔东周〕烈王七年，〔燕〕桓公一年，〔楚〕宣王一年，〔魏〕惠王一年，☆黄帝历二千三百三十年；◇檀君历一千九百六十五年。

前368年，癸丑，〔东周〕显王一年，☆黄帝历二千三百三十一年；◇檀君历一千九百六十六年。

前367年，甲寅，〔东周〕显王二年，☆黄帝历二千三百三十二年；◇檀君历一千九百六十七年。

前366年，乙卯，〔东周〕显王三年，☆黄帝历二千三百三十三年；◇檀君历一千九百六十八年。

前365年，丙辰，〔东周〕显王四年，☆黄帝历二千三百三十四年；◇檀君历一千九百六十九年。

前364年，丁巳，〔东周〕显王五年，☆黄帝历二千三百三十五年；◇檀君历一千九百七十年。

前 363 年，戊午，〔东周〕显王六年，☆黄帝历二千三百三十六年；◇檀君历一千九百七十一年。

前 362 年，己未，〔东周〕显王七年，〔韩〕昭侯一年，☆黄帝历二千三百三十七年；◇檀君历一千九百七十二年。

前 361 年，庚申，〔东周〕显王八年，〔燕〕文公一年，〔秦〕孝公一年，☆黄帝历二千三百三十八年；◇檀君历一千九百七十三年。

前 360 年，辛酉，〔东周〕显王九年，☆黄帝历二千三百三十九年；◇檀君历一千九百七十四年。

前 359 年，壬戌，〔东周〕显王十年，☆黄帝历二千三百四十年；◇檀君历一千九百七十五年。

前 358 年，癸亥，〔东周〕显王十一年，☆黄帝历二千三百四十一年；◇檀君历一千九百七十六年。

前 357 年，甲子，〔东周〕显王十二年，☆黄帝历二千三百四十二年；◇檀君历一千九百七十七年。

前 356 年，乙丑，〔东周〕显王十三年，〔田齐〕威王一年，☆黄帝历二千三百四十三年；◇檀君历一千九百七十八年。

前 355 年，丙寅，〔东周〕显王十四年，☆黄帝历二千三百四十四年；◇檀君历一千九百七十九年。

前 354 年，丁卯，〔东周〕显王十五年，☆黄帝历二千三百四十五年；◇檀君历一千九百八十年。

前 353 年，戊辰，〔东周〕显王十六年，☆黄帝历二千三百四十六年；◇檀君历一千九百八十一年。

前 352 年，己巳，〔东周〕显王十七年，☆黄帝历二千三百四十七年；◇檀君历一千九百八十二年。

前 351 年，庚午，〔东周〕显王十八年，☆黄帝历二千三百四十八年；◇檀君历一千九百八十三年。

前 350 年，辛未，〔东周〕显王十九年，☆黄帝历二千三百四十九年；◇檀君历一千九百八十四年。

前 349 年，壬申，〔东周〕显王二十年，〔赵〕肃侯一年，☆黄帝历二千三百五十年；◇檀君历一千九百八十五年。

前 348 年，癸酉，〔东周〕显王二十一年，☆黄帝历二千三百五十一年；◇檀君历一千九百八十六年。

前 347 年，甲戌，〔东周〕显王二十二年，☆黄帝历二千三百五十二年；◇檀君历一千九百八十七年。

前 346 年，乙亥，〔东周〕显王二十三年，☆黄帝历二千三百五十三年；◇檀君历一千九百八十八年。

前345年，丙子，〔东周〕显王二十四年，☆黄帝历二千三百五十四年；◇檀君历一千九百八十九年。

前344年，丁丑，〔东周〕显王二十五年，☆黄帝历二千三百五十五年；◇檀君历一千九百九十年。

前343年，戊寅，〔东周〕显王二十六年，☆黄帝历二千三百五十六年；◇檀君历一千九百九十一年。

前342年，己卯，〔东周〕显王二十七年，☆黄帝历二千三百五十七年；◇檀君历一千九百九十二年。

前341年，庚辰，〔东周〕显王二十八年，☆黄帝历二千三百五十八年；◇檀君历一千九百九十三年。

前340年，辛巳，〔东周〕显王二十九年，☆黄帝历二千三百五十九年；◇檀君历一千九百九十四年。

前339年，壬午，〔东周〕显王三十年，〔楚〕威王一年，☆黄帝历二千三百六十年；◇檀君历一千九百九十五年。

前338年，癸未，〔东周〕显王三十一年，☆黄帝历二千三百六十一年；◇檀君历一千九百九十六年。

前337年，甲申，〔东周〕显王三十二年，〔秦〕惠文王一年，☆黄帝历二千三百六十二年；◇檀君历一千九百九十七年。

前336年，乙酉，〔东周〕显王三十三年，☆黄帝历二千三百六十三年；◇檀君历一千九百九十八年。

前335年，丙戌，〔东周〕显王三十四年，☆黄帝历二千三百六十四年；◇檀君历一千九百九十九年。

前334年，丁亥，〔东周〕显王三十五年，〔魏〕后元一年，☆黄帝历二千三百六十五年；◇檀君历二千年。

前333年，戊子，〔东周〕显王三十六年，☆黄帝历二千三百六十六年；◇檀君历二千〇一年。

前332年，己丑，〔东周〕显王三十七年，〔韩〕宣惠王一年，〔燕〕易王一年，〔卫〕平侯一年，☆黄帝历二千三百六十七年；◇檀君历二千〇二年。

前331年，庚寅，〔东周〕显王三十八年，☆黄帝历二千三百六十八年；◇檀君历二千〇三年。

前330年，辛卯，〔东周〕显王三十九年，☆黄帝历二千三百六十九年；◇檀君历二千〇四年。

前329年，壬辰，〔东周〕显王四十年，☆黄帝历二千三百七十年；◇檀君历二千〇五年。

前328年，癸巳，〔东周〕显王四十一年，〔楚〕怀王一年，☆黄帝历二千三百七十一年；◇檀君历二千〇六年。

前327年，甲午，〔东周〕显王四十二年，☆黄帝历二千三百七十二年；◇檀君历二千〇七年。

前 326 年，乙未，〔东周〕显王四十三年，☆黄帝历二千三百七十三年；◇檀君历二千〇八年。

前 325 年，丙申，〔东周〕显王四十四年，〔赵〕武灵王一年，☆黄帝历二千三百七十四年；◇檀君历二千〇九年。

前 324 年，丁酉，〔东周〕显王四十五年，〔秦〕惠文王更元一年，☆黄帝历二千三百七十五年；◇檀君历二千〇一十年。

前 323 年，戊戌，〔东周〕显王四十六年，☆黄帝历二千三百七十六年；◇檀君历二千〇一十一年。

前 322 年，己亥，〔东周〕显王四十七年，☆黄帝历二千三百七十七年；◇檀君历二千〇一十二年。

前 321 年，庚子，〔东周〕显王四十八年，☆黄帝历二千三百七十八年；◇檀君历二千〇一十三年。

前 320 年，辛丑，〔东周〕慎靓王一年，〔燕〕燕王哙一年，〔田齐〕宣王一年，☆黄帝历二千三百七十九年；◇檀君历二千〇一十四年。

前 319 年，壬寅，〔东周〕慎靓王二年，〔田齐〕宣王一年，☆黄帝历二千三百八十年；◇檀君历二千〇一十五年。

前 318 年，癸卯，〔东周〕慎靓王三年，〔魏〕襄王一年，☆黄帝历二千三百八十一年；◇檀君历二千〇一十六年。

前 317 年，甲辰，〔东周〕慎靓王四年，☆黄帝历二千三百八十二年；◇檀君历二千〇一十七年。

前 316 年，乙巳，〔东周〕慎靓王五年，☆黄帝历二千三百八十三年；◇檀君历二千〇一十八年。

前 315 年，丙午，〔东周〕慎靓王六年，☆黄帝历二千三百八十四年；◇檀君历二千〇一十九年。

前 314 年，丁未，〔东周〕赧王一年，☆黄帝历二千三百八十五年；◇檀君历二千〇二十年。

前 313 年，戊申，〔东周〕赧王二年，☆黄帝历二千三百八十六年；◇檀君历二千〇二十一年。

前 312 年，己酉，〔东周〕赧王三年，☆黄帝历二千三百八十七年；◇檀君历二千〇二十二年。

前 311 年，庚戌，〔东周〕赧王四年，〔韩〕襄王一年，〔燕〕昭王一年，☆黄帝历二千三百八十八年；◇檀君历二千〇二十三年。

前 310 年，辛亥，〔东周〕赧王五年，〔秦〕武王一年，☆黄帝历二千三百八十九年；◇檀君历二千〇二十四年。

前 309 年，壬子，〔东周〕赧王六年，☆黄帝历二千三百九十年；◇檀君历二千〇二十五年。

前308年，癸丑，〔东周〕赧王七年，☆黄帝历二千三百九十一年；◇檀君历二千〇二十六年。

前307年，甲寅，〔东周〕赧王八年，☆黄帝历二千三百九十二年；◇檀君历二千〇二十七年。

前306年，乙卯，〔东周〕赧王九年，〔秦〕昭王一年，☆黄帝历二千三百九十三年；◇檀君历二千〇二十八年。

前305年，丙辰，〔东周〕赧王十年，☆黄帝历二千三百九十四年；◇檀君历二千〇二十九年。

前304年，丁巳，〔东周〕赧王十一年，☆黄帝历二千三百九十五年；◇檀君历二千〇三十年。

前303年，戊午，〔东周〕赧王十二年，☆黄帝历二千三百九十六年；◇檀君历二千〇三十一年。

前302年，己未，〔东周〕赧王十三年，☆黄帝历二千三百九十七年；◇檀君历二千〇三十二年。

前301年，庚申，〔东周〕赧王十四年，〔田齐〕湣王一年，☆黄帝历二千三百九十八年；◇檀君历二千〇三十三年。

前300年，辛酉，〔东周〕赧王十五年，☆黄帝历二千三百九十九年。《魏志》载，是岁燕大将秦开击东胡，获地千里[1]。秦开修筑襄阳城，即现今辽阳。襄阳是东北地区最早的城池，现沈阳五里河公园有秦开将军的塑像；◇檀君历二千〇三十四年。

前299年，壬戌，〔东周〕赧王十六年，☆黄帝历二千四百年；◇檀君历二千〇三十五年。

前298年，癸亥，〔东周〕赧王十七年，〔赵〕惠文王一年，〔楚〕顷襄王一年，☆黄帝历二千四百〇一年；◇檀君历二千〇三十六年。

前297年，甲子，〔东周〕赧王十八年，☆黄帝历二千四百〇二年；◇檀君历二千〇三十七年。

前296年，乙丑，〔东周〕赧王十九年，☆黄帝历二千四百〇三年；◇檀君历二千〇三十八年。

前295年，丙寅，〔东周〕赧王二十年，〔韩〕釐王一年，〔魏〕昭王一年，☆黄帝历二千四百〇四年；◇檀君历二千〇三十九年。

前294年，丁卯，〔东周〕赧王二十一年，☆黄帝历二千四百〇五年；◇檀君历二千〇四十年。

前293年，戊辰，〔东周〕赧王二十二年，☆黄帝历二千四百〇六年；◇檀君历二千〇四十一年。

前292年，己巳，〔东周〕赧王二十三年，☆黄帝历二千四百〇七年；◇檀君历二千〇四十二年。

1　参见杨昭全、何彤梅《中国—朝鲜韩国关系史（上）》，第23页，天津人民出版社，2001年版。

前 291 年，庚午，〔东周〕赧王二十四年，☆黄帝历二千四百〇八年；◇檀君历二千〇四十三年。

前 290 年，辛未，〔东周〕赧王二十五年，☆黄帝历二千四百〇九年；◇檀君历二千〇四十四年。

前 289 年，壬申，〔东周〕赧王二十六年，☆黄帝历二千四百一十年；◇檀君历二千〇四十五年。

前 288 年，癸酉，〔东周〕赧王二十七年，☆黄帝历二千四百一十一年；◇檀君历二千〇四十六年。

前 287 年，甲戌，〔东周〕赧王二十八年，☆黄帝历二千四百一十二年；◇檀君历二千〇四十七年。

前 286 年，乙亥，〔东周〕赧王二十九年，☆黄帝历二千四百一十三年；◇檀君历二千〇四十八年。

前 285 年，丙子，〔东周〕赧王三十年，☆黄帝历二千四百一十四年；◇檀君历二千〇四十九年。

前 284 年，丁丑，〔东周〕赧王三十一年，☆黄帝历二千四百一十五年；◇檀君历二千〇五十年。

前 283 年，戊寅，〔东周〕赧王三十二年，〔田齐〕襄王一年，☆黄帝历二千四百一十六年；◇檀君历二千〇五十一年。

前 282 年，己卯，〔东周〕赧王三十三年，☆黄帝历二千四百一十七年；◇檀君历二千〇五十二年。

前 281 年，庚辰，〔东周〕赧王三十四年，☆黄帝历二千四百一十八年；◇檀君历二千〇五十三年。

前 280 年，辛巳，〔东周〕赧王三十五年，☆黄帝历二千四百一十九年。《魏志》载，是岁燕大将击箕氏朝鲜，以满潘汗[1]为界，后又将燕长城延伸至于博川。1986 年，朝鲜考古学家发现了此处 120 公里长的长城[2]；◇檀君历二千〇五十四年。

前 279 年，壬午，〔东周〕赧王三十六年，☆黄帝历二千四百二十年；◇檀君历二千〇五十五年。

前 278 年，癸未，〔东周〕赧王三十七年，〔燕〕惠王一年，☆黄帝历二千四百二十一年；◇檀君历二千〇五十六年。

前 277 年，甲申，〔东周〕赧王三十八年，☆黄帝历二千四百二十二年；◇檀君历二千〇五十七年。

前 276 年，乙酉，〔东周〕赧王三十九年，〔魏〕安釐王一年，☆黄帝历二千四百二十三年；◇檀君历二千〇五十八年。

1 满潘汗，今朝鲜大宁江畔之博川。

2 见杨昭全、何彤梅《中国—朝鲜韩国关系史（上）》，第 23-25 页，天津人民出版社，2001 年版。

前275年，丙戌，〔东周〕赧王四十年，☆黄帝历二千四百二十四年；◇檀君历二千〇五十九年。

前274年，丁亥，〔东周〕赧王四十一年，☆黄帝历二千四百二十五年；◇檀君历二千〇六十年。

前273年，戊子，〔东周〕赧王四十二年，☆黄帝历二千四百二十六年；◇檀君历二千〇六十一年。

前272年，己丑，〔东周〕赧王四十三年，〔韩〕桓惠王一年，☆黄帝历二千四百二十七年；◇檀君历二千〇六十二年。

前271年，庚寅，〔东周〕赧王四十四年，〔燕〕武成王一年，☆黄帝历二千四百二十八年；◇檀君历二千〇六十三年。

前270年，辛卯，〔东周〕赧王四十五年，☆黄帝历二千四百二十九年；◇檀君历二千〇六十四年。

前269年，壬辰，〔东周〕赧王四十六年，☆黄帝历二千四百三十年；◇檀君历二千〇六十五年。

前268年，癸巳，〔东周〕赧王四十七年，☆黄帝历二千四百三十一年；◇檀君历二千〇六十六年。

前267年，甲午，〔东周〕赧王四十八年，☆黄帝历二千四百三十二年；◇檀君历二千〇六十七年。

前266年，乙未，〔东周〕赧王四十九年，☆黄帝历二千四百三十三年；◇檀君历二千〇六十八年。

前265年，丙申，〔东周〕赧王五十年，〔赵〕孝成王一年，☆黄帝历二千四百三十四年；◇檀君历二千〇六十九年。

前264年，丁酉，〔东周〕赧王五十一年，〔田齐〕齐王建一年，☆黄帝历二千四百三十五年；◇檀君历二千〇七十年。

前263年，戊戌，〔东周〕赧王五十二年，☆黄帝历二千四百三十六年；◇檀君历二千〇七十一年。

前262年，己亥，〔东周〕赧王五十三年，〔楚〕考烈王一年，☆黄帝历二千四百三十七年；◇檀君历二千〇七十二年。

前261年，庚子，〔东周〕赧王五十四年，☆黄帝历二千四百三十八年；◇檀君历二千〇七十三年。

前260年，辛丑，〔东周〕赧王五十五年，☆黄帝历二千四百三十九年；◇檀君历二千〇七十四年。

前259年，壬寅，〔东周〕赧王五十六年，☆黄帝历二千四百四十年；◇檀君历二千〇七十五年。

前258年，癸卯，〔东周〕赧王五十七年，☆黄帝历二千四百四十一年；◇檀君历二千〇七十六年。

前257年，甲辰，〔东周〕赧王五十八年，〔燕〕孝王一年，☆黄帝历二千四百四十二年；◇檀君历二千〇七十七年。

前256年，乙巳，〔东周〕赧王五十九年，☆黄帝历二千四百四十三年；◇檀君历二千〇七十八年。

前255年，丙午，〔东周〕秦昭王五十二年，☆黄帝历二千四百四十四年；◇檀君历二千〇七十九年。

前254年，丁未，〔东周〕秦昭王五十三年，〔燕〕燕王喜一年，☆黄帝历二千四百四十五年；◇檀君历二千〇八十年。

前253年，戊申，〔东周〕秦昭王五十四年，☆黄帝历二千四百四十六年；◇檀君历二千〇八十一年。

前252年，己酉，〔东周〕秦昭王五十五年，☆黄帝历二千四百四十七年；◇檀君历二千〇八十二年。

前251年，庚戌，〔东周〕秦昭王五十六年，☆黄帝历二千四百四十八年；◇檀君历二千〇八十三年。

前250年，辛亥，〔东周〕秦孝文王一年，☆黄帝历二千四百四十九年；◇檀君历二千〇八十四年。

前249年，壬子，〔东周〕秦庄襄王一年，☆黄帝历二千四百五十年；◇檀君历二千〇八十五年。

前248年，癸丑，〔东周〕秦庄襄王二年，☆黄帝历二千四百五十一年；◇檀君历二千〇八十六年。

前247年，甲寅，〔东周〕秦庄襄王三年，☆黄帝历二千四百五十二年；◇檀君历二千〇八十七年。

前246年，乙卯，〔东周〕秦王政一年，☆黄帝历二千四百五十三年；◇檀君历二千〇八十八年。

前245年，丙辰，〔东周〕秦王政二年，☆黄帝历二千四百五十四年；◇檀君历二千〇八十九年。

前244年，丁巳，〔东周〕秦王政三年，〔赵〕悼襄王一年，☆黄帝历二千四百五十五年；◇檀君历二千〇九十年。

前243年，戊午，〔东周〕秦王政四年，☆黄帝历二千四百五十六年；◇檀君历二千〇九十一年。

前242年，己未，〔东周〕秦王政五年，〔魏〕景湣王一年，☆黄帝历二千四百五十七年；◇檀君历二千〇九十二年。

前241年，庚申，〔东周〕秦王政六年，☆黄帝历二千四百五十八年；◇檀君历二千〇九十三年。

前240年，辛酉，〔东周〕秦王政七年，☆黄帝历二千四百五十九年；◇檀君历二千〇九十四年。

前239年，壬戌，〔东周〕秦王政八年，☆黄帝历二千四百六十年；◇檀君历二千〇九十五年。

前238年，癸亥，〔东周〕秦王政九年，〔韩〕韩王安一年，☆黄帝历二千四百六十一年；◇檀君历二千〇九十六年。

前237年，甲子，〔东周〕秦王政十年，〔楚〕幽王一年，☆黄帝历二千四百六十二年；◇檀君历二千〇九十七年。

前236年，乙丑，〔东周〕秦王政十一年，☆黄帝历二千四百六十三年；◇檀君历二千〇九十八年。

前235年，丙寅，〔东周〕秦王政十二年，〔赵〕赵王迁一年，☆黄帝历二千四百六十四年；◇檀君历二千〇九十九年。

前234年，丁卯，〔东周〕秦王政十三年，☆黄帝历二千四百六十五年；◇檀君历二千一百年。

前233年，戊辰，〔东周〕秦王政十四年，☆黄帝历二千四百六十六年；◇檀君历二千一百〇一年。

前232年，己巳，〔东周〕秦王政十五年，☆黄帝历二千四百六十七年；◇檀君历二千一百〇二年。

前231年，庚午，〔东周〕秦王政十六年，☆黄帝历二千四百六十八年；◇檀君历二千一百〇三年。

前230年，辛未，〔东周〕秦王政十七年，☆黄帝历二千四百六十九年；◇檀君历二千一百〇四年。

前229年，壬申，〔东周〕秦王政十八年，☆黄帝历二千四百七十年；◇檀君历二千一百〇五年。

前228年，癸酉，〔东周〕秦王政十九年，☆黄帝历二千四百七十一年；◇檀君历二千一百〇六年。

前227年，甲戌，〔东周〕秦王政二十年，〔楚〕楚王负刍一年，〔魏〕魏王假一年，〔赵〕代王嘉一年，☆黄帝历二千四百七十二年；◇檀君历二千一百〇七年。

前226年，乙亥，〔东周〕秦王政二十一年，☆黄帝历二千四百七十三年；◇檀君历二千一百〇八年。

前225年，丙子，〔东周〕秦王政二十二年，☆黄帝历二千四百七十四年；◇檀君历二千一百〇九年。

前224年，丁丑，〔东周〕秦王政二十三年，☆黄帝历二千四百七十五年；◇檀君历二千一百一十年。

前223年，戊寅，〔东周〕秦王政二十四年，☆黄帝历二千四百七十六年；◇檀君历二千一百一十一年。

前222年，己卯，〔东周〕秦王政二十五年，☆黄帝历二千四百七十七年。是岁，秦灭燕；◇檀君历二千一百一十二年。陈寿《三国志·东夷传》载，此时箕子朝鲜的君主是箕否，他臣服于秦，但不朝贡[1]。

前221年，庚辰，〔秦〕秦始皇二十六年，☆黄帝历二千四百七十八年。是岁，秦空出今朝鲜博川至大同江之间，以防止和箕氏朝鲜发生冲突[2]。司马迁《史记·秦本纪》有："二十六年，……地东至海暨朝鲜，西至临洮、羌中"句；◇檀君历二千一百一十三年。

前220年，辛巳，〔秦〕秦始皇二十七年，☆黄帝历二千四百七十九年；◇檀君历二千一百一十四年。

前219年，壬午，〔秦〕秦始皇二十八年，☆黄帝历二千四百八十年；◇檀君历二千一百一十五年。

前218年，癸未，〔秦〕秦始皇二十九年，☆黄帝历二千四百八十一年；◇檀君历二千一百一十六年。

前217年，甲申，〔秦〕秦始皇三十年，☆黄帝历二千四百八十二年；◇檀君历二千一百一十七年。

前216年，乙酉，〔秦〕秦始皇三十一年，☆黄帝历二千四百八十三年；◇檀君历二千一百一十八年。

前215年，丙戌，〔秦〕秦始皇三十二年，☆黄帝历二千四百八十四年；◇檀君历二千一百一十九年。

前214年，丁亥，〔秦〕秦始皇三十三年，☆黄帝历二千四百八十五年；◇檀君历二千一百二十年。

前213年，戊子，〔秦〕秦始皇三十四年，☆黄帝历二千四百八十六年；◇檀君历二千一百二十一年。

前212年，己丑，〔秦〕秦始皇三十五年，☆黄帝历二千四百八十七年；◇檀君历二千一百二十二年。

前211年，庚寅，〔秦〕秦始皇三十六年，☆黄帝历二千四百八十八年；◇檀君历二千一百二十三年。

前210年，辛卯，〔秦〕秦始皇三十七年，☆黄帝历二千四百八十九年；◇檀君历二千一百二十四年。

前209年，壬辰，〔秦〕秦二世一年，☆黄帝历二千四百九十年；◇檀君历二千一百二十五年。

前208年，癸巳，〔秦〕秦二世二年，☆黄帝历二千四百九十一年；◇檀君历二千一百二十六年。此时，半岛南部由西向东分布有马韩（今韩国全罗道）、弁韩（今韩国忠清道）、辰韩（今韩国庆尚道）三个松散的政权[3]。《南史·列传第六十九·东夷》（卷七十九）载："辰韩、弁

1 参见杨昭全、何彤梅《中国—朝鲜韩国关系史（上）》，第39页，天津人民出版社，2001年版。
2 见杨昭全、何彤梅《中国—朝鲜韩国关系史（上）》，第38页，天津人民出版社，2001年版。
3 参见杜宏刚、邱瑞中、韩登庸、刘羚、阎崇东主编《韩国文集中的明代史料》，第六卷，第57页，广西师范大学出版社，2006年版。

韩各十二国，马韩有五十四国。大国万余家，小国数千家，总十余万户。”

前 207 年，甲午，〔秦〕秦二世三年，☆黄帝历二千四百九十二年；◇檀君历二千一百二十七年。为躲避秦暴政而逃至朝鲜的民众于是岁前后来到马韩，被安置于半岛东部，形成了“辰韩”。《后汉书》《晋书》《梁书》和朝鲜《三国史记》皆记载说，辰韩就是“秦韩”[1]。

前 206 年，乙未，〔西汉〕高祖一年，〔秦〕嬴子婴一年，☆黄帝历二千四百九十三年；◇檀君历二千一百二十八年。〔箕子朝鲜〕箕准王一年。山西省图书馆编印《中国日本朝鲜越南四国历史年代对照表（公元前 660 年－公元 1918 年)》认定是岁为箕准王元年[2]。

前 205 年，丙申，〔西汉〕高祖二年，☆黄帝历二千四百九十四年；◇檀君历二千一百二十九年。〔箕子朝鲜〕箕准王二年[3]。

前 204 年，丁酉，〔西汉〕高祖三年，☆黄帝历二千四百九十五年；◇檀君历二千一百三十年。〔箕子朝鲜〕箕准王三年[4]。

前 203 年，戊戌，〔西汉〕高祖四年，☆黄帝历二千四百九十六年；◇檀君历二千一百三十一年。〔箕子朝鲜〕箕准王四年[5]。

前 202 年，已亥，〔西汉〕高祖五年，☆黄帝历二千四百九十七年；◇檀君历二千一百三十二年。〔箕子朝鲜〕箕准王五年[6]。

前 201 年，庚子，〔西汉〕高祖六年，☆黄帝历二千四百九十八年；◇檀君历二千一百三十三年。〔箕子朝鲜〕箕准王六年[7]。

前 200 年，辛丑，〔西汉〕高祖七年，☆黄帝历二千四百九十九年；◇檀君历二千一百三十四年。〔箕子朝鲜〕箕准王七年[8]。是岁，传说最早的朝鲜诗歌，一个叫丽玉的女子作《箜篌引 · 公无渡河》问世：“公无渡河，公竟渡河。坠河而死，当奈公何？”[9]该诗现存最早的记载是[晋]崔豹《古今注 · 音乐第三》以及五代人马缟《中华古今注》卷下《箜篌引》。但北京师范大学张哲俊教授认为，该诗乃是屈原投江故事在朝鲜半岛的古老记忆[10]。

前 199 年，壬寅，〔西汉〕高祖八年，☆黄帝历二千五百年；◇檀君历二千一百三十五年。〔箕子朝鲜〕箕准王八年[11]。

前 198 年，癸卯，〔西汉〕高祖九年，☆黄帝历二千五百〇一年；◇檀君历二千一百三十六年。〔箕子朝鲜〕箕准王九年[12]。

前 197 年，甲辰，〔西汉〕高祖十年，☆黄帝历二千五百〇二年；◇檀君历二千一百三十

1　参见杨昭全、何彤梅《中国—朝鲜韩国关系史（上)》，第 39–42 页，天津人民出版社，2001 年版。
2　见山西省图书馆编印《中国日本朝鲜越南四国历史年代对照表（公元前 660 年－公元 1918 年)》，1979 年印行。
3　见山西省图书馆编印《中国日本朝鲜越南四国历史年代对照表（公元前 660 年－公元 1918 年)》，1979 年印行。
4　见山西省图书馆编印《中国日本朝鲜越南四国历史年代对照表（公元前 660 年－公元 1918 年)》，1979 年印行。
5　见山西省图书馆编印《中国日本朝鲜越南四国历史年代对照表（公元前 660 年－公元 1918 年)》，1979 年印行。
6　见山西省图书馆编印《中国日本朝鲜越南四国历史年代对照表（公元前 660 年－公元 1918 年)》，1979 年印行。
7　见山西省图书馆编印《中国日本朝鲜越南四国历史年代对照表（公元前 660 年－公元 1918 年)》，1979 年印行。
8　见山西省图书馆编印《中国日本朝鲜越南四国历史年代对照表（公元前 660 年－公元 1918 年)》，1979 年印行。
9　参见〔韩〕金台俊原著，张琏瑰译《朝鲜汉文学史》，第 1 页，社会科学文献出版社，1996 年版。
10　参见张哲俊《东亚比较文学导论》，第 35–36 页，北京大学出版社，2004 年版。
11　见山西省图书馆编印《中国日本朝鲜越南四国历史年代对照表（公元前 660 年－公元 1918 年)》，1979 年印行。
12　见山西省图书馆编印《中国日本朝鲜越南四国历史年代对照表（公元前 660 年－公元 1918 年)》，1979 年印行。

七年。〔箕子朝鲜〕箕准王十年[1]。

前196年，乙巳，〔西汉〕高祖十一年，☆黄帝历二千五百〇三年；◇檀君历二千一百三十八年。〔箕子朝鲜〕箕准王十一年[2]。

前195年，丙午，〔西汉〕高祖十二年，☆黄帝历二千五百〇四年；◇檀君历二千一百三十九年。〔箕子朝鲜〕箕准王十二年[3]。朝鲜文人李德懋（1741—1793）《青庄馆全书》卷五十五以为，箕子朝鲜共929年[4]，但从笔者本年历可见，箕子东走朝鲜是公元前1046年，至是岁箕子朝鲜共存在852年，与李德懋所说929年有异。朝鲜文人尹斗寿（1533—1601）著有《箕子志》共九卷，尹斗寿亦以为箕子朝鲜存929年[5]。但依朝鲜文人安鼎福（1712—1791）《东国纲目》的推断，箕子朝鲜始于公元前1122年，至是岁实存918年。

前194年，丁未，〔西汉〕惠帝一年，☆黄帝历二千五百〇五年；◇檀君历二千一百四十年。山西省图书馆编印《中国日本朝鲜越南四国历史年代对照表（公元前660年－公元1918年)》认定是岁为卫氏朝鲜一年[6]。是岁，燕人卫满自立为半岛之君，都王俭[7]，约为西汉外臣。箕子朝鲜末代君主箕准南下，为马韩君主，号“韩王”[8]。

前193年，戊申，〔西汉〕惠帝二年，☆黄帝历二千五百〇六年；◇檀君历二千一百四十一年。

前192年，己酉，〔西汉〕惠帝三年，☆黄帝历二千五百〇七年；◇檀君历二千一百四十二年。

前191年，庚戌，〔西汉〕惠帝四年，☆黄帝历二千五百〇八年；◇檀君历二千一百四十三年。

前190年，辛亥，〔西汉〕惠帝五年，☆黄帝历二千五百〇九年；◇檀君历二千一百四十四年。

前189年，壬子，〔西汉〕惠帝六年，☆黄帝历二千五百一十年；◇檀君历二千一百四十

1　见山西省图书馆编印《中国日本朝鲜越南四国历史年代对照表（公元前660年－公元1918年)》，1979年印行。

2　见山西省图书馆编印《中国日本朝鲜越南四国历史年代对照表（公元前660年－公元1918年)》，1979年印行。

3　见山西省图书馆编印《中国日本朝鲜越南四国历史年代对照表（公元前660年－公元1918年)》，1979年印行。

4　朝鲜文人李德懋（1741—1793)《青庄馆全书》卷五十五《盎叶记（二）· 箕子朝鲜世系》云：“赵斯文衍龟尝见一书，录箕子以后谥讳历年，为寄余一通。虽甚荒诞，而姑记之，以备《竹书》《路史》之异闻焉。太祖文圣王箕子，四十年。庄惠王松，二十五年。敬孝王询，二十七年。恭贞王伯，三十年。文武王椿，二十八年。太原王札，四十四年。景昌王庄，十一年。兴平王捉，十四年。哲威王调，十八年。宣惠王索，五十九年（本注：国家晏然无事)。谊襄王师，五十三年。文惠王炎，五十年。盛德王越，十五年。悼怀王职，二十五年。文烈王优，十五年。昌国王睦，十三年。武成王平，二十六年。贞敬王阙，十九年。乐成王怀，二十八年。孝宗王存，十七年。天老王孝，二十四年。修道王襄，十九年。徽襄王迩，二十一年。奉日王参，十六年。德昌王仅，十八年。寿圣王翔，四十二年。英杰王藜，十六年。逸泯王岗，十七年。济世王混，二十二年。清国王璧，三十五年。导国王澄，十九年。赫圣王骘，二十八年。和罗王謟，十六年。说文王贺，八年。庆顺王萃，十九年。佳德王诩，二十七年。三老王，二十五年（案，疑煜)。显文王释，三十九年。章平王润，二十八年。宗统王恤，十二年。哀王准，二十八年。本注：自箕子至哀王四十一世，合九百二十七年。案：《东史》箕子四十世孙否，服属于秦。子准嗣位，为卫满所逼，南奔为马韩。自箕子至准，凡四十二世，合九百二十九年云。而今此则无所谓否，而历年亦少差，或传写之讹欤？（又）案：《魏略》曰，箕子后四十余世，朝鲜侯准僭称王，则自准始称王。而箕子以后，恐不称王，肰（殆）或皆追尊欤？《舆地胜览》所谓朝鲜武康王，即准。而今称哀王，何也？”

5　另参见朝鲜文人尹根寿《松汀漫笔》，〔韩〕《大东野乘》卷之五十七。

6　见山西省图书馆编印《中国日本朝鲜越南四国历史年代对照表（公元前660年－公元1918年)》，1979年印行。

7　王俭，即现今朝鲜平壤市。

8　参见《汉书 · 西南夷两粤朝鲜传第六十五》(卷九十五)；〔韩〕徐命膺（1716—1787)《保晚斋丛书》“五”《畴史》；杨昭全、何彤梅《中国—朝鲜韩国关系史（上)》，第44页，天津人民出版社，2001年版。

五年。

前 188 年，癸丑，〔西汉〕惠帝七年，☆黄帝历二千五百一十一年；◇檀君历二千一百四十六年。

前 187 年，甲寅，〔西汉〕高后一年，☆黄帝历二千五百一十二年；◇檀君历二千一百四十七年。

前 186 年，乙卯，〔西汉〕高后二年，☆黄帝历二千五百一十三年；◇檀君历二千一百四十八年。

前 185 年，丙辰，〔西汉〕高后三年，☆黄帝历二千五百一十四年；◇檀君历二千一百四十九年。

前 184 年，丁巳，〔西汉〕高后四年，☆黄帝历二千五百一十五年；◇檀君历二千一百五十年。

前 183 年，戊午，〔西汉〕高后五年，☆黄帝历二千五百一十六年；◇檀君历二千一百五十一年。

前 182 年，己未，〔西汉〕高后六年，☆黄帝历二千五百一十七年；◇檀君历二千一百五十二年。

前 181 年，庚申，〔西汉〕高后七年，☆黄帝历二千五百一十八年；◇檀君历二千一百五十三年。

前 180 年，辛酉，〔西汉〕高后八年，☆黄帝历二千五百一十九年；◇檀君历二千一百五十四年。

前 179 年，壬戌，〔西汉〕文帝一年，☆黄帝历二千五百二十年；◇檀君历二千一百五十五年。

前 178 年，癸亥，〔西汉〕文帝二年，☆黄帝历二千五百二十一年；◇檀君历二千一百五十六年。

前 177 年，甲子，〔西汉〕文帝三年，☆黄帝历二千五百二十二年；◇檀君历二千一百五十七年。

前 176 年，乙丑，〔西汉〕文帝四年，☆黄帝历二千五百二十三年；◇檀君历二千一百五十八年。

前 175 年，丙寅，〔西汉〕文帝五年，☆黄帝历二千五百二十四年；◇檀君历二千一百五十九年。

前 174 年，丁卯，〔西汉〕文帝六年，☆黄帝历二千五百二十五年；◇檀君历二千一百六十年。

前 173 年，戊辰，〔西汉〕文帝七年，☆黄帝历二千五百二十六年；◇檀君历二千一百六十一年。

前 172 年，己巳，〔西汉〕文帝八年，☆黄帝历二千五百二十七年；◇檀君历二千一百六十二年。

前 171 年，庚午，〔西汉〕文帝九年，☆黄帝历二千五百二十八年；◇檀君历二千一百六十三年。

前 170 年，辛未，〔西汉〕文帝十年，☆黄帝历二千五百二十九年；◇檀君历二千一百六十四年。

前 169 年，壬申，〔西汉〕文帝十一年，☆黄帝历二千五百三十年；◇檀君历二千一百六十五年。

前 168 年，癸酉，〔西汉〕文帝十二年，☆黄帝历二千五百三十一年；◇檀君历二千一百六十六年。

前 167 年，甲戌，〔西汉〕文帝十三年，☆黄帝历二千五百三十二年；◇檀君历二千一百六十七年。

前 166 年，乙亥，〔西汉〕文帝十四年，☆黄帝历二千五百三十三年；◇檀君历二千一百六十八年。

前 165 年，丙子，〔西汉〕文帝十五年，☆黄帝历二千五百三十四年；◇檀君历二千一百六十九年。

前 164 年，丁丑，〔西汉〕文帝十六年，☆黄帝历二千五百三十五年；◇檀君历二千一百七十年。

前 163 年，戊寅，〔西汉〕（文帝）后元一年，☆黄帝历二千五百三十六年；◇檀君历二千一百七十一年。

前 162 年，己卯，〔西汉〕（文帝）后元二年，☆黄帝历二千五百三十七年；◇檀君历二千一百七十二年。

前 161 年，庚辰，〔西汉〕（文帝）后元三年，☆黄帝历二千五百三十八年；◇檀君历二千一百七十三年。

前 160 年，辛巳，〔西汉〕（文帝）后元四年，☆黄帝历二千五百三十九年；◇檀君历二千一百七十四年。

前 159 年，壬午，〔西汉〕（文帝）后元五年，☆黄帝历二千五百四十年，◇檀君历二千一百七十五年。

前 158 年，癸未，〔西汉〕（文帝）后元六年，☆黄帝历二千五百四十一年；◇檀君历二千一百七十六年。

前 157 年，甲申，〔西汉〕（文帝）后元七年，☆黄帝历二千五百四十二年；◇檀君历二千一百七十七年。

前 156 年，乙酉，〔西汉〕景帝一年，☆黄帝历二千五百四十三年；◇檀君历二千一百七十八年。

前 155 年，丙戌，〔西汉〕景帝二年，☆黄帝历二千五百四十四年；◇檀君历二千一百七十九年。

前 154 年，丁亥，〔西汉〕景帝三年，☆黄帝历二千五百四十五年；◇檀君历二千一百八十年。

前 153 年，戊子，〔西汉〕景帝四年，☆黄帝历二千五百四十六年；◇檀君历二千一百八十一年。

前 152 年，己丑，〔西汉〕景帝五年，☆黄帝历二千五百四十七年；◇檀君历二千一百八十二年。

前 151 年，庚寅，〔西汉〕景帝六年，☆黄帝历二千五百四十八年；◇檀君历二千一百八十三年。

前 150 年，辛卯，〔西汉〕景帝七年，☆黄帝历二千五百四十九年；◇檀君历二千一百八十四年。

前 149 年，壬辰，〔西汉〕（景帝）中元一年，☆黄帝历二千五百五十年；◇檀君历二千一百八十五年。

前 148 年，癸巳，〔西汉〕（景帝）中元二年，☆黄帝历二千五百五十一年；◇檀君历二千一百八十六年。

前 147 年，甲午，〔西汉〕（景帝）中元三年，☆黄帝历二千五百五十二年；◇檀君历二千一百八十七年。

前 146 年，乙未，〔西汉〕（景帝）中元四年，☆黄帝历二千五百五十三年；◇檀君历二千一百八十八年。

前 145 年，丙申，〔西汉〕（景帝）中元五年，☆黄帝历二千五百五十四年；◇檀君历二千一百八十九年。

前 144 年，丁酉，〔西汉〕（景帝）中元六年，☆黄帝历二千五百五十五年；◇檀君历二千一百九十年。

前 143 年，戊戌，〔西汉〕（景帝）后元一年，☆黄帝历二千五百五十六年；◇檀君历二千一百九十一年。

前 142 年，己亥，〔西汉〕（景帝）后元二年，☆黄帝历二千五百五十七年；◇檀君历二千一百九十二年。

前 141 年，庚子，〔西汉〕（景帝）后元三年，☆黄帝历二千五百五十八年；◇檀君历二千一百九十三年。

前 140 年，辛丑，〔西汉〕武帝建元一年，☆黄帝历二千五百五十九年；◇檀君历二千一百九十四年。

前 139 年，壬寅，〔西汉〕武帝建元二年，☆黄帝历二千五百六十年；◇檀君历二千一百九十五年。

前 138 年，癸卯，〔西汉〕武帝建元三年，☆黄帝历二千五百六十一年；◇檀君历二千一百九十六年。

前 137 年，甲辰，〔西汉〕武帝建元四年，☆黄帝历二千五百六十二年；◇檀君历二千一百九十七年。

前 136 年，乙巳，〔西汉〕武帝建元五年，☆黄帝历二千五百六十三年；◇檀君历二千一百九十八年。

前135年，丙午，〔西汉〕武帝建元六年，☆黄帝历二千五百六十四年；◇檀君历二千一百九十九年。

前134年，丁未，〔西汉〕武帝元光一年，☆黄帝历二千五百六十五年；◇檀君历二千二百年。

前133年，戊申，〔西汉〕武帝元光二年，☆黄帝历二千五百六十六年；◇檀君历二千二百〇一年。

前132年，己酉，〔西汉〕武帝元光三年，☆黄帝历二千五百六十七年；◇檀君历二千二百〇二年。

前131年，庚戌，〔西汉〕武帝元光四年，☆黄帝历二千五百六十八年；◇檀君历二千二百〇三年。

前130年，辛亥，〔西汉〕武帝元光五年，☆黄帝历二千五百六十九年；◇檀君历二千二百〇四年。

前129年，壬子，〔西汉〕武帝元光六年，☆黄帝历二千五百七十年；◇檀君历二千二百〇五年。

前128年，癸丑，〔西汉〕武帝元朔一年，☆黄帝历二千五百七十一年；◇檀君历二千二百〇六年。

前127年，甲寅，〔西汉〕武帝元朔二年，☆黄帝历二千五百七十二年；◇檀君历二千二百〇七年。

前126年，乙卯，〔西汉〕武帝元朔三年，☆黄帝历二千五百七十三年；◇檀君历二千二百〇八年。

前125年，丙辰，〔西汉〕武帝元朔四年，☆黄帝历二千五百七十四年；◇檀君历二千二百〇九年。

前124年，丁巳，〔西汉〕武帝元朔五年，☆黄帝历二千五百七十五年；◇檀君历二千二百一十年。

前123年，戊午，〔西汉〕武帝元朔六年，☆黄帝历二千五百七十六年；◇檀君历二千二百一十一年。

前122年，己未，〔西汉〕武帝元狩一年，☆黄帝历二千五百七十七年；◇檀君历二千二百一十二年。

前121年，庚申，〔西汉〕武帝元狩二年，☆黄帝历二千五百七十八年；◇檀君历二千二百一十三年。

前120年，辛酉，〔西汉〕武帝元狩三年，☆黄帝历二千五百七十九年；◇檀君历二千二百一十四年。

前119年，壬戌，〔西汉〕武帝元狩四年，☆黄帝历二千五百八十年；◇檀君历二千二百一十五年。

前118年，癸亥，〔西汉〕武帝元狩五年，☆黄帝历二千五百八十一年；◇檀君历二千二百一十六年。

前 117 年，甲子，〔西汉〕武帝元狩六年，☆黄帝历二千五百八十二年；◇檀君历二千二百一十七年。

前 116 年，乙丑，〔西汉〕武帝元鼎一年，☆黄帝历二千五百八十三年；◇檀君历二千二百一十八年。

前 115 年，丙寅，〔西汉〕武帝元鼎二年，☆黄帝历二千五百八十四年；◇檀君历二千二百一十九年。

前 114 年，丁卯，〔西汉〕武帝元鼎三年，☆黄帝历二千五百八十五年；◇檀君历二千二百二十年。

前 113 年，戊辰，〔西汉〕武帝元鼎四年，☆黄帝历二千五百八十六年；◇檀君历二千二百二十一年。

前 112 年，己巳，〔西汉〕武帝元鼎五年，☆黄帝历二千五百八十七年；◇檀君历二千二百二十二年。

前 111 年，庚午，〔西汉〕武帝元鼎六年，☆黄帝历二千五百八十八年；◇檀君历二千二百二十三年。

前 110 年，辛未，〔西汉〕武帝元封一年，☆黄帝历二千五百八十九年；◇檀君历二千二百二十四年。

前 109 年，壬申，〔西汉〕武帝元封二年，☆黄帝历二千五百九十年。是岁，西汉使节涉何出使卫氏朝鲜。时卫满之孙卫右渠（？—前 108）当政。《史记 · 列传第五十五 · 朝鲜》（卷一百一十五）："元封二年，汉使涉何谯[1]谕右渠，终不肯奉诏。何去至界上，临浿水，使御刺杀送何者"；◇檀君历二千二百二十五年。是岁，朝鲜相[2]路人、韩阴以及将军王唊投奔西汉。

前 108 年，癸酉，〔西汉〕武帝元封三年，☆黄帝历二千五百九十一年。是岁，卫右渠招降纳叛。汉武帝派大军攻破王俭城[3]。《汉书 · 西南夷两粤朝鲜传第六十五》（卷九十五）记为遣楼船将军杨仆[4]、左将军荀彘出击朝鲜不利，乃遣卫山招降，亦未成。左将军荀彘率部攻下朝鲜；◇檀君历二千二百二十六年。是岁，朝鲜尼谿相参杀卫氏朝鲜末代君主卫右渠（？—前 108），投奔西汉。汉武帝在卫氏朝鲜故地设立乐浪、临屯、真番三郡[5]。《汉书 · 西南夷两粤朝鲜传第六十五》（卷九十五）载："故遂定朝鲜为真番、临屯、乐浪、玄菟四郡"。其中乐浪在平壤地方、临屯在德源地方、玄菟在鸭绿江流域、真蕃在汉江以北地方[6]。《增补文献备考》卷一百七十七云："三韩及罗、济之初，皆诣乐浪、带方二郡贡献，而未尝达于中国"。是岁，卫右渠之子卫长被西汉封为幾侯。朝鲜尼谿相[7]参（？—前 99）、韩阴（"韩陶"？—前 91）、王唊（？—前

1 "谯"的意思是"责让"。见马大正、李大龙、耿铁华、权赫秀《古代中国高句丽历史续论》，第 45 页，中国社会科学出版社，2003 年版。

2 相，朝鲜官职。

3 王俭城，今朝鲜平壤。

4 司马迁《史记》卷一百二十二《酷吏列传》有传。

5 参见杨昭全、何彤梅《中国—朝鲜韩国关系史（上）》，第 52 页，天津人民出版社，2001 年版。

6 参见〔韩〕赵钟业《中韩日诗话研究》，第 11 页，台湾学海出版社，1984 年版。

7 相，朝鲜高级官职。

107）等3人亦封侯[1]，路人（?—前108）途中卒，其子封侯。2005年，朝鲜金日成综合大学历史系师生在平壤乐浪区乐浪土城遗址，发现了乐浪时期的一口水井[2]。

前107年，甲戌，〔西汉〕武帝元封四年，☆黄帝历二千五百九十二年。是岁，西汉在半岛设立玄菟郡[3]。"高句丽县"属玄菟郡[4]。至此，西汉四郡设置完成。此时的高句丽先民已经进入父系氏族，有桂娄等五部[5]。《晋书·志第一·天文上·十二次度数》（卷第十一）载："尾、箕，燕，幽州：凉州入箕中十度，渔阳入尾三度，西河、上郡、北地、辽西东入尾十度，渤海入箕一度，玄菟入箕六度"[6]；◇檀君历二千二百二十七年。

前106年，乙亥，〔西汉〕武帝元封五年，☆黄帝历二千五百九十三年；◇檀君历二千二百二十八年。

前105年，丙子，〔西汉〕武帝元封六年，☆黄帝历二千五百九十四年；◇檀君历二千二百二十九年。

前104年，丁丑，〔西汉〕武帝太初一年，☆黄帝历二千五百九十五年；◇檀君历二千二百三十年。

前103年，戊寅，〔西汉〕武帝太初二年，☆黄帝历二千五百九十六年；◇檀君历二千二百三十一年。

前102年，己卯，〔西汉〕武帝太初三年，☆黄帝历二千五百九十七年；◇檀君历二千二百三十二年。

前101年，庚辰，〔西汉〕武帝太初四年，☆黄帝历二千五百九十八年；◇檀君历二千二百三十三年。

前100年，辛巳，〔西汉〕武帝天汉一年，☆黄帝历二千五百九十九年；◇檀君历二千二百三十四年。

前99年，壬午，〔西汉〕武帝天汉二年，☆黄帝历二千六百年；◇檀君历二千二百三十五年。

前98年，癸未，〔西汉〕武帝天汉三年，☆黄帝历二千六百〇一年；◇檀君历二千二百三十六年。

前97年，甲申，〔西汉〕武帝天汉四年，☆黄帝历二千六百〇二年；◇檀君历二千二百三十七年。

前96年，乙酉，〔西汉〕武帝太始一年，☆黄帝历二千六百〇三年；◇檀君历二千二百三十八年。

1　参见姜孟山、刘子敏、金荣国主编《中国正史中的朝鲜史料》（第1卷），第25页，延边大学出版社，1996年版。

2　参见〔朝〕《朝鲜画报》，2005年第12期。

3　玄菟郡治所在沃沮县，即今朝鲜咸镜南道咸兴。参见马大正、李大龙、耿铁华、权赫秀《古代中国高句丽历史续论》，第67页，中国社会科学出版社，2003年版。

4　《后汉书·东夷列传第七十五》（卷八十五）云："武帝灭朝鲜，以高句丽为县，使属玄菟，赐鼓吹乐人"。见姜孟山、刘子敏、金荣国主编《中国正史中的朝鲜史料》（第1卷），第56页，延边大学出版社，1996年版。另参见《北史·列传第八十二》（卷九十四）。

5　见马大正、李大龙、耿铁华、权赫秀《古代中国高句丽历史续论》，第288页，中国社会科学出版社，2003年版。

6　另参见《北史·列传第八十二》（卷九十四）。

前95年，丙戌，〔西汉〕武帝太始二年，☆黄帝历二千六百〇四年；◇檀君历二千二百三十九年。

前94年，丁亥，〔西汉〕武帝太始三年，☆黄帝历二千六百〇五年；◇檀君历二千二百四十年。

前93年，戊子，〔西汉〕武帝太始四年，☆黄帝历二千六百〇六年；◇檀君历二千二百四十一年。

前92年，己丑，〔西汉〕武帝征（延）和一年，☆黄帝历二千六百〇七年；◇檀君历二千二百四十二年。

前91年，庚寅，〔西汉〕武帝征（延）和二年，☆黄帝历二千六百〇八年；◇檀君历二千二百四十三年。

前90年，辛卯，〔西汉〕武帝征（延）和三年，☆黄帝历二千六百〇九年；◇檀君历二千二百四十四年。

前89年，壬辰，〔西汉〕武帝征（延）和四年，☆黄帝历二千六百一十年；◇檀君历二千二百四十五年。

前88年，癸巳，〔西汉〕武帝后元一年，☆黄帝历二千六百一十一年；◇檀君历二千二百四十六年。

前87年，甲午，〔西汉〕武帝后元二年，☆黄帝历二千六百一十二年；◇檀君历二千二百四十七年。

前86年，乙未，〔西汉〕昭帝始元一年，☆黄帝历二千六百一十三年；◇檀君历二千二百四十八年。

前85年，丙申，〔西汉〕昭帝始元二年，☆黄帝历二千六百一十四年；◇檀君历二千二百四十九年。

前84年，丁酉，〔西汉〕昭帝始元三年，☆黄帝历二千六百一十五年；◇檀君历二千二百五十年。

前83年，戊戌，〔西汉〕昭帝始元四年，☆黄帝历二千六百一十六年；◇檀君历二千二百五十一年。

前82年，己亥，〔西汉〕昭帝始元五年，☆黄帝历二千六百一十七年。是岁，西汉将乐浪、玄菟、临屯[1]、真蕃四郡合并为乐浪、玄菟两郡[2]；◇檀君历二千二百五十二年。

前81年，庚子，〔西汉〕昭帝始元六年，☆黄帝历二千六百一十八年；◇檀君历二千二百五十三年。

前80年，辛丑，〔西汉〕昭帝始元七年，元凤一年，☆黄帝历二千六百一十九年；◇檀君

1　韩国著名历史学者李丙焘认定临屯治所在今朝鲜江原道元山附近。参见马大正、李大龙、耿铁华、权赫秀《古代中国高句丽历史续论》，第95页，中国社会科学出版社，2003年版。

2　对此次"汉四郡"的调整，《汉书·地理志（下）》有详细记载。参见马大正、李大龙、耿铁华、权赫秀《古代中国高句丽历史续论》，第87–88页，中国社会科学出版社，2003年版。

历二千二百五十四年。

前79年，壬寅，〔西汉〕昭帝元凤二年，☆黄帝历二千六百二十年；◇檀君历二千二百五十五年。

前78年，癸卯，〔西汉〕昭帝元凤三年，☆黄帝历二千六百二十一年；◇檀君历二千二百五十六年。

前77年，甲辰，〔西汉〕昭帝元凤四年，☆黄帝历二千六百二十二年；◇檀君历二千二百五十七年。

前76年，乙巳，〔西汉〕昭帝元凤五年，☆黄帝历二千六百二十三年；◇檀君历二千二百五十八年。

前75年，丙午，〔西汉〕昭帝元凤六年，☆黄帝历二千六百二十四年。是岁，西汉移筑玄菟郡新城于今辽宁省新宾[1]；◇檀君历二千二百五十九年。

前74年，丁未，〔西汉〕昭帝元平一年，☆黄帝历二千六百二十五年；◇檀君历二千二百六十年。

前73年，戊申，〔西汉〕宣帝本始一年，☆黄帝历二千六百二十六年；◇檀君历二千二百六十一年。

前72年，己酉，〔西汉〕宣帝本始二年，☆黄帝历二千六百二十七年；◇檀君历二千二百六十二年。

前71年，庚戌，〔西汉〕宣帝本始三年，☆黄帝历二千六百二十八年；◇檀君历二千二百六十三年。

前70年，辛亥，〔西汉〕宣帝本始四年，☆黄帝历二千六百二十九年；◇檀君历二千二百六十四年。

前69年，壬子，〔西汉〕宣帝地节一年，☆黄帝历二千六百三十年；◇檀君历二千二百六十五年。

前68年，癸丑，〔西汉〕宣帝地节二年，☆黄帝历二千六百三十一年；◇檀君历二千二百六十六年。

前67年，甲寅，〔西汉〕宣帝地节三年，☆黄帝历二千六百三十二年；◇檀君历二千二百六十七年。

前66年，乙卯，〔西汉〕宣帝地节四年，☆黄帝历二千六百三十三年；◇檀君历二千二百六十八年。

前65年，丙辰，〔西汉〕宣帝元康一年，☆黄帝历二千六百三十四年；◇檀君历二千二百六十九年。

前64年，丁巳，〔西汉〕宣帝元康二年，☆黄帝历二千六百三十五年；◇檀君历二千二百七十年。

前63年，戊午，〔西汉〕宣帝元康三年，☆黄帝历二千六百三十六年；◇檀君历二千二百

1 参见马大正、李大龙、耿铁华、权赫秀《古代中国高句丽历史续论》，第93页，中国社会科学出版社，2003年版。

七十一年。

前62年，己未，〔西汉〕宣帝元康四年，☆黄帝历二千六百三十七年；◇檀君历二千二百七十二年。

前61年，庚申，〔西汉〕宣帝元康五年，神爵一年，☆黄帝历二千六百三十八年；◇檀君历二千二百七十三年。

前60年，辛酉，〔西汉〕宣帝神爵二年，☆黄帝历二千六百三十九年；◇檀君历二千二百七十四年。

前59年，壬戌，〔西汉〕宣帝神爵三年，☆黄帝历二千六百四十年；◇檀君历二千二百七十五年。

前58年，癸亥，〔西汉〕宣帝神爵四年，☆黄帝历二千六百四十一年；◇檀君历二千二百七十六年。

前57年，甲子，〔西汉〕宣帝五凤一年，☆黄帝历二千六百四十二年；◇檀君历二千二百七十七年，〔新罗〕始祖一年。新罗始祖赫居世居西干（朴氏，公元前68—公元4年）共在位61年。新罗是以辰韩六村为基础建立起来的。"居西干"是称号，辰韩语"王"的意思[1]。《南史·列传第六十九·东夷》（卷七十九）载，新罗初无文字，刻木记事。至南朝梁普通二年（521），才随百济使节团进贡，其汉文亦从百济习得。《旧五代史·四夷附录第三》（卷七十四）载："（新罗），……其大族曰金氏、朴氏。"新罗国王分别为金姓与朴姓。

前56年，乙丑，〔西汉〕宣帝五凤二年，☆黄帝历二千六百四十三年；◇檀君历二千二百七十八年，〔新罗〕始祖二年。

前55年，丙寅，〔西汉〕宣帝五凤三年，☆黄帝历二千六百四十四年；◇檀君历二千二百七十九年，〔新罗〕始祖三年。

前54年，丁卯，〔西汉〕宣帝五凤四年，☆黄帝历二千六百四十五年；◇檀君历二千二百八十年，〔新罗〕始祖四年。

前53年，戊辰，〔西汉〕宣帝甘露一年，☆黄帝历二千六百四十六年；◇檀君历二千二百八十一年，〔新罗〕始祖五年。朝鲜文人权近《阳村集》卷三十四《东国史略论》云："新罗始祖五年（戊辰），立阏英为妃。"

前52年，己巳，〔西汉〕宣帝甘露二年，☆黄帝历二千六百四十七年；◇檀君历二千二百八十二年，〔新罗〕始祖六年。

前51年，庚午，〔西汉〕宣帝甘露三年，☆黄帝历二千六百四十八年；◇檀君历二千二百八十三年，〔新罗〕始祖七年。

前50年，辛未，〔西汉〕宣帝甘露四年，☆黄帝历二千六百四十九年；◇檀君历二千二百八十四年，〔新罗〕始祖八年。是岁，倭来寇，见始祖有威德，乃还。朝鲜文人李廷馣（1541—1600），字仲熏，号四留斋、退忧堂、月塘，本贯庆州，其《四留斋集》卷十《倭变录》追述中国、

1 "居西干"是辰韩语音译，其含义是"大统领"，类似汉语里的"王"。参见〔韩〕金富轼原著，李康来校勘《三国史记》，第36页，第269-274页，Hangilsa，1998年版。

日本与半岛互动史，自是岁起[1]。

前49年，壬申，〔西汉〕宣帝黄龙一年，☆黄帝历二千六百五十年；◇檀君历二千二百八十五年，〔新罗〕始祖九年。

前48年，癸酉，〔西汉〕元帝初元一年，☆黄帝历二千六百五十一年；◇檀君历二千二百八十六年，〔新罗〕始祖十年。

前47年，甲戌，〔西汉〕元帝初元二年，☆黄帝历二千六百五十二年；◇檀君历二千二百八十七年，〔新罗〕始祖十一年。

前46年，乙亥，〔西汉〕元帝初元三年，☆黄帝历二千六百五十三年；◇檀君历二千二百八十八年，〔新罗〕始祖十二年。

前45年，丙子，〔西汉〕元帝初元四年，☆黄帝历二千六百五十四年；◇檀君历二千二百八十九年，〔新罗〕始祖十三年。

前44年，丁丑，〔西汉〕元帝初元五年，☆黄帝历二千六百五十五年；◇檀君历二千二百九十年，〔新罗〕始祖十四年。

前43年，戊寅，〔西汉〕元帝永光一年，☆黄帝历二千六百五十六年；◇檀君历二千二百九十一年，〔新罗〕始祖十五年。

前42年，己卯，〔西汉〕元帝永光二年，☆黄帝历二千六百五十七年；◇檀君历二千二百九十二年，〔新罗〕始祖十六年。

前41年，庚辰，〔西汉〕元帝永光三年，☆黄帝历二千六百五十八年；◇檀君历二千二百九十三年，〔新罗〕始祖十七年。

前40年，辛巳，〔西汉〕元帝永光四年，☆黄帝历二千六百五十九年；◇檀君历二千二百九十四年，〔新罗〕始祖十八年。

前39年，壬午，〔西汉〕元帝永光五年，☆黄帝历二千六百六十年；◇檀君历二千二百九十五年，〔新罗〕始祖十九年。春，弁韩举国降新罗。自此三韩中只存马韩[2]。

前38年，癸未，〔西汉〕元帝建昭一年，☆黄帝历二千六百六十一年；◇檀君历二千二百九十六年，〔新罗〕始祖二十年。

前37年，甲申，〔西汉〕元帝建昭二年，☆黄帝历二千六百六十二年，〔高句丽〕(始祖)东明圣王一年。是岁，高句丽始祖高朱蒙（前58—前19）立。国王名“朱蒙”，高氏[3]。高句丽最初建都于卒本，即今辽宁省恒仁。《旧五代史·四夷附录第三》(卷七十四)：“其王姓高氏。”我国学者丁山（1901—1952）提出，东明王“朱蒙”当即“昭明”，是《诗经·商颂》中歌颂

1 见杜宏刚、邱瑞中、韩登庸、刘羚、阎崇东主编《韩国文集中的明代史料》，第六卷，第386–417页，广西师范大学出版社，2006年版。

2 参见〔韩〕金富轼原著，李康来校勘《三国史记》，第36页，Hangilsa，1998年版。

3 高丽僧人一然《三国遗事·王历第一》说：“第一东明王，甲申立，理十九年，姓高名朱蒙。一作‘邹蒙’，坛君之子”。见〔韩〕一然原著，崔南善编《三国遗事》，第1页，瑞文文化社，1999年版。以下高句丽诸位国君参见马大正、李大龙、耿铁华、权赫秀《古代中国高句丽历史续论》，第263–272页“高句丽诸王及年代”，中国社会科学出版社，2003年版。

的曾经拓展国土到“海外”的商朝祖先相土之父，也是商朝所主的心火之星的别称[1]；◇檀君历二千二百九十七年，〔新罗〕始祖二十一年。

前36年，乙酉，〔西汉〕元帝建昭三年，☆黄帝历二千六百六十三年，〔高句丽〕东明圣王二年；◇檀君历二千二百九十八年，〔新罗〕始祖二十二年。

前35年，丙戌，〔西汉〕元帝建昭四年，☆黄帝历二千六百六十四年，〔高句丽〕东明圣王三年；◇檀君历二千二百九十九年，〔新罗〕始祖二十三年。

前34年，丁亥，〔西汉〕元帝建昭五年，☆黄帝历二千六百六十五年，〔高句丽〕东明圣王四年。是岁，高句丽筑纥骨升城，即今辽宁省恒仁县五女山城；◇檀君历二千三百年，〔新罗〕始祖二十四年。

前33年，戊子，〔西汉〕元帝竟宁一年，☆黄帝历二千六百六十六年，〔高句丽〕东明圣王五年；◇檀君历二千三百〇一年，〔新罗〕始祖二十五年。

前32年，己丑，〔西汉〕成帝建始一年，☆黄帝历二千六百六十七年，〔高句丽〕东明圣王六年。是岁，高句丽王庭神雀集[2]；◇檀君历二千三百〇二年，〔新罗〕始祖二十六年。

前31年，庚寅，〔西汉〕成帝建始二年，☆黄帝历二千六百六十八年，〔高句丽〕东明圣王七年；◇檀君历二千三百〇三年，〔新罗〕始祖二十七年。

前30年，辛卯，〔西汉〕成帝建始三年，☆黄帝历二千六百六十九年，〔高句丽〕东明圣王八年；◇檀君历二千三百〇四年，〔新罗〕始祖二十八年。

前29年，壬辰，〔西汉〕成帝建始四年，☆黄帝历二千六百七十年，〔高句丽〕东明圣王九年；◇檀君历二千三百〇五年，〔新罗〕始祖二十九年。

前28年，癸巳，〔西汉〕成帝河平一年，☆黄帝历二千六百七十一年，〔高句丽〕东明圣王十年；◇檀君历二千三百〇六年，〔新罗〕始祖三十年。

前27年，甲午，〔西汉〕成帝河平二年，☆黄帝历二千六百七十二年，〔高句丽〕东明圣王十一年；◇檀君历二千三百〇七年，〔新罗〕始祖三十一年。

前26年，乙未，〔西汉〕成帝河平三年，☆黄帝历二千六百七十三年，〔高句丽〕东明圣王十二年；◇檀君历二千三百〇八年，〔新罗〕始祖三十二年。

前25年，丙申，〔西汉〕成帝河平四年，☆黄帝历二千六百七十四年，〔高句丽〕东明圣王十三年；◇檀君历二千三百〇九年，〔新罗〕始祖三十三年。

前24年，丁酉，〔西汉〕成帝阳朔一年，☆黄帝历二千六百七十五年，〔高句丽〕东明圣王十四年。是岁，朱蒙母亲柳花（？—前24年）薨于东扶余。东扶余王金蛙以太后之礼葬之。范晔《后汉书》卷八十五《夫余传》：“夫余本属玄菟，献帝时，其王求属辽东云”；◇檀君历二千三百一十年，〔新罗〕始祖三十四年。

前23年，戊戌，〔西汉〕成帝阳朔二年，☆黄帝历二千六百七十六年，〔高句丽〕东明圣

---

1 参见丁山原著，沈西峰点校《商周史料考证》，第20页，国家图书馆出版社，2008年版；《周书·列传第四十一·异域上·高丽》（卷四十九）及〔韩〕金富轼原著，李康来校勘《三国史记》卷十三，第152页，Hangilsa，1998。一说《逸周书·王会解篇》中的“高夷”为高句丽先祖。

2 见〔韩〕金富轼原著，李康来校勘《三国史记》卷十三，第153页，Hangilsa，1998年版。

王十五年；◇檀君历二千三百一十一年，〔新罗〕始祖三十五年。

前22年，己亥，〔西汉〕成帝阳朔三年，☆黄帝历二千六百七十七年，〔高句丽〕东明圣王十六年；◇檀君历二千三百一十二年，〔新罗〕始祖三十六年。

前21年，庚子，〔西汉〕成帝阳朔四年，☆黄帝历二千六百七十八年，〔高句丽〕东明圣王十七年；◇檀君历二千三百一十三年，〔新罗〕始祖三十七年。

前20年，辛丑，〔西汉〕成帝鸿嘉一年，☆黄帝历二千六百七十九年，〔高句丽〕东明圣王十八年；◇檀君历二千三百一十四年，〔新罗〕始祖三十八年。是岁，新罗使者在马韩义正词严："我国自二圣肇兴，人事修，天时和，仓庾充实，人民敬让"。显然，其中的"二圣"是指箕子和孔子[1]。是岁的《瓠公上马韩王书》被看作是朝鲜半岛珍贵的古代文献[2]。

前19年，壬寅，〔西汉〕成帝鸿嘉二年，☆黄帝历二千六百八十年，〔高句丽〕东明圣王十九年，琉璃明王高类利（一名"孺留"，？—18年）一年。年初，（高）朱蒙之子类利与其母自扶余逃回高句丽，立为嗣。（高）朱蒙薨，高类利继位，是为琉璃明王。《北史·列传第八十二》（卷九十四）所记琉璃明王名为"如栗"。今朝鲜平壤市力浦区龙山里有"东明王陵"；◇檀君历二千三百一十五年，〔新罗〕始祖三十九年。

前18年，癸卯，〔西汉〕成帝鸿嘉三年，☆黄帝历二千六百八十一年，〔高句丽〕琉璃明王二年。七月，琉璃明王纳多勿侯松让之女为妃[3]；◇檀君历二千三百一十六年，〔新罗〕始祖四十年，〔百济〕（始祖）温祚王一年。传说温祚王（？—27）乃朱蒙之子，《旧唐书·列传第一百四十九·东夷·高丽百济新罗倭国日本》（卷一百九十九）记百济王室无姓，于名前加"扶余"二字，但往往简化为"余"姓[4]。一说"百济"之名来自百家高句丽人渡海，至于半岛[5]。五月，百济立东明王庙。是岁的《马韩王上温祚书》被看作朝鲜半岛珍贵的古代文献[6]。

前17年，甲辰，〔西汉〕成帝鸿嘉四年，☆黄帝历二千六百八十二年，〔高句丽〕琉璃明王三年。十月，琉璃明王妃松氏薨，王续娶一鹘川女禾姬、一汉女雉姬。二妃争宠而雉姬归。琉璃明王追雉姬不得，做《黄鸟歌》："翩翩黄鸟，雌雄相依。念我之独，其谁与归"；◇檀君历二千三百一十七年，〔新罗〕始祖四十一年，〔百济〕温祚王二年。

前16年，乙巳，〔西汉〕成帝永始一年，☆黄帝历二千六百八十三年，〔高句丽〕琉璃明王四年；◇檀君历二千三百一十八年，〔新罗〕始祖四十二年，〔百济〕温祚王三年。九月，靺鞨侵百济北境，王率劲旅击败之。

前15年，丙午，〔西汉〕成帝永始二年，☆黄帝历二千六百八十四年，〔高句丽〕琉璃明王五年；◇檀君历二千三百一十九年，〔新罗〕始祖四十三年，〔百济〕温祚王四年。是岁，百济遣使与乐浪修好。谭其骧主编《简明中国历史地图集·西汉时期全图》载，乐浪郡属西汉[7]。

---

1 参见〔韩〕金富轼原著，李康来校勘《三国史记》卷一，第37页，第269-274页，Hangilsa，1998年版。
2 见〔韩〕金台俊原著，张琏瑰译《朝鲜汉文学史》，第12页，社会科学文献出版社，1996年版。
3 参见朝鲜文人权近《阳村集》卷三十四《东国史略论》"（新罗始祖）四十年癸卯"。
4 参见《周书·列传第四十一·异域上·百济》（卷四十九）。
5 参见《隋书·列传第四十六·东夷》（卷八十一）。笔者疑"百济"本为"白鸡"，是鸟图腾之一。
6 见〔韩〕金台俊原著，张琏瑰译《朝鲜汉文学史》，第12页，社会科学文献出版社，1996年版。
7 见谭其骧主编《简明中国历史地图集》，第17-18页，中国地图出版社，1991年版。

前14年，丁未，〔西汉〕成帝永始三年，☆黄帝历二千六百八十五年，〔高句丽〕琉璃明王六年；◇檀君历二千三百二十年，〔新罗〕始祖四十四年，〔百济〕温祚王五年。今朝鲜平壤乐浪区贞柏洞二号墓地出土标有“永始三年”字样的阳伞柄[1]。

前13年，戊申，〔西汉〕成帝永始四年，☆黄帝历二千六百八十六年，〔高句丽〕琉璃明王七年；◇檀君历二千三百二十一年，〔新罗〕始祖四十五年，〔百济〕温祚王六年。

前12年，己酉，〔西汉〕成帝元延一年，☆黄帝历二千六百八十七年，〔高句丽〕琉璃明王八年；◇檀君历二千三百二十二年，〔新罗〕始祖四十六年，〔百济〕温祚王七年。

前11年，庚戌，〔西汉〕成帝元延二年，☆黄帝历二千六百八十八年，〔高句丽〕琉璃明王九年；◇檀君历二千三百二十三年，〔新罗〕始祖四十七年，〔百济〕温祚王八年。二月，靺鞨兵3000围百济都城慰礼城[2]，王闭城门不出。经旬，靺鞨乃退。是岁，百济筑马首城，竖立山栅。西汉乐浪郡太守遣人抗议。

前10年，辛亥，〔西汉〕成帝元延三年，☆黄帝历二千六百八十九年，〔高句丽〕琉璃明王十年；◇檀君历二千三百二十四年，〔新罗〕始祖四十八年，〔百济〕温祚王九年。

前9年，壬子，〔西汉〕成帝元延四年，☆黄帝历二千六百九十年，〔高句丽〕琉璃明王十一年。是岁，高句丽力战鲜卑，使之成为附庸。我国学者丁山以为，鲜卑乃是“犀比”之误，其图腾是犀牛[3]；◇檀君历二千三百二十五年，〔新罗〕始祖四十九年，〔百济〕温祚王十年。十月，靺鞨攻百济北境，王遣兵200人拒战，百济败绩。

前8年，癸丑，〔西汉〕成帝绥和一年，☆黄帝历二千六百九十一年，〔高句丽〕琉璃明王十二年；◇檀君历二千三百二十六年，〔新罗〕始祖五十年，〔百济〕温祚王十一年。七月，百济设秃山、狗川两栅，以塞乐浪郡之路。

前7年，甲寅，〔西汉〕成帝绥和二年，☆黄帝历二千六百九十二年，〔高句丽〕琉璃明王十三年；◇檀君历二千三百二十七年，〔新罗〕始祖五十一年，〔百济〕温祚王十二年。

前6年，乙卯，〔西汉〕哀帝建平一年，☆黄帝历二千六百九十三年，〔高句丽〕琉璃明王十四年。正月，扶余王带素遣使至高句丽，欲交换质子。高句丽拟遣太子都切，太子恐惧而不行。十一月，带素以兵50000攻打高句丽，会大雪，乃去；◇檀君历二千三百二十八年，〔新罗〕始祖五十二年，〔百济〕温祚王十三年。七月，百济就汉山下立栅，移慰礼城民户。八月，遣使马韩，告迁都汉阳。

前5年，丙辰，〔西汉〕哀帝建平二年，☆黄帝历二千六百九十四年，〔高句丽〕琉璃明王十五年；◇檀君历二千三百二十九年，〔新罗〕始祖五十三年，〔百济〕温祚王十四年。是岁，百济迁都汉山完成。

前4年，丁巳，〔西汉〕哀帝建平三年，☆黄帝历二千六百九十五年，〔高句丽〕琉璃明王十六年；◇檀君历二千三百三十年，〔新罗〕始祖五十四年，〔百济〕温祚王十五年。

前3年，戊午，〔西汉〕哀帝建平四年，☆黄帝历二千六百九十六年，〔高句丽〕琉璃明王

---

1 参见杨昭全、何彤梅《中国—朝鲜韩国关系史（上）》，第57、66页，天津人民出版社，2001年版。

2 慰礼城，即今韩国河南。

3 参见丁山原著，沈西峰点校《商周史料考证》，第168页，国家图书馆出版社，2008年版。

十七年；◇檀君历二千三百三十一年，〔新罗〕始祖五十五年，〔百济〕温祚王十六年。

前2年，己未，〔西汉〕哀帝元寿一年，☆黄帝历二千六百九十七年，〔高句丽〕琉璃明王十八年；◇檀君历二千三百三十二年，〔新罗〕始祖五十六年，〔百济〕温祚王十七年。是岁，乐浪袭百济，焚烧慰礼城。

公元前1年，农历庚申年，猴年，〔西汉〕哀帝元寿二年，☆黄帝历二千六百九十八年，〔高句丽〕琉璃明王十九年；◇檀君历二千三百三十三年，〔新罗〕始祖五十七年，〔百济〕温祚王十八年。十月，靺鞨军兵掩杀至百济，王率兵逆战，获其酋长素牟，其余尽坑之。

中国与朝韩五千年交流年历（四）

公元1年，农历辛酉年，鸡年，〔西汉〕平帝元始一年，☆黄帝历二千六百九十九年，〔高句丽〕琉璃明王二十年。正月，高句丽太子都切卒；◇檀君历二千三百三十四年，〔新罗〕始祖五十八年，〔百济〕温祚王十九年。

2年，壬戌，〔西汉〕平帝元始二年，☆黄帝历二千七百年，〔高句丽〕琉璃明王二十一年；◇檀君历二千三百三十五年，〔新罗〕始祖五十九年，〔百济〕温祚王二十年。

3年，癸亥，〔西汉〕平帝元始三年，☆黄帝历二千七百〇一年，〔高句丽〕琉璃明王二十二年。是岁，高句丽迁都国内城[1]；◇檀君历二千三百三十六年，〔新罗〕始祖六十年，〔百济〕温祚王二十一年。

4年，甲子，〔西汉〕平帝元始四年，☆黄帝历二千七百〇二年，〔高句丽〕琉璃明王二十三年。二月，高句丽立解明为太子；◇檀君历二千三百三十七年，〔新罗〕始祖赫居世居西干（朴氏）六十一年，南解次次雄（？—24）一年，〔百济〕温祚王二十二年。新罗语"次次雄"又称"慈充"，即"巫师"[2]。

5年，乙丑，〔西汉〕平帝元始五年，☆黄帝历二千七百〇三年，〔高句丽〕琉璃明王二十四年；◇檀君历二千三百三十八年，〔新罗〕南解次次雄二年，〔百济〕温祚王二十三年。

6年，丙寅，〔西汉〕孺子居摄一年，☆黄帝历二千七百〇四年，〔高句丽〕琉璃明王二十五年；◇檀君历二千三百三十九年，〔新罗〕南解次次雄三年，〔百济〕温祚王二十四年。

7年，丁卯，〔西汉〕孺子居摄二年，☆黄帝历二千七百〇五年，〔高句丽〕琉璃明王二十六年；◇檀君历二千三百四十年，〔新罗〕南解次次雄四年，〔百济〕温祚王二十五年。

8年，戊辰，〔西汉〕孺子居摄三年，☆黄帝历二千七百〇六年，〔高句丽〕琉璃明王二十七年；◇檀君历二千三百四十一年，〔新罗〕南解次次雄五年，〔百济〕温祚王二十六年。十月，百济王出师，潜袭马韩，遂并其国邑。至此，马韩的汉江流域尽归百济。

9年，己巳，〔王莽新朝〕始建国一年，☆黄帝历二千七百〇七年，〔高句丽〕琉璃明王二十八年。是岁，高句丽太子自裁。是岁，王莽遣使至高句丽，降高句丽"王"为"侯"[3]；◇檀君历二千三百四十二年，〔新罗〕南解次次雄六年，〔百济〕温祚王二十七年。二月，百济立元子多娄为太子。

10年，庚午，〔王莽新朝〕始建国二年，☆黄帝历二千七百〇八年，〔高句丽〕琉璃明王二十九年。六月，高句丽矛川上有黑蛙与赤蛙群斗，黑蛙不胜而死。议者曰："黑，北方之色，北扶余破灭之征也"[4]；◇檀君历二千三百四十三年，〔新罗〕南解次次雄七年，〔百济〕温祚王二十八年。

11年，辛未，〔王莽新朝〕始建国三年，☆黄帝历二千七百〇九年，〔高句丽〕琉璃明王三十年；◇檀君历二千三百四十四年，〔新罗〕南解次次雄八年，〔百济〕温祚王二十九年。

1 高句丽国内城在今吉林省集安，集安一座积石墓曾出土中原钱币200多公斤。见马大正、李大龙、耿铁华、权赫秀《古代中国高句丽历史续论》，第156页，中国社会科学出版社，2003年版。

2 参见〔韩〕金富轼原著，李康来校勘《三国史记》，第37页，第269—274页，Hangilsa，1998年版。

3 王莽遣使事，《汉书·王莽传》有载。见马大正、李大龙、耿铁华、权赫秀《古代中国高句丽历史续论》，第98页，中国社会科学出版社，2003年版。

4 见〔韩〕金富轼原著，李康来校勘《三国史记》，第157页，Hangilsa，1998年版。

12年，壬申，〔王莽新朝〕始建国四年，☆黄帝历二千七百一十年，〔高句丽〕琉璃明王三十一年。是岁，王莽发高句丽兵伐胡。高句丽兵不愿战，散为寇。辽西大尹田谭追击之，被杀。王莽怒高句丽散兵杀田谭，乃命严尤诱高句丽侯驺杀之，传首京师[1]；◇檀君历二千三百四十五年，〔新罗〕南解次次雄九年，〔百济〕温祚王三十年。

13年，癸酉，〔王莽新朝〕始建国五年，☆黄帝历二千七百一十一年，〔高句丽〕琉璃明王三十二年。十一月，扶余人侵高句丽。王子无恤以计破之；◇檀君历二千三百四十六年，〔新罗〕南解次次雄十年，〔百济〕温祚王三十一年。

14年，甲戌，〔王莽新朝〕天凤一年，☆黄帝历二千七百一十二年，〔高句丽〕琉璃明王三十三年。正月，高句丽立王子无恤为太子。是岁，高句丽发兵攻取王莽新朝玄菟郡高句丽县[2]；◇檀君历二千三百四十七年，〔新罗〕南解次次雄十一年，〔百济〕温祚王三十二年。

15年，乙亥，〔王莽新朝〕天凤二年，☆黄帝历二千七百一十三年，〔高句丽〕琉璃明王三十四年；◇檀君历二千三百四十八年，〔新罗〕南解次次雄十二年，〔百济〕温祚王三十三年。

16年，丙子，〔王莽新朝〕天凤三年，☆黄帝历二千七百一十四年，〔高句丽〕琉璃明王三十五年；◇檀君历二千三百四十九年，〔新罗〕南解次次雄十三年，〔百济〕温祚王三十四年。

17年，丁丑，〔王莽新朝〕天凤四年，☆黄帝历二千七百一十五年，〔高句丽〕琉璃明王三十六年；◇檀君历二千三百五十年，〔新罗〕南解次次雄十四年，〔百济〕温祚王三十五年。

18年，戊寅，〔王莽新朝〕天凤五年，☆黄帝历二千七百一十六年，〔高句丽〕琉璃明王三十七年，大武神王[3]高无恤（一名“味留”，4—44）一年。是岁，扬雄（前53—18）辞世。扬雄《方言》中论及朝鲜人称“釜”为“典”，称“猪”为“懒”，并多用“藁”字。可见其时我国燕北地区与朝鲜半岛已有一定的语言交流[4]；◇檀君历二千三百五十一年，〔新罗〕南解次次雄十五年，〔百济〕温祚王三十六年。

19年，己卯，〔王莽新朝〕天凤六年，☆黄帝历二千七百一十七年，〔高句丽〕大武神王二年；◇檀君历二千三百五十二年，〔新罗〕南解次次雄十六年，〔百济〕温祚王三十七年。

20年，庚辰，〔王莽新朝〕地皇一年，☆黄帝历二千七百一十八年，〔高句丽〕大武神王三年。三月，高句丽立东明王庙；◇檀君历二千三百五十三年，〔新罗〕南解次次雄十七年，〔百济〕温祚王三十八年。

21年，辛巳，〔王莽新朝〕地皇二年，☆黄帝历二千七百一十九年，〔高句丽〕大武神王四年。十二月，高句丽出师伐扶余；◇檀君历二千三百五十四年，〔新罗〕南解次次雄十八年，〔百济〕温祚王三十九年。

22年，壬午，〔王莽新朝〕地皇三年，☆黄帝历二千七百二十年，〔高句丽〕大武神王五年。二月，高句丽杀扶余国王，但师陷重围。大武神王用计突围，乃悔冒进；◇檀君历

1 见《后汉书》卷八十五《句骊传》。但高丽文人金富轼《三国史记》中没有“高句丽侯（高）驺”在位的记述，该说显然经过了修改。参见马大正、李大龙、耿铁华、权赫秀《古代中国高句丽历史续论》，第98-111页，中国社会科学出版社，2003年版。

2 见〔韩〕金富轼原著，李康来校勘《三国史记》，第157页，Hangilsa，1998年版。

3 山西省图书馆编印《中国日本朝鲜越南四国历史年代对照表（公元前660年－公元1918年）》作“太武神王”。本年历从高丽文人金富轼《三国史记·高句丽本纪》之说。

4 参见朱文娟《从许慎〈说文解字〉看中国与古朝鲜的冲突与交流》，《大众文艺》，2009年第4期。

二千三百五十五年，〔新罗〕南解次次雄十九年，〔百济〕温祚王四十年。九月，靺鞨攻百济述川城。

23年，癸未，〔王莽新朝〕地皇四年；更始一年，☆黄帝历二千七百二十一年，〔高句丽〕大武神王六年；◇檀君历二千三百五十六年，〔新罗〕南解次次雄二十年，〔百济〕温祚王四十一年。

24年，甲申，〔西汉〕更始二年，☆黄帝历二千七百二十二年，〔高句丽〕大武神王七年；◇檀君历二千三百五十七年，〔新罗〕南解次次雄二十一年，儒理尼师今（？—57）一年，〔百济〕温祚王四十二年。新罗语"尼师今"的本来意思是"齿理"，是为了比较两个王位候选人而让他们留下牙齿在食物上的印痕，齿多者继位。这里的意思是"大统领"[1]。

25年，乙酉，〔东汉〕光武帝建武一年，☆黄帝历二千七百二十三年，〔高句丽〕大武神王八年；◇檀君历二千三百五十八年，〔新罗〕儒理尼师今二年，〔百济〕温祚王四十三年。

26年，丙戌，〔东汉〕光武帝建武二年，☆黄帝历二千七百二十四年，〔高句丽〕大武神王九年。十月，高句丽王亲征盖马国，杀其王，以其地为郡县。十二月，句茶国王闻盖马灭，举国来降高句丽；◇檀君历二千三百五十九年，〔新罗〕儒理尼师今三年，〔百济〕温祚王四十四年。

27年，丁亥，〔东汉〕光武帝建武三年，☆黄帝历二千七百二十五年，〔高句丽〕大武神王十年；◇檀君历二千三百六十年，〔新罗〕儒理尼师今四年，〔百济〕温祚王四十五年。

28年，戊子，〔东汉〕光武帝建武四年，☆黄帝历二千七百二十六年，〔高句丽〕大武神王十一年。是岁，辽东太守伐高句丽，久攻不下而退兵；◇檀君历二千三百六十一年，〔新罗〕儒理尼师今五年，〔百济〕温祚王四十六年，多娄王（？—77）一年。二月，百济温祚王薨，太子即位，是为百济多娄王。是岁，新罗出现汉文诗歌《兜率歌》。

29年，己丑，〔东汉〕光武帝建武五年，☆黄帝历二千七百二十七年，〔高句丽〕大武神王十二年；◇檀君历二千三百六十二年，〔新罗〕儒理尼师今六年，〔百济〕多娄王二年。

30年，庚寅，〔东汉〕光武帝建武六年，☆黄帝历二千七百二十八年，〔高句丽〕大武神王十三年；◇檀君历二千三百六十三年，〔新罗〕儒理尼师今七年，〔百济〕多娄王三年。十月，百济与靺鞨战。

31年，辛卯，〔东汉〕光武帝建武七年，☆黄帝历二千七百二十九年，〔高句丽〕大武神王十四年；◇檀君历二千三百六十四年，〔新罗〕儒理尼师今八年，〔百济〕多娄王四年。

32年，壬辰，〔东汉〕光武帝建武八年，☆黄帝历二千七百三十年，〔高句丽〕大武神王十五年。是岁，高句丽入东汉朝贡，光武帝复其王号[2]；◇檀君历二千三百六十五年，〔新罗〕儒理尼师今九年，〔百济〕多娄王五年。春，儒理尼师今改新罗六部之名，赐汉字姓氏。改"杨山部"为"梁部"，赐姓"李"。改"高墟部"为"沙梁部"，赐姓"崔"。改"大树部"为"渐梁部"（一说"牟梁部"），赐姓"孙"。改"于（干）珍部"为"本彼部"，赐姓"郑"。改"加

1 参见〔韩〕金富轼原著，李康来校勘《三国史记》卷一，第38页，Hangilsa，1998年版。

2 参见《北史·列传第八十二》（卷九十四）。

利部”为“汉祇部”，赐姓“裴”。改“明活部”为“习比部”，赐姓“薛”。是岁，王设新罗职官为十七等[1]。

33年，癸巳，〔东汉〕光武帝建武九年，☆黄帝历二千七百三十一年，〔高句丽〕大武神王十六年；◇檀君历二千三百六十六年，〔新罗〕儒理尼师今十年，〔百济〕多娄王六年。正月，百济立元子己娄为太子。

34年，甲午，〔东汉〕光武帝建武十年，☆黄帝历二千七百三十二年，〔高句丽〕大武神王十七年；◇檀君历二千三百六十七年，〔新罗〕儒理尼师今十一年，〔百济〕多娄王七年。

35年，乙未，〔东汉〕光武帝建武十一年，☆黄帝历二千七百三十三年，〔高句丽〕大武神王十八年；◇檀君历二千三百六十八年，〔新罗〕儒理尼师今十二年，〔百济〕多娄王八年。

36年，丙申，〔东汉〕光武帝建武十二年，☆黄帝历二千七百三十四年。是岁，乐浪郡军队攻下新罗朵山城。〔高句丽〕大武神王十九年；◇檀君历二千三百六十九年，〔新罗〕儒理尼师今十三年，〔百济〕多娄王九年。

37年，丁酉，〔东汉〕光武帝建武十三年，☆黄帝历二千七百三十五年，〔高句丽〕大武神王二十年。是岁，高句丽袭并汉乐浪郡；◇檀君历二千三百七十年，〔新罗〕儒理尼师今十四年，〔百济〕多娄王十年。是岁，乐浪郡5000人投新罗，新罗分处其于六部。

38年，戊戌，〔东汉〕光武帝建武十四年，☆黄帝历二千七百三十六年，〔高句丽〕大武神王二十一年；◇檀君历二千三百七十一年，〔新罗〕儒理尼师今十五年，〔百济〕多娄王十一年。

39年，己亥，〔东汉〕光武帝建武十五年，☆黄帝历二千七百三十七年，〔高句丽〕大武神王二十二年；◇檀君历二千三百七十二年，〔新罗〕儒理尼师今十六年，〔百济〕多娄王十二年。

40年，庚子，〔东汉〕光武帝建武十六年，☆黄帝历二千七百三十八年，〔高句丽〕大武神王二十三年；◇檀君历二千三百七十三年，〔新罗〕儒理尼师今十七年，〔百济〕多娄王十三年。

41年，辛丑，〔东汉〕光武帝建武十七年，☆黄帝历二千七百三十九年，〔高句丽〕大武神王二十四年。是岁，光武帝以祭肜为辽东太守。祭肜有勇力，威震四方，百姓受惠；◇檀君历二千三百七十四年，〔新罗〕儒理尼师今十八年，〔百济〕多娄王十四年。

42年，壬寅，〔东汉〕光武帝建武十八年，☆黄帝历二千七百四十年，〔高句丽〕大武神王二十五年；◇檀君历二千三百七十五年，〔新罗〕儒理尼师今十九年，〔百济〕多娄王十五年。是岁，半岛“驾洛国”（伽耶国）在金州[2]建立，该国人自称少昊金天氏后人，故姓金。按金富轼的说法，伽耶国与新罗同姓，因新罗的金庾信家族也自称是轩辕、少昊氏之后。但高丽僧人

1　十七等为：一曰伊伐飡（或云“角干”等），二曰伊尺飡（或云“伊飡”），三曰迎飡（或云“苏判”等），四曰波珍飡（或云“海干”、“破弥干”等），五曰大阿飡，从此至伊伐飡，唯“真骨”受之。六曰阿飡（或云“阿尺干”、“阿粲”），七曰一吉飡（或云“乙吉干”），八曰沙飡（或云“萨飡”等），九曰级伐飡，十曰大奈麻（或云“大奈末”），十一曰奈麻（或云“奈末”），十二曰大舍（或云“韩舍”），十三曰舍知（或云小舍），十四曰吉士（或云“稽知”、“吉次”），十五曰大乌（或云“大乌知”），十六曰小乌（或云“小乌知”），十七曰造位（或云先沮知）。见〔韩〕金富轼原著，李康来校勘《三国史记》，第403页，Hangilsa，1998年版。

2　金州，今韩国金海，在釜山市附近。

一然认为，是岁亦为其国首任国王“首露王”出生之年[1]。现今韩国电视剧《金首露》描绘金首露引领的伽耶在弁韩兴起。

43年，癸卯，〔东汉〕光武帝建武十九年，☆黄帝历二千七百四十一年，〔高句丽〕大武神王二十六年；◇檀君历二千三百七十六年，〔新罗〕儒理尼师今二十年，〔百济〕多娄王十六年。

44年，甲辰，〔东汉〕光武帝建武二十年，☆黄帝历二千七百四十二年，〔高句丽〕大武神王二十七年，闵中王高解邑朱（一名“解色朱”，？—48）一年。闵中王乃大武神王之弟也。九月，东汉遣兵夺回乐浪，并置郡县。萨水以北属东汉[2]；◇檀君历二千三百七十七年，〔新罗〕儒理尼师今二十一年，〔百济〕多娄王十七年。是岁，马韩遣使至乐浪郡进贡。《后汉书·东夷列传第七十五》（卷八十五）载：“建武二十年，韩人廉斯人、苏马諟等，诣乐浪贡献。光武封苏马諟为汉廉斯邑君，使属乐浪郡，四时朝谒。”

45年，乙巳，〔东汉〕光武帝建武二十一年，☆黄帝历二千七百四十三年，〔高句丽〕闵中王二年；◇檀君历二千三百七十八年，〔新罗〕儒理尼师今二十二年，〔百济〕多娄王十八年。

46年，丙午，〔东汉〕光武帝建武二十二年，☆黄帝历二千七百四十四年，〔高句丽〕闵中王三年；◇檀君历二千三百七十九年，〔新罗〕儒理尼师今二十三年，〔百济〕多娄王十九年。

47年，丁未，〔东汉〕光武帝建武二十三年，☆黄帝历二千七百四十五年，〔高句丽〕闵中王四年，是岁，高句丽戴升1万余人投奔东汉乐浪；◇檀君历二千三百八十年，〔新罗〕儒理尼师今二十四年，〔百济〕多娄王二十年。

48年，戊申，〔东汉〕光武帝建武二十四年，☆黄帝历二千七百四十六年，〔高句丽〕闵中王五年，慕本王高解忧（？—53）一年；◇檀君历二千三百八十一年，〔新罗〕儒理尼师今二十五年，〔百济〕多娄王二十一年。是岁，阿榆陀国公主许黄玉[3]，来归半岛伽耶国国王，乃为王后[4]。“壬辰倭乱”时，援朝明将许国威与朝鲜文人许筠（1569—1618）互认宗亲[5]。

49年，己酉，〔东汉〕光武帝建武二十五年，☆黄帝历二千七百四十七年，〔高句丽〕慕本王二年。是岁，高句丽袭击北平、渔阳、上谷、太原等地，辽东太守祭肜施之恩信，乃和亲[6]；◇檀君历二千三百八十二年，〔新罗〕儒理尼师今二十六年，〔百济〕多娄王二十二年。

50年，庚戌，〔东汉〕光武帝建武二十六年，☆黄帝历二千七百四十八年，〔高句丽〕慕本王三年；◇檀君历二千三百八十三年，〔新罗〕儒理尼师今二十七年，〔百济〕多娄王二十三年。

51年，辛亥，〔东汉〕光武帝建武二十七年，☆黄帝历二千七百四十九年，〔高句丽〕慕

1　参见〔韩〕金富轼《三国史记》之“金庾信传”。高丽僧人一然《三国遗事·王历第一》所列图表是五项，分别是中国与罗、丽、济、洛。一然认定驾洛（伽耶）国有10位国君，存在490年。见〔韩〕一然原著，崔南善编《三国遗事》，第3-17页，瑞文文化社，1999年版。

2　参见〔韩〕金富轼《三国史记》卷十一。

3　我国学者张箭《古印度阿逾陀国考：兼论许黄玉乃华裔非印裔》一文指出，古印度阿逾陀在公元前4世纪已经消失，公元48年的“许黄玉”当来自今泰国曼谷附近的大城府（大城府是泰国华侨的称呼，Ayuthia），是华裔女子。见《南亚研究季刊》，2009年第1期。

16　参见〔韩〕金富轼《三国史记》卷四十一“金庾信传”。

4　见谭其骧主编《简明中国历史地图集》，第17-18页，中国地图出版社，1991年版。

5　见杜宏刚、邱瑞中、韩登庸、刘羚、阎崇东主编《韩国文集中的明代史料》，第九卷，第352页，广西师范大学出版社，2006年版。

6　参见《后汉书·东夷列传第七十五》（卷八十五）。

本王四年；◇檀君历二千三百八十四年，〔新罗〕儒理尼师今二十八年，〔百济〕多娄王二十四年。

52年，壬子，〔东汉〕光武帝建武二十八年，☆黄帝历二千七百五十年，〔高句丽〕慕本王五年；◇檀君历二千三百八十五年，〔新罗〕儒理尼师今二十九年，〔百济〕多娄王二十五年。

53年，癸丑，〔东汉〕光武帝建武二十九年，☆黄帝历二千七百五十一年，〔高句丽〕慕本王六年，国祖王高宫（47—121）一年。十一月，高句丽人杜鲁，不忍见王残害百姓，乃弑其君。国祖王高宫乃琉璃明王之子古邹加再思之子也。是岁，国祖王只有6岁，太后（扶余人）听政。高丽文人金富轼《三国史记》卷十五据《古记》，认定国祖王在位94年，寿119，显然有误，本年历据《后汉书·高句丽传》改[1]；◇檀君历二千三百八十六年，〔新罗〕儒理尼师今三十年，〔百济〕多娄王二十六年。

54年，甲寅，〔东汉〕光武帝建武三十年，☆黄帝历二千七百五十二年，〔高句丽〕国祖王二年；◇檀君历二千三百八十七年，〔新罗〕儒理尼师今三十一年，〔百济〕多娄王二十七年。

55年，乙卯，〔东汉〕光武帝建武三十一年，☆黄帝历二千七百五十三年，〔高句丽〕国祖王三年。是岁，高句丽筑辽西10城，以备汉兵；◇檀君历二千三百八十八年，〔新罗〕儒理尼师今三十二年，〔百济〕多娄王二十八年。

56年，丙辰，〔东汉〕光武帝建武中元一年，☆黄帝历二千七百五十四年，〔高句丽〕国祖王四年；◇檀君历二千三百八十九年，〔新罗〕儒理尼师今三十三年，〔百济〕多娄王二十九年。

57年，丁巳，〔东汉〕光武帝建武中元二年，☆黄帝历二千七百五十五年，〔高句丽〕国祖王五年；◇檀君历二千三百九十年，〔新罗〕儒理尼师今三十四年，脱解尼师今（昔氏，19[2]—80）一年，〔百济〕多娄王三十年。

58年，戊午，〔东汉〕明帝永平一年，☆黄帝历二千七百五十六年，〔高句丽〕国祖王六年；◇檀君历二千三百九十一年，〔新罗〕脱解尼师今二年，〔百济〕多娄王三十一年。

59年，己未，〔东汉〕明帝永平二年，☆黄帝历二千七百五十七年，〔高句丽〕国祖王七年；◇檀君历二千三百九十二年，〔新罗〕脱解尼师今三年，〔百济〕多娄王三十二年。

60年，庚申，〔东汉〕明帝永平三年，☆黄帝历二千七百五十八年，〔高句丽〕国祖王八年；◇檀君历二千三百九十三年，〔新罗〕脱解尼师今四年，〔百济〕多娄王三十三年。

61年，辛酉，〔东汉〕明帝永平四年，☆黄帝历二千七百五十九年，〔高句丽〕国祖王九年；◇檀君历二千三百九十四年，〔新罗〕脱解尼师今五年，〔百济〕多娄王三十四年。

62年，壬戌，〔东汉〕明帝永平五年，☆黄帝历二千七百六十年，〔高句丽〕国祖王十年；◇檀君历二千三百九十五年，〔新罗〕脱解尼师今六年，〔百济〕多娄王三十五年。

63年，癸亥，〔东汉〕明帝永平六年，☆黄帝历二千七百六十一年，〔高句丽〕国祖王十一年；◇檀君历二千三百九十六年，〔新罗〕脱解尼师今七年，〔百济〕多娄王三十六年。

1　参见马大正、李大龙、耿铁华、权赫秀《古代中国高句丽历史续论》，第265页，中国社会科学出版社，2003年版。

2　脱解尼师今的姓氏以及生年，参见朝鲜文人李边原著，朴在渊、安章利、李在弘译解《训世评话》，第206页，太学社，1998年版。

64年，甲子，〔东汉〕明帝永平七年，☆黄帝历二千七百六十二年，〔高句丽〕国祖王十二年；◇檀君历二千三百九十七年，〔新罗〕脱解尼师今八年，〔百济〕多娄王三十七年。

65年，乙丑，〔东汉〕明帝永平八年，☆黄帝历二千七百六十三年，〔高句丽〕国祖王十三年；◇檀君历二千三百九十八年，〔新罗〕脱解尼师今九年，〔百济〕多娄王三十八年。是岁，新罗尼师今于林间金椟得小儿“阏智”，鸡鸣其下，因命之姓“金”，并以“鸡林”为国号[1]。

66年，丙寅，〔东汉〕明帝永平九年，☆黄帝历二千七百六十四年，〔高句丽〕国祖王十四年；◇檀君历二千三百九十九年，〔新罗〕脱解尼师今十年，〔百济〕多娄王三十九年。

67年，丁卯，〔东汉〕明帝永平十年，☆黄帝历二千七百六十五年，〔高句丽〕国祖王十五年；◇檀君历二千四百年，〔新罗〕脱解尼师今十一年，〔百济〕多娄王四十年。

68年，戊辰，〔东汉〕明帝永平十一年，☆黄帝历二千七百六十六年，〔高句丽〕国祖王十六年；◇檀君历二千四百〇一年，〔新罗〕脱解尼师今十二年，〔百济〕多娄王四十一年。

69年，己巳，〔东汉〕明帝永平十二年，☆黄帝历二千七百六十七年，〔高句丽〕国祖王十七年；◇檀君历二千四百〇二年，〔新罗〕脱解尼师今十三年，〔百济〕多娄王四十二年。

70年，庚午，〔东汉〕明帝永平十三年，☆黄帝历二千七百六十八年，〔高句丽〕国祖王十八年；◇檀君历二千四百〇三年，〔新罗〕脱解尼师今十四年，〔百济〕多娄王四十三年。

71年，辛未，〔东汉〕明帝永平十四年，☆黄帝历二千七百六十九年，〔高句丽〕国祖王十九年；◇檀君历二千四百〇四年，〔新罗〕脱解尼师今十五年，〔百济〕多娄王四十四年。

72年，壬申，〔东汉〕明帝永平十五年，☆黄帝历二千七百七十年，〔高句丽〕国祖王二十年；◇檀君历二千四百〇五年，〔新罗〕脱解尼师今十六年，〔百济〕多娄王四十五年。

73年，癸酉，〔东汉〕明帝永平十六年，☆黄帝历二千七百七十一年，〔高句丽〕国祖王二十一年；◇檀君历二千四百〇六年，〔新罗〕脱解尼师今十七年，〔百济〕多娄王四十六年。

74年，甲戌，〔东汉〕明帝永平十七年，☆黄帝历二千七百七十二年，〔高句丽〕国祖王二十二年；◇檀君历二千四百〇七年，〔新罗〕脱解尼师今十八年，〔百济〕多娄王四十七年。

75年，乙亥，〔东汉〕明帝永平十八年，☆黄帝历二千七百七十三年，〔高句丽〕国祖王二十三年；◇檀君历二千四百〇八年，〔新罗〕脱解尼师今十九年，〔百济〕多娄王四十八年。

76年，丙子，〔东汉〕章帝建初一年，☆黄帝历二千七百七十四年，〔高句丽〕国祖王二十四年；◇檀君历二千四百〇九年，〔新罗〕脱解尼师今二十年，〔百济〕多娄王四十九年。

77年，丁丑，〔东汉〕章帝建初二年，☆黄帝历二千七百七十五年，〔高句丽〕国祖王二十五年。十月，扶余遣使至高句丽，献三角鹿、长尾兔，国祖王以为瑞物[2]；◇檀君历二千四百一十年，〔新罗〕脱解尼师今二十一年，〔百济〕多娄王五十年，己娄王（？—128）一年。九月，百济多娄王薨，太子即位。

78年，戊寅，〔东汉〕章帝建初三年，☆黄帝历二千七百七十六年，〔高句丽〕国祖王

1 高丽僧人一然《三国遗事》：“一说脱解王时得金阏智，而鸡鸣于林中，乃改国号为鸡林。后世遂定新罗之号”。见〔韩〕一然原著，崔南善编《三国遗事》，第45页，瑞文文化社，1999年版。

2 参见朝鲜文人权近《阳村集》卷三十四《东国史略论》“昔脱解王二十”。

二十六年；◇檀君历二千四百一十一年，〔新罗〕脱解尼师今二十二年，〔百济〕己娄王二年。

79年，己卯，〔东汉〕章帝建初四年，☆黄帝历二千七百七十七年，〔高句丽〕国祖王二十七年；◇檀君历二千四百一十二年，〔新罗〕脱解尼师今二十三年，〔百济〕己娄王三年。

80年，庚辰，〔东汉〕章帝建初五年，☆黄帝历二千七百七十八年，〔高句丽〕国祖王二十八年；◇檀君历二千四百一十三年，〔新罗〕脱解尼师今二十四年[1]，婆娑尼师今（朴氏，？—112）一年，〔百济〕己娄王四年。

81年，辛巳，〔东汉〕章帝建初六年，☆黄帝历二千七百七十九年，〔高句丽〕国祖王二十九年；◇檀君历二千四百一十四年，〔新罗〕婆娑尼师今二年，〔百济〕己娄王五年。

82年，壬午，〔东汉〕章帝建初七年，☆黄帝历二千七百八十年，〔高句丽〕国祖王三十年；◇檀君历二千四百一十五年，〔新罗〕婆娑尼师今三年，〔百济〕己娄王六年。

83年，癸未，〔东汉〕章帝建初八年，☆黄帝历二千七百八十一年，〔高句丽〕国祖王三十一年；◇檀君历二千四百一十六年，〔新罗〕婆娑尼师今四年，〔百济〕己娄王七年。

84年，甲申，〔东汉〕章帝元和一年，☆黄帝历二千七百八十二年，〔高句丽〕国祖王三十二年；◇檀君历二千四百一十七年，〔新罗〕婆娑尼师今五年，〔百济〕己娄王八年。

85年，乙酉，〔东汉〕章帝元和二年，☆黄帝历二千七百八十三年。《汉粘蝉县神祠碑》被朝韩专家认定为是岁所成。该碑发现于朝鲜平安南道龙冈郡云坪洞，乃半岛现存最早的石刻汉字作品。其中有“□佐粘蝉，兴甘风雨，惠闰土田”句。平安道、黄海道一部分乃汉武帝设立“汉四郡”之一乐浪郡[2]。〔高句丽〕国祖王三十三年；◇檀君历二千四百一十八年，〔新罗〕婆娑尼师今六年，〔百济〕己娄王九年。

86年，丙戌，〔东汉〕章帝元和三年，☆黄帝历二千七百八十四年，〔高句丽〕国祖王三十四年；◇檀君历二千四百一十九年，〔新罗〕婆娑尼师今七年，〔百济〕己娄王十年。

87年，丁亥，〔东汉〕章帝章和一年，☆黄帝历二千七百八十五年，〔高句丽〕国祖王三十五年；◇檀君历二千四百二十年，〔新罗〕婆娑尼师今八年，〔百济〕己娄王十一年。

88年，戊子，〔东汉〕章帝章和二年，☆黄帝历二千七百八十六年，〔高句丽〕国祖王三十六年；◇檀君历二千四百二十一年，〔新罗〕婆娑尼师今九年，〔百济〕己娄王十二年。

89年，己丑，〔东汉〕和帝永元一年，☆黄帝历二千七百八十七年，〔高句丽〕国祖王三十七年；◇檀君历二千四百二十二年，〔新罗〕婆娑尼师今十年，〔百济〕己娄王十三年。

90年，庚寅，〔东汉〕和帝永元二年，☆黄帝历二千七百八十八年，〔高句丽〕国祖王三十八年；◇檀君历二千四百二十三年，〔新罗〕婆娑尼师今十一年，〔百济〕己娄王十四年。

91年，辛卯，〔东汉〕和帝永元三年，☆黄帝历二千七百八十九年，〔高句丽〕国祖王三十九年；◇檀君历二千四百二十四年，〔新罗〕婆娑尼师今十二年，〔百济〕己娄王十五年。

92年，壬辰，〔东汉〕和帝永元四年，☆黄帝历二千七百九十年，〔高句丽〕国祖王四十年；◇檀君历二千四百二十五年，〔新罗〕婆娑尼师今十三年，〔百济〕己娄王十六年。

1　朝鲜文人李边认为，昔脱解在位14年，寿62。见李边原著，朴在渊、安章利、李在弘译解《训世评话》，第206页，太学社，1998年版。

2　见〔韩〕一然原著，崔南善编《三国遗事》附录《汉粘蝉县神祠碑》，瑞文文化社，1999年版。

93年，癸巳，〔东汉〕和帝永元五年，☆黄帝历二千七百九十一年，〔高句丽〕国祖王四十一年；◇檀君历二千四百二十六年，〔新罗〕婆娑尼师今十四年，〔百济〕己娄王十七年。

94年，甲午，〔东汉〕和帝永元六年，☆黄帝历二千七百九十二年，〔高句丽〕国祖王四十二年；◇檀君历二千四百二十七年，〔新罗〕婆娑尼师今十五年，〔百济〕己娄王十八年。

95年，乙未，〔东汉〕和帝永元七年，☆黄帝历二千七百九十三年，〔高句丽〕国祖王四十三年；◇檀君历二千四百二十八年，〔新罗〕婆娑尼师今十六年，〔百济〕己娄王十九年。

96年，丙申，〔东汉〕和帝永元八年，☆黄帝历二千七百九十四年，〔高句丽〕国祖王四十四年；◇檀君历二千四百二十九年，〔新罗〕婆娑尼师今十七年，〔百济〕己娄王二十年。

97年，丁酉，〔东汉〕和帝永元九年，☆黄帝历二千七百九十五年，〔高句丽〕国祖王四十五年；◇檀君历二千四百三十年，〔新罗〕婆娑尼师今十八年，〔百济〕己娄王二十一年。

98年，戊戌，〔东汉〕和帝永元十年，☆黄帝历二千七百九十六年，〔高句丽〕国祖王四十六年；◇檀君历二千四百三十一年，〔新罗〕婆娑尼师今十九年，〔百济〕己娄王二十二年。

99年，己亥，〔东汉〕和帝永元十一年，☆黄帝历二千七百九十七年，〔高句丽〕国祖王四十七年；◇檀君历二千四百三十二年，〔新罗〕婆娑尼师今二十年，〔百济〕己娄王二十三年。

100年，庚子，〔东汉〕和帝永元十二年，☆黄帝历二千七百九十八年，〔高句丽〕国祖王四十八年。是岁，许慎《说文解字》完成[1]；◇檀君历二千四百三十三年，〔新罗〕婆娑尼师今二十一年，〔百济〕己娄王二十四年。

101年，辛丑，〔东汉〕和帝永元十三年，☆黄帝历二千七百九十九年，〔高句丽〕国祖王四十九年；◇檀君历二千四百三十四年，〔新罗〕婆娑尼师今二十二年，〔百济〕己娄王二十五年。

102年，壬寅，〔东汉〕和帝永元十四年，☆黄帝历二千八百年，〔高句丽〕国祖王五十年；◇檀君历二千四百三十五年，〔新罗〕婆娑尼师今二十三年，〔百济〕己娄王二十六年。

103年，癸卯，〔东汉〕和帝永元十五年，☆黄帝历二千八百〇一年，〔高句丽〕国祖王五十一年；◇檀君历二千四百三十六年，〔新罗〕婆娑尼师今二十四年，〔百济〕己娄王二十七年。

104年，甲辰，〔东汉〕和帝永元十六年，☆黄帝历二千八百〇二年，〔高句丽〕国祖王五十二年；◇檀君历二千四百三十七年，〔新罗〕婆娑尼师今二十五年，〔百济〕己娄王二十八年。

105年，乙巳，〔东汉〕和帝元兴一年，☆黄帝历二千八百〇三年，〔高句丽〕国祖王五十三年。是岁，高句丽出兵掠辽东6县，辽东太守耿夔与之战，高句丽军大败[2]；◇檀君历二千四百三十八年，〔新罗〕婆娑尼师今二十六年，〔百济〕己娄王二十九年。

106年，丙午，〔东汉〕殇帝延平一年，☆黄帝历二千八百〇四年，〔高句丽〕国祖王五十四年；◇檀君历二千四百三十九年，〔新罗〕婆娑尼师今二十七年，〔百济〕己娄王三十年。

1 参见柴剑虹、李肇翔主编《中国古典名著百部 · 语言文字类 · 说文解字》，九州出版社，2001年版。
2 参见《后汉书 · 东夷列传第七十五》（卷八十五）。

107年，丁未，〔东汉〕安帝永初一年，☆黄帝历二千八百〇五年，〔高句丽〕国祖王五十五年；◇檀君历二千四百四十年，〔新罗〕婆娑尼师今二十八年，〔百济〕己娄王三十一年。

108年，戊申，〔东汉〕安帝永初二年，☆黄帝历二千八百〇六年，〔高句丽〕国祖王五十六年；◇檀君历二千四百四十一年，〔新罗〕婆娑尼师今二十九年，〔百济〕己娄王三十二年。

109年，己酉，〔东汉〕安帝永初三年，☆黄帝历二千八百〇七年，〔高句丽〕国祖王五十七年。正月，高句丽遣使东汉进贺；◇檀君历二千四百四十二年，〔新罗〕婆娑尼师今三十年，〔百济〕己娄王三十三年。

110年，庚戌，〔东汉〕安帝永初四年，☆黄帝历二千八百〇八年，〔高句丽〕国祖王五十八年；◇檀君历二千四百四十三年，〔新罗〕婆娑尼师今三十一年，〔百济〕己娄王三十四年。

111年，辛亥，〔东汉〕安帝永初五年，☆黄帝历二千八百〇九年，〔高句丽〕国祖王五十九年。是岁，高句丽遣使如东汉，进献方物，并求属东汉玄菟郡[1]；◇檀君历二千四百四十四年，〔新罗〕婆娑尼师今三十二年，〔百济〕己娄王三十五年。

112年，壬子，〔东汉〕安帝永初六年，☆黄帝历二千八百一十年，〔高句丽〕国祖王六十年；◇檀君历二千四百四十五年，〔新罗〕婆娑尼师今三十三年，祇摩尼师今（朴氏，？—134）一年，〔百济〕己娄王三十六年。

113年，癸丑，〔东汉〕安帝永初七年，☆黄帝历二千八百一十一年，〔高句丽〕国祖王六十一年；◇檀君历二千四百四十六年，〔新罗〕祇摩尼师今二年，〔百济〕己娄王三十七年。

114年，甲寅，〔东汉〕安帝元初一年，☆黄帝历二千八百一十二年，〔高句丽〕国祖王六十二年；◇檀君历二千四百四十七年，〔新罗〕祇摩尼师今三年，〔百济〕己娄王三十八年。

115年，乙卯，〔东汉〕安帝元初二年，☆黄帝历二千八百一十三年，〔高句丽〕国祖王六十三年；◇檀君历二千四百四十八年，〔新罗〕祇摩尼师今四年，〔百济〕己娄王三十九年。

116年，丙辰，〔东汉〕安帝元初三年，☆黄帝历二千八百一十四年，〔高句丽〕国祖王六十四年；◇檀君历二千四百四十九年，〔新罗〕祇摩尼师今五年，〔百济〕己娄王四十年。

117年，丁巳，〔东汉〕安帝元初四年，☆黄帝历二千八百一十五年，〔高句丽〕国祖王六十五年；◇檀君历二千四百五十年，〔新罗〕祇摩尼师今六年，〔百济〕己娄王四十一年。

118年，戊午，〔东汉〕安帝元初五年，☆黄帝历二千八百一十六年，〔高句丽〕国祖王六十六年。是岁，高句丽与秽貊联合进袭东汉玄菟郡华丽县[2]；◇檀君历二千四百五十一年，〔新罗〕祇摩尼师今七年，〔百济〕己娄王四十二年。

119年，己未，〔东汉〕安帝元初六年，☆黄帝历二千八百一十七年，〔高句丽〕国祖王六十七年；◇檀君历二千四百五十二年，〔新罗〕祇摩尼师今八年，〔百济〕己娄王四十三年。

120年，庚申，〔东汉〕安帝永宁一年，☆黄帝历二千八百一十八年，〔高句丽〕国祖王

1 见〔韩〕金富轼原著，李康来校勘《三国史记》，第165页，Hangilsa，1998年版。另参见马大正、李大龙、耿铁华、权赫秀《古代中国高句丽历史续论》，第67页，中国社会科学出版社，2003年版。

2 见姜孟山、刘子敏、金荣国主编《中国正史中的朝鲜史料》（第1卷），第57页，延边大学出版社，1996年版。

六十八年；◇檀君历二千四百五十三年，〔新罗〕祇摩尼师今九年，〔百济〕己娄王四十四年。

121年，辛酉，〔东汉〕安帝建光一年，☆黄帝历二千八百一十九年，〔高句丽〕次大王高遂成（71—165）一年[1]。春，东汉幽州刺史冯焕、玄菟郡太守姚光、辽东太守蔡风伐高句丽。十二月，国祖王率高句丽以及马韩、秽貊10000余骑，进围玄菟城。扶余王遣子尉仇台，领兵20000，与东汉军兵并力拒战，高句丽军大败[2]；◇檀君历二千四百五十四年，〔新罗〕祇摩尼师今十年，〔百济〕己娄王四十五年。

122年，壬戌，〔东汉〕安帝延光一年，☆黄帝历二千八百二十年，〔高句丽〕次大王二年。是岁，高句丽次大王至玄菟郡请降，还东汉被掳人口。安帝诏慰之[3]；◇檀君历二千四百五十五年，〔新罗〕祇摩尼师今十一年，〔百济〕己娄王四十六年。

123年，癸亥，〔东汉〕安帝延光二年，☆黄帝历二千八百二十一年，〔高句丽〕次大王三年；◇檀君历二千四百五十六年，〔新罗〕祇摩尼师今十二年，〔百济〕己娄王四十七年。

124年，甲子，〔东汉〕安帝延光三年，☆黄帝历二千八百二十二年，〔高句丽〕次大王四年。十月，高句丽遣使入东汉朝贡；◇檀君历二千四百五十七年，〔新罗〕祇摩尼师今十三年，〔百济〕己娄王四十八年。

125年，乙丑，〔东汉〕安帝延光四年，☆黄帝历二千八百二十三年，〔高句丽〕次大王五年；◇檀君历二千四百五十八年，〔新罗〕祇摩尼师今十四年，〔百济〕己娄王四十九年。

126年，丙寅，〔东汉〕顺帝永建一年，☆黄帝历二千八百二十四年，〔高句丽〕次大王六年；◇檀君历二千四百五十九年，〔新罗〕祇摩尼师今十五年，〔百济〕己娄王五十年。

127年，丁卯，〔东汉〕顺帝永建二年，☆黄帝历二千八百二十五年，〔高句丽〕次大王七年；◇檀君历二千四百六十年，〔新罗〕祇摩尼师今十六年，〔百济〕己娄王五十一年。

128年，戊辰，〔东汉〕顺帝永建三年，☆黄帝历二千八百二十六年，〔高句丽〕次大王八年；◇檀君历二千四百六十一年，〔新罗〕祇摩尼师今十七年，〔百济〕己娄王五十二年，盖娄王一年（？—166）。十一月，百济己娄王薨，其子盖娄王即位。

129年，己巳，〔东汉〕顺帝永建四年，☆黄帝历二千八百二十七年，〔高句丽〕次大王九年；◇檀君历二千四百六十二年，〔新罗〕祇摩尼师今十八年，〔百济〕盖娄王二年。

130年，庚午，〔东汉〕顺帝永建五年，☆黄帝历二千八百二十八年，〔高句丽〕次大王十年；◇檀君历二千四百六十三年，〔新罗〕祇摩尼师今十九年，〔百济〕盖娄王三年。

131年，辛未，〔东汉〕顺帝永建六年，☆黄帝历二千八百二十九年，〔高句丽〕次大王十一年；◇檀君历二千四百六十四年，〔新罗〕祇摩尼师今二十年，〔百济〕盖娄王四年。

132年，壬申，〔东汉〕顺帝阳嘉一年，☆黄帝历二千八百三十年，〔高句丽〕次大王十二年；◇檀君历二千四百六十五年，〔新罗〕祇摩尼师今二十一年，〔百济〕盖娄王五年。是岁，百济筑北汉山城。

1 是岁，国祖王薨，国祖王同母弟次大王继位。参见马大正、李大龙、耿铁华、权赫秀《古代中国高句丽历史续论》，第265页，中国社会科学出版社，2003年版。

2 参见《后汉书·东夷列传第七十五·高句丽》（卷八十五）。

3 见姜孟山、刘子敏、金荣国主编《中国正史中的朝鲜史料》（第1卷），第58页，延边大学出版社，1996年版。

133年，癸酉，〔东汉〕顺帝阳嘉二年，☆黄帝历二千八百三十一年，〔高句丽〕次大王十三年；◇檀君历二千四百六十六年，〔新罗〕祇摩尼师今二十二年，〔百济〕盖娄王六年。

134年，甲戌，〔东汉〕顺帝阳嘉三年，☆黄帝历二千八百三十二年，〔高句丽〕次大王十四年；◇檀君历二千四百六十七年，〔新罗〕祇摩尼师今二十三年，逸圣尼师今（朴氏，？—154）一年，〔百济〕盖娄王七年。

135年，乙亥，〔东汉〕顺帝阳嘉四年，☆黄帝历二千八百三十三年，〔高句丽〕次大王十五年；◇檀君历二千四百六十八年，〔新罗〕逸圣尼师今二年，〔百济〕盖娄王八年。

136年，丙子，〔东汉〕顺帝永和一年，☆黄帝历二千八百三十四年，〔高句丽〕次大王十六年；◇檀君历二千四百六十九年，〔新罗〕逸圣尼师今三年，〔百济〕盖娄王九年。

137年，丁丑，〔东汉〕顺帝永和二年，☆黄帝历二千八百三十五年，〔高句丽〕次大王十七年；◇檀君历二千四百七十年，〔新罗〕逸圣尼师今四年，〔百济〕盖娄王十年。

138年，戊寅，〔东汉〕顺帝永和三年，☆黄帝历二千八百三十六年，〔高句丽〕次大王十八年；◇檀君历二千四百七十一年，〔新罗〕逸圣尼师今五年，〔百济〕盖娄王十一年。

139年，己卯，〔东汉〕顺帝永和四年，☆黄帝历二千八百三十七年，〔高句丽〕次大王十九年；◇檀君历二千四百七十二年，〔新罗〕逸圣尼师今六年，〔百济〕盖娄王十二年。

140年，庚辰，〔东汉〕顺帝永和五年，☆黄帝历二千八百三十八年，〔高句丽〕次大王二十年；◇檀君历二千四百七十三年，〔新罗〕逸圣尼师今七年，〔百济〕盖娄王十三年。

141年，辛巳，〔东汉〕顺帝永和六年，☆黄帝历二千八百三十九年，〔高句丽〕次大王二十一年；◇檀君历二千四百七十四年，〔新罗〕逸圣尼师今八年，〔百济〕盖娄王十四年。

142年，壬午，〔东汉〕顺帝汉安一年，☆黄帝历二千八百四十年，〔高句丽〕次大王二十二年；◇檀君历二千四百七十五年，〔新罗〕逸圣尼师今九年，〔百济〕盖娄王十五年。

143年，癸未，〔东汉〕顺帝汉安二年，☆黄帝历二千八百四十一年，〔高句丽〕次大王二十三年；◇檀君历二千四百七十六年，〔新罗〕逸圣尼师今十年，〔百济〕盖娄王十六年。

144年，甲申，〔东汉〕顺帝建康一年，☆黄帝历二千八百四十二年，〔高句丽〕次大王二十四年；◇檀君历二千四百七十七年，〔新罗〕逸圣尼师今十一年，〔百济〕盖娄王十七年。

145年，乙酉，〔东汉〕冲帝永嘉一年，☆黄帝历二千八百四十三年，〔高句丽〕次大王二十五年；◇檀君历二千四百七十八年，〔新罗〕逸圣尼师今十二年，〔百济〕盖娄王十八年。

146年，丙戌，〔东汉〕质帝本初一年，☆黄帝历二千八百四十四年，〔高句丽〕次大王二十六年。是岁，高句丽袭东汉辽东西安平县，杀带方令，掳乐浪太守妻子[1]；◇檀君历二千四百七十九年，〔新罗〕逸圣尼师今十三年，〔百济〕盖娄王十九年。

147年，丁亥，〔东汉〕桓帝建和一年，☆黄帝历二千八百四十五年，〔高句丽〕次大王二十七年。《后汉书·东夷列传第七十五》（卷八十五）载："高遂成还汉生口，诣玄菟降。"是岁，许慎（约58—147）卒。许慎《说文解字》收录朝鲜方言四项，包括"盱"为张目，"痨"

1 参见姜孟山、刘子敏、金荣国主编《中国正史中的朝鲜史料》（第1卷），第58页，延边大学出版社，1996年版。

为药毒，“锹”为釜，“晅”为儿泣不止，“鲜”是一种鱼，出貉国。注，貉国即古朝鲜[1]；◇檀君历二千四百八十年，〔新罗〕逸圣尼师今十四年，〔百济〕盖娄王二十年。

148年，戊子，〔东汉〕桓帝建和二年，☆黄帝历二千八百四十六年，〔高句丽〕次大王二十八年。四月，高句丽次大王杀太祖大王（国祖王）元子高莫勤，其弟高莫德自缢；◇檀君历二千四百八十一年，〔新罗〕逸圣尼师今十五年，〔百济〕盖娄王二十一年。

149年，己丑，〔东汉〕桓帝建和三年，☆黄帝历二千八百四十七年，〔高句丽〕次大王二十九年；◇檀君历二千四百八十二年，〔新罗〕逸圣尼师今十六年，〔百济〕盖娄王二十二年。

150年，庚寅，〔东汉〕桓帝和平一年，☆黄帝历二千八百四十八年，〔高句丽〕次大王三十年；◇檀君历二千四百八十三年，〔新罗〕逸圣尼师今十七年，〔百济〕盖娄王二十三年。

151年，辛卯，〔东汉〕桓帝元嘉一年，☆黄帝历二千八百四十九年，〔高句丽〕次大王三十一年；◇檀君历二千四百八十四年，〔新罗〕逸圣尼师今十八年，〔百济〕盖娄王二十四年。

152年，壬辰，〔东汉〕桓帝元嘉二年，☆黄帝历二千八百五十年，〔高句丽〕次大王三十二年；◇檀君历二千四百八十五年，〔新罗〕逸圣尼师今十九年，〔百济〕盖娄王二十五年。

153年，癸巳，〔东汉〕桓帝永兴一年，☆黄帝历二千八百五十一年，〔高句丽〕次大王三十三年；◇檀君历二千四百八十六年，〔新罗〕逸圣尼师今二十年，〔百济〕盖娄王二十六年。

154年，甲午，〔东汉〕桓帝永兴二年，☆黄帝历二千八百五十二年，〔高句丽〕次大王三十四年；◇檀君历二千四百八十七年，〔新罗〕逸圣尼师今二十一年，阿达罗尼师今（朴氏，？—184）一年，〔百济〕盖娄王二十七年。

155年，乙未，〔东汉〕桓帝永寿一年，☆黄帝历二千八百五十三年，〔高句丽〕次大王三十五年；◇檀君历二千四百八十八年，〔新罗〕阿达罗尼师今二年，〔百济〕盖娄王二十八年。

156年，丙申，〔东汉〕桓帝永寿二年，☆黄帝历二千八百五十四年，〔高句丽〕次大王三十六年；◇檀君历二千四百八十九年，〔新罗〕阿达罗尼师今三年，〔百济〕盖娄王二十九年。

157年，丁酉，〔东汉〕桓帝永寿三年，☆黄帝历二千八百五十五年，〔高句丽〕次大王三十七年；◇檀君历二千四百九十年，〔新罗〕阿达罗尼师今四年，〔百济〕盖娄王三十年。

158年，戊戌，〔东汉〕桓帝延熹一年，☆黄帝历二千八百五十六年，〔高句丽〕次大王三十八年；◇檀君历二千四百九十一年，〔新罗〕阿达罗尼师今五年，〔百济〕盖娄王三十一年。

159年，己亥，〔东汉〕桓帝延熹二年，☆黄帝历二千八百五十七年，〔高句丽〕次大王三十九年；◇檀君历二千四百九十二年，〔新罗〕阿达罗尼师今六年，〔百济〕盖娄王三十二年。

160年，庚子，〔东汉〕桓帝延熹三年，☆黄帝历二千八百五十八年，〔高句丽〕次大王四十年；◇檀君历二千四百九十三年，〔新罗〕阿达罗尼师今七年，〔百济〕盖娄王三十三年。

161年，辛丑，〔东汉〕桓帝延熹四年，☆黄帝历二千八百五十九年，〔高句丽〕次大王四十一年；◇檀君历二千四百九十四年，〔新罗〕阿达罗尼师今八年，〔百济〕盖娄王三十四年。

162年，壬寅，〔东汉〕桓帝延熹五年，☆黄帝历二千八百六十年，〔高句丽〕次大王

1　参见朱文娟《从许慎〈说文解字〉看中国与古朝鲜的冲突与交流》，《大众文艺》 2009年第4期。

四十二年；◇檀君历二千四百九十五年，〔新罗〕阿达罗尼师今九年，〔百济〕盖娄王三十五年。

163年，癸卯，〔东汉〕桓帝延熹六年，☆黄帝历二千八百六十一年，〔高句丽〕次大王四十三年；◇檀君历二千四百九十六年，〔新罗〕阿达罗尼师今十年，〔百济〕盖娄王三十六年。

164年，甲辰，〔东汉〕桓帝延熹七年，☆黄帝历二千八百六十二年，〔高句丽〕次大王四十四年；◇檀君历二千四百九十七年，〔新罗〕阿达罗尼师今十一年，〔百济〕盖娄王三十七年。

165年，乙巳，〔东汉〕桓帝延熹八年，☆黄帝历二千八百六十三年，〔高句丽〕新大王高伯固(89—179）一年。是岁，次大王被弑，国祖王季弟新大王继位；◇檀君历二千四百九十八年，〔新罗〕阿达罗尼师今十二年，〔百济〕盖娄王三十八年。

166年，丙午，〔东汉〕桓帝延熹九年，☆黄帝历二千八百六十四年，〔高句丽〕新大王二年；◇檀君历二千四百九十九年，〔新罗〕阿达罗尼师今十三年，〔百济〕盖娄王三十九年，肖古王（？—214）一年。

167年，丁未，〔东汉〕桓帝永康一年，☆黄帝历二千八百六十五年，〔高句丽〕新大王三年。九月，高句丽王如卒本，祀始祖庙；◇檀君历二千五百年，〔新罗〕阿达罗尼师今十四年，〔百济〕肖古王二年。

168年，戊申，〔东汉〕灵帝建宁一年，☆黄帝历二千八百六十六年，〔高句丽〕新大王四年。高丽文人金富轼《三国史记》卷十六载，是岁东汉玄菟郡太守耿临伐高句丽。高句丽新大王高伯固降，请归属东汉玄菟郡。《后汉书·东夷列传第七十五》（卷八十五）亦载："建宁二年，玄菟太守耿临讨之，斩首数百级，伯固降服，乞属玄菟云"。但《北史·列传第八十二》（卷九十四）载，玄菟郡太守耿临伐新大王高伯固是在次年即"建宁二年"；◇檀君历二千五百〇一年，〔新罗〕阿达罗尼师今十五年，〔百济〕肖古王三年。

169年，己酉，〔东汉〕灵帝建宁二年，☆黄帝历二千八百六十七年，〔高句丽〕新大王五年。是岁，高句丽遣兵，助玄菟郡太守公孙度（？—204）讨富山寇；◇檀君历二千五百〇二年，〔新罗〕阿达罗尼师今十六年，〔百济〕肖古王四年。

170年，庚戌，〔东汉〕灵帝建宁三年，☆黄帝历二千八百六十八年，〔高句丽〕新大王六年；◇檀君历二千五百〇三年，〔新罗〕阿达罗尼师今十七年，〔百济〕肖古王五年。

171年，辛亥，〔东汉〕灵帝建宁四年，☆黄帝历二千八百六十九年，〔高句丽〕新大王七年；◇檀君历二千五百〇四年，〔新罗〕阿达罗尼师今十八年，〔百济〕肖古王六年。

172年，壬子，〔东汉〕灵帝熹平一年，☆黄帝历二千八百七十年，〔高句丽〕新大王八年。十一月，东汉大军伐高句丽，高句丽坚守不出，大军乃退。高句丽截击，东汉军大败；◇檀君历二千五百〇五年，〔新罗〕阿达罗尼师今十九年，〔百济〕肖古王七年。

173年，癸丑，〔东汉〕灵帝熹平二年，☆黄帝历二千八百七十一年，〔高句丽〕新大王九年；◇檀君历二千五百〇六年，〔新罗〕阿达罗尼师今二十年，〔百济〕肖古王八年。

174年，甲寅，〔东汉〕灵帝熹平三年，☆黄帝历二千八百七十二年，〔高句丽〕新大王十年；◇檀君历二千五百〇七年，〔新罗〕阿达罗尼师今二十一年，〔百济〕肖古王九年。

175年，乙卯，〔东汉〕灵帝熹平四年，☆黄帝历二千八百七十三年，〔高句丽〕新大王十一年；◇檀君历二千五百〇八年，〔新罗〕阿达罗尼师今二十二年，〔百济〕肖古王十年。

176年，丙辰，〔东汉〕灵帝熹平五年，☆黄帝历二千八百七十四年，〔高句丽〕新大王十二年。三月，高句丽立王子高男武为王太子；◇檀君历二千五百〇九年，〔新罗〕阿达罗尼师今二十三年，〔百济〕肖古王十一年。

177年，丁巳，〔东汉〕灵帝熹平六年，☆黄帝历二千八百七十五年，〔高句丽〕新大王十三年；◇檀君历二千五百一十年，〔新罗〕阿达罗尼师今二十四年，〔百济〕肖古王十二年。

178年，戊午，〔东汉〕灵帝光和一年，☆黄帝历二千八百七十六年，〔高句丽〕新大王十四年；◇檀君历二千五百一十一年，〔新罗〕阿达罗尼师今二十五年，〔百济〕肖古王十三年。

179年，己未，〔东汉〕灵帝光和二年，☆黄帝历二千八百七十七年，〔高句丽〕新大王十五年，故国川王高男武（？—197）一年。《北史·列传第八十二》（卷九十四）记故国川王王名"伊夷模"，有误。"伊夷模"为山上王之名；◇檀君历二千五百一十二年，〔新罗〕阿达罗尼师今二十六年，〔百济〕肖古王十四年。

180年，庚申，〔东汉〕灵帝光和三年，☆黄帝历二千八百七十八年，〔高句丽〕故国川王二年。二月，高句丽故国川王高男武，立其妃于氏为王后；◇檀君历二千五百一十三年，〔新罗〕阿达罗尼师今二十七年，〔百济〕肖古王十五年。

181年，辛酉，〔东汉〕灵帝光和四年，☆黄帝历二千八百七十九年，〔高句丽〕故国川王三年；◇檀君历二千五百一十四年，〔新罗〕阿达罗尼师今二十八年，〔百济〕肖古王十六年。

182年，壬戌，〔东汉〕灵帝光和五年，☆黄帝历二千八百八十年，〔高句丽〕故国川王四年；◇檀君历二千五百一十五年，〔新罗〕阿达罗尼师今二十九年，〔百济〕肖古王十七年。

183年，癸亥，〔东汉〕灵帝光和六年，☆黄帝历二千八百八十一年，〔高句丽〕故国川王五年；◇檀君历二千五百一十六年，〔新罗〕阿达罗尼师今三十年，〔百济〕肖古王十八年。

184年，甲子，〔东汉〕灵帝中平一年，☆黄帝历二千八百八十二年，〔高句丽〕故国川王六年。是岁，辽东太守伐高句丽，不利；◇檀君历二千五百一十七年，〔新罗〕阿达罗尼师今三十一年，伐休尼师今（昔氏，脱解尼师今之孙，？—196）一年，〔百济〕肖古王十九年。

185年，乙丑，〔东汉〕灵帝中平二年，☆黄帝历二千八百八十三年，〔高句丽〕故国川王七年；◇檀君历二千五百一十八年，〔新罗〕伐休尼师今二年，〔百济〕肖古王二十年。

186年，丙寅，〔东汉〕灵帝中平三年，☆黄帝历二千八百八十四年，〔高句丽〕故国川王八年；◇檀君历二千五百一十九年，〔新罗〕伐休尼师今三年，〔百济〕肖古王二十一年。

187年，丁卯，〔东汉〕灵帝中平四年，☆黄帝历二千八百八十五年，〔高句丽〕故国川王九年；◇檀君历二千五百二十年，〔新罗〕伐休尼师今四年，〔百济〕肖古王二十二年。

188年，戊辰，〔东汉〕灵帝中平五年，☆黄帝历二千八百八十六年，〔高句丽〕故国川王十年；◇檀君历二千五百二十一年，〔新罗〕伐休尼师今五年，〔百济〕肖古王二十三年。

189年，己巳，〔东汉〕灵帝中平六年，☆黄帝历二千八百八十七年，〔高句丽〕故国川王十一年；◇檀君历二千五百二十二年，〔新罗〕伐休尼师今六年，〔百济〕肖古王二十四年。

190年，庚午，〔东汉〕献帝初平一年，☆黄帝历二千八百八十八年，〔高句丽〕故国川王十二年。是岁，公孙度自立为辽东侯，建二汉庙[1]；◇檀君历二千五百二十三年，〔新罗〕伐休尼师今七年，〔百济〕肖古王二十五年。

191 年，辛未，〔东汉〕献帝初平二年，☆黄帝历二千八百八十九年，〔高句丽〕故国川王十三年；◇檀君历二千五百二十四年，〔新罗〕伐休尼师今八年，〔百济〕肖古王二十六年。九月，蚩尤旗现于百济角、亢方位[2]。

192 年，壬申，〔东汉〕献帝初平三年，☆黄帝历二千八百九十年，〔高句丽〕故国川王十四年；◇檀君历二千五百二十五年，〔新罗〕伐休尼师今九年，〔百济〕肖古王二十七年。

193 年，癸酉，〔东汉〕献帝初平四年，☆黄帝历二千八百九十一年，〔高句丽〕故国川王十五年；◇檀君历二千五百二十六年，〔新罗〕伐休尼师今十年，〔百济〕肖古王二十八年。

194 年，甲戌，〔东汉〕献帝兴平一年，☆黄帝历二千八百九十二年，〔高句丽〕故国川王十六年；◇檀君历二千五百二十七年，〔新罗〕伐休尼师今十一年，〔百济〕肖古王二十九年。

195 年，乙亥，〔东汉〕献帝兴平二年，☆黄帝历二千八百九十三年，〔高句丽〕故国川王十七年；◇檀君历二千五百二十八年，〔新罗〕伐休尼师今十二年，〔百济〕肖古王三十年。

196 年，丙子，〔东汉〕献帝建安一年，☆黄帝历二千八百九十四年，〔高句丽〕故国川王十八年；◇檀君历二千五百二十九年，〔新罗〕伐休尼师今十三年，奈解尼师今（昔氏，伐休尼师今之孙，？—230）一年，〔百济〕肖古王三十一年。

197 年，丁丑，〔东汉〕献帝建安二年，☆黄帝历二千八百九十五年，〔高句丽〕故国川王十九年，山上王高延优一年。是岁，中原大乱，汉人避难高句丽者甚多。是岁，故国川王薨，无后嗣，寡后于氏秘之，夜入王弟发岐宅议后嗣事。发岐以寡嫂夜至不合仪礼对，寡后乃至王弟高延优宅，使之嗣位。发岐怒之东汉辽东，乞太守公孙度发兵。公孙度从之，战不利。高延优（一名"位宫"，故国川王之弟，？—227）娶寡后嫂于氏，乃为王[3]。是岁，山上王高延优立寡嫂于氏为后；◇檀君历二千五百三十年，〔新罗〕奈解尼师今二年，〔百济〕肖古王三十二年。

198 年，戊寅，〔东汉〕献帝建安三年，☆黄帝历二千八百九十六年，〔高句丽〕山上王二年；◇檀君历二千五百三十一年，〔新罗〕奈解尼师今三年，〔百济〕肖古王三十三年。

199 年，己卯，〔东汉〕献帝建安四年，☆黄帝历二千八百九十七年，〔高句丽〕山上王三年；◇檀君历二千五百三十二年，〔新罗〕奈解尼师今四年，〔百济〕肖古王三十四年。是岁，半岛"驾洛国"（伽耶国）第二位国君居登王立。王金氏，首露王之子，其母许氏[4]。

200 年，庚辰，〔东汉〕献帝建安五年，☆黄帝历二千八百九十八年，〔高句丽〕山上王四年；◇檀君历二千五百三十三年，〔新罗〕奈解尼师今五年，〔百济〕肖古王三十五年。

201 年，辛巳，〔东汉〕献帝建安六年，☆黄帝历二千八百九十九年，〔高句丽〕山上王五年；◇檀君历二千五百三十四年，〔新罗〕奈解尼师今六年，〔百济〕肖古王三十六年。

202 年，壬午，〔东汉〕献帝建安七年，☆黄帝历二千九百年，〔高句丽〕山上王六年；◇

1　参见《三国志·魏书八·二公孙陶四张传第八·公孙度》（卷八）。

2　见〔韩〕金富轼原著，李康来校勘《三国史记》，第 232 页，Hangilsa，1998 年版。

3　参见朝鲜文人权近《阳村集》卷三十四《东国史略论》。

4　见〔韩〕一然原著，崔南善编《三国遗事》，第 8 页，瑞文文化社，1999 年版。

檀君历二千五百三十五年，〔新罗〕奈解尼师今七年，〔百济〕肖古王三十七年。

203年，癸未，〔东汉〕献帝建安八年，☆黄帝历二千九百〇一年，〔高句丽〕山上王七年；◇檀君历二千五百三十六年，〔新罗〕奈解尼师今八年，〔百济〕肖古王三十八年。

204年，甲申，〔东汉〕献帝建安九年，☆黄帝历二千九百〇二年，〔高句丽〕山上王八年。是岁，公孙度（？—204）卒，其子公孙康继为辽东侯[1]；◇檀君历二千五百三十七年，〔新罗〕奈解尼师今九年，〔百济〕肖古王三十九年。

205年，乙酉，〔东汉〕献帝建安十年，☆黄帝历二千九百〇三年，〔高句丽〕山上王九年；◇檀君历二千五百三十八年，〔新罗〕奈解尼师今十年，〔百济〕肖古王四十年。

206年，丙戌，〔东汉〕献帝建安十一年，☆黄帝历二千九百〇四年，〔高句丽〕山上王十年；◇檀君历二千五百三十九年，〔新罗〕奈解尼师今十一年，〔百济〕肖古王四十一年。

207年，丁亥，〔东汉〕献帝建安十二年，☆黄帝历二千九百〇五年，〔高句丽〕山上王十一年。是岁，袁尚奔辽东，公孙康斩杀之，传首级至魏武帝。魏武帝封公孙康襄平侯，拜左将军[2]；◇檀君历二千五百四十年，〔新罗〕奈解尼师今十二年，〔百济〕肖古王四十二年。

208年，戊子，〔东汉〕献帝建安十三年，☆黄帝历二千九百〇六年，〔高句丽〕山上王十二年。是岁，高句丽山上王私酒桶村女；◇檀君历二千五百四十一年，〔新罗〕奈解尼师今十三年，〔百济〕肖古王四十三年。

209年，己丑，〔东汉〕献帝建安十四年，☆黄帝历二千九百〇七年，〔高句丽〕山上王十三年。是岁，山上王所私酒桶村女生子。是岁，高句丽迁都丸都城。丸都城在今吉林省集安西丸都山上[3]；◇檀君历二千五百四十二年，〔新罗〕奈解尼师今十四年，〔百济〕肖古王四十四年。

210年，庚寅，〔东汉〕献帝建安十五年，☆黄帝历二千九百〇八年，〔高句丽〕山上王十四年；◇檀君历二千五百四十三年，〔新罗〕奈解尼师今十五年，〔百济〕肖古王四十五年。

211年，辛卯，〔东汉〕献帝建安十六年，☆黄帝历二千九百〇九年，〔高句丽〕山上王十五年；◇檀君历二千五百四十四年，〔新罗〕奈解尼师今十六年，〔百济〕肖古王四十六年。

212年，壬辰，〔东汉〕献帝建安十七年，☆黄帝历二千九百一十年，〔高句丽〕山上王十六年；◇檀君历二千五百四十五年，〔新罗〕奈解尼师今十七年，〔百济〕肖古王四十七年。

213年，癸巳，〔东汉〕献帝建安十八年，☆黄帝历二千九百一十一年，〔高句丽〕山上王十七年。正月，高句丽立酒桶村女所生王子"郊彘"为王太子；◇檀君历二千五百四十六年，〔新罗〕奈解尼师今十八年，〔百济〕肖古王四十八年。

214年，甲午，〔东汉〕献帝建安十九年，☆黄帝历二千九百一十二年，〔高句丽〕山上王十八年；◇檀君历二千五百四十七年，〔新罗〕奈解尼师今十九年，〔百济〕肖古王四十九年，仇首王（？—234）一年。是岁，百济与靺鞨战。

215年，乙未，〔东汉〕献帝建安二十年，☆黄帝历二千九百一十三年，〔高句丽〕山上王

1 参见《三国志·魏书八·二公孙陶四张传第八·公孙度》（卷八）。
2 参见《三国志·魏书八·二公孙陶四张传第八·公孙度》（卷八）。
3 参见史念海《中国古都和文化》，第125页，中华书局，1998年版。

十九年；◇檀君历二千五百四十八年，〔新罗〕奈解尼师今二十年，〔百济〕仇首王二年。

216 年，丙申，〔东汉〕献帝建安二十一年，☆黄帝历二千九百一十四年，〔高句丽〕山上王二十年；◇檀君历二千五百四十九年，〔新罗〕奈解尼师今二十一年，〔百济〕仇首王三年。是岁，百济与靺鞨战于沙道城。

217 年，丁酉，〔东汉〕献帝建安二十二年，☆黄帝历二千九百一十五年，〔高句丽〕山上王二十一年。是岁，中原平州（即辽东）夏瑶等 1000 余户投奔高句丽[1]；◇檀君历二千五百五十年，〔新罗〕奈解尼师今二十二年，〔百济〕仇首王四年。

218 年，戊戌，〔东汉〕献帝建安二十三年，☆黄帝历二千九百一十六年，〔高句丽〕山上王二十二年；◇檀君历二千五百五十一年，〔新罗〕奈解尼师今二十三年，〔百济〕仇首王五年。

219 年，己亥，〔东汉〕献帝建安二十四年，☆黄帝历二千九百一十七年，〔高句丽〕山上王二十三年；◇檀君历二千五百五十二年，〔新罗〕奈解尼师今二十四年，〔百济〕仇首王六年。

220 年，庚子，〔三国／魏〕文帝黄初一年，☆黄帝历二千九百一十八年，〔高句丽〕山上王二十四年；◇檀君历二千五百五十三年，〔新罗〕奈解尼师今二十五年，〔百济〕仇首王七年。是岁，百济与靺鞨战。

221 年，辛丑，〔三国／魏〕文帝黄初二年，〔三国／蜀〕章武一年，☆黄帝历二千九百一十九年，〔高句丽〕山上王二十五年；◇檀君历二千五百五十四年，〔新罗〕奈解尼师今二十六年，〔百济〕仇首王八年。

222 年，壬寅，〔三国／魏〕文帝黄初三年，〔三国／蜀〕章武二年，〔三国／吴〕黄武一年，☆黄帝历二千九百二十年，〔高句丽〕山上王二十六年；◇檀君历二千五百五十五年，〔新罗〕奈解尼师今二十七年，〔百济〕仇首王九年。

223 年，癸卯，〔三国／魏〕文帝黄初四年，〔三国／蜀〕建兴一年，〔三国／吴〕黄武二年，☆黄帝历二千九百二十一年，〔高句丽〕山上王二十七年；◇檀君历二千五百五十六年，〔新罗〕奈解尼师今二十八年，〔百济〕仇首王十年。

224 年，甲辰，〔三国／魏〕文帝黄初五年，〔三国／蜀〕建兴二年，〔三国／吴〕黄武三年，☆黄帝历二千九百二十二年，〔高句丽〕山上王二十八年；◇檀君历二千五百五十七年，〔新罗〕奈解尼师今二十九年，〔百济〕仇首王十一年。

225 年，乙巳，〔三国／魏〕文帝黄初六年，〔三国／蜀〕建兴三年，〔三国／吴〕黄武四年，☆黄帝历二千九百二十三年，〔高句丽〕山上王二十九年；◇檀君历二千五百五十八年，〔新罗〕奈解尼师今三十年，〔百济〕仇首王十二年。

226 年，丙午，〔三国／魏〕文帝黄初七年，〔三国／蜀〕建兴四年，〔三国／吴〕黄武五年，☆黄帝历二千九百二十四年，〔高句丽〕山上王三十年；◇檀君历二千五百五十九年，〔新罗〕奈解尼师今三十一年，〔百济〕仇首王十三年。

227 年，丁未，〔三国／魏〕明帝太和一年，〔三国／蜀〕建兴五年，〔三国／吴〕黄武六年，☆黄帝历二千九百二十五年，〔高句丽〕山上王三十一年，东川王一年。五月，山上王薨，

1 参见田久川《古代中日关系史》，第 62 页，大连工学院出版社，1987 年版。

东川王乃酒桶村之女所生，初名“郊彘”，后名“高忧位居”。东川王高忧位居（一名“位宫”，209—248）六月即位；◇檀君历二千五百六十年，〔新罗〕奈解尼师今三十二年，〔百济〕仇首王十四年。

228 年，戊申，〔三国／魏〕明帝太和二年，〔三国／蜀〕建兴六年，〔三国／吴〕黄武七年，☆黄帝历二千九百二十六年，〔高句丽〕东川王二年。三月，高句丽封于氏为王太后。是岁，魏明帝拜公孙康之子公孙渊（？—238）为“扬烈将军、辽东太守”。但公孙渊阴与东吴来往[1]；◇檀君历二千五百六十一年，〔新罗〕奈解尼师今三十三年，〔百济〕仇首王十五年。

229 年，己酉，〔三国／魏〕明帝太和三年，〔三国／蜀〕建兴七年，〔三国／吴〕黄龙一年，☆黄帝历二千九百二十七年，〔高句丽〕东川王三年；◇檀君历二千五百六十二年，〔新罗〕奈解尼师今三十四年，〔百济〕仇首王十六年。是岁，百济与靺鞨战，百济大败。

230 年，庚戌，〔三国／魏〕明帝太和四年，〔三国／蜀〕建兴八年，〔三国／吴〕黄龙二年，☆黄帝历二千九百二十八年，〔高句丽〕东川王四年；◇檀君历二千五百六十三年，〔新罗〕奈解尼师今三十五年，助贲尼师今（昔氏，？—247）一年，〔百济〕仇首王十七年。

231 年，辛亥，〔三国／魏〕明帝太和五年，〔三国／蜀〕建兴九年，〔三国／吴〕黄龙三年，☆黄帝历二千九百二十九年，〔高句丽〕东川王五年；◇檀君历二千五百六十四年，〔新罗〕助贲尼师今二年，〔百济〕仇首王十八年。

232 年，壬子，〔三国／魏〕明帝太和六年，〔三国／蜀〕建兴十年，〔三国／吴〕嘉禾一年，☆黄帝历二千九百三十年，〔高句丽〕东川王六年；◇檀君历二千五百六十五年，〔新罗〕助贲尼师今三年，〔百济〕仇首王十九年。

233 年，癸丑，〔三国／魏〕明帝青龙一年，〔三国／蜀〕建兴十一年，〔三国／吴〕嘉禾二年，☆黄帝历二千九百三十一年，〔高句丽〕东川王七年。是岁，公孙渊斩东吴孙权遣使，送于魏。魏明帝封公孙渊为“大司马、乐浪公”；◇檀君历二千五百六十六年，〔新罗〕助贲尼师今四年，〔百济〕仇首王二十年。

234 年，甲寅，〔三国／魏〕明帝青龙二年，〔三国／蜀〕建兴十二年，〔三国／吴〕嘉禾三年，☆黄帝历二千九百三十二年，〔高句丽〕东川王八年。九月，高句丽王太后于氏薨。是岁，魏遣使至高句丽和亲；◇檀君历二千五百六十七年，〔新罗〕助贲尼师今五年，〔百济〕仇首王二十一年，古尔王（？—286）一年。仇首王薨后，长子沙伴嗣位，年幼不能为政。肖古王母弟古尔王于是继位。

235 年，乙卯，〔三国／魏〕明帝青龙三年，〔三国／蜀〕建兴十三年，〔三国／吴〕嘉禾四年，☆黄帝历二千九百三十三年，〔高句丽〕东川王九年；◇檀君历二千五百六十八年，〔新罗〕助贲尼师今六年，〔百济〕古尔王二年。

236 年，丙辰，〔三国／魏〕明帝青龙四年，〔三国／蜀〕建兴十四年，〔三国／吴〕嘉禾五年，☆黄帝历二千九百三十四年，〔高句丽〕东川王十年。二月，吴王孙权遣使胡卫至高句丽，东川王留之款待。七月，高句丽斩胡卫，献魏明帝；◇檀君历二千五百六十九年，〔新罗〕

1 参见《三国志·魏书八·二公孙陶四张传第八·公孙度》（卷八）。

助贲尼师今七年，〔百济〕古尔王三年。

237年，丁巳，〔三国／魏〕明帝景初一年，〔三国／蜀〕建兴十五年，〔三国／吴〕嘉禾六年，☆黄帝历二千九百三十五年，〔高句丽〕东川王十一年。是岁，魏明帝遣幽州刺史毌丘俭率军征公孙渊，不利。公孙渊（？—238）自立为"燕王"。是岁，高句丽遣使如魏，进贺改年号"景初"；◇檀君历二千五百七十年，〔新罗〕助贲尼师今八年，〔百济〕古尔王四年。

238年，戊午，〔三国／魏〕明帝景初二年，〔三国／蜀〕延熙一年，〔三国／吴〕赤乌一年，☆黄帝历二千九百三十六年，〔高句丽〕东川王十二年。是岁，魏命高句丽出兵共讨公孙渊，东川王乃出兵1000人[1]。是岁，魏明帝遣太尉司马宣王，统领大军进击公孙渊，公孙渊（？—238）战败被杀。《三国志·魏书八·公孙度》（卷八）载："传渊首洛阳，辽东、带方、乐浪、玄菟悉平"；◇檀君历二千五百七十一年，〔新罗〕助贲尼师今九年，〔百济〕古尔王五年。

239年，己未，〔三国／魏〕明帝景初三年，〔三国／蜀〕延熙二年，〔三国／吴〕赤乌二年，☆黄帝历二千九百三十七年，〔高句丽〕东川王十三年。是岁，倭女王遣大夫难升米至带方城[2]，向太守刘夏请求入京城贡献[3]；◇檀君历二千五百七十二年，〔新罗〕助贲尼师今十年，〔百济〕古尔王六年。

240年，庚申，〔三国／魏〕齐王正始一年，〔三国／蜀〕延熙三年，〔三国／吴〕赤乌三年，☆黄帝历二千九百三十八年，〔高句丽〕东川王十四年；◇檀君历二千五百七十三年，〔新罗〕助贲尼师今十一年，〔百济〕古尔王七年。

241年，辛酉，〔三国／魏〕齐王正始二年，〔三国／蜀〕延熙四年，〔三国／吴〕赤乌四年，☆黄帝历二千九百三十九年，〔高句丽〕东川王十五年；◇檀君历二千五百七十四年，〔新罗〕助贲尼师今十二年，〔百济〕古尔王八年。

242年，壬戌，〔三国／魏〕齐王正始三年，〔三国／蜀〕延熙五年，〔三国／吴〕赤乌五年，☆黄帝历二千九百四十年，〔高句丽〕东川王十六年。是岁，高句丽出兵，袭破辽东西安平；◇檀君历二千五百七十五年，〔新罗〕助贲尼师今十三年，〔百济〕古尔王九年。

243年，癸亥，〔三国／魏〕齐王正始四年，〔三国／蜀〕延熙六年，〔三国／吴〕赤乌六年，☆黄帝历二千九百四十一年，〔高句丽〕东川王十七年。正月，高句丽立王子高然弗为王太子；◇檀君历二千五百七十六年，〔新罗〕助贲尼师今十四年，〔百济〕古尔王十年。

244年，甲子，〔三国／魏〕齐王正始五年，〔三国／蜀〕延熙七年，〔三国／吴〕赤乌七年，☆黄帝历二千九百四十二年，〔高句丽〕东川王十八年；◇檀君历二千五百七十七年，〔新罗〕助贲尼师今十五年，〔百济〕古尔王十一年。

245年，乙丑，〔三国／魏〕齐王正始六年，〔三国／蜀〕延熙八年，〔三国／吴〕赤乌八年，☆黄帝历二千九百四十三年，〔高句丽〕东川王十九年；◇檀君历二千五百七十八年，〔新罗〕助贲尼师今十六年，〔百济〕古尔王十二年。

246年，丙寅，〔三国／魏〕齐王正始七年，〔三国／蜀〕延熙九年，〔三国／吴〕赤乌九年，

1 参见《北史·列传第八十二》（卷九十四）。
2 带方城，在今朝鲜凤山。"倭女王"即摄政的日本神功皇后，是岁乃其摄政三十九年。
3 参见田久川《古代中日关系史》，第45页，大连工学院出版社，1987年版。

☆黄帝历二千九百四十四年，〔高句丽〕东川王二十年。是岁，魏幽州刺史毌丘俭率大军讨高句丽，与之大战于沸流，随即占领丸都城[1]。东川王率千人奔逃。毌丘俭派玄菟太守王颀紧追，过沃沮千有余里，至肃慎氏南界，刻石纪功而还[2]；◇檀君历二千五百七十九年，〔新罗〕助贲尼师今十七年，〔百济〕古尔王十三年。是岁，因毌丘俭与乐浪太守刘茂、朔方太守王遵伐高句丽，百济乘机遣左将真忠袭击乐浪边民。刘茂怒，古尔王惧，还民口。

247年，丁卯，〔三国／魏〕齐王正始八年，〔三国／蜀〕延熙十年，〔三国／吴〕赤乌十年，☆黄帝历二千九百四十五年，〔高句丽〕东川王二十一年。是岁，高句丽迁都平壤；◇檀君历二千五百八十年，〔新罗〕助贲尼师今十八年，沾解尼师今（昔氏，？—261）一年，〔百济〕古尔王十四年。

248年，戊辰，〔三国／魏〕齐王正始九年，〔三国／蜀〕延熙十一年，〔三国／吴〕赤乌十一年，☆黄帝历二千九百四十六年，〔高句丽〕东川王二十二年，中川王高然弗（？—270）一年。九月，东川王薨，中川王即位；◇檀君历二千五百八十一年，〔新罗〕沾解尼师今二年，〔百济〕古尔王十五年。

249年，己巳，〔三国／魏〕齐王嘉平一年，〔三国／蜀〕延熙十二年，〔三国／吴〕赤乌十二年，☆黄帝历二千九百四十七年，〔高句丽〕中川王二年；◇檀君历二千五百八十二年，〔新罗〕沾解尼师今三年，〔百济〕古尔王十六年。

250年，庚午，〔三国／魏〕齐王嘉平二年，〔三国／蜀〕延熙十三年，〔三国／吴〕赤乌十三年，☆黄帝历二千九百四十八年，〔高句丽〕中川王三年；◇檀君历二千五百八十三年，〔新罗〕沾解尼师今四年，〔百济〕古尔王十七年。

251年，辛未，〔三国／魏〕齐王嘉平三年，〔三国／蜀〕延熙十四年，〔三国／吴〕太元一年，☆黄帝历二千九百四十九年，〔高句丽〕中川王四年；◇檀君历二千五百八十四年，〔新罗〕沾解尼师今五年，〔百济〕古尔王十八年。

252年，壬申，〔三国／魏〕齐王嘉平四年，〔三国／蜀〕延熙十五年，〔三国／吴〕神凤一年，建兴一年，☆黄帝历二千九百五十年，〔高句丽〕中川王五年；◇檀君历二千五百八十五年，〔新罗〕沾解尼师今六年，〔百济〕古尔王十九年。

253年，癸酉，〔三国／魏〕齐王嘉平五年，〔三国／蜀〕延熙十六年，〔三国／吴〕建兴二年，☆黄帝历二千九百五十一年，〔高句丽〕中川王六年；◇檀君历二千五百八十六年，〔新罗〕沾解尼师今七年，〔百济〕古尔王二十年。

254年，甲戌，〔三国／魏〕高贵乡公正元一年，〔三国／蜀〕延熙十七年，〔三国／吴〕五凤一年，☆黄帝历二千九百五十二年，〔高句丽〕中川王七年；◇檀君历二千五百八十七年，〔新罗〕沾解尼师今八年，〔百济〕古尔王二十一年。

255年，乙亥，〔三国／魏〕高贵乡公正元二年，〔三国／蜀〕延熙十八年，〔三国／吴〕五凤二年，☆黄帝历二千九百五十三年，〔高句丽〕中川王八年。是岁，高句丽立王子药卢为王太子；◇檀君历二千五百八十八年，〔新罗〕沾解尼师今九年，〔百济〕古尔王二十二年。

1　高句丽丸都城，在今吉林省集安西丸都山上。

2　参见《北史·列传第八十二》（卷九十四）；《三国志·毌丘俭传》。毌丘俭纪功碑于1904年被发现，现藏辽宁省博物馆。

256年，丙子，〔三国／魏〕高贵乡公甘露一年，〔三国／蜀〕延熙十九年，〔三国／吴〕太平一年，☆黄帝历二千九百五十四年，〔高句丽〕中川王九年；◇檀君历二千五百八十九年，〔新罗〕沾解尼师今十年，〔百济〕古尔王二十三年。

257年，丁丑，〔三国／魏〕高贵乡公甘露二年，〔三国／蜀〕延熙二十年，〔三国／吴〕太平二年，☆黄帝历二千九百五十五年，〔高句丽〕中川王十年；◇檀君历二千五百九十年，〔新罗〕沾解尼师今十一年，〔百济〕古尔王二十四年。

258年，戊寅，〔三国／魏〕高贵乡公甘露三年，〔三国／蜀〕景耀一年，〔三国／吴〕永安一年，☆黄帝历二千九百五十六年，〔高句丽〕中川王十一年；◇檀君历二千五百九十一年，〔新罗〕沾解尼师今十二年，〔百济〕古尔王二十五年。春，靺鞨长罗渴至百济，献良马10匹。

259年，己卯，〔三国／魏〕高贵乡公甘露四年，〔三国／蜀〕景耀二年，〔三国／吴〕永安二年，☆黄帝历二千九百五十七年，〔高句丽〕中川王十二年。是岁，魏慕容晃率大军伐高句丽，俘50000人归[1]。但高丽文人金富轼《三国史记》卷十七说："十二月，魏将尉迟楷将兵来伐"；◇檀君历二千五百九十二年，〔新罗〕沾解尼师今十三年，〔百济〕古尔王二十六年。是岁，半岛"驾洛国"（伽耶国）第三位国君麻品王立。王姓金氏，居登王之子，母慕贞夫人申氏[2]。

260年，庚辰，〔三国／魏〕元帝景元一年，〔三国／蜀〕景耀三年，〔三国／吴〕永安三年，☆黄帝历二千九百五十八年，〔高句丽〕中川王十三年；◇檀君历二千五百九十三年，〔新罗〕沾解尼师今十四年，〔百济〕古尔王二十七年。是岁，百济学习魏于220年所订"九品中正制"，定文武官品级，分一品至十六品，规定六品以上服紫，十一品以上服绯，十六品以上服青。

261年，辛巳，〔三国／魏〕元帝景元二年，〔三国／蜀〕景耀四年，〔三国／吴〕永安四年，☆黄帝历二千九百五十九年，〔高句丽〕中川王十四年；◇檀君历二千五百九十四年，〔新罗〕沾解尼师今十五年，〔百济〕古尔王二十八年。正月初吉，古尔王服紫大袖袍、青锦裤、金花饰乌罗冠、素皮带、乌革履，坐南堂听政。

262年，壬午，〔三国／魏〕元帝景元三年，〔三国／蜀〕景耀五年，〔三国／吴〕永安五年，☆黄帝历二千九百六十年，〔高句丽〕中川王十五年；◇檀君历二千五百九十五年，〔新罗〕味邹尼师今（金氏，？—284）一年，〔百济〕古尔王二十九年。〔韩〕金富轼《三国史记·新罗本纪二》（卷二）说："其先阏智出于鸡林，脱解王得之，养于宫中，后拜为大辅。阏智生势汉，势汉生阿道，阿道生首留，首留生郁甫，郁甫生仇道，仇道则味邹之考也。沾解无子，国人立味邹。此金氏有国之始也"。

263年，癸未，〔三国／魏〕元帝景元四年，〔三国／蜀〕炎兴一年，〔三国／吴〕永安六年，☆黄帝历二千九百六十一年，〔高句丽〕中川王十六年；◇檀君历二千五百九十六年，〔新罗〕味邹尼师今二年，〔百济〕古尔王三十年。

264年，甲申，〔三国／魏〕元帝咸熙一年，〔三国／吴〕元兴一年，☆黄帝历二千九百六十二年，〔高句丽〕中川王十七年；◇檀君历二千五百九十七年，〔新罗〕味邹尼师

---

1 见《北史·列传第八十二》（卷九十四）、《梁书·东夷·列传第四十八·高句丽百济新罗》（卷五十四）。

2 见〔韩〕一然原著，崔南善编《三国遗事》，第9页，瑞文文化社，1999年版。

今三年，〔百济〕古尔王三十一年。

265年，乙酉，〔西晋〕武帝泰始一年，〔三国／吴〕甘露一年，☆黄帝历二千九百六十三年，〔高句丽〕中川王十八年；◇檀君历二千五百九十八年，〔新罗〕味邹尼师今四年，〔百济〕古尔王三十二年。

266年，丙戌，〔西晋〕武帝泰始二年，〔三国／吴〕宝鼎一年，☆黄帝历二千九百六十四年，〔高句丽〕中川王十九年；◇檀君历二千五百九十九年，〔新罗〕味邹尼师今五年，〔百济〕古尔王三十三年。

267年，丁亥，〔西晋〕武帝泰始三年，〔三国／吴〕宝鼎二年，☆黄帝历二千九百六十五年，〔高句丽〕中川王二十年；◇檀君历二千六百年，〔新罗〕味邹尼师今六年，〔百济〕古尔王三十四年。

268年，戊子，〔西晋〕武帝泰始四年，〔三国／吴〕宝鼎三年，☆黄帝历二千九百六十六年，〔高句丽〕中川王二十一年；◇檀君历二千六百〇一年，〔新罗〕味邹尼师今七年，〔百济〕古尔王三十五年。

269年，己丑，〔西晋〕武帝泰始五年，〔三国／吴〕建衡一年，☆黄帝历二千九百六十七年，〔高句丽〕中川王二十二年；◇檀君历二千六百〇二年，〔新罗〕味邹尼师今八年，〔百济〕古尔王三十六年。

270年，庚寅，〔西晋〕武帝泰始六年，〔三国／吴〕建衡二年，☆黄帝历二千九百六十八年，〔高句丽〕中川王二十三年，西川王高药庐（？—292）一年；◇檀君历二千六百〇三年，〔新罗〕味邹尼师今九年，〔百济〕古尔王三十七年。

271年，辛卯，〔西晋〕武帝泰始七年，〔三国／吴〕建衡三年，☆黄帝历二千九百六十九年，〔高句丽〕西川王二年；◇檀君历二千六百〇四年，〔新罗〕味邹尼师今十年，〔百济〕古尔王三十八年。

272年，壬辰，〔西晋〕武帝泰始八年，〔三国／吴〕凤凰一年，☆黄帝历二千九百七十年，〔高句丽〕西川王三年；◇檀君历二千六百〇五年，〔新罗〕味邹尼师今十一年，〔百济〕古尔王三十九年。

273年，癸巳，〔西晋〕武帝泰始九年，〔三国／吴〕凤凰二年，☆黄帝历二千九百七十一年，〔高句丽〕西川王四年；◇檀君历二千六百〇六年，〔新罗〕味邹尼师今十二年，〔百济〕古尔王四十年。

274年，甲午，〔西晋〕武帝泰始十年，〔三国／吴〕凤凰三年，☆黄帝历二千九百七十二年，〔高句丽〕西川王五年；◇檀君历二千六百〇七年，〔新罗〕味邹尼师今十三年，〔百济〕古尔王四十一年。

275年，乙未，〔西晋〕武帝咸宁一年，〔三国／吴〕天册一年，☆黄帝历二千九百七十三年，〔高句丽〕西川王六年；◇檀君历二千六百〇八年，〔新罗〕味邹尼师今十四年，〔百济〕古尔王四十二年。

276年，丙申，〔西晋〕武帝咸宁二年，〔三国／吴〕天玺一年，☆黄帝历二千九百七十四年，〔高句丽〕西川王七年。《晋书·志第四·地理上·平州》（卷第十四）载："咸平二年十月，分昌黎、辽东、玄菟、带方、乐浪等郡国五置平州。统县二十六，户一万八千一百”。其中，高句丽属玄菟郡；◇檀君历二千六百〇九年，〔新罗〕味邹尼师今十五年，〔百济〕古尔王四十三年。

277年，丁酉，〔西晋〕武帝咸宁三年，〔三国／吴〕天纪一年，☆黄帝历二千九百七十五年，〔高句丽〕西川王八年；◇檀君历二千六百一十年，〔新罗〕味邹尼师今十六年，〔百济〕古尔王四十四年。是岁，马韩遣使朝贡西晋。

278年，戊戌，〔西晋〕武帝咸宁四年，〔三国／吴〕天纪二年，☆黄帝历二千九百七十六年，〔高句丽〕西川王九年；◇檀君历二千六百一十一年，〔新罗〕味邹尼师今十七年，〔百济〕古尔王四十五年。是岁，马韩遣使西晋，奏请内附。

279年，己亥，〔西晋〕武帝咸宁五年，〔三国／吴〕天纪三年，☆黄帝历二千九百七十七年，〔高句丽〕西川王十年；◇檀君历二千六百一十二年，〔新罗〕味邹尼师今十八年，〔百济〕古尔王四十六年。

280年，庚子，〔西晋〕武帝太康一年，〔三国／吴〕天纪四年，☆黄帝历二千九百七十八年，〔高句丽〕西川王十一年。是岁，高句丽与肃慎军战；◇檀君历二千六百一十三年，〔新罗〕味邹尼师今十九年，〔百济〕古尔王四十七年。是岁，马韩、辰韩遣使入西晋朝贡。《晋书·列传第六十七·东夷》（卷九十七）载："马韩居山海之间，无城郭，凡有小国五十六所，大者万户，小者数千家，各有渠帅。……武帝太康元年、二年，其主频遣使入贡方物，七年、八年、十年，又频至。太熙元年，诣东夷校尉何龛上献。咸宁三年复来，明年又请内附”。

281年，辛丑，〔西晋〕武帝太康二年，☆黄帝历二千九百七十九年，〔高句丽〕西川王十二年；◇檀君历二千六百一十四年，〔新罗〕味邹尼师今二十年，〔百济〕古尔王四十八年。是岁，马韩、辰韩遣使入西晋朝贡。《晋书·列传第六十七·东夷》（卷九十七）载："辰韩在马韩之东，自言秦之亡人避役入韩，韩割东界以居之，立城栅，言语有类秦人，由是或谓之为秦韩。初有六国，后稍分为十二，又有弁辰，亦十二国，合四五万户，各有渠帅，皆属于辰韩。……武帝太康元年，其王遣使献方物。二年复来朝贡，七年又来”。

282年，壬寅，〔西晋〕武帝太康三年，☆黄帝历二千九百八十年，〔高句丽〕西川王十三年；◇檀君历二千六百一十五年，〔新罗〕味邹尼师今二十一年，〔百济〕古尔王四十九年。

283年，癸卯，〔西晋〕武帝太康四年，☆黄帝历二千九百八十一年，〔高句丽〕西川王十四年；◇檀君历二千六百一十六年，〔新罗〕味邹尼师今二十二年，〔百济〕古尔王五十年。是岁，日本以扣留弓月君率领的13县秦人于半岛伽耶国，遣兵将击新罗。新罗乃送弓月君一行赴日。弓月君定居于京都，后为日本秦氏始祖。

284年，甲辰，〔西晋〕武帝太康五年，☆黄帝历二千九百八十二年，〔高句丽〕西川王十五年；◇檀君历二千六百一十七年，〔新罗〕味邹尼师今二十三年，儒礼尼师今（昔氏，助贲尼师今之子，？—298）一年，〔百济〕古尔王五十一年。日本史籍《和汉三才图会》载："晋（武帝）太康五年，应神十五年，秋八月秋丁卯，百济王遣阿直岐者，贡《易经》《孝经》《论语》《山海经》及良马"。

285年，乙巳，〔西晋〕武帝太康六年，☆黄帝历二千九百八十三年，〔高句丽〕西川王十六年；◇檀君历二千六百一十八年，〔新罗〕儒礼尼师今二年，〔百济〕古尔王五十二年。一般以为，是岁百济王仁博士赴日本，以《论语》教育日本皇子[1]。但韩国学者近年以为，王仁博士赴日本时间是405年。从本年历可见，是岁百济的汉学恐怕尚未达到派遣宿学的程度[2]。百济王仁博士赴日时间之所以会出现公元285年、公元405年这样巨大的差异，是由于学术界对于详细记述此事的日本文献《日本书纪》阐释的不同造成的，把《日本书纪》所记年代下延两个干支（120年），就出现了这样的结果[3]。

286年，丙午，〔西晋〕武帝太康七年，☆黄帝历二千九百八十四年，〔高句丽〕西川王十七年；◇檀君历二千六百一十九年，〔新罗〕儒礼尼师今三年，〔百济〕古尔王五十三年，责稽王（？—298）一年。十一月，古尔王薨，其子责稽王即位。是岁，马韩、辰韩遣使入西晋朝贡[4]。

287年，丁未，〔西晋〕武帝太康八年，☆黄帝历二千九百八十五年，〔高句丽〕西川王十八年；◇檀君历二千六百二十年，〔新罗〕儒礼尼师今四年，〔百济〕责稽王二年。是岁，马韩遣使入西晋朝贡。

288年，戊申，〔西晋〕武帝太康九年，☆黄帝历二千九百八十六年，〔高句丽〕西川王十九年；◇檀君历二千六百二十一年，〔新罗〕儒礼尼师今五年，〔百济〕责稽王三年。

289年，己酉，〔西晋〕武帝太康十年，☆黄帝历二千九百八十七年，〔高句丽〕西川王二十年；◇檀君历二千六百二十二年，〔新罗〕儒礼尼师今六年，〔百济〕责稽王四年。是岁，马韩遣使入西晋朝贡。

290年，庚戌，〔西晋〕武帝太熙一年，☆黄帝历二千九百八十八年，〔高句丽〕西川王二十一年；◇檀君历二千六百二十三年，〔新罗〕儒礼尼师今七年，〔百济〕责稽王五年。是岁，马韩遣使，诣西晋东夷校尉何龛，献土物。

291年，辛亥，〔西晋〕惠帝元康一年，☆黄帝历二千九百八十九年，〔高句丽〕西川王二十二年；◇檀君历二千六百二十四年，〔新罗〕儒礼尼师今八年，〔百济〕责稽王六年。是岁，半岛"驾洛国"（伽耶国）第四位国君居叱旀（又称"今勿"）王立。王姓金氏，麻品王之子，母好仇夫人[5]。

292年，壬子，〔西晋〕惠帝元康二年，☆黄帝历二千九百九十年，〔高句丽〕西川王二十三年，烽上王一年。烽上王名高相夫（？—300）；◇檀君历二千六百二十五年，〔新罗〕儒礼尼师今九年，〔百济〕责稽王七年。

293年，癸丑，〔西晋〕惠帝元康三年，☆黄帝历二千九百九十一年，〔高句丽〕烽上王二年。九月，烽上王猜忌王弟而杀之，王弟之子高乙弗逃走。是岁，高句丽与慕容廆战，不利；◇檀君历二千六百二十六年，〔新罗〕儒礼尼师今十年，〔百济〕责稽王八年。

1　参见郑成宏《中韩儒学典籍的相互流通》，见复旦大学韩国研究中心编《韩国研究论丛》，第十一辑，第249页，中国社会科学出版社，2004年版。

2　参见拙著《朝鲜半岛汉学史》，第23页，学苑出版社，2009年版。

3　参见朴真奭《关于日本任那府存在与否问题》，收入中国朝鲜史研究会编《朝鲜历史研究论丛（一）》，延边大学出版社，1987年版。

4　见姜孟山、刘子敏、金荣国主编《中国正史中的朝鲜史料》（第1卷），第91页，延边大学出版社，1996年版。

5　见〔韩〕一然原著，崔南善编《三国遗事》，第10页，瑞文文化社，1999年版。

294年，甲寅，〔西晋〕惠帝元康四年，☆黄帝历二千九百九十二年，〔高句丽〕烽上王三年；◇檀君历二千六百二十七年，〔新罗〕儒礼尼师今十一年，〔百济〕责稽王九年。

295年，乙卯，〔西晋〕惠帝元康五年，☆黄帝历二千九百九十三年，〔高句丽〕烽上王四年；◇檀君历二千六百二十八年，〔新罗〕儒礼尼师今十二年，〔百济〕责稽王十年。

296年，丙辰，〔西晋〕惠帝元康六年，☆黄帝历二千九百九十四年，〔高句丽〕烽上王五年。是岁，再与慕容廆战，大败；◇檀君历二千六百二十九年，〔新罗〕儒礼尼师今十三年，〔百济〕责稽王十一年。

297年，丁巳，〔西晋〕惠帝元康七年，☆黄帝历二千九百九十五年，〔高句丽〕烽上王六年；◇檀君历二千六百三十年，〔新罗〕儒礼尼师今十四年，〔百济〕责稽王十二年。

298年，戊午，〔西晋〕惠帝元康八年，☆黄帝历二千九百九十六年，〔高句丽〕烽上王七年。是岁，西晋联合貊人攻百济，杀责稽王；◇檀君历二千六百三十一年，〔新罗〕儒礼尼师今十五年，基临尼师今（昔氏，助贲尼师今之孙，？—310）一年，〔百济〕责稽王十三年，汾西王（？—304）一年。

299年，己未，〔西晋〕惠帝元康九年，☆黄帝历二千九百九十七年，〔高句丽〕烽上王八年；◇檀君历二千六百三十二年，〔新罗〕基临尼师今二年，〔百济〕汾西王二年。

300年，庚申，〔西晋〕惠帝永康一年，☆黄帝历二千九百九十八年，〔高句丽〕烽上王九年，美川王一年。美川王名高乙弗（？—331）。是岁，高句丽大饥，民相食。烽上王征15岁以上男女营宫室，大失民心。群臣乃迎高乙弗为王，烽上王自缢而死；◇檀君历二千六百三十三年，〔新罗〕基临尼师今三年，〔百济〕汾西王三年。

301年，辛酉，〔西晋〕惠帝永宁一年，☆黄帝历二千九百九十九年，〔高句丽〕美川王二年；◇檀君历二千六百三十四年，〔新罗〕基临尼师今四年，〔百济〕汾西王四年。

302年，壬戌，〔西晋〕惠帝太安一年，☆黄帝历三千年，〔高句丽〕美川王三年。是岁，高句丽出兵3万袭玄菟郡，胁迫8000人移居平壤；◇檀君历二千六百三十五年，〔新罗〕基临尼师今五年，〔百济〕汾西王五年。

303年，癸亥，〔西晋〕惠帝太安二年，〔成（汉）〕建初一年，☆黄帝历三千〇一年，〔高句丽〕美川王四年；◇檀君历二千六百三十六年，〔新罗〕基临尼师今六年，〔百济〕汾西王六年。

304年，甲子，〔西晋〕惠帝永安一年，〔成（汉）〕建兴一年，〔汉（前赵）〕元熙一年，☆黄帝历三千〇二年，〔高句丽〕美川王五年；◇檀君历二千六百三十七年，〔新罗〕基临尼师今七年，〔百济〕汾西王七年，比流王（？—344）一年。是岁，汾西王袭取乐浪西县，旋被乐浪太守所遣刺客杀死。仇首王第二子比流王继位。

305年，乙丑，〔西晋〕惠帝永安二年，〔成（汉）〕建兴二年，〔汉（前赵）〕元熙二年，☆黄帝历三千〇三年，〔高句丽〕美川王六年；◇檀君历二千六百三十八年，〔新罗〕基临尼师今八年，〔百济〕比流王二年。

306年，丙寅，〔西晋〕惠帝光熙一年，〔成（汉）〕晏平一年，〔汉（前赵）〕元熙三年，☆黄帝历三千〇四年，〔高句丽〕美川王七年；◇檀君历二千六百三十九年，〔新罗〕基临尼师今九年，〔百济〕比流王三年。

307 年，丁卯，〔西晋〕怀帝永嘉一年，〔成（汉）〕晏平二年，〔汉（前赵）〕元熙四年，☆黄帝历三千〇五年，〔高句丽〕美川王八年；◇檀君历二千六百四十年，〔新罗〕基临尼师今十年，〔百济〕比流王四年。

308 年，戊辰，〔西晋〕怀帝永嘉二年，〔成（汉）〕晏平三年，〔汉（前赵）〕永凤一年，☆黄帝历三千〇六年，〔高句丽〕美川王九年；◇檀君历二千六百四十一年，〔新罗〕基临尼师今十一年，〔百济〕比流王五年。

309 年，己巳，〔西晋〕怀帝永嘉三年，〔成（汉）〕晏平四年，〔汉（前赵）〕河瑞一年，☆黄帝历三千〇七年，〔高句丽〕美川王十年；◇檀君历二千六百四十二年，〔新罗〕基临尼师今十二年，〔百济〕比流王六年。

310 年，庚午，〔西晋〕怀帝永嘉四年，〔成（汉）〕晏平五年，〔汉（前赵）〕光兴一年，☆黄帝历三千〇八年，〔高句丽〕美川王十一年；◇檀君历二千六百四十三年，〔新罗〕基临尼师今十三年，讫解尼师今（昔氏，？—356）一年，〔百济〕比流王七年。

311 年，辛未，〔西晋〕怀帝永嘉五年，〔成（汉）〕玉衡一年，〔汉（前赵）〕嘉平一年，☆黄帝历三千〇九年，〔高句丽〕美川王十二年。八月，高句丽袭取辽东西安平县；◇檀君历二千六百四十四年，〔新罗〕讫解尼师今二年，〔百济〕比流王八年。

312 年，壬申，〔西晋〕怀帝永嘉六年，〔成（汉）〕玉衡二年，〔汉（前赵）〕嘉平二年，☆黄帝历三千〇一十年，〔高句丽〕美川王十三年；◇檀君历二千六百四十五年，〔新罗〕讫解尼师今三年，〔百济〕比流王九年。

313 年，癸酉，〔西晋〕愍帝建兴一年，〔成（汉）〕玉衡三年，〔汉（前赵）〕嘉平三年，☆黄帝历三千〇一十一年，〔高句丽〕美川王十四年。是岁，高句丽袭击乐浪郡，掳 2000 人；◇檀君历二千六百四十六年，〔新罗〕讫解尼师今四年，〔百济〕比流王十年。

314 年，甲戌，〔西晋〕愍帝建兴二年，〔成（汉）〕玉衡四年，〔汉（前赵）〕嘉平四年，☆黄帝历三千〇一十二年，〔高句丽〕美川王十五年。是岁，高句丽立高斯由（一说名“刘钊”）为王太子；◇檀君历二千六百四十七年，〔新罗〕讫解尼师今五年，〔百济〕比流王十一年。

315 年，乙亥，〔西晋〕愍帝建兴三年，〔成（汉）〕玉衡五年，〔汉（前赵）〕建元一年，☆黄帝历三千〇一十三年，〔高句丽〕美川王十六年。是岁，高句丽攻破玄菟城；◇檀君历二千六百四十八年，〔新罗〕讫解尼师今六年，〔百济〕比流王十二年。

316 年，丙子，〔西晋〕愍帝建兴四年，〔成（汉）〕玉衡六年，〔汉（前赵）〕麟嘉一年，☆黄帝历三千〇一十四年，〔高句丽〕美川王十七年；◇檀君历二千六百四十九年，〔新罗〕讫解尼师今七年，〔百济〕比流王十三年。

317 年，丁丑，〔东晋〕元帝建武一年，〔成（汉）〕玉衡七年，〔汉（前赵）〕麟嘉二年，〔前凉〕建兴五年，☆黄帝历三千〇一十五年，〔高句丽〕美川王十八年；◇檀君历二千六百五十年，〔新罗〕讫解尼师今八年，〔百济〕比流王十四年。

318 年，戊寅，〔东晋〕元帝大兴一年，〔成（汉）〕玉衡八年，〔汉（前赵）〕汉昌一年，光初一年，〔前凉〕建兴六年，☆黄帝历三千〇一十六年，〔高句丽〕美川王十九年；◇檀君历二千六百五十一年，〔新罗〕讫解尼师今九年，〔百济〕比流王十五年。

319 年，己卯，〔东晋〕元帝大兴二年，〔成（汉）〕玉衡九年，〔汉（前赵）〕光初二年，〔后赵〕石勒一年，〔前凉〕建兴七年，☆黄帝历三千〇一十七年，〔高句丽〕美川王二十年。是岁，鲜卑慕容廆袭辽东，东晋平州刺史崔毖奔高句丽。是岁，辽东慕容翰、慕容仁伐高句丽，美川王求盟，二将军乃还；◇檀君历二千六百五十二年，〔新罗〕讫解尼师今十年，〔百济〕比流王十六年。

320 年，庚辰，〔东晋〕元帝大兴三年，〔成（汉）〕玉衡十年，〔汉（前赵）〕光初三年，〔后赵〕石勒二年，〔前凉〕建兴八年，☆黄帝历三千〇一十八年，〔高句丽〕美川王二十一年。是岁，高句丽遣兵寇辽东，慕容仁领兵破之；◇檀君历二千六百五十三年，〔新罗〕讫解尼师今十一年，〔百济〕比流王十七年。

321 年，辛巳，〔东晋〕元帝大兴四年，〔成（汉）〕玉衡十一年，〔汉（前赵）〕光初四年，〔后赵〕石勒三年，〔前凉〕建兴九年，☆黄帝历三千〇一十九年，〔高句丽〕美川王二十二年。岁末，东晋元帝以鲜卑慕容廆为持节都督幽平二州、东夷诸军事，平州牧，封辽东郡公[1]；◇檀君历二千六百五十四年，〔新罗〕讫解尼师今十二年，〔百济〕比流王十八年。

322 年，壬午，〔东晋〕元帝永昌一年，〔成（汉）〕玉衡十二年，〔汉（前赵）〕光初五年，〔后赵〕石勒四年，〔前凉〕建兴十年，☆黄帝历三千〇二十年，〔高句丽〕美川王二十三年；◇檀君历二千六百五十五年，〔新罗〕讫解尼师今十三年，〔百济〕比流王十九年。

323 年，癸未，〔东晋〕明帝太宁一年，〔成（汉）〕玉衡十三年，〔汉（前赵）〕光初六年，〔后赵〕石勒五年，〔前凉〕建兴十一年，☆黄帝历三千〇二十一年，〔高句丽〕美川王二十四年；◇檀君历二千六百五十六年，〔新罗〕讫解尼师今十四年，〔百济〕比流王二十年。

324 年，甲申，〔东晋〕明帝太宁二年，〔成（汉）〕玉衡十四年，〔汉（前赵）〕光初七年，〔后赵〕石勒六年，〔前凉〕建兴十二年，☆黄帝历三千〇二十二年，〔高句丽〕美川王二十五年；◇檀君历二千六百五十七年，〔新罗〕讫解尼师今十五年，〔百济〕比流王二十一年。

325 年，乙酉，〔东晋〕明帝太宁三年，〔成（汉）〕玉衡十五年，〔汉（前赵）〕光初八年，〔后赵〕石勒七年，〔前凉〕建兴十三年，☆黄帝历三千〇二十三年，〔高句丽〕美川王二十六年；◇檀君历二千六百五十八年，〔新罗〕讫解尼师今十六年，〔百济〕比流王二十二年。

326 年，丙戌，〔东晋〕成帝咸和一年，〔成（汉）〕玉衡十六年，〔汉（前赵）〕光初九年，〔后赵〕石勒八年，〔前凉〕建兴十四年，☆黄帝历三千〇二十四年，〔高句丽〕美川王二十七年；◇檀君历二千六百五十九年，〔新罗〕讫解尼师今十七年，〔百济〕比流王二十三年。

327 年，丁亥，〔东晋〕成帝咸和二年，〔成（汉）〕玉衡十七年，〔汉（前赵）〕光初十年，〔后赵〕石勒九年，〔前凉〕建兴十五年，☆黄帝历三千〇二十五年，〔高句丽〕美川王二十八年；◇檀君历二千六百六十年，〔新罗〕讫解尼师今十八年，〔百济〕比流王二十四年。

328 年，戊子，〔东晋〕成帝咸和三年，〔成（汉）〕玉衡十八年，〔汉（前赵）〕光初十一年，〔后赵〕太和一年，〔前凉〕建兴十六年，☆黄帝历三千〇二十六年，〔高句丽〕美川王二十九年；◇檀君历二千六百六十一年，〔新罗〕讫解尼师今十九年，〔百济〕比流王二十五年。

1　见姜孟山、刘子敏、金荣国主编《中国正史中的朝鲜史料》（第 1 卷），第 92 页，延边大学出版社，1996 年版。

329年，己丑，〔东晋〕成帝咸和四年，〔成（汉）〕玉衡十九年，〔汉（前赵）〕光初十二年，〔后赵〕太和二年，〔前凉〕建兴十七年，☆黄帝历三千〇二十七年，〔高句丽〕美川王三十年；◇檀君历二千六百六十二年，〔新罗〕讫解尼师今二十年，〔百济〕比流王二十六年。

330年，庚寅，〔东晋〕成帝咸和五年，〔成（汉）〕玉衡二十年，〔后赵〕建平一年，〔前凉〕建兴十八年，☆黄帝历三千〇二十八年，〔高句丽〕美川王三十一年。是岁，高句丽遣使如后赵，进献弓箭、楛矢于石勒；◇檀君历二千六百六十三年，〔新罗〕讫解尼师今二十一年，〔百济〕比流王二十七年。

331年，辛卯，〔东晋〕成帝咸和六年，〔成（汉）〕玉衡二十一年，〔后赵〕建平二年，〔前凉〕建兴十九年，☆黄帝历三千〇二十九年，〔高句丽〕美川王三十二年，故国原王高斯由（一说"高钊"，？—371）一年；◇檀君历二千六百六十四年，〔新罗〕讫解尼师今二十二年，〔百济〕比流王二十八年。

332年，壬辰，〔东晋〕成帝咸和七年，〔成（汉）〕玉衡二十二年，〔后赵〕建平三年，〔前凉〕建兴二十年，☆黄帝历三千〇三十年，〔高句丽〕故国原王二年；◇檀君历二千六百六十五年，〔新罗〕讫解尼师今二十三年，〔百济〕比流王二十九年。

333年，癸巳，〔东晋〕成帝咸和八年，〔成（汉）〕玉衡二十三年，〔后赵〕建平四年，〔前凉〕建兴二十一年，☆黄帝历三千〇三十一年，〔高句丽〕故国原王三年；◇檀君历二千六百六十六年，〔新罗〕讫解尼师今二十四年，〔百济〕比流王三十年。

334年，甲午，〔东晋〕成帝咸和九年，〔成（汉）〕玉衡二十四年，〔后赵〕延熙一年，〔前凉〕建兴二十二年，☆黄帝历三千〇三十二年，〔高句丽〕故国原王四年；◇檀君历二千六百六十七年，〔新罗〕讫解尼师今二十五年，〔百济〕比流王三十一年。

335年，乙未，〔东晋〕成帝咸康一年，〔成（汉）〕玉恒一年，〔后赵〕建武一年，〔前凉〕建兴二十三年，☆黄帝历三千〇三十三年，〔高句丽〕故国原王五年；◇檀君历二千六百六十八年，〔新罗〕讫解尼师今二十六年，〔百济〕比流王三十二年。

336年，丙申，〔东晋〕成帝咸康二年，〔成（汉）〕玉恒二年，〔后赵〕建武二年，〔前凉〕建兴二十四年，☆黄帝历三千〇三十四年，〔高句丽〕故国原王六年。是岁，高句丽遣使入东晋朝贡[1]；◇檀君历二千六百六十九年，〔新罗〕讫解尼师今二十七年，〔百济〕比流王三十三年。

337年，丁酉，〔东晋〕成帝咸康三年，〔成（汉）〕玉恒三年，〔后赵〕建武三年，〔前凉〕建兴二十五年，〔前燕〕慕容皝四年，☆黄帝历三千〇三十五年，〔高句丽〕故国原王七年；◇檀君历二千六百七十年，〔新罗〕讫解尼师今二十八年，〔百济〕比流王三十四年。

338年，戊戌，〔东晋〕成帝咸康四年，〔成（汉）〕汉兴一年，〔后赵〕建武四年，〔前凉〕建兴二十六年，〔前燕〕慕容皝五年，☆黄帝历三千〇三十六年，〔高句丽〕故国原王八年。是岁，慕容皝属下佟寿、郭充投奔高句丽；◇檀君历二千六百七十一年，〔新罗〕讫解尼师今二十九年，〔百济〕比流王三十五年。

339年，己亥，〔东晋〕成帝咸康五年，〔成（汉）〕汉兴二年，〔后赵〕建武五年，〔前凉〕建兴二十七年，〔前燕〕慕容皝六年，☆黄帝历三千〇三十七年，〔高句丽〕故国原王九年。是岁，

1　参见田久川《古代中日关系史》，第52页，大连工学院出版社，1987年版。

燕王慕容皝光伐高句丽，高句丽乞和；◇檀君历二千六百七十二年，〔新罗〕讫解尼师今三十年，〔百济〕比流王三十六年。

340 年，庚子，〔东晋〕成帝咸康六年，〔成（汉）〕汉兴三年，〔后赵〕建武六年，〔前凉〕建兴二十八年，〔前燕〕慕容皝七年，☆黄帝历三千〇三十八年，〔高句丽〕故国原王十年。是岁，高句丽遣世子朝燕王慕容皝；◇檀君历二千六百七十三年，〔新罗〕讫解尼师今三十一年，〔百济〕比流王三十七年。

341 年，辛丑，〔东晋〕成帝咸康七年，〔成（汉）〕汉兴四年，〔后赵〕建武七年，〔前凉〕建兴二十九年，〔前燕〕慕容皝八年，☆黄帝历三千〇三十九年，〔高句丽〕故国原王十一年；◇檀君历二千六百七十四年，〔新罗〕讫解尼师今三十二年，〔百济〕比流王三十八年。

342 年，壬寅，〔东晋〕成帝咸康八年，〔成（汉）〕汉兴五年，〔后赵〕建武八年，〔前凉〕建兴三十年，〔前燕〕慕容皝九年，☆黄帝历三千〇四十年，〔高句丽〕故国原王十二年。是岁，燕王慕容皝迁都龙城，慕容元真率大军攻伐高句丽，毁其丸都城[1]，俘王母周氏及 5 万高句丽人归；◇檀君历二千六百七十五年，〔新罗〕讫解尼师今三十三年，〔百济〕比流王三十九年。

343 年，癸卯，〔东晋〕康帝建元一年，〔成（汉）〕汉兴六年，〔后赵〕建武九年，〔前凉〕建兴三十一年，〔前燕〕慕容皝十年，☆黄帝历三千〇四十一年，〔高句丽〕故国原王十三年。是岁，高句丽移都平壤木觅山，遣王弟人贡燕王，又遣使如东晋朝贡；◇檀君历二千六百七十六年，〔新罗〕讫解尼师今三十四年，〔百济〕比流王四十年。

344 年，甲辰，〔东晋〕康帝建元二年，〔成（汉）〕太和一年，〔后赵〕建武十年，〔前凉〕建兴三十二年，〔前燕〕慕容皝十一年，☆黄帝历三千〇四十二年，〔高句丽〕故国原王十四年；◇檀君历二千六百七十七年，〔新罗〕讫解尼师今三十五年，〔百济〕比流王四十一年，契王（？—346）一年。十月，比流王薨，汾西王长子契王继位。

345 年，乙巳，〔东晋〕穆帝永和一年，〔成（汉）〕太和二年，〔后赵〕建武十一年，〔前凉〕建兴三十三年，〔前燕〕慕容皝十二年，☆黄帝历三千〇四十三年，〔高句丽〕故国原王十五年。是岁，燕王慕容皝遣慕容恪率兵攻拔南苏，并置戍所；◇檀君历二千六百七十八年，〔新罗〕讫解尼师今三十六年，〔百济〕契王二年。

346 年，丙午，〔东晋〕穆帝永和二年，〔成（汉）〕嘉宁一年，〔后赵〕建武十二年，〔前凉〕建兴三十四年，〔前燕〕慕容皝十三年，☆黄帝历三千〇四十四年，〔高句丽〕故国原王十六年；◇檀君历二千六百七十九年，〔新罗〕讫解尼师今三十七年，〔百济〕契王三年，近肖古王（？—375）一年。九月，契王薨，比流王次子近肖古王继位。是岁，半岛“驾洛国”（伽耶国）第五位国君伊品王立。王姓金氏，居叱旀王之子，母阿志夫人[2]。

347 年，丁未，〔东晋〕穆帝永和三年，〔成（汉）〕嘉宁二年，〔后赵〕建武十三年，〔前凉〕建兴三十五年，〔前燕〕慕容皝十四年，☆黄帝历三千〇四十五年，〔高句丽〕故国原王十七年；◇檀君历二千六百八十年，〔新罗〕讫解尼师今三十八年，〔百济〕近肖古王二年。

1 丸都城在今吉林省集安西丸都山上。

2 见〔韩〕一然原著，崔南善编《三国遗事》，第 12 页，瑞文文化社，1999 年版。

348 年，戊申，〔东晋〕穆帝永和四年，〔后赵〕建武十四年，〔前凉〕建兴三十六年，〔前燕〕慕容皝十五年，☆黄帝历三千〇四十六年，〔高句丽〕故国原王十八年；◇檀君历二千六百八十一年，〔新罗〕讫解尼师今三十九年，〔百济〕近肖古王三年。

349 年，己酉，〔东晋〕穆帝永和五年，〔后赵〕太宁一年，〔前凉〕建兴三十七年，〔前燕〕慕容儁一年，☆黄帝历三千〇四十七年，〔高句丽〕故国原王十九年。是岁，高句丽选东夷护军宋晃于燕；◇檀君历二千六百八十二年，〔新罗〕讫解尼师今四十年，〔百济〕近肖古王四年。

350 年，庚戌，〔东晋〕穆帝永和六年，〔冉魏〕永兴一年，〔前秦〕(苻洪) 一年，〔后赵〕青龙一年，〔前凉〕建兴三十八年，〔前燕〕慕容儁二年，☆黄帝历三千〇四十八年，〔高句丽〕故国原王二十年；◇檀君历二千六百八十三年，〔新罗〕讫解尼师今四十一年，〔百济〕近肖古王五年。

351 年，辛亥，〔东晋〕穆帝永和七年，〔冉魏〕永兴二年，〔前秦〕皇始一年，〔后赵〕永宁一年，〔前凉〕建兴三十九年，〔前燕〕慕容儁三年，☆黄帝历三千〇四十九年，〔高句丽〕故国原王二十一年；◇檀君历二千六百八十四年，〔新罗〕讫解尼师今四十二年，〔百济〕近肖古王六年。

352 年，壬子，〔东晋〕穆帝永和八年，〔冉魏〕永兴三年，〔前秦〕皇始二年，〔前凉〕建兴四十年，〔前燕〕元玺一年，☆黄帝历三千〇五十年，〔高句丽〕故国原王二十二年；◇檀君历二千六百八十五年，〔新罗〕讫解尼师今四十三年，〔百济〕近肖古王七年。

353 年，癸丑，〔东晋〕穆帝永和九年，〔前秦〕皇始三年，〔前凉〕建兴四十一年，〔前燕〕元玺二年，☆黄帝历三千〇五十一年，〔高句丽〕故国原王二十三年；◇檀君历二千六百八十六年，〔新罗〕讫解尼师今四十四年，〔百济〕近肖古王八年。

354 年，甲寅，〔东晋〕穆帝永和十年，〔前秦〕皇始四年，〔前凉〕和平一年（建兴四十二年)，〔前燕〕元玺三年，☆黄帝历三千〇五十二年，〔高句丽〕故国原王二十四年；◇檀君历二千六百八十七年，〔新罗〕讫解尼师今四十五年，〔百济〕近肖古王九年。

355 年，乙卯，〔东晋〕穆帝永和十一年，〔前秦〕寿光一年，〔前凉〕建兴四十三年，〔前燕〕元玺四年，☆黄帝历三千〇五十三年，〔高句丽〕故国原王二十五年。正月，高句丽立王子高丘夫为王太子。是岁，高句丽遣使入贡前燕，并纳人质，求放王母周氏。前燕遣殿中将军刁龛，送高句丽王母归国，并册故国原王为“征东大将军、营州刺史、乐浪公、高句丽王”；◇檀君历二千六百八十八年，〔新罗〕讫解尼师今四十六年，〔百济〕近肖古王十年。

356 年，丙辰，〔东晋〕穆帝永和十二年，〔前秦〕寿光二年，〔前凉〕建兴四十四年，〔前燕〕元玺五年，☆黄帝历三千〇五十四年，〔高句丽〕故国原王二十六年；◇檀君历二千六百八十九年，〔新罗〕讫解尼师今四十七年，奈勿尼师今（金氏，？—402）一年，〔百济〕近肖古王十一年。高丽文人金富轼对此时的新罗婚俗多有批判：“论曰：取妻不取同姓，以厚别也。是故，鲁公之取于吴，晋侯之有四姬，陈司败、郑子产深讥之。若新罗，则不止取同姓而已，兄弟子姑、姨从姊妹，皆聘为妻。虽外国各异俗，责之以中国之礼，则大悖矣”[1]。

1　参见〔韩〕金富轼原著，李康来校勘《三国史记》卷三，第 55 页，Hangilsa，1998 年版。

357年，丁巳，〔东晋〕穆帝升平一年，〔前秦〕永兴一年，〔前凉〕建兴四十五年，〔前燕〕光寿一年，☆黄帝历三千〇五十五年，〔高句丽〕故国原王二十七年；◇檀君历二千六百九十年，〔新罗〕奈勿尼师今二年，〔百济〕近肖古王十二年。

358年，戊午，〔东晋〕穆帝升平二年，〔前秦〕永兴二年，〔前凉〕建兴四十六年，〔前燕〕光寿二年，☆黄帝历三千〇五十六年，〔高句丽〕故国原王二十八年；◇檀君历二千六百九十一年，〔新罗〕奈勿尼师今三年，〔百济〕近肖古王十三年。

359年，己未，〔东晋〕穆帝升平三年，〔前秦〕甘露一年，〔前凉〕建兴四十七年，〔前燕〕光寿三年，☆黄帝历三千〇五十七年，〔高句丽〕故国原王二十九年；◇檀君历二千六百九十二年，〔新罗〕奈勿尼师今四年，〔百济〕近肖古王十四年。

360年，庚申，〔东晋〕穆帝升平四年，〔前秦〕甘露二年，〔前凉〕建兴四十八年，〔前燕〕建熙一年，☆黄帝历三千〇五十八年，〔高句丽〕故国原王三十年；◇檀君历二千六百九十三年，〔新罗〕奈勿尼师今五年，〔百济〕近肖古王十五年。

361年，辛酉，〔东晋〕穆帝升平五年，〔前秦〕甘露三年，〔前凉〕升平五年，〔前燕〕建熙二年，☆黄帝历三千〇五十九年，〔高句丽〕故国原王三十一年；◇檀君历二千六百九十四年，〔新罗〕奈勿尼师今六年，〔百济〕近肖古王十六年。

362年，壬戌，〔东晋〕哀帝隆和一年，〔前秦〕甘露四年，〔前凉〕升平六年，〔前燕〕建熙三年，☆黄帝历三千〇六十年，〔高句丽〕故国原王三十二年；◇檀君历二千六百九十五年，〔新罗〕奈勿尼师今七年，〔百济〕近肖古王十七年。

363年，癸亥，〔东晋〕哀帝兴宁一年，〔前秦〕甘露五年，〔前凉〕升平七年，〔前燕〕建熙四年，☆黄帝历三千〇六十一年，〔高句丽〕故国原王三十三年；◇檀君历二千六百九十六年，〔新罗〕奈勿尼师今八年，〔百济〕近肖古王十八年。

364年，甲子，〔东晋〕哀帝兴宁二年，〔前秦〕甘露六年，〔前凉〕升平八年，〔前燕〕建熙五年，☆黄帝历三千〇六十二年，〔高句丽〕故国原王三十四年；◇檀君历二千六百九十七年，〔新罗〕奈勿尼师今九年，〔百济〕近肖古王十九年。

365年，乙丑，〔东晋〕哀帝兴宁三年，〔前秦〕建元一年，〔前凉〕升平九年，〔前燕〕建熙六年，☆黄帝历三千〇六十三年，〔高句丽〕故国原王三十五年；◇檀君历二千六百九十八年，〔新罗〕奈勿尼师今十年，〔百济〕近肖古王二十年。

366年，丙寅，〔东晋〕海西公太和一年，〔前秦〕建元二年，〔前凉〕升平十年，〔前燕〕建熙七年，☆黄帝历三千〇六十四年，〔高句丽〕故国原王三十六年；◇檀君历二千六百九十九年，〔新罗〕奈勿尼师今十一年，〔百济〕近肖古王二十一年。

367年，丁卯，〔东晋〕海西公太和二年，〔前秦〕建元三年，〔前凉〕升平十一年，〔前燕〕建熙八年，☆黄帝历三千〇六十五年，〔高句丽〕故国原王三十七年；◇檀君历二千七百年，〔新罗〕奈勿尼师今十二年，〔百济〕近肖古王二十二年。

368年，戊辰，〔东晋〕海西公太和三年，〔前秦〕建元四年，〔前凉〕升平十二年，〔前燕〕建熙九年，☆黄帝历三千〇六十六年，〔高句丽〕故国原王三十八年；◇檀君历二千七百〇一年，〔新罗〕奈勿尼师今十三年，〔百济〕近肖古王二十三年。

369年，己巳，〔东晋〕海西公太和四年，〔前秦〕建元五年，〔前凉〕升平十三年，〔前燕〕建熙十年，☆黄帝历三千〇六十七年，〔高句丽〕故国原王三十九年；◇檀君历二千七百〇二年，〔新罗〕奈勿尼师今十四年，〔百济〕近肖古王二十四年。是岁，百济制作七支刀赠送日本的大和国，此即现藏日本奈良县天理市石上神宫的“七支刀”。其上有“泰（太）和四年五月丙午日”等汉字铭文。日本学术界将其与《日本书纪》“神功皇后五十二年”（252）关于百济献“七支刀”的记述联系起来[1]。但朝鲜学术界认为七支刀上的“太和”是百济的年号，是指公元48年[2]。也有学者认为，是岁大和国日军攻占朝鲜半岛的伽耶[3]，并开始了其对伽耶国近200年的控制，百济借此表达对日军攻打新罗的感激[4]。

370年，庚午，〔东晋〕海西公太和五年，〔前秦〕建元六年，〔前凉〕升平十四年，〔前燕〕建熙十一年，☆黄帝历三千〇六十八年，〔高句丽〕故国原王四十年。是岁，前秦苻坚攻前燕。前燕太傅慕容评奔高句丽，高句丽押送之，送于前秦[5]；◇檀君历二千七百〇三年，〔新罗〕奈勿尼师今十五年，〔百济〕近肖古王二十五年。

371年，辛未，〔东晋〕简文帝咸安一年，〔前秦〕建元七年，〔前凉〕升平十五年，☆黄帝历三千〇六十九年，〔高句丽〕故国原王四十一年，小兽林王一年。小兽林王名高丘夫（？—384）。是岁，百济攻高句丽，故国原王出战，中于流矢而薨。今朝鲜的安岳三号古坟即故国原王墓，墓中壁画上有青龙、白虎、朱雀、玄武等四神图[6]；◇檀君历二千七百〇四年，〔新罗〕奈勿尼师今十六年，〔百济〕近肖古王二十六年。是岁，百济迁都今韩国首尔北的“北汉山”。是岁，百济近肖古王亲率3万军兵攻高句丽，射杀故国原王。

372年，壬申，〔东晋〕简文帝咸安二年，〔前秦〕建元八年，〔前凉〕升平十六年，☆黄帝历三千〇七十年，〔高句丽〕小兽林王二年。是岁，前秦苻坚遣僧人顺道至高句丽弘扬佛法。高丽僧人一然《三国遗事》卷三曰：“高（句）丽本记云：小兽林王即位二年壬申，乃东晋咸安二年，孝武帝即位之年也。前秦苻坚遣使及僧顺道，送佛像经文（时坚都关中，即长安）”[7]。高句丽亦遣使谢恩，并入贡。是岁，高句丽立太学，教子弟儒学[8]；◇檀君历二千七百〇五年，〔新罗〕奈勿尼师今十七年，〔百济〕近肖古王二十七年。正月，百济遣使入晋朝贡。

373年，癸酉，〔东晋〕孝武帝宁康一年，〔前秦〕建元九年，〔前凉〕升平十七年，☆黄帝历三千〇七十一年，〔高句丽〕小兽林王三年。是岁，高句丽颁布律条；◇檀君历二千七百〇六年，〔新罗〕奈勿尼师今十八年，〔百济〕近肖古王二十八年。二月，百济遣使入晋朝贡。

374年，甲戌，〔东晋〕孝武帝宁康二年，〔前秦〕建元十年，〔前凉〕升平十八年，☆黄帝历三千〇七十二年，〔高句丽〕小兽林王四年。是岁，前秦僧人阿道至高句丽。是岁，东晋人高兴被百济聘为“博士”；◇檀君历二千七百〇七年，〔新罗〕奈勿尼师今十九年，〔百济〕

1　参见本年历“285年”及朴真奭《关于日本任那府存在与否问题》一文，该文收入中国朝鲜史研究会编《朝鲜历史研究论丛（一）》，延边大学出版社，1987年版。
2　参见〔朝〕严均《百济七支刀》，《今日朝鲜》，2007年第9期。
3　日本称“任那”。
4　参见田久川《古代中日关系史》，第52页，大连工学院出版社，1987年版。
5　见姜孟山、刘子敏、金荣国主编《中国正史中的朝鲜史料》（第1卷），第102页，延边大学出版社，1996年版。
6　参见〔朝〕张京哲《故国原王古坟壁画》，《朝鲜画报》，2008年第1期。
7　见〔韩〕一然原著，崔南善编《三国遗事》，第121页，瑞文文化社，1999年版。
8　见〔韩〕金富轼原著，李康来校勘《三国史记》，第187页，Hangilsa，1998年版。

近肖古王二十九年。

375年，乙亥，〔东晋〕孝武帝宁康三年，〔前秦〕建元十一年，〔前凉〕升平十九年，☆黄帝历三千〇七十三年，〔高句丽〕小兽林王五年。是岁，创立肖门寺，以前秦僧人阿道主持。此乃高句丽佛教之始。至是岁，百济和新罗尚未有佛寺；◇檀君历二千七百〇八年，〔新罗〕奈勿尼师今二十年，〔百济〕近肖古王三十年，近仇首王（？—384）一年。七月，高句丽军攻陷百济北鄙水谷城。十一月，百济近肖古王薨，其子近仇首王继位。是岁，博士高兴始有《书记》，此为百济汉字文献之始[1]。

376年，丙子，〔东晋〕孝武帝太元一年，〔前秦〕建元十二年，〔前凉〕升平二十年，☆黄帝历三千〇七十四年，〔高句丽〕小兽林王六年；◇檀君历二千七百〇九年，〔新罗〕奈勿尼师今二十一年，〔百济〕近仇首王二年。

377年，丁丑，〔东晋〕孝武帝太元二年，〔前秦〕建元十三年，☆黄帝历三千〇七十五年，〔高句丽〕小兽林王七年。十一月，高句丽遣使入前秦朝贡；◇檀君历二千七百一十年，〔新罗〕奈勿尼师今二十二年，〔百济〕近仇首王三年。

378年，戊寅，〔东晋〕孝武帝太元三年，〔前秦〕建元十四年，☆黄帝历三千〇七十六年，〔高句丽〕小兽林王八年。是岁，契丹攻陷高句丽北八部落；◇檀君历二千七百一十一年，〔新罗〕奈勿尼师今二十三年，〔百济〕近仇首王四年。

379年，己卯，〔东晋〕孝武帝太元四年，〔前秦〕建元十五年，☆黄帝历三千〇七十七年，〔高句丽〕小兽林王九年；◇檀君历二千七百一十二年，〔新罗〕奈勿尼师今二十四年，〔百济〕近仇首王五年。三月，百济遣使入晋朝贡，因海上风大而还。

380年，庚辰，〔东晋〕孝武帝太元五年，〔前秦〕建元十六年，☆黄帝历三千〇七十八年，〔高句丽〕小兽林王十年；◇檀君历二千七百一十三年，〔新罗〕奈勿尼师今二十五年，〔百济〕近仇首王六年。

381年，辛巳，〔东晋〕孝武帝太元六年，☆黄帝历三千〇七十九年，〔高句丽〕小兽林王十一年；◇檀君历二千七百一十四年，〔新罗〕奈勿尼师今二十六年，〔百济〕近仇首王七年。是岁，新罗遣卫头入秦，进方物。苻坚问卫头东海事。

382年，壬午，〔东晋〕孝武帝太元七年，☆黄帝历三千〇八十年，〔高句丽〕小兽林王十二年；◇檀君历二千七百一十五年，〔新罗〕奈勿尼师今二十七年，〔百济〕近仇首王八年。

383年，癸未，〔东晋〕孝武帝太元八年，☆黄帝历三千〇八十一年，〔高句丽〕小兽林王十三年；◇檀君历二千七百一十六年，〔新罗〕奈勿尼师今二十八年，〔百济〕近仇首王九年。

384年，甲申，〔东晋〕孝武帝太元九年，☆黄帝历三千〇八十二年，〔高句丽〕小兽林王十四年，故国壤王一年。故国壤王名高伊连（？—391），小兽林王之弟也；◇檀君历二千七百一十七年，〔新罗〕奈勿尼师今二十九年，〔百济〕近仇首王十年，枕流王（？—385）一年。四月，百济近仇首王薨，其子枕流王继位。七月，百济遣使入晋朝贡。是岁，摩罗难陀自东晋入百济，此乃百济佛教之始。

---

1 参见〔韩〕金台俊原著，张琏瑰译《朝鲜汉文学史》，第12页，社会科学文献出版社，1996年版。

385年，乙酉，〔东晋〕孝武帝太元十年，☆黄帝历三千〇八十三年，〔高句丽〕故国壤王二年。二月，高句丽出兵4万，袭辽东。十一月，慕容农率军击败高句丽，恢复辽东、玄菟二郡，以范阳人庞渊为辽东太守[1]；◇檀君历二千七百一十八年，〔新罗〕奈勿尼师今三十年，〔百济〕枕流王二年，辰斯王（？—392）一年。十一月，枕流王薨，枕流王弟辰斯王继位。

386年，丙戌，〔东晋〕孝武帝太元十一年，〔北朝／北魏〕道武帝登国一年，我国进入南北朝时期，☆黄帝历三千〇八十四年，〔高句丽〕故国壤王三年。正月，高句丽立王子高谈德为太子；◇檀君历二千七百一十九年，〔新罗〕奈勿尼师今三十一年，〔百济〕辰斯王二年。

387年，丁亥，〔北朝／北魏〕道武帝登国二年，☆黄帝历三千〇八十五年，〔高句丽〕故国壤王四年；◇檀君历二千七百二十年，〔新罗〕奈勿尼师今三十二年，〔百济〕辰斯王三年。

388年，戊子，〔东晋〕孝武帝太元十二年，〔北朝／北魏〕道武帝登国三年，☆黄帝历三千〇八十六年，〔高句丽〕故国壤王五年；◇檀君历二千七百二十一年，〔新罗〕奈勿尼师今三十三年，〔百济〕辰斯王四年。

389年，己丑，〔东晋〕孝武帝太元十三年，〔北朝／北魏〕道武帝登国四年，☆黄帝历三千〇八十七年，〔高句丽〕故国壤王六年；◇檀君历二千七百二十二年，〔新罗〕奈勿尼师今三十四年，〔百济〕辰斯王五年。是岁，百济遣兵侵高句丽南部。

390年，庚寅，〔东晋〕孝武帝太元十四年，〔北朝／北魏〕道武帝登国五年，☆黄帝历三千〇八十八年，〔高句丽〕故国壤王七年；◇檀君历二千七百二十三年，〔新罗〕奈勿尼师今三十五年，〔百济〕辰斯王六年。是岁，百济遣兵侵高句丽，拔都坤城。

391年，辛卯，〔东晋〕孝武帝太元十五年，〔北朝／北魏〕道武帝登国六年，☆黄帝历三千〇八十九年，〔高句丽〕故国壤王八年，广开土王一年。广开土王名高谈德（？—413），故国壤王之子；◇檀君历二千七百二十四年，〔新罗〕奈勿尼师今三十六年，〔百济〕辰斯王七年。四月，靺鞨攻陷百济北鄙赤岘城。

392年，壬辰，〔东晋〕孝武帝太元十六年，〔北朝／北魏〕道武帝登国七年，☆黄帝历三千〇九十年，〔高句丽〕广开土王二年。九月，高句丽北攻契丹；◇檀君历二千七百二十五年，〔新罗〕奈勿尼师今三十七年，〔百济〕辰斯王八年，阿莘王（？—405）一年。七月，高句丽王高谈德率4万大军攻百济。十一月，百济辰斯王薨于狗原行宫，枕流王元子阿莘王即位。阿莘王又名“阿芳王”[2]。

393年，癸巳，〔东晋〕孝武帝太元十七年，〔北朝／北魏〕道武帝登国八年，☆黄帝历三千〇九十一年，〔高句丽〕广开土王三年；◇檀君历二千七百二十六年，〔新罗〕奈勿尼师今三十八年，〔百济〕阿莘王二年。是岁，百济与高句丽战于关弥城。

394年，甲午，〔东晋〕孝武帝太元十八年，〔北朝／北魏〕道武帝登国九年，☆黄帝历三千〇九十二年，〔高句丽〕广开土王四年；◇檀君历二千七百二十七年，〔新罗〕奈勿尼师今三十九年，〔百济〕阿莘王三年。二月，百济立元子腆支为太子。

---

1 参见《北史·列传第八十二》（卷九十四）。

2 参见田久川《古代中日关系史》，第52页，大连工学院出版社，1987年版。山西省图书馆编印《中国日本朝鲜越南四国历史年代对照表（公元前660年－公元1918年）》记阿莘王为“阿华王”。

395年，乙未，〔东晋〕孝武帝太元十九年，〔北朝／北魏〕道武帝登国十年，☆黄帝历三千〇九十三年，〔高句丽〕广开土王五年；◇檀君历二千七百二十八年，〔新罗〕奈勿尼师今四十年，〔百济〕阿莘王四年。是岁，百济军与高句丽军战于浿水。

396年，丙申，〔东晋〕孝武帝太元二十年，〔北朝／北魏〕道武帝登国十一年，皇始一年，☆黄帝历三千〇九十四年，〔高句丽〕广开土王六年；◇檀君历二千七百二十九年，〔新罗〕奈勿尼师今四十一年，〔百济〕阿莘王五年。

397年，丁酉，〔东晋〕安帝隆安一年，〔北朝／北魏〕道武帝皇始二年，☆黄帝历三千〇九十五年，〔高句丽〕广开土王七年；◇檀君历二千七百三十年，〔新罗〕奈勿尼师今四十二年，〔百济〕阿莘王六年。是岁，百济遣太子腆支为倭国人质[1]。

398年，戊戌，〔东晋〕安帝隆安二年，〔北朝／北魏〕道武帝皇始三年，天兴一年，☆黄帝历三千〇九十六年，〔高句丽〕广开土王八年；◇檀君历二千七百三十一年，〔新罗〕奈勿尼师今四十三年，〔百济〕阿莘王七年。

399年，己亥，〔东晋〕安帝隆安三年，〔北朝／北魏〕道武帝天兴二年，☆黄帝历三千〇九十七年，〔高句丽〕广开土王九年；◇檀君历二千七百三十二年，〔新罗〕奈勿尼师今四十四年，〔百济〕阿莘王八年。

400年，庚子，〔东晋〕安帝隆安四年，〔北朝／北魏〕道武帝天兴三年，☆黄帝历三千〇九十八年，〔高句丽〕广开土王十年。正月，高句丽遣使如燕进贡。燕王慕容盛以高句丽广开土王礼慢，亲率兵3万，拔新城、南苏二城；◇檀君历二千七百三十三年，〔新罗〕奈勿尼师今四十五年，〔百济〕阿莘王九年。

401年，辛丑，〔东晋〕安帝隆安五年，〔北朝／北魏〕道武帝天兴四年，☆黄帝历三千〇九十九年，〔高句丽〕广开土王十一年；◇檀君历二千七百三十四年，〔新罗〕奈勿尼师今四十六年，〔百济〕阿莘王十年。

402年，壬寅，〔东晋〕安帝元兴一年，〔北朝／北魏〕道武帝天兴五年，☆黄帝历三千一百年，〔高句丽〕广开土王十二年。是岁，高句丽出兵攻燕；◇檀君历二千七百三十五年，〔新罗〕奈勿尼师今四十七年，实圣尼师今（金氏，？—417）一年，〔百济〕阿莘王十一年。

403年，癸卯，〔东晋〕安帝元兴二年，〔北朝／北魏〕道武帝天兴六年，☆黄帝历三千一百〇一年，〔高句丽〕广开土王十三年；◇檀君历二千七百三十六年，〔新罗〕实圣尼师今二年，〔百济〕阿莘王十二年。

404年，甲辰，〔东晋〕安帝元兴三年，〔北朝／北魏〕道武帝天兴七年，天赐一年，☆黄帝历三千一百〇二年，〔高句丽〕广开土王十四年。是岁，高句丽出兵攻燕；◇檀君历二千七百三十七年，〔新罗〕实圣尼师今三年，〔百济〕阿莘王十三年。

405年，乙巳，〔东晋〕安帝义熙一年，〔北朝／北魏〕道武帝天赐一年，☆黄帝历三千一百〇三年，〔高句丽〕广开土王十五年。是岁，燕王熙出兵攻辽东城；◇檀君历二千七百三十八年，〔新罗〕实圣尼师今四年，〔百济〕阿莘王十三年，腆支王（扶）余映（？—

1　参见朝鲜文人权近《阳村集》卷三十四《东国史略论》。

420）一年。九月，百济阿莘王薨，太子（扶）余映继位[1]。是岁，百济王仁博士赴日本，以《论语》教育日本皇子[2]。

406年，丙午，〔东晋〕安帝义熙二年，〔北朝／北魏〕道武帝天赐二年，☆黄帝历三千一百〇四年，〔高句丽〕广开土王十六年。是岁，燕王熙出兵攻木底城；◇檀君历二千七百三十九年，〔新罗〕实圣尼师今五年，〔百济〕腆支王二年。是岁，百济遣使入晋朝贡。

407年，丁未，〔东晋〕安帝义熙三年，〔北朝／北魏〕道武帝天赐三年，☆黄帝历三千一百〇五年，〔高句丽〕广开土王十七年；◇檀君历二千七百四十年，〔新罗〕实圣尼师今六年，〔百济〕腆支王三年。是岁，半岛“驾洛国”（伽耶国）第六位国君坐知王立。王姓金氏，伊品王之子，母贞信夫人[3]。

408年，戊申，〔东晋〕安帝义熙四年，〔北朝／北魏〕道武帝天赐四年，☆黄帝历三千一百〇六年，〔高句丽〕广开土王十八年。春，高句丽遣使北燕，并与北燕王叙宗族。北燕王名慕容云，自称本姓“高”，祖父高和，与高句丽同是高阳氏后裔。因高云在中宫伺候太子，得赐慕容之姓。是岁，北燕遣侍御史李拔出使高句丽；◇檀君历二千七百四十一年，〔新罗〕实圣尼师今七年，〔百济〕腆支王四年。

409年，己酉，〔东晋〕安帝义熙五年，〔北朝／北魏〕道武帝天赐五年，明元帝永兴一年，☆黄帝历三千一百〇七年，〔高句丽〕广开土王十九年。四月，高句丽立王子巨连为太子；◇檀君历二千七百四十二年，〔新罗〕实圣尼师今八年，〔百济〕腆支王五年。

410年，庚戌，〔东晋〕安帝义熙六年，〔北朝／北魏〕明元帝永兴二年，☆黄帝历三千一百〇八年，〔高句丽〕广开土王二十年；◇檀君历二千七百四十三年，〔新罗〕实圣尼师今九年，〔百济〕腆支王六年。

411年，辛亥，〔东晋〕安帝义熙七年，〔北朝／北魏〕明元帝永兴三年，☆黄帝历三千一百〇九年，〔高句丽〕广开土王二十一年；◇檀君历二千七百四十四年，〔新罗〕实圣尼师今十年，〔百济〕腆支王七年。

412年，壬子，〔东晋〕安帝义熙八年，〔北朝／北魏〕明元帝永兴四年，☆黄帝历三千一百一十年，〔高句丽〕广开土王二十二年；◇檀君历二千七百四十五年，〔新罗〕实圣尼师今十一年，〔百济〕腆支王八年。

413年，癸丑，〔东晋〕安帝义熙九年，〔北朝／北魏〕明元帝永兴五年，☆黄帝历三千一百一十一年，〔高句丽〕长寿王一年。长寿王名高巨连（394—491）。《魏书·列传第八十八·高句丽》（卷一百）称其“高琏”。长寿王在位79年，寿97。长寿王葬其父广开土王高谈德，并立“好太王陵碑”。是岁，长寿王遣长史高翼如东晋朝贡，并献赭白马。东晋安帝封长寿王“使持节、都督营州诸军事、征东将军、高句丽王、乐浪公”[4]；◇檀君历二千七百四十六年，〔新罗〕实圣尼师今十二年，〔百济〕腆支王九年。

1　参见《宋书·列传第五十七·夷蛮·高句丽百济》（卷九十七）注12，台北中华书局，1995年版。
2　参见拙著《朝鲜半岛汉学史》，第23页，学苑出版社，2009年版。
3　见〔韩〕一然原著，崔南善编《三国遗事》，第13页，瑞文文化社，1999年版。
4　参见《南史·列传第六十九·东夷》（卷七十九）。

414年，甲寅，〔东晋〕安帝义熙十年，〔北朝／北魏〕明元帝神瑞一年，☆黄帝历三千一百一十二年，〔高句丽〕长寿王二年。是岁，长寿王竖立《好太王碑》[1]；◇檀君历二千七百四十七年，〔新罗〕实圣尼师今十三年，〔百济〕腆支王十年。

415年，乙卯，〔东晋〕安帝义熙十一年，〔北朝／北魏〕明元帝神瑞二年，☆黄帝历三千一百一十三年，〔高句丽〕长寿王三年；◇檀君历二千七百四十八年，〔新罗〕实圣尼师今十四年，〔百济〕腆支王十一年。

416年，丙辰，〔东晋〕安帝义熙十二年，〔北朝／北魏〕明元帝泰常一年，☆黄帝历三千一百一十四年，〔高句丽〕长寿王四年。是岁，东晋遣使至百济，册腆支王为“使持节、都督百济诸军事、镇东将军、百济王”[2]；◇檀君历二千七百四十九年，〔新罗〕实圣尼师今十五年，〔百济〕腆支王十二年。

417年，丁巳，〔东晋〕安帝义熙十三年，〔北朝／北魏〕明元帝泰常二年，☆黄帝历三千一百一十五年，〔高句丽〕长寿王五年；◇檀君历二千七百五十年，〔新罗〕实圣尼师今十六年，讷祇麻立干（金氏，？—458）一年，〔百济〕腆支王十三年。〔韩〕金富轼《三国史记》卷三引用金大问的话说，“麻立”即新罗语里的“橛”。这里，“麻立干”是大统领的意思。现今韩语里的“总统”译成汉字即“大统领”[3]。

418年，戊午，〔东晋〕安帝义熙十四年，〔北朝／北魏〕明元帝泰常三年，☆黄帝历三千一百一十六年，〔高句丽〕长寿王六年；◇檀君历二千七百五十一年，〔新罗〕讷祇麻立干二年，〔百济〕腆支王十四年。

419年，己未，〔东晋〕恭帝元熙一年，〔北朝／北魏〕明元帝泰常四年，☆黄帝历三千一百一十七年，〔高句丽〕长寿王七年；◇檀君历二千七百五十二年，〔新罗〕讷祇麻立干三年，〔百济〕腆支王十五年。

420年，庚申，〔南朝／宋〕武帝永初一年，〔北朝／北魏〕明元帝泰常五年，☆黄帝历三千一百一十八年，〔高句丽〕长寿王八年。是岁，宋武帝加封高句丽长寿王“征东大将军”，加封百济腆支王“镇东大将军”[4]；◇檀君历二千七百五十三年，〔新罗〕讷祇麻立干四年，〔百济〕腆支王十六年，久尔辛王（？—427）一年。三月，百济腆支王薨，其子久尔辛王继位。

421年，辛酉，〔南朝／宋〕武帝永初二年，〔北朝／北魏〕明元帝泰常六年，☆黄帝历三千一百一十九年，〔高句丽〕长寿王九年；◇檀君历二千七百五十四年，〔新罗〕讷祇麻立干五年，〔百济〕久尔辛王二年。是岁，半岛“驾洛国”（伽耶国）第七位国君吹希王立。王姓金氏，一名“金喜”，坐知王之子，母福寿夫人[5]。

422年，壬戌，〔南朝／宋〕武帝永初三年，〔北朝／北魏〕明元帝泰常七年，☆黄帝历三千一百二十年，〔高句丽〕长寿王十年。是岁，宋武帝加封长寿王“散骑常侍、都督平州诸

1 近人罗振玉认定是岁长寿王竖立此碑。参见马大正、李大龙、耿铁华、权赫秀《古代中国高句丽历史续论》，第255页，中国社会科学出版社，2003年版。

2 参见《南史·列传第六十九·东夷》（卷七十九）。

3 参见〔韩〕金富轼原著，李康来校勘《三国史记》，第57页，Hangilsa，1998年版。

4 参见《南史·列传第六十九·东夷》（卷七十九）、《宋书·列传第五十七·夷蛮·高句丽百济》（卷九十七）。

5 见〔韩〕一然原著，崔南善编《三国遗事》，第14页，瑞文文化社，1999年版。

军事”[1]；◇檀君历二千七百五十五年，〔新罗〕讷祇麻立干六年，〔百济〕久尔辛王三年。

423年，癸亥，〔南朝／宋〕少帝景平一年，〔北朝／北魏〕明元帝泰常八年，☆黄帝历三千一百二十一年，〔高句丽〕长寿王十一年。三月，高句丽遣使入南朝宋进贡；◇檀君历二千七百五十六年，〔新罗〕讷祇麻立干七年，〔百济〕久尔辛王四年。

424年，甲子，〔南朝／宋〕少帝景平二年，文帝元嘉一年，〔北朝／北魏〕太武帝始光一年，☆黄帝历三千一百二十二年，〔高句丽〕长寿王十二年。是岁，高句丽遣长史马娄，至南朝宋献方物。宋少帝遣谒者朱邵伯、王邵子慰劳长寿王[2]；◇檀君历二千七百五十七年，〔新罗〕讷祇麻立干八年，〔百济〕久尔辛王五年。是岁，百济遣长史张威，至南朝宋进贡[3]。

425年，乙丑，〔南朝／宋〕文帝元嘉二年，〔北朝／北魏〕太武帝始光二年，☆黄帝历三千一百二十三年，〔高句丽〕长寿王十三年。是岁，宋文帝遣兼谒者闾丘恩子、兼副谒者丁敬子，至百济宣诏慰王[4]。是岁，高句丽遣使如北魏朝贡；◇檀君历二千七百五十八年，〔新罗〕讷祇麻立干九年，〔百济〕久尔辛王六年。

426年，丙寅，〔南朝／宋〕文帝元嘉三年，〔北朝／北魏〕太武帝始光三年，☆黄帝历三千一百二十四年，〔高句丽〕长寿王十四年；◇檀君历二千七百五十九年，〔新罗〕讷祇麻立干十年，〔百济〕久尔辛王七年。

427年，丁卯，〔南朝／宋〕文帝元嘉四年，〔北朝／北魏〕太武帝始光四年，☆黄帝历三千一百二十五年，〔高句丽〕长寿王十五年。是岁，高句丽完成从国内城[5]迁都平壤的大城山。“大城山城”是现今朝鲜的旅游景点，内有安鹤宫址[6]；◇檀君历二千七百六十年，〔新罗〕讷祇麻立干十一年，〔百济〕久尔辛王八年，毗有王（？—455）一年。《宋书 · 列传第五十七 · 夷蛮 · 高句丽百济》（卷九十七）等史书载，王名“（扶）余毗”。

428年，戊辰，〔南朝／宋〕文帝元嘉五年，〔北朝／北魏〕太武帝始光五年，神䴥一年，☆黄帝历三千一百二十六年，〔高句丽〕长寿王十六年；◇檀君历二千七百六十一年，〔新罗〕讷祇麻立干十二年，〔百济〕毗有王二年。

429年，己巳，〔南朝／宋〕文帝元嘉六年，〔北朝／北魏〕太武帝神䴥二年，☆黄帝历三千一百二十七年，〔高句丽〕长寿王十七年；◇檀君历二千七百六十二年，〔新罗〕讷祇麻立干十三年，〔百济〕毗有王三年。七月，百济遣使至南朝宋进贡。

430年，庚午，〔南朝／宋〕文帝元嘉七年，〔北朝／北魏〕太武帝神䴥三年，☆黄帝历三千一百二十八年，〔高句丽〕长寿王十八年。是岁，宋文帝遣使至百济，诏准毗有王承袭东晋于公元416年所封腆支王爵位：“使持节、都督百济诸军事、镇东将军、百济王”[7]；◇檀君历二千七百六十三年，〔新罗〕讷祇麻立干十四年，〔百济〕毗有王四年。是岁，百济遣使入南朝

1　参见《南史 · 列传第六十九 · 东夷》（卷七十九）。
2　参见《南史 · 列传第六十九 · 东夷》（卷七十九）、《宋书 · 列传第五十七 · 夷蛮 · 高句丽百济》（卷九十七）。
3　参见《南史 · 列传第六十九 · 东夷》（卷七十九）。
4　参见《南史 · 列传第六十九 · 东夷》（卷七十九）、《宋书 · 列传第五十七 · 夷蛮 · 高句丽百济》（卷九十七）。
5　国内城，今吉林省集安。参见史念海《中国古都和文化》，第125页，中华书局，1998年版。
6　参见〔朝〕李镇明《大城山历史遗迹》，《朝鲜画报》，2008年第6期。
7　参见《南史 · 列传第六十九 · 东夷》（卷七十九）。

宋进贡。

431年，辛未，〔南朝／宋〕文帝元嘉八年，〔北朝／北魏〕太武帝神䴥四年，☆黄帝历三千一百二十九年，〔高句丽〕长寿王十九年；◇檀君历二千七百六十四年，〔新罗〕讷祇麻立干十五年，〔百济〕毗有王五年。

432年，壬申，〔南朝／宋〕文帝元嘉九年，〔北朝／北魏〕太武帝延和一年，☆黄帝历三千一百三十年，〔高句丽〕长寿王二十年；◇檀君历二千七百六十五年，〔新罗〕讷祇麻立干十六年，〔百济〕毗有王六年。

433年，癸酉，〔南朝／宋〕文帝元嘉十年，〔北朝／北魏〕太武帝延和二年，☆黄帝历三千一百三十一年，〔高句丽〕长寿王二十一年；◇檀君历二千七百六十六年，〔新罗〕讷祇麻立干十七年，〔百济〕毗有王七年。

434年，甲戌，〔南朝／宋〕文帝元嘉十一年，〔北朝／北魏〕太武帝延和三年，☆黄帝历三千一百三十二年，〔高句丽〕长寿王二十二年；◇檀君历二千七百六十七年，〔新罗〕讷祇麻立干十八年，〔百济〕毗有王八年。

435年，乙亥，〔南朝／宋〕文帝元嘉十二年，〔北朝／北魏〕太武帝太延一年，☆黄帝历三千一百三十三年，〔高句丽〕长寿王二十三年。是岁，高句丽遣安东如北魏朝贡，且请国讳。北魏嘉其诚款，使录帝系及讳以与之。是岁，北魏遣员外散骑侍郎李敖，至高句丽，册长寿王"都督辽海诸军事、征东将军、领护东夷中郎将、辽东郡开国公、高句丽王。"李敖记平壤风俗甚详。秋，高句丽遣使如北魏谢恩，贡黄金200斤、白银400斤[1]；◇檀君历二千七百六十八年，〔新罗〕讷祇麻立干十九年，〔百济〕毗有王九年。

436年，丙子，〔南朝／宋〕文帝元嘉十三年，〔北朝／北魏〕太武帝太延二年，☆黄帝历三千一百三十四年，〔高句丽〕长寿王二十四年。三月，北魏安东将军娥清、平西将军古弼攻燕，燕王冯弘（冯文通）求救于高句丽，高句丽遣大将葛曼卢迎接燕王冯弘（冯文通）。五月，北魏遣散骑常侍封拨至高句丽，诏令押送燕王冯弘（冯文通）。高句丽礼接封拨，并遣使奉表如北魏，称将与冯弘（冯文通）共事北魏[2]。是岁，高句丽遣使入南朝宋朝贡；◇檀君历二千七百六十九年，〔新罗〕讷祇麻立干二十年，〔百济〕毗有王十年。

437年，丁丑，〔南朝／宋〕文帝元嘉十四年，〔北朝／北魏〕太武帝太延三年，☆黄帝历三千一百三十五年，〔高句丽〕长寿王二十五年。二月，高句丽遣使如北魏朝贡；◇檀君历二千七百七十年，〔新罗〕讷祇麻立干二十一年，〔百济〕毗有王十一年。

438年，戊寅，〔南朝／宋〕文帝元嘉十五年，〔北朝／北魏〕太武帝太延四年，☆黄帝历三千一百三十六年，〔高句丽〕长寿王二十六年。三月，燕王冯弘（冯文通）不满高句丽，乃遣人如南朝宋求援。宋文帝遣王白驹、赵次兴至高句丽迎冯弘（冯文通），并着长寿王送冯弘（冯文通）如宋。长寿王遣将军孙漱、高仇杀死冯弘（冯文通）。王白驹杀高仇、擒孙漱，旋被高句丽执送，交宋文帝[3]；◇檀君历二千七百七十一年，〔新罗〕讷祇麻立干二十二年，〔百济〕

1 参见《北史·列传第八十二》（卷九十四）、《魏书·列传第八十八·高句丽》（卷一百）。

2 参见《北史·列传第八十二》（卷九十四）。

3 参见《南史·列传第六十九·东夷》（卷七十九）、《宋书·列传第五十七·夷蛮·高句丽百济》（卷九十七）。

毗有王十二年。

439年，己卯，〔南朝／宋〕文帝元嘉十六年，〔北朝／北魏〕太武帝太延五年，☆黄帝历三千一百三十七年，〔高句丽〕长寿王二十七年。是岁，宋文帝诏高句丽献马，备攻北魏。十一、十二月，高句丽两次遣使如南朝宋朝贡，献马800匹[1]。是岁，高句丽遣使入北魏朝贡；◇檀君历二千七百七十二年，〔新罗〕讷祇麻立干二十三年，〔百济〕毗有王十三年。

440年，庚辰，〔南朝／宋〕文帝元嘉十七年，〔北朝／北魏〕太武帝太延六年，太平真君一年，☆黄帝历三千一百三十八年，〔高句丽〕长寿王二十八年；◇檀君历二千七百七十三年，〔新罗〕讷祇麻立干二十四年，〔百济〕毗有王十四年。十月，百济遣使入南朝宋朝贡。

441年，辛巳，〔南朝／宋〕文帝元嘉十八年，〔北朝／北魏〕太武帝太平真君二年，☆黄帝历三千一百三十九年，〔高句丽〕长寿王二十九年。是岁，高句丽遣使入南朝宋朝贡；◇檀君历二千七百七十四年，〔新罗〕讷祇麻立干二十五年，〔百济〕毗有王十五年。

442年，壬午，〔南朝／宋〕文帝元嘉十九年，〔北朝／北魏〕太武帝太平真君三年，☆黄帝历三千一百四十年，〔高句丽〕长寿王三十年；◇檀君历二千七百七十五年，〔新罗〕讷祇麻立干二十六年，〔百济〕毗有王十六年。

443年，癸未，〔南朝／宋〕文帝元嘉二十年，〔北朝／北魏〕太武帝太平真君四年，☆黄帝历三千一百四十一年，〔高句丽〕长寿王三十一年。是岁，高句丽遣使入南朝宋朝贡；◇檀君历二千七百七十六年，〔新罗〕讷祇麻立干二十七年，〔百济〕毗有王十七年。是岁，百济遣使入南朝宋进贡。

444年，甲申，〔南朝／宋〕文帝元嘉二十一年，〔北朝／北魏〕太武帝太平真君五年，☆黄帝历三千一百四十二年，〔高句丽〕长寿王三十二年；◇檀君历二千七百七十七年，〔新罗〕讷祇麻立干二十八年，〔百济〕毗有王十八年。

445年，乙酉，〔南朝／宋〕文帝元嘉二十二年，〔北朝／北魏〕太武帝太平真君六年，☆黄帝历三千一百四十三年，〔高句丽〕长寿王三十三年；◇檀君历二千七百七十八年，〔新罗〕讷祇麻立干二十九年，〔百济〕毗有王十九年。

446年，丙戌，〔南朝／宋〕文帝元嘉二十三年，〔北朝／北魏〕太武帝太平真君七年，☆黄帝历三千一百四十四年，〔高句丽〕长寿王三十四年；◇檀君历二千七百七十九年，〔新罗〕讷祇麻立干三十年，〔百济〕毗有王二十年。

447年，丁亥，〔南朝／宋〕文帝元嘉二十四年，〔北朝／北魏〕太武帝太平真君八年，☆黄帝历三千一百四十五年，〔高句丽〕长寿王三十五年；◇檀君历二千七百八十年，〔新罗〕讷祇麻立干三十一年，〔百济〕毗有王二十一年。

448年，戊子，〔南朝／宋〕文帝元嘉二十五年，〔北朝／北魏〕太武帝太平真君九年，☆黄帝历三千一百四十六年，〔高句丽〕长寿王三十六年；◇檀君历二千七百八十一年，〔新罗〕讷祇麻立干三十二年，〔百济〕毗有王二十二年。

449年，己丑，〔南朝／宋〕文帝元嘉二十六年，〔北朝／北魏〕太武帝太平真君十年，☆

1 参见《南史·列传第六十九·东夷》（卷七十九）。

黄帝历三千一百四十七年，〔高句丽〕长寿王三十七年；◇檀君历二千七百八十二年，〔新罗〕讷祇麻立干三十三年，〔百济〕毗有王二十三年。

450年，庚寅，〔南朝／宋〕文帝元嘉二十七年，〔北朝／北魏〕太武帝太平真君十一年，☆黄帝历三千一百四十八年，〔高句丽〕长寿王三十八年；◇檀君历二千七百八十三年，〔新罗〕讷祇麻立干三十四年，〔百济〕毗有王二十四年。是岁，百济私假台使冯野夫为“西河太守”，遣其率使节团朝贡南朝宋，上表求《易林》《式占》、腰弩，宋文帝并与之[1]。

451年，辛卯，〔南朝／宋〕文帝元嘉二十八年，〔北朝／北魏〕太武帝太平真君十二年，正平一年，☆黄帝历三千一百四十九年，〔高句丽〕长寿王三十九年。是岁，高句丽遣使入南朝宋朝贡；◇檀君历二千七百八十四年，〔新罗〕讷祇麻立干三十五年，〔百济〕毗有王二十五年。是岁，半岛“驾洛国”（伽耶国）第八位国君铚知王立。王姓金氏，名“金铚”，吹希王之子，母仁德夫人[2]。

452年，壬辰，〔南朝／宋〕文帝元嘉二十九年，〔北朝／北魏〕太武帝太平真君十三年，兴安一年，☆黄帝历三千一百五十年，〔高句丽〕长寿王四十年；◇檀君历二千七百八十五年，〔新罗〕讷祇麻立干三十六年，〔百济〕毗有王二十六年。

453年，癸巳，〔南朝／宋〕文帝元嘉三十年，〔北朝／北魏〕文成帝兴安二年，☆黄帝历三千一百五十一年，〔高句丽〕长寿王四十一年。十一月，高句丽遣使入南朝宋进贡；◇檀君历二千七百八十六年，〔新罗〕讷祇麻立干三十七年，〔百济〕毗有王二十七年。

454年，甲午，〔南朝／宋〕孝武帝孝建一年，〔北朝／北魏〕文成帝兴光一年，☆黄帝历三千一百五十二年，〔高句丽〕长寿王四十二年；◇檀君历二千七百八十七年，〔新罗〕讷祇麻立干三十八年，〔百济〕毗有王二十八年。

455年，乙未，〔南朝／宋〕孝武帝孝建二年，〔北朝／北魏〕文成帝兴光二年，太安一年，☆黄帝历三千一百五十三年，〔高句丽〕长寿王四十三年。是岁，高句丽遣长史董腾，奉表如南朝宋，进慰宋文帝崩，并献方物[3]；◇檀君历二千七百八十八年，〔新罗〕讷祇麻立干三十九年，〔百济〕毗有王二十九年，盖卤王（？—475）一年。盖卤王名“（余）庆司”，《魏书·列传第八十八·高句丽》（卷一百）、《宋书·列传第五十七·夷蛮·高句丽百济》（卷九十七）称其名为“（扶）余庆”，乃毗有王长子。

456年，丙申，〔南朝／宋〕孝武帝孝建三年，〔北朝／北魏〕文成帝太安二年，☆黄帝历三千一百五十四年，〔高句丽〕长寿王四十四年；◇檀君历二千七百八十九年，〔新罗〕讷祇麻立干四十年，〔百济〕盖卤王二年。

457年，丁酉，〔南朝／宋〕孝武帝大明一年，〔北朝／北魏〕文成帝太安三年，☆黄帝历三千一百五十五年，〔高句丽〕长寿王四十五年。正月，孝武帝诏册百济盖卤王“镇东大将军”[4]；◇檀君历二千七百九十年，〔新罗〕讷祇麻立干四十一年，〔百济〕盖卤王三年。是岁，百济遣使朝贡南朝宋，求承袭。孝武帝允之[5]。

1 参见《南史·列传第六十九·东夷》（卷七十九）、《宋书·列传第五十七·夷蛮·高句丽百济》（卷九十七）。
2 见〔韩〕一然原著，崔南善编《三国遗事》，第14页，瑞文文化社，1999年版。
3 参见《南史·列传第六十九·东夷》（卷七十九）、《宋书·列传第五十七·夷蛮·高句丽百济》（卷九十七）。
4 见姜孟山、刘子敏、金荣国主编《中国正史中的朝鲜史料》（第1卷），第107页，延边大学出版社，1996年版。
5 参见《南史·列传第六十九·东夷》（卷七十九）、《宋书·列传第五十七·夷蛮·高句丽百济》（卷九十七）。

458年，戊戌，〔南朝／宋〕孝武帝大明二年，〔北朝／北魏〕文成帝太安四年，☆黄帝历三千一百五十六年，〔高句丽〕长寿王四十六年。是岁，高句丽遣使，进献肃慎人楛矢、石砮[1]于南朝宋[2]；◇檀君历二千七百九十一年，〔新罗〕讷祇麻立干四十二年，慈悲麻立干（金氏，？—479）一年，〔百济〕盖卤王四年。是岁，百济上表，请加封右贤王余纪等11人，孝武帝允之[3]。《宋书·列传第五十七·夷蛮·高句丽百济》（卷九十七）详载孝武帝加封右贤王余纪、左贤王余昆及余晕、余流等11人姓名、官职。可见当时百济王族以“余”为姓。“余”乃“扶余”之简化。

459年，己亥，〔南朝／宋〕孝武帝大明三年，〔北朝／北魏〕文成帝太安五年，☆黄帝历三千一百五十七年，〔高句丽〕长寿王四十七年。是岁，高句丽遣使入南朝宋朝贡，并为进献楛矢、石砮的肃慎人作翻译[4]；◇檀君历二千七百九十二年，〔新罗〕慈悲麻立干二年，〔百济〕盖卤王五年。

460年，庚子，〔南朝／宋〕孝武帝大明四年，〔北朝／北魏〕文成帝和平一年，☆黄帝历三千一百五十八年，〔高句丽〕长寿王四十八年；◇檀君历二千七百九十三年，〔新罗〕慈悲麻立干三年，〔百济〕盖卤王六年。

461年，辛丑，〔南朝／宋〕孝武帝大明五年，〔北朝／北魏〕文成帝和平二年，☆黄帝历三千一百五十九年，〔高句丽〕长寿王四十九年。六月，高句丽遣使入南朝宋朝贡；◇檀君历二千七百九十四年，〔新罗〕慈悲麻立干四年，〔百济〕盖卤王七年。

462年，壬寅，〔南朝／宋〕孝武帝大明六年，〔北朝／北魏〕文成帝和平三年，☆黄帝历三千一百六十年，〔高句丽〕长寿王五十年。三月，高句丽遣使如北魏朝贡；◇檀君历二千七百九十五年，〔新罗〕慈悲麻立干五年，〔百济〕盖卤王八年。

463年，癸卯，〔南朝／宋〕孝武帝大明七年，〔北朝／北魏〕文成帝和平四年，☆黄帝历三千一百六十一年，〔高句丽〕长寿王五十一年。六月，高句丽遣使入南朝宋朝贡。七月，宋孝武帝遣使至高句丽，进册王“车骑大将军、开府仪同三司”[5]；◇檀君历二千七百九十六年，〔新罗〕慈悲麻立干六年，〔百济〕盖卤王九年。

464年，甲辰，〔南朝／宋〕孝武帝大明八年，〔北朝／北魏〕文成帝和平五年，☆黄帝历三千一百六十二年，〔高句丽〕长寿王五十二年；◇檀君历二千七百九十七年，〔新罗〕慈悲麻立干七年，〔百济〕盖卤王十年。

465年，乙巳，〔南朝／宋〕废帝永光一年，景和一年，明帝泰始一年，〔北朝／北魏〕文成帝和平六年，☆黄帝历三千一百六十三年，〔高句丽〕长寿王五十三年。二月，高句丽遣使如北魏朝贡；◇檀君历二千七百九十八年，〔新罗〕慈悲麻立干八年，〔百济〕盖卤王十一年。

466年，丙午，〔南朝／宋〕明帝泰始二年，〔北朝／北魏〕献文帝天安一年，☆黄帝历三千一百六十四年，〔高句丽〕长寿王五十四年。是岁，北魏遣安乐王拓拔真、尚书李敷至高

1 石砮即石制箭头。
2 参见《南史·列传第六十九·东夷》（卷七十九）、《宋书·列传第五十七·夷蛮·高句丽百济》（卷九十七）。
3 参见《南史·列传第六十九·东夷》（卷七十九）。
4 见姜孟山、刘子敏、金荣国主编《中国正史中的朝鲜史料》（第1卷），第108页，延边大学出版社，1996年版。
5 参见《南史·列传第六十九·东夷》（卷七十九）、《宋书·列传第五十七·夷蛮·高句丽百济》（卷九十七）。

句丽送彩币。初，北魏文明太后求高句丽王女归献文帝，长寿王许以弟女，既而悔之，称弟女已死。北魏遣假散骑常侍程骏至高句丽，责之失信[1]。是岁，高句丽遣使如北魏朝贡；◇檀君历二千七百九十九年，〔新罗〕慈悲麻立干九年，〔百济〕盖卤王十二年。

467 年，丁未，〔南朝 / 宋〕明帝泰始三年，〔北朝 / 北魏〕献文帝天安二年，皇兴一年，☆黄帝历三千一百六十五年，〔高句丽〕长寿王五十五年。二月、九月，高句丽两次遣使如北魏朝贡；◇檀君历二千八百年，〔新罗〕慈悲麻立干十年，〔百济〕盖卤王十三年。

468 年，戊申，〔南朝 / 宋〕明帝泰始四年，〔北朝 / 北魏〕献文帝天安二年，皇兴二年，☆黄帝历三千一百六十六年，〔高句丽〕长寿王五十六年。四月，高句丽遣使如北魏朝贡；◇檀君历二千八百〇一年，〔新罗〕慈悲麻立干十一年，〔百济〕盖卤王十四年。

469 年，己酉，〔南朝 / 宋〕明帝泰始五年，〔北朝 / 北魏〕献文帝皇兴三年，☆黄帝历三千一百六十七年，〔高句丽〕长寿王五十七年。四月，高句丽遣使如北魏朝贡；◇檀君历二千八百〇二年，〔新罗〕慈悲麻立干十二年，〔百济〕盖卤王十五年。是岁，百济遣将侵袭高句丽。

470 年，庚戌，〔南朝 / 宋〕明帝泰始六年，〔北朝 / 北魏〕献文帝皇兴四年，☆黄帝历三千一百六十八年，〔高句丽〕长寿王五十八年。二月，高句丽遣使如北魏朝贡；◇檀君历二千八百〇三年，〔新罗〕慈悲麻立干十三年，〔百济〕盖卤王十六年。

471 年，辛亥，〔南朝 / 宋〕明帝泰始七年，〔北朝 / 北魏〕献文帝皇兴五年，〔北朝 / 北魏〕孝文帝延兴一年，☆黄帝历三千一百六十九年，〔高句丽〕长寿王五十九年。九月，高句丽民奴久等奔降北魏，得赐田宅；◇檀君历二千八百〇四年，〔新罗〕慈悲麻立干十四年，〔百济〕盖卤王十七年。是岁，百济遣使如南朝宋进贡[2]。

472 年，壬子，〔南朝 / 宋〕明帝泰豫一年，〔北朝 / 北魏〕孝文帝延兴二年，☆黄帝历三千一百七十年，〔高句丽〕长寿王六十年。是岁，北魏遣邵安随百济使节赴半岛，为高句丽所截，邵安乃回[3]。二月、七月，高句丽两次遣使如北魏朝贡；◇檀君历二千八百〇五年，〔新罗〕慈悲麻立干十五年，〔百济〕盖卤王十八年。是岁，百济遣冠军将军、长史都尉弗斯侯，率使节团入北魏上表进贡，并奏请伐高句丽[4]。百济使节团中还有长史余礼、带方太守张茂[5]，当是副使与书状官。《魏书 · 列传第八十八 · 高句丽》（卷一百）载该表文，并称盖卤王姓名为“余庆。”

473 年，癸丑，〔南朝 / 宋〕废帝元徽一年，〔北朝 / 北魏〕孝文帝延兴三年，☆黄帝历三千一百七十一年，〔高句丽〕长寿王六十一年。二月、八月，高句丽两次遣使如北魏朝贡；◇檀君历二千八百〇六年，〔新罗〕慈悲麻立干十六年，〔百济〕盖卤王十九年。

474 年，甲寅，〔南朝 / 宋〕废帝元徽二年，〔北朝 / 北魏〕孝文帝延兴四年，☆黄帝历三千一百七十二年，〔高句丽〕长寿王六十二年。三月、七月，高句丽两次遣使如北魏朝贡。是岁，高句丽遣使如宋朝贡；◇檀君历二千八百〇七年，〔新罗〕慈悲麻立干十七年，〔百济〕

1 参见《北史 · 列传第八十二》（卷九十四）、《魏书 · 列传第八十八 · 高句丽》（卷一百）。
2 参见《南史 · 列传第六十九 · 东夷》（卷七十九）。
3 参见《魏书 · 列传第八十八 · 高句丽》（卷一百）。
4 百济王所上表文见〔韩〕金富轼原著，李康来校勘《三国史记》，第 245 页，Hangilsa，1998 年版。
5 见姜孟山、刘子敏、金荣国主编《中国正史中的朝鲜史料》（第 1 卷），第 261 页，延边大学出版社，1996 年版。

盖卤王二十年。

475 年，乙卯，〔南朝 / 宋〕废帝元徽三年，〔北朝 / 北魏〕孝文帝延兴五年，☆黄帝历三千一百七十三年，〔高句丽〕长寿王六十三年。二月、八月，高句丽两次遣使如北魏朝贡。是岁，高句丽派 3 万大军进攻百济，杀百济盖卤王。先是，高句丽僧人道琳潜入百济，以下棋棋术为盖卤王所重，盖卤王用作谋士。是岁，北魏遣邵安从东莱航海之百济，遇风浪未达而还[1]；◇檀君历二千八百〇八年，〔新罗〕慈悲麻立干十八年，〔百济〕盖卤王二十一年，文周王（? —477）一年。是岁，盖卤王被高句丽军所杀，其子即位，是为百济文周王。

476年，丙辰，〔南朝 / 宋〕废帝元徽四年，〔北朝 / 北魏〕孝文帝延兴六年，孝文帝承明一年，☆黄帝历三千一百七十四年，〔高句丽〕长寿王六十四年。二月、七月、九月，高句丽三次遣使如北魏朝贡；◇檀君历二千八百〇九年，〔新罗〕慈悲麻立干十九年，〔百济〕文周王二年。是岁，百济遣使如宋朝贡，因高句丽阻截、路途不通而还。

477 年，丁巳，〔南朝 / 宋〕废帝元徽五年，顺帝昇明一年，〔北朝 / 北魏〕孝文帝太和一年，☆黄帝历三千一百七十五年，〔高句丽〕长寿王六十五年。二月、九月，高句丽两次遣使如北魏朝贡；◇檀君历二千八百一十年，〔新罗〕慈悲麻立干二十年，〔百济〕文周王三年，三斤王余牟都（465—479）一年。是岁，文周王为权臣所弑。太子余牟都继位，是为三斤王。

478 年，戊午，〔南朝 / 宋〕顺帝昇明二年，〔北朝 / 北魏〕孝文帝太和二年，☆黄帝历三千一百七十六年，〔高句丽〕长寿王六十六年。是岁，高句丽遣使如宋朝贡；◇檀君历二千八百一十一年，〔新罗〕慈悲麻立干二十一年，〔百济〕三斤王二年。

479 年，己未，〔南朝 / 宋〕顺帝昇明三年，〔南朝 / 齐〕高帝建元一年，〔北朝 / 北魏〕孝文帝太和三年，☆黄帝历三千一百七十七年，〔高句丽〕长寿王六十七年。三月、九月，高句丽两次遣使如北魏朝贡。是岁，南齐高帝诏册半岛驾洛国铚知王“辅国将军、加罗国王”[2]；◇檀君历二千八百一十二年，〔新罗〕慈悲麻立干二十二年，炤知麻立干（金氏，? —500）一年，〔百济〕三斤王三年，东城王（? —501）一年。十一月，三斤王薨，东城王继位。百济东城王名“余牟大”，乃文周王弟余昆支之子。是岁，半岛“驾洛国”（伽耶国）第八位国君铚知王遣使入南齐朝贡[3]。

480 年，庚申，〔南朝 / 齐〕高帝建元二年，〔北朝 / 北魏〕孝文帝太和四年，☆黄帝历三千一百七十八年，〔高句丽〕长寿王六十八年。四月，南齐高帝萧道成册高句丽长寿王“骠骑大将军”[4]。高句丽派余奴出使南齐，余奴在海中被北魏人所得，北魏孝文帝斥长寿王“岂是藩臣守节之义”[5]；◇檀君历二千八百一十三年，〔新罗〕炤知麻立干二年，〔百济〕东城王二年。

481 年，辛酉，〔南朝 / 齐〕高帝建元三年，〔北朝 / 北魏〕孝文帝太和五年，☆黄帝历

1 参见《魏书 · 列传第八十八 · 高句丽》（卷一百）。

2 见《南齐书 · 列传第三十九 · 蛮东南夷》（卷五十八）《加罗传》。

3 参见《南齐书 · 列传第三十九 · 蛮东南夷》（卷五十八）。《南齐书》现存此处乃残卷，所记高句丽缺 1 页、百济缺 1 页。该书载，是岁半岛“加罗国”国君荷知遣使朝贡南齐。南齐高帝诏册荷知为“辅国将军、加罗国王”。《隋书 · 列传第四十六 · 东夷》（卷八十一）注 8 以为，“加罗国”是后被新罗吞并的小国。可见，南齐高帝册封的乃是半岛驾洛国（伽耶国）第八位国君铚知王。参见本年历“451 年”。

4 参见《南齐书 · 列传第三十九 · 蛮东南夷》（卷五十八）注 4，台北中华书局，1995 年版。

5 见《魏书 · 列传第八十八 · 高句丽》（卷一百）。

三千一百七十九年，〔高句丽〕长寿王六十九年。是岁，高句丽遣使如南齐朝贡[1]；◇檀君历二千八百一十四年，〔新罗〕炤知麻立干三年，〔百济〕东城王三年。

482 年，壬戌，〔南朝／齐〕高帝建元四年，〔北朝／北魏〕孝文帝太和六年，☆黄帝历三千一百八十年，〔高句丽〕长寿王七十年；◇檀君历二千八百一十五年，〔新罗〕炤知麻立干四年，〔百济〕东城王四年。

483 年，癸亥，〔南朝／齐〕武帝永明一年，〔北朝／北魏〕孝文帝太和七年，☆黄帝历三千一百八十一年，〔高句丽〕长寿王七十一年；◇檀君历二千八百一十六年，〔新罗〕炤知麻立干五年，〔百济〕东城王五年。

484 年，甲子，〔南朝／齐〕武帝永明二年，〔北朝／北魏〕孝文帝太和八年，☆黄帝历三千一百八十二年，〔高句丽〕长寿王七十二年。是岁，高句丽遣使如北魏朝贡；◇檀君历二千八百一十七年，〔新罗〕炤知麻立干六年，〔百济〕东城王六年。是岁，百济东城王闻南齐武帝册高句丽王为“骠骑大将军”，乃上表请求内属，南齐武帝允之，并遣使至百济，诏封王“都督百济诸军事、镇东大将军、百济王”[2]。七月，百济遣内法佐平（官名）沙若思使如南齐，遭遇高句丽兵，乃还。“佐平”乃百济一等官名。《旧唐书 · 列传第一百四十九 · 东夷 · 高丽百济新罗倭国日本》（卷一百九十九）载：“（百济）所置内官曰内臣佐平，掌宣纳事。内头佐平，掌库藏事。内法佐平，掌礼仪事。卫士佐平，掌宿卫兵事。朝廷佐平，掌刑狱事。兵官佐平，掌在外兵马事”。

485 年，乙丑，〔南朝／齐〕武帝永明三年，〔北朝／北魏〕孝文帝太和九年，☆黄帝历三千一百八十三年，〔高句丽〕长寿王七十三年。五月、十月，高句丽两次遣使如北魏朝贡；◇檀君历二千八百一十八年，〔新罗〕炤知麻立干七年，〔百济〕东城王七年。

486 年，丙寅，〔南朝／齐〕武帝永明四年，〔北朝／北魏〕孝文帝太和十年，☆黄帝历三千一百八十四年，〔高句丽〕长寿王七十四年。四月，高句丽遣使如北魏朝贡；◇檀君历二千八百一十九年，〔新罗〕炤知麻立干八年，〔百济〕东城王八年。三月，百济遣使至齐朝贡。

487 年，丁卯，〔南朝／齐〕武帝永明五年，〔北朝／北魏〕孝文帝太和十一年，☆黄帝历三千一百八十五年，〔高句丽〕长寿王七十五年。五月，高句丽遣使如北魏朝贡；◇檀君历二千八百二十年，〔新罗〕炤知麻立干九年，〔百济〕东城王九年。

488 年，戊辰，〔南朝／齐〕武帝永明六年，〔北朝／北魏〕孝文帝太和十二年，☆黄帝历三千一百八十六年，〔高句丽〕长寿王七十六年。是岁，北魏遣兵伐百济，败绩。二月、四月、九月，高句丽三次遣使如北魏朝贡；◇檀君历二千八百二十一年，〔新罗〕炤知麻立干十年，〔百济〕东城王十年。

489 年，己巳，〔南朝／齐〕武帝永明七年，〔北朝／北魏〕孝文帝太和十三年，☆黄帝历三千一百八十七年，〔高句丽〕长寿王七十七年。二月、六月、十月，高句丽三次遣使如北魏朝贡。是岁，南齐遣兼谒者、仆射孙副，至百济册东城王为“百济国王”[3]；◇檀君历

1 参见《南齐书 · 列传第三十九 · 蛮东南夷》（卷五十八）。
2 参见《南史 · 列传第六十九 · 东夷》（卷七十九）。
3 参见《南齐书 · 列传第三十九 · 蛮东南夷》（卷五十八）。

二千八百二十二年，〔新罗〕炤知麻立干十一年，〔百济〕东城王十一年。是岁，百济遣高达、杨茂、会迈如南齐朝贡，上表求封。南齐武帝诏许之[1]。

490年，庚午，〔南朝／齐〕武帝永明八年，〔北朝／北魏〕孝文帝太和十四年，☆黄帝历三千一百八十八年，〔高句丽〕长寿王七十八年。七月、九月，高句丽两次遣使如北魏朝贡；◇檀君历二千八百二十三年，〔新罗〕炤知麻立干十二年，〔百济〕东城王十二年。

491年，辛未，〔南朝／齐〕武帝永明九年，〔北朝／北魏〕孝文帝太和十五年，☆黄帝历三千一百八十九年，〔高句丽〕长寿王七十九年。五月、九月，高句丽两次遣使如北魏朝贡。十二月，长寿王薨。北魏孝文帝闻长寿王讣，为王举哀于东郊。孝文帝又遣仆射李安上，至高句丽追赠长寿王"车骑大将军、太傅、辽东郡开国公、高句丽王"[2]；◇檀君历二千八百二十四年，〔新罗〕炤知麻立干十三年，〔百济〕东城王十三年。

492年，壬申，〔南朝／齐〕武帝永明十年，〔北朝／北魏〕孝文帝太和十六年，☆黄帝历三千一百九十年，〔高句丽〕文咨明王高罗云（一说"高云"，？—519）一年。文咨明王乃长寿王之孙。三月，北魏孝文帝遣大鸿胪封轨[3]至高句丽，诏册文咨明王"使持节、都督辽海诸军事、征东将军、领护东夷中郎将、辽东开国郡公、高句丽王"，赐冠服、车骑，并要其世子入朝。高句丽文咨明王以世子疾辞，遣其从叔高升千，随使者诣阙。北魏遣拓拔升於，至高句丽责之[4]。三月、六月、八月、十月，高句丽四次遣使如北魏朝贡；◇檀君历二千八百二十五年，〔新罗〕炤知麻立干十四年，〔百济〕东城王十四年。是岁，半岛"驾洛国"（伽耶国）第九位国君钳知王立。王姓金氏，一名"金钳"，铚知王之子，母邦媛夫人[5]。

493年，癸酉，〔南朝／齐〕武帝永明十一年，〔北朝／北魏〕孝文帝太和十七年，☆黄帝历三千一百九十一年，〔高句丽〕文咨明王二年。六月，高句丽遣使如北魏朝贡；◇檀君历二千八百二十六年，〔新罗〕炤知麻立干十五年，〔百济〕东城王十五年。

494年，甲戌，〔南朝／齐〕鬱林王隆昌一年，海陵王延兴一年，明帝建武一年，〔北朝／北魏〕孝文帝太和十八年，☆黄帝历三千一百九十二年，〔高句丽〕文咨明王三年。是岁，南齐遣使至高句丽，册王"使持节、散骑常侍、都督营平二州诸军事、征东大将军、高（句）丽王、乐浪公"[6]。正月、八月，高句丽两次遣使入北魏朝贡；◇檀君历二千八百二十七年，〔新罗〕炤知麻立干十六年，〔百济〕东城王十六年。

495年，乙亥，〔南朝／齐〕明帝建武二年，〔北朝／北魏〕孝文帝太和十九年，☆黄帝历三千一百九十三年，〔高句丽〕文咨明王四年。二月、五月，高句丽两次遣使如北魏朝贡；◇檀君历二千八百二十八年，〔新罗〕炤知麻立干十七年，〔百济〕东城王十七年。是岁，高句丽兵围百济雉壤城，新罗助百济击溃之。是岁，百济遣慕遗、王茂、张塞、陈明如南齐，求封军职。南齐明帝允之[7]。

---

1 参见《南齐书·列传第三十九·蛮东南夷》（卷五十八）。

2 参见《北史·列传第八十二》（卷九十四）。

3 见《魏书》卷三十二《封轨传》。参见姜孟山、刘子敏、金荣国主编《中国正史中的朝鲜史料》（第1卷），第138页，延边大学出版社，1996年版。

4 参见《北史·列传第八十二》（卷九十四）。

5 见〔韩〕一然原著，崔南善编《三国遗事》，第14页，瑞文文化社，1999年版。

6 参见《南史·列传第六十九·东夷》（卷七十九）、《南齐书·列传第三十九·蛮东南夷》（卷五十八）。

7 参见《南齐书·列传第三十九·蛮东南夷》（卷五十八）。

496 年，丙子，〔南朝／齐〕明帝建武三年，〔北朝／北魏〕孝文帝太和二十年，☆黄帝历三千一百九十四年，〔高句丽〕文咨明王五年。是岁，齐遣使至高句丽，册王“车骑将军”。是岁，高句丽遣使如齐朝贡；◇檀君历二千八百二十九年，〔新罗〕炤知麻立干十八年，〔百济〕东城王十八年。

497 年，丁丑，〔南朝／齐〕明帝建武四年，〔北朝／北魏〕孝文帝太和二十一年，☆黄帝历三千一百九十五年，〔高句丽〕文咨明王六年；◇檀君历二千八百三十年，〔新罗〕炤知麻立干十九年，〔百济〕东城王十九年。

498 年，戊寅，〔南朝／齐〕明帝建武五年，永泰一年，〔北朝／北魏〕孝文帝太和二十二年，☆黄帝历三千一百九十六年，〔高句丽〕文咨明王七年。正月，高句丽立王子高兴安为“太子。”八月，高句丽遣使如北魏朝贡；◇檀君历二千八百三十一年，〔新罗〕炤知麻立干二十年，〔百济〕东城王二十年。

499 年，己卯，〔南朝／齐〕东昏侯永元一年，〔北朝／北魏〕孝文帝太和二十三年，☆黄帝历三千一百九十七年，〔高句丽〕文咨明王八年。五月，高句丽遣使入北魏朝贡；◇檀君历二千八百三十二年，〔新罗〕炤知麻立干二十一年，〔百济〕东城王二十一年。

500 年，庚辰，〔南朝／齐〕东昏侯永元二年，〔北朝／北魏〕宣武帝景明一年，☆黄帝历三千一百九十八年，〔高句丽〕文咨明王九年。八月，高句丽遣使入北魏朝贡；◇檀君历二千八百三十三年，〔新罗〕炤知麻立干二十二年，智证麻立干（金氏，？—514）一年，〔百济〕东城王二十二年。

501 年，辛巳，〔南朝／齐〕和帝中兴一年，〔北朝／北魏〕宣武帝景明二年，☆黄帝历三千一百九十九年，〔高句丽〕文咨明王十年。正月、十二月，高句丽两次遣使如北魏朝贡；◇檀君历二千八百三十四年，〔新罗〕智证麻立干二年，〔百济〕东城王二十三年，武宁王（？—523）一年。武宁王名“斯摩”，东城王次子。

502 年，壬午，〔南朝／齐〕和帝中兴二年，〔南朝／梁〕武帝天监一年，〔北朝／北魏〕宣武帝景明三年，☆黄帝历三千二百年，〔高句丽〕文咨明王十一年。是岁，梁武帝遣使至高句丽，进王“车骑大将军”。是岁，梁武帝又遣使至百济，加武宁王“征东大将军”[1]。十二月，高句丽遣使如北魏朝贡；◇檀君历二千八百三十五年，〔新罗〕智证麻立干三年，〔百济〕武宁王二年。是岁起，新罗禁为王薨而杀男女各 5 人殉葬。是岁，百济遣军袭高句丽。

503 年，癸未，〔南朝／梁〕武帝天监二年，〔北朝／北魏〕宣武帝景明四年，☆黄帝历三千二百〇一年，〔高句丽〕文咨明王十二年。是岁，营建安国寺。寺在今朝鲜平安南道平城，后经改造。其大雄宝殿等建筑现为朝鲜重要旅游景点；◇檀君历二千八百三十六年，〔新罗〕智证麻立干四年，〔百济〕武宁王三年。

504 年，甲申，〔南朝／梁〕武帝天监三年，〔北朝／北魏〕宣武帝正始一年，☆黄帝历三千二百〇二年，〔高句丽〕文咨明王十三年。四月，高句丽遣芮悉弗为使，如北魏朝贡，宣

1　参见《南史·列传第六十九·东夷》（卷七十九）。

武帝接见之[1]；◇檀君历二千八百三十七年，〔新罗〕智证麻立干五年，〔百济〕武宁王四年。是岁，新罗废以前"斯罗"、"斯卢"诸名，定汉字国号"新罗"。

505年，乙酉，〔南朝／梁〕武帝天监四年，〔北朝／北魏〕宣武帝正始二年，☆黄帝历三千二百〇三年，〔高句丽〕文咨明王十四年；◇檀君历二千八百三十八年，〔新罗〕智证麻立干六年，〔百济〕武宁王五年。

506年，丙戌，〔南朝／梁〕武帝天监五年，〔北朝／北魏〕宣武帝正始三年，☆黄帝历三千二百〇四年，〔高句丽〕文咨明王十五年。十月，高句丽遣使如北魏朝贡；◇檀君历二千八百三十九年，〔新罗〕智证麻立干七年，〔百济〕武宁王六年。

507年，丁亥，〔南朝／梁〕武帝天监六年，〔北朝／北魏〕宣武帝正始四年，☆黄帝历三千二百〇五年，〔高句丽〕文咨明王十六年。十月，高句丽遣使如北魏朝贡；◇檀君历二千八百四十年，〔新罗〕智证麻立干八年，〔百济〕武宁王七年。十月，高句丽联合靺鞨，攻袭汉城，百济战退之。

508年，戊子，〔南朝／梁〕武帝天监七年，〔北朝／北魏〕宣武帝正始五年，永平一年，☆黄帝历三千二百〇六年，〔高句丽〕文咨明王十七年。二月，梁武帝遣使至高句丽，进册王"抚东大将军、开府仪同三司"[2]。五月、十二月，高句丽两次遣使如魏朝贡；◇檀君历二千八百四十一年，〔新罗〕智证麻立干九年，〔百济〕武宁王八年。

509年，己丑，〔南朝／梁〕武帝天监八年，〔北朝／北魏〕宣武帝永平二年，☆黄帝历三千二百〇七年，〔高句丽〕文咨明王十八年。五月，高句丽遣使如北魏朝贡；◇檀君历二千八百四十二年，〔新罗〕智证麻立干十年，〔百济〕武宁王九年。

510年，庚寅，〔南朝／梁〕武帝天监九年，〔北朝／北魏〕宣武帝永平三年，☆黄帝历三千二百〇八年，〔高句丽〕文咨明王十九年。三月、闰六月、十一月，高句丽三次遣使如北魏朝贡；◇檀君历二千八百四十三年，〔新罗〕智证麻立干十一年，〔百济〕武宁王十年。

511年，辛卯，〔南朝／梁〕武帝天监十年，〔北朝／北魏〕宣武帝永平四年，☆黄帝历三千二百〇九年，〔高句丽〕文咨明王二十年。是岁，梁武帝作《断酒肉文》，我国僧尼自此素食；◇檀君历二千八百四十四年，〔新罗〕智证麻立干十二年，〔百济〕武宁王十一年。

512年，壬辰，〔南朝／梁〕武帝天监十一年，〔北朝／北魏〕宣武帝永平五年，延昌一年，☆黄帝历三千二百一十年，〔高句丽〕文咨明王二十一年。三月，高句丽遣使如梁朝贡[3]。五月，高句丽遣使入北魏朝贡；◇檀君历二千八百四十五年，〔新罗〕智证麻立干十三年，〔百济〕武宁王十二年。四月，百济遣使入梁朝贡。朝鲜社科院历史所研究员黄明哲认为，是岁"又山国"归于新罗[4]。

513年，癸巳，〔南朝／梁〕武帝天监十二年，〔北朝／北魏〕宣武帝延昌二年，☆黄帝历三千二百一十一年，〔高句丽〕文咨明王二十二年。正月、五月、十二月，高句丽三次遣使入

1 参见《北史·列传第八十二》（卷九十四）、《魏书·列传第八十八·高句丽》（卷一百）。

2 参见《南史·列传第六十九·东夷》（卷七十九）、《梁书·东夷·列传第四十八·高句丽百济新罗》（卷五十四）。

3 参见《梁书·东夷·列传第四十八·高句丽百济新罗》（卷五十四）。

4 又山国包括郁绫岛与独岛（日本方面称"竹岛"）。参见〔朝〕黄明哲《独岛是不可分离的我国国土》，《朝鲜画报》，2005年第7期。

北魏朝贡；◇檀君历二千八百四十六年，〔新罗〕智证麻立干十四年，〔百济〕武宁王十三年。

514年，甲午，〔南朝／梁〕武帝天监十三年，〔北朝／北魏〕宣武帝延昌三年，☆黄帝历三千二百一十二年，〔高句丽〕文咨明王二十三年。十一月，高句丽遣使入北魏朝贡；◇檀君历二千八百四十七年，〔新罗〕智证麻立干十五年，法兴王金原宗（？—540）一年，〔百济〕武宁王十四年。是岁，新罗智证麻立干薨[1]。

515年，乙未，〔南朝／梁〕武帝天监十四年，〔北朝／北魏〕宣武帝延昌四年，☆黄帝历三千二百一十三年，〔高句丽〕文咨明王二十四年。十月，高句丽遣使入北魏朝贡；◇檀君历二千八百四十八年，〔新罗〕法兴王二年，〔百济〕武宁王十五年。

516年，丙申，〔南朝／梁〕武帝天监十五年，〔北朝／北魏〕孝明帝熙平一年，☆黄帝历三千二百一十四年，〔高句丽〕文咨明王二十五年。四月，高句丽遣使入南朝梁朝贡[2]；◇檀君历二千八百四十九年，〔新罗〕法兴王三年，〔百济〕武宁王十六年。

517年，丁酉，〔南朝／梁〕武帝天监十六年，〔北朝／北魏〕孝明帝熙平二年，☆黄帝历三千二百一十五年，〔高句丽〕文咨明王二十六年。四月，高句丽遣使入北魏朝贡；◇檀君历二千八百五十年，〔新罗〕法兴王四年，〔百济〕武宁王十七年。

518年，戊戌，〔南朝／梁〕武帝天监十七年，〔北朝／北魏〕孝明帝熙平三年，神龟一年，☆黄帝历三千二百一十六年，〔高句丽〕文咨明王二十七年。二月、五月，高句丽两次遣使入北魏朝贡；◇檀君历二千八百五十一年，〔新罗〕法兴王五年，〔百济〕武宁王十八年。

519年，己亥，〔南朝／梁〕武帝天监十八年，〔北朝／北魏〕孝明帝神龟二年，☆黄帝历三千二百一十七年，〔高句丽〕文咨明王二十八年，安臧王高兴安（？—531）一年。安臧王乃文咨明王长子。是岁，文咨明王薨。北魏灵太后为其举哀于东堂，遣使追赠“车骑大将军、领护东夷校尉、辽东郡公、高（句）丽王”[3]；◇檀君历二千八百五十二年，〔新罗〕法兴王六年，〔百济〕武宁王十九年。

520年，庚子，〔南朝／梁〕武帝普通一年，〔北朝／北魏〕孝明帝神龟三年，正光一年，☆黄帝历三千二百一十八年，〔高句丽〕安臧王二年。正月，高句丽遣使入南朝梁朝贡。二月，梁武帝遣江法盛为使往高句丽，命安臧王袭爵并册王“持节、都督营平二州诸军事、宁东将军”。北魏军兵于海中截获江法盛[4]。是岁，北魏遣刘永[5]至高句丽，册安臧王“安东将军、领护东夷校尉、辽东郡开国公、高句丽王”[6]。九月，高句丽遣使如梁朝贡[7]；◇檀君历二千八百五十三年，〔新罗〕法兴王七年，〔百济〕武宁王二十年。

1　高丽文人金富轼《三国史记》以为，智证麻立干谥号“智证”，此乃新罗行谥号之始。但朝鲜文人金正喜（1786–1856）《阮堂全集》卷一以为，智证与其后的真兴、法兴王皆是生时的名字，绝非死后的谥号。金正喜以为，武烈王金春秋薨后，新罗才有谥号。

2　参见《南史·列传第六十九·东夷》（卷七十九）。

3　参见《北史·列传第八十二》（卷九十四）、《魏书·列传第八十八·高句丽》（卷一百）。

4　参见《梁书·东夷·列传第四十八·高句丽百济新罗》（卷五十四）。

5　见《魏书》卷五十五《刘芳传》。参见姜孟山、刘子敏、金荣国主编《中国正史中的朝鲜史料》（第1卷），第139页，延边大学出版社，1996年版。

6　参见《北史·列传第八十二》（卷九十四）、《南史·列传第六十九·东夷》（卷七十九）、《魏书·列传第八十八·高句丽》（卷一百）。

7　参见《梁书·东夷·列传第四十八·高句丽百济新罗》（卷五十四）。

521年，辛丑，〔南朝／梁〕武帝普通二年，〔北朝／北魏〕孝明帝正光二年，☆黄帝历三千二百一十九年，〔高句丽〕安臧王三年。十二月，梁武帝遣使至百济，册武宁王“使持节、都督百济诸军事、宁东大将军、百济王”[1]；◇檀君历二千八百五十四年，〔新罗〕法兴王八年，〔百济〕武宁王二十一年。十一月，百济遣使入南朝梁朝贡。新罗始遣使随百济入南朝梁，进方物。此乃新罗朝贡中国之始[2]。是岁，半岛“驾洛国”（伽耶国）第十位（末代）国君仇卫王立。王姓金氏，钳知王之子[3]。

522年，壬寅，〔南朝／梁〕武帝普通三年，〔北朝／北魏〕孝明帝正光三年，☆黄帝历三千二百二十年，〔高句丽〕安臧王四年；◇檀君历二千八百五十五年，〔新罗〕法兴王九年，〔百济〕武宁王二十二年。

523年，癸卯，〔南朝／梁〕武帝普通四年，〔北朝／北魏〕孝明帝正光四年，☆黄帝历三千二百二十一年，〔高句丽〕安臧王五年。十一月，高句丽遣使如北魏，献良马10匹；◇檀君历二千八百五十六年，〔新罗〕法兴王十年，〔百济〕武宁王二十三年，圣王余明秾（？一554）一年。八月，高句丽军侵百济，武宁王遣左将军志忠率1万兵退之。五月，武宁王薨，其子圣王继位[4]。

524年，甲辰，〔南朝／梁〕武帝普通五年，〔北朝／北魏〕孝明帝正光五年，☆黄帝历三千二百二十二年，〔高句丽〕安臧王六年。是岁，梁武帝遣使册百济圣王“持节、督百济诸军事、绥东将军、百济王”[5]；◇檀君历二千八百五十七年，〔新罗〕法兴王十一年，〔百济〕圣王二年。

525年，乙巳，〔南朝／梁〕武帝普通六年，〔北朝／北魏〕孝明帝正光六年，孝昌一年，☆黄帝历三千二百二十三年，〔高句丽〕安臧王七年；◇檀君历二千八百五十八年，〔新罗〕法兴王十二年，〔百济〕圣王三年。

526年，丙午，〔南朝／梁〕武帝普通七年，〔北朝／北魏〕孝明帝孝昌二年，☆黄帝历三千二百二十四年，〔高句丽〕安臧王八年。三月，高句丽遣使如南朝梁朝贡；◇檀君历二千八百五十九年，〔新罗〕法兴王十三年，〔百济〕圣王四年。

527年，丁未，〔南朝／梁〕武帝普通八年，大通一年，〔北朝／北魏〕孝明帝孝昌三年，☆黄帝历三千二百二十五年，〔高句丽〕安臧王九年。十一月，高句丽遣使。南朝梁朝贡；◇檀君历二千八百六十年，〔新罗〕法兴王十四年，〔百济〕圣王五年。

528年，戊申，〔南朝／梁〕武帝大通二年，〔北朝／北魏〕孝明帝武泰一年，孝庄帝建义一年，永安一年，☆黄帝历三千二百二十六年，〔高句丽〕安臧王十年；◇檀君历二千八百六十一年，〔新罗〕法兴王十五年，〔百济〕圣王六年。是岁起，新罗始大兴从高句丽传来之佛教[6]。

---

1 参见《南史·列传第六十九·东夷》（卷七十九）。
2 参见《南史·列传第六十九·东夷》（卷七十九）及〔韩〕金富轼《三国史记》卷四。
3 见〔韩〕一然原著，崔南善编《三国遗事》，第14页，瑞文文化社，1999年版。
4 1971年7月，韩国忠清南道公州在清理宋山里六号墓时发现武宁王与王妃合葬墓。2009年12月7日，韩国国立公州博物馆宣布，武宁王墓中有人骨碎片。
5 参见《南史·列传第六十九·东夷》（卷七十九）、《梁书·东夷·列传第四十八·高句丽百济新罗》（卷五十四）。
6 参见〔韩〕金富轼原著，李康来校勘《三国史记》卷四，第64页，Hangilsa，1998年版。

529年，己酉，〔南朝／梁〕武帝大通三年，中大通一年，〔北朝／北魏〕孝庄帝永安二年，☆黄帝历三千二百二十七年，〔高句丽〕安臧王十一年；◇檀君历二千八百六十二年，〔新罗〕法兴王十六年，〔百济〕圣王七年。是岁，百济军与高句丽军大战于五谷之原。

530年，庚戌，〔南朝／梁〕武帝中大通二年，〔北朝／北魏〕孝庄帝永安三年，东海王建明一年，☆黄帝历三千二百二十八年，〔高句丽〕安臧王十二年；◇檀君历二千八百六十三年，〔新罗〕法兴王十七年，〔百济〕圣王八年。

531年，辛亥，〔南朝／梁〕武帝中大通三年，节闵帝普泰一年，安定王中兴一年，☆黄帝历三千二百二十九年，〔高句丽〕安臧王十三年，安原王一年。安原王名高宝延（？—545），安臧王之弟也。五月，安臧王薨，无嗣。王弟高宝延即位后，遣使至梁朝贡。是岁，梁武帝遣使至高句丽，诏命安原王袭爵[1]；◇檀君历二千八百六十四年，〔新罗〕法兴王十八年，〔百济〕圣王九年。

532年，壬子，〔南朝／梁〕武帝中大通四年，〔北朝／北魏〕节闵帝普泰二年，安定王中兴二年，武帝太昌一年，孝武帝永兴一年，孝武帝永熙一年，☆黄帝历三千二百三十年，〔高句丽〕安原王二年。三月，北魏遣使至高句丽，册王“使持节、散骑常侍、领护东夷校尉、辽东郡开国公、高句丽王”，赐衣冠、车旗之饰[2]。六月，高句丽两次遣使入北魏朝贡。十一月，高句丽遣使入南朝梁朝贡；◇檀君历二千八百六十五年，〔新罗〕法兴王十九年，〔百济〕圣王十年。是岁，半岛“驾洛国”（伽耶国）国君仇卫王以国降新罗，该国存490年，王后族为半岛许氏始祖，王族为今韩国金海金氏始祖。但其时伽耶国（日本称其为“任那”）还处于日本势力的控制之下[3]。

533年，癸丑，〔南朝／梁〕武帝中大通五年，〔北朝／北魏〕孝武帝永熙二年，☆黄帝历三千二百三十一年，〔高句丽〕安原王三年。正月，高句丽立王子高平成为“太子”。二月，高句丽遣使入北魏朝贡；◇檀君历二千八百六十六年，〔新罗〕法兴王二十年，〔百济〕圣王十一年。

534年，甲寅，〔南朝／梁〕武帝中大通六年，〔北朝／北魏〕孝武帝永熙三年，〔北朝／东魏〕孝静帝天平一年，☆黄帝历三千二百三十二年，〔高句丽〕安原王四年。是岁，北魏遣使至高句丽，加册王“侍中”、“骠骑大将军”[4]。是岁，高句丽遣使如梁朝贡[5]。是岁，高句丽遣使如北魏朝贡[6]；◇檀君历二千八百六十七年，〔新罗〕法兴王二十一年，〔百济〕圣王十二年。三月，百济遣使入南朝梁朝贡。

535年，乙卯，〔南朝／梁〕武帝大同一年，〔北朝／东魏〕孝静帝天平二年，〔北朝／西魏〕文帝大统一年，☆黄帝历三千二百三十三年，〔高句丽〕安原王五年。二月，高句丽遣使如北

---

1 参见《南史·列传第六十九·东夷》（卷七十九）。

2 参见《北史·列传第八十二》（卷九十四）、《魏书·列传第八十八·高句丽》（卷一百）。

3 高丽文人金富轼《三国史记》之《金庾信传》认为，伽耶国自称少昊金天氏后胤。另参见〔韩〕一然原著，崔南善编《三国遗事》，第17页，瑞文文化社，1999年版。

4 参见《北史·列传第八十二》（卷九十四）、《魏书·列传第八十八·高句丽》（卷一百）。

5 参见《南史·列传第六十九·东夷》（卷七十九）。

6 见姜孟山、刘子敏、金荣国主编《中国正史中的朝鲜史料》（第1卷），第220页，延边大学出版社，1996年版。

魏朝贡。是月，高句丽遣使如梁朝贡；◇檀君历二千八百六十八年，〔新罗〕法兴王二十二年，〔百济〕圣王十三年。

536年，丙辰，〔南朝／梁〕武帝大同二年，〔北朝／东魏〕孝静帝天平三年，〔北朝／西魏〕文帝大统二年，☆黄帝历三千二百三十四年，〔高句丽〕安原王六年。是岁，高句丽遣使如东魏朝贡；◇檀君历二千八百六十九年，〔新罗〕法兴王二十三年，〔百济〕圣王十四年。是岁新罗始有年号，称“建元”一年[1]。

537年，丁巳，〔南朝／梁〕武帝大同三年，〔北朝／东魏〕孝静帝天平四年，〔北朝／西魏〕文帝大统三年，☆黄帝历三千二百三十五年，〔高句丽〕安原王七年。十二月，高句丽遣使如东魏朝贡；◇檀君历二千八百七十年，〔新罗〕法兴王二十四年，〔百济〕圣王十五年。

538年，戊午，〔南朝／梁〕武帝大同四年，〔北朝／东魏〕孝静帝元象一年，〔北朝／西魏〕文帝大统四年，☆黄帝历三千二百三十六年，〔高句丽〕安原王八年。七月，高句丽遣使至东魏朝贡；◇檀君历二千八百七十一年，〔新罗〕法兴王二十五年，〔百济〕圣王十六年。是岁，百济迁都泗沘[2]，改国号“南扶余”。

539年，己未，〔南朝／梁〕武帝大同五年，〔北朝／东魏〕孝静帝元象二年，兴和一年，〔北朝／西魏〕文帝大统五年，☆黄帝历三千二百三十七年，〔高句丽〕安原王九年。五月，高句丽遣使如东魏朝贡；◇檀君历二千八百七十二年，〔新罗〕法兴王二十六年，〔百济〕圣王十七年。

540年，庚申，〔南朝／梁〕武帝大同六年，〔北朝／东魏〕孝静帝兴和二年，〔北朝／西魏〕文帝大统六年，☆黄帝历三千二百三十八年，〔高句丽〕安原王十年。十二月，高句丽遣使如东魏朝贡；◇檀君历二千八百七十三年，〔新罗〕法兴王二十七年，真兴王金麦宗（？—576）一年，〔百济〕圣王十八年。

541年，辛酉，〔南朝／梁〕武帝大同七年，〔北朝／东魏〕孝静帝兴和三年，〔北朝／西魏〕文帝大统七年，☆黄帝历三千二百三十九年，〔高句丽〕安原王十一年。三月，高句丽遣使如梁朝贡[3]。是岁，高句丽遣使至东魏朝贡。是岁，梁武帝应百济之请，遣陆诩等学者入百济[4]；◇檀君历二千八百七十四年，〔新罗〕真兴王二年，〔百济〕圣王十九年。是岁，百济遣使入南朝梁朝贡，上表请《毛诗》博士，并请涅槃等经义，请工匠、画师。梁武帝皆准之[5]。

542年，壬戌，〔南朝／梁〕武帝大同八年，〔北朝／东魏〕孝静帝兴和四年，〔北朝／西魏〕文帝大统八年，☆黄帝历三千二百四十年，〔高句丽〕安原王十二年。十二月，高句丽遣使如东魏朝贡；◇檀君历二千八百七十五年，〔新罗〕真兴王三年，〔百济〕圣王二十年。

543年，癸亥，〔南朝／梁〕武帝大同九年，〔北朝／东魏〕孝静帝武定一年，〔北朝／西魏〕文帝大统九年，☆黄帝历三千二百四十一年，〔高句丽〕安原王十三年。十一月，高句丽遣使如东魏朝贡；◇檀君历二千八百七十六年，〔新罗〕真兴王四年，〔百济〕圣王二十一年。

544年，甲子，〔南朝／梁〕武帝大同十年，〔北朝／东魏〕孝静帝武定二年，〔北朝／西魏〕

1 参见〔韩〕金富轼《三国史记》卷四。
2 泗沘，在今韩国忠清南道扶余郡。
3 参见《南史·列传第六十九·东夷》（卷七十九）。
4 见姜孟山、刘子敏、金荣国主编《中国正史中的朝鲜史料》（第1卷），第125页，延边大学出版社，1996年版。
5 参见《南史·列传第六十九·东夷》（卷七十九）。

文帝大统十年，☆黄帝历三千二百四十二年，〔高句丽〕安原王十四年。十一月，高句丽遣使如东魏朝贡；◇檀君历二千八百七十七年，〔新罗〕真兴王五年，〔百济〕圣王二十二年。是岁，新罗许人出家为僧尼。

545年，乙丑，〔南朝／梁〕武帝大同十一年，〔北朝／东魏〕孝静帝武定三年，〔北朝／西魏〕文帝大统十一年，☆黄帝历三千二百四十三年，〔高句丽〕安原王十五年，阳原王高平成（？—559）一年。三月，安原王薨，太子阳原王即位。十二月，高句丽遣使如东魏朝贡；◇檀君历二千八百七十八年，〔新罗〕真兴王六年，〔百济〕圣王二十三年。是岁，王命居漆夫等人修新罗国史[1]。

546年，丙寅，〔南朝／梁〕武帝大同十二年，中大同一年，〔北朝／东魏〕孝静帝武定四年，〔北朝／西魏〕文帝大统十二年，☆黄帝历三千二百四十四年，〔高句丽〕阳原王二年。十一月，高句丽遣使如东魏朝贡。是岁，高句丽遣使入西魏献方物；◇檀君历二千八百七十九年，〔新罗〕真兴王七年，〔百济〕圣王二十四年。

547年，丁卯，〔南朝／梁〕武帝中大同二年，太清一年，〔北朝／东魏〕孝静帝武定五年，〔北朝／西魏〕文帝大统十三年，☆黄帝历三千二百四十五年，〔高句丽〕阳原王三年。是岁，高句丽遣使如东魏朝贡；◇檀君历二千八百八十年，〔新罗〕真兴王八年，〔百济〕圣王二十五年。

548年，戊辰，〔南朝／梁〕武帝中太清二年，〔北朝／东魏〕孝静帝武定六年，〔北朝／西魏〕文帝大统十四年，☆黄帝历三千二百四十六年，〔高句丽〕阳原王四年。九月，高句丽遣使如东魏朝贡。是岁，梁武帝遣使册高句丽阳原王“宁东将军、高（句）丽王、乐浪公”；◇檀君历二千八百八十一年，〔新罗〕真兴王九年，〔百济〕圣王二十六年。是岁，百济与高句丽大战。

549年，己巳，〔南朝／梁〕武帝中太清三年，〔北朝／东魏〕孝静帝武定七年，〔北朝／西魏〕文帝大统十五年，☆黄帝历三千二百四十七年，〔高句丽〕阳原王五年。春，梁遣使及僧觉德送佛舍利至新罗，真兴王率群臣迎接[2]。是岁，高句丽遣使如东魏朝贡；◇檀君历二千八百八十二年，〔新罗〕真兴王十年，〔百济〕圣王二十七年。十月，百济遣使入南朝梁朝贡。百济使臣不知梁都城有变，见宫阙荒芜，至端门大哭。侯景大怒而囚之。至“侯景之乱”平，百济使臣方回[3]。

550年，庚午，〔南朝／梁〕简文帝大宝一年，〔北朝／东魏〕孝静帝武定八年，〔北朝／西魏〕文帝大统十六年，〔北朝／北齐〕文宣帝天保一年，☆黄帝历三千二百四十八年，〔高句丽〕阳原王六年。六月，高句丽遣使如北齐朝贡。是岁，北齐遣使至高句丽，册王“使持节、侍中、骠骑大将军、领护东夷校尉、辽东郡开国公、高（句）丽王”；◇檀君历二千八百八十三年，〔新罗〕真兴王十一年，〔百济〕圣王二十八年。是岁，百济与高句丽大战。

551年，辛未，〔南朝／梁〕简文帝大宝二年，豫章王天正一年，〔北朝／西魏〕文帝大统十七年，〔北朝／北齐〕文宣帝天保二年，☆黄帝历三千二百四十九年，〔高句丽〕阳原王七年。五月，高句丽遣使如北齐朝贡；◇檀君历二千八百八十四年，〔新罗〕真兴王十二年，〔百济〕

1 参见〔韩〕金富轼《三国史记》卷四。

2 参见〔韩〕金富轼《三国史记》卷四。

3 参见《梁书》卷五十六《侯景传》。

圣王二十九年。是岁，新罗改元“开国”。

552年，壬申，〔南朝／梁〕豫章王天正二年，元帝承圣一年，〔北朝／西魏〕废帝大统一年，〔北朝／北齐〕文宣帝天保三年，☆黄帝历三千二百五十年，〔高句丽〕阳原王八年。是岁，北齐文宣帝至营州，遣崔柳至高句丽，索魏末流入半岛之人。高句丽不许，崔柳拳击阳原王下床（坐具），王乃许5000户归[1]；◇檀君历二千八百八十五年，〔新罗〕真兴王十三年，〔百济〕圣王三十年。

553年，癸酉，〔南朝／梁〕元帝承圣二年，〔北朝／西魏〕废帝大统二年，〔北朝／北齐〕文宣帝天保四年，☆黄帝历三千二百五十一年，〔高句丽〕阳原王九年；◇檀君历二千八百八十六年，〔新罗〕真兴王十四年，〔百济〕圣王三十一年。

554年，甲戌，〔南朝／梁〕元帝承圣三年，〔北朝／西魏〕废帝大统三年，恭帝大统一年，〔北朝／北齐〕文宣帝天保五年，☆黄帝历三千二百五十二年，〔高句丽〕阳原王十年；◇檀君历二千八百八十七年，〔新罗〕真兴王十五年，〔百济〕圣王三十二年，威德王（？—598）一年。七月，百济圣王欲袭新罗，亲率兵往，于狗川被新罗伏兵所杀。威德王继位，王名“(扶）余昌”，圣王元子也。

555年，乙亥，〔南朝／梁〕元帝承圣四年，贞阳侯天成一年，敬帝绍泰一年，〔南朝／后梁〕宣帝大定一年，〔北朝／西魏〕恭帝大统二年，〔北朝／北齐〕文宣帝天保六年，☆黄帝历三千二百五十三年，〔高句丽〕阳原王十一年。十一月，高句丽遣使如北齐朝贡；◇檀君历二千八百八十八年，〔新罗〕真兴王十六年，〔百济〕威德王二年。是岁，《新罗真兴王四碑·北汉山碑》勒成。首句为“□□□□□□□□□真兴太（大）王及众臣等巡狩管境之时记”[2]。

556年，丙子，〔南朝／梁〕敬帝绍泰二年，敬帝太平一年，〔南朝／后梁〕宣帝大定二年，〔北朝／西魏〕恭帝大统三年，〔北朝／北齐〕文宣帝天保七年，☆黄帝历三千二百五十四年，〔高句丽〕阳原王十二年；◇檀君历二千八百八十九年，〔新罗〕真兴王十七年，〔百济〕威德王三年。

557年，丁丑，〔南朝／梁〕敬帝太平二年，〔南朝／陈〕武帝太平一年，〔南朝／后梁〕宣帝大定三年，〔北朝／北齐〕文宣帝天保八年，〔北朝／北周〕孝闵帝一年，明帝一年，☆黄帝历三千二百五十五年，〔高句丽〕阳原王十三年。四月，高句丽立王太子高阳成；◇檀君历二千八百九十年，〔新罗〕真兴王十八年，〔百济〕威德王四年。

558年，戊寅，〔南朝／陈〕武帝太平二年，〔南朝／后梁〕宣帝大定四年，〔北朝／北齐〕文宣帝天保九年，〔北朝／北周〕明帝二年，☆黄帝历三千二百五十六年，〔高句丽〕阳原王十四年；◇檀君历二千八百九十一年，〔新罗〕真兴王十九年，〔百济〕威德王五年。

559年，己卯，〔南朝／陈〕武帝太平三年，〔南朝／后梁〕宣帝大定五年，〔北朝／北齐〕文宣帝天保十年，〔北朝／北周〕明帝武成一年，☆黄帝历三千二百五十七年，〔高句丽〕阳原王十五年。平原王高阳成（？—590）一年。三月，阳原王薨，太子即位，是为平原王（一名“平

---

1 参见《北史·列传第八十二》(卷九十四)。

2 见〔韩〕一然原著，崔南善编《三国遗事》附录，瑞文文化社，1999年版。朝鲜文人金正喜（1786–1856)《阮堂全集》卷一有此碑文考证。

冈王"）；◇檀君历二千八百九十二年，〔新罗〕真兴王二十年，〔百济〕威德王六年。

560年，庚辰，〔南朝／陈〕文帝天嘉一年，〔南朝／后梁〕宣帝大定六年，〔北朝／北齐〕废帝乾明一年，孝昭帝皇建一年，〔北朝／北周〕明帝武成二年，☆黄帝历三千二百五十八年，〔高句丽〕平原王（平冈王）二年。二月，北齐废帝遣使至高句丽，册平原王"使持节、领东夷校尉、辽东郡公、高（句）丽王"[1]；◇檀君历二千八百九十三年，〔新罗〕真兴王二十一年，〔百济〕威德王七年。

561年，辛巳，〔南朝／陈〕文帝天嘉二年，〔南朝／后梁〕宣帝大定七年，〔北朝／北齐〕孝昭帝皇建二年，武成帝太宁一年，〔北朝／北周〕武帝保定一年，☆黄帝历三千二百五十九年，〔高句丽〕平原王（平冈王）三年。十月，高句丽遣使如南朝陈朝贡；◇檀君历二千八百九十四年，〔新罗〕真兴王二十二年，〔百济〕威德王八年。是岁，《新罗真兴王四碑·昌宁碑》勒成。首句为"辛巳二月一日立，寡人幼年承基，政委辅弼。后□□□□□□"[2]。

562年，壬午，〔南朝／陈〕文帝天嘉三年，〔南朝／后梁〕宣帝大定八年，明帝天保一年，〔北朝／北齐〕武成帝太宁二年，河清一年，〔北朝／北周〕武帝保定二年，☆黄帝历三千二百六十年，〔高句丽〕平原王（平冈王）四年。二月，陈文帝诏授高句丽平原王"宁东将军"。是岁，陈文帝诏授百济威德王"抚东大将军"；◇檀君历二千八百九十五年，〔新罗〕真兴王二十三年，〔百济〕威德王九年。是岁，新罗夺回了被倭国部分占据200年之久的伽耶（又称"驾洛"，日本称"任那"）国[3]。

563年，癸未，〔南朝／陈〕文帝天嘉四年，〔南朝／后梁〕明帝天保二年，〔北朝／北齐〕武成帝河清二年，〔北朝／北周〕武帝保定三年，☆黄帝历三千二百六十一年，〔高句丽〕平原王（平冈王）五年；◇檀君历二千八百九十六年，〔新罗〕真兴王二十四年，〔百济〕威德王十年。

564年，甲申，〔南朝／陈〕文帝天嘉五年，〔南朝／后梁〕明帝天保三年，〔北朝／北齐〕武成帝河清三年，〔北朝／北周〕武帝保定四年，☆黄帝历三千二百六十二年，〔高句丽〕平原王（平冈王）六年。是岁，高句丽遣使如北齐朝贡；◇檀君历二千八百九十七年，〔新罗〕真兴王二十五年，〔百济〕威德王十一年。是岁，新罗遣使朝贡北齐。

565年，乙酉，〔南朝／陈〕文帝天嘉六年，〔南朝／后梁〕明帝天保四年，〔北朝／北齐〕武成帝河清四年，〔北朝／北齐〕温公天统一年，〔北朝／北周〕武帝保定五年，☆黄帝历三千二百六十三年，〔高句丽〕平原王（平冈王）七年。正月，高句丽立王子高元为太子。二月，北齐武成帝诏封新罗真兴王为"使持节、东夷校尉、乐浪郡公、新罗王"。是岁，高句丽遣使如北齐朝贡。是岁，陈文帝遣刘思与僧人明观，携带1700多卷佛经出使新罗[4]；◇檀君历二千八百九十八年，〔新罗〕真兴王二十六年，〔百济〕威德王十二年。

566年，丙戌，〔南朝／陈〕文帝天嘉七年，天康一年，〔南朝／后梁〕明帝天保五年，〔北朝／北齐〕温公天统二年，〔北朝／北周〕武帝天和一年，☆黄帝历三千二百六十四年，〔高句丽〕平原王（平冈王）八年。十二月，高句丽遣使如南朝陈朝贡；◇檀君历二千八百九十九年，〔新

1 参见《北史·列传第八十二》（卷九十四）。
2 见〔韩〕一然原著，崔南善编《三国遗事》附录，瑞文文化社，1999年版。
3 任那处于新罗与百济之间。参见田久川《古代中日关系史》，第77页，大连工学院出版社，1987年版。
4 参见〔韩〕金富轼原著，李康来校勘《三国史记》卷四，第67页，Hangilsa，1998年版。

罗〕真兴王二十七年，〔百济〕威德王十三年。

567年，丁亥，〔南朝／陈〕废帝光大一年，〔南朝／后梁〕明帝天保六年，〔北朝／北齐〕温公天统三年，〔北朝／北周〕武帝天和二年，☆黄帝历三千二百六十五年，〔高句丽〕平原王（平冈王）九年；◇檀君历二千九百年，〔新罗〕真兴王二十八年，〔百济〕威德王十四年。三月，新罗遣使朝贡陈，贡献方物（土特产）。九月，百济遣使如南朝陈朝贡。十月，百济遣使如北齐朝贡。

568年，戊子，〔南朝／陈〕废帝光大二年，〔南朝／后梁〕明帝天保七年，〔北朝／北齐〕温公天统四年，〔北朝／北周〕武帝天和三年，☆黄帝历三千二百六十六年，〔高句丽〕平原王（平冈王）十年；◇檀君历二千九百〇一年，〔新罗〕真兴王二十九年，〔百济〕威德王十五年。六月，新罗遣使如南朝陈朝贡。是岁，新罗改元“大昌”。是岁，《新罗真兴王四碑·黄草岭碑》勒成，上有“□□□□□未有，于是岁次戊子秋八月巡狩管境，采访民心”句。黄草岭碑在今韩国咸镜南道咸州郡下岐山面慎兴里[1]。是岁，《新罗真兴王四碑·磨云岭碑》勒成。碑在咸镜南道利原郡。阳面首句为“太（大）昌元年，岁次戊子”[2]。

569年，己丑，〔南朝／陈〕宣帝太建一年，〔南朝／后梁〕明帝天保八年，〔北朝／北齐〕温公天统五年，〔北朝／北周〕武帝天和四年，☆黄帝历三千二百六十七年，〔高句丽〕平原王（平冈王）十一年；◇檀君历二千九百〇二年，〔新罗〕真兴王三十年，〔百济〕威德王十六年。

570年，庚寅，〔南朝／陈〕宣帝太建二年，〔南朝／后梁〕明帝天保九年，〔北朝／北齐〕温公武平一年，〔北朝／北周〕武帝天和五年，☆黄帝历三千二百六十八年，〔高句丽〕平原王（平冈王）十二年。二月，高齐遣使至百济，册威德王为“使持节、侍中、骠骑大将军、带方郡公、百济王”。十一月，高句丽遣使如南朝陈朝贡；◇檀君历二千九百〇三年，〔新罗〕真兴王三十一年，〔百济〕威德王十七年。六月，新罗遣使如南朝陈朝贡。

571年，辛卯，〔南朝／陈〕宣帝太建三年，〔南朝／后梁〕明帝天保十年，〔北朝／北齐〕温公武平二年，〔北朝／北周〕武帝天和六年，☆黄帝历三千二百六十九年，〔高句丽〕平原王（平冈王）十三年。正月，高齐加册百济威德王为“使持节、都督东青州诸军事、东青州刺史”。二月，高句丽遣使如南朝陈朝贡；◇檀君历二千九百〇四年，〔新罗〕真兴王三十二年，〔百济〕威德王十八年。五月，新罗遣使如南朝陈朝贡。

572年，壬辰，〔南朝／陈〕宣帝太建四年，〔南朝／后梁〕明帝天保十一年，〔北朝／北齐〕温公武平三年，〔北朝／北周〕武帝天和七年，建德一年，☆黄帝历三千二百七十年，〔高句丽〕平原王（平冈王）十四年。是岁，北周大将军高琳卒。高琳（497—572），字季珉，本高句丽人，其六世祖高钦，始仕于燕[3]；◇檀君历二千九百〇五年，〔新罗〕真兴王三十三年，〔百济〕威德王十九年。是岁，新罗改元“鸣济”，建立选拔“花郎”制度。是岁，新罗遣使朝贡北齐。是岁，百济遣使至北齐朝贡。

1 见〔韩〕一然原著，崔南善编《三国遗事》附录，瑞文文化社，1999年版。朝鲜文人金正喜（1786—1856）《阮堂全集》卷一有关于此碑文的记载。

2 见〔韩〕一然原著，崔南善编《三国遗事》附录，瑞文文化社，1999年版。

3 参见《周书》卷二十九《高琳传》。

573年，癸巳，〔南朝／陈〕宣帝太建五年，〔南朝／后梁〕明帝天保十二年，〔北朝／北齐〕温公武平四年，〔北朝／北周〕武帝建德二年，☆黄帝历三千二百七十一年，〔高句丽〕平原王（平冈王）十五年。是岁，高句丽遣使如北齐朝贡；◇檀君历二千九百〇六年，〔新罗〕真兴王三十四年，〔百济〕威德王二十年。是岁，百济僧玄光（生卒年不详）登南岳，于慧思学《法华经》，后回国，于熊州翁山建立庙宇，从学者甚多[1]。

574年，甲午，〔南朝／陈〕宣帝太建六年，〔南朝／后梁〕明帝天保十三年，〔北朝／北齐〕温公武平五年，〔北朝／北周〕武帝建德三年，☆黄帝历三千二百七十二年，〔高句丽〕平原王（平冈王）十六年。正月，高句丽遣使如南朝陈朝贡；◇檀君历二千九百〇七年，〔新罗〕真兴王三十五年，〔百济〕威德王二十一年。

575年，乙未，〔南朝／陈〕宣帝太建七年，〔南朝／后梁〕明帝天保十四年，〔北朝／北齐〕温公武平六年，〔北朝／北周〕武帝建德四年，☆黄帝历三千二百七十三年，〔高句丽〕平原王（平冈王）十七年；◇檀君历二千九百〇八年，〔新罗〕真兴王三十六年，〔百济〕威德王二十二年。

576年，丙申，〔南朝／陈〕宣帝太建八年，〔南朝／后梁〕明帝天保十五年，〔北朝／北齐〕温公武平七年，温公隆化一年，安德王德昌一年，〔北朝／北周〕武帝建德五年，☆黄帝历三千二百七十四年，〔高句丽〕平原王（平冈王）十八年；◇檀君历二千九百〇九年，〔新罗〕真兴王三十七年，真智王金舍轮（？—579）一年，〔百济〕威德王二十三年。是岁，新罗僧安弘在中国研习佛法后回国。〔韩〕金富轼《三国史记》卷四十四记，居漆夫是岁为“上大等”，新罗军国大事皆任之。后居漆夫终老于家宅，享年77。

577年，丁酉，〔南朝／陈〕宣帝太建九年，〔南朝／后梁〕明帝天保十六年，〔北朝／北齐〕温公隆化二年，幼主承光一年，〔北朝／北周〕武帝建德六年，☆黄帝历三千二百七十五年，〔高句丽〕平原王（平冈王）十九年。是岁，高句丽遣使如北周朝贡。北周武帝册平原王“上开府仪同大将军、辽东郡开国公、辽东王”[2]；◇檀君历二千九百一十年，〔新罗〕真智王二年，〔百济〕威德王二十四年。七月，百济遣使至南朝陈朝贡。十一月，百济遣使至北周朝贡[3]。

578年，戊戌，〔南朝／陈〕宣帝太建十年，〔南朝／后梁〕明帝天保十七年，〔北朝／北周〕武帝建德七年，武帝宣政一年，☆黄帝历三千二百七十六年，〔高句丽〕平原王（平冈王）二十年；◇檀君历二千九百一十一年，〔新罗〕真智王三年，〔百济〕威德王二十五年。是岁，新罗遣使朝贡南朝陈，献方物。是岁，百济遣使至北周朝贡[4]。

579年，己亥，〔南朝／陈〕宣帝太建十一年，〔南朝／后梁〕明帝天保十八年，〔北朝／北周〕宣帝大成一年，静帝大象一年，☆黄帝历三千二百七十七年，〔高句丽〕平原王（平冈王）二十一年；◇檀君历二千九百一十二年，〔新罗〕真智王四年，真平王金白净（？—632）一年，〔百济〕威德王二十六年。真平王时代新罗文人金后稷《谏猎文》是著名文献[5]。

1 笔者夫妇于2010年11月13日前往杭州慧因高丽寺参观，见其介绍。
2 见《周书·列传第四十一·异域上·高丽》（卷四十九）。
3 参见《周书·列传第四十一·异域上·百济》（卷四十九）。
4 参见《周书·列传第四十一·异域上·百济》（卷四十九）。
5 见〔韩〕金台俊原著，张琏瑰译《朝鲜汉文学史》，第12页、第20页，社会科学文献出版社，1996年版。

580年，庚子，〔南朝／陈〕宣帝太建十二年，〔南朝／后梁〕明帝天保十九年，〔北朝／北周〕静帝大象二年，☆黄帝历三千二百七十八年，〔高句丽〕平原王（平冈王）二十二年；◇檀君历二千九百一十三年，〔新罗〕真平王二年，〔百济〕威德王二十七年。

581年，辛丑，〔南朝／陈〕宣帝太建十三年，〔南朝／后梁〕明帝天保二十年，〔北朝／北周〕静帝大定一年，〔隋〕文帝开皇一年，☆黄帝历三千二百七十九年，〔高句丽〕平原王（平冈王）二十三年。是岁，隋朝建立。隋分别于598年、612年、613年伐高句丽。十二月，高句丽遣使如隋朝贡。隋文帝册平原王“大将军、辽东郡开国公、高句丽王”[1]。是岁，隋文帝遣使册封百济威德王。开皇初年，隋定《七部乐》，其中有《高（句）丽伎》[2]；◇檀君历二千九百一十四年，〔新罗〕真平王三年，〔百济〕威德王二十八年。是岁，百济遣使至隋朝贡。《隋书·列传第四十六·东夷·百济》（卷八十一）载：“开皇初，其王（扶）余昌遣使贡方物，拜昌为上开府（仪同三司）、带方郡公、百济王”。

582年，壬寅，〔南朝／陈〕宣帝太建十四年，〔南朝／后梁〕明帝天保二十一年；〔隋〕文帝开皇二年，☆黄帝历三千二百八十年，〔高句丽〕平原王（平冈王）二十四年。正月、十一月，高句丽两次遣使如隋朝贡；◇檀君历二千九百一十五年，〔新罗〕真平王四年，〔百济〕威德王二十九年。正月，百济遣使至隋朝贡。

583年，癸卯，〔南朝／陈〕后主至德一年，〔南朝／后梁〕明帝天保二十二年；〔隋〕文帝开皇三年，☆黄帝历三千二百八十一年，〔高句丽〕平原王（平冈王）二十五年。正月、四月、五月，高句丽三次遣使如隋朝贡；◇檀君历二千九百一十六年，〔新罗〕真平王五年，〔百济〕威德王三十年。

584年，甲辰，〔南朝／陈〕后主至德二年，〔南朝／后梁〕明帝天保二十三年；〔隋〕文帝开皇四年，☆黄帝历三千二百八十二年，〔高句丽〕平原王（平冈王）二十六年。春，高句丽遣使如隋朝贡。四月，隋文帝宴高句丽使臣于大兴殿；◇檀君历二千九百一十七年，〔新罗〕真平王六年，〔百济〕威德王三十一年。是岁，新罗改元“建福”。十一月，百济遣使至南朝陈朝贡。

585年，乙巳，〔南朝／陈〕后主至德三年，〔南朝／后梁〕明帝天保二十四年；〔隋〕文帝开皇五年，☆黄帝历三千二百八十三年，〔高句丽〕平原王（平冈王）二十七年。十二月，高句丽遣使如南朝陈朝贡；◇檀君历二千九百一十八年，〔新罗〕真平王七年，〔百济〕威德王三十二年。是岁，新罗僧智明入南朝陈求法。

586年，丙午，〔南朝／陈〕后主至德四年，〔南朝／后梁〕明帝广运一年；〔隋〕文帝开皇六年，☆黄帝历三千二百八十四年，〔高句丽〕平原王（平冈王）二十八年。是岁，高句丽迁都长安城[3]；◇檀君历二千九百一十九年，〔新罗〕真平王八年，〔百济〕威德王三十三年。九月，百济遣使至南朝陈朝贡。

587年，丁未，〔南朝／陈〕后主祯明一年，〔南朝／后梁〕明帝广运二年；〔隋〕文帝开皇七年，☆黄帝历三千二百八十五年，〔高句丽〕平原王（平冈王）二十九年；◇檀君历

1　参见马大正、李大龙、耿铁华、权赫秀《古代中国高句丽历史续论》，第67页，中国社会科学出版社，2003年版。
2　详见《隋书》卷十五《音乐志》（下）。
3　高句丽都城“长安城”在今朝鲜平壤市区。

二千九百二十年，〔新罗〕真平王九年，〔百济〕威德王三十四年。是岁，新罗奈勿尼师今七世孙大世，与好友仇漆出海，欲游吴越，后不知所终。

588年，戊申，〔南朝／陈〕后主祯明二年；〔隋〕文帝开皇八年，☆黄帝历三千二百八十六年，〔高句丽〕平原王（平冈王）三十年；◇檀君历二千九百二十一年，〔新罗〕真平王十年，〔百济〕威德王三十五年。

589年，己酉，〔南朝／陈〕后主祯明三年；〔隋〕文帝开皇九年，☆黄帝历三千二百八十七年，〔高句丽〕平原王（平冈王）三十一年；◇檀君历二千九百二十二年，〔新罗〕真平王十一年，〔百济〕威德王三十六年。是岁，新罗圆光（532—630）法师入隋西京长安求法[1]。法师俗姓朴（一说薛姓），祖居属辰韩国[2]。是岁，一隋军战船漂风至耽罗[3]，百济王遣使护送至隋，并上表进贺平陈。隋文帝下诏表奖，百济使者"舞蹈而去"[4]。

590年，庚戌，〔隋〕文帝开皇十年，☆黄帝历三千二百八十八年，〔高句丽〕平原王（平冈王）三十二年，婴阳王高元（？—618）一年。高元乃平原王长子。是岁，高句丽平原王闻隋朝灭陈，大惧。是岁，隋文帝遣使颁诏，切责平原王，并有"若洒心易行，率由宪章，即是朕之良臣"之语，钦赐平原王玺书。平原王遣使奉表如隋谢恩，使节未发而王薨[5]。是岁，隋文帝遣使至高句丽，册婴阳王"上开府、仪同三司"，袭爵"辽东郡公"，钦赐衣一袭[6]。是岁，隋朝建立"九部伎"，百济伎不预焉[7]；◇檀君历二千九百二十三年，〔新罗〕真平王十二年，〔百济〕威德王三十七年。

591年，辛亥，〔隋〕文帝开皇十一年，☆黄帝历三千二百八十九年，〔高句丽〕婴阳王二年。正月，高句丽遣使如隋谢恩，并奏请封王，文帝乃封之"高句丽王"，并赐车服。五月，高句丽遣使如隋谢恩；◇檀君历二千九百二十四年，〔新罗〕真平王十三年，〔百济〕威德王三十八年。

592年，壬子，〔隋〕文帝开皇十二年，☆黄帝历三千二百九十年，〔高句丽〕婴阳王三年。正月，高句丽遣使如隋朝贡；◇檀君历二千九百二十五年，〔新罗〕真平王十四年，〔百济〕威德王三十九年。

593年，癸丑，〔隋〕文帝开皇十三年，☆黄帝历三千二百九十一年，〔高句丽〕婴阳王四年；◇檀君历二千九百二十六年，〔新罗〕真平王十五年，〔百济〕威德王四十年。

594年，甲寅，〔隋〕文帝开皇十四年，☆黄帝历三千二百九十二年，〔高句丽〕婴阳王五年。是岁，隋文帝诏封真平王为"上开府、乐浪郡公、新罗王"[8]；◇檀君历二千九百二十七年，〔新罗〕

---

1 笔者夫妇于2010年11月13日前往杭州慧因高丽寺参观，见其介绍。

2 参见〔韩〕一然《三国遗事》卷四"圆光西学"。

3 "耽罗"即今韩国济州岛，时耽罗为百济附庸。关于耽罗的起源，参见朝鲜文人李边原著，朴在渊、安章利、李在弘译解《训世评话》，第185页，太学社，1998年版。

4 见《隋书·列传第四十六·东夷》（卷八十一）。

5 《隋书·列传第四十六·东夷·高丽》（卷八十一）有隋文帝诏书全文，另参见《北史·列传第八十二》（卷九十四）及〔宋〕司马光《资治通鉴》卷一百七十八。

6 参见《册府元龟》卷九百六十三《外臣部·册封》。

7 《旧唐书》卷二十九《音乐志二》有"高丽乐"、"百济乐"。参见姜孟山、刘子敏、金荣国主编《中国正史中的朝鲜史料》（第1卷），第280页，延边大学出版社，1996年版。

8 参见《隋书·列传第四十六·东夷》（卷八十一）。

真平王十六年，〔百济〕威德王四十一年。是岁，新罗遣使至隋朝贡。

595年，乙卯，〔隋〕文帝开皇十五年，☆黄帝历三千二百九十三年，〔高句丽〕婴阳王六年；◇檀君历二千九百二十八年，〔新罗〕真平王十七年，〔百济〕威德王四十二年。是岁，新罗著名文人金庾信（595—673）生。

596年，丙辰，〔隋〕文帝开皇十六年，☆黄帝历三千二百九十四年，〔高句丽〕婴阳王七年；◇檀君历二千九百二十九年，〔新罗〕真平王十八年，〔百济〕威德王四十三年。春，新罗高僧昙育入隋求法。是岁，新罗遣使入隋朝贡，献方物。

597年，丁巳，〔隋〕文帝开皇十七年，☆黄帝历三千二百九十五年，〔高句丽〕婴阳王八年。五月，高句丽遣使如隋朝贡；◇檀君历二千九百三十年，〔新罗〕真平王十九年，〔百济〕威德王四十四年。

598年，戊午，〔隋〕文帝开皇十八年，☆黄帝历三千二百九十六年，〔高句丽〕婴阳王九年。是岁，婴阳王率高句丽、靺鞨军1万人，攻打隋辽东营州，营州总管韦冲击溃之。隋文帝大怒，六月乃夺高句丽王一切官爵。帝敕命汉王杨谅为元帅，统30万大军伐之。会辽东大水，并有疾病、大风，隋军进军不利，损失巨大。婴阳王大惧，遣使上表谢罪，自称“辽东粪土臣某”。“帝于是罢兵，待之如初”[1]；◇檀君历二千九百三十一年，〔新罗〕真平王二十年，〔百济〕威德王四十五年，惠王（扶）余季（？—599）一年。九月，百济遣长史王辩那，至隋朝贡，愿为伐高句丽先导。隋文帝厚遣其归[2]。

599年，己未，〔隋〕文帝开皇十九年，☆黄帝历三千二百九十七年，〔高句丽〕婴阳王十年；◇檀君历二千九百三十二年，〔新罗〕真平王二十一年，〔百济〕惠王二年，法王（？—600）一年。法王名“（扶）余宣”，惠王长子。

600年，庚申，〔隋〕文帝开皇二十年，☆黄帝历三千二百九十八年，〔高句丽〕婴阳王十一年。正月，高句丽遣使如隋朝贡。是岁，婴阳王命太学博士李文真将高句丽古史编为五卷本《新集》[3]。初，高句丽有史书《留记》100卷，至是删编之；◇檀君历二千九百三十三年，〔新罗〕真平王二十二年，〔百济〕法王二年，武王（？—641）一年。武王名“璋”，法王之子。《新唐书》称百济武王“扶余璋”[4]。是岁，新罗遣奈麻（十一等官名）诸文、大舍（十二等官名）横川如隋朝贡，新罗高僧圆光（532—630）随使节团回国，其在我国求佛法11年。

601年，辛酉，〔隋〕文帝仁寿一年，☆黄帝历三千二百九十九年，〔高句丽〕婴阳王十二年；◇檀君历二千九百三十四年，〔新罗〕真平王二十三年，〔百济〕武王二年。

602年，壬戌，〔隋〕文帝仁寿二年，☆黄帝历三千三百年，〔高句丽〕婴阳王十三年；◇檀君历二千九百三十五年，〔新罗〕真平王二十四年，〔百济〕武王三年。是岁，新罗遣大奈麻（十等官名）上军，率使节团入隋朝贡，献方物。

603年，癸亥，〔隋〕文帝仁寿三年，☆黄帝历三千三百〇一年，〔高句丽〕婴阳王十四年；◇檀君历二千九百三十六年，〔新罗〕真平王二十五年，〔百济〕武王四年。

1 见〔韩〕金富轼原著，李康来校勘《三国史记》（卷二十），第201页，Hangilsa，1998年版及《隋书·列传第四十六·东夷·高丽》（卷八十一）。

2 参见《隋书·列传第四十六·东夷》（卷八十一）。

3 参见〔韩〕金台俊原著，张琏瑰译《朝鲜汉文学史》，第12页，社会科学文献出版社，1996年版。

4 见《新唐书·列传第一百四十五·东夷·高丽百济新罗日本流鬼》（卷二百二十）。

604年，甲子，〔隋〕文帝仁寿四年，☆黄帝历三千三百〇二年，〔高句丽〕婴阳王十五年；◇檀君历二千九百三十七年，〔新罗〕真平王二十六年，〔百济〕武王五年。秋，新罗遣大奈麻（十等官名）万世、惠文等人入隋朝贡，献方物。

605年，乙丑，〔隋〕炀帝大业一年，☆黄帝历三千三百〇三年，〔高句丽〕婴阳王十六年。是岁，隋炀帝遣使下诏，着高句丽婴阳王入朝觐见。婴阳王惧，贡献乃阙[1]；◇檀君历二千九百三十八年，〔新罗〕真平王二十七年，〔百济〕武王六年。春，新罗高僧昙育随本国使节大奈麻（十等官名）惠文自隋回国。昙育在华求法9年。

606年，丙寅，〔隋〕炀帝大业二年，☆黄帝历三千三百〇四年，〔高句丽〕婴阳王十七年；◇檀君历二千九百三十九年，〔新罗〕真平王二十八年，〔百济〕武王七年。

607年，丁卯，〔隋〕炀帝大业三年，☆黄帝历三千三百〇五年，〔高句丽〕婴阳王十八年。是岁，高句丽之使在突厥可汗启民帐下，适隋炀帝亲自视察，乃觐见。隋黄门侍郎裴矩不满高句丽私自外交突厥，乃谏曰：高句丽本箕子封地，汉、晋皆为郡县。今乃不臣，别为异域。何不讨之？隋炀帝乃遣牛弘宣敕于高句丽使。高句丽使惧[2]；◇檀君历二千九百四十年，〔新罗〕真平王二十九年，〔百济〕武王八年。三月，百济遣杆率（百济官名）燕文进，至隋朝贡。是岁，百济又遣佐平（百济一等官名）王孝邻至隋进方物，奏请出兵高句丽。帝许之。是岁，高句丽陷百济石头城[3]。

608年，戊辰，〔隋〕炀帝大业四年，☆黄帝历三千三百〇六年，〔高句丽〕婴阳王十九年。是岁，隋遣文林郎裴世清出使日本，途经百济时国书被劫掠，入隋朝贡的倭使小野妹子随行返国[4]；◇檀君历二千九百四十一年，〔新罗〕真平王三十年，〔百济〕武王九年。是岁，真平王命僧圆光修书上表，乞隋师征高句丽。三月，百济遣使至隋朝贡。

609年，己巳，〔隋〕炀帝大业五年，☆黄帝历三千三百〇七年，〔高句丽〕婴阳王二十年。四月，高句丽遣使入隋朝贡；◇檀君历二千九百四十二年，〔新罗〕真平王三十一年，〔百济〕武王十年。

610年，庚午，〔隋〕炀帝大业六年，☆黄帝历三千三百〇八年，〔高句丽〕婴阳王二十一年；◇檀君历二千九百四十三年，〔新罗〕真平王三十二年，〔百济〕武王十一年。

611年，辛未，〔隋〕炀帝大业七年，☆黄帝历三千三百〇九年，〔高句丽〕婴阳王二十二年。二月，炀帝下诏，讨高句丽。是岁，隋遣尚书起部郎席律至百济，与王谋划进攻高句丽事宜；◇檀君历二千九百四十四年，〔新罗〕真平王三十三年，〔百济〕武王十二年。是岁，新罗遣使入隋，请求隋发兵助其攻高句丽。帝许之。二月，百济遣国智牟至隋朝贡，并奏请告之发兵高句丽时间。隋炀帝厚赏国智牟[5]。

612年，壬申，〔隋〕炀帝大业八年，☆黄帝历三千三百一十年，〔高句丽〕婴阳王二十三年。是岁，隋炀帝亲率1133800大军（号称200万），伐高句丽。三月，隋军进辽东，见二大

---

1 参见《隋书·列传第四十六·东夷·高丽》（卷八十一）。

2 参见〔宋〕司马光《资治通鉴》卷一百八十一。

3 诸事及百济官职详细参见《隋书·列传第四十六·东夷·百济》（卷八十一）。

4 参见田久川《古代中日关系史》，第84页，大连工学院出版社，1987年版。

5 参见《隋书·列传第四十六·东夷·百济》（卷八十一）。

鸟，高丈余，皓首朱足，游泳自若，隋炀帝敕令画其像[1]。因过分讲安抚，乃为佯称请降高句丽兵所骗，隋将缩手，往往败绩。是岁，婴阳王遣高句丽将军乙支文德佯称请降，派人到隋军探听消息，疲惫隋军，随后在平壤附近30里的萨水水淹左翊卫大将军宇文述[2]所率隋军。宇文述30万大军，逃回辽东城（襄平城）者只有2700人。高句丽大将乙支文德《遗隋将书》是高句丽流传下来的四首诗歌之一，历来为半岛文人所重视[3]。七月，隋炀帝班师；◇檀君历二千九百四十五年，〔新罗〕真平王三十四年，〔百济〕武王十三年。是岁，百济武王率兵于边境，声言助隋军攻高句丽，实作壁上观[4]。

613年，癸酉，〔隋〕炀帝大业九年，☆黄帝历三千三百一十一年，〔高句丽〕婴阳王二十四年。三月，隋炀帝再次至辽督战，伐高句丽，会杨玄感反，乃还军。六月，隋兵部侍郎斛斯政[5]投高句丽。高句丽知隋军虚实，乃随后追击，隋军损失惨重[6]。七月，隋遣王世仪入新罗，在皇龙寺请圆光说经；◇檀君历二千九百四十六年，〔新罗〕真平王三十五年，〔百济〕武王十四年。

614年，甲戌，〔隋〕炀帝大业十年，☆黄帝历三千三百一十二年，〔高句丽〕婴阳王二十五年。七月，隋炀帝再至辽东督战，来护儿率军大败高句丽于卑奢城，进逼平壤。高句丽不支，乃遣使押送斛斯政至隋军，并如隋进贡。隋炀帝大喜，乃率大军还，并敕令高句丽王入朝，婴阳王拒之。时中原已乱[7]；◇檀君历二千九百四十七年，〔新罗〕真平王三十六年，〔百济〕武王十五年。是岁，新罗王妃薨。是岁，百济遣使朝贡隋[8]。

615年，乙亥，〔隋〕炀帝大业十一年，☆黄帝历三千三百一十三年，〔高句丽〕婴阳王二十六年；◇檀君历二千九百四十八年，〔新罗〕真平王三十七年，〔百济〕武王十六年。正月，新罗遣使至隋朝贡。

616年，丙子，〔隋〕炀帝大业十二年，☆黄帝历三千三百一十四年，〔高句丽〕婴阳王二十七年；◇檀君历二千九百四十九年，〔新罗〕真平王三十八年，〔百济〕武王十七年。

617年，丁丑，〔隋〕炀帝大业十三年，〔隋〕恭帝义宁一年，☆黄帝历三千三百一十五年，〔高句丽〕婴阳王二十八年；◇檀君历二千九百五十年，〔新罗〕真平王三十九年，〔百济〕武王十八年。

618年，戊寅，〔隋〕恭帝义宁二年，〔唐〕高祖武德一年，☆黄帝历三千三百一十六年，〔高句丽〕婴阳王二十九年，荣留王高建武（？—642）一年。荣留王高建武乃婴阳王高元异母

1　见姜孟山、刘子敏、金荣国主编《中国正史中的朝鲜史料》(第1卷)，第229页，延边大学出版社，1996年版。

2　参见《隋书》卷六十八《宇文述传》。

3　乙支文德原诗收入《隋书》卷六十《于仲文传》，原文是："神策究天文，妙算穷地理。战胜功既高，知足愿言止"。见〔韩〕金台俊原著，张琏瑰译《朝鲜汉文学史》，第14页，社会科学文献出版社，1996年版。高句丽的其他三首诗歌分别是《黄鸟歌》《咏孤石》(僧法定作)与《人参赞》。见马大正、李大龙、耿铁华、权赫秀《古代中国高句丽历史续论》，第188－189页，中国社会科学出版社，2003年版。清人杨宾《柳边纪略》卷三记有高句丽《人参赞》。朝鲜文人鱼叔权《稗官杂记》(二)载，高句丽《人参赞》载于《本草》，见〔韩〕《大东野乘》卷之四。

4　参见《隋书·列传第四十六·东夷·百济》(卷八十一)。

5　参见《隋书》卷七十《斛斯政传》。

6　参见《隋书·列传第四十六·东夷·高丽》(卷八十一)。

7　参见《隋书·列传第四十六·东夷》(卷八十一)。

8　参见《隋书·列传第四十六·东夷·百济》(卷八十一)。

弟也；◇檀君历二千九百五十一年，〔新罗〕真平王四十年，〔百济〕武王十九年。

619年，己卯，〔唐〕高祖武德二年，☆黄帝历三千三百一十七年，〔高句丽〕荣留王二年。二月，高句丽遣使如唐朝贡。《旧唐书·列传第一百四十九·东夷·高丽百济新罗倭国日本》（卷一百九十九）载："其王高建武，即前王高元异母弟也。武德二年，遣使来朝。"《旧唐书》所说"高丽"，乃"高句丽"之误；◇檀君历二千九百五十二年，〔新罗〕真平王四十一年，〔百济〕武王二十年。

620年，庚辰，〔唐〕高祖武德三年，☆黄帝历三千三百一十八年，〔高句丽〕荣留王三年；◇檀君历二千九百五十三年，〔新罗〕真平王四十二年，〔百济〕武王二十一年。

621年，辛巳，〔唐〕高祖武德四年，☆黄帝历三千三百一十九年，〔高句丽〕荣留王四年。七月，高句丽遣使如唐朝贡。是岁，唐高祖李渊接见新罗使臣，并遣通直散骑常侍庾文素，带玺书、画屏、300匹彩锦，出使新罗[1]；◇檀君历二千九百五十四年，〔新罗〕真平王四十三年，〔百济〕武王二十二年。是岁，新罗遣使入唐朝贡，献方物[2]，并诉高句丽阻进贡之路。是岁，新罗人薛罽头由海路入唐。十月，百济遣使至唐朝贡，献果下马[3]，并诉高句丽阻进贡之路。

622年，壬午，〔唐〕高祖武德五年，☆黄帝历三千三百二十年，〔高句丽〕荣留王五年。五月，唐高祖颁诏高句丽，命送还汉人。诏书即李渊《赐高丽王建武书》[4]。是岁，高句丽遣使如唐朝贡，并送滞留高句丽汉人万人还[5]；◇檀君历二千九百五十五年，〔新罗〕真平王四十四年，〔百济〕武王二十三年。是岁，新罗遣使入唐朝贡，献方物。

623年，癸未，〔唐〕高祖武德六年，☆黄帝历三千三百二十一年，〔高句丽〕荣留王六年。十二月，高句丽遣使如唐朝贡；◇檀君历二千九百五十六年，〔新罗〕真平王四十五年。十月，遣使如唐朝贡，〔百济〕武王二十四年。

624年，甲申，〔唐〕高祖武德七年，☆黄帝历三千三百二十二年，〔高句丽〕荣留王七年。三月，唐高祖遣使至新罗，封真平王为"柱国、乐浪郡王、新罗王"。是岁，唐高祖遣使封百济武王"带方郡王、百济王"。是岁，唐遣前刑部尚书沈叔安至高句丽，册王"上柱国、辽东郡公、高句丽国王"，并遣道士为高句丽讲《老子》。荣留王及其臣僚听讲者数千人[6]。二月，高句丽遣使如唐朝贡，请颁历。十二月，又遣使如唐谢恩；◇檀君历二千九百五十七年，〔新罗〕真平王四十六年，〔百济〕武王二十五年。正月、七月，百济两次遣使至唐朝贡。

625年，乙酉，〔唐〕高祖武德八年，☆黄帝历三千三百二十三年，〔高句丽〕荣留王八年。是岁，高句丽遣人如唐，求学佛教、道教。帝许之[7]；◇檀君历二千九百五十八年，〔新罗〕真平王四十七年，〔百济〕武王二十六年。是岁，新罗遣使入唐朝贡，并讼高句丽阻贡路。十一月，百济遣使入唐朝贡。

626年，丙戌，〔唐〕高祖武德九年，☆黄帝历三千三百二十四年，〔高句丽〕荣留王九年。

---

1 参见《旧唐书·列传第一百四十九·东夷·高丽百济新罗倭国日本》（卷一百九十九）。
2 参见〔明〕李辅《全辽志》卷六"新罗"，金毓黻编《辽海丛书》，辽海书社排印本，1931—1934年。
3 参见《旧唐书·列传第一百四十九·东夷·高丽百济新罗倭国日本》（卷一百九十九）。
4 见〔清〕董诰等编《全唐文》卷三，中华书局，1983年影印版。
5 参见《旧唐书·列传第一百四十九·东夷·高丽百济新罗倭国日本》（卷一百九十九）。
6 参见《旧唐书·列传第一百四十九·东夷·高丽百济新罗倭国日本》（卷一百九十九）。
7 参见《册府元龟·外臣部·请求》。

是岁，唐遣散骑常侍朱子奢[1]至半岛，诏谕高句丽、百济，平其怨恨。七月，唐使朱子奢至新罗宣诏。是岁，高句丽遣使如唐谢罪；◇檀君历二千九百五十九年，〔新罗〕真平王四十八年，〔百济〕武王二十七年。是岁，新罗遣使入唐朝贡。岁初，百济遣使至唐，进献明光铠，并诉高句丽梗路，不得入帝京。十二月，百济再遣使至唐朝贡。

627年，丁亥，〔唐〕太宗贞观一年，☆黄帝历三千三百二十五年，〔高句丽〕荣留王十年。是岁，唐太宗赐百济王玺书，着余福信赍回，诏百济与新罗和睦相处[2]；◇檀君历二千九百六十年，〔新罗〕真平王四十九年，〔百济〕武王二十八年。六月、十一月，新罗两次遣使入唐朝贡。七月，百济遣王侄余福信为使至唐朝贡。岁末，百济遣使如唐，奉表陈谢。

628年，戊子，〔唐〕太宗贞观二年，☆黄帝历三千三百二十六年，〔高句丽〕荣留王十一年。九月，高句丽遣使如唐，进祝破突厥颉利可汗，并进《(高句丽）封域图》[3]。是岁，高句丽儒生汇聚长安国学；◇檀君历二千九百六十一年，〔新罗〕真平王五十年，〔百济〕武王二十九年。是岁，新罗、百济留学生汇聚大唐国学。

629年，己丑，〔唐〕太宗贞观三年，☆黄帝历三千三百二十七年，〔高句丽〕荣留王十二年。九月，高句丽遣使如唐朝贡；◇檀君历二千九百六十二年，〔新罗〕真平王五十一年。九月，新罗遣使入唐朝贡，〔百济〕武王三十年。九月，百济遣使如唐朝贡。

630年，庚寅，〔唐〕太宗贞观四年，☆黄帝历三千三百二十八年，〔高句丽〕荣留王十三年；◇檀君历二千九百六十三年，〔新罗〕真平王五十二年，〔百济〕武王三十一年。八月，新罗派护送使，护送日本遣唐使犬上三田耜入唐。

631年，辛卯，〔唐〕太宗贞观五年，☆黄帝历三千三百二十九年，〔高句丽〕荣留王十四年。二月，唐太宗遣广州都督府司马长孙师，至高句丽毁隋朝战死官兵"京观"[4]而祭之；◇檀君历二千九百六十四年，〔新罗〕真平王五十三年，〔百济〕武王三十二年。七月，新罗遣使入唐，献美女二人。唐太宗听魏征之言而退之[5]。九月，百济遣使至唐朝贡。

632年，壬辰，〔唐〕太宗贞观六年，☆黄帝历三千三百三十年，〔高句丽〕荣留王十五年。是岁，唐太宗遣兴州刺史高表仁经新罗出使日本[6]；◇檀君历二千九百六十五年，〔新罗〕真平王五十四年，善德女王金德曼[7]（？—647）一年，〔百济〕武王三十三年。是岁，新罗真平王薨，唐太宗下诏，追赠"光禄大夫"，钦赐缎200匹致祭。八月，新罗遣护送使，陪同钦差高表仁以及自大唐回国日本使节团至对马岛。十二月，新罗遣使入唐朝贡。正月，百济封元子义慈为太子。十二月，百济遣使至唐朝贡。

633年，癸巳，〔唐〕太宗贞观七年，☆黄帝历三千三百三十一年，〔高句丽〕荣留王十六年；◇檀君历二千九百六十六年，〔新罗〕善德女王二年，〔百济〕武王三十四年。七月，新罗遣使

1 朱子奢出使事详见姜孟山、刘子敏、金荣国主编《中国正史中的朝鲜史料》（第1卷），第329页，延边大学出版社，1996年版。
2 诏书全文见《旧唐书·列传第一百四十九·东夷·高丽百济新罗倭国日本》（卷一百九十九）。
3 唐太宗破突厥颉利可汗是在贞观四年（640），高丽文人金富轼《三国史记·高句丽本纪》把高句丽遣使如唐说成"进贺破突厥"，有误。参见马大正、李大龙、耿铁华、权赫秀《古代中国高句丽历史续论》，第134页，中国社会科学出版社，2003年版。
4 京观，为炫耀武功而积敌人尸骨所建大坟。
5 参见《旧唐书·列传第一百四十九·东夷·高丽百济新罗倭国日本》（卷一百九十九）。
6 参见田久川《古代中日关系史》，第100页，大连工学院出版社，1987年版。
7 2009年韩国热播的电视连续剧《善德女王》所搬演即真平王之女金德曼事迹。

入唐朝贡。

634年，甲午，〔唐〕太宗贞观八年，☆黄帝历三千三百三十二年，〔高句丽〕荣留王十七年；◇檀君历二千九百六十七年，〔新罗〕善德女王三年，〔百济〕武王三十五年。

635年，乙未，〔唐〕太宗贞观九年，☆黄帝历三千三百三十三年。是岁，唐遣使持节至新罗，册封善德女王为“柱国、乐浪郡王、新罗王”[1]。〔高句丽〕荣留王十八年；◇檀君历二千九百六十八年，〔新罗〕善德女王四年，〔百济〕武王三十六年。

636年，丙申，〔唐〕太宗贞观十年，☆黄帝历三千三百三十四年，〔高句丽〕荣留王十九年；◇檀君历二千九百六十九年，〔新罗〕善德女王五年，〔百济〕武王三十七年。是岁，慈藏（生卒年不详）率新罗僧人10余人入唐求法。二月，百济遣使至唐朝贡。是岁，新罗慈藏（生卒年不详）率僧10余人入唐求法。

637年，丁酉，〔唐〕太宗贞观十一年，☆黄帝历三千三百三十五年，〔高句丽〕荣留王二十年。是岁，唐太宗以百济进献铠甲，赏赐武王锦袍并彩缎3000匹[2]；◇檀君历二千九百七十年，〔新罗〕善德女王六年，〔百济〕武王三十八年。二月，百济遣使至唐，进献铁甲、雕斧。

638年，戊戌，〔唐〕太宗贞观十二年，☆黄帝历三千三百三十六年，〔高句丽〕荣留王二十一年；◇檀君历二千九百七十一年，〔新罗〕善德女王七年，〔百济〕武王三十九年。

639年，己亥，〔唐〕太宗贞观十三年，☆黄帝历三千三百三十七年，〔高句丽〕荣留王二十二年。是岁，高句丽遣使入唐朝贡；◇檀君历二千九百七十二年，〔新罗〕善德女王八年，〔百济〕武王四十年。五月，新罗善德女王遣子弟入唐，奏请入国学。十月，百济遣使至唐，进献铁甲、雕斧。

640年，庚子，〔唐〕太宗贞观十四年，☆黄帝历三千三百三十八年。〔高句丽〕荣留王二十三年。二月，高句丽遣世子高桓权如唐朝贡，太宗帝赏赐世子甚厚[3]。是岁，高句丽又遣子弟如唐，请入国学；◇檀君历二千九百七十三年，〔新罗〕善德女王九年，〔百济〕武王四十一年。二月，百济遣子弟至唐，请入国学。

641年，辛丑，〔唐〕太宗贞观十五年，☆黄帝历三千三百三十九年，〔高句丽〕荣留王二十四年。是岁，唐太宗遣礼部郎中郑文表，至百济册义慈王为“柱国、带方郡公、百济王”。是岁，唐遣职方郎中陈大德至高句丽答劳。陈大德在高句丽悉访山川，熟悉地形而还，多见留居高句丽隋军。“数日后，隋人望之而哭者，遍于郊野”。唐太宗曰：“高句丽，本（汉）四郡地耳”[4]；◇檀君历二千九百七十四年，〔新罗〕善德女王十年，〔百济〕武王四十二年，义慈王（？—660）一年。三月，武王薨，百济使节素服至唐奉表曰：“君外臣、百济王扶余璋卒”。唐太宗为武王举哀于玄武门，素服哭之，并厚赐致祭，追赠“光禄大夫”[5]。八月，百济遣使如唐，上表谢恩兼进方物。

1　参见《旧唐书·列传第一百四十九·东夷·高丽百济新罗倭国日本》（卷一百九十九）；朝鲜文人权近《阳村集》卷三十四《东国史略论》。

2　参见《旧唐书·列传第一百四十九·东夷·高丽百济新罗倭国日本》（卷二百一十一）。

3　参见《旧唐书·列传第一百四十九·东夷·高丽百济新罗倭国日本》（卷一百九十九）。

4　参见〔宋〕司马光《资治通鉴》，卷一百九十六，“贞观十五年”。

5　参见《旧唐书·列传第一百四十九·东夷·高丽百济新罗倭国日本》（卷一百九十九）。

642年，壬寅，〔唐〕太宗贞观十六年，☆黄帝历三千三百四十年，〔高句丽〕荣留王二十五年，宝臧王高宝臧（？—682）一年。正月，高句丽遣使如唐朝贡。十月，高句丽西部大人盖苏文弑荣留王，杀死文武大臣百人，立荣留王弟之子高宝臧[1]。唐太宗闻高句丽荣留王被杀，特为举哀，并遣使持节吊祭，赐彩缎300匹；◇檀君历二千九百七十五年，〔新罗〕善德女王十一年，〔百济〕义慈王二年。正月，新罗遣使入唐，献方物。七月，新罗因百济、高句丽进攻遣使入唐告急。正月，百济遣使如唐进贡。

643年，癸卯，〔唐〕太宗贞观十七年，☆黄帝历三千三百四十一年，〔高句丽〕宝臧王二年。是岁，唐太宗闻盖苏文弑其王，不欲乘其丧乱出兵伐之，乃遣使册宝臧王"上柱国、辽东郡公、高句丽王"[2]。正月，高句丽遣使如唐朝贡，表请唐朝道士。唐遣叔达等8人至高句丽，兼赐老子《道德经》；◇檀君历二千九百七十六年，〔新罗〕善德女王十二年，〔百济〕义慈王三年。正月，新罗遣使入唐，献方物。三月，入唐求法新罗高僧慈藏回国，并求经典，太宗给之。慈藏后为新罗律宗始祖[3]。九月，新罗遣使入唐，告济、丽侵凌甚急。正月，百济遣使如唐进贡。

644年，甲辰，〔唐〕太宗贞观十八年，☆黄帝历三千三百四十二年，〔高句丽〕宝臧王三年。正月，高句丽遣使入唐朝贡。岁初，唐太宗遣司农丞相里玄奖，赍敕至高句丽、百济，戒其罢兵："新罗委命国家，朝贡不阙，尔与百济，宜即戢兵。若更攻之，明年当出师击尔国矣"。相里玄奖至半岛，盖苏文已夺新罗城池，不听唐使之言。相里玄奖还，备言盖苏文之跋扈，唐太宗敕令营州都督张俭统领大军，积极备战[4]。十一月，帝以刑部尚书张亮为平壤道行军大总管，以太子詹事、左卫率李勣为辽东道行军大总管，进伐高句丽；◇檀君历二千九百七十七年，〔新罗〕善德女王十三年，〔百济〕义慈王四年。正月，新罗遣使入唐，献方物。正月，百济遣使如唐进贡，后又遣使奉表如唐谢恩。

645年，乙巳，〔唐〕太宗贞观十九年，☆黄帝历三千三百四十三年，〔高句丽〕宝臧王四年。二月，唐太宗亲征高句丽[5]。四月，李勣大军克盖牟城，改名"盖州"。张亮率大军渡海。是岁，唐军俘获高句丽人14000余，皆押至幽州为民[6]。《新唐书·列传第一百四十五·东夷·高丽百济新罗日本流鬼》（卷二百二十）载："（李）勣遂围辽东城。……城有硃蒙祠，祠有锁甲、铦矛，妄言前燕世天所降"；◇檀君历二千九百七十八年，〔新罗〕善德女王十四年，〔百济〕义慈王五年。正月，新罗遣使入唐，献方物。是岁，新罗人薛罽头自荐为"左武卫果毅"，在辽东驻跸山下战死。唐太宗追授"大将军"[7]。五月，义慈王闻唐太宗亲征高句丽，乘虚袭取新罗7城。

646年，丙午，〔唐〕太宗贞观二十年，☆黄帝历三千三百四十四年，〔高句丽〕宝臧王五年。是岁，李勣所率唐军与高延寿所率15万高句丽军大战，大捷。高延寿投向唐军。但李勣攻安

1 《旧唐书·列传第一百四十九·东夷·高丽百济新罗倭国日本》（卷一百九十九）载："（盖苏文）自立为莫离支，犹中国兵部尚书兼中书令职也，自是专国政"。盖苏文姓"泉"（亦作"渊"）。

2 参见李世民《封高丽王嗣子藏诏》，收入〔清〕董诰等编《全唐文》卷七，中华书局，1983年影印版。

3 笔者夫妇于2010年11月13日前往杭州慧因高丽寺参观，见其介绍。

4 《全唐文》卷七除收录李世民《命张俭等征高丽诏》外，还收录了其他征高句丽有关诏书。见〔清〕董诰等编《全唐文》，中华书局，1983年影印版。

5 见〔韩〕金富轼原著，李康来校勘《三国史记》，第75页，Hangilsa，1998年版。

6 参见《旧唐书·列传第一百四十九·东夷·高丽百济新罗倭国日本》（卷一百九十九）。

7 见〔韩〕金富轼原著，李康来校勘《三国史记》，第473页，Hangilsa，1998年版；〔韩〕李德懋《青庄馆全书》卷五十四"薛瑶"。

市城不下，会天极寒，唐太宗乃诏班师[1]。太宗御驾过安市城，城中偃旗息鼓，城主杨万春于城头拜辞[2]。帝钦赐绢帛，以嘉其守。是岁，高句丽遣使如唐谢罪，并献二美女。帝并还之[3]；◇檀君历二千九百七十九年，〔新罗〕善德女王十五年，〔百济〕义慈王六年。

647年，丁未，〔唐〕太宗贞观二十一年，☆黄帝历三千三百四十五年，〔高句丽〕宝臧王六年。二月，以善德女王薨，唐太宗遣使持节，至新罗追赠善德女王为“光禄大夫”，册封真德女王为“柱国、乐浪郡王”。是岁，唐太宗遣李勣为辽东道行军大总管，再次发兵高句丽；◇檀君历二千九百八十年，〔新罗〕善德女王十六年，真德女王金胜曼（？—654）一年，〔百济〕义慈王七年。新罗真德女王金胜曼乃善德女王金德曼之妹[4]。七月，新罗遣使入唐谢恩。是岁，新罗改元“太和”。

648年，戊申，〔唐〕太宗贞观二十二年，☆黄帝历三千三百四十六年，〔高句丽〕宝臧王七年。正月，高句丽遣使入唐朝贡。是岁，帝诏右武卫大将军薛万彻，以青丘道行军大总管，经海路伐高句丽。是岁，高句丽遣王子高任武入唐谢罪；◇檀君历二千九百八十一年，〔新罗〕真德女王二年，〔百济〕义慈王八年。正月，新罗遣使入唐，献方物。冬，新罗遣邯帙许如唐。唐太宗责问新罗何以私自建元，邯帙许答，无法得到上国皇历，所以自法兴王以来私有纪年。是岁，新罗又遣伊飡（二等官名）金春秋、金文汪父子入唐。唐太宗欣赏金春秋仪表堂堂，对奏有节，许以出兵助破济、丽威胁，并赠《晋书》。金春秋请袭唐仪，唐太宗许之并赐衣带。是岁，金春秋回国，新罗男子服饰改为唐制。海路回国时，金春秋一行遇见高句丽军兵，部下温君解假扮金春秋，侥幸得还。温君解被高句丽军杀死[5]。

649年，己酉，〔唐〕太宗贞观二十三年，☆黄帝历三千三百四十七年，〔高句丽〕宝臧王八年。五月，唐太宗备伐高句丽，未竟而崩。是岁，高句丽遣使入唐奉慰；◇檀君历二千九百八十二年，〔新罗〕真德女王三年，〔百济〕义慈王九年。

650年，庚戌，〔唐〕高宗永徽一年，☆黄帝历三千三百四十八年，〔高句丽〕宝臧王九年；◇檀君历二千九百八十三年，〔新罗〕真德女王四年，〔百济〕义慈王十年。六月，新罗遣金春秋之子金法敏（后来的新罗文武王）携真德女王亲手织造的五言诗锦缎，献给唐高宗。唐高祖拜金法敏为“大府邸卿”。是岁，新罗始行中国“永徽”年号[6]。

651年，辛亥，〔唐〕高宗永徽二年，☆黄帝历三千三百四十九年，〔高句丽〕宝臧王十年。是岁，唐高宗谕敕百济，戒其罢兵[7]；◇檀君历二千九百八十四年，〔新罗〕真德女王五年，〔百济〕义慈王十一年。是岁，新罗遣波珍飡（四等官名）金仁问（629—694）入唐朝贡。史载金仁问“七入大唐，在朝宿卫”，在华时间共22年[8]。是岁，百济遣使如唐进贡。

652年，壬子，〔唐〕高宗永徽三年，☆黄帝历三千三百五十年，〔高句丽〕宝臧王十一年。

1 参见〔韩〕金富轼《三国史记》卷二十一、二十二。
2 参见姜孟山、刘子敏、金荣国主编《中国正史中的朝鲜史料》（第1卷），第340页，延边大学出版社，1996年版。
3 参见《旧唐书·列传第一百四十九·东夷·高丽百济新罗倭国日本》（卷一百九十九）。
4 参见〔明〕李辅《全辽志》卷六“新罗”，金毓黻编《辽海丛书》，辽海书社排印本，1931-1934年。
5 见〔韩〕金富轼《三国史记》卷五、三十三。
6 见〔韩〕金富轼原著，李康来校勘《三国史记》，第331页，Hangilsa，1998年版。
7 诏书全文见《旧唐书·列传第一百四十九·东夷·高丽百济新罗倭国日本》（卷一百九十九）。
8 〔韩〕金富轼《三国史记》卷四十四有传。

正月，高句丽遣使如唐朝贡；◇檀君历二千九百八十五年，〔新罗〕真德女王六年，〔百济〕义慈王十二年。是岁，新罗遣使入唐朝贡。春，百济遣使如唐进贡。

653 年，癸丑，〔唐〕高宗永徽四年，☆黄帝历三千三百五十一年，〔高句丽〕宝臧王十二年；◇檀君历二千九百八十六年，〔新罗〕真德女王七年，〔百济〕义慈王十三年。是岁，新罗遣使入唐朝贡。七月，日本遣唐使节团 240 人在今韩国竹岛附近沉船，只有 5 人生还。

654 年，甲寅，〔唐〕高宗永徽五年，☆黄帝历三千三百五十二年，〔高句丽〕宝臧王十三年。是岁，唐高宗闻真德女王薨，在永光门举哀，遣太常丞张文收持节至新罗吊祭，追封女王“开府仪同三司”，赠彩缎 300 匹。张文收宣诏，封武烈王金春秋“开府仪同三司、乐浪郡王、新罗王”。十月，宝臧王遣将军安固，率高句丽及靺鞨兵击契丹，为契丹所大败；◇檀君历二千九百八十七年，〔新罗〕真德女王八年，武烈王金春秋（？—661）一年，〔百济〕义慈王十四年。是岁，新罗武烈王遣使入唐谢恩。是岁所成“百济断碑”于 1948 年被发现，现藏韩国扶余博物馆[1]。

655 年，乙卯，〔唐〕高宗永徽六年，☆黄帝历三千三百五十三年，〔高句丽〕宝臧王十四年。三月，遣营州都督程名振、左卫中郎将苏定方伐高句丽，程名振破高句丽军于贵端水；◇檀君历二千九百八十八年，〔新罗〕武烈王二年，〔百济〕义慈王十五年。是岁，新罗遣使入唐，请求发兵伐高句丽、百济，帝许之。是岁，新罗立金法敏为王太子，封庶子金文汪为伊飡（二等官名）。八月，百济与高句丽、靺鞨联军，攻破新罗 30 城。

656 年，丙辰，〔唐〕高宗显庆一年，☆黄帝历三千三百五十四年，〔高句丽〕宝臧王十五年。十二月，高句丽遣使如唐，进贺册皇太子；◇檀君历二千九百八十九年，〔新罗〕武烈王三年，〔百济〕义慈王十六年。是岁，金仁问自唐回新罗，为军主。七月，武烈王派王子、左武卫将军金文汪如唐朝贡。三月，佐平（一等官名）成忠极劝谏义慈王勿荒淫，成忠被下狱，后被杀。《成忠狱中上书》是百济名文，至今流传[2]。

657 年，丁巳，〔唐〕高宗显庆二年，☆黄帝历三千三百五十五年，〔高句丽〕宝臧王十六年；◇檀君历二千九百九十年，〔新罗〕武烈王四年，〔百济〕义慈王十七年。

658 年，戊午，〔唐〕高宗显庆三年，☆黄帝历三千三百五十六年，〔高句丽〕宝臧王十七年。六月，帝遣营州都督兼东夷都护程名振、右领军中郎将薛仁贵率军攻伐高句丽；◇檀君历二千九百九十一年，〔新罗〕武烈王五年，〔百济〕义慈王十八年。

659 年，己未，〔唐〕高宗显庆四年，☆黄帝历三千三百五十七年，〔高句丽〕宝臧王十八年。十一月，唐右领军中郎将薛仁贵与高句丽将军温沙门战于横山；◇檀君历二千九百九十二年，〔新罗〕武烈王六年，〔百济〕义慈王十九年。是岁，新罗遣使入唐，乞兵击百济。

660 年，庚申，〔唐〕高宗显庆五年，☆黄帝历三千三百五十八年，〔高句丽〕宝臧王十九年。是岁，唐遣左武卫大将军苏定方率 13 万大军攻伐百济。帝封苏定方为神丘道大总管，新罗人金仁问以熟悉山川道路，封为神丘道副大总管。八月，苏定方灭掉百济，押送义慈王及王族、臣僚 93 人、百济民 12870 人乘船回大唐。《旧唐书 · 列传第一百四十九 · 东夷 · 高丽百济

1 见〔韩〕一然原著，崔南善编《三国遗事》附录，瑞文文化社，1999 年版。

2 日据时代朝鲜学者金台俊以为该书是义慈王元年（641）所上。见〔韩〕金台俊原著，张琏瑰译《朝鲜汉文学史》，第 12 页，社会科学文献出版社，1996 年版。

新罗倭国日本》（卷一百九十九）载："（百济）城二百，户七十六万。至是乃以其地分置熊津、马韩、东明等五都督府，各统州县，立其酋渠为都督、刺史及县令。命右卫郎将王文度为熊津都督，总兵以镇之"。熊津都督王文度渡海时溺死，刘仁轨镇守百济。十一月，帝命左骁卫大将军契苾何力为浿江道行军大总管，命左武卫大将军苏定方为辽东道行军大总管，命左骁卫将军刘伯英为平壤道行军大总管，命蒲州刺史程名振为镂方道总管，将兵分道进伐高句丽；◇檀君历二千九百九十三年，〔新罗〕武烈王七年，〔百济〕义慈王二十年。是岁，新罗在唐朝苏定方部队的帮助下灭掉了百济（前18年至660年）。是岁，百济将军伯阶战死，义慈王投降，百济亡。义慈王至于大唐后旋卒，帝敕赠"金紫光禄大夫、卫尉卿"，特许其旧臣赴哭。送就孙皓、陈叔宝墓侧葬之[1]。十月，百济僧人道琛、旧将福信反唐，遣使赴日本，献唐朝俘虏100人，请求日本发兵，扶百济在日为人质的王子扶余丰为百济国王。

661年，辛酉，〔唐〕高宗显庆六年，龙朔一年，☆黄帝历三千三百五十九年，〔高句丽〕宝臧王二十年。是岁，唐高宗在洛城门为新罗武烈王举哀。唐高宗又召见在唐朝宿卫的金仁问，命其回新罗，与王商讨伐高句丽事。唐将苏定方、刘德敏大军至半岛，备战高句丽。九月，盖苏文遣其子男生，以数万高句丽兵守鸭绿江。唐军奋力出击，斩杀高句丽3万人。十月二十九日，唐遣祭奠使节至新罗，致祭武烈王金春秋，并赠彩缎500匹；◇檀君历二千九百九十四年，〔新罗〕武烈王八年，文武王金法敏（？—681）一年。是岁，新罗武烈王金春秋（？—661）薨，谥号"武烈"，此乃新罗行谥号之始[2]。是岁，金仁问自唐回国，传帝旨，文武王积极输送军粮。是岁，耽罗国主儒理都罗遣使入唐朝贡。耽罗即今韩国济州岛，是时依附百济，后为新罗附庸[3]。是岁，新罗僧人义湘（625—702）与元晓自辽东入大唐，入终南山至相寺，在华俨大师门下研习华严宗。

662年，壬戌，〔唐〕高宗龙朔二年，☆黄帝历三千三百六十年，〔高句丽〕宝臧王二十一年。是岁，庞孝泰所率岭南唐军与高句丽军在蛇水会战，庞孝泰全军覆没。是岁，苏定方率唐军围平壤高句丽盖苏文部，会大雪，乃回军。是岁，大唐浿江道总管、乐安县公任雅相卒于军中；◇檀君历二千九百九十五年，〔新罗〕文武王二年。正月，唐使于馆驿宣诏，册封文武王"开府仪同三司、乐浪郡王、新罗王"。是岁，百济末代君主义慈王之子扶余隆被唐高宗派遣回国，帝授其"熊津都督"职。

663年，癸亥，〔唐〕高宗龙朔三年，☆黄帝历三千三百六十一年，〔高句丽〕宝臧王二十二年。四月，唐高宗诏以新罗为鸡林州都督府。《旧唐书·列传第一百四十九·东夷·高丽百济新罗倭国日本》（卷一百九十九）载："三年，诏以其国为鸡林州都督府，授法敏为鸡林州都督"[4]；◇檀君历二千九百九十六年，〔新罗〕文武王三年。岁初，百济黑齿常之聚众啸聚山林，为刘仁轨招降至唐。六月，百济僧人道琛、王子扶余丰等在白村江[5]与日本前将军上毛野稚子所率27000日军会合。刘仁愿、刘仁轨率唐军于二十七日与千余艘日本战舰决战，百济人黑齿常之奋勇当先。唐军焚毁日本战舰400艘，日军全军覆没，海水尽赤。"白村江海战"是

1　参见《旧唐书·列传第一百四十九·东夷·高丽百济新罗倭国日本》（卷一百九十九）。
2　朝鲜文人金正喜（1786—1856）《阮堂全集》卷一以为，武烈王金春秋薨后，新罗才有谥号。
3　见姜孟山、刘子敏、金荣国主编《中国正史中的朝鲜史料》（第1卷），第431页，延边大学出版社，1996年版。
4　参见〔韩〕金富轼原著，李康来校勘《三国史记》（卷六），第85页，Hangilsa，1998年版。
5　今朝鲜西南部锦江。

中国军队与日本军队的首次交战，日本大败，日军水军指挥朴市田来津战死[1]。黑齿常之后在唐朝积功官至燕然道大总管。与宝璧进击突厥时，宝璧冒进被俘，黑齿常之乃被下狱死[2]。是岁，新罗送军衣给驻守唐军。

664年，甲子，〔唐〕高宗麟德一年，☆黄帝历三千三百六十二年，〔高句丽〕宝臧王二十三年。五月，带方州刺史、百济镇将刘仁轨，遣郭务悰率大唐、百济从人百余名至日本送书信；◇檀君历二千九百九十七年，〔新罗〕文武王四年。是岁，文武王革除新罗女子旧式服装，并用唐朝服饰。〔韩〕金富轼《三国史记》卷第三十三载："自此以后，(新罗）衣冠同于中国"。

665年，乙丑，〔唐〕高宗麟德二年，☆黄帝历三千三百六十三年，〔高句丽〕宝臧王二十四年。七月，唐高宗遣朝散大夫刘德高，经朝鲜半岛抵达日本。是岁，唐高宗遣使封新罗金庾信为"奉常正卿、平壤郡开国公"，并召金庾信长子、大阿飡（五等官名）金三光至唐，授左武卫翊府中郎将。岁末，刘仁轨率新罗、百济、耽罗、倭使至泰山，参加唐高宗举行的封禅仪式。高句丽亦遣王子高福男如唐，侍祀泰山；◇檀君历二千九百九十八年，〔新罗〕文武王五年。是岁，王子金文汪（？—664）卒，唐高宗遣使致祭，赠紫衣1袭、腰带1条、彩绫罗100匹、缣200匹。文武王回赠唐使者金帛。八月，文武王与唐右威卫将军刘仁愿盟于熊津就利山，约定"永为藩服"。在刘仁愿、刘仁轨的主持下，文武王与百济王子、大唐熊津都督扶余隆举行盟誓仪式[3]。

666年，丙寅，〔唐〕高宗乾封一年，☆黄帝历三千三百六十四年，〔高句丽〕宝臧王二十五年。高句丽盖苏文死，其长子男生继位，但为弟高男建所逼。男生遣子盖献诚（?—692）奔大唐，诣阙请降。九月，帝诏封盖苏文长子男生"特进辽东都督、兼平壤道安抚大使、玄菟郡公"。十二月，帝命李勣为辽东道行军大总管，率大军伐高句丽；◇檀君历二千九百九十九年，〔新罗〕文武王六年。是岁，再次回到唐朝的金仁问扈从唐高宗圣驾至泰山。是岁，金天存之子金汉林、金庾信之子金三光，皆以奈麻（十一等官名）入唐宿卫。是岁，新罗请唐出兵，助灭高句丽。帝许之。是岁，百济末代君主义慈王之子扶余隆，与新罗盟誓后回大唐[4]。

667年，丁卯，〔唐〕高宗乾封二年，☆黄帝历三千三百六十五年，〔高句丽〕宝臧王二十六年。二月，李勣与高句丽战于新城，高句丽遣高男产举帛幡投向唐军，自愿入朝。高男建率高句丽军兵固守。是岁，唐高宗命刘仁愿、金仁泰率大军，从多谷、海谷二道出，以会平壤，伐高句丽；◇檀君历三千年，〔新罗〕文武王七年。七月，受帝敕，新罗封智镜为波珍飡（四等官名）、恺元为大阿飡（五等官名）。是岁，新罗遣大奈麻（十等官名）汁恒世，入唐朝贡。

668年，戊辰，〔唐〕高宗乾封三年，总章一年，☆黄帝历三千三百六十六年，〔高句丽〕宝臧王二十七年。《旧唐书·列传第一百四十九·东夷·高丽百济新罗倭国日本》（卷一百九十九）载："十一月，(李勣大军）拔平壤城，虏高藏、男建等。十二月，至京师，献俘于含元宫（殿)"。从日本归国反唐的百济王子扶余丰亦被俘。唐军会和新罗军灭掉了高句丽（前

1 参见田久川《古代中日关系史》，第110页，大连工学院出版社，1987年版。
2 事见〔韩〕金富轼《三国史记》卷四十四。
3 《旧唐书·列传第一百四十九·东夷·高丽百济新罗倭国日本》（卷一百九十九）以及〔韩〕金富轼《三国史记》卷六有盟誓全文。
4 参见《旧唐书·列传第一百四十九·东夷·高丽百济新罗倭国日本》（卷一百九十九）。

37年至668年）[1]。高句丽有城176座，户[2]697000，唐高宗将其属地归中央政府管辖，在平壤设立安东都护府，下辖9都督府，42州，100个县。十二月，帝以宝臧王政非己出，赦之，封为"司平太常伯"。高男建被流放黔州；◇檀君历三千〇一年，〔新罗〕文武王八年。是岁起至公元九三十五年，半岛进入"统一新罗"时期。六月十二日，辽东道安抚副大使、辽东行军副大总管、兼熊津道安抚大使、行军总管、左相、检校、太子左中护、上柱国、乐城县开国男刘仁轨，奉帝敕，与宿卫沙飡（八等官名）金三光到党项津。文武王使角干（一等官名）金仁问，迎之以大礼。十一月五日，王以所掳高句丽7000人入京。六日，文武王谒先祖庙，告曰："祇承先志，与大唐同举义兵，问罪于百济、高句丽，元凶伏罪，国步泰静。敢兹控告，神之听之。"[3]

669年，己巳，〔唐〕高宗总章二年，☆黄帝历三千三百六十七年。正月，唐遣僧法安至新罗，传天子敕命，求磁石。四月，唐高宗移高句丽38300户遗民于江淮之南、山南、京西诸州空旷之地[4]。我国学者马大正等认为，高句丽共约80万人，只有10万人留居半岛，其余散入靺鞨、突厥，成为中华民族大家庭的成员[5]。冬，唐遣使至新罗，求造弩木材。弩师仇珍山随唐使回国。仇珍山在唐所造弩射程不足30步，唐高宗问其故，仇珍山答木材不合用。是岁，唐高宗怒新罗侵高句丽、百济土地、人口；◇檀君历三千〇二年，〔新罗〕文武王九年。是岁，遣山级飡（官名）祇珍等入唐，献磁石2箱。是岁，又遣角干（一等官名）钦纯、波珍飡（四等官名）良图，入唐谢罪。冬，遣大奈麻（十等官名）福汉，如唐献木材。但新罗为唐所造弩依然只有60步射程，离新罗弩的千步射程距离太远。唐高宗罪之。

670年，庚午，〔唐〕高宗总章三年，咸亨一年，☆黄帝历三千三百六十八年。是岁，唐高宗以新罗擅取百济土地、遗民，放金钦纯还，留囚金良图。金良图终死于大唐狱中；◇檀君历三千〇三年，〔新罗〕文武王十年。

671年，辛未，〔唐〕高宗咸亨二年，☆黄帝历三千三百六十九年。七月二十六日，因新罗试图占领高句丽全部领土，唐军总管薛仁贵致文武王书[6]。十一月，刘仁愿遣郭务悰率600人至日本对马岛，半岛护送者1400人；◇檀君历三千〇四年，〔新罗〕文武王十一年。是岁，王报薛仁贵书[7]。是岁，新罗僧人义湘（625—702）归国[8]。

672年，壬申，〔唐〕高宗咸亨三年，☆黄帝历三千三百七十年。七月，唐将高侃率兵10000人、李谨行率兵30000人至平壤，作八营留屯，并于是岁末大败新罗军于横水；◇檀君历三千〇五年，〔新罗〕文武王十二年。是岁，文武王遣使如唐，上表请罪，并进贡银33500分，铜33000分，针400枚，牛黄120分，金120分，四十升布6匹，三十升布60匹[9]。

673年，癸酉，〔唐〕高宗咸亨四年，☆黄帝历三千三百七十一年。五月，唐军克高句丽

---

1 见〔韩〕金富轼原著，李康来校勘《三国史记》，第333页，Hangilsa，1998年版。

2 高丽文人金富轼所记高句丽"户"数，实际当为"人口"数。参见马大正、李大龙、耿铁华、权赫秀《古代中国高句丽历史续论》，第180页，中国社会科学出版社，2003年版。

3 见〔韩〕金富轼原著，李康来校勘《三国史记》，第89页，Hangilsa，1998年版。

4 参见《新唐书·列传第一百四十五·东夷·高丽百济新罗日本流鬼》（卷二百二十）及司马光《资治通鉴》卷二百一卷。

5 见马大正、李大龙、耿铁华、权赫秀《古代中国高句丽历史续论》，第180页，中国社会科学出版社，2003年版。

6 参见〔韩〕金富轼原著，李康来校勘《三国史记》（卷七），第93–98页，Hangilsa，1998年版。

7 新罗王书全文见〔韩〕金富轼原著，李康来校勘《三国史记》（卷七），第93–98页，Hangilsa，1998年版。

8 笔者夫妇于2010年11月13日前往杭州慧因高丽寺参观，见其介绍。

9 古代织布以八十缕为一升。朝鲜文人李瀷《星湖僿说·万物门》"四十升布"云："古者淄布冠用三十升布。朱子谓深衣十五升已是而今极细布，三十升细密难织云。然新罗文武王十二年遣使朝唐，贡三十升布六十匹、四十升布六匹，此则不止于二千四百缕也"。

余部，部分高句丽人逃入新罗；◇檀君历三千〇六年，〔新罗〕文武王十三年。正月，文武王拜著名文人强首（？—692）为沙飡（八等官名）。七月，名臣金庾信（595—673）卒，享年78，文武王特赐帛1000匹致祭。是岁，阿飡（六等官名）大吐谋叛唐，伏诛。是岁，新罗军与唐军战于北边。

674年，甲戌，〔唐〕高宗咸亨五年，上元一年，☆黄帝历三千三百七十二年。是岁，因新罗收留高句丽残众，吞并高句丽土地，唐高宗大怒，诏夺文武王官爵，派刘仁轨为鸡林道大总管，发兵讨新罗[1]。是岁，文武王弟、右骁卫员外大将军、临海郡公金仁问在京师，帝立金仁问为新罗王，使归国；◇檀君历三千〇七年，〔新罗〕文武王十四年。正月，入唐宿卫大奈麻（十等官名）福德回国，传历法。

675年，乙亥，〔唐〕高宗上元二年，☆黄帝历三千三百七十三年。二月，刘仁轨击破新罗军于七重城。刘仁轨引兵还。帝诏，以李谨行为安东镇抚大使，经略半岛。九月，薛仁贵在新罗人金风训引导下，攻白水城，与新罗军大战；◇檀君历三千〇八年，〔新罗〕文武王十五年。岁初，文武王遣使入唐谢罪，得还官爵。金仁问中路回大唐，帝敕封金仁问为“临海郡公”。九月，新罗军队与薛仁贵、李谨行所率唐军再次开战。

676年，丙子，〔唐〕高宗上元三年，仪凤一年，☆黄帝历三千三百七十四年。正月，以刘仁轨为鸡林道行军大总管，伐新罗。七月，唐军拔道临城；◇檀君历三千〇九年，〔新罗〕文武王十六年。十一月，沙飡（八等官名）施得率新罗水兵，与薛仁贵所率唐军战于所夫里州伎伐浦。

677年，丁丑，〔唐〕高宗仪凤二年，☆黄帝历三千三百七十五年。二月，唐高宗以高句丽末代君主宝臧王为辽东州都督，封“朝鲜郡王”，遣归辽东，坐镇安东，安辑余众。随后，宝臧王谋叛唐，事发后被流放于邛州[2]。是岁，唐高宗以百济义慈王之子扶余隆为“光禄大夫、太常员外卿、兼熊津都督、带方郡王”。遣其归半岛，时百济旧地多为新罗占据。扶余隆不敢回，卒于大唐[3]；◇檀君历三千〇一十年，〔新罗〕文武王十七年。

678年，戊寅，〔唐〕高宗仪凤三年，☆黄帝历三千三百七十六年；◇檀君历三千〇一十一年，〔新罗〕文武王十八年。

679年，己卯，〔唐〕高宗仪凤四年，调露一年，☆黄帝历三千三百七十七年；◇檀君历三千〇一十二年，〔新罗〕文武王十九年。

680年，庚辰，〔唐〕高宗调露二年，永隆一年，☆黄帝历三千三百七十八年；◇檀君历三千〇一十三年，〔新罗〕文武王二十年。

681年，辛巳，〔唐〕高宗永隆二年，开耀一年，☆黄帝历三千三百七十九年。是岁，唐高宗遣使至新罗，册神文王为新罗王，袭先王官爵。是岁，帝召回高句丽末代君主宝臧王，罢其职，置于邛州。宝臧王次年（682）卒，帝追赠“卫尉卿”，诏送灵柩至京师，葬突厥可汗颉利墓左。散其从人于河南、陇右诸州，贫者留安东傍旧城；◇檀君历三千〇一十四年，〔新罗〕

1 参见〔韩〕金富轼原著，李康来校勘《三国史记》（卷七），第100页，Hangilsa，1998年版。
2 参见《旧唐书·列传第一百四十九·东夷·高丽百济新罗倭国日本》（卷一百九十九）。
3 参见《旧唐书·列传第一百四十九·东夷·高丽百济新罗倭国日本》（卷一百九十九）。

文武王二十一年，神文王金政明（？—692）一年。是岁，新罗遣使至日本，告文武王薨[1]。

682年，壬午，〔唐〕高宗开耀二年，永淳一年，☆黄帝历三千三百八十年；◇檀君历三千〇一十五年，〔新罗〕神文王二年。六月，新罗始设国学，讲授中国“五经”与“三史”。

683年，癸未，〔唐〕高宗永淳二年，弘道一年，☆黄帝历三千三百八十一年；◇檀君历三千〇一十六年，〔新罗〕神文王三年。

684年，甲申，〔唐〕中宗嗣圣一年，睿宗文明一年，〔武周〕则天后光宅一年，☆黄帝历三千三百八十二年；◇檀君历三千〇一十七年，〔新罗〕神文王四年。

685年，乙酉，〔武周〕则天后垂拱一年，☆黄帝历三千三百八十三年。是岁，武则天在东都洛阳登极；◇檀君历三千〇一十八年，〔新罗〕神文王五年。

686年，丙戌，〔武周〕则天后垂拱二年，☆黄帝历三千三百八十四年。是岁，武后封高句丽末代君主宝臧王之孙高宝元为“朝鲜郡王”[2]；◇檀君历三千〇一十九年，〔新罗〕神文王六年。是岁，新罗遣使入唐。《旧唐书·列传第一百四十九·东夷·高丽百济新罗倭国日本》（卷一百九十九）载：“垂拱二年，政明遣使来朝，因上表请唐礼一部并杂文章，则天令所司写《吉凶要礼》，并于《文馆词林》采其词涉规诫者，勒成五十卷以赐之”。是岁，高僧元晓大师（617—686）圆寂。元晓大师俗姓薛[3]，湘州人。曾与义湘大师往大唐求法，归国后创立了半岛净土宗[4]，大师兼通佛儒，有《元晓没斧歌》《元晓诗经疏》等传世。其《大乘起信论疏》残篇2010年初被我国高僧定源在伦敦大英博物馆、俄罗斯敦煌文献与北大图书馆中发现。

687年，丁亥，〔武周〕则天后垂拱三年，☆黄帝历三千三百八十五年；◇檀君历三千〇二十年，〔新罗〕神文王七年。四月，神文王遣大臣于祖庙，致祭曰：“王某稽首再拜，谨言太祖大王、真智大王、文兴大王、太宗大王、文武大王之灵”。可见，新罗完全按照天子七庙、诸侯五庙的礼制祭祀祖庙[5]。

688年，戊子，〔武周〕则天后垂拱四年，☆黄帝历三千三百八十六年；◇檀君历三千〇二十一年，〔新罗〕神文王八年。

689年，己丑，〔武周〕则天后永昌一年，载初一年，☆黄帝历三千三百八十七年；◇檀君历三千〇二十二年，〔新罗〕神文王九年。

690年，庚寅，〔武周〕则天后载初二年，天授一年，☆黄帝历三千三百八十八年。是岁起，武周定都于洛阳；◇檀君历三千〇二十三年，〔新罗〕神文王十年。

691年，辛卯，〔武周〕则天后天授二年，☆黄帝历三千三百八十九年；◇檀君历三千〇二十四年，〔新罗〕神文王十一年。是岁，立王子金理洪为太子。

692年，壬辰，〔武周〕则天后天授三年，如意一年，长寿一年，☆黄帝历三千三百九十年。岁初，武后遣使至新罗，诏改金春秋“太宗”号，以其僭越也。是岁，武后遣使至新罗，致祭

---

1 〔日〕《日本书纪》天武十年十月条（681年）：“是月，新罗使者至而告曰：国王薨”。

2 见〔韩〕金富轼原著，李康来校勘《三国史记》（卷二十二），第224页，Hangilsa，1998年版。

3 高丽文人金富轼《三国史记》卷四十六说元晓大师乃新罗文人薛聪之父。另参见〔韩〕金台俊原著，张琏瑰译《朝鲜汉文学史》，第25页，社会科学文献出版社，1996年版。

4 参见〔韩〕一然《三国遗事》卷四“元晓不羁”。

5 参见〔韩〕金富轼《三国史记》卷第三十二、杂志第一“祭祀、乐”。

神文王，诏册金理洪为“新罗王、辅国大将军、行左豹韬尉大将军、鸡林州都督”。是岁，武则天杀右卫大将军盖献诚（?—692）。盖献诚乃666年高句丽投唐者，《新唐书》记为“泉献诚”，朝韩文献亦作“渊（泉）盖献诚”。盖献诚乃高句丽权臣盖苏文之孙；◇檀君历三千〇二十五年，〔新罗〕神文王十二年，孝昭王金理洪（?—702）一年。七月，神文王薨。八月，高僧道证自武周回国，献《天文图》。是岁，薛聪、强首共同创造了“吏读”，即用汉语来拟朝鲜语的发音。薛聪《花王戒》是流传至今名文[1]。是岁，著名文人强首（?—692）卒。新罗文书多出其手，且强首还在国学讲授九经[2]。高丽文人金富轼《三国史记》卷四十六引《新罗古记》曰：“文章则强首、帝文、守真、良图、风训、骨畨”。可惜，帝文以下几位的资料至高丽文人金富轼时已佚失。

693年，癸巳，〔武周〕则天后长寿二年，☆黄帝历三千三百九十一年；◇檀君历三千〇二十六年，〔新罗〕孝昭王二年。

694年，甲午，〔武周〕则天后长寿三年，延载一年，☆黄帝历三千三百九十二年；◇檀君历三千〇二十七年，〔新罗〕孝昭王三年。是岁，文武王之弟金仁问（629—694）逝于武周之都城洛阳[3]。

695年，乙未，〔武周〕则天后证圣一年，天册万岁一年，☆黄帝历三千三百九十三年；◇檀君历三千〇二十八年，〔新罗〕孝昭王四年。

696年，丙申，〔武周〕则天后天册万岁二年，万岁登封一年，万岁通天一年，☆黄帝历三千三百九十四年；◇檀君历三千〇二十九年，〔新罗〕孝昭王五年。是岁，入唐求法的新罗高僧圆测（613—696）于武周圆寂，寿83。圆测，俗姓金，名文雅，以字为法号，15岁入华，曾随玄奘学习并奉敕随侍左右，新罗国王奏请其回国，武后惜其才，不准。圆测是我国法相唯识宗西明学系的开创者[4]。

697年，丁酉，〔武周〕则天后万岁通天二年，神功一年，☆黄帝历三千三百九十五年；◇檀君历三千〇三十年，〔新罗〕孝昭王六年。

698年，戊戌，〔武周〕则天后圣历一年，〔渤海〕高王大祚荣一年[5]，☆黄帝历三千三百九十六年；◇檀君历三千〇三十一年，〔新罗〕孝昭王七年。

699年，己亥，〔武周〕则天后圣历二年，〔渤海〕高王二年，☆黄帝历三千三百九十七年。是岁，武后封高句丽降唐王子高德武为“安东都督”；◇檀君历三千〇三十二年，〔新罗〕孝昭王八年。是岁，遣使入东都洛阳，贡方物。

700年，庚子，〔武周〕则天后圣历三年，久视一年，〔渤海〕高王三年，☆黄帝历三千三百九十八年；◇檀君历三千〇三十三年，〔新罗〕孝昭王九年。

701年，辛丑，〔武周〕则天后大足一年，长安一年，〔渤海〕高王四年，☆黄帝历三千三百九十九年。是岁，武则天返回长安；◇檀君历三千〇三十四年，〔新罗〕孝昭王十年。

---

1 见〔韩〕金台俊原著，张琏瑰译《朝鲜汉文学史》，第26页，社会科学文献出版社，1996年版。
2 见〔韩〕金台俊原著，张琏瑰译《朝鲜汉文学史》，第16页及第四章《强首先生》，社会科学文献出版社，1996年版。
3 见〔韩〕金富轼原著，李康来校勘《三国史记》卷八，第107页，Hangilsa，1998年版。
4 笔者夫妇于2010年11月13日前往杭州慧因高丽寺参观，内有其介绍。
5 渤海年历参见王承礼《渤海简史》，黑龙江人民出版社，1984年版。

702年，壬寅，〔武周〕则天后长安二年，〔渤海〕高王五年，☆黄帝历三千四百年；◇檀君历三千〇三十五年，〔新罗〕孝昭王十一年，圣德王金兴光（?—737）一年。是岁，孝昭王薨，武周则天皇后为孝昭王辍朝二日，遣使至新罗吊慰，并诏册金兴光为新罗王，袭其兄“将军”、“都督”称号[1]。是岁，义湘大师（625—702）圆寂。初，义湘与元晓自辽东入大唐，在华俨大师门下学习，后在半岛弘扬华严宗[2]。

703年，癸卯，〔武周〕则天后长安三年，〔渤海〕高王六年，☆黄帝历三千四百〇一年；◇檀君历三千〇三十六年，〔新罗〕圣德王二年。是岁，遣使入唐，贡方物。是岁，又遣阿飡（六等官名）金思让朝唐，至东都洛阳。

704年，甲辰，〔武周〕则天后长安四年，〔渤海〕高王七年，☆黄帝历三千四百〇二年；◇檀君历三千〇三十七年，〔新罗〕圣德王三年。春，入唐金思让回国，献佛经《最胜王经》。是岁，金大问为汉山州都督，金大问著有《高僧传》《花郎世纪》《乐本》《汉山记》等书。《花郎世纪》与《新罗殊异传》是半岛最早的小说，《乐本》是半岛最早的乐志，《汉山记》是半岛最早的地方地理风土著作[3]。

705年，乙巳，〔唐〕中宗神龙一年，〔渤海〕高王八年，☆黄帝历三千四百〇三年。正月，张柬之政变，李唐中宗即位。是岁起，唐都复为长安；◇檀君历三千〇三十八年，〔新罗〕圣德王四年。三月，新罗遣使入唐，入长安。九月，再遣使入唐，贡方物。

706年，丙午，〔唐〕中宗神龙二年，〔渤海〕高王九年，☆黄帝历三千四百〇四年；◇檀君历三千〇三十九年，〔新罗〕圣德王五年。四月、八月、十月，三次遣使入唐，贡方物。

707年，丁未，〔唐〕中宗景龙一年，〔渤海〕高王十年，☆黄帝历三千四百〇五年；◇檀君历三千〇四十年，〔新罗〕圣德王六年。十二月，遣使入唐，贡方物。

708年，戊申，〔唐〕中宗景龙二年，〔渤海〕高王十一年，☆黄帝历三千四百〇六年；◇檀君历三千〇四十一年，〔新罗〕圣德王七年。

709年，己酉，〔唐〕中宗景龙三年，〔渤海〕高王十二年，☆黄帝历三千四百〇七年；◇檀君历三千〇四十二年，〔新罗〕圣德王八年。六月，遣使入唐，贡方物。

710年，庚戌，〔唐〕中宗景龙四年，睿宗景云一年，〔渤海〕高王十三年，☆黄帝历三千四百〇八年；◇檀君历三千〇四十三年，〔新罗〕圣德王九年。正月，遣使入唐，贡方物。

711年，辛亥，〔唐〕睿宗景云二年，〔渤海〕高王十四年，☆黄帝历三千四百〇九年；◇檀君历三千〇四十四年，〔新罗〕圣德王十年。十二月，遣使入唐，贡方物。是岁，著名书法家金生（711—?）出生[4]。

712年，壬子，〔唐〕睿宗太极一年，延和一年，玄宗先天一年，〔渤海〕高王十五年，☆黄帝历三千四百一十年。三月，唐遣卢元敏为使至新罗，敕改王名。圣德王原名“金隆基”，与是岁登基的唐玄宗李隆基同名不同姓；◇檀君历三千〇四十五年，〔新罗〕圣德王十一年。

1 参见〔清〕董诰等编《全唐文》卷一千“新罗王金兴光”，中华书局，1983年影印版。
2 参见〔韩〕一然《三国遗事》卷四“义湘传教”。
3 参见〔韩〕金台俊原著，张琏瑰译《朝鲜汉文学史》第七章《金大问和禄真》，社会科学文献出版社，1996年版。
4 见〔韩〕金富轼《三国史记》卷四十八之《列传》八。

二月，遣使入唐朝贡。

713年，癸丑，〔唐〕玄宗先天二年，开元一年，〔渤海〕高王十六年，☆黄帝历三千四百一十一年。是岁，郭震（656—713）病逝。郭震曾出任大唐凉州都督、安西大都护，其爱妾薛瑶乃新罗女诗人，有《返俗谣》一首被收入《全唐诗》卷七百九十九[1]；◇檀君历三千〇四十六年，〔新罗〕圣德王十二年。十一月，入唐新罗使金贞宗赍诏回，宣诏封圣德王“骠骑将军、特进行左威卫大将军、使持节大都督鸡林州诸军事、鸡林州刺史、上柱国、乐浪郡公、新罗王”。

714年，甲寅，〔唐〕玄宗开元二年，〔渤海〕高王十七年，☆黄帝历三千四百一十二年。十月，唐玄宗宴新罗使臣朴裕于内殿；◇檀君历三千〇四十七年，〔新罗〕圣德王十三年。正月，遣王子金守忠入唐宿卫，唐玄宗宠爱之。闰二月，遣级飡（九等官名）朴裕入唐，贺新正。

715年，乙卯，〔唐〕玄宗开元三年，〔渤海〕高王十八年，☆黄帝历三千四百一十三年。是岁，玄宗帝发布《赐高丽莫离支及吐谷浑等大首领爵赏制》：“文简可封辽西郡王，食邑三千户，行左卫大将军员外置同正员，赐宅一区，马四匹，物六百段”[2]；◇檀君历三千〇四十八年，〔新罗〕圣德王十四年。三月，遣金枫厚为使，入唐朝贡。十二月，立王子金重庆为王太子。

716年，丙辰，〔唐〕玄宗开元四年，〔渤海〕高王十九年，☆黄帝历三千四百一十四年。是岁，授新罗使臣金枫厚“员外郎”，送之还国；◇檀君历三千〇四十九年，〔新罗〕圣德王十五年。三月，遣使入唐，献方物。

717年，丁巳，〔唐〕玄宗开元五年，〔渤海〕高王二十年，☆黄帝历三千四百一十五年；◇檀君历三千〇五十年，〔新罗〕圣德王十六年。九月，王子金守忠时为大监，自唐回国，献《文宣王、十哲士、十二弟子图》，安放于新罗国学。

718年，戊午，〔唐〕玄宗开元六年，〔渤海〕高王二十一年，☆黄帝历三千四百一十六年。是岁，授新罗使臣“中郎将”；◇檀君历三千〇五十一年，〔新罗〕圣德王十七年。六月，新罗遣使入唐朝贡。

719年，己未，〔唐〕玄宗开元七年，〔渤海〕高王二十二年，☆黄帝历三千四百一十七年；◇檀君历三千〇五十二年，〔新罗〕圣德王十八年。正月，遣使入唐，贺新正。

720年，庚申，〔唐〕玄宗开元八年，〔渤海〕武王仁安一年，☆黄帝历三千四百一十八年；◇檀君历三千〇五十三年，〔新罗〕圣德王十九年。

721年，辛酉，〔唐〕玄宗开元九年，〔渤海〕武王二年，☆黄帝历三千四百一十九年。是岁，在唐高句丽人王毛仲以办事得力，帝敕加“开府仪同三司”。但王毛仲志得意满，求为兵部尚书，帝不悦；◇檀君历三千〇五十四年，〔新罗〕圣德王二十年。是岁，筑长城于北境。

722年，壬戌，〔唐〕玄宗开元十年，〔渤海〕武王三年，☆黄帝历三千四百二十年；◇檀君历三千〇五十五年，〔新罗〕圣德王二十一年。十月，遣大奈麻（十等官名）金仁壹入唐贺正，并献方物。

723年，癸亥，〔唐〕玄宗开元十一年，〔渤海〕武王四年，☆黄帝历三千四百二十一年；

1 参见〔韩〕柳晟俊《韩国汉诗与唐诗的比较》，第55页，Prunsasang，korea，2002年版及《全唐文》卷二百一十六陈子昂《郭公姬薛氏目地铭》。

2 见〔清〕董诰等编《全唐文》卷二十一，中华书局，1983年影印版。

◇檀君历三千〇五十六年，〔新罗〕圣德王二十二年。三月，遣使入唐，献美女二人，唐玄宗还之。四月，又遣使入唐，献果下马一匹及牛黄、人参、美发、朝霞䌷、鱼牙䌷、镂鹰铃、海豹皮、金银等物。

724年，甲子，〔唐〕玄宗开元十二年，〔渤海〕武王五年，☆黄帝历三千四百二十二年；◇檀君历三千〇五十七年，〔新罗〕圣德王二十三年。二月，遣金武勋入唐贺正。唐玄宗赐锦袍、金带及锦缎布1000匹，交金武勋带回。十二月，使者再入唐，献方物。

725年，乙丑，〔唐〕玄宗开元十三年，〔渤海〕武王六年，☆黄帝历三千四百二十三年；◇檀君历三千〇五十八年，〔新罗〕圣德王二十四年。

726年，丙寅，〔唐〕玄宗开元十四年，〔渤海〕武王七年，☆黄帝历三千四百二十四年。是岁，唐于东北设立黑水靺鞨都督府，都督倪属利稽赐名"李献诚"，并封之为"云麾将军"[1]。是岁，授新罗使臣金䜣质"郎将"；◇檀君历三千〇五十九年，〔新罗〕圣德王二十五年。四月，遣金忠臣如唐贺正。五月，遣王弟金䜣质如唐朝贡。

727年，丁卯，〔唐〕玄宗开元十五年，〔渤海〕武王八年，☆黄帝历三千四百二十五年；◇檀君历三千〇六十年，〔新罗〕圣德王二十六年。正月，遣使入唐贺正。是岁，新罗僧慧超（704—？）抵达安西[2]。慧超少年入唐，后经我国海路到印度，经西域返回大唐，后在山西五台山病逝。唐朝僧人慧琳《一切经音义》中提及慧超西行事。1910年法国人伯希和在我国敦煌盗取文物中，有一残卷，经敦煌学界确认，为《慧超往五天竺国传》[3]。

728年，戊辰，〔唐〕玄宗开元十六年，〔渤海〕武王九年，☆黄帝历三千四百二十六年。是岁，帝准新罗子弟入学之请，并留金嗣宗宿卫；◇檀君历三千〇六十一年，〔新罗〕圣德王二十七年。七月，遣王弟金嗣宗入唐，献方物兼请子弟入国学。圣德王第三子、僧人无相（684—762）随团来华。无相后入蜀，在资州德纯寺投于无寂门下，后得传衣钵[4]。

729年，己巳，〔唐〕玄宗开元十七年，〔渤海〕武王十年，☆黄帝历三千四百二十七年；◇檀君历三千〇六十二年，〔新罗〕圣德王二十八年。正月、九月，两次遣使入唐朝贡。

730年，庚午，〔唐〕玄宗开元十八年，〔渤海〕武王十一年，☆黄帝历三千四百二十八年。是岁，唐玄宗赐新罗使臣绢100匹、紫袍、细钿带，并授金志满"太仆卿"之职，留宿卫；◇檀君历三千〇六十三年，〔新罗〕圣德王二十九年。二月，遣王侄金志满如唐，献小马5匹、狗1头、金2000两、头发80两、海豹皮10张。十月，新罗再遣使入唐，献方物。

731年，辛未，〔唐〕玄宗开元十九年，〔渤海〕武王十二年，☆黄帝历三千四百二十九年。是岁，帝授新罗使臣"太仆少卿"，员外安置，并钦赐帛60匹送之还国。赠新罗王绫彩500匹、帛2500匹。是岁，在唐高句丽人王毛仲以藐视圣上被杀[5]；◇檀君历三千〇六十四年，〔新罗〕圣德王三十年。二月，遣金志良为使入唐贺正。

732年，壬申，〔唐〕玄宗开元二十年，〔渤海〕武王十三年，☆黄帝历三千四百三十年；

1　参见王臻《朝鲜前期与明建州女真关系研究》，第16页，中国文史出版社，2005年版。

2　安西，今我国新疆库车。

3　该残本见〔韩〕一然原著，崔南善编《三国遗事》附录，瑞文文化社，1999年版。

4　笔者夫妇于2010年11月13日前往杭州慧因高丽寺参观，见其介绍。

5　见姜孟山、刘子敏、金荣国主编《中国正史中的朝鲜史料》（第1卷），第395页，延边大学出版社，1996年版。

◇檀君历三千〇六十五年，〔新罗〕圣德王三十一年。

733年，癸酉，〔唐〕玄宗开元二十一年，〔渤海〕武王十四年，☆黄帝历三千四百三十一年。七月，遣中史何行成以及在唐太仆员外卿、新罗王族金思兰回国宣帝诏，册圣德王“开府仪同三司、宁海军使”，并着新罗发兵助击渤海、靺鞨[1]；◇檀君历三千〇六十六年，〔新罗〕圣德王三十二年。是岁，以渤海侵扰登州并杀刺史韦俊，新罗发兵助唐军攻渤海、靺鞨。十二月，王侄金志廉入唐，谢册封及钦赐白鹦鹉、缎300匹。金志廉献小马2匹、狗3头、金500两、银20两、布60匹、牛黄20两、人参200斤、头发100两、海豹皮16张。

734年，甲戌，〔唐〕玄宗开元二十二年，〔渤海〕武王十五年，☆黄帝历三千四百三十二年；◇檀君历三千〇六十七年，〔新罗〕圣德王三十三年。四月，遣大臣金端竭丹为使入唐贺正，唐玄宗宴金端竭丹、金志廉于内殿，授金端竭丹“卫尉少卿”并有赏赐，授金志廉“鸿胪少卿”员外置。

735年，乙亥，〔唐〕玄宗开元二十三年，〔渤海〕武王十六年，☆黄帝历三千四百三十三年。唐朝与新罗划定以流经今朝鲜平壤的大同江为界，其北属大唐。高丽文人金富轼《三国史记》卷八载：“(金)义忠回，敕赐浿江以南地”[2]；◇檀君历三千〇六十八年，〔新罗〕圣德王三十四年。正月，遣使金义忠、副使金荣入唐贺正。金荣在唐逝世，帝诏追赐“光禄少卿”。

736年，丙子，〔唐〕玄宗开元二十四年，〔渤海〕武王十七年，☆黄帝历三千四百三十四年；◇檀君历三千〇六十九年，〔新罗〕圣德王三十五年。六月，遣使入唐贺正兼谢恩。十一月，又遣王从弟、大阿飡（五等官名）金相使唐。金相逝于路途，帝深悼之，追赠“卫尉卿”。

737年，丁丑，〔唐〕玄宗开元二十五年，〔渤海〕武王十八年，☆黄帝历三千四百三十五年；◇檀君历三千〇七十年，〔新罗〕圣德王三十六年，孝成王金承庆（？—742）一年。二月，遣沙飡（六等官名）金抱质入唐，贺正兼献方物。是月，圣德王薨。十二月，再遣使入唐，献方物。

738年，戊寅，〔唐〕玄宗开元二十六年，〔渤海〕文王大兴一年，☆黄帝历三千四百三十六年。岁初，唐玄宗闻新罗圣德王薨，亲制诗序，太子以下百官赋诗悼念。帝遣左善赞大夫邢璹以鸿胪少卿往吊，赠圣德王“太子太保”。邢璹乃唐宿儒，其副使为府兵曹参军杨季膺（鹰），大唐围棋领袖。邢璹宣诏，册孝成王“开府仪同三司、新罗王”。正使邢璹宣敕，诰封王妃朴氏，并献老子《道德经》等书[3]；◇檀君历三千〇七十一年，〔新罗〕孝成王二年。三月，遣金元玄入唐贺正。

739年，己卯，〔唐〕玄宗开元二十七年，〔渤海〕文王二年，☆黄帝历三千四百三十七年；◇檀君历三千〇七十二年，〔新罗〕孝成王三年。正月，王赐唐使邢璹黄金30两、布50匹、人参100斤。

740年，庚辰，〔唐〕玄宗开元二十八年，〔渤海〕文王三年，☆黄帝历三千四百三十八年。是岁，唐遣使至新罗，册夫人金氏为“王妃”；◇檀君历三千〇七十三年，〔新罗〕孝成王四年。

1 见〔清〕黄维翰《渤海国记》之“比邻新罗”，金毓黻编《辽海丛书》，辽海书社排印本，1931-1934年。另参见《旧唐书·列传第一百四十九·东夷·高丽百济新罗倭国日本》（卷一百九十九）。

2 见〔韩〕金富轼原著，李康来校勘《三国史记》，第112页，Hangilsa，1998年版。

3 参见朝鲜文人权近《阳村集》卷三十四《东国史略论》。

741年，辛巳，〔唐〕玄宗开元二十九年，〔渤海〕文王四年，☆黄帝历三千四百三十九年；◇檀君历三千〇七十四年，〔新罗〕孝成王五年。

742年，壬午，〔唐〕玄宗天宝一年，〔渤海〕文王五年，☆黄帝历三千四百四十年；◇檀君历三千〇七十五年，〔新罗〕孝成王六年，景德王金宪英（？—765）一年。五月，孝成王薨，孝成王同母弟金宪英继位。

743年，癸未，〔唐〕玄宗天宝二年，〔渤海〕文王六年，☆黄帝历三千四百四十一年。岁初，帝遣赞善大夫魏曜至新罗，吊祭孝成王，诏景德王袭其兄官爵："可袭兄'新罗王、开府仪同三司、使持节、大都督鸡林州诸军事、兼充持节宁海军使'"，钦赐御注《孝经》一部；◇檀君历三千〇七十六年，〔新罗〕景德王二年。十二月，遣王弟入唐贺正。帝授"左清道率府员外长史"，赐绿袍、银带送还。

744年，甲申，〔唐〕玄宗天宝三年，〔渤海〕文王七年，☆黄帝历三千四百四十二年；◇檀君历三千〇七十七年，〔新罗〕景德王三年。二月，遣使入唐贺正，并献方物。四月，又遣使入唐献马。

745年，乙酉，〔唐〕玄宗天宝四年，〔渤海〕文王八年，☆黄帝历三千四百四十三年；◇檀君历三千〇七十八年，〔新罗〕景德王四年。

746年，丙戌，〔唐〕玄宗天宝五年，〔渤海〕文王九年，☆黄帝历三千四百四十四年；◇檀君历三千〇七十九年，〔新罗〕景德王五年。二月，遣使入唐贺正，并献方物。

747年，丁亥，〔唐〕玄宗天宝六年，〔渤海〕文王十年，☆黄帝历三千四百四十五年。是岁，前高句丽名将高仙芝（？—755，被俘高句丽人高士桂之子）被任命为唐行营节度使，守护西域。在大唐任职的高句丽人还有被封为霍国公的王毛仲[1]以及王思礼[2]、李正己等人。李正己后封饶阳郡王[3]；◇檀君历三千〇八十年，〔新罗〕景德王六年。正月，遣使入唐贺正，并献方物。是月，新罗设国学博士、助教，《论语》《孝经》为必修课。

748年，戊子，〔唐〕玄宗天宝七年，〔渤海〕文王十一年，☆黄帝历三千四百四十六年；◇檀君历三千〇八十一年，〔新罗〕景德王七年。

749年，己丑，〔唐〕玄宗天宝八年，〔渤海〕文王十二年，☆黄帝历三千四百四十七年；◇檀君历三千〇八十二年，〔新罗〕景德王八年。

750年，庚寅，〔唐〕玄宗天宝九年，〔渤海〕文王十三年，☆黄帝历三千四百四十八年；◇檀君历三千〇八十三年，〔新罗〕景德王九年。

751年，辛卯，〔唐〕玄宗天宝十年，〔渤海〕文王十四年，☆黄帝历三千四百四十九年；◇檀君历三千〇八十四年，〔新罗〕景德王十年。

752年，壬辰，〔唐〕玄宗天宝十一年，〔渤海〕文王十五年，☆黄帝历三千四百五十年；◇檀君历三千〇八十五年，〔新罗〕景德王十一年。

753年，癸巳，〔唐〕玄宗天宝十二年，〔渤海〕文王十六年，☆黄帝历三千四百五十一年；

1　参见《旧唐书·列传》（卷一百零六），台北中华书局，1995年版。
2　参见《旧唐书·列传》（卷一百一十），台北中华书局，1995年版。
3　参见《旧唐书·列传》（卷一百二十四），台北中华书局，1995年版。

◇檀君历三千〇八十六年，〔新罗〕景德王十二年。朝鲜文人郑麟趾等《高丽史·高丽世系》载一传说，言是岁唐肃宗（一说唐宣宗）在潜邸，游历至浿水[1]西浦，在松岳郡摩诃岬养子洞住宿于宝育家。宝育知是中华贵人，令女辰义荐枕。临别辰义有孕，乃赐予弓箭。辰义所生即作帝建（753—？）。作帝建稍长，其母辰义将弓箭送之。作帝建后欲带弓箭到大唐寻父，未果，晚年居俗离山。作帝建乃高丽王朝“懿祖”，其子隆建为高丽“世祖”。但郑麟趾认定此乃附会之说。

754年，甲午，〔唐〕玄宗天宝十三年，〔渤海〕文王十七年，☆黄帝历三千四百五十二年；◇檀君历三千〇八十七年，〔新罗〕景德王十三年。

755年，乙未，〔唐〕玄宗天宝十四年，〔渤海〕文王十八年，☆黄帝历三千四百五十三年。是岁，安禄山反唐；◇檀君历三千〇八十八年，〔新罗〕景德王十四年。是岁，遣使入唐贺正。

756年，丙申，〔唐〕玄宗天宝十五年，肃宗至德一年，〔渤海〕文王十九年，☆黄帝历三千四百五十四年。是岁，名将高仙芝（？—756）卒。高仙芝本高句丽人，747年以大唐安西副都护出帕米尔，征战至吉尔吉特，后封密云郡公[2]；◇檀君历三千〇八十九年，〔新罗〕景德王十五年。景德王闻听唐玄宗在蜀，乃遣使入唐，溯江至于成都。玄宗亲制五言诗并手书赠景德王。至北宋宣和中，高丽使臣金富仪如宋，将玄宗诗刻本展示给宋学士李邴，李邴献帝，汴京学士传阅，皆以为唐玄宗手迹也[3]。

757年，丁酉，〔唐〕肃宗至德二年，〔渤海〕文王二十年，☆黄帝历三千四百五十五年；◇檀君历三千〇九十年，〔新罗〕景德王十六年。

758年，戊戌，〔唐〕肃宗至德三年，乾元一年，〔渤海〕文王二十一年，☆黄帝历三千四百五十六年；◇檀君历三千〇九十一年，〔新罗〕景德王十七年。八月，遣使入唐朝贡。

759年，己亥，〔唐〕肃宗乾元二年，〔渤海〕文王二十二年，☆黄帝历三千四百五十七年；◇檀君历三千〇九十二年，〔新罗〕景德王十八年。

760年，庚子，〔唐〕肃宗乾元三年，上元一年，〔渤海〕文王二十三年，☆黄帝历三千四百五十八年。是岁，王思礼加“司空”。王思礼（？—761），本高句丽人，“安史之乱”护驾、平叛有大功[4]；◇檀君历三千〇九十三年，〔新罗〕景德王十九年。

761年，辛丑，〔唐〕肃宗上元二年，〔渤海〕文王二十四年，☆黄帝历三千四百五十九年；◇檀君历三千〇九十四年，〔新罗〕景德王二十年。

762年，壬寅，〔唐〕肃宗上元三年，宝应一年，〔渤海〕文王二十五年，☆黄帝历三千四百六十年；◇檀君历三千〇九十五年，〔新罗〕景德王二十一年。九月，遣使入唐朝贡。

763年，癸卯，〔唐〕肃宗宝应二年，代宗广德一年，〔渤海〕文王二十六年，☆黄帝历三千四百六十一年；◇檀君历三千〇九十六年，〔新罗〕景德王二十二年。四月，遣使入唐朝贡。

764年，甲辰，〔唐〕代宗广德二年，〔渤海〕文王二十七年，☆黄帝历三千四百六十二年；

1　浿水即今朝鲜大同江。

2　参见《旧唐书·列传》（卷一百零四），台北中华书局，1995年版；《中国国家地理》2010年第7期。

3　见〔韩〕金富轼原著，李康来校勘《三国史记》（卷九），第117页，Hangilsa，1998年版。

4　见姜孟山、刘子敏、金荣国主编《中国正史中的朝鲜史料》（第1卷），第400页，延边大学出版社，1996年版。

◇檀君历三千〇九十七年，〔新罗〕景德王二十三年。

765年，乙巳，〔唐〕代宗永泰一年，〔渤海〕文王二十八年，☆黄帝历三千四百六十三年。是岁，帝授新罗使臣“检校礼部尚书”；◇檀君历三千〇九十八年，〔新罗〕景德王二十四年，惠恭王金乾运（758—780）一年。四月，遣使入唐朝贡。是月，景德王薨。惠恭王只有7岁，母后听政。是岁，惠恭王入新罗太学，听讲《尚书》。

766年，丙午，〔唐〕代宗永泰二年，大历一年，〔渤海〕文王二十九年，☆黄帝历三千四百六十四年；◇檀君历三千〇九十九年，〔新罗〕惠恭王二年。

767年，丁未，〔唐〕代宗大历二年，〔渤海〕文王三十年，☆黄帝历三千四百六十五年。是岁，帝于紫宸殿宴请新罗使臣；◇檀君历三千一百年，〔新罗〕惠恭王三年。是岁，遣伊飡（二等官名）金隐居为使，入唐贡方物，并请加册命[1]。

768年，戊申，〔唐〕代宗大历三年，〔渤海〕文王三十一年，☆黄帝历三千四百六十六年。是岁，唐肃宗遣仓部郎中兼御史中丞归崇敬，持节至新罗，册惠恭王“开府仪同三司、新罗王”，册王母为“太妃”。顾愔为归崇敬从事官，顾愔著有《新罗国记》[2]；◇檀君历三千一百〇一年，〔新罗〕惠恭王四年。九月，遣使入唐朝贡。

769年，己酉，〔唐〕代宗大历四年，〔渤海〕文王三十二年，☆黄帝历三千四百六十七年；◇檀君历三千一百〇二年，〔新罗〕惠恭王五年。

770年，庚戌，〔唐〕代宗大历五年，〔渤海〕文王三十三年，☆黄帝历三千四百六十八年；◇檀君历三千一百〇三年，〔新罗〕惠恭王六年。

771年，辛亥，〔唐〕代宗大历六年，〔渤海〕文王三十四年，☆黄帝历三千四百六十九年；◇檀君历三千一百〇四年，〔新罗〕惠恭王七年。

772年，壬子，〔唐〕代宗大历七年，〔渤海〕文王三十五年，☆黄帝历三千四百七十年。是岁，帝授新罗使臣金标石“卫尉员外少卿”；◇檀君历三千一百〇五年，〔新罗〕惠恭王八年。正月，新罗遣伊飡（二等官名）金标石入唐贺正。

773年，癸丑，〔唐〕代宗大历八年，〔渤海〕文王三十六年，☆黄帝历三千四百七十一年；◇檀君历三千一百〇六年，〔新罗〕惠恭王九年。四月、六月，两次遣使入唐，贺正、谢恩。

774年，甲寅，〔唐〕代宗大历九年，〔渤海〕宝历一年，☆黄帝历三千四百七十二年。是岁，帝授新罗使臣“员外卫尉卿”；◇檀君历三千一百〇七年，〔新罗〕惠恭王十年。四月、十月，两次遣使入唐，贺正、献方物。

775年，乙卯，〔唐〕代宗大历十年，〔渤海〕文王三十八年，☆黄帝历三千四百七十三年；◇檀君历三千一百〇八年，〔新罗〕惠恭王十一年。正月、六月，两次遣使入唐。

776年，丙辰，〔唐〕代宗大历十一年，〔渤海〕文王三十九年，☆黄帝历三千四百七十四年；◇檀君历三千一百〇九年，〔新罗〕惠恭王十二年。七月、十月，两次遣使入唐，朝贡、献方物。

777年，丁巳，〔唐〕代宗大历十二年，〔渤海〕文王四十年，☆黄帝历三千四百七十五年；

1 参见《旧唐书·列传第一百四十九·东夷·高丽百济新罗倭国日本》（卷一百九十九）。
2 参见《新唐书·志第四十八·艺文二》。

◇檀君历三千一百一十年，〔新罗〕惠恭王十三年。

778年，戊午，〔唐〕代宗大历十三年，〔渤海〕文王四十一年，☆黄帝历三千四百七十六年；◇檀君历三千一百一十一年，〔新罗〕惠恭王十四年。

779年，己未，〔唐〕代宗大历十四年，〔渤海〕文王四十二年，☆黄帝历三千四百七十七年。五月，诏告新罗停贡鹰、鹞；◇檀君历三千一百一十二年，〔新罗〕惠恭王十五年。

780年，庚申，〔唐〕德宗建中一年，〔渤海〕文王四十三年，☆黄帝历三千四百七十八年。是岁，苏州人白守经奔新罗，后为新罗大相，乃为半岛白氏始祖[1]；◇檀君历三千一百一十三年，〔新罗〕惠恭王十六年，宣德王金良相（？—785）一年。是岁，惠恭王为乱兵所杀。首辅金良相继位，金良相乃新罗奈勿尼师今十世孙。

781年，辛酉，〔唐〕德宗建中二年，〔渤海〕大兴四十四年，☆黄帝历三千四百七十九年；◇檀君历三千一百一十四年，〔新罗〕宣德王二年。

782年，壬戌，〔唐〕德宗建中三年，〔渤海〕文王四十五年，☆黄帝历三千四百八十年；◇檀君历三千一百一十五年，〔新罗〕宣德王三年。闰正月，遣使入唐朝贡。

783年，癸亥，〔唐〕德宗建中四年，〔渤海〕文王四十六年，☆黄帝历三千四百八十一年；◇檀君历三千一百一十六年，〔新罗〕宣德王四年。

784年，甲子，〔唐〕德宗兴元一年，〔渤海〕文王四十七年，☆黄帝历三千四百八十二年；◇檀君历三千一百一十七年，〔新罗〕宣德王五年。是岁，新罗僧人道义如唐求法，后在江西虔州智藏（735—814）门下研习禅宗。至821年始回国，在唐37年。

785年，乙丑，〔唐〕德宗贞元一年，〔渤海〕文王四十八年，☆黄帝历三千四百八十三年。正月，唐遣户部郎中盖埙至新罗，持节册宣德王为“检校太尉、都督鸡林州刺史、宁海军使、新罗王”；◇檀君历三千一百一十八年，〔新罗〕宣德王六年，元圣王金敬信（？—798）一年。正月，宣德王因病薨，无嗣，继位的金敬信乃新罗奈勿尼师今十二世孙。

786年，丙寅，〔唐〕德宗贞元二年，〔渤海〕文王四十九年，☆黄帝历三千四百八十四年。唐德宗下诏，赏赐王及陪臣锦缎、衣服、银器各有差，着新罗使臣带回[2]；◇檀君历三千一百一十九年，〔新罗〕元圣王二年。是岁，遣金元全为使入唐，献方物。

787年，丁卯，〔唐〕德宗贞元三年，〔渤海〕文王五十年，☆黄帝历三千四百八十五年；◇檀君历三千一百二十年，〔新罗〕元圣王三年。

788年，戊辰，〔唐〕德宗贞元四年，〔渤海〕文王五十一年，☆黄帝历三千四百八十六年；◇檀君历三千一百二十一年，〔新罗〕元圣王四年。是岁，新罗一改以弓箭取人做法，定“读书三品”制度：读《春秋左氏传》若《礼记》、若《文选》而能通其义，兼明《论语》《孝经》，则为上品；读《曲礼》《论语》《孝经》者为中品；读《曲礼》《孝经》者为下品。博学者超擢使用，此为半岛科举的先导。

1　朝鲜文人黄喜《水原白氏世谱·旧序》中说：“今观隋城白氏谱系，则其始相松溪公以唐朝佥议使被宵人杜以奇、裴玄默之倾陷，自窜于新罗，宣德王之元年庚申岁也。天子累徵，终不返中土，仍居鸡林，吾东方白氏之繁衍自此始矣”。该《旧序》乃黄喜于明永乐三年（1405）所写，黄喜时任朝鲜国集贤殿大提学。

2　诏书见〔韩〕金富轼原著，李康来校勘《三国史记》卷十，第123页，Hangilsa，1998年版。

789年，己巳，〔唐〕德宗贞元五年，〔渤海〕文王五十二年，☆黄帝历三千四百八十七年；◇檀君历三千一百二十二年，〔新罗〕元圣王五年。九月，以曾入唐为学生，拔擢金子玉为杨根县小守。是岁，新罗遣王孙金俊邕如唐朝贡，金俊邕即后来的新罗昭圣王。

790年，庚午，〔唐〕德宗贞元六年，〔渤海〕文王五十三年，☆黄帝历三千四百八十八年；◇檀君历三千一百二十三年，〔新罗〕元圣王六年。是岁，新罗遣金彦升（后来的新罗宪德王）如唐朝贡[1]。

791年，辛未，〔唐〕德宗贞元七年，〔渤海〕文王五十四年，☆黄帝历三千四百八十九年；◇檀君历三千一百二十四年，〔新罗〕元圣王七年。

792年，壬申，〔唐〕德宗贞元八年，〔渤海〕文王五十五年，☆黄帝历三千四百九十年；◇檀君历三千一百二十五年，〔新罗〕元圣王八年。是岁，新罗遣使入唐，献美女金井兰。该女国色身香，唐德宗纳之。

793年，癸酉，〔唐〕德宗贞元九年，〔渤海〕文王五十六年，☆黄帝历三千四百九十一年；◇檀君历三千一百二十六年，〔新罗〕元圣王九年。

794年，甲戌，〔唐〕德宗贞元十年，〔渤海〕文王五十七年，成王中兴一年，☆黄帝历三千四百九十二年；◇檀君历三千一百二十七年，〔新罗〕元圣王十年。是岁，新罗僧人金地藏（695—794）在华圆寂。《全唐诗·小序》载："（金地藏）新罗国王子，至德初航海，居九华山，诗一首"。《全唐诗》所载金地藏诗为《送童子下山》[2]。金地藏是新罗王族，本名金乔觉，唐开元初年航海来华，修行于九华山，被目为地藏菩萨转世，故名之[3]。

795年，乙亥，〔唐〕德宗贞元十一年，〔渤海〕康王正历一年，☆黄帝历三千四百九十三年；◇檀君历三千一百二十八年，〔新罗〕元圣王十一年。

796年，丙子，〔唐〕德宗贞元十二年，〔渤海〕康王二年，☆黄帝历三千四百九十四年；◇檀君历三千一百二十九年，〔新罗〕元圣王十二年。

797年，丁丑，〔唐〕德宗贞元十三年，〔渤海〕康王三年，☆黄帝历三千四百九十五年；◇檀君历三千一百三十年，〔新罗〕元圣王十三年。

798年，戊寅，〔唐〕德宗贞元十四年，〔渤海〕康王四年，☆黄帝历三千四百九十六年；◇檀君历三千一百三十一年，〔新罗〕元圣王十四年。十二月，元圣王薨[4]。

799年，己卯，〔唐〕德宗贞元十五年，〔渤海〕康王五年，☆黄帝历三千四百九十七年；◇檀君历三千一百三十二年，〔新罗〕昭圣王金俊邕（？—800）一年。金俊邕乃元圣王之孙，曾于789年出使大唐。

800年，庚辰，〔唐〕德宗贞元十六年，〔渤海〕康王六年，☆黄帝历三千四百九十八年。岁初，帝闻元圣王薨，遣司封郎中兼御史中丞韦丹，持节至新罗吊慰，并册昭圣王为"开府仪同三司、检校太尉、新罗王"。韦丹至郓州，闻新罗昭圣王薨，乃返；◇檀君历

1 参见〔韩〕金富轼《三国史记》卷十。
2 参见〔韩〕柳晟俊《韩国汉诗与唐诗的比较》，第32页，Prunsasang，korea，2002年版。
3 笔者夫妇于2010年11月13日前往杭州慧因高丽寺参观，见其介绍。
4 参见《旧唐书·列传第一百四十九·东夷·高丽百济新罗倭国日本》（卷一百九十九）。

三千一百三十三年，〔新罗〕昭圣王即位二年，哀庄王金清明（后改名为“金重熙”，788—809）一年。六月，昭圣王薨。七月，新罗掘得9尺大人参，遣使入唐献之。唐德宗以其非人参，不受。是岁，在唐为“右赞善大夫”新罗人梁悦回国，王擢用之。

801年，辛巳，〔唐〕德宗贞元十七年，〔渤海〕康王七年，☆黄帝历三千四百九十九年；◇檀君历三千一百三十四年，〔新罗〕哀庄王二年。

802年，壬午，〔唐〕德宗贞元十八年，〔渤海〕康王八年，☆黄帝历三千五百年；◇檀君历三千一百三十五年，〔新罗〕哀庄王三年。是岁，新罗创伽耶山海印寺。

803年，癸未，〔唐〕德宗贞元十九年，〔渤海〕康王九年，☆黄帝历三千五百〇一年；◇檀君历三千一百三十六年，〔新罗〕哀庄王四年。

804年，甲申，〔唐〕德宗贞元二十年，〔渤海〕康王十年，☆黄帝历三千五百〇二年；◇檀君历三千一百三十七年，〔新罗〕哀庄王五年。是岁，新罗遣岁贡使节团如唐，僧人真鉴（774—850）随团至今河北省沧州，在神鉴大师（即“黑头陀”）门下削发受戒。现存《智异山双溪寺真鉴禅师碑》，韩国定为第四十七号国宝[1]。

805年，乙酉，〔唐〕德宗贞元二十一年，顺宗永贞一年，〔渤海〕康王十一年，☆黄帝历三千五百〇三年。是岁，唐德宗崩，顺宗帝遣兵部郎中元季方[2]，持节如新罗报哀，并册哀庄王“开府仪同三司、检校太尉、使持节、大都督鸡林州诸军事、鸡林州刺史、兼持节充宁海军使、上柱国、新罗王”，封其母和氏为“太妃”，封其妻朴氏为“王妃”；◇檀君历三千一百三十八年，〔新罗〕哀庄王六年。

806年，丙戌，〔唐〕宪宗元和一年，〔渤海〕康王十二年，☆黄帝历三千五百〇四年。是岁，帝放宿卫新罗王子金献忠回国；◇檀君历三千一百三十九年，〔新罗〕哀庄王七年。八月，新罗遣使如唐朝贡。

807年，丁亥，〔唐〕宪宗元和二年，〔渤海〕康王十三年，☆黄帝历三千五百〇五年；◇檀君历三千一百四十年，〔新罗〕哀庄王八年。

808年，戊子，〔唐〕宪宗元和三年，〔渤海〕康王十四年，☆黄帝历三千五百〇六年。是岁，帝遣新罗使臣金力奇赍贞元十六年诏书等回；◇檀君历三千一百四十一年，〔新罗〕哀庄王九年。二月，新罗遣金力奇如唐朝贡。金力奇奏请帝发贞元十六年（800）唐使韦丹所赍册封新罗王诏书、册新罗王太妃、王妃诰命，并奏请赐金彦升等门戟。

809年，己丑，〔唐〕宪宗元和四年，〔渤海〕康王十五年，☆黄帝历三千五百〇七年；◇檀君历三千一百四十二年，〔新罗〕哀庄王十年，宪德王金彦升（？—826）[3]一年。七月，哀庄王封其妻朴氏为“王妃”，遣大阿飡（五等官名）金陆珍入唐，谢恩兼进方物。是月，王叔金彦升弑哀庄王自立。八月，遣伊飡（二等官名）金昌南入唐告哀。

810年，庚寅，〔唐〕宪宗元和五年，〔渤海〕定王永德一年，☆黄帝历三千五百〇八年；

1 参见〔韩〕崔致远原著，崔英成译注《崔致远全集·四山碑铭》，第157页，亚细亚文化社，1998年版。

2 《新唐书·列传第一百二十六·文艺（上）》载：“王叔文用事，惮季方不为用，以兵部郎中使新罗。新罗闻中国丧，不时遣，供馈乏，季方正色责之，闭户绝食待死，夷人悔谢，结欢乃还”。

3 参见〔清〕董诰等编《全唐文》卷一千“新罗王金彦升”，中华书局，1983年影印版。

◇檀君历三千一百四十三年，〔新罗〕宪德王二年。十月，新罗遣王子金宪章入唐，献金银佛像及佛经等。是岁，新罗僧人真鉴（774—850）到嵩山少林寺，在琉璃坛受具足戒。后又到陕西终南山研习佛经[1]。

811年，辛卯，〔唐〕宪宗元和六年，〔渤海〕定王二年，☆黄帝历三千五百〇九年；◇檀君历三千一百四十四年，〔新罗〕宪德王三年。

812年，壬辰，〔唐〕宪宗元和七年，〔渤海〕定王三年，☆黄帝历三千五百一十年。六月，帝遣职方员外郎、摄御史中丞崔廷为正使，以新罗质子金士信[2]副之，持节至新罗吊祭哀庄王，册宪德王为“开府仪同三司、检校太尉、持节大都督鸡林州诸军事、兼持节充宁海军使、上柱国、新罗王”，并册其妻贞氏为“王妃”；◇檀君历三千一百四十五年，〔新罗〕宪德王四年。

813年，癸巳，〔唐〕宪宗元和八年，〔渤海〕僖王朱雀一年，☆黄帝历三千五百一十一年；◇檀君历三千一百四十六年，〔新罗〕宪德王五年。

814年，甲午，〔唐〕宪宗元和九年，〔渤海〕僖王二年，☆黄帝历三千五百一十二年；◇檀君历三千一百四十七年，〔新罗〕宪德王六年。

815年，乙未，〔唐〕宪宗元和十年，〔渤海〕僖王三年，☆黄帝历三千五百一十三年；◇檀君历三千一百四十八年，〔新罗〕宪德王七年。是岁，新罗遣使如唐朝贡。现藏日本正仓院《新罗账籍零简》，其书写时间的下限被朝韩专家认定为是岁。简上书写皆为汉字，显然是民间文书，可见汉字书写在新罗的普及程度[3]。

816年，丙申，〔唐〕宪宗元和十一年，〔渤海〕僖王四年，☆黄帝历三千五百一十四年；◇檀君历三千一百四十九年，〔新罗〕宪德王八年。是岁，新罗遣王子金士信如唐[4]。

817年，丁酉，〔唐〕宪宗元和十二年，〔渤海〕僖王五年，☆黄帝历三千五百一十五年；◇檀君历三千一百五十年，〔新罗〕宪德王九年。十月，遣王子金张廉入唐朝贡。

818年，戊戌，〔唐〕宪宗元和十三年，〔渤海〕简王太始一年，☆黄帝历三千五百一十六年；◇檀君历三千一百五十一年，〔新罗〕宪德王十年。

819年，己亥，〔唐〕宪宗元和十四年，〔渤海〕宣王建兴一年，☆黄帝历三千五百一十七年。七月，李师道叛唐。帝欲讨平之，诏遣杨州节度使赵恭征发新罗兵马；◇檀君历三千一百五十二年，〔新罗〕宪德王十一年。王奉旨命顺天军将军金雄元，率甲兵30000以助唐军。

820年，庚子，〔唐〕宪宗元和十五年，〔渤海〕宣王二年，☆黄帝历三千五百一十八年；◇檀君历三千一百五十三年，〔新罗〕宪德王十二年。十一月，新罗遣使入唐朝贡。

821年，辛丑，〔唐〕穆宗长庆一年，〔渤海〕宣王三年，☆黄帝历三千五百一十九年；◇檀君历三千一百五十四年，〔新罗〕宪德王十三年。是岁，新罗道义法师由唐回国。他在唐朝

1　参见〔韩〕崔致远原著，崔英成译注《崔致远全集·四山碑铭》，第158页，亚细亚文化社，1998年版。

2　唐朝诗人张籍作诗为金士信送行，收入《全唐诗》卷三百八十二。参见〔清〕董诰等编《全唐文》卷一千“（新罗）金士信”，中华书局，1983年影印版。

3　见〔韩〕一然原著，崔南善编《三国遗事》附录，瑞文文化社，1999年版。

4　《旧唐书·列传第一百四十九·东夷·高丽百济新罗倭国日本》（卷一百九十九）载：“（元和）十一年十一月，其入朝王子金士信等遇恶风，飘至楚州盐城县界，淮南节度使李鄘以闻。是岁，新罗饥，其众一百七十人求食于浙东”。

求法37年，回国后在雪岳山修行40年，传授佛法于弟子廉居等，在半岛建立了禅宗。是岁，新罗僧无染（800—889，俗姓“金”，即大朗慧和尚）以一木板漂风至山东上岸，后到达唐朝终南山至相寺。无染和尚后到洛阳、蒲州问道，在华研习禅宗20年。其事迹由新罗著名文人崔致远在《大朗慧和尚白月葆光塔碑铭并序》详细记录下来，该石碑现为韩国第八号国宝[1]。是岁，新罗人金云卿在唐科举登第。金云卿是半岛首位在华科举登第者[2]，其所登乃杜师礼榜“宾贡”。是岁，新罗僧人道义（生卒年不详）在华研习禅宗37年后回国，在江原道雪岳山陈田寺弘扬禅宗顿悟心法[3]。

822年，壬寅，〔唐〕穆宗长庆二年，〔渤海〕宣王四年，☆黄帝历三千五百二十年；◇檀君历三千一百五十五年，〔新罗〕宪德王十四年。十二月，遣金柱弼入唐朝贡。

823年，癸卯，〔唐〕穆宗长庆三年，〔渤海〕宣王五年，☆黄帝历三千五百二十一年。正月，敕令不准买新罗人为奴婢，已买者放其归国；◇檀君历三千一百五十六年，〔新罗〕宪德王十五年。

824年，甲辰，〔唐〕穆宗长庆四年，〔渤海〕宣王六年，☆黄帝历三千五百二十二年；◇檀君历三千一百五十七年，〔新罗〕宪德王十六年。是岁，在唐新罗人张保皋于胶东半岛最东端的荣成赤山兴建“法华院”。

825年，乙巳，〔唐〕敬宗宝历一年，〔渤海〕宣王七年，☆黄帝历三千五百二十三年；◇檀君历三千一百五十八年，〔新罗〕宪德王十七年。五月，遣王子金昕入唐朝贡。金昕奏：“先在太学生崔利贞、金叔贞、朴季业等，请放还蕃（藩），其新赴朝金允夫、金立之、朴亮之等12人，请留宿卫。仍请配国子监习业，鸿胪寺给资粮”。帝允之。

826年，丙午，〔唐〕敬宗宝历二年，〔渤海〕宣王八年，☆黄帝历三千五百二十四年。是岁，中使自新罗赍鹰、鹞归[4]；◇檀君历三千一百五十九年，〔新罗〕宪德王十八年，兴德王金景徽（？—836）一年。十月，宪德王薨，兴德王金景徽乃宪德王同母弟，是月继位。十二月，兴德王妻金氏（章和夫人，？—826）卒。

827年，丁未，〔唐〕敬宗宝历三年，文宗大和一年，〔渤海〕宣王九年，☆黄帝历三千五百二十五年。是岁，唐文宗闻新罗宪德王薨，废朝悼念，并命太子左谕德兼御史中丞源寂，持节至新罗吊祭，册兴德王为“开府仪同三司、检校太尉、使持节、大都督鸡林州诸军事、兼持节充宁海军使、新罗王”，册其母朴氏为“大妃”，妻朴氏为“王妃”[5]；◇檀君历三千一百六十年，〔新罗〕兴德王二年。三月，入唐高句丽僧丘德，赍经至新罗，王集诸寺僧徒出迎。四月，新罗遣使如唐朝贡[6]。

828年，戊申，〔唐〕文宗大和二年，〔渤海〕宣王十年，☆黄帝历三千五百二十六年；◇檀君历三千一百六十一年，〔新罗〕兴德王三年。二月，新罗遣金大廉如唐朝贡。四月，新罗人张保皋（一名“弓福”）自唐归国，并拜谒兴德王。张保皋、郑年，曾入大唐徐州，为武宁

1　参见〔韩〕崔致远原著，崔英成译注《崔致远全集·四山碑铭》，第23–25页，亚细亚文化社，1998年版。
2　参见〔韩〕金台俊原著，张琏瑰译《朝鲜汉文学史》，第30页，社会科学文献出版社，1996年版。
3　笔者夫妇于2010年11月13日前往杭州慧因高丽寺参观，见其介绍。
4　见姜孟山、刘子敏、金荣国主编《中国正史中的朝鲜史料》（第1卷），第278页，延边大学出版社，1996年版。
5　朝鲜文人权近《阳村集》卷三十四《东国史略论》对兴德王妃有论述。
6　参见《旧唐书·列传第一百四十九·东夷·高丽百济新罗倭国日本》（卷一百九十九）。

军中小将，归国后以兵卒万人镇清海[1]，为清海大使[2]。张保皋严禁将新罗奴婢买卖至唐朝。十二月，新罗遣使入唐朝贡。帝召对于麟德殿，宴赐有差。是岁，入唐使金大廉持茶种子回，王命植于地理山。茶自善德女王时有之，至于此岁盛焉。

829年，己酉，〔唐〕文宗大和三年，〔渤海〕宣王十一年，☆黄帝历三千五百二十七年；◇檀君历三千一百六十二年，〔新罗〕兴德王四年。

830年，庚戌，〔唐〕文宗大和四年，〔渤海〕宣王十二年，☆黄帝历三千五百二十八年；◇檀君历三千一百六十三年，〔新罗〕兴德王五年。十二月，新罗遣使如唐朝贡。是岁，僧人真鉴（774—850）回国，其在华时间26年[3]。

831年，辛亥，〔唐〕文宗大和五年，〔渤海〕□王咸和一年，☆黄帝历三千五百二十九年；◇檀君历三千一百六十四年，〔新罗〕兴德王六年。二月，新罗遣王子金能儒率子弟9人如唐，船遇风浪，皆溺毙。十一月，新罗再遣使如唐朝贡。是岁，新罗僧人梵日（810—889）来华，后在明州遇见盐官齐安，齐安"平常心是道"一语使之顿悟。梵日师从齐安六年，847年归国，于江陵阐发禅宗。

832年，壬子，〔唐〕文宗大和六年，〔渤海〕咸和二年，☆黄帝历三千五百三十年；◇檀君历三千一百六十五年，〔新罗〕兴德王七年。

833年，癸丑，〔唐〕文宗大和七年，〔渤海〕咸和三年，☆黄帝历三千五百三十一年；◇檀君历三千一百六十六年，〔新罗〕兴德王八年。

834年，甲寅，〔唐〕文宗大和八年，〔渤海〕咸和四年，☆黄帝历三千五百三十二年；◇檀君历三千一百六十七年，〔新罗〕兴德王九年。

835年，乙卯，〔唐〕文宗大和九年，〔渤海〕咸和五年，☆黄帝历三千五百三十三年；◇檀君历三千一百六十八年，〔新罗〕兴德王十年。

836年，丙辰，〔唐〕文宗开成一年，〔渤海〕咸和六年，☆黄帝历三千五百三十四年；◇檀君历三千一百六十九年，〔新罗〕兴德王十一年，僖康王金悌隆（一说"金悌颙"，？—838）一年。正月，新罗遣王子金义琮，如唐谢恩兼宿卫。十二月，兴德王薨。僖康王金悌隆乃兴德王堂弟之子，是月继位。

837年，丁巳，〔唐〕文宗开成二年，〔渤海〕咸和七年，☆黄帝历三千五百三十五年；◇檀君历三千一百七十年，〔新罗〕僖康王二年。四月，在唐宿卫王子金义琮回国。新罗遣金忠信[4]如唐宿卫，帝赐之彩帛。

838年，戊午，〔唐〕文宗开成三年，〔渤海〕咸和八年，☆黄帝历三千五百三十六年；◇檀君历三千一百七十一年，〔新罗〕僖康王三年，闵哀王金明（？—839）一年。正月，上大等（首相）金明、侍中利弘等兴兵作乱，杀王左右，僖康王自缢而薨。金明自立为王，即闵哀王。二

1 清海，今"莞岛"。韩国电视连续剧《海神》演绎了张保皋、郑年的故事。
2 张保皋、郑年故事参见《新唐书·列传第一百四十五·东夷·高丽百济新罗日本流鬼》（卷二百二十）。
3 参见〔韩〕崔致远原著，崔英成译注《崔致远全集·四山碑铭》，第157页，亚细亚文化社，1998年版。
4 参见〔清〕董诰等编《全唐文》卷一千"（新罗）金忠信"，中华书局，1983年影印版。

月，金阳至清海拜见张保皋。张保皋乃与好友郑年起兵平叛，闵哀王命大监金敏周率兵迎击[1]。

839年，己未，〔唐〕文宗开成四年，〔渤海〕咸和九年，☆黄帝历三千五百三十七年。是岁，帝命送还新罗所献奴婢；◇檀君历三千一百七十二年，〔新罗〕闵哀王二年，神武王即位不足年，文圣王金庆膺（?—857）一年。闰正月，王军溃败，闵哀王金明被杀。神武王金祐徵（?—839）即位。金祐徵乃僖康王从弟。七月，遣使如唐朝贡，兼进奴婢。是月，神武王薨，其子金庆膺继位。是岁，新罗遣金阳（800—849）如唐宿卫，唐文宗授其"检校卫尉卿"。

840年，庚申，〔唐〕文宗开成五年，〔渤海〕咸和十年，☆黄帝历三千五百三十八年。是岁，以新罗告哀，送在唐宿卫以及在唐留学新罗人归国，共105人；◇檀君历三千一百七十三年，〔新罗〕文圣王二年。

841年，辛酉，〔唐〕武宗会昌一年，〔渤海〕咸和十一年，☆黄帝历三千五百三十九年。七月，遣左庶子薛宜僚为正使，新罗前宣慰副使金云卿[2]充兖州都督府司马、赐绯鱼袋，为淄州长史，率大唐使节团赴新罗，册文圣王为"开府仪同三司、检校太尉、使持节、大都督鸡林州诸军事、兼持节充宁海诸军使、上柱国、新罗王"，并册其妻朴氏为"王妃"；◇檀君历三千一百七十四年，〔新罗〕文圣王三年。

842年，壬戌，〔唐〕武宗会昌二年，〔渤海〕咸和十二年，☆黄帝历三千五百四十年；◇檀君历三千一百七十五年，〔新罗〕文圣王四年。

843年，癸亥，〔唐〕武宗会昌三年，〔渤海〕咸和十三年，☆黄帝历三千五百四十一年；◇檀君历三千一百七十六年，〔新罗〕文圣王五年。

844年，甲子，〔唐〕武宗会昌四年，〔渤海〕咸和十四年，☆黄帝历三千五百四十二年；◇檀君历三千一百七十七年，〔新罗〕文圣王六年。

845年，乙丑，〔唐〕武宗会昌五年，〔渤海〕咸和十五年，☆黄帝历三千五百四十三年。是岁，唐朝沙汰僧尼，外国僧尼并令归国；◇檀君历三千一百七十八年，〔新罗〕文圣王七年。是岁，在唐20年的禅宗无染大师（800—889，即"大朗慧和尚"）回国，旋被新罗聘为"国师"[3]。

846年，丙寅，〔唐〕武宗会昌六年，〔渤海〕咸和十六年，☆黄帝历三千五百四十四年；◇檀君历三千一百七十九年，〔新罗〕文圣王八年。二月，新罗遣金国连率使节团入唐朝贡[4]。

847年，丁卯，〔唐〕宣宗大中一年，〔渤海〕咸和十七年，☆黄帝历三千五百四十五年；◇檀君历三千一百八十年，〔新罗〕文圣王九年。

848年，戊辰，〔唐〕宣宗大中二年，〔渤海〕咸和十八年，☆黄帝历三千五百四十六年；◇檀君历三千一百八十一年，〔新罗〕文圣王十年。

849年，己巳，〔唐〕宣宗大中三年，〔渤海〕咸和十九年，☆黄帝历三千五百四十七年；◇檀君历三千一百八十二年，〔新罗〕文圣王十一年。是岁，金阳（800—849）逝世。金阳于

1 参见《新唐书·列传第一百四十五·东夷·高丽百济新罗日本流鬼》（卷二百二十）及韩国电视连续剧《海神》。另参见本年历"828年"。

2 参见本年历"821年"。

3 参见朝鲜文人李德懋（1741—1793）《青庄馆全书》卷六十八"大朗慧"。

4 见姜孟山、刘子敏、金荣国主编《中国正史中的朝鲜史料》（第1卷），第278页，延边大学出版社，1996年版。

839年如唐，文宗帝授“检校卫尉卿”，归国后官至新罗侍中兼兵部令。

850年，庚午，〔唐〕宣宗大中四年，〔渤海〕咸和二十年，☆黄帝历三千五百四十八年；◇檀君历三千一百八十三年，〔新罗〕文圣王十二年。是岁，曾入唐求法的新罗僧人真鉴（774—850）圆寂。真鉴法师祖上本中华山东人氏，崔昌元之子[1]。

851年，辛未，〔唐〕宣宗大中五年，〔渤海〕咸和二十一年，☆黄帝历三千五百四十九年；◇檀君历三千一百八十四年，〔新罗〕文圣王十三年。四月，入唐使阿飡（六等官名）元弘，赍佛经、佛牙回，文圣王出郊迎之。

852年，壬申，〔唐〕宣宗大中六年，〔渤海〕咸和二十二年，☆黄帝历三千五百五十年；◇檀君历三千一百八十五年，〔新罗〕文圣王十四年。

853年，癸酉，〔唐〕宣宗大中七年，〔渤海〕咸和二十三年，☆黄帝历三千五百五十一年；◇檀君历三千一百八十六年，〔新罗〕文圣王十五年。

854年，甲戌，〔唐〕宣宗大中八年，〔渤海〕咸和二十四年，☆黄帝历三千五百五十二年；◇檀君历三千一百八十七年，〔新罗〕文圣王十六年。

855年，乙亥，〔唐〕宣宗大中九年，〔渤海〕咸和二十五年，☆黄帝历三千五百五十三年；◇檀君历三千一百八十八年，〔新罗〕文圣王十七年。

856年，丙子，〔唐〕宣宗大中十年，〔渤海〕咸和二十六年，☆黄帝历三千五百五十四年；◇檀君历三千一百八十九年，〔新罗〕文圣王十八年。

857年，丁丑，〔唐〕宣宗大中十一年，〔渤海〕咸和二十七年，☆黄帝历三千五百五十五年；◇檀君历三千一百九十年，〔新罗〕文圣王十九年，宪安王金谊靖（一说“金佑靖”，？—861）一年。九月，文圣王薨。宪安王金谊靖乃神武王同父异母弟。是岁，崔致远（857—?）生。崔致远是庆州崔氏始祖，有《桂苑笔耕集》《孤云集》传世，并因为汉诗文的创作被后代半岛文人所尊崇，《新唐书·艺文志》有载。清人陆心源在光绪年间编纂的《唐文拾遗》卷三十四至四十四所收乃崔致远文[2]。

858年，戊寅，〔唐〕宣宗大中十二年，〔渤海〕□王虔晃一年，☆黄帝历三千五百五十六年；◇檀君历三千一百九十一年，〔新罗〕宪安王二年。

859年，己卯，〔唐〕宣宗大中十三年，〔渤海〕虔晃二年，☆黄帝历三千五百五十七年；◇檀君历三千一百九十二年，〔新罗〕宪安王三年。是岁，新罗人金可纪逝于终南山，后被道教尊为飞升第九位上仙。今陕西终南山的子午谷一绝壁处，尚有金可纪的摩崖石刻。《续仙传》《太平广记》以及半岛文献《海东绎史》（卷六十七）皆载金可纪故事[3]。

860年，庚辰，〔唐〕宣宗大中十四年，懿宗咸通一年，〔渤海〕虔晃三年，☆黄帝历三千五百五十八年；◇檀君历三千一百九十三年，〔新罗〕宪安王四年。是岁，王女下嫁金膺廉（846—875）。

861年，辛巳，〔唐〕懿宗咸通二年，〔渤海〕虔晃四年，☆黄帝历三千五百五十九年；◇

1 参见〔韩〕崔致远原著，崔英成译注《崔致远全集·四山碑铭》，第154、162页，亚细亚文化社，1998年版。
2 参见〔清〕董诰等编《全唐文》，附录《唐文拾遗》，中华书局，1983年影印版。
3 参见〔韩〕柳晟俊《韩国汉诗与唐诗的比较》，第38–39页，Prunsasang，korea，2002年版。

檀君历三千一百九十四年，〔新罗〕宪安王五年，景文王金膺廉（846—875）一年。正月，宪安王薨，遗命立婿金膺廉为王。金膺廉乃僖康王后代。

862年，壬午，〔唐〕懿宗咸通三年，〔渤海〕虔晃五年，☆黄帝历三千五百六十年；◇檀君历三千一百九十五年，〔新罗〕景文王二年。七月，遣阿飡（六等官名）富良等如唐，贡方物。海上遇大风，一行人皆溺没。

863年，癸未，〔唐〕懿宗咸通四年，〔渤海〕虔晃六年，☆黄帝历三千五百六十一年；◇檀君历三千一百九十六年，〔新罗〕景文王三年。二月，王命国学博士讲论经义。

864年，甲申，〔唐〕懿宗咸通五年，〔渤海〕虔晃七年，☆黄帝历三千五百六十二年；◇檀君历三千一百九十七年，〔新罗〕景文王四年。

865年，乙酉，〔唐〕懿宗咸通六年，〔渤海〕虔晃八年，☆黄帝历三千五百六十三年。是岁，帝遣太子右谕德、御史中丞胡归厚[1]为册封使，遣唐宾贡进士、新罗人裴匡为副使，田献铦随行，至新罗致祭，并册景文王“开府仪同三司、检校太尉、持节大都督鸡林州诸军事、上柱国、新罗王”，仍赐王官诰1道、旌节1副、锦彩500匹、衣2副、金银器7事，赐王妃锦彩50匹、衣1副、银器2事，赐王太子锦彩40匹、衣1副、银器1事，赐大宰相锦彩30匹、衣1副、银器1事，赐次宰相锦彩20匹、衣1副、银器1事[2]；◇檀君历三千一百九十八年，〔新罗〕景文王五年。

866年，丙戌，〔唐〕懿宗咸通七年，〔渤海〕虔晃九年，☆黄帝历三千五百六十四年；◇檀君历三千一百九十九年，〔新罗〕景文王六年。是岁，立王子晸为王太子。

867年，丁亥，〔唐〕懿宗咸通八年，〔渤海〕虔晃十年，☆黄帝历三千五百六十五年；◇檀君历三千二百年，〔新罗〕景文王七年。

868年，戊子，〔唐〕懿宗咸通九年，〔渤海〕虔晃十一年，☆黄帝历三千五百六十六年；◇檀君历三千二百〇一年，〔新罗〕景文王八年。是岁，崔致远（857—?）来华求学。唐朝诗人顾云送别崔致远有诗句“十二乘船渡海来，文章感动中华国”[3]。

869年，己丑，〔唐〕懿宗咸通十年，〔渤海〕虔晃十二年，☆黄帝历三千五百六十七年；◇檀君历三千二百〇二年，〔新罗〕景文王九年。七月，遣王子、苏判（亦称“迎飡”，三等官名）金胤等入唐，谢恩兼进马2匹、麸金100两、银200两、牛黄15两、人参100斤、大花鱼牙锦10匹、小花鱼牙锦10匹、朝霞锦20匹、四十升白毡布40匹、三十升彩衫缎40匹、四尺五寸头发150两、三尺五寸头发300两等。是月，又遣学生李同等3人，随进奉使金胤入唐习业。王并赐买书银300两。

870年，庚寅，〔唐〕懿宗咸通十一年，〔渤海〕虔晃十三年，☆黄帝历三千五百六十八年；◇檀君历三千二百〇三年，〔新罗〕景文王十年。二月，遣沙飡（八等官名）金因入唐宿卫。五月，景文王王妃金氏（？—870，宪安王之女）薨。

871年，辛卯，〔唐〕懿宗咸通十二年，〔渤海〕虔晃十四年，☆黄帝历三千五百六十九年；

1　参见朝鲜文人李德懋（1741—1793）《青庄馆全书》卷六十八“胡中丞”。
2　参见〔韩〕崔致远原著，崔英成译注《崔致远全集 · 四山碑铭》，第205–206页，亚细亚文化社，1998年版。
3　参见朝鲜文人李德懋（1741—1793）《青庄馆全书》卷六十八“胡中丞”。

◇檀君历三千二百〇四年，〔新罗〕景文王十一年。

872 年，壬辰，〔唐〕懿宗咸通十三年，〔渤海〕□王玄锡一年，☆黄帝历三千五百七十年；◇檀君历三千二百〇五年，〔新罗〕景文王十二年。

873 年，癸巳，〔唐〕懿宗咸通十四年，〔渤海〕玄锡二年，☆黄帝历三千五百七十一年；◇檀君历三千二百〇六年，〔新罗〕景文王十三年。

874 年，甲午，〔唐〕懿宗咸通十五年，僖宗乾符一年，〔渤海〕玄锡三年，☆黄帝历三千五百七十二年。四月，唐僖宗遣使至新罗宣谕。是岁，唐翰林学士卢穗逃乱至新罗[1]；◇檀君历三千二百〇七年，〔新罗〕景文王十四年。是岁，崔致远在长安科举登第[2]。唐朝文人罗隐、顾云皆其好友。

875 年，乙未，〔唐〕僖宗乾符二年，〔渤海〕玄锡四年，☆黄帝历三千五百七十三年；◇檀君历三千二百〇八年，〔新罗〕景文王十五年，宪康王金晸（？—886）一年。七月，景文王薨，王太子金晸即位。金晸喜读书，过目能诵。〔韩〕金富轼《三国史记》卷第三十一《年表》（下）注：“二月二十二（日），始知中国改年号，改为乾符二年”。

876 年，丙申，〔唐〕僖宗乾符三年，〔渤海〕玄锡五年，☆黄帝历三千五百七十四年；◇檀君历三千二百〇九年，〔新罗〕宪康王二年。七月，新罗遣使入唐贡方物。

877 年，丁酉，〔唐〕僖宗乾符四年，〔渤海〕玄锡六年，☆黄帝历三千五百七十五年；◇檀君历三千二百一十年，〔新罗〕宪康王三年。正月，王建[3]出生于松岳郡，其祖父作帝建，其父隆建（？—897，即王隆，后被追封为“高丽世祖”）。朝鲜文人郑麟趾等《高丽史·高丽世系》载李齐贤之说，高丽王族是从圣骨将军开始的：圣骨将军虎景生阿干康忠，康忠生居士宝育，宝育之女配唐朝贵姓而生懿祖作帝建，作帝建生世祖隆建，隆建生高丽太祖王建。但郑麟趾等《高丽史》坚决否定了这种主张，认为唐肃宗一生从来没有到过朝鲜，唐宣宗之说也属附会。

878 年，戊戌，〔唐〕僖宗乾符五年，〔渤海〕玄锡七年，☆黄帝历三千五百七十六年。四月，帝遣使至新罗，册王为“使持节、开府仪同三司、检校太尉、大都督鸡林州诸军事、新罗王”；◇檀君历三千二百一十一年，〔新罗〕宪康王四年。七月，新罗欲遣使朝唐，闻黄巢乱起，乃止。

879 年，己亥，〔唐〕僖宗乾符六年，〔渤海〕玄锡八年，☆黄帝历三千五百七十七年；◇檀君历三千二百一十二年，〔新罗〕宪康王五年。新罗末年，道诜如唐学法，并习得僧一行的地理术，回国后大力推崇佛法，对后来的高丽佛教影响很大。

880 年，庚子，〔唐〕僖宗广明一年，〔渤海〕玄锡九年，☆黄帝历三千五百七十八年；◇檀君历三千二百一十三年，〔新罗〕宪康王六年。

881 年，辛丑，〔唐〕僖宗广明二年，中和一年，〔渤海〕玄锡十年，☆黄帝历三千五百七十九年；◇檀君历三千二百一十四年，〔新罗〕宪康王七年。

882 年，壬寅，〔唐〕僖宗中和二年，〔渤海〕玄锡十一年，☆黄帝历三千五百八十年；◇

1　还有一种说法是，卢穗于唐玄宗时为躲避安禄山之叛乱，携九个儿子（垓、垠、址、互、满、刊、增、坡、垣）到朝鲜半岛定居，乃为半岛卢氏始祖。

2　参见〔朝〕南翼龙编，赵季校注《箕雅》（下），第 1447 页附一“箕雅目录”，中华书局，2008 年版。

3　王建即后来的高丽王朝太祖。

檀君历三千二百一十五年,〔新罗〕宪康王八年。〔韩〕金富轼《三国史记》卷第三十一《年表》(下)注:“五月二十五知中国改年号,改为中和二年”。是岁,新罗遣金直谅如唐。金直谅在楚州上岸,得知圣驾在蜀。在扬州得高太尉之助,由都头张俭送至西川觐见[1]。

883年,癸卯,〔唐〕僖宗中和三年,〔渤海〕玄锡十二年,☆黄帝历三千五百八十一年;◇檀君历三千二百一十六年,〔新罗〕宪康王九年。二月,王幸三郎寺,命文臣各赋诗一首。是岁,遣朴仁范为问安使入川,觐见唐僖宗。朝鲜文献《东文选》卷十二收录其诗作10首。是岁,崔彦撝(868—944)入唐学习,后在礼部尚书薛廷珪主持的科举考试中及第[2]。

884年,甲辰,〔唐〕僖宗中和四年,〔渤海〕玄锡十三年,☆黄帝历三千五百八十二年;◇檀君历三千二百一十七年,〔新罗〕宪康王十年。

885年,乙巳,〔唐〕僖宗中和五年,光启一年,〔渤海〕玄锡十四年,☆黄帝历三千五百八十三年;◇檀君历三千二百一十八年,〔新罗〕宪康王十一年。三月,崔致远持唐朝诏书回国,新罗拜为侍读兼翰林学士,守兵部侍郎,知瑞书监。十月,新罗遣使入唐,贺破黄巢军。

886年,丙午,〔唐〕僖宗光启二年,〔渤海〕玄锡十五年,☆黄帝历三千五百八十四年;◇檀君历三千二百一十九年,〔新罗〕宪康王十二年,定康王金晃(?—887)一年。七月,宪康王薨。太子金晃即位,是为定康王。

887年,丁未,〔唐〕僖宗光启三年,〔渤海〕玄锡十六年,☆黄帝历三千五百八十五年;◇檀君历三千二百二十年,〔新罗〕定康王二年,真圣女王金曼(?—897)一年。七月,定康王薨。真圣女王金曼,宪康王之女弟也[3]。

888年,戊申,〔唐〕僖宗文德一年,〔渤海〕玄锡十七年,☆黄帝历三千五百八十六年;◇檀君历三千二百二十一年,〔新罗〕真圣女王二年。二月,女王拘巨仁,将刑之。巨仁愤怨,书于狱壁曰:“于公恸哭三年旱,邹衍含悲五月霜。今我幽愁还似古,皇天无语但苍苍”。其夕,忽云雾震雷雨雹,女王惧,放巨仁。清人彭定求等编《全唐诗》收录巨仁此诗[4]。是岁,崔匡裕在唐留学约10年后回国。朝鲜文献《东文选》卷十二收有其诗作。

889年,己酉,〔唐〕昭宗龙纪一年,〔渤海〕玄锡十八年,☆黄帝历三千五百八十七年;◇檀君历三千二百二十二年,〔新罗〕真圣女王三年。是岁,新罗遣使入唐朝贡[5]。是岁,禅宗无染大师(800—889)圆寂。无染在唐朝20年,与大诗人白居易(772—846)有交往。是岁,新罗在今韩国延世大学的位置建立般若寺,该寺即今韩国首尔市奉恩寺的前身。

890年,庚戌,〔唐〕昭宗大顺一年,〔渤海〕玄锡十九年,☆黄帝历三千五百八十八年;◇檀君历三千二百二十三年,〔新罗〕真圣女王四年。是岁,崔承佑入唐学习。

891年,辛亥,〔唐〕昭宗大顺二年,〔渤海〕玄锡二十年,☆黄帝历三千五百八十九年;

1 见〔韩〕金富轼《三国史记》卷四十六。

2 见〔韩〕金台俊原著,张琏瑰译《朝鲜汉文学史》,第41页,社会科学文献出版社,1996年版。

3 定康王遗命以妹继任,朝鲜文人权近《阳村集》卷三十四颇不以为然。

4 日据时代朝鲜学者金台俊记“巨仁”为“王巨仁”。见〔韩〕金台俊原著,张琏瑰译《朝鲜汉文学史》,第12页,社会科学文献出版社,1996年版。

5 参见姜孟山、刘子敏、金荣国主编《中国正史中的朝鲜史料》(第1卷),第278页,延边大学出版社,1996年版。

◇檀君历三千二百二十四年，〔新罗〕真圣女王五年。是岁，新罗遣使入唐朝贡[1]。

892年，壬子，〔唐〕昭宗景福一年，〔渤海〕玄锡二十一年，☆黄帝历三千五百九十年；◇檀君历三千二百二十五年，〔新罗〕真圣女王六年，〔后百济〕甄萱一年。是岁，甄萱于现今韩国全州建立“后百济”。清人董诰等所编《全唐文》卷一千收录甄萱的文章[2]。是岁，新罗遣兵部侍郎金处诲如唐，海上遇风，金处诲等溺亡[3]。

893年，癸丑，〔唐〕昭宗景福二年，〔渤海〕玄锡二十二年，☆黄帝历三千五百九十一年；◇檀君历三千二百二十六年，〔新罗〕真圣女王七年，〔后百济〕甄萱二年。是岁，新罗行大唐年号为“景福二年”[4]。是岁，新罗人崔承佑在唐登宾贡科第。崔承佑有骈文集《餬本集》，后失传，朝鲜文献《东文选》卷十二收录其诗作10首[5]。是岁，新罗遣崔致远为贺正使如唐，因路阻，未果行[6]。

894年，甲寅，〔唐〕昭宗乾宁一年，〔渤海〕□王玮瑎一年，☆黄帝历三千五百九十二年；◇檀君历三千二百二十七年，〔新罗〕真圣女王八年，〔后百济〕甄萱三年。是岁，新罗著名文人崔致远(857—?)上《时务》疏十余条。

895年，乙卯，〔唐〕昭宗乾宁二年，〔渤海〕玮瑎二年，☆黄帝历三千五百九十三年；◇檀君历三千二百二十八年，〔新罗〕真圣女王九年，〔后百济〕甄萱四年。

896年，丙辰，〔唐〕昭宗乾宁三年，〔渤海〕玮瑎三年，☆黄帝历三千五百九十四年；◇檀君历三千二百二十九年，〔新罗〕真圣女王十年，〔后百济〕甄萱五年。

897年，丁巳，〔唐〕昭宗乾宁四年，〔渤海〕玮瑎四年，☆黄帝历三千五百九十五年；◇檀君历三千二百三十年，〔新罗〕真圣女王十一年，孝恭王金峣（？—912）一年，〔后百济〕甄萱六年。是岁，新罗真圣女王遣使如唐上表，奏禅位于女王侄、太子金峣。金峣乃宪康王之庶子[7]。十二月，真圣女王薨。

898年，戊午，〔唐〕昭宗光化一年，〔渤海〕玮瑎五年，☆黄帝历三千五百九十六年；◇檀君历三千二百三十一年，〔新罗〕孝恭王二年，〔后百济〕甄萱七年。正月，新罗孝恭王尊母金氏为义明王太后。

899年，己未，〔唐〕昭宗光化二年，〔渤海〕玮瑎六年，☆黄帝历三千五百九十七年；◇檀君历三千二百三十二年，〔新罗〕孝恭王三年，〔后百济〕甄萱八年。

900年，庚申，〔唐〕昭宗光化三年，〔渤海〕玮瑎七年，☆黄帝历三千五百九十八年；◇檀君历三千二百三十三年，〔新罗〕孝恭王四年，〔后百济〕甄萱九年。

901年，辛酉，〔唐〕昭宗天复一年，〔渤海〕玮瑎八年，☆黄帝历三千五百九十九年；◇檀君历三千二百三十四年，〔新罗〕孝恭王五年，〔后百济〕甄萱十年。

---

1 见姜孟山、刘子敏、金荣国主编《中国正史中的朝鲜史料》(第1卷)，第279页，延边大学出版社，1996年版。

2 见〔清〕董诰等编《全唐文》，中华书局，1983年影印版。

3 参见〔韩〕金富轼《三国史记》卷四十六。

4 参见〔韩〕金富轼《三国史记》卷三十一。

5 参见〔韩〕金富轼《三国史记》卷四十六及〔朝〕南翼龙编，赵季校注《箕雅》(下)，第1447页附一“箕雅目录”，中华书局，2008年版。

6 参见〔韩〕金富轼《三国史记》卷四十六《崔致远传》。

7 表文见〔唐〕金富轼《三国史记》卷十一。

902 年，壬戌，〔唐〕昭宗天复二年，〔渤海〕玮瑎九年，☆黄帝历三千六百年；◇檀君历三千二百三十五年，〔新罗〕孝恭王六年，〔后百济〕甄萱十一年。

903 年，癸亥，〔唐〕昭宗天复三年，〔渤海〕玮瑎十年，☆黄帝历三千六百〇一年；◇檀君历三千二百三十六年，〔新罗〕孝恭王七年，〔后百济〕甄萱十二年。

904 年，甲子，〔唐〕昭宗天祐一年，〔渤海〕玮瑎十一年，☆黄帝历三千六百〇二年；◇檀君历三千二百三十七年，〔新罗〕孝恭王八年，〔后百济〕甄萱十三年。是岁，弓裔率军在半岛建立“泰封国”。

905 年，乙丑，〔唐〕昭宗天祐二年，〔渤海〕玮瑎十二年，☆黄帝历三千六百〇三年；◇檀君历三千二百三十八年，〔新罗〕孝恭王九年，〔后百济〕甄萱十四年。

906 年，丙寅，〔唐〕昭宗天祐三年，〔渤海〕玮瑎十三年，☆黄帝历三千六百〇四年。三月，帝遣入唐及第新罗人金文蔚，以工部员外郎、沂王府谘议参军，充册命使还，诏册孝恭王为新罗王；◇檀君历三千二百三十九年，〔新罗〕孝恭王十年，〔后百济〕甄萱十五年。

907 年，丁卯，〔唐〕昭宗天祐四年；〔五代／梁（后梁）〕太祖开平一年，〔契丹〕太祖耶律阿保机一年，〔渤海〕末王諲譔一年，☆黄帝历三千六百〇五年；◇檀君历三千二百四十年，〔新罗〕孝恭王十一年，〔后百济〕甄萱十六年。

908 年，戊辰，〔后梁〕太祖开平二年，〔契丹〕太祖耶律阿保机二年，〔渤海〕末王諲譔二年，☆黄帝历三千六百〇六年；◇檀君历三千二百四十一年，〔新罗〕孝恭王十二年，〔后百济〕甄萱十七年。

909 年，己巳，〔后梁〕太祖开平三年，〔契丹〕太祖耶律阿保机三年，〔渤海〕末王諲譔三年，☆黄帝历三千六百〇七年；◇檀君历三千二百四十二年，〔新罗〕孝恭王十三年，〔后百济〕甄萱十八年。是岁，新罗人崔彦撝（868—944）回国，任瑞书院学士[1]。

910 年，庚午，〔后梁〕太祖开平四年，〔契丹〕太祖耶律阿保机四年，〔渤海〕末王諲譔四年，☆黄帝历三千六百〇八年；◇檀君历三千二百四十三年，〔新罗〕孝恭王十四年，〔后百济〕甄萱十九年。

911 年，辛未，〔后梁〕太祖乾化一年，〔契丹〕太祖耶律阿保机五年，〔渤海〕末王諲譔五年，☆黄帝历三千六百〇九年；◇檀君历三千二百四十四年，〔新罗〕孝恭王十五年。〔后百济〕甄萱二十年。

912 年，壬申，〔后梁〕太祖乾化二年，〔契丹〕太祖耶律阿保机六年，〔渤海〕末王諲譔六年，☆黄帝历三千六百一十年；◇檀君历三千二百四十五年，〔新罗〕孝恭王十六年，神德王朴景晖（？—917）一年，〔后百济〕甄萱二十一年。四月，孝恭王薨。神德王朴景晖乃新罗阿达罗尼师今（朴氏，154—184 年在位）远孙。妃义成王后金氏，宪康王之女。是岁，新罗立王子朴升英为王太子。

913 年，癸酉，〔后梁〕庶人凤历一年，末帝乾化三年，〔契丹〕太祖耶律阿保机七年，〔渤海〕末王諲譔七年，☆黄帝历三千六百一十一年；◇檀君历三千二百四十六年，〔新罗〕神德王二年，

1　参见〔韩〕郑麟趾等《高丽史》卷九十二。

〔后百济〕甄萱二十二年。

914 年，甲戌，〔后梁〕末帝乾化四年，〔契丹〕太祖耶律阿保机八年，〔渤海〕末王諲譔八年，☆黄帝历三千六百一十二年；◇檀君历三千二百四十七年，〔新罗〕神德王三年，〔后百济〕甄萱二十三年。

915 年，乙亥，〔后梁〕末帝乾化五年，贞明一年，〔契丹〕太祖耶律阿保机九年，〔渤海〕末王諲譔九年，☆黄帝历三千六百一十三年；◇檀君历三千二百四十八年，〔新罗〕神德王四年，〔后百济〕甄萱二十四年。是岁，《辽史 · 列传第四十五 · 二国外记 · 高丽》（卷百一十五）载："自太祖皇帝神册间，高丽遣使进宝剑"有误。高丽献耶律阿保机宝剑当为是岁十月。《辽史》卷一又载，是岁十月，新罗遣使贡方物。

916 年，丙子，〔后梁〕末帝贞明二年，〔前蜀〕通正一年，〔契丹〕太祖耶律阿保机十年，神册一年，〔渤海〕末王諲譔十年，☆黄帝历三千六百一十四年；◇檀君历三千二百四十九年，〔新罗〕神德王五年，〔后百济〕甄萱二十五年。

917 年，丁丑，〔后梁〕末帝贞明三年，〔前蜀〕天汉一年，〔契丹〕神册二年，〔渤海〕末王諲譔十一年，☆黄帝历三千六百一十五年；◇檀君历三千二百五十年，〔新罗〕神德王六年，景明王朴升英（？—924）一年，〔后百济〕甄萱二十六年。四月，新罗神德王薨，其子朴升英即位。

918 年，戊寅，〔后梁〕末帝贞明四年，〔前蜀〕光天一年，〔契丹〕神册三年，〔渤海〕末王諲譔十二年，☆黄帝历三千六百一十六年。三月，中原客商王昌瑾购得一面铜镜，上有 147 个汉字，皆言半岛未来局势之隐语，乃献于弓裔；◇檀君历三千二百五十一年，〔新罗〕景明王二年，高丽太祖王建（877—943，字若天）天授一年，〔后百济〕甄萱二十七年。高丽太祖王建妻室包括柳氏（神惠王后，本贯贞州，天弓之女）[1]、庄和王后吴氏、神明顺成王太后刘氏及神静王太后皇甫氏（生戴宗王旭及大穆王后）、神成王太后金氏（新罗人）、贞德王后柳氏[2]。清人编《全唐文》卷一千收录高丽太祖王建文章[3]。朝鲜文人郑麟趾等《高丽史》说高丽王朝"世通上国"，共存 475 年。《宋史 · 列传第二百四十六 · 外国三 · 高丽》（卷四百八十七）载，高丽都开成[4]，"男女二百一十万口"，"王城有华人数百，多闽人以贾舶至者"。该书卷末记述了南宋至高丽的海路：明州三日入洋，又五日入墨山，抵其境，七日至礼成江。又三日停船，至碧澜亭，再走四十里山路，乃进松都即今朝鲜开城。六月，高丽太祖王建即位于布政殿，改元"天授"。十一月，设"八关会"，倡导佛教[5]。元人脱脱等《辽史》卷一载，是岁二月，高丽入贡契丹。该书卷七十《属国表》载，是岁三月，高丽又遣使朝贡契丹。高丽朝贡契丹礼仪，参见《辽史》卷五十一《礼志四》。

919 年，己卯，〔后梁〕末帝贞明五年，〔前蜀〕乾德一年，〔契丹〕神册四年，〔渤海〕末

1　参见〔韩〕郑麟趾等《高丽史》卷八十八及韩国电视连续剧《太祖王建》（2000 年首播）。

2　见〔韩〕郑麟趾等《高丽史》卷八十八。

3　参见〔清〕董诰等编《全唐文》，中华书局，1983 年影印版。

4　开成，今朝鲜开城市。

5　诸事见〔韩〕郑麟趾等《高丽史》卷一。

王諲譔十三年，☆黄帝历三千六百一十七年。九月，吴越国文士酋彦规，投奔高丽[1]；◇檀君历三千二百五十二年，〔新罗〕景明王三年，〔高丽〕太祖天授二年，〔后百济〕甄萱二十八年。二月，高丽迁都开城。三月，高丽创法王寺、轮王寺等10所寺院。

920年，庚辰，〔后梁〕末帝贞明六年，〔前蜀〕乾德二年，〔契丹〕神册五年，〔渤海〕末王諲譔十四年，☆黄帝历三千六百一十八年；◇檀君历三千二百五十三年，〔新罗〕景明王四年，〔高丽〕太祖天授三年，〔后百济〕甄萱二十九年。正月，新罗与高丽交聘修好。

921年，辛巳，〔后梁〕末帝龙德一年，〔契丹〕神册六年，〔渤海〕末王諲譔十五年，☆黄帝历三千六百一十九年。二月，黑水酋长高子罗率170人投高丽。四月，黑水阿於间率200人投高丽[2]。是岁，渤海军兵攻高丽，为其所败；◇檀君历三千二百五十四年，〔新罗〕景明王五年，〔高丽〕太祖天授四年，〔后百济〕甄萱三十年。十月，高丽创建大兴寺，太祖师事僧利言。是岁，高丽册王武（914—945，后来的高丽惠宗）为世子，其妻林氏（义和王后，本贯镇州）晋为世子嫔。

922年，壬午，〔后梁〕末帝龙德二年，〔契丹〕天赞一年，〔渤海〕末王諲譔十六年，☆黄帝历三千六百二十年。二月，契丹人至高丽，献骆驼及马、毡子[3]；◇檀君历三千二百五十五年，〔新罗〕景明王六年，〔高丽〕太祖天授五年，〔后百济〕甄萱三十一年。

923年，癸未，〔后梁〕末帝龙德三年，〔后唐〕庄宗同光一年，〔契丹〕天赞二年，〔渤海〕末王諲譔十七年，☆黄帝历三千六百二十一年。六月，吴越国文士朴岩投奔高丽[4]。《新五代史·四夷附录第三》（卷七十四）载："新罗，弁韩之遗种也。……同光元年，新罗国王金朴英遣使者来朝贡"。其中的"金朴英"当是指新罗景明王朴升英（？—924）；◇檀君历三千二百五十六年，〔新罗〕景明王七年，〔高丽〕太祖天授六年，〔后百济〕甄萱三十二年。六月，高丽府福卿尹质出使后梁而归，从后梁都城开封[5]带回《五百罗汉图》。是岁，高丽遣广评侍郎韩申一、春部少卿朴严，如后唐朝贡[6]。七月，新罗遣仓部侍郎金乐、录事参军金幼卿朝后唐，贡方物。

924年，甲申，〔后唐〕庄宗同光二年，〔契丹〕天赞三年，〔渤海〕末王諲譔十八年，☆黄帝历三千六百二十二年；◇檀君历三千二百五十七年，〔新罗〕景明王八年，景哀王朴魏膺（？—927）一年，〔高丽〕太祖天授七年，〔后百济〕甄萱三十三年。正月，新罗遣使入后唐朝贡。六月，新罗遣朝散大夫、仓部侍郎金岳，入后唐朝贡。后唐庄宗授"朝议大夫、试卫尉卿"。八月，新罗景明王薨，继位景哀王朴魏膺乃景命王同母弟也。是岁，高丽遣使至后唐都城洛阳[7]朝贡。是岁，高丽遣使至契丹朝贡[8]。

925年，乙酉，〔后唐〕庄宗同光三年，〔契丹〕天赞四年，〔渤海〕末王諲譔十九年，☆黄帝历三千六百二十三年。是岁，契丹攻打渤海国，渤海将军申德等500人、渤海左首卫小将

1 诸事见〔韩〕郑麟趾等《高丽史》卷一。
2 诸事见〔韩〕郑麟趾等《高丽史》卷一。
3 事见〔韩〕郑麟趾等《高丽史》卷一。
4 事见〔韩〕郑麟趾等《高丽史》卷一。
5 即今河南省开封。
6 参见《旧五代史·四夷附录第三》（卷七十四）。
7 即今河南省洛阳。
8 《辽史·列传第四十五·二国外记·高丽》（卷百十五）载："天赞三年，来贡"。

冒豆干、检校开国男朴渔等率民1000户奔高丽[1]；◇檀君历三千二百五十八年，〔新罗〕景哀王二年，〔高丽〕太祖天授八年，〔后百济〕甄萱三十四年。十月，高丽遣使入契丹朝贡。十一月，高丽遣使入后唐朝贡。是月，新罗遣使入契丹朝贡。

926年，丙戌，〔后唐〕庄宗同光四年，明宗天成一年，〔契丹〕天显一年，〔渤海〕末王諲譔二十年，☆黄帝历三千六百二十四年；◇檀君历三千二百五十九年，〔新罗〕景哀王三年，〔高丽〕太祖天授九年，〔后百济〕甄萱三十五年。是岁，高丽遣张彬率使节团至后唐都城洛阳[2]。是岁，高丽遣使至契丹朝贡。

927年，丁亥，〔后唐〕明宗天成二年，〔契丹〕天显二年，〔吴越〕宝正二年，☆黄帝历三千六百二十五年。三月，渤海工部卿吴兴等50人、僧载雄等60人投高丽。七月，吴越王遣班尚书为"通和使"至高丽[3]；◇檀君历三千二百六十年，〔新罗〕景哀王四年，敬顺王朴傅（？—978）一年，〔后百济〕甄萱三十六年，〔高丽〕太祖天授十年。二月，新罗遣张芬入后唐朝贡。三月，新罗遣林彦入后唐朝贡[4]。九月，后百济甄萱大军入新罗王京，逼景哀王自尽，淫王妃。甄萱立景哀王族弟、文圣王后孙朴傅，是为新罗末代君主敬顺王。是岁，高丽遣林彦出使后唐，至洛阳[5]。是岁，高丽遣使朝贡契丹[6]。

928年，戊子，〔后唐〕明宗天成三年，〔契丹〕天显三年，☆黄帝历三千六百二十六年。三月，渤海人金神等60户投高丽。七月，渤海大儒范投高丽。九月，渤海人隐继宗投奔高丽[7]；◇檀君历三千二百六十一年，〔新罗〕敬顺王二年，〔高丽〕太祖天授十一年，〔后百济〕甄萱三十七年。八月，新罗僧洪庆自中国福建海运来《大藏经》一部，高丽太祖亲自到礼成江迎接，置于帝释院[8]。九月，渤海人隐继宗至高丽，在天德殿三拜。人或以为失礼，高丽大相含弘说："失土人三拜，古礼也。[9]"

929年，己丑，〔后唐〕明宗天成四年，〔契丹〕天显四年，☆黄帝历三千六百二十七年。三月，渤海人洪见等以船20艘投高丽。九月，渤海正近等300余人投高丽；◇檀君历三千二百六十二年，〔新罗〕敬顺王三年，〔高丽〕太祖天授十二年，〔后百济〕甄萱三十八年。八月，高丽遣张彬入后唐朝贡[10]。

930年，庚寅，〔后唐〕明宗长兴一年，〔契丹〕天显五年，☆黄帝历三千六百二十八年；◇檀君历三千二百六十三年，〔新罗〕敬顺王四年，〔高丽〕太祖天授十三年，〔后百济〕甄萱三十九年。十二月，高丽于西京[11]设置学校。是岁，天竺僧人三藏法师卒于高丽。

---

1 诸事见〔韩〕郑麟趾等《高丽史》卷一。
2 即今河南省洛阳。此事见〔韩〕郑麟趾等《高丽史》卷一。
3 诸事见〔韩〕郑麟趾等《高丽史》卷一。
4 见刘子敏、姜孟山、王世英、金荣国主编《中国正史中的朝鲜史料》（第2卷），第2页、第7页，延边大学出版社，1996年版。
5 事见〔韩〕郑麟趾等《高丽史》卷一。《辽史·列传第四十五·二国外记·高丽》（卷百十五）载："太宗天显二年，来贡"。
6 《辽史·列传第四十五·二国外记·高丽》（卷百十五）载："太宗天显二年，来贡"。
7 诸事见〔韩〕郑麟趾等《高丽史》卷一。
8 参见拙著《朝鲜半岛汉学史》，第52页，学苑出版社，2009年版。
9 事见〔韩〕郑麟趾等《高丽史》卷一。
10 见刘子敏、姜孟山、王世英、金荣国主编《中国正史中的朝鲜史料》（第2卷），第8页，延边大学出版社，1996年版。
11 高丽西京，今朝鲜平壤。朝鲜文人曹伸《謏闻琐录》云："俗以庆州为东京，平壤为西京，开城为松京"。见〔韩〕《大东野乘》卷之三。

931年，辛卯，〔后唐〕明宗长兴二年，〔契丹〕天显六年，☆黄帝历三千六百二十九年；◇檀君历三千二百六十四年，〔新罗〕敬顺王五年，〔高丽〕太祖天授十四年，〔后百济〕甄萱四十年。十一月，高丽命有司防范北蕃之人（女真人）。

932年，壬辰，〔后唐〕明宗长兴三年，〔契丹〕天显七年，☆黄帝历三千六百三十年；◇檀君历三千二百六十五年，〔新罗〕敬顺王六年，〔高丽〕太祖天授十五年，〔后百济〕甄萱四十一年。四月，高丽遣执事侍郎金昢、副使司宾卿李儒，入后唐朝贡。四月，高丽遣大相王仲儒为正使，率团出使后唐，至洛阳献方物[1]。

933年，癸巳，〔后唐〕明宗长兴四年，〔契丹〕天显八年，☆黄帝历三千六百三十一年。三月，后唐遣太仆卿王琼、大府少卿兼通事舍人杨昭业至高丽，册太祖"特进检校太保、使持节、玄菟州都督、上柱国、充大义军使、高丽国王"，诰封王妃柳氏（神惠王妃，本贯贞州，天弓之女）为"河东郡夫人"，并赐历书[2]；◇檀君历三千二百六十六年，〔新罗〕敬顺王七年，〔高丽〕太祖天授十六年，〔后百济〕甄萱四十二年。三月，高丽遣使入后唐朝贡。《旧五代史·四夷附录第三》（卷七十四）、《新五代史·四夷附录第三》（卷七十四）皆载："长兴四年，（新罗）权知国事金溥遣使来"，其中"权知国事金溥"，当指新罗敬顺王朴傅（？—978）。是岁，高丽始颁历，用后唐"长兴"年号[3]。

934年，甲午，〔后唐〕闵帝应顺一年，潞王清泰一年，〔契丹〕天显九年，☆黄帝历三千六百三十二年。七月，契丹灭渤海，渤海世子大光显率余部数万人投奔高丽。十二月，渤海陈林等160人投高丽；◇檀君历三千二百六十七年，〔新罗〕敬顺王八年，〔高丽〕太祖天授十七年，〔后百济〕甄萱四十三年。是岁，高丽赐来投之渤海国世子大光显"王"姓，高丽太祖命大光显改名为"王继"，附于宗籍，以白州为其奉祀地[4]。

935年，乙未，〔后唐〕潞王清泰二年，〔契丹〕天显十年，☆黄帝历三千六百三十三年；◇檀君历三千二百六十八年，〔新罗〕敬顺王九年，〔高丽〕太祖天授十八年，〔后百济〕甄萱四十四年。是岁，新罗敬顺王移书高丽太祖王建，正式请降。高丽封敬顺王朴傅为"正丞公"，改"新罗"为"庆州"。新罗历56王，共历992年而灭。是岁，高丽派礼宾卿邢顺出使后唐，至洛阳[5]。

936年，丙申，〔后唐〕潞王清泰三年；〔后晋〕高祖天福一年，〔契丹〕天显十一年，☆黄帝历三千六百三十四年；◇檀君历三千二百六十九年，〔高丽〕太祖天授十九年，〔后百济〕甄萱四十五年。正月，后百济遣使入后唐朝贡。是岁，甄萱之子神剑囚禁甄萱，自称"将军"。甄萱投奔高丽，后百济遂亡。但直到元朝至元四年（1267）正月，"百济遣其臣梁浩来朝，赐以锦绣有差"[6]。可见半岛上百济残余势力存在很长时间。

937年，丁酉，〔后晋〕高祖天福二年，〔契丹〕天显十二年，☆黄帝历三千六百三十五年；◇檀君历三千二百七十年，〔高丽〕太祖天授二十年。是岁，遣王规、邢顺率进贺使节团出使

---

1 事见〔韩〕郑麟趾等《高丽史》卷二、《旧五代史·四夷附录第三》（卷七十四）。
2 参见《旧五代史·四夷附录第三》（卷七十四）。
3 诸事见〔韩〕郑麟趾等《高丽史》卷二、卷八十八。
4 事见〔韩〕郑麟趾等《高丽史》卷二。
5 诸事见〔韩〕郑麟趾等《高丽史》卷二。
6 见《元史·本纪第六·世祖三》。

后晋，至开封进贺后晋高祖石敬瑭登基[1]。

938年，戊戌，〔后晋〕高祖天福三年，〔契丹〕天显十三年，会同一年，☆黄帝历三千六百三十六年。八月，在后晋宿卫高丽质子王仁瞿奏请回国，高祖准之。是岁，渤海人朴升率3000余户投奔高丽；◇檀君历三千二百七十一年，〔高丽〕太祖天授二十一年。七月，高丽行后晋"天福"年号[2]。是岁，崔承老（927—989）只有11岁，诵读《论语》，王激赏之[3]。

939年，己亥，〔后晋〕高祖天福四年，〔契丹〕会同二年，☆黄帝历三千六百三十七年。是岁，后晋遣国子博士谢攀为使，册高丽太祖"开府仪同三司、检校太师"，余如故[4]；◇檀君历三千二百七十二年，〔高丽〕太祖天授二十二年。九月，高丽遣广平侍郎邢顺入后晋朝贡[5]。

940年，庚子，〔后晋〕高祖天福五年，〔契丹〕会同三年，☆黄帝历三千六百三十八年。是岁，后晋遣高丽质子王仁翟自开封[6]归国[7]；◇檀君历三千二百七十三年，〔高丽〕太祖天授二十三年。

941年，辛丑，〔后晋〕高祖天福六年，〔契丹〕会同四年，☆黄帝历三千六百三十九年。八月，后晋遣光禄卿张澄、国子博士谢攀至高丽，加册王建"开府仪同三司、检校太师"；◇檀君历三千二百七十四年，〔高丽〕太祖天授二十四年。是岁，遣大相王申一入后晋都城开封，献方物[8]。

942年，壬寅，〔后晋〕高祖天福七年，〔契丹〕会同五年，☆黄帝历三千六百四十年；◇檀君历三千二百七十五年，〔高丽〕太祖天授二十五年。十月，契丹使节团至高丽，但太祖王建以其灭渤海而流放契丹使节30人于海岛。契丹所献骆驼50匹，系于万夫桥，皆饿死[9]。

943年，癸卯，〔后晋〕高祖天福八年，〔契丹〕会同六年，☆黄帝历三千六百四十一年；◇檀君历三千二百七十六年，〔高丽〕太祖天授二十六年。四月，太祖亲授《训要十条》。其一曰"我国家大业，必资诸佛护卫之力"[10]。五月，太祖王建薨。学士金岳用汉文草就遗诏，其丧葬仪式、园陵建制，一依汉文帝故事。高丽太祖王陵在今朝鲜开城市海鲜里，其中部分文物于日据时被掠往日本。十一月，高丽遣广平侍郎金仁逢入后晋朝贡。十二月，高丽遣大相为使，入后晋[11]。

944年，甲辰，〔后晋〕出帝开运一年，〔契丹〕会同七年，☆黄帝历三千六百四十二年；◇檀君历三千二百七十七年，〔高丽〕惠宗王武（914—945，字承乾）一年。王武之母乃太祖之庄和王后（吴氏，本贯罗州）。十月，遣广评侍郎韩玄珪、礼宾卿金廉为正副使，出使后晋，

---

1 事见〔韩〕郑麟趾等《高丽史》卷二。
2 事见〔韩〕郑麟趾等《高丽史》卷二。
3 参见〔韩〕郑麟趾等《高丽史》卷九十三。
4 事见〔韩〕郑麟趾等《高丽史》卷二。
5 见刘子敏、姜孟山、王世英、金荣国主编《中国正史中的朝鲜史料》（第2卷），第8页，延边大学出版社，1996年版。
6 后晋都城，今河南省开封。
7 事见〔韩〕郑麟趾等《高丽史》卷二。
8 事见〔韩〕郑麟趾等《高丽史》卷二。
9 事见〔韩〕郑麟趾等《高丽史》卷二。
10 参见〔清〕董诰等编《全唐文》卷一千"高丽王王建"，中华书局，1983年影印版。但《全唐文》题目为《训要十首》。
11 《新五代史》记为"太相"。见刘子敏、姜孟山、王世英、金荣国主编《中国正史中的朝鲜史料》（第2卷），第8页，延边大学出版社，1996年版。

至开封[1]，告嗣位并贺破契丹[2]。是月，遣兵部侍郎刘崇珪、内军卿朴艺言出使后晋。是岁，崔彦撝卒。崔彦撝（868—944），庆州人，在唐朝登第。崔彦撝乃高丽著名文人崔沆祖父。

945年，乙巳，〔后晋〕出帝开运二年，〔契丹〕会同八年，☆黄帝历三千六百四十三年。十一月，后晋遣范匡政、张季凝为使至松都[3]，册封高丽惠宗"检校太保、使持节、玄菟州都督、上柱国充大义军使、高丽国王"，并赐高丽国王竹册、法物及宝剑10口、布600匹[4]；◇檀君历三千二百七十八年，〔高丽〕惠宗二年。是岁，惠宗之妻林氏晋为王后（义和王后，本贯镇州）[5]。九月，惠宗薨。十月，高丽遣使入后晋朝贡。

946年，丙午，〔后晋〕出帝开运三年，〔契丹〕会同九年，☆黄帝历三千六百四十四年；◇檀君历三千二百七十九年，〔高丽〕定宗王尧（923—949，字义天）一年。定宗之后宫文恭王后朴氏、文成王后朴氏姐妹，皆升州人朴英规之女。是岁，高丽以谷7万硕赐寺院。

947年，丁未，〔后汉〕高祖天福一年，〔契丹〕会同十年，〔辽〕大同一年，天禄一年，☆黄帝历三千六百四十五年；◇檀君历三千二百八十年，〔高丽〕定宗二年。是岁，崔光胤以宾贡进士赴后晋，被契丹劫下，强迫在契丹为官。崔光胤知契丹将进攻高丽，潜使人回国密告。

948年，戊申，〔后汉〕高祖天福二年，隐帝乾祐一年，〔辽〕天禄二年，☆黄帝历三千六百四十六年。九月，东女真大匡苏无盖等至高丽，献马700匹及方物。此乃女真与高丽进贡、贸易之始[6]；◇檀君历三千二百八十一年，〔高丽〕定宗三年。定宗为女真马定价：一等银注子一加锦、绢各一匹，二等银钵子一加锦、绢各一匹，三等锦、绢各一匹。是岁，高丽行后汉年号。

949年，己酉，〔后汉〕隐帝乾祐二年，〔辽〕天禄三年，☆黄帝历三千六百四十七年；◇檀君历三千二百八十二年，〔高丽〕定宗四年。三月，定宗薨。

950年，庚戌，〔后汉〕隐帝乾祐三年，〔辽〕天禄四年，☆黄帝历三千六百四十八年；◇檀君历三千二百八十三年，〔高丽〕光宗王昭（925—975，字日华）光德一年。光宗后宫大穆王后皇甫氏，乃高丽太祖王建之女。从其母神静王太后皇甫氏之姓。大穆王后生景宗[7]。正月，大风拔木。王问祈禳之术，大臣对"不如修德"，王乃常读《贞观政要》[8]。

951年，辛亥，〔后周〕太祖广顺一年，〔辽〕天禄五年，应历一年，☆黄帝历三千六百四十九年；◇檀君历三千二百八十四年，〔高丽〕光宗光德二年。十二月，高丽行后周年号[9]。

952年，壬子，〔后周〕太祖广顺二年，〔辽〕应历二年，☆黄帝历三千六百五十年。九月，

1 即今河南省开封。
2 事见〔韩〕郑麟趾等《高丽史》卷二。
3 松都，今朝鲜开城。
4 事见〔韩〕郑麟趾等《高丽史》卷二。
5 见〔韩〕郑麟趾等《高丽史》卷八十八。
6 参见王臻《朝鲜前期与明建州女真关系研究》，第18页，中国文史出版社，2005年版。
7 见〔韩〕郑麟趾等《高丽史》卷八十八。
8 事见〔韩〕郑麟趾等《高丽史》卷二。
9 事见〔韩〕郑麟趾等《高丽史》卷二。

后周遣太仆少卿王演出使高丽[1]；◇檀君历三千二百八十五年，〔高丽〕光宗光德三年。是岁，高丽遣广评侍郎徐逢，至后周都城开封献方物。

953年，癸丑，〔后周〕太祖广顺三年，〔辽〕应历三年，☆黄帝历三千六百五十一年。后周遣卫尉卿王演、将作少监吕继赟至松都，册高丽光宗"特进检校太保、使持节、玄菟州都督、充大义军使、兼御史大夫、高丽国王"[2]；◇檀君历三千二百八十六年，〔高丽〕光宗光德四年。

954年，甲寅，〔后周〕世宗显德一年，〔辽〕应历四年，☆黄帝历三千六百五十二年；◇檀君历三千二百八十七年，〔高丽〕光宗光德五年。

955年，乙卯，〔后周〕世宗显德二年，〔辽〕应历五年，☆黄帝历三千六百五十三年；◇檀君历三千二百八十八年，〔高丽〕光宗光德六年。十月，遣王子王融至后周都城开封献方物[3]。是岁，又遣广评侍郎荀质出使，进贺后周世宗登基[4]。

956年，丙辰，〔后周〕世宗显德三年，〔辽〕应历六年，☆黄帝历三千六百五十四年。后周遣将作监薛文遇为使，加册高丽光宗"开府仪同三司、检校太尉、太师"。大理评事双冀随行；◇檀君历三千二百八十九年，〔高丽〕光宗光德七年。留后周使节团从官双冀，随后以之为翰林学士，议开科举研习。双冀乃福建人，因病留在半岛，高丽口语自此皆从之。是岁，光宗命百官衣冠从华制[5]。双冀亦作"双㚲"，"㚲"通"冀"。

957年，丁巳，〔后周〕世宗显德四年，〔辽〕应历七年，☆黄帝历三千六百五十五年；◇檀君历三千二百九十年，〔高丽〕光宗光德八年。是岁，双冀为高丽翰林学士。

958年，戊午，〔后周〕世宗显德五年，〔辽〕应历八年，☆黄帝历三千六百五十六年。后周遣尚书、水部员外郎韩彦卿及尚辇奉御金彦英至松都，以布帛数千匹换高丽之铜，用于铸钱[6]。金彦英本东夷人，在高丽时向光宗自称"臣"，后周罪之；◇檀君历三千二百九十一年，〔高丽〕光宗光德九年。翰林学士双冀知贡举，试诗、赋、颂及时务策论，及第者崔暹为首共6人，包括进士甲科1，明经3，卜业2，此是高丽科举之始。在双冀主持下，是岁亦开僧科考试。

959年，己未，〔后周〕世宗显德六年，〔辽〕应历九年，☆黄帝历三千六百五十七年。九月，后周遣左骁卫大将军戴交、副使石曦[7]出使高丽，加册光宗"检校太师"。是岁，后周侍卫双哲随高丽使节王兢投奔高丽，被拜为佐丞。双哲乃双冀之父[8]；◇檀君历三千二百九十二年，〔高丽〕光宗光德十年。正月，遣佐丞王兢、佐尹皇甫、魏光到后周，献名马、成衣、弓剑。八月，遣使至后周，进献《别序孝经》一卷、《越王孝经新义》八卷、《皇灵孝经》一卷、《孝经雌图》三卷，此乃高丽向中国回赠汉文图书之始。十一月，高丽派遣使节团向后周进献铜3万斤[9]，紫色、白

1 见刘子敏、姜孟山、王世英、金荣国主编《中国正史中的朝鲜史料》（第2卷），第9页，延边大学出版社，1996年版。

2 一说册使为刘皞。见刘子敏、姜孟山、王世英、金荣国主编《中国正史中的朝鲜史料》（第2卷），第6页，延边大学出版社，1996年版。

3 见刘子敏、姜孟山、王世英、金荣国主编《中国正史中的朝鲜史料》（第2卷），第9页，延边大学出版社，1996年版。

4 事见〔韩〕郑麟趾等《高丽史》卷二。

5 参见〔韩〕郑麟趾等《高丽史》卷九十三《双冀传》。

6 参见《旧五代史·四夷附录第三》（卷七十四）。

7 石曦，并州太原人。见刘子敏、姜孟山、王世英、金荣国主编《中国正史中的朝鲜史料》（第2卷），第25页，延边大学出版社，1996年版。

8 参见〔韩〕郑麟趾等《高丽史》卷九十三《双冀传》。

9 一说高丽贡献铜5万斤。见刘子敏、姜孟山、王世英、金荣国主编《中国正史中的朝鲜史料》（第2卷），第10页，延边大学出版社，1996年版。

色水晶 2000 颗[1]。

960 年，庚申，〔后周〕恭帝显德七年，〔北宋〕太祖建隆一年，〔辽〕应历十年，☆黄帝历三千六百五十八年。我国杨昭全教授统计，北宋派到高丽的使节团有 24 个。北宋往高丽的海路分北路（从山东半岛的登州或密州出发，至朝鲜大同江口的椒岛）与南路（从明州、泉州或杭州出发，到达朝鲜黑山口后北行，至礼成江口）[2]；◇檀君历三千二百九十三年，〔高丽〕光宗光德十一年。春，高丽开科举，王赐崔光范等及第。是岁，定百官公服，分紫、丹、绯、绿四色。

961 年，辛酉，〔北宋〕太祖建隆二年，〔辽〕应历十一年，☆黄帝历三千六百五十九年；◇檀君历三千二百九十四年，〔高丽〕光宗光德十二年。是岁，高丽遣谛观（生卒年不详）携《天台义疏》等佛教书籍来华。谛观后圆寂于天台山，他将流传半岛的佛教经典带回中国，为我国佛教天台宗的复兴做出了很大的贡献。

962 年，壬戌，〔北宋〕太祖建隆三年，〔辽〕应历十二年，☆黄帝历三千六百六十年。是岁，北宋遣石曦出使高丽[3]。朝鲜文人徐命膺等编订《御定宋史筌·列传第八十三·外国一·高丽》云，李兴佑朝贡北宋，“制加食邑七千户，赐推诚、顺化、保义功臣号”；◇檀君历三千二百九十五年，〔高丽〕光宗光德十三年。十一月，高丽遣广评侍郎李兴佑为正使，率副使李励希及判官李彬如宋，至开封献方物[4]。

963 年，癸亥，〔北宋〕太祖建隆四年，乾德一年，〔辽〕应历十三年，☆黄帝历三千六百六十一年；◇檀君历三千二百九十六年，〔高丽〕光宗光德十四年。是岁，高丽始用北宋年号。朝鲜文人郑麟趾等《高丽史》卷二载，十二月，北宋派时赞为使赴高丽，封册光宗，遇风浪溺死者 70 人，独时赞免[5]。但我国《宋史长编》卷四：“九月甲寅，登州言：高丽国王昭遣使时赞等入贡，涉海值大风，船破，从人溺死者九十余人，赞仅而获免，诏劳恤之”[6]。

964 年，甲子，〔北宋〕太祖乾德二年，〔辽〕应历十四年，☆黄帝历三千六百六十二年；◇檀君历三千二百九十七年，〔高丽〕光宗光德十五年。是岁，高丽开科举，王赐金策等 3 人及第，进士、明经、卜业各 1 名。

965 年，乙丑，〔北宋〕太祖乾德三年，〔辽〕应历十五年，☆黄帝历三千六百六十三年。是岁，宋太祖授高丽使臣王辂“尚书右仆射”，并赐官诰[7]；◇檀君历三千二百九十八年，〔高丽〕光宗光德十六年。是岁，遣大承内奉令王辂如宋，献方物[8]。

966 年，丙寅，〔北宋〕太祖乾德四年，〔辽〕应历十六年，☆黄帝历三千六百六十四年；

---

1 诸事见〔韩〕郑麟趾等《高丽史》卷二、卷九十三《双冀传》，参见《旧五代史·四夷附录第三》（卷七十四）。参见刘子敏、姜孟山、王世英、金荣国主编《中国正史中的朝鲜史料》（第 2 卷），第 6 页，延边大学出版社，1996 年版。

2 见杨昭全《北宋与高丽的贸易往来与文化交流》，收入中国朝鲜史研究会编《朝鲜历史研究论丛（一）》，延边大学出版社，1987 年版。

3 见刘子敏、姜孟山、王世英、金荣国主编《中国正史中的朝鲜史料》（第 2 卷），第 25 页，延边大学出版社，1996 年版。

4 开封，今河南省开封。参见《宋史·列传第二百四十六·外国三·高丽》（卷四百八十七）；〔清〕徐松《宋会要辑稿·番夷七》，第 7840 页，中华书局，1957 年影印版。

5 另参见朝鲜文人徐命膺等编订《御定宋史筌·列传第八十三·外国一·高丽》。

6 另参见《宋史·列传第二百四十六·外国三·高丽》（卷四百八十七）。

7 事见〔韩〕郑麟趾等《高丽史》卷二。

8 参见朝鲜文人徐命膺等编订《御定宋史筌·列传第八十三·外国一·高丽》。

◇檀君历三千二百九十九年，〔高丽〕光宗光德十七年。是岁，高丽开科举，王赐崔居业等及第。

967年，丁卯，〔北宋〕太祖乾德五年，〔辽〕应历十七年，☆黄帝历三千六百六十五年；◇檀君历三千三百年，〔高丽〕光宗光德十八年。

968年，戊辰，〔北宋〕太祖开宝一年，〔辽〕应历十八年，☆黄帝历三千六百六十六年；◇檀君历三千三百〇一年，〔高丽〕光宗光德十九年。是岁，以僧惠居为国师，坦文为王师。

969年，己巳，〔北宋〕太祖开宝二年，〔辽〕保宁一年，☆黄帝历三千六百六十七年；◇檀君历三千三百〇二年，〔高丽〕光宗光德二十年。是岁，王旭（？—969）卒。王旭乃高丽太祖王建与神静王太后皇甫氏所生，982年成宗即位，追尊王旭为“戴宗”，无在位时间。是岁，高丽僧人智宗（？—1018）来华，就学于吴越永明寺延寿。智宗俗姓李，字神则，全州人。

970年，庚午，〔北宋〕太祖开宝三年，〔辽〕保宁二年，☆黄帝历三千六百六十八年；◇檀君历三千三百〇三年，〔高丽〕光宗光德二十一年。是岁，高丽僧人智宗（？—1018）自北宋回国[1]。

971年，辛未，〔北宋〕太祖开宝四年，〔辽〕保宁三年，☆黄帝历三千六百六十九年。是岁，北宋开雕大藏经，即“宋藏”，也称“开宝藏”。“开宝藏”是东北亚最早的大藏经，至983年完成；◇檀君历三千三百〇四年，〔高丽〕光宗光德二十二年。

972年，壬申，〔北宋〕太祖开宝五年，〔辽〕保宁四年，☆黄帝历三千六百七十年。是岁，宋太祖赐王“推诚、顺化、守节、保义功臣”号，加徐熙（942—998）检校兵部尚书，加副使、内奉卿崔邺检校司农卿兼御史大夫[2]，其余随徐熙来华者，亦有封赏[3]；◇檀君历三千三百〇五年，〔高丽〕光宗光德二十三年。是岁，遣内议侍郎徐熙为正使、内奉卿崔邺为副使，入宋献方物。

973年，癸酉，〔北宋〕太祖开宝六年，〔辽〕保宁五年，☆黄帝历三千六百七十一年；◇檀君历三千三百〇六年，〔高丽〕光宗光德二十四年。是岁，高丽开科举，王赐白思柔等及第。是岁，高僧均如（917—973）圆寂，封大华严首座、圆通两重大师，有佛学著作60余卷[4]。

974年，甲戌，〔北宋〕太祖开宝七年，〔辽〕保宁六年，☆黄帝历三千六百七十二年；◇檀君历三千三百〇七年，〔高丽〕光宗光德二十五年。是岁，高丽开科举，王赐韩蔺卿及第。是岁，僧坦文为高丽国师。是岁，王遣国师率僧36人至天台山，求法于延寿[5]。

975年，乙亥，〔北宋〕太祖开宝八年，〔辽〕保宁七年，☆黄帝历三千六百七十三年；◇檀君历三千三百〇八年，〔高丽〕光宗光德二十六年。

976年，丙子，〔北宋〕太祖开宝九年，太宗太平兴国一年，〔辽〕保宁八年，☆黄帝历三千六百七十四年。十一月，北宋遣左司御副率于延超、司农寺丞徐昭文出使高丽，册景宗“光禄大夫、检校太傅、使持节玄菟州诸军事、玄菟州都督、大顺军使、高丽国王”[6]；◇檀君历

1 笔者夫妇于2010年11月13日前往杭州慧因高丽寺参观，见其介绍。但寺内铜像下铭文中“开宝三年（980）”字样有误。

2 参见《宋史·列传第二百四十六·外国三·高丽》（卷四百八十七）；〔清〕徐松《宋会要辑稿·番夷七》，第7840页，中华书局，1957年影印版；〔韩〕郑麟趾等《高丽史》卷二。

3 参见朝鲜文人徐命膺等编订《御定宋史筌·列传第八十三·外国一·高丽》。

4 见〔韩〕一然原著，崔南善编《三国遗事》附录《均如传》，瑞文文化社，1999年版。

5 笔者夫妇于2010年11月13日前往杭州慧因高丽寺参观，寺内有介绍。

6 参见《宋史·列传第二百四十六·外国三·高丽》（卷四百八十七）。

三千三百〇九年，〔高丽〕景宗王伷（955—981，字长民）一年。景宗后宫献肃王后金氏，乃新罗敬顺王之女；景宗后宫献懿王后刘氏，宗室之女；景宗后宫献哀王太后皇甫氏、献贞王后皇甫氏，皆戴宗之女。献哀王太后生穆宗，献贞王后生显宗。九月，高丽遣赵遵礼入宋，奏请承袭[1]。是岁，高丽人金行成入北宋国子监学习[2]。

977年，丁丑，〔北宋〕太宗太平兴国二年，〔辽〕保宁九年，☆黄帝历三千六百七十五年。是岁，高丽人金行成在北宋中进士。淳化初年，金行成在北宋官至安州通判，画父母像，与妻每日敬拜不懈。金行成病逝后，宋真宗擢其幼子金宗敏为太庙斋郎[3]；◇檀君历三千三百一十年，〔高丽〕景宗二年。十二月，遣王子王元辅为使入北宋，进贺宋太宗登极，并献良马、甲兵、方物[4]。是岁，高丽开科举，王亲试并赐高凝等6人进士及第。

978年，戊寅，〔北宋〕太宗太平兴国三年，〔辽〕保宁十年，☆黄帝历三千六百七十六年；◇檀君历三千三百一十一年，〔高丽〕景宗三年。十月，高丽遣使入宋，贡方物、兵器[5]。是岁，新罗末代君主、敬顺王朴傅（？—978）卒[6]。

979年，己卯，〔北宋〕太宗太平兴国四年，〔辽〕保宁十一年，乾亨一年，☆黄帝历三千六百七十七年。正月，北宋遣太子中允、直舍人院张洎[7]及著作郎、直史馆句中正[8]至高丽，加王“检校太师”，并告北伐事[9]。六月，北宋遣供奉官、閤门祗候王僎出使高丽，加封国王“侍中”[10]。朝鲜文人郑麟趾《高丽史》卷二载，是岁，渤海国数万人投奔高丽；◇檀君历三千三百一十二年，〔高丽〕景宗四年。

980年，庚辰，〔北宋〕太宗太平兴国五年，〔辽〕乾亨二年，☆黄帝历三千六百七十八年。是岁，高丽信州永宁人康戬中北宋科举进士。康戬（？—1006），字休佑，康允之子，其父、祖父、曾祖父皆为高丽兵部侍郎。康戬后为北宋大理评事，湘乡知县，为翰林苏简易所推许，官至京西转运使、工部郎中。《宋史·列传第二百四十六·外国三·高丽》（卷四百八十七）于“天禧五年”（1021）对康戬有详细介绍[11]；◇檀君历三千三百一十三年，〔高丽〕景宗五年。六月，高丽遣使至北宋，贡方物[12]。

981年，辛巳，〔北宋〕太宗太平兴国六年，〔辽〕乾亨三年，☆黄帝历三千六百七十九年；◇檀君历三千三百一十四年，〔高丽〕景宗六年。是岁，罢八关会。四月，高丽遣使入北宋，贡马50匹及弓、甲、箭等[13]。七月，景宗薨，成宗王治即位。

---

1 参见〔清〕徐松《宋会要辑稿·番夷七》，第7842页，中华书局，1957年影印版。

2 参见朝鲜文人徐命膺等编订《御定宋史筌·列传第八十三·外国一·高丽》。

3 参见《宋史·列传第二百四十六·外国三·高丽》（卷四百八十七）“天禧五年”；朝鲜文人徐命膺等编订《御定宋史筌·列传第八十三·外国一·高丽》。

4 参见《宋史·列传第二百四十六·外国三·高丽》（卷四百八十七）及〔清〕徐松《宋会要辑稿·番夷七》，第7843页，中华书局，1957年影印版。

5 《宋会要》记为是岁“十月二日”，高丽使臣抵达。见〔清〕徐松《宋会要辑稿·番夷七》，第7844页，中华书局，1957年影印版。

6 参见〔韩〕金富轼《三国史记》卷十二。

7 参见《宋史》卷二百六十七《张洎传》。

8 朝鲜文人徐命膺等编订《御定宋史筌·列传第八十三·外国一·高丽》记作“著作郎勾中正”。

9 参见《宋史·列传第二百四十六·外国三·高丽》（卷四百八十七）。

10 参见朝鲜文人徐命膺等编订《御定宋史筌·列传第八十三·外国一·高丽》。

11 参见朝鲜文人徐命膺等编订《御定宋史筌·列传第八十三·外国一·高丽》。

12 见〔清〕徐松《宋会要辑稿·番夷七》，中华书局，1957年影印版。

13 参见〔清〕徐松《宋会要辑稿·番夷七》，中华书局，1957年影印版。

982年，壬午，〔北宋〕太宗太平兴国七年，〔辽〕乾亨四年，☆黄帝历三千六百八十年。是岁，宋太宗钦赐来华高丽僧人义通（927—988）“宝云”之额；◇檀君历三千三百一十五年，〔高丽〕成宗王治（960—997，字温古）一年。成宗后宫文德王后刘氏，乃光宗与大穆王后所生；成宗后宫文和王后金氏，善州人，赠侍中金元崇之女。文和王后金氏生贞元王后。是岁，遣金昱[1]使宋，告成宗嗣王兄之位，奏请承袭并贡金银线锦袍褥、金银饰刀剑、弓矢、名马、香药及方物[2]。是岁，改百官名号，命五品以上者论朝政，并将民间与宋朝贸易改为使节团兼商贸的活动。是岁，高丽以国王生日为“千春节”。是岁，成宗追尊生父王旭为“戴宗”[3]，追尊生母、王旭之妻为“宣义王后”。

983年，癸未，〔北宋〕太宗太平兴国八年，〔辽〕乾亨五年，〔契丹〕统和一年，☆黄帝历三千六百八十一年。三月，北宋遣监察御史、光禄少卿李巨源及《礼》学博士、将作少监孔维至高丽，册成宗“光禄大夫、检校太保、使持节玄菟州军事、玄菟州都督、充大顺军使、上柱国、高丽国王。”[4]五月，北宋博士任老臣至高丽，献王《大庙堂图》《社稷堂图》《文宣王庙图》《祭器图》《七十二贤赞记》等书。是岁，北宋“开宝藏”佛经雕刻完成，计有10多万块版；◇檀君历三千三百一十六年，〔高丽〕成宗二年。是岁，以崔承老（927—989）为门下侍郎平章事。是岁，高丽开科举，王赐崔行言等及第。王又亲试，赐姜殷川等及第。

984年，甲申，〔北宋〕太宗雍熙一年，〔契丹〕统和二年，☆黄帝历三千六百八十二年；◇檀君历三千三百一十七年，〔高丽〕成宗三年。十一月，遣韩遂龄如北宋，贡方物[5]。是岁，遣刑官御事李谦宜在鸭绿江沿岸筑城以遏女真，女真怒掳李谦宜，其随从回高丽者只有三分之一。

985年，乙酉，〔北宋〕太宗雍熙二年，〔契丹〕统和三年，☆黄帝历三千六百八十三年。四月，宋太宗遣翰林侍书、拾遗王著及翰林侍读、著作郎吕文仲使高丽，加册王“检校太傅”。八月，契丹欲兴兵讨伐高丽，以辽泽沮洳罢兵。是岁，北宋遣监察御史韩国华[6]持谕至高丽，以宋太宗伐契丹欲收复燕，谕命高丽出兵接应[7]；◇檀君历三千三百一十八年，〔高丽〕成宗四年。是岁，高丽迁延不发兵，北宋钦差韩国华谕以威德，始发兵。

986年，丙戌，〔北宋〕太宗雍熙三年，〔契丹〕统和四年，☆黄帝历三千六百八十四年。正月，契丹遣厥烈至高丽请和[8]；◇檀君历三千三百一十九年，〔高丽〕成宗五年。是岁，高丽遣使入北宋进贡，并派崔罕、王彬入北宋国子监学习[9]。

987年，丁亥，〔北宋〕太宗雍熙四年，〔契丹〕统和五年，☆黄帝历三千六百八十五年；

---

1 《宋史·列传第二百四十六·外国三·高丽》、〔清〕徐松《宋会要辑稿·番夷七》记此人为“金全”。

2 参见朝鲜文人徐命膺等编订《御定宋史筌·列传第八十三·外国一·高丽》。

3 参见本年历“969年”。

4 参见朝鲜文人徐命膺等编订《御定宋史筌·列传第八十三·外国一·高丽》。

5 参见〔清〕徐松《宋会要辑稿·番夷七》，第7844页，中华书局，1957年影印版；朝鲜文人徐命膺等编订《御定宋史筌·列传第八十三·外国一·高丽》。

6 韩国华，相州安阳人。见刘子敏、姜孟山、王世英、金荣国主编《中国正史中的朝鲜史料》（第2卷），第26页，延边大学出版社，1996年版。

7 参见朝鲜文人徐命膺等编订《御定宋史筌·列传第八十三·外国一·高丽》。

8 参见朝鲜文人徐命膺等编订《御定宋史筌·列传第八十三·外国一·高丽》。

9 参见《宋史·列传第二百四十六·外国三·高丽》（卷四百八十七）。

◇檀君历三千三百二十年，〔高丽〕成宗六年。是岁，高丽开科举，王赐郑又玄等及第。

988 年，戊子，〔北宋〕太宗端拱一年，〔契丹〕统和六年，☆黄帝历三千六百八十六年。十月，北宋遣银青光禄大夫、尚书礼部侍郎、上柱国吕端及银青光禄大夫、行左谏议、上柱国吕祐之至高丽，加册成宗“检校太尉、静海军节度使”[1]。回国后，吕祐之献其所录《海外覃皇泽诗》19 首，太宗帝嘉之；◇檀君历三千三百二十一年，〔高丽〕成宗七年。十一月，高丽遣使至北宋朝贡。是岁，高丽僧人义通（927—988）在华圆寂。义通，俗姓尹，字惟远。来华后在天台山羲寂门下研习，归国时为明州郡守钱惟治强留任教，后为天台宗第十六祖[2]。

989 年，己丑，〔北宋〕太宗端拱二年，〔契丹〕统和七年，☆黄帝历三千六百八十七年。是岁，宋太宗诏赐高丽使臣韩蔺卿、魏德柔“金紫光禄大夫”，高丽使臣李光授检校水部员外郎[3]；◇檀君历三千三百二十二年，〔高丽〕成宗八年。五月，守侍中崔承老卒。崔承老（927—989）少年读《论语》出名，后上“时务六疏”，闻名半岛，封清河侯。朝鲜文人郑麟趾等《高丽史》卷九十三有传。十二月，遣选官侍郎韩蔺卿、兵官郎中魏德柔如北宋朝贡，判官少府丞李光随行。是岁，高丽僧如可请《大藏经》（即“开宝藏”），帝赐之，并赐如可紫衣[4]。

990 年，庚寅，〔北宋〕太宗淳化一年，〔契丹〕统和八年，☆黄帝历三千六百八十八年。六月，北宋遣光禄卿柴成务[5]、太常少卿赵化成至高丽，加册王“推诚顺化功臣”。柴成务至高丽，其俗必拣选吉日受诏，柴成务留馆月余，乃引经书责之。成宗惭且惧，翌日出拜受诏[6]；◇檀君历三千三百二十三年，〔高丽〕成宗九年。十二月，遣兵官侍郎韩彦恭如宋谢恩，并求佛经[7]。

991 年，辛卯，〔北宋〕太宗淳化二年，〔契丹〕统和九年，☆黄帝历三千六百八十九年。是岁，宋太宗亲试高丽宾贡王彬、崔罕，赐进士及第，授将仕郎、守秘书省校书郎并送其归国[8]；◇檀君历三千三百二十四年，〔高丽〕成宗十年。四月，韩彦恭自宋还，献钦赐《大藏经》以及御制《秘藏诠》《炫耀咏》《莲华心轮》，成宗迎入内殿[9]。十月，遣翰林学士白思柔如宋，谢赐经及御制。随白思柔入北宋之高丽孔目吏张仁诠上书北宋，白思柔斥责之告国阴事，张仁诠惧，不敢回国。是岁，高丽开科举，王赐崔沆等及第。是岁，高丽驱逐女真至长白山下。

992 年，壬辰，〔北宋〕太宗淳化三年，〔契丹〕统和十年，☆黄帝历三千六百九十年。三月，在北宋高丽宾贡进士 40 人皆升秘书省秘书郎，宋太宗谕送之回国。六月，北宋遣秘书少监陈靖、秘书丞刘式[10]至高丽，加册王“检校太师”。帝命陈靖送还高丽孔目吏张仁诠，且诏高丽释张仁诠之罪。陈靖、刘式在东牟登上白思柔使节团的高丽海船，自芝冈岛入海，至半岛瓮

---

1 见刘子敏、姜孟山、王世英、金荣国主编《中国正史中的朝鲜史料》（第 2 卷），第 13 页、第 26 页，延边大学出版社，1996 年版。另参见朝鲜文人徐命膺等编订《御定宋史筌 · 列传第八十三 · 外国一 · 高丽》。

2 笔者夫妇于 2010 年 11 月 13 日前往杭州慧因高丽寺参观，见其介绍。

3 参见朝鲜文人徐命膺等编订《御定宋史筌 · 列传第八十三 · 外国一 · 高丽》。

4 参见《宋史 · 列传第二百四十六 · 外国三 · 高丽》（卷四百八十七）。

5 柴成务（934—1004），字宝臣，曹州人，宋太祖乾德五年（967）状元，《宋史》有传。

6 参见朝鲜文人徐命膺等编订《御定宋史筌 · 列传第八十三 · 外国一 · 高丽》。

7 参见〔清〕徐松《宋会要辑稿 · 番夷七》，中华书局，1957 年影印版。

8 《宋史 · 列传第二百四十六 · 外国三 · 高丽》（卷四百八十七）记，赐王彬宾贡进士乃淳化三年之事。

9 参见朝鲜文人徐命膺等编订《御定宋史筌 · 列传第八十三 · 外国一 · 高丽》。

10 刘式，字叔度，袁州人。见刘子敏、姜孟山、王世英、金荣国主编《中国正史中的朝鲜史料》（第 2 卷），第 25 页，延边大学出版社，1996 年版。

津口上陆，160 里至海州，100 里至阎（盐）州，40 里至白州，40 里至松都。刘式、陈靖在高丽住 70 余日。成宗于陈靖回时，特附表谢恩，附送布 30000 匹，并请《九经》[1]。十二月，契丹圣宗以高丽扩张国土，命东京留守萧逊宁（萧恒德）率大军讨伐[2]；◇檀君历三千三百二十五年，〔高丽〕成宗十一年。十月，高丽遣使入北宋朝贡。是岁，高丽在松京[3]建立国子监，其中设有文宣王庙（孔庙）。国子监里设立国子学、太学、四门学、律学、书学、算学等“六学”。今朝鲜黄海南道白川郡元山里二号窑址出土的高丽青瓷上刻有“淳化三年壬辰，太庙第四室享器，匠王公托造”，该器为盘型高脚碟，显然是祭祀高丽宣宗专用的瓷器。“淳化三年”即是岁[4]。

993 年，癸巳，〔北宋〕太宗淳化四年，〔契丹〕统和十一年，☆黄帝历三千六百九十一年。是岁，高丽遣钦差刘式、陈靖护送特使元证衍，航海如被宋，其船于安香浦为风所败，所赍贡物损失。宋太宗诏登州给高丽使臣元证衍收据，并赐彩缎 200 匹，银器 200 两，羊 50 只[5]。是岁，契丹大军攻破高丽蓬山郡，向南推进。此乃契丹第一次伐高丽。岁末，以高丽乞和，契丹罢兵，诏赐鸭绿江以东女真地数百里与之[6]；◇檀君历三千三百二十六年，〔高丽〕成宗十二年。十月，以侍中朴良柔为上军使、内史侍郎徐熙为中军使、门下侍郎崔亮为下军使，军于北界，以御契丹。闰十月，遣徐熙如契丹，至上京临潢[7]请和，萧逊宁（萧恒德）乃罢兵。徐熙（942—998），字廉允，《高丽史》卷九十三有传。

994 年，甲午，〔北宋〕太宗淳化五年，〔契丹〕统和十二年，☆黄帝历三千六百九十二年。三月，契丹遣崇禄卿萧述管赍诏至高丽抚谕[8]；◇檀君历三千三百二十七年，〔高丽〕成宗十三年。二月，高丽遣使入契丹朝贡。三月，遣侍中朴良柔奉表如契丹，告始行契丹“统和”年号，乞还被掳人口。契丹告其赎还。六月，高丽遣元郁如宋乞师，以击契丹[9]。宋太宗以北鄙甫宁、不宜轻动，拒发大兵，但赐诏书抚慰[10]。十二月，高丽遣使节送女乐如契丹，被拒[11]。

995 年，乙未，〔北宋〕太宗至道一年，〔契丹〕统和十三年，☆黄帝历三千六百九十三年；◇檀君历三千三百二十八年，〔高丽〕成宗十四年。二月，遣李周祯如契丹，献方物兼进鹰。十月，高丽遣李知白如契丹献方物。十一月，高丽遣童子 10 人于契丹，习其语言。

996 年，丙申，〔北宋〕太宗至道二年，〔契丹〕统和十四年，☆黄帝历三千六百九十四年。是岁，契丹遣翰林学士张干忠、正军节度使萧熟葛至高丽，册封成宗：“册尔为开府仪同三司、尚书令、高丽国王”。此乃契丹首次册封高丽王[12]。是岁，契丹以高丽之请，许东京留守、驸马萧恒德之女嫁至高丽；◇檀君历三千三百二十九年，〔高丽〕成宗十五年。六月，高丽遣使如

---

1 诸事及高丽成宗上表参见《宋史 · 列传第二百四十六 · 外国三 · 高丽》（卷四百八十七）。

2 《辽史 · 列传第四十五 · 二国外记 · 高丽》（卷百十五）记萧逊宁为“萧恒德”。契丹东京，今辽宁省辽阳。

3 松京，今朝鲜开城。

4 参见〔朝〕许镇《青瓷窑址》，《朝鲜画报》，2008 年第 11 期。

5 参见《宋史 · 列传第二百四十六 · 外国三 · 高丽》（卷四百八十七）；朝鲜文人徐命膺等编订《御定宋史筌 · 列传第八十三 · 外国一 · 高丽》。

6 见刘子敏、姜孟山、王世英、金荣国主编《中国正史中的朝鲜史料》（第 2 卷），第 91 页，延边大学出版社，1996 年版。

7 契丹上京临璜，今内蒙古巴林左旗南。

8 参见《辽史 · 列传第四十五 · 二国外记 · 高丽》（卷百十五）。

9 参见〔清〕徐松《宋会要辑稿 · 番夷七》，第 7845 页，中华书局，1957 年影印版。

10 参见朝鲜文人徐命膺等编订《御定宋史筌 · 列传第八十三 · 外国一 · 高丽》。

11 参见《辽史 · 列传第四十五 · 二国外记 · 高丽》（卷百十五）。

12 参见朝鲜文人徐命膺等编订《御定宋史筌 · 列传第八十三 · 外国一 · 高丽》。

契丹，问起居，并求婚姻。是岁，高丽复遣童子10人于契丹，习其语言。是岁，高丽仿北宋铸造铜钱，但未通行[1]。

997年，丁酉，〔北宋〕太宗至道三年，〔契丹〕统和十五年，☆黄帝历三千六百九十五年。十二月，契丹遣千牛卫大将军耶律迪烈至高丽，致祭成宗；◇檀君历三千三百三十年，〔高丽〕成宗十六年。七月，遣韩彦卿（敬）如契丹纳币，并吊嗐萧恒德之妻、越国公主之薨[2]。十一月，以成宗薨逝，遣閤门使王同颖如契丹告哀，并奏穆宗嗣位。

998年，戊戌，〔北宋〕真宗咸平一年，〔契丹〕统和十六年，☆黄帝历三千六百九十六年。是岁，宋进士科考录取高丽宾贡1人[3]。四月，契丹以前王薨，还高丽纳币。十一月，契丹遣使册高丽穆宗为"高丽国王"[4]；◇檀君历三千三百三十一年，〔高丽〕穆宗王诵（980—1009，字孝伸）一年。穆宗后宫宣正王后刘氏，乃宗室、弘德院君王圭之女。《宋史》载，高丽穆宗遣兵校徐远，如宋奏请承袭，未达北宋[5]。

999年，己亥，〔北宋〕真宗咸平二年，〔契丹〕统和十七年，☆黄帝历三千六百九十七年。是岁，契丹遣右常侍刘绩入高丽，加册穆宗为"尚书令"；◇檀君历三千三百三十二年，〔高丽〕穆宗二年。是岁，高丽穆宗遣吏部侍郎朱仁绍如宋，真宗帝召见。朱仁绍[6]详陈高丽人思慕华风，但为契丹劫制之状。帝赐诏，并赐钿函，谕其赍还。

公元1000年，农历庚子年，鼠年，〔北宋〕真宗咸平三年，〔契丹〕统和十八年，☆黄帝历三千六百九十八年。是岁，高丽船民池达等船坏，漂至明州[7]，北宋送还之；◇檀君历三千三百三十三年，〔高丽〕穆宗三年。是岁，高丽遣使入北宋朝贡。

1　参见杨昭全《北宋与高丽的贸易往来与文化交流》，收入中国朝鲜史研究会编《朝鲜历史研究论丛（一）》，延边大学出版社，1987年版。《玉海》载，是岁高丽入贡北宋。

2　越国公主乃萧燕燕之女。参见《辽史·列传第四十五·二国外记·高丽》（卷百十五）。

3　《宋史·选举志》云："自淳化末，停贡举五年。真宗即位，复试，而高句丽始贡一人"。高丽文人李穀《稼亭集·稼亭杂录》载："咸平孙仅榜，有金成绩（在华登第）"。《宋会要》（选举一之六）："咸平元年二月十九日，以翰林学士杨砺权知贡举，唯诏放合格进士孙仅已下五十一人"。

4　《辽史·列传第四十五·二国外记·高丽》（卷百十五）载："（统和）十六年，遣使册诵为王"。

5　见刘子敏、姜孟山、王世英、金荣国主编《中国正史中的朝鲜史料》（第2卷），第44页，延边大学出版社，1996年版。

6　参见朝鲜文人徐命膺等编订《御定宋史筌·列传第八十三·外国一·高丽》。但《宋史》记为高丽吏部侍郎赵之遴遣牙将朱仁绍至登州，且时间为次年（咸平三年，1000）。参见《宋史·列传第二百四十六·外国三·高丽》（卷四百八十七）。

7　明州，今浙江省宁波。

中国与朝韩五千年交流年历（五）

公元1001年—公元2010年

1001 年，辛丑，〔北宋〕真宗咸平四年，〔契丹〕统和十九年，☆黄帝历三千六百九十九年；◇檀君历三千三百三十四年，〔高丽〕穆宗四年。

1002 年，壬寅，〔北宋〕真宗咸平五年，〔契丹〕统和二十年，☆黄帝历三千七百年；◇檀君历三千三百三十五年，〔高丽〕穆宗五年。二月，高丽遣使如契丹，进贺伐宋大捷[1]。六月，高丽遣使如契丹，进《高丽地理图》。

1003 年，癸卯，〔北宋〕真宗咸平六年，〔契丹〕统和二十一年，☆黄帝历三千七百〇一年；◇檀君历三千三百三十六年，〔高丽〕穆宗六年。是岁，高丽遣户部侍郎李宣古至北宋谢恩，告契丹屡伐高丽，乞北宋出兵牵制，并贡方物。宋真宗厚遣之还[2]。

1004 年，甲辰，〔北宋〕真宗景德一年，〔契丹〕统和二十二年，☆黄帝历三千七百〇二年。是岁，契丹遣使至高丽，诏谕南下攻北宋事；◇檀君历三千三百三十七年，〔高丽〕穆宗七年。

1005 年，乙巳，〔北宋〕真宗景德二年，〔契丹〕统和二十三年，☆黄帝历三千七百〇三年。正月，东女真攻高丽登州。是岁，宋温州文士周伫投高丽，穆宗任命其为礼宾注簿。后来周伫升任翰林学士、礼部尚书[3]；◇檀君历三千三百三十八年，〔高丽〕穆宗八年。是岁，高丽遣使至契丹，贺契丹与宋和议[4]。是岁，宋人钱易诗歌传入高丽。钱易（968—1026），字希白，《宋史》卷三百一十七有传[5]。

1006 年，丙午，〔北宋〕真宗景德三年，〔契丹〕统和二十四年，☆黄帝历三千七百〇四年。是岁，在北宋为官的高丽人文康戬（？—1006，字休佑，本贯信州永宁）卒，宋真宗以其子康希龄为太常寺奉礼郎[6]；◇檀君历三千三百三十九年，〔高丽〕穆宗九年。

1007 年，丁未，〔北宋〕真宗景德四年，〔契丹〕统和二十五年，☆黄帝历三千七百〇五年。春，契丹遣耶律延贵至高丽，加册穆宗为"守义、保邦、推诚、奉圣功臣，开府仪同三司，守尚书令兼政事令，上柱国"；◇檀君历三千三百四十年，〔高丽〕穆宗十年。

1008 年，戊申，〔北宋〕真宗大中祥符一年，〔契丹〕统和二十六年，☆黄帝历三千七百〇六年；◇檀君历三千三百四十一年，〔高丽〕穆宗十一年。五月，高丽遣使如契丹，进龙须草席[7]，兼贺契丹筑中京城。

1009 年，己酉，〔北宋〕真宗大中祥符二年，〔契丹〕统和二十七年，☆黄帝历三千七百〇七年。十二月，契丹以承天皇太后萧燕燕崩，遣使如高丽告国哀；◇檀君历三千三百四十二年，〔高丽〕穆宗十二年。穆宗累日不豫，常居于内，厌见群臣。蔡忠顺、崔沆遣皇甫俞义迎大良院君王询于神穴寺。二月，皇甫俞义奉大良院君王询即位，是为高丽显宗。穆宗逊位，旋即被权臣、西京都巡检康兆（肇）所弑[8]。是月，高丽遣司农卿王日卿如契丹，告哀并称嗣。四月，

1 参见《辽史·列传第四十五·二国外记·高丽》（卷百十五）。

2 参见《宋史·列传第二百四十六·外国三·高丽》（卷四百八十七）；朝鲜文人徐命膺等编订《御定宋史筌·列传第八十三·外国一·高丽》。

3 〔韩〕《东文选》卷四十四收周伫《入宋奉表》一文。见〔韩〕金台俊原著，张琏瑰译《朝鲜汉文学史》，第 43 页，社会科学文献出版社，1996 年版。

4 参见《辽史·列传第四十五·二国外记·高丽》（卷百十五）。

5 参见李裕民《宋高丽关系史编年》，载《城市研究》，1998 年第 1 期。

6 参见《宋史·列传第二百四十六·外国三·高丽》（卷四百八十七）"天禧五年"；朝鲜文人徐命膺等编订《御定宋史筌·列传第八十三·外国一·高丽》。

7 参见《辽史·列传第四十五·二国外记·高丽》（卷百十五）。

8 参见朝鲜文人徐命膺等编订《御定宋史筌·列传第八十三·外国一·高丽》。

遣借工部侍郎李有恒如契丹，贺皇太后生辰。五月，改“英华馆”为“会同馆”。岁末，高丽遣魏守愚如契丹，致祭皇太后崩。

1010年，庚戌，〔北宋〕真宗大中祥符三年，〔契丹〕统和二十八年，☆黄帝历三千七百〇八年。七月，契丹遣给事中梁炳、大将军耶律允至高丽，问弑前王之罪。是月，契丹遣御史大夫、上将军萧怀礼到高丽，册显宗王询为“开府仪同三司、守尚书令、上柱国、高丽国王”。十月，契丹遣给事中高正、阁门引进使韩杞至高丽，以高丽不还兴化、通州、龙州、铁州、郭州、龟州等6城，告将兴师攻之。十一月，契丹遣将军萧凝至高丽，告帝亲征[1]。是月，契丹圣宗亲率步骑40万渡鸭绿江，围高丽兴化镇，随即下郭州、肃州。耶律盆奴为先锋。此乃契丹第二次伐高丽；◇檀君历三千三百四十三年，〔高丽〕显宗王询（991—1031，字安世）一年。显宗后宫元贞王后金氏，乃成宗之女，初称“玄德王后”；显宗后宫元和王后崔氏，亦高丽成宗之女；显宗后宫元成王后（后尊为“元成太后”）金氏，安山人，侍中殷傅之女，生德宗；显宗后宫元惠王后（后尊为“元惠太后”）金氏，亦殷傅之女，生文宗；显宗后宫元平王后金氏，亦殷傅之女。三月，高丽遣使如契丹，会葬承天皇太后。八月，遣内史、侍郎平章事陈頔、直中台尚书右丞尹余如契丹。九月，遣左司员外郎金延保，如契丹问候。是月，又遣左司郎中王佐暹、将作丞白日升如契丹修好。十月，权臣康兆（肇）、刑部尚书崔士威率兵30万以备契丹。是月，遣参知政事李礼均[2]、右仆射王同颖，如契丹乞和，被拒。十一月，遣起居郎姜周载如契丹贺冬至。是月，康兆（肇）率30万大军与契丹战，康兆（肇）败绩就擒。是月，高丽守将卓思正杀契丹使臣韩喜孙等10人，卓思正旋被契丹大军所败，逃入西京。是月，显宗率群臣南撤，并遣河拱辰、户部员外郎高英起，奉表往契丹军营请和。是月，高丽礼部郎中渤海陀失投奔契丹。是岁，高丽追尊显宗王询生父王郁为“安宗”，追尊显宗王询生母皇甫氏为孝肃王后（戴宗之女）[3]。

1011年，辛亥，〔北宋〕真宗大中祥符四年，〔契丹〕统和二十九年，☆黄帝历三千七百〇九年。正月，契丹统和帝率大军入高丽松都[4]，焚烧其太庙、宫阙后回师。五月，东北女真酋长鉏乙豆等70人，至高丽献方物。十二月，契丹杀高丽使臣河拱辰于燕京；◇檀君历三千三百四十四年，〔高丽〕显宗二年。正月，王避至广州。二月，显宗回到松都。四月，遣工部郎中王瞻如契丹谢班师。八月，遣户部侍郎崔元信如契丹。十月，遣都官郎中金崇义如契丹贺冬至。十一月，遣刑部侍郎金殷传如契丹贺生辰。是岁，高丽依北宋“开宝藏”和“辽藏”，雕刻“高丽大藏经”。

1012年，壬子，〔北宋〕真宗大中祥符五年，〔契丹〕统和三十年，开泰一年，☆黄帝历三千七百一十年。二月，女真酋长麻尸底率三十姓子弟至高丽献马。三月，宋人王福、叶华、杨太、叶清、王努、李太、林惜投高丽。四月，契丹遣高丽使臣蔡忠顺传诏，命高丽王亲朝。

1 〔清〕王仁俊《辽文萃》卷一收有《赐高丽将敕》，卷三收有《封箭谕高丽将书》。见金毓黻编《辽海丛书》，辽海书社排印本，1931–1934年。

2 〔清〕王仁俊《辽文萃》卷一收有《高丽李守和回表》，所标注年份为“统和二十八年”。见金毓黻编《辽海丛书》，辽海书社排印本，1931–1934年。

3 参见朝鲜文人徐命膺等编订《御定宋史筌·列传第八十三·外国一·高丽》。

4 松都，今朝鲜开城。

五月，东女真攻高丽清州、迎日、长髻县。六月，宋人叶居腆、林德、王皓投奔高丽。八月，高丽使臣田拱之于契丹奏告，显宗以病不能亲朝。统和帝大怒，诏令攻下兴化、通州、龙州、铁州、郭州、龟州等6城[1]。十月，楚人陆世宁至高丽，献方物。是月，女真毛逸罗、鉏乙豆率三十姓与高丽结盟。闰十月，契丹遣大尉韩邠至高丽。十二月，契丹遣引进使李延弘至高丽；◇檀君历三千三百四十五年，〔高丽〕显宗三年。四月，遣蔡忠顺入契丹，奏请朝贡如旧。六月，遣刑部侍郎田拱之如契丹，奉表称王病不能亲朝。九月，遣西头供奉官文儒领如契丹来远城[2]。闰十月，遣工部尚书兼参知政事张莹、礼部侍郎刘征弼如契丹。

1013年，癸丑，〔北宋〕真宗大中祥符六年，〔契丹〕开泰二年，☆黄帝历三千七百一十一年。正月，北宋闽人戴翼投奔高丽，高丽授其"儒林郎"之职。三月，契丹遣左监门卫大将军耶律资忠至高丽，向高丽索回兴化等6城，被拒。五月，契丹遣使至高丽，告改元；◇檀君历三千三百四十六年，〔高丽〕显宗四年。正月，遣礼宾少卿张洎如契丹，又遣中枢院使蔡忠顺如契丹。六月，遣借尚书右丞金作宾如契丹，贺改元。是岁，显宗纳宗室、敬章太子之女柳氏（元容王后）为妃。

1014年，甲寅，〔北宋〕真宗大中祥符七年，〔契丹〕开泰三年，☆黄帝历三千七百一十二年。二月，女真万巨至高丽献马。是月，契丹复遣上京副留守耶律资忠至高丽，追索兴化等6城。七月，宋真宗诏令登州[3]设置馆驿，接待高丽使臣[4]。是岁，宋真宗遣高丽使臣尹证古，赍7道诏书、钦赐衣带、银、彩缎、鞍马还[5]。九月，契丹遣监门将军李松茂至高丽，追索兴化等6城。十月，契丹国舅详稳萧敌烈率军进取兴化等6城，高丽将军郑神勇与契丹军兵大战。萧敌烈于鸭绿江上造浮桥，于保州、宣义、定远筑城[6]；◇檀君历三千三百四十七年，〔高丽〕显宗五年。六月，为被契丹扣留的陈頔、李礼、王同颖、尹馀、王佐暹等人进爵。七月，遣内史舍人、御事工部侍郎尹证古率78人的告奏使节团至北宋，入贡并求归附[7]，进金银线织造龙凤马鞍20具。女真将军大千机随高丽使节团如宋。

1015年，乙卯，〔北宋〕真宗大中祥符八年，〔契丹〕开泰四年，☆黄帝历三千七百一十三年。正月，契丹在鸭绿江上建桥，筑东西两城，并出兵围通州、兴化。三月，契丹兵围龙州。是月，女真船[8]艘袭狗头浦。四月，契丹遣耶律资忠至高丽索兴化等6城，高丽拘留之，直至开泰九年才放还[9]。六月，北宋泉州人欧阳徵投奔高丽。九月，契丹遣监门将军李松茂至高丽，索6城。是月，耶律世良、萧虚烈率大契丹军伐高丽，围兴化、通州、宁州，杀死高丽大将军高积馀等军官，掳走兵马判官王佐、录事卢玄佐。十一月，契丹在宣化、定远筑城完成；◇檀君历三千三百四十八年，〔高丽〕显宗六年。十一月，遣民官侍郎郭元如北宋，献方物并告契丹连岁兵侵事。东女真首领阿卢太随行入宋。郭元详细介绍高丽情形："不用钱，第以布米贸

1 参见脱脱等《辽史》卷三十八《地理志二》。
2 来远城，在今辽宁省丹东之东。
3 登州，今山东省蓬莱。
4 朝鲜文人徐命膺等编订《御定宋史筌·列传第八十三·外国一·高丽》以为，登州设馆驿以接待高丽使臣，乃大中祥符八年事。
5 见《宋史·列传第二百四十六·外国三·高丽》（卷四百八十七）。
6 见刘子敏、姜孟山、王世英、金荣国主编《中国正史中的朝鲜史料》（第2卷），第63页，延边大学出版社，1996年版。
7 参见朝鲜文人徐命膺等编订《御定宋史筌·列传第八十三·外国一·高丽》。
8 见〔清〕徐松《宋会要辑稿·番夷七》，中华书局，1957年影印版。
9 参见《辽史·列传第四十五·二国外记·高丽》（卷百十五）。

易”[1]。是月，户部尚书张延佑（？—1015）卒。张延佑父张儒于新罗末年避乱吴越，故张延佑少年时即通汉语。中国使节至，高丽必遣张延佑迎接。朝鲜文人郑麟趾等《高丽史》卷九十四有“张延佑传”。

1016年，丙辰，〔北宋〕真宗大中祥符九年，〔契丹〕开泰五年，☆黄帝历三千七百一十四年。正月，契丹耶律世良、萧虚烈兵围郭州，高丽军战死者数万人。二、三、五月，契丹王美、延相、曹恩、高忽等13人及马儿保良等13户投奔高丽。六月至十二月，契丹志甫等百余人投奔高丽；◇檀君历三千三百四十九年，〔高丽〕显宗七年。正月，郭元自宋回国，携回真宗帝诏书并钦赐诗歌及花带、鞍马、九经、《史记》《两汉书》《三国志》《晋书》《圣惠方》《诸子》和历书，郭元还抄录了宋《国朝登科记》[2]。是岁，高丽复行北宋“大中祥符”年号。

1017年，丁巳，〔北宋〕真宗天禧一年，〔契丹〕开泰六年，☆黄帝历三千七百一十五年。六、七月，契丹光正等21人、户投奔高丽。七月，宋泉州人林仁福等至高丽，献方物。是月，女真靺鞨木史至高丽朝。八月，契丹遣枢密使萧合卓为都统，王继忠为副都统，率大军伐高丽。是月，契丹大军围兴化，不克而还。是月，契丹果许伊3户、东女真盖多弗等4人投高丽，西女真揩擒信契丹僧人道遵至高丽。是月，黑水靺鞨阿离弗等6人投奔高丽。九月，契丹乌豆等投高丽。是岁，高丽人洪桔鲜出任北宋应天府都知兵马使；◇檀君历三千三百五十年，〔高丽〕显宗八年。七月，遣刑部侍郎徐讷率女真首领梅询奉表入北宋，献方物[3]。十一月，徐讷与女真首领梅询入对崇政殿，十二月，帝赐徐讷射于瑞圣园。

1018年，戊午，〔北宋〕真宗天禧二年，〔契丹〕开泰七年，☆黄帝历三千七百一十六年。正月，西女真未阏达及阿主等人、东女真锄栗弗等至高丽献马及甲鍪。二月，西女真凌举渠伊等人至高丽献马及皮子、甲胄，东女真揉余等至高丽献马、皮子。是月，契丹张正等4人投奔高丽。三月，契丹宋匡等10余人投奔高丽，东女真阿梨、西女真凌渠至高丽献方物，高丽赐爵及彩缎。四月，西女真木史、木开等200户投高丽。闰四月，宋江南人王肃子等24人到高丽献方物，东女真阿庐大至高丽，献方物及马。五月，东女真牛那特等至高丽献方物及马、西女真亦献方物、马。六月，西北女真加乙弗等30人至高丽，献马、甲杖，东女真尼骨伊、西女真诸毛至高丽朝。七月，东女真乌头朱等30人至高丽献马、甲杖。九月，东女真尼亏弗至高丽朝，高丽授其职。十月，东西女真酋长至高丽献马、兵仗。十二月，契丹遣东平郡王萧排押为都统，殿前都检点萧虚列为副都统，率大军10万进伐高丽，此乃契丹第三次伐高丽[4]。是月，东北女真阿次至高丽，献马及兵器。岁末，契丹萧排押大军失利，溺于河水者众；◇檀君历三千三百五十一年，〔高丽〕显宗九年。岁初，高丽以官职、布匹、金银，多方求战马、兵器，备战契丹。十月，遣礼宾少卿元永，如契丹请和。是月，行北宋“天禧”年号。十二月，高丽以姜邯赞（948—1031）为元帅，与契丹开战，大胜。《辽史》载：“十二月，萧排押与（高丽军）战于茶、陀二河之间，我军不利，天云、右皮室二军没溺者众，天云军详稳海里、遥辇帐详稳

1 见《宋史·列传第二百四十六·外国三·高丽》（卷四百八十七）。

2 参见朝鲜文人徐命膺等编订《御定宋史筌·列传第八十三·外国一·高丽》。

3 见〔韩〕郑麟趾等《高丽史》卷四。另参见朝鲜文人徐命膺等编订《御定宋史筌·列传第八十三·外国一·高丽》；李裕民《宋高丽关系史编年（续四）》，载《城市研究》，1998年第3期。

4 参见《辽史·列传第四十五·二国外记·高丽》（卷百十五）。

阿果达、客省使酌古、渤海详稳高清明等皆没于阵”[1]。

1019年，已未，〔北宋〕真宗天禧三年，〔契丹〕开泰八年，☆黄帝历三千七百一十七年。正月，契丹大军进驻新恩县，离高丽松都[2]只有百里。是月，东女真酋长于那至高丽朝。五月，契丹东京文籍院少监乌长公至高丽。六月，东女真那沙弗至高丽朝。七月，泉州陈文轨、福州虞瑄等200人至高丽献方物、药材。是月，西女真酋长阿罗弗至高丽献马。八月，契丹遣东京使、工部少卿高应寿至高丽。是月，契丹遣郎君曷不吕率大军进入高丽[3]。九月，北宋两浙人忘难等60人入高丽。十二月，东黑水国酋长仇突罗至高丽献马、兵仗。是月，契丹准高丽之请罢兵。岁末，北宋文人钱惟演奏请修正高丽乐章中鄙陋处；◇檀君历三千三百五十二年，〔高丽〕显宗十年。二月，高丽将军姜邯赞在龟州大败契丹军。八月，遣礼宾卿崔元信、李守和如北宋，进贡兼贺正。崔元信在秦王水口遇风船翻，溺死多人[4]。崔元信在登州[5]上岸。十一月，崔元信进献布2000匹，奏求佛经。宋真宗赐其经，还其布，并赐其衣服、彩缎[6]。是月，高丽遣考工员外郎李仁泽，如契丹东京[7]乞和。

1020年，庚申，〔北宋〕真宗天禧四年，〔契丹〕开泰九年，☆黄帝历三千七百一十八年。正月，黑水靺鞨高之问等24人至高丽献方物，西女真高豆花至高丽献方物。二月，东女真黔佛弗罗等7人至高丽，献契丹官印1颗及方物。是月，北宋泉州人怀贽到高丽献方物。是月，高丽礼送契丹使节耶律资忠回国。耶律资忠被高丽囚禁6年之久，忠节不屈，每怀君亲，辄有著述，号《西亭集》[8]。三月，契丹遣检校司徒韩绍雍至高丽，诏释其罪，并从高丽之请。是月，女真归德将军弗那至高丽朝。四月，东女真酋长达鲁至高丽，献米300石。五月，黑水靺鞨酋长乌头那至高丽献土物。六月，女真奴郁达至高丽献土物。是岁，北宋资助高丽漂流至明州[9]船民回国；◇檀君历三千三百五十三年，〔高丽〕显宗十一年。二月，遣李作仁如契丹上表，奏请称臣纳贡如旧。四月，遣礼部尚书梁稹、刑部侍郎韩去华如契丹，告封王子。六月，遣借司宰少卿卢持中为“持书使”，如契丹东京[10]。是岁，遣金猛使北宋入贡[11]。是岁，遣崔齐颜如契丹贺千龄[12]。

1021年，辛酉，〔北宋〕真宗天禧五年，〔契丹〕开泰十年，太平一年，☆黄帝历三千七百一十九年。正月，契丹遣东京使、左常侍王道冲至高丽，告其主将受册。二月，契丹遣检校司空、御史大夫姚居信至高丽聘。是月，东女真怀化将军摩底介至高丽朝。三月，契丹东京使、检校散骑常侍张澄岳至高丽聘。是月，西女真毛逸罗至高丽献土物。七月，东女真黑水酋长居蔚摩头盖至高丽。八月，东女真实彬阿梨古至高丽。九月，黑水靺鞨苏勿盖等至高丽，

1 见《辽史》卷十六以及《辽史·列传第四十五·二国外记·高丽》(卷百十五)。
2 松都，今朝鲜开城。
3 参见《辽史·列传第四十五·二国外记·高丽》(卷百十五)。
4 参见朝鲜文人徐命膺等编订《御定宋史筌·列传第八十三·外国一·高丽》。
5 登州，今山东省蓬莱。
6 参见《宋史·列传第二百四十六·外国三·高丽》(卷四百八十七)。
7 契丹东京，今辽宁省辽阳。
8 参见《辽史·列传第四十五·二国外记·高丽》(卷百十五)。
9 明州，今浙江省宁波。
10 契丹东京，今辽宁省辽阳。
11 参见朝鲜文人徐命膺等编订《御定宋史筌·列传第八十三·外国一·高丽》。
12 诸事见《高丽史》卷四。

献方物。十月，东西女真酋长阿庐、大阿盖至高丽朝。岁夏，宋“别给登州钱十万，以充高丽朝贡使之资”[1]；◇檀君历三千三百五十四年，〔高丽〕显宗十二年。六月，遣御事礼部侍郎韩祚率179人告奏使节团到北宋谢恩，并上表，求阴阳地理书、《圣惠方》等，宋真宗并赐之[2]。九月，遣中枢使李龚、兵部侍郎柳琮如契丹，贺受册。

1022年，壬戌，〔北宋〕真宗乾兴一年，〔契丹〕太平二年，☆黄帝历三千七百二十年。正月，黑水酋长沙逸罗、曼投甫至高丽朝。二月，宋真宗崩，遣高丽使臣韩祚赍真宗帝遗物及钦赐物品还[3]。是月，西女真这罗至高丽，献人口、方物。四月，契丹遣御史大夫、上将军萧怀礼至高丽，册显宗为“开府仪同三司、守尚书令、上柱国、高丽国王”，并赐车、服、仪仗。五月，黑水靺鞨酋长竦意至高丽朝。七月，东女真阿罗大至高丽献方物。八月，契丹遣东京持礼使李克方至高丽，告高丽合并春季、夏季问候使，与千龄使、贺正使同行。秋季、冬季问候使合并，与皇太后贺使同行。是月，福州人陈象中至高丽献土物，广南人陈文遂至高丽献香料。九月，契丹东京使王守荣至高丽。是月，契丹首余味、乌於乙投高丽。十一月，契丹东京使张僙至高丽。十二月，契丹弗大等11人投高丽。是月，东女真史彬至高丽献马、弓矢[4]；◇檀君历三千三百五十五年，〔高丽〕显宗十三年。正月，追封新罗翰林薛聪为“弘儒侯”，从祀先圣庙。朝鲜文人郑麟趾等《高丽史》卷六十二《文宣王庙》有“文昌侯崔致远、弘儒侯薛聪并南壁”句。二月，遣军器少监金如裕如契丹，春季问候也。是月，遣参知政事朴忠淑、国子司业李琼如契丹。四月，复行契丹年号。五月，韩祚自北宋归国。九月，遣都官郎中尹宗元如契丹，贺皇太后生辰。是月，又遣左散骑常侍郭元、尚书右丞王 如契丹。十二月，放西女真鱼尼底亲姑还本土。是岁，显宗纳徐氏（元穆王后，本贯利川，内史令徐讷之女）为妃。

1023年，癸亥，〔北宋〕仁宗天圣一年，〔契丹〕太平三年，☆黄帝历三千七百二十一年。正月，契丹焦福等11户投高丽。是月，黑水靺鞨乌沙弗等80人至高丽献马、方物。二月，西女真那阏盖、东女真阿庐弗至高丽朝。四月，契丹遣左散骑常侍武白、耶律克恭等册高丽太子王钦为“辅国大将军、检校太师、守太保兼侍中、高丽国公”。是月，女真靺鞨群豆等70人至高丽献马。五月，契丹东京持书使卢知祥至高丽。是月，契丹麻许底等投奔高丽，女真酋长尼于弗至高丽朝。七月，契丹遣太保黄信至高丽，贺王生辰。九月，靺鞨首领阿令朱至高丽朝。闰九月，契丹遣栗守常至高丽聘。是月，契丹遣东京使高仁寿至高丽。十一月，宋泉州人陈亿投奔高丽，黑水酋长耶肟罗至高丽朝[5]；◇檀君历三千三百五十六年，〔高丽〕显宗十四年。二月，追封新罗文人崔致远为“文昌侯”。三月，遣秘书监刘徵弼如契丹。

1024年，甲子，〔北宋〕仁宗天圣二年，〔契丹〕太平四年，☆黄帝历三千七百二十二年。正月，契丹马史刀投高丽。三月，西女真高豆老、东女真瑟弗达等90人投高丽。四月，黑水靺鞨古刀买至高丽献方物。五月，东女真怀化将军阿阏那至高丽朝。七月，契丹遣检校司徒高寿至高丽，贺王生辰。是月，西女真酋长闍罗等至高丽献马。九月，黑水靺鞨阿里古至高丽。

1 见李裕民《宋高丽关系史编年（续四）》，载《城市研究》，1998年第3期。
2 事见《宋史·列传第二百四十六·外国三·高丽》（卷四百八十七）。
3 参见《宋史·列传第二百四十六·外国三·高丽》（卷四百八十七）。
4 诸事见〔韩〕郑麟趾等《高丽史》卷四。
5 诸事见〔韩〕郑麟趾等《高丽史》卷五。

十月，契丹遣检校左仆射李正伦至高丽；◇檀君历三千三百五十七年，〔高丽〕显宗十五年。

1025年，乙丑，〔北宋〕仁宗天圣三年，〔契丹〕太平五年，☆黄帝历三千七百二十三年。正月，女真怀化将军耶古加、归德将军阿骨陁老、女真酋长毛逸罗至高丽朝。七月，契丹遣监门卫大将军韩梋至高丽贺生辰；◇檀君历三千三百五十八年，〔高丽〕显宗十六年。十二月，以崔冲为翰林学士。

1026年，丙寅，〔北宋〕仁宗天圣四年，〔契丹〕太平六年，☆黄帝历三千七百二十四年。正月，东女真归德将军居闾郁，至高丽朝。二月，契丹遣太傅李知顺至高丽聘。闰五月，契丹遣御院判官耶律骨打至高丽，请假道至女真部，高丽拒之。七月，契丹遣监门卫大将军王文简至高丽贺生辰。八月，北宋广南人李文通等3人到高丽献方物[1]；◇檀君历三千三百五十九年，〔高丽〕显宗十七年。十一月，以崔冲为太子中允。

1027年，丁卯，〔北宋〕仁宗天圣五年，〔契丹〕太平七年，☆黄帝历三千七百二十五年。正月，契丹遣李正允至高丽。是月，东女真酋长昌夫至高丽献土物。二月，黑水靺鞨归德大将军阿骨阿驾至高丽献马。三月，女真首领瑟弗达等百人至高丽朝。六月，东女真酋长毛逸罗等20人至高丽朝。七月，契丹遣太傅李匡一、耶律胡、都衮至高丽贺生辰。八月，契丹东京使高延至高丽，是月，北宋江南人李文通至高丽，献书597卷[2]；◇檀君历三千三百六十年，〔高丽〕显宗十八年。四月，加上先王、先后尊号。以裴玄庆、洪儒、卜智谦、申崇谦、庾黔弼、崔凝配享太祖，朴述希、金坚术配惠宗，王式廉配定宗，刘新成、徐弼配光宗，崔知梦、朴良柔配景宗，崔承老、崔亮、李知白、徐熙、李梦游配成宗，韩彦恭、金承祚、崔肃配穆宗[3]。

1028年，戊辰，〔北宋〕仁宗天圣六年，〔契丹〕太平八年，☆黄帝历三千七百二十六年。正月，东女真归德将军高豆等70余人至高丽朝。是月，东女真骨夫率部500户附高丽。三月，契丹遣将军耶律素、房州防御使杨延美至高丽。是月，东女真归德将军阿骨至高丽。五月，女真攻高丽平海郡，不克而还。闰五月，北番酋长阿忽等57人附高丽。七月，契丹遣沈州刺史萧琼、亳州刺史傅用元至高丽贺生辰。是月，东女真哈拔部300户附高丽，东西女真酋长尼乌弗等200人至高丽献土物。九月，北宋泉州人李颧等30余人到高丽献方物。十月，东女真船15艘攻高丽龙津镇，掳中郎将朴兴彦等70人回。十二月，东女真沙逸罗至高丽献马[4]；◇檀君历三千三百六十一年，〔高丽〕显宗十九年。二月，遣礼部员外郎金胥如契丹东京。是月，又遣大府卿金作宾如契丹。九月，遣左司郎中林福如，如契丹贺皇后生辰。十月，遣尚书右丞郑庄如契丹谢恩。十一月，遣大仆卿王希杰、殿中侍御史李惟亮，如契丹贺生辰。

1029年，己巳，〔北宋〕仁宗天圣七年，〔契丹〕太平九年，☆黄帝历三千七百二十七年。闰正月，女真船30艘攻高丽东海岸。是月，东西女真阿忽等100余人至高丽献土物。三月，东女真船10艘攻高丽溟州。四月，契丹遣将军耶律延、宁海北州刺史张令仪至高丽聘。是月，契丹人曹兀举家投奔高丽。五月，东女真400人攻打高丽洞山县。七月，契丹遣将军耶律管宁、崇禄少卿李可封至高丽贺生辰。八月，东女真大相哈拔率300余户投奔高丽。是月，北宋广南

1 事见〔韩〕郑麟趾等《高丽史》卷五。
2 事见〔韩〕郑麟趾等《高丽史》卷五。
3 高丽宗庙配享事，参见〔韩〕郑麟趾等《高丽史》卷六十。
4 诸事见〔韩〕郑麟趾等《高丽史》卷五。

人庄文宝等80人到高丽献方物。九月，渤海始祖大祚荣第七代孙、大延琳叛契丹，据契丹东京[1]，契丹遣大府丞高吉德至高丽求援。十一月，东女真求头至高丽朝。十二月，兴辽国大延定与契丹战，遣使至高丽求援，高丽不许[2]；◇檀君历三千三百六十二年，〔高丽〕显宗二十年。

1030年，庚午，〔北宋〕仁宗天圣八年，〔契丹〕太平十年，☆黄帝历三千七百二十八年。正月，东女真乌乙那等50人至高丽献马。是月，兴辽国遣水部员外郎高吉德至高丽，上表乞兵，高丽拒绝出兵。二月，东女真毛逸罗至高丽献马。四月，东女真曼斗等60人至高丽，献战船4艘、楛矢（木箭头）117600枝。是月，女真计陁汉至高丽献皮子。五月，东女真奉国大将军苏勿盖至高丽献马9匹、战船3艘、楛矢[3]58600枝。是月，契丹水军指挥使、虎骑尉大道李卿投奔高丽。七月，兴辽国行营都部署刘中正遣宁州刺史大庆翰至高丽求援兵。是月，北宋泉州人卢遵等到高丽献方物。九月，兴辽国遣郢州刺史李匡禄至高丽告急，旋闻兴辽被灭。高丽留之。是月，契丹遣千牛将军罗汉奴至高丽传诏。十月，契丹奚哥、渤海500人投奔高丽。十一月，西女真曼斗等27户投高丽。十二月，东女真宁塞将军睦史阿骨等至高丽献马、铁甲、楛矢[4]；◇檀君历三千三百六十三年，〔高丽〕显宗二十一年。三月，成宗文和王后（金氏，善州人，赠侍中金元崇之女。贞元王后生母）被尊为“大妃”。九月，遣金帑如契丹，进贺平东京之乱。是岁，高丽遣民官侍郎元颖，率293人的使节团如北宋进贡[5]，在东京[6]长春殿上表觐见[7]。宋人范镇《东齐记事》载：“天圣中，新罗人来朝贡，因往国子监市书”，记述的就是此次高丽使节团的购书活动[8]。

1031年，辛未，〔北宋〕仁宗天圣九年，〔契丹〕太平十一年，景福一年，☆黄帝历三千七百二十九年。正月，东女真尼牛弗至高丽献马。二月，东西女真80余人至高丽献方物。三月，女真沙逸罗至高丽献马。是月，渤海40余人投奔高丽。二月，北宋厚遣高丽使臣元颖等，派人护送至登州[9]。六月，西女真宁塞大将军阿志等27人至高丽献马。东女真将军大宛沙伊罗等58人至高丽献马。是月，北宋台州商人陈惟志等64人至高丽。七月，契丹以圣宗崩，遣工部郎中南承颜至高丽告哀。是月，契丹遣耶律温德、赵象玄为高丽显宗贺生辰使节。是月，渤海监门军大道行郎等投高丽。八月，东女真将军古于夫至高丽献方物。九月，东女真怀化将军乌于那、开老等67人至高丽献土物。十月，契丹王守男等19人投高丽。十月，东女真元甫、开老等46人至高丽朝。十一月，东女真将军毛伊罗、乌头乃等至高丽献马、方物[10]；◇檀君历三千三百六十四年，〔高丽〕显宗二十二年。五月，显宗薨，德宗王钦即位。七月，高丽遣使入契丹吊慰圣宗。十月，遣工部郎中柳乔，如契丹会葬圣宗帝。是月，又遣郎中金行恭如契丹贺圣节，并上表请毁鸭绿江城，放回高丽使臣。是月，高丽始设国子监试。

---

1 契丹东京，今辽宁省辽阳。

2 诸事见〔韩〕郑麟趾等《高丽史》卷五。

3 楛矢，木箭头。

4 诸事见〔韩〕郑麟趾等《高丽史》卷五。

5 参见朝鲜文人徐命膺等编订《御定宋史筌·列传第八十三·外国一·高丽》。

6 北宋东京，今河南省开封。参见史念海《中国古都和文化》，第129页，中华书局，1998年版。

7 见《宋史·列传第二百四十六·外国三·高丽》（卷四百八十七）。

8 见〔宋〕范镇《东齐记事》，第56页，中华书局，1980年版。另见李裕民《宋高丽关系史编年（续四）》，载《城市研究》1998年第3期。

9 见《宋史·列传第二百四十六·外国三·高丽》（卷四百八十七）。

10 诸事见〔韩〕郑麟趾《高丽史》卷五。

1032年，壬申，〔北宋〕仁宗明道一年，〔契丹〕景福二年，重熙一年，☆黄帝历三千七百三十年。正月，契丹遣留使至来远城[1]，高丽拒纳之，留使乃还。是月，西女真者昆等8人、渤海沙志明童等29人投高丽。二月，渤海史通等17人投高丽。三月，契丹殿直高善悟等人投高丽。是岁，宋刘守金等14人、宋申流等12人投奔高丽。四月，东女真元尹古、豆老等至高丽献土物。是月，契丹奚家内乙古等27人投高丽。是月，渤海萨五德等投高丽。六月，西女真怀化将军尼冬至高丽。是月，渤海亏音若已等29人投高丽。是月，东女真归德将军也于浦至高丽献土物。是月，渤海所于史等投高丽。是月，泉州商都纲林霭等55人到高丽献方物。七月，西女真大相也半等25人、东女真归德将军开老等91人至高丽献土物。是月，渤海高城等20人投高丽。八月，东女真正甫、豆于甫等20人至高丽献土物，东女真甫尹大由至高丽朝。九月，西女真大相也乙汉至高丽朝，东女真奉国大将军要乙乃等50人至高丽朝。十月，渤海押司官李南松等10人、契丹主簿刘信思等15人投高丽。十一月，西女真正朝大浦古之门等至高丽献土物。十二月，契丹罗骨等10人投高丽[2]；◇檀君历三千三百六十五年，〔高丽〕德宗王钦（1016—1034，字元良）一年。德宗后宫敬穆贤妃王氏，中书令王可道之女；德宗后宫孝思王后金氏，乃显宗之女。七月，遣李礼均等7人如契丹，被契丹扣押。

1033年，癸酉，〔北宋〕仁宗明道二年，〔契丹〕重熙二年，☆黄帝历三千七百三十一年。正月，北宋刘守义等14人投高丽。契丹仇乃等18人投高丽。东女真开罗间等25人至高丽朝，东女真将军宝伎阿于乃等113人至高丽献土物。是月，铁利国[3]遣使至高丽。二月，西女真持印古音波、契丹大师古省奂至高丽献土物。是月，东女真怀化将军居于蔚等49人至高丽朝。三月，西女真将军尼亏弗至高丽献土物。是月，契丹奚家古要等11人投高丽。四月，渤海首乙分等18人投高丽。是月，东女真归德将军古于夫等26人至高丽献土物。是月，渤海可守等3人投高丽。五月，西女真正位沙于下等3人至高丽朝，渤海监门队正奇吒火等19人投高丽。六月，渤海先宋等7人投高丽。是月，西女真怀化将军居伊罗、东女真大相古之门等41人至高丽朝。西女真古毛汉等25人至高丽献土物。西女真中伊古舍等6人投高丽。是月，北宋申流等12人投高丽。七月，东女真左尹阿浦等43人至高丽献土物。八月，北宋都纲、泉州商人林霭等55人至高丽献土物。十月，东女真归德将军要宾、柔远将军古之门等37人至高丽朝。是月，西女真大师阿角八等14人、东女真元甫乌头那等63人至高丽朝。是月，契丹攻高丽静州。十一月，为西女真亏火等156人进爵一级。十二月，渤海奇吒火等11人投高丽。西女真甫尹、甫真等39人至高丽献土物[4]；◇檀君历三千三百六十六年，〔高丽〕德宗二年。是岁，为防范女真人，高丽开始修筑西起鸭绿江口，东至定州[5]连浦口的千里长城。高丽的“千里长城”至1044年竣工，用了11年时间。

1034年，甲戌，〔北宋〕仁宗景祐一年，〔契丹〕重熙三年，〔西夏〕广运一年，☆黄帝历三千七百三十二年。正月，东女真正朝多老闲等58人、东女真佐尹阿刀闲等42人至高丽献土物。二月，东女真柔远大将军主达等36人，至高丽献土物。三月，东女真奉国将军阿刀闲等

1 来远城，在今辽宁省丹东之东。
2 诸事见〔韩〕郑麟趾等《高丽史》卷五。
3 铁力国，今黑龙江省铁力。
4 诸事见〔韩〕郑麟趾等《高丽史》卷五。
5 定州，今朝鲜咸镜南道咸兴西南35公里的“定坪”。

32 人，至高丽献土物。四月，东女真怀化将军伊罗等 25 人，至高丽献土物。五月，东女真归德将军骨甫等 27 人，至高丽献土物。六月，东女真宁塞将军尼仇刀等 30 人，至高丽献土物。七月，西女真元尹毛乌等 22 人，至高丽献土物。十二月，北宋客商献方物于高丽。是岁，北宋赐高丽文人、宾贡康抚民"同进士出身"；◇檀君历三千三百六十七年，〔高丽〕德宗三年。二月，德宗纳显宗之女金氏（敬成王后，？—1086）为王后。九月，德宗薨，靖宗王亨即位。十二月，设"八关会"，请宋商人观礼。

1035 年，乙亥，〔北宋〕仁宗景祐二年，〔契丹〕重熙四年，〔西夏〕广运二年，☆黄帝历三千七百三十三年。正月，东女真怀化将军毛伊罗等 57 人至高丽朝。二月，西女真酋长哥儿古等 12 人、东女真奉国将军高之问等 35 人至高丽朝。五月，契丹来远城使、检校右散骑常侍安署移牒高丽兴化镇，责高丽在边境修筑城堡，并命继续进贡[1]。六月，东女真乌于古等 27 人至高丽朝。八月，西女真大将军尼于弗等 44 人、东女真大完皆多汉等 52 人至高丽朝。九月，东蕃归德将军吴多等 23 人至高丽朝。十月，东女真首领鱼弗老等 6 人至高丽朝。十一月，东女真酋长阿卢干等 65 人至高丽朝。十二月，东蕃大完高陶化等 30 人至高丽朝；◇檀君历三千三百六十八年，〔高丽〕靖宗王亨（1018—1046，字申炤）一年。靖宗后宫韩氏（？—1036，容信王后），本贯湍州（清州），赠门下侍中韩祚之女。六月，高丽回牒契丹，拒绝停修城堡。

1036 年，丙子，〔北宋〕仁宗景祐三年，〔契丹〕重熙五年，〔西夏〕大庆一年，☆黄帝历三千七百三十四年。正月，东蕃怀化将军沙罗等 83 人至高丽朝。二月，东蕃首领大信等至高丽献骆驼，东蕃宁塞将军阿骨等 135 人至高丽朝，东蕃将军开路等 71 人至高丽献骏马。是月，东蕃船攻高丽三陟县。三月，东蕃酋长贵正等 82 人至高丽献骏马。四月，东女真酋长乌夫贺等 86 人至高丽朝。东北女真首领太史阿道闲等 59 人至高丽朝。七月，宋商人陈谅等 67 人献土物于高丽。九月，东女真将军阿骨等 135 人至高丽献马。十月，东女真奉国将军要耶等 74 人至高丽朝。十一月，设八关会宋商及东女真、耽罗各献方物。是月，东女真将军吾乙耶等 78 人至高丽朝。十二月，东女真奉国大将军姚乙道等74人至高丽朝[2]；◇檀君历三千三百六十九年，〔高丽〕靖宗二年。七月，容信王后韩氏（？—1036，本贯湍州，韩祚之女）薨。是月，高丽遣尚书右丞金元冲率进奉兼告奏使节团如宋，船败于瓮津而还[3]。

1037 年，丁丑，〔北宋〕仁宗景祐四年，〔契丹〕重熙六年，〔西夏〕大庆二年，☆黄帝历三千七百三十五年。二月，西北路兵马使捕东女真交通契丹者沙伊逻等55人，送于西京[4]。四月，西蕃酋长沙蕴等至高丽献土物，女真正甫阿道闲等 53 人至高丽朝。五月，赐东女真归德将军尼旬豆等 57 人升职一级。八月，北宋商朱如玉等 20 人至高丽、北宋商林赟等献方物于高丽。九月，契丹来远城奉帝旨移牒高丽宁德镇，督促高丽尽快恢复进贡。十月，东女真将军阿留大等 59 人至高丽朝。是月，契丹以兵船入鸭绿江[5]；◇檀君历三千三百七十年，〔高丽〕靖宗三年。

1 〔清〕王仁俊《辽文萃》卷四收有《致高丽远城兴化镇牒》。见金毓黻编《辽海丛书》，辽海书社排印本，1931-1934 年。
2 诸事见〔韩〕郑麟趾等《高丽史》卷六。
3 事见〔韩〕郑麟趾等《高丽史》卷六。
4 高丽西京，今朝鲜平壤市。
5 诸事见〔韩〕郑麟趾等《高丽史》卷六。

十二月，遣殿中少监崔延暇奉表如契丹，表示继续朝贡[1]。

1038年，戊寅，〔北宋〕仁宗宝元一年，〔契丹〕重熙七年，〔西夏〕大庆三年，天授礼法延祚一年，☆黄帝历三千七百三十六年。正月，契丹遣马保业至高丽。是月，东女真归德将军高之问至高丽朝。三月，契丹遣高丽使臣崔延暇赍诏还[2]。是月，东女真归德将军仇知罗等32人诱其属恢八等30人至高丽朝。八月，东蕃怀化将军阿豆等49人、西北蕃归德将军耶半等26人至高丽朝。是月，北宋明州商陈亮台州商陈维绩等147人至高丽献土物。十一月，契丹东京回礼使、义勇军都指挥康德宁至高丽。十二月，东女真归德将军高之问等50人至高丽朝[3]；◇檀君历三千三百七十一年，〔高丽〕靖宗四年。二月，靖宗册封容懿王后韩氏（韩祚之女，容信王后之妹）。靖宗后宫还有容穆王后李氏（扶余郡人，工部侍郎李禀之女）及容节德妃金氏。金氏，本贯庆州。四月，遣尚书左丞金元冲如契丹谢恩，仍请年号。七月，金元冲赍诏书三道回自契丹[4]。八月，高丽行契丹“重熙”年号。是月，遣持礼使、閤门祗候金华彦如契丹东京[5]。十一月，遣崔忠恭如契丹贺永寿节，仍贺正。

1039年，己卯，〔北宋〕仁宗宝元二年，〔契丹〕重熙八年，〔西夏〕天授礼法延祚二年，☆黄帝历三千七百三十七年。三月，女真诸蕃子等60人执贽入高丽朝。四月，契丹遣高丽使臣庾先赍诏还。是月，契丹遣大理卿韩保衡至高丽，册王“开府仪同三司、守太保兼侍中、上柱国、高丽国王”[6]。七月，契丹遣少府监陈迈至高丽贺生辰。八月，北宋商陈维绩等50人至高丽献方物。闰腊月，契丹东京回礼使大坚济等9人至高丽[7]。十一月，契丹遣册封使萧慎微等133人赴高丽，册王亨为“守太傅兼中书令，加食邑三千户，食实封三百户，仍赐同德致理四字功臣，散官勋爵如故”；◇檀君历三千三百七十二年，〔高丽〕靖宗五年。二月，遣殿中监李成功如契丹献方物，遣户部郎中庾先如契丹谢安抚，仍请罢鸭绿江东加筑城堡。七月，遣右散骑常侍林维干如契丹谢册封。十二月，遣户部侍郎宋融如契丹，贺永寿节兼贺正。

1040年，庚辰，〔北宋〕仁宗康定一年，〔契丹〕重熙九年，〔西夏〕天授礼法延祚三年，☆黄帝历三千七百三十八年。正月，东女真奉国大将军傜渔等50人至高丽献土物，东女真绥远将军巴桀等40人至高丽献骏马，西北女真归德将军高寠等46人至高丽献马及土物。二月，东女真怀化将军傜寠等48人至高丽献骏马。三月，东女真奉国将军阿骨等33人至高丽献马，西北女真宁塞将军仍保等25人至高丽献土物，西北女真酋渠古史门等26人至高丽献土物。四月，契丹东京民巫仪老、吴知桀等20余人投高丽，西北女真奉国将军阿伊化等27人至高丽献土物。是月，契丹横宣使、秦州防御使马世长等至高丽。六月，东女真宁塞将军慕伊罗等50人至高丽献土物。是月，塞北奚家积乙仇等投高丽。七月，契丹遣夏州观察使赵安仁，至高丽贺生辰。八月，东女真古陶达等53人至高丽献土物。九月，西北女真将军耶盘等至高丽献骏马，北女真将军尼迂火骨辅投高丽。是月，契丹东京回礼使、都指挥使高维翰至高丽。十月，西北

1 〔清〕王仁俊《辽文萃》卷二收有《高丽遣殿中少监崔延暇来奏状》。见金毓黻编《辽海丛书》，辽海书社排印本，1931－1934年。
2 〔清〕王仁俊《辽文萃》卷一收有《使高丽崔延暇还赍诏》。见金毓黻编《辽海丛书》，辽海书社排印本，1931－1934年。
3 诸事见〔韩〕郑麟趾等《高丽史》卷六。
4 〔清〕王仁俊《辽文萃》卷一收有《使高丽金元冲还赍诏》。见金毓黻编《辽海丛书》，辽海书社排印本，1931－1934年。
5 契丹东京即今辽宁省辽阳。
6 〔清〕王仁俊《辽文萃》卷一收有《使大理卿韩保衡赐高丽王诏》。见金毓黻编《辽海丛书》，辽海书社排印本，1931－1934年。
7 参见李裕民《宋高丽关系史编年（续五）》，载《城市研究》，1998年第4期。

女真仍化老等 13 人投高丽，西北女真正朝孚巨等 100 余人至高丽献土物，东女真将军沙伊罗、西北女真将军董化卢各率众 200 余人至高丽献土物。十二月，东女真元尹阿豆简等 50 人至高丽，献马 35 匹。是月，契丹东京民 20 余户投高丽[1]；◇檀君历三千三百七十三年，〔高丽〕靖宗六年。正月，遣右散骑常侍秦玄锡如契丹献方物。四月，以东女真酋渠乌陁为都领将军。六月，遣尚书右丞柳伯仁如契丹谢恩。八月，遣工部侍郎庾昌如契丹，贺皇太后生日。十一月，遣工部侍郎李仁静如契丹，贺永寿节兼贺正。

1041 年，辛巳，〔北宋〕仁宗庆历一年，〔契丹〕重熙十年，〔西夏〕天授礼法延祚四年，☆黄帝历三千七百三十九年。正月，西女真大丞高支智等 15 人至高丽献马。二月，西女真奉国将军尼于大等 18 人至高丽献名马。三月，东女真中尹也赐老等至高丽朝。四月，东女真酋长大相伊盖等至高丽朝。六月，东女真正甫乌夫等 26 人至高丽朝。七月，西女真归德将军所智罗等至高丽朝。是月，契丹遣卫尉少卿耿致君，至高丽贺生辰。八月，东女真柔远将军波乙达等 50 人至高丽朝。十一月，东女真柔远将军沙伊罗、宁塞将军耶于盖等 62 人至高丽献马。十二月，东女真奉国将军阿加主等 55 人至高丽献土物。是月，宋商王诰等到高丽献方物[2]；◇檀君历三千三百七十四年，〔高丽〕靖宗七年。是岁，遣翰林学士、承旨朴有仁及右丞李惟亮如契丹贺册礼，又遣判卫尉事柳参如契丹献方物。

1042 年，壬午，〔北宋〕仁宗庆历二年，〔契丹〕重熙十一年，〔西夏〕天授礼法延祚五年，☆黄帝历三千七百四十年。正月，东女真首领昆豆等至高丽献马。东女真归德将军阿兜干等 49 人至高丽献土物。二月，东女真柔远将军高之问等 36 人至高丽献土物。是月，高之知又率 12 人至高丽献土物。三月，西北女真宁塞将军耶于盖等、女真将军尼于弗等 47 人至高丽献土物。四月，东女真大相吴于达至高丽请耕牛。六月，东女真归德将军耶伊弗等 25 人至高丽朝。七月，契丹遣吏部郎中冯立至高丽贺生辰。八月，东女真柔远将军沙伊罗等 68 人至高丽献土物。九月，东女真归德将军阿盖等 50 人、西北女真柔远将军高豆老等至高丽献方物。十一月，契丹遣检校礼部尚书兼御史王永言赍诏至高丽[3]。是月，东女真宁塞将军冬弗等至高丽献马。我国学者李裕民教授引宋人程大昌《演繁录》卷十二，认定是岁王易所作《燕北录》内有高丽使节画像[4]；◇檀君历三千七百四十年，〔高丽〕靖宗八年。二月，东京副留守崔颢等刊《两汉书》与《唐书》进王，此乃朝鲜半岛复刻汉籍之滥觞[5]。

1043 年，癸未，〔北宋〕仁宗庆历三年，〔契丹〕重熙十二年，〔西夏〕天授礼法延祚六年，☆黄帝历三千七百四十一年。正月，西女真归德将军骨盖等 36 人至高丽献土物。三月，西女真酋长高豆老等 40 人至高丽献土物，东女真将军开老等 40 人至高丽献马。四月，女真柔远将军沙伊罗，诱致水陆贼首罗弗等 494 人，诣和州馆请入高丽朝。高丽使其分批次进入。是月，东女真将军尼多弗等至高丽朝。六月，东女真酋长纽弗达等 25 人至高丽朝。七月，契丹遣侍御史姚居善至高丽贺生辰。是月，东女真酋长阿豆干等 66 人至高丽朝。九月，东女真宁塞将

1 诸事见〔韩〕郑麟趾等《高丽史》卷六。
2 事见〔韩〕郑麟趾等《高丽史》卷六。
3 〔清〕王仁俊《辽文萃》卷一收有《使王永言赐高丽王诏》。见金毓黻编《辽海丛书》，辽海书社排印本，1931–1934 年。
4 见李裕民《宋高丽关系史编年（续五）》，载《城市研究》，1998 年第 4 期。
5 日据时代朝鲜学者金台俊以为此举乃半岛复刻我国汉籍之始。见〔韩〕金台俊原著，张琏瑰译《朝鲜汉文学史》，第 46 页，社会科学文献出版社，1996 年版。

军冬弗老、柔远将军沙伊罗等率化外女真80人至高丽朝。十月，东女真宁塞将军耶沙盖等80人至高丽献方物。十一月，契丹遣东京回礼使、检校左仆射张昌龄至高丽。是月，契丹遣册封使萧慎微、副使韩绍文、都部署利川、管内观察留后刘日行、押册使殿中监马至柔、读册将作少监徐化洽、传宣检校左散骑常侍韩贻孙等133人，赍诏至高丽，加册王"守太傅、兼中书令"[1]。是月，东蕃以船8艘攻高丽瑞谷县；◇檀君历三千三百七十六年，〔高丽〕靖宗九年。三月，高丽遣使如契丹，进贺加上尊号[2]。

1044年，甲申，〔北宋〕仁宗庆历四年，〔契丹〕重熙十三年，〔西夏〕天授礼法延祚七年，☆黄帝历三千七百四十二年。四月，东女真1045人至高丽，执贽请盟。五月，东女真将军仇罗等25人至高丽献土物。七月，契丹遣检校太保刘从政至高丽贺生辰。八月，东女真将军阿刀闲等46人至高丽献土物。九月，东女真将军沙伊罗等66人、东女真将军包伎等59人、西女真大将军高豆老等27人、东女真将军仇尼道等26人至高丽献土物。十一月，东女真将军乌乙达等男女144人至高丽献骏马；◇檀君历三千三百七十七年，〔高丽〕靖宗十年。是岁，高丽所修西起鸭绿江口，东至定州[3]连浦口的千里长城完工，它是当时划分高丽与女真的分界线。三月，高丽遣使入契丹朝贡。七月，遣右仆射李环、尚舍奉御崔希正，如契丹谢封册。

1045年，乙酉，〔北宋〕仁宗庆历五年，〔契丹〕重熙十四年，〔西夏〕天授礼法延祚八年，☆黄帝历三千七百四十三年。正月，东女真归德将军阿豆主等50人至高丽献土物。二月，东女真柔远将军巴乙达等65人至高丽献骏马。三月，东女真怀远将军盐汉等75人至高丽朝。四月，东女真首领沙于头等35人、东女真将军要于那等70人至高丽献马，宁塞将军高陶化等70人至高丽献土物。五月，宋泉州商人林禧到高丽献方物。六月，契丹横宣使、检校太傅、判三班院事耶律宣至高丽。七月，契丹遣检校尚书、右仆射高惟几至高丽贺生辰。九月，东女真将军高之间等45人至高丽朝。十一月，东女真高遮等36人至高丽献土物[4]；◇檀君历三千三百七十八年，〔高丽〕靖宗十一年。四月，秘书省新刊《礼记正义》《毛诗正义》。是月，高丽遣使如契丹进贡[5]。

1046年，丙戌，〔北宋〕仁宗庆历六年，〔契丹〕重熙十五年，〔西夏〕天授礼法延祚九年，☆黄帝历三千七百四十四年。十一月，契丹遣起居舍人周宗白至高丽送赙致祭[6]。是岁，梅尧臣(1002—1060)、韩维（1017—1098）为得到高丽红雀鸟而赋诗。该诗《梅尧臣集编年校注》卷十七、韩维《南阳集》卷一有载[7]；◇檀君历三千三百七十九年，〔高丽〕靖宗十二年。正月，高丽遣使如契丹进贡[8]。五月，靖宗薨，文宗王徽即位。六月，遣尚书工部郎中崔爰俊如契丹告哀。

1047年，丁亥，〔北宋〕仁宗庆历七年，〔契丹〕重熙十六年，〔西夏〕天授礼法延祚十年，☆黄帝历三千七百四十五年。二月，契丹遣忠顺军节度使萧慎微、守殿中少监康化成等至高丽

1 〔清〕王仁俊《辽文萃》卷一收有《使萧慎微等赐高丽王诏》。见金毓黻编《辽海丛书》，辽海书社排印本，1931–1934年。
2 参见《辽史·列传第四十五·二国外记·高丽》(卷百十五)。
3 定州，今朝鲜咸镜南道咸兴西南35公里处的"定坪"。
4 诸事见〔韩〕郑麟趾等《高丽史》卷六。
5 参见《辽史·列传第四十五·二国外记·高丽》(卷百十五)。
6 事见〔韩〕郑麟趾等《高丽史》卷七。
7 见李裕民《宋高丽关系史编年（续五）》，载《城市研究》，1998年第4期。
8 参见《辽史·列传第四十五·二国外记·高丽》(卷百十五)。

祭靖宗。三月，东女真奉国将军沙伊罗等至高丽献土物，高丽加其“归德大将军”。是月，东女真将军耶于害等6人各率其众款塞。四月，东女真阿加主等至高丽献土物，高丽授其“平远大将军”。五月，东女真将军乌于乃、东女真大相乌弗遮至高丽朝。六月，东女真宁塞将军老道、归德将军耶思老等至高丽献土物，东女真沙伊弗等至高丽朝，高丽授思老“怀化将军”。是月，契丹人高无诸等投高丽。八月，东女真柔远将军无伊老阿豆等至高丽献土物。是月，蒙罗古村、仰果只村等30部落蕃长率众内附。九月，宋商林机等至高丽献土物。九月，契丹遣福州管内观察使宋璘至高丽，册高丽文宗“开府仪同三司、守太保兼侍中、上柱国、高丽国王”[1]。十月，东女真将军高都达等40人至高丽献土物，东女真蒙罗等村古无诸等312户附高丽。十一月，东女真将军马志高谢等46人至高丽献马。十二月，东女真也古、西女真高舍等至高丽朝；◇檀君历三千三百八十年，〔高丽〕文宗王徽（1019—1083，字烛幽）一年。文宗后宫金氏（仁平王后），显宗之女。十月，高丽遣使如契丹进贡[2]。

1048年，戊子，〔北宋〕仁宗庆历八年，〔契丹〕重熙十七年，〔西夏〕天授礼法延祚十一年，☆黄帝历三千七百四十六年。是岁，梅尧臣（1002—1060）为得高丽墨而赋诗。该诗《梅尧臣集编年校注》卷十八有载[3]。正月，东女真怀化将军仇罗麻里弗等40人至高丽献马，东女真归德将军沙伊罗、柔远将军沙时贺等35人至高丽献土马，东女真怀化将军都仇罗等38人至高丽献土物，西女真宁塞将军高之智等24人至高丽献土物。是月，契丹遣千牛卫大将军王泽等至高丽致国书。六月，东女真首领吴史等26人至高丽朝。九月，东女真归德将军阿豆等36人至高丽朝。十一月，契丹遣崇禄少卿邢彭年至高丽贺生辰。是月，契丹东京回礼使、棣州刺史高庆善至高丽；◇檀君历三千三百八十一年，〔高丽〕文宗二年。二月，高丽遣使如契丹进贡[4]。

1049年，己丑，〔北宋〕仁宗皇祐一年，〔契丹〕重熙十八年，〔西夏〕延嗣宁国一年，☆黄帝历三千七百四十七年。正月，东女真阿骨等32人至高丽献骏马。是月，契丹遣萧惟德王守道至高丽册王“守太傅兼中书令封、高丽国王”。三月，契丹放所掳凤州喜达等30人还高丽。是月，东女真麻离害等20人至高丽献马。四月，西女真符巨等20人、东女真奉国将军沙伊罗至高丽献马。六、七月，东蕃海船攻高丽临道县、金壤县。八月，北宋台州商徐赞等71人至高丽献方物，泉州商王易从等62人至高丽献珍宝。十一月，北女真首领夫举等20人至高丽献土物。十二月，契丹遣殿中少监马佑至高丽贺生辰；◇檀君历三千三百八十二年，〔高丽〕文宗三年。

1050年，庚寅，〔北宋〕仁宗皇祐二年，〔契丹〕重熙十九年，〔西夏〕天祐垂圣一年，☆黄帝历三千七百四十八年。正月，王命“蕃人有欲至高丽朝者，非贼首那拂勿许入朝”。三月，东女真宁塞将军盐汉等12人、柔远将军阿加主等30人、中尹仍于宪等4人、将军要罗那等38人至高丽献马。女真怀化将军阿加主等6人进豹、鼠皮。盐汉等15人以曾进攻高丽边城被扣留。四月，渤海开好等投高丽。六月，东蕃海船攻高丽烈山县，掠男女18人。七月，东蕃

1 〔清〕王仁俊《辽文萃》卷一收有《遣宋磷赐高丽王册》。见金毓黻编《辽海丛书》，辽海书社排印本，1931–1934年。

2 参见《辽史·列传第四十五·二国外记·高丽》（卷百十五）。

3 见李裕民《宋高丽关系史编年（续五）》，载《城市研究》 1998年第4期。

4 参见《辽史·列传第四十五·二国外记·高丽》（卷百十五）。

攻高丽派川县。是月，东女真酋长骨罗介等至高丽献土物，又赎还没蕃男女 4 人。八月，东女真阿加主、盐汉、沙伊罗等投高丽。九月，契丹东京回礼使忠勇军都指挥使高长安至高丽。闰十一月，契丹横宣使匡义军节度使萧质至高丽。是月，契丹汉儿曹一投高丽。十二月，契丹遣高州观察使萧玉至高丽贺生辰；◇檀君历三千三百八十三年，〔高丽〕文宗四年。是岁，崔冲（984—1068）被王加封“开府仪同三司、守太傅”。二月，高丽遣使如契丹进贡。四月，高丽遣使如契丹，进贺攻西夏大捷[1]。

1051 年，辛卯，〔北宋〕仁宗皇祐三年，〔契丹〕重熙二十年，〔西夏〕天祐垂圣二年，☆黄帝历三千七百四十九年。七月，东女真元甫古舍等 26 人至高丽献土物。八月，东女真归德将军豆也弗等 31 人至高丽献土物。九月，女真攻高丽边城。十月，契丹东京回礼使、检校工部尚书耶律守行至高丽。十二月，契丹遣恩州刺史刘从备至高丽贺生辰；◇檀君历三千三百八十四年，〔高丽〕文宗五年。四月，王命“放还广仁馆拘留东女真贼首阿骨等七十七人”。八月，龟州郎将康邻昌及州别将康彦、崔立等捕杀蕃 6 人。

1052 年，壬辰，〔北宋〕仁宗皇祐四年，〔契丹〕重熙二十一年，〔西夏〕天祐垂圣三年，☆黄帝历三千七百五十年。正月，东女真怀化将军包加主等至高丽献良马。是月，东女真正甫马波等男女 48 人请入高丽定州关外为编户，高丽允之。赐田宅处之内地。是月，西女真宁塞将军高反知、东女真归德将军多老等至高丽献马。二月，东蕃元甫阿麟等 29 人至高丽献马。五月，北路三撒村高演与蕃兵围高丽淄潭驿。是月，东女真酋长高之问等 25 人至高丽献土物。六月，北宋进士张廷至高丽，高丽授秘书校书郎。是月，东女真高之问等航海攻高丽三陟县。八月，北宋商林兴等 35 人至高丽献土物。是月，北宋咸州没蕃高士文自东女真投高丽。九月，北宋商赵受等 26 人、北宋商萧宗明等 40 人至高丽献土物。是月，东女真将军沙时贺等 40 人至高丽献马。十二月，契丹遣永州刺史耶律士清至高丽贺生辰[2]；◇檀君历三千三百八十五年，〔高丽〕文宗六年。四月，高丽放没蕃人毛阿真率男妇 16 人还北宋。是岁，文宗册李氏（仁睿顺德太后，？—1092，本贯仁州，中书令李子渊之女）为王妃。李氏生顺宗、宣宗、肃宗以及大觉国师王煦。

1053 年，癸巳，〔北宋〕仁宗皇祐五年，〔契丹〕重熙二十二年，〔西夏〕福圣承道一年，☆黄帝历三千七百五十一年。二月，东女真阿夫汉等 33 人至高丽献马，又赎还没蕃 6 人。职赏有差。七月，东女真怀化将军古刀达等 30 人至高丽献马。十二月，契丹遣利州刺史萧素至高丽贺生辰；◇檀君历三千三百八十六年，〔高丽〕文宗七年。六月，高丽遣使至契丹进贡[3]。

1054 年，甲午，〔北宋〕仁宗皇祐六年，至和一年，〔契丹〕重熙二十三年，〔西夏〕福圣承道二年，☆黄帝历三千七百五十二年。正月，东女真中尹英孙等 18 人至高丽献名马。四月，北女真宁塞将军高遮等 39 人至高丽献马。七月，北宋商赵受等 69 人至高丽献犀角象牙。是月，契丹始设弓口门栏于抱州城[4]东野。九月，北宋商黄助等 48 人至高丽。十月，东女真柔远将军尼多弗等 28 人至高丽献马，并送高丽被掳人归。是月，契丹横宣使、益州刺史耶律芳至高丽。

1 参见《辽史·列传第四十五·二国外记·高丽》（卷百十五）。

2 诸事见〔韩〕郑麟趾等《高丽史》卷六、卷七。

3 参见《辽史·列传第四十五·二国外记·高丽》（卷百十五）。

4 抱州，今朝鲜新义州附近的义州。

十一月，契丹宣谕使、益州刺史耶律干至高丽。十二月，契丹遣复州刺史耶律新，至高丽贺生辰[1]；◇檀君历三千三百八十七年，〔高丽〕文宗八年。四月，遣给事中金良贽，如契丹朝贡，兼请封王太子。

1055年，乙未，〔北宋〕仁宗至和二年，〔契丹〕清宁一年，〔西夏〕福圣承道三年，☆黄帝历三千七百五十三年。二月，东女真奉国将军尼多弗等27人至高丽献土物。五月，契丹遣耶律革、陈颢至高丽，册王为"太师"。是月，契丹又遣利州刺史萧禄至高丽，加封王太子"三韩国公"、"检校太尉"。七月，契丹康庆遵等15人、没蕃人53口投高丽。是月，东女真首领耶时老等26人至高丽献土物。九月，契丹以兴宗帝崩，遣鸿胪少卿张嗣至高丽，告国哀。十一月，契丹东京回礼使、检校工部尚书耶律道，至高丽赐先帝遗物。十二月，契丹遣金州刺史耶律长正，至高丽贺生辰；◇檀君历三千三百八十八年，〔高丽〕文宗九年。寒食节，文宗飨北宋商叶德宠等87人于娱宾馆、黄拯等105人于迎宾馆、黄助等48人于清河馆。七月，高丽致书契丹东京留守，请实际控制鸭绿江以东土地。九月，投奔高丽之宋人黄忻上文宗书，请求让长子黄蒲安回北宋奉养老祖母，文宗允之。十月，生辰回谢使、户部侍郎崔宗弼自契丹还，言礼部以为其名与清宁帝名讳"宗真"有同字，令改之。崔宗弼乃于表状改称"崔弼"。是月，遣知中枢院事崔惟善、工部侍郎李得路如契丹，吊祭并会葬兴宗帝[2]。

1056年，丙申，〔北宋〕仁宗嘉祐一年，〔契丹〕清宁二年，〔西夏〕福圣承道四年，☆黄帝历三千七百五十四年。正月，东女真奉国将军阿加主等50人至高丽献马。十一月，宋商黄拯等29人、东女真耶赐老等50人至高丽献土物。十二月，契丹遣永州刺史萧惟新至高丽贺生辰[3]；◇檀君历三千三百八十九年，〔高丽〕文宗十年。六月，高丽遣使如契丹进贡[4]。七月，遣东路马兵贰师侍御史金旦讨东蕃。八月，各印一本《汉书》《晋书》《唐书》《论语》《孝经》，并子史诸家文集、医卜、地理、律吕诸书，送松京[5]学子。十二月，斩东女真柔远将军沙歹何等2人，以其劫掠朔州人物也。

1057年，丁酉，〔北宋〕仁宗嘉祐二年，〔契丹〕清宁三年，〔西夏〕奲都一年，☆黄帝历三千七百五十五年。三月，契丹遣天德军节度使萧继从、左千牛卫大将军王守拙至高丽册王，并赐冠服、车驾、银器、彩缎等。是月，又遣萧索、柴德滋颁诏册王太子。十月，契丹横宣使、泰州刺史耶律宏至高丽。十二月，契丹遣右谏议大夫王宗亮至高丽贺王生辰。是岁，宋商叶德宠等25人、郭满等33献土物于高丽[6]；◇檀君历三千三百九十年，〔高丽〕文宗十一年。七月，文宗命有司试宋人来投者张琬《遁甲三奇法》《六壬占》，并授其"太史监候"之职。九月，遣王夷甫、崔爰俊如契丹谢册封。十二月，遣户部侍郎安民甫如契丹，贺太皇太后生辰。是月，又遣工部侍郎崔继游，如契丹贺天安节[7]。

1058年，戊戌，〔北宋〕仁宗嘉祐三年，〔契丹〕清宁四年，〔西夏〕奲都二年，☆黄帝历

---

1 诸事见〔韩〕郑麟趾等《高丽史》卷七。
2 诸事见〔韩〕郑麟趾等《高丽史》卷七。
3 诸事见〔韩〕郑麟趾等《高丽史》卷七。
4 参见《辽史·列传第四十五·二国外记·高丽》(卷百十五)。
5 松京，今朝鲜开城。
6 事见〔韩〕郑麟趾等《高丽史》卷八。
7 事见〔韩〕郑麟趾等《高丽史》卷八。

三千七百五十六年。是岁，宋人刘敞观高丽宝刀并赋诗，诗载刘敞《公是集》卷十八[1]。二月，契丹以太皇太后之丧，遣检校尚书右仆射萧禧至高丽告哀。六月，遣萧侃至高丽，送太皇太后遗物。九月，契丹东京回礼使耶律延宁至高丽。十二月，契丹遣筵州刺史郭在贵，至高丽贺王生辰。是岁，宋商黄文景、东女真人到高丽献方物[2]；◇檀君历三千三百九十一年，〔高丽〕文宗十二年。五月，高丽遣使如契丹，会葬太皇太后[3]。八月，文宗欲于耽罗[4]灵岩伐木造船，以通北宋，以大臣反对而罢[5]。九月，忠州牧使进献《黄帝八十一难经》《川玉集》《伤寒论》等医书残卷[6]。

1059年，己亥，〔北宋〕仁宗嘉祐四年，〔契丹〕清宁五年，〔西夏〕奲都三年，☆黄帝历三千七百五十七年。四月，宋商萧宗明等瞻望高丽文宗法驾。八月，宋商傅男至高丽献方物。九月，契丹东京回礼使耶律延宁至高丽。十二月，契丹遣检校司徒耶律德至高丽贺王生辰。是岁，东女真将军献马匹、方物[7]；◇檀君历三千三百九十二年，〔高丽〕文宗十三年。二月，京山府知事李成美进新刻《隋书》部分（共680版）。是月，遣工部员外郎崔爽珍为告奏使如契丹，告契丹人越界垦殖。八月，宋商黄文景、萧宗明及医生江朝宗等归国期至，文宗留萧宗明、江朝宗等3人居高丽[8]。

1060年，庚子，〔北宋〕仁宗嘉祐五年，〔契丹〕清宁六年，〔西夏〕奲都四年，☆黄帝历三千七百五十八年。七、八月，宋商黄助等36人、徐意等39人、黄元载等49人至高丽献土物。十一月，契丹遣高州管内观察使萧奥为宣赐使至高丽。十二月，契丹遣永州管内观察使耶律烈至高丽贺生辰[9]；◇檀君历三千三百九十三年，〔高丽〕文宗十四年。九月，以宋进士卢寅为秘书省校书郎[10]。

1061年，辛丑，〔北宋〕仁宗嘉祐六年，〔契丹〕清宁七年，〔西夏〕奲都五年，☆黄帝历三千七百五十九年。四月，契丹遣东京回礼使萧嗽思至高丽。十二月，契丹遣宁州刺史萧述至高丽贺生辰；◇檀君历三千三百九十四年，〔高丽〕文宗十五年。朝鲜文人郑麟趾等《高丽史》卷八载，六月，文宗诣国子监，拜孔子。是月，授宋进士陈渭秘书省校书郎，以宋人萧鼎、萧迁为閤门承旨，以宋人叶盛为殿前丞旨。十二月，以宋人萧宗明权知閤门祗候。

1062年，壬寅，〔北宋〕仁宗嘉祐七年，〔契丹〕清宁八年，〔西夏〕奲都六年，☆黄帝历三千七百六十年。正月，契丹东京回礼使耶律章至高丽。十二月，契丹遣泰州管内观察使高守正至高丽贺生辰。是岁，宋商郭满、黄文景、林宁至高丽献土物。东女真将军献方物[11]。沈括《梦

1 见李裕民《宋高丽关系史编年（续五）》，载《城市研究》1998年第4期。
2 事见〔韩〕郑麟趾等《高丽史》卷八。
3 参见《辽史·列传第四十五·二国外记·高丽》（卷百十五）。
4 耽罗，今韩国济州岛。
5 参见朝鲜文人徐命膺等编订《御定宋史筌·列传第八十三·外国一·高丽》。
6 参见〔韩〕郑麟趾等《高丽史》卷八。
7 诸事见〔韩〕郑麟趾等《高丽史》卷八。
8 事见〔韩〕郑麟趾等《高丽史》卷八。
9 事见〔韩〕郑麟趾等《高丽史》卷八。
10 事见〔韩〕郑麟趾等《高丽史》卷八。
11 事见〔韩〕郑麟趾等《高丽史》卷八。

溪笔谈》卷二十四载，嘉祐中，高丽毛罗岛[1]船民漂至苏州昆山，受到县令韩正参的热情接待，且传授其活动桅杆技术[2]；◇檀君历三千三百九十五年，〔高丽〕文宗十六年。

1063年，癸卯，〔北宋〕仁宗嘉祐八年，〔契丹〕清宁九年，〔西夏〕拱化一年，☆黄帝历三千七百六十一年。三月，契丹赠高丽《大藏经》[3]。九、十月，宋商郭满、黄文景、林宁至高丽献土物。十一月，契丹遣益州刺史萧格至高丽。十二月，契丹遣右谏议大夫李日肃至高丽贺生辰。是岁，东女真归德将军至高丽献骏马、方物；◇檀君历三千三百九十六年，〔高丽〕文宗十七年。

1064年，甲辰，〔北宋〕英宗治平一年，〔契丹〕清宁十年，〔西夏〕拱化二年，☆黄帝历三千七百六十二年。七、八月，宋商陈巩、林宁等至高丽献土物、珍宝。十月，契丹遣检校右散骑常侍耶律亘至高丽宣诏，契丹明年改年号。十二月，契丹遣司农卿胡仲至高丽贺生辰。是月，契丹11人投奔高丽[4]；◇檀君历三千三百九十七年，〔高丽〕文宗十八年。

1065年，乙巳，〔北宋〕英宗治平二年，〔契丹〕咸雍一年，〔西夏〕拱化三年，☆黄帝历三千七百六十三年。三月，契丹东京留守至高丽，告上太皇太后尊号。四月，契丹遣宁远军节度使耶律宁、益州管内观察使丁文通，至高丽宣诏册文宗。又遣耶律迪、麻晏如册封王太子。九月，宋商郭满、黄宗等至高丽献土物[5]；◇檀君历三千三百九十八年，〔高丽〕文宗十九年。八月，遣尚书右仆射金良赟、殿中少监徐靖至契丹谢恩。九月，遣礼部尚书崔尚、将作少监金成渐如契丹，谢册王太子。

1066年，丙午，〔北宋〕英宗治平三年，〔契丹、辽〕咸雍二年，〔西夏〕拱化四年，☆黄帝历三千七百六十四年。三月，契丹改国号为"辽"。十一月，辽遣横赐使、归州刺史耶律贺至高丽。十二月，辽遣崇禄卿王去惑至高丽贺生辰；◇檀君历三千三百九十九年，〔高丽〕文宗二十年。四月，遣司宰卿高复昌如辽贺改国号。

1067年，丁未，〔北宋〕英宗治平四年，〔辽〕咸雍三年，〔西夏〕拱化五年，☆黄帝历三千七百六十五年。十二月，辽遣宁川管内观察使胡平至高丽贺生辰；◇檀君历三千四百年，〔高丽〕文宗二十一年。

1068年，戊申，〔北宋〕神宗熙宁一年，〔辽〕咸雍四年，〔西夏〕乾道一年，☆黄帝历三千七百六十六年。七月，宋神宗秘遣转运使罗拯，欲与高丽续好。罗拯托泉州商人黄慎转达。黄慎到达高丽，高丽文宗欣然接见[6]。是月，宋商林宁至高丽献土物。十二月，辽遣益州管内观察使魏成至高丽贺生辰[7]；◇檀君历三千四百〇一年，〔高丽〕文宗二十二年。八月，文宗命太子招宋进士慎修、陈潜古、储元宾等，试以诗赋[8]。九月，"海东孔子"崔冲卒。崔冲（984—1068），字浩然，号惺斋、月浦、放晦斋。海州大宁郡人。一生致力于私学，门徒至满九斋。

1 毛罗岛，今韩国洛州岛。
2 参见李裕民《宋高丽关系史编年（续五）》，载《城市研究》 1998年第4期。
3 参见拙著《朝鲜半岛汉学史》，第52页，学苑出版社，2009年版。
4 事见〔韩〕郑麟趾等《高丽史》卷八。
5 事见〔韩〕郑麟趾等《高丽史》卷八。
6 参见朝鲜文人徐命膺等编订《御定宋史筌·列传第八十三·外国一·高丽》。
7 诸事见〔韩〕郑麟趾等《高丽史》卷八。
8 事见〔韩〕郑麟趾等《高丽史》卷八。

崔冲官至守太师中书令，著有《崔文宪公遗稿》，其子崔惟善、崔惟吉皆高丽名臣[1]。是岁，高丽礼宾省以王命移牒北宋转运使罗拯，表达钦慕之意，交黄慎带回。朝鲜文人徐命膺等编订《御定宋史筌·列传第八十三·外国一·高丽》收录移牒全文。

1069年，己酉，〔北宋〕神宗熙宁二年，〔辽〕咸雍五年，〔西夏〕乾道二年，☆黄帝历三千七百六十七年。六、七月，宋商杨从盛、王宁等至高丽献土物。十二月，辽遣御史中丞高耸至高丽贺生辰。是月，辽东京回礼使耶律极里哥至高丽[2]。是岁，宋商黄慎回国，将高丽礼宾省文牒交予罗拯[3]；◇檀君历三千四百〇二年，〔高丽〕文宗二十三年。是岁，文宗为宋朝招接而欣喜赋诗[4]。

1070年，庚戌，〔北宋〕神宗熙宁三年，〔辽〕咸雍六年，〔西夏〕天赐礼盛国庆一年，☆黄帝历三千七百六十八年。是岁，接转运使罗拯奏报，宋神宗准备结高丽以谋攻辽。八月，罗拯以朝廷之命，遣商人黄慎再入高丽。十二月，辽遣卫尉卿和勗至高丽贺生辰[5]；◇檀君历三千四百〇三年，〔高丽〕文宗二十四年。

1071年，辛亥，〔北宋〕神宗熙宁四年，〔辽〕咸雍七年，〔西夏〕天赐礼盛国庆二年，☆黄帝历三千七百六十九年。八、九、十月，宋商郭满等33人、元积等36人、王华等30人、许满等61人至高丽献土物。十二月，辽遣益州刺史高元吉至高丽贺生辰[6]；◇檀君历三千四百〇四年，〔高丽〕文宗二十五年。正月，以宋人卢寅为尚书右丞、左谏议大夫。三月，遣民部侍郎金悌率110人使节团如北宋[7]，左藏库副使张诚一为副使，朴寅亮（？—1096）随行。金悌一行本拟由明州[8]上岸，遇风由通州海门经润州北，沿运河于八月一日进入汴京。是月，高丽使臣求王安石之弟王安国诗作[9]。五月，高丽罢宋人贪官周沆礼宾省注簿，遣还[10]。十一月，高丽遣使如辽进贡[11]。

1072年，壬子，〔北宋〕神宗熙宁五年，〔辽〕咸雍八年，〔西夏〕天赐礼盛国庆三年，☆黄帝历三千七百七十年。六月二日，宋神宗遣医官王愉、徐先至高丽[12]。十一月，辽遣永州刺史耶律直至高丽。十二月，辽遣检校太尉张日华至高丽贺生辰，并赐佛经1藏[13]；◇檀君历三千四百〇五年，〔高丽〕文宗二十六年。六月，高丽遣使如辽进贡[14]。六月二十六日，金悌使

1 参见〔韩〕郑麟趾等《高丽史》卷九十五“崔冲”。
2 诸事见〔韩〕郑麟趾等《高丽史》卷八。辽东京，今辽宁省辽阳。
3 见《宋史·列传第二百四十六·外国三·高丽》（卷四百八十七）。
4 参见《宋史·列传第二百四十六·外国三·高丽》（卷四百八十七），详见李裕民《宋高丽关系史编年（续六）》，《城市研究》1998年第5期。
5 诸事见〔韩〕郑麟趾等《高丽史》卷八。
6 事见〔韩〕郑麟趾等《高丽史》卷八。
7 参见朝鲜文人徐命膺等编订《御定宋史筌·列传第八十三·外国一·高丽》。
8 明州，今浙江省宁波。
9 见李裕民《宋高丽关系史编年（续六）》，《城市研究》 1998年第5期及〔韩〕郑麟趾等《高丽史》卷八。
10 事见〔韩〕郑麟趾等《高丽史》卷八。
11 参见《辽史·列传第四十五·二国外记·高丽》（卷百十五）。
12 参见朝鲜文人徐命膺等编订《御定宋史筌·列传第八十三·外国一·高丽》。
13 事见〔韩〕郑麟趾等《高丽史》卷九；刘子敏、姜孟山、王世英、金荣国主编《中国正史中的朝鲜史料》（第2卷），第69页，延边大学出版社，1996年版。
14 参见《辽史·列传第四十五·二国外记·高丽》（卷百十五）。

节团赍宋神宗敕五道、钦赐彩缎、金腰带、人参1000斤、布4000匹等，回至高丽。帝敕称文宗为“卿”，语极亲切[1]。

1073年，癸丑，〔北宋〕神宗熙宁六年，〔辽〕咸雍九年，〔西夏〕天赐礼盛国庆四年，☆黄帝历三千七百七十一年。八月，医官王愉、徐先随高丽金良鉴使节团回国。十一月，宋商献良马、礼物于高丽文宗之“八关会”。是月，宋神宗准高丽使臣金良鉴之请，允高丽使节团登陆地由登州改为明州，以避辽兵。十二月，辽遣宁州刺史大泽至高丽贺生辰[2]；◇檀君历三千四百〇六年，〔高丽〕文宗二十七年。八月，遣太仆卿金良鉴为正使、中书舍人卢旦为副使，率使节团如北宋，谢恩兼献贡物[3]。十月二十三日，金良鉴等一行抵达明州[4]。十二月，高丽遣使如辽进贡[5]。

1074年，甲寅，〔北宋〕神宗熙宁七年，〔辽〕咸雍十年，〔西夏〕天赐礼盛国庆五年，☆黄帝历三千七百七十二年。岁初，北宋设立“同文馆”接待高丽使臣。高丽使臣金良鉴求买书籍，并求派医生、雕塑画工至高丽[6]。礼部尚书苏轼坚决反对卖书给高丽人，但神宗允高丽使节买回《九经》及史书、子部书籍。六月，宋神宗准高丽之请，派出了扬州医助教马世安等医员与画工8人[7]。《宋史·列传第二百四十六·外国三·高丽》（卷四百八十七）于本年记载，以往高丽使臣往返皆走登州[8]，自此帝允走明州以避辽兵。十二月，辽遣崇禄卿贾咏至高丽贺生辰[9]；◇檀君历三千四百〇七年，〔高丽〕文宗二十八年。九月，王以崔致远五代孙崔善之为都染署史[10]。十一月，高丽遣使如辽进贡[11]。

1075年，乙卯，〔北宋〕神宗熙宁八年，〔辽〕大康一年，〔西夏〕大安一年，☆黄帝历三千七百七十三年。五、六月，宋商王舜满等39人、林宁等35人到高丽献土物。七月，辽东京兵马都部署牒告改咸雍十一年为“大康元年”。十一月，辽遣横宣使、益州管内观察使耶律甫到高丽。十二月，辽遣太傅武达贺高丽文宗生辰[12]；◇檀君历三千四百〇八年，〔高丽〕文宗二十九年。正月，门下侍中崔惟善卒。崔惟善（？—1075）乃崔冲之子。四月，遣刑部侍郎崔奭如辽贺天安节，遣殿中内给事全咸正如辽贺坤宁节，遣殿中侍御史许忠如辽进方物，遣都官员外郎赵惟阜如辽贺正。七月，遣知中枢院事柳洪、尚书右丞李唐鉴与辽勘查边界，不欢而散。是岁，金富轼（1075—1151）出生，其弟金富辙，皆因羡慕三苏而取名[13]。金富轼是高丽著名文人，有《三国史记》传世。

1076年，丙辰，〔北宋〕神宗熙宁九年，〔辽〕大康二年，〔西夏〕大安二年，☆黄帝历

1 敕文、钦赐礼单详见〔韩〕郑麟趾等《高丽史》卷九。
2 诸事见〔韩〕郑麟趾等《高丽史》卷九。
3 参见朝鲜文人徐命膺等编订《御定宋史筌·列传第八十三·外国一·高丽》。
4 明州，今浙江省宁波。事见〔韩〕郑麟趾等《高丽史》卷九；〔清〕徐松《宋会要辑稿·番夷七》，第7855页，中华书局，1957年影印版。
5 参见《辽史·列传第四十五·二国外记·高丽》（卷百十五）。
6 参见朝鲜文人徐命膺等编订《御定宋史筌·列传第八十三·外国一·高丽》。
7 见〔清〕徐松《宋会要辑稿·番夷七》，中华书局，1957年影印版。
8 登州，今山东省蓬莱。
9 事见〔韩〕郑麟趾等《高丽史》卷九。
10 事见〔韩〕郑麟趾等《高丽史》卷九。
11 参见《辽史·列传第四十五·二国外记·高丽》（卷百十五）。
12 诸事见〔韩〕郑麟趾等《高丽史》卷九。
13 参见〔韩〕金台俊原著，张琏瑰译《朝鲜汉文学史》，第50页，社会科学文献出版社，1996年版。

三千七百七十四年。正、二月，东女真归德将军张向等19人、开老等10人至高丽献骏马，东女真可封等20人到高丽献方物。四月，辽遣永州管内观察使萧惟康，如高丽告皇太后崩。十一月，辽遣崇禄卿石宗回至高丽，赠皇太后所遗留衣服、彩缎、银器。十二月，辽遣崇禄卿郭善利至高丽，贺文宗生辰[1]；◇檀君历三千四百〇九年，〔高丽〕文宗三十年。四月，遣户部尚书王锡、刑部侍郎李子威如辽奉慰。八月，遣工部侍郎崔思谅[2]如宋报谢，并献方物。宋神宗特为高丽使臣置馆驿[3]。《宋史·列传第二百四十六·外国三·高丽》（卷四百八十七）载，是岁高丽进伶官十数人，神宗帝曰："夷乐无足观"。

1077年，丁巳，〔北宋〕神宗熙宁十年，〔辽〕大康三年，〔西夏〕大安三年，☆黄帝历三千七百七十五年。二、十一月，东女真怀化将军方镇等20人、东女真归德将军康守等58人至高丽献马。六、九月，宋商林庆等28人、杨从盛等49人至高丽献土物。十二月，辽遣检校太傅杨祥吉至高丽，贺文宗生辰[4]；◇檀君历三千四百一十年，〔高丽〕文宗三十一年。是岁，高丽于洪州贞海县造"安兴亭"，专门接待宋使。

1078年，戊午，〔北宋〕神宗元丰一年，〔辽〕大康四年，〔西夏〕大安四年，☆黄帝历三千七百七十六年。四月，明州教练使顾允恭至高丽，赍牒报北宋神宗将遣使至高丽之意。六月，宋神宗遣左谏议大夫安焘、起居舍人陈睦、丰稷等一行出使高丽。安焘、陈睦自明州[5]分乘二"神舟"号舰，自定海入洋，至高丽礼成江。两钦差入松都[6]会庆殿庭，沿途高丽民众欢呼。文宗适不豫，使左右扶出受诏。安焘、陈睦送钦赐衣带、彩缎、乐器及金银器100多种，共6000余件。钦差入住顺天馆[7]。九月，女真高麻秀等14人投奔高丽。十月，东女真麻里害等23人奔高丽，得改名赐职。十一月，辽宣赐使、益州管内观察使耶律温至高丽。十二月，辽遣卫尉卿吕士安至高丽贺文宗生辰[8]。是岁，北宋制订《高丽入贡仪》[9]；◇檀君历三千四百一十一年，〔高丽〕文宗三十二年。四月，文宗在东林、大云二寺设立祝寿斋，为宋神宗皇帝诞辰祝福[10]。是月，高丽遣使至辽，乞辽赐鸭绿江以东土地，辽大康帝不许[11]。五月，遣工部尚书文晃、户部侍郎崔思训迎宋使于安兴亭[12]。七月，安焘等还，文宗附表谢，且自陈风痹，请医官药材[13]。

1079年，己未，〔北宋〕神宗元丰二年，〔辽〕大康五年，〔西夏〕大安五年，☆黄帝历

1 诸事见〔韩〕郑麟趾等《高丽史》卷九。

2 "崔思谅"在《宋史·列传第二百四十六·外国三·高丽》中记作"崔思训"。但宋代画家郭若虚《图画见闻志》"高丽国"条亦记"丙辰冬，复遣使崔思谅入贡。因将带画工数人，奏请模写相国寺壁画归国，诏许之"。参见〔清〕徐松《宋会要辑稿·番夷七》，第7855页，中华书局，1957年影印版。朝鲜文人徐命膺等编订《御定宋史筌·列传第八十三·外国一·高丽》亦记作"崔思谅"。

3 诸事见〔韩〕郑麟趾等《高丽史》卷九。

4 诸事见〔韩〕郑麟趾等《高丽史》卷九。

5 明州即今浙江省宁波市。

6 松都，今朝鲜开城市。

7 参见《宋史·列传第二百四十六·外国三·高丽》（卷四百八十七）及杨昭全《北宋与高丽的贸易往来与文化交流》，收入中国朝鲜史研究会编《朝鲜历史研究论丛（一）》，延边大学出版社，1987年版。

8 诸事见〔韩〕郑麟趾等《高丽史》卷九。

9 见刘子敏、姜孟山、王世英、金荣国主编《中国正史中的朝鲜史料》（第2卷），第19页，延边大学出版社，1996年版。该书第21页记载仪式详细。

10 参见朝鲜文人徐命膺等编订《御定宋史筌·列传第八十三·外国一·高丽》。

11 参见《辽史·列传第四十五·二国外记·高丽》（卷百十五）。

12 高丽文人记载，宋使安焘、陈睦贪婪，士民多怀念988年出使高丽的钦差吕端一行。参见朝鲜文人徐命膺等编订《御定宋史筌·列传第八十三·外国一·高丽》。

13 诸事见〔韩〕郑麟趾等《高丽史》卷九。

三千七百七十七年。是岁起，北宋对高丽进贡物品不再一一估值，皆定为缣10000匹，并偿其值。二月，东女真酋长屡罗等至高丽献骏马。是月，北宋对船载5000缗货物如高丽贸易者，发给路引，无路引者罪之。四月，西女真须于那等7人至高丽，纳北朝所授职牒，文宗改授元甫职，并赐其金帛。六月，西女真归德将军高乱等20人至高丽献骆驼。七月，宋神宗遣閤门通事舍人王舜封、翰林医官邢慥等88人至高丽，送钦赐药材、药酒等[1]。八月，宋商林庆等29人至高丽献土物。十二月，辽遣起居郎马高俊至高丽贺文宗生辰[2]；◇檀君历三千四百一十二年，〔高丽〕文宗三十三年。三月，遣户部尚书柳洪（？—1091）、礼部侍郎朴寅亮（？—1096）如宋谢赐药材[3]，高丽文人金覲随使节团入北宋[4]。柳洪所献方物（含日本所造车）遇风败船损失，所贡方物失亡殆半，帝谕慰问[5]。

1080年，庚申，〔北宋〕神宗元丰三年，〔辽〕大康六年，〔西夏〕大安六年，☆黄帝历三千七百七十八年。七月，宋遣医官马世安随柳洪使节团至高丽，为文宗诊治[6]。十二月，辽遣永州管内观察使高嗣至高丽贺生辰。是岁，东女真怀化将军刘信等至高丽朝[7]；◇檀君历三千四百一十三年，〔高丽〕文宗三十四年。七月，柳洪等还自宋，神宗帝附敕书8道，其中有褒奖柳洪等句。王依帝敕，释柳洪等过失之罪[8]。

1081年，辛酉，〔北宋〕神宗元丰四年，〔辽〕大康七年，〔西夏〕大安七年，☆黄帝历三千七百七十九年。二月，西女真遮亶至高丽献铁甲、兵仗。二月、八月，宋商林庆等30人、李元绩等68人至高丽献土物。四月，宋人杨震随商船至高丽，自称举子，在半岛屡试不中，被遣还本国。五月，东女真酋长陈顺等23人至高丽献马。八月，西女真漫豆等17人投奔高丽。随后，东女真归德将军胡乾至高丽献马。十一月，辽遣横宣使、利州管内观察使耶律德让至高丽。十二月，辽遣崇禄卿杨移孝至高丽贺生辰[9]；◇檀君历三千四百一十四年，〔高丽〕文宗三十五年。三月，文宗于宋帝诞辰日赐宴于马世安所馆，兼致礼币。四月，遣礼部尚书崔思齐、吏部侍郎李子威如宋，献方物兼谢赐医药[10]。李子威所上表误书辽“大康”年号，宋却之。五月，遣閤门引进使高梦臣如辽，贺天安节。是月，又遣右补阙魏绛如辽谢宣赐生辰。十一月，遣户部郎中河忠济如辽进方物。是月，遣閤门祗候崔周砥，如辽贺正[11]。

1082年，壬戌，〔北宋〕神宗元丰五年，〔辽〕大康八年，〔西夏〕大安八年，☆黄帝历三千七百八十年。八月，宋商陈仪等至高丽献珍宝。十二月，辽遣永州管内观察使李可遂至高丽贺生辰[12]。是岁，北宋史馆修撰曾巩与高丽崔思齐使节团对谈，得高句丽历代国君表，其中有

---

1 参见朝鲜文人徐命膺等编订《御定宋史筌·列传第八十三·外国一·高丽》。
2 诸事及宋帝钦赐药材单子详见〔韩〕郑麟趾等《高丽史》卷九。
3 参见朝鲜文人徐命膺等编订《御定宋史筌·列传第八十三·外国一·高丽》。
4 〔韩〕郑麟趾等《高丽史》卷九十五云：“有金覲者，亦在是行。宋人见寅亮及覲所著尺牍、表状、题咏，称赞不置。至刊二人诗文，号《小华集》”。
5 参见《宋史·列传第二百四十六·外国三·高丽》（卷四百八十七）。
6 参见朝鲜文人徐命膺等编订《御定宋史筌·列传第八十三·外国一·高丽》。
7 诸事见〔韩〕郑麟趾等《高丽史》卷九。
8 诸事见〔韩〕郑麟趾等《高丽史》卷九。
9 诸事见〔韩〕郑麟趾等《高丽史》卷九。
10 参见朝鲜文人徐命膺等编订《御定宋史筌·列传第八十三·外国一·高丽》。
11 事见〔韩〕郑麟趾等《高丽史》卷九。
12 诸事见〔韩〕郑麟趾等《高丽史》卷九。

"高句丽侯（高）驺"在位的记载。该表详见曾巩《元丰类稿》卷三十一《札子六首》[1]；◇檀君历三千四百一十五年，〔高丽〕文宗三十六年。是岁，"高丽大藏经"历时 71 年雕刻完毕，共 5924 卷。现今韩国海印寺藏 8 万大藏经经板和大藏经，朝鲜妙香山历史博物馆亦藏有大藏经印制品。

1083 年，癸亥，〔北宋〕神宗元丰六年，〔辽〕大康九年，〔西夏〕大安九年，☆黄帝历三千七百八十一年。二月，东女真归德将军姚彬、宁远将军方镇等至高丽献马，得赐职。三月，宋赠《大藏经》至高丽，高丽王太子迎接并设道场[2]。八月，辽遣高丽使臣吴仁俊赍敕回，着王勋权知国事。十一月，辽命僧人善知，校对高丽所献佛经，大康帝颁布之[3]；◇檀君历三千四百一十六年，〔高丽〕文宗三十七年，顺宗王勋（1047—1083，字义恭）一年。六月，文宗薨。文宗王徽是贤明的高丽君王，但其恪守高丽王室女子不得下嫁的传统，王女必归之兄弟。高丽的宗族、贵臣亦然。次子王运（后来的高丽宣宗）曰：既通上国，当以礼革旧俗。文宗怒而逐之[4]。是月，顺宗王勋即位。顺宗后宫贞懿王后王氏，宗室平壤公王基之女；顺宗后宫宣禧王后金氏，庆州人，大卿金良俭之女。是月，以文宗薨遣左拾遗、知制诰吴仁俊如辽告哀。是岁开科举，王赐进士明经等 14 人及第。是岁，高丽初设"同知贡举"。顺宗王勋又于十月薨，其弟王运即位，是为高丽宣宗。十一月，以顺宗薨遣侍御史李资仁如辽告哀[5]。

1084 年，甲子，〔北宋〕神宗元丰七年，〔辽〕大康十年，〔西夏〕大安十年，☆黄帝历三千七百八十二年。岁初，高丽文宗薨讯至，宋神宗谕明州[6]佛寺诵经 1 个月。三月，东女真将军分那老等 20 人至高丽献马。四月，辽遣益州管内观察使耶律信[7]至高丽慰问，使广州管内观察使耶律彦至高丽致祭[8]。六月，东女真犯高丽兴海郡。八月，宋遣左谏议大夫杨景略、礼宾使王舜封、书状官李之仪率祭奠使节团至高丽。是月，又遣右谏议大夫钱勰、西上閤门副使宋球等率吊慰使节团至高丽。帝亲试李之仪文才后方遣之。宋球回国著有《高丽事记》[9]；◇檀君历三千四百一十七年，〔高丽〕宣宗王运（1049—1094，字继天）一年。是岁，宣宗册李氏（思肃王后，后称"思肃太后"，本贯仁州，工部尚书李硕之女。献宗生母）为妃。宣宗后宫贞信贤妃李氏，仁州人，乃平章事李预之女，生敬和王后。九月，宣宗于会庆殿三次宴请宋使[10]。

1085 年，乙丑，〔北宋〕神宗元丰八年，〔辽〕大安一年，〔西夏〕大安十一年，☆黄帝历三千七百八十三年。三月，宋密州报至高丽：神宗帝崩，皇太子即位。六月，哲宗帝接见高丽王子义天于垂拱殿，义天奏请游方、问法，诏以主客员外杨杰为馆伴。义天至吴中，诸寺皆迎饯以王臣之礼[11]。义天著有《大宋求法录》，其在杭州修行的寺院即现今"慧因高丽寺"，位于西

1 参见马大正、李大龙、耿铁华、权赫秀《古代中国高句丽历史续论》，第 104 页，中国社会科学出版社，2003 年版。
2 参见拙著《朝鲜半岛汉学史》，第 52–53 页，学苑出版社，2009 年版。
3 见刘子敏、姜孟山、王世英、金荣国主编《中国正史中的朝鲜史料》（第 2 卷），第 69 页，延边大学出版社，1996 年版。
4 参见朝鲜文人徐命膺等编订《御定宋史筌 · 列传第八十三 · 外国一 · 高丽》。
5 诸事见〔韩〕郑麟趾等《高丽史》卷九、十。李资仁使辽告丧事，详见〔韩〕郑麟趾等《高丽史》卷九十五。
6 明州，今浙江省宁波。
7 〔清〕王仁俊《辽文萃》卷四收有《遣耶律信等敕祭高丽王文宗文》。见金毓黻编《辽海丛书》，辽海书社排印本，1931–1934 年。
8 〔清〕王仁俊《辽文萃》卷四收有《遣耶律信等敕祭高丽王顺宗文》。见金毓黻编《辽海丛书》，辽海书社排印本，1931–1934 年。
9 见〔韩〕郑麟趾等《高丽史》卷十。另见《宋史 · 列传第二百四十六 · 外国三 · 高丽》（卷四百八十七）。
10 事见〔韩〕郑麟趾等《高丽史》卷十。
11 见〔韩〕郑麟趾等《高丽史》卷九十。

湖边的三台山路 149 号[1]。九月，辽遣御史中丞李可及至高丽贺生辰不及期。高丽期人嘲之曰："使名'可及'，何不及耶？" 十一月，辽遣落起复使、高州管内观察使耶律盛至高丽。是月，又遣保静军节度使萧璋、崇禄卿温峤等至高丽，册王为"特进检校太师、兼中书令、上柱国、高丽国王"，赐冠冕、车马、圭印、衣带、彩缎[2]；◇檀君历三千四百一十八年，〔高丽〕宣宗二年。四月，王弟释煦（即高丽名僧义天，俗名王煦，乃文宗第四子[3]）随宋商林宁船只入北宋。义天于五月在宋朝密州登陆，入帝京。后入天台山研习佛学，又至杭州慧因寺。《宋史 · 列传第二百四十六 · 外国三 · 高丽》（卷四百八十七）载其"献（佛）经、像"。是月，王命御史魏继廷等分道乘船追义天不及，乃遣礼宾丞郑仅如宋，问过海安否[4]。八月，高丽遣户部尚书金上琦、礼部侍郎崔思文如宋，吊慰宋神宗崩。是月，又遣工部尚书林概[5]、兵部侍郎李资仁如北宋，贺哲宗皇帝登极[6]。《宋史 · 列传第二百四十六 · 外国三 · 高丽》（卷四百八十七）载，高丽使臣求买刑法之书及《开宝通礼》《太平御览》《文苑英华》[7]。宋哲宗诏赐《文苑英华》，其余不准购买[8]，并赐高丽名马、锦绮、金帛。

1086 年，丙寅，〔北宋〕哲宗元祐一年，〔辽〕大安二年，〔西夏〕天安礼定一年，☆黄帝历三千七百八十四年。九月，辽遣守殿中监史洵直，至高丽贺王生辰[9]。是岁，宋哲宗钦赐高丽使臣鞍马、服带；◇檀君历三千四百一十九年，〔高丽〕宣宗三年。二月，德宗敬成王后金氏（？—1086，显宗之女）薨。闰二月，遣卫尉少卿崔思说，如辽贺天安节。是月，又遣殿中少监郭尚如辽献方物，遣户部侍郎金士珍如辽谢贺生辰。五月，遣礼部侍郎崔洪嗣如辽谢落起复。是月，又遣礼宾卿李资智如辽贺正。是月，将遣尚书右丞韩莹为告奏使如辽，旋因与辽领土纠纷而罢之[10]。十一月，遣知中枢院事李子威、尚书左丞黄宗悫，如辽谢册命。是岁，因高丽遣使至宋，奏告国母思念，义天在杭州慧因寺净源法师（1011—1088）门下结束研习，携带 3000 卷佛经回高丽。是岁，高丽定配享文宗庙者：守太尉、门下侍中崔齐颜，守太师兼中书令李子渊[11]，检校太师、门下侍中王宠之，守太尉、中书令崔惟善。

1087 年，丁卯，〔北宋〕哲宗元祐二年，〔辽〕大安三年，〔西夏〕天仪治平一年，☆黄帝历三千七百八十五年。正、二月，东女真将军阿卢汉等 19 人、怪八等 19 人至高丽献土物、骏马。三月，西女真酋长所隐豆等 13 人至高丽献土物，得赐爵。是月，宋商徐戬等 20 人至高丽献新注《华严经》板，乃高丽出高价委托徐戬等在杭州雕刻之《夹注华严经》[12]。四月，宋商傅高等 20 人至高丽献土物。九月，辽遣高州管内观察使高惠至高丽贺生辰[13]；◇檀君历三千四百二十年，

1 笔者夫妇于 2010 年 11 月 13 日前往杭州慧因高丽寺参观。

2 诸事见〔韩〕郑麟趾等《高丽史》卷十，参见《辽史 · 列传第四十五 · 二国外记 · 高丽》（卷百十五）。

3 参见〔韩〕李德懋（1741—1793）《青庄馆全书》卷六十《大觉国师》。

4 事见〔韩〕郑麟趾等《高丽史》卷九十。

5 《宋史 · 列传第二百四十六 · 外国三 · 高丽》记"林概"为"林暨"。

6 诸事见〔韩〕郑麟趾等《高丽史》卷十。

7 参见朝鲜文人李德懋（1741—1793）《青庄馆全书》卷五十五《中国书来东国》。

8 参见朝鲜文人徐命膺等编订《御定宋史筌 · 列传第八十三 · 外国一 · 高丽》。

9 事见〔韩〕郑麟趾等《高丽史》卷十。

10 诸事见〔韩〕郑麟趾等《高丽史》卷十。

11 李子渊，本贯仁州。〔韩〕郑麟趾等《高丽史》卷九十五"李子渊"云："其先新罗大官，奉命入唐，天子嘉之，赐姓李"。李子渊三女皆配高丽文宗，长女即 1092 年薨逝的仁睿顺德王后，次女为仁敬贤妃，三女为仁节贤妃。

12 事见〔韩〕郑麟趾等《高丽史》卷十"宣宗四年"。

13 诸事见〔韩〕郑麟趾等《高丽史》卷十。

〔高丽〕宣宗四年。正月，遣告奏使秘书监林昌概如辽。三月，又遣密进使、閤门引进使金汉忠如辽朝贡。十月，遣告奏使礼宾少卿柳伸如辽。十一月，遣卫尉少卿庾哲如辽谢贺生辰，遣殿中少监金德均如辽献方物。十二月，遣刑部侍郎崔翥如辽贺天安节[1]。

1088年，戊辰，〔北宋〕哲宗元祐三年，〔辽〕大安四年，〔西夏〕天仪治平二年，☆黄帝历三千七百八十六年。正月，辽遣横宣使、御史大夫耶律延寿至高丽。三月，辽免高丽岁贡。五、七月，北宋明州归高丽罗州漂风人杨福等男女23人、耽罗[2]漂风人10人。五月，辽东京回礼使检校右散骑常侍高德信至高丽。十月，辽遣太常少卿郑硕至高丽贺生辰。是岁，辽使共赐高丽羊2000只、车23辆、马3匹[3]。是岁，辽免高丽岁贡[4]；◇檀君历三千四百二十一年，〔高丽〕宣宗五年。九月，遣太仆少卿金先锡如辽，乞罢榷场[5]。

1089年，己巳，〔北宋〕哲宗元祐四年，〔辽〕大安五年，〔西夏〕天仪治平三年，☆黄帝历三千七百八十七年。八月，宋明州归高丽漂风人李勤甫等24人。八、十一月，东女真归德将军西害等14人、高舍等21人至高丽献马。九月，辽遣永州管内观察使杨璘至高丽贺生辰。十月，宋商杨注等40人、徐成等59人及李珠、杨甫、杨俊等127人至高丽献土物[6]；◇檀君历三千四百二十二年，〔高丽〕宣宗六年。正月，高丽遣使如辽进贡[7]。九月，以天元节宴辽使，宣宗亲制贺圣朝词[8]。是岁，僧统[9]义天遣僧寿介，持两金佛入杭州，称高丽宣宗妃为大宋两宫祝寿，知州苏轼奏而却之[10]。但《四库全书》所载寿介献金佛的理由，是义天为纪念已圆寂的师傅、杭州慧因寺源净法师[11]。义天并献高丽版《华严经》300卷于杭州慧因寺。

1090年，庚午，〔北宋〕哲宗元祐五年，〔辽〕大安六年，〔西夏〕天仪治平四年，☆黄帝历三千七百八十八年。二月，东女真秃达等34人至高丽朝拜。二、九月，东女真都领也沙等39人、东女真怀化将军阿于大等15人分别至高丽献马。三月，宋商徐成等150人至高丽献土物。九月，辽遣利州管内观察使张师说等31人，赍御制《天庆寺碑文》至高丽贺生辰。十二月，辽遣横宣使益州管内观察使耶律利称至高丽[12]；◇檀君历三千四百二十三年，〔高丽〕宣宗七年。七月，遣户部尚书李资义、礼部侍郎魏继廷[13]如北宋谢恩兼进奉[14]。宋哲宗钦赐高丽银器5000两[15]。十一月，高丽遣使如辽进贡[16]。

1091年，辛未，〔北宋〕哲宗元祐六年，〔辽〕大安七年，〔西夏〕天祐民安一年，☆黄帝

1 诸事见〔韩〕郑麟趾等《高丽史》卷十。
2 耽罗，今韩国济州岛。
3 诸事见〔韩〕郑麟趾等《高丽史》卷十。
4 参见《辽史·列传第四十五·二国外记·高丽》(卷百十五)。
5 事见〔韩〕郑麟趾等《高丽史》卷十。〔清〕王仁俊《辽文萃》卷一收有《复高丽王论停榷场诏》。见金毓黻编《辽海丛书》，辽海书社排印本，1931–1934年。
6 诸事见〔韩〕郑麟趾等《高丽史》卷十。
7 参见《辽史·列传第四十五·二国外记·高丽》(卷百十五)。
8 事见〔韩〕郑麟趾等《高丽史》卷十。
9 僧统，高丽王朝僧人的最高级别。
10 参见《宋史·列传第二百四十六·外国三·高丽》(卷四百八十七)。
11 参见〔明〕吴之鲸《武林梵志》卷三，文渊阁四库全书本。
12 诸事见〔韩〕郑麟趾等《高丽史》卷十。
13 参见〔韩〕郑麟趾等《高丽史》卷九十五。.
14 参见朝鲜文人徐命膺等编订《御定宋史筌·列传第八十三·外国一·高丽》。
15 事见《宋史·列传第二百四十六·外国三·高丽》(卷四百八十七)，参见〔韩〕郑麟趾等《高丽史》卷十。
16 参见《辽史·列传第四十五·二国外记·高丽》(卷百十五)。

历三千七百八十九年。二月，辽东京持礼回谢使、礼宾副使乌耶吕至高丽。三月，东女真宁塞将军皆多汉等40人至高丽献驼及马。九月，辽遣永州管内观察使高崇至高丽贺生辰[1]；◇檀君历三千四百二十四年，〔高丽〕宣宗八年。六月，李资义还自宋，言："帝闻我国书籍多好本，命馆伴书所求书目录授之"。李资义赍回北宋书籍中，有干宝《搜神记》[2]。八月，宣宗制曰："宋人田盛善书札、(田) 东养有武艺，敦请留止且加职秩以劝来"[3]。

1092年，壬申，〔北宋〕哲宗元祐七年，〔辽〕大安八年，〔西夏〕天祐民安二年，☆黄帝历三千七百九十年。正、十二月，东女真阿卢汉等20人、余罗弗等20人至高丽献土物。二月，东女真怀化将军三彬至高丽献马。四月，辽东京持礼使高良庆至高丽。九月，辽遣王鼎至高丽贺生辰[4]；◇檀君历三千四百二十五年，〔高丽〕宣宗九年。七月，遣兵部尚书黄宗悫、工部侍郎柳伸如北宋谢恩，献《黄帝针经》并求购书籍多种。礼部尚书苏轼引用汉朝故事，坚决反对卖书给高丽人，但黄宗悫等终购得《册府元龟》还[5]。九月，文宗妃李氏（仁睿顺德太后，？—1092，本贯仁州，中书令李子渊之女）薨。

1093年，癸酉，〔北宋〕哲宗元祐八年，〔辽〕大安九年，〔西夏〕天祐民安三年，☆黄帝历三千七百九十一年。正月，宋哲宗颁布高丽所献《黄帝针经》。二月，宋遣明州报信使黄仲至高丽。四月，辽遣高州管内观察使冯行宗至高丽命王起复。九月，辽遣永州管内观察使大归仁至高丽贺生辰，并送钦赐高丽羊多头[6]。十二月，辽遣横宣使、安州管内观察使耶律括至高丽[7]；◇檀君历三千四百二十六年，〔高丽〕宣宗十年。七月，西海道捕获海船1艘，内有宋人12名、倭人19名，并有弓箭、刀剑、珍珠、硫磺等，高丽一并流放之[8]。

1094年，甲戌，〔北宋〕哲宗元佑九年，绍圣一年，〔辽〕大安十年，〔西夏〕天祐民安四年，☆黄帝历三千七百九十二年。三月，东女真将军仍于等至高丽献马9匹。六月，宋都纲徐佑等69人至高丽贺即位并献土物。七月，宋都纲徐义等至高丽献土物。八月，宋都纲欧保刘、杨保等64人至高丽。十二月，辽遣萧遵烈、梁祖述率使节团至高丽，吊祭宣宗并慰问，册封献宗[9]；◇檀君历三千四百二十七年，〔高丽〕宣宗十一年。五月，宣宗薨，其子王昱即位，是为高丽献宗。

1095年，乙亥，〔北宋〕哲宗绍圣二年，〔辽〕寿昌（隆）一年，〔西夏〕天祐民安五年，☆黄帝历三千七百九十三年。二月，宋慈恩宗僧惠珍与宋商31人至高丽，东女真怀化将军所罗等28人、奉国将军豆门等48人至高丽献马。五月，辽东京回礼使高遂至高丽，辽赠高丽彩缎甚多。八月，宋商陈义、黄宜等62人至高丽献土物。十一月，辽遣刘直至及李惟信赍敕至高丽，贺前王（献宗）生辰[10]；◇檀君历三千四百二十八年，〔高丽〕献宗王昱（1084—1097）一年。

---

1 诸事见〔韩〕郑麟趾等《高丽史》卷十。

2 事见〔韩〕郑麟趾等《高丽史》卷十"宣宗八年"。

3 诸事及北宋哲宗帝所求书目，见〔韩〕郑麟趾等《高丽史》卷十。

4 诸事见〔韩〕郑麟趾等《高丽史》卷十。

5《宋史·列传第二百四十六·外国三·高丽》（卷四百八十七）记黄宗悫朝贡北宋是在"(元祐) 七年"。参见朝鲜文人徐命膺等编订《御定宋史筌·列传第八十三·外国一·高丽》。

6 参见《辽史·列传第四十五·二国外记·高丽》（卷百十五）。

7 诸事见〔韩〕郑麟趾等《高丽史》卷十。

8 事见〔韩〕郑麟趾等《高丽史》卷十。

9 诸事见〔韩〕郑麟趾等《高丽史》卷十。

10 诸事见〔韩〕郑麟趾等《高丽史》卷十。

七月，高丽用辽“寿昌（隆）”年号。十月，献宗退位，居后宫。其叔父、文宗第三子王熙即位，是为高丽肃宗。肃宗二年（1097），献宗薨于后宫，年十四。是月，遣左司郎中尹瓘、刑部侍郎任懿如辽，上前王禅让表。十一月，遣崔惟举如辽进奉，遣崔用圭如辽贺正，遣董彭载如辽贺天安节。十二月，辽使刘直回国，高丽附前王表以送。

1096年，丙子，〔北宋〕哲宗绍圣三年，〔辽〕寿昌（隆）二年，〔西夏〕天祐民安六年，☆黄帝历三千七百九十四年。正月至三月，东女真阿夫汉等179人及荣孙等17人、西女真阿罗火及下夫奂等49人至高丽献土物。五月，辽东京持礼使礼宾副使高良定至高丽。六、八月，东女真荣孙等17人、卧突乙、古马要等至高丽。十月，宋商洪辅等30人至高丽献土物。十二月，辽遣李惟信至高丽贺前王生辰[1]；◇檀君历三千四百二十九年，〔高丽〕肃宗王熙（又名“王颙”，1054—1105，字天常）一年。二月，遣谢恩兼告奏使禹元龄如辽，又遣持礼使高民翼如辽东京[2]。九月，肃宗御宣政殿引见宋僧惠珍，赐食于翰林院。随后以宋僧省聪、惠珍为“明悟三重大师”。是月，右仆射、参知政事朴寅亮卒。朴寅亮（？—1096），字代天，号小华，本贯竹州（一说平州）。1075年，辽欲过鸭绿江修保州城[3]，朴寅亮撰《陈情表》感动辽主[4]。1080年，与户部尚书柳洪如宋，北宋君臣极欣赏朴寅亮文采，至刊印其诗文，名《小华集》[5]。十月，遣吴延宠如辽贺天安节。十一月，遣苏忠如辽进奉，遣白可臣如辽贺正[6]。是岁，释义天（俗名王煦，高丽文宗第四子）建立半岛天台宗。

1097年，丁丑，〔北宋〕哲宗绍圣四年，〔辽〕寿昌（隆）三年，〔西夏〕天祐民安七年，☆黄帝历三千七百九十五年。辽遣横宣使、海州防御使耶律括至高丽赐病重前王衣缎、鞍马、弓箭，正月始到达。二月始，东女真卧突、卧英等7人等至高丽。东女真未应等24人、沙好罗等23人、令波等25人、阿夫等25人、昌昆、要真、古豆至高丽朝拜。六月，宋商慎奂等36人至高丽。是月，宋归高丽漂风子信等3人。七月，东女真船10艘入镇溟县，与判官姜拯战。十二月，辽遣耶律思齐、李湘至高丽，赐玉册、圭印、冠冕、车辂、章服、鞍马、匹段，册王“特进检校太尉兼中书令、上柱国、高丽国王”[7]；◇檀君历三千四百三十年，〔高丽〕肃宗二年。二月，前王（献宗）薨。十一月，遣庾惟佑如辽，谢贺前王生辰。是月，遣毕公赞进方物，又遣林有文贺正。是岁，遣安仁鉴如辽贺天安节，遣柳泽谢横宣[8]。是岁，高丽铸铜钱，计有“三韩通宝”、“海东通宝”、“海东重宝”等[9]。是岁，肃宗册柳氏（明懿太后，？—1112，本贯贞州，门下侍中柳洪之女）为王妃。

1098年，戊寅，〔北宋〕哲宗绍圣五年，元符一年，〔辽〕寿昌（隆）四年，〔西夏〕天祐

1 诸事见〔韩〕郑麟趾等《高丽史》卷十一。
2 辽东京，今辽宁省辽阳。
3 保州，又称“抱州”，今朝鲜新义州附近的“义州”。
4 〔清〕王仁俊《辽文萃》卷二收有《高丽朴寅亮陈情表》，标注年月为“寿隆二年”。见金毓黻编《辽海丛书》，辽海书社排印本，1931–1934年。
5 见〔韩〕郑麟趾等《高丽史》卷九十五。
6 诸事见〔韩〕郑麟趾等《高丽史》卷十一。
7 诸事见〔韩〕郑麟趾等《高丽史》卷十一。
8 诸事见〔韩〕郑麟趾等《高丽史》卷十一。
9 参见杨昭全《北宋与高丽的贸易往来与文化交流》，收入中国朝鲜史研究会编《朝鲜历史研究论丛（一）》，延边大学出版社，1987年版；朝鲜文人徐命膺等编订《御定宋史筌·列传第八十三·外国一·高丽》。

民安八年，☆黄帝历三千七百九十六年。二、三、四月，东女真昌昆、要真、古豆至高丽朝。十一月，宋商洪保等20人至高丽。十二月，辽遣左谏议大夫告符至高丽贺生辰；◇檀君历三千四百三十一年，〔高丽〕肃宗三年。七月，遣尹瓘、赵珪如北宋，告嗣位并进方物[1]。十月，遣知枢密院事金庸、礼部侍郎曹杨休，如辽谢封册。是月，遣金若冲如辽贺天安节。十一月，遣王暇、尹继衡如辽进方物，遣蒋宁如辽贺正。十二月，肃宗颁宋朝《开宝正礼》于礼部[2]。

1099年，己卯，〔北宋〕哲宗元符二年，〔辽〕寿昌（隆）五年，〔西夏〕永安一年，☆黄帝历三千七百九十七年。二月，宋哲宗诏许高丽举子参加宾贡科举。四月，辽遣横宣使、宁州管内观察使萧朗至高丽，兼赐《大藏经》，此即辽朝赐高丽之“辽藏”。六月，宋遣高丽使臣尹瓘赍敕还。是月，宋归高丽耽罗[3]败船人赵暹等6人。十月，东女真阿老火等26人至高丽。十二月，辽遣大淑至高丽贺生辰。是月，辽东京持礼回谢使大义至高丽[4]；◇檀君历三千四百三十二年，〔高丽〕肃宗四年。九月，遣持礼使邵师奭如辽东京[5]，又遣文冠如辽贺天安节。十月，遣李寿如辽谢贺生辰。是月，遣告奏兼密进使文翼，如辽请赐册命。是月，遣韩彝如辽进方物，遣赵臣浚如辽贺正[6]。

1100年，庚辰，〔北宋〕哲宗元符三年，〔辽〕寿昌（隆）六年，〔西夏〕永安二年，☆黄帝历三千七百九十八年。正月，东女真将军表于乃等60人至高丽。五月，宋明州牒报至高丽：哲宗皇帝崩，皇弟、端王赵佶立。是月，辽遣张臣言至高丽，册高丽肃宗为“三韩国公”[7]。九月，宋都纲李琦等30人至高丽。十月，辽遣萧好古、高士宁至高丽册王太子。十二月，辽遣太仆卿王执中至高丽，贺王生辰[8]；◇檀君历三千四百三十三年，〔高丽〕肃宗五年。六月，遣尚书任懿、侍郎白可臣如北宋，吊慰哲宗帝崩。七月，遣尚书王暇、侍郎吴延宠如北宋，贺徽宗帝登极[9]。九月，遣礼部郎中李载如辽谢诏谕，遣朴浩如辽贺天安节。李载（后改名“李轨”，？—1122）回国后，以大觉国师属孔目官李复请献金钟事罢职[10]。十一月，遣金侯善如辽谢贺生辰。是月，又遣金龟年如辽谢恩，遣赫连挺如辽献方物，遣崔善纬如辽贺正[11]。

1101年，辛巳，〔北宋〕徽宗建中靖国一年，〔辽〕寿昌（隆）七年，乾统一年，〔西夏〕贞观一年，☆黄帝历三千七百九十九年。正月，辽东京持礼使、礼宾副使高克少出使高丽。是月，宋人邵珪、陆廷俊、刘伋投奔高丽。是月，东女真余罗弗沙温等75人至高丽献土物。二月，东女真伊位村都领怪夫等30人至高丽朝。三月，辽遣检校右散骑常侍耶律毂至高丽，告道宗帝崩及燕国公耶律延禧嗣位。四月，女真毯工古舍毛等6人投奔高丽，得赐田宅。五月，宋遣高丽使臣任懿、白可臣赍诏还，帝赐高丽《神医补救方》。六月，宋遣高丽使臣王暇、吴延宠还，

1 参见朝鲜文人徐命膺等编订《御定宋史筌·列传第八十三·外国一·高丽》。
2 诸事见〔韩〕郑麟趾等《高丽史》卷十一。
3 耽罗，今韩国济州岛。
4 诸事见〔韩〕郑麟趾等《高丽史》卷十一。
5 辽东京，今辽宁省辽阳。
6 诸事见〔韩〕郑麟趾等《高丽史》卷十一。
7 参见《辽史·列传第四十五·二国外记·高丽》（卷百十五）。脱脱等《辽史》卷二十六记为封高丽肃宗长子为“三韩国公”。
8 诸事见〔韩〕郑麟趾等《高丽史》卷十一。
9 参见《宋史·列传第二百四十六·外国三·高丽》（卷四百八十七）。
10 事见〔韩〕郑麟趾等《高丽史》卷九十七。
11 诸事见〔韩〕郑麟趾等《高丽史》卷十一。

帝赐高丽《太平御览》1000 卷[1]。十二月，辽遣高州管内观察使高德信至高丽贺生辰，遣崇禄卿吴佺至高丽致道宗遗留衣带、匹段。是岁，东女真乃巴只村归德将军甫马、弓汉，伊忽村都领麻浦、广滩村将军骨夫等 55 人至高丽[2]；◇檀君历三千四百三十四年，〔高丽〕肃宗六年。二月，致仕参知政事慎修（？—1101）卒，王遣使吊祭，谥“恭献”。慎修本北宋人，颇有学识，尤精于医。四月，遣大府少卿王公胤、阁门使鲁作公，如辽吊慰。九月，遣同知枢密院事郭尚、尚书左丞许庆，如辽贺天祚帝即位[3]。是岁，高丽造“银瓶”作为货币，重 1 斤，值布百匹。

1102 年，壬午，〔北宋〕徽宗崇宁一年，〔辽〕乾统二年，〔西夏〕贞观二年，☆黄帝历三千八百年。四月，东女真酋长盈歌遣使至高丽朝，“盈歌”即后来的金朝穆宗。六月以后，宋商黄朱等 52 人、徐修等 3 人、朱保等 40 余人、林白徇等 20 人至高丽。十一月，东女真盈歌遣使至高丽请银器匠。十二月，辽遣横宣使、归州管内观察使萧轲至高丽，又遣中书舍人孟初至高丽贺生辰。是岁，东女真安旦分、那老等 18 人至高丽，西女真阿号罗等 15 人、高舍等 18 人至高丽献土物。是岁，东女真霜昆等 30 人、酋长古罗骨等 30 人至高丽献马[4]；◇檀君历三千四百三十五年，〔高丽〕肃宗七年。三月，知奏事尹瓘知贡举，司宰卿李宏同知贡举，肃宗召试投高丽的宋进士章忱，赐别头乙科及第，仍赐红牌鞍马[5]。十月，高丽于平壤寻箕子坟茔，建立箕子祠堂而祭祀之，此是半岛有记载的祭祀箕子之始[6]。是月，遣安子恭如辽贺天兴节，遣杨信孚如辽谢贺生辰，遣郭峻穆如辽进方物，遣金泽先如辽贺正[7]。是岁，铸“海东通宝”、“三韩通宝”、“重宝”，但高丽人并不习惯使用，流通不广[8]。

1103 年，癸未，〔北宋〕徽宗崇宁二年，〔辽〕乾统三年，〔西夏〕贞观三年，☆黄帝历三千八百〇一年。正月，宋明州教练使张宗闵、许从等与纲首杨炤等 38 人至高丽。是月，东女真高罗骨等 30 人、西女真芒闲等 24 人至高丽。二月，东女真将军高夫老等 30 人至高丽献马。六月，宋徽宗遣国信使、户部侍郎刘逵及给事中吴栻出使高丽，赐王衣带、匹段、金玉器、弓矢、鞍马等物[9]。宋医官牟介、吕丙、陈尔猷、范之才等 4 人同至高丽，馆于兴盛宫，培训医生。吴栻回国后著有《鸡林记》20 卷[10]，记事官孙穆回国后著有《鸡林类事》，其中有用汉语记录的高丽语词 300 多个。是月，辽遣报册使边唐英赍诏至高丽。七月，东女真酋长昆豆遣人献黄毛 1 万条于高丽。是月，东女真太师盈歌遣使，送高丽医生至半岛。十月，辽东京回礼使、礼宾副使高维玉至高丽。十二月，辽遣乌兴庆至高丽贺生辰。是岁，东女真豆门恢八等 90 人、东女真将军豆门小等 30 人至高丽献土物[11]；◇檀君历三千四百三十六年，〔高丽〕肃宗八年。二月，

1　参见朝鲜文人徐命膺等编订《御定宋史筌 · 列传第八十三 · 外国一 · 高丽》。
2　诸事见〔韩〕郑麟趾等《高丽史》卷十一。
3　诸事见〔韩〕郑麟趾等《高丽史》卷十一。
4　诸事见〔韩〕郑麟趾等《高丽史》卷十一。
5　见〔韩〕郑麟趾等《高丽史》卷七十三。
6　参见杨昭全、何彤梅《中国—朝鲜韩国关系史（上）》，第 16 页，天津人民出版社，2001 年版；〔韩〕郑麟趾等《高丽史》卷六十三。
7　诸事见〔韩〕郑麟趾等《高丽史》卷十一。
8　参见《宋史 · 列传第二百四十六 · 外国三 · 高丽》（卷四百八十七）及翦伯赞主编《中外历史年表》，第 338 页，中华书局，2008 年版。
9　参见朝鲜文人徐命膺等编订《御定宋史筌 · 列传第八十三 · 外国一 · 高丽》。
10　参见《宋史 · 列传第二百四十六 · 外国三 · 高丽》（卷四百八十七）。
11　诸事见〔韩〕郑麟趾等《高丽史》卷十二。

高丽《禅宗六祖慧能大师顶相东来缘起（碑）》竖立，撰文者僧人觉训。该文追述，新罗朗州郡云岩寺和尚三法，于唐玄宗开元五年（717）五月至大唐韶州宝林寺，与在此的另一新罗僧人金大悲合谋，盗割六祖塔内禅宗六祖慧能肉身头颅，并于当年十一月运往新罗[1]。九月，遣李继膺、朴景绰如辽贺加上尊号。十月，以徽宗皇帝天宁节，王命太子[2]设斋于奉恩寺，宋医官牟介等往观之。王赐牟介等酒、币。是月，遣宋琳如辽贺天兴节，遣金国珍如辽谢横宣。十一月，遣崔继芳如辽谢贺生辰，遣赵卿如辽进方物，遣沈侯如辽贺正[3]。

1104年，甲申，〔北宋〕徽宗崇宁三年，〔辽〕乾统四年，〔西夏〕贞观四年，☆黄帝历三千八百〇二年。正月，东女真男女1753人投奔高丽。是月，东女真酋长乌雅束遣石适欢经略曷懒甸[4]一带。高丽以门下侍郎、平章事林干判东北面行营兵马事，向北推进。乌雅束大怒，命石适欢发兵攻之，骑兵至高丽，屯定州关外。石适欢与林干战于曷懒甸，高丽大败。高丽将军尹瓘与女真再战，高丽军死伤陷没者过半。后女真自毁场寨，公兄之助等乞和[5]。四月，辽遣耶律嘉谟、夏资睦至高丽，册王“特进检校太尉兼中书令、上柱国、高丽国王”。又遣耶律师傅、张织至高丽，册王太子。八月，宋都纲周颂等至高丽献土物。十月，辽东京大王耶律淳遣使至高丽。十二月，辽遣马直温至高丽贺生辰。是岁，西女真从昆等30人、居罗弗麻浦等49人至高丽，献土物[6]；◇檀君历三千四百三十七年，〔高丽〕肃宗九年。七月，遣枢密院使崔弘嗣、秘书监郑文，如宋谢恩、进方物[7]。十月，遣智宠延如辽贺天兴节，遣文冠如辽谢贺封册，遣崔璇如辽谢贺生辰，遣金汉公如辽进奉，遣崔德恺如辽贺正。十一月，遣密进使金沽如辽[8]。

1105年，乙酉，〔北宋〕徽宗崇宁四年，〔辽〕乾统五年，〔西夏〕贞观五年，☆黄帝历三千八百〇三年。九月，辽人霜丘投高丽；◇檀君历三千四百三十八年，〔高丽〕肃宗十年。十月，肃宗薨，其子王俣继位，是为高丽睿宗。是月，遣中书舍人金缘如辽告哀。是月，遣刑部侍郎崔纬如辽贺天兴节。

1106年，丙戌，〔北宋〕徽宗崇宁五年，〔辽〕乾统六年，〔西夏〕贞观六年，☆黄帝历三千八百〇四年。正月，辽遣祭奠使耶律演、左企弓至高丽，辽遣吊慰使耶律忠、刘企常至高丽，又遣刘鼎臣至高丽命王起复。二月，辽遣横宣使至高丽。三月，辽归高丽军宗志等12人，甲申（1104）之战没于东蕃、逃入辽者也。十一月，西女真亡闲等至高丽[9]。是岁，东女真（金）遣杯鲁至高丽；◇檀君历三千四百三十九年，〔高丽〕睿宗王俣（1079—1122，字世民）一年。睿宗后宫敬和王后李氏，乃宣宗之女。睿宗尊生母、肃宗妃柳氏（明懿太后，？—1112，本贯贞州，门下侍中柳洪之女）为王太后。十月，遣侍郎金宝威、郎将李璹如辽谢赐祭。是月，遣礼宾少卿崔洙如辽贺天兴节。十一月，遣金义方如辽谢横宣[10]。《宋史·列传第二百四十六·外

1　见〔韩〕崔致远原著，崔英成译注《崔致远全集·四山碑铭》，第367−375页，亚细亚文化社，1998年版。觉训的说法没有事实依据，禅宗六祖慧能（638—713）的肉身至今端坐于广东省韶关的南华寺，并没有被破坏的记载。

2　忠烈王以前高丽国王的王世子皆称“太子”。

3　诸事见〔韩〕郑麟趾等《高丽史》卷十二。

4　曷懒甸，今朝鲜咸镜南道定坪。

5　参见《金史·列传第七十三·外国（下）·高丽》（卷一百三十五）。

6　诸事见〔韩〕郑麟趾等《高丽史》卷十二。

7　参见朝鲜文人徐命膺等编订《御定宋史筌·列传第八十三·外国一·高丽》。

8　诸事见〔韩〕郑麟趾等《高丽史》卷十二。

9　诸事见〔韩〕郑麟趾等《高丽史》卷十二。

10　诸事见〔韩〕郑麟趾等《高丽史》卷十二。

国三·高丽》（卷四百八十七）载，高丽王俣立，“贡使接踵，且令士子金瑞等5人入太学，朝廷为置博士”。是岁，高丽遣黑欢方石至金，贺金康宗继位[1]。

1107年，丁亥，〔北宋〕徽宗大观一年，〔辽〕乾统七年，〔西夏〕贞观七年，☆黄帝历三千八百〇五年。正月，辽遣高存寿至高丽，贺生辰并赐《大藏经》[2]，此乃辽朝再次赐高丽之“辽藏”。十二月，东女真遭到高丽大军的突然袭击，东女真袅乙乃等3230人投高丽[3]。是岁，东女真遣使至高丽报聘，并请刷还女真流民。高丽诈云：“使使至境上，受之”。金康宗信以为真，乃遣完颜部阿聒、乌林答部胜昆。阿聒、胜昆至高丽境上，高丽杀二金使。金遣斡塞率大军攻高丽，高丽大败，乞和[4]；◇檀君历三千四百四十年，〔高丽〕睿宗二年。六月，遣考工郎中朴景伯至辽贺天兴节，遣刑部员外郎李韶永如辽谢贺生辰，遣起居舍人朴景中如辽贺正，遣侍御史河彦硕如辽进方物。十二月，高丽以尹瓘为元帅、吴延宠为副元帅，率高丽17万大军击曷懒甸[5]女真，并在今朝鲜咸镜南道和两江道南端修筑咸州[6]、英州9座城池[7]。

1108年，戊子，〔北宋〕徽宗大观二年，〔辽〕乾统八年，〔西夏〕贞观八年，☆黄帝历三千八百〇六年。正月，辽遣崇禄卿曹勇义至高丽贺生辰。二月，辽遣崇禄卿张掞至高丽命王落起复。四月，辽遣清安军节度使萧良、益州管内观察使李仁洽，赍诏至高丽册睿宗“三韩国公”，追册其父肃宗为“高丽国王”[8]。八月，西女真酋长奴好等25人至高丽。十二月，辽遣横宣使检校司徒耶律宁至高丽[9]；◇檀君历三千四百四十一年，〔高丽〕睿宗三年。二月，遣户部侍郎王维如宋告奏。七月，遣刑部尚书金商佑、礼部侍郎韩皦如，如宋献方物[10]。十月，遣李德羽如辽贺天兴节。十一月，遣黄元道如辽谢落起复，遣崔赟如辽谢贺生辰。是月，遣徐佑如辽献方物并谢册封。是岁，尹瓘、吴延宠再与女真战，胜而得升迁[11]。

1109年，己丑，〔北宋〕徽宗大观三年，〔辽〕乾统九年，〔西夏〕贞观九年，☆黄帝历三千八百〇七年。正月，辽遣大永信至高丽贺生辰。四月，东女真遣史显议和。六月，宋遣高丽使臣金商佑、韩皦如、慎安之赍诏回。六、八月，东女真使者褭弗、史显等至高丽。十二月，宋教练使、明州都知兵马使任郭等至高丽[12]；◇檀君历三千四百四十二年，〔高丽〕睿宗四年。二月，遣李汝霖如辽，奏新筑东界九城。七月，遣都官郎中李国琼如辽，奏还女真九城。十二月，高丽遣使如辽进贡[13]。是岁，曷懒甸一带复归东女真控制[14]。是岁，高丽扩充国子监。

1110年，庚寅，〔北宋〕徽宗大观四年，〔辽〕乾统十年，〔西夏〕贞观十年，☆黄帝历

1 参见《金史·列传第七十三·外国（下）·高丽》（卷一百三十五）。
2 参见〔韩〕郑麟趾等《高丽史》卷十二及拙著《朝鲜半岛汉学史》，第52页，学苑出版社，2009年版。
3 诸事见〔韩〕郑麟趾等《高丽史》卷十二。
4 参见《金史·列传第七十三·外国（下）·高丽》（卷一百三十五）。
5 曷懒甸，今朝鲜咸镜南道定坪。
6 咸州，今朝鲜咸兴。
7 事见〔韩〕郑麟趾等《高丽史》卷十二、卷九十六《尹瓘传》。
8 参见《辽史·列传第四十五·二国外记·高丽》（卷百十五）。
9 诸事见〔韩〕郑麟趾等《高丽史》卷十二。
10 参见朝鲜文人徐命膺等编订《御定宋史筌·列传第八十三·外国一·高丽》。
11 诸事见〔韩〕郑麟趾等《高丽史》卷十二。
12 诸事见〔韩〕郑麟趾等《高丽史》卷十三。
13 参见《辽史·列传第四十五·二国外记·高丽》（卷百十五）。
14 诸事见〔韩〕郑麟趾等《高丽史》卷十三。

三千八百〇八年。正月，辽遣卫尉卿李逢辰赍诏至高丽贺生辰。是月，辽遣高丽使臣李国琼赍诏还。二月，女真万寿等13人至高丽朝。六月，宋遣兵部侍郎王襄、中书舍人张邦昌赍徽宗皇帝手书诏至高丽，并送钦赐衣带、彩缎、金玉、弓箭等[1]。六、七月，宋商李荣等38人、池贵等42人至高丽。十月，西女真古伋果下等98人至高丽，献骏马57匹。十一月，东女真史显等12人至高丽朝[2]；◇檀君历三千四百四十三年，〔高丽〕睿宗五年。七月，宋使王襄、张邦昌还，王附表谢恩。是岁，睿宗接受道士李仲若的建议，建立"福源观"。这是朝鲜半岛第一个道观。自此，高丽、朝鲜始有贴门神之习俗。李仲若曾入宋，师从黄大忠、周与龄研习道法。

1111年，辛卯，〔北宋〕徽宗政和一年，〔辽〕天庆一年，〔西夏〕贞观十一年，☆黄帝历三千八百〇九年。正月，辽遣泰州管内观察使大仲宣至高丽贺生辰。十二月，辽遣横赐使、检校司空萧遵礼至高丽宣诏[3]；◇檀君历三千四百四十四年，〔高丽〕睿宗六年。七月，遣枢密院副使金缘、少府监林有文，如北宋入贡[4]，金富辙为书状官。十月，遣刑部侍郎李资德如辽贺天兴节。十一月，遣礼部侍郎李珣如辽谢贺生辰，遣殿中监金缜如辽献方物，遣礼宾少卿文公彦如辽贺正[5]。

1112年，壬辰，〔北宋〕徽宗政和二年，〔辽〕天庆二年，〔西夏〕贞观十二年，☆黄帝历三千八百一十年。正月，辽遣永州管内观察使刘公允至高丽贺生辰。十一月，辽东京回谢持礼使、礼宾副使谢善至高丽[6]；◇檀君历三千四百四十五年，〔高丽〕睿宗七年。四月，睿宗亲制《牡丹诗》，命大臣和之。朝鲜文人郑麟趾等《高丽史》卷十三面二十三记载说："显宗尝手植牡丹于楼（禁中绣楼）前，自德宗至肃宗，皆有咏花诗，又有从臣应制"。可见睿宗乃写咏花诗的第八位高丽国王。七月，王太后、肃宗妃柳氏（明懿太后，？—1112，本贯贞州，门下侍中柳洪之女）薨。八月，遣殿中监李德羽，如辽告王母薨逝之哀。十月，遣礼部侍郎金缜如辽贺天兴节，遣工部侍郎李宠鳞如辽谢横赐，遣户部侍郎康悦如辽谢贺生辰。十一月，遣礼宾少卿崔俶如辽献方物，遣刑部侍郎许之奇如辽贺正[7]。

1113年，癸巳，〔北宋〕徽宗政和三年，〔辽〕天庆三年，〔西夏〕贞观十三年，☆黄帝历三千八百一十一年。正月，辽遣崇禄卿张如晦，至高丽贺王生辰。是月，辽遣敕祭使、永州管内观察使耶律固、太常少卿王侁至高丽。是月，辽遣敕吊使、泰州管内观察使萧讪至高丽。辽使祭王太后、肃宗妃柳氏（明懿太后，？—1112，本贯贞州，门下侍中柳洪之女）于虞宫。是月，辽遣崇禄卿杨举直至高丽，宣诏命王起复为"推诚奉国功臣、开府仪同三司、检校太师、守太尉、兼中书令、上柱国、高丽王"。四月，女真乌罗骨实显等至高丽，谢还九城，献名马、良金。五月，宋都纲陈守至高丽，献白鹇鸟。六月，宋明州奉旨送高丽漂风8人还，且各给绢20匹、米2石[8]；◇檀君历三千四百四十六年，〔高丽〕睿宗八年。二月，辽使耶律固将还，请《春秋释例金（精）华》《瀛洲集》，王赐之。九月，遣西头供奉官安稷崇，移牒宋明州，言因王母明

1 详细见朝鲜文人徐命膺等编订《御定宋史筌·列传第八十三·外国一·高丽》。
2 诸事见〔韩〕郑麟趾等《高丽史》卷十三。
3 诸事见〔韩〕郑麟趾等《高丽史》卷十三。
4 参见朝鲜文人徐命膺等编订《御定宋史筌·列传第八十三·外国一·高丽》。
5 诸事见〔韩〕郑麟趾等《高丽史》卷十三。
6 诸事见〔韩〕郑麟趾等《高丽史》卷十三。
7 诸事见〔韩〕郑麟趾等《高丽史》卷十三。
8 诸事见〔韩〕郑麟趾等《高丽史》卷十三。

懿太后薨逝，去岁未能遣使如宋[1]。十月，遣礼部侍郎李永如辽贺天兴节，遣礼部尚书洪灌、刑部侍郎金义元如辽谢吊祭。十一月，遣秘书少监韩冲如辽谢起复，遣工部侍郎李茂荣如辽谢贺生辰，遣户部侍郎李资諴如辽贺正。十二月，遣礼宾少卿金景清如辽献方物[2]。

1114年，甲午，〔北宋〕徽宗政和四年，〔辽〕天庆四年，〔西夏〕雍宁一年，☆黄帝历三千八百一十二年。正月，辽遣卫尉卿张如晦至高丽贺生辰。是月，西女真将军乌无奂等61人至高丽。二月，西女真将军古老等66人至高丽。四月，东女真古罗骨、史显等12人至高丽献马。六月，宋遣高丽使臣安稷崇赍钦赐乐器及《大晟燕乐》回[3]。十月，辽牒至高丽，告生女真完颜阿骨打举兵叛。十一月，辽遣横宣使耶律谘、副使李硕至高丽。十二月，辽遣王儆至高丽命王落起复[4]；◇檀君历三千四百四十七年，〔高丽〕睿宗九年。三月，平章事金缘知贡举，投奔高丽的宋进士林完别赐乙科。六月，遣枢密院知奏事王字之（？—1122）、户部郎中文公彦如宋，谢钦赐乐器[5]。八月，王诣国学，酌献于孔子。十月，遣李鸾如辽贺天兴节，遣梁永如辽谢贺生辰。十二月，高丽遣卫尉卿李寿、通事舍人黄君裳，如辽谢横宣[6]。是岁，睿宗册李氏（文敬王后，后称“文敬太后”，？—1118，朝鲜国公李资谦次女，生仁宗）为王妃。

1115年，乙未，〔北宋〕徽宗政和五年，〔辽〕天庆五年，〔金〕太祖完颜旻收国一年[7]，〔西夏〕雍宁二年，☆黄帝历三千八百一十三年。正月，辽遣观察使高庆顺至高丽贺生辰。是月，生女真完颜阿骨打称帝，国号“金”。八月，辽将伐女真，遣使至高丽请兵。高丽卒无定议。十一月，辽遣利州管内观察使耶律义、大理少卿孙良谋等，赍诏至高丽，督发兵。是月，金太祖任命撒喝为保州[8]路都统。十二月，辽东京留守遣回谢持礼使、礼宾副使高孝顺至高丽[9]；◇檀君历三千四百四十八年，〔高丽〕睿宗十年。七月，遣吏部尚书王字之、户部侍郎文公美如宋，谢恩兼进奉，并遣进士金端、甄惟底、赵奭、康就正、权适等5人赴北宋太学[10]。十月，遣侍御史尹彦纯如辽，贺天兴节。十一月，遣郎中金仁瑨如辽谢落起复[11]。

1116年，丙申，〔北宋〕徽宗政和六年，〔辽〕天庆六年，〔金〕收国二年，〔西夏〕雍宁三年，☆黄帝历三千八百一十四年。正月，辽遣大理卿张言中至高丽贺生辰。四月，金主阿骨打遣阿只，至高丽传诏[12]。是月，辽流民20余人投奔高丽，献羊200余口。是岁，辽33人、汉52人、奚155人、熟女真15人、渤海44人自辽投奔高丽[13]；◇檀君历三千四百四十九年，〔高丽〕睿宗十一年。二月，

1　参见朝鲜文人徐命膺等编订《御定宋史筌·列传第八十三·外国一·高丽》。
2　诸事见〔韩〕郑麟趾等《高丽史》卷十三。
3　参见《宋史·列传第二百四十六·外国三·高丽》（卷四百八十七）；朝鲜文人徐命膺等编订《御定宋史筌·列传第八十三·外国一·高丽》。
4　诸事见〔韩〕郑麟趾等《高丽史》卷十三。
5　参见朝鲜文人徐命膺等编订《御定宋史筌·列传第八十三·外国一·高丽》。
6　诸事见〔韩〕郑麟趾等《高丽史》卷十三。
7　高丽使节团如金礼仪，参见《金史》卷三十八《礼志十一》。
8　保州，今朝鲜新义州附近的“义州”。
9　诸事见〔韩〕郑麟趾等《高丽史》卷十四。另参见《金史·列传第七十三·外国（下）·高丽》（卷一百三十五）。
10　参见朝鲜文人徐命膺等编订《御定宋史筌·列传第八十三·外国一·高丽》。
11　诸事见〔韩〕郑麟趾等《高丽史》卷十四。
12　参见《金史·列传第七十三·外国（下）·高丽》（卷一百三十五）。
13　诸事见〔韩〕郑麟趾等《高丽史》卷十四。

遣蒲马如金，进贺大捷并请还保州[1]。三月，为困守来远[2]、把州[3]二城辽军送米1000石，被拒。是月，郑良稷回至辽，言辽东京为高永昌占据，郑良稷乃将高丽礼品献给高永昌。四月，睿宗驾至岊岭驿，宋都纲杨明等谒于道。六月，王字之、文公美赍诏及帝钦赐大晟乐还自北宋。王受诏于乾德殿。七月，遣李资谅[4]、李永如北宋，谢赐大晟乐。金富轼随行，并在北宋得到一部司马光的《资治通鉴》[5]。八月，高丽遣使至金，诈称抱州[6]本属高丽，金许其自取之。十二月，睿宗谓宝文阁学士等曰："投壶，古礼也，废已久矣。宋帝所赐其器极为精备，将试之。卿等可纂定《投壶仪》并图以进"[7]。

1117年，丁酉，〔北宋〕徽宗政和七年，〔辽〕天庆七年，〔金〕天辅一年，〔西夏〕雍宁四年，☆黄帝历三千八百一十五年。正月，渤海52人、奚89人、汉18人、辽18人、熟女真8人自辽投奔高丽。二月，宋徽宗亲试高丽学子权适等于集英殿，赐权适、金端等4人上舍及第[8]，并赐华贯。及其还国，帝赐高丽睿宗御制亲札诏，钦赐祭器[9]。是月，宋徽宗诏准教习高丽人雅乐，并赐其《乐谱》。三月，金主阿骨打遣阿只等5人，奉书至高丽，诏书称"兄大女真金国皇帝致书于弟高丽国王：自我祖考，介在一方"，并赠良马一匹。是岁，北宋于明州即今浙江省宁波设立"宝奎精舍"，用以接待高丽使节团；◇檀君历三千四百五十年，〔高丽〕睿宗十二年。三月，辽再三移咨高丽请助，高丽坐观，至于得到抱州及城内金银、布匹。是月，睿宗改"抱州"为"义州"。五月，李资谅还自宋，进士权适、赵奭、金端等随李资谅还。康就正、甄惟底2人病逝于北宋都城。六月，王命于禁中建"天章阁"，储宋徽宗御制书札及书画[10]。是月，遣使至金，请保州属高丽。八月，佥书枢密院事金黄元（？—1117）[11]卒。金黄元是高丽科举状元。

1118年，戊戌，〔北宋〕徽宗重和一年，〔辽〕天庆八年，〔金〕天辅二年，〔西夏〕雍宁五年，☆黄帝历三千八百一十六年。二月，女真41人至高丽献土物。七月，宋遣閤门衹候曹谊、医官杨宗立等7人赍诏至高丽[12]；◇檀君历三千四百五十一年，〔高丽〕睿宗十三年。八月，遣郑克永、李之美如北宋，谢赐权适等制科并送还国、谢御笔亲书恩、谢钦赐祭器，并上高丽睿宗手书表[13]。朝鲜文人郑麟趾等《高丽史》卷十四载，徽宗帝是岁从高丽使臣之请，御笔为高丽安和寺亲书"能仁之殿"，并命太师蔡京书"靖国安和之寺"，钦赐罗汉16尊。九月，王妃李氏（后称"文敬太后"，？—1118，朝鲜国公李资谦次女，生仁宗）薨[14]。

1119年，己亥，〔北宋〕徽宗宣和一年，〔辽〕天庆九年，〔金〕天辅三年，〔西夏〕元德一年，

1 保州，今朝鲜新义州附近的"义州"。参见《金史·列传第七十三·外国（下）·高丽》（卷一百三十五）。
2 来远城在今辽宁省丹东市东。
3 把州即抱州，也即保州，即今朝鲜新义州附近的义州。
4 李资谅献宋徽宗诗，见〔韩〕郑麟趾等《高丽史》卷九十五。
5 参见马大正、李大龙、耿铁华、权赫秀《古代中国高句丽历史续论》，第383页，中国社会科学出版社，2003年版。
6 抱州即保州，即今朝鲜新义州附近的义州。
7 诸事见〔韩〕郑麟趾等《高丽史》卷十四。
8 上舍及第，生员之进士考试及格者。
9 参见朝鲜文人徐命膺等编订《御定宋史筌·列传第八十三·外国一·高丽》。
10 参见朝鲜文人徐命膺等编订《御定宋史筌·列传第八十三·外国一·高丽》。
11 诸事见〔韩〕郑麟趾等《高丽史》卷十四。
12 诸事见〔韩〕郑麟趾等《高丽史》卷十四。
13 参见朝鲜文人徐命膺等编订《御定宋史筌·列传第八十三·外国一·高丽》。
14 事见〔韩〕郑麟趾等《高丽史》卷十四。

☆黄帝历三千八百一十七年。二月，金主遣孛堇朮孛至高丽，告定辽事并赐马1匹[1]。八月，辽遣萧公听、耶律遵庆至高丽。十二月，曷懒甸官员报高丽增筑长城，金主遣使赍诏诫高丽[2]；◇檀君历三千四百五十二年，〔高丽〕睿宗十四年。二月，宋使曹谊回，王附表谢恩。八月，遣中书主事曹舜如金，以其书内有“况彼源发乎吾土”句，金主拒之。

1120年，庚子，〔北宋〕徽宗宣和二年，〔辽〕天庆十年，〔金〕天辅四年，〔西夏〕元德二年，☆黄帝历三千八百一十八年。是岁，金咸州路都统司分兵驻守保州[3]、毕里围[4]。六月，宋商林清等至高丽献花木。七月，辽遣乐院副使萧遵礼至高丽宣诏，欲乞兵高丽，以御金。金责高丽[5]。是月，宋遣承信郎许立、进武校尉林大容等至高丽[6]。应睿宗之请，宋医2人随使节团至高丽；◇檀君历三千四百五十三年，〔高丽〕睿宗十五年。五月，睿宗拜迎佛骨入于禁中，藏“山呼亭”。初，王字之使还于宋，宋徽宗以金函盛佛牙、头骨以赐，高丽置之外帝释院[7]。

1121年，辛丑，〔北宋〕徽宗宣和三年，〔辽〕保大一年，〔金〕天辅五年，〔西夏〕元德三年，☆黄帝历三千八百一十九年。是岁，三月，宋遣姚喜至高丽[8]；◇檀君历三千四百五十四年，〔高丽〕睿宗十六年。六月，王命朴升中讲《礼记·月令》。睿宗朝，文臣讲汉籍成为制度。十二月，宣示宋徽宗钦赐书画。

1122年，壬寅，〔北宋〕徽宗宣和四年，〔辽〕保大二年，〔金〕天辅六年，〔西夏〕元德四年，☆黄帝历三千八百二十年。六月，宋持牒使、进武校尉姚喜等69人至高丽。十一月，东女真酋长实现等至高丽献马。是岁，金遣习显至高丽，高丽以诏乃赐前王者拒之。习显杀高丽官员70人，高丽乃接待之[9]；◇檀君历三千四百五十五年，〔高丽〕睿宗十七年。一月，王命中书舍人金富轼讲《易·乾卦》。三月，以禁中纱楼牡丹为题，命文臣56人刻烛限时而赋诗。詹事府注簿安宝麟第一。烛尽，康日用只写出了“头白醉翁看殿后，眼明儒老倚栏边”一联，睿宗亦激赏之。四月，睿宗薨，其子王楷继位，是为高丽仁宗。六月，仁宗以僧人德缘为国师，以僧人学一为王师。是岁，高丽依宋制，设立“实录编修官”，修《睿宗实录》。

1123年，癸卯，〔北宋〕徽宗宣和五年，〔辽〕保大三年，〔金〕天辅七年，太宗完颜晟天会一年，〔西夏〕元德五年，☆黄帝历三千八百二十一年。正月，宋遣持牒使许立至高丽。六月，宋遣信使、礼部侍郎路允迪及中书舍人傅墨卿，赍诏至高丽祭奠、吊慰睿宗[10]。北宋书法家徐兢随行，徐兢在高丽与金富轼成为莫逆之交。徐兢书法风格对高丽影响很大。徐兢回国后，著有《宣和奉使高丽图经》，惜图画部分皆遗失，现仅存文字部分[11]。是岁，宋医2人随路允迪回国，

1 参见《金史·列传第七十三·外国（下）·高丽》（卷一百三十五）。
2 诸事见〔韩〕郑麟趾等《高丽史》卷十四。另参见《金史·列传第七十三·外国（下）·高丽》（卷一百三十五）。
3 保州，今朝鲜新义州附近的“义州”。
4 参见《金史·列传第七十三·外国（下）·高丽》（卷一百三十五）。
5 参见《辽史·列传第四十五·二国外记·高丽》（卷百十五）。
6 见〔韩〕郑麟趾等《高丽史》卷十四；朝鲜文人徐命膺等编订《御定宋史筌·列传第八十三·外国一·高丽》。
7 诸事见〔韩〕郑麟趾等《高丽史》卷十四。
8 诸事见〔韩〕郑麟趾等《高丽史》卷十四。
9 见《金史·列传第七十三·外国（下）·高丽》（卷一百三十五）。
10 详见朝鲜文人徐命膺等编订《御定宋史筌·列传第八十三·外国一·高丽》。
11 参见〔韩〕郑麟趾等《高丽史》卷十五。

高丽仁宗接见宋医，提醒北宋提防女真[1]。是岁，金遣高随、斜野如高丽，至高丽境，迎接者不逊，乃还[2]；◇檀君历三千四百五十六年，〔高丽〕仁宗王楷（1109—1146，字仁表）一年。八月，遣河则宝经海路如辽，未达而还[3]。是岁，仁宗追尊生母、睿宗妃李氏（文敬太后，？—1118，朝鲜国公李资谦次女）为王太后。

1124年，甲辰，〔北宋〕徽宗宣和六年，〔辽〕保大四年，〔金〕天会二年，〔西夏〕元德六年，☆黄帝历三千八百二十二年。五月，宋商柳诚等49人至高丽。先是，明州杜道济、祝延祚随商船到高丽不还，明州再移文取索。高丽上表请留。至是柳诚等至，高丽传明州奉圣旨移牒云："杜道济等许令任便居住"[4]；◇檀君历三千四百五十七年，〔高丽〕仁宗二年。六月，遣枢密院副使李资德、御史中丞金富辙，如北宋谢恩并献方物[5]。《高丽史》卷一百二十二载，全州画家李宁随团来华，徽宗帝激赏之，名翰林待诏王可训等从之学。是岁，高丽兵船14只攻击金朝小船2只，尽杀至高丽境内捕获鹰、鸦之2船金人。

1125年，乙巳，〔北宋〕徽宗宣和七年，〔辽〕保大五年，〔金〕天会三年，〔西夏〕元德七年，〔西辽〕德宗耶律大石延庆一年，☆黄帝历三千八百二十三年。是岁，金灭辽；◇檀君历三千四百五十八年，〔高丽〕仁宗三年。正月，朝鲜国公李资谦（？—1126）纳第四女于王。五月，遣司宰少卿陈淑、尚衣奉御崔学鸾如金，金以高丽国书非"表"、又不称"臣"，不纳[6]。是岁，隐士李资玄卒。李资玄（1061—1125），字真精，号息庵，本贯仁州，文科及第后弃官至春州清平山隐居，王屡召不出，上书云："以鸟养鸟，庶无钟鼓之忧。观鱼知鱼，俾遂江湖之性"[7]。

1126年，丙午，〔北宋〕钦宗靖康一年，〔金〕天会四年，〔西夏〕元德八年，〔西辽〕延庆二年，☆黄帝历三千八百二十四年。七月，北宋遣閤门祗候侯章、归中孚等60余人赍诏至高丽，请高丽出兵相援。高丽仁宗以国家残敝不奉诏。九月，金遣宣谕使、同佥书枢密院事高伯淑及鸿胪卿乌至忠至高丽，密旨以保州[8]赐高丽[9]。岁末，北宋以高丽亲金，宋钦宗诏留金富轼一行于明州[10]，次年回国[11]；◇檀君历三千四百五十九年，〔高丽〕仁宗四年。二月，金粲等欲诛李资谦，未果。三月，李资谦反，劫仁宗于其府第。四月，遣郑应文、李侯如金，称臣上表。五月，流李资谦，李资谦岁末死于流放地。九月，遣枢密院副使金富轼、刑部侍郎李周衍如北宋，贺钦宗皇帝登极[12]。是月，遣卫尉卿金子镠、刑部郎中柳德文如金，谢宣谕。金子镠属下高丽人与金人斗殴，被杖[13]。是岁，仁宗迎娶任氏（后称"恭睿太后"，？—1183，中书令任元厚之女。

1 朝鲜文人徐命膺等编订《御定宋史筌·列传第八十三·外国一·高丽》载，宋医2人回奏宋徽宗，已无及矣。
2 参见《金史·列传第七十三·外国（下）·高丽》（卷一百三十五）。
3 事见〔韩〕郑麟趾等《高丽史》卷十五。
4 事见〔韩〕郑麟趾等《高丽史》卷十五。
5 参见朝鲜文人徐命膺等编订《御定宋史筌·列传第八十三·外国一·高丽》。
6 事见〔韩〕郑麟趾等《高丽史》卷十五。
7 参见〔韩〕郑麟趾等《高丽史》卷九十五。
8 〔韩〕郑麟趾等《高丽史》记为"报州"、"抱州"，即今朝鲜新义州附近的"义州"。
9 诸事见〔韩〕郑麟趾等《高丽史》卷十五、《金史·列传第七十三·外国（下）·高丽》（卷一百三十五）。
10 明州，今浙江省宁波。
11 参见《宋史·列传第二百四十六·外国三·高丽》（卷四百八十七）。
12 参见朝鲜文人徐命膺等编订《御定宋史筌·列传第八十三·外国一·高丽》。
13 诸事见〔韩〕郑麟趾等《高丽史》卷十五。

毅宗生母）。

1127年，丁未，〔北宋〕钦宗靖康二年，〔南宋〕高宗建炎一年，〔金〕天会五年，〔西夏〕正德一年，〔西辽〕延庆三年，☆黄帝历三千八百二十五年。正月，金遣高随至高丽，贺王生辰。三月，金遣高丽使臣金子镠、柳德文赍诏回。七月，宋教练使、明州副使张诜至高丽。九月，金遣宣庆使、永州管内观察使耶律居瑾及秦州团练使张淮，赍钦赐彩缎等物至高丽，诏告灭北宋，立张邦昌为“大楚皇帝”，都于金陵[1]。是岁，南宋高宗遣迪功郎胡蠡出使高丽[2]；◇檀君历三千四百六十年，〔高丽〕仁宗五年。五月，金富轼等至宋明州[3]，会宋、金交战，道梗不得入。北宋接伴使假称帝敕，厚赐金富轼等，并送其回国。九月，遣国子司业李仲，如金贺天清节。十一月，遣石俊如金谢贺生辰，遣李瑱如金贺正[4]。

1128年，戊申，〔南宋〕高宗建炎二年，〔金〕天会六年，〔西夏〕正德二年，〔西辽〕延庆四年，☆黄帝历三千八百二十六年。正月，金遣萧怀玉至高丽贺生辰。三月，南宋纲首蔡世章赍高宗帝即位诏至高丽。六月，南宋遣国信使、刑部尚书杨应诚及齐州防御使韩衍、书状官孟健至高丽，谋结高丽以攻金[5]。高丽礼接钦差使节，但不奉诏[6]。十二月，南宋遣高丽使臣尹彦颐赍诏还。是月，金遣锦州管内观察使司古德、卫尉少卿韩昉等赍诏至高丽，就保州事交涉[7]。韩昉，字公美，燕京人，在高丽数旬督其进誓表，其后高丽使者皆问韩昉安否。《金史·列传第六十三》有传；◇檀君历三千四百六十一年，〔高丽〕仁宗六年。八月，遣礼部侍郎尹彦颐如南宋，上表谢罪[8]。九月，遣李愈如金贺天清节。十月，遣吏部尚书崔濡、卫尉少卿宋觐如金，谢宣庆并进方物。十一月，遣工部员外郎俞元胥如金谢贺生辰，遣閤门通事金泽如金贺正[9]。是岁，仁宗纳金氏（宣平王后，？—1179，兵部尚书金璇之女）。

1129年，己酉，〔南宋〕高宗建炎三年，〔金〕天会七年，〔西夏〕正德三年，〔西辽〕延庆五年，☆黄帝历三千八百二十七年。正月，金遣宁州管内观察使杨公孝至高丽贺生辰[10]。是岁，南宋高宗皇帝闻上皇遣内官、宫女将随高丽使节团入杭州，以窥探内情之虑诏止高丽入贡[11]；◇檀君历三千四百六十二年，〔高丽〕仁宗七年。八月，遣兵部郎中崔灌，如金贺天清节。十一月，遣胡仁颖如金贺正，遣卢令琚、洪若伊如金进誓表，遣文公裕如金谢贺生辰[12]。是岁，仁宗加封睿宗宫女王氏（文贞王后，？—1138，宗室、辰韩侯王愉之女）为贵妃，封任氏（后称“恭睿太后”，?—1183，中书令任元厚之女。毅宗生母）为妃。

1130年，庚戌，〔南宋〕高宗建炎四年，〔金〕天会八年，〔西夏〕正德四年，〔西辽〕延

1 诸事见〔韩〕郑麟趾等《高丽史》卷十五。
2 参见《宋史·列传第二百四十六·外国三·高丽》（卷四百八十七）。
3 明州，今浙江省宁波。
4 诸事见〔韩〕郑麟趾等《高丽史》卷十五。
5 参见朝鲜文人徐命膺等编订《御定宋史筌·列传第八十三·外国一·高丽》。
6 详见《宋史·列传第二百四十六·外国三·高丽》（卷四百八十七）；朝鲜文人徐命膺等编订《御定宋史筌·列传第八十三·外国一·高丽》。
7 诸事见〔韩〕郑麟趾等《高丽史》卷十五。
8 见朝鲜文人徐命膺等编订《御定宋史筌·列传第八十三·外国一·高丽》。
9 诸事见〔韩〕郑麟趾等《高丽史》卷十五。
10 事见〔韩〕郑麟趾等《高丽史》卷十六。
11 参见朝鲜文人徐命膺等编订《御定宋史筌·列传第八十三·外国一·高丽》。
12 诸事见〔韩〕郑麟趾等《高丽史》卷十六。

庆六年，〔伪齐〕刘豫阜昌一年，☆黄帝历三千八百二十八年。正月，金遣刘汴至高丽贺生辰。三月，金遣高丽使臣卢令琚赍诏还。四月，南宋遣进武校尉王正忠至高丽，王受诏于重华殿[1]。是岁，金送高丽捕鱼漂风 10 人回[2]；◇檀君历三千四百六十三年，〔高丽〕仁宗八年。八月，遣崔梓如金贺天清节。十一月，遣閤门副使李詝如金谢贺生辰，遣殿中内给事崔允淑如金贺正。十二月，遣左司郎中金端如金，请免追索保州[3]投入人口[4]。是岁，郭璵卒。郭璵（1058—1130），字梦得，本贯清州，及第后隐居金州，睿宗征至王宫，时称"金门羽客"[5]。

1131 年，辛亥，〔南宋〕高宗绍兴一年，〔金〕天会九年，〔西夏〕正德五年，〔西辽〕延庆七年，〔伪齐〕阜昌二年，☆黄帝历三千八百二十九年。正月，金遣李钜烈至高丽贺生辰。四月，南宋都纲卓荣至高丽[6]。是岁，高丽将入贡南宋，礼部侍郎柳约奏请，宜陈重兵待之[7]。是岁，南宋拟遣柳约出使高丽，未果行[8]；◇檀君历三千四百六十四年，〔高丽〕仁宗九年。八月，遣持礼使郎门祗候庾賷如金，以金主幸东京[9]而还。是月，遣兵部郎中王洙如金，贺天清节。十一月，遣礼部郎中高唐愈如金谢贺生辰，遣尚衣奉御李仲衍如金贺正。十二月，复遣持礼使庾賷如金东京[10]。

1132 年，壬子，〔南宋〕高宗绍兴二年，〔金〕天会十年，〔西夏〕正德六年，〔西辽〕延庆八年，〔伪齐〕阜昌三年，☆黄帝历三千八百三十年。正月，金遣永州观察使高成山至高丽，贺王生辰。三月，金东京持礼使乌彦贞至高丽。闰四月，亡入高丽定海县民 80 人归国。五月，南宋遣高丽使臣崔惟清赍诏还[11]；◇檀君历三千四百六十五年，〔高丽〕仁宗十年。二月，遣礼部员外郎崔惟清、閤门祗候沈起，如南宋贡黄金 100 两、银 1000 两、绫罗 200 匹、人参 500 斤。高宗帝赐金带 2 条[12]。五月，御史大夫任子濬上疏，科举试题有误，国学生井彦伯等 50 人请改今岁试题，王使国子司业李之氐宣教书。九月，高丽遣使入金，进贺天清节。十一月，高丽遣使如金贺正[13]。是岁，高丽谷物奇缺，1 银瓶只可换谷物 5 硕，饿殍堆积[14]。

1133 年，癸丑，〔南宋〕高宗绍兴三年，〔金〕天会十一年，〔西夏〕正德七年，〔西辽〕延庆九年，〔伪齐〕阜昌四年，☆黄帝历三千八百三十一年。正月，金遣高陈可至高丽贺生辰。十月，金东京回谢使、殿中侍御史高安元至高丽[15]；◇檀君历三千四百六十六年，〔高丽〕仁宗

---

1 诸事见〔韩〕郑麟趾等《高丽史》卷十六。
2 参见《金史·列传第七十三·外国（下）·高丽》（卷一百三十五）。
3 保州，今朝鲜义州。
4 诸事见〔韩〕郑麟趾等《高丽史》卷十六。
5 见〔韩〕郑麟趾等《高丽史》卷九十七。
6 诸事见〔韩〕郑麟趾等《高丽史》卷十六。
7 参见朝鲜文人徐命膺等编订《御定宋史筌·列传第八十三·外国一·高丽》。
8 参见《宋史·列传第二百四十六·外国三·高丽》（卷四百八十七）。
9 金东京，今辽宁省辽阳。
10 诸事见〔韩〕郑麟趾等《高丽史》卷十六。
11 诸事见〔韩〕郑麟趾等《高丽史》卷十六。
12 参见《宋史·列传第二百四十六·外国三·高丽》（卷四百八十七）。
13 见刘子敏、姜孟山、王世英、金荣国主编《中国正史中的朝鲜史料》（第 2 卷），第 99 页，延边大学出版社，1996 年版。
14 诸事见〔韩〕郑麟趾等《高丽史》卷十六。
15 诸事见〔韩〕郑麟趾等《高丽史》卷十六。

十一年。二月，遣韩惟忠、李之氐如南宋谢恩，行至洪州海上，风浪几覆贡船，不达而还[1]。九月，遣礼宾少卿郑泽如金贺天清节。十一月，遣郎中金永锡如金谢贺生辰，遣慎和之如金贺正[2]。

1134年，甲寅，〔南宋〕高宗绍兴四年，〔金〕天会十二年，〔西夏〕正德八年，〔西辽〕延庆十年，〔伪齐〕阜昌五年，☆黄帝历三千八百三十二年。正月，金遣谏议大夫张浩，至高丽贺王生辰[3]；◇檀君历三千四百六十七年，〔高丽〕仁宗十二年。三月，以《孝经》《论语》分发儿童。八月，遣借礼部侍郎朴景山如金贺天清节。十一月，遣员外郎金永宽如金谢贺生辰，遣户部员外郎李轼如金贺正。十二月，僧妙清、文人郑知常等上奏，请仁宗称帝建元，不报[4]。

1135年，乙卯，〔南宋〕高宗绍兴五年，〔金〕天会十三年，〔西夏〕大德一年，〔西辽〕康国一年，〔伪齐〕阜昌六年，☆黄帝历三千八百三十三年。正月，金遣桂州管内观察使高春，至高丽贺王生辰。二月，金以太宗崩，遣报哀使、检校右散骑常侍王政[5]赍诏至高丽。六月，南宋遣迪功郎吴敦礼至高丽，诏询西京之乱[6]；◇檀君历三千四百六十八年，〔高丽〕仁宗十三年。正月，僧妙清及赵匡等以西京[7]反，"西京之乱"发，王以金富轼（1075—1151）为元帅讨之。是月，斩杀金安、郑知常、白寿翰，妙清伏诛。郑知常（？—1135），号南湖，官至翰林学士，其诗歌收入《东文选》卷九、卷十二、卷十九，皆精绝。其中《题八尺房》"石头松老一片月，天末云低千点山"句尤其有名[8]。二月，遣少卿金端侍、御史李时敏如金吊祭。三月，遣户部尚书金仁揆、礼部郎中王昌胤如金贺登极。九月，南宋钦差吴敦礼回，王附表谢恩。是月，遣文承美、卢显庸，赍牒如南宋明州[9]。十月，遣户部郎中康福舆如金谢贺生辰。十一月，遣员外郎郭东珣如金贺正。是月，遣郎中文公元如金，文公元率使节团贺金万寿节[10]。

1136年，丙辰，〔南宋〕高宗绍兴六年，〔金〕天会十四年，〔西夏〕大德二年，〔西辽〕康国二年，〔伪齐〕阜昌七年，☆黄帝历三千八百三十四年。正月，金遣泰州管内观察使萧绶，至高丽贺王生辰。二月，金遣使至高丽，告太皇太后丧。是岁，高丽使臣金稚规至南宋，高宗帝惧其为金窥探，留明州[11]后遣还[12]；◇檀君历三千四百六十九年，〔高丽〕仁宗十四年。二月，金富轼攻下西京，赵匡自焚死。是月，遣殿中监尹彦植、左司谏崔允义，如金致祭太皇太后。九月，高丽遣持牒官金稚规、刘待举如南宋[13]。十月，遣大府少卿申至冲，如金谢贺生辰。十一月，遣少卿李有开如金贺正，遣礼部侍郎李仁实如金贺万寿节。是月，郑沆卒。郑沆（1080—

---

1 参见朝鲜文人徐命膺等编订《御定宋史筌·列传第八十三·外国一·高丽》。
2 诸事见〔韩〕郑麟趾等《高丽史》卷十六。
3 事见〔韩〕郑麟趾等《高丽史》卷十六。
4 诸事见〔韩〕郑麟趾等《高丽史》卷十六。
5 王政（约1073—约1138），辰州熊岳（在今辽宁省营口）人，《金史卷六十六·循吏传》有传。见〔金〕王庭筠原著，金毓黻整理《黄华集》卷四。收入金毓黻编《辽海丛书》，辽海书社排印本，1931–1934年。
6 事见〔韩〕郑麟趾等《高丽史》卷十六。参见朝鲜文人徐命膺等编订《御定宋史筌·列传第八十三·外国一·高丽》。
7 高丽西京即今朝鲜平壤。
8 参见〔韩〕郑麟趾等《高丽史》卷一百二十八卷。
9 参见朝鲜文人徐命膺等编订《御定宋史筌·列传第八十三·外国一·高丽》。明州，今浙江省宁波。
10 诸事见〔韩〕郑麟趾等《高丽史》卷十六。
11 明州，今浙江省宁波。
12 见《宋史·列传第二百四十六·外国三·高丽》（卷四百八十七）；〔韩〕郑麟趾等《高丽史》卷十六。
13 参见朝鲜文人徐命膺等编订《御定宋史筌·列传第八十三·外国一·高丽》。

1136)，字子临，本贯东莱[1]，官至知枢密院事，但家贫如洗[2]。

1137年，丁巳，〔南宋〕高宗绍兴七年，〔金〕天会十五年，〔西夏〕大德三年，〔西辽〕康国三年，〔伪齐〕阜昌八年，☆黄帝历三千八百三十五年。正月，金遣中书舍人吴激（1090—1142），至高丽贺王生辰。四月，南宋遣高丽使臣金稚规、刘待举赍诏回[3]；◇檀君历三千四百七十年，〔高丽〕仁宗十五年。十一月，遣兵部员外郎柳昴如金谢贺生辰，遣工部员外郎鲁洙如金贺正，遣礼部郎中李亮如金贺万寿节[4]。

1138年，戊午，〔南宋〕高宗绍兴八年，〔金〕天眷一年，〔西夏〕大德四年，〔西辽〕康国四年，☆黄帝历三千八百三十六年。正月，金遣永州管内观察使杜谊，至高丽贺王生辰。三月，宋商吴迪等63人持宋明州牒至高丽，报："徽宗皇帝及宁德皇后郑氏崩于金"。十一月，金东京知礼宾司事夏睦至高丽[5]；◇檀君历三千四百七十一年，〔高丽〕仁宗十六年。二月，遣持礼使、閤门祗候崔沔如金东京[6]。五月，仁宗亲书新改宫门、殿门。十一月，遣刑部员外郎金臣琏如金谢贺生辰，遣考功员外郎刘邦遇如金贺万寿节[7]。是岁，高丽睿宗后宫文贞王后王氏（？—1138，宗室、辰韩侯王愉之女）薨。

1139年，己未，〔南宋〕高宗绍兴九年，〔金〕天眷二年，〔西夏〕大德五年，〔西辽〕康国五年，☆黄帝历三千八百三十七年。正月，金遣高州管内观察使耶律宁，至高丽贺生辰[8]；◇檀君历三千四百七十二年，〔高丽〕仁宗十七年。九月，遣祗候崔思永如金东京。十一月，遣刑部员外郎陈灌如金谢贺生辰，遣尚衣奉御崔时允如金贺正，遣户部员外郎王正彪如金贺万寿节[9]。

1140年，庚申，〔南宋〕高宗绍兴十年，〔金〕天眷三年，〔西夏〕李仁孝大庆一年，〔西辽〕康国六年，☆黄帝历三千八百三十八年。正月，金遣泰州管内观察使完颜昺，至高丽贺生辰。五月，金东京知礼宾司事王杲至高丽报聘[10]；◇檀君历三千四百七十三年，〔高丽〕仁宗十八年。十月，遣刑部员外郎朴纯冲如金谢贺生辰。十一月，遣刑部员外郎黄周瞻如金贺正，遣礼部侍郎崔諴如金贺万寿节[11]。

1141年，辛酉，〔南宋〕高宗绍兴十一年，〔金〕皇统一年，〔西夏〕大庆二年，〔西辽〕康国七年，☆黄帝历三千八百三十九年。正月，金遣同知宣徽院事赵兴商，至高丽贺生辰。是月，金遣使报高丽，皇帝受上尊号，改元"皇统"[12]；◇檀君历三千四百七十四年，〔高丽〕仁宗十九年。四月，遣礼部侍郎权适、右司谏金永若，如金贺上尊号。权适等至金境，金人以妨农时不许入，乃还。九月，复遣权适、金永若如金。十一月，遣李之茂如金谢贺生辰，遣朴台进

---

1 东莱，今韩国釜山。

2 参见〔韩〕郑麟趾等《高丽史》卷九十七。另参见〔韩〕郑麟趾等《高丽史》卷十六。

3 诸事见〔韩〕郑麟趾等《高丽史》卷十六。

4 诸事见〔韩〕郑麟趾等《高丽史》卷十六。

5 诸事见〔韩〕郑麟趾等《高丽史》卷十六。

6 金东京，今辽宁省辽阳。

7 诸事见〔韩〕郑麟趾等《高丽史》卷十六。

8 事见〔韩〕郑麟趾等《高丽史》卷十七。

9 诸事见〔韩〕郑麟趾等《高丽史》卷十七。

10 诸事见〔韩〕郑麟趾等《高丽史》卷十七。

11 诸事见〔韩〕郑麟趾等《高丽史》卷十七。

12 诸事见〔韩〕郑麟趾等《高丽史》卷十七。

如金贺正，遣柳轨如金贺万寿节[1]。

1142年，壬戌，〔南宋〕高宗绍兴十二年，〔金〕皇统二年，〔西夏〕大庆三年，〔西辽〕康国八年，☆黄帝历三千八百四十年。是岁，金遣肇州防御使乌陵锡暇，至高丽贺生辰。五月，金遣大府监完颜宗礼、翰林直学士田瑴至高丽宣诏，册王“仪同三司、柱国、高丽国王”，又加“开府仪同三司、上柱国”，并赐冠冕、章服、金印、玉册、象辂、马匹、彩缎。十一月，金东京飞骑尉蒲察忠安至高丽报聘[2]；◇檀君历三千四百七十五年，〔高丽〕仁宗二十年。七月，高丽行金“皇统”年号。十月，遣同知枢密院事崔灌、谏议大夫崔惟清如金谢册命，遣崔褒偁如金谢贺生辰。十一月，遣李永章如金进方物，遣李阳升如金贺正，遣安正修如金贺万寿节[3]。

1143年，癸亥，〔南宋〕高宗绍兴十三年，〔金〕皇统三年，〔西夏〕大庆四年，〔西辽〕康国九年，☆黄帝历三千八百四十一年。正月，金遣洺州防御使萧嗣贞，至高丽贺王生辰[4]；◇檀君历三千四百七十六年，〔高丽〕仁宗二十一年。十一月，遣兵部员外郎林仲如金谢贺生辰，遣李德寿如金进方物，遣尚食奉御尹彦旼如金贺正，遣庾弼如金贺万寿节[5]。

1144年，甲子，〔南宋〕高宗绍兴十四年，〔金〕皇统四年，〔西夏〕人庆一年，〔西辽〕感天后咸清一年，☆黄帝历三千八百四十二年。正月，金遣大府监萧隸至高丽贺生辰[6]；◇檀君历三千四百七十七年，〔高丽〕仁宗二十二年。十一月，遣左司郎中朴义臣如金谢贺生辰，遣卫尉少卿高莹夫如金贺正。十二月，仁宗闻金主幸东京[7]，遣秘书监郭东珣如金。是月，又遣少府少监金龟符如金进方物，遣户部侍郎崔子英如金贺万寿节[8]。

1145年，乙丑，〔南宋〕高宗绍兴十五年，〔金〕皇统五年，〔西夏〕人庆二年，〔西辽〕咸清二年，☆黄帝历三千八百四十三年。正月，金遣翰林直学士赵洞至高丽贺生辰。六月，金遣横宣使、太府监完颜思海至高丽。十一月，金遣东京承信校尉、飞骑尉王好古至高丽报聘[9]；◇檀君历三千四百七十八年，〔高丽〕仁宗二十三年。三月，遣阁门通事舍人徐恭如金东京[10]。十一月，遣借卫尉卿井彦深如金谢贺生辰，遣借户部侍郎安绰裕如金谢横宣，遣借殿中少监李之正如金贺正，遣借礼宾少卿李仁威如金进方物，遣借礼部侍郎芮乐全如金贺万寿节。十二月，金富轼进其用汉文所撰《三国史记》于王[11]。

1146年，丙寅，〔南宋〕高宗绍兴十六年，〔金〕皇统六年，〔西夏〕人庆三年，〔西辽〕咸清三年，☆黄帝历三千八百四十四年。正月，金遣卫州防御使完颜升至高丽贺生辰。十月，金遣清州防御使乌延遵礼、少府少监乌居仁至高丽祭仁宗。是月，遣同知中京路都转运司事

1 诸事见〔韩〕郑麟趾等《高丽史》卷十七。
2 见〔韩〕郑麟趾等《高丽史》卷十七，参见《金史·列传第七十三·外国（下）·高丽》（卷一百三十五）。
3 诸事见〔韩〕郑麟趾等《高丽史》卷十七。
4 事见〔韩〕郑麟趾等《高丽史》卷十七。
5 诸事见〔韩〕郑麟趾等《高丽史》卷十七。
6 事见〔韩〕郑麟趾等《高丽史》卷十七。
7 今辽宁省辽阳。
8 诸事见〔韩〕郑麟趾等《高丽史》卷十七。
9 诸事见〔韩〕郑麟趾等《高丽史》卷十七。
10 金朝东京即今辽宁省辽阳。
11 诸事见〔韩〕郑麟趾等《高丽史》卷十七。

萧谦至高丽吊慰，遣签书会宁府事曹衮至高丽命王起复[1]；◇檀君历三千四百七十九年，〔高丽〕仁宗二十四年。二月，仁宗薨，其子王晛继位，是为高丽毅宗。十一月，遣赵可仁如金贺正，遣李阳实如金谢恩，遣金阳晋如金进方物，遣梁元俊如金贺万寿节。十二月，国子监祭酒权适（？—1146）卒[2]。

1147年，丁卯，〔南宋〕高宗绍兴十七年，〔金〕皇统七年，〔西夏〕人庆四年，〔西辽〕咸清四年，☆黄帝历三千八百四十五年。五月，南宋都纲黄鹏、陈诚等84人至高丽。十一月，金遣完颜宗道至高丽贺生辰[3]；◇檀君历三千四百八十年，〔高丽〕毅宗王晛（1127—1173，字日升）一年。毅宗后宫庄敬王后金氏，宗室、江陵公金温之女；毅宗后宫庄宣王后崔氏，参知政事崔端之女。十一月，高丽遣裴承古如金贺正，遣王轼如金献方物，遣朴脩如金贺万寿节。王轼所进表被金剔出，以表头不书高丽王名、表末不书“陪臣”也[4]。

1148年，戊辰，〔南宋〕高宗绍兴十八年，〔金〕皇统八年，〔西夏〕人庆五年，〔西辽〕咸清五年，☆黄帝历三千八百四十六年。五月，金遣完颜慎之至高丽，命王起复。是月，金大理卿完颜宗安、礼部侍郎蔡松年至高丽，册王为“开府仪同三司、上柱国、高丽国王”。七月，金横宣使孛散守道至高丽。八月，南宋都纲郭英、庄华、黄世英、陈诚、林大有等330人至高丽。十月，林大有等揭发高丽人李深、智之用与南宋人张喆，勾结秦桧图谋高丽事[5]。十一月，金遣高景山至高丽贺生辰。十二月，南宋商谭全、陈宝等14人至高丽[6]；◇檀君历三千四百八十一年，〔高丽〕毅宗二年。十一月，遣宋公赞如金谢贺生辰，遣李之和谢落起复，遣许进升如金谢横宣，遣李轼金永夫如金谢册封，遣廉直谅如金贺正，遣殿中侍御史李公升如金进方物[7]，遣金礼雄如金贺万寿节[8]。

1149年，己巳，〔南宋〕高宗绍兴十九年，〔金〕皇统九年，天德一年，〔西夏〕天盛一年，〔西辽〕咸清六年，☆黄帝历三千八百四十七年。七月，南宋都纲丘迪、徐德荣等105人至高丽。八月，南宋都纲廖悌等64人及林大有、黄辜等71人至高丽。是月，南宋都纲陈诚等87人至高丽。十一月，金遣完颜多佑至高丽贺生辰[9]；◇檀君历三千四百八十二年，〔高丽〕毅宗三年。十一月，遣李之中如金谢贺生辰，遣洪源涤如金贺正，遣持礼使金景元如金东京[10]，遣许纯如金进方物，遣韩靖如金贺万寿节[11]。

1150年，庚午，〔南宋〕高宗绍兴二十年，〔金〕天德二年，〔西夏〕天盛二年，〔西辽〕咸清七年，☆黄帝历三千八百四十八年。正月，金平章政事完颜亮弑其主完颜亶自立，改皇统九年为“天德元年”。二月，金遣完颜思恭出使高丽，告废立事。十一月，金遣耶律罗松至

1　事见〔韩〕郑麟趾等《高丽史》卷十七。
2　诸事见〔韩〕郑麟趾等《高丽史》卷十七。
3　诸事见〔韩〕郑麟趾等《高丽史》卷十七。
4　诸事见〔韩〕郑麟趾等《高丽史》卷十七。
5　参见朝鲜文人徐命膺等编订《御定宋史筌·列传第八十三·外国一·高丽》。
6　诸事见〔韩〕郑麟趾等《高丽史》卷十七。
7　事见〔韩〕郑麟趾等《高丽史》卷九十九。
8　诸事见〔韩〕郑麟趾等《高丽史》卷十七。
9　诸事见〔韩〕郑麟趾等《高丽史》卷十七。
10　金朝东京即今辽宁省辽阳。
11　诸事见〔韩〕郑麟趾等《高丽史》卷十七。

高丽贺生辰[1]；◇檀君历三千四百八十三年，〔高丽〕毅宗四年。正月，高丽密进使朴纯冲如金，被金遣还。贺正使洪源涤率使节团至广宁，被金遣还国。三月，高丽遣知枢密院事文公裕、殿中监朴纯冲如金进贺登极[2]。十一月，遣曹晋若如金谢宣谕，遣庾禄公如金贺正，遣韩缜如金进方物，遣林景猷如金贺龙兴节[3]。

1151年，辛未，〔南宋〕高宗绍兴二十一年，〔金〕天德三年，〔西夏〕天盛三年，〔西辽〕绍兴一年，☆黄帝历三千八百四十九年。六月，金遣横赐使、少府少监萧忠至高丽。七月，南宋都纲丘通等41人至高丽，南宋都纲丘迪等35人至高丽。八月，南宋都纲陈诚等97人、林大有等99人至高丽。十一月，金遣东京路兵马都总管府判官萧子敏至高丽贺生辰[4]；◇檀君历三千四百八十四年，〔高丽〕毅宗五年，二月，金富轼卒。金富轼（1075—1151），高丽史学家、文学家，字立之，号雷川。金富轼曾以元帅讨西京叛乱，其《三国史记》是半岛著名史书，该书仿照司马迁《史记》体例编著，分为"本纪"、"年表"、"志"、"列传"四大类[5]。朝鲜文人郑麟趾等《高丽史》卷九十八有"金富轼传"[6]。十一月，遣宋瓌如金谢贺生辰，遣赵端臣如金谢横赐，遣吴日就如金贺正，遣徐淳如金进方物，遣崔应清如金贺龙兴节[7]。

1152年，壬申，〔南宋〕高宗绍兴二十二年，〔金〕天德四年，〔西夏〕天盛四年，〔西辽〕绍兴二年，☆黄帝历三千八百五十年。七月，南宋都纲许序等49人、都纲黄鹏等91人至高丽。八月，南宋都纲廖悌等77人至高丽。十一月，金遣完颜持正至高丽贺生辰[8]；◇檀君历三千四百八十五年，〔高丽〕毅宗六年。十一月，遣柳公材如金谢贺生辰，遣朴彦枢如金贺正，遣李惇如金进方物，遣闵悫如金贺龙兴节[9]。

1153年，癸酉，〔南宋〕高宗绍兴二十三年，〔金〕天德五年，贞元一年，〔西夏〕天盛五年，〔西辽〕绍兴三年，☆黄帝历三千八百五十一年。六月，金告改天德五年为"贞元元年"。十一月，金遣少府监阿勒根彦忠至高丽，贺王生辰[10]；◇檀君历三千四百八十六年，〔高丽〕毅宗七年。十一月，遣起居舍人崔娄伯如金贺龙兴节，遣礼部员外郎尹鳞瞻如金谢贺生辰，遣御史杂端李阳伸如金进方物，遣礼部员外郎朴儒贺正[11]。

1154年，甲戌，〔南宋〕高宗绍兴二十四年，〔金〕贞元二年，〔西夏〕天盛六年，〔西辽〕绍兴四年，☆黄帝历三千八百五十二年。六月，金遣大府少监梁彬至高丽，赐羊2000头。十一月，金遣大府监李珪，至高丽贺生辰[12]；◇檀君历三千四百八十七年，〔高丽〕毅宗八年。十一月，遣金永宁如金进方物，遣奉说如金谢贺生辰，遣金仁愈如金谢横赐[13]。

1 诸事见〔韩〕郑麟趾等《高丽史》卷十七。
2 见刘子敏、姜孟山、王世英、金荣国主编《中国正史中的朝鲜史料》（第2卷），第128页，延边大学出版社，1996年版。
3 诸事见〔韩〕郑麟趾等《高丽史》卷十七。
4 诸事见〔韩〕郑麟趾等《高丽史》卷十七。
5 参见〔韩〕金富轼原著，〔韩〕李康来校堪《原本三国史记》，Hangilsa，1998年版。
6 参见拙著《朝鲜半岛汉学史》，第37-38页，学苑出版社，2009年版。
7 诸事见〔韩〕郑麟趾等《高丽史》卷十七。
8 诸事见〔韩〕郑麟趾等《高丽史》卷十七。《金史》卷五"完颜持正"作"都水使者完颜麻泼"。
9 诸事见〔韩〕郑麟趾等《高丽史》卷十七。
10 诸事见〔韩〕郑麟趾等《高丽史》卷十八。《金史》卷五"少府监阿勒根彦忠"作"吏部郎中宂合山"。
11 诸事见〔韩〕郑麟趾等《高丽史》卷十八。
12 诸事见〔韩〕郑麟趾等《高丽史》卷十八。
13 诸事见〔韩〕郑麟趾等《高丽史》卷十八。

1155年，乙亥，〔南宋〕高宗绍兴二十五年，〔金〕贞元三年，〔西夏〕天盛七年，〔西辽〕绍兴五年，☆黄帝历三千八百五十三年。八月，南宋明州归高丽漂风人知里先等5人。十一月，金遣使至高丽贺生辰。十二月，南宋归高丽漂风30余人[1]；◇檀君历三千四百八十八年，〔高丽〕毅宗九年。十一月，遣右司员外郎金纯如金贺龙兴节，遣刑部员外郎金温中如金谢贺生辰，遣户部郎中崔子葩如金贺正，遣左司谏朴得龄如金进方物[2]。

1156年，丙子，〔南宋〕高宗绍兴二十六年，〔金〕贞元四年，正隆一年，〔西夏〕天盛八年，〔西辽〕绍兴六年，☆黄帝历三千八百五十四年。十一月，金遣定远将军耶律遵礼至高丽[3]；◇檀君历三千四百八十九年，〔高丽〕毅宗十年。八月，遣尚书韩缙如金贺上尊号[4]。

1157年，丁丑，〔南宋〕高宗绍兴二十七年，〔金〕正隆二年，〔西夏〕天盛九年，〔西辽〕绍兴七年，☆黄帝历三千八百五十五年。是岁，南宋商至高丽，献鹦鹉、孔雀、异花。六月，金遣横赐使、大府卿张喆至高丽。十一月，金遣少府监完颜德寿至高丽贺生辰[5]；◇檀君历三千四百九十年，〔高丽〕毅宗十一年。二月，中书侍郎、平章事高兆基卒。高兆基（？—1157），号鸡林，本贯济州。工五言诗。《东文选》有收录。十一月，遣工部郎中李光缙如金谢贺生辰，遣刑部员外郎朴育和如金谢横赐，遣刑部员外郎金敦中如金贺正，遣礼宾少卿崔令仪如金进方物，遣工部员外郎金嘉会如金贺龙兴节[6]。

1158年，戊寅，〔南宋〕高宗绍兴二十八年，〔金〕正隆三年，〔西夏〕天盛十年，〔西辽〕绍兴八年，☆黄帝历三千八百五十六年。十一月，金遣教坊提点高存福至高丽贺生辰[7]；◇檀君历三千四百九十一年，〔高丽〕毅宗十二年。是岁，高丽遣使如金贺正、贺龙兴节。

1159年，己卯，〔南宋〕高宗绍兴二十九年，〔金〕正隆四年，〔西夏〕天盛十一年，〔西辽〕绍兴九年，☆黄帝历三千八百五十七年。十一月，金遣安远大将军完颜德温至高丽贺生辰[8]；◇檀君历三千四百九十二年，〔高丽〕毅宗十三年。是岁，僧坦然（1070—1159）圆寂。坦然是高丽著名的（汉字）书法家。是岁，高丽遣使如金贺正、贺龙兴节。

1160年，庚辰，〔南宋〕高宗绍兴三十年，〔金〕正隆五年，〔西夏〕天盛十二年，〔西辽〕绍兴十年，☆黄帝历三千八百五十八年。六月，金遣耶律琳至高丽。十一月，金遣高通至高丽贺生辰[9]；◇檀君历三千四百九十三年，〔高丽〕毅宗十四年。是岁，高丽遣使如金贺正、贺龙兴节。

1161年，辛巳，〔南宋〕高宗绍兴三十一年，〔金〕正隆六年，世宗完颜雍大定一年，〔西夏〕天盛十三年，〔西辽〕绍兴十一年，☆黄帝历三千八百五十九年。八月，金遣太常博士张崇如高丽贺生辰。十月，宋高宗传檄高丽，谕共出兵讨金人。十一月，金遣尚书右司员外郎完

---

1 诸事见〔韩〕郑麟趾等《高丽史》卷十八。
2 诸事见〔韩〕郑麟趾等《高丽史》卷十八。
3 事见〔韩〕郑麟趾等《高丽史》卷十八。
4 事见〔韩〕郑麟趾等《高丽史》卷十八。
5 诸事见〔韩〕郑麟趾等《高丽史》卷十八。
6 诸事见〔韩〕郑麟趾等《高丽史》卷十八。
7 事见〔韩〕郑麟趾等《高丽史》卷十八。
8 事见〔韩〕郑麟趾等《高丽史》卷十八。《金史》卷五“安远大将军完颜德温”作“翰林待制完颜达纪”。
9 诸事见〔韩〕郑麟趾等《高丽史》卷十八。

颜兀古出，赍诏出使高丽，告改元；◇檀君历三千四百九十四年，〔高丽〕毅宗十五年。十一月，西北面驰报，金主完颜亮被杀，金世宗即位。

1162年，壬午，〔南宋〕高宗绍兴三十二年，〔金〕大定二年，〔西夏〕天盛十四年，〔西辽〕绍兴十二年，☆黄帝历三千八百六十年。三月，南宋都纲侯林等43人至高丽，传明州牒报云，南宋与金举兵相战，至今年春大捷。六月，南宋都纲邓成等47人至高丽。是月，南宋都纲徐德荣等89人、吴世全等142人至高丽。七月，南宋都纲河富等43人至高丽。十一月，金遣大府监完颜兴，至高丽诏告金世宗即位[1]；◇檀君历三千四百九十五年，〔高丽〕毅宗十六年。十一月，遣卫尉少卿丁应起如金贺正。十二月，遣守司空金永胤、尚书礼部侍郎金淳夫如金，贺登极。是月，又遣秘书少监金居实如金，谢宣谕登极。是岁，王命南宋都纲徐德荣等至明州，告高丽将遣贺使入宋，南宋止之[2]。

1163年，癸未，〔南宋〕孝宗隆兴一年，〔金〕大定三年，〔西夏〕天盛十五年，〔西辽〕绍兴十三年，☆黄帝历三千八百六十一年。六月，金遣横赐使、少府监韩纲至高丽。是月，南宋都纲徐德荣等至高丽，献孔雀、珍玩。徐德荣又以南宋孝宗帝密旨，献王金、银盒二副，盛以沉香[3]。十一月，金遣大府监耶律章至高丽贺生辰[4]；◇檀君历三千四百九十六年，〔高丽〕毅宗十七年。三月，遣卫尉少卿李公老如金贺万春节。十一月，高丽遣礼宾少卿高处约如金贺正。十二月，遣殿中少监金存夫，如金谢横赐。

1164年，甲申，〔南宋〕孝宗隆兴二年，〔金〕大定四年，〔西夏〕天盛十六年，〔西辽〕承天后崇福一年，☆黄帝历三千八百六十二年。是岁，金鸭绿江堡戍多次被高丽焚毁[5]。十一月，金遣大府监乌骨论守贞至高丽贺生辰[6]；◇檀君历三千四百九十七年，〔高丽〕毅宗十八年。二月，遣借内殿崇班赵冬曦、借右侍禁朴光通，如南宋献铜器，兼谢遣徐德荣使行[7]。是月，遣使如金贺万春节。三月，遣秘书少监崔孝温为进奉使，遣朝散大夫、卫尉少卿郑孝偁如金贺万春节。十一月，遣礼宾少卿金庄如金，谢贺生辰[8]。是月，遣卫尉少卿高珍缙如金贺正。

1165年，乙酉，〔南宋〕孝宗乾道一年，〔金〕大定五年，〔西夏〕天盛十七年，〔西辽〕崇福二年，☆黄帝历三千八百六十三年。是岁，金却高丽使臣私献[9]。三月，金大夫营主遣锐卒70余人攻麟、静二州境内之岛，执防守、静州别将元尚等16人以归。十一月，金遣少府监完颜章至高丽贺生辰[10]；◇檀君历三千四百九十八年，〔高丽〕毅宗十九年。三月，遣殿中少监陈力升为进奉使如金，遣秘书少监元颐冲如金贺万春节。十一月，遣太府少卿李世仪如金贺正。十二月，高丽遣吏部尚书李知深、中书舍人尹敦信如金贺上尊号。是月，遣卫尉少卿王辅，如金谢贺生辰。

---

1 事见〔韩〕郑麟趾等《高丽史》卷十八。“大府监完颜兴”《金史》卷六作“尚书右司员外郎完颜兀古”。
2 诸事见〔韩〕郑麟趾等《高丽史》卷十八、《宋史·列传第二百四十六·外国三·高丽》（卷四百八十七）。
3 参见朝鲜文人徐命膺等编订《御定宋史筌·列传第八十三·外国一·高丽》。
4 诸事见〔韩〕郑麟趾等《高丽史》卷十八。《金史》卷六“耶律章”作“移剌天佛留”。
5 参见《金史·列传第七十三·外国（下）·高丽》（卷一百三十五）。
6 事见〔韩〕郑麟趾等《高丽史》卷十八。《金史》卷六“乌骨论守贞”作“乌骨论三合”。
7 参见朝鲜文人徐命膺等编订《御定宋史筌·列传第八十三·外国一·高丽》。
8 事见〔韩〕郑麟趾等《高丽史》卷十八、卷一百〇一。
9 参见《金史·列传第七十三·外国（下）·高丽》（卷一百三十五）。
10 诸事见〔韩〕郑麟趾等《高丽史》卷十八。

1166年，丙戌，〔南宋〕孝宗乾道二年，〔金〕大定六年，〔西夏〕天盛十八年，〔西辽〕崇福三年，☆黄帝历三千八百六十四年。七月，金遣横赐使、尚书右司郎中移剌道至高丽。十一月，金遣大府监耶律成正，至高丽贺生辰[1]；◇檀君历三千四百九十九年，〔高丽〕毅宗二十年。三月，遣国子司业赵仁贵为进奉使如金，遣秘书少监李复基如金贺万春节。十一月，遣司宰少卿潘咸有如金贺正。十二月，遣礼宾少卿崔椿如金谢贺生辰。是月，遣卫尉少卿金资用如金谢横赐。

1167年，丁亥，〔南宋〕孝宗乾道三年，〔金〕大定七年，〔西夏〕天盛十九年，〔西辽〕崇福四年，☆黄帝历三千八百六十五年。十一月，金遣少府监李卫国至高丽贺生辰[2]；◇檀君历三千五百年，〔高丽〕毅宗二十一年。三月，遣尚书户部侍郎柳德容如金贺万春节。十一月，遣司宰少卿金起如金贺正。十二月，遣礼宾少卿崔儇如金谢贺生辰，兼报前年耶律成正至高丽[3]。

1168年，戊子，〔南宋〕孝宗乾道四年，〔金〕大定八年，〔西夏〕天盛二十年，〔西辽〕崇福五年，☆黄帝历三千八百六十六年。十一月，金遣翰林待制兼修国史、宗室完颜靖，至高丽贺王生辰[4]；◇檀君历三千五百〇一年，〔高丽〕毅宗二十二年。三月，遣尚书户部侍郎金光利为进奉使如金，遣朝散大夫、秘书少监赵湜如金贺万春节。十一月，遣礼宾少卿徐诹如金谢贺生辰。是月，遣司宰少卿陈玄光如金贺正。十二月，遣卫尉少卿崔允偦如金献方物[5]。

1169年，己丑，〔南宋〕孝宗乾道五年，〔金〕大定九年，〔西夏〕天盛二十一年，〔西辽〕崇福六年，☆黄帝历三千八百六十七年。七月，金遣横赐使、符宝郎徒单怀贞至高丽，赐羊2000只。十一月，金遣大府监马贵忠，至高丽贺王生辰[6]；◇檀君历三千五百〇二年，〔高丽〕毅宗二十三年。三月，遣朝散大夫、卫尉少卿崔偦为进奉使如金，遣秘书少监金利诚如金贺万春节。十一月，遣礼宾少卿陈升如金贺正。十二月，遣太府少卿裴衍如金谢贺生辰，遣司宰少卿李世美如金谢横赐。

1170年，庚寅，〔南宋〕孝宗乾道六年，〔金〕大定十年，〔西夏〕乾祐一年，〔西辽〕崇福七年，☆黄帝历三千八百六十八年。十一月，金遣大宗正丞完颜纠至高丽贺生辰。完颜纠至境，高丽边吏以前王让位却之[7]；◇檀君历三千五百〇三年，〔高丽〕毅宗二十四年。三月，遣卫尉少卿崔侁为进奉使如金，遣尚书礼部侍郎崔光涉如金贺万春节。五月，王孙生，毅宗欲遣使至金报，移牒。金主移牒，告不必遣使。八月，高丽将军郑仲夫等以贪淫乐、滥杀人，逼毅宗单骑逊于巨济县[8]。郑仲夫、李义方、李高等领兵迎王弟翼阳公王晧即位，是为高丽明宗。十月，明宗遣工部郎中庚应圭赍表如金，其《表》一为前王毅宗所制、二为明宗所制。金却高丽

1 诸事见〔韩〕郑麟趾等《高丽史》卷十八。《金史》卷六“耶律成正”作“移剌按答”。
2 事见〔韩〕郑麟趾等《高丽史》卷十八。
3 事见〔韩〕郑麟趾等《高丽史》卷十八。
4 事见〔韩〕郑麟趾等《高丽史》卷十八。
5 诸事见〔韩〕郑麟趾等《高丽史》卷十八。
6 诸事见〔韩〕郑麟趾等《高丽史》卷十九。
7 事见《金史·列传第七十三·外国（下）·高丽》（卷一百三十五），见〔韩〕郑麟趾等《高丽史》卷十九。
8 参见〔韩〕郑麟趾等《高丽史》卷十九“明宗三年”（1173）。

之表[1]。是岁起，高丽进入“武臣政权”时期，直到蒙古军进入半岛。

1171年，辛卯，〔南宋〕孝宗乾道七年，〔金〕大定十一年，〔西夏〕乾祐二年，〔西辽〕崇福八年，☆黄帝历三千八百六十九年。七月，金遣询问使、吏部侍郎完颜靖赍赐前王诏至高丽，面见前王后回奏[2]；◇檀君历三千五百〇四年，〔高丽〕明宗王晧（1131—1202，字之旦）一年。明宗后宫金氏（后称“光靖太后”，江陵公金温之女。康宗生母）。五月，庾应圭赍诏还，金大定帝不允高丽前王禅位。十月，遣告奏使、尚书礼部侍郎张翼明及都部署黄公遇如金，请封新王[3]。十一月，高丽遣使如金贺正。

1172年，壬辰，〔南宋〕孝宗乾道八年，〔金〕大定十二年，〔西夏〕乾祐三年，〔西辽〕崇福九年，☆黄帝历三千八百七十年。二月，金遣高丽使臣张翼明、黄公遇赍敕还。五月，金遣太府监、上轻车都尉乌古论仲荣[4]及翰林直学士张亨至高丽，册明宗“开府仪同三司、高丽国王”，赐衣带、鞍马、匹段等物。十二月，金移牒问王生日，乃知高丽明宗诞辰在正月十九日[5]；◇檀君历三千五百〇五年，〔高丽〕明宗二年。二月，遣尚书右丞李著、侍郎崔誧如金贺上尊号。三月，遣尚书户部侍郎金黄裕如金贺万春节。八月，遣太府少卿金晅如金谢封册。十一月，高丽遣司宰少卿史正儒如金贺正。十二月，遣卫尉卿蔡祥正如金进方物[6]。

1173年，癸巳，〔南宋〕孝宗乾道九年，〔金〕大定十三年，〔西夏〕乾祐四年，〔西辽〕崇福十年，☆黄帝历三千八百七十一年。六月，南宋遣徐德荣至高丽[7]。十一月，金遣引进使完颜大洞，如高丽贺生辰；◇檀君历三千五百〇六年，〔高丽〕明宗三年。闰正月，高丽遣礼宾少卿权光弼如金进方物，遣大府少卿李应球如金贺万春节。十月，李义旼弑前王毅宗于坤元寺北渊上。十一月，遣尚书吏部侍郎崔均如金贺正[8]。是岁，明宗封子王璹为太子[9]。

1174年，甲午，〔南宋〕孝宗淳熙一年，〔金〕大定十四年，〔西夏〕乾祐五年，〔西辽〕崇福十一年，☆黄帝历三千八百七十二年。六月，金遣横赐使、劝农副使完颜琉至高丽[10]。八月，南宋归高丽漂风人张和等5人。十二月，金遣仪銮局使曹士元至高丽贺生辰[11]。据《玉海》卷十六载，是岁明州进士沈悫“进献海东《三国史记》五十卷”于宋孝宗[12]；◇檀君历三千五百〇七年，〔高丽〕明宗四年。二月，遣尚书刑部侍郎车仁提为进奉使如金。三月，遣如金练光、给事中皮莹文如金贺万春节。七月，遣中郎将宋胜夫如金进方物。十一月，遣都官员外郎王鲁璋如金谢横宣，遣左司员外郎赵永仁如金贺正[13]。

1175年，乙未，〔南宋〕孝宗淳熙二年，〔金〕大定十五年，〔西夏〕乾祐六年，〔西辽〕崇

1 诸事见〔韩〕郑麟趾等《高丽史》卷十九、《金史·列传第七十三·外国（下）·高丽》（卷一百三十五）。
2 事见《金史·列传第七十三·外国（下）·高丽》（卷一百三十五）、〔韩〕郑麟趾等《高丽史》卷十九。
3 事见〔韩〕郑麟趾等《高丽史》卷十九、《金史·列传第七十三·外国（下）·高丽》（卷一百三十五）。
4 《金史》卷七“乌古论仲荣”作“乌古论思列”。
5 诸事见〔韩〕郑麟趾等《高丽史》卷十九。
6 诸事见〔韩〕郑麟趾等《高丽史》卷十九。
7 事见〔韩〕郑麟趾等《高丽史》卷十九。
8 事见〔韩〕郑麟趾等《高丽史》卷十九。
9 参见〔韩〕郑麟趾等《高丽史》卷二十一。
10 《金史》卷七“完颜琉”作“完颜蒲涅”。
11 诸事见〔韩〕郑麟趾等《高丽史》卷十九。
12 参见马大正、李大龙、耿铁华、权赫秀《古代中国高句丽历史续论》，第394页，中国社会科学出版社，2003年版。
13 诸事见〔韩〕郑麟趾等《高丽史》卷十九。

福十二年，☆黄帝历三千八百七十三年。八月，南宋都纲张鹏举、谢敦礼、吴秉直、吴克忠等至高丽。九月，赵位宠愿以慈悲岭以西、鸭绿江以东40城内附，金拒之。金主以赵位宠叛国拘捕徐彦，送回高丽[1]。十一月，金遣高丽使臣朴绍赍诏还[2]，遣大监阿典溥等至高丽贺生辰[3]；◇檀君历三千五百〇八年，〔高丽〕明宗五年。七月，高丽西京[4]留守赵位宠叛，命徐彦等69人上表于金，言前王被弑事实。五月，为前王（毅宗）发丧。八月，遣告奏使、借秘书丞朴绍如金。十一月，遣尚书吏部侍郎李章如金贺正。十二月，遣礼宾少卿赵永仁如金谢贺生辰。

1176年，丙申，〔南宋〕孝宗淳熙三年，〔金〕大定十六年，〔西夏〕乾祐七年，〔西辽〕崇福十三年，☆黄帝历三千八百七十四年。十一月，金遣兵部郎中移剌子元，至高丽贺王生辰。十二月，高丽下节押马官顺成带甲入金，金押其出境；◇檀君历三千五百〇九年，〔高丽〕明宗六年。三月，高丽遣尚书户部侍郎蔡顺禧如金贺万春节。十一月，遣将军吴淑夫如金贺正。吴淑夫所进“玉”乃石也，金未追究[5]。是月，遣将军吴光陟、尚书工部侍郎尹宗诲如金，谢执送徐彦，并进玉带2腰。十二月，遣礼宾少卿王珪，如金谢贺生辰。

1177年，丁酉，〔南宋〕孝宗淳熙四年，〔金〕大定十七年，〔西夏〕乾祐八年，〔西辽〕崇福十四年，☆黄帝历三千八百七十五年。正月，金遣耶律子元至高丽贺生辰。六月，金遣横宣使、大府监徒单良臣至高丽[6]。时高丽国内叛者甚众，明宗乃遣户部郎中朴绍、中郎将牙应时率官军及神骑军往备不虞。行至通德驿遭掩击，死者甚多，朴绍亦被杀[7]；◇檀君历三千五百一十年，〔高丽〕明宗七年。正月，遣将军丁守弼如金进方物，遣兵部侍郎崔光远如金贺万春节。三月，吴光陟还自金言：所进玉带其一乃石乳，非玉。王闻而惧，遣郎中朴孝缙表谢乞罪。八月，金使还，平壤路不通，改走春州、定州。十一月，遣礼部员外郎孙应时如金贺正[8]。十二月，遣郎将崔美如金谢横宣，遣内侍员外郎崔贞如金谢贺生辰。

1178年，戊戌，〔南宋〕孝宗淳熙五年，〔金〕大定十八年，〔西夏〕乾祐九年，〔西辽〕末主直鲁古天禧一年，☆黄帝历三千八百七十六年。正月，金遣宿直将军仆散怀忠至高丽贺生辰。十一月，金遣八将，率军兵屯义州关外[9]；◇檀君历三千五百一十一年，〔高丽〕明宗八年。正月，遣将军卢卓儒如金贺万春节，遣兵部郎中崔孝球如金进方物。但《金史》卷六十一以为，是岁二月，高丽遣吏部侍郎崔孝求如金进奉，三月，遣刑部侍郎李仁成如金贺万春节。十一月，遣将军奇世俊如金谢贺生辰，遣郎中全谅如金贺正[10]。

1179年，己亥，〔南宋〕孝宗淳熙六年，〔金〕大定十九年，〔西夏〕乾祐十年，〔西辽〕天禧二年，☆黄帝历三千八百七十七年。正月，金遣大府大将军、少府监左光庆至高丽贺生辰。九月，金牒告闵宗皇帝庙讳“亶”字，令同音字亦回避[11]；◇檀君历三千五百一十二年，〔高丽〕

1 事见《金史·列传第七十三·外国（下）·高丽》（卷一百三十五）、〔韩〕郑麟趾等《高丽史》卷十九。
2 诸事见〔韩〕郑麟趾等《高丽史》卷十九。
3 事见〔韩〕郑麟趾等《高丽史》卷十九。《金史》卷七“阿典溥”作“阿典浦鲁虎”。
4 高丽西京即今朝鲜平壤。
5 诸事见〔韩〕郑麟趾等《高丽史》卷十九、《金史·列传第七十三·外国（下）·高丽》（卷一百三十五）。
6 《金史》卷七“大府监徒单良臣”作“滕王府长史徒单乌者”。
7 诸事见〔韩〕郑麟趾等《高丽史》卷十九。
8 诸事见〔韩〕郑麟趾等《高丽史》卷十九。
9 诸事见〔韩〕郑麟趾等《高丽史》卷十九。
10 诸事见〔韩〕郑麟趾等《高丽史》卷十九。《金史》卷六十一载，是岁高丽贺正使为刑部侍郎金节。
11 诸事见〔韩〕郑麟趾等《高丽史》卷二十。

明宗九年。正月，遣郎中李俊材如金进方物。二月，遣吏部侍郎柳得仁如金进奉，遣将军孙硕如金贺万春节[1]。是岁，仁宗妃金氏（宣平王后，？—1179，兵部尚书金璇之女）薨。十一月，遣尚书户部侍郎尹东辅如金贺正。十二月，遣礼宾少卿柳得义如金谢贺生辰。

1180年，庚子，〔南宋〕孝宗淳熙七年，〔金〕大定二十年，〔西夏〕乾祐十一年，〔西辽〕天禧三年，☆黄帝历三千八百七十八年。正月，金遣少府监卢珙[2]至高丽贺生辰。六月，金遣横宣使、少府监郭喜国至高丽[3]；◇檀君历三千五百一十三年，〔高丽〕明宗十年。二月，遣尚书吏部侍郎金铉公如金进奉。三月，遣尚书户部侍郎孙硕如金贺万春节。十一月，遣尚书兵部侍郎陈士龙如金贺正[4]。十二月，遣秘书少监王度如金谢横宣，遣郎将沈进升如金谢贺生辰。

1181年，辛丑，〔南宋〕孝宗淳熙八年，〔金〕大定二十一年，〔西夏〕乾佑十二年，〔西辽〕天禧四年，☆黄帝历三千八百七十九年。正月，金遣大府监任偶至高丽贺生辰[5]；◇檀君历三千五百一十四年，〔高丽〕明宗十一年。正月，遣卫尉少卿李辅德如金献方物。二月，遣尚书吏部侍郎李德基如金进奉。三月，遣将军申宝至如金贺万春节。十一月，遣将军崔琏如金谢贺生辰。是月，遣金用纯如金贺正[6]。

1182年，壬寅，〔南宋〕孝宗淳熙九年，〔金〕大定二十二年，〔西夏〕乾祐十三年，〔西辽〕天禧五年，☆黄帝历三千八百八十年。正月，金遣耶律仲方至高丽贺生辰；◇檀君历三千五百一十五年，〔高丽〕明宗十二年。正月，遣郎将金光裕如金进方物，遣郎中田元均如金贺万春节。十一月，遣将军安允恭如金谢贺生辰，遣兵部郎中崔永儒如金贺正[7]。

1183年，癸卯，〔南宋〕孝宗淳熙十年，〔金〕大定二十三年，〔西夏〕乾祐十四年，〔西辽〕天禧六年，☆黄帝历三千八百八十一年。正月，金遣大府监仆散衎[8]至高丽贺生辰。四月，金遣人至高丽，告改"来远城"[9]为"来远军"。六月，金遣大理卿讫石烈朮列速为横赐使，至高丽赐羊。十二月，金遣高丽使臣崔孝著赍诏还，恤高丽有王太后任氏之丧，辞"贺生辰"、"贺正"、"谢赐羊"三使节团，高丽使臣李文中、崔文清、郑允当皆至义州而还[10]；◇檀君历三千五百一十六年，〔高丽〕明宗十三年。正月，遣吏部郎中文章伟如金进方物。三月，遣郎将卢孝敦如金贺万春节。十一月，以王太后、仁宗妃任氏（恭睿太后，？—1183，中书令任元厚之女。毅宗生母）薨，遣户部员外郎崔孝著如金告哀。闰十一月，遣将军李文中如金谢贺生辰，遣郎将崔文清如金贺正，遣员外郎郑允当如金谢赐羊[11]。

1184年，甲辰，〔南宋〕孝宗淳熙十一年，〔金〕大定二十四年，〔夏〕乾祐十五年，〔西辽〕天禧七年，☆黄帝历三千八百八十二年。正月，金恤高丽有丧，高丽使臣文义赫、韩正修皆至

1 诸事见〔韩〕郑麟趾等《高丽史》卷二十。《金史》卷六十一载，是岁高丽遣卢卓儒贺万春节。
2 《金史》卷七"卢珙"作"卢拱"。
3 诸事见〔韩〕郑麟趾等《高丽史》卷二十。
4 诸事见〔韩〕郑麟趾等《高丽史》卷二十。
5 诸事见〔韩〕郑麟趾等《高丽史》卷二十。
6 诸事见〔韩〕郑麟趾等《高丽史》卷二十。
7 诸事见〔韩〕郑麟趾等《高丽史》卷二十。
8 《金史》卷八"大府监仆散衎"作"宿直将军仆散忠佐"。
9 来远城在今辽宁省丹东市东。
10 诸事见〔韩〕郑麟趾等《高丽史》卷二十。
11 诸事见〔韩〕郑麟趾等《高丽史》卷二十。

义州而遣还。三月，金遣祭奠使、大府监完颜古毕[1]以及翰林修撰郝俣之高丽。是月，金遣吊慰使、大将军大仲尹至高丽。是月，金遣起复使完颜三胜至高丽，着王起复。十月，金世宗帝以谒贞义皇后寝宫于东京[2]故，诏高丽停明年贺正及贺万春节等使[3]；◇檀君历三千五百一十七年，〔高丽〕明宗十四年。正月，遣员外郎文义赫如金进方物，遣将军韩正修如金贺万春节。九月，参知政事文克谦知贡举，投奔高丽的宋进士王逢辰别赐乙科。

1185年，乙巳，〔南宋〕孝宗淳熙十二年，〔金〕大定二十五年，〔西夏〕乾祐十六年，〔西辽〕天禧八年，☆黄帝历三千八百八十三年；◇檀君历三千五百一十八年，〔高丽〕明宗十五年。正月，西北面兵马使李知命进契丹丝500束，明宗令其以库布于义州换取金朝丝绸。八月，金18人投高丽霜阴县，明宗命发还。十一月，遣上将军梁翼京、郎中崔素，如金谢致祭。是月，又遣郎将康用儒如金谢吊慰，遣将军崔仁谢如金起复，遣郎将崔文清如金贺正[4]。

1186年，丙午，〔南宋〕孝宗淳熙十三年，〔金〕大定二十六年，〔西夏〕乾祐十七年，〔西辽〕天禧九年，☆黄帝历三千八百八十四年。正月，金遣昭毅大将军耶律履至高丽贺生辰。二月，金遣大府监耶律圭至高丽落起复。五月，南宋归高丽漂风人李汉等6人。六月，金遣横宣使、大理卿李磐至高丽[5]；◇檀君历三千五百一十九年，〔高丽〕明宗十六年。正月，遣侍郎文义赫如金进方物，遣礼宾卿柳公权如金贺万春节。十一月，遣刑部侍郎于述儒如金谢落起复，遣礼部侍郎任濡如金谢横宣，遣中郎将卢孝敦如金谢贺生辰，遣郎将崔光甫如金贺正[6]。

1187年，丁未，〔南宋〕孝宗淳熙十四年，〔金〕大定二十七年，〔西夏〕乾祐十八年，〔西辽〕天禧十年，☆黄帝历三千八百八十五年。正月，金遣昭毅大将军韩景懋至高丽贺生辰[7]；◇檀君历三千五百二十年，〔高丽〕明宗十七年。正月，遣将军车若松如金进方物，遣李文中如金贺万春节[8]。十一月，遣司宰少卿崔迪元如金贺正。十二月，遣礼宾少卿崔存如金谢贺生辰。

1188年，戊申，〔南宋〕孝宗淳熙十五年，〔金〕大定二十八年，〔西夏〕乾祐十九年，〔西辽〕天禧十一年，☆黄帝历三千八百八十六年。正月，金遣翰林待制赵可至高丽贺生辰[9]；◇檀君历三千五百二十一年，〔高丽〕明宗十八年。二月，遣礼宾少卿吉仁如金进奉，三月，遣户部侍郎李禧如金贺万春节。十一月，遣朱光美如金谢贺生辰，遣礼宾少卿李尚儒如金贺正[10]。

1189年，己酉，〔南宋〕孝宗淳熙十六年，〔金〕大定二十九年，〔西夏〕乾祐二十年，〔西辽〕天禧十二年，☆黄帝历三千八百八十七年。正月，金遣耶律彦拱至高丽贺生辰[11]。三月，金遣大理卿王元德至高丽告世宗帝丧。王元德见王，哀哭不已，旁观者莫不动色。十月，金遣横宣使

---

1 《金史》卷六十一“完颜古毕”作“完颜进儿”。
2 金东京，今辽宁省辽阳。
3 诸事见〔韩〕郑麟趾等《高丽史》卷二十。
4 诸事见〔韩〕郑麟趾等《高丽史》卷二十。
5 诸事见〔韩〕郑麟趾等《高丽史》卷二十。
6 诸事见〔韩〕郑麟趾等《高丽史》卷二十。《金史》卷六十一“中郎将卢孝敦”作“礼宾少卿卢元”。
7 事见〔韩〕郑麟趾等《高丽史》卷二十。
8 诸事见〔韩〕郑麟趾等《高丽史》卷二十。《金史》卷六十一“李文中”作“李公钧”。
9 事见〔韩〕郑麟趾等《高丽史》卷二十以及《金史》卷八。
10 诸事见〔韩〕郑麟趾等《高丽史》卷二十。《金史》卷六十一“朱光美”作“户部侍郎周匡美”。
11 《金史》卷八以为，正月抵达高丽的金使为“移剌彦拱”。可见，大定二十八、大定二十九年金遣至高丽贺生辰的钦差名字是对的。《高丽史》卷二十的说法可能有疏漏。

完颜述至高丽[1]；◇檀君历三千五百二十二年，〔高丽〕明宗十九年。三月，遣检校尚书、右仆射、户部尚书李英搢为奉慰使如金，遣检校工部尚书、户部侍郎黄清为祭奠兼会葬使如金。四月，遣检校太尉郑存实、殿中监任冲，如金贺明昌帝登极。七月，遣户部尚书崔膺庸如金贺天寿节。十二月，遣礼部侍郎闵湜如金谢贺生辰[2]。是月，遣户部侍郎孙衍如金谢横赐。

1190年，庚戌，〔南宋〕光宗绍熙一年，〔金〕明昌一年，〔西夏〕乾祐二十一年，〔西辽〕天禧十三年，☆黄帝历三千八百八十八年。正月，金遣西上閤门使耶律炳至高丽贺王生辰。二月，金牒报至高丽，告改元"明昌"[3]；◇檀君历三千五百二十三年，〔高丽〕明宗二十年。六月，高丽遣户部侍郎陈克修、进奉使郑世鬈如金贺万寿节。十一月，遣礼宾少卿郑克温如金贺正[4]。十二月，遣户部侍郎卢湜如金谢贺生辰。

1191年，辛亥，〔南宋〕光宗绍熙二年，〔金〕明昌二年，〔西夏〕乾祐二十二年，〔西辽〕天禧十四年，☆黄帝历三千八百八十九年。正月，金遣西上閤门使完颜克忠至高丽，贺王生辰。二月，金遣完颜臣至高丽，告皇太后崩之丧[5]；◇檀君历三千五百二十四年，〔高丽〕明宗二十一年。二月，遣大将军韩正修、郎中崔敦礼如金吊丧，又遣大将军文得吕、司业李世长如金致祭[6]。六月，高丽遣户部侍郎柳光寿如金贺万寿节。十一月，遣礼宾少卿洪孝忠如金贺正。十二月，遣户部侍郎李至纯，如金谢贺生辰。

1192年，壬子，〔南宋〕光宗绍熙三年，〔金〕明昌三年，〔西夏〕乾祐二十三年，〔西辽〕天禧十五年，☆黄帝历三千八百九十年。正月，金遣近侍局副使稺碗温都说至高丽贺生辰[7]。六月，金遣横宣使、尚书礼部员外郎李朮鲁至忠至高丽[8]。八月，宋商至高丽献《太平御览》，得赐白金60斤[9]；◇檀君历三千五百二十五年，〔高丽〕明宗二十二年。四月，王命吏部尚书郑国俭等校雠《增续资治通鉴》并刊印发行。七月，遣礼宾少卿石城柱如金进方物，遣卫尉少卿朴初如金贺天寿节，遣秘书少监师威如金谢横宣。十一月，遣司宰少卿扬淑节如金贺正。十二月，遣户部侍郎丁光叙如金谢贺生辰。是岁，高丽下节金挺回国途中，在平州抚宁县殴杀当驿人赵添儿[10]。

1193年，癸丑，〔南宋〕光宗绍熙四年，〔金〕明昌四年，〔西夏〕乾祐二十四年，〔西辽〕天禧十六年，☆黄帝历三千八百九十一年。正月，金遣礼部侍郎张汝猷至高丽贺生辰[11]；◇檀君历三千五百二十六年，〔高丽〕明宗二十三年。六月，遣吏部侍郎门侯轼如金进方物，遣礼宾少卿苏良美如金贺天寿节。十一月，遣卫尉少卿李居正如金贺正。十二月，遣户部侍郎陈光卿如金谢贺生辰。

---

1 诸事见〔韩〕郑麟趾等《高丽史》卷二十。《金史》卷九"横宣使完颜述"作"横赐使、尚辇局使崇德"。
2 诸事见〔韩〕郑麟趾等《高丽史》卷二十。
3 诸事见〔韩〕郑麟趾等《高丽史》卷二十。
4 诸事见〔韩〕郑麟趾等《高丽史》卷二十。
5 诸事见〔韩〕郑麟趾等《高丽史》卷二十。
6 诸事见〔韩〕郑麟趾等《高丽史》卷二十。
7 《金史》卷九"稺碗温都说"作"完颜匡"。《金史》所记"完颜匡"与《高丽史》所说"稺碗温都说"当是同一人。
8 《金史》卷九"李朮鲁至忠"作"李朮鲁子元"。
9 诸事见〔韩〕郑麟趾等《高丽史》卷二十。
10 诸事见《金史·列传第七十三·外国（下）·高丽》（卷一百三十五）、〔韩〕郑麟趾等《高丽史》卷二十。
11 事见〔韩〕郑麟趾等《高丽史》卷二十。

1194年，甲寅，〔南宋〕光宗绍熙五年，〔金〕明昌五年，〔西夏〕天庆一年，〔西辽〕天禧十七年，☆黄帝历三千八百九十二年。正月，金遣大理卿纥石烈琞至高丽贺生辰[1]；◇檀君历三千五百二十七年，〔高丽〕明宗二十四年。三月，遣奉御柳泽如金进方物，遣将军权信如金贺天寿节[2]。十一月，遣户部侍郎白存儒如金贺正。十二月，遣户部侍郎刘邦氏如金谢贺生辰[3]。

1195年，乙卯，〔南宋〕宁宗庆元一年，〔金〕明昌六年，〔西夏〕天庆二年，〔西辽〕天禧十八年，☆黄帝历三千八百九十三年。正月，金遣户部郎中李敬义，至高丽贺生辰。六月，金遣横宣使纳兰昉至高丽[4]；◇檀君历三千五百二十八年，〔高丽〕明宗二十五年。六月，遣礼部侍郎徐谐如金贺天寿节，遣卫尉少卿周元迪如金谢横赐。十一月，遣礼宾少卿宋踸如金贺正。十二月，遣尚书户部侍郎孙弘如金谢贺生辰。

1196年，丙辰，〔南宋〕宁宗庆元二年，〔金〕承安一年，〔西夏〕天庆三年，〔西辽〕天禧十九年，☆黄帝历三千八百九十四年。正月，金遣知登闻检院贾益至高丽贺生辰[5]；◇檀君历三千五百二十九年，〔高丽〕明宗二十六年。六月，遣太府监卿刘应举如金进方物，遣尚书礼部侍郎赵冲如金贺天寿节。十一月，遣礼宾少卿牙应卿如金贺正。十二月，遣户部侍郎金光当如金谢贺生辰。

1197年，丁巳，〔南宋〕宁宗庆元三年，〔金〕承安二年，〔西夏〕天庆四年，〔西辽〕天禧二十年，☆黄帝历三千八百九十五年。正月，金遣同知登闻检院阿弗罕德刚，至高丽贺王生辰[6]；◇檀君历三千五百三十年，〔高丽〕明宗二十七年。六月，遣户部侍郎梁元如金进方物，遣礼部侍郎赵谦如金贺天寿节。九月，权臣崔忠献、崔忠粹兄弟废明宗，流太子王璹于江华[7]。崔忠献立王弟平凉公王晫，是为高丽神宗。十月，高丽遣考功员外郎赵通，如金上前王表[8]。

1198年，戊午，〔南宋〕宁宗庆元四年，〔金〕承安三年，〔西夏〕天庆五年，〔西辽〕天禧二十一年，☆黄帝历三千八百九十六年。六月，金遣宣问使、大理卿孙俣至高丽，诘前王逊位事由，欲见前王，高丽以前王远方养病为辞[9]；◇檀君历三千五百三十一年，〔高丽〕神宗王晫（1144—1204，字至华）一年。神宗后宫金氏（后称"宣靖太后"，？—1223，江陵公温之女。熙宗生母）。五月，赵通还，宣金帝诏书。七月，遣礼部郎中白汝舟如金请封册，遣侍郎郑邦辅如金进方物。九月，遣户部侍郎郑世冲如金贺天寿节[10]。

1199年，己未，〔南宋〕宁宗庆元五年，〔金〕承安四年，〔西夏〕天庆六年，〔西辽〕天禧二十二年，☆黄帝历三千八百九十七年。二月，金遣高丽使臣白汝舟赍诏还。四月，金遣封册使、大理卿完颜愈、兵部侍郎赵琢至高丽，册神宗为"开府仪同三司、高丽国王"，并赐金印、

1 事见〔韩〕郑麟趾等《高丽史》卷二十。
2 诸事见〔韩〕郑麟趾等《高丽史》卷二十。
3 见《金史》卷六十二。
4 诸事见〔韩〕郑麟趾等《高丽史》卷二十。
5 事见〔韩〕郑麟趾等《高丽史》卷二十。
6 事见〔韩〕郑麟趾等《高丽史》卷二十。
7 事见〔韩〕郑麟趾等《高丽史》卷二十一。江华，今韩国仁川。
8 事见〔韩〕郑麟趾等《高丽史》卷二十。
9 诸事见〔韩〕郑麟趾等《高丽史》卷二十一。
10 诸事见〔韩〕郑麟趾等《高丽史》卷二十一。

弓箭、彩缎、鞍马[1]。七月，南宋禁日本、高丽商人博易铜钱[2]。《宋史·列传第二百四十六·外国三·高丽》（卷四百八十七）载"庆元间，诏禁商人持铜钱入高丽，盖绝之也"[3]；◇檀君历三千五百三十二年，〔高丽〕神宗二年。正月，遣礼宾卿白元轼如金贺正。六月，遣户部侍郎郑邦辅如金进方物。八月，遣户部侍郎刘公顺如金贺天寿节[4]。十一月，遣礼宾少卿白元轼如金贺正[5]。十二月，遣大将军金陟候、礼部侍郎王仪如金谢册命。

1200年，庚申，〔南宋〕宁宗庆元六年，〔金〕承安五年，〔西夏〕天庆七年，〔西辽〕天禧二十三年，☆黄帝历三千八百九十八年。十一月，金遣礼部郎中刘公宪至高丽贺生辰[6]；◇檀君历三千五百三十三年，〔高丽〕神宗三年。六月，遣户部侍郎池资深如金进奉，遣户部侍郎申周锡如金贺天寿节。十一月，遣礼宾少卿李惟卿如金贺正。是岁，陈澕科举及第，后作为书状官出使我国，其《梅湖遗稿》中有"燕行诗"。

1201年，辛酉，〔南宋〕宁宗嘉泰一年，〔金〕泰和一年，〔西夏〕天庆八年，〔西辽〕天禧二十四年，☆黄帝历三千八百九十九年。五月，金遣横赐使、吏部侍郎刘頍，至高丽赐羊。十二月，金遣工部侍郎纳合铉，至高丽贺生辰[7]；◇檀君历三千五百三十四年，〔高丽〕神宗四年。七月，遣礼宾卿赵淑如金进方物。是月，遣工部侍郎太守正如金谢横宣，遣卫尉卿秦彦臣如金谢贺生辰。八月，遣吏部侍郎郑公顺至金贺天寿节[8]。十一月，遣司宰少卿门孝轼如金贺正。

1202年，壬戌，〔南宋〕宁宗嘉泰二年，〔金〕泰和二年，〔西夏〕天庆九年，〔西辽〕天禧二十五年，☆黄帝历三千九百年。十一月，金遣户部侍郎李仲元至高丽贺生辰[9]；◇檀君历三千五百三十五年，〔高丽〕神宗五年。七月，遣将军韩氏如金谢贺生辰，遣户部侍郎史（洪）佑如金贺天寿节。十一月，前王明宗王晧（1131—1202）薨于昌乐宫[10]。闰十二月，遣礼宾少卿宋弘烈如金进奉。

1203年，癸亥，〔南宋〕宁宗嘉泰三年，〔金〕泰和三年，〔西夏〕天庆十年，〔西辽〕天禧二十六年，☆黄帝历三千九百〇一年。十一月，金遣兵部侍郎尹孝至高丽贺生辰[11]；◇檀君历三千五百三十六年，〔高丽〕神宗六年。七月，遣将军尹（师）公直如金谢贺生辰，遣左司郎中郭公义如金贺天寿节[12]。十一月，高丽遣司宰少卿李延寿如金贺正。十二月，遣礼宾少卿林德元如金进奉。

1204年，甲子，〔南宋〕宁宗嘉泰四年，〔金〕泰和四年，〔西夏〕天庆十一年，〔西辽〕天禧二十七年，☆黄帝历三千九百〇二年。六月，金遣祭奠使、西上閤门使张偁以及大理少卿梅

1 诸事见〔韩〕郑麟趾等《高丽史》卷二十一。
2 见刘子敏、姜孟山、王世英、金荣国主编《中国正史中的朝鲜史料》（第2卷），第18–19页，延边大学出版社，1996年版。
3 朝鲜文人徐命膺等编订《御定宋史筌·列传第八十三·外国一·高丽》："四年，帝诏禁商人持铜钱入高丽，盖绝之也"。
4 诸事见〔韩〕郑麟趾等《高丽史》卷二十一。
5 诸事见〔韩〕郑麟趾等《高丽史》卷二十一。
6 诸事见〔韩〕郑麟趾等《高丽史》卷二十一。
7 诸事见〔韩〕郑麟趾等《高丽史》卷二十一。《金史》卷十一作"武卫军都挥指使司判官纳合铉"。
8 诸事见〔韩〕郑麟趾等《高丽史》卷二十一。
9 事见〔韩〕郑麟趾等《高丽史》卷二十一。《金史》卷十一作"尚辇局副使李仲元"。
10 诸事见〔韩〕郑麟趾等《高丽史》卷二十、二十一。
11 诸事见〔韩〕郑麟趾等《高丽史》卷二十一。《金史》卷十一"兵部侍郎尹孝"作"尚食局使师孝"。
12 诸事见〔韩〕郑麟趾等《高丽史》卷二十一。

琼至高丽。是月，遣慰问使、工部侍郎[1]石悫至高丽，遣起复使、吏部侍郎朮甲晦至高丽。三使节团同到松都[2]。七月，金遣横宣使、兵部侍郎完颜立至高丽[3]；◇檀君历三千五百三十七年，〔高丽〕神宗七年。正月，神宗薨，其子王韺继位，是为高丽熙宗。是月，李延寿贺正使节团傔人[4]在金大都[5]以小佩刀割梨庑下巡廊，有司报至泰和帝[6]。二月，高丽遣郎中任永龄如金告哀[7]。六月，熙宗遣户部侍郎曹光寿如金贺天寿节，遣户部侍郎李儆谢贺生辰。十月，熙宗遣将军金庆夫、礼部侍郎崔光遇如金谢赐祭，遣礼宾少卿姜植材如金进奉，遣司宰少卿车富民如金谢横宣，遣卫尉少卿门存如金谢慰问，遣礼宾少卿黄孝卿如金谢起复[8]。十一月，遣司宰少卿林仁硕如金贺正。

1205年，乙丑，〔南宋〕宁宗开禧一年，〔金〕泰和五年，〔西夏〕天庆十二年，〔西辽〕天禧二十八年，☆黄帝历三千九百〇三年。九月，金遣刑部员外郎李元忠，如高丽贺生辰；◇檀君历三千五百三十八年，〔高丽〕熙宗王韺（1181—1237，字不陂）一年。熙宗后宫任氏（成平王后，？—1247，宗室之女）。是岁，宋商船将发礼成江，监检御史安琓检出犯禁物品，笞数人太甚，高丽权臣崔忠献罢安琓官职[9]。六月，遣司宰少卿崔义如金贺天寿节。十一月，高丽遣礼宾少卿崔甫淳如金贺正。十二月，遣卫尉卿吴应天如金进奉。

1206年，丙寅，〔南宋〕宁宗开禧二年，〔金〕泰和六年，〔西夏〕应天一年，〔西辽〕天禧二十九年，〔蒙古〕（太祖）成吉思汗一年，☆黄帝历三千九百〇四年。四月，金遣大理卿移剌光祖、小府监马黯，至高丽册熙宗为“高丽国王”[10]；◇檀君历三千五百三十九年，〔高丽〕熙宗二年。六月，高丽遣卫尉少卿李迪儒如金贺天寿节，遣卫尉卿金升如金谢贺生辰，遣礼宾卿李佾如金谢起复。是月，遣知枢密院事韩奇、太府卿李承白如金谢册封。十一月，遣户部侍郎师应瞻如金贺正。十二月，遣卫尉少卿庆裕升如金进奉。

1207年，丁卯，〔南宋〕宁宗开禧三年，〔金〕泰和七年，〔西夏〕应天二年，〔西辽〕天禧三十年，〔蒙古〕成吉思汗二年，☆黄帝历三千九百〇五年。四月，金遣横赐使、宫籍副监杨序如高丽。十月，金遣武库令朮甲法心，如高丽贺生辰。是岁，金依大定年间例，赐高丽贺正使曲宴；◇檀君历三千五百四十年，〔高丽〕熙宗三年。六月，高丽遣卫尉少卿徐珧，如金贺天寿节[11]。是月，遣卫尉少卿金义元如金谢贺生辰。十一月，遣户部侍郎林柱材如金贺正。十二月，遣户部侍郎郑光习如金进奉。

1208年，戊辰，〔南宋〕宁宗嘉定一年，〔金〕泰和八年，〔西夏〕应天三年，〔西辽〕天禧三十一年，〔蒙古〕成吉思汗三年，☆黄帝历三千九百〇六年。十月，金遣户部侍郎郭郛至

---

1 《金史》卷十二作“东上閤门使”。
2 松都，今朝鲜开城。
3 诸事见〔韩〕郑麟趾等《高丽史》卷二十一。
4 傔人，副职官员。
5 金朝大都即今北京。
6 参见《金史·列传第七十三·外国（下）·高丽》（卷一百三十五）。
7 《金史》卷六十二“郎中任永龄”作“礼部侍郎王永龄”。
8 诸事见《金史》卷六十二、〔韩〕郑麟趾等《高丽史》卷二十一。
9 事见〔韩〕郑麟趾等《高丽史》卷二十一。
10 事见〔韩〕郑麟趾等《高丽史》卷二十一。
11 参见《金史·列传第七十三·外国（下）·高丽》（卷一百三十五）。

高丽贺生辰[1]；◇檀君历三千五百四十一年，〔高丽〕熙宗四年。八月，遣起居郎林永轼如金贺天寿节[2]，遣礼宾卿池利中如金谢贺生辰。十一月，遣郑光习如金进方物，遣林柱材如金贺正[3]。

1209年，己巳，〔南宋〕宁宗嘉定二年，〔金〕大安一年，〔西夏〕应天四年，〔西辽〕天禧三十二年，〔蒙古〕成吉思汗四年，☆黄帝历三千九百〇七年。正月，金以章宗帝崩，遣孙居宽至高丽告哀。十二月，金遣户部侍郎干勤正至高丽[4]；◇檀君历三千五百四十二年，〔高丽〕熙宗五年。正月，遣史洪纪如金奉慰，遣李淳中如金奠祭。三月，遣上将军金元杰、礼部侍郎房应乔如金贺即位。十一月，遣閤门通事舍人徐延如金贺正[5]。

1210年，庚午，〔南宋〕宁宗嘉定三年，〔金〕大安二年，〔西夏〕皇建一年，〔西辽〕天禧三十三年，〔蒙古〕成吉思汗五年，☆黄帝历三千九百〇八年。六月，金遣横宣使移剌答贞至高丽。十一月，金使至高丽[6]；◇檀君历三千五百四十三年，〔高丽〕熙宗六年。六月，遣于龙奕如金贺万春节，遣宋孝诚如金谢贺生辰。七月，遣郎将池方淑如金谢横宣[7]。是岁，高丽名僧知讷大师（1158—1210）圆寂。知讷大师读《六祖坛经》而悟，推动了半岛禅宗的中兴。

1211年，辛未，〔南宋〕宁宗嘉定四年，〔金〕大安三年，〔西夏〕光定一年，〔西辽〕天禧三十四年，〔蒙古〕成吉思汗六年，☆黄帝历三千九百〇九年。五月，金遣完颜惟孚至高丽贺生辰。十一月，金遣权止文牓至高丽贺生辰[8]；◇檀君历三千五百四十四年，〔高丽〕熙宗七年。五月，遣将军金良器如金回谢贺生辰。金良器至通州[9]，遇蒙古兵，中矢而死，下节9人亦遇害，金收骨以送。九月，遣李孝全如金贺万春节，道梗而还。十一月，遣李实椿如金贺正，道梗而还。十二月，权臣崔忠献废熙宗，立明宗长子、汉南公王璹，是为高丽康宗[10]。

1212年，壬申，〔南宋〕宁宗嘉定五年，〔金〕崇庆一年，〔西夏〕光定二年，〔蒙古〕成吉思汗七年，☆黄帝历三千九百一十年。四月，金遣高丽使臣李仪赍诏还。七月，金遣封册使、大理卿完颜惟基及直学士张翰至高丽，册王“开府仪同三司、上柱国、高丽国王”，册其子王瞮（即王瞋）为太子，并赐车服（含象辂）、金印、匹段、弓箭、鞍马等。金朝所赐象辂高19尺，松都[11]广化门高仅15尺，乃掘地而入[12]；◇檀君历三千五百四十五年，〔高丽〕康宗王璹（即王祦，1152—1213，字大华）一年。康宗后宫柳氏（后称“元德太后”，？—1239），乃宗室、信安侯柳珹之女。高宗生母；康宗后宫、思平王后李氏，李义方之女，后被黜。二月，遣告奏使、中书舍人李仪如金上表。七月，遣户部侍郎李实椿如金贺万春节。八月，遣使如金谢封册、赐物。是月，赐王妃柳氏为“延德宫主”。十月，行金“崇庆”年号[13]。

1 事见〔韩〕郑麟趾等《高丽史》卷二十一。《金史》卷十二作“吏部郎中郭郛”。
2 《金史》卷六十二“起居郎林永轼”作“礼部郎中林永祖”。
3 诸事见〔韩〕郑麟趾等《高丽史》卷二十一。
4 诸事见〔韩〕郑麟趾等《高丽史》卷二十一。
5 诸事见〔韩〕郑麟趾等《高丽史》卷二十一。
6 诸事见〔韩〕郑麟趾等《高丽史》卷二十一。
7 诸事见〔韩〕郑麟趾等《高丽史》卷二十一。
8 诸事见〔韩〕郑麟趾等《高丽史》卷二十一。
9 通州，今北京市通州区。
10 诸事见〔韩〕郑麟趾等《高丽史》卷二十一。
11 松都即今朝鲜开城。
12 诸事见〔韩〕郑麟趾等《高丽史》卷二十一。
13 诸事见〔韩〕郑麟趾等《高丽史》卷二十一。

1213年，癸酉，〔南宋〕宁宗嘉定六年，〔金〕贞祐一年，至宁一年，〔西夏〕光定三年，〔蒙古〕成吉思汗八年，☆黄帝历三千九百一十一年。九月，金遣使至高丽告改元“贞祐”[1]；◇檀君历三千五百四十六年，〔高丽〕康宗二年。八月，康宗薨，其子王瞮继位，是为高丽高宗。高宗尊其生母柳氏为元德太后。闰九月，遣郎将卢育夫如金进奉，遣金蕴珠如金告哀[2]。

1214年，甲戌，〔南宋〕宁宗嘉定七年，〔金〕贞祐二年，〔西夏〕光定四年，〔蒙古〕成吉思汗九年，☆黄帝历三千九百一十二年；◇檀君历三千五百四十七年，〔高丽〕高宗王瞮（即王瞋，1192—1259，字大明）一年。是岁，高丽开科举，王赐金莘鼎等及第。

1215年，乙亥，〔南宋〕宁宗嘉定八年，〔金〕贞祐三年，〔西夏〕光定五年，〔蒙古〕成吉思汗十年，☆黄帝历三千九百一十三年；◇檀君历三千五百四十八年，〔高丽〕高宗二年。八月，崔忠献迁前王熙宗王韺（1181—1237）于乔桐[3]。十月，高宗祫祭于太庙，奉玉册追上高丽太祖、惠宗、显宗、宣宗、肃宗、睿宗、仁宗、神宗、康宗尊号。无熙宗之位。上太祖王建玉册文有“提汉祖之三尺剑，我武惟扬。统殷汤之九有师，其兴也勃”句。

1216年，丙子，〔南宋〕宁宗嘉定九年，〔金〕贞祐四年，〔西夏〕光定六年，〔蒙古〕成吉思汗十一年，☆黄帝历三千九百一十四年。闰七月，金东京总管府奉敕移牒至高丽求粮、马，拟攻蒲鲜万奴。蒲鲜万奴本金朝宣抚，据辽东自称“天王”。八月，契丹金山、金始两王子为蒙古追击，遣鹅儿乞奴引兵数万，渡鸭绿江与高丽战，准备逃入半岛[4]。九月，金朝来远军[5]移牒高丽宁德城，约与夹攻契丹，仍索兵马、秣粮。十一月，金再移牒高丽。十二月，契丹兵攻占黄州[6]；◇檀君历三千五百四十九年，〔高丽〕高宗三年。岁初，金人多赍金银购粮于高丽义州、静州，银1锭居然买米4–5石。高丽军兵禁其民不得。九月，遣金就砺迎战金山所率契丹兵马。

1217年，丁丑，〔南宋〕宁宗嘉定十年，〔金〕贞祐五年，兴定一年，〔西夏〕光定七年，〔蒙古〕成吉思汗十二年，☆黄帝历三千九百一十五年。正月，金来远军移牒宁德城，警告若蒲鲜万奴与契丹合兵，则将大祸高丽。四月，契丹兵5000余人至金郊驿，攻陷多处城镇。是月，叛金之蒲鲜万奴兵至高丽，破大夫营[7]；◇檀君历三千五百五十年，〔高丽〕高宗四年。三月，松都捕获间谍3人，乃杨水尺人[8]与高丽降卒。

1218年，戊寅，〔南宋〕宁宗嘉定十一年，〔金〕兴定二年，〔西夏〕光定八年，〔蒙古〕成吉思汗十三年，☆黄帝历三千九百一十六年。四月，辽东阿里不逊索粮于高丽未果，过境抢掠，辽宣宗敕蒲察五斤遣使高丽，说明出兵非上国本意[9]。八月，契丹人耶律喊舍在高丽建立“大

1 事见〔韩〕郑麟趾等《高丽史》卷二十二。
2 诸事见〔韩〕郑麟趾等《高丽史》卷二十二。
3 乔桐，今韩国江华岛西北的“桥桐”。
4 《元史·列传第九十五·外夷一·高丽》卷二百八载：“太祖十一年，契丹人金山、元帅六哥等领众九万余窜入其国。十二年九月，攻拔江东城据之”。
5 金朝来远军驻地在今辽宁省丹东市东。
6 诸事见〔韩〕郑麟趾等《高丽史》卷二十二。
7 诸事见〔韩〕郑麟趾等《高丽史》卷二十二。
8 杨水尺人，半岛的一种少数民族，已消失。
9 见刘子敏、姜孟山、王世英、金荣国主编《中国正史中的朝鲜史料》（第2卷），第119页，延边大学出版社，1996年版。

辽国”[1]。十二月，蒙古成吉思汗遣元帅哈真（合臣）与蒲鲜万奴共约3万兵渡江讨契丹，耶律喊舍自缢而死；◇檀君历三千五百五十一年，〔高丽〕高宗五年。是岁，高宗纳柳氏（安惠太后，？—1232，熙宗之女）为妃。是岁，高丽人洪大宣投蒙古，并引领蒙军进入高丽[2]。是岁，王遣西北面兵马使赵冲合兵蒙古，大败契丹。赵冲与蒙将札剌约为兄弟[3]。

1219年，己卯，〔南宋〕宁宗嘉定十二年，〔金〕兴定三年，〔西夏〕光定九年，〔蒙古〕成吉思汗十四年，☆黄帝历三千九百一十七年。是岁至1368年元朝灭亡，蒙古－元朝出使高丽总数为277次[4]。正月，蒙古元帅哈真（合臣）、札剌遣蒲里岱完（也）等10人赍诏至高丽王宫，王遣侍御史朴时允迎之。王引见于大观殿，蒙古元帅出怀中书，执王手授之。王变色，左右遑遽，莫敢近。及还，高丽赠其金银器、紬布、水獭皮。二月，哈真（合臣）等还，以41人留义州习高丽语。九月，蒙古使11人、东女真9人至高丽[5]。《元史·列传第九十五·外夷一·高丽》（卷二百八）载：“九月，皇太弟、国王及元帅合臣、副元帅札剌等各以书遣宣差大使庆都忽思等十人趣其入贡，寻以方物进”；◇檀君历三千五百五十二年，〔高丽〕高宗六年。正月，遣权知閤门祗候尹公就、中书注书崔逸至札剌营内，送和牒。是岁，高丽军与蒙古军、蒲鲜万奴兵大破契丹，遣散契丹5万余人部分于高丽境内，多数为蒙古军带回辽东[6]。八月，东北面兵马使驰报：“蒙古与东真国遣兵来屯镇溟城外，督纳岁贡”。九月，高丽权臣崔忠献（？—1219）卒[7]。

1220年，庚辰，〔南宋〕宁宗嘉定十三年，〔金〕兴定四年，〔西夏〕光定十年，〔蒙古〕成吉思汗十五年，☆黄帝历三千九百一十八年。是岁，蒙古遣大头领官堪古苦、着古与，赍皇太弟书出使高丽[8]；◇檀君历三千五百五十三年，〔高丽〕高宗七年。二月，韩恂、多智投蒲鲜万奴手下元帅亏哥下，被亏哥下诱杀，送首级于高丽。三月，以银盏、银尊及布550匹、米1000石酬劳亏哥下。

1221年，辛巳，〔南宋〕宁宗嘉定十四年，〔金〕兴定五年，〔西夏〕光定十一年，〔蒙古〕成吉思汗十六年，☆黄帝历三千九百一十九年。八月，蒙古遣着古与等13人、东女真8人并妇女1人至高丽。王迎诏于大观殿，蒙古等21人皆欲上殿，不许。日将暮，乃许8人升殿，传蒙古皇太弟钧旨，索獭皮万领、纸10万张、细紬3000匹、细苎2000匹等。九月，蒙古遣这可等23人并妇女1人至高丽，督献物也。十月，蒙古遣喜速不花等7人至高丽。是月，南宋商郑文举等115人至高丽。十二月，蒙古遣使3人、东女真17人至高丽[9]；◇檀君历三千五百五十四年，〔高丽〕高宗八年。是岁，高丽进贡蒙古，并遣使奉表进贺蒙古伐女真[10]。是岁，李仁老（1151—1220）卒，其所著《破闲集》是半岛第一部诗话著作，直接受苏轼《六一

1 诸事参见《新元史》卷三、〔韩〕郑麟趾等《高丽史》卷二十二。
2 参见《元史·列传第九十五·外夷一·高丽》（卷二百八）。
3 参见《元史·列传第九十五·外夷一·高丽》（卷二百八）。
4 参见栾凡《元朝与高丽关系：公主权力大于国王》，《古代文明》 2009年第4期。
5 诸事见〔韩〕郑麟趾等《高丽史》卷二十二。
6 参见《新元史·列传第一百四十六·外国一·高丽》（卷二百四十九）。
7 事见〔韩〕郑麟趾等《高丽史》卷二十二。
8 参见《元史·列传第九十五·外夷一·高丽》（卷二百八）。
9 诸事见〔韩〕郑麟趾等《高丽史》卷二十二。
10 参见《元史·列传第九十五·外夷一·高丽》（卷二百八）。

诗话》影响，比日本第一部诗话著作《济北诗话》早百余年[1]。李仁老与吴世材、林椿、赵通、皇甫抗、咸淳、李湛之号称“海左七贤”，自比我国的“竹林七贤”。李仁老有《银台集》传世。

1222年，壬午，〔南宋〕宁宗嘉定十五年，〔金〕兴定六年，元光一年，〔西夏〕光定十二年，〔蒙古〕成吉思汗十七年，☆黄帝历三千九百二十年。十一月，蒙古遣着古与等人至高丽，监察进贡情况[2]；◇檀君历三千五百五十五年，〔高丽〕高宗九年。是岁，神宗妃金氏（宣靖太后，？—1223，江陵公温之女。熙宗生母）薨。

1223年，癸未，〔南宋〕宁宗嘉定十六年，〔金〕元光二年，〔西夏〕光定十三年，乾定一年，〔蒙古〕成吉思汗十八年，☆黄帝历三千九百二十一年。五月，东女真遣佋信、阿典、浑垣等8人至高丽。是岁，蒙古遣山朮鲟至高丽，传皇太弟书，着高丽贡献[3]；◇檀君历三千五百五十六年，〔高丽〕高宗十年。

1224年，甲申，〔南宋〕宁宗嘉定十七年，〔金〕正大一年，〔西夏〕乾定二年，〔蒙古〕成吉思汗十九年，☆黄帝历三千九百二十二年。正月，蒙古遣着古与等10人至高丽。是月，东女真遣使，赍牒2道至高丽，欲在青州、高丽定州设置榷场以为双方买卖之所。三月，东女真使至高丽。十一月，蒙古遣着古与等10人至高丽咸新镇[4]。是岁，朱熹曾孙朱潜携其子朱余庆到高丽定居，成为半岛朱氏的始祖[5]；◇檀君历三千五百五十七年，〔高丽〕高宗十一年。

1225年，乙酉，〔南宋〕理宗宝庆一年，〔金〕正大二年，〔西夏〕乾定三年，〔蒙古〕成吉思汗二十年，☆黄帝历三千九百二十三年。正月，蒙古使者着古与赍獭皮渡鸭绿江还国，其余紬布等物皆弃野而去，着古与中途被杀。蒙古疑高丽所为，遂与之绝。蒙古、高丽自此互不通音讯，直至1231年蒙古元帅撒礼塔率大军进攻高丽[6]；◇檀君历三千五百五十八年，〔高丽〕高宗十二年。六月，东女真人周汉投高丽瑞昌镇，高宗召致于松都[7]，周汉颇解小字文书，王使人传习，高丽小字之书写始此。

1226年，丙戌，〔南宋〕理宗宝庆二年，〔金〕正大三年，〔西夏〕乾定四年，宝义一年，〔蒙古〕成吉思汗二十一年，☆黄帝历三千九百二十四年。六月，金哀宗遣使至高丽，诏谕共讨反贼蒲鲜万奴；◇檀君历三千五百五十九年，〔高丽〕高宗十三年。

1227年，丁亥，〔南宋〕理宗宝庆三年，〔金〕正大四年，〔西夏〕宝义二年，〔蒙古〕成吉思汗二十二年，☆黄帝历三千九百二十五年。七月，成吉思汗（铁木真）卒，第四子拖雷监国。九月，东女真侵高丽定州、长州；◇檀君历三千五百六十年，〔高丽〕高宗十四年。九月，监修国史、平章事崔甫淳及修撰官金良镜、任景肃、俞升旦（1168—1232）等用汉文撰《明宗实录》藏于史馆，又以副本藏于海印寺。是岁，遣朴寅为海寇事出使日本[8]。

1228年，戊子，〔南宋〕理宗绍定一年，〔金〕正大五年，〔蒙古〕拖雷监国一年，☆黄帝

1 见任范松、金东勋、孙振彪、马金科《朝鲜古典诗话研究》，“绪论”，延边大学出版社，1995年版。
2 参见《元史·列传第九十五·外夷一·高丽》（卷二百八）。
3 参见《元史·列传第九十五·外夷一·高丽》（卷二百八）。
4 诸事见〔韩〕郑麟趾等《高丽史》卷二十二。
5 参见本年历“1902年”。
6 诸事见〔韩〕郑麟趾等《高丽史》卷二十二、《元史·列传第九十五·外夷一·高丽》（卷二百八）。
7 松都，今朝鲜开城。
8 事见〔韩〕郑麟趾等《高丽史》卷二十二。

历三千九百二十六年；◇檀君历三千五百六十一年，〔高丽〕高宗十五年。六月，东女真卑司历、高邻干、兰哥投奔高丽，皆矛克王奴也[1]。是岁，致仕门下侍郎、同中书平章事王珪（1146—1228）卒。

1229年，己丑，〔南宋〕理宗绍定二年，〔金〕正大六年，〔蒙古〕（太宗）窝阔台汗一年，☆黄帝历三千九百二十七年。二月，宋商都纲金仁美等2人偕济州岛漂风民梁用才等28人至高丽。是月，东女真部军马至咸州，请和亲。八月，东女真40人托言追温迪罕，至高丽和州[2]；◇檀君历三千五百六十二年，〔高丽〕高宗十六年。

1230年，庚寅，〔南宋〕理宗绍定三年，〔金〕正大七年，〔蒙古〕窝阔台汗二年，☆黄帝历三千九百二十八年；◇檀君历三千五百六十三年，〔高丽〕高宗十七年。九月，太庙9室先王玉册之银饰被盗贼刮削而去。

1231年，辛卯，〔南宋〕理宗绍定四年，〔金〕正大八年，〔蒙古〕窝阔台汗三年，☆黄帝历三千九百二十九年。八月，蒙古元帅撒礼塔率大军伐高丽，围咸新镇、屠铁州，围龟州城不克[3]。蒙兵又攻西京城[4]，不克。蒙兵至黄、凤州，二州守率民入保铁岛。蒙兵围龙州，又陷宣、郭二州，破龟州。十一月，蒙兵以平州囚其持牒者，杀州官，屠其城。自平州至宣义门外，蒲桃元帅屯金郊，迪巨元帅屯吾山，唐古元帅屯蒲里，前锋到礼成江。十二月，蒙使8人至高丽求鹰。高丽将军赵叔昌与撒礼塔所遣蒙使9人持牒至高丽，索马2万匹、紫罗1万匹、童男女1000人、水獭皮1万领[5]。是岁，蒙古允高丽请和，在半岛置京、府、县达鲁花赤[6]72人统之[7]；◇檀君历三千五百六十四年，〔高丽〕高宗十八年。九月，高丽人洪福源率1500户投奔蒙古军[8]。十月，郎将池义深押平州所囚蒙古2人到松京。将军李彦文、郑雄，右军判官蔡识等战死。十二月，遣御史闵曦犒蒙古军。闵曦又往蒙古屯所，偕蒙使2人至，高丽高宗南面拜之。蒙使献王文牒一道。高丽以金酒器大小盏盘各一副、银瓶、水獭皮、衣紬、纻布等物赠于三元帅，又赠使者。是月，又遣淮安公王侹以土物遗撒礼塔，遗唐古迪巨及撒礼塔之子银各5斤、紬布10匹等物，以满镂凤盖酒子台盏各1副、细纻布2匹、骏马1匹等遗唐古元帅。蒙古使还时，赍回黄金70斤、白金1300斤、衣1000领、马170匹。高丽以黄金12斤等遗撒礼塔，又以金49斤5两、银341斤、银酒器多个、细紬布300匹、獭皮164领等物，分赠撒礼塔妻子及麾下将佐。淮安公王侹、赵叔昌上表蒙古皇帝[9]。

1232年，壬辰，〔南宋〕理宗绍定五年，〔金〕正大九年，开兴一年，天兴一年，〔蒙古〕窝阔台汗四年，☆黄帝历三千九百三十年。二月，蒙古遣都旦（本契丹人）为使，带上下节24人至高丽。蒙古军30余人复入境，发宣州仓米30石而去。五月，北界龙冈宣州蒙古达鲁

---

1 事见〔韩〕郑麟趾等《高丽史》卷二十二。

2 诸事见〔韩〕郑麟趾等《高丽史》卷二十二。和州，今朝鲜咸镜南道永兴。

3 见《新元史·列传第一百四十六·外国一·高丽》（卷二百四十九）。

4 高丽西京即今朝鲜平壤。

5 诸事见〔韩〕郑麟趾等《高丽史》卷二十三。

6 达鲁花赤是蒙古语，盖印者、监临官。

7 参见《元史·列传第九十五·外夷一·高丽》（卷二百八）“太宗三年”。

8 洪福源祖先本中国人，唐朝遣入半岛八才子之一，世代居于半岛唐城。《元史》卷一百五十四有传。参见《元史·列传第九十五·外夷一·高丽》（卷二百八）。

9 诸事见〔韩〕郑麟趾等《高丽史》卷二十三。

花赤（蒙古语，盖印者、监临官）4 人至高丽。七月，蒙古使 9 人至高丽。八月，以高丽尽杀达鲁花赤 72 人而叛，撒礼塔带蒙古大军再次进攻。蒙古骑兵攻处仁城[1]，撒礼塔被高丽僧人金允侯射杀[2]。是月，蒙古别将铁哥领大军还[3]；◇檀君历三千五百六十五年，〔高丽〕高宗十九年。正月，以蒙古军还，遣淮安公王侹恭送。二月，遣中郎将池义深、录事洪巨源、金谦赍国礼如蒙古，并寄书于撒礼塔。三月，遣西京都领郑应卿、前静州副使朴得芬、押船者 30 人、水手 3000 人赴蒙古，从其请也。四月，遣上将军赵叔昌、侍御史薛慎如蒙古，上表称臣，献罗绢绫紬各 10 匹、诸般金银酒器、折扇等物。六月，校尉宋得昌自擎池义深行李，逃回高丽，云："(池）义深到撒礼塔所，撒礼塔怒曰：前送文牒内事件，何不办来？"执送池义深、赵叔昌于帝行在，余皆拘囚。七月，权臣崔瑀送高丽高宗往江华岛，遣内侍尹复昌谋夺达鲁花赤[4]弓箭，尹复昌被杀。是月，高丽尽杀蒙古达鲁花赤，乃有迁都之议，高宗入御江华岛客馆[5]。八月，俞升旦卒。俞升旦（1168—1232），本贯仁同。工古文，官至参知政事。是月，西京巡抚使、大将军闵曦与司录崔滋温，密使将校等谋杀达鲁花赤。九月，高丽遣将军金宝鼎、郎中赵瑞章如蒙古，上表陈情[6]。是岁，高丽《大藏经》被火焚[7]。是岁，高宗妃柳氏（安惠太后，？一1232，熙宗之女）薨。是岁至 1368 年元朝灭亡，高丽出使蒙古－元朝总数为 479 次[8]。

1233 年，癸巳，〔南宋〕理宗绍定六年，〔金〕天兴二年，〔蒙古〕窝阔台汗五年，☆黄帝历三千九百三十一年。四月，蒙古遣诏使至高丽，历数高丽"未尝遣一介赴阙"等五罪，并诏高丽高宗亲朝[9]；◇檀君历三千五百六十六年，〔高丽〕高宗二十年。正月，遣司谏崔璘奉表如金，路梗未至而还[10]。八月，高丽人毕贤甫、洪福源杀宣谕使郑毅，以西京投蒙古。高丽遣崔璘率兵夺回西京，杀毕贤甫，劫洪福源家[11]。洪福源奔蒙古。

1234 年，甲午，〔南宋〕理宗端平一年，〔金〕天兴三年，〔蒙古〕窝阔台汗六年，☆黄帝历三千九百三十二年。是岁，蒙古联合南宋灭金，金主自缢，金都城破而亡国。是岁，蒙古窝阔台汗准高丽洪福源之请，命率其众迁居东京，赐佩金符[12]；◇檀君历三千五百六十七年，〔高丽〕高宗二十一年。岁初，遣将军金宝鼎如蒙古军。三月，斩大将军赵叔昌于市。赵一直充当与蒙古军调停者。是岁，营建江华岛宫阙及官署[13]。

1235 年，乙未，〔南宋〕理宗端平二年，〔蒙古〕窝阔台汗七年，☆黄帝历三千九百三十三年。六月，蒙古遣唐古、洪福源率大军攻高丽，前锋安边都护府，陷龙冈、咸从、三登等城，执

1　处仁城在今韩国水原附近。

2　〔韩〕郑麟趾等《高丽史》卷二十三《世家》二十三《高宗》："撒礼塔攻处仁城，有一僧避兵在城中，射杀之"。另参见郑麟趾等《高丽史》卷一百零三《列传》卷十六。

3　参见《元史 · 列传第九十五 · 外夷一 · 高丽》（卷二百八）。

4　达鲁花赤，蒙古语，盖印者、监临官。

5　参见《元史 · 列传第九十五 · 外夷一 · 高丽》（卷二百八）、《新元史 · 列传第一百四十六 · 外国一 · 高丽》（卷二百四十九）。

6　参见《元史 · 列传第九十五 · 外夷一 · 高丽》（卷二百八）。

7　诸事见〔韩〕郑麟趾等《高丽史》卷二十三。

8　参见栾凡《元朝与高丽关系：公主权力大于国王》，《古代文明》，2009 年第 4 期。

9　事见《元史 · 列传第九十五 · 外夷一 · 高丽》（卷二百八）、〔韩〕郑麟趾等《高丽史》卷二十三。

10　高丽文人李奎报《上大金皇帝表》小注"癸巳三月，遣司谏崔璘赍去，迷路还来"。见杜宏刚、邱瑞中、〔韩〕崔昌源辑《韩国文集中的蒙元史料》，第 20 页，广西师范大学出版社，2004 年版。

11　事见《元史 · 列传第九十五 · 外夷一 · 高丽》（卷二百八）、〔韩〕郑麟趾等《高丽史》卷二十三。

12　参见《元史 · 列传第九十五 · 外夷一 · 高丽》（卷二百八）。

13　事见〔韩〕郑麟趾等《高丽史》卷二十三。

其守令，攻陷龙津镇。随后，东女真兵陷镇溟城，蒙兵攻破洞州城[1]；◇檀君历三千五百六十八年，〔高丽〕高宗二十二年。九月，高丽都领李裕贞等迎击蒙古兵于海平，李裕贞败绩，一军尽没[2]。

1236年，丙申，〔南宋〕理宗端平三年，〔蒙古〕窝阔台汗八年，☆黄帝历三千九百三十四年。六月，蒙古大兵渡过鸭绿江，克黄州。岁末，其前锋已抵全州、公州；◇檀君历三千五百六十九年，〔高丽〕高宗二十三年。是岁，王太子（后来的高丽元宗）嫔金氏（顺敬太后，？—1236，本贯庆州，庄翼公金若先之女）生忠烈王而卒。

1237年，丁酉，〔南宋〕理宗嘉熙一年，〔蒙古〕窝阔台汗九年，☆黄帝历三千九百三十五年；◇檀君历三千五百七十年，〔高丽〕高宗二十四年。八月，高丽前王熙宗王韺（1181—1237）薨。是岁，高丽筑江华岛外城。

1238年，戊戌，〔南宋〕理宗嘉熙二年，〔蒙古〕窝阔台汗十年，☆黄帝历三千九百三十六年。是岁，蒙古兵至高丽东京，烧黄龙寺塔[3]；◇檀君历三千五百七十一年，〔高丽〕高宗二十五年。五月，高丽人赵玄习、李元佑率2000人投降蒙古。蒙古使之居东京，归洪福源管辖[4]。十二月，遣将军金宝鼎、御史宋彦琦如蒙古上表称臣[5]。

1239年，己亥，〔南宋〕理宗嘉熙三年，〔蒙古〕窝阔台汗十一年，☆黄帝历三千九百三十七年。四月，蒙古遣甫可阿叱等20人赍诏至高丽，谕高宗亲自到蒙古朝觐。王迎于梯浦馆，以母病推脱。是月，蒙古兵还。八月，蒙古遣甫加波，率下等137人至高丽，再征王亲朝[6]；◇檀君历三千五百七十二年，〔高丽〕高宗二十六年。六月，遣起居舍人卢演、詹事府注簿金谦奉表如蒙古。十二月，遣新安公王佺、将军金宝鼎、少卿宋彦琦等148人如蒙古[7]。是岁，高宗生母、康宗妃柳氏（元德太后，？—1239，宗室、信安侯柳瑊之女）薨。

1240年，庚子，〔南宋〕理宗嘉熙四年，〔蒙古〕窝阔台汗十二年，☆黄帝历三千九百三十八年。是岁，蒙古军攻拔高丽昌州、朔州。三月，蒙古使豆满阿叱等7人至高丽，高丽使臣卢演等随行回国。九月，蒙古多可、下道阿叱等17人赍诏至高丽，再谕高宗入朝朝觐。高丽新安公王佺随行回国[8]；◇檀君历三千五百七十三年，〔高丽〕高宗二十七年。三月，遣右谏议赵修、閤门祗候金成宝如蒙古。金坵(1211—1278)为书状官，并著有《北征录》[9]。十二月，遣礼宾少卿宋彦琦、御史权韪如蒙古。是岁，遣堂后金守精如蒙哥将军唐古屯所[10]。

1241年，辛丑，〔南宋〕理宗淳祐一年，〔蒙古〕窝阔台汗十三年，☆黄帝历

1 诸事见《元史 · 列传第九十五 · 外夷一 · 高丽》（卷二百八）、〔韩〕郑麟趾等《高丽史》卷二十三。
2 事见〔韩〕郑麟趾等《高丽史》卷二十三。
3 事见〔韩〕郑麟趾等《高丽史》卷二十三。
4 参见《元史 · 列传第九十五 · 外夷一 · 高丽》（卷二百八）。
5 事见《新元史 · 列传第一百四十六 · 外国一 · 高丽》（卷二百四十九）。
6 诸事见〔韩〕郑麟趾等《高丽史》卷二十三。
7 诸事见〔韩〕郑麟趾等《高丽史》卷二十三、《元史 · 列传第九十五 · 外夷一 · 高丽》（卷二百八）。
8 诸事见〔韩〕郑麟趾等《高丽史》卷二十三。
9 高丽文人金坵《止浦集 · 分水岭途中》小注说“嘉熙四年庚子，公以权值翰林，充书状官如元，有此诗及《北征录》、《(过)西京》、《铁州》、《出塞》等诗”，见〔韩〕民族文化推进会《韩国文集丛刊》，第2卷，第328页，1990年版。
10 诸事见〔韩〕郑麟趾等《高丽史》卷二十三。

三千九百三十九年。四、八月，蒙古遣伊侍合剌、阿叱等4人至高丽[1]。高丽使臣王縡进谗，蒙古乃杀洪福源（1189—1241）[2]。是岁，窝阔台崩；◇檀君历三千五百七十四年，〔高丽〕高宗二十八年。四月，以族子、永宁公王綧诈称为“高丽王子”，率衣冠子弟10人入蒙古为“秃鲁花”[3]。枢密院使崔璘、将军金宝鼎、左司谏金谦伴行[4]。九月，李奎报卒。李奎报（1168—1241），字春卿，号白云居士等，本贯骊州，有《东国李相国集》共五十三卷传世。

1242年，壬寅，〔南宋〕理宗淳祐二年，〔蒙古〕乃马真后（昭慈皇后）称制一年，☆黄帝历三千九百四十年。十二月，蒙古使30人至高丽[5]；◇檀君历三千五百七十五年，〔高丽〕高宗二十九年。五月，遣侍郎宋彦琦、中郎将李阳俊如蒙古[6]。

1243年，癸卯，〔南宋〕理宗淳祐三年，〔蒙古〕乃马真皇后称制二年，☆黄帝历三千九百四十一年。十月，蒙古使伊加大、阿土、奴巨等24人至高丽[7]；◇檀君历三千五百七十六年，〔高丽〕高宗三十年。正月，遣枢密院副使崔璘、秘书少监金之岱如蒙古献方物。七月，遣柳卿老、丁瑨如蒙古。十二月，遣郎中柳卿老如蒙古[8]。

1244年，甲辰，〔南宋〕理宗淳祐四年，〔蒙古〕乃马真后称制三年，☆黄帝历三千九百四十二年。七月，蒙古使阿土等至高丽[9]；◇檀君历三千五百七十七年，〔高丽〕高宗三十一年。四月，遣员外郎任絪寿、郎将张益成如蒙古[10]。

1245年，乙巳，〔南宋〕理宗淳祐五年，〔蒙古〕乃马真后称制四年，☆黄帝历三千九百四十三年；◇檀君历三千五百七十八年，〔高丽〕高宗三十二年。四月，遣员外郎朴随、郎将崔公瑨如蒙古。十月，遣新安公王佺、大将军皇甫琦如蒙古[11]。

1246年，丙午，〔南宋〕理宗淳祐六年，〔蒙古〕乃马真后称制五年，贵由汗（定宗）一年，☆黄帝历三千九百四十四年。是岁，乃马真后（即昭慈皇后）崩；◇檀君历三千五百七十九年，〔高丽〕高宗三十三年。

1247年，丁未，〔南宋〕理宗淳祐七年，〔蒙古〕贵由汗二年，☆黄帝历三千九百四十五年。三月，东女真千户牒，追逃入高丽50余人。高丽回牒拒绝。七月，蒙古元帅阿毋侃领兵至高丽，屯于盐州[12]；◇檀君历三千五百八十年，〔高丽〕高宗三十四年。八月，遣起居舍人金守精犒阿毋侃军。是岁，熙宗成平王后任氏（？—1247，宗室之女）薨。

1248年，戊申，〔南宋〕理宗淳祐八年，〔蒙古〕贵由汗三年，☆黄帝历三千九百四十六年；◇檀君历三千五百八十一年，〔高丽〕高宗三十五年。二月，遣枢密院使孙抃、秘书监桓公叔

---

1 诸事见〔韩〕郑麟趾等《高丽史》卷二十三。
2 参见本年历“1231年”。
3 秃鲁花是蒙古语，意为“质子”、“护卫”。
4 诸事见〔韩〕郑麟趾等《高丽史》卷二十三、《元史·列传第九十五·外夷一·高丽》（卷二百八）。
5 事见〔韩〕郑麟趾等《高丽史》卷二十三。
6 事见〔韩〕郑麟趾等《高丽史》卷二十三。
7 事见〔韩〕郑麟趾等《高丽史》卷二十三。
8 诸事见〔韩〕郑麟趾等《高丽史》卷二十三。
9 事见〔韩〕郑麟趾等《高丽史》卷二十三。
10 事见〔韩〕郑麟趾等《高丽史》卷二十三。
11 诸事见〔韩〕郑麟趾等《高丽史》卷二十三。
12 诸事见〔韩〕郑麟趾等《高丽史》卷二十三。

如蒙古。十月，遣郎将张俊贞、祗候张暐如蒙古[1]。

1249年，己酉，〔南宋〕理宗淳祐九年，〔蒙古〕海迷失后（钦淑皇后）称制一年，☆黄帝历三千九百四十七年；◇檀君历三千五百八十二年，〔高丽〕高宗三十六年。四月，遣郎将金子珍、校书郎沈秀之如蒙古。六月，遣侍郎安戬、郎将崔公柱如蒙古。八月，与东女真兵战于杆城、高城而胜之[2]。

1250年，庚戌，〔南宋〕理宗淳祐十年，〔蒙古〕海迷失后称制二年，☆黄帝历三千九百四十八年。六月，蒙古使多可无老孙等62人至高丽，审出陆之状。到升天府馆，责王出迎江外，王不出，遣新安公王佺迎入。十二月，蒙古使洪高伊等48人至高丽，止升天馆曰："俟王出迎，乃入"。王迎于梯浦宫。是日大风，寒甚[3]；◇檀君历三千五百八十三年，〔高丽〕高宗三十七年。正月，遣郎中崔章著如蒙古。二月，遣枢密院副使崔滋、中书舍人洪缙如蒙古。三月，崔章著还自蒙古，云彼欲征宗亲及洪福源父入朝。七月，遣左司谏郑兰、郎将魏公就如蒙古[4]。

1251年，辛亥，〔南宋〕理宗淳祐十一年，〔蒙古〕海迷失后称制三年，蒙哥汗（宪宗，拖雷之子）一年，☆黄帝历三千九百四十九年。十月，蒙古使将困、洪高伊等40人至高丽宣诏书[5]，告海迷失后（钦淑皇后）崩，宪宗即位；◇檀君历三千五百八十四年，〔高丽〕高宗三十八年。正月，高宗车驾至松都[6]。二月，遣同知枢密院事崔璟、上将军金宝鼎如蒙古。七月，遣少卿林惟式、郎将赵元奇如蒙古[7]。

1252年，壬子，〔南宋〕理宗淳祐十二年，〔蒙古〕蒙哥汗二年，☆黄帝历三千九百五十年。是岁，蒙哥汗以皇弟忽必烈总领军事。七月，蒙古使多可阿土等37人至高丽。多可等至，王遣新安公佺出迎之，请蒙使入梯浦馆，王乃出见。宴未罢，多可等以王不从帝命，岛居而不上陆，怒而还升天馆。五月，东女真2000人攻高丽[8]。十月，蒙古遣也古率大军伐高丽；◇檀君历三千五百八十五年，〔高丽〕高宗三十九年。正月，遣枢密院副使李岘如蒙古。李岘被蒙古军扣留，乃献计出兵高丽[9]。

1253年，癸丑，〔南宋〕理宗宝祐一年，〔蒙古〕蒙哥汗三年，☆黄帝历三千九百五十一年。正月，罢也古征高丽大兵，以扎剌而带为"征东元帅"。五月，蒙古也窟大王遣阿豆等16人至高丽。随后，蒙古以高丽筑重城、无出陆归款意，以皇弟松柱帅兵1万人至高丽。七月，蒙古兵渡鸭绿江，连陷数城。八月，也窟传诏书至高丽。高丽遣郎将崔东植致书于也窟屯所曰："小邦臣服上国以来，一心无二，出力供职，庶蒙庇护，万世无虞。不图天兵奄临弊邑，罔知其由。举国兢恐。惟大王谅我诚悬曲赐哀怜"。时也窟在土山受国书，使人谓东植曰："帝

1 诸事见〔韩〕郑麟趾等《高丽史》卷二十三。
2 诸事见〔韩〕郑麟趾等《高丽史》卷二十三。
3 诸事见〔韩〕郑麟趾等《高丽史》卷二十三。
4 诸事见〔韩〕郑麟趾等《高丽史》卷二十三。
5 事见〔韩〕郑麟趾等《高丽史》卷二十四。
6 松都，今朝鲜开城。
7 诸事见〔韩〕郑麟趾等《高丽史》卷二十四。
8 诸事见〔韩〕郑麟趾等《高丽史》卷二十四。
9 诸事见〔韩〕郑麟趾等《高丽史》卷二十四。

虑国王称老病不朝，欲验真否。王之来否？限六日更来报”。崔东植反问，主上岂能速来？也窟曰：“尔何能来？”蒙古兵屠春州城、陷襄州。十一月，也窟遣人至，言置达鲁花赤及拆城子事，其官人胡花亦索金银獭皮紬布等物[1]。十二月，蒙古遣宗王耶虎率大军攻高丽；◇檀君历三千五百八十六年，〔高丽〕高宗四十年。九月，遣大将军高悦致书也窟大王。十一月，又遣永安伯僖、仆射金宝鼎致书于也窟。是月，高宗致也窟书，十二月，遣安庆公王淐如蒙古[2]。

1254年，甲寅，〔南宋〕理宗宝祐二年，〔蒙古〕蒙哥汗四年，☆黄帝历三千九百五十二年。七月，蒙古使多可等50人赍文牒至高丽，谕曰：“国王虽已出陆，侍中崔沆、尚书李应烈、周永珪、柳璥等不出，是为真降耶？”于是，车罗大[3]等率兵5000人渡鸭绿江。是岁，蒙古兵掳高丽男女206800余人，杀戮者不可胜计，所过城镇多为灰烬[4]；◇檀君历三千五百八十七年，〔高丽〕高宗四十一年。正月，安庆公王淐至蒙古屯所设宴犒士，阿母侃率部还国。是月，又遣少卿朴汝翼、郎将郑子玙等往探蒙兵还否。三月，遣秘书少卿李守孙、四门博士金良莹如蒙古，李、金被蒙古拘三年，死于懿州。闰六月，遣中书舍人金守精如蒙古。七月，安庆府典签闵仁解还自蒙古，言帝使车罗大主东国（高丽）。八月，安庆公王淐还自蒙古，蒙使10人偕至高丽。是月，命大将军李长诣蒙兵屯所，赠车罗大等金银、酒器、皮币有差。十月，遣参知政事崔璘如车罗大屯所，请罢兵。是岁，唆蒙古军进攻高丽的枢密院副使李岘伏诛[5]。另，《朝鲜王朝实录·太祖实录》卷一记述：“时双城（双城即永兴）以北属开元路，元散吉大王来屯双城，谋取铁岭以北，再遣人请穆祖降元，穆祖不得已率金甫奴等一千余户降”。这里的“穆祖”是指朝鲜王朝太祖李成桂的高祖父李安社，李安社时任高丽宜州兵马使。

1255年，乙卯，〔南宋〕理宗宝祐三年，〔蒙古〕蒙哥汗五年，☆黄帝历三千九百五十三年。二月，车罗大遣阿豆仍夫等4人至高丽。九月，蒙古使6人至高丽，崔璘随行回国。是岁，蒙古兵小股骚扰高丽不断[6]；◇檀君历三千五百八十八年，〔高丽〕高宗四十二年。正月，遣平章事崔璘如蒙古献方物，仍上表乞罢兵表。六月，遣侍御史金守刚、郎将庾资弼如蒙古进方物[7]。

1256年，丙辰，〔南宋〕理宗宝佑四年，〔蒙古〕蒙哥汗六年，☆黄帝历三千九百五十四年。四月，蒙古兵于玄风县杀劝农使金宗。六月，蒙古将军车罗大屯海阳无等山顶，遣兵1000南掠。九月，帝遣徐趾传诏，令蒙古兵军撤还。十月，车罗大管下东京总管松山率妻及仆从5人因罪投高丽[8]；◇檀君历三千五百八十九年，〔高丽〕高宗四十三年。三月，遣大将军慎执平于车罗大屯所慰劳。四月，复遣慎执平于车罗大屯所传王书。六月，遣将军李阡率舟师200余人御蒙兵于南道，李阡与蒙兵战于温水县[9]。

1257年，丁巳，〔南宋〕理宗宝祐五年，〔蒙古〕蒙哥汗七年，☆黄帝历三千九百五十五

1 诸事见〔韩〕郑麟趾等《高丽史》卷二十四。
2 诸事见〔韩〕郑麟趾等《高丽史》卷二十四。
3 “车罗大”亦作“箚觪”。见刘子敏、姜孟山、王世英、金荣国主编《中国正史中的朝鲜史料》(第2卷)，第155页，延边大学出版社，1996年版。
4 诸事见〔韩〕郑麟趾等《高丽史》卷二十四。
5 诸事见〔韩〕郑麟趾等《高丽史》卷二十四。
6 诸事见〔韩〕郑麟趾等《高丽史》卷二十四。
7 诸事见〔韩〕郑麟趾等《高丽史》卷二十四。
8 诸事见〔韩〕郑麟趾等《高丽史》卷二十四。
9 诸事见〔韩〕郑麟趾等《高丽史》卷二十四。

年。五月，蒙古兵入泰州，杀副使崔济，擒其妻、子。七月，车罗大使佐 18 人到升天馆。八月，蒙古兵攻陷神威岛，杀孟州守胡寿。车罗大要高丽王子入朝。九月，蒙古遣使与高丽使臣金守刚同入半岛[1]；◇檀君历三千五百九十年，〔高丽〕高宗四十四年。五月，遣起居注金守刚、郎将秦世基如蒙古。六月，蒙古兵至稷山，高丽遣侍御史金轼诣屯所。七月，遣永安公王僖，赠车罗大银瓶、酒果等物。是月，遣金轼告车罗大曰："待大军回归，太子（高丽世子）亲朝帝所"。车罗大许之。是月，复遣金轼赍酒果、银币、獭皮等物如车罗大屯所饯之。十二月，遣安庆公王淐、左仆射崔永如蒙古[2]。

1258 年，戊午，〔南宋〕理宗宝佑六年，〔蒙古〕蒙哥汗八年，☆黄帝历三千九百五十六年。六月，蒙古余愁达、甫波大等各率 1000 骑至高丽，屯嘉、郭二州。车罗大遣波乎只等 6 人使高丽。余愁达屯兵平州宝山驿。是月，余愁达遣客使 8 人至松京，高丽人金宝鼎随行。余愁达使曰："国王纵不出迎，太子（高丽世子）有来见之约。吾欲回兵，然使者往复数四，而太子（高丽世子）不至，是侮我也。今欲知一决，又遣使介，惟国王生死之"。车罗大以兵至高丽，屯旧京，游骑散入升天府、交河、峰城，守安童城，掠人民所牧羊、马。八月，车罗大遣蒙古大等 15 人为使。十一月。蒙古散吉大王、普只官人等领兵至，屯古和州[3]之地[4]。是岁，蒙古以高丽永宁公王綧（？—1283）为"安抚高丽军民总管"，驻辽东；◇檀君历三千五百九十一年，〔高丽〕高宗四十五年。七月，遣金宝鼎如余愁达屯所，请以数骑来见太子（高丽王世子）于白马山。余愁达曰："我往见太子乎？太子来见我乎？"金宝鼎默不言，旋曰："非敢烦大官人见枉，只畏大兵耳。"余愁达曰："太子（高丽世子）如欲见我。期于猫串江边。"八月，永安公王僖还自车罗大屯所。九月，安庆公王淐偕蒙使还到升天馆。十月，遣全光宰飨车罗大，请退兵。遣将军朴希实赵文柱、散员朴天植如蒙古。是岁，高丽投降者甚多。是岁，诸道禾谷尽为蒙兵所获[5]。

1259 年，己未，〔南宋〕理宗开庆一年，〔蒙古〕蒙哥汗九年，☆黄帝历三千九百五十七年。正月，蒙古军攻成州。三月，车罗大使者温阳加大等 9 人来，约定高丽世子四月二十七日入蒙古朝觐[6]。六月，蒙古松吉大王等遣周者、陶高等至高丽，拆除城墙。七月，蒙兵入海州[7]等地，驱掠人物而去。八月，蒙古使尸罗问等赍诏至高丽，朴希实、赵文柱随行。朴希实经蜀地往蒙古蒙哥大汗驻地，三月曾于陕州觐见。高丽太孙迎诏于重房。九月，也速达使者加大、只大等 9 人至高丽，朴天植随行。十一月，蒙使于散等 4 人至高丽，李世材随行。是月，蒙古兵入坡平县驱掠人物。十二月，蒙古军又入松都驱掠康安殿。是月，也速达使者阿介等 12 人至高丽[8]；◇檀君历三千五百九十二年，〔高丽〕高宗四十六年。正月，遣刑部侍郎李凝，如西京[9]王万户、沙居只屯兵处。四月，遣世子王倎奉表如蒙古，参知政事李世材、枢密院副使金宝鼎等

1 诸事见〔韩〕郑麟趾等《高丽史》卷二十四。
2 诸事见〔韩〕郑麟趾等《高丽史》卷二十四。
3 古和州即"双城"，今朝鲜咸镜南道永兴。
4 诸事见〔韩〕郑麟趾等《高丽史》卷二十四。
5 诸事见〔韩〕郑麟趾等《高丽史》卷二十四。
6 事见〔韩〕郑麟趾等《高丽史》卷二十四。
7 海州即今辽宁省阜新市海州区。
8 诸事见〔韩〕郑麟趾等《高丽史》卷二十五。
9 高丽西京即今朝鲜平壤。

40人从之。五月十六日，世子至虎川，大雨水涨，从者皆请留宿，以待水落。世子不听，遂行。越一日，至东京。于东京斡旋，蒙古大王松吉等答应不发兵于高丽，但高丽必须拆除城墙[1]。六月，高宗薨，世子（其后的高丽元宗王倎）时在蒙古。金仁俊以戎服率甲士及东宫僚属，奉太孙王谌入大内，权监国事。是月，遣别将朴天植告哀于蒙古。十二月，太孙宴阿介等[2]。

1260年，庚申，〔南宋〕理宗景定一年，〔蒙古〕忽必烈中统一年，☆黄帝历三千九百五十八年。二月，蒙古使加勿等6人护送高丽元宗到升天馆，高丽将军金承俊、侍郎李凝、散员闵洪济等随行。三月，王万户遣人归高丽男女60余人。四月，蒙古使荆节等25人赍书至高丽，该书乃忽必烈闻元孙当政，督促元宗即位者也。是月，蒙古也速达放还金宝鼎、金大材等百人。是月，蒙古遣其多大至高丽宣诏，责高丽出陆缓慢，并着高丽劝民农桑。荆节、其多大等以赠遗不如意，怒卷坐席而去。五月，蒙古归高丽逃虏人440余户。六月，遣高丽使臣王僖、韩即赍册文、王印、虎符回。七月，蒙古遣使至高丽颁赦。是月，束里大与高丽王同床而坐置酒。八月，束里大在西京寄书于王。九月，束里大等复至高丽。十月，南宋商人陈文广等不堪大府寺、内侍院侵夺，道诉金仁俊。金仁俊等不能禁[3]；◇檀君历三千五百九十三年，〔高丽〕元宗王倎（即王禃，1219—1274，字日新）一年。是岁，元宗册庆昌宫主柳氏（宗室、新安公柳佺之女）为王后。二月，高丽元宗自蒙古还。元宗在华期间，从燕京到今西安华清池，以其地为唐明皇遗址，不肯沐浴于池，又到六盘山，转至襄阳。忽必烈喜之，带至开平府（后为元上都）。陕西宣抚使廉希宪等上奏，请礼遇高丽王子，忽必烈从之。是月，太孙王谌自江华谒元宗，被蒙古军所拒。翌日，太孙王谌率御史中丞金洪就、将军白永贞等至束里大屯所请之，赂鹦鹉盏、白银30斤，束里大乃许入城。是月，高丽衙内都兵马录事陆子襄剃发如蒙古人样式，投于蒙古[4]。四月，遣太府少卿张季烈赍祝寿文及方物如蒙古[5]。四月，元宗即位。是月，遣王子、永安公王僖及判司宰事韩即如蒙古，贺忽必烈即位。六月，遣金宝鼎如束里大屯所。八月，张季烈、辛允和自蒙古新都开平府回。是月，永安公王僖赍诏三道还自蒙古。一诏为改元“中统元年”事，忽必烈即皇帝位，诏还西京[6]屯兵，并大赦天下[7]。一诏为衣冠不改事。一诏为赐虎符、国王之印并衣段、弓刀等事。九月，遣右正言田文胤如蒙古进贺改元，谢赐符印兼赍祝寿文。是月，元宗与束里大入开京[8]，行视营筑。束里大以高丽不诚心归降，怒屯城外。元宗与束里大同舟渡海，自松都[9]承平门入阙。王奉其母柳氏（安惠王妃）为太后。

1261年，辛酉，〔南宋〕理宗景定二年，〔蒙古〕中统二年，☆黄帝历三千九百五十九年。七月，蒙古遣万家奴为“安抚高丽军民达鲁花赤”，赐其虎符。九月，蒙古遣高丽世子王谌还，帝赠世子玉带1条，并遣侍卫将军勃立札[10]、礼部郎中高逸民赍诏护行[11]。十月，蒙古以开榷场（贸

---

1 诸事见〔韩〕郑麟趾等《高丽史》卷二十四。

2 诸事见〔韩〕郑麟趾等《高丽史》卷二十五。

3 诸事见〔韩〕郑麟趾等《高丽史》卷二十五。

4 诸事见〔韩〕郑麟趾等《高丽史》卷二十五。

5 参见杜宏刚、邱瑞中、〔韩〕崔昌源辑《韩国文集中的蒙元史料》，第65页，广西师范大学出版社，2004年版。

6 西京，今朝鲜平壤。

7 参见《元史·列传第九十五·外夷一·高丽》（卷二百八）。

8 开京，今朝鲜开城。

9 松都，今朝鲜开城。

10 《元史》作“宿卫将军孛里察”。

11 诸事见〔韩〕郑麟趾等《高丽史》卷二十五。

易市场）遣阿的迷失、焦天翼赍敕至高丽[1]；◇檀君历三千五百九十四年，〔高丽〕元宗二年。正月，高丽遣使进贡蒙古。二月，元宗王倎如蒙古，入朝觐见忽必烈。李藏用随同入蒙古上都，与蒙古文人用汉诗唱和。四月，遣世子王谌如蒙古上表，贺平阿里孛哥。王谌资费不足，敛于百官[2]。是月，高丽遣侍御史张镒奉表进谢[3]。

1262年，壬戌，〔南宋〕理宗景定三年，〔蒙古〕中统三年，☆黄帝历三千九百六十年。正月，蒙古罢与高丽互市，于高丽设冶铁所，并赐其历书。三月，蒙古罢高丽酒课。九月，蒙古遣按脱麦彻儿、礼部侍郎刘宪、接伴使康和尚等至高丽，索鹞子及好铜（鍮）2万斤[4]；◇檀君历三千五百九十五年，〔高丽〕元宗三年。四月，遣判秘书省事朴伦、郎将辛洪成，如蒙古进方物。七月，朴伦还，帝赐王锦九匹，诏高丽进奉鹰。九月，遣礼部郎中高汭，如蒙古入贡20只鹞子、好铜612斤、黄白纸各100张，且奏鍮非高丽所产，买于中土然后进贡。十二月，郎中高汭还自蒙古，帝颁历、诏。是月，高汭送投奔蒙古之高丽人陆子襄、于琔妻子如蒙古，上表曰"仍献金钟三事、金鐥二事、银鐥八事、獭皮七十七领、真紫罗五匹、细纻布八匹、纸五百四十张、玳瑁簪子三"[5]。是岁，王后柳氏（宗室、新安公柳佺之女）被诬"蛊惑"，贬为庶人。

1263年，癸亥，〔南宋〕理宗景定四年，〔蒙古〕中统四年，☆黄帝历三千九百六十一年。二月，以高丽不答诏书，责其使臣。十二月，忽必烈钦赐高丽使臣韩就年历、蜀锦；◇檀君历三千五百九十六年，〔高丽〕元宗四年。正月，遣礼宾卿朱英亮、郎将郑卿甫如蒙古，献獭皮500领、紬100匹、白苎布300匹、表纸500张、奏纸1000张，并上表请免籍邮籍民、转饷劳军，使民暂得休息。三月，高汭回，言帝怒高丽不依旨置民邮籍、转军粮。五月，遣正言郭如弼，如蒙古献鹞子。八月，朱英亮等还自蒙古，言忽必烈帝诏缓行表请事，钦赐羊500头并赐其官爵。十月，遣大司成韩就，如蒙古贺正兼谢恩、谢赐羊[6]。十二月，朱英亮等17人因在使途中私自贸易被流放，没收银瓶170个、真丝700斤[7]。

1264年，甲子，〔南宋〕理宗景定五年，〔蒙古〕中统五年，至元一年，☆黄帝历三千九百六十二年。五月，蒙古遣必阇赤[8]古乙独及礼部员外郎赵泰、康和尚等赍诏至高丽，谕高丽国王入朝，忽必烈帝将于上都大会王公也。蒙使古乙独、康和尚还，高丽以国子祭酒张镒、译语郎将康允绍赍表伴行，并献金银器10件、真丝罗3匹。七月，蒙古使古乙独、赵泰在半岛等待元宗入蒙古朝觐[9]；◇檀君历三千五百九十七年，〔高丽〕元宗五年。二月，韩就还自蒙古，忽必烈帝赐西锦一段、日历一本，并着元宗入朝。是月，遣礼宾卿金禄延如蒙古，谢赐历日、西锦。八月，高丽元宗王倎如蒙古，命金俊先入松京[10]，使之监国。九月，元宗王倎至

1 事见〔韩〕郑麟趾等《高丽史》卷二十五、《元史·列传第九十五·外夷一·高丽》（卷二百八）。
2 参见《元史·列传第九十五·外夷一·高丽》（卷二百八）。
3 参见《元史·列传第九十五·外夷一·高丽》（卷二百八）。
4 诸事见〔韩〕郑麟趾等《高丽史》卷二十五。
5 诸事见〔韩〕郑麟趾等《高丽史》卷二十五。
6 参见《元史·列传第九十五·外夷一·高丽》（卷二百八）。
7 诸事见〔韩〕郑麟趾等《高丽史》卷二十五。
8 必阇赤，蒙古官名，为天子掌文史。
9 诸事见〔韩〕郑麟趾等《高丽史》卷二十六。
10 松京，今朝鲜开城。

燕都[1]觐见，忽必烈帝宴之，又赐宴中书省。十月，上将军申思佺陪同蒙古郎中路得成赍诏还自蒙古，诏告蒙古改元为“至元”。十月，元宗王倎辞于万寿山殿，忽必烈帝赐其骆驼 10 头。十二月，元宗王倎回到高丽[2]。《元史 · 列传第九十五 · 外夷一 · 高丽》（卷二百八）记述，自是岁（1264）至元世祖三十一年（1294）的 30 年间，高丽共进贡 36 次。

1265 年，乙丑，〔南宋〕度宗咸淳一年，〔蒙古〕至元二年，☆黄帝历三千九百六十三年；◇檀君历三千五百九十八年，〔高丽〕元宗六年。正月，遣广平公王恂、大将军金方庆、中书舍人张镒等如蒙古谢恩、献方物。四月，遣荣頎伯如蒙古贺圣节[3]。五月，广平公王恂还自蒙古，忽必烈帝厚慰遣之。十月，遣侍御史李颖、郎将金靖如蒙古贺正[4]。

1266 年，丙寅，〔南宋〕度宗咸淳二年，〔蒙古〕至元三年，☆黄帝历三千九百六十四年。二月，蒙古立沈州以安置高丽降民。考古发掘已印证了“沈州站”的存在[5]。十一月，蒙古遣兵部侍郎黑的、礼部侍郎殷弘、计议官伯德孝先率国信使节团至高丽，传诏欲遣黑的等往日本，与之通[6]；◇檀君历三千五百九十九年，〔高丽〕元宗七年。六月，遣大将军朴琪如蒙古贺圣诞。八月，将军车松佑截获宋船 1 艘，杀船上 70 人，抓 5 人。十一月，遣侍郎张镒如蒙古贺正。是月，遣正言玄锡伴送济州星主如蒙古。是月，王命枢密院副使宋君斐、侍御史金赞等与黑的等往日本，不达而还[7]。

1267 年，丁卯，〔南宋〕度宗咸淳三年，〔蒙古〕至元四年，☆黄帝历三千九百六十五年。八月，黑的、殷弘及宋君斐等自蒙古至高丽。黑的传忽必烈谕命，以出使日本事委于高丽元宗。九月，蒙古遣必阇赤[8]廉孛鲁、迷失海牙等 9 人至高丽，诏索高丽“阿吉儿合蒙合”鱼[9]，将以其皮为靴，治脚肿病[10]；◇檀君历三千六百年，〔高丽〕元宗八年。正月，宋君斐、金赞与蒙使黑的等至巨济岛松边浦，畏风涛之险，遂还。元宗乃遣宋君斐随黑的如蒙古具奏。七月，遣秘书监郭汝弼如蒙古贺圣节。八月，遣起居舍人潘阜、书状官李挺赍汉文、蒙古文国书，航海使于日本[11]。十月，以“似牛”鱼皮 17 领送廉孛鲁等还，并附上表。十一月，遣王弟、安庆公王淐如蒙古贺正，并奏报遣潘阜使日本事[12]。

1268 年，戊辰，〔南宋〕度宗咸淳四年，〔蒙古〕至元五年，☆黄帝历三千九百六十六年。三月，蒙古遣北京路总管兼大兴府尹于也孙脱、礼部郎中孟甲等至高丽传诏，严斥高丽王上陆缓慢。六月，蒙古遣吾都止至高丽，课战舰之数与军额。十月，蒙古遣明威将军、都统领脱朵儿及武德将军、统领王国昌，与武略将军、副统领刘杰等 14 人至高丽传诏，着造船 1000 艘，备兵万名。脱朵儿、王国昌、刘杰等在高丽郎将朴臣甫的陪同下，视察了济州附近的大

---

1 燕都，今北京市。

2 诸事见〔韩〕郑麟趾等《高丽史》卷二十六。

3 见刘子敏、姜孟山、王世英、金荣国主编《中国正史中的朝鲜史料》（第 2 卷），第 158 页，延边大学出版社，1996 年版。

4 诸事见〔韩〕郑麟趾等《高丽史》卷二十六。

5 参见齐晓棠、李双琦《沈阳考古 60 年成就展：800 年前沈城就有沈州站》，载《沈阳晚报》 2008 年 11 月 6 日。

6 诸事见《元史 · 列传第九十五 · 外夷一 · 高丽》（卷二百八）、〔韩〕郑麟趾等《高丽史》卷二十六。

7 诸事见《元史 · 列传第九十五 · 外夷一 · 高丽》（卷二百八）、〔韩〕郑麟趾等《高丽史》卷二十六。

8 必阇赤，蒙古官名，为天子掌文史。

9 该鱼名的意译为“似牛”。

10 诸事见〔韩〕郑麟趾等《高丽史》卷二十六。

11 参见《元史 · 列传第九十五 · 外夷一 · 高丽》（卷二百八）。

12 诸事见〔韩〕郑麟趾等《高丽史》卷二十六。

黑山岛[1]。十一月，蒙古遣兵部侍郎黑的、礼部侍郎殷弘等至高丽传诏，对高丽出使日本使臣潘阜被“逼而送还”之语大加驳斥。十二月，蒙古使脱朵儿阅高丽兵，准备讨伐日本。是月，黑的、殷弘在高丽知门下省事申思佺、侍郎陈子厚、起居舍人潘阜陪同下出使日本[2]；◇檀君历三千六百○一年，〔高丽〕元宗九年。二月，安庆公王淐还自蒙古，忽必烈帝赐王西锦一匹、历日一道，且严责高丽不诚心。四月，遣侍中李藏用，从于也孙脱如蒙古上表。七月，起居舍人潘阜还自日本，日本拒回书信。高丽乃遣閤门使孙世贞、郎将吴惟硕等如蒙古贺圣诞，又遣潘阜偕行上书[3]。八月，遣大将军崔东秀，随吾都止如蒙古，奏舟舰营造事。十一月，遣国子司业李淳益如蒙古贺正[4]。

1269年，己巳，〔南宋〕度宗咸淳五年，〔蒙古〕至元六年，☆黄帝历三千九百六十七年。是岁，蒙古枢密院臣议征高丽事。马亨以为“高丽者，本箕子所封之地，汉、晋皆为郡县”，建议内附，划为郡县[5]。三月，黑的等至对马岛，执倭2人而还至高丽。七月，蒙古使于娄大、于琔等6人偕倭2人至高丽。忽必烈帝使倭人参观燕京，并告其通好之意，倭人亦拜服帝都气象。是月，蒙古遣明威将军、都统领脱脱儿及武德将军、统领王国昌至高丽，武略将军、副统领刘杰随行。脱脱儿传诏，着高丽选官引路，视察耽罗[6]。八月，蒙古遣斡脱儿不花、李谔与高丽世子王椹、书状官金应文偕至高丽传诏，不准高丽擅自废立。九月，忽必烈帝诏授高丽世子王椹“特进上柱国、东安公”，敕令率兵3000赴其国难，又遣蒙哥都往征其国。王椹辞“东安公”。十一月，蒙古遣兵部侍郎黑的、淄莱道总管府判官徐仲（世）雄等12人至高丽传诏，着元宗、安庆公王淐、林衍觐见面陈，否则大兵剿灭之。忽必烈帝命国王头辇哥所统大兵压境，随时准备过江。十二月，蒙古遣高丽静州别将传忽必烈帝诏，乃叛将崔坦告状事。是月，黑的还蒙古，高丽遣右司谏朴恒随行[7]；◇檀君历三千六百○二年，〔高丽〕元宗十年。正月，遣将军康允招如蒙古奏诛金俊并夷其族事，言金俊擅权，且数年来力主抗击蒙古军。四月，遣参知政事申思佺，伴黑的以倭2人如蒙古。是月，遣世子王椹如蒙古，书状官、学谕金应文等随行，忽必烈帝赐王玉带1条、赐世子王椹黄金50两。六月，大将林衍尊元宗为“太上王”，立王弟、安庆公王淐。北方将崔坦反对林衍。七月，林衍遣中书舍人郭汝弼如蒙古，上高丽元宗逊位表。是月，世子王椹还，至边境知元宗事，大哭回蒙古。八月，遣侍中李藏用如蒙古贺圣诞。九月，林衍遣枢密院副使金方庆、大将军崔东秀偕蒙使斡脱儿不花如蒙古，上陪臣表，奏称元宗病笃而命王淐权知国事。十月，遣侍郎陈子厚如蒙古，贺正仍附奏。十一月，元宗复位，宴黑的并使坐上座。黑的以王世子王椹已许尚忽必烈帝之女，辞让上座。是月，遣奉御、礼部侍郎朴烋，如蒙古上表感激。是月，高丽都统领崔坦以林衍作乱，挈西京50余城投蒙古，乃为内附。十二月，元宗王倎率400人过鸭绿江，如蒙古觐见忽必烈，命顺安侯王悰监国[8]。是岁，高丽筑新城于汉江西。

---

1 参见王文楚《两宋与高丽海上航路初探》，收入其《古代交通地理丛考》，中华书局，1996年版。

2 诸事见《元史·列传第九十五·外夷一·高丽》（卷二百八）、〔韩〕郑麟趾等《高丽史》卷二十六。

3 参见陈尚胜《五千年中外文化交流史》，第407页，世界知识出版社，2001年版。

4 诸事见《元史·列传第九十五·外夷一·高丽》（卷二百八）、〔韩〕郑麟趾等《高丽史》卷二十六。

5 参见《元史·列传第九十五·外夷一·高丽》（卷二百八）“至元六年”。

6 耽罗，今韩国济州岛。参见《元史·列传第九十五·外夷一·耽罗》（卷二百八）。

7 诸事见〔韩〕郑麟趾等《高丽史》卷二十六。

8 诸事见《元史·列传第九十五·外夷一·高丽》（卷二百八）、〔韩〕郑麟趾等《高丽史》卷二十六。

1270年，庚午，〔南宋〕度宗咸淳六年，〔蒙古〕至元七年，☆黄帝历三千九百六十八年。正月，忽必烈帝赐崔坦、李延龄金牌，诏告高丽西京[1]内属，以慈悲岭为界，称"东宁府"，以忙都哥（蒙哥都）为安抚高丽使[2]。三月，崔坦请3000蒙古军镇守西京。是月，西京蒙古驻军遣人至高丽，索夏衣及毡幕[3]。四月，东女真抢高丽安集，掠走90余人。五月，蒙古以脱脱朵儿为高丽达鲁花赤[4]，罢西京安抚司之设。是月，蒙古中书省遣诸之豆等7人至高丽，督林衍赴京觐见。六月，头辇哥国王遣朵剌歹领兵2000入江华，纵兵收掠财物。七月，蒙古将军阿海率军1500人驻高丽王京[5]，忽必烈帝乃以阿海为安抚使。十一月，蒙古以忻都、史枢为凤州等处经略使，领军5000人，屯田于金州。是月，又令洪茶丘以旧领民2000屯田，阿剌帖木儿为副经略司，总辖之，罢阿海军。是月，脱脱朵儿请婚于良家妇，高丽从之。十二月，蒙古遣断事官别同瓦、孟祺至高丽传抚民诏书。高丽世子王谌随行回国[6]；◇檀君历三千六百〇三年，〔高丽〕元宗十一年。二月，元宗王倎谒忽必烈帝于燕都，献方物，仍侍宴。忽必烈帝赐王金线走丝及色绢200匹、马4匹及弓矢等物，且令东京行省国王头辇哥率兵偕往高丽。是月，西京蒙军6人至高丽，请席岛仓米，乃给米1000石、杂谷500石。是月，王世子王谌拜见燕王。三月，元宗奏请派达鲁花赤[7]至高丽，且奏请免蒙军入境。是月，遣郎将金之瑞如蒙古，告林衍病死，其子林惟茂被杀。林衍余党裴仲孙，乃立元宗庶族承化侯为王，逃往珍岛。五月，元宗还松都[8]王宫，王妃亦自江华岛还宫。八月，世子王谌上表，奏告裴仲孙残军以"三别抄"[9]为名号，据守海岛。十一月，遣秘书监朴恒、郎将崔有除如蒙古贺正。十二月，遣员外郎朴天澍持忽必烈帝诏，往谕珍岛叛军"三别抄"，未成[10]。

1271年，辛未，〔南宋〕度宗咸淳七年，〔元〕世祖至元八年，☆黄帝历三千九百六十九年。正月，蒙古遣日本国信使、秘书监赵良弼及忽林赤、王国昌、洪茶丘等40人至高丽传诏，将通好日本。二月，忽必烈帝命忽都答儿持诏谕裴仲孙。是月，脱脱朵儿为子求妇于高丽相门。三月，蒙古遣忻都及史枢、等代、阿海传诏。是月，裴仲孙乞蒙古军退，然后内附，忻都不许。是月，凤州经略司以绢12350匹换取高丽耕牛。是月，中书省移咨，禁高丽贸易上国兵器、马匹。是月，蒙古断事官沈浑至高丽索军粮。四月，忻都乞与虎林赤、王国昌分道进讨，帝从之。五月，忻都与史枢、洪茶丘大败珍岛裴仲孙，获承化侯斩之，其党金通精走耽罗。是月，蒙古遣周夫介至高丽传诏。六月，蒙古遣断事官只必哥等6人至高丽传诏。是月，蒙古遣必阇赤黑狗、李枢等7人至高丽，索宫室之材。七月，赵晖自蒙古至高丽，以诏授只必哥。八月，蒙古遣吐蕃僧4人至高丽。九月，忽必烈帝遣世子王谌还国，钦赐西锦。十月，达鲁花赤（蒙古语，盖印者、监临官）脱脱朵儿卒。是月，副达鲁花赤焦天翼曰，"兵器不可畜于私家"，乃收高丽

---

1 西京，今朝鲜平壤。

2 参见《元史·列传第九十五·外夷一·高丽》（卷二百八）。

3 毡幕，用毡子搭的帐篷。

4 达鲁花赤，蒙古语，盖印者、监临官。

5 高丽王京即今朝鲜开城。

6 诸事见〔韩〕郑麟趾等《高丽史》卷二十六。

7 达鲁花赤，蒙古语，盖印者、监临官。

8 松都，今朝鲜开城。

9 "三别抄"，高丽权臣崔瑀组织的特战部队，最初用于捕盗。见〔韩〕金台俊原著，张琏瑰译《朝鲜汉文学史》，第158页"注1"，社会科学文献出版社，1996年版。

10 诸事见〔韩〕郑麟趾等《高丽史》卷二十六。

人攻珍岛兵仗。十二月，蒙古遣使至高丽，诏告建国号曰“大元”[1]；◇檀君历三千六百〇四年，〔高丽〕元宗十二年。正月，以阿海畏缩，高丽遣将军印公秀如蒙古以奏，忽必烈帝免阿海职，召还。是月，不花孟祺还，遣金鍊随其如蒙古，上《请婚表》。是月，遣朴天澍如蒙古。二月，遣上将军郑子玙如蒙古，告方甫、崇谦杀蒙古兵数人而叛。三月，遣印公秀、宝城千户如蒙古，上请罢屯田表。是月，遣殿中监郭汝弼如蒙古，上陈情表。五月，遣上将军郑子玙如蒙古，谢平珍岛。是月，高丽监试放榜，蒙使赵良弼、焦天翼等往观之，曰：“真盛事也，吾等闻之久矣！今得见之。其于乱离，不坠文风，如此良可嘉也”。六月，遣世子王谌入侍于蒙古，尚书右丞宋玢、军器监薛公俭等28人从之。翰林学士金汝孟随行至燕京，在华4年[2]。九月，高丽遣通事徐称导，随赵良弼出使日本[3]。十月，李昌庆还自蒙古，传帝谕，许世子婚。十一月，遣礼宾卿宣文烈如蒙古贺正，遣李昌庆如蒙古谢许世子婚[4]。

1272年，壬申，〔南宋〕度宗咸淳八年，〔元〕世祖至元九年，☆黄帝历三千九百七十年。正月，元移屯田于盐、白州。是月，元朝使节赵良弼回自日本，书状官张铎带领日本使节团12人，经高丽如元。三月，元中书省遣岳山、李珪、李枢至高丽，索大木。四月，元遣李益为高丽达鲁花赤[5]。六月，元召高丽西京[6]诸附属城达鲁花赤回国。是月，以高丽告饥，转运米20000石赈济之。八月，元遣侍卫亲军千户王岑，与洪茶丘议征取耽罗[7]之策。是月，元释放义州副使金孝巨等22人回高丽。十一月，多者大王使者至高丽。十二月，元遣李枢与蒙古2人至高丽，索宫室材木。是月，洪茶丘自南道至松京，遂回元。是月，帝诏高丽出兵卒6000人、水手3000人，准备攻取耽罗。岁末，元遣赵良弼为国信使，再次经高丽出使日本[8]；◇檀君历三千六百〇五年，〔高丽〕元宗十三年。正月，遣齐安侯王淑、枢密院副使宋松礼如元，贺改国号“大元”。二月，置“钿函造成都监”，以皇后欲盛藏经而求钿函也。是月，高丽致书日本，传元朝通好之意。三月，世子回国，元遣断事官不花、马璘随行至高丽[9]。四月，日本使还自元，张铎伴之至高丽。张铎宣帝谕命，译语别将、校尉之使日本者2人皆升职。是月，遣谏议大夫郭汝弼如元，上请减军料表。五月，遣閤门副使琴熏如元，上请兵伐叛表。六月，遣郎将李有庇如元上表。七月，遣大将军金伯钧如元贺圣诞。是月，倭船至金州[10]，庆尚道按抚使曹子一密令其还，洪茶丘闻之，鞫问曹子一，并驰报于帝。是月，遣大将军金伯钧如元贺圣节。十一月，遣中书舍人权呾如元贺正。岁末，世子王谌如元[11]。

1273年，癸酉，〔南宋〕度宗咸淳九年，〔元〕世祖至元十年，☆黄帝历三千九百七十一年。正月，元使至高丽，其文用新制蒙古字，人无识者。使者云：“因林惟乾所奏，求火熊皮也”。二月，黄、凤州经略使忻都差人赍元世祖诏至高丽，令僧徒出迎。其诏禁军士骚扰僧舍、

1 诸事见〔韩〕郑麟趾等《高丽史》卷二十七、《元史·列传第九十五·外夷一·高丽》（卷二百八）。
2 参见杜宏刚、邱瑞中、〔韩〕崔昌源辑《韩国文集中的蒙元史料》，第84页，广西师范大学出版社，2004年版。
3 参见陈尚胜《五千年中外文化交流史》，第407页，世界知识出版社，2001年版。
4 诸事见《元史·列传第九十五·外夷一·高丽》（卷二百八）、〔韩〕郑麟趾等《高丽史》卷二十七。
5 达鲁花赤，蒙古语，盖印者、监临官。
6 西京，今朝鲜平壤。
7 耽罗，今韩国济州岛。
8 诸事见〔韩〕郑麟趾等《高丽史》卷二十七、《元史·列传第九十五·外夷一·高丽》（卷二百八）。
9 参见《元史·列传第九十五·外夷一·高丽》（卷二百八）。
10 金州，今韩国金海。
11 见〔韩〕郑麟趾等《高丽史》卷二十七。

损毁经像。是月，洪茶丘至松都[1]。是月，忻都、刘统领、万户郑温、朴古大等至高丽颁诏。三月，马璘至高丽，高丽大将军宋玢随行回国。是月，元使至高丽，索御床之材香樟木。是月，赵良弼出使日本，至大宰府而不得入国都，还至高丽。四月，忻都、洪茶丘率蒙古、高丽水陆兵万余人自全罗道出，讨平耽罗[2]，杀金通精。五月，元以册封皇后、皇太子，遣使至高丽颁诏。是月，蒙古使于高丽南方采金。六月，诏令失里伯为"耽罗国招讨使"，尹邦宝副之。元置达鲁花赤[3]于耽罗，直接管辖此地，直至至元三十一年归还高丽[4]。七月，侍中金方庆被召如元，帝赐金鞍、彩服、金银。九月，副达鲁花赤（蒙古语，盖印者、监临官）焦天翼秩满回国。是月，元命高丽收别库田租，以充兵粮。是月，诏令东京路转运米 20000 石，赈济高丽饥民。十二月，元遣搏虎人 9 名，牵犬 100 条至高丽，驱群犬逐虎。犬多被害，终不获虎。蒙古人曰："高丽之虎不可用犬"。是月，达鲁花赤以中书省牒往东界及庆尚道求蜃楼脂（鲸鱼油）[5]；◇檀君历三千六百〇六年，〔高丽〕元宗十四年。正月，遣带方侯王徵、谏议大夫郭汝弼如元，谢许世子婚。六月，遣大将军金绶如元，上表告平耽罗并谢恩。是月，遣顺安公王悰、同知枢密院事宋松礼赴元大都，进贺兼谢册封，李承休为书状官。李承休（1224—1300）著有《宾王录》，收入其《动安居士集》之《动安居士行录》卷四[6]。《宾王录》载，李承休结识了元朝翰林学士侯友贤。李、侯并为八月二十八日元世祖诞辰作诗[7]。七月，遣上将军金侁（？—1274）为圣节使[8]、兼直史馆李仁挺为书状官，如元贺圣节。十月，遣别将金镒，赍世子盘缠银250斤如元。十一月，遣少府少监李义孙、郎将吕文就，如元贺正兼进贡[9]。

1274 年，甲戌，〔南宋〕度宗咸淳十年，〔元〕世祖至元十一年，☆黄帝历三千九百七十二年。正月，元遣总管察忽至高丽，监造战舰 300 艘。三月，元遣经略司总管木速塔八、扎木合至高丽宣诏，命发军 5600 助征日本。同月，元遣蛮子媒聘使肖郁至高丽，以中书省牒，用官绢 1640 段选无夫高丽妇女 140 名回。四月，元遣完颜阿海漕运米 2 万硕，至高丽用于军粮。是月，元遣汝龙、于思赍绢 33154 匹至高丽，以绢 1 匹米 12 斗之价贸军粮。五月，元征东兵 15000 人至高丽。是月，元遣使宣诏，劝课农桑储峙军粮，谕命"安抚高丽军民总管"洪茶丘提点农事。七月，帝遣同知上都留守司事张焕至高丽，册王椹为"忠烈王"。八月，元遣"日本征讨都元帅"忻都（高丽史称"忽敦"）至高丽，洪茶丘为东征副元帅。十月，蒙汉军 25000 人、高丽军 8000 人、水手与船工 6700 人攻伐日本。战舰 700 艘在一歧岛遇风雨大败，高丽上将军金侁（诜）溺死。十二月，元遣黑的至高丽，为新任达鲁花赤（蒙古语，盖印者、监临官）[10]；

1 松都，今朝鲜开城。

2 耽罗，今韩国济州岛。参见《元史·列传第九十五·外夷一·耽罗》（卷二百八）。

3 达鲁花赤，蒙古语，盖印者、监临官。

4 参见《元史·列传第九十五·外夷一·耽罗》（卷二百八）。

5 诸事见〔韩〕郑麟趾等《高丽史》卷二十七。

6 参见〔韩〕林基中主编《燕行录全集》，第 1 卷，东国大学校出版部，2001 年版；杜宏刚、邱瑞中、〔韩〕崔昌源辑《韩国文集中的蒙元史料》，第 98 页，广西师范大学出版社，2004 年版。

7 李承休自述说："至元十年癸酉，春三月，上国册立皇后、皇太子而普告天下"。见〔韩〕林基中主编《燕行录全集》，第 1 卷，第 12 页，东国大学出版部，2001 年版。参见拙著《半岛唐风：朝韩作家与中国文化》，第 239—243 页，宁夏人民出版社，2004 年版。

8 《元史》"金侁"作"金诜"，见刘子敏、姜孟山、王世英、金荣国主编《中国正史中的朝鲜史料》（第 2 卷），第 164 页，延边大学出版社，1996 年版。

9 诸事见〔韩〕郑麟趾等《高丽史》卷二十七。

10 诸事见〔韩〕郑麟趾等《高丽史》卷二十七、二十八。

◇檀君历三千六百〇七年，〔高丽〕元宗十五年。二月，遣别将李仁如元上书中书省，言造船事。三月，李安社卒。李安社（？—1274，李成桂高祖父，朝鲜王朝追封“穆祖”），曾为元朝南京五千户所达鲁花赤。其子李行里（？—1274，李成桂曾祖父，后被朝鲜追封为“翼祖”）6个月后亦卒。四月，遣谏议大夫郭汝弼如元上表。五月，世子王谌尚世祖帝之女忽都鲁揭里迷失公主（齐国公主，1259—1297，忠宣王生母），此乃高丽国君为元“宾王”之始。六月，遣大将军罗裕如元，上中书省书，再言造船事。是月，元宗薨，百官遥尊世子王谌为王，是为高丽忠烈王。是月，高丽遣枢密院副使奇蕴如元告哀。是月，吏部员外郎郭希玢、郎将曹精通，以“善碁”[1]被帝召如元陪伴。七月，遣枢密院使朴璆如元贺圣节。八月，忠烈王自元大都回国，命枢密院副使奇蕴逆迎齐国公主于元大都。是月，又遣齐安公王淑、知枢密院事郑子玙如元，谢厘降公主、恩准袭爵。是月，忠烈王尊其母顺安王妃金氏为“王太后”。十一月，王与齐国公主偕至松都[2]。是月，遣同知枢密院事张镒劳蒙古、高丽东征军，未还者13500多人。十二月，遣判閤门事李信孙、将军高天伯，如元贺正兼进贡[3]。

1275年，乙亥，〔南宋〕恭帝德祐一年，〔元〕世祖至元十二年，☆黄帝历三千九百七十三年。二月，高丽副达鲁花赤（蒙古语，盖印者、监临官）周世昌卒。三月，元遣南军1400人至高丽。是月，元遣宣谕日本使、礼部侍郎杜世忠及兵部郎中河文著，经高丽发日本。四月，元流盗贼百人至耽罗[4]。五月，高丽达鲁花赤（蒙古语，盖印者、监临官）黑的禁半岛人挟弓矢。是月，黑的回国。是月，元僧5人至高丽。六月，元遣使诏赦耽罗贼党逃匿州县者。九月，元遣使与剑工古内至高丽。古内在元言，高丽有路，可径至日本，故遣之。是月，元朝使节杜世忠在日本被北条时宗所杀。十月，元遣岳脱衍、康守衡至高丽，诏告高丽王之子为“世子”，不得称“太子”；国王之命不得称“圣旨”，只可称“宣旨”，并着高丽进美女通婚，禁高丽娶同姓。十一月，元遣使至高丽，督造军器以备攻日本。是月，元遣中书员外郎石抹天衢为高丽副达鲁花赤[5]。是月，诏谕高丽王朝机构中与朝廷冲突者悉改，不得设“省”、“部”、“台”、“院”。十二月，元朝升高丽东宁府为“东宁路”[6]；◇檀君历三千六百〇八年，〔高丽〕忠烈王王椹（又名王昛，1236—1308）一年。正月，遣侍中金方庆、大将军印公秀如元上表。六月，遣元卿等10人如元进鹰。七月，遣同知枢密院事许珙、将军赵仁规如元贺圣节。是月，公主恐黑的谗构，遣式笃儿偕同黑的往元。八月，以齐国公主病，遣将军高天伯如元请医。九月，齐国公主生子，取名“王謜”，后改名王璋，即后来的高丽忠宣王。自此，元朝公主在半岛具有特殊权力，其子定然封为王世子[7]，以至现今韩语（朝鲜语）里有一个特殊的名词叫“公主病”。十一月，遣佥议赞成事俞千遇如元贺正，告改官制，并献处女10人。十二月，遣将军高天伯及式笃儿如元，

1 善碁，即长于下棋。

2 松都即高丽王京，今朝鲜开城。

3 诸事见〔韩〕郑麟趾等《高丽史》卷二十七、二十八、八十九。

4 耽罗，今韩国济州岛。

5 诸事见〔韩〕郑麟趾等《高丽史》卷二十八、《元史·列传第九十五·外夷一·高丽》（卷二百八）。达鲁花赤，蒙古语，盖印者、监临官。

6 见刘子敏、姜孟山、王世英、金荣国主编《中国正史中的朝鲜史料》（第2卷），第165页，延边大学出版社，1996年版。参见本年历“1270年”。

7 参见栾凡《元朝与高丽关系：公主权力大于国王》，《古代文明》，2009年第4期。

奏请明年国王亲朝。是月，遣带方公王澄率衣冠子弟10人如元为“秃鲁花”[1]。

1276年，丙子，〔南宋〕恭帝德祐二年，端宗景炎一年，〔元〕世祖至元十三年，☆黄帝历三千九百七十四年。是岁，元朝设立会同馆，负责接待外国人。正月，帝命高丽免造战船及箭镞。二月，元遣别古里至高丽颁历、诏。是月，元遣使至高丽求铁。三月，高丽达鲁花赤（蒙古语，盖印者、监临官）诘王曰：“称宣旨、称朕、称赦，何僭也？”王曰，但循祖宗相传之旧耳。于是，高丽改宣旨曰“王旨”、朕曰“孤”、赦曰“宥”、奏曰“呈”。闰三月，元遣林惟干及回回阿室迷里至高丽，采珠于耽罗。是月，元遣杨仲信赍币帛至高丽，为归附军500人聘妻。六月，元赐绊袄于合浦军，驮衣用驿马143匹。是月，元遣王延生推刷耽罗人物。七月，元遣使至高丽洪州采金，只得黄金2钱。八月，元遣鹰坊迷剌里等7人至高丽，王赐其宅及奴婢。是月，元遣塔剌赤为耽罗[2]达鲁花赤。九月，以平定江淮，元遣不花至高丽宣诏大赦。十月，元遣忽剌歹至高丽，命王及齐国公主以明年五月入朝[3]；◇檀君历三千六百〇九年，〔高丽〕忠烈王二年。二月，俞千遇还自元，前所进处女只留崔琄、崔之守女，余8人皆放还高丽。三月，遣中郎将张得精如元献铁。是月，遣郎将李仁如元，请行宫料并以银换钱。六月，遣大将军尹秀、中郎将朴义如元献鹞子。七月，将军车信自元还，帝赐王重锦70匹。是月，遣参议中赞金方庆、直史馆文琏如元贺圣节，奏表金方庆之功。王上书中书省，请赐衡器秤与等子。十月，金方庆受钦赐虎头金牌，赍诏还。是月，郎将郑福均还自元，帝赐高丽秤300杆。是月，遣译官如元，献日本栗种子。十一月，中郎将康之邵还自元。康之邵以推刷人物如元，不得而还。是月，遣中禁指谕金富允如元进黄漆，且请明年入朝铺马及草料。是月，遣判秘书寺事朱悦、将军俞洪慎如元贺正。十二月，以达鲁花赤接匿名信，言蛊惑公主事，遣将军高天伯及忽剌歹如元，上表陈奏[4]。是岁，高丽设立“通文馆”，教授子弟汉语[5]。

1277年，丁丑，〔南宋〕端宗景炎二年，〔元〕世祖至元十四年，☆黄帝历三千九百七十五年。正月，高丽金方庆叛乱，帝敕忻都、洪茶丘整军戒备，着忠烈王平叛[6]。四月，元遣刘弘、忽奴至高丽，王命李藏茂偕往。五月，遣高丽使臣张舜龙赍中书省牒还，着高丽免出兵。五、八月，元分别流罪人33人、40人于耽罗。十月，元遣郎哥歹至高丽赐鹘。是月，耽罗达鲁花赤（蒙古语，盖印者、监临官）塔剌赤回元。十二月，元遣“捉虎使”秃哥等18人，以马30匹、狗150只至高丽打猎[7]。是月，赐高丽至元十五年历；◇檀君历三千六百一十年，〔高丽〕忠烈王三年。正月，册王謜为王世子。二月，遣张舜龙如元，上书中书省。三月，遣将军赵仁规如元，请入朝。四月，遣将军张舜龙如元，上《请助征北鄙》表。五月，僧人六然于江华岛烧成琉璃瓦，品色堪比宋朝江南商人所售者。六月，遣将军车信如元，献虎皮。是月，又遣密直副使朴恒如元贺圣节，并上书中书省，陈世子袭爵改名事。八月，遣赵仁规、印侯如元进表，并

1 秃鲁花是蒙古语，意为“质子”、“护卫”。诸事见〔韩〕郑麟趾等《高丽史》卷二十八。
2 耽罗即今韩国济州岛。
3 诸事见〔韩〕郑麟趾等《高丽史》卷二十八、《元史 · 列传第九十五 · 外夷一 · 高丽》（卷二百八）。
4 诸事见〔韩〕郑麟趾等《高丽史》卷二十八。
5 见〔韩〕郑麟趾等《高丽史》卷七十六《百官志》。
6 参见《元史 · 列传第九十五 · 外夷一 · 高丽》（卷二百八）。
7 诸事见〔韩〕郑麟趾等《高丽史》卷二十八。

献鹞子。十一月，遣国子祭酒金愔、郎将尹万庇如元贺正[1]。

1278年，戊寅，〔南宋〕端宗景炎三年，帝昺祥兴一年，〔元〕世祖至元十五年，☆黄帝历三千九百七十六年。二月，元遣阔阔歹等至高丽颁诏。是月，耽罗达鲁花赤塔剌赤至高丽王京（今朝鲜开城），赠忠烈王海东青。五月，中书省遣哥塔及开平府达鲁花赤将老等至高丽。六月，帝遣皇子脱欢、皇后遣皇女忙哥歹公主及阿伊哥赤大王妃至高丽，忠烈王遣人迎于30里之地，且设大穹庐于开平府东门外。七月，改铸高丽王印章为驸马印。八月，南宋商人马晔献方物于高丽，王赐宴内庭。九月，达鲁花赤石抹天衢回元。十月，帝归高丽谷州。十二月，元遣速鲁哥至高丽，问杀李汾禧兄弟、流池得龙等事[2]；◇檀君历三千六百一十一年，〔高丽〕忠烈王四年。正月，郎将李仁赍诏书、历书还自元。二月，遣将军印侯如元，奏流金方庆事。是月，遣大府少尹赵瑜至东宁府[3]推刷人物。是月，王命境内皆着元朝衣服。三月，印侯还自元，帝召还洪茶丘，又命王入朝。乃遣将军张舜龙、中郎将白琚如元，告以入朝。四月，王及齐国公主、世子如元，元傅、李汾禧、朴恒、宋玢、康允绍等从行。五月，遣前大将军尹秀于北京买马。七月甲申，王谒帝于元上都开平府。帝问官军骚扰之事。癸巳，王与齐国公主上寿于帝，翌日又上寿于皇后。皇后赠齐国公主獭子袍。帝赐王"驸马、高丽王"金印、海东青、鞍马等。王辞归，帝使人护送至北京，又命金方庆随王还国。八月，遣别将李逢如元，请归还高丽遂、安、谷州。是月，又遣承旨宋玢贺圣节，遣将军朴义如元上都堂书。十月，遣签议中赞金方庆如元贺正兼进贡。闰十一月，遣大将军赵仁规、将军卢英如元告归国且谢恩，又遣将军朴义如元献鹞子，遣国学大司成郭汝弼、将军俞洪慎如元贺正。十二月，王再如元，参文学事朴恒知、密直司洪子藩、右副承旨金周鼎等从行[4]。

1279年，己卯，〔南宋〕帝昺祥兴二年，〔元〕世祖至元十六年，☆黄帝历三千九百七十七年。是岁，元灭南宋，定都大都[5]。正月，忽必烈帝赐忠烈王亡宋宝器、凤瓶、玉笛等90事，赐王及从臣彩帛[6]。是月，着高丽设置驿站40个。四月，元中书省牒至，言铸"高丽佥议府"正四品铜印一颗付之。六月，征东元帅府令高丽造战舰900艘。十月，元遣亏丹、赤塔纳、必阇赤[7]哈伯那至高丽，督修战舰。是月，元遣樊闰至高丽，点视站驿。是月，元遣郎哥歹送马150匹，令放"水内"即今韩国济州岛内，又令拣高丽乡马以进[8]。是岁前后，元流放南宋刑部员外郎郑臣保于高丽瑞州，浙江人郑臣保乃为半岛瑞山郑氏始祖[9]；◇檀君历三千六百一十二年，〔高丽〕忠烈王五年。正月，校尉李应柱、康渭成赍颁历诏还自元。二月，忠烈王归国。三月，遣郎将殷弘淳如元，献花文大席。是月，又遣带方公王澄率"秃鲁花"[10]如元，衣冠子弟凡25人皆超三等授职送之。四月，遣中郎将郑公、宋贤如元，请置"伊里干"[11]。五月，以齐国公主有

1 诸事见〔韩〕郑麟趾等《高丽史》卷二十八。
2 诸事见〔韩〕郑麟趾等《高丽史》卷二十八、《元史·列传第九十五·外夷一·高丽》（卷二百八）。
3 东宁府即朝鲜半岛慈悲岭以北，时属元朝直辖。
4 事见〔韩〕郑麟趾等《高丽史》卷二十八，内中忠烈王四月赴元上都路程记述详细。
5 大都，今北京市。
6 参见朝鲜文人徐命膺等编订《御定宋史筌·列传第八十三·外国一·高丽》。
7 必阇赤，蒙古官名，为天子掌文史。
8 诸事见〔韩〕郑麟趾等《高丽史》卷二十九。
9 参见杜宏刚、邱瑞中、韩登庸、刘羚、阎崇东主编《韩国文集中的明代史料》，第五卷，第298页，广西师范大学出版社，2006年版。
10 "秃鲁花"是蒙古语，即侍卫、质子。
11 "伊里干"是蒙古语，其意为"聚落"。

疾，遣将军卢英如元请医。六月，卢英与医2人还自元。是月，东征元帅府承省旨，令高丽造战舰900艘。七月，遣承旨赵仁、规印侯如元，奏督修战舰情状。是月，遣密直副使李尊庇、将军郑仁卿如元贺圣节。八月，遣郎将池瑄，押艄公上左及自日本逃还者如元，奏至元十二年（1275）帝遣使日本时高丽送行者被杀事。九月，遣将军金允富、张舜龙如元。是月，中郎将郑公还自元，帝赐王海青圆牌。十月，遣中郎将郑福均如元献人参。十二月，遣大将军俞洪慎、少尹金光就如元贺正[1]。

1280年，庚辰，〔元〕世祖至元十七年，☆黄帝历三千九百七十八年。三月，元遣蛮子海牙至高丽。五月高丽旱蝗，元中书省传牒，加送米1万石救灾。八月，流放皇子爱牙赤于高丽大青岛。十月，元行中书省移征东军事牒。是月，中书省遣会同馆使张献、吏部主事也先海牙，以绢2万匹至高丽，市米以充兵粮[2]。十二月，以高丽中赞金方庆为"（高丽）征日本都元帅"，朴球、金周鼎为万户，并赐虎符；◇檀君历三千六百一十三年，〔高丽〕忠烈王六年。正月，遣大将军印侯、将军高天伯与塔纳如元。二月，遣校尉郑之演如元，献环刀378把。四月，遣中郎将简有之如元。五月，倭入固城漆浦、寇合浦，掳渔者，遣大将军印侯、郎将池瑄告于元。是月，遣将军朴义如元献鹞子，遣将军元卿如元，遣密直副使金周鼎如元贺圣节。八月，忠烈王如元，至上都觐见，自请助攻日本。十一月，遣右承旨赵仁规、大将军印侯如元上中书省书，言已备兵船900事。是月，又遣中赞金方庆、将军郑仁卿如元贺正。十二月，赵仁规、印侯赍诏还自元，帝册王为"开府仪同三司、中书左丞相、行中书省事"，并赐印信[3]。

1281年，辛巳，〔元〕世祖至元十八年，☆黄帝历三千九百七十九年。正月，元遣王通等颁新成授时历，许衡、郭守敬所撰也。是月，开元路、东宁府皆遣使至高丽，议东征事。二月，帝从高丽之请，加高丽必阇赤府郎中、员外，以为公文辅佐。三月，遣征东行中书省右丞忻都至高丽，洪茶丘陪同。是月，林千户押归附15000人至高丽。五月，忻都、洪茶丘及金方庆、朴球、金周鼎等以舟师征日本。是月战报，船军113人、梢手36人遭风，失其所之。高丽遣郎将柳庇驰报于元。六月，金方庆等与日本战，斩首300余级。复战，忻都、洪茶丘军大败。范文虎亦以战舰3500艘、南军10万余参战，会值大风，包括阿剌帖木尔将军的南军、蒙古军溺死者10万人，高丽军死者约7000人。是月，元遣兵300骑至高丽，戍于合浦。是月，帝从忠烈王之请，将高丽40驿站改为20个。闰八月，忻都、洪茶丘、范文虎等还元，官军未见返陆者10万有余。十月，开元路东宁府王万户、也先大王皆遣使至高丽，以东征事也。十一月，元召还皇子爱牙赤。是月，在高丽金州[4]设万户府，以监视日本[5]；◇檀君历三千六百一十四年，〔高丽〕忠烈王七年。二月，遣将军李仁如元请减军马草料。三月，元帅金方庆及万户朴球、金周鼎率师向合浦。是月，将军卢英还自元，赍帝赐忠烈王"驸马、国王、宣命征东、行中书省"印。是月，皇后弘吉剌氏讣至高丽，齐国公主遣中郎将郑公如元，请奔丧。四月，齐国公主如元奔丧。五月，以征东败绩驰报于帝。七月，郎将柳庇还自元，帝许耽罗镇戍军50名出陆耕种。是月，遣知密直司事韩康如元贺圣节。是月，齐国公主还至高丽。八月，将军元卿偕

1　诸事见〔韩〕郑麟趾等《高丽史》卷二十九。
2　诸事见〔韩〕郑麟趾等《高丽史》卷二十九。
3　诸事见《元史·列传第九十五·外夷一·高丽》（卷二百八）、〔韩〕郑麟趾等《高丽史》卷二十九。
4　高丽金州即今韩国金海。
5　诸事见〔韩〕郑麟趾等《高丽史》卷二十九、《元史·列传第九十五·外夷一·高丽》（卷二百八）。

也先不花还自元。是月，遣别将康世赍行中书省表如元，贺圣节。是月，别将金洪柱自合浦至行宫，告东征军败、元帅等还至合浦。高丽乃遣将军李仁，如元奏报。九月，中郎将郑公、郎将柳庇还自元，帝谕王勿入朝。是月，中郎将郑福均还自元，帝升高丽佥议府为从三品，铸印赐之。十二月，遣大将军金子廷如元贺正兼进贡[1]。

1282年，壬午，〔元〕世祖至元十九年，☆黄帝历三千九百八十年。正月，遣闍剌解（高丽文献作“车罗大”）、蒙古不花至高丽，问耽罗[2]防守军粮、草粮岁支之数。是月，元罢“征东行中书省”。是月，帝应忠烈王之请，派蒙古军500人驻守金州[3]。二月，元遣蒙汉军1400名至高丽，戍于耽罗。四月，元遣不八思、冯元吉至高丽勘兵粮。又以东征军败遣兵340戍合浦、60守王京[4]。九月，敕令平滦、扬州、泉州等地以及高丽、耽罗造战舰3000艘，备战日本。十一月，元遣秃浑、贺仲谦至高丽，督修战舰。十二月，遣高丽译官赍敕还，着高丽出官员管理耽罗守军[5]；◇檀君历三千六百一十五年，〔高丽〕忠烈王八年。四月，遣佐郎李行俭如元，进黄漆。五月，遣将军朴义等25人如元献鹰。六月，南军把总沈聪等6人自日本逃至高丽，言称本明州[6]人，去岁东征，“恶风船败，众军十三四万皆降。日本择留工匠及知田者，余皆杀之”。高丽遣上将军印侯、郎将柳庇，押沈聪等送于元。七月，遣散员高世如元请医巫。是月，遣密直副使金伯钧如元贺圣节。八月，高世还自元。帝曰病非巫所能已，医则前已遣炼德新，惟赐药物。是月，大将军印侯还自元，帝以内僚高宗秀为巡马千户，仍赐金牌。八月，南军5人自日本逃至高丽。九月，郎将柳庇还自元，帝赐王“驸马、国王”金印。是月，遣鹰坊孛鲁汉等如元献鹰。十月，遣秃鲁花[7]、上将军金忻如元。十二月，遣上将军俞洪慎如元贺正，又遣上将军印侯如元进贡[8]。

1283年，癸未，〔元〕世祖至元二十年，☆黄帝历三千九百八十一年。正月，元遣伯剌介至高丽，求耽罗[9]香樟木。是月，敕令阿塔海为“征东行中书省丞相”，忠烈王副之，备战日本。二月，元遣束干、李良茂送楮币[10]三千锭至高丽，为修舰费。三月，也先大王遣使至高丽献海东青。四月，元遣塔纳阿、孛秃剌至高丽督修战舰。八月，爱牙赤大王遣使至高丽献币。是月，元伶人呈百戏于高丽王京[11]大殿，忠烈王赐其银3斤[12]。九月，元流室剌只于大青岛[13]。是岁，高丽永宁公王綧（？—1283）卒，元封其子继任“安抚高丽军民总管”，仍驻辽东；◇檀君历三千六百一十六年，〔高丽〕忠烈王九年。正月，遣郎将仇千寿如元，询东征缓急，至平湾州见修战舰，乃还。三月，中郎将柳庇还自元，言帝将以八月东征日本。三月，遣大将军郑仁卿、

1 诸事见〔韩〕郑麟趾等《高丽史》卷二十九。
2 耽罗，今韩国济州岛。
3 金州，今韩国金海。
4 高丽王京即今朝鲜开城。
5 诸事见〔韩〕郑麟趾等《高丽史》卷二十九。
6 明州，今浙江宁波。
7 秃鲁花是蒙古语，意为“质子”、“护卫”。
8 诸事见〔韩〕郑麟趾等《高丽史》卷二十九。
9 耽罗，今韩国济州岛。
10 楮币，旧指纸币。用楮皮所造纸制作的货币，后泛指纸币。
11 高丽王京即今朝鲜开城。
12 事见〔韩〕郑麟趾等《高丽史》卷二十九。
13 诸事见〔韩〕郑麟趾等《高丽史》卷二十九。

别将郑良如辽阳、北京推刷高丽流民。是月，遣中郎将池瑄如元。是月，又遣副知密直司事赵仁规如元，请减缓军粮。五月，郑仁卿等还自元，言帝寝东征之议。六月，赵仁规还自元，元朝复置征东行中书省，帝册王为"征东行中书省左丞相、驸马、高丽国王"，敕命王与阿塔海共掌征东省[1]。七月，遣郎将南裕廷如元进鹰，遣知密直司事朴球如元贺圣节。九月，耽罗达鲁花赤塔剌赤还自元。十一月，遣大将军赵抃如元贺正[2]。是岁，一然被封为高丽"国尊"。

1284年，甲申，〔元〕世祖至元二十一年，☆黄帝历三千九百八十二年。正月，咸平宣慰使奉中书户部牒，至高丽推刷本国人口逃入双城[3]者。是月，元遣济州达鲁花赤[4]至高丽，设耽罗国安抚司。二月，罢高丽造船。闰五月，元遣捉鹰使高子等6人至高丽。六月，元遣闍梨帖木儿领兵至高丽，戍济州。十一月，元遣监候张仲良至高丽颁历[5]；◇檀君历三千六百一十七年，〔高丽〕忠烈王十年。正月，赵抃赍表还自元，帝受尊号，乃大赦。是月，遣宋玢、张舜龙如元，贺加上尊号。四月，王及齐国公主、世子如元，扈从臣僚1200余人，赍银630余斤、苎布2440余匹、楮币1800余锭。途中，元捉鹰使郎哥歹、东宁府达鲁花赤、东京达鲁花赤等献王鹰、马，忠烈王赐其银两、苎布有差。是月，带方公王澄等以秃鲁花[6]如元。闰五月，遣献鹰使40人如元。六月，国史元傅以及修国史许珙、韩康等用汉文撰《古今录》，至十月成书。七月，遣副知密直司事孔愉如元，贺圣节。九月，王及齐国公主、世子自元回。十二月，遣密直学士郑可臣如元贺正[7]。

1285年，乙酉，〔元〕世祖至元二十二年，☆黄帝历三千九百八十三年。正月，元遣吏部郎中撒剌儿至高丽，诏复以安童为右丞相。三月，元断事官及辽东宣慰使遣使东真北面，刷出本国逋逃人口。四月，以耽罗所造征日本船400艘赠与高丽。六月，元遣李熙载至高丽，诏除法物外其余应有铜物百日内悉纳所在官，寻命停罢。十一月，以东宁府与高丽争遂、安、谷州，遣断事官苏独海至半岛，兼视察造船工程。十二月，中书省遣人至高丽督造船，又令申报军兵艄公水手名目。是月，元又遣箭匠10人至高丽。岁末，中书省牒至，调发军粮10万石[8]；◇檀君历三千六百一十八年，〔高丽〕忠烈王十一年。三月，遣尚药侍医薛景成如元，以元求良医故。五月，中郎将池瑄、散员郑之衍还自元，言帝命己未年（1259）以来逃入人口，悉令刷还本国。六月，遣将军李玶等28人如元献鹰。七月，遣将军元卿、宦者郎将崔世延如元献鹰。是月，又遣知密直司事禹濬冲如元贺圣节。八月，元卿等还自元，帝赐王葡萄酒。十二月，遣大将军高天伯如元贺正[9]。

1286年，丙戌，〔元〕世祖至元二十三年，☆黄帝历三千九百八十四年。正月，元朝将遂、安、谷、州划归高丽管辖。是月，元遣使诏大赦、寝东征。是月，元遣校尉朱佛大至高丽，命王勿朝。四月，耽罗戍卒400人回元。九月，元遣胡林浸等至高丽督捕鹞子。十二月，元遣郎

1 参见《元史·列传第九十五·外夷一·高丽》（卷二百八）。
2 诸事见〔韩〕郑麟趾等《高丽史》卷二十九。
3 双城，今朝鲜咸镜南道永兴。〔韩〕《朝鲜王朝实录·太祖实录》卷一有"双城即永兴"之语。
4 "达鲁花赤"是蒙古语，盖印者、监临官。
5 诸事见〔韩〕郑麟趾等《高丽史》卷二十九。
6 秃鲁花是蒙古语，意为"质子"、"护卫"。
7 诸事见〔韩〕郑麟趾等《高丽史》卷二十九。
8 诸事见〔韩〕郑麟趾等《高丽史》卷三十。
9 诸事见〔韩〕郑麟趾等《高丽史》卷三十。

哥歹至高丽捕鹰[1]；◇檀君历三千六百一十九年，〔高丽〕忠烈王十二年。正月，遣上将军印侯如元，请亲朝。五月，遣齐安公淑、上将军印侯如元吊皇太子真金之丧。六月，遣将军元卿等如元献鹞子。七月齐安公王淑等还自元，帝诏推刷双城[2]流民。七月，遣知密直司事赵仁规如元贺圣节。八月，遣副知密直司事金忻往东女真推刷流民。九月，遣中郎将池瑄押日本俘16人如元。十一月，遣弓箭陪将军许评、郎将金深、薛之忠、王维绍等9人如元。十二月，遣大将军郑仁卿如元贺正兼进贡[3]。

1287年，丁亥，〔元〕世祖至元二十四年，☆黄帝历三千九百八十五年。三月，元遣刑部侍郎六十至高丽，办理东宁府事。是月，合浦戍军还元。五月，以高丽王为“行尚书省平章政事”。十一月，元遣塔剌儿至高丽，为耽罗达鲁花赤[4]；◇檀君历三千六百二十年，〔高丽〕忠烈王十三年。三月，遣将军张舜龙等献李仁椿女于元，仍令求买齐国公主真珠衣。五月，王闻乃颜大王叛，遣将军柳庇如元，请举兵助讨。六月，柳庇还自元，帝许助兵。七月，王亲统前军助征，以印侯为中军万户。东京总管康守衡、辽东宣慰使等遣人至高丽，言王若未能速赴，宜先遣精兵千人。王乃遣将军柳庇、中郎将吴仁永如元，奏亲将兵已发。八月，柳庇、吴仁永等还自元，言帝亲征乃颜，擒之，拔其城，车驾还燕京。且命王乘传入贺圣诞。是月，王如元，齐国公主遣柳庇如元请从王入朝，遣郎将郑之衍如元告捕双城谍人。九月，王在燕京，召齐国公主、世子入京师。十月，齐国公主、世子如元。十一月，遣大将军奇管如元贺正。十二月，王自元回高丽[5]。

1288年，戊子，〔元〕世祖至元二十五年，☆黄帝历三千九百八十六年。正月，帝赐万户、千户、百户金银牌，以双珠金牌四，分赐朴之亮、罗裕、韩希愈、张舜龙。银牌分赐百户以下军士。二月，元遣孛罗奚等至高丽颁赦。遣将军吴仁永如元，时北贼叛。四月，元右丞塔出遣人，请发兵5000及军粮赴建州。六月元流大王阔阔歹于高丽大青岛，双城[6]达鲁花赤至高丽。七月，元遣总管金之茂至高丽阅兵器。八月，南军自双城至高丽，男女老弱皆赤立。九月，帝命王及齐国公主入朝。十月，帝命王勿入朝[7]；◇檀君历三千六百二十一年，〔高丽〕忠烈王十四年。二月，中郎将郑之衍赍金银牌还自元。时议难之：若朝廷有事，以牌数征兵，若之何？三月，将军吴仁永还自元，言帝以乃颜余党复叛，发兵亲征。四月，郎将金精还自元，诏以王为“征东行尚书省左丞相”。六月，遣大将军朴义如元献。七月，遣知密直司事安戬如元贺圣节。是月，行省遣中郎将宋玄如元贺圣节。是月，宋商人顾恺、陆清等至高丽献土物。九月，遣大将军柳庇如元奏王亲朝。十一月，遣上将军车信如元，献处女。十二月，遣赞成事赵仁规如元贺正。是月，又遣将军李如元献礼[8]。

1289年，己丑，〔元〕世祖至元二十六年，☆黄帝历三千九百八十七年。正月，元遣监察

1 诸事见〔韩〕郑麟趾等《高丽史》卷三十。
2 双城即和州，今朝鲜咸镜南道永兴。
3 诸事见〔韩〕郑麟趾等《高丽史》卷三十。
4 达鲁花赤是蒙古语，意为“盖印者”、“监临官”。诸事见〔韩〕郑麟趾等《高丽史》卷三十。
5 诸事见〔韩〕郑麟趾等《高丽史》卷三十。
6 双城即和州，今朝鲜咸镜南道永兴。〔韩〕《朝鲜王朝实录·太祖实录》卷一有“双城即永兴”之语。
7 诸事见〔韩〕郑麟趾等《高丽史》卷三十。
8 诸事见〔韩〕郑麟趾等《高丽史》卷三十。

阿鲁温至高丽采银。是月，元遣湖广等路行尚书省参知政事张守智、翰林直学士李天英等至高丽，传诏办粮10万石，备征日本。三月，元阿古大以真珠衣2领至高丽献齐国公主，张舜龙所买也。四月，帝赐王金瓮。是月，以辽阳饥，贷高丽米60000石。七月，元遣阿鲁浑、李成等至高丽采银。六月，帝以海都兵犯边，将欲亲征，遣阿旦不花至高丽征兵。八月，耽罗安抚使忽都塔儿还自元，中书省牒求青砂瓮、盆、瓶。九月，元流大王石列纥于人物岛、野里不于高鸾岛、撒里只于与音岛。是月，元置高丽国儒学提举司，秩从五品。十月，帝命罢助征军。十月，元尚书省及枢密院差官至高丽，阅东征日本时合浦兵器[1]；◇檀君历三千六百二十二年，〔高丽〕忠烈王十五年。三月，遣将军吴仁永如元告军粮数。三月，遣监察司丞吕文就、直史馆陈果等转米64000石于盖州。五月，遣知密直司事罗裕输军粮于盖州。六月，遣大将军柳庇如元献苎布，将军南梃献鹞子。柳庇还自元，赍帝赐王玉带、齐国公主金袍。是月，遣判三司事朴之亮如元贺圣诞。八月，遣大将军张舜龙，献同知密直司事蔡仁揆之女于元。是月，遣万户金忻率助征军赴辽阳行省。九月，遣大将军柳庇如元。十月，遣大将军元卿如元，请入朝。十月，罗裕还自盖州，言漕船遇风米沉没者5305石，溺死者119人，病死者4，逃者67，不知所之者86。十一月，遣将军白挺仁如元献礼。十二月，忠烈王、齐国公主、世子如元，大将军朴义随行，献鹄肉[2]。高丽人方臣佑（1267—1350）随公主入大都，留元为官，裕圣皇后赐名"忙古台"[3]。是岁，高丽儒学提举安珦（1241—1306）随忠烈王及世子王璋（后来的高丽忠宣王）到大都，第一次见到朱熹的著作，于是悉数抄写带走，此乃朝鲜半岛性理学（Neo—Confucianism）的开端[4]。是岁，一然圆寂，寿八十四。一然（1206—1289）有《三国遗事》传世。

1290年，庚寅，〔元〕世祖至元二十七年，☆黄帝历三千九百八十八年。正月，帝准高丽王之请，允林衍之乱[5]时逃至大同高丽人回国。三月，阇梨帖木儿遣人至高丽戍双城[6]。三月，帝以写金字经征善书僧，高丽乃遣僧35人如元。是月，帝诏罢东宁府，复归高丽西北诸城。七月，元开元路达鲁花赤八秃满遣使至高丽，索军粮。九月，元遣使修补藏经。十一月，元遣平章事阇梨帖木儿至高丽，助讨哈丹。十一月，帝以赵仁规为高丽国王府断事官，赐金虎符。赵仁规通蒙古语、汉语，一生共来华30次[7]。十二月，哈丹兵数万陷和、登二州，杀人为粮。元平章事薛阇干、阇梨帖木儿及右丞塔出等率步骑13000人至高丽[8]；◇檀君历三千六百二十三年，〔高丽〕忠烈王十六年。正月，遣大将军元卿如元，奏日本犯边。是月，将军吴仁永等还自元，言乃颜余党哈丹将侵东鄙。三月，王及齐国公主、世子自元归国。四月，遣写经僧65人如元。五月，遣将军金延寿如元，奏哈丹入寇。六月，命大将军韩慎将西京兵御哈丹是月，又遣将军金兴裔如元献礼。七月，遣知佥议府事金恽如元贺圣诞。八月，遣将军赵瑊押写经僧如元。是月，遣大将军柳庇如元乞师，且奏避贼江华。九月，柳庇还自元，言帝悉从所奏，高丽遣上将

---

1 诸事见〔韩〕郑麟趾等《高丽史》卷三十。
2 诸事见〔韩〕郑麟趾等《高丽史》卷三十。
3 参见高丽文人李齐贤《益斋集》卷七，面三。
4 参见郑成宏《中韩儒学典籍的相互流通》，见复旦大学韩国研究中心编《韩国研究论丛》，第十一辑，第249—250页，中国社会科学出版社，2004年版。另参见〔韩〕郑麟趾等《高丽史》卷三十六。
5 参见本年历"1269年"。
6 双城即和州，今朝鲜咸镜南道永兴。
7 参见杜宏刚、邱瑞中、〔韩〕崔昌源辑《韩国文集中的蒙元史料》，第713页，广西师范大学出版社，2004年版。
8 诸事见〔韩〕郑麟趾等《高丽史》卷三十。

军车信押处女17人献于元。十一月，遣大将军柳庇如元奏哈丹入双城[1]。

1291年，辛卯，〔元〕世祖至元二十八年，☆黄帝历三千九百八十九年。正月，世子王璋谒帝，请讨哈丹。帝命那蛮歹大王将兵1万讨之。二月，世子王璋令将军吴仁永奏帝，哈丹陷北界诸城。帝谕以夜战。六月，元遣使运江南米10万石，至高丽赈灾[2]。七月，帝许王以十月入朝，且允还都。七月，元遣浙西营田使大塔等至高丽，颁赦及罢尚书省、复立中书省。九月，元遣洪君祥至高丽，授王为“征东行中书省左丞相”。是月，帝授外孙、忠烈王之子王璋“特进上柱国、高丽国王世子”，赐银印，并赐水精杯、犀角莲叶盏、玉杯、珍味。十月，帝命王贺正入朝[3]。是月，高丽饥，给米200000斛。十二月，借高丽粟救济辽阳洪宽女真饥民；◇檀君历三千六百二十四年，〔高丽〕忠烈王十七年。四月，王出迎元兵，并敛军粮。是月，遣将军吴仁永如元，奏哈丹侵至王京[4]。五月，高丽、蒙古大军合击，大败哈丹。薛阇干将还元。王欲邀宴，薛阇干曰：“受命事毕，不可留”。六月，遣郎将高世如元，请亲贺圣节并奏复都开京。七月，遣政堂文学郑可臣如元贺圣节。八月，遣将军金位良如元东京、沈州等处，推刷人物。九月，遣印侯如元献礼。十月，王如元。十一月，遣知密直司事罗裕如元贺正。十二月，遣上将军柳庇、将军许评如元，请世子还国[5]。

1292年，壬辰，〔元〕世祖至元二十九年，☆黄帝历三千九百九十年。岁初，元赐高丽楮币1000锭，以偿乃颜军夺驿牛值。二月，加册高丽王“太保”。是月，置“总管高丽女真万户府”，颁银印。三月，元流哈丹手下阿里秃大王于礿盆岛。三月，右丞阿撒至高丽，查察耽罗达鲁花赤之罪。四月，元流塔也速于白翎岛、阇吉出于大青岛、帖亦速于乌也岛。是月，元流哈丹下大王于灵兴、祖月二岛。六月，元遣万户徐兴祚运江南米10万石至高丽，以赈饥民。徐兴祚献鹦鹉、孔雀于忠烈王。九月，元遣洪君祥至高丽，命护送日本人还其国。洪君祥以帝旨问征日本事。先是，丁右丞奏于帝称：江南战船虽大，遇触则毁；如使高丽造船，再征日本可取。九月，帝御紫檀殿引见世子王璋，令高丽咒人、巫女入殿，巫女执帝手、足念咒，帝笑之。十二月，元遣太医姚生至高丽[6]；◇檀君历三千六百二十五年，〔高丽〕忠烈王十八年。岁初，遣元卿如元辽阳路，推刷己未年以来被掳人物。五月，世子王璋自元还国。六月，遣世子王璋如元贺圣节。是月，以饥荒遣使入元奏请粮米。八月，遣郎将秦良弼押咒人、巫女如元，以帝召也。十月，以太仆尹金有成为护送日本人、供驿署令郭麟为书状官赴日，以“宋亡之殷鉴不远”招降日本，使之臣于大元。十月，遣将军洪诜、洪君祥如元，献香茶木果等物。十一月，王以疾，微行移御密直安珦第，并遣将军高世如元请医。十二月，遣赞成事赵仁规如元贺正[7]。

1293年，癸巳，〔元〕世祖至元三十年，☆黄帝历三千九百九十一年。二月，耽罗至鸭绿江口设置水路驿站11所，敕洪君祥董之。三月，帝赐高丽王号“推忠宣力定远功臣”[8]。是月，改佥议使司为“都佥议使司”，升为从二品，并赐两台银印一颗。五月，辽阳行省遣人献犬马

1 诸事见〔韩〕郑麟趾等《高丽史》卷三十。
2 参见《元史·列传第九十五·外夷一·高丽》（卷二百八）。
3 诸事见〔韩〕郑麟趾等《高丽史》卷三十。
4 高丽王京即今朝鲜开城。
5 诸事见〔韩〕郑麟趾等《高丽史》卷三十。
6 诸事见〔韩〕郑麟趾等《高丽史》卷三十。
7 诸事见〔韩〕郑麟趾等《高丽史》卷三十。
8 参见《元史·列传第九十五·外夷一·高丽》（卷二百八）。

于王。六月，元遣江南千户陈勇等以20艘船载米至高丽，又献鹦鹉1双及其他土物。六月，元封赵仁规等为嘉议大夫、王府断事官等职，皆赐虎符。是月，又遣万户尹世柱推刷耽罗[1]人物。八月，遣万户洪波豆儿至高丽，管造船宝钱库，副使瞻思丁管军粮，将复征日本也。洪波豆儿乃洪君祥兄熊三之子，过王宫必下马。九月，元流耽罗达鲁花赤[2]于交趾，以右丞阿撒代之。十一月，元遣直省舍人撒八儿秃、工部侍郎迷里火者（阉人）等至高丽颁赦[3]；◇檀君历三千六百二十六年，〔高丽〕忠烈王十九年。六月，遣将军南挺如元献礼。七月，遣印侯如元，贺圣节且谢恩。八月，遣郎将宋英如元，请亲朝兼奏征日本事宜。十月，王及齐国公主如元，选良家女3人以行，赵仁规、廉承益、印侯、闵渍、元卿等文武80人从行。十月，遣大将军洪诜如元献人参。十一月，遣左谏议金晅如元贺正。十二月，王次抚宁县[4]，世子王璋遣将军柳庇进衣帽[5]。

1294年，甲午，〔元〕世祖至元三十一年，☆黄帝历三千九百九十二年。五月，帝遣忽笃海明哥等至高丽颁赦。七月，元遣吃折思八八哈思赍护沙门诏，至高丽，百官具袍笏率僧徒出迎于门外。"吃折思八"者，蕃僧之名。"八哈思"者，蕃师之称。师本高丽珍岛郡人，辛未岁（1271）讨南方时被掳而西，遂投蒙古帝。师馆于肃陵寺，非肉不食。八月，元以世祖皇帝忽必烈崩，遣达鲁花赤[6]乞石烈等60人至高丽颁诏。十二月，元遣中书舍人爱阿赤至高丽。先是，为征日本运江南米10万石至江华[7]，今辽沈告饥，诏运其中5万石赈之。是月，元以改元"元贞"，遣忽都海等至高丽颁诏[8]；◇檀君历三千六百二十七年，〔高丽〕忠烈王二十年。正月，世祖帝崩，王与齐国公主以羊10头、马1匹祭于殡殿。王与齐国公主如上都，迎皇太子。皇太子即皇帝位，是为元成宗。帝以高丽王功大年高，诏出入乘小车至殿门。是月，帝赐王银3万两。五月，耽罗人曲怯等如元，献马400匹。王以归耽罗[9]、归被掳人民、册齐国公主、加爵命四事奏于帝，随后与齐国公主发上都。六月，王至沈州，成宗帝封皇姑、齐国公主为"安平公主"。七月，遣同知密直司事柳升、直史馆权汉功如元贺圣节。八月，王自元还国。九月，遣将军闵甫如元献礼。十月，王赐耽罗王子文昌裕、星主高仁旦衣帽等物。是月，王赐耽罗达鲁花赤织金衣。十二月，遣右承旨柳庇、直宝文署柳仁明如元贺正。是月，遣郎将白坚如元献鹄肉[10]。是岁，世子王璋（后来的忠宣王）与懿妃（也速真，？—1316，蒙古女，忠肃王三年追封王妃）生王焘（即忠肃王，蒙古名"阿剌纳忒失里"，1294—1339）。

1295年，乙未，〔元〕成宗元贞一年，☆黄帝历三千九百九十三年。正月，元遣蒙古文字教授李忙古大至高丽。三月，元遣伯帖木儿至高丽，取马于耽罗。四月，元辽阳省奉旨以江南运米3000石赈双城[11]。四月，元遣王敬、塔失不花赍香币至高丽转藏经，王敬本高丽宗族。是

---

1 耽罗，今韩国济州岛。
2 达鲁花赤是蒙古语，意为"盖印者"、"监临官"。
3 诸事见〔韩〕郑麟趾等《高丽史》卷三十。
4 抚宁县今属河北省。
5 诸事见〔韩〕郑麟趾等《高丽史》卷三十。
6 达鲁花赤是蒙古语，盖印者、监临官。
7 现韩国仁川江华岛。
8 诸事见〔韩〕郑麟趾等《高丽史》卷三十一。
9 耽罗即今韩国济州岛，1273年以后元朝政府直接管辖此地。
10 诸事见〔韩〕郑麟趾等《高丽史》卷三十一。
11 双城即今朝鲜咸镜南道永兴，元朝时为双城总管府。

月，元遣小云失不花至高丽传诏，收商人所贷官款利息。九月，元遣怯薛歹帖里、迷失老里等至高丽颁诏[1]；◇檀君历三千六百二十八年，〔高丽〕忠烈王二十一年。二月，遣中郎将宋瑛如元，请减运粮数，帝不准。又遣大将军吴仁永如元贺诞皇子，遣将军崔淑仟如元贺改元。三月，遣将军智团等以船73艘载米万石输之辽阳。四月，遣将军金永孙以船90艘载米12180石输之辽阳。是月，又遣将军柳温如元，请减辽阳运粮数，帝许减2万石。四月，遣中郎将赵琛如元，进济州苎布100匹及獾皮、野猫皮、黄猫皮等。是月，又遣将军徐光纯等以船65艘载米8568石输辽阳。五月，遣赞成事印侯如元请世子王璋婚，又遣左承旨柳庇如元，请加王"太师、中书令"，降齐国公主印章并改世子印章。帝皆不允。七月，遣判三司事金之淑如元贺圣节。八月，征东行省遣员外郎牛廷信，如元贺圣节。八月，世子王璋自元回国。十月，遣将军柳温如元，进高丽所书先帝事迹。十二月，遣洪文系、金光就如元贺正。行省遣通礼门祗候赵诩如元贺正[2]。

1296年，丙申，〔元〕成宗元贞二年，☆黄帝历三千九百九十四年。二月，元以耽罗牧畜事，遣断事官木兀赤至高丽。三月，元遣使整理馆驿。五月，元遣孛兰奚秃鲁点视馆驿。七月，加册高丽王世子"仪同三司、领都佥议司事"。是月，元遣帖木儿推刷双城[3]人物。十二月，帝赐王金锭、金段、绢等，赐从臣银锭50、金段18匹、绣段10匹、绫素段578匹、绢486匹。又赐王弓矢及剑，赐从臣弓39把、矢500枝[4]；◇檀君历三千六百二十九年，〔高丽〕忠烈王二十二年。正月，遣副知密直事柳庇如元请世子王璋婚。二月，王猎西郊，其实惮齐国公主妒悍而出私嬖妾也。三月，金光就还自元，帝赐王织金段、红绢各4匹，太后赐蒲萄酒2器，并赐历日。五月，遣将军李连松如元，献耽罗[5]皮货。是月，又遣右副承旨吴仁永如元献苎布，遣大将军南梃如元献耽罗马。六月，遣上将军崔世延如元献礼。七月，遣将军李茂如元献鹞子，又遣中赞郑可臣如元贺圣节、遣上将军金延寿如元请入朝。八月，行省遣中郎将边信如元贺圣节。金延寿还自元，报世子王璋婚期及帝趣王入觐。九月，王与齐国公主如元，从臣143人、仆从590人，马990匹。十月，王次灵州，辽阳省、中书省皆遣人迎于鸭绿江。王次沈州，总管朴仁才、知事朴纯亮不出迎，王怒，锁其颈。十一月，行省遣上将军金延寿如元贺正。是月，王次令头儿寨，世子王璋来迎。王至燕京，馆于洪君祥第，皇太后遣使问。王与齐国公主谒帝，献方物，遂侍宴于长朝殿。诸王满座，王居第七，齐国公主之右无敢坐者。王与齐国公主诣阙，世子王璋以白马81匹并币纳于帝，尚晋王之女蓟国公主（宝塔实怜，？—1315）。十二月，王与世子侍宴于长朝殿[6]。

1297年，丁酉，〔元〕成宗元贞三年，大德一年，☆黄帝历三千九百九十五年。正月，帝赐王御鞍。二月，太后以王诞日赐羊40头、鹄10首。三月，太后饯王及齐国公主于隆福宫，仍赐金缎衣。后又赐王及齐国公主鞍马。四月，元遣使辽阳路推刷己未年以后被掳及流民归之，凡350户。六月，元遣太医王得中郭耕至高丽。六月，元遣火鲁忽孙至高丽吊齐国公主丧，太

1 诸事见〔韩〕郑麟趾等《高丽史》卷三十一。
2 诸事见〔韩〕郑麟趾等《高丽史》卷三十一。
3 双城，今朝鲜咸镜南道永兴。
4 诸事见〔韩〕郑麟趾等《高丽史》卷三十一。
5 耽罗，今韩国济州岛。
6 诸事见〔韩〕郑麟趾等《高丽史》卷三十一。

后赐赙楮币、转藏追福。八月，元遣使至高丽，征写经僧。八月，齐国公主遗像自元至高丽，百官以伎乐迎于郊。十二月，阔阔歹大王死于高丽大青岛[1]；◇檀君历三千六百三十年，〔高丽〕忠烈王二十三年。正月，遣郎将黄瑞如元献金画、瓮器、野雉及耽罗牛肉。二月，王奏高丽被掳及流民在辽沈者悉令归国。帝许之，王感泣拜谢。五月，遣中郎将秦良弼如元请医。是月，齐国公主（忽都鲁揭里迷失，1259—1297，生忠宣王）薨于贤圣寺，高丽遣副知密直司事元卿如元，告齐国公主之丧。六月，世子王璋自元至高丽奔丧，杀齐国公主宠信宦官、宫女多人。七月，遣副知密直司事朴义如元谢吊慰，行省遣左右司都事张瑜如元贺圣节及改元。八月，遣同知密直司事崔有渰如元贺圣节。九月，世子王璋如元。是月，遣赵仁规、印侯、柳庇如元贺生皇子，并上《请传位表》。十一月，遣上将军金延寿如元献人参等。十二月，遣大将军宋琩如元贺正。闰十二月，行省遣掾（主持官员）赵珍如元贺正[2]。

1298年，戊戌，〔元〕成宗大德二年，☆黄帝历三千九百九十六年。正月，元遣咸宁侯王维诏授世子王璋“开府仪同三司、征东行中书省左丞相、驸马、上柱国、高丽国王”，加授忠烈王“推忠宣力定远保节功臣、开府仪同三司、太尉、驸马、上柱国、逸寿王”。元使王维本高丽宗室，仕元朝为总管。二月，晋王遣平章扎剌帖木儿至高丽，吊祭安平公主（齐国公主）。三月，高唐王阔里吉思遣使致祭安平公主（齐国公主）。六月，元遣右丞阿里灰、洪重喜至高丽。是月，马八国王子遣使献礼物。六月，皇太后遣佥枢密院事洪君祥及帖木儿不花至高丽。七月，彻里回至高丽，传帝谕，命忠宣王、蓟国公主八月觐见。八月，元遣孛鲁兀至高丽，趣忠宣王入朝。太上王（忠烈王）饯于金郊，孛鲁兀以帝命取国王印授忠烈王，老王复位。八月，孛鲁兀还，以大将军姜纯之女妻之。九月，元遣平章阔阔出、左丞哈散至高丽口宣圣旨云：“自公主弃世，（忠烈）王独处无聊。帝赐王蒲萄酒且令吾等伴议国事。”十月，沈州达鲁花赤阇里大，遣人献马1匹、羊30头，贺忠烈王复位[3]。是岁，皇太后命忠宣王陪同，游五台山[4]；◇檀君历三千六百三十一年，〔高丽〕忠烈王二十四年，〔高丽〕忠宣王王璋（1275—1325）执政1年。正月，世子王璋与世子妃宝塔实怜公主（蓟国公主）至高丽，帝遣阿木罕皇太子等护行。正月丙午，忠烈王于康安殿传位于世子王璋，王璋即位，是为忠宣王。是月，忠宣王遣平阳侯王昡、大将军金精奉王表、太上王表如元。五月，金精等与蒙将阔阔不花秘告皇太后，忠宣王喜赵妃，蓟国公主失宠。是月，蓟国公主遣彻里如元。六月，复遣彻里如元。八月，遣知密直司事郑瑎如元，行省亦遣使，皆贺圣节也。八月，忠宣王如元，安珦等随从。未出高丽之境，即被夺印，还于忠烈王。是月，忠烈王复位。九月，忠烈王遣中原侯王昷、大将军金天锡如元，上谢复位表。十一月，遣将军李白超如元，献耽罗[5]牛肉。十二月，遣宋玢如元贺正，行省亦遣将军宋邦英如元贺正[6]。

1299年，己亥，〔元〕成宗大德三年，☆黄帝历三千九百九十七年。正月，帝敕杖高丽陪臣赵仁规、崔冲绍，并流放二人，以擅命妄杀也。二月，哈散还于元，流韩希愈、李英柱于海

1　诸事见〔韩〕郑麟趾等《高丽史》卷三十一。
2　诸事见〔韩〕郑麟趾等《高丽史》卷三十一。
3　诸事见〔韩〕郑麟趾等《高丽史》卷三十一。
4　参见朝鲜文人李德懋（1741—1793）《青庄馆全书》卷五十五《忠宣王游五台山》。
5　耽罗，今韩国济州岛。
6　诸事见〔韩〕郑麟趾等《高丽史》卷三十一。

岛。四月，元遣工部尚书也先帖木儿、翰林待制贾汝舟至高丽传诏。同月，元遣塔海阔阔不花至高丽，执韩希愈、李英柱、元卿及判密直柳庇、都评议录事宋之罕以归。十月，元遣阔里吉思为征东行中书省平章事，耶律希逸为左丞。时哈散还奏：王不能服其众，朝廷宜遣官共理。帝从之[1]；◇檀君历三千六百三十二年，〔高丽〕忠烈王二十五年。正月，印侯、元卿以韩希愈不服谋反罪，如元诉于帝。王留之，不从。三月，遣知都佥议司事崔有渰如元，贺生皇子。四月，王召还韩希愈、李英柱，并遣判三司事郑仁卿如元，辨印侯诬妄。五月，遣将军白孝珠如元献鹞子。五月，印侯、李混、元玶、郑瑎、元卿、许评罢，王乃遣判三司事郑仁卿如元谢恩。七月，遣密直使柳桷如元贺圣节。九月，遣大将军闵甫如元献鹞子。十月，王以增置行省，上表陈情[2]。十二月，遣将军李白超如元，献人参、鹄肉。是月，又遣赞成事郑仁卿如元贺正[3]。

1300年，庚子，〔元〕成宗大德四年，☆黄帝历三千九百九十八年。正月，元遣阔阔不花至高丽，颁册皇后诏。二月，征东行省平章阔里吉思报高丽王廷僭越，高丽王仪仗多拟万岁。四月，元遣山东东西道宣慰使塔察儿、刑部尚书王泰亨[4]传诏，责高丽越礼、滥罚、官冗、民弊[5]。十二月，元遣伯颜、忽笃不花以香15斤、匹段30匹、绢300匹、楮币864锭至高丽转藏经[6]；◇檀君历三千六百三十三年，〔高丽〕忠烈王二十六年。四月，遣同知密直司事薛景成如元，吊皇太后丧。四月，王如元吊丧。五月，遣上将军高世如元献童女。六月，王至上都谒帝。王以羊200头、酒200坛上寿于帝。宴时，帝命唱高丽歌曲，王令大将军宋邦英、宋英等歌《双燕曲》前，王执檀板随之。王起舞献寿，帝与皇后大悦。帝命右丞相完泽传旨云："高丽国王所奏风俗百事，许令依旧"。帝赐王弓、矢等物，皇后赐王衣3袭。是月，王发上都。七月，王诣阙，献童女2人。八月，遣副知密直司事洪子翰如元贺圣节。八月，王自元回国。韩希愈、李英柱等还自元，王入朝辨曲直，故释之。九月，遣将军闵丘如元献鹞子。十月，征东行省平章阔里吉思欲革高丽奴婢之法，王上表驳之。十一月，遣大将军李白超如元，献人参、牛肉。是月，行省遣员外郎李希实如元贺正。是月，王上表。十二月，遣副知密直司事李英柱如元贺正[7]。

1301年，辛丑，〔元〕成宗大德五年，☆黄帝历三千九百九十九年。正月，安西王阿难达遣使至高丽求童女，高丽以韩孙秀之女归之。三月，元以行省平章阔里吉思不能和辑人民罢之，阔里吉思乃率官属还。是月，元于今韩国济州岛设置耽罗军民万户府。八月，元中书省移文称，高丽大将军金天锡奸诈，离间王父子，宜放还乡里[8]；◇檀君历三千六百三十四年，〔高丽〕忠烈王二十七年。正月，遣瑞兴侯王琠入侍于元。三月，李白超还自元，帝赐王楮币10000锭。王遣使表谢。五月，耶律希逸还，遂新文庙以振儒风。是月，省内外其官名有同上国者悉改之。五月，遣知都佥议司事闵萱如元，上《请改嫁宝塔实怜公主（蓟国公主）表》。闵萱至元，不

1 诸事见《元史·列传第九十五·外夷一·高丽》(卷二百八)、〔韩〕郑麟趾等《高丽史》卷三十一。
2 其"表略"见《元史·列传第九十五·外夷一·高丽》(卷二百八)。
3 诸事见〔韩〕郑麟趾等《高丽史》卷三十一。
4 《元史》有"(王泰亨)使高丽不受礼遗，为尚书贫不能自给"的记载。
5 参见《元史·列传第九十五·外夷一·高丽》(卷二百八)。
6 诸事见〔韩〕郑麟趾等《高丽史》卷三十一。
7 诸事见〔韩〕郑麟趾等《高丽史》卷三十一。
8 诸事见〔韩〕郑麟趾等《高丽史》卷三十二。

敢上表。七月，遣密直副使金台铉如元贺圣节。九月，遣上护军高世如元请助征。九月，遣大护军闵甫如元献鹞子。十月，王欲如元，次海州。高世还自元言，帝有诏勿朝，忠烈王遂返。十一月，遣上护军康纯如元贺正。行省遣郎将林宣如元贺正。十二月，遣护军崔涓如元献鹞子，遣司宰尹郑良如元进酥油，遣上护军李白超如元进人参[1]。

1302年，壬寅，〔元〕成宗大德六年，☆黄帝历四千年。二月，帝赐王葡萄酒。三月，元遣种田军万户拔都至高丽颁赦。四月，元遣别帖木儿等至高丽征写经僧。八月，元遣伯都孛罗至高丽分拣辽沈人物。十一月，安西王阿难达遣使至高丽献海青及金段[2]；◇檀君历三千六百三十五年，〔高丽〕忠烈王二十八年。正月，金延寿还自元，报晋王甘麻剌之薨。二月，遣赞成事柳庇如元，吊晋王之丧。六月，金元祥请试国学博士能通六经者，迁秩。七月，遣大将军秦良弼如元献童女。是月，高世以请入朝，如元，会帝有所忌讳不得奏而还。八月，遣知密直司事权永如元贺圣节。十一月，秦良弼还自元，帝命王亲朝贺正。十二月，赞成事柳庇随伯都孛罗如元。是岁，辽阳省奏请并征东、辽阳为一省，移司东京，王如元上表[3]。

1303年，癸卯，〔元〕成宗大德七年，☆黄帝历四千〇一年。二月，元遣怯里马赤、月儿忽都以官素15表里、梵经裹儿绢300匹、黄香15斤、钞610锭25两至高丽转藏经。七月，元遣断事官帖木儿不花、翰林李学士至高丽，以收管石胄及诸子事对质。十月，元遣兵部尚书脱脱帖木儿至高丽，捕其权臣吴祁，盖不知吴祁已赴京也。十一月，元遣刑部尚书塔察而、翰林直学士王约至高丽，执宋璘及吴祁兄弟。十二月，中书省移文，征东省欲将本国所贮兵粮折支行省官吏俸。议得高丽钱粮止从东国支用[4]；◇檀君历三千六百三十六年，〔高丽〕忠烈王二十九年。正月，王在元，五月回国。五月，国学学正金文鼎以宣圣十哲像及文庙祭器还自元[5]。七月，遣大护军闵甫如元献鹞、鹘。七月，行省遣护军李翰如元贺圣节。是月，近百人以书数吴祁罪，告于帖木儿不花、李学士。八月，遣右中赞韩希愈、前赞成崔有隙，以石胄及子天补、天卿、天琪如元。八月，遣密直副使宋邦英如元贺圣节。八月，洪子藩、元冲甲与诸宰相率三军围王宫，执吴祁，遣护军崔淑千押送于元。九月，王欲如元，请沮前王还国，又欲以蓟国公主改嫁瑞兴侯王琠。十月，王至西京[6]，帝不许入朝，乃还松都[7]。十一月，遣密直副使金延寿、大护军夜先旦如元贺正，又遣齐安公王淑如元，请遣还前王[8]。

1304年，甲辰，〔元〕成宗大德八年，☆黄帝历四千〇二年。二月，元遣都古达、也先帖木儿至高丽颁省刑诏。三月，元遣兵部尚书伯伯、刘学士至高丽，鞫问宋均、宋邦英等于行省。四月，百官请罪宋邦英等，伯伯乃与王议，令大护军夜先旦、中郎将金章押邦英等送于元。四月，元遣参知政事忽怜、翰林直学士林元至高丽，镇压吴祁、石天补余党。六月，安西王阿难达遣使至高丽，求阉人。九月，辽阳行省参政金诜偕高世至高丽。十月，元杖流高丽权臣吴祁、石天补兄弟于安西，以吴祁离间国王父子、石天补兄弟欲结日本也。十一月，宦者李淑奉御香

1 诸事见〔韩〕郑麟趾等《高丽史》卷三十二。
2 诸事见〔韩〕郑麟趾等《高丽史》卷三十二。
3 诸事见〔韩〕郑麟趾等《高丽史》卷三十二。
4 诸事见〔韩〕郑麟趾等《高丽史》卷三十二。
5 参见朝鲜文人韩浚谦《柳川劄记》，〔韩〕《大东野乘》卷之七十一。
6 西京，今朝鲜平壤。
7 松都，今朝鲜开城。
8 诸事见〔韩〕郑麟趾等《高丽史》卷三十二。

至高丽，王出迎于迎宾馆[1]；◇檀君历三千六百三十七年，〔高丽〕忠烈王三十年。正月，遣密直副使金深如元表谢遣使至高丽治吴祁之党，又请还前王。七月，内僚宋均赍金刚山图如元，宰枢使人追止之。宋均曰："王有命"。八月，遣中赞韩希愈如元贺天寿节。是月，遣知密直司事高世于沈阳推刷人物。十二月，遣同知密直司事宋邦英如元贺正[2]。

1305年，乙巳，〔元〕成宗大德九年，☆黄帝历四千〇三年。三月，元遣脱剌歹至高丽颁赦。四月，元遣突烈至高丽转藏经。七月，元以册皇太子遣咬猪至高丽颁赦。九月，安西王阿难达遣使至高丽献金，且赂左右，求童女使，"童女使"乃少女也。十二月，元遣忽都不花至高丽，求写经僧。高丽乃选僧100人[3]；◇檀君历三千六百三十八年，〔高丽〕忠烈王三十一年。二月，遣护军郑恭如元献童女。三月，遣王惟绍如元献童女10人。六月，遣上护军闵甫如元献鹰。七月，上护军秦良弼还自元，帝命王亲朝贺正。八月，遣赞成事王惟绍如元贺天寿节。八月，世子王鉴如元，帝册世子王鉴"仪同三司、上柱国、高丽国王世子，领都佥议使司"。十一月，忠烈王如元，孙广平公、江陵侯及韩希愈、王惟绍、高世、金文衍、韩慎、宋邦英、宋璘、洪子藩、崔有渰、柳庇、金深、金延寿等从行。王命右中赞金珲权署行省事。十二月，遣齐安公王淑如元。王欲以王淑之孙女献皇后，故王淑有是行。是月，忠烈王一行过辽阳。前王（忠宣王）迎王于蓟州[4]。

1306年，丙午，〔元〕成宗大德十年，☆黄帝历四千〇四年；◇檀君历三千六百三十九年，〔高丽〕忠烈王三十二年。七月，都佥议、左中赞韩希愈卒于元。是月，行省遣总郎郭元振如元贺圣节。八月，遣知都佥议司事金台铉如元贺圣节。九月，庆兴君洪子藩卒于元。十一月，遣承旨崔崇如元贺正。是岁，忠烈王在元，因宝塔实怜公主（蓟国公主）与前王（忠宣王）不睦，高世、金文衍、秦良弼劝王还国。忠烈王不肯[5]。是岁，安珦卒。安珦（1241—1306），又名安裕，晚年自号"晦轩"，是半岛性理学鼻祖，他主张六品以上官员每年出银1斤以助学，并派人到元大都求书。其门徒禹倬（1252—1332）、权溥（1262—1346）及再传门徒郑梦周、权近、吉在、郑道传等皆为半岛大儒[6]。

1307年，丁未，〔元〕成宗大德十一年，☆黄帝历四千〇五年。正月，元成宗铁穆耳崩。中书省、御史台遣刘学士至高丽审断狱囚。五月，元遣平章撒勒帖木儿、学士郭贯至高丽镇之。是月，忠宣王与右丞相答剌罕定策，迎皇侄怀宁王海山即皇帝位，是为元武宗。七月，元册皇太子，遣使至高丽颁诏。八月，元遣忠宣王从臣、知监察司事崔实至高丽，加忠烈王"推忠宣力定远保节功臣、开府仪同三司、太尉、征东行中书省左丞相、上柱国、沈王"。加忠宣王"纯诚守正推忠宣力定远保节功臣、开府仪同三司、太尉、征东行中书省右丞相、上柱国、高丽国王"。十月，元遣宦者及典酒李彦忠至高丽选童女[7]；◇檀君历三千六百四十年，〔高丽〕忠烈王三十三年。正月，忠烈王在元。三月，遣郎将姜祒如元告枭。是月，忠宣王奉皇太子旨，捕王

1 诸事见〔韩〕郑麟趾等《高丽史》卷三十二。
2 诸事见〔韩〕郑麟趾等《高丽史》卷三十二。
3 诸事见〔韩〕郑麟趾等《高丽史》卷三十二。
4 蓟州，今天津市蓟县。诸事见〔韩〕郑麟趾等《高丽史》卷三十二。
5 诸事见〔韩〕郑麟趾等《高丽史》卷三十二。
6 参见〔韩〕卢仁淑《朱子家礼与韩国礼学》，第105-107页，人民文学出版社，2000年版。
7 诸事见〔韩〕郑麟趾等《高丽史》卷三十二。

惟绍、宋邦英、宋璘、韩慎、宋均、金忠义、崔涓及其党，囚之于邸，迁忠烈王于庆寿寺。自是国政归于忠宣王。四月，瑞兴侯王琠以及王惟绍、宋邦英、宋璘、韩慎、宋均、金忠义、崔涓被诛杀。是月，元敕忠烈王还国，因署行省以镇抚。六月，忠宣王遣左承旨金之兼，至高丽启事。是月，元帝以即位遣要乙古豆至高丽颁赦。是月，遣密直副使赵瑞如元贺圣节。是月，遣同知密直司事秦良弼如元献童女。七月，遣上护军李茂如元献鹞。八月，遣中赞崔有渰如元贺武宗登极。九月，忠宣王命都评议司：高丽女年16岁以下、13岁以上毋得擅自订婚。十月，遣判密直司事金延寿如元谢册命。十一月，遣同知密直司事秦良弼如元献童女8人。是月，又遣都佥议赞成事李混如元贺正。是月，忠宣王命遣直史馆尹颀奉先代实录185册如元。时人议论，祖宗实录不宜出国。是月，又遣都佥议参理金深如元，献童女18人[1]。

1308年，戊申，〔元〕武宗至大一年，☆黄帝历四千〇六年。二月，元改元"至大"，遣许宣至高丽颁诏。是月，元诏加封孔子"大成至圣文宣王"。三月，元遣济州达鲁花赤至高丽。四月，元遣宦者撒勒，如高丽降香，并以皇太后命，选童女。撒勒本高丽龙宫县人也。六月，元遣使禁诸王、驸马私给驿马箚子。十月，元皇太子遣使贺忠宣王即位。是月，元遣使至高丽，诏授忠宣王"征东行中书省右丞相、高丽国王依前、开府仪同三司、太子太师、上柱国、驸马都尉、沈阳王"。是月，帝及皇太后、皇太子遣使至高丽宴王。闰十一月，元遣直省舍人帖哥歹至高丽颁诏[2]；◇檀君历三千六百四十一年，〔高丽〕忠烈王三十四年。正月，遣同知密直司事赵瑞如元，贺皇太子诞日。二月，中赞崔有渰还自元，帝赐忠烈王葡萄酒。五月，忠烈王不豫，知密直司事朴瑄还自元，帝以前王（忠宣王）定策之功，封"开府仪同三司、太子太傅、上柱国、驸马都尉、沈阳王"，赐金虎符、玉带7条、宝带、碧钿、金带及黄金500两、银5000两。是月，李混、崔钧、金元具与承旨权准，赍沈阳王所定官制及批判还自元。超资越序者皆近幸权势。排斥世臣旧官。七月，忠烈王疾笃，遣礼宾尹韩连以报沈阳王。是月，忠烈王薨于神孝寺。是月，遣佥议评理金利用如元告丧。八月，忠宣王自元至高丽奔丧。九月，高丽改称"宫主"为"翁主"。十月，忠宣王烝淑妃。十一月，命停八关会。是月，忠宣王如元，命齐安大君王淑权署征东省事。十二月，遣评理赵琏如元贺正，以王命赍《世代编年节要》《金镜录》以进[3]。是岁，忠宣王纳许氏（顺妃，？—1335，本贯孔岩，许珙之女）。

1309年，己酉，〔元〕武宗至大二年，☆黄帝历四千〇七年。三月，辽阳行省右丞洪重喜奏忠宣王不奉国法、恣暴等罪。元朝中书省请允忠宣王与洪重喜对质，帝不准，惟敕忠宣王从皇太后往五台山拜佛。是月，元宣政院遣辽阳省宣使刘显至高丽督造船百艘。时皇太后欲营佛寺，洪福源之孙洪重喜、洪重庆等奏白头山多美材。是月，元遣高丽大司宪赵瑞还，传敕：金深为高丽都元帅、赵瑞为副元帅。是月，元以受尊号遣宦者王家奴至高丽颁诏。是月，皇太后幸五台山，忠宣王扈从。四月，元枢密院遣水军千户常仲信至高丽，督造船也。五月，元遣使至高丽求佛经纸。七月，郎将宋时还自元，传帝敕命，减高丽造船转米数。是月，元遣宦者李三真至高丽，罢献耽罗牛肉。九月，元以便民条画诏天下，改"行中书省"为"行尚书省"，遣忽都答儿至高丽颁诏。十月，元以始行"至大银钞"诏天下，遣行省郎中忻豆至高丽

1 诸事见〔韩〕郑麟趾等《高丽史》卷三十二。
2 诸事见〔韩〕郑麟趾等《高丽史》卷三十二、三十三。
3 诸事见〔韩〕郑麟趾等《高丽史》卷三十二、三十三。

颁诏。十一月，元遣使至高丽，颁赦令也。十二月，元上太祖"睿宗"尊号，遣宦者康佑至高丽颁诏[1]；◇檀君历三千六百四十二年，〔高丽〕忠宣王王璋（蒙古语名"益智礼普化"，1275—1325）一年。自忠烈王复位，忠宣王王璋如元宿卫凡10年。正月，高丽遣检校评理金元祥如元贺皇太子诞辰。三月，忠宣王王璋在元。帝命王留京师，忠宣王乃构"万卷堂"于燕邸，招致元之大儒阎复、姚燧、赵孟頫、虞集等与之从游，以考究自娱。四月，遣吴梃珪如元贺受尊号，政丞崔有隂上笺请忠宣王归国。六月，遣佥议评理赵琏如元贺圣节。八月，王命多盖瓦房以代草屋。十月，遣大将军尹吉甫如元献童女、阉人。十一月，遣评理权溥[2]如元贺正。十二月，遣使如元献酥油[3]。

1310年，庚戌，〔元〕武宗至大三年，☆黄帝历四千〇八年。四月，赐忠宣王"功臣"封号，封"沈王"。五月，元丞相脱脱遣使至高丽，求阉人、童女。是月，帝命沈阳路官吏毋得隔越沈阳奏请，违者罪之。六月，元以册皇后诏天下，遣八扎等至高丽颁诏。是月，元遣宦者方臣佑至高丽，监书金字藏经，皇太后送金箔60余锭。七月，元封宝塔实怜公主（即蓟国公主）为"韩国长公主"。是月，元降制追赠忠宣王三代，追封安平公主（即齐国公主）为"皇姑、齐国大长公主、高丽王妃"。九月，元流世祖皇帝庶子宁王于高丽，宁王与其家属50余人偕至半岛。十一月，元以上皇太后尊号，遣使至高丽颁诏[4]；◇檀君历三千六百四十三年，〔高丽〕忠宣王二年。是岁，忠宣王在元。正月，王欲传位世子王鉴，为从臣谏止。二月，遣密直李公甫如元，贺皇太子诞辰。五月，忠宣王杀世子王鉴及其从者金重义等。六月，遣大护军文天佐如元献鹰。是月，遣内僚评理致仕曹元瑞贺圣节。八月，葬王世子王鉴于松都城南。十二月，遣使如元，献海菜、干鱼、干脯等物于皇太后。是月，赞成事裴挺如元献画佛[5]。

1311年，辛亥，〔元〕武宗至大四年，☆黄帝历四千〇九年。正月，以武宗海山崩遣使至高丽颁诏。二月，元罢尚书省，复为中书省，改赐高丽"行中书省"印章。三月，元爱育黎拔力八达即帝位，是为仁宗。四月，元以仁宗帝即位赦天下，遣佥院弗兰奚至高丽颁诏。六月，元以复《中统至元钞法》遣使颁诏。八月，皇太后遣锁鲁花至高丽，赐钞5800锭赏写经。九月，元遣宦者院使李信至高丽以护兴天寺。晋王以是寺为愿刹，故奏遣之。十二月，元以改元"皇庆"遣使颁诏[6]；◇檀君历三千六百四十四年，〔高丽〕忠宣王三年。是岁，忠宣王在元。二月，遣左常侍金之兼如元，贺皇太子诞日，献金银酒器。三月，遣评理金文衍如元献阉人。是月，忠宣王奏于帝，传"沈王"位于侄子王暠，自称"太尉王"。七月，王命选童女绝美者4人送至。十月，遣佥议评理赵琏至沈阳，推刷人物也。十一月，赞成事权溥等赍大藏经如元。是月，顺正君王璹奉御香还自元。十二月，遣赞成事洪诜如元贺正[7]。

1312年，壬子，〔元〕仁宗爱育黎拔力八达皇庆一年，☆黄帝历四千〇一十年。六月，元

1 诸事见〔韩〕郑麟趾等《高丽史》卷三十三。
2 参见高丽文人李齐贤《益斋集》卷七。
3 诸事见〔韩〕郑麟趾等《高丽史》卷三十三。
4 诸事见〔韩〕郑麟趾等《高丽史》卷三十三。
5 诸事见〔韩〕郑麟趾等《高丽史》卷三十三。
6 诸事见〔韩〕郑麟趾等《高丽史》卷三十四。
7 诸事见〔韩〕郑麟趾等《高丽史》卷三十四。

降制令高丽毋置行省。初，洪重喜诉于中书，欲立“高丽省”，王以祖宗臣服之功奏之，故帝有是命。九月，元召还宁王，高丽赠宁王银50斤、苎布50匹。十一月，元遣都鲁不花至高丽，颁赦令[1]；◇檀君历三千六百四十五年，〔高丽〕忠宣王四年。正月，忠宣王在元，帝与皇太后诏王归国，王不欲行。二月，高丽遣三司使蔡禑如元贺圣节。五月，忠宣王遣大护军致仕郑晟送还《历代实录》至高丽。九月，遣赞成事洪诜如元谢不置行省。十月，遣右常侍曹頔如元献阉人。十一月，遣中郎将权硕如元献皮货。十二月，遣知密直司事朴侣如元贺正[2]。

1313年，癸丑，〔元〕仁宗皇庆二年，☆黄帝历四千〇一十一年。二月，元杖流高丽陪臣金深、李思温于临洮[3]；◇檀君历三千六百四十六年，〔高丽〕忠宣王五年。二月，遣密直副使蔡洪哲如元贺圣节。三月，忠宣王以长子江陵大君王焘见宠于帝，请传位，帝乃册王焘曰“金紫光禄大夫、征东行中书省左丞相、上柱国、高丽国王”。王焘即高丽忠肃王。四月，元以立皇后遣使颁诏。是时，朝廷欲忠宣王归国，忠宣王无以为辞，乃逊其位。又以侄延安君王暠为世子。四月丙戌，忠肃王侍上王（忠宣王）及宝塔实怜公主（蓟国公主）发燕京。忠宣王欲留大都，帝不许，乃以马车140辆出京城。帝遣36人、皇太后遣18人护送。五月，上王（忠宣王）遣彦阳君金文衍如元，留世子王暠为秃鲁花[4]。六月，上王（忠宣王）及忠肃王次西普通寺，百官出迎。 是日，二王宿是寺，上王淫高丽故大护军郑子羽之妻崔氏。入松都[5]后，二王率百官出宣义门，迎蓟国公主入。八月，遣大护军金汉贞如元请入朝，帝不许。九月，遣上护军朴从龙如元，上《谢袭位表》。十二月，遣使如元贺正[6]。

1314年，甲寅，〔元〕仁宗延祐一年，☆黄帝历四千〇一十二年。正月，元以行科举遣使颁诏。二月，皇太后遣学士李家奴赐酒于上王（忠宣王）及蓟国公主。二月，元改元“延祐”，遣别里哥帖木儿至高丽颁诏。三月，元中书省移牒科举程序。七月，皇太后遣使至高丽，赐蓟国公主酒果。帝赐王书籍4371册，计17000卷，皆宋朝秘阁所藏也[7]；◇檀君历三千六百四十七年，〔高丽〕忠肃王王焘（蒙古名“阿剌纳忒失里”，1294—1339）一年。忠肃王妃洪氏（明德太后，1298—1380，本贯南阳，府院君洪奎之女。忠惠王、恭愍王生母）。正月，命政丞致仕闵渍、赞成事权溥略撰高丽太祖王建以来《实录》。是月，上王（忠宣王）如元。二月，遣上护军姜邦彦如元贺圣诞。三月，上王（忠宣王）请于帝，降御香南游江浙。权汉功、李齐贤等从之，命从臣记所历山川胜景为《行录》一卷。四月，高丽遣上护军李光逢如元贺改元。六月，以皇后崩，遣三司使权汉功如元陈慰，兼贺始行科举。是月，文臣会于成均馆，审新购入汉文书籍。高丽成均馆位于今朝鲜开城市纺织洞[8]。初，博士柳衍、学谕俞迪至江南购书，船败，赤身上岸。元判检校寺事洪瀹（本朝鲜人）以太子府参军在南京，赠柳衍宝钞150锭，柳衍以之购书10800卷而还。九月，遣护军尹硕如元，贺上王（忠宣王）诞日[9]。

1 诸事见〔韩〕郑麟趾等《高丽史》卷三十四。
2 诸事见〔韩〕郑麟趾等《高丽史》卷三十四。
3 事见〔韩〕郑麟趾等《高丽史》卷三十四。
4 秃鲁花是蒙古语，意为“质子”、“护卫”。
5 松都即高丽王京，今朝鲜开城。
6 诸事见〔韩〕郑麟趾等《高丽史》卷三十四。
7 诸事见〔韩〕郑麟趾等《高丽史》卷三十四。
8 参见〔朝〕朴昌福《成均馆银杏树》，《朝鲜画报》 2008年第3期。
9 诸事见〔韩〕郑麟趾等《高丽史》卷三十四。

1315 年，乙卯，〔元〕仁宗延祐二年，☆黄帝历四千〇一十三年。正月，元遣使至高丽传诏，定贵贱服色。三、五月，元以上皇太后尊号，遣使至高丽颁诏。十二月，宁王送羊百头于上王（忠宣王）流放处[1]；◇檀君历三千六百四十八年，〔高丽〕忠肃王二年。二月，遣密直副使赵云乡如元贺圣诞。是月，遣郎将权硕献童女于上王（忠宣王）。四月，上王（忠宣王）请于帝，降香江南。盖知时事将变，冀以避祸也。六月，上王（忠宣王）行至江南名刹金山寺，帝遣使急召，令骑士拥逼以行，侍从、臣僚皆奔窜。七月，遣三司使权汉功如元，贺上皇太后尊号。九月，蓟国公主如元。十月，王世子王暠于通州迎谒蓟国公主。是月，上王（忠宣王）还至大都，帝命中书省护送本国安置。上王（忠宣王）迟留顾望，不即发。十月，帝下上王（忠宣王）于刑部，既而祝发，置之石佛寺。十二月，帝以研究佛经为由，流上王（忠宣王）于吐蕃撒思吉[2]之地。撒思吉去帝京 15000 里，随从宰相崔诚之[3]等皆逃匿不见，唯直宝文阁朴仁干、前大护军张元祉等从至流所。十一月，蓟国公主不豫，是月，蓟国公主（宝塔实怜，？—1315）薨于元大都，即今北京市[4]。

1316 年，丙辰，〔元〕仁宗延祐三年，☆黄帝历四千〇一十四年。二月，遣使送蓟国公主（宝塔实怜，？—1315）灵柩至高丽。三月，册高丽王世子（忠宣王侄子）王暠“开府仪同三司、沈王”；◇檀君历三千六百四十九年，〔高丽〕忠肃王三年。二月，忠肃王如元，以上王（忠宣王）名义请婚于帝，帝许之。六月，忠肃王谒帝于上都。七月，忠肃王迎娶元世祖重孙女、营王之女濮国公主（亦真八剌公主，？—1319）。是月，忠宣王懿妃（也速真，？—1316，蒙古女，生忠肃王。是岁追封“懿妃”）薨。八月，懿妃灵柩至高丽。十月，王与濮国公主自元至高丽。十一月，遣政丞柳清臣如元贺正[5]。是岁，王遣李齐贤进香四川峨眉山[6]。

1317 年，丁巳，〔元〕仁宗延祐四年，☆黄帝历四千〇一十五年。正月，元流魏王阿木哥于耽罗[7]，寻移大青岛。是月，元以立皇太子，遣使至高丽颁诏。三月，元遣使至高丽，阅军器所、弓弩都监及江华军器[8]；◇檀君历三千六百五十年，〔高丽〕忠肃王四年。正月，王以营王之请，亲选童女送之。二月，遣密直洪瀹如元贺圣诞。三月，遣前上护军李坚干如元献童女。春，高丽僧人元湛于元大都城南所建兴福寺建成[9]。六月，遣佥议评理金怡如元贺立皇太子。是月，遣上护军郑允兴聘于营王。九月，遣选部典书李齐贤如元，贺上王（忠宣王）诞辰。时上王（忠宣王）王璋在元大都，李齐贤（1287—1367）于是岁长期跟随。李齐贤游历了我国东北、华北、江南与西南的许多地方，至 1341 年才回国，著有《益斋集》。十一月，赞成事权汉功还自元，帝册忠肃王为“开府仪同三司、驸马、高丽国王”。十二月，遣吉昌君权准如元贺正[10]。是岁，沈王王暠进香于今杭州慧因高丽寺。

1 诸事见〔韩〕郑麟趾等《高丽史》卷三十四。
2 撒思吉，今西藏萨迦。
3 参见高丽文人李齐贤《益斋集》卷七。
4 诸事见〔韩〕郑麟趾等《高丽史》卷三十四。
5 诸事见〔韩〕郑麟趾等《高丽史》卷三十四。
6 参见高丽文人李齐贤《益斋集》之《栎翁稗说后集》(一)。
7 耽罗，今韩国济州岛。
8 诸事见〔韩〕郑麟趾等《高丽史》卷三十四。
9 参见高丽文人李齐贤《益斋集》卷七；杜宏刚、邱瑞中、〔韩〕崔昌源辑《韩国文集中的蒙元史料》，第 154 页，广西师范大学出版社，2004 年版。
10 诸事见〔韩〕郑麟趾等《高丽史》卷三十四。

1318 年，戊午，〔元〕仁宗延祐五年，☆黄帝历四千〇一十六年。七月，元遣吏部尚书卜颜、必阇赤[1]买驴，责问慰接魏王事及耽罗叛状。八月，泰定皇帝即位，大赦天下，召流放吐蕃之高丽上王（忠宣王）还大都。十一月，元遣使赐忠肃王衣。十二月，营王偏妃至高丽[2]；◇檀君历三千六百五十一年，〔高丽〕忠肃王五年。正月，遣大提学崔诚之如元贺千秋节。二月，遣泰安君李公甫如元贺圣节。五月，遣上护军裴廷芝为耽罗存抚使。七月，遣大护军孙起如元献细苎布。十二月，遣大司宪闵 如元贺正[3]。

1319 年，己未，〔元〕仁宗延祐六年，☆黄帝历四千〇一十七年。八月，元遣使送宝钞百锭宴王。十一月，营王遣使至高丽，吊濮国公主丧。十二月，元以授册皇太子，遣徽政院使失烈门至高丽颁诏。是月，皇太后遣中使于侁不花至高丽吊濮国公主丧。是月，元遣使赐王海东青[4]；◇檀君历三千六百五十二年，〔高丽〕忠肃王六年。二月，遣赞成事权汉功如元贺圣节。六月，遣大护军郑允兴如元献鹞。九月，濮国公主（亦真八剌公主，？—1319）薨，高丽遣元尹、任子松如元告丧，遣郎将李麟起告讣于营王[5]。是岁，上王（忠宣王）至江南宝陁寺降香，招吴寿山为高丽文人李齐贤画像[6]。

1320 年，庚申，〔元〕仁宗延祐七年，☆黄帝历四千〇一十八年。正月，元使至高丽，告日当食，停贺正礼。四月，元英宗即位，遣礼部郎中忽剌出至高丽颁诏。七月，元以尊皇太后为太皇太后，遣别里哥不花至高丽颁诏。八月，帝遣使至高丽求童女 53 人、火者（阉人）23 人。九月，辽阳人至高丽献鹰、犬、马。十二月，宁王送羊 100 头至高丽[7]；◇檀君历三千六百五十三年，〔高丽〕忠肃王七年。正月，遣总部典书尹硕如元贺千秋节，又遣吉昌君权准如元贺圣节。二月，郎将玉纯自元至高丽，报仁宗帝爱育黎拔力八达崩，皇太子即位，是为元英宗。高丽乃遣检校评理秦良弼如元陈慰。三月，上王（忠宣王）承皇太后懿旨，命刷宦者伯颜秃古思等 6 人所夺土田臧获，归其本主。是月，遣评理金怡如元贺登极。六月，遣丹阳大君王珛如元贺登极。是月，遣大护军尹吉甫如元献鹞。七月，遣赞成金怡如元问上王（忠宣王）起居。九月，塑文宣王（孔子）像，王出银瓶 30 以助其费，宰枢皆出币助之。十一月，遣吉昌君权准如元贺正，遣大护军郑绩如元献童女，遣尹硕、郭惟坚如元问上王（忠宣王）起居。十二月，遣政丞金利用如元进方物，遣张沆尹莘系献盘缠于上王。是月，百官上书中书省讼上王（忠宣王）之冤[8]。

1321 年，辛酉，〔元〕英宗至治一年，☆黄帝历四千〇一十九年。正月，元以改元“至治”遣内书舍人安钧颁诏于高丽，安钧索盘缠于庆尚道。是月，元以加上太皇太后尊号，遣使至高丽颁诏。五月，前益城君洪瀹奉敕至高丽求藏经纸。十一月，元以加上尊号遣使颁诏。十二月，

1　必阇赤，蒙古官名，为天子掌文史。
2　诸事见〔韩〕郑麟趾等《高丽史》卷三十四。
3　诸事见〔韩〕郑麟趾等《高丽史》卷三十四。
4　诸事见〔韩〕郑麟趾等《高丽史》卷三十四。
5　诸事见〔韩〕郑麟趾等《高丽史》卷三十四。
6　见高丽文人李齐贤《益斋集》卷四《延祐己未，予从于忠宣王，降香江南之宝陁窟。王召古杭吴寿山，令写陋容。而北村汤先生为之赞。北归，为人借观，因失其所在。其后三十二年，余奉国表如京师，复得之。惊老壮之异貌，感离合之有时。题四十字为识》。该画像刊印于李齐贤《益斋集》卷一首页。
7　诸事见〔韩〕郑麟趾等《高丽史》卷三十五。
8　诸事见〔韩〕郑麟趾等《高丽史》卷三十五。

元以册立皇后诏天下[1]；◇檀君历三千六百五十四年，〔高丽〕忠肃王八年。正月，遣永阳君李瑚如元贺圣节，又遣阳城君李梴如元献童女。是月，护军李仁吉还自元，传帝诏，召忠肃王入朝。三月，遣丹阳大君王珛如元，贺改元、册太后。四月，忠肃王如元。王四更自出阳善门，百官不及拜辞，柳清臣、吴潜、元忠、韩渥、尹硕、柳有奇、安珪等从之。五月，遣密直任瑞如元献鹞。七月，上王（忠宣王）至西蕃独知里，寄书崔有隃、权溥、许有全、赵简等。于是许有全、闵渍等如元，请忠肃王还国，为沈王王暠之党所沮，竟不能达而还。八月，大护军孙琦赍金银苎布如元，献忠肃王。十月，遣李彦冲如元贺正。十一月，上王（忠宣王）寄书崔有隃、权溥等，言其于十月六日到吐蕃撒思吉[2]。十二月，白元恒、朴孝修等上书中书省，乞还上王（忠宣王）[3]。是岁，高丽文人崔瀣参加元朝科举，为举人，被封为辽阳路盖州判官，数月后辞官东归[4]。

1322年，壬戌，〔元〕英宗至治二年，☆黄帝历四千〇二十年。正月，帝遣使赐沈王王暠母安氏手帕。三月，元以忠肃王不奉行帝敕，遣翰林待制沙的等至高丽讯之。七月，帝遣蔡河中至高丽，赐沈王王暠母安氏满殿香，且求织纹苎布。九月，蔡河中赍织纹苎布回[5]；◇檀君历三千六百五十五年，〔高丽〕忠肃王九年。是岁，忠肃王在元。正月，遣密直使任瑞、大护军金资如元贺圣节。二月，遣知密直司事林仲沇如元贺册皇后。行至婆娑府，达鲁花赤[6]不给驿马，林仲沇不得入而还。五月，遣前佥议评理金怡如元献盘缠于上王（忠宣王）。闰五月，遣密直副使柳有奇如元献鹞。八月，遣赞成事柳汉功等欲立沈王王暠（忠宣王之侄）。九月，遣蔡河中如元献苎布。十一月，遣佥议评理赵云卿献盘缠于上王。十二月，以沈王王暠钧旨，遣上护军杨起、三司副使李谦如元贺正。是月，遣总部典书朴之贞如元，吊太皇太后丧[7]。

1323年，癸亥，〔元〕英宗至治三年，☆黄帝历四千〇二十一年。二月，帝命移上王（忠宣王）于朵思麻之地。九月，以英宗硕德八剌被杀，元中书省差遣明和尚至高丽言："皇叔晋王即帝位，是为泰定皇帝，大赦天下召还上王"。十月，泰定帝召还魏王阿木哥。十一月，遣直省舍人阿鲁灰速古、赤蛮子等至高丽，诏告泰定帝登极。十二月，元以改元"泰定"，遣直省舍人交化的至高丽颁诏[8]。是岁，元朝议罢征东省，改为"三韩省"内附，王约反对而寝议[9]；◇檀君历三千六百五十六年，〔高丽〕忠肃王十年。正月，忠肃王在元。是月，柳清臣、吴潜上书都省，请立"高丽省"以比内地，不从。是月，赞成朴虚中如元贺圣诞。是月，骊兴君闵渍、驾洛君许有全、兴宁君金賆如元，请召还上王（忠宣王）。崔诚之、李齐贤在元，亦献书元郎中及丞相拜住，请召还上王（忠宣王）。李齐贤（1287—1367）四月动身，前往吐蕃探望

1 诸事见〔韩〕郑麟趾等《高丽史》卷三十五。
2 撒思吉，今西藏萨迦。
3 诸事见〔韩〕郑麟趾等《高丽史》卷三十五。
4 崔瀣（1287—1340），字猊山，号拙翁，通常认为他编有《东人文》《三韩诗龟鉴》，其《拙稿千百》已收入〔韩〕民族文化推进会《韩国文集丛刊》。见该书第3卷，1990年版。其中《送卢教授西归序》是为在高丽任教的元朝文人卢伯敬所写的送别文字。卢氏是沈阳节推卢达斋之子，其祖父是河东山西廉访知事卢东庵。
5 诸事见〔韩〕郑麟趾等《高丽史》卷三十五。
6 达鲁花赤是蒙古语，盖印者、监临官。
7 诸事见〔韩〕郑麟趾等《高丽史》卷三十五。
8 诸事见〔韩〕郑麟趾等《高丽史》卷三十五。
9 见刘子敏、姜孟山、王世英、金荣国主编《中国正史中的朝鲜史料》（第2卷），第216页，延边大学出版社，1996年版。

上王（忠宣王）[1]。九月，式目录事沈文淑还自元，言前月御史大夫铁失弑帝。十月，前正尹蔡河中赍织纹苎布如元。十月，遣检校评理梁许如元贺圣节。十一月，遣定安君琮、内府令金承用如元，贺泰定帝登极。十二月，遣万户曹頔如元献方物。是月，高丽人安轴、赵廉、崔龙甲应举于元[2]。

1324 年，甲子，〔元〕泰定帝泰定一年，☆黄帝历四千〇二十二年。岁初，帝敕忠肃王还国，复赐国王印章。正月，帝流孛剌太子于高丽大青岛。四月，中书省差官脱脱帖木儿至高丽，鞫延德大君奸事。是月，帝命赦金元祥、赵延寿。五月，帝以册皇后、皇太子诏天下，遣直省舍人秃鲁不花至高丽颁诏。七月，元遣阔阔出至高丽求童女[3]。是岁，年仅 11 岁的高丽人廉悌臣入元大都，泰定帝喜之，命为皇宫侍卫[4]；◇檀君历三千六百五十七年，〔高丽〕忠肃王十一年。是岁，忠肃王在元。二月，大护军张公允赍批目还自元。二月，吉昌君权准如元，贺改元。三月，忠肃王遣赞成事韩渥至高丽，敛盘缠布。三月，上王（忠宣王）械送伍尉方连、宦者方元。上王之在吐蕃，兄弟 2 人苦其久从艰险，欲弑之而逃还。五月，脱脱帖木儿还。政丞崔有渰率百官军民附书呈中书省，请令忠肃王早还本国。六月，遣评理黄瑞如元贺册皇后太子。八月，忠肃王娶元顺宗孙女、魏王阿木哥之女曹国公主（金童，1308—1325）。九月，遣三司使尹莘杰如元贺圣节。十二月，政丞崔有渰如元贺正。是月，宰相会于旻天寺，上书中书省，为请上王（忠宣王）还国事辩解[5]。

1325 年，乙丑，〔元〕泰定帝泰定二年，☆黄帝历四千〇二十三年。正月，元遣直省舍人塔不孛舍儿、别赤、康舜龙至高丽颁赦。十二月，元中书省移牒，命抄录自成吉思帝以至高丽出气力有功者以进。是月，元遣左司郎中脱必歹赐忠肃王宝钞 100 锭、宣醖 20 壶，吊慰兼致奠金童公主[6]；◇檀君历三千六百五十八年，〔高丽〕忠肃王十二年。正月，忠肃王在元。正月，上王（忠宣王）以朝廷寝立省之议遣人祭告高庆二陵。五月辛酉，上王（忠宣王）薨于燕邸，其在华时间达 35 年。是月，遣三司使尹莘杰、万户姜融迎梓宫于平壤。七月，林府院君王煦、密直副使李凌干等奉上王（忠宣王）梓宫自元至高丽，百官玄冠、素服郊迎。九月，以僧祖衡为王师。十月，遣总部典书李光时如元贺圣节。十月，曹国公主（即“金童公主”，1308—1325）薨于龙山行宫。高丽遣右代言李揆如元，告曹国公主之丧[7]。

1326 年，丙寅，〔元〕泰定帝泰定三年，☆黄帝历四千〇二十四年。是岁，王暠封“沈王”；◇檀君历三千六百五十九年，〔高丽〕忠肃王十三年。

1327 年，丁卯，〔元〕泰定帝泰定四年，☆黄帝历四千〇二十五年。三月，遣司徒刚塔里、

---

1 李齐贤《益斋集》卷二有《至治癸亥四月二十日，发京师》一诗，该诗小注云：“上王时在西番，将往拜”。参见高丽文人李齐贤《益斋集》之《栎翁稗说后集》（一）；抽著《半岛唐风：朝韩作家与中国文化》，第 251 页，宁夏人民出版社，2004 年版；杜宏刚、邱瑞中、〔韩〕崔昌源辑《韩国文集中的蒙元史料》，第 134 页，广西师范大学出版社，2004 年版。但杜宏刚等辑《韩国文集中的蒙元史料》从第 124–139 页将李齐贤的《益斋乱藁》标注为安轴的《谨斋集》。

2 诸事见〔韩〕郑麟趾等《高丽史》卷三十五。

3 诸事见〔韩〕郑麟趾等《高丽史》卷三十五。

4 廉悌臣（1304—1382），字恺叔、佛奴，本贯瑞原。见高丽文人李穑《牧斋集》之《公神道碑并序》，杜宏刚、邱瑞中、〔韩〕崔昌源辑《韩国文集中的蒙元史料》，第 506 页，广西师范大学出版社，2004 年版。

5 诸事见〔韩〕郑麟趾等《高丽史》卷三十五。

6 诸事见〔韩〕郑麟趾等《高丽史》卷三十五。

7 诸事见〔韩〕郑麟趾等《高丽史》卷三十五。

中政院使忽笃帖木儿，赠送大藏经于高丽清平山文殊寺，赠钱万缗，为皇太子、皇子祈福[1]；◇檀君历三千六百六十年，〔高丽〕忠肃王十四年。是岁，李榖至元大都参加会试，不中而还。

1328年，戊辰，〔元〕泰定帝至和一年，幼主阿速吉八天顺一年，文宗图帖睦耳天历一年，☆黄帝历四千〇二十六年。四月，元以改元“致和”，遣阇里帖木儿至高丽颁诏。《元史》卷三十载，是岁六月，高丽世子完者秃求王世子印章，元遣平章政事贾闾出使高丽与之。七月，帝遣平章政事、买驴舍人亦忒迷失不花等至高丽。高丽兴礼君朴仲仁及曹頔、赵云卿、上护军高子英等从之，皆沈王王暠之党也。亦忒迷失不花以帝接报忠肃王聋哑，不理朝政，特来高丽调查，直入王宫，忠肃王备说沈阳王争权之事实。亦忒迷失不花深然其说。是月，元遣不家奴至高丽求童女。是月，蒙古僧人指空在高丽说法，汇聚者众。是月，泰定帝也孙铁木耳崩。其子阿速吉八继位，是为天顺皇帝。天顺帝即位不足月，即战败逃亡，不知所终。九月，武宗帝次子怀王即位于元上都，是为文宗。元文宗遣使至高丽，告改元“天历”，大赦天下[2]。是月，元欲征兵高丽，遣高丽使臣尹莘系同洪伯颜不花赍文牒以归。十一月，放高丽宦者米薛迷、刚答里回国；◇檀君历三千六百六十一年，〔高丽〕忠肃王十五年。二月，遣王世子王祯如元宿卫，又遣左常侍尹莘杰如元献童女。四月，高丽郎将李自成还自元，言帝封高丽化平君金深女达麻实里为皇后[3]。先是，达麻实里为仁宗皇帝偏妃，至是乃为泰定之皇后。六月，遣密直副使李揆如元，贺改元“致和”。七月，买驴亦忒迷失不花还，忠肃王遣崔安道于平壤馈金银绫罗苎布，买驴舍人不受。是月，遣护军尹桓如元献苎布及纸，忠肃王与沈王王暠之间的冲突公开化。八月，以诬忠肃王盲、聋、哑等罪，下沈王王暠党羽赵湜、金温、权贺、田宏等于巡军，贬乐安君金之谦为宁海府使，流判事金千镒于田里。九月，左散骑常侍尹莘系还自元，尹莘系还国后，匿不敢见王。十一月，遣监察大夫李凌干如元贺即位、改元，又遣海平府院君尹硕贺正，遣密直使金承用如元贺圣节[4]。

1329年，己巳，〔元〕文宗天历二年，☆黄帝历四千〇二十七年。正月，元遣崇祥院总管府判洪明理和尚至高丽颁发赦令。三月，元文宗召还孛剌太子。四月，元文宗图帖睦耳让位于周王，周王即帝位，是为明宗。元明宗以元文宗为皇太子。五月，元明宗遣洪末的里、廉悌臣赐忠肃王衣酒，又召还金之谦、金温、赵湜。八月，明宗崩，皇太子复位，大赦天下。九月，（文宗）帝以即位遣直省舍人完者、省委官文伯颜不花至高丽颁诏。忠肃王在白州，称病不出迎。十月，完者、文伯颜不花、洪末的等见忠肃王于白州藤岩寺，左右从人皆回避[5]；◇檀君历三千六百六十二年，〔高丽〕忠肃王十六年。正月，沈王王暠妻□国公主（讷伦，？—1329，元显宗孙女、梁王松山之女）之丧讯至元。三月，密直使金承用在回国途中卒。五月，遣朴之环如元献文苎布。六月，高兴府院君柳清臣卒于元。九月，前忠州牧使金用卿从沈王留于元，其妻私义女婿与别将王之佑，监察司鞫问，俱服。十月，遣定安君琮如元，贺文宗皇帝复位。是月，忠肃王遣金之镜如元，奏请传位于世子王祯（高丽忠惠王）[6]。

1 参见杜宏刚、邱瑞中、〔韩〕崔昌源辑《韩国文集中的蒙元史料》，第152页，广西师范大学出版社，2004年版。
2 诸事见〔韩〕郑麟趾等《高丽史》卷三十五。
3 高丽女达麻实里被元仁宗封为皇后事，见〔韩〕郑麟趾等《高丽史》卷三十五。
4 诸事见〔韩〕郑麟趾等《高丽史》卷三十五。
5 诸事见〔韩〕郑麟趾等《高丽史》卷三十五。
6 诸事见〔韩〕郑麟趾等《高丽史》卷三十五。

1330年，庚午，〔元〕文宗天历三年，至顺一年，☆黄帝历四千〇二十八年。二月，元遣典瑞院使阿鲁委头曼台、客省太史九住，册高丽世子王祯为“开府仪同三司、征东行中书省左丞相、上柱国、高丽王”，是为高丽忠惠王。是月，元遣客省副使七十坚至高丽取国印回，帝于奎章阁授印于忠惠王。七月，元流明宗皇太子妥懽帖睦尔（1320—？）于高丽大青岛[1]；◇檀君历三千六百六十三年，〔高丽〕忠肃王十七年。三月，大护军崔成等送虎皮、苎布如元献忠惠王王祯。忠惠王王祯日与太监摔跤、游戏。起居注李湛劝之，忠惠王王祯曰：“书我过失者，皆书生也。”是月，忠惠王王祯尚元朝镇西武靖王之女德宁公主（亦怜真班，？—1375，生忠穆王）。四月，护军赵得圭如元，告忠惠王王祯高丽实情。是月，忠惠王王祯献马81匹于帝，并宴关西王。四月，上王（忠肃王）遣张沆如元请太医。五月，帝命忠惠王王祯回高丽，旋改元“至顺”，忠惠王王祯以驸马参宴。七月，忠惠王王祯闻元有在高丽建行省之议，乃上书太师右丞相。七月，忠惠王王祯与德宁公主自元回国，帝遣翰林学士阿塔歹、户部侍中秃怜、宣使孟士泰护送。是月，上王（忠肃王）如元。八月，忠惠王即位，并遣上护军朱柱如元贺加上尊号。十月，遣佥议评理李凌干如元，贺改元、谢厘降公主。十二月，遣上护军朱柱如元贺正[2]。

1331年，辛未，〔元〕文宗至顺二年，☆黄帝历四千〇二十九年。正月，元遣郎中摩合冒鏁南至高丽颁赦令。八月，元遣太监洪大不花至高丽降香，并求童女，皇宫侍卫高丽人廉悌臣（1304—1382）随行。九月，元遣伯颜不花至高丽颁赦令。十二月，元遣枢密院使尹受困、中丞厥干等至高丽，召还妥懽帖睦尔太子，忠惠王遣护军曹益清奉迎于大青岛[3]；◇檀君历三千六百六十四年，〔高丽〕忠惠王王祯（蒙古语名“普塔失里”，1315—1344）一年。四月，以五道人民流入辽阳、沈阳等处上表，请刷还。十一月，遣赞成事元忠如元贺正。十二月，遣辛伯金逸逢如元贺正[4]。

1332年，壬申，〔元〕文宗至顺三年，☆黄帝历四千〇三十年。正月，辽阳省遣人至高丽索朱帖木儿、赵高伊。二月，元遣留守宝守前理问、郎中蒋伯祥等至高丽，传圣旨命忠肃王复位，忠惠王及左右皆失色[5]。蒋伯祥收国玺封诸库，忠肃王遂如元。三月，辽阳使者拘捕崔安道与护军孙远。九月，元遣文伯颜不花至高丽颁赦令，忠惠王出迎。五月，元遣客省太史都赤拘捕蒋伯祥等人，以高丽百官上书言其在半岛横行不法也。八月，文宗帝崩。十月，明宗帝次子懿璘质班即位，是为元宁宗。十二月，元宁宗懿璘质班被杀死[6]；◇檀君历三千六百六十五年，〔高丽〕忠惠王二年，〔高丽〕忠肃王后一年。是岁，禹倬卒。禹倬（1252—1332）是半岛《易》学的开山[7]。

1333年，癸酉，〔元〕惠宗元统一年，☆黄帝历四千〇三十一年。三月，遣院使张海至高

1 事见〔韩〕郑麟趾等《高丽史》卷三十六。
2 诸事见〔韩〕郑麟趾等《高丽史》卷三十六。
3 诸事见〔韩〕郑麟趾等《高丽史》卷三十六。
4 诸事见〔韩〕郑麟趾等《高丽史》卷三十六。
5 是岁正月，元朝信谗言，以为高丽忠惠王谋废文宗皇帝，乃废之，令其父忠肃王复位。
6 诸事见〔韩〕郑麟趾等《高丽史》卷三十五。
7 事见〔韩〕郑麟趾等《高丽史》卷一百六。

丽降香[1]。六月，元遣都而赤至高丽传诏，告顺帝（即元惠宗）登基[2]；◇檀君历三千六百六十六年，〔高丽〕忠肃王后二年。正月，忠肃王在元。闰三月，忠肃王与王妃庆华公主（伯颜忽都，？—1344）自燕京回国，皇太子遣集贤学士舍罗八到通州饯行。四月，沈阳王拜见，并随行到高丽。至平壤，王珣等大臣奉国印授忠肃王。六月，遣密直金资如元贺元顺帝即位[3]。是岁，高丽文人李穀（1298—1351）在元大都科举登第，授翰林、国史院检阅官。是岁，皇宫侍卫廉悌臣（1304—1382）回到高丽，任征东省郎中[4]。

1334年，甲戌，〔元〕惠宗元统二年，☆黄帝历四千〇三十二年。四月，遣高丽文人李穀捧制还国，国子助教陈旅为李穀送行，并作《送李中父使征东行省序》。焦鼎、潘迪、程谦、郭嘉等文人亦有送行诗作；◇檀君历三千六百六十七年，〔高丽〕忠肃王后三年。本年，高丽文人郑麟趾《高丽史》卷三十六无详述。

1335年，乙亥，〔元〕惠宗至元一年，☆黄帝历四千〇三十三年。三月，禁止从高丽选女子入贡。七月，元以册皇后，遣直省舍人月鲁博而至高丽传诏。是月，元遣断事官教化哥里厮哥至高丽，斩杀御香使塔斯不花。八月，元遣舍儿八赤、伯颜不花至高丽传诏。十月，元遣黑厮传诏。十二月，元以改元"至元"遣使传诏，又遣使召忠肃王入朝；◇檀君历三千六百六十八年，〔高丽〕忠肃王后四年。十一月，忠肃王以梦改己名"王焘"为"王卍"。十二月，葬忠宣王妃许氏（顺妃，1271—1335，本贯孔岩，许珙之女）[5]，元遣完者至高丽会葬。是月，遣姜好礼、郑天佐如元贺正。

1336年，丙子，〔元〕惠宗至元二年，☆黄帝历四千〇三十四年；◇檀君历三千六百六十九年，〔高丽〕忠肃王后五年。正月，遣赞成事闵祥正如元贺改元。十月，辛彦卿还自元，言汉人卢康忠等12人诉诸帝，欲除高丽国，安置军民。十二月，忠肃王渡鸭绿江，入京觐见，帝以前王（忠惠王）不谨，遣归国。先是，前王（忠惠王）在大都[6]宿卫时，日与回族少年宴饮，并私一回族女。元权臣伯颜厌恶之，称其"拨皮"（泼皮，无赖）。其父忠肃王亦恶之，也称忠惠王为"泼皮"。

1337年，丁丑，〔元〕惠宗至元三年，☆黄帝历四千〇三十五年。二月，敕令汉人、南人、高丽人不得私藏弓箭、军器，官员马匹外尽行拘刷。七月，枢密院遣使至高丽，索鸦鹘。十二月，帝敕高丽勿收兵器，许骑马；◇檀君历三千六百七十年，〔高丽〕忠肃王后六年。正月，忠肃王在元。二月，征东省以元世祖不改高丽旧俗事上奏帝京，请令百官骑马。八月，遣典礼判书李谦如元，贺册封太皇太后。十一月，遣开城尹高允温如元贺正。十二月，忠肃王自元回国。是岁，前王忠惠王与尹氏（禧妃，？—1352，本贯坡平，尹继宗之女）生王昛（后来的高丽忠定王，1337—1352）。

1　参见杜宏刚、邱瑞中、〔韩〕崔昌源辑《韩国文集中的蒙元史料》，第568页，广西师范大学出版社，2004年版。

2　事见〔韩〕郑麟趾等《高丽史》卷三十六。

3　诸事见〔韩〕郑麟趾等《高丽史》卷三十六。

4　见高丽文人李穑《牧斋集》之《公神道碑并序》，杜宏刚、邱瑞中、〔韩〕崔昌源辑《韩国文集中的蒙元史料》，第506页，广西师范大学出版社，2004年版。

5　参见高丽文人李齐贤《益斋集》卷七。

6　元大都即今北京。

1338 年，戊寅，〔元〕惠宗至元四年，☆黄帝历四千〇三十六年。七月，元以册皇后遣失里迷至高丽，求童女、宦者及马。失里迷因忠肃王在白州，而不肯入城。入城后责问不接旨，执事大臣以王有疾对。是月，元遣使求佛经纸；◇檀君历三千六百七十一年，〔高丽〕忠肃王后七年。八月，忠肃王在白州藤岩寺接见元使失里迷。元使失里迷因忠肃王轻慢而怒。王馈赠之，乃释。是岁，王命平壤修祠祭祀箕子。

1339 年，已卯，〔元〕惠宗至元五年，☆黄帝历四千〇三十七年。三月，太师伯颜不肯转达高丽前王（忠惠王）求复位疏。八月，元遣使至高丽，索耽罗[1]酥油。十一月，元遣中书省断事官头麟、直省舍人九通至高丽。头麟等先至忠肃王王妃庆华公主（伯颜忽都，？—1344）宫进御酒，然后往王邸，授传国印，前王（忠惠王）拜受。头麟以帝命，使乐安君金之谦、前佥议评理金资权管国事。是月，头麟又以帝命，执忠惠王及洪彬、韩帖木儿不花、赵云卿、黄谦、白文举、王伯、朱柱、赵炎辉、李安、韩升、张巨才、裴成景以归，盖因王頔之党所诉也；◇檀君历三千六百七十二年，〔高丽〕忠肃王后八年。三月，忠肃王薨。朝鲜文人郑麟趾等《高丽史》卷三十六曰，忠肃王"善属文，工隶书"。是月，前王（忠惠王）遣前评理李揆如元，求复位。四月，前王（忠惠王）遣三司右尹金永煦如元，献画佛。五月，前王（忠惠王）先后淫于其舅父洪戎继室、宦者刘成之妻，又烝庶母寿妃。是月，前王（忠惠王）遣大护军孙守卿、全允臧赍金银及"大顶儿"如元，赂执事者，求复位。"大顶儿"乃元仁宗皇帝赐高丽德陵者也。是月，大护军韩不花还自元，传李揆言曰："丞相固执如初"。六月，耆老权溥等上书行省，行省以其书转达元中书省。八月，前王（忠惠王）强烝忠肃王王妃庆华公主。庆华公主耻之，欲回元，忠惠王令不得卖马于庆华公主。九月，征东省员外韩帖木儿不花、前赞成事金仁沇、前郎将卢英瑞如元，请前王忠惠王袭位。是月，义、静二州之人闻国乱，渡江而奔元者甚众。十二月，遣辛伯、金逸逢如元贺正[2]。

1340 年，庚辰，〔元〕惠宗至元六年，☆黄帝历四千〇三十八年。是岁，元惠宗封奇氏为第二皇后，奇皇后乃高丽人，生皇太子爱猷识理达腊[3]。正月，元囚忠惠王于刑部，又系金仁沇、金伦、韩宗愈、洪彬、李蒙哥、李俨、卢英瑞、安千吉、孙守卿、尹元佑、南宫信于狱，命中书省、枢密院、御史台、翰林院、宗正府杂问之。二月，元流孛兰奚大王于耽罗。三月，元遣宦者普贤至高丽求佛经，以圣旨召院使杨安吉、少府尹赵兴门押倭如元。四月，元遣都府经历忽都至高丽，告安置伯颜于阳春县，以马札儿台为丞相，赦天下。是岁，元流放文宗帝之子、皇弟燕帖古思于高丽，燕帖古思行至沈阳暴薨[4]；◇檀君历三千六百七十三年，〔高丽〕忠惠王后一年。正月，庆华公主囚赞成事郑天起于征东省，仍命金之谦权征东省金资提调都佥议使司。三月，以脱脱大夫奏于帝，忠惠王复位。是月，高丽遣奇辙、权适如元贺圣节。四月，忠惠王还自元[5]，李齐贤随行。李齐贤已在华生活了 26 年。

1341 年，辛巳，〔元〕惠宗至正一年，☆黄帝历四千〇三十九年。二月，元以改元"至正"，

1 耽罗，今韩国济州岛。

2 参见〔韩〕郑麟趾等《高丽史》卷八十九。

3 奇氏至元以后改姓"肃良哈氏"，名"完者忽都"。《元史》卷一百一十四有传。另参见〔韩〕李德懋（1741—1793）《青庄馆全书》卷六十。

4 诸事见〔韩〕郑麟趾等《高丽史》卷三十六。

5 诸事见〔韩〕郑麟趾等《高丽史》卷三十六。

遣使至高丽颁诏。三月，元遣使至高丽，召王弟江陵大君王祺（后来之高丽恭愍王）入朝，政丞蔡河中、前佥议评理孙琦、朴仁干等30余人从之。七月，元大都商人至高丽，言海贼船30余艘杀掠人物事。八月，元遣使至高丽问海贼事，仍令备军须[1]；◇檀君历三千六百七十四年，〔高丽〕忠惠王后二年。是岁，忠惠王奸杀醴泉君权汉功的侧室康氏、强奸内侍田子由之妻，火烧胡木帖儿的舌头及下阴，人心尽失。

1342年，壬午，〔元〕惠宗至正二年，☆黄帝历四千〇四十年。三月，元遣大卿终骨赍浮车15辆、钞3000锭、缎100匹送至高丽。王出迎于迎宾馆。六月，元遣高龙普、帖木儿不花等至高丽，迎奇皇后之母李氏[2]。是月，帝召高丽人方臣佑（1267—1350）还朝，赐其金龙绣衣、万贯宝钞，以其在皇宫“事七朝、二太后”也[3]；◇檀君历三千六百七十五年，〔高丽〕忠惠王后三年。二月，遣鸡林郡公王煦如元，请大行王（忠肃王）谥号。三月，遣政丞李凌干如元贺圣节。是月，遣南宫信赍布2万匹及金银钞如元，市于幽燕等地。八月，忠惠王于奇皇后之母李氏第设饯宴[4]。

1343年，癸未，〔元〕惠宗至正三年，☆黄帝历四千〇四十一年。五月，元遣直省舍人实德至高丽，索宋、辽、金三国事迹记录。八月，元遣太监朴帖木儿不花至高丽索童女。十月，元遣资政院使高龙普、大监朴帖木儿不花赐王衣酒，王出迎。十一月，元遣乃住等8人至高丽称索鞍轿。是月，元托以告郊颁赦，遣大卿朵赤、郎中别失哥等6人至高丽，王欲托疾不迎，高龙普止之，忠惠王乃率百官朝服郊迎，听诏于征东省。朵赤等蹴王缚之，王急呼高院使，高龙普叱之，使者皆拔刃执侍。朵赤等命高龙普整治高丽国事，德成府院君奇辙（奇皇后之兄）理问，洪彬权征东省。高龙普乃封内帑。十二月，帝以槛车流忠惠王于揭阳县[5]，谕王若曰：“尔王祯为人上，而剥民已甚，虽以尔血啖天下之狗，犹为不足”[6]；◇檀君历三千六百七十六年，〔高丽〕忠惠王后四年。三月，忠惠王幸东郊，以弹丸射人为乐，行路皆遁。是月，王召富人大护军林桧、前护军尹庄等，授内库货，令如元贩卖。是月，忠惠王夜幸宰臣裴佺第，淫其妻及其弟妻，时裴佺在元。是月，遣益城君洪铎如元贺圣节。四月，松京[7]民讹言，王欲取民家小儿数十，埋于新阙基础之下，家家惊骇。七月，元使实德在高丽，见榜文有“纳木石不及者，征布、配岛”之语，乃言于政丞蔡和中。或言前判阁崔大雨引元使见榜文，忠惠王乃抽崔大雨耳光，至于流血。十二月，遣汉阳君韩宗愈、判密直司事孙守卿如元进方物。是月，前代言印珰以槛车载林信、朴良衍、林以道、南宫信、崔安义、金添寿、闵涣、王硕、承信等人如元。是月，高丽宰相及国老会议上书中书省请赦王罪[8]。是月，忠惠王被贬，流放至今广东省揭阳。高丽元子遣裴佺献衣1袭，裴佺献已，即掉头还。忠惠王手持包袱，独自去揭阳，无一高丽人从行[9]。

1 诸事见〔韩〕郑麟趾等《高丽史》卷三十六。
2 诸事见〔韩〕郑麟趾等《高丽史》卷三十六。
3 参见高丽文人李齐贤《益斋集》卷七。
4 诸事见〔韩〕郑麟趾等《高丽史》卷三十六。
5 揭阳，今广东省揭阳。
6 诸事见〔韩〕郑麟趾等《高丽史》卷三十六。
7 松京，今朝鲜开城。
8 参见高丽文人李齐贤《益斋集》之《栎翁稗说后集》(一)。
9 诸事见〔韩〕郑麟趾等《高丽史》卷三十六。

1344年，甲申，〔元〕惠宗至正四年，☆黄帝历四千〇四十二年。正月，元以柳濯为合浦万户。是月，元遣不哥奴等至高丽阅内厩马。三月，元遣使至高丽，求苎布。四月，元遣桑哥至高丽颁诏。五月，元遣李庥、秦瑾至高丽，册忠穆王为“开府仪同三司、征东行中书省左丞相、上柱国、高丽国王。”五月，元遣使至高丽求皮币。是月，元流忠惠王嬖人崔和尚等。六月，诏书使、直省舍人奇完者不花至高丽。八月，元遣使至高丽，索马鞍。是月，元遣兵部尚书溥花、同知资政院朶儿赤至高丽传奇皇后懿旨，戒亲戚倚势欺人，否则严办。十二月，遣使至高丽，赐忠宣王、忠肃王谥号[1]；◇檀君历三千六百七十七年，〔高丽〕忠惠王后五年。正月，押忠惠王槛车疾驱，未至揭阳，忠惠王薨于岳阳县（今湖南省岳阳）。高丽国人闻之，无有悲者，小民至于欣跃。是岁，忠穆王即位。闰月，遣佥议商议李俦如元贺郊赦。三月，遣鸡林郡公王煦、前典法判书崔文度如元贺圣节。四月，政丞奇辙（奇皇后之兄）、万户权谦、前总郎卢永奉国玺，诣忠穆王于行宫。是月，忠穆王自元归国。五月，宴元册封使李庥于延庆宫，王生母德宁公主（亦怜真班，？—1375，生忠穆王）在北向南坐，王在西向东坐，各赠使节厩马1匹、银50两。五月，遣密直全思义如元，谢册命。六月，大行王（忠惠王）之丧自岳阳[2]至高丽。是月，忠肃王妃庆华公主（伯颜忽都，？—1344）薨。八月，忠穆王命毁新宫，改为“崇文馆”。十月，忠穆王宴请奇皇后之母李氏。十二月，遣德城府院君奇辙如元贺正。是月，沈王王暠自元至高丽[3]。

1345年，乙酉，〔元〕惠宗至正五年，☆黄帝历四千〇四十三年。三月，元直省舍人也速迭儿等至高丽颁诏。五月，元遣使至高丽索纹苎布。七月，元遣使至高丽，赐忠穆王衣、酒，索熊皮、羊羔皮[4]；◇檀君历三千六百七十八年，〔高丽〕忠穆王王昕（蒙古语名“八思麻朶儿只”，1337—1348）一年。忠穆王只有8岁，其母德宁公主（亦怜真班，？—1375，生忠穆王）听政。三月，遣判三司事权谦、密直副使柳濯如元贺圣节。七月，沈王王暠（？—1345）薨于高丽。十二月，遣左政丞金永煦如元献方物[5]。是岁，郑誧以使节团书状官使元，在大都病故。郑誧（1309—1345），字仲孚，号雪谷，其诗文大受元宰相赏识[6]。其子郑枢入大都即今北京市扶柩东归。

1346年，丙戌，〔元〕惠宗至正六年，☆黄帝历四千〇四十四年。四月，元遣使至高丽赐王衣酒。是月，元遣使至高丽索纹苎布。闰十月，元遣直省舍人金葳至高丽颁诏。十二月，火者（阉人）康舜龙奉御香至高丽，王赐其金带及鞍[7]；◇檀君历三千六百七十九年，〔高丽〕忠穆王二年。五月，金永煦赍钦赐王衣、酒还。九月，遣赞成事金永吨如元，请亲朝贺正兼谢衣酒，郑云敬（1305—1366）为书状官[8]。是岁，王命修国史[9]。高丽时代著名的汉语教材《朴通事》[10]

1 诸事见〔韩〕郑麟趾等《高丽史》卷三十六、三十七。
2 岳阳，今湖南省岳阳。
3 诸事见〔韩〕郑麟趾等《高丽史》卷三十六、三十七。
4 诸事见〔韩〕郑麟趾等《高丽史》卷三十七。
5 诸事见〔韩〕郑麟趾等《高丽史》卷三十七。
6 参见高丽文人郑誧《雪谷集》之《大都旅舍偶题》（二首），〔韩〕民族文化推进会《韩国文集丛刊》，第3卷，1990年版。
7 诸事见〔韩〕郑麟趾等《高丽史》卷三十七。
8 参见杜宏刚、邱瑞中、〔韩〕崔昌源辑《韩国文集中的蒙元史料》，第569页，广西师范大学出版社，2004年版。
9 诸事见〔韩〕郑麟趾等《高丽史》卷三十七。
10 “通事”即译官。

形成于是岁之前。《老乞大》（“乞大”即契丹），则成书于元末明初[1]。是岁，权溥卒。权溥（1262—1346）是安珦门生，曾主持刊行《四书集注》[2]。是岁，高丽僧人普愚（1301—1382）来华求法，居燕京大观寺，后至湖州霞幕山天湖畔石屋庵研习临济宗。普愚著有“燕行录”《太古游学录》。

1347 年，丁亥，〔元〕惠宗至正七年，☆黄帝历四千〇四十五年。正月，元使白狗儿奉圣旨至高丽。是月，元遣人取政丞卢頙二女以归。二月，元使阿丹不花奉诏至高丽，王出迎于郊。六月，元遣中书省右司都事兀理不花至高丽，赐王衣、酒。是月，元流放前院使高龙普于高丽金刚山。八月，元太仆寺遣李家奴帖木儿、安伯颜不花至高丽，取耽罗马。十月，元召还高龙普。十月，元以奇皇后族弟奇三万之死，遣直省舍人僧家奴至高丽，杖整治官白文宝、申君平、全成安、河楫、南宫敏、赵臣玉、金达祥、卢仲孚、李天伯、许湜、李承闰、安克仁、郑光度、吴璟、徐浩、田禄生。安轴、王煦以圣旨原之，前判密直司事金光辙、前大护军李元具以病免[3]；◇檀君历三千六百八十年，〔高丽〕忠穆王三年。三月，遣政丞卢頙如元贺圣节。是月，高丽整治都监以奇皇后族弟奇三万夺人田而杖之，旋下狱死。六月，遣参理安子由如元献苎布。是月，遣三司右使廉悌臣[4]如元，谢赐衣、酒。七月，元使阿鲁欲自濯衣，索米屑。高丽从人曰：“国家待帝使有礼，岂宜亲澣？”阿鲁强之，乃以钞 5 两进偿。十月，遣益城君王　如元献童女。是月，又遣行省郎中李寿山如元献童女。十二月，遣天水郡公康伯、赞成事康允忠如元贺正[5]。是岁，高丽编《朴通事谚解》，内收《西游记平话》部分内容。

1348 年，戊子，〔元〕惠宗至正八年，☆黄帝历四千〇四十六年。二月，元中书省移咨高丽。八月，元遣孙元之帖木儿至高丽求阉人。十一月，吴王遣完者帖木儿至高丽献佛经、鹰犬[6]；◇檀君历三千六百八十一年，〔高丽〕忠穆王四年。二月，遣庆山府院大君尹頙如元，请准王入朝。三月，遣宁川府院君李凌干为正使、李公秀为副使如元贺圣节，仍奏请忠惠王谥号，帝不允。李穑（1328—1396）跟随李凌干使节团到元大都，作为国子监生员开始了 3 年的学习[7]。是月，遣三司右使金那海如元，请改正先王之罪。是月，高丽僧人惠勤来华拜师求法，游历至元大都[8]。惠勤著有《(懒翁) 大元访师录》。四月，遣评理柳濯如元献苎布。十二月，遣佥议评理孙洪亮、密直副使金仁浩如元贺正。是月，忠穆王（1337—1348）薨。德宁公主（亦怜真班，？—1375，忠穆王生母）遣护军申元甫如元告哀[9]。是岁，安轴（1282—1348）卒。安轴 1324 年在元大都参加会试，得三甲第七名，授辽阳路盖州判官，有《谨斋集》传世。

1　参见〔日〕金文京、玄幸子、佐藤晴彦译注，〔韩〕郑光解说《老乞大：朝鲜中世的中国语会话读本》，“前言”，〔日〕平凡社，2002 年版。

2　事见〔韩〕郑麟趾等《高丽史》卷一百七，参见高丽文人李齐贤《益斋集》卷七。

3　诸事见〔韩〕郑麟趾等《高丽史》卷三十七。

4　见高丽文人李穑《牧斋集》之《公神道碑并序》，杜宏刚、邱瑞中、〔韩〕崔昌源辑《韩国文集中的蒙元史料》，第 507 页，广西师范大学出版社，2004 年版。

5　诸事见〔韩〕郑麟趾等《高丽史》卷三十七。

6　东莱郡即今韩国釜山地区。诸事见〔韩〕郑麟趾等《高丽史》卷三十七。

7　参见李穑《岁戊子，陪李政丞凌干、李密直公秀进贺万寿圣节》一诗，见杜宏刚、邱瑞中、〔韩〕崔昌源辑《韩国文集中的蒙元史料》，第 402 页，广西师范大学出版社，2004 年版；〔韩〕民族文化推进会《韩国文集丛刊》，第 3 卷，1990 年版。

8　高丽文人李穑《牧斋集·普济尊者谥禅觉塔铭并序》载，惠勤（1320—1376），号懒翁，初名元惠。见杜宏刚、邱瑞中、〔韩〕崔昌源辑《韩国文集中的蒙元史料》，第 498 页，广西师范大学出版社，2004 年版。

9　诸事见〔韩〕郑麟趾等《高丽史》卷三十七。

1349年，己丑，〔元〕惠宗至正九年，☆黄帝历四千〇四十七年。二月，帝命高丽忠惠王庶子王眂入朝，尹頙等乃陪同入燕京。五月，帝命王眂嗣高丽王位。闰七月，辽王遣使享王及德宁公主。是月，帝复以脱脱为右丞相，遣中书省宣使党忽歹、直省舍人定先等至高丽颁诏。八月，元遣使求酥油于济州。九月，元遣使至高丽，推太史府田民兼刷御马[1]；◇檀君历三千六百八十二年，〔高丽〕忠定王王眂（蒙古名"迷思监朵儿只"，1337—1352）一年。正月，李齐贤如元上表[2]，请忠惠王庶子王眂继王位。三月，遣政丞王煦如元贺圣节，廉悌臣（1304—1382）为书状官[3]。是月，又遣上护军赵得珪如元献龙席及竹簟。七月，忠定王王眂自元归国，帝遣翰林学士双哥护行。双哥授国印于王，忠定王即位于康安殿。九月，遣赞成事李君侅如元谢袭位。是月，醴泉府院君权汉功（？—1349）卒[4]。

1350年，庚寅，〔元〕惠宗至正十年，☆黄帝历四千〇四十八年。三月，云南王遣使至高丽。五月，元遣使至高丽，颁赦令[5]；◇檀君历三千六百八十三年，〔高丽〕忠定王二年。二月，遣权谦、吴子淳如元贺圣节。九月，忠惠王妃即德宁公主如元，王饯于金郊。十二月，遣赞成事廉悌臣[6]以及前赞成事尹莘系如元贺正。四月至十一月，倭船多次侵扰东莱郡等地[7]。是岁，遣李齐贤奉表如元[8]。是岁，1289年随齐国公主入大都并留皇宫的高丽人方臣佑（蒙古名"忙古台"，1267—1350）卒。方臣佑在元朝官至荣禄大夫、储庆司使[9]。

1351年，辛卯，〔元〕惠宗至正十一年，☆黄帝历四千〇四十九年。岁初，忠惠王母弟、江陵大君王祺（后来的高丽恭愍王）娶元朝卫王之女鲁国公主（宝塔失里，？—1365），元朝决定废掉忠定王。孔子第五十三代孙孔绍随鲁国公主至高丽，定居水原[10]。辽沈人边安烈亦随鲁国公主至高丽，定居原州[11]。十月，遣断事官完者不花至高丽，封府库，收回王印；◇檀君历三千六百八十四年，〔高丽〕忠定王三年。十月，忠定王逊位，被贬至江华，于恭愍王一年（1352）三月被鸩杀。十月，恭愍王即位。十二月，恭愍王及鲁国公主自元归高丽，帝遣失秃儿太子及直省舍人牙忽护行。是岁，德兴君塔思帖木儿[12]奔元朝[13]。是岁，韩山君李穀（1298—1351）病逝，有《稼亭集》传世。

1352年，壬辰，〔元〕惠宗至正十二年，☆黄帝历四千〇五十年。二月，元以讨捕河南贼魁，遣万宁府提点七十至高丽，颁赦令。四月，元告日食不果食。是月，元以倭寇犯境并焚高

---

1 诸事见〔韩〕郑麟趾等《高丽史》卷三十七。

2 参见高丽文人李齐贤《益斋集》卷四。

3 见高丽文人李穑《牧斋集》之《公神道碑并序》，杜宏刚、邱瑞中、〔韩〕崔昌源辑《韩国文集中的蒙元史料》，第507页，广西师范大学出版社，2004年版。

4 诸事见〔韩〕郑麟趾等《高丽史》卷三十七。

5 诸事见〔韩〕郑麟趾等《高丽史》卷三十七。

6 见高丽文人李穑《牧斋集》之《公神道碑并序》，杜宏刚、邱瑞中、〔韩〕崔昌源辑《韩国文集中的蒙元史料》，第507页，广西师范大学出版社，2004年版。

7 诸事见〔韩〕郑麟趾等《高丽史》卷三十七。

8 参见李齐贤《延祐己未，予从于忠宣王，降香江南之宝陁窟。王召古杭吴寿山，令写陋容。而北村汤先生为之赞。北归为人借观，因失其所在。其后三十二年，余奉国表如京师，复得之。惊老壮之异貌。感离合之有时。题四十字为识》。

9 参见高丽文人李齐贤《益斋集》卷七。

10 参见本年历"1792年"。

11 参见杜宏刚、邱瑞中、韩登庸、刘羚、阎崇东主编《韩国文集中的明代史料》，第四卷，第85页，广西师范大学出版社，2006年版。

12 初，德兴君自称忠宣王之子，忠肃王同母弟。高丽奏文称其乃忠宣王所出宫人嫁白文举所生，当姓"白"。参见〔韩〕郑麟趾等《高丽史》卷九十七。

13 诸事见〔韩〕郑麟趾等《高丽史》卷三十七、三十八。

丽乔桐[1]府库，赐王弓300、矢3万、剑300。六月，元赐高丽所请戎器，又遣大监孙完泽帖木儿至高丽赐王衣、酒。八月，元遣直省舍人普思泥赐王金带及钞2000锭。十二月，元遣宗正府常判梁烈帖木儿、吏部尚书不花帖木儿至高丽，鞫问赵日新之变[2]；◇檀君历三千六百八十五年，〔高丽〕恭愍王王祺（后改名王颛，蒙古语名"伯颜帖木儿"，1330—1374）一年。三月，忠定王（1337—1352）遇鸩，薨于江华岛。闰三月，遣三司右使洪彦博、密直副使李成瑞如元贺圣节。五月，王封僧人普愚（1301—1382）为王师。普愚俗姓洪，号"太古"，1346年如元，得石屋清珙（1272—1352）真传后，曾为元顺宗在大都讲法[3]。六月，倭寇江陵道。八月，福安府院君权谦如元，纳女于皇太子，元拜权谦大府监大监。九月，赵日新劫持王。十月，王入行省，斩杀赵日新及党羽28人。是月，遣上将军姜硕如元贺千秋节。十一月，遣密直副使朴寿年如元，谢赐戎器，并赍高丽百官论赵日新之书信以去。是月，遣都佥议司使韩可贵如元贺正。十二月，遣密直副使李成瑞如元献方物[4]。是岁，忠惠王妃尹氏（禧妃，？—1352，本贯坡平，尹继宗之女。忠定王生母）薨。

1353年，癸巳，〔元〕惠宗至正十三年，☆黄帝历四千〇五十一年。是岁，元朝回鹘（维吾尔）人偰逊[5]投高丽。二月，元遣前征东省照磨石、抹时用至高丽，赐王衣、酒。三月，元遣宗正府断事官哈儿章、兵部郎中刚升等诛赵日新党郑天起、高忠节、廉伯颜帖木儿、郭允正、李君常、李龟龙，并籍其家。七月，元以册奇皇后所出皇太子爱猷识理达腊受封，大赦天下，遣太府监太监山童、直省舍人金波豆等至高丽颁诏，奇皇后本高丽人。是月，元御香使、宦者崔伯帖木儿带处女6人及琴瑟等高丽乡乐（器）还。八月，元遣峦峦太子、定安平章至高丽，赐"孛儿扎宴"于荣安王大夫人。"孛儿扎宴"乃以5140余匹布为花，穷极奢侈。峦峦太子约娶金允臧女，以其女归。先是，实逗太子之至高丽也，亦娶万户林淑之女而还。九月，元告天文有日食，依例不准果食；◇檀君历三千六百八十六年，〔高丽〕恭愍王二年。正月，遣上护军姜仲卿、金成宝如元，献熊皮、羔皮。三月，遣佥议赞成事柳濯、三司右使崔天泽如元贺圣节。是月，遣左藏库提点金光铉，如元献苎布。五月，遣密直使李也先帖木儿、鹰扬军上护军安佑如元，贡方物仍献皇后诞日礼物。皇后诞日之贺始于此。七月，金宁君金普、上护军安佑奉帝赐王衣、酒自元还。九月，遣密直副使李也先帖木儿如元，谢赐"孛儿扎宴"。十月，赞成事柳濯奉钦赐王衣、酒还自元。是月，遣蔡河中如元贺千秋节，又遣军簿判书金希祖如元，贺册皇太子。李穑（1328—1396）参加高丽科举，为征东省乡试第一名，以金希祖使节团书状官赴大都[6]参加廷试。李穑乃李穀之子[7]。十一月，遣南阳君洪彦博如元贺正[8]。

1354年，甲午，〔元〕惠宗至正十四年，☆黄帝历四千〇五十二年。正月，长宁翁主女婿

1 今韩国江华岛西北的"桥桐"。
2 诸事见〔韩〕郑麟趾等《高丽史》卷三十八。
3 笔者夫妇于2010年11月13日前往杭州慧因高丽寺参观，见其介绍。
4 诸事见〔韩〕郑麟趾等《高丽史》卷三十八。
5 朝鲜文人柳得恭在热河对乌什王说，偰逊是偰辇河人，投高丽后封"富原君"。见〔韩〕柳得恭《滦阳录》卷一，第13页，〔中〕金毓黻编《辽海丛书》，辽海书社排印本，1931-1934年。
6 元大都即今北京市。参见高丽文人李穑《牧隐稿》卷二。
7 高丽文人李穑《牧隐稿》中有诗题为《予将会试京师，会国家遣金判书希祖人贺立东宫，因以书状官偕行。途中有作》，见杜宏刚、邱瑞中、〔韩〕崔昌源辑《韩国文集中的蒙元史料》，第401页，广西师范大学出版社，2004年版。
8 诸事见〔韩〕郑麟趾等《高丽史》卷三十八。

鲁王遣使至高丽，送宴钱楮币150锭。是月，元遣宦者院使金光秀[1]、佥院迦剌拨皮赐王楮币万锭、黄金1锭、白银9锭，王悉归之公府。金光秀请王除官300余人。三月，元遣帖古思至高丽求纹苎布。五月，元遣大府少监宦者安童至高丽，求纹苎布。是月，元遣使至高丽求毛皮。六月，元丞相脱脱传言曰："吾受命南征（红巾军），王宜遣勇锐以助之"。是月元告：以定住为右丞相，哈麻为左丞相。是月，元遣吏部郎中哈剌那海、崇文监少监康舜龙、利用监丞林蒙古不花至高丽，召柳濯、廉悌臣、权谦、元颢、罗英杰、印珰、金镛、李权、康允忠、郑世云、黄裳、崔莹、崔云起、李芳实、安佑等及西京[2]水军300人，且募骁勇，期以八月十日集燕京讨高邮张士诚[3]。崇文监少监康舜龙乃高丽人。是月，元遣工部寺丞朴赛颜不花赍宝钞6万锭至高丽，赐赴征将卒。七月，元遣中尚监丞崔濡至高丽，督赴征军士，兼求稍秉（槊柄）。《元史》卷四十三载，是岁九月，元封王暠之孙脱脱不花为"沈王"。十月，元遣宦者院使赛罕至高丽，宴荣安王大夫人，恭愍王与鲁国公主幸其第[4]；◇檀君历三千六百八十七年，〔高丽〕恭愍王三年。三月，遣佥议评理金敬直如元贺圣节。五月，遣密直使李也先帖木儿如元，贺皇后诞日。是月，庆阳大君卢頙如元，纳女于帝，帝拜其为集贤殿学士。七月，柳濯、廉悌臣等40余人率军士2000如元。十一月，遣处仁君李珍如元，贺千秋节。是月，印安还自元，言脱脱领兵攻高邮城，柳濯等赴征情状。十二月，遣赞成事金普、知密直司事全普门如元贺正。是月，龙山君车蒲温赍钦赐王衣、酒还。是岁，忠惠王妃即德宁公主自元回至高丽[5]。是岁，李穑在京参加廷试，元翰林承旨欧阳玄见其对策，大加称赏[6]，遂擢第二甲第二名，授应奉翰林文字承仕郎、同知制诰、兼国史院编修官。

1355年，乙未，〔元〕惠宗至正十五年，☆黄帝历四千〇五十三年。正月，元以诛韩山童、韩咬儿，遣直省舍人讷速儿至高丽颁赦令。二月，元遣使至高丽，赐鲁国公主（宝塔失里，？—1365）号曰"承懿公主"。三月，元告：以汪家奴为右丞相，定住为左丞相。四月，元遣使至高丽，求女乐。五月，元遣断事官买住至高丽，鞫问郑之祥。九月，元遣资政院使姜金刚吉思至高丽，宴荣安王大夫人，兼降御香[7]。十月，高丽僧惠勤以帝敕住大都广济寺，钦赐袈裟[8]。十一月，加封恭愍王"亲仁、辅义、宣忠、奉国、彰惠、靖远功臣"；◇檀君历三千六百八十八年，〔高丽〕恭愍王四年。三月，遣前佥议金信、赞成事朴寿年如元，贺圣节。是月，遣密直副使尹之彪如元，谢册鲁国公主，李穑为书状官[9]。五月，遣知申事任君辅如元，贺皇后千秋节。五月，遣密直副使崔仁远如元，献纹苎布。是月，征南万户权谦、元颢、印珰还自元，言南乱日

1　高丽文人李穑《金画兰赞并序》一文说，元朝至正帝曾御赐金光秀金画兰，乃孟坚作品。金光秀告老还半岛，请李穑在画上题词。见杜宏刚、邱瑞中、〔韩〕崔昌源辑《韩国文集中的蒙元史料》，第486页，广西师范大学出版社，2004年版。

2　西京即今朝鲜平壤市。

3　1389年，权近出使南京，其《过仪真县》的"自注"说："路逢本国宣川人李喜身。自言从本国金义征进南蛮，克捷而还。义今为仪真卫指挥，喜身为淮安卫百户。发向本卫"。见〔韩〕民族文化推进会《韩国文集丛刊》，第7卷，1990年版。

4　诸事见〔韩〕郑麟趾等《高丽史》卷三十八。

5　诸事见〔韩〕郑麟趾等《高丽史》卷三十八、八十九。

6　朝鲜文人许筠《惺叟诗话》云："文靖入元，中制科，应奉翰林。欧阳圭斋玄、虞道园集辈，皆推奖之"。见〔韩〕《原典韩国汉文选》，第334页，启明文化社出版，1989年版。

7　诸事见〔韩〕郑麟趾等《高丽史》卷三十八。

8　参见高丽文人李穑《牧斋集》之《普济尊者谥禅觉塔铭并序》，见杜宏刚、邱瑞中、〔韩〕崔昌源辑《韩国文集中的蒙元史料》，第498页，广西师范大学出版社，2004年版。

9　参见高丽文人李穑《牧隐稿》卷二。

盛。六月，赞成事朴寿年（？—1355）卒于元。朴寿年，元朝右丞相汪家奴之妇翁也，于丞相宴上暴饮而卒。七月，知申事任君辅赍钦赐王酒还，并告帝免高丽贡纹苎布。八月，元皇太子遣月鲁帖木儿至高丽，宴荣安王大夫人。九月，王下除官目录，皆奇氏及元使之请也。十一月，遣定原君王钧、大护军金璔，如元献方物[1]。

1356年，丙申，〔元〕惠宗至正十六年，☆黄帝历四千〇五十四年。二月，元遣使至高丽，锡王功臣号曰“亲仁、保义、宣力、奉国、彰惠、靖远”，王出迎宣义门外，宴群臣[2]。五月，元遣奇完者不花至高丽，改册荣安王为“敬王”，追赠三代为王。六月，元使直省舍人赍奇辙（奇皇后之兄）太司徒宣命印章而至。高丽西北面兵马副使辛珣遇诸道，夺宣命印章，囚舍人，杀仆从3人。舍人夜逃回元。六月，元囚高丽圣诞使金龟年于辽阳省，声言发80万兵至高丽，讨西北面兵马使印珰。七月，魏王太子到鸭绿江。十月，元遣中书省断事官撒迪罕、尚衣奉御朵歹到鸭绿江传帝旨。是月，高丽斩西北面兵马使印珰并上表。是月，元复遣撒迪罕等赍诏至高丽，王盛陈兵卫，出迎于宫门外[3]；◇檀君历三千六百八十九年，〔高丽〕恭愍王五年。正月，李穑弃官东归，回到高丽[4]。二月，版图总郎宣天桂还自元，奉赐王衣、酒。是月，遣福昌府院君金永煦如元，上表谢功臣号。四月，知都佥议车蒲温还自元，奉赐王衣、酒。五月，定原君王钧、大护军金璔还自元，奉赐王衣、酒。是月，前密直安佑还自元，奉赐王衣、酒。是月，高丽杀太司徒奇辙（奇皇后之兄）、大监权谦、庆阳府院君尹頙。是月，以评理印珰、同知密直司事姜仲卿为西北面兵马使，辛珣、俞洪、前大护军崔莹、前副正崔夫介为副使，攻鸭绿江以西元朝八站。六月，印珰引兵渡鸭绿江，攻婆娑府等三站。六月，高丽停用“至正”年号，人心动摇，居民纷纷南撤。十月，遣政堂文学李仁复如元上表，认罪并求双城[5]、三撤[6]等地归高丽。是月，遣枢密院使金希祖如元，贺皇太子千秋节。十二月，遣参知政事李千善、吏部判书李寿林如元贺正[7]。

1357年，丁酉，〔元〕惠宗至正十七年，☆黄帝历四千〇五十五年。六月，元告以撒思监为右丞相，太平为左丞相。七月，江浙省丞相张士诚遣理问、实剌不花至高丽献土物[8]；◇檀君历三千六百九十年，〔高丽〕恭愍王六年。正月，恭愍王命修学校。二月，王命李齐贤至汉阳[9]修宫阙。八月，高丽都堂呈书行省，再求双城[10]、三撤[11]等地归高丽。九月，命李仁复编修《古今录》。九月，遣判阁门事杨伯颜如元，贺皇后千秋节。十月，遣判开城府事孙登、开城尹高用贤如元贺正，遣刑部尚书李峤如元，贺皇太子千秋节[12]。

---

1 诸事见〔韩〕郑麟趾等《高丽史》卷三十八。
2 高丽文人李齐贤《益斋集》卷八《谢表》小注有记述。
3 诸事见〔韩〕郑麟趾等《高丽史》卷三十九。
4 参见李穑《丙申正月，出齐化门东归，明日纪行》一诗，杜宏刚、邱瑞中、〔韩〕崔昌源辑《韩国文集中的蒙元史料》，第420页，广西师范大学出版社，2004年版。
5 双城，即和州，今朝鲜咸镜南道永兴。
6 三撤，今朝鲜咸镜南道北青。
7 诸事见〔韩〕郑麟趾等《高丽史》卷三十九。
8 诸事见〔韩〕郑麟趾等《高丽史》卷三十九。
9 汉阳即汉城，今韩国首尔。
10 双城即和州，今朝鲜咸镜南道永兴。
11 三撤，今朝鲜咸镜南道北青。
12 诸事见〔韩〕郑麟趾等《高丽史》卷三十九。

1358年，戊戌，〔元〕惠宗至正十八年，☆黄帝历四千〇五十六年。三月，赵小生、卓都卿逃据海阳，海阳人完者不花率兵1800人投奔高丽。五月，台州[1]方国珍遣人至高丽，献方物。七月，江浙行省丞相张士诚遣理问、实剌不花至高丽，献沉香山水、精山画木屏、玉带、铁杖、彩缎并寄书。时张士诚据杭州，称太尉。是月，江浙海岛防御万户丁文彬通书高丽。恭愍王一一遣人回书并送厚礼，送丁文彬白苎布若干、黑麻布若干、虎皮若干、文豹皮若干[2]。京师大疫，皇宫宦官朴不花本高丽人，是岁起出资在卢沟桥等地掩埋尸体约20万；◇檀君历三千六百九十一年，〔高丽〕恭愍王七年。三月，遣前佥议评理姜之衍、刑部尚书崔堧如元贺圣诞。五月，遣大将军赵天珪如元，贺皇后千秋节。七月，倭寇为梗，漕运不通。以汉人张仁甫等6人为都纲，各授唐船1艘、战卒150人，漕全罗税租。倭人乘风纵火焚之，死伤甚多。十月，遣兵部尚书洪师范如元，贺皇太子千秋节。十一月，遣定原伯王�園如元贺正。十二月，遣判太常寺事洪淳如元，献人参[3]。是岁，僧人惠勤回到高丽[4]。

1359年，己亥，〔元〕惠宗至正十九年，☆黄帝历四千〇五十七年。二月。红巾军移文于高丽，宣称“慨念生民，久陷于胡。倡义举兵，恢复中原”。四月，江浙张士诚、丁文彬遣使至高丽，献方物。七月，张士诚遣范汉杰、路本至高丽，献彩缎金带、美酒。丁文彬亦献方物。恭愍王接见张士诚使者，使李穑与丁文彬书。是月，元江浙省平章火尼赤，漂风至高丽，泊黄州之铁和江。高丽赐米100石、苎布20匹，以行省员外申仁适之女妻于火尼赤。八月，火尼赤献水精钺2柄。是月，方国珍遣使至高丽献方物。十月，辽沈流民2300余户至高丽，恭愍王分处其于高丽西北郡县，官给资粮。先是，高丽人亦有渡鸭绿江居者，以元朝兵乱皆陆续自还。十二月，红巾军魁首毛居敬号4万军，冰渡鸭绿江，攻陷义州、静州、麟州[5]；◇檀君历三千六百九十二年，〔高丽〕恭愍王八年。四月，以鲁国公主无子，恭愍王纳李齐贤女为妃，封为“惠妃”。十月，遣使如元贺皇太子千秋节，时高丽与元虽不相通，亦不欲遽废也。十二月，恭愍王以守门下侍中李嵒为西北面都元帅，庆千兴为副元帅，拒红巾军。铁州安佑李芳实等击红巾，红巾军退屯麟、静等州，寻陷西京[6]。恭愍王遣户部尚书朱思忠赍细布、鞍辔、酒肉遗红巾军帅，实为觇虚实也[7]。

1360年，庚子，〔元〕惠宗至正二十年，☆黄帝历四千〇五十八年。三月，张士诚遣使至高丽聘。七月，江浙省李右丞遣张国珍至高丽，献沉香、匹段、玉带、弓剑[8]。是岁起，皇宫太监朴不花气焰日盛；◇檀君历三千六百九十三年，〔高丽〕恭愍王九年。正月，高丽军攻平壤城，与红巾军大战，双方伤亡皆大。二月，高丽军与红巾军战于咸从，红巾军败退。三月，遣户部尚书朱思忠如元，告平红巾军，至辽阳道梗而还。四月，遣金伯环、权仲和报聘于张士诚。是月，

1 台州，今浙江省宁波。

2 诸事见〔韩〕郑麟趾等《高丽史》卷三十九。

3 诸事见〔韩〕郑麟趾等《高丽史》卷三十九。

4 参见高丽文人李穑《牧斋集》之《普济尊者谥禅觉塔铭并序》，杜宏刚、邱瑞中、〔韩〕崔昌源辑《韩国文集中的蒙元史料》，第499页，广西师范大学出版社，2004年版。

5 诸事见〔韩〕郑麟趾等《高丽史》卷三十九。

6 高丽西京即今朝鲜平壤。

7 诸事见〔韩〕郑麟趾等《高丽史》卷三十九。

8 诸事见〔韩〕郑麟趾等《高丽史》卷三十九。

李子春卒。李子春（1315—1360）是李成桂之父，曾出任元双城总管府官员，后为高丽朔风万户，被朝鲜王朝追封为“恒祖”。七月，高丽复遣少尹金伯环报聘张士诚。是月，遣益山君李公遂、户部尚书朱思忠、宦者方都赤如元，审红巾军之势，行至汤站，道梗还渡鸭绿江。王大怒曰：“虽死不可还！”固遣之，至沈阳，数月又不得达而还。十月，赐郑梦周等及第。是岁旱甚[1]。

1361年，辛丑，〔元〕惠宗至正二十一年，〔大夏〕天统一年，☆黄帝历四千〇五十九年。三月，张士诚遣人至高丽献彩缎、玉斝、沉香、弓矢。是月，淮南省右丞王晟遣使至高丽，献彩帛、沉香。四月，辽阳省总官高家奴遣使至高丽，献玉斝及犬。七月，张士诚遣千户傅德至高丽聘，又遣赵伯渊不花至高丽聘。九月，元以韩咬儿等作乱，四方兵兴，遣使至高丽颁赦令。十月，红巾军10万众渡鸭绿江，入朔州[2]。是岁，明玉珍（1329—1366）在重庆称帝，国号“大夏”；◇檀君历三千六百九十四年，〔高丽〕恭愍王十年。是岁，李穑讲书《洪范》、田大有讲书《无逸》。八月，王邀僧普印等于内殿日讲《传灯录》。九月，遣户部尚书朱思忠如元，贺道路复通。十月，李成桂（朝鲜王朝太祖）以金吾卫上将军为东北面上万户。是月，遣鹤城侯王谞如元贺正，以道梗不果行。十一月，红巾军屯抚州，袭安州，高丽军败绩。恭愍王狼狈避至忠州[3]。

1362年，壬寅，〔元〕惠宗至正二十二年，〔大夏〕天统二年，☆黄帝历四千〇六十年。四月，辽阳行省同知高家奴邀击红巾军余众，斩4000级，擒其魁破头潘，遣使至高丽报。是月，朔方道都指挥使击女真献捷。五月，元遣太子詹事院佥同奇、田龙赐王衣、酒。五月，辽阳省平章高家奴遣使至高丽请兵。七月，张士诚遣使至高丽，献沉香佛、玉香炉、玉香盒、彩缎、书轴等。七月，女真达鲁花赤所音山总管不花杀赵小生、卓都卿及家口麾下50余人。八月，元以灭红巾军之功，遣集贤院侍读学士忻都至高丽，赐王衣酒，兼谕与高家奴挟攻盖、海州红巾军余部。十二月，元奇皇后恨恭愍王杀其兄奇辙，欲立德兴君塔思帖木儿为国王。王闻之，遣吏部尚书洪师范为西北面体覆使，审察情伪。十二月，高家奴遣使至高丽，献羊4头且请处女，高丽以前中郎将金光彻女送之[4]；◇檀君历三千六百九十五年，〔高丽〕恭愍王十一年。正月，总兵官郑世云督安佑、李芳实、黄裳、韩方信、李余庆、金得培、安遇庆、李龟寿、崔莹、李成桂等诸将，率兵20万屯东郊，进围松京[5]，大破红巾军，斩首凡10余万级，获元帝玉玺、金宝、金银铜印、兵仗等物，余党破头潘等10余万遁走，渡鸭绿江而去。是月，诸将杀总兵官郑世云。二月，赵小生引纳哈出入寇三撒[6]、忽面之地。纳哈出据有沈阳之地，自称行省丞相。高丽东北面都指挥使与纳哈出累战，败绩。四月，朔方道击破女真现捷。六月，遣判三司事金逸逢如元献方物。是月，遣典法判书李子松如元，告平红巾军，献所获玉玺2、金宝1、金银铜印20余及金银牌。七月，纳哈出领兵数万与卓都卿、赵小生等屯于洪原。李成桂与纳哈出战，且折服之。八月，遣佥议商议姜之衍如元贺正，遣典理判书李瑞龙贺千秋节。十月，济州请隶属于元，元以副枢文阿但不花为耽罗万户，杀原万户朴都孙。十二月，遣赞成事柳仁雨如元贺圣节，遣

1　诸事见〔韩〕郑麟趾等《高丽史》卷三十九。
2　诸事见〔韩〕郑麟趾等《高丽史》卷三十九。
3　诸事见〔韩〕郑麟趾等《高丽史》卷三十九。
4　诸事见〔韩〕郑麟趾等《高丽史》卷四十。
5　松京，今朝鲜开城。
6　三撒，今朝鲜咸镜南道北青。

佥议评理黄顺如元谢赐衣、酒[1]。

1363年，癸卯，〔元〕惠宗至正二十三年，〔大夏〕天统三年，☆黄帝历四千〇六十一年。四月，张士诚遣使贺平红巾军，献彩缎及羊、孔雀。五月，元使李家奴赍递位诏来，王遣密直副使禹磾为接伴使，令沮之。七月，递位诏使李家奴至高丽，百官陈兵迎于宣义门外。八月，央土万户全景投奔高丽。十二月，德兴君塔思帖木儿屯兵辽东，侯骑屡到鸭绿江，高丽朝野震惧[2]；◇檀君历三千六百九十六年，〔高丽〕恭愍王十二年。三月，遣赞成事李公遂[3]、密直提学许纲如元，进陈情表。文益渐（？—1398）为书状官。文益渐于路边摘取棉花种子，使其岳父种植之，后传播半岛[4]。闰三月，金镛密遣其党50余人犯行宫。四月，遣密直商议洪淳、同知密直司事李寿林如元，呈百官耆老书于御史台。五月，译语李得春还自元，言帝以德兴君塔思帖木儿为高丽王，奇三宝奴为元子，发辽阳兵以送[5]。是岁，遣田禄生(1318—1375)、金方砺聘于浙东方国珍[6]。

1364年，甲辰，〔元〕惠宗至正二十四年，〔大夏〕天统四年，☆黄帝历四千〇六十二年。正月，崔濡以元兵1万人奉德兴君塔思帖木儿渡鸭绿江，围义州，与高丽都指挥使安遇庆开战，随即占领和州[7]以北。四月，张士诚遣万户袁世雄至高丽聘。是月，淮南朱平章遣万户许成至高丽献铠矟。五月，元遣使至高丽，告流放朴不花于甘肃，复以孛罗帖木儿为太尉。六月，明州司徒方国珍遣照磨、胡若海[8]偕田禄生至高丽，献沉香、弓矢及《玉海通志》等书。七月，吴王张士诚遣周仲瞻至高丽，献玉缨、玉顶子、彩缎40匹。十月，元遣翰林学士、承旨奇田龙至高丽，诏恭愍王复位。是月，元执送崔濡系巡军，次月诛杀之[9]。是岁，皇宫太监朴不花被孛罗帖木儿杀死，朴不花本高丽人，与奇皇后同乡；◇檀君历三千六百九十七年，〔高丽〕恭愍王十三年。五月，遣大护军李成林、典校副令李韧[10]报聘于张士诚。九月，护军张子温还自元，言帝命恭愍王复位，槛送崔濡，王大悦。十月，遣赞成事李仁复如元，谢复位。是月，又遣同知密直司事王重贵如元，贺千秋。十一月，遣密直副使韩公义如元贺正[11]。

1365年，乙巳，〔元〕惠宗至正二十五年，〔大夏〕天统五年，☆黄帝历四千〇六十三年。三月，元遣吏部侍郎王朵例秃、吏部奏差胡天锡至高丽，册恭愍王为“太尉”，仍赐酒。三月，女真所音山、所应哥、阿豆刺投高丽，王处之朔方。四月，吴王张士诚遣使至高丽，献方物。八月，明州司徒方国珍遣使至高丽聘。九月，元皇太子遣佥院成大庸至高丽，宣令旨并赐王衣、酒。十月，方国珍遣使至高丽聘。是月，元遣大府少监安僧至高丽，诏告皇太子讨平逆贼孛罗

1　诸事见〔韩〕郑麟趾等《高丽史》卷四十。本卷对李成桂马上与哈纳出之战细节记载极详。

2　诸事见〔韩〕郑麟趾等《高丽史》卷四十。

3　金景善（1788—？）《燕辕直指》(1832) 卷之四载，元皇太子于万岁山广寒楼接见李公遂。

4　见〔韩〕郑麟趾等《高丽史》卷一百一十一《文益渐传》。参见朝鲜文人曹伸《謏闻琐录》，〔韩〕《大东野乘》卷之三。

5　诸事见〔韩〕郑麟趾等《高丽史》卷四十。

6　参见杜宏刚、邱瑞中、〔韩〕崔昌源辑《韩国文集中的蒙元史料》，第363页，广西师范大学出版社，2004年版；杜宏刚、邱瑞中、韩登庸、刘羚、阎崇东主编《韩国文集中的明代史料》，第一卷，第35页，广西师范大学出版社，2006年版。

7　和州，今朝鲜咸镜南道永兴。

8　李存吾 (1341—1371)《石滩集》有《送胡若海、照磨还台州》一诗。见杜宏刚、邱瑞中、〔韩〕崔昌源辑《韩国文集中的蒙元史料》，第681页，广西师范大学出版社，2004年版。

9　诸事见〔韩〕郑麟趾等《高丽史》卷四十。

10　李存吾（1341—1371）《石滩集》之《送李副令韧使浙江》小注云：“恭愍王十三年，报聘张士诚时”。见杜宏刚、邱瑞中、〔韩〕崔昌源辑《韩国文集中的蒙元史料》，第681页，广西师范大学出版社，2004年版。

11　诸事见〔韩〕郑麟趾等《高丽史》卷四十。

帖木儿。十一月，元遣直省舍人阿敦也海至高丽传诏，告以伯撒里为太师、右丞相，廓扩帖木儿为太傅、左丞相[1]；◇檀君历三千六百九十八年，〔高丽〕恭愍王十四年。正月，遣密直副使金庾（1321—1386）如元，请执送德兴君。庾至辽阳，知枢密院事黑驴谓庾曰："帝敕臣杖塔思帖木儿（即德兴君）还其本国，今方背疽，待其愈杖而归之"。金庾乃还。二月，鲁国公主（宝塔失里，？—1365）以妊娠而薨，恭愍王悲之。是月，遣黄原君崔伯、左副代言金精如元贺圣节。是月，遣密直副使李子松往辽阳，馈黑驴白金、马鞍。三月，遣密直副使杨伯渊如元，告鲁国公主之丧。是月，遣密直副使洪师范如元，谢册命。次月，崔伯、杨伯渊、洪师范等以元军乱道梗，不至而还。四月，遣监察大夫田禄生（1318—1375）及宦者、府院君方节如元，进礼物于皇太子、河南王廓扩帖木儿及沈王。五月，王以僧遍照（辛旽）为"师傅"，咨访国政。七月，王封遍照和尚辛旽为"真平侯"。闰十月，遣密直使商议崔伯如元贺千秋节。十二月，以辛旽为"守正、履顺、论道、燮理、保世功臣，壁上三韩，三重大匡，领都佥议使司事，判监察司事，鹫城府院君，提调僧录司事兼判书云观事"，辛旽即僧人遍照[2]。

1366年，丙午，〔元〕惠宗至正二十六年，〔大夏〕天统六年，☆黄帝历四千〇六十四年。是岁，大夏皇帝明玉珍（1329—1366）崩于重庆，太子明升（1356—？）继位，太后彭氏（1321—1404，明升生母）听政。八月，沈王笃朵不花遣使至高丽。九月，辽阳平章高家奴至高丽献鹞，恭愍王受而放之。十月，淮王遣使至高丽，献羊120头。十一月，河南王遣中书检校郭永锡，至高丽报聘。高丽书状官金齐颜随之还[3]。十二月，郭永锡谒文庙。是月，郭永锡承河南王之命以白金享王。酒半，永锡请侍臣联句，左右皆武人，相顾无言。王甚惭。王宴郭永锡，赠袭衣、金带、鞍马，郭皆不受。月末，郭永锡回国，至平壤府，题箕子庙诗曰："何事佯狂被发为？欲将殷祚独扶持。去之祗为身长洁，谏死谁嗟国已危。鲁土一丘松柏在，忠魂万古鬼神知。晚来立马朝鲜道，仿佛犹闻《麦秀》诗"。十二月，辽阳省同知高家奴遣使至高丽，献田犬（猎犬）[4]；◇檀君历三千六百九十九年，〔高丽〕恭愍王十五年。三月，遣密直提学田禄生聘于天下总兵官、河南王廓扩帖木儿。是月，遣使如元，贺皇太子定难还都。四月，贺正副使林大光还自元。林大光至辽阳，为群盗所围，以所赍赐王衣酒及皇太子令旨示之。盗曰："无以此物为也，但为高丽王"。释之。是月，贺正使、判三司事全普门还自元。帝授全普门翰林侍讲学士、知制诰、同修国史。普门目不知书，高丽为元滥授官职而大惊。五月，遣郑元庇如元，聘于河南王廓扩帖木儿。六月，田禄生不达河南而还，书状官金齐颜欲达使命，留燕京。八月，恭愍王更名为"王㺩"，遣使如元，上表请准[5]。是岁，恭愍王纳安氏（定妃，本贯竹州，安克仁之女）。

1367年，丁未，〔元〕惠宗至正二十七年，〔大夏〕开熙一年，☆黄帝历四千〇六十五年。正月，元遣前辽阳理问忽都帖木儿追锡高丽永陵、明陵、聪陵。二月，皇太子遣大府卿大都驴至高丽，赐王衣、酒。恭愍王宴大都驴。是月，元使高大悲自济州至高丽，帝赐王彩帛、锦绢

1 诸事见〔韩〕郑麟趾等《高丽史》卷四十一。

2 诸事见〔韩〕郑麟趾等《高丽史》卷四十一。

3 高丽文人金九容《送郭九畤检校》一诗小注："河南王使同仲贤郎中来。名永锡"，见杜宏刚、邱瑞中、〔韩〕崔昌源辑《韩国文集中的蒙元史料》，第655页，广西师范大学出版社，2004年版。

4 诸事见〔韩〕郑麟趾等《高丽史》卷四十一。

5 诸事见〔韩〕郑麟趾等《高丽史》卷四十一。

550 匹。时帝（元惠宗）欲避乱济州，仍输御府金帛，乃诏以济州复属高丽。是月，元以高丽僧人辛吨为集贤殿大学士，赐衣、酒。三月，辽阳平章洪宝宝、知辽阳沿海行枢密院事于山帖木儿遣使至高丽聘。五月，元中书省遣直省舍人乞彻传牒至高丽。八月，元遣直省舍人山塔失里至高丽，告以完者帖木儿为左丞相。九月，元遣长秋寺少卿笃怜帖木儿至高丽，告罢河南王廓扩帖木儿总兵官，命皇太子总天下兵马。十月，纳哈出遣使至高丽献马[1]；◇檀君历三千七百年，〔高丽〕恭愍王十六年。三月，遣典法判书白汉龙如元谢恩，遣前同知密直司事王重贵贺圣节。四月，遣典校令林朴宣抚济州。五月，遣张子温报聘于河南王。是月，恭愍王命重营国学。七月，鸡林府院君李齐贤卒。李齐贤（1287—1367），本贯庆州，在华时间近 30 年，有《益斋乱稿》传世。其中卷十为"长短句"[2]。

1368 年，戊申，〔元〕惠宗至正二十八年，〔大夏〕开熙二年，〔明〕太祖洪武一年，☆黄帝历四千〇六十六年。正月，辽阳省平章洪宝宝、哈剌不花等遣客省大使卜颜帖木儿至高丽谕："大明兵势甚盛，请悉心备御。"七月，辽阳省于山帖木儿遣使至高丽聘。九月，辽阳省平章洪宝宝遣使至高丽聘。十一月，元遣利用监太卿峦子罕至高丽，诏分命诸将以图恢复[3]。《明史·列传第二百八·外国一·朝鲜》（卷三百二十）载："元至元中，西京（今朝鲜平壤）内属，置东宁路总管府，尽慈岭为界"[4]；◇檀君历三千七百〇一年，〔高丽〕恭愍王十七年。八月，恭愍王闻大明兵围元朝皇城甚急，以左常侍曹敏修为义、静州等处安慰使，以前典理判书林坚味为安州巡抚使。九月，高丽人金之秀自元还，言于恭愍王曰：大明舟师万余艘泊通州、入京城，元帝妥懽帖睦尔与皇后奔上都，太子战败，亦奔上都。九月，恭愍王令百官议通使大明事。十月，遣判宗簿寺事文天式如元贺千秋节，文天式至辽阳，道梗而还。王杖之，复遣如元。十一月，遣礼仪判书张子温聘于北元吴王，吴王礼待甚厚，使六部御史台宴慰。至台宴日张乐，大夫谓子温曰："台宴未尝用乐，今日之乐为使臣也"。张子温曰："乐以和为主，诸公既以和气相接，何必乐为？夫子曰：乐云乐云，钟鼓云乎哉？礼云礼云玉帛云乎哉？"大夫曰："尚书既知礼乐之本，不必用乐"。乃止。吴王闻之，加厚礼以送。十一月，遣赞成事李成瑞如元贺正。是岁，恭愍王宠信妖僧辛吨（遍照）[5]。

1369 年，己酉，〔明〕太祖洪武二年，〔大夏〕开熙三年，☆黄帝历四千〇六十七年。正月，辽阳省纳哈出及平章洪宝宝遣使至高丽聘。二月，元遣中书省右丞豆利罕至高丽，赐王衣、酒。三月，元遣使至高丽，进恭愍王为"右丞相"。四月，明太祖朱元璋遣符宝郎偰斯至高丽[6]，赐玺书及纱罗段匹共40匹，恭愍王率百官出迎于崇仁门外。偰斯以去年十一月发金陵[7]，海道艰关，至是乃至高丽。偰斯即高丽人偰逊之弟也。偰逊本元朝回鹘（维吾尔族）人，1353 年投高丽，其子偰长寿是高丽、朝鲜名臣。五月，偰斯回国，不受高丽馈赠，恭愍王命文臣赋诗以赠。六月，明太祖遣宦者金丽渊致书恭愍王，谓"幽燕之民南来就食，内有高丽民百六十五人"，命

1 诸事见〔韩〕郑麟趾等《高丽史》卷四十一。

2 诸事见〔韩〕郑麟趾等《高丽史》卷四十一。

3 诸事见〔韩〕郑麟趾等《高丽史》卷四十一。

4 〔明〕李辅《全辽志》卷六"朝鲜"记为："元至元中，西京内属，置东宁路总管府，画慈悲岭为界"。见金毓黻编《辽海丛书》，辽海书社排印本，1931–1934 年。

5 诸事见〔韩〕郑麟趾等《高丽史》卷四十一。

6 参见高丽文人李穑《牧隐文藁》卷之九《送偰符宝使还诗序》。

7 金陵即今江苏省南京。参见〔明〕雷礼《国朝列卿记》卷九十三"偰斯"。

有司具舟护送归。内使监丞金丽渊亦高丽人，尝言家有老母久不得见，帝念其亲情就令其行，并赍钦赐纱罗各6匹。八月，北元[1]中书省及太尉丞相奇平章遣使至高丽聘。九月，北元吴王、淮王、双哈达王皆遣使报聘，献马40余匹。十月，淮王、吴王各遣使献黄金佛1躯于恭愍王。是月，明太祖赐高丽祭服及《六经》《四书》《通鉴》，遣高丽使臣成淮得赍回。十一月，纳哈出遣使至高丽献马[2]。是岁，明太祖敕令会同馆集中接待外来使节，其中朝鲜馆设通事（翻译）5名；◇檀君历三千七百〇二年，〔高丽〕恭愍王十八年。三月，遣同知密直司事王重贵如元，贺圣节兼谢恩，王重贵以道梗不达而还。是月，王命宰枢议迁都。四月，遣禹磾聘于淮王。五月，停用元“至正”年号。是月，遣礼部尚书洪尚载、监门卫上护军李夏生奉表如明金陵[3]，贺明太祖登极并谢恩。八月，遣总部尚书成淮得如明金陵，贺大明万圣节。是月，遣大将军金甲雨如明，贺皇太子千秋节，遣工部尚书张子温如明贺正，仍请赐本国朝贺仪注。九月，遣禹磾回谢北元吴王、淮王。吴王请婚于高丽。淮王待禹磾甚厚，且欲以其女归于高丽，请禹磾观其女。禹磾辞曰：“臣受命修聘耳，若请昏，非臣所知”。淮王强使见之。是月，恭愍王召元朝工匠元世等11人营造影殿，元世等举家至高丽，请高丽大臣转达元帝大兴土木导致灭亡之意，大臣不敢言于恭愍王。十月，遣参知门下大将军崔伯、柳云，归侍中金逸逢女于吴王，且逆迎淮王之女。崔伯于途中卒，淮王亦不送其女。十一月，瑞原君卢亶奉元诏至黄州，恭愍王遣大将军宋光美杀之。东、西、北三面要害多置万户、千户，以李成桂（后来的朝鲜太祖）为东北面元帅，将击东宁府，以绝北元[4]。

1370年，庚戌，〔明〕太祖洪武三年，〔大夏〕开熙四年，☆黄帝历四千〇六十八年。正月，女真万户弓大率100户投奔高丽。二月，纳哈出遣使至高丽，献方物仍求官，且以黄金8两求高丽妇人腰带。恭愍王乃授其三重大匡司徒，赐细布2匹、妇人金带1条，还其金。三月，鞑靼王哈剌八秃及也先不花遣使至高丽聘。是月，吴王、淮王遣使至高丽，献方物。四月，明太祖遣道士徐师昊至高丽祭山川[5]。恭愍王疑道士行压胜之术，称疾不出，命百官迎诏。五月，明太祖遣尚宝司丞偰斯至高丽，锡王命，王率百官郊迎。明太祖诰曰“今遣使赍印，仍封尔为高丽王”。并赐大统历一本、锦绣绒段10匹。六月，明太祖封高丽诸子，遣礼部主事柏礼至高丽颁诏，又遣侍仪舍人卜谦至高丽颁科举程序[6]。是月，明中书省移咨高丽，具体说明科举事。是月，明中书省遣百户丁志、孙昌甫至高丽，递交究“兰秀山叛军”首领陈君祥[7]咨。七月，明太祖遣秘书监直长夏祥凤，至高丽传诏：去元朝封高丽山、海、河流之号。是月，明太祖遣中书省宣史孟原哲至高丽，诏告元帝身死事。九月，元丞相廓扩帖木儿遣使至高丽。十一月，女真达麻大遣使献地于高丽，恭愍王封其为“大将军”。十二月，纳哈出遣使至高丽朝[8]。是岁，

1　北元（1368—1635年），元顺帝北逃后，在漠北的元君臣仍沿用大元国号，史称“北元”。1388年天光帝被阿里不哥后裔也速迭尔袭杀后去国号。1635年大汗林丹汗归降皇太极，北元终。

2　诸事见〔韩〕郑麟趾等《高丽史》卷四十一。

3　明都金陵即今江苏省南京市。

4　诸事见〔韩〕郑麟趾等《高丽史》卷四十一与《明史·列传第二百八·外国一·朝鲜》（卷三百二十）。

5　参见高丽文人李穑《送徐道士使还序》一文，见杜宏刚、邱瑞中、〔韩〕崔昌源辑《韩国文集中的蒙元史料》，第472页，广西师范大学出版社，2004年版。

6　参见朝鲜文人赵庆男《续杂录》（四）《历代要览》，〔韩〕《大东野乘》卷之三十四。

7　“兰秀山之乱”是江阴秀山陈氏发起的。参见陈波《兰秀山之乱与明初海运的开展：以朝鲜史料〈吏文〉为中心》，《复旦大学文史论丛》，2009年第4期。

8　诸事见〔韩〕郑麟趾等《高丽史》卷四十二。

元朝奇皇后所生元顺帝长子爱猷识理达腊（1338—1378）逃至和林[1]，史称“北元昭宗”；◇檀君历三千七百〇三年，〔高丽〕恭愍王十九年。二月，李成桂以元枢密副使拜住及吾鲁帖木儿、李伯渊、李长寿、李天佑、玄多士金、阿鲁丁等300余户献捷，杨伯渊亦以东宁府头目50余人献捷。三月，王忧无嗣，将迁毅陵。五月，成准得[2]还自金陵，帝赐王玺印、冠服、乐器及陪臣冠服，又赐王《六经》《四书》《通鉴》《汉书》，皇后赐王妃冠服。六月，张子温还自金陵，帝赐《朝贺仪注》1册及金龙纻丝、红熟里绢各2匹。是月，明道士徐师昊回国，王附表谢恩。七月，遣三司左使姜师赞如明金陵，谢册命及玺书，并纳前元所降金印，仍计禀耽罗事。是月，高丽始行“洪武”年号[3]。八月，司宪府请易半岛服色，王从之。是月，遣判宗簿寺事尹控如明金陵，贺圣节兼贺封亲王。是月，以元枢密院副使拜住为高丽判司农寺事，赐姓名“韩复”。九月，遣工部尚书权钧如明金陵贺正，高丽举子朴实、金涛、柳伯濡从行。金涛中大明制科[4]。十一月，李成桂与池龙寿等至义州造浮桥渡鸭绿江，进袭辽城[5]。

1371年，辛亥，〔明〕太祖洪武四年，〔大夏〕开熙五年，☆黄帝历四千〇六十九年。是岁，明太祖在辽阳建立“定辽都卫指挥使司”，总领全辽军事[6]。是岁，明升投降大明，重庆的大夏政权灭亡。二月，女真千户李豆兰帖木儿遣百户甫介，以100户投奔高丽。二月，明遣孟元哲为使，至高丽颁诏[7]，并议北元辽阳省平章刘益、王右丞归降事。四月，明中书省咨，告前元辽阳行省平章刘益以金、复、盖、海（州）等地归顺，帝以为本卫指挥。五月，北元吴王遣使至高丽聘。六月，高家奴、王右丞遣使至高丽聘。九月，东平王遣使至高丽[8]。是岁，岳飞七世孙、青海伯岳豆兰遣部下300户投高丽李成桂。其后岳豆兰改名“李之兰”，亦投李成桂。朝鲜王朝建立后，李之兰被封开国功臣[9]；◇檀君历三千七百〇四年，〔高丽〕恭愍王二十年。七月，流僧人辛旽（遍照）于水原[10]，辛旽旋即伏诛。王并诛辛旽党大护军李伯修，流成汝完、赵思谦、柳淩。王以尹桓为门下侍中，韩方信为赞成事，李穑为政堂文学。是月，恭愍王语近臣曰：曾幸辛旽宅内婢女，得一子，名“辛禑”。并命近臣带辛禑入宫，视作元子。八月，遣判开城府事姜仲祥如明金陵贺圣节，遣知密直司事郑思道如明金陵贺正，船被撞漏，未果行。是月，又遣总部尚书洪仲元如明金陵贺千秋节。是月，以僧惠勤[11]为王师。十月，判事黄用成急报：“我军克五老山城，虏元枢密院副使哈剌不花”。十一月，高丽咨中书省曰：小邦去帝京隔海甚远，发船恐违进贺之期。金、复等州涉海稍近，驿路可通，经由辽东庶望及期。今遣韩邦彦往辽东

1　和林，今蒙古人民共和国哈尔和林。

2　参见朝鲜文人赵庆男《续杂录》（四）《历代要览》，〔韩〕《大东野乘》卷之三十四。

3　参见朝鲜文人赵庆男《续杂录》（四）《历代要览》，〔韩〕《大东野乘》卷之三十四。

4　高丽学子朴实、金涛、柳伯濡到金陵（今江苏省南京）后，金涛登进士第，授东昌府丘县县丞，以汉语口语不能交流，次年与落第的朴实、柳伯濡回国。参见朝鲜文人赵庆男《续杂录》（四）《历代要览》，〔韩〕《大东野乘》卷之三十四。

5　诸事见〔韩〕郑麟趾等《高丽史》卷四十二。朝鲜文人多记载说，元至正十六年（1356）被高丽所杀的奇皇后之兄奇辙，有一子名“奇赛音帖木儿”。奇赛音帖木儿官至元平章，领兵占据东宁府，多次袭扰高丽边境，声言要为父报仇。李成桂乃率大军进击之。参见朝鲜文人赵庆男《续杂录》（四）《历代要览》，〔韩〕《大东野乘》卷之三十四。

6　参见王臻《朝鲜前期与明建州女真关系研究》，第34页，中国文史出版社，2005年版。

7　孟元哲颁诏事，参见朝鲜文人赵庆男《续杂录》（四）《历代要览》，〔韩〕《大东野乘》卷之三十四。

8　诸事见〔韩〕郑麟趾等《高丽史》卷四十三。

9　参见吴晗《朝鲜李朝实录中的中国史料》，第103页，中华书局，1980年版。

10　水原是今韩国首尔附近的一个城市，那里有著名的“华城”。

11　高丽文人李穑《牧斋集》之《普济尊者谥禅觉塔铭并序》载，惠勤（1320—1376），号懒翁，初名元惠。见杜宏刚、邱瑞中、〔韩〕崔昌源辑《韩国文集中的蒙元史料》，第498页，广西师范大学出版社，2004年版。

都司，赴京进贺。十二月，上书吏部，请革元朝所设“鹰坊”，明朝吏部从之。十二月，海阳万户弓大、镇边元帅达麻大（女真人）遣使贺正[1]。是岁，在金陵国子监读书的高丽人金涛，进士及第后授东昌府安丘县丞，以口语不通回国[2]。

1372年，壬子，〔明〕太祖洪武五年，☆黄帝历四千〇七十年。正月，北元纳哈出、高家奴等攻高丽。四月，纳哈出遣使至高丽献土物。五月，帝遣宦者、前元院使延达麻失里及孙内侍至高丽，锡王彩缎、纱罗48匹，恭愍王出迎于迎宾馆。中书省移咨同时到达高丽。右丞相汪广洋致书恭愍王，言帝欲安置陈友谅之子陈理、明玉珍（1329—1366）之子明升于半岛闲居。是月，陈理（1352—1408）、明升（1356—？）等男女共27人入松都[3]，护送官延安答理[4]。陈理、明升诣阙，王出御报平厅。陈理、明升拜于阶，王坐受之。礼讫，陈、明坐于使臣之下，钦差宣明太祖“不做军，不做民”旨意[5]。是月，镇边元帅达麻大、女真万户弓大遣使至高丽贺诞辰[6]。是岁，明礼部尚书史繇出使高丽不归，居于高丽京畿道坡州郡月笼面苇田里，乃为半岛史氏始祖[7]；◇檀君历三千七百〇五年，〔高丽〕恭愍王二十一年。三月，移咨定辽卫，又遣知密直司事洪师范、书状官郑梦周[8]如明金陵，上表贺平蜀，兼请子弟入太学。洪师范船败溺水[9]。郑梦周（1337—1392）至南京，作有《赴南诗》[10]。《明史·列传第二百八·外国一·朝鲜》（卷三百二十）载“贡使洪师范、郑梦周等一百五十余人来京，失风溺死者三十九人，师范与焉”。是月，遣礼部尚书吴季南如明献马，以秘书监刘景元为宥旨别监，兼选御马使，偕吴季南往耽罗[11]。四月，耽罗杀刘景元及牧使兼万户李用藏以叛，吴季南不克入，乃还。是月，遣民部尚书张子温如明金陵，上表请讨耽罗。又以济州叛，遣礼部尚书吴季南献本国马6匹于京师金陵[12]。五月，高丽奏报孙内侍自缢于佛恩寺松树上[13]。是月，政堂文学韩仲礼买兰秀山贼船，明太祖闻之曰：“宰相不当买贼船，宜速推还”。船已坏。是月，济州人杀叛贼，乱平。六月，下韩仲礼于巡军狱，督令修船。是月，王赐陈理、明升苎布9匹。七月，遣同知密直司事金湑如明金陵进方物，遣同知密直司事成元揆如明金陵贺圣节，遣版图判书林完如明金陵贺千秋。八月，遣赞成事姜仁裕如明金陵谢赐彩匹，金九容[14]为书状官。九月，张子温、吴季南还。帝赐王药材，亲谕张子温耽罗事处置方略。十月，王引子弟洪伦等入内宫，自装扮女子，令洪伦淫乱后宫，

1 诸事见〔韩〕郑麟趾等《高丽史》卷四十三。

2 参见明人严从简《殊域周咨录·朝鲜》。

3 参见朝鲜文人金时让《紫海笔谈》，〔韩〕《大东野乘》卷之七十一。松都，今朝鲜开城市。

4 延安答理乃前元枢密使，后投大明。

5 朝鲜文人金时让《紫海笔谈》云：“太祖皇帝平汉蜀，流伪主陈理、明升于我国，诏曰：不做官，不做民。我国给第舍、臧获，俾安其生”。

6 诸事见〔韩〕郑麟趾等《高丽史》卷四十三。

7 参见杨昭全、何彤梅《中国—朝鲜韩国关系史》，第528页，天津人民出版社，2001年版。

8 参见郑梦周《壬子十月十二日发京师，宿镇江府丹徒驿》，杜宏刚、邱瑞中、〔韩〕崔昌源辑《韩国文集中的蒙元史料》，第625页，广西师范大学出版社，2004年版。

9 《高丽史》卷四十四之十四面载：八月，洪师范溺水死，郑梦周幸免。另参见〔韩〕圃隐学会编《圃隐先生集》，第470页，韩国文化社，2007年版。

10 收入〔韩〕林基中主编《燕行录全集》，第1卷，东国大学校出版部，2001年版。

11 耽罗，今韩国济州岛。

12 金陵，今江苏省南京。

13 参见拙著《朝鲜半岛汉学史》，第46–50页，学苑出版社，2009年版。

14 金九容（1338—1384），字敬之，号惕若斋，本贯安东，有《惕若斋学吟集》传世。

希冀生男。十一月，遣判密直司事卢稹如明金陵谢赐药材、药方，遣大护军金甲雨如明金陵，献耽罗马50匹。金甲雨贡马路途逸失2匹，以私马凑数。是月，遣判书张子温聘于辽东[1]。是岁，高丽刊印元朝翰林学士畅师文所著《农桑辑要》一书。

1373年，癸丑，〔明〕太祖洪武六年，☆黄帝历四千〇七十一年。二月，北元遣波都帖木儿及于山不花至高丽传诏曰，王亦元世祖之孙也，宜助力复元之天下。初，北元使节入境，恭愍王欲遣人杀之，群臣皆执不可。于是北元使还，高丽以苎布附献。是月，纳哈出遣文哈剌不花至高丽，江界万户康永杀从者10余人而掠其财。文哈剌不花以数骑逃去。恭愍王闻之，遣人招还，系康永于巡卫府并杖之。七月，遣高丽使臣郑梦周赍敕还，明太祖以路途遥远，不许高丽子弟入太学；◇檀君历三千七百〇六年，〔高丽〕恭愍王二十二年。二月，遣判书张子温移咨定辽卫，对是否明太祖拒绝高丽使臣走陆路提出异议。张子温未得文据而还。是月，前大夏国主明升娶高丽总郎尹熙宗之女，即坡州尹氏。恭愍王赐米40石、布1000匹。三月，留用纳哈出使者文哈剌不花，文哈剌不花本高丽人。六月，遣前鸡林尹金庾如明金陵贺圣节，又遣密直副使郑庇贺正，复贡马。七月，遣判缮工寺事周英赞如明金陵贺千秋节，并献济州牧胡肖忽秃不花所献马19匹、驴2匹。周英赞之女曾入元，为大明兵所掳，选为宫人，有宠于明太祖。七月，赐牟尼奴名"（辛）禑"，封为江宁府院大君。七月，赞成事姜仁裕、同知密直司事金湑以及成元揆、版图判书林完、书状官郑梦周[2]等回自帝京。姜仁裕等于洪武五年农历十二月初七因本国差委，在浙江省地面蒙中书省差，礼部主事王本道到太仓传圣旨："教恁众官人并亲随伴当，都来朝廷面听宣谕"。明太祖朱元璋当面教训，对恭愍王很不满。初八日，中书省送咨，载帝敕高丽进贡事。十月，遣密直副使周英赞如明金陵贺正，进《陈情谢恩表》，并遣判缮工寺事禹仁烈如明，献马24匹、骡2匹。举子金潜、宋文中从行。十一月，周英赞及书状官曹信船败于灵光慈恩岛，与金潜等皆溺死。禹仁烈、宋文中[3]等生还，抵达金陵[4]。是月，遣密直副使张子温代周英赞如明金陵。是月，移咨中书省，请赐火药。十二月，大护军金甲雨还自金陵，传帝手诏。帝对金甲雨不诚实很不满[5]。

1374年，甲寅，〔明〕太祖洪武七年，☆黄帝历四千〇七十二年。四月，帝遣礼部主事林密、孳牧大使蔡斌至高丽。中书省咨，钦奉圣旨："中书省差人，将文书去与高丽国王说得知道，教他将好马拣选2000匹送来"。恭愍王乃遣门下评理韩邦彦往耽罗[6]选马。是月，林密、蔡斌拜谒高丽文庙[7]；◇檀君历三千七百〇七年，〔高丽〕恭愍王二十三年。二月，遣密直副使郑庇、判事禹仁烈如明金陵贺正，请通陆路朝见，请进方物如旧。又遣上护军周谊上《谢玺书训戒、请路表》。六月，郑庇等还自帝京，传帝手诏及中书省咨文。咨文传明太祖口谕："尔国数遣使来，岂不知国家未尝设置？贡出无名，实非事大以诚之礼。我朝四海一家，岂资小邦之

---

1 诸事见〔韩〕郑麟趾等《高丽史》卷四十三。

2 参见郑梦周《扬子渡，望北固山悼金若斋》小注，杜宏刚、邱瑞中、〔韩〕崔昌源辑《韩国文集中的蒙元史料》，第620页，广西师范大学出版社，2004年版。

3 宋文中错过了大明科举日期。明太祖口谕，免其再试，发回本国擢用。参见朝鲜文人赵庆男《续杂录》（四）《历代要览》，〔韩〕《大东野乘》卷之三十四。宋文中于恭让王时出任高丽大司成，参见本年历"1390年"。

4 参见朝鲜文人赵庆男《续杂录》（四）《历代要览》，〔韩〕《大东野乘》卷之三十四。

5 诸事见〔韩〕郑麟趾等《高丽史》卷四十四及《明史·列传第二百八·外国一·朝鲜》（卷三百二十）。

6 耽罗，今韩国济州岛。

7 诸事见〔韩〕郑麟趾等《高丽史》卷四十四。

贡？”圣旨：“三年一聘，从海道来”。七月，林密等白王曰：“济州马不满二千数，则帝必戮吾辈，请今日受罪于王”。王无以对，遂议伐济州。是月，诛金甲雨[1]及译语吴克忠。八月，命宗亲、宰枢、代言以上各出马1匹以补进献。林密等以济州贡马不满，请杀韩邦彦，乃杖流之。是月，崔莹领诸军至耽罗，奋击大败之，遂斩贼魁3人，传首于松都。九月，遣密直副使金义领马300匹送定辽卫。是月，又遣同知密直司事张子温谢通朝贡道路，又请冠服，上《谢通道路表》。是月，恭愍王被宦官崔万生及近臣洪伦谋杀。大臣李仁任等旋杀宦官，立辛禑为王[2]。先是，恭愍王冒称辛禑为已故宫人韩氏所生。辛禑即位，是为高丽禑王。是月，高丽遣判宗簿事崔源如明告丧，兼请恭愍王谥号。十月，遣密直使张子温、典工判书闵伯萱如明，请承袭。十一月，护送官金义杀大明使节蔡斌及其子于开州，挟持钦差礼部主事林密逃至北元。是月，张子温、闵伯萱逃回高丽。十二月，遣密直使金湑至北元报丧[3]。是岁，白文宝卒。白文宝(1303—1374)，字和父，号淡庵、动斋，有《淡庵逸集》传世。白文宝的祖先是唐代的中国苏州人白宇经（号松溪，后投奔新罗，宣德王时官至光禄大夫、左仆射、大司徒）。

1375年，乙卯，〔明〕太祖洪武八年，☆黄帝历四千〇七十三年。是岁，明太祖改“定辽都卫指挥使司”，为“辽东都指挥使司”，总领全辽军事[4]。是岁，听闻钦差蔡斌、林密在高丽被杀、被掳，帝震怒。正月，纳哈出遣使至高丽，问承袭者谁。三月，明太祖拘高丽使臣崔源，拒绝颁谥于恭愍王。五月，北元遣使至高丽。九月，北元封沈王王暠之孙脱脱不花为高丽王，拟回国就任。高丽大臣李仁任等以立辛禑为王拒之；◇檀君历三千七百〇八年，〔高丽〕禑王辛禑（1365—1389）一年。二月，高丽停用“洪武”年号，改用北元“宣光”年号，直至洪武十一年（1378）[5]。三月，遣判事孙天用如帝京金陵，献马100匹。是月，倭寇侵扰不断。五月，遣判典仪寺事全甫如明献贡马。六月，送被倭掳明人张来兴等回国，人金陵。十一月，遣使如明，奏高丽国内反叛之状。十二月，遣密直使金宝生如明贺正，途中遇风，乃止。是岁，忠惠王妃德宁公主（亦怜真班，？—1375，生忠穆王）薨[6]。是岁，因高丽人崔茂宣从元朝商人李元学得火炮技术，高丽乃设置“火筩都监”[7]。

1376年，丙辰，〔明〕太祖洪武九年，☆黄帝历四千〇七十四年。五月，北元人吴抄儿志至高丽。六月，高家奴遣高丽使臣金龙赍书回。十月，北元遣兵部尚书孛哥帖木儿至高丽，承认高丽禑王，并约共抗大明。是月，纳哈出遣九住至高丽。十二月，纳哈出遣人送羊、白金于高丽。是岁，脱脱不花死；◇檀君历三千七百〇九年，〔高丽〕禑王二年。正月，遣密直使金宝生如明。二月，以扩廓帖木儿斡旋，遣李之富如定辽卫，遣李原实与哈纳出的小政权接触。三月，遣判事金龙如定辽卫。七月，金湑逃出纳哈出兵营。十月，遣密直副使孙彦如北元。是月，遣开城尹黄淑卿至纳哈出营房。

1　朝鲜文人赵庆男《续杂录》（四）《历代要览》：“陪臣金甲雨盗卖进献马匹，因中书省移咨，究问处斩”。见〔韩〕《大东野乘》卷之三十四。

2　参见朝鲜文人赵庆男《续杂录》（四）《历代要览》，〔韩〕《大东野乘》卷之三十四。

3　参见〔韩〕《成宗实录》卷二、〔韩〕郑麟趾等《高丽史》卷四十四、卷一百三十三。

4　参见王臻《朝鲜前期与明建州女真关系研究》，第34页，中国文史出版社，2005年版。

5　参见朝鲜文人赵庆男《续杂录》（四）《历代要览》，〔韩〕《大东野乘》卷之三十四。

6　诸事见〔韩〕郑麟趾等《高丽史》卷一百三十三。

7　李元的商船停泊于礼成江，李元住宿于崔茂宣家奴处。参见朝鲜文人柳成龙《西厓集》卷十六《记火炮之始》；朝鲜文人赵庆男《续杂录》（四）《历代要览》，〔韩〕《大东野乘》卷之三十四；本年历“1487年”。

1377年，丁巳，〔明〕太祖洪武十年，☆黄帝历四千〇七十五年。正月，纳哈出遣人至高丽，送羊、马。二月，北元、哈纳出遣使至高丽献马，遣使册辛禑为“高丽国王”。七月，北元遣宣徽院使彻里帖木儿至高丽，约夹攻大明定辽卫。十二月，明太祖放还高丽丁彦等358人回国。是月，纳哈出遣使送羊160只、牛300头至高丽；◇檀君历三千七百一十年，〔高丽〕禑王三年。二月，高丽弃大明“洪武”年号，用北元“宣光”年号。是月，遣三司左使李子松如北元，谢册命。是月又遣文天式出使北元残部纳哈出。八月，遣启禀使姜仁裕如北元。九月，遣文天式如北元，告天寒地冻，不可出兵攻大明。是月，遣郑梦周出使日本，日本僧人求其汉诗，援笔立就[1]。十一月，遣黄淑卿如北元贺圣诞。十二月，遣顺兴君王昇如北元贺正。是岁，高丽在北元、哈纳出的帮助下，置火铳都监。

1378年，戊午，〔明〕太祖洪武十一年，☆黄帝历四千〇七十六年。六月，明太祖放还高丽使臣崔源、全甫、李之富等。是岁，北元爱猷识理达腊死后，其子脱古思帖木儿继位；◇檀君历三千七百一十一年，〔高丽〕禑王四年。三月，遣判工寺事柳藩如明谢恩，遣礼仪判书周谊入金陵，请册封王兼请恭愍王谥号。八月，柳藩、周谊回言，礼部尚书朱梦炎录明太祖旨：高丽弑君者不可信。九月，高丽复用大明“洪武”年号。十月，遣判密司直事沈德符如明贺正。是月，遣版图判书金宝生如明，谢放归崔源等之皇恩。是岁，倭寇侵扰高丽甚急。

1379年，己未，〔明〕太祖洪武十二年，☆黄帝历四千〇七十七年。正月，辽东都指挥使司遣镇抚任诚[2]至高丽，索被掳人。三月，遣邵垒、赵振随沈德符往高丽。至辽东甜水站[3]，听闻高丽遣使至北元，钦差乃回。是月，辽东都司移咨高丽，督令发还同知李元等人。六月，送高丽济州漂风13人还。是月，北元遣佥院甫非至高丽，告改元“天元”。纳哈出亦遣人至高丽。八月，辽东都司牒责高丽交结北元与哈纳出，并报京师，明太祖诏责高丽。十二月，纳哈出遣人送鹰、羊至高丽。是岁，明太祖谕辽东守将潘敬整饬边备[4]；◇檀君历三千七百一十二年，〔高丽〕禑王五年。三月，金宝生自明回，赍明太祖手诏，责高丽奸臣用事。是月，高丽遣使如明入贡并请封，遭拒。四月，周谦[5]回，言帝询问高丽承袭事。五月，天旱，乃命判典医事杨宗真求雨，杨宗真本闽[6]道士也。七月，遣永宁君王彬至北元，贺改元。十月，遣门下评理李茂方[7]、判密直事裴彦[8]如明，上《陈情表》《(高丽)王太后表》并岁贡黄金31斤4两、银1000斤、布1000匹、马200匹。

1380年，庚申，〔明〕太祖洪武十三年，☆黄帝历四千〇七十八年。二月，北元封禑王为“太尉”。七月，北元、纳哈出遣人至高丽；◇檀君历三千七百一十三年，〔高丽〕禑王六年。二月，

1 参见朝鲜文献《海行总载·东槎日记·前后通信使座目》。
2 高丽文人郑道传《三峰集》之《赠任镇抚诗序》小注有任诚介绍。参见杜宏刚、邱瑞中、〔韩〕崔昌源辑《韩国文集中的蒙元史料》，第562页，广西师范大学出版社，2004年版。
3 现仍名“甜水”，在辽阳至本溪之间的省道沿线。
4 参见《明史·列传第二百八·外国一·朝鲜》(卷三百二十)。
5 此处“谦”当为“谊”字。
6 闽，今福建省。
7 高丽文人郑枢（1333—1382）《圆斋稿》有《送李评理奉使大明（茂方）》，见杜宏刚、邱瑞中、〔韩〕崔昌源辑《韩国文集中的蒙元史料》，广西师范大学出版社，第546页，2004年版。
8 参见高丽文人李穑《十月十三日，判密直裴公（彦）用半夜发程》一诗，见杜宏刚、邱瑞中、〔韩〕崔昌源辑《韩国文集中的蒙元史料》，第446页，广西师范大学出版社，2004年版。

李茂方、裴彦至登州[1]而还，缘登州奉旨拒之上岸。三月，遣密直副使文天式之北元谢恩。四月，遣周谊至辽东申诉，周谊被执送应天[2]。八月，周谊在帝京寄信至高丽，言其被押送南京、帝召见事。内有帝言"明年金100斤、银5000两、布5000匹、马200匹，以为常贡之例，则赦尔东夷杀使及内使之罪"之语。十月，周谊还半岛。十二月，遣门下赞成事权仲和、礼仪判书李海如明，请谥号兼请承袭，献金300两、银1000两、马450匹、布4500匹。是岁，忠肃王王妃洪氏（明德太后，1298—1380，本贯南阳，府院君洪奎之女。忠惠王、恭愍王生母）薨。

1381年，辛酉，〔明〕太祖洪武十四年，☆黄帝历四千〇七十九年。七月，见高丽济州漂风人囊中文字有"洪武"年号，厚遣之回；◇檀君历三千七百一十四年，〔高丽〕禑王七年。二月，遣权仲和等至辽东进贡，辽东都司以岁贡不满额却之。十月，遣门下评理金庾如明贺正。十一月，遣密直使李海如明，献马933匹。十二月，遣金庾、李海至辽东，以辽东都司不纳而还。

1382年，壬戌，〔明〕太祖洪武十五年，☆黄帝历四千〇八十年。七月，明太祖平云南，遣监司宣允祉赍敕至高丽，将元朝梁王家属安置于高丽济州。宣允祉自此在半岛宝城安家[3]。是岁，皇后马秀英(1333—1382)崩；◇檀君历三千七百一十五年，〔高丽〕禑王八年。四月，遣门下赞成事金庾及洪尚载、金宝生、郑梦周、李海、裴行俭如明，献金100斤、银10000两、马1000匹、布10000匹，至辽东被拒。是岁，固城民伊金自称弥勒佛转世，旋被杀。七月，遣密直使柳藩如明上表，贺平云南。十一月，遣同知密直司事郑梦周（1337—1392）、版图判书赵胖如明，上《陈情表》，并请谥号兼请承袭，至辽东再次被拒绝入境[4]。

1383年，癸亥，〔明〕太祖洪武十六年，☆黄帝历四千〇八十一年。正月，纳哈出遣使至高丽。三月，辽东都司牒责高丽结交哈纳出。十一月，遣高丽译官张伯赍礼部咨还，明太祖以高丽前五年进贡马5000匹、金500斤、银50000两、布50000匹未至，流高丽使臣金庾、李子庸、洪尚载、周谦、金宝生于大理[5]；◇檀君历三千七百一十六年，〔高丽〕禑王九年。正月，郑梦周、赵胖至辽东，辽东都司奉敕不纳。八月，遣金庾如明贺圣节兼请谥号，遣李子庸如明贺千秋兼请承袭。禑王特令金庾等航海如明。十一月，遣门下评理洪尚载、典工判书周谦如明贺正。

1384年，甲子，〔明〕太祖洪武十七年，☆黄帝历四千〇八十二年。十月，遣高丽使臣崔涓赍礼部咨回。是岁，北元遣使高丽，高丽派人中途说之还；◇檀君历三千七百一十七年，〔高丽〕禑王十年。正月，移咨辽东都司，送被倭掳登州2人还。五月，遣金进宜至辽东，献马1000匹。是月，遣崔涓如明，请减贡金银数，帝允之。是月，遣张方平如明金陵，献马2000匹。七月，遣政堂文学郑梦周（1337—1392）到京师金陵，进贺圣诞并请谥号、请承袭[6]，郑道传为副使[7]。

1 登州，今山东省蓬莱。

2 应天，今江苏省南京。

3 参见吴晗《朝鲜李朝实录中的中国史料》，第5124-5125页，中华书局，1980年版。〔韩〕《国朝宝鉴别编》卷九追述此事，并称宣允祉为"文渊阁大学士"。

4 参见杜宏刚、邱瑞中、〔韩〕崔昌源辑《韩国文集中的蒙元史料》，第638页，广西师范大学出版社，2004年版。

5 事见〔韩〕郑麟趾等《高丽史》卷一百一十四；杜宏刚、邱瑞中、〔韩〕崔昌源辑《韩国文集中的蒙元史料》，第614页，广西师范大学出版社，2004年版；朝鲜文人赵庆男《续杂录》（四）《历代要览》，〔韩〕《大东野乘》卷之三十四。

6 参见杜宏刚、邱瑞中、〔韩〕崔昌源辑《韩国文集中的蒙元史料》，第607、613、638页，广西师范大学出版社，2004年版。

7 高丽文人郑道传《三峰集》之《义州公馆，夜作忆陶隐》小注云："甲子秋朝京时"，《旅顺口驿中秋》小注云："《奉使杂录》，甲子秋"。参见杜宏刚、邱瑞中、〔韩〕崔昌源辑《韩国文集中的蒙元史料》，第555、557、561、565页，广西师范大学出版社，2004年版。

是月，遣李天祺如明贺千秋节。八月，遣礼仪判事金进宜至辽东，献马1000匹。十月，遣连山君李元纮如明，上进贡表。是月，遣银川君赵琳如明贺正。是岁，遣金九容（1338—1384）到辽阳，辽东都司将金九容押送至金陵。明太祖怒禑王亲北元，以“私交边防将官”将金九容流放云南大理。金九容在今四川省三峡地区写有《黄陵庙》《大峡滩》《马峡》《峡行》等诗作。七月十九日，金九容病逝于泸州永宁县江门站[1]。

1385年，乙丑，〔明〕太祖洪武十八年，☆黄帝历四千〇八十三年。正月，明太祖喜郑梦周之至诚，谕曰：索高丽金、布乃试其诚心，自此高丽三年一贡。圣旨自明太祖二十一年（1388）开始，每年仅收其贡马50匹[2]。二月，辽东都司遣百户程舆至高丽，责问金得卿击杀官军事。四月，辽东都司到高丽购买耕牛。是月，帝放还高丽使臣金庾、洪尚载、李子庸、周谦、黄陶、裴仲伦回，李子庸病逝于回国途中。六月，辽东遣桑麟[3]至半岛，推还元朝高丽流民李朵里不歹等47人。是月，帝放还典工总郎宣之哲等38人回高丽。九月，明太祖遣国子监学录张溥[4]、国子监典簿周倬[5]及行人段佑[6]、雒英[7]至高丽，诏册辛禑为高丽国王，追赐王祺（后改名王颛，1330—1374，1352—1374在位共三十二年）“恭愍”谥号[8]。张溥等拜谒文庙，并问1370年明太祖遣道士徐师昊至高丽所立碑近况，问李穑康健否。禑王乃命李穑为判三司事接诏。十月，张溥、周倬等还，拒绝礼物，只受高丽文人诗文。十二月，遣高丽使臣安翊、张方平赍敕回，明太祖责高丽不至诚；◇檀君历三千七百一十八年，〔高丽〕禑王十一年。二月，执送金得卿至金陵。五月，遣门下评理尹虎、密直副使赵胖如明谢恩，请谥号兼请承袭。六月，遣密直使安翊、密直副使张方平如明贺圣节。九月，译官郭海龙自金陵还，言帝遣将使至高丽。十月，遣判门下府事曹敏修、赞成事张自温与禹玄宝、签书密司直事河仑，随钦差周倬如明，上表谢恩兼请皇历。是月，又遣门下赞成事沈德符、密直提学任献如明贺正。十二月，遣密直副使姜淮伯如明，进贡马1000匹、布10000匹及金银折准马66匹。

1386年，丙寅，〔明〕太祖洪武十九年，☆黄帝历四千〇八十四年。七月，遣高丽使臣郑梦周赍敕还，传圣旨：减高丽岁贡，年贡50匹马。十一月，遣高丽使臣安翊、柳和赍敕还。十二月，明太祖遣徐质至高丽，以绢2匹（或大棉布8匹）买马1匹之价购马3000匹[9]。是月，遣高家奴至高丽，索避乱高丽的明人。高家奴本高丽人，时任大明指挥佥事；◇檀君历三千七百一十九年，〔高丽〕禑王十二年。二月，遣政堂文学郑梦周奉表如明，请改高丽服色，

1 参见杜宏刚、邱瑞中、〔韩〕崔昌源辑《韩国文集中的蒙元史料》，第564页小注、第651页，广西师范大学出版社，2004年版。
2 参见《明史·列传第二百八·外国一·朝鲜》（卷三百二十）。
3 高丽文人郑道传《三峰集》之《送辽东使桑公》小注中有对桑麟以及他至半岛推刷流民的简介。见杜宏刚、邱瑞中、〔韩〕崔昌源辑《韩国文集中的蒙元史料》，第554页，广西师范大学出版社，2004年版。
4 高丽文人郑道传《三峰集》之《太平馆席上，次国子学录张先生溥韵》小注云：“乙丑秋”，见杜宏刚、邱瑞中、〔韩〕崔昌源辑《韩国文集中的蒙元史料》，第558页，广西师范大学出版社，2004年版。
5 高丽文人李崇仁《陶隐集》有诗《龙江舟中，有怀北平周参政名倬，字云章》，高丽文人郑道传《三峰集》有《送国子典簿周先生倬还京》，见杜宏刚、邱瑞中、〔韩〕崔昌源辑《韩国文集中的蒙元史料》，第554、790页，广西师范大学出版社，2004年版。参见〔韩〕民族文化推进会《韩国文集丛刊》，第6卷，第521页“序”，1990年版。
6 〔韩〕民族文化推进会《韩国文集丛刊》，第5卷（1990年版，首尔市）所收郑道传为明使送行的诗歌有《送辽东使桑公》《送行人段公还朝》《送行人骆公还朝》等。小注曰，“段公”名“段佑”。
7 〔韩〕民族文化推进会《韩国文集丛刊》，第5卷（1990年版，首尔市）所收郑道传为明使送行的诗歌有《送辽东使桑公》《送行人段公还朝》《送行人骆公还朝》等。小注，“骆公”名“骆英”。“雒”通“骆”。
8 参见杜宏刚、邱瑞中、韩登庸、刘羚、阎崇东主编《韩国文集中的明代史料》，第一卷，第36页，广西师范大学出版社，2006年版。
9 参见杜宏刚、邱瑞中、〔韩〕崔昌源辑《韩国文集中的蒙元史料》，第639页，广西师范大学出版社，2004年版。

书状官韩尚质[1]。因郑梦周应对得体，帝喜而释高丽被拘使臣。三月，沈德符等赍大明皇历回。六月，遣门下评理安翊如明贺圣节，遣密直副使柳和如明贺千秋。八月，遣赞成事尹珍、密直副使李之蕃如明，谢减岁贡之恩。是月，遣密直副使李竱如明，再请衣冠。九月，遣门下评理金湊、同知密直司事李崇仁（1347—1392）[2]如明贺正，并献马50匹。十二月，遣译官郭海龙如金陵礼部，告不敢收大明马价。

1387年，丁卯，〔明〕太祖洪武二十年，☆黄帝历四千〇八十五年。岁初，冯保率20万明军击破纳哈出。纳哈出投降并交代与高丽来往事。二月，遣高丽译官郭海龙赍敕还，传明太祖谕：绢2匹（或大棉布8匹）永为1匹马价[3]。五月，遣高丽使臣偰长寿赍敕还，明太祖对高丽不满意，说把岁贡减少到年贡50匹马还不顾质量，仍准高丽改中国衣冠[4]。十一月，都司使千户王成钦在辽东甜水站[5]拦住高丽使臣张方平，宣圣旨：高丽执政者奸诈，使臣只准进入100里，不准送至京师，张方平乃回。岁末，明太祖朱元璋谕命户部移咨高丽："铁岭迤北东西之地，旧属开元。其土著军民、女直、鞑靼、高丽人等，辽东统之。铁岭以南旧属高丽，人民悉听本国（高丽）管属"[6]；◇檀君历三千七百二十年，〔高丽〕禑王十三年。二月，遣密直事偰长寿[7]如明，为避乱明人事申辩。三月，遣典工判书李美冲押初运马1000匹至辽东。四月，权近（1352—1409）受命清点马匹于辽东，并著有《点马行录》。《点马行录》收入权近《阳村集》卷四[8]。五月，遣典工判书金承贵押马3000匹至辽东。六月，仿明制，定百官服色。是月，遣门下赞成事张子温如明，谢准改衣冠。张子温至京师即今江苏省南京，以进献马匹低劣被明太祖囚禁于锦衣卫。是月，遣门下评理偰长寿如明贺圣节。是月，遣密直副使尹就如明贺千秋。九月，遣判门下府事张方平如明，进贺纳哈出降。十月，遣门下评理李玖、知密直李种德如明贺正。十二月，遣永原君郑梦周如明，上表请通朝聘，至辽东被拒。是岁，郑梦周、河仑、廉廷秀、姜淮伯、李崇仁请革高丽之胡服，一袭华制，王准之。自此，高丽官员皆纱帽、团领。

1388年，戊辰，〔明〕太祖洪武二十一年，☆黄帝历四千〇八十六年。二月，遣高丽使臣偰长寿回，口宣明太祖诏，责高丽欺诈，并声明半岛铁岭[9]以北皆属辽东。帝以徐质言禑王有病，钦赐药材。三月，辽东都司派兵1000人至半岛，将设铁岭卫。是月，辽东遣千户王得明，至高丽宣告，帝将设立铁岭卫。五月，遣高丽使臣朴宜中[10]赍礼部咨还。八月，高丽千户陈景降明，备言李成桂威化岛班师事。十二月，遣前元院使喜山至高丽，求马及阉人。喜山本高

---

1 参见杜宏刚、邱瑞中、〔韩〕崔昌源辑《韩国文集中的蒙元史料》，第606、615页，广西师范大学出版社，2004年版。

2 李崇仁《陶隐集》之《若有杖歌》注："洪武丙寅年冬，予寓会同馆"。《陶隐集》还有组诗《丙寅十二月十六日赴京师》，见杜宏刚、邱瑞中、〔韩〕崔昌源辑《韩国文集中的蒙元史料》，第793、800页，广西师范大学出版社，2004年版；〔韩〕民族文化推进会《韩国文集丛刊》，第6卷，第564页，汉城，1990年版。

3 参见朝鲜文人权近《阳村集》卷二十四。

4 〔韩〕郑麟趾等《高丽史》卷一百三十六记述明太祖与偰长寿对话详细。

5 现名"甜水"，在辽阳至本溪之间的省道沿线。

6 此处"铁岭"指今朝鲜咸镜南道与江原道交界处。参见《明史·列传第二百八·外国一·朝鲜》（卷三百二十）及王臻《朝鲜前期与明建州女真关系研究》，第35页，中国文史出版社，2005年版。

7 偰长寿本中国回鹘（维吾尔族）人，其父偰逊于元至正十三年（1353）投高丽。

8 《点马行录》亦收入〔韩〕林基中主编《燕行录全集》，第1卷，东国大学出版部，2001年版。另见杜宏刚、邱瑞中、韩登庸、刘羚、阎崇东主编《韩国文集中的明代史料》，第一卷，第11页，广西师范大学出版社，2006年版。

9 半岛铁岭在今朝鲜平安道与江原道交界处，元朝由双城总管府管理。双城即和州，今朝鲜咸镜南道永兴。

10 参见朝鲜文人权鳖《海东杂录》（一）"朴宜中"，〔韩〕《大东野乘》卷之十九。

丽人。是岁，明太祖将铁岭卫改设在奉集堡[1]；◇檀君历三千七百二十一年，〔高丽〕禑王十四年。正月，郑梦周至辽东，不得入关而还。是月，高丽遣密直司使赵琳如明，请通朝觐。是月，遣政堂文学郭枢如明，谢赐药材。是月，又遣密直提学朴宜中[2]如明，上表请免设铁岭卫[3]。朴宜中（1337—1403），字子虚，号贞斋，本贯密阳，其《贞斋逸稿》有此次出使的说明[4]。三月，禑王反，复梳辫发，弃绝大明年号及一切制度。五月，以曹敏修、李成桂为左右军都统使，号称军兵10万人，准备进攻辽东。师次威化岛，军心涣散。李成桂不肯与大明为敌，率军班师，此即朝鲜史上著名的"威化岛班师"。李成桂囚禁禑王，旋流放其于江华岛[5]，并立其幼子辛昌。六月，复行"洪武"年号。七月，遣赞成事禹仁烈、政堂文学偰长寿如明，告辛禑逊位，并奏请准辛禑之子辛昌袭位。是月，遣门下评理徐钧衡、密直副使俞光佑如明，进贺平胡。是月，遣门下侍中李穑（1328—1396）、签书密直司事李崇仁（1347—1392）、书状官金士安如明贺正。明太祖以李穑曾任元朝翰林，当懂汉语。李穑以汉语曰："（王）请亲朝。"帝未晓，问："说什么？"译官翻译后，帝笑曰："汝之汉语，正似纳哈出"[6]。副使李崇仁因在大明私自贸得布匹、丝绸被罢职[7]。十一月，遣密直使姜淮伯及后来的朝鲜太宗李芳远如明，奏请允辛昌入京师金陵朝见。

1389年，己巳，〔明〕太祖洪武二十二年，☆黄帝历四千〇八十七年。三月，遣高丽使臣姜淮伯赍礼部咨回，责高丽废其父、立其子，称废立皆在高丽，与中国无干，不必来朝。四月，遣高丽使臣李穑传圣旨，着高丽物色贵族女子与明子弟结婚姻。九月，遣高丽使臣权近赍礼部咨回，礼部尚书李原明奉旨宣：高丽弑君，王氏绝嗣，不准童子（辛昌）进京，不得进献处女。十一月，帝遣使于高丽济州，召还（云南）拍拍太子之子六十奴及火者（阉人）卜尼；◇檀君历三千七百二十二年，〔高丽〕昌王辛昌（1380—1389）一年，恭让王王瑶（1345—1394）一年。正月，遣同知密直司事尹师德如明，奏诛杀亲元派高丽元帅崔莹。六月，遣门下评理尹承顺、签书密直司事权近奉表如明，请允辛昌亲朝，并禀告选处女事。权近（1352—1409）著有《奉使录》[8]，该书载其于七月十五日进北平、七月十九日过直沽里[9]。是月，遣赞成事安宗源如明贺圣节，遣密直使皇甫琳如明贺千秋[10]。十月，遣门下赞成事裴克廉、密直副使朴经如明贺正。十一月，贬辛禑、辛昌为庶人，李成桂乃为门下侍中。是月，恭让王王瑶即位，恭让王封卢氏（顺妃，本贯交河，生世子王奭）为王妃。十二月，恭让王杀辛禑[11]、辛昌，并遣顺安君王昉、同知

1 明太祖实际设立的铁岭卫在今辽宁省。参见王臻《朝鲜前期与明建州女真关系研究》，第38页，中国文史出版社，2005年版。

2 朴宜中（1337—1403），字子虚，号贞斋，本贯密阳，原名"朴实"。其《贞斋逸稿》收入〔韩〕民族文化推进会《韩国文集丛刊》，第8卷，1990年版。

3 表见朝鲜文人权近《阳村集》卷二十四。

4 见杜宏刚、邱瑞中、韩登庸、刘羚、阎崇东主编《韩国文集中的明代史料》，第一卷，第167页，广西师范大学出版社，2006年版。

5 江华岛，在今韩国仁川市。

6 事见〔韩〕郑麟趾等《高丽史》卷一百一十五。参见朝鲜文人李廷馨《东阁杂记》，〔韩〕《大东野乘》卷之五十三。

7 李崇仁（1347—1392），字子安，小字蒙哥，号陶隐，有《陶隐集》传世。罢职后旋被起用。参见杜宏刚、邱瑞中、〔韩〕崔昌源辑《韩国文集中的蒙元史料》，第781页，广西师范大学出版社，2004年版。

8 《使行录》收入〔韩〕林基中主编《燕行录全集》，第1卷，东国大学校出版部，2001年版。另见杜宏刚、邱瑞中、韩登庸、刘羚、阎崇东主编《韩国文集中的明代史料》，第一卷，第12–27页，广西师范大学出版社，2006年版。

9 参见吴晗《朝鲜李朝实录中的中国史料》，第235、265页，中华书局，1980年版。权近《奉使录》收入其《阳村集》卷六，见〔韩〕民族文化推进会《韩国文集丛刊》，第7卷，1990年版。直沽里，今天津市。

10 参见杜宏刚、邱瑞中、韩登庸、刘羚、阎崇东主编《韩国文集中的明代史料》，第一卷，第23页，广西师范大学出版社，2006年版。

11 辛禑二妃分别为瑾妃（李琳之女）、宁妃（崔莹之女）。辛禑被杀后数年，朝鲜王朝建立，太祖李成桂各赐田300结以资之。参见朝鲜文人李陆（1438—1498）《青坡剧谈》，〔韩〕《大东野乘》卷之六。

密直司事赵胖如明金陵告即位，柳亮为书状官。是岁，恭让王尊恭愍王妃安氏（定妃，本贯竹州，安克仁之女）为大妃。

1390年，庚午，〔明〕太祖洪武二十三年，☆黄帝历四千〇八十八年。四月，济州岛六十奴及火者（阉人）卜尼如大明金陵[1]。十月，六十奴还自金陵，复归于济州，逾年而卒[2]；◇檀君历三千七百二十三年，〔高丽〕恭让王二年。二月，归密直副使王可仁于辽阳。可仁，副千户王万僧子也，辽阳都司移文起取，故归之。四月，遣密直副使柳爰廷如帝京，陈慰鲁王之丧。五月，王昉、赵胖等还自京师，言礼部召臣等曰，尔国人尹彝言，王瑶与李侍中成桂谋动兵马，将犯上国，宰相李穑等以为不可，出所记李穑等姓名曰："尔速还国，语王及宰相，将（尹）彝书内人等诘问来报"[3]。六月，遣政堂文学郑道传如明金陵贺圣节[4]，又遣艺文馆提学韩尚质如明金陵贺千秋。是月，遣同知密直司事安叔老聘于燕王朱棣。七月，柳爰廷还自金陵，言帝知尹彝诬陷，流放之于溧水县。八月，恭让王谒文庙，令大司成宋文中讲《诗·七月》篇。九月，高丽迁都于汉阳[5]。是月，遣密直副使姜隐如明金陵献种马50匹，又遣门下评理金南得、密直提学李至如明金陵贺正。十一月，安叔老还自燕，言燕王朱棣以"臣子无外交之理"辞之。是月，政堂文学郑道传等还自帝京，宣谕圣旨[6]。

1391年，辛未，〔明〕太祖洪武二十四年，☆黄帝历四千〇八十九年。四月，帝遣宦者、前元中政院使韩龙、黄秃蛮等至高丽，并赍礼部咨，言易高丽马1万匹事。八月，蒙古人兀良哈至高丽朝[7]。十二月，帝遣宦者、前元承徽院使康完者笃、院使孛罗帖木儿、太卿察罕帖木儿等3人，赍礼部咨至高丽传旨，查察高丽政务并赐恭让王纻丝、绫绢200匹以劳之[8]；◇檀君历三千七百二十四年，〔高丽〕恭让王三年。正月，恭让王以李成桂为三军都总制使。六月，遣判缮工寺事杨天植、礼曹总郎孔俯等如明金陵，献马1500匹。是月，遣门下赞成事赵浚[9]如帝京贺圣节，遣判密直司事金立坚如明贺千秋。八月，遣判内府寺事金之铎如明金陵，献马2500匹。九月，恭让王遣世子王奭如帝京贺正，侍中沈德符、赞成事偰长寿、密直副使闵开等从行。其表笺奏"启"，皆称"长男定城君奭"。偰长寿本我国维吾尔人。是月，遣前判祥原郡事李龙华宣慰东女真。十月，押马使杨天植还自金陵，言帝归高丽被倭掳10余人。是月，遣判军器寺事金久住如明金陵，献火者（阉人）20人。十二月，遣前义州牧使曹仲生如明金陵，

1　金陵，今江苏省南京。

2　事见〔韩〕郑麟趾等《高丽史》卷四十五。

3　是岁四月，李穑被贬斥、流放，年底召还。

4　高丽文人郑道传《三峰集》有《莱州城南驿，次监生宋尚忠诗韵》，其小注云："按，庚午朝天时"。参见杜宏刚、邱瑞中、〔韩〕崔昌源辑《韩国文集中的蒙元史料》，第554、593页，广西师范大学出版社，2004年版。

5　汉阳即汉城，今韩国首尔。

6　诸事见〔韩〕郑麟趾等《高丽史》卷四十五。

7　我国学者王臻以为兀良哈是生活在牡丹江流域的女真部落。见王臻《朝鲜前期与明建州女真关系研究》，第44页，中国文史出版社，2005年版。但瀛云萍以为兀良哈是东北的蒙古人部落。见瀛云萍《八旗源流》，第15页，大连出版社，1991年版。

8　事见〔韩〕郑麟趾等《高丽史》卷四十五。康完者笃等三使姓名，参见朝鲜文人赵庆男《续杂录》（四）《历代要览》，〔韩〕《大东野乘》卷之三十四。

9　赵浚（1346—1405）有《松堂集》传世，载〔韩〕民族文化推进会《韩国文集丛刊》，第6卷，首尔，1990年版。参见赵浚《松堂集》之《辛未六月二十日，奉使大明》一诗，杜宏刚、邱瑞中、〔韩〕崔昌源辑《韩国文集中的蒙元史料》，第715页，广西师范大学出版社，2004年版。

献马1000匹[1]。是岁，李成桂妻韩氏（1337—1391，神懿王妃，本贯安边，韩卿之女）[2]卒。是岁，高丽重新丈量全国土地，耕地和荒地共79万多结[3]，约合1200万亩。

1392年，壬申，〔明〕太祖洪武二十五年，☆黄帝历四千〇九十年。二月，斡都里、兀良哈至高丽献土物。九月，遣陪臣赵琳赍礼部咨回："国更何名？星驰来报。"[4]岁末，明太祖朱元璋为半岛定国名为"朝鲜"[5]；◇檀君历三千七百二十五年，〔高丽〕恭让王四年，〔朝鲜〕太祖李旦（初名"李成桂"，字君晋、仲洁，号松轩，本贯全州，1335—1408）一年。二月，高丽恭让王遣永福君王鬲、赞成事权仲和，如大明金陵谢恩，献火者（阉人）5人及白黄苎布、黑麻布各50匹，人参60斤，豹皮10领，鞍子4面，马10匹。是月，高丽又遣前典工判书刘信如明金陵，献马1000匹。三月，恭让王王世子王奭自金陵回高丽，帝置前元梁王子孙爱颜帖木儿等4人于耽罗[6]，使与拍拍太子等完聚居住。五月，恭让王遣司仆正任光义如明金陵，献马1000匹，又遣判礼宾寺事任寿献骡1000匹。六月，恭让王遣门下评理庆仪[7]，如明金陵贺圣节，又遣开城尹赵仁琼如明金陵贺千秋节。赵仁琼至西京[8]，闻皇太子朱标薨，乃还。六月，恭让王遣门下评理金凑如明金陵，表请诰命。金凑至高丽肃州，闻恭让王被废，乃还。七月，右侍中裴克廉求大妃、恭愍王妃安氏（定妃，本贯竹州，安克仁之女）废恭让王，流放至原州。十六日，李成桂于松京[9]登基，是为朝鲜王朝太祖。李成桂扶康氏（1355—1396，神德王妃，本贯谷山，康允成之女）为王妃。是月，遣知密执司事赵胖如明，告禀李旦（即李成桂）登基事[10]。八月，遣判礼宾寺事丁子伟至辽东，交割进献马1000匹。是月，遣前密直使赵琳如明上表。九月，遣三司左使李居仁如明，陈慰皇太子薨。是月，又遣门下侍郎、赞成事郑道传如明，谢赵胖所传礼部认可李朝旨意，并献马60匹[11]。十一月，遣知中枢院事卢嵩、中枢院副使赵仁沃赴南京，贺正兼贺封皇太孙。是月，又遣判司宰监事李乙修送温州乐清县被倭掳汉人李顺等3人回国，并押马1000匹至辽东交割。是月，因赵琳自帝京[12]回国传诏，又遣艺文馆学士韩尚质如明，初拟国名"朝鲜"、"和宁"，请明太祖朱元璋圣裁。十二月，遣门下侍郎、赞成事禹仁烈率谢恩使节团如明，并献马30匹。是岁，李成桂第五子李芳远遣判典客寺事赵英珪等，杀高丽守侍中郑梦周。是岁，朝鲜定都汉阳[13]。

1393年，癸酉，〔明〕太祖洪武二十六年，☆黄帝历四千〇九十一年。是岁，明遣脱欢不花至朝鲜，推刷旧管下人民。五月，明遣内史黄永奇、崔渊传手诏，历数朝鲜以贸易事招女真

1 诸事见〔韩〕郑麟趾等《高丽史》卷四十五。
2 参见朝鲜文人权近《阳村集》卷三十七《神懿王后神道碑铭》。
3 高丽王朝的"结"是面积单位。一等结约为15亩，二等结约为17.6亩。
4 见朝鲜文人赵庆男《续杂录》（四）《历代要览》，〔韩〕《大东野乘》卷之三十四。
5 明太祖谕："东夷之号，惟'朝鲜'之称美，且其来远，可以本其名而祖之"。见朝鲜文献《太祖实录》卷一，"元年"、"二年"。
6 耽罗，今韩国济州岛。
7 朝鲜文人金时让《荷潭破寂录》载，有传言礼仪判书金澍亦为圣节使臣，还到鸭绿江自尽殉高丽，不足信也。见〔韩〕《大东野乘》卷之七十二。
8 西京，今朝鲜平壤。
9 松京，今朝鲜开城。
10 《明史·列传第二百八·外国一·朝鲜》（卷三百二十）收录朝鲜使臣赵胖奏文。
11 高丽文人郑道传《三峰集》之《到平壤》小注云："壬申冬，公以门下侍郎、赞成事谢圣恩入明"。见杜宏刚、邱瑞中、〔韩〕崔昌源辑《韩国文集中的蒙元史料》，第556页，广西师范大学出版社，2004年版。
12 京师，今江苏省南京。
13 汉阳，即汉城，今韩国首尔市。参见吴晗《朝鲜李朝实录中的中国史料》，第109–112页，中华书局，1980年版。

人到朝鲜等罪。大明所遣脱欢不花、黄永奇、崔渊皆半岛人。六月，辽东都指挥使司遣高阔阔出，赍礼部咨给朝鲜苎丝、棉布共19700余匹，乃贡马共9800匹之价也[1]。十二月，明遣内史金仁甫等4人至朝鲜，传左军都督府咨文。是岁，辽东拒入朝鲜使节团6次。是岁，明太祖将铁岭卫改在故银州之地[2]；◇檀君历三千七百二十六年，〔朝鲜〕太祖二年。是岁，朝鲜设立六科学堂，设立文科考试。并设司译院，习华语。二月二十五日，韩尚质回到朝鲜，告明太祖朱元璋定半岛名为“朝鲜”。三月，派出以门下侍郎、赞成事崔永沚为正使的谢恩使节团如明，纳送恭愍王金印一颗。于边境遇见郑道传使节团的崔永沚，因久镇高丽西北边，而被政堂文学李恬替换如明，缘郑道传惧帝忌恨高丽边将也。四月，遣前密直使朴原聘于辽王，遣前密直副使柳云聘于宁王。六月，派出以中枢院学士南在[3]为正使的使节团如明辩白。是月，圣节使尹虎逝于金岩驿，改以金立坚为贺圣节使。是月，派出三司右仆射尹思德如明，谢给马价。八月，以崔立坚、尹思德两使节团被阻于辽东白塔外，派中枢院副使李至带女真400人及《请通贡路表》如帝京。是月，又遣前密直副使曹彦管送辽东逃至朝鲜人口。九月，遣同知中枢院事朴永忠如明贺千秋。是月，李至不得入辽东而还。十月，遣中枢院学士李稷如明谢恩，至辽东白塔站，不得入而还。是月，朴永忠至甜水站[4]，不得入而还。是月，又遣参赞门下府事李庆仪等贺正，亦至辽东不得入而还。

1394年，甲戌，〔明〕太祖洪武二十七年，☆黄帝历四千〇九十二年。正月，明太祖朱元璋怒朝鲜假作买卖，刺探大明虚实，遣太监卢他乃、朴得龙、郑澄至朝鲜，传左军都督府咨文。四月，遣太监崔渊、陈汉龙、金希裕、金禾至朝鲜传左军都督府咨文。是月，又遣太监黄永奇赍祭告山川祝文至朝鲜[5]，再传左军都督府咨，开列42名朝鲜罪犯。黄永奇[6]传帝手谕，着朝鲜派王子来送罪犯，并要朝鲜送马1万匹；◇檀君历三千七百二十七年，〔朝鲜〕太祖三年。正月，派出以判门下府事安宗源为正使、中枢院副使李承源为副使的谢恩使节团。三月，安宗源等至连山关，不得入而还。五月，遣司水监宋希靖如明，请放还被捕朝鲜过江迎接使节之人。六月，遣判奉常寺事金乙祥押马500匹至辽东。是月，朝鲜派靖安君李芳远与领相赵胖、中枢院学士南在[7]赴帝京[8]陈奏。七月，遣知门下府事赵琳为圣节使如明，兼谢放回朝鲜迎接天使之人。八月，遣开城尹李茂如明，谢许通道路，并献马16匹。是月，又遣司水监宋希靖押马1000匹至辽东。九月，遣商议中枢院事郑南晋如明贺千秋节。是月，遣前工曹典书任寿押马500匹至辽东，又遣中枢院副使孙兴宗如明，献种马50匹。十月，遣政堂文学闵霁、中枢院副使柳源之如明贺正。十二月，遣密直提学李稷（1362—1431）如明谢恩。是岁，汉城景福宫[9]开始修建。是岁，朝鲜《经国大典》撰成，规定8种人不得参加科举，其一是“庶孽子孙”。自此，朝鲜

1 朝鲜王朝汉阳也称“汉城”，今韩国首尔。参见《明史·列传第二百八·外国一·朝鲜》（卷三百二十）。
2 银州故地之“铁岭卫”即今辽宁省铁岭。
3 南在（1351—1419），朝鲜文人，初名谦，号龟亭，有《龟亭集》传世。
4 此地现仍名“甜水”，在辽阳至本溪之间的省道沿线。
5 参见朝鲜文人鱼叔权《稗官杂记》(一)，〔韩〕《大东野乘》卷之四。
6 朝鲜文人韩浚谦《柳川劄记》记“黄永奇”为“黄永寿”，见〔韩〕《大东野乘》卷之七十一。
7 南在（1351—1419）的远祖南敏，本唐朝按廉使，新罗景德王时奔半岛。见杜宏刚、邱瑞中、〔韩〕崔昌源辑《韩国文集中的蒙元史料》，第825页，广西师范大学出版社，2004年版。
8 时大明都金陵，即今江苏省南京。靖安君李芳远即后来的朝鲜太宗。
9 “景福”取自《诗经》“君子万年，介尔景福”句。

庶子不得参加科举。

1395年，乙亥，〔明〕太祖洪武二十八年，☆黄帝历四千〇九十三年。七月，辽东百户夏质如朝鲜义州买牛，舟覆，夏质淹死于鸭绿江。十一月，明太祖怒朝鲜使臣私交、赠马于燕王，流放宋希靖、权乙松于腾冲[1]。帝又以表文简慢，拘柳珣、郑总、郑臣义、金若恒等朝鲜使臣；◇檀君历三千七百二十八年，〔朝鲜〕太祖四年。正月，李居仁、郑南晋使明时潜行贸易被参，罢李居仁职。二月，遣通事金乙祥送回辽东逃军金不改等25人。三月，投奔高丽之中国河间人李敏道逝世。李敏道于元末到半岛，后被封为商山君。四月，朝鲜派工曹典书杨添植押马500匹至辽东。五月，遣前典农正崔子云押马1000匹至辽东。是月，黄永奇等20余皇宫太监被明太祖遣回半岛，皆出使朝鲜而受香料、家书者。黄永奇等于入南京时被搜出香料。六月，派出以参知门下金立坚为正使的圣节使节团，送左军都督府咨文并上表。七月，遣金乙祥具书上奏。八月，遣殿中卿郭敬义押马1000匹、判司农寺事玉山奇押马500匹至辽东。是月，遣中枢院副使张子忠如明贺千秋节。十月，遣柳珣如明贺正。是月，遣官移咨礼部，请求在鸭绿江至辽东甜水站[2]之间派兵护送朝鲜使节团，因荒无人烟、虎狼横行。是月，前判司译院事张伯骸骨由其子张洪寿于登州[3]收回。张伯出使途中病逝，礼部准其子来华收遗骸。十一月，遣艺文馆大学士郑总率计禀使节团入京，奏请颁诏册命并颁给朝鲜国王印信。是岁，郑道传（1342—1398）[4]等撰《高丽史》完稿。是岁，郑道传用新罗人薛聪"吏读"著《直解大明律》，并付书局印刷[5]。

1396年，丙子，〔明〕太祖洪武二十九年，☆黄帝历四千〇九十四年。二月，明太祖朱元璋以朝鲜表文不谨、语涉挑衅，命礼部移咨，遣内史温权至朝鲜，责遣主笔[6]。六月，遣尚宝司丞牛牛及太监王礼、宋孛罗、杨帖木儿[7]至朝鲜，传礼部咨文，着朝鲜押送表文主笔郑道传、郑擢，并搬取柳珣、郑总等家小。王礼等并传明太祖朱元璋口谕，着王留意中、朝做亲[8]。九月十一日，权近觐见后，帝大悦，赐之御制诗3首[9]。是岁，以高丽使臣权近应对得体，明太祖朱元璋放回被押、被流朝鲜使臣；◇檀君历三千七百二十九年，〔朝鲜〕太祖五年。二月，遣通事郭海隆押送表文主笔金若恒。该表文实为郑道传所撰，郑道传称病不出。三月、四月，计禀、贺正使节团还，带回礼部咨文。四月，以明太祖亲询，遣太监崔木帖儿还明。五月，韩山伯李穑卒[10]。李穑（1328—1396），字颖叔，本贯韩州，在中国科举及第后在大都[11]任承仕郎、同知制诰兼国史院编修，回国后历任政堂文学、门下侍中（首相），有《牧斋稿》共五十五卷传

1　腾冲即今云南省腾冲县，与缅甸接壤。

2　此地现名"甜水"，在辽阳至本溪之间的省道沿线。

3　登州，今山东省蓬莱。

4　参见朝鲜文人权鳖《海东杂录》（六）"郑道传"，〔韩〕《大东野乘》卷之二十三。

5　参见朝鲜文人鱼叔权《稗官杂记》（四），〔韩〕《大东野乘》卷之四。

6　参见朝鲜文人权近《阳村集》卷九"洪武二十九年夏"。

7　参见朝鲜文人权近《阳村集》卷二十三"丙子六月二十三日"。

8　明太祖朱元璋在1389年就向高丽提及做儿女亲家。

9　参见〔韩〕《国朝宝鉴》卷一，面二十四至二十五；权近《阳村集》卷一"大明太祖高皇帝御制诗三首"。参见杜宏刚、邱瑞中、韩登庸、刘羚、阎崇东主编《韩国文集中的明代史料》，第一卷，第5页，广西师范大学出版社，2006年版。

10　参见朝鲜文人权近《阳村集》卷四十《行状》。

11　元大都即今北京市。

世，朝鲜文人郑麟趾等《高丽史》卷一一五有传[1]。六月，遣判门下府事权仲和、商议中枢院事具成老如明，谢做亲事。七月，遣汉城府尹河仑（1347—1416）率启禀使节团如明，到南京辩解且上奏章。判司译院事李乙修为管押使，押权近、郑擢、卢仁度如明。权近到达南京后，深得朱元璋赏识，乃与明翰林学士刘三吾、许观、景清、张信、戴德彝游[2]。八月，派出以商议中枢院事金积善为正使的千秋节使团。金积善过登州[3]风大船覆，一行皆被淹死。十月，遣参赞门下府事安翊、同知中枢院事金希善如明贺正。是月，又遣殿中卿郭敬仪如辽东，管送辽东逃军25名。十一月，被留使臣郑臣义还，传左军都督府咨文，以辽东百户夏质被朝鲜船夫扭住被淹死鸭绿江事，令押解义州万户到帝京。是月，判礼宾寺事姜仲琳管送权近等家小到南京。是月，又遣判三司事偰长寿、中枢院副使辛有贤如明谢恩。谢恩使咨文中，谢明太祖准备与朝鲜做亲及赐权仲和等马26匹。是月，遣司译院舍人崔云如明，管送义州都兵马使陈忠贵及鸭绿江渡口艄工。是月，遣参赞门下府事赵胖[4]如明贺圣节，并上礼部咨文。是岁，太祖妃康氏（1355—1396，神德王妃，本贯谷山，康允成之女）薨。

1397年，丁丑，〔明〕太祖洪武三十年，☆黄帝历四千〇九十五年。岁初，明太祖欣赏权近之才，赐权近、郑总等衣，令于南京文渊阁听讲。朝鲜使臣将还，辞陛，权近着钦赐衣，郑总以本国王妃康氏（1355—1396，神德王妃，本贯谷山，康允成之女）丧而着白衣，帝怒拘郑总，流放云南，中途卒。郑总（1358—1397），字曼硕，本贯清州，有《复斋集》传世[5]。同时被杀的还有金若恒（？—1397，字久卿，本贯光州）[6]、卢仁度[7]。三月，帝于右顺门面谕朝鲜使臣安翊[8]。是月，遣朝鲜使臣安翊、权近、金希善赍御制诗回，并赍敕书慰朝鲜王妃之丧[9]。十二月，礼部以朝鲜表文用近音字戏侮天朝，扣留千秋使柳灏一行，只令打角夫崔浩回国；◇檀君历三千七百三十年，〔朝鲜〕太祖六年。三月，派出以商议中枢院事柳云为正使的谢恩使节团如明。四月，偰长寿回，备述太祖不满出身半岛的皇宫太监事。皇宫太监带蒙古文字回帝京，朝鲜进贡马鞍里倒写“天”字并有“×”符。偰长寿传帝口谕：停做亲事。六月，遣礼曹典书郑允辅如明贺圣诞。八月，遣前光州牧使柳灏为千秋使如明。九月，遣参赞门下府事赵胖、前清州牧使李观如明贺正，次年二月在登州被齐王阻回。是月，金自龟奔登州，收其父、商议中枢院事金积善遗骸。

1398年，戊寅，〔明〕太祖洪武三十一年，☆黄帝历四千〇九十六年。十二月，遣陈纲、陈礼传太祖崩诏，至义州交万户而还；◇檀君历三千七百三十一年，〔朝鲜〕太祖七年。是岁，在成均馆建立半岛历史上最大的文庙。五月，被扣留朝鲜使臣曹庶持礼部侍郎咨文及曹庶、郭海龙“供状”回国。六月，遣前判典客寺事郑连如明，管押孔俯、尹须、尹珪等随同。郑连等

1　杜宏刚、邱瑞中、〔韩〕崔昌源辑《韩国文集中的蒙元史料》收录了部分李穑《牧斋稿》，见该书卷下，广西师范大学出版社，2004年版。

2　参见朝鲜文人权鳖《海东杂录》（六）“权近”，〔韩〕《大东野乘》卷之二十三。

3　登州，今山东省蓬莱。

4　见谭其骧主编《简明中国历史地图集》，第17–18页，中国地图出版社，1991年版。

5　参见杜宏刚、邱瑞中、韩登庸、刘羚、阎崇东主编《韩国文集中的明代史料》，第一卷，第61页，广西师范大学出版社，2006年版。

6　金若恒，字久卿，光州人。

7　参见拙著《朝鲜半岛汉学史》，第156页，学苑出版社，2009年版。

8　参见朝鲜文人赵庆男《续杂录》（四）《历代要览》，〔韩〕《大东野乘》卷之三十四。

9　参见杜宏刚、邱瑞中、〔韩〕崔昌源辑《韩国文集中的蒙元史料》，第600页“丁丑五月”，广西师范大学出版社，2004年版。

十月方至辽东，闻明太祖崩，太孙建文帝即位并大赦，乃带孔俯等还朝鲜。八月，“戊寅靖社”发，太祖第五子李芳远杀世子李芳硕、王子李芳蕃、郑道传等大臣。郑道传（1342—1398）有《三峰集》传世[1]。是月，遣郑梦周如明贺圣节。九月，李成桂传位李芳果（朝鲜定宗），派出以判三司事偰长寿为正使、礼曹典书金乙祥为副使的计禀使节团如明。偰长寿等至辽东被阻，因非一年内允许的三贡而回。

1399年，己卯，〔明〕惠帝建文一年，☆黄帝历四千〇九十七年。是岁，帝准朝鲜传位[2]；◇檀君历三千七百三十二年，〔朝鲜〕定宗李曔（即李芳果，字光远，1357—1419）一年。定宗妃乃金氏（1355—1412，安定王妃，本贯庆州，金天瑞之女）。是岁，定宗为已故生母、太祖妃韩氏（1337—1391，神懿王妃，本贯安边，韩卿之女）上尊号。是岁，朝鲜将都城迁回到松都[3]。正月，遣右政丞金士衡为贺登极使、河仑（1347—1416）为陈慰使如明。改偰长寿计禀使为进香使，一同奔赴南京。六月，金士衡、河仑、偰长寿赍礼部咨文还，内有建文帝准朝鲜传位口谕。十月，偰长寿卒。偰长寿（1341—1399），字天民，本中国回鹘（维吾尔族）人，其父偰逊于元至13年（1353）投高丽[4]。偰长寿后官至门下侍中（宰相），封燕山府院君，一生共8次代表高丽和朝鲜出使中国，其《小学直解》颇得中、朝文人称许，半岛传抄。

1400年，庚辰，〔明〕惠帝建文二年，☆黄帝历四千〇九十八年。是岁，因燕王进攻，定辽卫12人逃至朝鲜；◇檀君历三千七百三十三年，〔朝鲜〕定宗二年。八月，遣艺文春秋馆大学士李至如明贺圣节，崔润为书状官。九月，送回被倭掳中国士女20余人。是月，遣判三司事禹仁烈、签书李文和如明贺正兼请印诰，并献马30匹。十一月，李成桂之子李芳远势力膨胀，定宗乃传位王弟李芳远（朝鲜太宗）。定宗妃金氏（1355—1412，安定王妃，本贯庆州，金天瑞之女）被尊为大妃。是月，佥书三军府事李詹（1345—1405）以启禀使如明，李詹著有《观光录》。《观光录》记述了明早期朝鲜使节团经陆路、海路如南京的路线[5]。是月，又派出以门下评理朴子安为正使的奏闻使节团。

1401年，辛巳，〔明〕惠帝建文三年，☆黄帝历四千〇九十九年。二月，明遣礼部主事陆颙[6]、鸿胪行人林士英至朝鲜传诏，颁建文三年大统历，并送钦赐纱罗40匹。陆颙献诗3首于王，并与一名“委生”之朝鲜妓缠绵。六月，明遣通政寺丞章谨[7]、文渊阁待诏端木礼[8]，至朝鲜传诏册封李芳远：“命尔为朝鲜国王，锡以金印”，并诰封李芳远妻闵氏（1365—1420，元敬王妃，本贯骊兴，闵霁之女）为“王妃”[9]。章谨、端木礼献王《文则》1册，朝鲜刊印之。章谨求牧隐

1 参见拙著《朝鲜半岛汉学史》，第155页，学苑出版社，2009年版。

2 参见《明史·列传第二百八·外国一·朝鲜》（卷三百二十）。

3 松都，今朝鲜开城。

4 高丽文人李穑《牧隐文藁》卷之七《近思斋逸稿后序》介绍偰逊云：“乙酉乙科，偰伯辽逊公远学于南方，年未逾冠，尽通举业。间攻古文，名大振。既第，应奉翰林选，为端本堂正字。久之，丞崇文监。方向于用，而当国者与其父淮南左丞公有怨，出知单州，有能声。俄丁内忧，寓居大宁。时贼已破上都，指辽西。公远挈子弟，单骑渡辽水入高丽。既行数日，而贼下大宁矣。上以端本从游之故，迓劳相续。及见，礼待优渥，赐田富原，封君开府。居数年，病卒”。

5 李詹（1345—1405），字小叔，号双梅堂，本贯洪州。李詹《观光录》收入杜宏刚、邱瑞中、〔韩〕崔昌源辑《韩国文集中的蒙元史料》，第687—708页，广西师范大学出版社，2004年版；〔韩〕民族文化推进会《韩国文集丛刊》，第6卷，1990年版。

6 陆颙，字伯瞻，扬州兴化人，善书画，著有《颐光集》。

7 章谨，字公瑾，号采芝，华亭人，善书画。

8 端木礼，字孝文，溧水人，端木初之子。次年出使朝鲜的端木智之兄。《明史》卷一百三十八有《端木初传》。参见刘子敏、姜孟山、王世英、金荣国主编《中国正史中的朝鲜史料》（第2卷），第347页，延边大学出版社，1996年版。

9 自此，骊兴闵氏遂成朝鲜王朝望族。

李穑诗文集。章谨回国途中见陆颙，责问为何在御前撒谎，说朝鲜没有女乐。陆颙因此惴惴不安而生病。九月，遣太仆寺少卿祝孟献[1]、礼部主事陆颙至朝鲜颁敕，赐朝鲜上王、太宗及王族、陪臣文绮、绢、香料、药材等，并带兽医王明、周继至朝鲜，索马1万匹。是月，国子监生宋镐等车载马驮万匹马价至朝鲜，计文绮、绢、棉布9万匹，其余不计。十一月，郭瑄[2]等4名监生分别押马回国，不受朝鲜赠物，而求诗文。十二月，祝孟献回国，陆颙以病暂留朝鲜。是岁，明赠朝鲜《文献通考》[3]；◇檀君历三千七百三十四年，〔朝鲜〕太宗李芳远（1367—1422，字遗德）一年。是岁，朝鲜还都汉阳[4]。二月，派出以三司右使李稷（1362—1431）为正使、右军总制尹坤为副使的谢恩使节团如明[5]。是月，又遣通事梅原渚先行，押马500匹至辽东。三月，禹仁烈、李文和还，赍礼部咨文，建文帝问李芳远继位事。闰三月，李詹、朴子安赍礼部咨还，乃建文帝认可李芳远继位事。是月，朝鲜给居半岛之陈友谅子陈理田产，又遣判三司事禹仁烈如明谢恩。是月，李芳远亲制汉诗赠钦差章谨、端木礼，又遣判门下府事赵浚[6]、右军同知总制安瑗如明，谢诏封、颁金印皇恩。赵浚未至义州而病，乃以门下右政丞李舒（1332—1410）代之入南京。八月，遣参赞议政府事赵温为正使、崔有庆为副使、司尹孔俯为书状官，如明贺圣节。赵温回国时，建文帝钦赐《文献统考》1部[7]。九月，遣骊城君闵无疾如明，谢赐文绮、绢、香料、药材之恩，李担为书状官。十二月，遣总制朴经如明，奏易马数。是岁，复兴君赵胖卒。赵胖（1341—1401），本贯白州，1351年随父进大都，学会汉语，又熟悉蒙古语[8]，1368年回国。赵胖多次出使中国，官至参赞门下府事。

1402年，壬午，〔明〕惠帝建文四年（朱棣改为“洪武三十五年”），☆黄帝历四千一百年。正月，建文帝遣兵部主事端木智[9]与监生粟坚、兽医周继至朝鲜，替回陆颙[10]。二月，建文帝遣太仆寺少卿孙奉至辽东，赍兵部咨文。是月，祝孟献、监生董迁[11]、柳荣及兽医王明从辽东再至朝鲜易马。祝孟献回国前，求河仑、李詹、权近诗集。是月，建文帝遣鸿胪寺行人潘文奎[12]，颁赐太宗李芳远冕服，朝鲜使臣闵无疾随同钦差潘文奎至半岛。三月，兵部咨文发至辽东，允朝鲜易马不足万匹之数。是岁，逃入朝鲜辽东民90余人，于海路入朝者150余户。总兵、左军都督府咨文朝鲜，着遣返逃出叛军。十月，原燕王朱棣遣都察院佥都御史俞士吉[13]、鸿胪寺少卿汪泰及内史温权[14]、杨宁至朝鲜，诏告明成祖登基事。温权曾于1396年以钦差出使朝鲜；◇檀君

1 祝孟献，江西饶州府德兴县人。

2 郭瑄，四川成都府人，后于永乐朝官至大理寺右丞。

3 参见杨昭全、何彤梅《中国—朝鲜韩国关系史》，第575页，天津人民出版社，2001年版。

4 汉阳即“汉城”，今韩国首尔。

5 参见朝鲜文人权近《阳村集》卷十；杜宏刚、邱瑞中、韩登庸、刘羚、阎崇东主编《韩国文集中的明代史料》，第一卷，第38页，广西师范大学出版社，2006年版。

6 参见朝鲜文人权鳖《海东杂录》（一）“赵浚”，〔韩〕《大东野乘》卷之十九。

7 参见朝鲜文人赵庆男《续杂录》（四）《历代要览》，〔韩〕《大东野乘》卷之三十四。

8 朝鲜文人李陆（1438—1498）《青坡剧谈》云，元朝丞相脱脱是赵胖姑父。见〔韩〕《大东野乘》卷之六。

9 端木智，字孝思，溧水人。参见刘子敏、姜孟山、王世英、金荣国主编《中国正史中的朝鲜史料》（第2卷），第347页，延边大学出版社，1996年版。

10 参见〔韩〕《太宗实录》卷三。

11 参见朝鲜文人权近《阳村集》卷十。

12 参见朝鲜文人权近《阳村集》卷十。

13 俞士吉，字用吉，宁波象山县人，后官至南京刑部侍郎。见〔明〕雷礼《国朝列卿记》卷六十。

14 朝鲜文人权近《阳村集》卷九有“越（洪武）三十五年冬”，“洪武”没有“三十五年”，这里是不承认建文帝的意思。见杜宏刚、邱瑞中、韩登庸、刘羚、阎崇东主编《韩国文集中的明代史料》，第一卷，第34页，广西师范大学出版社，2006年版。

历三千七百三十五年，〔朝鲜〕太宗二年。是岁，朝鲜始开武科科举考试。是岁，朝鲜逃入辽阳者因饥荒返国甚多。二月，朝鲜加换马3000匹。三月，遣吏曹典书吕称，如明奏半岛马少、难凑足万匹事。五月，遣参判承枢府事卢嵩如明，谢赐冕服。卢嵩以路梗，半路返回，并抄写建文帝圣旨，着朝鲜发兵勤皇。是月，遣承枢府提学朴惇之（1333—？）[1]如明，谢建文帝赐冕服[2]。是月，遣中军总制柳龙生如明贺圣节。九月，分遣辽东逃军林八剌失里等4000余人于八道。十月，遣左政丞河仑（1347—1416）为贺登极使如明，李詹（1345—1405）为副使[3]，赵末生[4]为书状官，进贺明成祖朱棣登基。河仑、李詹一行得钦赐朝鲜国王金印、诰命还[5]。是月，遣判汉城府事赵璞如明贺正。十二月，遣刑曹典书陈义贵押送辽东逃军林八剌失里等过江，遇朝廷使臣交割而还。

1403年，癸未，〔明〕成祖永乐一年，☆黄帝历四千一百〇一年。正月，辽东千户王得名、百户王迷失帖至朝鲜宣敕，左军都督府移咨，辽东都司发咨，皆为逃散军民事。四月，明遣都指挥高得[6]、左通政赵居任[7]及太监黄俨、曹天宝如朝鲜颁登基诏，并赍礼部、兵部咨文，送钦赐书籍242本及彩缎等。八月，以追封明太祖、马皇后，遣宦官天畦、裴整及给事中马蔺（麟）[8]至朝鲜颁诏。天畦、裴整皆从朝鲜选入皇宫者。九月，赐朝鲜使臣成石璘等《通鉴纲目》《十八史略》。十月，遣太监黄俨、朴信及翰林待诏王延龄、鸿胪行人崔荣，赍国王、世子冕服至朝鲜，并赐《元史》《朱子全书》等书。十一月，遣韩帖木儿及还乡宦官朱允端至朝鲜，索火者（阉人）60人。是月，明设立建州卫，以李思诚（女真首领，原名“阿哈出”）为都指挥使；◇檀君历三千七百三十六年，〔朝鲜〕太宗三年。正月，遣判恭安府事李贵龄如明贺圣诞，又遣送明逃散军民3649名回国。三月，遣参知议政府事黄居正如明，奏共遣还逃散军民13641名。四月，遣右政丞成石璘、承枢府提学李原（1368—1429）、艺文馆提学李廷坚如明，谢赐诰命及金印，并缴建文帝所赐诰命、金印[9]。副使李原深得明成祖宠爱[10]。六月，兵曹典书偰眉寿押易马2548匹如明。是月，判恭安府事李贵龄回自帝京，赍礼部咨文及帝赐草药82斤8两，并传明成祖“各司其职”诏书。七月，遣同知总制闵启生如明，谢赐药材。八月，遣左军都总制赵狷如明，贺追崇高帝、后。九月，成石璘等回，赍礼部咨文，内有帝敕，放所有被押朝鲜使臣回国。九月，遣医典少监张有信押马28匹至辽东。十一月，遣司平左使李彬、骊原君闵无恤如明谢恩，兼

1 朝鲜文人成石璘（1338—1423）《独谷集》有《送提学朴惇之如京师》一诗，见杜宏刚、邱瑞中、〔韩〕崔昌源辑《韩国文集中的蒙元史料》，第665页，广西师范大学出版社，2004年版。

2 参见〔韩〕《太宗实录》卷三。

3 见朝鲜文人李詹《十一月二十八日，陪浩亭公（河仑）渡鸭江，未毕渡焉而风浪大起，因留宿于江上。是夜寒甚，不寐，作诗志之》，〔韩〕民族文化推进会《韩国文集丛刊》，第6卷，1990年版。

4 参见朝鲜文人权鳖《海东杂录》（一）“赵末生”，〔韩〕《大东野乘》卷之十九。

5 参见朝鲜文人李詹《次十五日钦蒙帝赐我国王诰命印章》，〔韩〕民族文化推进会《韩国文集丛刊》，第6卷，1990年版。

6 参见杜宏刚、邱瑞中、〔韩〕崔昌源辑《韩国文集中的蒙元史料》，第730页，广西师范大学出版社，2004年版。

7 赵居任，应天府溧阳县人。

8 权近《马氏思亲堂图诗序（蔺）》记述马蔺故事较为详细。见杜宏刚、邱瑞中、韩登庸、刘羚、阎崇东主编《韩国文集中的明代史料》，第一卷，第41页，广西师范大学出版社，2006年版。参见朝鲜文人赵庆男《续杂录》（四）《历代要览》，〔韩〕《大东野乘》卷之三十四。

9 谢恩表见朝鲜文人权近《阳村集》卷二十四。

10 李原（1368—1429）字次山，号容轩，本贯固城，乃李陆先祖，有《容轩集》传世。参见朝鲜文人李陆（1438—1498）《青坡剧谈》，〔韩〕《大东野乘》卷之六。

辩李芳远宗系与李仁任无关[1]。是月，遣莲城君金定卿如明贺正，并献种马50匹。是月，又遣司译院副使张有信押管逃散军民230人至辽东交割。是岁，王命李稷、朴锡命[2]、李膺等主持，铸铜质汉字，以广印书[3]。

1404年，甲申，〔明〕成祖永乐二年，☆黄帝历四千一百〇二年。是岁，女真遗民言，朝鲜咸州以北皆属辽、金。四月，辽东千户王可仁至朝鲜传敕谕，着在半岛女真人回国居住。是月，遣掌印司卿韩帖木儿、鸿胪寺序班郚修、行人李荣以礼部咨至朝鲜，要朝鲜运1万头牛到辽东助农耕，每头给绢1匹、布4匹，并索火者（阉人）。六月，以立皇太子及封朱允熙"熙宁王"事，遣内史杨进保、给事中敖惟善至朝鲜传诏。十一月，遣宦官刘璟、国子监丞王峻用赍敕及万牛运成之赏赐至朝鲜。十二月，辽东总旗张孛罗、小旗王罗哈至朝鲜，传帝敕建州[4]于虚出参政。朱棣为燕王时，纳于虚出之女，时下准备用于虚出招募野人女真。明朝女真分三大部：居黑龙江、乌苏里江的称为"野人女真"或"东海女真"。居住在开元[5]与松花江中游的为"海西女真"。居长白山的为"建州女真"[6]；◇檀君历三千七百三十七年，〔朝鲜〕太宗四年。是岁，朝鲜定官民墓制。正月，遣骊原君闵无疾如明贺圣节。三月，司平左使李彬赍礼部咨回，帝准改朝鲜王族世系、放回扣押朝鲜使臣，并赐历法及《烈女传》。四月，遣参知议政府事吕称如明，谢改宗系，又遣大护军梅原渚押首批牛1000头至辽东。五月，易牛陆续运抵辽东，至六月运毕。是月，遣艺文馆提学金瞻（1357—1418）为计禀使如明，乞咸州以北仍由朝鲜管辖。王可仁自东北面还，言此地女真人年深日久，多有不肯回国者。王可仁乃与金瞻一同进京。六月，遣韩帖木儿、通事张有信押送火者（阉人）21名如明。是月，为贺封皇太子，遣知议政府事李至、总制赵希闵如明，又遣判军器监事郭海龙赍易牛册目入帝京上奏。九月，吕称赍礼部咨文回，内开放回被拘27名朝鲜人。是月，以陈生等运粮山海卫被风漂至朝鲜事，移咨辽东。是月，又遣司译院判官崔云送被倭掳宁波人陈阿狗等4人、辽东逃军杜添保等至辽东。是月，遣参判司平府事李来、签书承枢府事全伯英如明，贺正兼谢恩，并请封长子、让宁大君李禔（1394—1462）为王世子。十月，遣中军都总制林整，如明谢允东北面女真人仍居朝鲜。十一月，知议政府事李至回，赍皇帝所赐《烈女传》500部、药材若干。是月，遣参知议政府事朴信[7]如明谢恩。十二月，遣司译院副使李自瑛押送逃军等28人至辽东。是岁，大夏国主明玉珍妻彭氏（彭太后，1321—1404，明升生母）卒于开城，朝鲜遣官葬之于万寿山。

1405年，乙酉，〔明〕成祖永乐三年，☆黄帝历四千一百〇三年。正月，遣千户高时罗到朝鲜吾都里，送烧酒100瓶、马30匹，与女真部落结盟。二月，遣王教化的等3人至朝鲜颁诏，令朝鲜派员随同，晓谕东开原万户猛哥帖木儿[8]，赐物并召之进京。朝鲜太宗李芳远竭力阻

1 朝鲜文人赵庆男《续杂录》（四）《历代要览》云，陪臣赵温回到朝鲜，言在大明见误书朝鲜宗系文字。见〔韩〕《大东野乘》卷之三十四。

2 参见朝鲜文人权鳖《海东杂录》（一）"朴锡命"，〔韩〕《大东野乘》卷之十九。

3 参见〔韩〕李德懋（1741—1793）《青庄馆全书》卷六十《东方活字之始》。

4 明朝建州卫建立于1403年，治所在今黑龙江省东宁县城东4里许的"大城子"。见瀛云萍《八旗源流》，第13页，大连出版社，1991年版。

5 "开元"，今俄罗斯乌苏里斯克古城。

6 参见王臻《朝鲜前期与明建州女真关系研究》，第1-2页，中国文史出版社，2005年版。

7 参见朝鲜文人权鳖《海东杂录》（一）"朴信"，〔韩〕《大东野乘》卷之十九。

8 （童）猛哥帖木儿又名"孟穆特"，努尔哈赤六世祖。明初为建州卫都指挥使，1433年被杨木答兀杀死。

止。四月，遣内史郑升、金角、金甫至朝鲜传诏，着选送火者（阉人）。朝鲜乃选送尹凤等8人进送[1]。是月，明又遣王可仁到朝鲜，招女真人回国。是月，又遣百户金声到朝鲜东北面招女真。九月，遣使至朝鲜招女真万户仇老。是岁，明授猛哥帖木儿为建州卫指挥使；◇檀君历三千七百三十八年，〔朝鲜〕太宗五年。三月，鸡城君李来等回，赍礼部咨文3道，为逃军、准封李禔为王世子、一统历事也。四月，遣恭安府尹许应如明，谢准封王世子李禔。是月，又遣原平君尹穆，如明贺千秋。五月，童猛哥帖木儿（又名"孟特穆"，努尔哈赤六世祖[2]）等准备接受帝赐回国，遣艺文馆大提学李行如明，请之继续留居半岛。六月，遣艺文馆提学金汉老为圣节使如明。八月，许应回，传礼部官员话，指责朝鲜表文格式不谨。九月，童猛哥帖木儿如明，乃明成祖后妃之亲戚也。是月，尹穆回，传圣旨及礼部问话，皆童猛哥帖木儿事。是月，遣户曹参议李如明，奏报童猛哥帖木儿入京日期。是月，又遣奉常令偰耐押送东宁卫逃军10人到辽东。是月，遣姜思德、高居正如明贺正。十一月，遣典农副正元闵生解送辽东人曹成等11人回国，曹成至江界买卖织物，并自称曹指挥之子，回国后被下狱。

1406年，丙戌，〔明〕成祖永乐四年，☆黄帝历四千一百〇四年。三月，遣内史郑升至朝鲜求纸张，并为皇后求牡丹花。赵良等6名半岛出身的皇宫太监随同省亲。四月，遣太监黄俨、杨宁、韩帖木儿及尚宝司尚宝奇原，迎铜佛像于济州岛。黄俨并赍礼部咨，要朝鲜送猛哥帖木儿家眷回国。同时送钦赐牛黄、麝香等名贵药材40余种至朝鲜，并送钦赐《通鉴纲目》《四书衍义》《大学衍义》等书。闰七月，以诏赐乐器遣太监朴麟、金禧至朝鲜。八月，遣还西北面人金遂初。是月，遣太监李原义、尹凤至朝鲜，省亲也。九月，遣王伐应只至朝鲜，招女真万户豆称介等25人入京。十二月，以协助天使搬运元朝所造铜佛，遣太监韩帖木儿、杨宁至朝鲜，宣诏送钦赐珠宝、布匹、书籍；◇檀君历三千七百三十九年，〔朝鲜〕太宗六年。是岁，清丈朝鲜六道土地为96万结，比高丽八道1391年79万结大大增加。正月，派出以中军总制偰眉寿为正使的圣节使节团。以误译圣旨，流前军资监曹士德于春州。是月，禁使节团贸易，禁西北民越江贸易。三月，姜思德回，其通事言帝授予童猛哥帖木儿（孟特穆）建州卫指挥使。五月，遣右军同知总制崔士威如明贺千秋。六月，赐陈理米、酒。七月，遣司译院副使崔云送苏州百户施得等、遣司译院判官张若寿送浙江百户杨茂等至辽东。闰七月，又遣司译院判官姜庾卿，送浙江前千户所总旗黄进保等55人至辽东。黄进保等皆以船载粮运帝京，漂流至朝鲜者。八月，遣判承宁府事金承霔、参知议政府事李膺如明，谢赐乐器。遣司译院直长金有珍送浙江绍兴千户所总旗吴进等25人至辽东。亦押船运粮被漂者。又遣知司译院事张洪寿管押逃军等419人至辽东。十月，遣礼曹参议安鲁生如明，进纯白厚纸3000张，并咨礼部，求以苎布换取礼服衣料。是月，又遣判恭安府事柳观、右军总制成石璘如明贺正[3]。是岁，朝鲜宫廷建立医女制度。

1407年，丁亥，〔明〕成祖永乐五年，☆黄帝历四千一百〇五年。正月，遣东宁卫千户陈敬，赍礼部咨至朝鲜，催送滞留半岛东宁军民4491人，且咨告搬取建州女真家眷事。二月，

---

1 参见朝鲜文人赵庆男《续杂录》（四）《历代要览》，〔韩〕《大东野乘》卷之三十四。

2 努尔哈赤父塔克世，塔克世之父觉昌安，觉昌安之父福满，福满之父锡宝斋篇古，锡宝斋篇古之父充善，充善乃孟特穆长子。参见《满洲实录》卷一，收入《国学文库》，第九编，辽海书社民国二十三年（1934）重印本。

3 参见朝鲜文人权近《阳村集》卷二十；杜宏刚、邱瑞中、韩登庸、刘羚、阎崇东主编《韩国文集中的明代史料》，第一卷，第42页，广西师范大学出版社，2006年版。

钦差金声至义州，点送推刷漫散军人。五月，遣太监郑升、行人冯谨至朝鲜，诏告平安南[1]，省亲太监金角、李成随同至半岛。是月，遣太监黄俨、尚宝司尚宝奇原至朝鲜，求佛舍利，并赐王、太上王绸缎。朝鲜大臣力图通过黄俨，使朝鲜世子尚帝女，但太宗李芳远鉴于高丽奇皇后一族遭遇，不允[2]。六月，遣太监金得、金寿至半岛，赐朝鲜鹦鹉3只[3]。八月，遣太监韩帖木儿、尹凤、李达、金得南赍礼部咨，索火者（阉人）。是月，礼部以徐皇后崩，移咨朝鲜。九月，遣朝鲜使臣偰眉寿赍礼部咨回，欲与朝鲜交易马3000匹。十二月，户部给朝鲜马价，绢、布15000匹同时运抵辽东交割[4]；◇檀君历三千七百四十年，〔朝鲜〕太宗七年。正月，派出以玉川君刘敞为正使、永嘉君权弘为副使的谢恩使节团。二月，遣中军都总制李龟铁如明贺圣节。三月，礼曹参议安鲁生回，赍礼部咨文，命遣暂于半岛居住百户杨哈剌等回建州。是月，遣上护军金文发、李推及大护军姜元吉押送漫散军刘山城等2000人至辽东。四月，遣判汉城府事偰眉寿为计禀使如明，书状官郑穉。是月，又遣左军同知总制卢闬如明贺千秋。五月，遣参知议政府事詹傅林如明，贺讨平安南[5]。五月，遣判典农寺事李湘押送漫散军746人至辽东。六月，遣通事朴茂，送漂风广洋卫百户吴敏115人至辽东。是月，交舍利计800颗给钦差，并遣参赞议政府事李贵龄、中军同知李之实如明谢恩。是月，遣南城君洪恕，如明谢恩并进白纸8000张。七月，金士衡卒。金士衡（1341—1407），字平甫，本贯安东，封上洛府院君。八月，遣大护军曹浑管押漫散军549人至辽东。是月，又遣户曹参议具宗之如明，计禀管押漫散军事。九月，卢闬回报，帝许王世子李禔走陆路觐见，并派总兵护送入京。是月，以徐皇后崩，遣吏曹判书南在、潘城君朴訔、鸡林君李升商，如明陈慰兼进香，书状官朴刚生。是月，遣王世子李禔（1394—1462）如明贺正兼进表，完山君李天佑为副使[6]，书状官薛偁。是月，又遣右政丞李茂为进笺使，与王世子一并如明，鸡林君李来为副使，书状官许稠。庞大的朝鲜王世子使节团经山海关进京。十月，遣工曹参议河已宗押送进贡马50匹如明。是月，3000匹易马分批押送辽东。是月，遣吏曹参议金天锡管押选出火者（阉人）29人随韩帖木儿如明。是岁，朝鲜铸汉字“丁亥字”，此乃半岛铸字之始[7]。

1408年，戊子，〔明〕成祖永乐六年，☆黄帝历四千一百〇六年。二月，遣东宁卫千户陈敬、百户李宾赍《一统历》至朝鲜，并催还在逃人口。是月，遣朝鲜使臣具宗之赍钦赐《孝慈高皇后传》50本回[8]。四月，明遣太监黄俨、田嘉禾等出使朝鲜求处女，至十一月，带朝鲜5名士大夫之女、从人12名、火者（阉人）12名还帝京。其中朝鲜工曹判书权永均之妹权氏（1388—1410，工曹典书权执中之女）后为明成祖权妃[9]。六月，顺德侯、明人陈友谅之子陈理（？—1408）卒于朝鲜。陈理有子名“陈明善”。九月，遣都知监左少监祈保、礼部郎中林观至朝鲜，

1 安南，今越南。
2 参见刁书仁《明前期明朝向朝鲜索征的“别贡”》，《东北师大学报》 2009年第3期。
3 参见朝鲜文人鱼叔权《稗官杂记》（二），〔韩〕《大东野乘》卷之四。
4 参见《明史·列传第二百八·外国一·朝鲜》（卷三百二十）。
5 安南，今越南。
6 参见朝鲜文人许篈《海东野言》（一）“永乐丁亥”，〔韩〕《大东野乘》卷之七。
7 参见朝鲜文人许篈《海东野言》（二），〔韩〕《大东野乘》卷之八。
8 参见朝鲜文人赵庆男《续杂录》（四）《历代要览》，〔韩〕《大东野乘》卷之三十四。
9 参见朝鲜文人鱼叔权《稗官杂记》（四），〔韩〕《大东野乘》卷之四。

致祭太祖李成桂，诏赐谥“康献”；◇檀君历三千七百四十一年，〔朝鲜〕太宗八年。正月，遣参赞议政府事柳龙生，如明贺圣节。三月，世子李禔还，备述帝接见之热忱。世子李禔在京师，排序于尚书之后、侍郎之前。帝赐世子书籍、笔墨及绸缎、马匹等。是月，以南城君洪恕使团书状官金为民私赍苏木[1]，放洪恕于水原[2]。四月，遣坡平君尹坤、恭安府尹金谦如明，谢帝厚待世子之恩，并献纯白纸1万张。是月，遣军资监曹士德管押漫散军159人至辽东。五月，太上王（原朝鲜太祖）李旦（1335—1408，初名“李成桂”，字君晋，号松轩，本贯全州）薨，遣郑擢率使节团如明告哀。五月，遣义原君黄居正如明贺千秋。是月，遣司译院直长金有珍管押漫散军159人至辽东。七月，遣司译院舍人任种义管押漫散军99人至辽东。九月，遣司译院判官康庾卿，管押漫散军114人至辽东。是月，又遣右军同知总制权缓为计禀使，告禀管押漫散军民人数。十月，遣宁安君李良佑、骊川君闵汝翼入帝京谢恩，检校汉城尹孔俯为书状官。是月，又遣延城君金辂、瑞宁君柳沂如明贺正。十一月，遣艺文馆大提学李文和为进献使，以进献白纸6000张名义，护送处女如明。

1409年，己丑，〔明〕成祖永乐七年，☆黄帝历四千一百〇七年。三月，镇南卫百户柳贵等4条船漂流至朝鲜，得朝鲜热情接待而还，柳贵经陆路回国。五月，遣太监黄俨至朝鲜赐礼物并求女子，朝鲜选送。帝授上年选送权氏之女为“显仁皇妃”（权妃，1388—1410，1408年朝鲜选入），其兄权永均除三品光禄寺卿。十月，遣太监黄俨至朝鲜求马，以沂国公邱胜讨鞑靼败绩，帝将亲征也。十一月，遣太监祁保至朝鲜求处女，催献马匹。是月，又遣太监海寿至义州。十二月，辽东都司遣指挥方俊至义州，督运易马；◇檀君历三千七百四十二年，〔朝鲜〕太宗九年。正月，派出以知议政府事偰眉寿为正使的圣节使节团，并移咨礼部以土产代金银器。礼部以违洪武旧制驳之。二月，权近卒。权近（1352—1409）有《阳村集》传世。是月，权缓赍礼部咨及一统历、劝善书300本回。咨文为发回被倭掳去金得正等6人事。是月，遣清平君李伯刚、左军同知总制崔兢如明，贺帝巡幸北京。三月，金辂回，赍礼部咨文并朝廷所遣回被倭掳李注庄等8朝鲜人，咨文为明年营建北京事也。四月，李良佑回言帝封权妃及厚赐事，并带回被倭掳朝鲜人1名。闰四月，李文和、权永均回，传帝口谕：朝鲜使节从陆路来。五月，遣沈龟龄如明贺千秋。是月，遣完城君李之崇、原平君尹穆如明谢恩。七月，西北面都巡问使启辽东军扰民事。八月，遣户曹参议吴真如，如明求药材并告已选好2名处女。十月，遣判汉城府事柳廷显、右军同知总制李皚如明贺正。十一月，遣礼曹判书徐愈、参知议政府事尹向如明谢恩，并奏愿献马1万匹。年末，遣知司译院事康邦佑管押第七批易马至辽东。

1410年，庚寅，〔明〕成祖永乐八年，☆黄帝历四千一百〇八年。五月二十日，颁平胡地诏于朝鲜。七月，浙江百户徐庆漂至朝鲜，朝鲜给酒食而解缆还。十月，遣太监田嘉禾、少监海寿至朝鲜，诏赐朝鲜送马彩币、银两，并运马价绢3万匹，棉布2万匹。是月，田嘉禾等带朝鲜处女、前知宜州事郑允厚女回。是岁，建州卫都指挥使李思诚卒，朝廷准其子李显忠[3]继任；◇檀君历三千七百四十三年，〔朝鲜〕太宗十年。是岁，河仑等始撰《太祖实录》。正月，派曹士德送倭掳汉人胡原至辽东，并打探中国消息。二月，柳廷显还，备言皇帝厚赐，并催易马。

1 苏木是一种贵重木材。

2 水原，今韩国水原，在首尔附近。

3 李显忠，女真首领，原名“释家奴”。

是月，遣莲城君金定卿如明贺圣节。是月，第十九批马运抵辽东。三月，派出以刑曹参议柳谦如为正使的使节团，奏报已运杂色马1万匹至辽东。是月，遣中军总制李玄，以赵涓诱杀毛怜卫指挥巴儿逊事委婉如明上奏[1]。四月，遣人于庆源府迎接大明钦差张小旗等。张小旗奉旨招安女真部，被困。是月，又遣前恭安府尹朴惇之如明，奏兀良哈、兀狄哈、吾都里侵扰事。五月，遣汉城尹李贵山，如明贺千秋。是月，遣西川君韩尚敬赍礼物如明，献亲征行在。是月，奏闻使李玄、柳谦回，言皇孙监国，不许使节团进入北京。六月，改印标“永乐”年号楮币。七月，遣平壤君赵大临、参知议政府事尹思修如明进贺平胡地。九月，遣司译院副使崔云伴送总旗金帖木尔至辽东。十月，遣礼曹判书林整、中军同知总制郑易，如明贺正。是月，又遣吏曹参议禹洪康、郑允厚如明献种马。十一月，遣吏曹参议赵源至辽东取马价。是月，遣光禄卿权永均入帝京，献礼于显仁皇妃权氏（1388—1410）。

1411年，辛卯，〔明〕成祖永乐九年，☆黄帝历四千一百〇九年。六月，明国子监助教陈琏受李穑后人之托，为李穑书写铭文，李穑之子李种善被流放东莱[2]。八月，遣太监黄俨至朝鲜赐药材，并求写佛经纸张。是岁，朝廷命李思诚之兄猛哥不花继任毛怜卫都指挥使[3]。是岁，明授猛哥帖木儿为建州左卫指挥使。猛哥帖木儿使同母弟凡察掌左军；◇檀君历三千七百四十四年，〔朝鲜〕太宗十一年。正月，派出以都总制张思靖为正使的圣节使节团，副使郑达可，宋希璟为书状官。三月，光禄卿权永均回，言去年十月二十四日，显仁皇妃权氏[4]薨于济南路，帝伤感厚赐。权妃诗收入明人赵世杰编《古今女史》。四月，林整还，赍礼部咨文，着朝鲜于本地给帝所封朝鲜人光禄寺卿、少卿月俸。朝鲜乃遣典农寺事权执智为进香使如明，权执智乃显仁皇妃叔父。是月，又遣汉城府尹吴陆，如明贺千秋。六月，成均馆及五都儒生依明制着青衿。八月，遣兵曹判书黄喜、左军总制河久，如明谢赐药材并押送福州逃军金白、金一。九月，遣工曹参议廉致庸如明献纸张。十一月，遣知议政府事郑擢、参知议政府事安省如明贺正。郑总（1358—1397）之子郑孝文以打角夫随行，以收其父遗骨。是月，遣任添年、崔得霏如帝京谢赐俸禄。是岁，朝鲜译《大明律》。

1412年，壬辰，〔明〕成祖永乐十年，☆黄帝历四千一百一十年。七月，辽东人申得财传中国造纸法于半岛，王赐其米、棉布；◇檀君历三千七百四十五年，〔朝鲜〕太宗十二年。正月，以不禁私卖马于辽东，杖义州牧禹博。是月，派出以骊川君闵汝翼（1360—1431）为正使的圣节使节团。四月，遣右军同知总制李安愚，如明贺千秋。五月，任添年、崔得霏赍赉礼部咨回，许朝鲜以本俗祭祀祖庙、山川。七月，以河仑之请，并祀箕子、檀君[5]。八月，采买祭服之李子瑛病逝于聊城县[6]。十月，济用少监黄霖回，带回与李子瑛采买服装与药材。是月，遣长川君李从茂、仁宁府尹朴习如明贺正，前判事曹士德随同，往聊城县收其内兄李子瑛遗骸。是月，遣司译院判官姜庾卿管送逃来李哲等12人至辽东。是岁，大妃、定宗妃金氏（1355—1412，安

1　巴儿逊（？—1411），明朝于1405年所设女真毛怜卫第一任都指挥使，其铜质印章已于近年被发现。1411年春，毛怜卫、建州卫女真侵扰朝鲜庆源，巴儿逊被杀。参见瀛云萍《八旗源流》，第13页，大连出版社，1991年版。

2　东莱即今韩国釜山。参见〔韩〕《国朝宝鉴》卷四，面三。

3　参见瀛云萍《八旗源流》，第13页，大连出版社，1991年版。

4　显仁皇妃权氏（1388—1410），1408年从朝鲜选入。

5　参见杜宏刚、邱瑞中、〔韩〕崔昌源辑《韩国文集中的蒙元史料》，第766页，广西师范大学出版社，2004年版。

6　聊城县，今山东省聊城。

定王妃，本贯庆州，金天瑞之女）薨。

1413年，癸巳，〔明〕成祖永乐十一年，☆黄帝历四千一百一十一年；◇檀君历三千七百四十六年，〔朝鲜〕太宗十三年。正月，派出以刑曹判书崔迤为正使的圣节使节团。三月，于海印寺印《大藏经》，且《太祖实录》修成。是月，遣吉川君权跬、知议政府事吕称、书状官陈遵如明，钦问起居。王嘱通事张有信往中原询采银法。四月，权永均、任添年，崔得霏、郑允厚入帝京钦问起居。是月，遣还逃军高中、金康吉至辽东。是月，又遣右军总制赵秩如明贺千秋。六月，崔迤回，言皇帝于四月初一日于北京下辇。是月，送登州卫漂流水军卢苗至辽东。八月，送宁波府被倭掳者钱得舆等4人至辽东，又遣宣存义为奏闻使，收通事崔浩遗骨于北京。九月，遣故光禄少卿李文之子李茂昌等入京师。是月，司译院舍人林义送广东海南卫被倭掳刘官保妻等2人至辽东。十一月，前恭安府尹唐诚卒。唐诚（1337—1413），本浙江明州[1]人，元朝避乱至朝鲜，熟律令，遇事敢言。朝鲜文人李边认为，唐诚对朝鲜半岛的汉语教学起到了重要的推动作用[2]。是岁，朝鲜仿照明朝实行《号牌法》，规定10–70岁男子佩带号牌，上书姓名、住址、面色、身长、有无胡须等，贵族号牌用象牙或鹿角，平民用杂木。是岁，“朝鲜八道”的行政划分正式确定。

1414年，甲午，〔明〕成祖永乐十二年，☆黄帝历四千一百一十二年。八月初一日，平胡诏书颁布；◇檀君历三千七百四十七年，〔朝鲜〕太宗十四年。正月，李茂昌回，帝赐其袭父光禄少卿职。二月，派出以参赞议政府事柳廷显为正使的圣节使节团如明[3]。三月，遣还至朝鲜僧希清等3人至辽东。四月，遣汉城府尹金九德如明贺千秋。五月，置来自倭贼之明人徐亚端等于原州。六月，遣佥知司译院事裘蕴送被倭掳金保奴等3人至辽东。是月，又遣漆原君尹子当如明，钦问起居。八月，光禄寺卿权永均、鸿胪卿任添年及少卿崔得霏、李茂昌入帝京钦问起居，吕干从之。九月，尹子当使节团通事元闵生来传皇帝口谕，查吕美人命太监金得买砒霜杀死权妃，着朝鲜刑拘吕家。王乃拘押吕美人母张氏[4]。闰九月，遣工曹判书权衷、总制李澄如明，贺麟见于世[5]。十月，遣知敦宁府事李伯温、总制李湿如明贺正，户曹参议黄子厚管押种马随行。是月，遣右议政李稷（1362—1431）[6]、艺文馆提学李垠入京师，贺平北胡。十一月，朝鲜仿明制度，自礼曹至宫阙奏乐以迎国宾。是岁，朝鲜赠送日本《大藏经》。

1415年，乙未，〔明〕成祖永乐十三年，☆黄帝历四千一百一十三年。十月，赐朝鲜《针灸铜人图》俯仰2张；◇檀君历三千七百四十八年，〔朝鲜〕太宗十五年。是岁，铸“朝鲜通宝”，以铜1两铸10钱。正月，派出以艺文馆大提学赵庸为正使的圣节使节团。三月，偰眉寿卒。偰眉寿（1359—1415），字天用，本中国高昌人，回鹘族，历任判汉城府事等。四月，遣恭安府尹吴真入帝京，贺千秋兼请针灸铜人。六月，遣司译院判官姜庾卿等管送逃军朴蒙舍等29人至辽东。七月，姜庾卿还，言倭寇入旅顺口，焚登州战舰，杀伤2万人，掳150人。八

1　明州，今浙江省宁波。

2　参见李边原著，朴在渊、安章利、李在弘译解《训世评话》，第175页，太学社，1998年版。

3　参见杜宏刚、邱瑞中、韩登庸、刘羚、阎崇东主编《韩国文集中的明代史料》，第一卷，第87页下季良“诗序”，广西师范大学出版社，2006年版。

4　参见朝鲜文人赵庆男《续杂录》（四）《历代要览》，〔韩〕《大东野乘》卷之三十四。

5　是岁，方葛剌国进献麒麟（实乃长颈鹿）。

6　李稷（1362—1431）《亨斋诗集》有《甲午年冬十月，奉使燕京。奉别平安道都巡问使崔共迤》一诗。见杜宏刚、邱瑞中、韩登庸、刘羚、阎崇东主编《韩国文集中的明代史料》，第一卷，第68页，广西师范大学出版社，2006年版。

月，华人张自和造杠轴，王颁布之。九月，遣司直闵光美管送逃贼人金良白等2人至辽东。十月，遣工曹判书赵狷、左军同知总制姜仲淮如明贺正。是月，吴真回，言外国献帝狮子。王以为佛家才以狮子为祥瑞，不贺。十一月，遣左军都总制朴子青如明，谢赐铜人图，书状官尹祥(1373—1455)。尹祥（1373—1455），字实夫，号别洞，本贯醴泉，有《别洞集》传世。是月，命汉人刘思义、李宣于全罗道试造中国式样新船。十二月，朝鲜刊印《针灸铜人图》，并遣判承文院事李迹在加平等处设置养蚕场，求中国蚕种。

1416年，丙申，〔明〕成祖永乐十四年，☆黄帝历四千一百一十四年。七月，朝鲜使臣孔俯逝于北京，皇太子致祭；◇檀君历三千七百四十九年，〔朝鲜〕太宗十六年。二月，派出以知敦宁府事韩长寿为正使的圣节使节团。四月，遣仁宁府尹孔俯为正使、礼曹正郎朴藻为书状官，如明贺千秋。孔俯（？—1416）七月卒于南京会同馆。五月，权永均、任添年，崔得霏、郑允厚、李茂昌入帝京。六月，遣知司译院事郑乔送被倭掳汉人李名等18人至辽东。七月，推刷平安道明人，遣返于辽东。九月，禁止倭人买卖盗取中国之物，旋废。十月，遣都总制李都芬、大司宪李泼如明贺正。是月，以皇帝还南京，遣熙川君金宇如明，钦问起居并献石灯10盏。朴藻回，言进献银盂10数皆有绿锈并发红，礼部以为非银制品。王罢工曹正郎金顾等职，并下工匠于狱。是月，于义州设尚衣院查验者，检验金银制品然后过江。十一月，河仑卒。河仑（1347—1416），字大临，号浩亭，多次出使中国，主修朝鲜《太祖实录》，有《浩亭集》传世[1]。

1417年，丁酉，〔明〕成祖永乐十五年，☆黄帝历四千一百一十五年。四月，遣内官张童儿、陈指挥果到长白山寺。七月，遣太监黄俨至朝鲜求美女。八月，遣太监善财至朝鲜督促，带黄氏、韩氏还。十二月，赐韩氏兄韩确光禄寺少卿，遣太监善射[2]至朝鲜，赐韩氏、黄氏两宅礼物；◇檀君历三千七百五十年，〔朝鲜〕太宗十七年。正月，给“顺德侯”陈理遗孀宅基地，又派出以议政府参赞郑矩为正使的圣节使团如明，并买洪武年间南京所造弓角。二月，遣前判司译院事偰耐，赍咨文入帝京，告送被倭掳逃回汉人林新贵等事。五月，以李都芬、李泼在南京大肆买卖，罢其职。是月，遣工曹参判申概(1374—1446)如明贺千秋[3]。是月，又遣左军佥总制元闵生如明，告选美女事。闰五月，遣佥知司译院事张若寿送被倭掳汉人金亚侵等4人至辽东。闰五月，朝鲜僧11人潜至帝京，被执送金陵天住寺。闰五月，遣刑曹判书权轸如明，钦问起居。七月，派判汉城府事郑镇为正使、左军同知总制沈泟为副使，如明谢恩。八月，天录事金德章、副司正韩确以兄长护送选出的2朝鲜女子黄氏、韩氏如明。是月，遣都总制卢龟山为进献使、遣佥总制元闵生为奏闻使如明。十月，遣都总制金万寿、总制辛悦如明贺正。十二月，命缮工监正庾顺道以书状官如明，学医卜于帝京。

1418年，戊戌，〔明〕成祖永乐十六年，☆黄帝历四千一百一十六年。五月，赐朝鲜如来、菩萨歌曲300本。是岁，李芳远以世子、让宁大君李禔不肖，请废之，奏请改封忠宁大君李祹（后来的朝鲜世宗）为世子，永乐帝准之[4]。九月，遣陆善财至朝鲜传敕，改封李祹为朝鲜

1　关于河仑，参见拙著《朝鲜半岛汉学史》，第156页，学苑出版社，2009年版。

2　参见朝鲜文人赵庆男《续杂录》（四）《历代要览》，〔韩〕《大东野乘》卷之三十四。

3　参见杜宏刚、邱瑞中、韩登庸、刘羚、阎崇东主编《韩国文集中的明代史料》，第一卷，第146页“年谱”，广西师范大学出版社，2006年版。

4　参见《明史·列传第二百八·外国一·朝鲜》（卷三百二十）。

王世子，并赐歌曲1000册。十月，遣伯颜伯花、千户李敏等于朝鲜捕捉海东青、土豹；◇檀君历三千七百五十一年，〔朝鲜〕太宗十八年。是岁，朝鲜仿明制，官员着纱帽。正月，遣谷山君延嗣宗、同知总制李愉如明谢恩。是月，又遣参赞金渐如明贺圣节。二月，遣刑曹判书尹向、礼曹参判申商，奉表如明贺祯祥。尹向（1374—1418）中途因病回国，五月卒于平壤。三月，遣知司译院事姜邦佑，送被倭掳汉人夏宁等4人至辽东。四月，遣艺文馆提学尹思永如明贺千秋。五月，金瞻卒。金瞻（1357—1418），字子具，本贯光州，官至右军总制。六月，遣判司译院事郑乔送被倭掳汉人陈益原等24名至辽东。是月，遣同知总制元闵生如明，谢赐颂扬如来歌曲，兼请封忠宁大君李祹为王世子[1]。七月，遣前司译院判官崔天老，送被倭掳汉人倪专心等男女5名至辽东。八月八日，太宗李芳远逊位，被尊为上王。太宗妃闵氏（1365—1420，元敬王妃，本贯骊兴，闵霁之女）被尊为大妃。九月，派出以赞成事朴信为正使的使节团如明，奏告世宗即位，书状官曹崇德。光禄少卿韩确、鸿胪寺丞刘泉随行。是月，又遣沈温、李迹如明谢恩。是月，遣刑曹判书金汝知、户曹参判李之刚如明贺正，又遣判司译院事张洪守，送浙江被倭掳人陈宗勇等6人至辽东。十二月，遣人送被倭掳汉人15人至辽东。

1419年，己亥，〔明〕成祖永乐十七年，☆黄帝历四千一百一十七年。正月，遣光禄少卿韩确、鸿胪寺丞刘泉、太监黄俨持节至朝鲜，颁诏册封世宗为“朝鲜国王”[2]。时韩确之妹韩氏（丽妃）见宠于永乐帝。黄俨求印佛经纸2万张、火者（阉人）40人。二月，刘泉、黄俨还，韩确留。四月，拘禁于朝鲜横行不法之千户李敏。六月，赐朝鲜世宗向善书600册，着朝鲜使臣李之崇带回，并赐上王驴10头、骡10头。八月，太监黄俨至朝鲜赐宴享，并求舍利。是月，帝遣王贤至朝鲜，祭故光禄寺少卿郑允厚。九月，送还被贼人扣押朝鲜人李元生等3名。十二月，帝赐朝鲜麒麟[3]、狮子、福禄[4]等5图，由敬宁君李裶赍回。帝爱敬宁君，赐之新修《性理大全》《四书五经大全》，并赐黄金百两、白银500两，罗、绢、缎各50匹、生绢500匹、马12匹、羊500头；◇檀君历三千七百五十二年，〔朝鲜〕世宗李祹（1397—1450，字元正）一年，上王一年[5]。是岁，朝鲜封世宗妃沈氏（1395—1446，昭宪王妃，本贯青松，沈温之女）为“恭妃”。正月，遣右议政李原（1368—1429）、同知总制李叔亩奉谢封表笺与方物如明[6]。是月，又遣司译院判官吴义等，送被倭掳汉人金得观、彭亚瑾等18人至辽东。二月，遣判敦宁府事李之崇如明贺圣节。是月，遣元闵生如明，进献厚纸18000张，次厚纸7000张，火者（阉人）20名。上王李芳远（1367—1422）授元闵生马6匹，欲于中原兑贸驴、骡。此次进献使节团通事全义送被倭掳汉人贾三等6人至辽东，又以郑允厚卒报礼部。郑允厚以女被选入帝京，得赐光禄寺少卿。三月，遣判司译院事许原祥，送被倭掳人孙孙等4人至辽东。四月，遣成揜如明贺千秋。五、六月，送被倭掳人5名至辽东。六月，遣都总制曹洽、同知总制李兴发如明谢恩。七月，遣通事崔天老送被倭掳汉人秦瑛等11名、逃军10名至辽东。八月，遣兵船227艘渡海攻对马岛，获大胜，并得被倭掳明人140余名，并给衣食，由上护军崔云送至辽东。是月，遣敬宁君

1　参见朝鲜文人赵庆男《续杂录》（四）《历代要览》，〔韩〕《大东野乘》卷之三十四。
2　参见《明史·列传第二百八·外国一·朝鲜》（卷三百二十）。
3　此处所说“麒麟”，实乃长颈鹿。
4　福禄，一说即斯瓦希里语“斑马”。
5　参见韩国电视连续剧《大王世宗》。
6　参见杜宏刚、邱瑞中、韩登庸、刘羚、阎崇东主编《韩国文集中的明代史料》，第一卷，第77页，广西师范大学出版社，2006年版。

李祼为正使、赞成郑易为副使、刑曹参判洪汝芳为书状官，如明谢恩。是月，又遣都总制李澄、吏曹参判许迟入帝京，贺祥瑞。是月，被倭掳汉人杜隆等5人自对马岛逃回，遣通事送至辽东。九月，遣元闵生随黄俨回帝京，并带舍利558颗、印经纸1万张。是月，老上王、定宗李芳果（1357—1419）薨，遣都总制权希达、府尹徐选为告讣兼请谥正副使，入帝京奏报。十月，遣都总制李湛、户曹参判安纯，奉表笺如明贺正。是月，又遣通事全义送被倭掳汉人曾亚椒等5人至辽东。遂安郡知事朴如恒，随表笺使入京师，不幸身故途中。十二月，遣平壤君赵大临为谢恩使如明，又遣判敦宁府事权弘、同知敦宁文贵如明，贺祯祥也。是岁，张子忠来华并著有《判书公朝天日记》[1]。是岁，王命卞季良(1369—1430)作《感皇恩曲》《贺圣明歌》[2]。

1420年，庚子，〔明〕成祖永乐十八年，☆黄帝历四千一百一十八年。四月，明遣礼部员外郎赵亮、行人易节[3]出使朝鲜，致祭定宗。赵亮求朝鲜白折扇[4]；◇檀君历三千七百五十三年，〔朝鲜〕世宗二年，上王二年。是岁，朝鲜改铸铜字，名“庚子字”[5]。是岁，朝鲜置“集贤殿”。正月，派出以礼曹参判河演(1376—1453)为正使、光禄少卿韩確为副使的使节团如明，献白纸35000张、石灯10盏，并求免贡金银器皿。闰正月，遣都总制供敷、总制朴光衍，如明贺祯祥。是月，遣判汉城府事郑津如明贺圣节。三月，以河演奏本未填日期，杖集贤殿直提学申樯。四月，遣宜山君南晖、总制成达生如明谢恩，又遣柳章如入帝京贺千秋。七月，以大妃、太宗妃闵氏（1365—1420，元敬王妃，本贯骊兴，闵霁之女）薨，遣都总制曹备衡如明告讣。上王（朝鲜太宗）李芳远（1367—1422）言不必奏，乃召还曹备衡。八月，遣通事金彦容送被倭掳汉人陈压梦等2人至辽东。十月，遣中军都总制曹备衡、右军同知总制曹致，如明贺正。

1421年，辛丑，〔明〕成祖永乐十九年，☆黄帝历四千一百一十九年。二月，帝赐朝鲜《一统历》百本，着朝鲜使臣曹备衡赍回。九月，明为北征遣少监海寿为使，赍敕至朝鲜易马1万匹；◇檀君历三千七百五十四年，〔朝鲜〕世宗三年，上王三年。正月，柳观、卞季良修订原郑道传《高丽史》完工，语涉“敕”、“封太子”字句皆删改。是月，遣尹子当为圣节使如明。二月，派出以清城府院君郑擢为正使、总制李中至为副使、庾顺道为书状官的进贺使节团。四月，遣赵启生如明贺千秋，书状官曹崇德。是月，金加勿等5人思乡，自辽东逃回，朝鲜以其因系军籍，遣还。五月，适休等朝鲜僧众9人逃入辽东，被送帝京。七月，遣判承文院事曹崇德为奏请使，请遣还逃僧，未果。朝鲜僧奉旨往南京天住寺。九月，遣都总制朴龄、府尹李孟畇如明，谢恩兼奏请封王世子。是月，又遣户曹判书申浩如明谢恩。十月，易马分批运抵辽东，并遣工曹判书崔闰德、左军总制黄子厚如明贺正。上王李芳远（1367—1422）命黄子厚广求半岛所无药材于中原。

1422年，壬寅，〔明〕成祖永乐二十年，☆黄帝历四千一百二十年。二月，都司咨文至朝鲜，通报三月将北征。九月，以帝亲征阿鲁台、兀良哈等蒙古部落大捷诏告天下。是岁，辽东女真

---

1 参见〔韩〕林基中《燕行录研究》，第491页，一志社，2006年增补版。

2 见杜宏刚、邱瑞中、韩登庸、刘羚、阎崇东主编《韩国文集中的明代史料》，第一卷，第101、104页，广西师范大学出版社，2006年版。

3 参见朝鲜文人卞季良(1369—1430)《送行人易公节还京序》，民族文化推进会《韩国文集丛刊》，第8卷，第77页，1990年版。

4 参见〔韩〕《国朝宝鉴》卷五，面十三。

5 参见朝鲜文人许筠《海东野言》(二)，〔韩〕《大东野乘》卷之八。

千户杨木答兀假传圣旨，掠走凤州千余人，其中包括孟穆特之母[1]；◇檀君历三千七百五十五年，〔朝鲜〕世宗四年，上王四年。正月，遣户曹参议许晐如明，奏报易马完成事。四月，遣崔府（1370—1452）如明贺千秋。五月，以上王李芳远（1367—1422）薨，派出以刑曹判书李潑为正使、左军同知李随为副使的告讣使节团如明。四月以来，辽东求避蒙古军者甚多。六月，遣判中军都总制府事韩长寿，入帝京钦问起居。七、八月，遣佥知司译院事朴叔阳等遣还辽东逃来民 75 人。十月，兀迪哈军兵侵扰庆源地方。是月，遣司译院注簿高奇思押还辽东逃军 35 人。十一月，遣工曹参议李扬如明，献种马 50 匹。是月，又遣清平府院君李伯刚、户曹参判睦进恭率进贺使节团入京师，进贺平北，李世衡为书状官。是月，高启忠在辽东，预录平定蒙古诏书驰报[2]。是月，遣中军都总制权轸为正使、左军同知总制李皎为副使如明贺正。

1423 年，癸卯，〔明〕成祖永乐二十一年，☆黄帝历四千一百二十一年。四月，明遣太监刘景、礼部郎中杨善[3]至朝鲜，吊太宗李芳远（1367—1422）之丧，并赐谥“恭定”[4]。八月，遣太监海寿、礼部郎中陈敬，奉敕封李珦（1414—1452，后来的朝鲜文宗）为朝鲜王世子，并以银、帛易朝鲜马 1 万匹。海寿求稻种，并私换厚纸 260 卷，至义州侮辱朝鲜官员。十月，礼部书札抵辽东都司，命给朝鲜永乐十九、二十一年所送马价，每匹按绢 2 匹、棉布 3 匹计算。十二月，温州乐清县张清等 12 人，被倭掳滞留 7 年后逃至朝鲜，以知晓朝鲜与倭交往事被留半岛，安置于全州等地；◇檀君历三千七百五十六年，〔朝鲜〕世宗五年。二月，进贺使书状官李世衡回，言鞑靼数万入寇中原。三月，王命柳观、尹淮修订《高丽史》。四月，派出以云城府院君朴从愚[5]为正使、崔沄为副使的千秋兼谢恩使节团。是月，遣知司译院事赵忠佐赍光禄少卿韩確母金氏丧咨至辽东，并送被倭掳汉人朱阿抽等 7 人。六月，将流传抄写《老乞大》《朴通事》《孝经》《前后汉直解》等付印。七月，许稠启曰：“臣昔赴京，过阙里，入孔子家庙，见女子画像与本国无异，但首饰异耳”。八月，遣长川府院君李从茂为谢恩使，遣府尹李种善为进笺使如明，书状官金铿。九月，遣佥知司译院事裴蕴，管送火者（阉人）赵枝等 24 人入帝京。十月，遣兵曹参议柳衍之等至辽东领受永乐十九年马价。是月，谴都总制朴实、总制边颐如明贺正，书状官姜涑。十一月，遣右军都总制权希达、中军总制郑孝文、书状官赵玄璲入帝京进贺平胡。是月，又遣上护军金时遇赍送马完毕咨如明。

1424 年，甲辰，〔明〕成祖永乐二十二年，☆黄帝历四千一百二十二年。正月，遣朝鲜副使崔沄赍敕回，命世宗晓谕杨木答兀部返国。六月，遣太监金声至斡木河，招杨木答兀、童猛哥帖木儿（孟特穆）回。是月，遣太监王贤至朝鲜，致祭韩確母金氏。七月，遣朝鲜使臣元闵生传口谕，求朝鲜美女并料理侍女，并要朝鲜进贡银口鱼头、文鱼、大虾。七月十八日，明成祖崩，皇太子发敕至辽东。十月，遣太监刘景、行人陈善为讣告使至朝鲜。是月，遣礼部郎中李琦、通政司参议彭璟以登极使至朝鲜颁诏。钦差刘景告朝鲜进贡处女因权氏被药死事，殉大行皇帝。宫中因朝鲜女人事，被剐者达 2800 人。十二月，命朝鲜使臣崔迤、安纯赍大行皇帝谥号、千秋节咨回；◇檀君历三千七百五十七年，〔朝鲜〕世宗六年。是岁，世宗大王为成祖

1 见瀛云萍《八旗源流》，第 16 页，大连出版社，1991 年版。
2 参见朝鲜文人赵庆男《续杂录》（四）《历代要览》，〔韩〕《大东野乘》卷之三十四。
3 杨善，顺天府大兴县人。
4 参见《明史·列传第二百八·外国一·朝鲜》（卷三百二十）及〔韩〕《国朝宝鉴》卷五，面二十三。
5 朴从愚乃朴信之子，尚朝鲜太宗之女。参见朝鲜文人权鳖《海东杂录》（一）“朴从愚”，〔韩〕《大东野乘》卷之十九。

皇帝三日孝服服满后，白衣视事至二十七日[1]。正月，派出以前判司宰监事柳季闻为正使、大护军池舍为副使，往宣杨木答兀、童猛哥帖木儿（孟特穆）于阿木河。是月，遣官分批补送马匹至辽东，因辽东退回劣马也。二月，遣兵曹参议柳衍之、通事判事金乙玄等至辽东，赍马价布绢等共 88290 匹还。三月，遣户曹参议沈道源，如明奏易马事。是月，杖流在北京举止张狂之右军都总制权希达，副使郑孝文、书状官赵玄璲皆受杖。四月，遣总制元闵生入帝京，奏杨木答兀等近况，并购连弩于中原。是月，遣总制李蕆如明贺千秋。五月，将温州乐清县汉人张清等 12 名召回汉城。六月，遣中军司直艾俭送张清等及郭天保、张仪共 14 人至辽东。是月，遣中军同知总制玄贵命，入帝京钦问起居。七月，进贡鱼虾 1 万斤，交太监王贤。八月，遣通事、中军司直艾俭等送被倭掳汉人孙贵等 7 名至辽东。九月，佥知司译院事赵忠佐，录来皇太子即位诏书于辽东。是月，遣判右军都总制府事崔迤为进香使入帝京，皇宫外戚任添年、崔得霏随行。是月，又遣安纯为陈慰使如明。是月，遣领议政李稷、总制李恪入帝京贺登基。李稷（1362—1431），字虞廷，本贯星州，封星山府院君，其《亨斋诗集》中有《甲辰九月，奉使赴燕京，贺洪熙皇帝登极》[2]。是月，光禄寺少卿韩確亦入帝京。十月，遣都总制朴实、总制边颐如明贺正。十二月，遣汉城府判尹吴声为进贺使，入帝京进贺上成祖皇帝谥号。副使庆昌府尹柳思讷（1375—1440）。是岁，光禄少卿权永均卒。权永均乃大明权妃[3]之兄。

1425 年，乙巳，〔明〕仁宗洪熙一年，☆黄帝历四千一百二十三年。二月，遣太监尹凤、御马监奉御朴实，至朝鲜赐洪熙帝钦赐物品。尹凤所带使节团包括头目 33 人，护送军卒 625 人，礼物共分 50 杠组抬运。五月，洪熙帝遣尚宝监少监金满至朝鲜，致祭权妃之兄权永均。六月，遣太监金声，招童猛哥帖木儿（孟特穆）觐见。闰七月，礼部命赵忠佐等赍咨回朝鲜，乃为上洪熙帝谥号等事。是月，遣太监齐贤、行人刘浩至朝鲜，诏告洪熙皇帝崩。是月，又遣礼部郎中焦循、鸿胪寺少卿卢进，以登极使至朝鲜颁诏。十一月，遣朝鲜使臣、户曹参判睦进恭等奉钦赐药材回国，药材包括龙脑香、苏合油、麝香、朱砂等。是岁，明太医张本立至朝鲜，为世宗大王诊病[4]；◇檀君历三千七百五十八年，〔朝鲜〕世宗七年。是岁，朝鲜停用纸币。正月，遣礼曹参议成概入帝京，献白纸 25000 张，石灯 20 盏。二月，遣都总制曹备衡、同知总制赵慕如明谢恩，并进表笺。三、四月，遣佥知司译院事赵忠佐，送被倭掳汉人徐车夫、李三官至辽东，又遣司译院判官河图，送被倭掳汉人刘康受等 11 人至辽东。四月，遣总制朴础如明贺千秋。是月，又遣军器注簿许晚石如明，谢致祭其岳父权永均之天恩。七月，圣节使孟思诚遣通事传其在蓟州所抄写洪熙皇帝遗诏。是月，遣知敦宁府事金谦为进香使，遣礼曹判书李孟畇为陈慰使，入帝京进表及祭文。七至九月，遣佥知司译院事裴蕴送被倭掳汉人李帖木、史妙真（女）等 3 人至辽东。八月，遣左议政李原（1368—1429）[5]、总制文孝宗为进贺使，书状官李世衡，如明贺宣德皇帝登基。是月，曹崇德卒。曹崇德（？—1425），本中国人曹证之子，熟悉汉语口语，在朝鲜科举及第后官至工曹参议。十月，遣判府事韩长奇如明贺正。十一月，遣都总制

1　参见〔韩〕《国朝宝鉴》卷五，面三十一。
2　见杜宏刚、邱瑞中、韩登庸、刘羚、阎崇东主编《韩国文集中的明代史料》，第一卷，第 69 页，广西师范大学出版社，2006 年版。
3　明成祖时显仁皇妃权氏（1388—1410），朝鲜选入。
4　参见杨昭全、何彤梅《中国—朝鲜韩国关系史》，第 573 页，天津人民出版社，2001 年版。
5　李原《容轩集》收入〔韩〕民族文化推进会《韩国文集丛刊》，第 7 卷，1990 年版。参见其中《年谱，》杜宏刚、邱瑞中、韩登庸、刘羚、阎崇东主编《韩国文集中的明代史料》，第一卷，第 75 页，广西师范大学出版社，2006 年版。

李泼，如明谢钦赐药材。

1426年，丙午，〔明〕宣宗宣德一年，☆黄帝历四千一百二十四年。三月，以太监尹凤为正使、朴实[1]为副使至朝鲜赐彩缎等，并求处女与侍女。十一月，遣朝鲜使臣金时遇赍御赐《四书》《五经》《性理大全》《通鉴纲目》回。是岁，朝廷任命猛哥不花之子李满住为建州卫都指挥佥事；◇檀君历三千七百五十九年，〔朝鲜〕世宗八年。正月，杨木答兀派人到王廷，答谢赐粮米，朝鲜却之。三月，遣宜山君南晖，如明谢恩。四、五月，遣司译院判官辛伯温等，送被倭掳男女王贵等22人至辽东。六月，以钦差尹凤宣敕，遣前大护军李士钦赍鸦鹄、黄鹰进献。七月，遣大护军金时遇赍三咨入帝京礼部，一为选女5名事、一为选御膳侍女6名事、一为进献狐皮1000领事。八、九月，遣判司译院事金陟送被倭掳87人至辽东。九月，遣判奉常寺事李叔当如明，献种马50匹。十月，派出以参判韩尚德为正使的贺正使节团。十二月，遣云城君朴从愚、同知总制宋希美，如明谢钦赐书籍之恩。

1427年，丁未，〔明〕宣宗宣德二年，☆黄帝历四千一百二十五年。二月，遣朝鲜使臣韩尚德传谕：易朝鲜马5000匹。四月，明遣太监昌盛、尹凤、白彦，至朝鲜求美女，并督查易马事。四月，遣太监范荣、刘桢至朝鲜，敕王世子免进贺。是岁，明太医王贤岁使节团至朝鲜，为后宫诊病[2]；◇檀君历三千七百六十年，〔朝鲜〕世宗九年。正月，派出司译院注簿俞宗秀送被倭掳41人至辽东。四月，以同知总制李皎为正使的谢恩使节团如明。六月，送汉人徐仕英等2人至辽东。七月，遣中军都总制安寿山送选出朝鲜处女7人，执馔婢女10人，火者（阉人）10人。八月，遣上护军李伯宽如明，进献鸦鹄、黄鹰、灰鹰。又遣司译院判官辛伯温，送被倭掳汉人106人至辽东。十月，遣上护军李思俭如明，进献海东青、黄鹰。又遣通事副司直偰振，送被倭掳汉人2人至辽东。十一月，遣韩文贵如明贺正。十二月，遣上护军韩承舜、韩乙生如明献鸦鹄、海东青。韩承舜在中原遭贼人劫掠。是月，又遣佥总制金时雨，赍易马价格咨入辽东。是月，遣通事、司译院注簿金湛送被倭掳汉女1人至辽东。

1428年，戊申，〔明〕宣宗宣德三年，☆黄帝历四千一百二十六年。三月，遣太监安寿山奉敕至朝鲜，告韩承舜遭劫掠物品已追回事。四月，遣鸿胪寺少卿赵泉、兵部员外郎李约[3]至朝鲜，诏告立皇太子。七月，遣太监昌盛、尹凤、李相带麂子皮1000张，至朝鲜求工人熟之，并求处女、火者（阉人）与鹰犬。十二月，遣朝鲜使臣元闵生、曹致赍钦赐王世子冠回，又遣尚宝监少监金满赍致祭品吊鸿胪少卿崔得霏。是月，礼部咨，着于义州设立译学训导，教授汉文、汉语；◇檀君历三千七百六十一年，〔朝鲜〕世宗十年。正月，派出以慎宜君李仁为正使、户曹参判赵赉为副使的进贺使节团，进贺皇太子诞生，书状官赵克宽。四月，遣判汉城府事李种善、同知总制金益生如明，进贺册封皇太子。是月，遣司译院注簿吴贞贵，送被倭掳汉人葛亚益等15人至辽东。六月，刑曹奏辽东军打杀义州人，发咨至辽东都司。七月，派出以元闵生为正使、曹致为副使的使节团，进贺册封皇后。是月，又遣知司译院事裴蕴，送被倭掳汉人车三保等2人至辽东。是月，又遣汉原君赵璿、同知总制成概如明谢恩。八月，遣上护军洪师锡为进鹰使，赍鹰犬如明，计有鸦鹄10连，大狗23只，熟麂皮300张。是月，又遣司译院判

---

1 参见朝鲜文人赵庆男《续杂录》（四）《历代要览》，见〔韩〕《大东野乘》卷之三十四。

2 参见杨昭全、何彤梅《中国—朝鲜韩国关系史》，第573页，天津人民出版社，2001年版。

3 李约，字孟博，浙江仁和县人。

官李舍，赍鸿胪少卿崔得霏卒咨人帝京礼部。是月，又遣司译院注簿吴忠效，送被倭掳俞旺等5人至辽东。九月，遣李恪为千秋使如明。十月，遣佥知司译院事仇敬夫，送被倭掳人2人至辽东。是月，遣总制赵从生为进献使，与韩確随钦差太监护送处女、火者（阉人）如明，所选处女乃韩確之妹韩桂兰[1]，其姐乃已殉葬之永乐宫人。是月，遣柳殷之如明贺正。十一月，遣圣节使韩惠如明，并献鱼、鱼子酱。是月，又遣上护军崔云，送被倭掳2人至辽东。是月，遣上护军李烈，如明献鹰、鱼。十二月，遣大提学柳思讷、同知敦宁闵审言如明，进贺平胡。柳思讷（1375—1440），字而行，本贯文化，柳临之子，官至同知中枢院事，撰有《雅乐谱》和《真雀歌辞》等。是月，遣都总制朴实、副都总制李叔亩如明，谢赐世子冠之恩。是岁，新修箕子庙成，世宗大王下教曰："昔周武王克殷，封殷太师于我邦，遂其不臣之志也。吾东方文物礼乐，侔拟中华，迨今二千余祀，惟箕子之教是赖"[2]。

1429年，己酉，〔明〕宣宗宣德四年，☆黄帝历四千一百二十七年。五月，遣太监昌盛、尹凤及内史李相至朝鲜，颁赐白银、彩缎、瓷器，着朝鲜进献歌女5人、执馔女20人，并索烧酒、石灯、鹰犬。十一月，遣太监金满至朝鲜，赐瓷器15桌，致祭皇宫宫女崔氏之父崔得霏[3]。十二月，遣朝鲜使臣李裀赍《免进贡金银器皿诏》回，并敕告朝鲜"不允（赴朝鲜公干）太监过分之请"；◇檀君历三千七百六十二年，〔朝鲜〕世宗十一年。四月，少卿韩確赍火者（阉人）与处女书信、礼物回。五月，遣总制李中至等如明谢恩，又遣右军副司直偰振送被倭掳4人至辽东。七月，遣仁顺府尹权蹈为进献使，送火者（阉人）6人，执馔女12人、小歌女8人及海味、鹰犬如明。是月，遣佥知司译院事许原祥送被倭掳6人至辽东。八月，遣恭宁君李裀为计禀使，右军都总制元闵生[4]为副使如明，请免朝鲜贡金银器皿[5]。八至十月，遣司译院注簿金湛等，送被倭掳23人至辽东。九月，遣同知敦宁府事赵慕为千秋使如明，书状官李仁孙。十月，遣洪师锡为进鹰使如明。是月，遣吴升、李君实如明贺正。十一月，遣判府事李澄如明谢恩，并赍鹰犬。是月，又遣进鹰使、上护军池有容赍鹰犬如明。十二月，遣瑞原君李𫖯、大提学李孟畇如明，谢免进贡金银之天恩。是月，又遣司译院判官李舍，送被倭掳1人至辽东。

1430年，庚戌，〔明〕宣宗宣德五年，☆黄帝历四千一百二十八年。四月，遣朝鲜使臣吴升赍钦赐王世子朝服回，并遣朝鲜进鹰使赍钦赐玉环还。是岁，太医院医士周永中、高文中帮助朝鲜辨别中草药共10味。七月，遣太监昌盛、尹凤至朝鲜颁敕，赐服饰、刀剑、白银，求海味、鹰犬，并送朝鲜被风漂流者白龙等17人回国。十二月，太监昌盛还明，途中屡次索要貂裘，朝鲜陪臣以有帝敕不允；◇檀君历三千七百六十三年，〔朝鲜〕世宗十二年。正月，派出以上护军尹须弥为正使的进献使节团，带大狗数条如明。二月，明人陈理妻卒，王赐其棺椁。五月，遣都总制文贵、同知总制金益精如明谢恩。是月，遣司译院注簿金贞贵等送被倭掳贾雪蛮等13人至辽东。七月，遣同知敦宁府事李皎、同知总制金乙辛如明谢恩。九月，遣工曹参判郑渊为千秋使如明。是月，遣上护军金裀如明献鹰。十月，遣判内赡寺事赵贯如明献种马。十一月，李皎、金乙辛赍进鹰犬敕回。十二月，遣判司仆寺事张友良如明，进献御膳、土豹、

1 韩桂兰（1410—1483），从朝鲜选入皇宫宫女，本贯清州，死后追封"宣宗恭慎夫人"，葬北京香山，寿七十四。
2 见朝鲜文人卞季良《箕子庙碑铭并序》，〔韩〕民族文化推进会《韩国文集丛刊》，第8卷，第147页，1990年版。
3 参见朝鲜文人赵庆男《续杂录》（四）《历代要览》，〔韩〕《大东野乘》卷之三十四。
4 朝鲜文人赵庆男《续杂录》（四）《历代要览》云，元闵生回国时，皇帝钦赐六梁冠1顶。见〔韩〕《大东野乘》卷之三十四。
5 参见朝鲜文人李廷馨《东阁杂记》，〔韩〕《大东野乘》卷之五十三。

海东青、黄鹰等。

1431年，辛亥，〔明〕宣宗宣德六年，☆黄帝历四千一百二十九年。八月，遣太监昌盛、尹凤、张童儿、张定安至朝鲜捕捉海东青、土豹，随行头目150人。是岁，明太医张本立再次至朝鲜，诊病且传授医术[1]；◇檀君历三千七百六十四年，〔朝鲜〕世宗十三年。是岁，世宗大王欲观即将完成的《太宗实录》，右议政柳思诚劝而止。是岁，定王子、百官与民众房屋之制。二月，派出以都总制成抑为正使、参判李孟畛为副使的进贺使节团如明。三月，遣通事金乙玄如明，购买乐工服装。六月，王命以谚语[2]译解《大明律》。九月，户曹收藏中国产白高粱[3]18石，作为特殊粮种。十月，遣汉城府尹姜筹[4]为贺正使如明。十一月，遣司译院注簿金精秀，送被掳汉人1名至辽东。十二月，昌盛、尹凤、张定安率童猛哥帖木儿（孟特穆）兄弟及被掳者82人回国，右军都总制柳殷之赍土豹、鹰等物伴送。

1432年，壬子，〔明〕宣宗宣德七年，☆黄帝历四千一百三十年。五月，遣太监昌盛、尹凤、张定安至朝鲜颁诏，易牛1万头。六月，遣太监张童儿率士兵至长白山捕捉土豹、海东青等，着朝鲜接济粮草；◇檀君历三千七百六十五年，〔朝鲜〕世宗十四年。三月，派出以田时贵为正使的圣节使团如明。四月，王以时禁民间贸易而乐器、药品、书册皆赖中国，下众官商议。七月，派出以金乙玄等为使的押运团，分批押运易牛6000头至辽东，并送被掳2人至辽东。九月，遣禹承范为千秋使如明。十月，遣上护军任孝信往咸吉道[5]为太监张童儿等输送粮草。是月，遣李兴发、奉砺如明贺正。十二月，皇宫太监尹凤在朝鲜瑞兴故里购置私宅，其弟尹重富已为高官。是月，女真李满住掠闾延等地。是岁，世宗妃沈氏（1395—1446，昭宪王妃，本贯青松，沈温之女）进封"王妃"。是岁起，世宗规定朝鲜以"中宫殿"称呼王妃殿。

1433年，癸丑，〔明〕宣宗宣德八年，☆黄帝历四千一百三十一年。是岁，三月，遣朝鲜使臣金乙玄赍敕回，带回被野人女真掳朝鲜人64名。六月，太监尹凤对朝鲜使臣金孟诚传口谕，进特大狗5对。是月，又命朝鲜使臣金乙玄传旨，着朝鲜进日晷。闰八月，遣指挥孟捏可、百户崔真至朝鲜颁敕，着朝鲜与女真和睦相处[6]。十月，遣太监昌盛、内官李祥、张奉至朝鲜颁敕，赐王彩币并索执膳女与海东青。是月，遣护军裴俊招宣杨木答兀，童猛哥帖木儿迎接裴俊。十五日，杨木答兀率七姓野人杀死童猛哥帖木儿（即孟特穆，努尔哈赤六世祖）、阿古，掠走董山（童仓），凡察重伤逃走。裴俊率明军和朝鲜军反击[7]。十一月，遣王钦、王武至朝鲜。十二月，遣朝鲜使臣朴安臣赍二敕回，一索更好的大狗、海东青，帝传旨兵部，以儿马[8]换朝鲜大狗；一为朝鲜请遣子弟入京师读书事：帝不允朝鲜子弟入华，告其在半岛读书，并赐王四书五经及《性理大全》《通鉴纲目》等书[9]；◇檀君历三千七百六十六年，〔朝鲜〕世宗十五年。

---

1 参见杨昭全、何彤梅《中国—朝鲜韩国关系史》，第573页，天津人民出版社，2001年版。
2 今称"韩语"、"朝鲜语"。
3 白高粱，产量较低的高粱品种，现多用来制"高粱饴"。
4 朝鲜文人赵庆男《续杂录》（四）《历代要览》记此人为"尹孝童"，见〔韩〕《大东野乘》卷之三十四。
5 咸吉道，今朝鲜咸镜道。
6 参见朝鲜文人赵庆男《续杂录》（四）《历代要览》，〔韩〕《大东野乘》卷之三十四。
7 见瀛云萍《八旗源流》，第16-17页，大连出版社，1991年版。
8 儿马，小公马。
9 参见《明史·列传第二百八·外国一·朝鲜》（卷三百二十）。

是岁，朝祭始用雅乐[1]。正月，派出以上护军李尚恒为正使的进鹰使团如明，进献海东青 1 连。三月，遣判司译院事赵忠佐送被掳 2 人至辽东。四月，遣上护军金乙玄如明，上奏杨木答兀与野人女真勾结，自 1423 年掳汉人 566 人为奴。五月，遣金孟诚如明谢恩，副使工曹参判李兢卒于甜水站[2]。是月，遣户曹参议权复如明，奏边警。是月，又遣通事、护军宋成立送被女真掳 22 人至辽东。六月，卢仲礼（？—1452）《乡药集成方》编成，用汉文刊印，其《序》记有朝鲜多请北京太医院甄别乡药事。八月，庆尚道刊印宋人杨辉《算法》100 件。是月，以帝颁敕斡木河、婆猪江[3]事，遣上护军许之蕙如明陈奏，并进腌制松茹 25 坛、大狗 10 只，并赍布 100 匹以换取中原药材。九月，遣工曹参判朴安臣入帝京进贺，并表请遣子弟入国子监或辽东乡校学习。是月，遣朴安臣如明贺千秋。是月，遣司译院注簿金玉振送被掳 8 人至辽东。十月，遣司译院判官唐梦贤，送被掳 1 人至辽东。是月，又遣星原君李正宁、同知敦宁府事崔士仪如明谢恩。十一月，遣中枢院副使李孟畛入京师，献执馔女 20 名并海东青等。是月，又遣司译院判官金仲渚护送钦差护军裴俊。十二月，遣上护军郑发如明进海鲜与鹰，书状官白效参。是月，李正宁在辽东驰咨，外国进狮子、麒麟（实即长颈鹿）、福禄（即斑马）于帝，在北京之文武官员朝贺。是月，遣宜山君南晖、中枢院副使洪理如明谢恩。是岁，遣崔润德率兵大举进攻建州女真，李满住妻被杀，其部退至兀弥府[4]。

1434 年，甲寅，〔明〕宣宗宣德九年，☆黄帝历四千一百三十二年。岁初，帝遣佥事孟捏可诏谕女真、朝鲜，各放所掳对方人口、牛马[5]。十二月，遣朝鲜千秋使臣朴信生赍敕三道至朝鲜，一为黑龙江野人女真侵扰朝鲜事，一求执膳女，一求海东青。是岁，明廷命凡察接替其兄猛哥帖木儿，掌管建州左卫；◇檀君历三千七百六十七年，〔朝鲜〕世宗十六年。正月，择徐士英、张显专心汉语学习，又命通女真文字者充司译院。是月，派出以佥知中枢院事李伯宽为正使的使节团，进献大狗 20 只、人参 1000 斤。是月，又遣金仲渚送被掳童脱脱等 2 人至辽东。二月，遣佥知承文院事李边（1391—1473）、吏曹正郎金何至辽东，专门研究汉语口语。李边等在辽东，与前长沙王教官邬望、刘进多次交流，并互赠诗歌。三月，派出以成抑为正使的圣节使团如明。是月，遣上护军李士信如明进献海东青。是月，遣司译院注簿智仁勇，送被掳吕用等 5 人至辽东。五月，遣司译院注簿金玉振，送被掳 8 人至辽东。六月，印刷《老乞大》《朴通事》，二书乃半岛汉语普及课本也。七月，以大字印《论语》和《资治通鉴》等书，多数汉字字体乃晋阳大君李瑈（后改为“首阳大君”，即朝鲜世祖，1417—1468）所书。《资治通鉴》一次印刷 600 部。是月，遣司译院注簿张俊，送被掳 9 人至辽东。九月，遣司译院判官吴贞贵，送被掳 35 人至辽东。是月，遣千秋使朴信生赍咨入京师，奏请在华购买火铳。十月，遣礼曹参议李孝仁如明，献种马 50 匹。是月，遣庆昌府尹田兴、同知中枢院事权聃如明贺正，又遣

1　见〔韩〕《国朝宝鉴》卷六，面十四。

2　在今辽宁省辽阳至本溪之间的省道沿线。李兢（？—1433）懂汉语口语，长期担任承文院提调，教诲后学。明辽东都司致祭之。

3　猪婆江，今鸭绿江支流浑江。

4　兀弥府，府治在今辽宁省恒仁县北拐磨子镇南。见瀛云萍《八旗源流》，第 14 页，大连出版社，1991 年版。朝鲜军队进击李满住女真事，参见朝鲜文人许篈《海东野言》（一），〔韩〕《大东野乘》卷之七；朝鲜文人赵庆男《续杂录》（四）《历代要览》，〔韩〕《大东野乘》卷之三十四。

5　参见朝鲜文人赵庆男《续杂录》（四）《历代要览》，〔韩〕《大东野乘》卷之三十四。

通事辛伯温，送被掳14人至辽东。是月，遣礼曹判书申概（1374—1446）[1]、同知中枢院事洪理如明谢恩。申概（1374—1446），字子格，本贯平山，有《寅斋集》传世。十一月，遣礼曹参判金益精为圣节使如明，并进献海味、海东青。十二月，遣李叔亩为进献使，赍奏文三道及海东青如明。是岁，朝鲜铸铜活字20万个，世称“甲寅字”[2]。

1435年，乙卯，〔明〕宣宗宣德十年，☆黄帝历四千一百三十三年。二月，遣朝鲜使臣田兴、权聃赍敕，带回被风漂至杭州之朝鲜人78名。三月，遣礼部郎中李约[3]、兵部员外郎李仪至朝鲜颁登极诏，并赐彩币。是月，遣还部分朝鲜选送女子、火者（阉人）。四月，遣内官李忠、内史金角、金福颁敕，送回朝鲜选送女子金黑等53人[4]。七月，正统帝赐朝鲜使臣权恭衣、帽、靴及绢、罗、缎，并赐银50两。十二月，遣朝鲜使臣南智赍正统帝钦赐胡三省注本《资治通鉴》回；◇檀君历三千七百六十八年，〔朝鲜〕世宗十七年。正月，派佥知司译院事唐梦贤，送被掳4人至辽东。李叔亩于辽东驰报宣德皇帝崩。二月初，唐梦贤驰报皇太子（正统帝）登极，乃遣文贵为进香使、李中至为陈慰使入京师，遣右议政卢閈、同知中枢院事闵义生如明，贺正统帝登基。是月，又遣佥知司译院事唐梦贤，送被掳7人至辽东。三月，遣户曹参判沈道源、同知中枢院事尹得洪、花川君权恭入京师，进贺上大行皇帝谥号、封皇太后与皇后并谢恩。四月，遣奉砺如明谢恩，遣判司译院事赵忠佐送被掳11人至辽东。六月，遣知司译院事林义送被掳16人至辽东都司。七月，谢恩使通事辛伯温等买来胡三省注本《资治通鉴》。是月，韩确升中枢院副使，以其两妹皆入皇宫也。是月，闵元生卒，闵元生出使中国21次，官至仁顺府尹。是月，遣通事金玉振送被掳汉人赵文哈等12人至辽东。八月，知敦宁府事李澄（1375—1435）卒。是月，遣刑曹参判南智如明贺圣节，郑而汉为书状官。南智奏请胡三省注本《资治通鉴》、赵完璧《源委》、金履祥《通鉴前编》、脱脱《宋史》及陈桱《历代笔记》[5]，并详问修《永乐大典》近况及中国铸字印刷技术。九月，遣同知中枢府事李思俭，如明贺正并奏报边警。九、十一月，遣司译院判官金仲渚等，送被掳辽东三万卫中所千户杨蛮皮等39人回国。是岁，尹淮[6]等撰《〈资治通鉴〉训义》。

1436年，丙辰，〔明〕英宗正统一年，☆黄帝历四千一百三十四年。正月，遣舍人魏亨至朝鲜颁赐日历[7]。二月，遣朝鲜使臣李思俭赍敕回，谕王防备野人女真；◇檀君历三千七百六十九年，〔朝鲜〕世宗十八年。正月，派出以中枢院副使南宫为正使的使节团如明谢赐书。三月，遣司译院判官河图，送被掳徐庆守等14人至辽东。六月至十一月，遣司译院直长梅佑等送被掳观音保等45人至辽东。八月始，遣年少聪明者充当“迎送官”至辽东研习汉语。九月，朝鲜官兵攻入兀弥府女真营地，与李满住大战。十月，遣李蓁为贺正使如明。十二月，遣通事金玉振移咨至辽东都司，请转奏稍改贡路之虎狼出没、荒无人烟的“东八站”[8]。

1 参见杜宏刚、邱瑞中、韩登庸、刘羚、阎崇东主编《韩国文集中的明代史料》，第一卷，第147、150页，广西师范大学出版社，2006年版。

2 朝鲜铸造铜活字情况，见杨昭全、何彤梅《中国—朝鲜韩国关系史》，第571–572页，天津人民出版社，2001年版。

3 李约，字孟博，仁和县人。

4 《明史·列传第二百八·外国一·朝鲜》（卷三百二十）记放黑金等回朝鲜为明正统一年（1436）。

5 参见朝鲜文人赵庆男《续杂录》（四）《历代要览》，〔韩〕《大东野乘》卷之三十四。

6 参见朝鲜文人权鳖《海东杂录》（一）“尹淮”，〔韩〕《大东野乘》卷之十九。

7 参见朝鲜文献《世宗实录》“十八年”。

8 从今辽宁边门到沈阳迎水寺之间的8个驿站。

1437 年，丁巳，〔明〕英宗正统二年，☆黄帝历四千一百三十五年。五月，遣李满住赍敕建州卫左都督凡察。七月，建州卫左都督凡察拜见朝鲜世宗，被掳人金玺传做轻粉、荷叶绿技术；◇檀君历三千七百七十年，〔朝鲜〕世宗十九年。三月，定箕子祭祀规格为“朝鲜始祖箕子”[1]。八月，以礼曹参判李宣为正使，如明贺圣节。九月，遣兵将击破野人女真。是岁，派司译院注簿徐敬恩等送被掳 17 人至辽东。

1438 年，戊午，〔明〕英宗正统三年，☆黄帝历四千一百三十六年。正月，遣朝鲜使臣李宣赍敕回，着王协助安置建州卫左都督凡察、童仓（努尔哈赤五世祖）等回国。五月，遣朝鲜计禀使通事全义赍敕回：凡察、童仓允暂住咸吉（镜）道，并颁赐冕服。十月，遣朝鲜使臣洪汝方赍敕以及钦赐远游冠服回[2]。是岁，建州李满住治费阿拉城[3]；◇檀君历三千七百七十一年，〔朝鲜〕世宗二十年。岁初，以辽东女真烧边寨而出击。正月，派出以惠宁君李祉为正使的计禀使节团，奏请稍改朝天路“东八站”以避建州李满住等，又奏请留建州卫左都督凡察、童仓等在半岛长期居住。六月，赠辽东都司王真油芚（油单、油布）10 部，遣判汉城府事洪汝方如明谢恩，并送被掳 5 人至辽东。十月，遣户曹参议高得宗如明，进献种马 50 匹。是月，又遣海平君尹延命如明谢赐冕服，从事官金何。十一月，王命所撰《韩柳文注释》成书。十二月，遣李蓁如明贺圣节。

1439 年，己未，〔明〕英宗正统四年，☆黄帝历四千一百三十七年。二月，遣朝鲜使臣金何赍珊瑚、彩币等回。三月，遣朝鲜通事辛伯温赍敕回，敕王遣送女真人回中国居住。五月，遣朝鲜使臣金何赍赐王冠冕回，遣朝鲜使臣崔致云赍敕回，允凡察、董山（童仓）仍住咸吉道。八月，以女真将掠朝鲜，遣朝鲜使臣闵义生传旨戒备。九月，以辽阳朝鲜馆驿私自买卖猖獗，辽东都司禁约发至朝鲜；◇檀君历三千七百七十二年，〔朝鲜〕世宗二十一年。正月，派出以仁寿府尹崔士仪为正使的进贺使节团，进贺麒麟出现。是月，以女真人童仓为上护军。三月，遣礼曹参判崔致云为计禀使，与书状官金何如明，奏请允女真凡察、董山（童仓）仍住咸吉道。五月，遣礼曹判书闵义生、从事官李边如明谢恩。九月，遣同知中枢院事李思俭为圣节使如明，广宁人王狗儿求厚纸、人参，朝鲜秘送之。十月，遣柳守纲如明贺正。十二月，许稠卒。许稠（1369—1439），字仲通，本贯河阳，官至左议政。

1440 年，庚申，〔明〕英宗正统五年，☆黄帝历四千一百三十八年。四月，凡察、董山（童仓）等女真人不顾朝鲜阻拦，奔回，六月至婆猪江。九月，遣崔致云赍敕还，允凡察、董山（童仓）回咸吉道居住。十月，被掳汉人孙良杀女真逃出，朝鲜系之狱，孙杀死狱卒，被朝鲜斩首示众；◇檀君历三千七百七十三年，〔朝鲜〕世宗二十二年。正月，派礼曹正郎金滉为正使、前检律坚仲善为副使赴辽东，讨教法律条文。二月，遣前正郎金何至辽东，购买《大明集礼》。六月，集注《国语》成，颁发各道。七月，王虑凡察、董山（童仓）与李满住合兵，遣吏曹参判崔致云如明，奏请命凡察、董山（童仓）部女真人仍回咸吉道镜城居住。九月，遣尹炯如明贺圣节。十月，遣刑曹判书郑麟趾如明谢恩，并献方物、海东青。十一月，因贺正使节团在东八站遭劫，遣通事全义赍咨至辽东，请发兵护卫。

1　见《世宗大王实录》卷七十六“十九年”。

2　参见朝鲜文人赵庆男《续杂录》（四）《历代要览》，〔韩〕《大东野乘》卷之三十四。

3　费阿拉城治所在今辽宁省新宾县永陵镇附近。见瀛云萍《八旗源流》，第 14 页，大连出版社，1991 年版。

1441年，辛酉，〔明〕英宗正统六年，☆黄帝历四千一百三十九年。正月，遣朝鲜使臣尹炯赍敕回。三、四月，分遣东宁卫千户金宝、朝鲜使臣金乙玄赍敕，为女真事也。十一月，汉人李相在朝鲜开始授课。是月，以朝鲜使臣高得宗越分干请还李满住所掳朝鲜民，贬高得宗于江阴县。十二月，遣朝鲜护军高用智赍钦赐药材回。是月，遣锦衣卫指挥佥事吴良、辽东百户王钦至朝鲜颁敕，令朝鲜召集半岛女真众人，面询其意愿。是岁，正统帝敕命将北京会同馆分为南北两馆，南馆专门接待海外使节团；◇檀君历三千七百七十四年，〔朝鲜〕世宗二十三年。正月，派出以中枢院副使金乙玄为正使的谢恩使节团。二月，遣工曹参判李宣如明，谢派军官护送使节团之恩。四月，遣户曹参判柳季闻如明谢恩。九月，擢用偰长寿之子。是月，遣高得宗如明贺圣节，书状官金淡。十月，遣吏曹参判成念祖、书状官安仲毅如明贺正，并奏请留被掳汉人李相在半岛教授汉语。自韩昉[1]、李原弼逝世后，半岛教口语汉人教职一直空缺。十二月，遣刑曹参判李季疄如明朝贺兼谢恩。是岁，世子嫔权氏（1418—1441，后追封“显德王妃”，本贯安东，权专之女。端宗生母）产后而卒[2]。

1442年，壬戌，〔明〕英宗正统七年，☆黄帝历四千一百四十年。二月，遣朝鲜使臣成念祖赍敕回。五月，遣朝鲜通事李兴德赍敕回，命遣还铁岭卫军李相。六月，遣朝鲜使臣郑渊赍敕回，告李相原为铁岭重犯，告诫小心使用。八月，遣朝鲜使臣李边赍敕二道回。一为拒斥蒙古使，赏赐锦缎；一着朝鲜遣送逃入半岛任氏家人。十月，太皇太后张氏（洪熙帝朱高炽之皇后）崩，礼部移咨朝鲜。十二月，再遣朝鲜使臣崔士康赍敕回，催促送任氏家人回国。是岁，朝廷命凡察、董山（童仓，努尔哈赤五世祖）分掌建州左卫之左右分支。自此“建州三卫”的格局形成；◇檀君历三千七百七十五年，〔朝鲜〕世宗二十四年。二月，派出以兵曹判书郑渊为正使的陈奏兼谢恩使节团。是月，以汉人李相为承文院博士，给衣帽、房屋，以司译院注簿张俊之女许配。五月，以拒蒙古笃土兀王事，遣佥知中枢院事李边如明奏请。六月，遣上护军金何至辽东，请遣还逃入大明的朴美等18名朝鲜人。是月，又遣全义君李梡如明，进贺册封皇后。八月，遣左赞成崔士康如明谢恩。九月，编定自秦汉至明所有制、诰、诏、敕为《丝纶全书》，又命艺文馆大提学郑麟趾选编为《丝纶要集》。是月，遣礼曹参议任种善如明，献种马50匹。十月，遣户曹参判赵惠如明贺正，并献海东青3连。十一月，以在北京越分请求赏赐，罢全义君李梡职，杖通事辛伯温。是月，以太皇太后崩，遣庆昌府尹李孟畛、汉城府尹金世敏如明，陈慰兼进香。十二月，遣同知中枢院事金乙玄如明谢恩，司宪监察李甫钦为书状官。

1443年，癸亥，〔明〕英宗正统八年，☆黄帝历四千一百四十一年。七月，遣东宁卫指挥王升赍敕，付与义州判官洪有江，该浙江海门卫捕获倭船，内有朝鲜人员，着王勘察真假。十一月，遣朝鲜使臣郑苯赍敕回，并带回海门卫救助漂风朝鲜人6人；◇檀君历三千七百七十六年，〔朝鲜〕世宗二十五年。二月，知承文院事卞孝敬赍敕至辽东领回被掳朝鲜女人，是月，派出以吏曹参判权孟孙为正使的谢恩使节团。四月，金乙玄书写贡品数目有误而遭处分。八月，遣司译院注簿张俊送被杨木答兀掳汉人至辽东。是月，遣工曹参判郑苯入京师，辨别海门卫所送之人。九月，王命济州安抚使辛处康，详述漂风人姜权豆等7人面貌特征，

1 参见本年历“1128年”。
2 参见朝鲜文人李耔《阴崖日记》，〔韩〕《大东野乘》卷之六。

交付贺正使节团。十二月，遣中枢院副使柳守刚入京师谢恩。是月，遣护军金涀，赍咨文追柳守刚使节团，奏请赐冠冕。因永乐年间所赐，已无法继续使用。是月，遣使赍咨至辽东。是月，遣李叔畤为圣节使如明。岁末，世宗亲制28字母，其形皆仿汉语古篆，此即《训民正音》，朝鲜民族自己的语言书写自是岁开始。是岁，遣卞孝文为通信使、尹仁甫为副使出使日本、琉球[1]，书状官申叔舟[2]。

1444年，甲子，〔明〕英宗正统九年，☆黄帝历四千一百四十二年。正月，发四路兵击兀良哈。三月，遣朝鲜使臣柳守刚赍敕及钦赐冕服回[3]。五月，遣朝鲜使臣辛引孙赍敕与赏赐回。《明史·列传第二百八·外国一·朝鲜》（卷三百二十）记有本年朝鲜械送倭俘入京师事；◇檀君历三千七百七十七年，〔朝鲜〕世宗二十六年。正月，遣司译院注簿李熙送被倭掳汉人徐成至辽东。二月，派出以兵曹参判辛引孙为正使的奏闻使节团，奏倭船一艘来侵被朝鲜击破事，并押送所俘倭寇57人入京师[4]。辛引孙过辽东时，引来无数百姓观看。四月，遣怀川君黄裕如明谢恩[5]。五月，遣佥知中枢院事辛处康，押送倭首2人入京师。是月，遣同知中枢院事杨厚如明，谢恩兼贺平北虏。十月，遣吏曹参判闵伸如明贺正。

1445年，乙丑，〔明〕英宗正统十年，☆黄帝历四千一百四十三年。五月，遣朝鲜使臣唐梦贤，赍褒奖之敕回；◇檀君历三千七百七十八年，〔朝鲜〕世宗二十七年。是岁，世宗以疾不能视事，乃命王世子李珦（1414—1452，后来的朝鲜文宗）协助。正月，遣成三问[6]、申叔舟等至辽东，求教于被贬明朝大学士黄瓒，修订朝鲜韵字[7]。又遣知司译院事唐梦贤，押送倭寇1人入京师。三月，规定出入王廷官员仿照明朝式样着装。是月，郑麟趾等上新纂《治平要览》150卷。四月，用朝、汉双语刊行《龙飞御天歌》。八月，遣同知中枢院事朴堧（1378—1458）如明贺圣节，书状官金重良。王命朴堧留意帝京乐舞。九月，王命借鉴中国音律排演朝鲜乐舞。十月，遣知中枢院事朴师锡如明贺正，并献海东青，副使姜希颜。是岁，朝鲜汉字医学巨著《医方类聚》完成，共365卷。

1446年，丙寅，〔明〕英宗正统十一年，☆黄帝历四千一百四十四年；◇檀君历三千七百七十九年，〔朝鲜〕世宗二十八年。正月，去岁所派以朴堧为正使的圣节使节团忘带“符验”，王罪之。四月，以皇宫火者（阉人）亲丧，遣通事郑复至辽东传咨。五月，又遣通事金何至辽东，请遣还茂昌郡被掳人口、牛马，并请世子冠冕。八月，遣通事金有礼送被掳汉人金正能等9人至辽东。是月，遣李坚基为圣节使如明。九月，世宗颁布《训民正音》，郑麟趾、

1　参见朝鲜文人曹伸《謏闻琐录》，〔韩〕《大东野乘》卷之三；朝鲜文人李廷馨《东阁杂记》（下），〔韩〕《大东野乘》卷之五十三。

2　参见杜宏刚、邱瑞中、韩登庸、刘羚、阎崇东主编《韩国文集中的明代史料》，第一卷，第228页“行状”，广西师范大学出版社，2006年版。

3　参见朝鲜文人赵庆男《续杂录》（四）《历代要览》，〔韩〕《大东野乘》卷之三十四。

4　参见朝鲜文人赵庆男《续杂录》（四）《历代要览》，〔韩〕《大东野乘》卷之三十四。

5　参见朝鲜文人李陆（1438—1498）《青坡剧谈》，〔韩〕《大东野乘》卷之六。

6　成三问（1418—1456），字谨甫，号梅竹轩，本贯昌宁，“死六臣”之一，其《成谨甫集》中有成三问与明朝钦差倪谦的唱和《皇华酬唱（庚午）》。参见〔韩〕民族文化推进会《韩国文集丛刊》，第10卷，1988年版；杜宏刚、邱瑞中、韩登庸、刘羚、阎崇东主编《韩国文集中的明代史料》，第一卷，第239页，广西师范大学出版社，2006年版。

7　参见〔韩〕《成宗实录》卷二；杜宏刚、邱瑞中、韩登庸、刘羚、阎崇东主编《韩国文集中的明代史料》，第一卷，第229页，广西师范大学出版社，2006年版。

成三问、申叔舟、朴彭年、崔恒、李善老、李垲等文人共同创立的拼音韩文（Hangul）开始传播半岛。十二月，领敦宁府事权弘卒。权弘（1360—1446），字伯道，其再从祖母乃元朝皇太子妃。是岁，世宗妃沈氏（1395—1446，昭宪王妃，本贯青松，沈温之女）薨。

1447 年，丁卯，〔明〕英宗正统十二年，☆黄帝历四千一百四十五年。正月，为遣还茂昌郡被掳人口事，遣朝鲜使臣李坚基等赍敕回。并遣通事金何回，告不准世子冠冕事，并送济州漂风民 2 人回。十二月，遣朝鲜使臣成胜带回漂风朝鲜人金元等 12 名；◇檀君历三千七百八十年，〔朝鲜〕世宗二十九年。正月，派出以工曹参判李穰为正使的谢恩兼陈奏使节团。二、四月，遣通事金辛至辽东，报火者（阉人）张智生、张奉亲丧。四月，画家安坚[1]以安平大君李瑢之梦，画出《梦游桃园图》。该画原作现藏日本奈良天理大学图书馆。五月，以日本遣关西之宗金等 50 人进土物，移咨至辽东。六月，王命奉常寺将中国历代所赐编钟、编磬及琴瑟等乐器妥善收藏，不得经常使用，其中琴瑟上有宋朝皇帝手书。八月，遣成胜为圣节使如明。九月，遣通事金有礼，送被倭掳浙江 12 人至辽东。十月，遣汉城府尹金铫如明贺正，并献海东青。是岁，成连为副使来华，其子成三问（1418—1456）受王命随行，质问语音。成连当为圣节使成胜的副使[2]。

1448 年，戊辰，〔明〕英宗正统十三年，☆黄帝历四千一百四十六年。三月，遣朝鲜使臣金铫赍敕及赏赐彩币还；◇檀君历三千七百八十一年，〔朝鲜〕世宗三十年。正月，遣工曹参判李思仁如明谢恩。三月，遣同知敦宁府事安进如明，谢赐彩币。四月，封李弘暐（1441—1457，后来的朝鲜端宗）为王世孙。五月，遣通事康文宝，押逃人金万自辽东回。五月，遣通事金辛，送被掳汉人 4 名至辽东。九月，遣吏曹参判李边如明，贺圣节兼陈奏。李边所奏乃日本遣僧乾琢、汉人赵文瑞、柴江等至朝鲜，请允日本至大明京师进贡事。乾琢、赵文瑞、柴江皆浙江人，洪武十五年（1382）被倭掳去。是岁，遣户曹参判李先齐如明贺正。

1449 年，己巳，〔明〕英宗正统十四年，☆黄帝历四千一百四十七年。二月，辽东镇抚王璜至朝鲜，通告严查进入半岛横行军人。是月，遣朝鲜使臣李先齐赍敕回，命朝鲜遣送女真人名“丹八”者回大明。九月，以也先兵抢广宁等地，遣辽东指挥王武赍敕至朝鲜，命朝鲜出兵 10 万人，夹击也先。是月初六，亲征的正统帝在怀来县土木堡被也先俘获，代宗皇帝朱祁钰即位；◇檀君历三千七百八十二年，〔朝鲜〕世宗三十一年。正月，王命金宗瑞、郑麟趾、李先齐等再修《高丽史》。二月，遣通事崔伦押解“王田宝”至辽东，咨文称王田宝逃入半岛时间与“丹八”同。四月始，朝鲜使臣等皆着明式官服。五月，一艘中国船漂至灵光郡，世宗遣礼曹参议金浣之前去观察，尽力仿造。七月，遣通事李裕德至辽东移咨，告皇宫火者（阉人）林得生父丧。是月，李裕德驰报，蒙古瓦剌部也先兵围辽东广宁卫，掳士兵 1000 人，马 8000 匹。八月，遣庆昌府尹郑陟（1390—1475）如明贺圣节。郑陟至蓟州，恰值也先率蒙古军围北京，乃留蓟州数日。蒙古军撤后，方入京师[3]。九月，遣汉城府尹金何如明陈奏，请免征兵。十月，遣知中枢院事李明晨如明，进慰表。是月，又遣右议政南智[4]、中枢院副使赵遂良如明贺登

1 参见朝鲜文人权鳖《海东杂录》（一）“安坚”，〔韩〕《大东野乘》卷之十九。
2 参见杜宏刚、邱瑞中、韩登庸、刘羚、阎崇东主编《韩国文集中的明代史料》，第一卷，第 240 页，广西师范大学出版社，2006 年版。
3 参见〔韩〕《成宗实录》卷一。
4 参见朝鲜文人南九万《忠景、忠简两先祖官教跋》，杜宏刚、邱瑞中、〔韩〕崔昌源辑《韩国文集中的蒙元史料》，第 846 页，广西师范大学出版社，2004 年版。

极，遣同知中枢院事权孟庆、庆昌府尹马胜，如明贺正兼贺册封皇太子。

1450 年，庚午，〔明〕代宗景泰一年，☆黄帝历四千一百四十八年。正月，遣朝鲜使臣金何赍敕还，免朝鲜调兵、免易马 2 万匹。闰正月，遣翰林院侍讲倪谦、刑科给事中司马恂[1]至朝鲜，颁景泰帝登基诏，并送钦赐礼物[2]。倪谦赍朝鲜安平大君李瑢书作回，帝赞其乃赵孟頫之体，现日本天理大学藏有李瑢手书。倪谦[3]与朝鲜文人的唱和，由其子倪岳在 1469 年编为《辽海篇》。倪谦回国后著有《朝鲜纪事》，其《倪文僖集》已收入文渊阁四库全书[4]。倪谦《朝鲜纪事》多次提及国王、王世子病笃事。四月，遣朝鲜使臣南佑良赍敕并赏赐回。五月，遣朝鲜使臣赵瑞安赍赐王世子李珦冕服回。八月，遣太监尹凤、奉御郑善赍承袭诏书及冕服、彩币至朝鲜，册封王世子李珦为"朝鲜国王"，并敕告朝鲜戒备李满住与蒙古的合谋偷袭。尹凤上世宗赙仪绢、布各 500 匹[5]。十月，女真李满住抢连山关至青石洞之间人马；◇檀君历三千七百八十三年，〔朝鲜〕世宗三十二年。是岁，以大明北方有警，朝鲜设五卫。正月，遣参议南佑良如明献马 500 匹，并奏无法凑齐易马之数，将进 5000 匹。闰正月，郑麟趾与钦差倪谦诗歌唱和，十分融洽，郑麟趾乃求教语音于倪谦。郑曰："本国之音，初学于双冀学士，双冀亦福建人也"。倪谦乃记："福建之音，正与此国同，良以此也"[6]。是月，遣兵曹参判赵瑞安、刑曹参判安完庆如明，谢赐彩币。二月，以世宗薨，遣知中枢院事李渲、中枢院副使奇虔如明，告讣兼请谥。五月，遣中枢院副使延庆、工曹参判朴以宁奉表如明谢恩。是月，又遣吏曹判书李坚基、中枢院副使赵贯如明，谢赐世子冕服。七月，押运马匹至辽东数目已达 2500 匹，通事唐梦贤等赍敕及赏赐还。八月，遣工曹参判李师纯、仁顺府尹金倪之如明谢恩。是月，又派出以左议政皇甫仁为正使、知中枢院事金孝诚为副使的使节团，如明谢恩并请封王世子[7]。九月，遣日城尉郑孝全、工曹参判朴好问、知中枢院事金自雍等如明，贺太上皇（正统帝）自蒙古军还。是月，遣郑发为圣节使如明。十月，遣佥知中枢院事李纯之，押种马入京师。是岁，成连为副使来华，其子成三问（1418—1456）受王命随行，质问语音。成连当为圣节使郑发的副使[8]。

1451 年，辛未，〔明〕代宗景泰二年，☆黄帝历四千一百四十九年。正月，遣朝鲜使臣皇甫仁赍诰命、敕书回，追封朝鲜文宗李珦已故嫔权氏（1418—1441，显德王妃，本贯安东，权专之女。端宗生母）为"王妃"。是岁，猛哥帖木儿外甥李满住回兀弥府居住，并投靠朝鲜直至 1465 年。是岁，凡察卒，其孙纳良哈接任建州右卫都督同知[9]；◇檀君历三千七百八十四年，〔朝鲜〕文宗李珦（1414—1452，字辉之）一年。二月，遣判中枢院事韩確、同知中枢院事金铫如明谢恩，又遣通事金有礼等送被掳汉人 14 名至辽东。三月，朝鲜通事金琯从中国传回烧

1　司马恂，浙江绍兴府山阴县人。参见〔明〕雷礼《国朝列卿记》卷一百五十九。倪谦、司马恂开始，至嘉靖二十五年（1546）钦差王鹤，共有出使朝鲜明朝文士 22 人，皆有《皇华集》。参见朝鲜文人鱼叔权《稗官杂记》(三)，〔韩〕《大东野乘》卷之四。

2　朝鲜文人朴彭年《朴先生遗稿·奉送侍讲倪先生使还》小注："皇明景泰元年闰正月日，翰林侍讲钱塘倪谦与刑科给事中司马恂奉诏来宣"。见〔韩〕民族文化推进会《韩国文集丛刊》，第 9 卷，第 454-455 页，1988 年版。

3　倪谦（1415—1479)，字克让，号静存，应天府上元人。在朝鲜文人中名气很大。

4　参见〔韩〕《成宗实录》卷二。

5　参见《明史·列传第二百八·外国一·朝鲜》(卷三百二十)。

6　参见本年历"956 年"。

7　参见〔韩〕《庄陵史补》卷一。

8　参见杜宏刚、邱瑞中、韩登庸、刘羚、阎崇东主编《韩国文集中的明代史料》，第一卷，第 240 页，广西师范大学出版社，2006 年版。

9　见瀛云萍《八旗源流》，第 18 页，大连出版社，1991 年版。

石灰及为船只用桐油、石灰填缝之法。四、五月，遣司译院注簿卢尚纹，送被掳汉人54名至辽东。五月，遣庆昌府尹朴以昌如明贺圣节。是月，韩 还，言礼部主事孙茂求安平大君李瑢书法，王以人臣无外交，拒之。七月，王开列《仪礼》等书目，命来往使臣于中国买来。八月，遣通事张自学送被掳32人至辽东。八月，金宗瑞、郑麟趾（1396—1478）等修纂《高丽史》完成，《高丽史》共138卷，是朝鲜半岛迄今为止最完备的断代史，其体例完全仿照中国正史。九月，圣节使朴以昌、书状官李翊至新安驿，以接受赠粮过多被拿问，朴以昌自刎而死[1]。十月，遣司译院注簿李彩，送被掳10人至辽东。十一月，遣李桦如明贺正，吏曹参判李边为副使。

1452年，壬申，〔明〕代宗景泰三年，☆黄帝历四千一百五十年。三月，遣广宁千户金宝赍敕至朝鲜，着朝鲜警戒女真侵扰并详细报告近几年送至辽东被掳人口。五月，遣朝鲜使臣安完庆赍敕及赏赐彩缎8表里回。八月，遣朝鲜使臣李蓄赍敕及赏赐彩币回。是月，遣吏部郎中陈钝[2]、行人司司正李宽至朝鲜，颁改册皇太子诏，并致祭朝鲜文宗。陈钝（约1387—约1469），字斯钝，乐清人，正统一年（1436）进士。九月，遣朝鲜使臣朴仲林赍敕还。闰九月，以朝鲜文宗薨，遣尚膳监左丞金宥、右丞金兴至朝鲜，诏封端宗为“朝鲜国王”，赐王九章冕服，致祭文宗并赐谥号“恭顺”[3]；◇檀君历三千七百八十五年，〔朝鲜〕文宗二年。正月，黄喜卒，黄喜（？—1452），字惧夫，本贯长水，为领议政（首相）24年[4]。四月，遣李蓄如明陈奏，又遣安完庆如明奏闻。五月，文宗薨。遣知中枢院事金世敏、庆昌府尹柳守刚如明告讣。是月，遣司译院直长金自海送被掳人王教化等29人至辽东。是月，又遣同知中枢院事成得识、工曹参判朴仲林，如明谢恩兼贺圣节。朴仲林至金岩站，闻朝廷改封皇太子，乃拟将皇太子礼物呈交礼部。是月，遣庆昌府尹李仁孙如明贺圣节。六月，遣知中枢院事李澄石、大司宪成奉祖，如明进贺封皇太子。又遣司译院直长张俊送被掳13人至辽东。八月，遣通事张自学送被掳21人至辽东，又遣同知中枢院事崔叔孙如明谢恩。闰九月，遣司译院直长洪贵送被掳刘俊等20人至辽东。十月，以首阳大君李瑈（后来的朝鲜世祖）为谢恩使、左议政李思哲为副使、集贤殿直提学申叔舟为书状官，奉表如明谢恩，集贤殿副校理徐居正随行[5]。十一月，首次印行郑麟趾（1396—1478）等编纂《高丽史》。该书是仿司马迁《史记》的汉文著作，共139卷。是月，遣俞益明如明贺正。是岁，朝鲜改铸“壬申字”，该活字以安平大君李瑢所书汉字为底本[6]。

1453年，癸酉，〔明〕代宗景泰四年，☆黄帝历四千一百五十一年。二月，遣朝鲜谢恩使李瑈（后来的朝鲜世祖）赍礼部咨回。九月，遣朝鲜使臣李仁孙赍敕回，并带回漂风至浙江朝鲜人文吞只；◇檀君历三千七百八十六年，〔朝鲜〕端宗李弘暐（1441—1457）一年。二月至七月，遣副司直崔有江、通事安至善等送被掳22人至辽东。五月，遣李仁孙为圣节使如明。十月，遣知中枢府事金允寿如明贺正。又遣司勇崔伦送被掳人11至辽东。是月，端宗叔父首

1 参见朝鲜文人李廷馨《东阁杂记》，〔韩〕《大东野乘》卷之五十三。

2 朝鲜文人成伣《慵斋丛话》卷一云：“壬申年间，给事中陈钝到国，时文宗新陟，钝作《吊朝鲜国王赋》”。见〔韩〕《大东野乘》卷之一。

3 参见《明史·列传第二百八·外国一·朝鲜》（卷三百二十）及〔韩〕《庄陵史补》卷一。

4 参见朝鲜文人许筠《海东野言》（二），〔韩〕《大东野乘》卷之八。

5 朝鲜文人鱼叔权《稗官杂记》（一）载，“光庙潜邸时，如京师谢冠服、诰命”，徐居正随行，过鸭绿江时，徐母病逝。见〔韩〕《大东野乘》卷之四。参见朝鲜文人李廷馨《东阁杂记》，〔韩〕《大东野乘》卷之五十三。

6 参见朝鲜文人许筠《海东野言》（二），〔韩〕《大东野乘》卷之八。

阳大君李瑈与郑麟趾、韩明浍[1]谋，锤杀手握兵权的金宗瑞，捕杀皇甫仁等顾命大臣。朝鲜史称“癸酉靖难”。十一月，又送被掳4人至辽东。是岁，遣赵怜为千秋使如明。

1454年，甲戌，〔明〕代宗景泰五年，☆黄帝历四千一百五十二年。九月，遣朝鲜使臣黄致身赍敕并钦赐《宋史》回[2]；◇檀君历三千七百八十七年，〔朝鲜〕端宗二年。二月，遣中枢院副使柳江，如明陈慰皇太子之丧。五月，遣中枢院使黄致身为圣节使如明。十月，遣坡平尉尹岩如明谢赐史书，兼请王妃诰命、冠冕。是月，又遣同知中枢院事申自守如明贺正，遣佥知中枢院事任知孝进献公马。十二月，朝鲜仿明制，定文武百官团领、胸背之图[3]。

1455年，乙亥，〔明〕代宗景泰六年，☆黄帝历四千一百五十三年。三月，遣朝鲜使臣尹岩赍敕并赐彩币回。四月，遣太监高黼、内史郑通赍赐端宗妃宋氏（1440—1521，定顺王妃，本贯砺山，宋玹寿之女）诰命至朝鲜，封其为“王妃”。闰六月，遣朝鲜使臣李鸣谦赍敕、赏赐回。十月，遣朝鲜使臣金何赍敕回，不准传位于首阳大君，暂署国政可也[4]。是岁，朝廷以李满住年老，特命其子古纳哈继任建州卫都督；◇檀君历三千七百八十八年，端宗三年。一至六月，遣官送被掳17人至辽东。三月，遣汉城府尹李鸣谦如明谢恩。五月，遣花川尉权恭如明，谢赐王妃诰命。是月，遣同知中枢府事安崇直如明贺圣节。六至十二月，遣官送被掳39人至辽东。闰六月，端宗被逼让位于其叔父首阳大君李瑈，并被以“上王”名义幽于昌德宫。端宗妃宋氏（1440—1521，定顺王妃，本贯砺山，宋玹寿之女）乃为王大妃。是月，遣礼曹判书金何、刑曹参判禹孝刚如明，奏请传位、承袭并谢恩，书状官李元孝。九月，遣艺文馆大提学申叔舟（1417—1475）为奏闻使如明[5]，书状官李垤。是月，遣吏曹参判权擥（1414—1472）为谢恩使如明。十月，韩继禧受王命注《贞观政要》，又选王羲之、赵孟頫书法送于成均馆，命学子模仿练习[6]。是岁，朝鲜废鸭绿江上游地区的闾延、慈城、茂昌、虞芮四郡，史称“废四郡”。是岁，朝鲜以姜希颜所书汉字为底本，铸活字“乙亥字”[7]。

1456年，丙子，〔明〕代宗景泰七年，☆黄帝历四千一百五十四年。岁初，景泰帝准朝鲜端宗传位于其叔父李瑈。四月二十日，明遣太监尹凤、金兴为使至朝鲜，诏封世祖为“朝鲜国王”，封其妻尹氏（1418—1483，贞熹王妃，本贯坡平，尹璠之女）为“王妃”，并选火者（阉人）20人[8]。十月，遣朝鲜使臣权蹲赍敕回，册李暲（1438—1457，字原明，即后来成化帝1475年追封之朝鲜德宗，无在位时间）为王世子。十二月，礼部以帝谕移咨，免王世子李暲入朝；◇檀君历三千七百八十九年，〔朝鲜〕世祖李瑈（1417—1468，字粹之）一年。四月，遣中枢院使李升平如明，陈慰皇后汪氏崩。是月，又遣中枢院副使安崇孝如明进香。是月，遣左议政韩

1　韩明浍（1415—1487），字子濬，本贯清州，官至领议政，仕四朝，封上党府院君，其所造“狎鸥亭”现存地名，在韩国首尔市江南区。参见朝鲜文人许筠《海东野言》（二），〔韩〕《大东野乘》卷之八。

2　参见〔韩〕《国朝宝鉴》卷九，面九；朝鲜文人赵庆男《续杂录》（四）《历代要览》，〔韩〕《大东野乘》卷之三十四。

3　参见〔韩〕《国朝宝鉴》卷九，面十。

4　参见〔韩〕《庄陵史补》卷一。

5　参见杜宏刚、邱瑞中、韩登庸、刘羚、阎崇东主编《韩国文集中的明代史料》，第一卷，第230页，广西师范大学出版社，2006年版。

6　参见〔韩〕《国朝宝鉴》卷十，面十。

7　参见朝鲜文人许筠《海东野言》（二），〔韩〕《大东野乘》卷之八。

8　参见《明史·列传第二百八·外国一·朝鲜》（卷三百二十）及〔韩〕《国朝宝鉴》卷十，面十二。

硙、刑曹判书权蹲入京师谢恩，并请封王世子。韩硙回途病逝于沙河铺至七家岭[1]。韩硙（？—1456），本贯清州，其姊1417年从朝鲜选入皇宫，后为明成祖“丽妃”，韩硙乃被朝鲜封为西原府院君。六月，世祖下令处死首图谋拥戴端宗复位的成三问、俞应孚、金文起、朴彭年，河纬地、李垲等,6人世称“死六臣”，今韩国首尔汉江边有“死六臣公园”。显德王妃权氏（1418—1441，本贯安东，权专之女。端宗生母）之弟权自慎参与端宗复位，亦被杀[2]。八月，遣判司译院事李含以进鹰使如明，进献火者（阉人）9人。十月，遣庆昌府尹闵骞如明谢册封王世子李暲。十一月，以王世子李暲入京师觐见事，移咨辽东都司。是月，又遣判内资寺事孙蕃，如明进献海东青。是岁，世祖李瑈无视朝鲜国王接见官员须有史官和承政官员在场的成规，私下接见个别官员。

1457年，丁丑，〔明〕英宗天顺一年，☆黄帝历四千一百五十五年。正月，徐有贞、石亨等拥英宗皇帝复位，杀于谦。贬景泰帝朱祁钰为王，朱祁钰旋卒。是月，遣朝鲜使臣李含赍敕及赏赐彩缎1表里回。五月，遣朝鲜使臣孙蕃赍敕及钦赐彩缎3表里回。六月，遣翰林院修撰陈鉴、太常寺博士高闰至朝鲜颁复位、立储诏，并送钦赐彩币[3]。陈鉴（1415—1471），字缉熙，原籍长州[4]，幼年随父至盖州,1448年及第为翰林院编修,1456年升修撰,1469年为国子监祭酒。其《方庵集》已不存，与朝鲜文人的唱和收入《皇华集》，明人吴宽《前朝列大夫国子祭酒陈公墓志铭》有相关记载。高闰，字居正，原籍山阴，后迁盖州，正统乙丑（1445）进士，官至刑部郎中。其《易庵集》已不存[5]。陈鉴、高闰与朝鲜文人唱和被集为《丁丑皇华集》；◇檀君历三千七百九十年，〔朝鲜〕世祖二年。正月，遣中枢院副使权聪如明谢恩。二月，遣右议政姜孟卿为正使、德宁府尹元孝然为副使，如明进贺英宗（天顺）皇帝复位。四月，遣左参赞黄守身、礼曹参判闵瑗如明，进贺皇太子复位。六月，遣工曹判书成奉祖、判中枢院事奇虔如明谢恩。是月，端宗被撤“上王”号，流放宁越，后降封“鲁山君”并被杀。是月，端宗妃宋氏（1440—1521，定顺王妃，本贯砺山，宋玹寿之女）被降为“君夫人”。九月，王世子李暲（1438—1457，字原明，1475年明成化帝追封为朝鲜国王，即德宗，无在位时间）卒[6]。十月，遣吏曹参判金连枝、中枢院副使金守温[7]，如明贺正并献鹰。金守温（1409—1481），字文良，号乖崖、拭疣，本贯永同，有《拭疣集》传世。十一月，遣吏曹判书韩明浍、礼曹参判具致宽、书状官卢思慎如明，奏请册封新王世子李晄（1450—1469，后来的朝鲜睿宗）并献鹰。王命韩明浍多购佛经、医书于北京。十二月，遣进鹰使、上护军李澄珪如明。

1458年，戊寅，〔明〕英宗天顺二年，☆黄帝历四千一百五十六年。正月，建州董山（又称“童仓”，猛哥帖木儿之子，努尔哈赤五世祖）如朝鲜献土物。二月，朝廷升董山（童仓）

1　此地现仍名“七家岭”，在京沈高速丰润与卢龙之间。

2　参见朝鲜文人李耔《阴崖日记》，〔韩〕《大东野乘》卷之六。

3　参见金守温《丁丑年，陪明使陈内翰鉴、高太常闰游于汉江。及杨花渡，次高韵》。见〔韩〕民族文化推进会《韩国文集丛刊》，第9卷，第117页，1988年版。

4　长州，今江苏省苏州。

5　参见〔清〕《钦定盛京通志》卷四十七。

6　世祖命画师崔泾、安贵生为已故王世子画像，留待其子女长大后观瞻。参见朝鲜文人李廷馨《东阁杂记》，〔韩〕《大东野乘》卷之五十三。

7　参见朝鲜文人权鳖《海东杂录》（二）“金守温”，〔韩〕《大东野乘》卷之二十。

为右都督。闰二月，遣朝鲜使臣韩明浍等赍册新王世子李晄敕书回[1]；◇檀君历三千七百九十一年，〔朝鲜〕世祖三年。正月，《国朝宝鉴》成。闰二月，遣同知中枢院事李允孙、刑曹参判宋处宽如明，进贺上皇太后尊号。是月，又遣判中枢院事金世敏、中枢院副使金溉，如明谢封王世子。三月，遣工曹参判李纯之、庆昌府尹金新民如明谢恩，兼进献文鱼400尾。四月，规定朝鲜臣民皆挂号牌，作为外出与户籍查验的凭证。六月，遣仁寿府尹柳河为谢恩使、具文信为副使如明。八月，遣工曹参判柳洙、中枢院副使康衮如明，贺圣节、千秋节，并进鹰犬及松子2860个。九月，《东国通鉴》始修，金钩以谚文注《初学字会》。十月，遣礼曹参判曹孝门、中枢院副使尹吉生如明贺正，并进鹰犬、海鲜。十二月，遣通事洪效孙送被掳6人至辽东。是岁，朝鲜音乐家朴堧（1378—1458）卒。朴堧借鉴中国乐器，改进了65种朝鲜乐器[2]。是岁，王命尹瓚，用海印寺藏版印《大藏经》50件，分送名刹[3]。

1459年，己卯，〔明〕英宗天顺三年，☆黄帝历四千一百五十七年。二月，帝怒朝鲜结交建州三卫，遣刑科给事中陈嘉猷、序班王辄出使朝鲜，诘问朝鲜授予女真董山（童仓）官诰事[4]。三月，遣朝鲜使臣金有礼赍敕回，着日本进贡事缓办。七月，遣朝鲜使臣曹锡文、权挚等赍敕回，谕命朝鲜不得私授女真官职；◇檀君历三千七百九十二年，〔朝鲜〕世祖四年。正月，遣行佥知司译院事金有礼赍咨如明，乃日本请进贡等事。是月，遣通事送上年腊月登州卫锁庆[5]等45名漂风人至辽东。三月，派出以行佥知中枢院事康纯为正使、行上护军李石亨为副使的谢恩使节团如明。李石亨（1415—1477）著有《朝天录》[6]。四月，遣吏曹参判曹锡文、仁顺府尹权挚、书状官姜耆寿如明陈奏，为授建州女真酋长官诰辩解。姜耆寿回至国内，在义州游泳时溺亡于古津江。是月，又遣通事送登州漂风人孙贵等5人至辽东。七月，遣刑曹判书朴元亨[7]、户曹参议李承召（1422—1484）[8]如明谢恩。李承召《三滩集》中有"燕行诗"[9]。十月，遣中枢院副使咸禹治、工曹参判权攀如明贺正，又遣通事送被掳4人至辽东。十一月，遣上护军鲁参为进鹰使如明，进松鹘2连。十二月，遣佥知中枢院事金有礼如明，进松鹘2连。是岁，遣圣节使李克培、千秋使郭连城如明。

1460年，庚辰，〔明〕英宗天顺四年，☆黄帝历四千一百五十八年。正月，遣朝鲜使臣李克培、郭连城赍敕回，求海东青。二月，遣朝鲜使臣咸禹治、权攀赍敕并赏赐丝、绢8匹还。三月，遣礼科给事中张宁、锦衣卫都指挥武忠赍敕至朝鲜，察查孛儿罕被杀事。张宁（1426—

1 参见朝鲜文人赵庆男《续杂录》（四）《历代要览》，〔韩〕《大东野乘》卷之三十四。

2 参见朝鲜文人权鳖《海东杂录》（一）"朴堧"，〔韩〕《大东野乘》卷之十九。

3 参见朝鲜文人李廷馨《东阁杂记》，〔韩〕《大东野乘》卷之五十三。

4 参见《明史·列传第二百八·外国一·朝鲜》（卷三百二十）。朝鲜文人赵庆男《续杂录》（四）《历代要览》载，天顺帝遣巡抚都御史程信往察，程信得朝鲜授予童仓正宪大夫、中枢院使制信而还。见〔韩〕《大东野乘》卷之三十四。

5 锁庆的官职是"总旗"。

6 参见朝鲜文人李石亨《到辽阳城》，〔韩〕民族文化推进会《韩国文集丛刊》，第9卷，第401页，1988年版。但该书第390页标李石亨卒年为"1417"，显然有误。李石亨（1415—1477），字伯玉，号樗轩，本贯延安，有《樗轩集》传世。参见杜宏刚、邱瑞中、韩登庸、刘羚、阎崇东主编《韩国文集中的明代史料》，第一卷，第207页，广西师范大学出版社，2006年版。

7 朴元亨、朴安性父子与大明使节陈鉴、张宁交往故事，参见朝鲜文人许篈《海东野言》（二），〔韩〕《大东野乘》卷之八。

8 朝鲜文人李承召《三滩集》卷二有"燕行录"，见〔韩〕民族文化推进会《韩国文集丛刊》，第11卷，1988年版。与之相唱和的明朝文人倪谦，在《奉别李参议还国诗》一诗下自署"天顺三年秋九月望，赐进士及第、翰林学士、文华殿讲读兼修国志倪谦"。见〔韩〕民族文化推进会《韩国文集丛刊》，第11卷，第382页，1988 年版。

9 参见杜宏刚、邱瑞中、韩登庸、刘羚、阎崇东主编《韩国文集中的明代史料》，第一卷，第283-286页，广西师范大学出版社，2006年版。

1496)，字靖之，景泰五年（1454）进士，是岁撰有《奉使录》一书。武忠以箭术折服朝鲜人[1]。四月，遣朝鲜使臣李兴德赍敕回，告朝鲜擅杀都督佥事会招来寻衅，当与女真讲和。是岁，会宁东女真酋长兀良哈、建州女真酋长亦升哥等侵扰朝鲜。六月，遣朝鲜使臣金淳、梁诚之赍敕回，并钦赐彩缎4表里。七月，遣马鉴至毛怜卫劝女真与朝鲜和解。八月，遣朝鲜使臣金礼蒙[2]赍敕还，驳改朝觐路线与子弟入学之奏请。闰十一月，遣朝鲜使臣尹子云赍敕回，戒王敛兵自守，勿轻启衅端；◇檀君历三千七百九十三年，〔朝鲜〕世祖五年。二月，派出以佥知中枢院事李兴德的使节团如明，奏闻杀毛怜卫都督佥事、女真人孛儿罕经过。三月，遣户曹参判金淳、庆昌府尹梁诚之如明陈奏，兼谢钦赐表里。梁诚之(1415—1482)，字纯夫，号讷斋、松坡，本贯南原，有《讷斋集》传世。五月，遣仁顺府尹金礼蒙、同知中枢院事洪益诚如明谢恩，兼奏请子弟入学。称自韩昉、李元弼、洪楫、偰长寿之后，无汉人在半岛教授，奏允朝鲜子弟入京师学习。是月，遣圣节使任孝仁、千秋使梅佑如明[3]。六月，遣吏曹参判金修、中枢院副使徐居正如明陈奏兼谢恩，书状官郑以雅。徐居正(1420—1488)是岁所著《北征录》，收入其《四佳集》[4]。徐居正书中载，回国途中在牛庄遇见朝鲜使臣尹子云、尹吉生。书状官郑以雅回国途中病逝于鞍山。八月，遣吏曹参判尹子云、同知中枢院事尹吉生如明奏闻，奏请进剿女真[5]。九月，遣仁寿府尹金吉通、行上护军李兴德如明，谢连山关修堡垒。是月，又遣中枢院副使金有礼为奏闻使如明，奏申叔舟斩杀女真500余人。十月，遣李皎然、李堰如明贺正。是月，遣佥知中枢院事柳泗以进鹰使如明。十一月，遣佥知中枢院事赵之唐以进鹰使如明，献海东青4连。十二月，遣工曹参判宋处宽如明谢恩。

1461年，辛巳，〔明〕英宗天顺五年，☆黄帝历四千一百五十九年。二月，遣朝鲜进鹰使柳洙赍敕及钦赐彩缎回。四月，遣朝鲜使臣宋处宽赍钦赐彩缎4表里回。八月，遣朝鲜使臣金处礼等赍咨文及钦赐彩缎回。礼部咨文奉旨：《洪武正韵》板在南京，暂缓付给；◇檀君历三千七百九十四年，〔朝鲜〕世祖六年。二月，遣通事金自海至辽东，请添官兵护送使臣。四月，遣礼曹参判金处礼、中枢院副使李士平如明谢恩，并进白雉，请赐官本《洪武正韵》。六月，分送华人王仁等于光州等地。七月，遣判司译院事崔有江送被掳4人至辽东。九月，遣中枢院副使金有礼、仁顺府尹柳芮，如明谢赐彩缎兼贺平阉党曹吉祥等。十月，以女真攻义州并杀掳近200人，遣同知中枢府事梅佑如明报边警。是月，遣洪益诚、郑种如明贺正。十一月，遣佥知中枢府事朴大孙如明，进献海东青1连、文鱼1000尾。是岁，世子李晄[6]嫔韩氏(1445—1461，后追封"章顺王妃"，本贯清风，韩明浍之女）卒。

1462年，壬午，〔明〕英宗天顺六年，☆黄帝历四千一百六十年。三月，遣朝鲜使臣朴大孙赍钦赐彩缎回。六月，遣书状官辛义卿赍钦赐表里回。十月，以皇太后（宣德帝朱瞻基之皇

1 参见《明史》卷一百八十《张宁传》。

2 朝鲜文人赵庆男《续杂录》（四）《历代要览》记此人为"金礼义"，并载敕书全文。见〔韩〕《大东野乘》卷之三十四。

3 参见杜宏刚、邱瑞中、韩登庸、刘羚、阎崇东主编《韩国文集中的明代史料》，第一卷，第254页，广西师范大学出版社，2006年版。

4 见〔韩〕民族文化推进会《韩国文集丛刊》，第10卷，1988年版。参见杜宏刚、邱瑞中、韩登庸、刘羚、阎崇东主编《韩国文集中的明代史料》，第一卷，第248页，广西师范大学出版社，2006年版。

5 朝鲜文人赵庆男《续杂录》（四）《历代要览》简述此次来华使节团日"陪臣尹淳"，见〔韩〕《大东野乘》卷之三十四。朝鲜文人徐居正《北征录》载，在回国途中，于牛庄见到了尹子云、尹吉生一行。见〔韩〕民族文化推进会《韩国文集丛刊》，第10卷，1988年版。

6 李晄即后来的朝鲜睿宗。

后孙氏）崩，遣朝鲜圣节使、千秋使赍皇太后遗诏回。十二月，遣朝鲜使臣卢叔仝带漂风朝鲜人南苏等回；◇檀君历三千七百九十五年，〔朝鲜〕世祖七年。正月，通事出身判中枢府事金何卒。是月，遣佥知中枢院事赵得仁为奏闻使如明报边警，书状官辛义卿。四月，花川君权恭卒。权恭（？—1462），字敬夫，尚朝鲜太宗女，两次出使中国。是月，遣礼曹参判金系熙、仁顺府尹姜希颜如明谢恩，其通事送被掳 2 人至辽东。六月，遣同知中枢院事卢叔仝、中枢院副使洪益生如明谢恩。八月，遣中枢院副使朴大生如明贺千秋，遣中枢院副使金有礼如明贺圣节，又遣通事送被掳汉人 4 名至辽东。九月，太宗长子、让宁大君李禔（1394—1462）卒[1]。十月，遣佥知中枢院事李甲中，如明进献种马 50 匹。是月，遣工曹参判柳守纲、仁顺府尹洪逸童如明贺正。十二月，遣户曹参判郑自济如明陈慰，遣中枢院副使权躽如明进香。

1463 年，癸未，〔明〕英宗天顺七年，☆黄帝历四千一百六十一年。正月，遣朝鲜使臣朴大生带漂风朝鲜人回；◇檀君历三千七百九十六年，〔朝鲜〕世祖八年。正月，讲肄官鲁参进中国盐碱地所种植稻种。二月，遣柳子焕、田稼生如明谢恩。五月，遣副知司译院事张自学送被倭掳 3 人至辽东。八月，遣中枢院副使姜希孟（1424—1483）、仁顺府尹安庆孙如明进贺，并进白雉、白鹿[2]。姜希孟有《私淑斋集》传世，其中卷一的部分作品是“燕行录”诗歌[3]。是月，遣吏曹参判李文炯如明贺千秋。九月，修《东国通鉴》。是月，遣上护军鲁参如明进献海东青，次年正月鲁参回国途中病逝于辽东，辽东都司收殓以送。十月，遣工曹参判李伯常、仁寿府尹崔士老如明贺正。十一月，遣判司译院事孙寿山，如明进海东青。是岁，朝鲜设弘文馆[4]。

1464 年，甲申，〔明〕英宗天顺八年，☆黄帝历四千一百六十二年。正月，遣朝鲜使臣安庆孙、姜希孟赍钦赐 8 表里回。二月，遣朝鲜通事石琼赍钦赐 2 表里回。是月，以天顺帝崩、成化帝即位，遣太仆寺丞金湜、中书舍人张珹，至朝鲜颁登极诏并赐彩币。金湜善画，并传中原造纸法[5]。五月，遣朝鲜进鹰使孙寿山赍钦赐 4 表里回。十月，以废掉皇后吴氏并册王氏为新皇后，遣朝鲜使臣权技赍诏还，并自辽东带回被掳朝鲜义州女子 1 名；◇檀君历三千七百九十七年，〔朝鲜〕世祖九年。二月，遣中枢院使赵邦霖如明，谢发还人口并赐彩缎。三月，遣户曹参判慎后甲如明陈慰，遣同知中枢府事崔汉卿如明进香。是月，又遣右议政黄守身如明贺成化帝登极，副使金礼蒙[6]。五月，派出以户曹参判权技为正使的谢恩使节团[7]。是月，又遣礼曹参判李夏成如明谢恩并进贺加皇太后尊号，遣通事张自都送被掳 1 人至辽东。六月，王赠钦差金湜、张珹 5 册《皇华集》[8]。八月，遣通事张有诚送被掳 2 人至辽东。十月，仁顺府尹姜希颜卒。姜希颜（？—1464），字景愚，乃姜希孟之兄，其书画精到，深得中国文人赞赏。是月，遣中枢院副使崔有临如明进贺册立中宫兼谢恩。是月，以权技、李夏成等私走剌榆寨，行装被盗，司宪府鞫而问之。是月，遣通事崔有江送被掳 3 人至辽东，又遣通事张有华送 20 人。

1 1948 年大韩民国首任总统李承晚自称是让宁大君第十六代孙。

2 参见姜希孟《是岁，黄海（道）康翎县进白鹿、白雉，余为进贺使朝燕。历山海关，主事杨公赠诗，步韵二首》，〔韩〕民族文化推进会《韩国文集丛刊》，第 12 卷，第 11 页，1988 年版。

3 见杜宏刚、邱瑞中、韩登庸、刘羚、阎崇东主编《韩国文集中的明代史料》，第一卷，第 307 页，广西师范大学出版社，2006 年版。

4 参见〔韩〕《国朝宝鉴》卷十二，面十二、十三。

5 朝鲜文人金守温（1409—1481）《拭疣集》中有诗名《甲申年，陪明使金太仆湜、张舍人诚游汉江。次金韵》。

6 参见朝鲜文人许筠《海东野言》（二），〔韩〕《大东野乘》卷之八。

7 参见〔韩〕《国朝宝鉴》卷十二，面十八、十九。

8 此本为明人陈鉴、高闰、陈嘉猷出使时与朝鲜文人唱和的作品。

是月，遣仁顺府尹李义坚如明贺正，书状官金顺成。十一月，遣佥知中枢院事赵宗智如明，进献海东青1连及文鱼600尾。十二月，贺正使李义坚、书状官金顺成一行至辽东，听闻天顺帝改封王氏为后，乃驰报。是岁，朝鲜铸“箭币”，上书“八方通货”，兑楮币3张。

1465年，乙酉，〔明〕宪宗成化一年，☆黄帝历四千一百六十三年。三月，遣朝鲜使臣崔有临赍敕还，戒王不得出兵战女真。是月，又遣朝鲜使臣赵宗智赍钦赐8表里回。九月，遣朝鲜使臣李堣赍敕回，带回济州漂风14人。是岁，朝鲜使臣李文炯到通州[1]暴卒，礼部送彩缎4表里慰其家属，遣书状官金礦带回[2]；◇檀君历三千七百九十八年，〔朝鲜〕世祖十年。正月，遣工曹参判李仲英如明进贺册封皇后，并遣通事送被掳开原卫百户宋全至辽东。三月，以成化帝为女真事降敕事，遣工曹参判李堣如明谢恩兼告奏。是月，又遣通事送被掳1人至辽东。四月，遣同知中枢院事尹吉生，如明谢发还漂风人恩。尹吉生乃皇宫太监尹凤侄子并过继于凤者。七月，王命购《地理大全》于中国。八月，遣通事送被掳2人至辽东。是月，遣宋文琳为圣节使如明。十月，遣中枢院副使李文炯如明，谢发还漂风人之恩。李文炯（？—1465）卒于途，礼部给棺致祭，并送彩币。是月，又遣中枢院副使沈濬如明贺正，进文鱼400尾。十一月，遣佥知中枢院事李孟孙为进鹰使如明，进海东青。十二月，遣佥知中枢院事裴孟达为进鹰使如明。是岁，朝鲜封建州女真人首领童仓为“中枢密使”[3]。是岁，为印刷《圆觉经》，以郑兰宗所书为底本，改铸活字，称“乙酉字”[4]。

1466年，丙戌，〔明〕宪宗成化二年，☆黄帝历四千一百六十四年。闰三月，遣朝鲜通事带平安道被掳金卜生回。四月，遣朝鲜使臣李孟孙、裴孟达、金乙孙赍钦赐彩缎还。是岁，建州女真童仓攻掠自开原至辽阳600余里；◇檀君历三千七百九十九年，〔朝鲜〕世祖十一年。正月，遣中枢院副使金乙孙如明，进海东青1连。四月，遣户曹参判郑自源，如明谢赐彩缎。是月，遣通事送被掳人杨吉至辽东。七月，朝鲜刊印《大明讲解律》《律学解颐》《律解辨疑》等书各500册。八月，遣户曹参议金永濡如明贺圣节并进白鹊，皇宫太监亲属金纯福、郑希随行。十月，申叔舟、崔恒等拣选朝鲜书籍，编为“易”、“天文”、“地理”、“医”等类。是月，又遣礼曹参议赵瑾如明贺正，兼进海东青。十一、十二月，分别遣佥知中枢院事崔景礼、成有知（即成允文）如明献海东青、文鱼。十二月，遣司译院正黄中送被掳3人至辽东。是岁，遣朴璘为管押使如明。

1467年，丁亥，〔明〕宪宗成化三年，☆黄帝历四千一百六十五年。三月，遣朝鲜使臣赵瑾等赍敕回，戒朝鲜勿得再进海东青等奇异珍玩。四月，遣中军署都督、女真人武忠至毛怜卫，敕谕女真各部。董山（童仓）等入京师觐见，但凶顽不化。七月，董山（童仓）等在广宁帅府杀伤通事叛乱，旋即逃出。八月，辽东都司遣朝鲜使臣成允文赍咨回。九月，遣辽东百户白颙，赍敕及辽东都司咨至朝鲜，敕命朝鲜进兵夹击建州女真。十月，遣广宁百户任兴、辽东舍人黄哲至朝鲜颁敕及赐物，并赍辽东都司咨，着朝鲜出兵阻击女真。是月，太监黄顺、大总兵官郑辅率官军78000人进剿女真部落。十月三十日，朝鲜谢恩使南伦（？—1476）病逝于京师会同

1　通州，今北京通州区。
2　参见《明史·列传第二百八·外国一·朝鲜》（卷三百二十）。
3　见瀛云萍《八旗源流》，第19页，大连出版社，1991年版。
4　参见朝鲜文人许筠《海东野言》（二），〔韩〕《大东野乘》卷之八。

馆，帝遣礼部主事李来致祭[1]。是岁，朝廷处死董山（童仓），其余叛乱女真被发配至福建[2]；◇檀君历三千八百年，〔朝鲜〕世祖十二年。正月，皇宫太监金辅之父金纯福、太监郑善之父郑希自北京回至朝鲜，进献玉带、珊瑚树于王。二月，遣通事、司译院注簿崔海送被掳女子 1 名至辽东。五月，遣绫城君具致宽率兵 15000 人击建州女真。六月，遣司译院正朴枝送被掳汪仲武等 13 人至辽东。汪仲武乃随正统皇帝出征被掳之人，与被掳汉女“三姐”杀满人李豆里与其子胡赤，逃至朝鲜。八月，遣工曹参判南伦，率使节团如明谢赐彩缎，兼谢免进海东青。南伦病逝于北京，王命其子南忻与其弟、刑曹正郎南偁往义州鸭绿江边迎接灵柩。九月，遣同知中枢府事郑文炯如明贺圣节。郑文炯驰报，在辽东拜见辽东镇抚王鑛、都御史张歧。是月，世祖接见辽东百户白颙，朝鲜通事口译不通，王乃命申叔舟与白颙笔谈。白颙坚辞朝鲜礼品，礼数周到，朝鲜君臣称赞。世祖又接见任兴、黄哲。十月，康纯率朝鲜军万人出击女真，杀李满住（？—1467）[3]。是月，派出以行副护军高台弼为正使的奏闻使节团如明，告击溃女真事，献俘 253 人于京师[4]。是月，遣司译院正朴枝，赍咨管押俘获人口交割于辽东。是月，遣户曹参判朴萱如明贺正。岁末，遣礼曹参判赵瑾如明谢恩，并进方物。

1468 年，戊子，〔明〕宪宗成化四年，☆黄帝历四千一百六十六年。二月，遣太监姜玉、金辅[5]至朝鲜赐银、布帛，酬破建州女真，赐康纯、鱼有沼白银、彩缎表里，给皇宫宫女、太监佛氏、成氏、车氏、吴氏、安氏、崔氏家属赏赐。姜玉、金辅受帝旨致祭金刚山，并赍朝鲜贡献海味还[6]。是月，皇宫太监郑善（？—1468）卒于北京，帝遣人送其柩还半岛安葬。十月，辽东都司送朝鲜义州被掳人刘得吉回国；◇檀君历三千八百〇一年，〔朝鲜〕世祖十三年。正月，遣成任为钦差宣慰使、尹子云为远接使。正月至二月，遣司译院佥正张思发等送被掳 21 人至辽东。四月，遣同知中枢府事金良璥如明谢恩，又遣通事送被掳 38 人至辽东。七月，遣司译院正黄中，送登州卫总旗锁庆等漂风 43 人，回至辽东。七、八月，又送被掳 5 人至辽东。九月，世祖传位于王世子李晄，世祖旋薨。世祖妃尹氏（1418—1483，贞熹王妃，本贯坡平，尹璠之女）被尊为王大妃。是月，遣知中枢府事李石亨（1415—1477）、汉城府左尹李坡，率使节团如明告讣、请承袭。李石亨一行于次年正月回，途中过“东八站”，雪深寒甚，迎接兵马冻死过半。是月，遣行上护军卞袍，如明陈慰皇太后钱氏（正统帝朱祁镇皇后，？—1468）崩，又遣行大护军安克思如明进香。成伣（1439—1504）参加此次燕行，并著有《观光录》[7]。是月，遣行护军张进忠如明贺正。十三月，遣通事送被掳 4 人至辽东。

1469 年，己丑，〔明〕宪宗成化五年，☆黄帝历四千一百六十七年。闰二月，遣太监崔安、郑同（？—1484）、沈浍至朝鲜，颁诏册李晄为“朝鲜国王”，诰封其妻韩氏（1445—1498，安

1 参见《明史·列传第二百八·外国一·朝鲜》（卷三百二十）。朝鲜派其子南忻、其弟刑曹正郎南偁至义州迎接灵柩。

2 见瀛云萍《八旗源流》，第 20–22 页，大连出版社，1991 年版。

3 《明史·列传第二百八·外国一·朝鲜》（卷三百二十）记康纯为“中枢府知事”。但朝鲜文人赵庆男《续杂录》（四）《历代要览》记杀李满住者乃鱼有沼，详见〔韩〕《大东野乘》卷之三十四。

4 参见〔韩〕《国朝宝鉴》卷十三，面二十。

5 皇宫太监金辅，本朝鲜长湍人。参见朝鲜文人李陆（1438—1498）《青坡剧谈》，〔韩〕《大东野乘》卷之六。

6 参见〔韩〕《国朝宝鉴》卷十三，面二十二。金辅对朝鲜宣慰使成任说：“吾在本国时，长于妓玉生香家，习《翰林别曲》及《登南山曲》，尝于景泰皇帝前唱之”。

7 参见〔韩〕林基中《燕行录研究》，第 491 页，一志社，2006 年增补版。

顺王妃，本贯清风，韩伯伦之女）为“王妃”，赐冕服、彩币。别赐王《性理大全》《四书》、象牙等。崔安等致祭世祖，并上钦赐谥号“惠庄”[1]。三月，崔安游金刚山。是岁，董山（童仓）长子脱罗悔罪入朝，帝敕命其为建州左卫都指挥同知，总管三卫。是岁，1450年出使朝鲜的倪谦（1415—1479）之子倪岳，编辑完成《辽海编》一书；◇檀君历三千八百〇二年，〔朝鲜〕睿宗李晄（1450—1469，字明照）一年，王大妃、世祖妃尹氏（1418—1483，贞熹王妃，本贯坡平，尹璠之女）垂帘听政，直至1476年。是岁，朝鲜《经国大典》修成[2]。闰二月，遣左议政洪允成[3]、牙城君鱼世恭，奉表如明谢恩。六月，以大明筑长城至碧潼江边[4]而议政。八月，平安道驰报长城之制。是月，遣行上护军尹岑如明贺圣节，兼进献方物与《金刚山图》。十月，遣通事送被掳女3人至辽东，又遣吴伯昌如明贺正。十一月，睿宗薨，成宗即位[5]。世祖妃尹氏（1418—1483，贞熹王妃，本贯坡平，尹璠之女。德宗、睿宗生母）被尊为大王大妃。十二月，遣户曹参判宋文琳如明告讣。是月，遣权瑊如明奏请承袭，书状官金湘。

1470年，庚寅，〔明〕宪宗成化六年，☆黄帝历四千一百六十八年。二月，明遣太监金兴、工部员外郎姜浩[6]，出使朝鲜致祭睿宗，诏封李娎为“朝鲜国王”，诰封成宗妃韩氏（1456—1474，恭惠王妃，本贯清州，韩明浍之女，章顺王妃之妹）为“王妃”[7]，并颁冕服。八月，辽东都司送朝鲜义州被掳人崔莫同还；◇檀君历三千八百〇三年，〔朝鲜〕成宗李娎（1457—1494）一年。三月，遣司译院正崔有江送被掳张长寿等至辽东。五月，以鱼世谦为钦差馆伴。是月，遣议政府左议政金国光、同知中枢府事郑兰宗如明谢恩，朴叔蓁为书状官[8]。是月，遣司译院正咸正良、姜浩，送自毛怜卫逃至朝鲜的金仲伊等至辽东。九月，绫城府院君具致宽卒。具致宽（1406—1470），字而栗，本贯绫城，官至领议政。十月，遣通事送毛怜卫逃来张利等至辽东。是月，遣韩致义为圣节使如明。是岁，朝鲜极为关心大明叆阳堡建设。

1471年，辛卯，〔明〕宪宗成化七年，☆黄帝历四千一百六十九年。正月，礼部遣朝鲜使臣韩致义带回济州漂风人金杯迥等7人回。六月，遣朝鲜通事、司译院正崔有江赍咨并带朝鲜逃僧志清回国；◇檀君历三千八百〇四年，〔朝鲜〕成宗二年。正月，以大明送回漂风人，遣行上护军李寿男如明谢恩，并赍礼部郎中彭彦冲等求人参10斤等物送之。三月，遣通事、司译院正崔有江移咨辽东，通女真信息。五月，移咨辽东，请遣自称朝鲜“金僧”者归国。是岁，王大妃命购佛经于中国，大臣劝止。九月，遣议政府左参赞李克培如明贺圣节，遣通事、司译院正崔有江送被掳8人至辽东。十月，遣知中枢府事韩致仁如明贺正，其通事张自孝送被掳3人至辽东。是岁，睿宗妃韩氏（1445—1498，安顺王妃，本贯清风，韩伯伦之女）被尊为大妃。是岁，朝鲜集王安石、欧阳修字体铸造活字“辛卯字”[9]。

1472年，壬辰，〔明〕宪宗成化八年，☆黄帝历四千一百七十年；◇檀君历三千八百〇五

1 参见《明史·列传第二百八·外国一·朝鲜》（卷三百二十）。
2 参见〔韩〕《国朝宝鉴》卷十四，面八。
3 参见朝鲜文人权鳖《海东杂录》（一）“洪允成”，〔韩〕《大东野乘》卷之十九。
4 今朝鲜平安西道昌城。
5 成宗时设立读书堂“湖堂”，位于汉城南郊龙山豆毛浦。
6 参见朝鲜文人成伣《慵斋丛话》卷之一，〔韩〕《大东野乘》卷之一。
7 参见〔韩〕《国朝宝鉴》卷十五，面五。《恭惠王后顺陵志》载其生于汉阳莲花坊。
8 参见〔韩〕《成宗实录》卷一。
9 是岁，朝鲜集王安石、欧阳修字体铸造活字“辛卯字”。

年，〔朝鲜〕成宗三年。正月，遣工曹判书成任、户曹参判朴楗如明，进贺封皇太子。成任一行于二月十四日到连山（关）驿，遇建州女真首领并会谈。成伣（1439—1504）随其兄成任来华，并著有《辛卯朝天诗》。三月，遣李克均为千秋使如明。李克均至辽东，驰报皇太子薨。四月，遣佥知中枢院事李元孝如明陈慰，其通事送被掳2人至辽东。八月，遣梁顺石为圣节使如明，其通事送被掳1人至辽东。十月，遣正朝使通事送被掳4人至辽东。是月，遣冬至使如明，书状官郭垠。

1473年，癸巳，〔明〕宪宗成化九年，☆黄帝历四千一百七十一年；◇檀君历三千八百〇六年，〔朝鲜〕成宗四年。五月，遣通事金渚送被掳汉人李山至辽东。六月，领中枢府事李边（1391—1473）所编《训世评话》印行。该书从我国《史记》《后汉书》《晋书》《搜神记》《广异记》以及朝鲜文献中搜集忠孝故事，用文白对照的方式教授汉语，保留了大量的明朝口语资料[1]。八月，遣广原君李克墩如明贺圣节。八月至十月，遣通事送被掳8人至辽东。十月，遣工曹参判芮承锡为冬至使如明。是岁，《帝王明鉴》成。

1474年，甲午，〔明〕宪宗成化十年，☆黄帝历四千一百七十二年。十二月，建州女真4000人袭朝鲜理山；◇檀君历三千八百〇七年，〔朝鲜〕成宗五年。四月，左议政崔恒卒。崔恒（1409—1474），字贞父，本贯朔宁，工骈体，朝鲜表奏多出其手，有《太虚亭集》传世[2]。五月，遣司译院正崔有江送被掳2人至辽东。九月，遣右议政金礩为奏闻使如明，奏请追封朝鲜德宗附太庙[3]，李继孙为副使，书状官郑孝终。十月，遣金之庆如明贺正，遣张有诚为管押使，如明献种马。是月，遣司译院直长安仁义送被掳5人至辽东。是月，遣韩致仁如明贺圣节，金自贞为书状官[4]。十一月，以《史记》《前汉书》前有印刷，印行其他史书。是岁，成宗妃韩氏（1456—1474，恭惠王妃，本贯清州，韩明浍之女）薨。是岁，朝鲜于成均馆建“尊经楼”。

1475年，乙未，〔明〕宪宗成化十一年，☆黄帝历四千一百七十三年。正月，遣朝鲜使臣金礩、李继孙赍敕回，成化帝追封成宗生父、先世子李暲（1438—1457，字原明）为“朝鲜国王”（即朝鲜德宗，无在位时间），进封李暲未亡人、成宗生母韩氏（1437—1504，昭惠王妃，本贯清州，韩确之女，1455年为王世子嫔）为“王妃”[5]（朝鲜旋尊其为“仁粹大妃”）。六月，遣朝鲜使臣韩明浍、李克均赍敕还，告已颁敕建州等地，令女真勿扰朝鲜；◇檀君历三千八百〇八年，〔朝鲜〕成宗六年。二月，遣左议政韩明浍、同知中枢府事李克均、书状官李琼仝奉表如明谢恩。成伣、崔淑精（1433—1480）随使节团来华[6]。崔淑精（1432—1480）《逍遥斋集》中有“燕行诗”。朝鲜纸匠朴非曾，从谢恩使节团入京师，得北京哈大门（哈德门）外25里造纸处麻纸造法、正阳门外20里造纸处方法、辽东东门外太子河边造纸法。朝鲜文献《成宗实录》

1 参见朝鲜文人李边原著，朴在渊、安章利、李在弘译解《训世评话》，太学社，1998年版。

2 参见朝鲜文人权鳖《海东杂录》（一）“崔恒”，〔韩〕《大东野乘》卷之十九；杜宏刚、邱瑞中、韩登庸、刘羚、阎崇东主编《韩国文集中的明代史料》，第一卷，第181页，广西师范大学出版社，2006年版。

3 参见〔韩〕《国朝宝鉴》卷十六，面二。

4 参见杜宏刚、邱瑞中、韩登庸、刘羚、阎崇东主编《韩国文集中的明代史料》，第一卷，第275页，广西师范大学出版社，2006年版。

5 参见《明史·列传第二百八·外国一·朝鲜》（卷三百二十）。追封敕书全文参见朝鲜文人赵庆男《续杂录》（四）《历代要览》，〔韩〕《大东野乘》卷之三十四。

6 参见崔淑精《乙未二月初八日，陪谢恩使赴京，宿碧蹄驿书怀》一诗，〔韩〕民族文化推进会《韩国文集丛刊》，第13卷，第24页，1988年版。另见杜宏刚、邱瑞中、韩登庸、刘羚、阎崇东主编《韩国文集中的明代史料》，第一卷，第335页，广西师范大学出版社，2006年版。

卷一记述详细。四月，遣通事送被掳5人至辽东。是月，王赐“大夏国公”明升（明玉珍之子）田地40结。六月，申叔舟卒。申叔舟（1417—1475）官至领议政，有《保闲斋集》传世，该书载中韩绘画交流资料较多，其中卷十二是钦差倪谦（1415—1479）与朝鲜文人唱和的《辽海编》[1]。七月，遣吏曹参判李恕长如明，谢颁敕于建州。是月，遣金良璥为正使、李封为书状官，如明贺圣节。八月，郑陟卒。郑陟（1390—1475），字明庵，号整斋，本贯晋州，永乐十二年甲午（1414）文科及第，官至行副司直。十月，遣金谦光为贺正使如明，书状官朴安阜。

1476年，丙申，〔明〕宪宗成化十二年，☆黄帝历四千一百七十四年。二月，遣户部郎中祁顺、行人司左司副张瑾至朝鲜颁册皇太子诏，送钦赐彩币、文锦。祁顺，广东人，回国后著有《使东录》。张瑾，苏州人。随行头目王玺赍辽东都司咨文至朝鲜，乃为女真归顺事。七月，辽东都司送被掳1人回朝鲜。八月，辽东都司以女真人作乱，移咨朝鲜；◇檀君历三千八百〇九年，〔朝鲜〕成宗七年。正月，大王大妃、世祖妃尹氏（1418—1483，贞熹王妃，本贯坡平，尹璠之女）自1468年开始的垂帘听政结束。是月，遣吏曹判书郑孝常、工曹参判朴良信如明，进贺册封皇太子，书状官成世明（1447—1510）[2]。是月，遣人押送金锁主等建州逃入者回辽东。三月，遣平阳君朴仲善、同知中枢府事金永濡如明谢恩，书状官李德崇。四月，以女真声息事移咨辽东都司。五月，郑孝常回，进所购《朱子语类大全》20卷。八月，遣通事送被掳2人至辽东。是月，遣议政府左议政沈浍、礼曹参判李克墩如明，奏请封淑仪尹氏（1458—1482，本贯咸安，尹成畎之女。燕山君生母）为王妃，并请诰命、冕服。九月，王命画工绘周文王妃、唐长孙皇后及汉武帝、唐明皇等像，命文臣歌咏之。是月，遣李封入京师贺圣节兼贺千秋，书状官韩万龄。十月，遣尹壕如明贺正，洪利老为副使。十一月，成均馆藏《大学》《中庸》《论语》等书40份、5份不等。十二月，遣通事送被掳9人至辽东。

1477年，丁酉，〔明〕宪宗成化十三年，☆黄帝历四千一百七十五年。二月，遣朝鲜使臣沈浍、李克墩赍敕并诰命、冕服回，以诰命封成宗继室尹氏（1458—1482，本贯咸安，尹成畎之女。燕山君生母）为新王妃[3]。是月，圣节使团通事芮亨昌在北京买做角弓用水牛角4车，被锦衣卫查出并受杖。五月，遣朝鲜使臣尹子云、韩致礼赍敕回；◇檀君历三千八百一十年，〔朝鲜〕成宗八年。二月，遣右议政尹子云、西陵君韩致礼、书状官朴孝元如明谢赐诰命。三月，遣李约东为千秋使如明，书状官权景佑[4]。八月，遣西陵君韩致礼如明贺圣节，并赍半岛土产绵细、文鱼等进献，其通事送建州逃来25人至辽东。是月，遣议政府左赞成尹弼商[5]、同知中枢府事柳轾如明，奏请允买弓角。尹弼商等回国途中，在榛子岭[6]被贼寇抢劫财物。十月，遣判中枢府事权瑊如明贺正，副使为同知中枢府事金舜臣。是月，遣通事送被掳10人至辽东，又遣通事李孝石赍咨至辽东，实探听女真声息也。十二月，遣通事尹墙送被掳24人至辽东。

1478年，戊戌，〔明〕宪宗成化十四年，☆黄帝历四千一百七十六年。五月，于永平府新

---

1 参见杜宏刚、邱瑞中、韩登庸、刘羚、阎崇东主编《韩国文集中的明代史料》，第一卷，第226页，广西师范大学出版社，2006年版。
2 参见杜宏刚、邱瑞中、韩登庸、刘羚、阎崇东主编《韩国文集中的明代史料》，第二卷，第14页，广西师范大学出版社，2006年版。
3 参见《明史·列传第二百八·外国一·朝鲜》（卷三百二十）。
4 参见朝鲜文人鱼叔权《稗官杂记》（二），〔韩〕《大东野乘》卷之四。
5 朝鲜文人赵庆男《续杂录》（四）《历代要览》载，陪臣尹弼商赍敕回，允朝鲜每年在华购买水牛角50部。见〔韩〕《大东野乘》卷之三十四。
6 榛子岭即今河北省榛子店镇，在102国道沿线。

店铺枭贼张政首示众，追还朝鲜使臣衣物；◇檀君历三千八百一十一年，〔朝鲜〕成宗九年。正月，韩致礼赍钦赐银百两、彩缎8表里及御制诗回，并传皇帝所要朝鲜纸笔墨砚及虎牙、獐子牙等，实为皇宫宫女韩桂兰（1410—1483，1427年从朝鲜清州选入）索也。是月，遣知中枢府事玄硕圭、同知中枢府事朴星孙如明谢恩，谢允买弓角，书状官宋连宗。三月，遣金永坚为千秋使如明。三至五月，遣通事送被掳37人至辽东。八月，遣知中枢府事韩致亨、书状官金永贞如明贺圣节，并遣其通事送被掳14人至辽东。十月，遣知中枢府事李坡、同知中枢府事金纯福如明贺正。十、十一月，遣通事送被掳11人至辽东。十一月，郑麟趾卒。郑麟趾（1396—1478），字伯睢，号学易斋，本贯河东，永乐十二年甲午（1414）、宣德二年丁未（1427）两次文科魁首，主编《高丽史》，封河东府院君。十二月，藏帝御制诗12轴于弘文馆。是岁，朝鲜编成《东文选》[1]。是岁，王命李克培等编《译语指南》成书。

1479年，已亥，〔明〕宪宗成化十五年，☆黄帝历四千一百七十七年。闰十月，遣辽东都司高清赍敕至朝鲜，钦命出兵夹击扰边女真，并告太监汪直、抚宁侯朱庸、前总兵官韩赟率15万将士征女真。岁末，脱罗升为建州左卫都督，流放叛乱女真伏当佳等于广东；◇檀君历三千八百一十二年，〔朝鲜〕成宗十年。三月，李坡等自中原买来稻种2斗，于京畿道试种。是月，遣金瓘为千秋使如明。四、六月，遣通事送被掳25人至辽东。九月，遣西陵君、户曹判书韩致礼如明贺圣节。韩致礼以病辞，王不允。韩致礼、韩致亨皆韩確子，皇宫宫女韩氏[2]之族。闰十月，朝鲜以帝谕命，命右参赞鱼有沼率1万军兵攻建州女真，又遣通事移咨辽东。是月，遣金永濡如明贺正。十一月，鱼有沼以天寒路难罢回，兵曹鞠问之，乃以左议政尹弼商[3]为都元帅再出[4]。十二月，都元帅从事官李堪献捷，斩首15级，俘获女真15名[5]。是月，遣通事送被掳1人至辽东。是岁，遣通信使李亨元、李季仝、书状官金䜣赴日本，曹伸随同[6]。金䜣（1448—1492），字君节，号颜乐堂，本贯延安，著有《颜乐堂集》。

1480年，庚子，〔明〕宪宗成化十六年，☆黄帝历四千一百七十八年。五月，遣太监郑同（？—1484）、姜玉赍敕至朝鲜，钦赐彩缎、白银、文锦、西洋布，并赏尹弼商等[7]。六月，姜玉献王玉箫1支，传交趾国《喇叭曲》于朝鲜，并告喇叭乃中国军乐也。是岁，以刘大夏（1436—1516）之议，驳朝鲜改贡路之请[8]；◇檀君历三千八百一十三年，〔朝鲜〕成宗十一年。正月，派出以吏曹参判鱼世谦为正使的使节团，将辽东被掳人口送之明并献俘[9]。三月，遣申浚为千秋使如明。四月，遣通事送被掳8人至辽东。是月，鱼世谦回，进赵孟頫书法及《国子通志》等书。

---

1 参见〔韩〕《国朝宝鉴》卷十六，面十七。

2 皇宫宫女韩氏桂兰（1410—1483），1428年从朝鲜选入。

3 参见朝鲜文人权鳖《海东杂录》（一）“尹弼商”，〔韩〕《大东野乘》卷之十九。

4 参见杜宏刚、邱瑞中、韩登庸、刘羚、阎崇东主编《韩国文集中的明代史料》，第一卷，第311页《岁己亥秋》，广西师范大学出版社，2006年版。

5 参见《明史·列传第二百八·外国一·朝鲜》（卷三百二十）。

6 曹伸自言七赴燕京，其所记王都（今韩国首尔市）至北京3245里，比1803-1804年来华的李海应所记3609里近许多。曹伸所走路线经过“义州－辽阳－鞍山－海州卫－牛家庄－沙岭－高平－盘山”，再到广宁卫。参见朝鲜文人曹伸《諛闻琐录》，〔韩〕《大东野乘》卷之三。

7 朝鲜文人赵庆男《续杂录》（四）《历代要览》收录成化帝嘉奖尹弼商敕书。参见〔韩〕《大东野乘》卷之三十四。

8 见〔明〕严从简《殊域周咨录》（上）卷一。

9 参见〔韩〕《国朝宝鉴》卷十六，面十八；朝鲜文人鱼叔权《稗官杂记》（一），〔韩〕《大东野乘》卷之四。

五月，遣工曹判书韩致亨、同知中枢府事郑有智如明谢恩，并赍方物、土产等进献。韩致亨至北京，入西华门献韩氏、车氏、安氏家族私赠，得韩氏[1]4表里、银50两赏赐而还。五、六月，遣通事送被掳11人至辽东。八月，遣同知中枢府事韩僩如明贺圣节。九月，团练使许熙护送钦差回，军马于东八站遇女真人袭击，死伤过半[2]。十月，遣知中枢府事孙舜孝[3]、吏曹参判李秉正如明贺正，并赍咨告奏被女真于东八站邀截事。十、十一月，遣通事送被掳29人至辽东。十二月，遣上党府院君韩明浍、吏曹判书李承召、书状官权健，如明奏请新王妃尹氏诰命、冠服[4]，并请开"刺榆寨—海州[5]"贡路。质正官金䜣（1448—1492）[6]。李承召（1422—1484）在北京购得《大明一统志》，其《三滩集》中有"辛丑"岁"燕行诗"[7]。金䜣《颜乐堂集》亦有是岁"燕行诗"。是岁，成宗废其妃尹氏（1458—1482，本贯咸安，尹成畎之女。燕山君生母）[8]。是岁，朝鲜依《大明一统志》例，修《舆地胜览》。

1481年，辛丑，〔明〕宪宗成化十七年，☆黄帝历四千一百七十九年。正月，遣朝鲜使臣孙舜孝赍敕回，钦赐许熙2表里，银子20两。五月，遣太监郑同、金兴赍敕至朝鲜，赐新王妃尹氏（1462—1530，贞显王妃，本贯坡平，尹壕之女。中宗生母）诰命、冠服[9]。十二月，遣朝鲜使臣韩致亨赍敕还，内开朝鲜进贡极为详细单子，多为半岛土产、特产，如牛骨葫芦、八宝人物、黑漆螺钿盒子等；◇檀君历三千八百一十四年，〔朝鲜〕成宗十二年。三月，遣洪贵达[10]、书状官申从濩如明贺千秋。洪贵达（1438—1504）著有《燕行诗》，收入其《虚白亭集》。其中《赠谭珪诗并序》云："成化辛丑夏，余自朝鲜来贺千秋庆节"[11]。申从濩（1456—1497）著有《辛丑观光行录》。四月，韩明浍回，赍钦赐龙脑香1斤、苏合油1斤进，并言奏改贡路事帝未允[12]。五月，遣左议政尹弼商、同知中枢府事韩僩如明谢恩。谢恩使节团在公乐驿与回国的千秋使洪贵达一行相逢，洪贵达称谢恩使书状官为"金恩卿"[13]。六、七月，遣通事送被掳24人至辽东。八月，遣户曹判书韩致亨如明贺圣节。十月，遣工曹参判李克基、行副护军韩忠仁、书状官丁寿岗如明贺正，兼谢朝廷于东八站设立镇堡，方便使节之行。丁寿岗（1454—1527），

1　韩氏，即从朝鲜选入皇宫的宫女韩桂兰（1410—1483），死后追封"宣宗恭慎夫人"。

2　《明史·列传第二百八·外国一·朝鲜》（卷三百二十）记，许熙在开州被建州2000兵马拦截，被劫走30余人，掠走马230匹。

3　参见朝鲜文人权鳖《海东杂录》（一）"孙舜孝"，〔韩〕《大东野乘》卷之十九。

4　朝鲜文人赵庆男《续杂录》（四）《历代要览》收录韩明浍所赍奏文。该书并说，韩明浍回国时，帝允朝鲜每年购买水牛角200对。见〔韩〕《大东野乘》卷之三十四。

5　海州今属辽宁省阜新市。

6　参见朝鲜文人金䜣《鞍山前路，次副使阳城君韵》，〔韩〕民族文化推进会《韩国文集丛刊》，第15卷，1988年版；杜宏刚、邱瑞中、韩登庸、刘羚、阎崇东主编《韩国文集中的明代史料》，第一卷，第399页，广西师范大学出版社，2006年版。朝鲜文人李承召（1422—1484），字胤保，号三滩，本贯阳城，封阳城君。

7　见杜宏刚、邱瑞中、韩登庸、刘羚、阎崇东主编《韩国文集中的明代史料》，第一卷，第288-298页，广西师范大学出版社，2006年版。

8　〔韩〕《成宗实录》载，废妃尹氏妒心过盛，室内常藏禁书甚至毒药。参见朝鲜文人许筠《海东野言》（二），〔韩〕《大东野乘》卷之八。

9　参见《明史·列传第二百八·外国一·朝鲜》（卷三百二十）。

10　参见朝鲜文人洪贵达《成化辛丑夏，余自朝鲜来贺千秋庆节，留京师且月余》，〔韩〕民族文化推进会《韩国文集丛刊》，第14卷，第17页，1988年版。另参见朝鲜文人权鳖《海东杂录》（一）"洪贵达"，〔韩〕《大东野乘》卷之十九。

11　见杜宏刚、邱瑞中、韩登庸、刘羚、阎崇东主编《韩国文集中的明代史料》，第一卷，第345、350页，广西师范大学出版社，2006年版。

12　〔明〕田汝成《辽纪》面十二载，朝鲜国王是岁奏请于东八站以南另开贡路，以避女真。成化帝不准。见金毓黻编《辽海丛书》，辽海书社排印本，1931-1934年。

13　参见杜宏刚、邱瑞中、韩登庸、刘羚、阎崇东主编《韩国文集中的明代史料》，第一卷，第350、363页，广西师范大学出版社，2006年版。

字不崩，号月轩，本贯押海，其《月轩集》有《在辽东》一诗，其小注云："辛丑年。余为壬寅正朝使书状官"，另一首题目为《在玉河馆，呈正使李参判子安（克基）》[1]。是月，又遣通事送被掳24人至辽东。十二月，韩致亨以帝赐犀带并有敕，进除议政府参赞。是岁，朝鲜以谚文作《三纲行实》[2]《列女图》。是岁，成伣（1439—1504）来华并著有《辛丑朝天诗》，该书收入韩国林基中主编《燕行录全集》第1卷。成伣当是随洪贵达来华的。

1482年，壬寅，〔明〕宪宗成化十八年，☆黄帝历四千一百八十年。二月，辽东总兵官韩斌以绡10匹换朝鲜花席、咨文纸。十二月，遣朝鲜使臣韩僩赍敕回，着朝鲜于皇宫宫女韩氏[3]族中选拔高官；◇檀君历三千八百一十五年，〔朝鲜〕成宗十三年。正月，李克基、韩忠仁回，进《清华集》《朱子语类》《刘向新语》《说苑》《分类杜诗》。三月，遣朴埴为千秋使如明。四月，议定正朝、圣节、千秋三使行途中，大明所派护送序班皆给黑麻布7匹，每年共21匹。是月，遣通事送被掳5人至辽东。六月，平安道观察使驰报，建州卫都督达罕（即"李完者头"）请开边镇贸易。朝鲜不允。闰八月，遣吏曹参判韩僩如明贺圣节，并遣其通事送被掳12人至辽东。十月，遣右参赞李克增如明贺正，副使为延安君李淑琦。十月、十一月，又遣通事送15人至辽东。十二月，以帝敕加韩致礼为崇政大夫，帝钦赐犀带一腰。是岁，成宗废妃尹氏（1458—1482，燕山君生母，本贯咸安，尹成畎之女）被赐死。

1483年，癸卯，〔明〕宪宗成化十九年，☆黄帝历四千一百八十一年。五月，遣太监郑同、金兴至朝鲜颁敕，册李㦕（后来的朝鲜燕山君）为王世子，送钦赐王蟒龙袍以及钦赐王母、王妃纯金、宝石头面各1副，并求小火者（阉人）[4]。八月，以朝鲜旌义县监（知县）李暹、训导金孝胖等33人漂风至如东，遣朝鲜使臣朴楗带回[5]。九月，郑同使节团头目葛贵见偰长寿《小学直解》，言其中有古语，且解语非官话，乃欲带1本回北京详细校勘，朝鲜乃命右承旨成伣送1册于副使，请转交葛贵。十月，太监郑同、金兴带所选小火者（阉人）19人回北京，郑同（？—1484）中途病逝于朝鲜"生阳馆"；◇檀君历三千八百一十六年，〔朝鲜〕成宗十四年。二月，遣上党府院君韩明浍、知中枢府事郑兰宗如明，奏请封王世子。二月、七月，遣通事送被掳13人至辽东。四月，遣同知中枢府事朴楗如明贺千秋，并赍咨至辽东，书状官郑锡坚[6]。三月，遣姜希孟为钦差远接使。五月，遣曹伟（1454—1503）陪同钦差随行头目、钱塘人葛贵游。七月，以钦差郑同等到汉城，遣彦阳君金瓘、绫山君具谦，率使节团如明谢恩。是月，卢思慎、徐居正等以谚文翻译《黄山谷诗集》。八月，遣同知中枢府事韩僨、书状官孙元老如明贺圣节。是月，王命弘文馆直提学金宗直，书写《李暹漂风录》，又遣坡陵君尹甫、同知中枢府事朴壅如明，谢送李暹等朝鲜漂风人。九月，达罕之子进献土物，朝鲜详尽盘问建州三卫位置、统领人及达罕祖父李满住与诸女真的关系。是月，以钦差郑同病笃，遣通事崔泼报告辽东。十月，遣左赞成郑琮致祭钦差正使，又遣司译院判官安仁智至辽东，驰报太监郑同途中病逝

1 参见杜宏刚、邱瑞中、韩登庸、刘羚、阎崇东主编《韩国文集中的明代史料》，第一卷，第413页，广西师范大学出版社，2006年版。

2 谚文即拼写的朝鲜文（韩文），与之相对的是用汉字书写的"真文"。

3 皇宫宫女韩桂兰（1410—1483），1428年从朝鲜选入。

4 参见《明史·列传第二百八·外国一·朝鲜》（卷三百二十）。

5 详见朝鲜文献《成宗实录》卷一百五十七。

6 参见杜宏刚、邱瑞中、韩登庸、刘羚、阎崇东主编《韩国文集中的明代史料》，第一卷，第327页，广西师范大学出版社，2006年版。

事。是月，遣知中枢府事李继孙、同知中枢府事张有诚[1]如明贺正，又遣通事送被掳7人至辽东。十一月，礼曹致书建州左右卫。十二月，又送3人回辽东。是岁，大王大妃、世祖妃尹氏（1418—1483，贞熹王妃，本贯坡平，尹璠之女）薨。

1484年，甲辰，〔明〕宪宗成化二十年，☆黄帝历四千一百八十二年。正月，遣朝鲜使臣韩僙赍敕还，皇宫宫女韩氏桂兰（1410—1483，本贯清州，韩永矴之女）病逝于北京，追赠"恭慎夫人"。韩桂兰1427年自朝鲜选送入皇宫，历4朝56年。吏部尚书万安撰墓表[2]，户部尚书刘翊撰墓志铭，葬于北京香山；◇檀君历三千八百一十七年，〔朝鲜〕成宗十五年。正月，圣节使书状官孙元老驰报，腊月初一北京地震，城门陷下去70丈，沙子涌出。三月，遣金坚寿如明贺千秋。四月、八月、十月，遣通事送被满人所掳"要光"等23人至辽东。八月，成任卒。成任（1421—1484），字重卿，本贯昌宁，官至知中枢府事，仿《太平广记》著《太平通载》。是月，铸欧阳修字。是月，遣清城君韩致亨如明贺圣节，遣李克墩、金伯谦如明贺正。韩致亨于北京香山致祭恭慎夫人韩氏。十一月，达城君徐居正等进《东国通鉴》共五十七卷。

1485年，乙巳，〔明〕宪宗成化二十一年，☆黄帝历四千一百八十三年；◇檀君历三千八百一十八年，〔朝鲜〕成宗十六年。三月，印行《王荆公诗集》。正、四、六、十月，遣通事送被掳40人至辽东。四月，遣同知中枢府事、汉城府右尹成伣（1439—1504）如明贺千秋。成伣有《虚白堂集》传世[3]。八月，遣同知中枢府事韩僙如明贺圣节，权柱为书状官[4]。十月，遣李世佐为正使、同知中枢府事金自贞为副使如明贺正。是岁，徐居正等进王《新编东国通鉴》。

1486年，丙午，〔明〕宪宗成化二十二年，☆黄帝历四千一百八十四年；◇檀君历三千八百一十九年，〔朝鲜〕成宗十七年。二月，遣朴安性为千秋使如明。八月，遣西原君韩僩如明贺圣节，副使李国耳[5]，质正官李昌臣。十月，遣武灵君柳子光、同知中枢府事李季仝如明贺正，管押使安琛。王欲用黑麻布64匹于中国交换骆驼，大臣谏止。十二月，李昌臣回言，欲于北京购买《苏文忠公集》未得，回国途中于辽东遇进士、前真定知县邵奎，李、邵笔谈甚欢，邵奎特赠送一套。李昌臣并进邵奎诗歌于王。是岁，朝鲜颁新刊《文翰类选》于众臣。

1487年，丁未，〔明〕宪宗成化二十三年，☆黄帝历四千一百八十五年。正月，驻辽东太监遣朝鲜圣节使韩僙赍角还，命朝鲜造角弓进献；◇檀君历三千八百二十年，〔朝鲜〕成宗十八年。正月，蓬原府院君郑昌孙卒。郑昌孙（1402—1487），字孝中，本贯东莱[6]，官至领议政。二月，议定申从濩等18人分批进入辽东，从进士邵奎研习汉语。三月，遣柳洵如明贺千秋。八月，御侮将军崔湜进其曾祖崔茂宣[7]元末自中国学得火炮法图书。是月，遣同知中枢府事韩僙如明贺圣节，韩僙于辽东驰报成化帝崩。十月，以成化帝崩，遣户曹判书李封如明陈慰，遣同知中枢府事卞宗仁如明进香。是月，遣右议政卢思慎、武灵君柳子光如明，进贺弘治帝登基。是月，遣延原君李崇元如明贺正。十二月，遣同知中枢府事李世弼、书状官郑致亨如明，贺上

1 〔韩〕《成宗实录》载司谏院大司谏朴继姓等上疏，说张有诚本朝鲜通事（译官）。
2 万安、刘翊所撰文尚存。
3 参见拙著《朝鲜半岛汉学史》，第159页，学苑出版社，2009年版。
4 参见〔韩〕《成宗实录》"成化二十三年"。
5 参见杜宏刚、邱瑞中、韩登庸、刘羚、阎崇东主编《韩国文集中的明代史料》，第一卷，第328页，广西师范大学出版社，2006年版。
6 东莱，今韩国釜山。
7 参见朝鲜文人权鳖《海东杂录》（一）"崔茂宣"，〔韩〕《大东野乘》卷之十九。

成化帝谥册。李世弼（？—1487）病逝于辽阳，辽东都司致祭。是岁，遣通事送被掳 37 人至辽东。

1488 年，戊申，〔明〕孝宗弘治一年，☆黄帝历四千一百八十六年。闰正月，以弘治帝登基，明遣翰林侍讲董越、刑科给事中[1] 王敞如朝鲜颁诏。董越（1431—1502）[2]，字尚矩，其回国后所著《朝鲜赋》，已收入文渊阁四库全书。王敞（1453—？），字汉英，嘉靖年间曾任兵部尚书。董越、王敞云："东方礼数，皆秦法也"[3]。十二月，辽东都司移咨朝鲜，为边贸事也；◇檀君历三千八百二十一年，〔朝鲜〕成宗十九年。正月，遣吏曹参判安处良如明，进贺册封中宫。是月，武灵君柳子光回，献购于北京之《历代名臣法帖》。闰正月，朝鲜济州敬差官崔溥（1454—1540）在济州岛因奔父丧乘船遇大风，与同船 43 人漂流到我国浙江省宁海的越溪乡而被救起，指挥杨旺送其至京师[4]。成化帝派序班李翔赍敕送回朝鲜。崔溥一行走宁海－宁波－杭州－北京－山海关路线，经鸭绿江回国，在中国历时 135 天，行程 4400 多公里。崔溥外孙柳希春（1513—1577）《眉岩集》卷三《锦南先生事实记》《飘海录跋》对崔溥一生记录详细。二月，远接使许琮[5] 驰报：正使董越，左春坊右庶子兼翰林侍讲，年五十八，江西赣州人，己丑榜眼；副使王敞，工科右给事中，年三十六，辛丑进士，居南京。三月，董越、王敞抵汉城颁诏，并运送钦赐物品，朝鲜所赠悉数拒绝[6]。四月，遣行护军蔡寿[7] 如明贺圣节，书状官郑而得，质正官金学起[8]。蔡寿于辽东与进士、前真定知县邵奎笔谈甚欢。六月，崔溥等 43 人回，王命书写详细过程，崔溥乃有《飘海录》之作[9]。《飘海录》共 3 卷，收入崔溥《锦南集》[10]。崔溥等 43 人在广宁得到皇宫两太监、总兵官赐衣服，在辽阳得到百户吴玺赐马匹。七月，同知中枢府事成健如明谢送还崔溥等，书状官尹璋[11]。八月，以崔溥所传中国式样，造水车灌溉农田，朝鲜文献《成宗实录》卷二于该水车有详细描述。十月，遣同知中枢府事辛铸如明贺正。十一月，遣同知中枢府事成伣[12]，如明谢恩兼谢崔溥一行沿途所收衣服、马匹之馈赠，崔溥为书状官。十二月，徐居正卒。徐居正（1420—1488），字刚中，有《四佳集》传世。钦差祁顺、董越及安南

1　王敞官职一说"工科右给事中"。

2　董越（1431—1502），字尚矩，号圭峰，江西宁都人。明成化五年己丑（1469）进士，授翰林院编修。进侍读，充东宫讲官。参见朝鲜文人李德懋（1741—1793）《青庄馆全书》卷五十七《董圭峰》。

3　参见〔韩〕《中宗实录》卷一。

4　崔溥一行自浙江到北京路途驿站，可参见朝鲜文人曹伸《謏闻琐录》，〔韩〕《大东野乘》卷之三。另见杜宏刚、邱瑞中、韩登庸、刘羚、阎崇东主编《韩国文集中的明代史料》，第一卷，第 433 页，广西师范大学出版社，2006 年版。

5　参见朝鲜文人鱼叔权《稗官杂记》（四），〔韩〕《大东野乘》卷之四。

6　参见〔韩〕《国朝宝鉴》卷十七，面十七。

7　蔡寿（1449—1515），字耆之，号懒斋，仁川人。生于朝鲜世宗三十一年（明正统十四年己巳），韩国民族文化推进会《韩国文集丛刊》第 15 卷之第 360 页标注其生年为"1499 年"，显然有误。参见蔡寿《懒斋集》内"年谱"。

8　崔溥回国途中于广宁驿见到了蔡寿一行。参见杜宏刚、邱瑞中、韩登庸、刘羚、阎崇东主编《韩国文集中的明代史料》，第一卷，第 502 页，广西师范大学出版社，2006 年版。

9　收入〔韩〕林基中主编《燕行录全集》，第 2 卷，东国大学出版部，2001 年版。参见葛振家《崔溥〈飘海录〉评注》，社会科学文献出版社，1992 年版、线装书局，2002 年版。

10　见〔韩〕林基中主编《燕行录全集》，第 1 卷，东国大学校出版部，2001 年版。

11　崔溥《飘海录》在蓟县遇见时（四月二十七日）记为"谢恩使知中枢成健，书状官尹璋"。见杜宏刚、邱瑞中、韩登庸、刘羚、阎崇东主编《韩国文集中的明代史料》，第一卷，第 496 页，广西师范大学出版社，2006 年版。

12　朝鲜文人成伣《虚白堂集》卷十一有《出宿碧蹄，士衡有本钱，邀福根弹琴》，小注"公以谢恩使复赴燕京作。时弘文馆校理崔溥往济州，漂泊江浙海洋港口。皇帝发运本国，凡四十三人"。

使臣梁鹄皆极欣赏其文才[1]。是岁，遣通事送被掳 10 人至辽东。

1489 年，己酉，〔明〕孝宗弘治二年，☆黄帝历四千一百八十七年。八月，礼部准朝鲜之请，使节团之回，只遣通事 1 人护送至辽东，都司续送出境；◇檀君历三千八百二十二年，〔朝鲜〕成宗二十年。正月，回咨辽东都司。二月，王以中国品种柑子、柚子在济州结果，下议政府推广。是月，朝鲜颁四书五经及史书于各地。四月，遣户曹参判赵益贞如明贺圣节，并奏请免 9 年来大明序班送朝鲜使节团至义州之例。五月，平安道节度使李秉正驰报兵曹：辽东新设“斜梨站”[2]。六月，同知中枢府事成健书启，辽东东八站居民年纳税 3 斗，人口虽多，只出 1 人役。平安道税役过重，难免逃彼。九月，圣节使医员李孟孙自北京捉来蝎子（用作中药材）100 只，藏于柜子，外罩铁网，洒水投食。王命内医院养 40 只，王宫养 60 只。十月，遣尹孝孙（1431—1503）如明贺正。尹孝孙于北京购得《治民大略》《续资治通鉴纲目》及赵孟頫书作，并建议朝鲜仿中国烧砖筑城[3]。金驲孙(1464—1498)以质正官随行，在乌蛮馆脱所穿衣与何旺换绘画 14 幅[4]。乌蛮馆即“玉河馆”[5]。十二月，准领议政尹弼商之启，遣权五福至辽东，于进士邵奎处研习汉语，并遣通事送被掳 15 人至辽东。

1490 年，庚戌，〔明〕孝宗弘治三年，☆黄帝历四千一百八十八年；◇檀君历三千八百二十三年，〔朝鲜〕成宗二十一年。二月，命八道观察使鼓励民间献出藏书。三月，金沂进《吴师道重校〈战国策〉》，王赐马装[6]。四月，遣右参赞成俊如明贺圣节。六月，用女真文、蒙古文致书建州右卫酋长罗下。五月，礼曹据义州人许顺报，朝廷改通远堡为“镇夷堡”，改松站为“镇东堡”，皆设指挥。十月，遣李陆(1438—1498)如明贺正[7]。是岁，遣通事送被掳刘全等 8 人至辽东。

1491 年，辛亥，〔明〕孝宗弘治四年，☆黄帝历四千一百八十九年；◇檀君历三千八百二十四年，〔朝鲜〕成宗二十二年。正月，兀狄哈围造山堡等处，庆兴府使罗宗嗣战死。二、三月，女真人掠朝鲜昌州。四月，遣朴崇质如明贺圣节。五月，以吏曹判书李克均为西北面都元帅，防御建州。十月，许琮率朝鲜军 20000 人进剿建州女真[8]。是月，遣金自贞如明贺正，金驲孙(1464—1498)随其外舅金自贞来华，与明朝文人程愈、周诠笔谈甚欢[9]。

1492 年，壬子，〔明〕孝宗弘治五年，☆黄帝历四千一百九十年。五月，遣兵部郎中艾璞、行人司行人高胤[10]，至朝鲜颁册皇太子诏，并送钦赐物品。朝鲜馈赠皆不受而还。六月，辽东都司指挥移咨朝鲜，金州捉住朝鲜越界捕鱼、挖蚬船只 2 艘，着王廷戒其下民，勿得越界。七月，

1 参见拙著《朝鲜半岛汉学史》，第 158 页，学苑出版社，2009 年版；朝鲜文人权鳖《海东杂录》（三）“徐居正”，〔韩〕《大东野乘》卷之二十一。

2 斜梨站即今辽宁省“薛礼”，在沈丹高速公路沿线。

3 参见杨昭全、何彤梅《中国—朝鲜韩国关系史》，第 575 页，天津人民出版社，2001 年版。

4 参见杜宏刚、邱瑞中、韩登庸、刘羚、阎崇东主编《韩国文集中的明代史料》，第二卷，第 39 页，广西师范大学出版社，2006 年版。

5 参见杜宏刚、邱瑞中、韩登庸、刘羚、阎崇东主编《韩国文集中的明代史料》，第二卷，第 354 页，广西师范大学出版社，2006 年版。

6 参见〔韩〕《国朝宝鉴》卷十七，面十七。

7 参见李陆(1438—1498)《青坡集》，〔韩〕民族文化推进会《韩国文集丛刊》，第 13 卷，1988 年版；杜宏刚、邱瑞中、韩登庸、刘羚、阎崇东主编《韩国文集中的明代史料》，第二卷，第 20 页，广西师范大学出版社，2006 年版。

8 参见朝鲜文人赵庆男《续杂录》（四）《历代要览》，〔韩〕《大东野乘》卷之三十四。

9 参见杜宏刚、邱瑞中、韩登庸、刘羚、阎崇东主编《韩国文集中的明代史料》，第二卷，第 69 页，广西师范大学出版社，2006 年版。

10 朝鲜文人成伣《慵斋丛话》卷一记“高胤”为“高允善”。见〔韩〕《大东野乘》卷之一。

辽东都司移咨朝鲜，着详报大明钦差不受馈赠、下程（路费）情形。十二月，朝鲜正朝使臣金克俭报礼部：进贡白细棉紬24匹只剩5匹，包裹上有刀痕。礼部移咨都察院，转行北直隶并山东巡按监察御史追查；◇檀君历三千八百二十五年，〔朝鲜〕成宗二十三年。正月，王召见崔溥，问中国南方情形。三月，金自贞回，言朝会时面圣事。以金自贞有"天颜殊瘦"之语，王急召柳子光、朴崇质、蔡寿问，二人皆言帝素瘦，无疾病。四月，遣知中枢府事郑佸、坡平君尹甫如明，进贺册封皇太子。是月，遣吕自新如明贺圣节，崔溥（1454—1504）为书状官。六月，遣清平君韩堰、同知中枢府事李季男，奉表如明谢颁诏及赏赐。八月，知中枢府事金宗直卒。金宗直（1431—1492）著述、门人甚多，有《占毕斋集》传世[1]。九月，郑佸还，言朝廷将设"汤站"[2]以利使节之行，但有朝鲜人逃入之虞。十月，清平君韩堰（？—1493）病逝于北京，副使李季男率使节团回。是月，遣金克俭、金悌臣如明贺正，书状官权受益。贺正使节团于中途丢失贡品。是岁，女真军兵多次攻打朝鲜边镇。

1493年，癸丑，〔明〕孝宗弘治六年，☆黄帝历四千一百九十一年。正月，建州三卫致书朝鲜，达通好之意。闰五月，辽东都司移咨朝鲜，告捕获盗取贡品贼人王宣及赃物白细棉紬15匹。八月，遣朝鲜圣节使通事赍咨驰报，帝命速宥使臣金克俭、金悌臣、权受益；◇檀君历三千八百二十六年，〔朝鲜〕成宗二十四年。三月，以丢失贡品，罢正朝使节金克俭、金悌臣职，杖书状官权受益。四月，遣李谊如明贺圣节，质正官李宗准。五月，遣官押送建州卫逃来3人至辽东。是月，王赐曹伟（1454—1503）[3]明式纱帽。是月，司瓮院提调柳子光参照中国砂锅，制成朝鲜立式砂锅"立釜"。七月，遣以安琛为正使的千秋使节团如明，书状官房玉精。安琛购明人丘濬《大学衍义补》以归。是月，兵曹判书韩致亨启，中原城堡皆用砖筑，半岛开城亦用砖，请烧砖筑义州，以免采石。九月，开城府学生、明玉珍后人明贵石上书，质问为何将其编入军籍[4]。十月，修平壤箕子庙，又遣通事送被掳1人至辽东。是月，遣同知中枢府事金首孙、李秉正如明贺正。是岁，成伣（1439—1504）《乐学轨范》成书，该书借鉴中国《乐记》《乐书》的文艺理论，引用宋人陈澔的理论较多。是岁，金时习（1435—1493）卒[5]，金时习著有《金鳌新话》，是朝鲜古典小说代表作之一[6]。是岁，朝鲜以大明新版《本草纲目》为底本，铸造活字"癸丑字"[7]。

1494年，甲寅，〔明〕孝宗弘治七年，☆黄帝历四千一百九十二年。八月，辽东总兵罗雄命朝鲜千秋使通事驰报国王："你国江上之人数猎于江外，江外皆是吾境，你国之人若被掳于野人[8]，则吾何能及救乎？"；◇檀君历三千八百二十七年，〔朝鲜〕成宗二十五年。正月，印颁《大学衍义补》。四月，遣河叔溥、质正官成希颜（1461—1513）[9]如明贺圣节。是月，又译《安

1　参见拙著《朝鲜半岛汉学史》，第158页，学苑出版社，2009年版；朝鲜文人权鳖《海东杂录》（二）"金宗直"，〔韩〕《大东野乘》卷之二十。

2　汤站即今汤山城，在沈丹高速公路沿线丹东五龙背附近。

3　参见朝鲜文人权鳖《海东杂录》（三）"曹伟"，〔韩〕《大东野乘》卷之二十一。

4　明玉珍家人被安置半岛事，参见本年历"1372年"。

5　参见朝鲜文人权鳖《海东杂录》（二）"金时习"，〔韩〕《大东野乘》卷之二十。

6　朝鲜文人鱼叔权《稗官杂记》（四）"东国少小说"一节介绍了半岛的古典小说，见〔韩〕《大东野乘》卷之四。

7　参见朝鲜文人许筠《海东野言》（二），〔韩〕《大东野乘》卷之八。

8　参见瀛云萍《八旗源流》，第9页，大连出版社，1991年版。

9　参见杜宏刚、邱瑞中、韩登庸、刘羚、阎崇东主编《韩国文集中的明代史料》，第二卷，第22页，广西师范大学出版社，2006年版。

骥集水牛经》，作为兽医经典。七月，派出以许琛为正使、李陆（1438—1498）为副使的千秋使节团。八月，遣高阳君申浚、佥知中枢府事王宗信如明，谢帝送还朝鲜漂风人。九月，河叔溥于北京购得《辑注武经七书》《陈书》。十月，遣卞宗仁、权景禧、书状官任由谦如明贺正。十一月，王命沿江居民不得越江狩猎。十二月，以左副承旨姜龟孙启，送辽东总兵罗雄所求朝鲜蓑衣、山海卫主司所求白厚纸并角弓、凤凰城指挥刘铎所求黑麻布2匹。是月，成宗薨，其子燕山君继位。成宗妃尹氏（1462—1530，贞显王妃，本贯坡平，尹壕之女）被尊为王大妃。德宗妃、仁粹大妃韩氏（1437—1504，本贯清州，韩确之女。成宗生母）乃为大王大妃。

1495年，乙卯，〔明〕孝宗弘治八年，☆黄帝历四千一百九十三年。六月，遣太监金辅、李珍以及行人王献臣至朝鲜，致祭成宗并赠谥号“康靖”，颁诏、赐诰命，册封燕山君为“朝鲜国王”，封其妻慎氏（本贯居昌，慎居勤之女）为“王妃”，送钦赐物并赠《大明一统志》《纲目通鉴》[1]；◇檀君历三千八百二十八年，〔朝鲜〕燕山君李㦕（1476—1506）[2]一年。正月，遣知中枢府事李季仝、刑曹参判李陆如明告讣，兼请谥号、请承袭。燕山君患面疮，从北京求来“雄黄解毒散”、“善应膏”，药效甚好。四月，李季仝、李陆回，告大明严禁角弓贸易。六月，遣右议政郑佸为正使、知敦宁府事具寿永为副使、司成李承健为书状官，如明谢恩。十月，谢恩使节团回国至七家岭[3]，正使郑佸病逝。郑佸（1435—1495），字景会，本贯东莱[4]，乙酉（1465）文科及第。是月，遣郑崇祖、金自贞如明贺正[5]。

1496年，丙辰，〔明〕孝宗弘治九年，☆黄帝历四千一百九十四年。是岁，辽东都司移咨朝鲜，以朝鲜人高益坚、高石山、金孟孙等违禁下海，往来于海浪岛等处[6]；◇檀君历三千八百二十九年，〔朝鲜〕燕山君二年。正月，燕山君命树立天使[7]董越所撰《葱秀山碑》，碑立于黄海道平山路旁。二月，燕山君命圣节使于中国购买砂糖、槟榔、龙眼、荔枝、甜梨及挂香、毡绒、彩缎。七月，遣工曹参判元仲秬为千秋使如明。八月，遣童清礼往谕建州三卫酋长。是月，遣田命淳送被掳21人至辽东。十月，遣申从濩、金谌如明贺正。申从濩（1456—1497）著有《丙辰朝天录》。十一月，童清礼回，详报建州情形，《燕山君日记》于此记述详细。是岁，遣正言南衮以质正官如明。

1497年，丁巳，〔明〕孝宗弘治十年，☆黄帝历四千一百九十五年。是岁，罗贯中《三国演义》完稿，该小说流传至朝鲜半岛后，书名改为《三国志》；◇檀君历三千八百三十年，〔朝鲜〕燕山君三年。三月，贺正使申从濩回至开城而卒。申从濩（1456—1497），字次韶，本贯高灵，申叔舟之孙，官至礼曹参判。六月，日本使船将朝大明，因风泊于朝鲜济州。七月，燕山君命千秋使丘致昆自北京购买弘文馆遗失《吴越春秋》《南史》《北史》《三国志》。九月，燕山君又命多于中国购买荔枝、龙眼。十月，往谕建州卫童清礼再进其记述。是岁，睿宗妃韩氏（1445—

1 参见《明史·列传第二百八·外国一·朝鲜》（卷三百二十）。

2 燕山君是朝鲜王朝被废的第一位君主。1970年代韩国拍摄影片《暴君燕山》展示其一生经历。

3 七家岭，在今京沈高速丰润与卢龙县之间。

4 东莱，今韩国釜山市。

5 是岁至正德一年（1506）《朝鲜王朝实录》所记为《燕山君日记》。不称“某王实录”而称“日记”的还有“壬辰倭乱”日军进犯之后的《光海君日记》。

6 参见朝鲜文人赵庆男《续杂录》（四）《历代要览》，〔韩〕《大东野乘》卷之三十四。

7 “天使”是朝鲜对大明使节的尊称。大明派往朝鲜援助抗倭的部队被称作“天兵”、“天将”。

1498，安顺王妃，本贯清风，韩伯伦之女）进封“明懿大妃”。

1498 年，戊午，〔明〕孝宗弘治十一年，☆黄帝历四千一百九十六年；◇檀君历三千八百三十一年，〔朝鲜〕燕山君四年。四月，遣曹伟（1454—1503）为圣节使如明，书状官郑承祖。曹伟（1454—1503），字大虚，号梅溪，本贯昌宁，后以金宗直门人被杀。曹伟是岁所著《燕行录》[1] 收入其《梅溪集》卷三[2]。《梅溪集》之《年谱》载，曹伟庶弟曹伸随行来华。六月，燕山君命以 43000 匹棉布换取中国产品，大臣议减珍珠类购买。七月，李克墩、柳子光[3] 等勋旧派制造“戊午史祸”，囚禁、杀戮史官金驲孙等文人，皆因史官直书也[4]。九月，燕山君令于北京买孔雀羽毛。十月，兵曹启，建州三卫酋长花土、土老、达罕有意与朝鲜通好。是月，遣李仁亨如明贺正。是岁，大妃、睿宗妃韩氏（1445—1498，安顺王妃，本贯清风，韩伯伦之女）薨。

1499 年，己未，〔明〕孝宗弘治十二年，☆黄帝历四千一百九十七年。是岁，燕山君奏朝鲜流民入海岛者甚众，请允朝鲜入岛搜索，其中有大明居民，亦请官军同入海岛搜索。帝允之[5]；◇檀君历三千八百三十二年，〔朝鲜〕燕山君五年。六月，遣成俊为都元帅，备西征建州女真，官员议论数月而未出兵。是月，遣礼曹参判金寿童（1457—1512）如明贺圣节[6]。九月，金寿童自京师还，献永乐帝编《圣学心法》。十月，遣金永贞、安处良如明贺正，金世弼（1473—1533）以质正官随行[7]。是岁，弘文馆修撰洪彦忠以质正官如明。

1500年，庚申，〔明〕孝宗弘治十三年，☆黄帝历四千一百九十八年。四月，遣朝鲜使臣金永贞、安处良赍敕回，着朝鲜严查海浪岛[8]居民，将朝鲜人尽数带回[9]；◇檀君历三千八百三十三年，〔朝鲜〕燕山君六年。正月，知中枢府事金自贞、礼曹参议李昌臣进所撰《日用汉语翻译草》。三月，燕山君命使臣寻觅短嘴、长毛、腿短、色黑之中国狗，带入朝鲜。是月，兵曹判书李季仝启，海浪岛推刷朝鲜人之事，已奏于帝，当多派员察查。四月，遣圣节使如明，书状官金克成（1474—1540）[10]。李荇（1478—1534）以质正官随圣节使团到北京，并著有《朝天录》[11]。六月，海浪岛招抚使田霖驰报，已捕明人 78、朝鲜 34 人，明人李敬为其首[12]。七月，遣曹淑沂率使节团如明贺千秋。八月，工曹判书成伣、知中枢府事洪贵达、兵曹判书权健，进所撰《历代明鉴》。是月，廷议娶汉人妻之朝鲜人子女归属事，议定从母。十月，遣韩斯文、金珷，如明贺正。十二月，印行成伣进所撰《历代帝王诗文杂著》。

---

1 收入〔韩〕林基中主编《燕行录全集》，第 2 卷，东国大学出版部，2001 年版。

2 另见杜宏刚、邱瑞中、韩登庸、刘羚、阎崇东主编《韩国文集中的明代史料》，第一卷，第 419 页，广西师范大学出版社，2006 年版。

3 参见朝鲜文人许筠《海东野言》（二）“柳子光传”，〔韩〕《大东野乘》卷之八。

4 参见朝鲜文人许筠《海东野言》（二）“戊午党籍”、“戊午史祸事迹”，〔韩〕《大东野乘》卷之八。

5 参见《明史 · 列传第二百八 · 外国一 · 朝鲜》（卷三百二十）。

6 参见杜宏刚、邱瑞中、韩登庸、刘羚、阎崇东主编《韩国文集中的明代史料》，第二卷，第 11、19 页，广西师范大学出版社，2006 年版。

7 参见杜宏刚、邱瑞中、韩登庸、刘羚、阎崇东主编《韩国文集中的明代史料》，第二卷，第 86 页，广西师范大学出版社，2006 年版。

8 海浪岛，今辽东半岛附近岛屿。

9 金永贞所赍敕书，参见朝鲜文人赵庆男《续杂录》（四）《历代要览》，〔韩〕《大东野乘》卷之三十四。

10 参见朝鲜文人金克成《忧亭集》卷五《行状》；杜宏刚、邱瑞中、韩登庸、刘羚、阎崇东主编《韩国文集中的明代史料》，第二卷，第 110 页，广西师范大学出版社，2006 年版。

11 收入李荇（1478—1534）《容斋集》卷四。该书亦收入〔韩〕林基中主编《燕行录全集》，第 4 卷，东国大学出版部，2001 年版。另见杜宏刚、邱瑞中、韩登庸、刘羚、阎崇东主编《韩国文集中的明代史料》，第二卷，第 224 页，广西师范大学出版社，2006 年版。

12 朝鲜文人赵庆男《续杂录》（四）《历代要览》所载李坫、田霖于海浪岛推刷人数与此有异。见〔韩〕《大东野乘》卷之三十四。

1501年，辛酉，〔明〕孝宗弘治十四年，☆黄帝历四千一百九十九年。是岁，皇宫太监金辅赠朝鲜使臣李秉正、李昌臣衣服及《青囊杂纂》《玉音韵海》《切韵指南》等书；◇檀君历三千八百三十四年，〔朝鲜〕燕山君七年。四月，遣同知中枢府事李承健如明贺圣节。五月，朝鲜筑理山长城。七月，遣同知中枢府事宋秩如明贺千秋。十月，遣同知中枢府事李秉正、李昌臣如明贺正。

1502年，壬戌，〔明〕孝宗弘治十五年，☆黄帝历四千二百年；◇檀君历三千八百三十五年，〔朝鲜〕燕山君八年。二月，命绫罗匠人随使节团入京师，学习染色、织造法。三月，遣人送被掳辽东总兵官孙文毅之子孙三回国。四月，遣李世英为圣节使如明，燕山君命于京师多买罗缎。九月，遣晋原君姜龟孙[1]、礼曹参判金葑如明奏请封世子。十月，遣同知中枢府事金悰入京师，献种马50匹。是月，权柱（1457—1505）以贺正使如明，并著有《燕行时诸公赠行帖》[2]。是岁，燕山君于朝鲜各邑设立妓女，名曰“运平”，设立乐工名曰“广熙”[3]。

1503年，癸亥，〔明〕孝宗弘治十六年，☆黄帝历四千二百〇一年。四月，遣太监金辅、李珍赍敕至朝鲜，册封燕山君之子李𩔇为王世子[4]。金辅带牛角至，令朝鲜工匠加工为角弓。七月，钦差太监金辅（？—1503）病逝于朝鲜汉城。同月，金辅灵柩发运北京；◇檀君历三千八百三十六年，〔朝鲜〕燕山君九年。四月，遣工曹参判郑叔墀、同知中枢府事成希颜（1461—1513）[5]入京师谢封王世子。五月，遣崔世珍等3人随钦差学习汉语。七月，遣司译院判官金敦，以钦差金辅病卒事赍咨驰报辽东。十月，遣刑曹参判安润德（1457—1535）如明贺正[6]。

1504年，甲子，〔明〕孝宗弘治十七年，☆黄帝历四千二百〇二年。三月，太皇太后周氏（成化帝生母）崩；◇檀君历三千八百三十七年，〔朝鲜〕燕山君十年。五月，燕山君将中国织造官员和织工姓名等交工曹，设立织造机构。六月，遣许誼如明贺千秋，司宪府监察李耔（1480—1533）为书状官[7]。燕山君命自中国购买丝罗等各5匹。七月，遣申用溉（1463—1519）如明贺圣节[8]，并命在北京购买罗纱14匹。十月，遣闵孝会、金永贞如明贺正，并致书太监李珍，请允多购买牛角，以为军备。十一月，燕山君命买大红缎子于中国。十二月，命买貂皮于中国。是岁，废自高丽以来所行僧科考试。是岁，因不满文人们坚持用儒家礼仪重新安葬其生母，燕山君大肆屠杀士林，“甲子士祸”发，崔溥、李胄（1468—1504）等就义。李胄，字胄之，号忘轩，本贯固城，因是占毕斋金宗直的门人，“戊午史祸”时被流放到珍岛，其《忘轩遗稿》中有《辽阳道中》《通州》等数首“燕行诗”，但其来华时间不详[9]。是岁，燕山君对德宗妃、仁粹大王大

1　朝鲜文人洪贵达《送姜晋原龟孙赴京师序》中开头有“皇帝临御天下十五年壬戌”句。见杜宏刚、邱瑞中、韩登庸、刘羚、阎崇东主编《韩国文集中的明代史料》，第一卷，第352页，广西师范大学出版社，2006年版。

2　见〔韩〕林基中主编《燕行录全集》，第2卷，东国大学校出版部，2001年版。

3　参见朝鲜文人赵庆男《续杂录》（四）《历代要览》，〔韩〕《大东野乘》卷之三十四。

4　见刘子敏、姜孟山、王世英、金荣国主编《中国正史中的朝鲜史料》（第2卷），第384页，延边大学出版社，1996年版。

5　参见杜宏刚、邱瑞中、韩登庸、刘羚、阎崇东主编《韩国文集中的明代史料》，第二卷，第22页，广西师范大学出版社，2006年版。

6　参见杜宏刚、邱瑞中、韩登庸、刘羚、阎崇东主编《韩国文集中的明代史料》，第二卷，第487页，广西师范大学出版社，2006年版。

7　参见〔韩〕李耔《阴崖集》之《阴崖年谱》；杜宏刚、邱瑞中、韩登庸、刘羚、阎崇东主编《韩国文集中的明代史料》，第三卷，第471页，广西师范大学出版社，2006年版。

8　参见杜宏刚、邱瑞中、韩登庸、刘羚、阎崇东主编《韩国文集中的明代史料》，第二卷，第28页，广西师范大学出版社，2006年版。

9　参见杜宏刚、邱瑞中、韩登庸、刘羚、阎崇东主编《韩国文集中的明代史料》，第二卷，第51页，广西师范大学出版社，2006年版。

妃韩氏（1437—1504，昭惠王妃，本贯清州，韩確之女）出口不逊，大王大妃乃薨。昭惠王妃著有《内训》一书，是半岛著名的女子修养书，至今在韩国广泛印行[1]。是岁，杨熙止卒。杨熙止（1439—1504），字可行，号大峰，国王曾改其名为“杨稀枝”，其祖先本是中国关西文人杨震之。高丽忠宣王时，大匡辅国、都佥议政丞杨起受帝命到高丽，留半岛后封清州君。其子杨浦封唐岳君。唐岳就是后来的“中和”（今韩国仁川），其后人遂以中和为本贯。杨熙止有《大峰集》传世。

1505年，乙丑，〔明〕孝宗弘治十八年，☆黄帝历四千二百〇三年；◇檀君历三千八百三十八年，〔朝鲜〕燕山君十一年。正月，燕山君命买胭脂1000斤、粉1000斤于中国。三月，遣安琛、李忠纯如明奏请。四月，闵孝会、金永贞回，于北京共购买丝罗200匹。五月，左议政许琛卒。许琛（1444—1505），字献之，本贯阳川。是月，遣同知中枢府事田霖、兵曹判书任由谦如明，谢送还漂风人。六月，遣田霖如明陈慰弘治帝崩。是月，遣知中枢府事成世明（1447—1510）如明进香[2]。七月，遣右议政姜龟孙、知中枢府事尹孙金，如明贺正德皇帝登极。燕山君命再买龙眼荔枝。姜龟孙行至平安道病发，乃以慎守勤为右议政入京师。十月，命买丝罗各20匹，并买驴子20头于中国。是月，遣贺正使节团如明，书状官朴兼仁。十一月，仿大明制补服，用猪、鹿、鹅、雁图案区别品级。是岁，燕山君废弘文馆。

1506年，丙寅，〔明〕武宗正德一年，☆黄帝历四千二百〇四年。三月，遣翰林侍读徐穆、吏科给事中吉时，至朝鲜颁登极诏，并赐燕山君、其妃慎氏彩币、文锦[3]。岁末，朝鲜金应箕使节团进燕山君奏章，以世子李𩔖卒、痛不欲生为由，奏请传位晋城大君李怿，部议驳之。是岁，帝以脱罗于去岁逝世，命其子脱原保继任建州左卫都督，统领三卫；◇檀君历三千八百三十九年，〔朝鲜〕中宗李怿（1488—1544，字乐天）一年。三月，遣同知中枢府事李继福如明谢恩。四月，燕山君命于北京购买《剪灯新话》《剪灯余话》《效颦集》《娇红记》《西厢记》等书[4]。是月，领中枢府事李季仝卒，李季仝（1450—1506），字子俊，本贯平昌，曾于建州等地招抚女真人。九月，成希颜（1461—1513）、朴元宗、柳顺汀等禀告王大妃、成宗妃尹氏（1462—1530，贞显王妃，本贯坡平，尹壕之女。中宗生母），废黜燕山君，拥立晋城大君李怿即位，是为朝鲜史“中宗反正”。同月，中宗妃慎氏（1487—1557，端敬王妃，本贯居昌，慎守勤之女）因其姐姐乃燕山君妃而被废[5]，直至1739年追复位。是月，燕山君李㦕（1476—1506）流乔桐[6]，年末病死[7]。是月，恢复弘文馆。是月，遣知中枢府事金应箕如明，以燕山君名义奏请辞位。是月，又遣同知中枢府事任由谦如明，奏请承袭[8]。五月，遣姜徵（1466—1536）如明贺圣节[9]。十月，遣佥知中枢府事朴仲干为管押使如明。十一月，遣边修为如明，进贺册封皇后。是月，遣武阳

1 参见〔韩〕昭惠王妃韩氏原著，〔韩〕李民树译解《内训》《译者前言》，一信书籍出版社，1998年版。

2 参见杜宏刚、邱瑞中、韩登庸、刘羚、阎崇东主编《韩国文集中的明代史料》，第二卷，第15页，广西师范大学出版社，2006年版。

3 参见朝鲜文人赵庆男《续杂录》（四）《历代要览》，〔韩〕《大东野乘》卷之三十四。

4 参见〔韩〕崔溶澈《朝鲜中期文人许筠的中国体验和诗文集编撰》，复旦大学文史研究院编《从周边看中国》，第349页，中华书局，2009年版；《朝鲜王朝实录·燕山君日记》“十二年八月”。

5 参见朝鲜文人李廷馨《东阁杂记》，〔韩〕《大东野乘》卷之五十三。

6 今韩国江华岛西北的“桥桐”。

7 参见〔韩〕《中宗实录》卷一，第四十九面。

8 参见〔韩〕《中宗实录》卷一。

9 参见杜宏刚、邱瑞中、韩登庸、刘羚、阎崇东主编《韩国文集中的明代史料》，第二卷，第488页，广西师范大学出版社，2006年版。

君柳房[1]、书状官朴兼仁如明贺正。

1507年，丁卯，〔明〕武宗正德二年，☆黄帝历四千二百〇五年。四月，遣朝鲜使臣金应箕等赍礼部咨、彩缎等回，咨文质疑晋城大君李怿承袭，并待王大妃、成宗妃尹氏（1462—1530，贞显王妃，本贯坡平，尹壕之女。中宗生母）之奏请。八月，遣朝鲜使臣卢公弼赍帝准中宗“权署国事”敕命还[2]，济州漂风人李福大等7人随同还国。是岁，帝允朝鲜之请，谕命修改《大明会典》所载李成桂为李仁任之子部分[3]；◇檀君历三千八百四十年，〔朝鲜〕中宗二年。二月，遣右赞成卢公弼[4]、知中枢府事尹珣如明，崔淑生为书状官[5]，以文武官员1300余人会本，奏请承袭[6]。四月，遣曹继商如明贺圣节。七月，遣花川君、判中枢府事沈贞如明，谢赐表里兼谢送漂风人。九月，遣左赞成成希颜（1461—1513）[7]为奏请上使、工曹判书申用溉（1463—1519）为副使[8]、弘文馆应教李荇为书状官如明，赍王大妃、成宗妃尹氏（1462—1530，贞显王妃，本贯坡平，尹壕之女。中宗生母）奏请，入京师请承袭。李荇（1478—1534），字择之，号容斋、沧泽渔叟、青鹤道人，本贯德水，著有《容斋集》，卷四为《朝天录》。十月，遣李云秬、曹继商如明贺正。是岁，朝鲜为金宗直（1431—1492）平反。是岁，朝鲜刊印朱子在半岛后裔家谱[9]。

1508年，戊辰，〔明〕武宗正德三年，☆黄帝历四千二百〇六年。四月，明遣太监李珍[10]、陈浩以及行人司行人王献臣赍敕至朝鲜，颁诏册封中宗为“朝鲜国王”，诰封中宗妻尹氏（1491—1515，章敬王妃，本贯坡平，尹汝弼之女。仁宗李峼生母）为“王妃”。李珍并送钦赐4表里、银100两及图书、画册，求朝鲜良马数匹。李珍本朝鲜进贡火者（阉人）也；◇檀君历三千八百四十一年，〔朝鲜〕中宗三年。三月，鞫问李云秬、曹继商，以二人私自从太监请，加纳人参。四月，遣左议政朴元宗（1467—1510）、汉城府右尹李坫如明谢颁诏恩[11]。是月，遣姜澄如明贺圣节[12]。十月，遣韩亨允如明，贺正兼进贺。

1509年，己巳，〔明〕武宗正德四年，☆黄帝历四千二百〇七年。闰九月，遣人送还朝鲜漂风11人。十一月，皇宫太监李珍寄送《殷善书契》至朝鲜；◇檀君历三千八百四十二年，〔朝鲜〕中宗四年。二月，遣通事送刘率至辽东。三月，赐温下卫野人马匹、衣服，谢其还朝鲜骑兵朴敬。四月，遣金俊孙、书状官李希雍如明贺圣节[13]。七月，兵曹请禁北道私自贩卖人口于女真人。九月，议截断辽东佛佚里与龙川蜜串里之间私自来往。闰九月，朴元宗进《阙里志》8卷，乃其购于北京孔子事迹册也。十月，遣礼曹参判安瑭[14]如明贺正。十一月，圣节使书状官李希

1 柳房乃柳子光之子。参见朝鲜文人许篈《海东野言》(二)“柳子光传”,〔韩〕《大东野乘》卷之八。

2 朝鲜文人赵庆男《续杂录》(四)《历代要览》载帝敕，见〔韩〕《大东野乘》卷之三十四。

3 参见《明史·列传第二百八·外国一·朝鲜》(卷三百二十)。

4 参见杜宏刚、邱瑞中、韩登庸、刘羚、阎崇东主编《韩国文集中的明代史料》，第二卷，第25页，广西师范大学出版社，2006年版。

5 参见朝鲜文人安璐《己卯录补遗》(卷上)“崔淑生传”,〔韩〕《大东野乘》卷之十。

6 参见朝鲜文人许篈《海东野言》(三),〔韩〕《大东野乘》卷之九。

7 参见杜宏刚、邱瑞中、韩登庸、刘羚、阎崇东主编《韩国文集中的明代史料》，第二卷，第22页，广西师范大学出版社，2006年版。

8 参见杜宏刚、邱瑞中、韩登庸、刘羚、阎崇东主编《韩国文集中的明代史料》，第二卷，第29页，广西师范大学出版社，2006年版。

9 参见杨昭全、何彤梅《中国—朝鲜韩国关系史》，第625页，天津人民出版社，2001年版。

10 太监李珍亦有文献作“李元”。

11 参见杜宏刚、邱瑞中、韩登庸、刘羚、阎崇东主编《韩国文集中的明代史料》，第二卷，第9、17页，广西师范大学出版社，2006年版。

12 参见朝鲜文人权橃《冲斋集》卷三《日记》。

13 参见朝鲜文人权橃《冲斋集》卷三《日记》。

14 参见朝鲜文人安璐《己卯录补遗》(卷上)“安瑭传”,〔韩〕《大东野乘》卷之十。

雍启，在北京玉河馆时，通事王荣、太监刘瑾口称圣旨，搜去布匹等物。李希雍并言皇帝听信太监，不听政，太监王岳谏而被杀。是岁，朝鲜刊印三十卷本《文选》[1]。

1510年，庚午，〔明〕武宗正德五年，☆黄帝历四千二百〇八年；◇檀君历三千八百四十三年，〔朝鲜〕中宗五年。三月，遣同知中枢府事尹喜孙、书状官宋瀓奉表如明，谢送还漂风人。四月，遣李继孟如明贺圣节。六月，遣工曹判书姜浑如明奏请购买弓角。十月，遣吏曹参判边修如明贺正。十一月，李继孟回，言在京师共37日，皇帝临朝只有一二日。是岁，踞守荠浦、富山浦、熊川的"恒居倭人"在对马岛主的带领下发动暴乱，朝鲜史称"三浦倭乱"。

1511年，辛未，〔明〕武宗正德六年，☆黄帝历四千二百〇九年。六月，送还济州漂风高致江等17人。十月，国子监赠送朝鲜使臣闵祥安《讲榻仪注》；◇檀君历三千八百四十四年，〔朝鲜〕中宗六年。三月，边修回，带回自北京所得刘瑾定罪谕之印刷品。四月，王命购书于中国。七月，遣工曹参判闵祥安入京师贺圣节，兼谢送还漂风明人。十月，印《三纲行实》2940套并颁发。是月，遣李允俭[2]、书状官徐厚如明贺正。

1512年，壬申，〔明〕武宗正德七年，☆黄帝历四千二百一十年。九月，遣朝鲜使臣宋千喜带济州漂风金一山等9人回国。金一山乃济州正兵，一行漂风泊于南京海门县；◇檀君历三千八百四十五年，〔朝鲜〕中宗七年。正月，议山东刘六、刘七起义妨碍贡路。三月，李允俭还，言前书状官诗有嘲笑皇帝处，被小贩所见，礼部检查甚严。四月，遣宋千喜如明贺圣节，书状官权希孟（1475—1525）[3]。七月，女真1000多人进攻甲山，2000人攻昌城。十月，遣申继宗为贺正使如明，书状官金黄。十二月，遣吏曹参判曹继商如明，谢送还漂风人。是岁，朝鲜刊印高丽文人金富轼《三国史记》。此乃第四次刊刻，简称"正德本"[4]。

1513年，癸酉，〔明〕武宗正德八年，☆黄帝历四千二百一十一年。三月，遣官送漂风朝鲜训导朴石坚[5]等16人回国。是岁，安南使臣阮庄在北京玉河馆门扉题诗，传入朝鲜[6]；◇檀君历三千八百四十六年，〔朝鲜〕中宗八年。三月，遣同知中枢府事李长生如明，谢送漂风朝鲜人。七月，遣户曹参判柳湄如明贺圣节。十月，遣礼曹参判金珰，如明贺正。

1514年，甲戌，〔明〕武宗正德九年，☆黄帝历四千二百一十二年；◇檀君历三千八百四十七年，〔朝鲜〕中宗九年。七月，遣汉城府左尹金锡哲如明贺圣节。十月，遣佥知中枢府事柳希渚如明，献种马50匹。是月，遣礼曹参判李长坤如明贺正。十二月，汉城尊经楼失火，尽烧历代书册，朝鲜乃以文武楼所藏补之，其余购于中国。

1515年，乙亥，〔明〕武宗正德十年，☆黄帝历四千二百一十三年；◇檀君历三千八百四十八年，〔朝鲜〕中宗十年。三月，中宗妃尹氏（1491—1515，章敬王妃，本贯坡平，尹汝弼之女。仁宗生母）产后而薨。四月，遣吏曹参判赵元纪如明贺圣节。十一月，弘文馆副提学金谨思上札，请立别监，恢复世宗铜字。王命印刷汉籍，并以汉朝《天禄石渠》、唐朝《秘书四库》为范本广求图书。是月，领议政柳洵上札，以为朝鲜只有崔世珍通汉语，当遣子弟就

---

1 现日本东京大学"东洋文库"收藏有是岁朝鲜刊印的《文选》。

2 参见朝鲜文人安璐《己卯录补遗》（卷上）"李允俭传"，〔韩〕《大东野乘》卷之十。

3 参见杜宏刚、邱瑞中、韩登庸、刘羚、阎崇东主编《韩国文集中的明代史料》，第三卷，第242页，广西师范大学出版社，2006年版。

4 正德本是现今保存最完整的《三国史记》古本，韩国学者李康来即用此为底本进行校注。

5 参见朝鲜文人李德懋（1741—1793）《青庄馆全书》卷五十九《朝鲜试官诗》。

6 参见朝鲜文人李廷馨《东阁杂记》，〔韩〕《大东野乘》卷之五十三。

学于崔世珍[1]。是岁，遣金安老出使日本。

1516年，丙子，〔明〕武宗正德十一年，☆黄帝历四千二百一十四年。十二月，朱宁向朝鲜使臣金锡哲求梅花点马鞍2部。朱宁乃正德帝养子也；◇檀君历三千八百四十九年，〔朝鲜〕中宗十一年。正月，设铸字都监。四月，遣同知中枢府事尹熙平如明贺圣节。十月，遣工曹参判金锡哲如明贺正。十二月，通事驰报，尹熙平等夜至通州潞河，被贼人射箭，尽抢钱财。军官李昌亨被射伤，李射杀1贼。

1517年，丁丑，〔明〕武宗正德十二年，☆黄帝历四千二百一十五年；◇檀君历三千八百五十年，〔朝鲜〕中宗十二年。四月，王以《千字文》试两岁元子，居然一字不错[2]。七月，遣孙仲暾如明贺圣节。十月，遣左参赞李继孟、刑曹参判李思钧如明，奏请封中宫。是月，遣同知中枢府事李之芳如明贺正，书状官安仲孙。

1518年，戊寅，〔明〕武宗正德十三年，☆黄帝历四千二百一十六年。四月，遣朝鲜使臣李继孟、李思钧赍敕、诰命、冠服及钦赐洋布10匹回，诰封中宗继室尹氏（1501—1565，文定王妃，本贯坡平，尹之任之女）为王妃[3]；◇檀君历三千八百五十一年，〔朝鲜〕中宗十三年。是岁，设贤良科。四月，遣同知中枢府事许硡如明，陈慰太皇太后王氏（成化帝皇后）崩，又遣尹世豪如明进香。是月，遣工曹判书权钧（1464—1526，字正卿）、同知中枢府事金安国为使，如明谢恩。金安国（1478—1543），字国卿，号慕斋，本贯义城，其《慕斋集》中有"燕行诗"[4]。金安国一行在北京购买大批汉籍，朝鲜颁印之。是月，遣圣节使方有宁、书状官卢克昌如明，质正官崔世珍。是月，李之芳于北京买来《大明会典》一部，内有朝鲜太祖李成桂乃李仁任之后、弑王氏四王而立字句，王与群臣计议辩诬[5]。七月，申用溉等进所编《续东文选》。是月，遣奏请辩诬使南衮[6]、副使李耔[7]、兼掌令韩忠[8]、书状官卢克昌[9]如京师[10]。八月，副提学赵光祖上疏，请罢昭格署。九月，许硡回，购得《历代通鉴纂要》以进，王命印刷。十月，遣咸阳君李世应（1473—1528，字公辅）为贺正使，与管押使朴光荣（1463—1537）如明。是月，朝鲜印制谢恩使金安国[11]在北京所购朱熹《论孟或问》。十二月，方有宁回，言皇帝自大同奔榆林云。

---

1 参见朝鲜文人鱼叔权《稗官杂记》（二），〔韩〕《大东野乘》卷之四。

2 参见〔韩〕《国朝宝鉴》卷十九。

3 李继孟所赍正德帝敕书，详见朝鲜文人赵庆男《续杂录》（四）《历代要览》"（正德）十三年"，〔韩〕《大东野乘》卷之三十四。

4 参见杜宏刚、邱瑞中、韩登庸、刘羚、阎崇东主编《韩国文集中的明代史料》，第二卷，第205页，广西师范大学出版社，2006年版。

5 朝鲜文人奇大升《高峰集》卷二《辩诬奏》详细地记述了朝鲜宗系辩诬的过程。

6 参见朝鲜文人尹根寿《松汀漫笔》，〔韩〕《大东野乘》卷之五十七。

7 参见〔韩〕李耔《阴崖集》之《阴崖年谱》；杜宏刚、邱瑞中、韩登庸、刘羚、阎崇东主编《韩国文集中的明代史料》，第三卷，第471页，广西师范大学出版社，2006年版。

8 朝鲜文人鱼叔权《稗官杂记》（一）对韩忠是岁在京活动有记述，见〔韩〕《大东野乘》卷之四。参见杜宏刚、邱瑞中、韩登庸、刘羚、阎崇东主编《韩国文集中的明代史料》，第二卷，第392页《行状》，广西师范大学出版社，2006年版。

9 四使节姓名参见杜宏刚、邱瑞中、韩登庸、刘羚、阎崇东主编《韩国文集中的明代史料》，第二卷，第183页，广西师范大学出版社，2006年版。

10 此为朝鲜王朝奏请"昭雪国疑"之始，朝鲜请将《大明会典》中误将李成桂说成李仁任之子改正过来。朝鲜文人鱼叔权《稗官杂记》（一）对于"昭雪国疑"过程记述详细，见〔韩〕《大东野乘》卷之四。参见〔新〕许齐雄《事大至诚》，复旦大学文史研究院编《从周边看中国》，第349页，中华书局，2009年版；杜宏刚、邱瑞中、韩登庸、刘羚、阎崇东主编《韩国文集中的明代史料》，第五卷，第584页，广西师范大学出版社，2006年版。

11 参见朝鲜文人安璐《己卯录补遗》（卷上）"金安国传"，〔韩〕《大东野乘》卷之十。

1519年，己卯，〔明〕武宗正德十四年，☆黄帝历四千二百一十七年。四月，礼部为朝鲜奏请“宗系辩诬”事移咨，遣朝鲜使臣南衮赍帝允修正《大明会典》敕书还，王亲至慕华馆迎敕[1]。九月，送还朝鲜济州漂风玄继亨等17人；◇檀君历三千八百五十二年，〔朝鲜〕中宗十四年。二月，王命进贡包裹一律改黄色为红色。三月，奏请使南衮在道驰报：皇帝二月八日回京师，随即允许修正会典。四月，以帝敕未言及弑四王事，王议于大臣。五月，以允改会典所载宗系事，遣工曹判书金克愊（1472—1531）如明谢恩[2]。六月，大臣议是否仿中国而设书肆。是月，平安道驰报，圣节使护军回程遭遇鞑靼抢劫，军士10人、马30匹被掳。七月，遣朴英[3]为圣节使如明，书状官朴绍。九月，金克愊回，言皇帝出游行院，与“养汉的”（妓女）游戏无度。十月，遣礼曹参判金世弼（1473—1533）如明贺正，兼谢送还漂风人。金世弼《十清轩集》内有“燕行诗”，卷三有在通州潞河和安南使臣诗。十一月，下大司宪赵光祖[4]狱，朝鲜“己卯士祸”发[5]。赵光祖死后，朝鲜勋旧派势力大盛[6]。

1520年，庚辰，〔明〕武宗正德十五年，☆黄帝历四千二百一十八年；◇檀君历三千八百五十三年，〔朝鲜〕中宗十五年。五月，遣正使申鏛[7]、副使韩效元（1468—1534）[8]、质正官崔世珍如明，奏请封李峼为王世子。帝准之[9]。八月，遣吴堡如明贺圣节。十月，遣黄琛如明贺正。

1521年，辛巳，〔明〕武宗正德十六年，☆黄帝历四千二百一十九年。四月，正德帝遣太监金义、陈浩至朝鲜颁敕，封李峼为王世子，并追封前王。头目75人随行，送钦赐朝鲜银两、玉带、纱罗等，装货柜子共512个，并敕朝鲜选执膳女子、火者（阉人）等进献。是月，又遣千户李秀赍敕至朝鲜。七月，以山东御史参劾，两太监匆忙回国，女子、火者（阉人）之选皆免。十二月，嘉靖帝遣翰林院修撰唐皋（1469—1524）、兵科给事中史道[10]率头目52人出使朝鲜，颁登极诏并钦赐纻丝16表里、绒锦6段。是岁，我国阳明学传入朝鲜[11]；◇檀君历三千八百五十四年，〔朝鲜〕中宗十六年。二月，至正官崔世珍还，于京师购得《圣学心法》4部。是月，王与大臣议皇宫太监索处女，朝鲜人纷纷趁早嫁娶事。是月，遣安润德（1457—1535）为钦差远接使。是月，遣尹殷辅如明谢恩。五月，以正德帝崩，遣李荇如明陈慰，遣韩恂如明进香。六月，以右议政李惟清为贺登基正使、韩亨允为副使、柳溥为书状官如明。八月，遣吏曹参判孙澍如明进贺上尊谥，又遣左议政沈顺径如明，追贺圣节。十月，遣金克成（1474—1540）如明贺正，

---

1 详见朝鲜文人赵庆男《续杂录》（四）《历代要览》，〔韩〕《大东野乘》卷之三十四。

2 参见杜宏刚、邱瑞中、韩登庸、刘羚、阎崇东主编《韩国文集中的明代史料》，第二卷，第375页，广西师范大学出版社，2006年版。

3 参见朝鲜文人安璐《己卯录补遗》（卷上）“朴英传”，〔韩〕《大东野乘》卷之十。

4 参见朝鲜文人安璐《己卯录补遗》（卷上）“赵光祖传”，〔韩〕《大东野乘》卷之十。

5 赵光祖先被流放，旋被赐死。先是，士林派的代表人物赵光祖得上下拥护，中宗对其言听计从，南衮却被人目为“南小人”。南衮潜在禁苑中用蜜汁书写“走肖为王”于木叶，虫类啃噬树叶，四字显出即是“赵为王”的隐语。韩国电视剧《女人天下》演绎了这一段历史。参见〔韩〕《国朝宝鉴》卷二十；朝鲜文人安璐《己卯录续集》“构祸事迹”，〔韩〕《大东野乘》卷之十一。

6 参见朝鲜文人许篈《海东野言》（三），〔韩〕《大东野乘》卷之九。

7 参见朝鲜文人安璐《己卯录补遗》（卷上）“申鏛传”，〔韩〕《大东野乘》卷之十。

8 参见杜宏刚、邱瑞中、韩登庸、刘羚、阎崇东主编《韩国文集中的明代史料》，第三卷，第209页，广西师范大学出版社，2006年版。

9 参见《明史·列传第二百八·外国一·朝鲜》（卷三百二十）。

10 唐皋乃甲戌科（1519年举行）状元，其巧对朝鲜国王事在明朝文人冯梦龙《古今谈概》卷二十九中有记述。史道为丁丑科（1517年举行）进士出身，1534年在都察院被罢职。载于〔韩〕《中宗实录》卷三唐皋诗作自署“紫阳山人”、副使史道诗作自称“涿鹿史道”。

11 见李甦平《韩国儒学史》，第468页，人民出版社，2009年版。

其《忧亭集》卷三有"燕行诗"。十一月，以李荇（1478—1534）为钦差远接使，苏世让、郑士龙为从事官。十二月，遣刑曹参判姜徵如明谢恩。姜徵（1466—1536），字彦深。姜澂在北京请求观光，礼部要其诗文，姜徵呈交后礼部称赞，乃许其随帝驾入孔庙。姜澂并会见了唐皋，转达国王殿下对唐皋、史道的思念之意[1]。是岁，端宗妃宋氏（1440—1521，定顺王妃，本贯砺山，宋玹寿之女。1456年李瑈即王位后被降为"君夫人"）卒，直至1698年，肃宗方为其复位。

1522年，壬午，〔明〕世宗嘉靖一年，☆黄帝历四千二百二十年。正月，唐皋为朝鲜定州"纳清亭"题名，史道作记，并告辽东总兵官张明求角弓、桦皮。六月，辽东都司以皇太后邵氏（成化帝贵妃）、皇后上尊号事移咨朝鲜。九月，遣礼部尚书毛澄致祭朝鲜使臣申继宗，并送赙礼，遣官赍咨送物于申继宗宅。礼部咨文中言，去岁着朝鲜选执膳女子、火者（阉人）等人不必进献[2]；◇檀君历三千八百五十五年，〔朝鲜〕中宗十七年。二月，孙澍回，言其通事金利锡于北京购买官本书籍，礼部郎中孙存见之大怒，枷之当街示众。是月，沈顺径回，言礼部却朝鲜方物。六月，姜徵回，细述入禁中觐见经过。是月，遣申继宗、副使尹希仁、书状官高汉鼎如明贺圣节，申继宗病逝于北京。八月，义州金良弼以明人偷牛，擅自越江捉拿2人回，朝鲜鞫问金良弼。是月，京商[3]13人擅自到辽东贩卖铜器、人参，朝鲜捉拿之。十月，遣工曹参议孔瑞麟[4]如明，进献种马50匹。是月，又遣金克俭如明贺正，副使申公济，书状官金纪[5]。十一月，遣李思钧[6]奉表、赍咨如明，进贺皇太后册封，并谢礼部赠物于申继宗家眷，李思钧并送礼部主事许瑜《皇华集》2册。是月，遣通事送被掳若干人至辽东。是岁，朝鲜"辛巳诬狱"发，士林再遭贬斥。

1523年，癸未，〔明〕世宗嘉靖二年，☆黄帝历四千二百二十一年。五月，辽东都司移咨朝鲜，责备正朝使下人回国前不辞朝。十一月，帝敕以白金、锦丝褒奖朝鲜献倭[7]；◇檀君历三千八百五十六年，〔朝鲜〕中宗十八年。四月，以太皇太后崩，遣赵元纪、书状官罗曜如明陈慰，又遣金珰如明进香。罗曜五月逝于辽东。五月，以正朝使节团48人只有16人辞朝，治金克俭以及管押使孔世麟等之罪。六月，朝鲜斩杀倭寇32人，生擒倭寇藤原中林、望古多罗等2人。六月，遣崔汉洪如明贺圣节。七月，忠清道水使黄琛驰报，于加外德岛发现被倭寇藤原中林所掳8人，乃大明宁波府定海县王漾等。八月，遣刑曹参判成世昌如明，送王漾8人回，并献倭寇藤原中林、望古多罗2人、献倭寇首级32颗[8]。十月，遣崔重洪如明贺正。十一、十二月，王廷议驱逐平安、咸镜两道茂昌、闾延女真人。大臣以为，咸镜道本非我土，当宣谕女真。朝鲜乃出告示：两道乃明太祖允为我境，不许野人（女真人）入住。王旋遣金台俊为宣传官，遣大军驱逐女真。然天寒，朝鲜军士冻死者甚多。是岁，医女徐氏被封为"大长今"[9]。

---

1 参见杜宏刚、邱瑞中、韩登庸、刘羚、阎崇东主编《韩国文集中的明代史料》，第二卷，第488页，广西师范大学出版社，2006年版。
2 参见朝鲜文人赵庆男《续杂录》（四）《历代要览》，〔韩〕《大东野乘》卷之三十四。
3 京商，以汉城（今韩国首尔市）为基地的朝鲜商团。
4 参见朝鲜文人安璐《己卯录补遗》（卷上）"孔瑞麟传"，〔韩〕《大东野乘》卷之十。
5 参见朝鲜文人鱼叔权《稗官杂记》（二）"嘉靖癸未"，〔韩〕《大东野乘》卷之四。
6 参见朝鲜文人安璐《己卯录补遗》（卷上）"李思钧传"，〔韩〕《大东野乘》卷之十。
7 参见《明史·列传第二百八·外国一·朝鲜》（卷三百二十）。
8 朝鲜文人赵庆男《续杂录》（四）《历代要览》载，藤原中林曾入我国宁波府，杀死大明边将。见〔韩〕《大东野乘》卷之三十四。参见朝鲜文人鱼叔权《稗官杂记》（二），〔韩〕《大东野乘》卷之四。
9 参见〔韩〕《中宗实录》卷一百五，面十八。

1524年，甲申，〔明〕世宗嘉靖三年，☆黄帝历四千二百二十二年。四月，辽东都司遣送私入中原的朝鲜僧人道天回国。八月，辽东都司遣朝鲜押解官裴瑊赍咨回，告上尊号也；◇檀君历三千八百五十七年，〔朝鲜〕中宗十九年。二月，遣知敦宁府事申鏛如明谢恩。五月，印刷都承旨金希寿所进鲜于枢书法真迹1幅。六月，遣方轮如明贺圣节。是月，被逐女真人陆续返回。七月，申鏛回，言皇帝欲上本生父母尊号，大臣劝谏，不听。八月，遣大军入茂昌、闾延践踏禾稼，并与女真人开战。九月，遣同知中枢府事许淳、书状官郑熊如明，进贺上尊号。十月，遣朴壕如明贺正。是岁，朝鲜使节团译官在北京书店公开购买《大明一统志》，恰为路过的礼部主客司郎中孙存仁所见，孙存仁惊曰："此非外人所当买也"，即封闭玉河馆，不准朝鲜人随意出入[1]。

1525年，乙酉，〔明〕世宗嘉靖四年，☆黄帝历四千二百二十三年；◇檀君历三千八百五十八年，〔朝鲜〕中宗二十年。五月，王以北京玉河馆禁止朝鲜人随意出入，命请求礼部放行以购买药材。六月，遣汉城府左尹郑允谦（1463—1536，字益夫）如明贺圣节[2]，书状官尹溉。时辽东大水，郑允谦至八月二日才至通州，乃弃杂物，直奔京师。礼部嘉许之。八、九月，王命弘文馆为孔子、历代君臣像作序并诗赞之。十月，遣金谨思如明贺正，书状官边晟。十一月，郑允谦回，言其于杏山[3]、连山等地轻装前行，归途中不慎丢失于北京所抓蝎子（用作药材）。

1526年，丙戌，〔明〕世宗嘉靖五年，☆黄帝历四千二百二十四年。三月，建州李乙豆古、王朔时以饥馑求买朝鲜谷物。是岁，嘉靖帝敕令毁孔子像改牌位，敕令未发至半岛，朝鲜平壤、开城孔子像得以保全，直至1634年[4]；◇檀君历三千八百五十九年，〔朝鲜〕中宗二十一年。五月，遣刑曹参判洪彦弼[5]如明贺圣节，礼曹正郎尚震（1493—1564）为书状官[6]。八月，遣管押使、刑曹参议尹止衡如明。十月，遣青城君沈顺径（亦作"沈顺经"，1462—1542）如明贺正，全翰为书状官，金亹为质正官[7]。是岁，朝鲜瘟疫流行。

1527年，丁亥，〔明〕世宗嘉靖六年，☆黄帝历四千二百二十五年。六月，送朝鲜济州漂风人李根等17人回国。十一月，礼部欲退朝鲜进献粗劣黑麻布；◇檀君历三千八百六十年，〔朝鲜〕中宗二十二年。三月，"灼鼠之变"发，敬嫔朴氏、福城君李嵋被赐死[8]。六月，遣同知中枢府事李芑如明贺圣节。七月，遣佥知中枢府事金瑚如明，谢送漂风人。十月，遣洪景霖、书状官金舜仁如明贺正。是月，圣节使通事金千瑞逝于北京。

1528年，戊子，〔明〕世宗嘉靖七年，☆黄帝历四千二百二十六年；◇檀君历三千八百六十一年，〔朝鲜〕中宗二十三年。三月，洪景霖回，进所购《缙绅一览》。六月，遣

1 见朝鲜文人鱼叔权《稗官杂记》（一），〔韩〕《大东野乘》卷之四。
2 参见杜宏刚、邱瑞中、韩登庸、刘羚、阎崇东主编《韩国文集中的明代史料》，第二卷，第501页，广西师范大学出版社，2006年版。
3 杏山属辽宁省锦州市，在102国道471公里处。
4 参见朝鲜文人鱼叔权《稗官杂记》（二），〔韩〕《大东野乘》卷之四。
5 参见朝鲜文人权鳖《海东杂录》（一）"洪彦弼"，〔韩〕《大东野乘》卷之十九。
6 参见朝鲜文人尚震（1493—1564）《泛虚亭集》卷七《行状》；参见杜宏刚、邱瑞中、韩登庸、刘羚、阎崇东主编《韩国文集中的明代史料》，第二卷，第174页，广西师范大学出版社，2006年版。
7 参见杜宏刚、邱瑞中、韩登庸、刘羚、阎崇东主编《韩国文集中的明代史料》，第二卷，第550页，广西师范大学出版社，2006年版。
8 参见〔韩〕《国朝宝鉴》卷二十。

知中枢府事韩效元（1468—1534）如明贺圣节[1]。是月，司谏院启，近年入京师之朝鲜人多做贸易，明朝人视其为商贾。是月，送刘长等 3 人至辽东。七月，朝鲜审问辽东漂风人崔堂（1480—？）、崔五、崔保、甄奉等，以其暂居薪岛也。九月，遣押送官车允祖送崔堂等人至辽东。十月，遣崔世节如明贺正。崔世节衣服杂物被盗于途中。闰十月，遣崔汉洪如明，进贺上嘉靖帝生母“章圣慈仁皇后”徽号。十二月，以陈皇后崩，遣李芃如明陈慰，书状官许伯琦。是月，遣李之芳如明进香。李之芳到杏山[2]，因病不能前行。是岁，满浦佥使沈思逊入野人女真地界而被杀死[3]。

1529 年，己丑，〔明〕世宗嘉靖八年，☆黄帝历四千二百二十七年。五月，辽东都司移咨朝鲜，还崔世节被盗衣服杂物。八月，以《大明会典》将修订，朝鲜使臣柳溥奏请删除“李成桂弑君”字样。柳溥重申，李成桂二十八世祖李瀚为新罗司空，李成桂威化岛班师、得民心而开朝鲜朝，请于明太祖高皇帝，乃为王。嘉靖帝乃允朝鲜使臣柳溥之奏[4]；◇檀君历三千八百六十二年，〔朝鲜〕中宗二十四年。二月，抓捕义州人赵莫同，以赵莫同杀害明人并投尸江中也。五月，遣佥知中枢府事柳溥如明贺圣节，书状官张玉，质正官赵仁奎。是月，又遣海丰君李菡如明进贺封皇后。八月，议刷薪岛居住明人崔霖等事。十月，遣朴光荣（1463—1537，字君实）如明贺正。朴光荣呈文辽东都司，乞刷薪岛居住明人[5]。

1530 年，庚寅，〔明〕世宗嘉靖九年，☆黄帝历四千二百二十八年。三月，辽东都司遣汤站守堡官王瑀，率兵追捕薪岛所居之明人。朝鲜义州牧使金瑚领兵接应[6]；◇檀君历三千八百六十三年，〔朝鲜〕中宗二十五年。正月，女真焚朝鲜平安道山羊会堡。四月，尚衣院启，当自北京购进西洋细棉布，所存不足 4 匹。五月，遣赵邦彦如明贺圣节。八月，王大妃、成宗妃尹氏（1462—1530，贞显王妃，本贯坡平，尹壕之女。中宗生母）薨。十月，遣吴世翰如明贺正，并送琉球漂风 7 人至北京[7]。吴世翰并赍咨文于辽东都司，乞推刷威化岛汉人[8]。是月，遣户曹参议金麟孙为管押使如明。十二月，佥知中枢府事崔世珍进《皇极经世集览》。是岁，大明钦差董越（1431—？）《朝鲜赋》传回朝鲜，有太斗南刻本。该朝鲜刻本后传至日本，被覆刻，促使该书影响遍及东亚[9]。

1531 年，辛卯，〔明〕世宗嘉靖十年，☆黄帝历四千二百二十九年。三月，礼部移咨，告朝鲜正朝进贺移于冬至。四月，遣朝鲜使臣吴世翰赍敕回，嘉奖朝鲜送琉球漂风人；◇檀君历三千八百六十四年，〔朝鲜〕中宗二十六年。四月，以私通礼部杖通事朴址。六月，遣潘硕坪如明贺圣节，宋纯（1493—1583）为书状官[10]。十月，遣同知中枢府事尹仁镜为正使、工曹参判吴洗瀞为副使如明贺正[11]。十一月，潘硕坪回，言在杏山[12]见彗星现于戌亥之间，有一布匹之长。

1 参见杜宏刚、邱瑞中、韩登庸、刘羚、阎崇东主编《韩国文集中的明代史料》，第三卷，第 209 页，广西师范大学出版社，2006 年版。
2 杏山今属辽宁省锦州市，在 102 国道 471 公里处。
3 参见朝鲜文人赵庆男《续杂录》（四）《历代要览》，〔韩〕《大东野乘》卷之三十四。
4 参见《明史 · 列传第二百八 · 外国一 · 朝鲜》（卷三百二十）；朝鲜文人鱼叔权《稗官杂记》（二），〔韩〕《大东野乘》卷之四。
5 参见朝鲜文人赵庆男《续杂录》（四）《历代要览》，〔韩〕《大东野乘》卷之三十四。
6 参见朝鲜文人赵庆男《续杂录》（四）《历代要览》，〔韩〕《大东野乘》卷之三十四。
7 参见朝鲜文人赵庆男《续杂录》（四）《历代要览》，〔韩〕《大东野乘》卷之三十四。
8 参见朝鲜文人赵庆男《续杂录》（四）《历代要览》“（嘉靖）十年”，〔韩〕《大东野乘》卷之三十四。
9 见叶晔《明人域外赋双璧：董越〈朝鲜赋〉与湛若水〈交南赋〉》，《文史知识》 2009 年第 6 期。
10 参见朝鲜文人宋纯（1493—1583）《俯仰集》卷五《家状》。《俯仰集》卷二为“燕行诗”，续集卷一有“燕行录”。
11 朝鲜文人鱼叔权《稗官杂记》（四）有“嘉靖辛卯，伯氏赴燕”之语，见〔韩〕《大东野乘》卷之四。
12 杏山属锦州市，在 102 国道 471 公里处。

帝京官员皆素服乌带，以谨天戒。

1532年，壬辰，〔明〕世宗嘉靖十一年，☆黄帝历四千二百三十年。十月，辽东遣指挥孙承恩刷还威化、园直两岛明朝居民117家，尽焚董礼、朴雄等宅[1]；◇檀君历三千八百六十五年，〔朝鲜〕中宗二十七年。二月，忠清道驰报，明东宁卫姜福等5人漂流至唐津浦。五月，遣方轮如明贺圣节，金忠烈（1503—1560）为书状官[2]。十月，遣姜殷弼为冬至使、郑大年（1503—1578）为书状官如明[3]，李名圭（1497—1560）以质正官随行[4]。冬至使节团路途遇盗，数名朝鲜人被杀，官贸之物被抢。

1533年，癸巳，〔明〕世宗嘉靖十二年，☆黄帝历四千二百三十一年。是岁，礼部以朝鲜使臣任枢呈文移咨：今后朝鲜50匹种马，随冬至使节团入贡；◇檀君历三千八百六十六年，〔朝鲜〕中宗二十八年。正月，鞠问冬至使管押官、书状官。二月，姜殷弼回，进所购《缙绅一览》及辽东掌印大人郭继宗求满花席10张、角弓5张、纱帽2顶呈文。六月，遣南孝义如明贺圣节[5]，书状官赵士秀，质正官罗瀷[6]。朝鲜文人鱼叔权随团来华，并购得《砺志图》一部[7]。十月，遣任枢为冬至使如明，书状官李淳亨，质正官是任枢的儿子任虎臣（1506—1556）[8]。任枢回国时，病逝于高岭[9]，广宁卫主倅致祭，赠银8两、帛1匹。十一月，南孝义还，言其自京师学得熏金、描金之法。十二月，遣判书苏世让（1486—1562）以进贺使如明，进贺皇嗣诞生，副使尹受点、书状官李梦弼，质正官柳应昌。苏世让是岁著有《阳谷朝天录》[10]，收入其《阳谷集》卷三、卷四，其草书在北京深得礼部尚书夏言好评。苏巡随行到北京，并著有《葆真堂燕行日记》[11]。是岁，朝鲜匠人金阿童随使节团来华，学得“假金”（类似镀金）之法[12]。

1534年，甲午，〔明〕世宗嘉靖十三年，☆黄帝历四千二百三十二年。二月，遣朝鲜使臣李淳亨赍敕回，褒奖朝鲜事大以诚。三月，帝准朝鲜使臣苏世让奏请，复洪武初旧例，允朝鲜使节团三使五日一次出入玉河馆，在京参观太学等处，但随从人员不准随意出入[13]。八月，淮安遣官送朝鲜漂风人万珠等13人入京师。礼部旋送其还国。朝鲜文献《中宗实录》卷八于漂风人万珠等有详细记述。十月，遣朝鲜使臣宋叔瑾赍敕回；◇檀君历三千八百六十七年，〔朝鲜〕中宗二十九年。二月，以皇太子之薨，遣李诚彦如明陈慰兼进香，书状官朴翰。闰二月，遣柳

1 参见朝鲜文人赵庆男《续杂录》（四）《历代要览》“（嘉靖）十二年”，〔韩〕《大东野乘》卷之三十四。

2 参见杜宏刚、邱瑞中、韩登庸、刘羚、阎崇东主编《韩国文集中的明代史料》，第三卷，第245页，广西师范大学出版社，2006年版。

3 参见杜宏刚、邱瑞中、韩登庸、刘羚、阎崇东主编《韩国文集中的明代史料》，第四卷，第51页，广西师范大学出版社，2006年版。

4 参见杜宏刚、邱瑞中、韩登庸、刘羚、阎崇东主编《韩国文集中的明代史料》，第三卷，第223页，广西师范大学出版社，2006年版。

5 朝鲜文人鱼叔权《稗官杂记》（一）载，南孝义译官李应星潜带新纂《大明会典》一册回。见〔韩〕《大东野乘》卷之四。

6 参见朝鲜文人鱼叔权《稗官杂记》（四），〔韩〕《大东野乘》卷之四。

7 参见朝鲜文人鱼叔权《稗官杂记》（二），〔韩〕《大东野乘》卷之四。

8 参见〔韩〕林基中主编《燕行录全集》，第2卷，第404-405页，东国大学校出版部，2001年版；杜宏刚、邱瑞中、韩登庸、刘羚、阎崇东主编《韩国文集中的明代史料》，第三卷，第220、243页，广西师范大学出版社，2006年版。

9 今河北省秦皇岛市高岭镇。

10 收入〔韩〕林基中主编《燕行录全集》，第2卷，东国大学出版部，2001年版。见杜宏刚、邱瑞中、韩登庸、刘羚、阎崇东主编《韩国文集中的明代史料》，第二卷，第347页，广西师范大学出版社，2006年版。

11 见〔韩〕林基中主编《燕行录全集》，第3卷，东国大学校出版部，2001年版。

12 参见朝鲜文人鱼叔权《稗官杂记》（二），〔韩〕《大东野乘》卷之四。

13 参见朝鲜文人鱼叔权《稗官杂记》（一），〔韩〕《大东野乘》卷之四；朝鲜文人赵庆男《续杂录》（四）《历代要览》“（嘉靖）十三年”，〔韩〕《大东野乘》卷之三十四。

德润如明，谢嘉奖兼送还人口，质正官崔演[1]。三月，礼曹判书曹灌启，威化岛明人日多。王曰："威化岛乃疆域之外，非我国土也。今此事辽东独知之，而朝廷则专不知。如或知之，恐有谴责也"。乃移咨辽东。四月，苏世让回，王细问废皇后之由及苏世让与礼部尚书夏言的诗歌往来、与琉球正使梁椿等的交流[2]。苏世让言，唐皋已逝，史道罢职后居京师南300里处[3]。五月，遣宋叔瑾如明贺圣节。是月，遣吴准如明进贺。八月，遣管押使元继蔡如明。十月，遣郑士龙（1491—1570）为冬至使如明[4]，郑士龙赍咨付于礼部，请准玉河馆朝鲜使节团人员自由出入。郑士龙《湖阴杂稿》卷二为是岁所作《朝天录》[5]，该书由钦差副使王鹤作序。十一月，遣上护军李亨顺（1475—1541）如明谢恩，谢嘉奖兼谢送漂风人万珠等13人[6]。

1535年，乙未，〔明〕世宗嘉靖十四年，☆黄帝历四千二百三十三年。二月，礼部尚书夏言奉旨，准朝鲜使臣郑士龙乞请，朝鲜使节团可自由出入玉河馆[7]。八月，辽东镇抚康镇等至朝鲜察查威化岛明人居住事，以为当空出中朝之间；◇檀君历三千八百六十八年，〔朝鲜〕中宗三十年。三月，郑士龙回，王召见，问礼部准朝鲜人随意出入玉河馆事。四月，金安老等启，工曹造梁冠描金远不及京师所制，不如购买。五月，以皇太后夏氏（正德帝皇后）崩，遣黄宪如明陈慰[8]，遣郑百朋如明进香。是月，遣李亨顺如明谢恩，书状官张陆。六月，遣梁渊如明贺圣节，自此朝鲜使节团"质正官"之设制度化，其官职位于书状官之下[9]。七月，以前朝赐自中国"龙凤遮日（华盖）"只有1人会撑，且已破旧，王命教会1人并修补。八月，遣金光辙为冬至使如明。十一月，黄宪回，言"山海关至鞑子界"只有40里。

1536年，丙申，〔明〕世宗嘉靖十五年，☆黄帝历四千二百三十四年；◇檀君历三千八百六十九年，〔朝鲜〕中宗三十一年。二月，金光辙还，备言其于途中结识明朝监生张云霓、魏朝聘，二人述已故陈皇后（嘉靖帝皇后，嘉靖七年十月崩）、张皇后之事及阁老张孚敬侄子强娶人妻致死事。五月，王命于北京购买《天下地图》。六月，遣宋璘如明贺圣节。丁焕（1497—1540）为圣节使书状官，并著有《朝天录》，收入其《桧山集》卷二[10]。八月，遣赵仁奎率冬至使节团如明，李蓂（1496—1572）为书状官[11]。十一月，宋璘回，献其用半价即25两银于北京所购《文苑英华》。十二月，以皇子诞生，遣兵曹参判丁玉亨（1486—1549，字嘉仲）如明进贺[12]。闰十二月，礼曹启，朝鲜衣服过长曳地，王命依《大明会典》制作衣服。

1 苏世让在回国途中见到了李诚彦、柳德润。参见杜宏刚、邱瑞中、韩登庸、刘羚、阎崇东主编《韩国文集中的明代史料》，第二卷，第364页，广西师范大学出版社，2006年版。

2 参见朝鲜文人鱼叔权《稗官杂记》（四），〔韩〕《大东野乘》卷之四。

3 史道于明嘉靖元年（1522）与唐皋出使朝鲜，史道墓地在今河北省涿州市双塔区史邱庄。

4 郑士龙（1491—1570），字云卿，号湖阴，本贯东莱，有《湖阴杂稿》传世。参见朝鲜文人鱼叔权《稗官杂记》（四），〔韩〕《大东野乘》卷之四；杜宏刚、邱瑞中、韩登庸、刘羚、阎崇东主编《韩国文集中的明代史料》，第二卷，第506页，广西师范大学出版社，2006年版。

5 见杜宏刚、邱瑞中、韩登庸、刘羚、阎崇东主编《韩国文集中的明代史料》，第二卷，第459页，广西师范大学出版社，2006年版。

6 参见杜宏刚、邱瑞中、韩登庸、刘羚、阎崇东主编《韩国文集中的明代史料》，第五卷，第315页，广西师范大学出版社，2006年版。

7 参见朝鲜文人赵庆男《续杂录》（四）《历代要览》"（嘉靖）十三年"，〔韩〕《大东野乘》卷之三十四。

8 参见杜宏刚、邱瑞中、韩登庸、刘羚、阎崇东主编《韩国文集中的明代史料》，第二卷，第567页，广西师范大学出版社，2006年版。

9 朝鲜文人赵庆男《续杂录》（四）《历代要览》"（嘉靖）十四年"记述较为详细。见〔韩〕《大东野乘》卷之三十四。

10 该书亦收入〔韩〕林基中主编《燕行录全集》，第3卷，东国大学出版部，2001年版。

11 参见杜宏刚、邱瑞中、韩登庸、刘羚、阎崇东主编《韩国文集中的明代史料》，第四卷，第189页，广西师范大学出版社，2006年版。

12 参见杜宏刚、邱瑞中、韩登庸、刘羚、阎崇东主编《韩国文集中的明代史料》，第二卷，第491页及第三卷，第226页，广西师范大学出版社，2006年版。

1537年，丁酉，〔明〕世宗嘉靖十六年，☆黄帝历四千二百三十五年。三月，以皇子诞生，遣翰林院修撰龚用卿、户科给事中吴希孟至朝鲜颁诏[1]。龚用卿回国后著有《使朝鲜录》。朝鲜文献《中宗实录》卷八记述龚、吴文字较多[2]。五月，回到辽东之正使龚用卿书寄朝鲜国，传烧蛎壳造螺钿法[3]。是月，遣朝鲜使臣丁玉亨赍敕回；◇檀君历三千八百七十年，〔朝鲜〕中宗三十二年。二月，远接使郑士龙赍咨辽东，并驰报预备天使过江、免女乐事。郑士龙与龚用卿唱和颇多[4]。三月，遣南世雄、书状官李乙奎如明，谢恩兼进贺上两宫徽号。五月，遣赵贤范如明贺圣节，李桢为书状官[5]。李桢（1512—1571），字刚而，号龟岩，本贯泗川。赵贤范回国后，以私自贸易被参。七月，遣李鎣（1496—1550）出使日本。八月，遣柳世麟为冬至使如明，书状官玄琎。

1538年，戊戌，〔明〕世宗嘉靖十七年，☆黄帝历四千二百三十六年；◇檀君历三千八百七十一年，〔朝鲜〕中宗三十三年。二月，柳世麟赍龚用卿所赠尺牍[6]还。四月，遣许宽为圣节使如明。五月，王命买天文、地理、医学书籍于中国。六月，海阳君尹熙平进所撰《皇明一统地理图》。八月，遣林鹏为冬至使如明，管押使郑顺朋同往。十一月，遣户曹参判柳仁淑[7]如明，进贺上文皇尊号。是月，许宽还，言其于北京与龚用卿、吴希孟交往事，朝鲜《中宗实录》卷八十九于此记述详细。

1539年，己亥，〔明〕世宗嘉靖十八年，☆黄帝历四千二百三十七年。四月，以册封皇太子，遣翰林院侍读华察、工科左给事中薛廷宠[8]赍敕至朝鲜宣诏。十月，礼部尚书严嵩奉旨移咨朝鲜，告《大明会典》再次修纂时，详注朝鲜李成桂并非李仁任之子[9]。十一月，遣朝鲜使臣李清赍敕及钦赐龙袍1袭，彩缎、绒锦各4匹回；◇檀君历三千八百七十二年，〔朝鲜〕中宗三十四年。正月，遣黄瑱、吴忠慄送被掳明人赵洪回。途中催促，赵洪刺死黄瑱。赵洪旋被朝鲜处死。二月，遣洪慎如明，进贺皇天、皇祖等上尊号。是月，以章圣皇后崩，遣吏曹参判郑万钟如明进香，遣礼曹参判沈连源（1491—1558）如明陈慰[10]。是月，遣苏世让为钦差华察一行远接使，崔演、林亨秀（1504—1547）为从事官[11]。三月，工曹参判郑顺朋[12]献其在中原所得《皇明政要》及《辽东志》6卷。是月，遣李芑、元继蔡为正副使，遣柳公权为书状官，如明进贺册封皇太子。书状官柳公权（？—1539）六月十七日逝于北京，副使元继蔡（？—1539）回途于七月

---

1 龚在诗文中自署"淮安云冈龚用卿"，吴自署"武进吴希孟"。龚用卿（1500—1563），字鸣治，号云冈，福建怀安人，嘉靖五年（1526年）状元，授编修。嘉靖十六年（1537）出使朝鲜回国后任南京国子监祭酒。

2 参见朝鲜文人鱼叔权《稗官杂记》（三），〔韩〕《大东野乘》卷之四。

3 现今朝韩有传统工艺"金漆螺钿"。

4 郑士龙有《湖阴杂稿》传世。参见朝鲜文人鱼叔权《稗官杂记》（四），〔韩〕《大东野乘》卷之四。

5 参见朝鲜文人李桢（1512—1571）《龟岩集》卷二《行状》；杜宏刚、邱瑞中、韩登庸、刘羚、阎崇东主编《韩国文集中的明代史料》，第三卷，第382页，广西师范大学出版社，2006年版。

6 尺牍，书信用语、书信格式参考用书。

7 参见朝鲜文人安璐《己卯录补遗》（卷上）"柳仁淑传"，〔韩〕《大东野乘》卷之十。

8 薛廷宠，字汝承，号萃轩，福清县龙田镇上薛村人，明朝文人，嘉靖十一年（1532）进士。〔明〕李辅《全辽志》卷六收录其诗歌多首。见金毓黻编《辽海丛书》，辽海书社排印本，1931—1934年。

9 参见朝鲜文人赵庆男《续杂录》（四）《历代要览》，〔韩〕《大东野乘》卷之三十四。

10 参见朝鲜文人鱼叔权《稗官杂记》（四）所载华察书赠朝鲜使节郑万钟、沈连源诗，〔韩〕《大东野乘》卷之四；杜宏刚、邱瑞中、韩登庸、刘羚、阎崇东主编《韩国文集中的明代史料》，第二卷，第492页及第三卷，第234页，广西师范大学出版社，2006年版。

11 参见杜宏刚、邱瑞中、韩登庸、刘羚、阎崇东主编《韩国文集中的明代史料》，第三卷，第161页，广西师范大学出版社，2006年版。

12 参见朝鲜文人安璐《己卯录补遗》（卷上）"郑顺朋传"，〔韩〕《大东野乘》卷之十。

二十四日逝于通州[1]，嘉靖帝钦赐银以买棺木。四月，遣工曹判书尹世豪为正使、礼曹参议朴世蓊（1494—1541）为副使、书状官柳智善如明谢恩[2]。六月，遣圣节使郑世虎如明，又遣李清为钦问使如明问起居，书状官白仁英[3]。闰七月，遣尹思翼如明贺千秋，书状官李万荣[4]。是月，派出以权橃（1478—1548）[5]为正使的奏请使节团，以《大明会典》中所载朝鲜宗系有误也[6]，书状官姜籀，殿前通事李应星随团来华。权橃著有《朝天录》，收入其《冲斋集》卷七、卷八[7]。是月，遣任权（1486—1557）[8]为冬至使如明，副使郑惟吉（1515—1588）[9]，书状官姜显[10]。八月，李岂赍华察、薛廷宠赠朝鲜国王及朝鲜文人苏世让画、墨、扇子、绡等礼物回。十一月，遣参判郑惟善如明，谢赐蟒龙袍。十二月，尹思翼回，备言龚用卿、华察、薛廷宠数次至玉河馆看望，并馈赠朝鲜三使节团下程（路费）、《五经大全》。

1540年，庚子，〔明〕世宗嘉靖十九年，☆黄帝历四千二百三十八年。岁初，遣朝鲜使臣权橃赍嘉靖帝允改《大明会典》内朝鲜宗系敕还[11]。十二月，遣朝鲜通事李和宗赍咨回，为冒耕人事也。岁末，帝遣礼部侍郎孙承恩致祭朝鲜使臣曹允武；◇檀君历三千八百七十三年，〔朝鲜〕中宗三十五年。正月，权橃赍敕回，并言其与龚用卿交往事。二月，遣金麟孙、林百龄如明谢恩。是月，王命世子以辩诬事祭告宗庙，并命保护宣德帝御笔《龙驹图》、成化帝御笔《败荷芦雁图》。三月，遣曹光远为千秋使如明。四月，遣申瀚如明贺圣节[12]。申瀚（1482—1543），字仲容，申用溉之子。十月，遣曹允武为冬至使、尹杲为书状官如明。曹允武（？—1540）逝于北京玉河馆。

1541年，辛丑，〔明〕世宗嘉靖二十年，☆黄帝历四千二百三十九年。六月，遣李时、康镇送朝鲜漂风人高银迁等。十一月，遣行人李伦、都察院进士李润赍敕至朝鲜颁诏。礼部着辽东都司传敕：龚用卿奏请视朝鲜同内服，今后国家凡有诏诰者，也使朝鲜一体知悉。"誊黄"制度至此开始；◇檀君历三千八百七十四年，〔朝鲜〕中宗三十六年。六月，遣洪春卿、书状官李世球如明贺圣节，鱼叔权随团入北京[13]。是月，遣李和宗为押解官如明。七月，遣李希雍为

1　参见杜宏刚、邱瑞中、韩登庸、刘羚、阎崇东主编《韩国文集中的明代史料》，第二卷，第184页，广西师范大学出版社，2006年版。
2　参见杜宏刚、邱瑞中、韩登庸、刘羚、阎崇东主编《韩国文集中的明代史料》，第二卷，第185页及第三卷，第239页，广西师范大学出版社，2006年版。
3　参见杜宏刚、邱瑞中、韩登庸、刘羚、阎崇东主编《韩国文集中的明代史料》，第二卷，第187页，广西师范大学出版社，2006年版。
4　参见杜宏刚、邱瑞中、韩登庸、刘羚、阎崇东主编《韩国文集中的明代史料》，第二卷，第189页，广西师范大学出版社，2006年版。
5　参见朝鲜文人安璐《己卯录补遗》（卷上）"权橃传"，〔韩〕《大东野乘》卷之十。
6　〔韩〕权橃《朝天录》载："世宗嘉靖十八年、中宗大王三十四年己亥，闰七月十七日。赐宴礼曹判书李龟龄、参议蔡世英、都承旨申瑛、奏请使权橃、冬至使任权"。见〔韩〕林基中主编《燕行录全集》，第2卷，第328页，东国大学校出版部2001年版。
7　权橃《朝天录》亦收入〔韩〕林基中主编《燕行录全集》，第2卷，东国大学出版部，2001年版。
8　参见朝鲜文人鱼叔权《稗官杂记》（一），〔韩〕《大东野乘》卷之四；朝鲜文人安璐《己卯录补遗》（卷上）"任权传"，〔韩〕《大东野乘》卷之十。
9　参见杜宏刚、邱瑞中、韩登庸、刘羚、阎崇东主编《韩国文集中的明代史料》，第二卷，第382页，广西师范大学出版社，2006年版。
10　参见〔韩〕权橃《朝天录》"十月十八日"，该处标明"任枢（士钧）、郑顺朋（耳龄）、姜显（显之）"。
11　参见朝鲜文人赵庆男《续杂录》（四）《历代要览》，〔韩〕《大东野乘》卷之三十四。
12　参见杜宏刚、邱瑞中、韩登庸、刘羚、阎崇东主编《韩国文集中的明代史料》，第二卷，第379页，广西师范大学出版社，2006年版。
13　参见任范松、金东勋、孙振彪、马金科《朝鲜古典诗话研究》，第132页，延边大学出版社，1995年版；朝鲜文人鱼叔权《稗官杂记》（二），〔韩〕《大东野乘》卷之四。

千秋使如明，李安忠为书状官。李希雍逝于汤站[1]。九月，遣许磁为冬至使如明，李若海为书状官[2]。是月，以皇太后张氏（弘治帝皇后）崩，遣安玹如明陈慰，遣赵士秀如明进香，书状官韩𪧘（1501—1558）[3]。是月，又以皇明九庙焚毁，遣李霖为陈慰使如明。十一月，以冒耕明人董礼、朴雄之事移咨辽东。十二月，李安忠回，备言路途遭索贿之事。

1542年，壬寅，〔明〕世宗嘉靖二十一年，☆黄帝历四千二百四十年。二月，阁老夏言求朝鲜兔丝为药材；◇檀君历三千八百七十五年，〔朝鲜〕中宗三十七年。五月，王命礼曹判书金安国开列需印刷书籍名单。七月，遣权应昌为千秋使如明，遣柳希龄为圣节使如明。八月，遣许祺为管押使如明献马。是月，遣吏曹参判崔辅汉、工曹参判李漈为冬至正、副使如明，兼谢送漂风人高银迁等回。十月，遣李名圭（1497—1560）[4]、权应挺[5]如明，谢送朝鲜漂风人梁效根等，副使之弟权应仁随行。十一月，千秋使权应昌驰送书启至，言皇帝在卧室被侍女杨金英等勒住脖子，几死。嘉靖乃枭宫女16人首，暴尸于北京[6]。十二月，遣工曹参议金益寿如明，钦问起居。是月，又遣佥知中枢府事郑大年（1503—1578）如明贺正[7]。书状官金安国。

1543年，癸卯，〔明〕世宗嘉靖二十二年，☆黄帝历四千二百四十一年。五月，明人100余以女真纵兵抢掠金石山等处逃入朝鲜。六月，遣朝鲜使臣金益寿、郑大年赍敕、钦赐衮龙袍1袭、彩缎与绒锦各4匹还。八月，遣高轩赍咨送朝鲜漂风人回；◇檀君历三千八百七十六年，〔朝鲜〕中宗三十八年。正月，冬至使崔辅汉抄来山东巡按御史胡汝辅奏折，请征朝鲜兵，助攻女真。五月，金益寿送书启，尚书严嵩告曰帝喜朝鲜纸，着国王奉进。六月，遣尹元衡如明贺圣节。七月，遣金万钧、元混如明贺千秋，兼谢钦赐衮龙袍等。是月，朝鲜印《铜人经》等医书。十月，遣韩淑为冬至使、金舜皋为副使如明。十一月，刊印明人"东鲁王氏"《农书》。是岁，庆尚道丰基郡守周世鹏请仿朱熹白鹿洞书院，设立"白云洞书院"。王允之，于是朝鲜首座书院诞生。周世鹏（1495—1554）有《武陵杂稿》传世。朝鲜文人权鳖《海东杂录》（三）"周世鹏"收录周氏歌谣作品多首[8]。是岁，朝鲜人口4162021名。是岁，王命翻译刘向《列女传》为谚文[9]，李上佐为之插图[10]。

1544年，甲辰，〔明〕世宗嘉靖二十三年，☆黄帝历四千二百四十二年。正月，遣朝鲜使臣金万钧赍敕及钦赐银两、纻丝还；◇檀君历三千八百七十七年，〔朝鲜〕中宗三十九年。正月，遣沈光彦、黄恬如明，谢钦赐银两、纻丝，并赍《皇华集》送华察。二月，韩淑、金舜皋回，言是岁华察主持应天府乡试，并赠送《乡试录》于王与苏世让。三月，遣李应星送被掳2

1　汤站，今辽宁省丹东汤山城。

2　参见杜宏刚、邱瑞中、韩登庸、刘羚、阎崇东主编《韩国文集中的明代史料》，第二卷，第567页，广西师范大学出版社，2006年版。

3　参见杜宏刚、邱瑞中、韩登庸、刘羚、阎崇东主编《韩国文集中的明代史料》，第三卷，第237页，广西师范大学出版社，2006年版。

4　参见杜宏刚、邱瑞中、韩登庸、刘羚、阎崇东主编《韩国文集中的明代史料》，第三卷，第224页，广西师范大学出版社，2006年版。

5　朝鲜文人权应仁《松溪漫录》有"嘉靖壬寅，仆随仲氏参判公赴燕京，游观礼部"之语。见〔韩〕《大东野乘》卷之五十六。

6　参见朝鲜文人赵庆男《续杂录》（四）《历代要览》"（嘉靖）二十年"，〔韩〕《大东野乘》卷之三十四。

7　参见杜宏刚、邱瑞中、韩登庸、刘羚、阎崇东主编《韩国文集中的明代史料》，第三卷，第481页及第四卷，第52页，广西师范大学出版社，2006年版。

8　见〔韩〕《大东野乘》卷之二十一。

9　谚文，朝鲜文（韩文）的旧称。

10　参见朝鲜文人鱼叔权《稗官杂记》（四），〔韩〕《大东野乘》卷之四。

人至辽东，兼送私与义州人千石买卖银、铁之明人李正等至辽东。六月，遣宋𤪧如明贺圣节[1]。是月，朝鲜鞫问军官朴砺。朴砺在北京私将银92两许给牙子，被抓后报礼部。礼部以为银两非禁止物，送还。是月，谢恩使沈光彦通事权仁佐私自持有黄金6斤5两，被捉后囚于平壤。是月，忠清道停泊明人船1艘，载高贤、李章等110人。李章乃出海贸易之泉州人，率38人登岸，其余人等惊慌驾船入海。朝鲜遣通事李和宗请于辽东都司，送李章等至汤站[2]。是月，辽东船主池月等15人漂风至，朝鲜遣官送回。七月，遣李霖如明贺千秋，并送被掳王昌等2人回。十月，遣郑士龙（1491—1570）为冬至使，宋麟寿为副使如明，并送福建漂风李玉乞等39人入京师[3]。郑士龙著有《甲辰朝天录》，收入其《湖阴杂稿》卷三[4]。宋麟寿（1487—1547），字眉叟，号圭庵，本贯恩津，有《圭庵集》传世。十一月，中宗薨，仁宗继位。中宗妃尹氏（1501—1565，文定王妃，本贯坡平，尹之任之女）被尊为王大妃。十二月，遣闵齐仁[5]、李浚庆[6]如明，告讣兼奏请谥号、奏请承袭，吴祥（1512—1573）为书状官[7]。李浚庆（1499—1572），字原吉，号南堂，本贯广州，著有《东皋遗稿》。

1545年，乙巳，〔明〕世宗嘉靖二十四年，☆黄帝历四千二百四十三年。闰正月，以送福建漂风人李玉乞等回，遣朝鲜使臣郑士龙赍钦赐银50两、彩缎4表里回。五月，遣太监郭璇、行人司行人张承宪[8]为吊祭使，至朝鲜吊祭中宗。太医马文龙随同至汉城。马文龙，字时翔，号雨塘，钱塘人[9]。是月，又遣太监张奉、吴猷至朝鲜，诏封仁宗为“朝鲜国王”，诰封仁宗妃朴氏（1514—1577，仁圣王妃，本贯罗州，朴墉之女）为“王妃”，并送大批钦赐纱、罗、绫、缎[10]。是月，太监郭璇、张奉索朝鲜银药罐、铜马鞍、海獭皮等物。十二月，遣朝鲜冬至使带回朴孙等人。朴孙一行自朝鲜济州岛漂风至琉球，滞留4年后随琉球使节团进北京[11]；◇檀君历三千八百七十八年，〔朝鲜〕仁宗李峼（1515—1545）[12]一年。仁宗在位仅一年即薨。王大妃、中宗妃尹氏（1501—1565，文定王妃）垂帘听政。二月，以中国讥讽，禁止使节团书册、药材、弓角之外一切贸易。三月，遣佥知中枢府事蔡世英如明贺千秋[13]。是月，遣申光汉（1484—1555）为钦差远接使。四月，遣同知中枢府事李瀣（1496—1550，字景明）如明贺圣节[14]。李瀣

1 但朝鲜文人洪暹（1504—1585）《忍斋集》记载是岁六月，遣佥知中枢府事柳辰仝如明贺圣节。见杜宏刚、邱瑞中、韩登庸、刘羚、阎崇东主编《韩国文集中的明代史料》，第三卷，第218页，广西师范大学出版社，2006年版。

2 参见朝鲜文人鱼叔权《稗官杂记》（一），〔韩〕《大东野乘》卷之四。

3 参见〔韩〕《仁宗实录》卷一；朝鲜文人赵庆男《续杂录》（四）《历代要览》“（嘉靖）二十三年”，〔韩〕《大东野乘》卷之三十四。

4 该书亦收入〔韩〕林基中主编《燕行录全集》，第3卷，东国大学出版部，2001年版。

5 闵齐仁（1493—1549），字希中，号立岩，本贯骊兴。其《立岩集》卷一有《九月九日，邀冬至使郑云卿（郑士龙）、管押使元寿甫、点马金有初、书状南可封、质正郑中远游九龙渊，次云卿韵》。九龙渊在义州。

6 参见朝鲜文人安璐《己卯录补遗》（卷上）“李浚庆传”，〔韩〕《大东野乘》卷之十；杜宏刚、邱瑞中、韩登庸、刘羚、阎崇东主编《韩国文集中的明代史料》，第三卷，第486页，广西师范大学出版社，2006年版。

7 参见杜宏刚、邱瑞中、韩登庸、刘羚、阎崇东主编《韩国文集中的明代史料》，第三卷，第364–365页，广西师范大学出版社，2006年版。该处乃吴祥《负暄堂遗稿》“年谱补遗”，于三使姓名交代较清楚。

8 参见朝鲜文人鱼叔权《稗官杂记》（二），〔韩〕《大东野乘》卷之四。

9 参见杜宏刚、邱瑞中、韩登庸、刘羚、阎崇东主编《韩国文集中的明代史料》，第四卷，第55页，广西师范大学出版社，2006年版。

10 参见朝鲜文献《明宗实录》卷一；杜宏刚、邱瑞中、韩登庸、刘羚、阎崇东主编《韩国文集中的明代史料》，第二卷，第449页，广西师范大学出版社，2006年版。

11 参见朝鲜文人鱼叔权《稗官杂记》（四），〔韩〕《大东野乘》卷之四。

12 参见〔韩〕《仁宗实录》卷一。

13 参见〔韩〕《明宗实录》卷一。

14 参见朝鲜文人李瀣（1496—1550）《温溪逸稿》卷四《行状》。参见杜宏刚、邱瑞中、韩登庸、刘羚、阎崇东主编《韩国文集中的明代史料》，第二卷，第568页，广西师范大学出版社，2006年版。该书第570页曰“圣节使李景明、柳叔春”。

之子李宓（1520—1545）随行，病逝于北京通州。六月，王至慕华馆饯钦差，并遣右议政成世昌、同知中枢府事姜显如明谢恩。七月，以仁宗李峼薨，遣同知中枢府事宋磏、同知中枢府事韩淑如明，告讣兼奏请谥号、承袭。是月，全罗道观察使沈光彦启，有3艘船至兴阳县上岸，县监苏连、钵浦万户安止、鹿岛万户张明以为倭人，追逐斩杀148人，擒获282人，后知乃去日本贸易明船也。朝鲜遂鞫问苏连、安止，并给船只粮米，遣官分三批送颜容等282名福建人回国[1]。是月，沈光彦启，又有2船停泊，自称往日本赴明贸易船，乃不许下岸。十月，遣宋福坚、金漹为冬至正副使如明。十一月，命282名明人传授火铳、沥青、火炮技术，无技术者先送，有技术者最后送其回国。是月，遣同知中枢府事南世健、佥知中枢府事尹溪如明，谢送还济州漂风人，书状官姜伟[2]。

1546年，丙午，〔明〕世宗嘉靖二十五年，☆黄帝历四千二百四十四年。正月，遣太监刘远、行人司行人王鹤至朝鲜，吊祭朝鲜仁宗李峼，赐谥号“荣靖”。王鹤（1517—？），长安人，嘉靖二十三年甲辰（1544）进士，善诗词[3]。二月，遣太监聂宝、郭銮，至朝鲜颁“封尔为朝鲜国王”诏书，册封明宗。聂宝宣诰，册明宗妃沈氏（1532—1575，仁顺王妃，本贯青松，沈钢之女）为“王妃”，并送冕服、冠服、彩币[4]。三月，以送福建漂风人颜容等回，遣朝鲜使臣南世健赍钦赐银两还[5]。五月，礼部着朝鲜使臣送译官移咨，奉旨命朝鲜特进纸张[6]。七月，福建人至日本贸易船败，冯淑等150人登陆朝鲜全罗道鹿岛[7]。十一月，遣朝鲜使臣闵世良赍咨还。是岁，于九连城[8]稍北设立新堡，名“江沿台堡”[9]；◇檀君历三千八百七十九年，〔朝鲜〕明宗李峘（1534—1567，字对阳）一年。仁宗妃朴氏（1514—1577，仁圣王妃，本贯罗州，朴墉之女）被尊为王大妃。中宗妃尹氏（1501—1565，文定王妃，本贯坡平，尹之任之女）被尊为大王大妃，垂帘听政。二月，漂流至琉球朝鲜人朴孙于中国福建见水车，乃传与朝鲜八道。是月，伴送使任权驰报，钦差正使、太监刘远夺朝鲜军士良马。是月，遣林百龄假衔右议政如明谢恩。林百龄在归国途中逝于永平府[10]。三月，遣闵世良如明贺千秋。是月，遣李润庆（1498—1562）如明谢恩[11]。四月，南世健还，言中朝以表文中“尔”等字犯上而改之。五月，遣罗世缵（1498—1551，字丕承，号松斋）如明贺圣节[12]。七月，遣通官送还船败福建人冯淑等150名。十月，遣金铦率冬至使节团如明[13]，李洪干为副使。李洪干（1486—1546）于回途病逝于沙流河[14]。十一月，

1　参见朝鲜文人赵庆男《续杂录》（四）《历代要览》，〔韩〕《大东野乘》卷之三十四。
2　参见朝鲜文人鱼叔权《稗官杂记》（一），〔韩〕《大东野乘》卷之四。
3　参见朝鲜文人鱼叔权《稗官杂记》（二），〔韩〕《大东野乘》卷之四。
4　参见杜宏刚、邱瑞中、韩登庸、刘羚、阎崇东主编《韩国文集中的明代史料》，第三卷，第101页，广西师范大学出版社，2006年版。
5　参见朝鲜文人赵庆男《续杂录》（四）《历代要览》，〔韩〕《大东野乘》卷之三十四。
6　参见朝鲜文人赵庆男《续杂录》（四）《历代要览》，〔韩〕《大东野乘》卷之三十四。
7　朝鲜文人赵庆男《续杂录》（四）《历代要览》“（嘉靖）二十五年”记冯淑等漂风福建人共342姓名。见〔韩〕《大东野乘》卷之三十四。
8　九连城在辽宁省丹东市，鸭绿江沿岸。
9　参见朝鲜文人赵庆男《续杂录》（四）《历代要览》，〔韩〕《大东野乘》卷之三十四。
10　永平府府治在现今河北省卢龙县。参见朝鲜文人鱼叔权《稗官杂记》（四），〔韩〕《大东野乘》卷之四；朝鲜文人权应仁《松溪漫录》（下），〔韩〕《大东野乘》卷之五十六。
11　参见杜宏刚、邱瑞中、韩登庸、刘羚、阎崇东主编《韩国文集中的明代史料》，第三卷，第477页，广西师范大学出版社，2006年版。
12　参见朝鲜文人罗世缵（1498—1551）《松斋集》。卷四《年谱》载，嘉靖二十六年丁未罗世缵如明贺圣节。
13　参见朝鲜文人鱼叔权《稗官杂记》（二）所记序班李时贞与正使金铦的对话，〔韩〕《大东野乘》卷之四。
14　沙流河，今河北唐山市丰润西沙流河镇。

朝鲜六镇边民不堪官府压榨，避入女真者甚多。是岁，徐敬德卒。徐敬德（1489—1546），字可久，号复斋、花潭，司马试后不肯参加科举，在今朝鲜开城闭门读书，是性理学大家[1]，其《花潭集》被清人纪昀收入《四库全书》别集类。是岁，鱼叔权随团来华，并购得明人卢和之所著《食物本草》[2]。韩国林基中教授认定，是岁任权（1486—1557）来华并著有《燕行日记》[3]。

1547年，丁未，〔明〕世宗嘉靖二十六年，☆黄帝历四千二百四十五年。四月，遣朝鲜使臣李㥐赍敕、咨文及钦赐银两回。李㥐至连山关[4]，马车上敕书、咨文被盗，只以钦赐物回国[5]。十月，遣朝鲜使臣张世豪赍补敕书至朝鲜。十一月，辽东遣江潮与通事康镇送朝鲜漂风人金万贤等回，并求弓箭、笔墨、白布等；◇檀君历三千八百八十年，〔朝鲜〕明宗二年。二月，鞫问通事金山海私自贸易及在京师提督处喧哗等事。是月，遣李㥐为特进使如明，进表纸、咨文纸共600张。三月，李㥐驰报，礼部以为朝鲜进献纸张既少且粗。四月，同副承旨丁应斗进其在北京购得《武经备要》等书。是月，"丁未士祸"发，尹任[6]和凤城君李岏[7]受牵连死。五月，遣宋纯（1493—1583）、柳智善如明奏闻[8]。宋纯（1493—1583），字守初、诚之，号企村、俛仰亭，本贯新平，其《俛仰集》卷二为"燕行诗"，续集卷一有《燕行录》一文，夹杂朝鲜文[9]。朝鲜文人鱼叔权《稗官杂记》（二）曰，他自己也参加了此次奏闻使燕行，他曾七次来华。到北京后，鱼叔权在玉河馆见到了漂风到宁波的朝鲜济州金万贤等64人。是月，遣同知中枢府事张彦豪如明贺圣节，并详奏李㥐所赍敕书失窃事[10]。八月，全罗道灵光郡驰报，大明潮州人黄三为贸易事往日本，船败停泊。十一月，遣金光轸如明谢恩。十二月，以皇后方氏崩，遣南宫淑如明陈慰，遣金景锡如明进香，书状官崔瓘。

1548年，戊申，〔明〕世宗嘉靖二十七年，☆黄帝历四千二百四十六年。八月，遣辽东千户全孝送漂风朝鲜人廉孙等回；◇檀君历三千八百八十一年，〔朝鲜〕明宗三年。正月，朝鲜铁山人吴润、京商吕兴与明人朴瓢老私自交易，皆被执。乃移咨辽东。五月，遣任说为千秋使如明，书状官李梦锡[11]。六月，遣赵伯高如明贺圣节[12]。八月，遣知中枢府事崔演（1503—1549）为冬至使如明，副使边明胤。崔演于途中著有《西征录》[13]，收入其《艮斋集》卷九、卷十，但崔演回国时病逝于平壤[14]。《艮斋集》卷十二《神道碑铭》载，崔演之弟崔洵有文才，随团赴燕京，回途中病逝于朝鲜义州，崔演哭弟而得大病至于身死。

---

1 朝鲜文人车天辂《五山说林草藁》记述徐敬德事迹颇多，见〔韩〕《大东野乘》卷之五。

2 参见朝鲜文人鱼叔权《稗官杂记》（二），〔韩〕《大东野乘》卷之四。

3 参见〔韩〕林基中《燕行录研究》，第492页，一志社，2006年增补版。参见本年历"1539年"。

4 连山关，今在辽宁省沈丹高速沿线。

5 参见朝鲜文人鱼叔权《稗官杂记》（一），〔韩〕《大东野乘》卷之四；朝鲜文人赵庆男《续杂录》（四）《历代要览》，〔韩〕《大东野乘》卷之三十四。

6 尹任乃朝鲜章敬王妃之兄、仁宗舅父。参见朝鲜文人李中悦子《乙巳传闻录》"尹任传"，〔韩〕《大东野乘》卷之十二。

7 参见朝鲜文人李中悦子《乙巳传闻录》"凤城君传"，〔韩〕《大东野乘》卷之十二。

8 参见朝鲜文人鱼叔权《稗官杂记》（一）（二），〔韩〕《大东野乘》卷之四；朝鲜文人赵庆男《续杂录》（四）《历代要览》，〔韩〕《大东野乘》卷之三十四。

9 参见杜宏刚、邱瑞中、韩登庸、刘羚、阎崇东主编《韩国文集中的明代史料》，第二卷，第540页，广西师范大学出版社，2006年版。

10 参见朝鲜文人赵庆男《续杂录》（四）《历代要览》"（嘉靖）二十六年"，〔韩〕《大东野乘》卷之三十四。

11 参见朝鲜文人崔演《艮斋集》卷九，面二十四。

12 崔演《西征录》载，于途中见到了赵伯高一行。见崔演《艮斋集》卷九。

13 该《西征录》收入〔韩〕林基中主编《燕行录全集》，第3卷，东国大学出版部，2001年版。见杜宏刚、邱瑞中、韩登庸、刘羚、阎崇东主编《韩国文集中的明代史料》，第三卷，第171页，广西师范大学出版社，2006年版。

14 参见朝鲜文人许筠《惺所覆瓿稿》卷十六所载崔演神道碑铭；朝鲜文献《明宗实录》卷九，面六。

1549年，己酉，〔明〕世宗嘉靖二十八年，☆黄帝历四千二百四十七年；◇檀君历三千八百八十二年，〔朝鲜〕明宗四年。正月，礼曹启，大明于汤站沿江修筑城堡。四月，闻皇太子薨，朝鲜停朝、市三日，遣李蓂（1496—1572）如明陈慰。李蓂到广宁患病，都御史派人以担架护送[1]。六月，遣司宪府持平李瑛为书状官[2]，如明贺圣节。李瑛（1501—1558），字子润。十月，遣李梦亮（1499—1564，字彦明）率冬至使节团如明，权擘（1520—1593）为书状官。

1550年，庚戌，〔明〕世宗嘉靖二十九年，☆黄帝历四千二百四十八年；◇檀君历三千八百八十三年，〔朝鲜〕明宗五年。二月，王命驱赶丰川地椒岛明人。六月，遣同知中枢府事柳辰仝（1497—1561）如明贺圣节[3]。八月，遣汉城府右尹申瑛，如明贺冬至。十月，司宪府启，出使朝鲜人私自赍银两至于万两，中国人沿途皆骂朝鲜使团为“朝鲜商团”，请查禁。王允之。是岁，朝鲜恢复僧科考试[4]。

1551年，辛亥，〔明〕世宗嘉靖三十年，☆黄帝历四千二百四十九年；◇檀君历三千八百八十四年，〔朝鲜〕明宗六年。五月，始设书肆。六月，遣任虎臣（1506—1556）如明贺圣节[5]。八月，禁富商、大贾在义州与越江明人交易。是月，遣韩蚪（1501—1558）为冬至使如明[6]，书状官周怡。朝鲜文人黄景源（1709—1787）《江汉集》卷十五载，嘉靖帝出盆松，命周怡赋诗。是岁，朝鲜著名女画家申任堂（1504—1551）逝世。她是著名文人李珥的母亲，诗、书、画皆精到，现今韩国新版5万元韩币上印其头像。

1552年，壬子，〔明〕世宗嘉靖三十一年，☆黄帝历四千二百五十年。冬，朝鲜以洪武、永乐年间所赠乐器损坏，奏请律管并请允派员至京师学习音乐。嘉靖帝准之[7]；◇檀君历三千八百八十五年，〔朝鲜〕明宗七年。是岁，太王大妃、中宗妃尹氏（1501—1565，文定王妃，本贯坡平，尹之任之女）持续8年的垂帘听政结束。四月，领议政沈连源（1491—1558）等启，朝鲜遵孟子“以小事大”之意，尊事大明，但商贾辈买卖明货，国人使用中国物品习以为常，请禁民人穿着丝绸以绝奢侈。八月，遣闵箕为冬至使如明。是岁，以望古三夫罗为首的倭寇与数名中国商人闯入旌义县，杀死朝鲜官军后逃入汉拏山。官军擒获望古三夫罗等人，王流放之[8]。

1553年，癸丑，〔明〕世宗嘉靖三十二年，☆黄帝历四千二百五十一年。八月，遣朝鲜使臣李铎赍敕还；◇檀君历三千八百八十六年，〔朝鲜〕明宗八年。闰三月，遣佥知中枢府事李铎（1509—1576）为进献使如明，献纸1000张[9]。六月，全罗道珍岛倭船停泊，抓获倭人三甫

1 参见杜宏刚、邱瑞中、韩登庸、刘羚、阎崇东主编《韩国文集中的明代史料》，第四卷，第189页，广西师范大学出版社，2006年版。

2 参见杜宏刚、邱瑞中、韩登庸、刘羚、阎崇东主编《韩国文集中的明代史料》，第三卷，第240页，广西师范大学出版社，2006年版。

3 参见朝鲜文献《明宗实录》卷十。

4 参见朝鲜文人赵庆男《续杂录》（四）《历代要览》，〔韩〕《大东野乘》卷之三十四。

5 参见杜宏刚、邱瑞中、韩登庸、刘羚、阎崇东主编《韩国文集中的明代史料》，第三卷，第221页，广西师范大学出版社，2006年版。

6 参见杜宏刚、邱瑞中、韩登庸、刘羚、阎崇东主编《韩国文集中的明代史料》，第三卷，第237页，广西师范大学出版社，2006年版。

7 参见《明史·列传第二百八·外国一·朝鲜》（卷三百二十）。

8 参见朝鲜文人赵庆男《续杂录》（四）《历代要览》，〔韩〕《大东野乘》卷之三十四。

9 参见杜宏刚、邱瑞中、韩登庸、刘羚、阎崇东主编《韩国文集中的明代史料》，第五卷，第359页，广西师范大学出版社，2006年版。

那并获火铳等物。八月，遣大司成金澍如明谢恩。九月，景福宫[1]被火，大王大妃、王大妃诰命被焚。十月，遣李泽为冬至使如明，并赍咨押送倭人望古三夫罗、三甫那至京师，书状官成义国。善乐官 1 人、乐师 3 人随团来华[2]。

1554 年，甲寅，〔明〕世宗嘉靖三十三年，☆黄帝历四千二百五十二年。正月，以献俘京师，遣朝鲜使臣李泽赍敕并钦赐白银、彩缎、文锦回；◇檀君历三千八百八十七年，〔朝鲜〕明宗九年。正月，遣权辙（1504—1578）如明谢恩。是月，罢金澍官职。以礼部赏赐李泽冬至使团，录全体姓名。金澍时在京，亦将谢恩使节团姓名全书录入。礼部怀疑，反复再三，终于全赏。二月，任权启，中原驿路凋敝，使节团下人难免步行，颇有厌倦之意。六月，济州牧使南致勤驰报，倭船 1、明船 1 靠岸，捉到倭人 23 名、明人 2 名。会审后得知，乃倭人寇中国，掳走明人。十月，遣郑裕率冬至使节团如明，并进咨文用纸。

1555 年，乙卯，〔明〕世宗嘉靖三十四年，☆黄帝历四千二百五十三年。一月，遣朝鲜使臣郑裕赍敕及钦赐银两、表里还，嘉奖朝鲜进献纸张；◇檀君历三千八百八十八年，〔朝鲜〕明宗十年。二月，遣刑曹参判洪昙（1509—1576）如明谢恩[3]。三月，对马岛主书信至朝鲜，告日本国西戎数万艘船将寇中原。五月，"乙卯倭变"发，倭船 70 艘占全罗道汉梁浦，焚烧住房，王遣都元帅李庆浚领兵御之。六月，洪昙书状启，女真 5 万人抢烧玉田、蓟州等地，且松江、嘉定、苏州等地军民数岁与倭奴战。七、八月，礼部郎中张天复求纸，王不许。八月，遣圣节使如明，柳从善（1519—1578）为书状官。九月，济州牧使金秀文报捷，斩倭首 54 级，毁其船并解救被倭掳明人许秀。十月，遣冬至使任鼎臣、书状官金庆元如明，并送被倭掳明人许秀至辽东。

1556 年，丙辰，〔明〕世宗嘉靖三十五年，☆黄帝历四千二百五十四年。正月，遣朝鲜使臣洪昙赍敕还。帝以朝鲜进纸，钦赐银 100 两，纻丝、纱罗各 1 匹；◇檀君历三千八百八十九年，〔朝鲜〕明宗十一年。四月，对马岛主书信言，明人五峰将引导倭兵寇中国。五月，遣尹釜如明贺圣节，书状官金启。十月，遣沈通源为冬至使、书状官朴启贤如明，并送被倭掳汉人华重庆、刘应箕（1539—？）[4]等 38 人至京师[5]。十一月，尹釜回，言女真兵马抢广宁，驿路沿途几无人烟。是月，鞫问乙卯年（1555）冬至使臣任鼎臣、金庆元一行，因每人于京师买绸缎 70 匹事也。是岁，朝鲜大儒李滉（1501—1570）《朱子书节要》完稿。

1557 年，丁巳，〔明〕世宗嘉靖三十六年，☆黄帝历四千二百五十五年。正月，遣朝鲜使臣沈通源赍敕回，钦赐银、帛酬送回被倭掳人及济州抗倭将士[6]；◇檀君历三千八百九十年，〔朝鲜〕明宗十二年。正月，沈通源回，王亲自到慕华馆迎敕，并以沈通源丢失钦赐银 80 两罢其职，杖通事崔世协 100 下。三月，对马岛主遣船至朝鲜，其书信有"大明副使蒋龙溪"咨文，礼曹乃启。汉吏学官审后，知是蒋副使奉敕告日本国书也。四月，遣刑曹参判宋麒寿（1506—

1　景福宫是朝鲜王朝的王宫，现通称"古宫"，是韩国主要旅游景点之一。
2　参见朝鲜文人许篈《海东野言》（三），〔韩〕《大东野乘》卷之九。
3　参见杜宏刚、邱瑞中、韩登庸、刘矜、阎崇东主编《韩国文集中的明代史料》，第四卷，第 48 页，广西师范大学出版社，2006 年版。
4　刘应箕诗句极佳。参见朝鲜文人权应仁《松溪漫录》（上），〔韩〕《大东野乘》卷之五十六。
5　参见朝鲜文人赵庆男《续杂录》（四）《历代要览》"（嘉靖）三十五年"，〔韩〕《大东野乘》卷之三十四。
6　参见《明史·列传第二百八·外国一·朝鲜》（卷三百二十）。

1581）如明贺圣节兼谢恩[1]，辛义立为书状官。辛义立（1565—1631）著有《燕行日记》[2]。六月，遣赵士秀为奏请使、尹毅仲为书状官，如明奏请补颁因嘉靖三十二年（1553）景福宫失火所烧掉大王大妃、中宗妃尹氏（1501—1565，文定王妃，1544年为王大妃，1546年为大王大妃）以及王大妃诰命，并为宗系辩诬改正事移咨礼部。七月，遣金贵荣如明贺千秋[3]。八月，遣知中枢府事李名圭（1497—1560）为冬至使[4]、同知中枢府事尹春年为副使如明，并奏请封李玨为王世子[5]，书状官李师圣[6]。是岁，以北京紫禁城火灾，遣南宫忱如明陈慰。

1558年，戊午，〔明〕世宗嘉靖三十七年，☆黄帝历四千二百五十六年。二月，遣太监王本、赵芬赍敕至朝鲜，册封李玨为王世子[7]。三月，遣朝鲜使臣李名圭（1497—1560）[8]、尹春年赍补颁大王大妃、王大妃诰命回；◇檀君历三千八百九十一年，〔朝鲜〕明宗十三年。二月，敕使至朝鲜，王亲自迎接[9]。三月，遣佥知中枢府事俞绛如明谢恩。四月，南宫忱书启，中原饥馑，人民相食，路途几无人烟。六月，遣李戡如明贺圣节。八月，遣方好智为冬至使如明。方好智至辽东，病笃不行，令书状官独往。

1559年，己未，〔明〕世宗嘉靖三十八年，☆黄帝历四千二百五十七年；◇檀君历三千八百九十二年，〔朝鲜〕明宗十四年。三月，廷议女真威胁贡路汤站等处。五月，遣姜暹如明贺圣节。七月，礼曹启，黄海道捕获倭船中，被倭掳苏才等250余名明人需送。王命择少数送入京师，其余送至辽东。八月，廷议长白山山崩事。是月，遣尹毅中为冬至使如明，顺送被倭掳苏才等250余名汉人回国[10]。十月，筹备广印朝鲜文人诗文集。

1560年，庚申，〔明〕世宗嘉靖三十九年，☆黄帝历四千二百五十八年。是岁，以送被倭掳汉人回，遣朝鲜使臣尹毅中赍钦赐银两回。是岁，辽东都司以朝鲜译官洪熙至江沿台堡买卖、九连城汉人至设陷坪居住事移咨朝鲜；◇檀君历三千八百九十三年，〔朝鲜〕明宗十五年。三月，敕使至朝鲜，嘉奖送倭掳明人回。五月，遣兵曹参议柳潜如明贺圣节兼谢恩。柳潜回至高岭驿，被蒙古兵所抢，随行译官姜英被杀[11]。八月，遣吴祥（1512—1573）为冬至使如明，书状官姜士弼[12]。到间阳驿[13]遭蒙古兵围困，吴祥率随行长子吴承义、驿卒、居民死守，得免灾[14]。吴承义归国时病逝朝鲜义州。1572年吴祥出使途中，间阳父老持酒相赠。是岁，朝鲜大儒退溪李滉（1501—1570）设立"陶山书院"。自此，朝鲜国王"赐额"类书院大行。"赐额"书院有学田，并免除

1 参见朝鲜文人宋麒寿（1506—1581）《秋坡集·年谱》；杜宏刚、邱瑞中、韩登庸、刘羚、阎崇东主编《韩国文集中的明代史料》，第三卷，第263、278页，广西师范大学出版社，2006年版。

2 参见〔韩〕林基中《燕行录研究》，第492页，一志社，2006年增补版。

3 参见朝鲜文人金贵荣（1519—1593）《东园集·年谱》。

4 参见杜宏刚、邱瑞中、韩登庸、刘羚、阎崇东主编《韩国文集中的明代史料》，第三卷，第224页，广西师范大学出版社，2006年版。

5 参见朝鲜文人赵庆男《续杂录》（四）《历代要览》，〔韩〕《大东野乘》卷之三十四。

6 三使姓名参见杜宏刚、邱瑞中、韩登庸、刘羚、阎崇东主编《韩国文集中的明代史料》，第六卷，第169页，广西师范大学出版社，2006年版。

7 参见朝鲜文人赵庆男《续杂录》（四）《历代要览》"（嘉靖）三十七年"，〔韩〕《大东野乘》卷之三十四；杜宏刚、邱瑞中、韩登庸、刘羚、阎崇东主编《韩国文集中的明代史料》，第三卷，第104页，广西师范大学出版社，2006年版。

8 "李名圭"又作"李名珪"，据朝鲜文献《文苑黼黻》之《别编》卷二改。

9 但吴晗先生按："此次使臣姓名及出使原因，书中未载"。见吴晗《朝鲜李朝实录中的中国史料》，第1466页，中华书局，1980年版。

10 参见朝鲜文人赵庆男《续杂录》（四）《历代要览》"（嘉靖）三十八年"，〔韩〕《大东野乘》卷之三十四。

11 参见朝鲜文人赵庆男《续杂录》（四）《历代要览》，〔韩〕《大东野乘》卷之三十四。

12 参见杜宏刚、邱瑞中、韩登庸、刘羚、阎崇东主编《韩国文集中的明代史料》，第三卷，第361页，广西师范大学出版社，2006年版。

13 今辽宁省北宁市与凌海市之间102国道沿线的间阳镇。

14 参见杜宏刚、邱瑞中、韩登庸、刘羚、阎崇东主编《韩国文集中的明代史料》，第三卷，第367页，广西师范大学出版社，2006年版。

税役。是岁，前汉城判尹张彦良卒。张彦良（1491—1560），字子房，本贯河源，1537年受大明钦差龚用卿赏识并赠诗[1]。

1561年，辛酉，〔明〕世宗嘉靖四十年，☆黄帝历四千二百五十九年；◇檀君历三千八百九十四年，〔朝鲜〕明宗十六年。五月，朝鲜整饬文庙前秩序，王命官员于“下马碑”前必须下马。是月，遣刑曹参议鱼季瑄（1502—1579）如明贺圣节[2]。十月，遣护军李龟琛如明贺正。

1562年，壬戌，〔明〕世宗嘉靖四十一年，☆黄帝历四千二百六十年。是岁，辽东都司以朝鲜乞请，于小石场下端立碑。是岁，送朝鲜漂风人郑某等回[3]；◇檀君历三千八百九十五年，〔朝鲜〕明宗十七年。三月，王命召能书人，牙善君鱼季瑄、同知李泽、正字李山海、都事申仲孝、奉事申孝武、生员成子济、进士李妍及沈仁谦、幼学闵起贞入选。四月，遣姜士尚如明贺圣节。五月，王下七律、五律诗题，命群臣作诗。郑惟吉（1515—1588）作品最佳。八月，遣同知中枢府事郭舜寿为冬至使如明。柳中郢（1515—1573）以管押使随冬至使节团来华，并著有《燕京行录》[4]。十一月，礼曹启，大明设局修纂《永乐大典》[5]。

1563年，癸亥，〔明〕世宗嘉靖四十二年，☆黄帝历四千二百六十一年。是岁，嘉靖帝命修正《大明会典》内朝鲜宗系[6]。三月，辽东都司遣张天祚赍咨至朝鲜，催进贺紫禁城火后修缮完成。九月，嘉靖帝遣礼部尚书李春芳致祭朝鲜使臣金澍，李春芳出俸银10两，提督主事胡定送缎1匹，以助买棺。十月，遣朝鲜书状官李阳元赍敕、改订后《大明会典》回[7]；◇檀君历三千八百九十六年，〔朝鲜〕明宗十八年。五月，遣同知中枢府事李友闵如明贺圣节，书状官河晋。是月，遣同知中枢府事金澍如明，奏请改宗系兼进贺，书状官李阳元。九月，金澍病逝于北京。金澍（1512—1563），字应霖，号寓庵，本贯安东，官至礼曹参判，有《寓庵集》传世。该书卷七面四详载其在华病逝事。十二月，遣工曹参判权应昌如明谢恩，具思孟（1531—1604）为书状官[8]。是岁，朝鲜王世子李玨卒[9]。

1564年，甲子，〔明〕世宗嘉靖四十三年，☆黄帝历四千二百六十二年。是岁，辽东都司以朝鲜之请，免发护送军兵于汤站；◇檀君历三千八百九十七年，〔朝鲜〕明宗十九年。正月，司译院都提调尹溉[10]驰报，有朝鲜3人投奔大明，在广宁东烟台居住[11]。四月，遣佥知中枢府事陈寔如明贺圣节[12]。八月，遣海丰君李元佑率冬至使节团如明[13]。九月，遣通事送复州卫龚成等13人至辽东。

1　参见朝鲜文人奇大升（1527—1572）《高峰集》卷三。
2　参见杜宏刚、邱瑞中、韩登庸、刘羚、阎崇东主编《韩国文集中的明代史料》，第四卷，第50页，广西师范大学出版社，2006年版。
3　参见朝鲜文人许筠《惺所覆瓿稿》附录《鹤山樵谈》面二十九。
4　参见〔韩〕林基中《燕行录研究》，第492页，一志社，2006年增补版。
5　参见朝鲜文人赵庆男《续杂录》（四）《历代要览》，〔韩〕《大东野乘》卷之三十四。
6　参见《明史·列传第二百八·外国一·朝鲜》（卷三百二十）。
7　参见〔韩〕《国朝宝鉴》卷二十三，面十二；朝鲜文人赵庆男《续杂录》（四）《历代要览》，〔韩〕《大东野乘》卷之三十四；杜宏刚、邱瑞中、韩登庸、刘羚、阎崇东主编《韩国文集中的明代史料》，第三卷，第352页，广西师范大学出版社，2006年版。
8　参见杜宏刚、邱瑞中、韩登庸、刘羚、阎崇东主编《韩国文集中的明代史料》，第五卷，第15页，广西师范大学出版社，2006年版。
9　参见朝鲜文人赵庆男《续杂录》（四）《历代要览》，〔韩〕《大东野乘》卷之三十四。
10　参见朝鲜文人安璐《己卯录补遗》（卷上）“尹溉传”，〔韩〕《大东野乘》卷之十。
11　参见〔韩〕《明宗实录》卷三十。
12　参见〔韩〕《明宗实录》卷三十，面二十七。
13　参见〔韩〕《明宗实录》卷三十，面三十七。

1565年，乙丑，〔明〕世宗嘉靖四十四年，☆黄帝历四千二百六十三年。是岁，明军与鞑靼在辽东、宣化等地作战。是岁，于九连城设镇；◇檀君历三千八百九十八年，〔朝鲜〕明宗二十年。四月，大王大妃、中宗妃尹氏（1501—1565，文定王妃，本贯坡平，尹之任之女）薨。六月，成均馆诸生不满僧人干政及尹氏专政，空馆而去。八月，罢尹元衡官，并追查其妾兰贞毒杀主母事。尹元衡乃文定王妃之弟，为领议政（首相）多年，群臣参其为非作歹[1]，岁末兰贞自杀[2]。八月，遣郑士龙为冬至使如明。九月，朝鲜官军往平安道西海坪探查，被女真乱箭射回。是岁，朝鲜多次地震，岁末罢僧科科举。

1566年，丙寅，〔明〕世宗嘉靖四十五年，☆黄帝历四千二百六十四年。十二月十四日，嘉靖帝崩；◇檀君历三千八百九十九年，〔朝鲜〕明宗二十一年。三月，以李滉为大提学，李滉次月辞官。五月，遣朴启贤如明贺圣节，书状官尹根寿[3]。尹根寿（1537—1616）是岁与国子学正陆光祖有朱、陆之学异同的辩难，尹根寿名之《朱陆论难》[4]。七月，于兰岛万户金兰等杀明人以为倭寇报功，罢其职。九月，遣李戡为冬至使如明，并详察九连城新筑城堡。闰十月，遣工曹参判尹玉（1511—1584），以送济州漂风朝鲜人如明谢恩[5]，书状官金孝元（1532—1590）[6]。

1567年，丁卯，〔明〕穆宗隆庆一年，☆黄帝历四千二百六十五年。六月，遣翰林院检讨许国、兵科给事中魏时亮至朝鲜，颁隆庆帝即位诏[7]。许国（1527—1596），字维桢，号颖阳，歙县[8]人。嘉靖四十四年（1565）进士，万历时为礼部尚书、文渊阁大学士、武英殿大学士，其故居的“许国石坊”建于万历十二年（1584），现为全国重点文物保护单位。魏时亮（？—1585），字工甫、敬吾，江西南昌人，嘉靖进士。历任中书舍人、兵科给事中、南京大理丞、刑部尚书，有《大儒学粹》存世。许国、魏时亮抵达朝鲜，惊闻明宗大王薨逝，两钦差急题本报隆庆帝，并遣随从驰入汉城。两钦差在朝鲜坚决不受馈赠，深得朝鲜君臣感佩。是岁《皇华集》前有朝鲜文人洪暹（1504—1585）“序”；◇檀君历三千九百年，〔朝鲜〕明宗二十二年。正月，工曹参判尹玉至辽东，驰报嘉靖帝崩。二月，遣汉城府判尹郑宗荣如明进香，遣刑曹参判宋赞如明陈慰，郑淹[9]为书状官。三月，遣右议政权辙（1504—1578）、知中枢府事郑惟吉（1515—1588）[10]如明贺登基。四月，遣佥知中枢府事李英贤如明贺上尊谥。五月，遣佥知中枢府事洪春年如明贺册皇后。是月，遣柳景深如明贺圣节[11]。六月，明宗薨。明宗妃沈氏（1532—1575，仁顺王妃，本贯青松，沈钢之女）被尊为大妃。以明宗后嗣已卒，迎德兴君第三子、河城君李昖为新君，是为朝鲜宣祖[12]。七月，遣朴忠元为许国、魏时亮的远接使[13]，李山海、奇大升、

1 参见朝鲜文人李珥《石潭日记》（卷之上），〔韩〕《大东野乘》卷之十四。
2 韩国电视剧《女人天下》演绎了兰贞的故事。
3 参见朝鲜文人尹根寿《松汀漫笔》，〔韩〕《大东野乘》卷之五十七。
4 见杜宏刚、邱瑞中、韩登庸、刘羚、阎崇东主编《韩国文集中的明代史料》，第五卷，第553、574页，广西师范大学出版社，2006年版。该书第574页追述丙寅年与陆光祖的笔谈。
5 参见杜宏刚、邱瑞中、韩登庸、刘羚、阎崇东主编《韩国文集中的明代史料》，第六卷，第186页，广西师范大学出版社，2006年版。
6 参见杜宏刚、邱瑞中、韩登庸、刘羚、阎崇东主编《韩国文集中的明代史料》，第五卷，第49页，广西师范大学出版社，2006年版。
7 参见《明史·列传第二百八·外国一·朝鲜》（卷三百二十）。
8 歙县，今属安徽省。
9 参见杜宏刚、邱瑞中、韩登庸、刘羚、阎崇东主编《韩国文集中的明代史料》，第四卷，第351页，广西师范大学出版社，2006年版。
10 参见杜宏刚、邱瑞中、韩登庸、刘羚、阎崇东主编《韩国文集中的明代史料》，第三卷，第505页，广西师范大学出版社，2006年版。
11 参见朝鲜文人柳希春《眉岩集》卷五《日记删节》。
12 参见朝鲜文人李珥《石潭日记》（卷之上），〔韩〕《大东野乘》卷之十四。
13 参见李山海（1539—1609）《鹅溪遗稿·鹅溪年谱》。

李后白为从事官。朴忠元一行乌纱、素服迎接钦差，并以未暇奏报明宗薨逝请罪[1]。据朝鲜文献记载，“隆庆丁卯，华使许国、魏时亮到我国，问东方孝子、节义及孔孟心学之人。礼官以孝子五人、忠臣五人、烈女五人、孔孟心学十六人为对。……时退溪先生李滉为礼曹判书”[2]。朝鲜文人奇大升（1527—1572）亦为迎接钦差朝鲜陪臣之一，其《高峰集》续集卷二有《天使许国、魏时亮问目条对》，将半岛自箕子朝鲜、新罗以来的历史、人物作一简要回顾。十月，遣冬至使如明，黄廷彧为书状官[3]。黄廷彧（1532—1607），字景文，号芝川，本贯长水，有《芝川集》传世。

1568年，戊辰，〔明〕穆宗隆庆二年，☆黄帝历四千二百六十六年。二月，遣太监张朝、行人司行人欧希稷至朝鲜颁诏，赐朝鲜明宗谥号“恭宪”[4]。是月，又遣太监姚臣、李庆至朝鲜颁诏，册封李昖为“朝鲜国王”[5]。七月，遣翰林院编修成宪、太原左卫指挥同知王玺（1524—？），至朝鲜颁立皇太子诏[6]。成宪（1539—？），蓟州[7]人，嘉靖四十四年乙丑（1565）进士，授庶吉士，为编修，后任两京国子监祭酒，曾参修国史。是月，成宪拜谒朝鲜成均馆大成殿，其与副使王玺和朝鲜文人诗作后结集为《成王皇华集》，朝鲜大儒李滉为之作序[8]。是岁，女真人闯入朝鲜平安道海西坪居住；◇檀君历三千九百〇一年，〔朝鲜〕宣祖李昖（1552—1608）一年。二月，遣军器寺正李廷瑞如明谢恩[9]。四月，遣朴永俊、许晔（1517—1580）[10]如明，进贺册封皇太子，洪天民为书状官。许晔（1517—1580），字太辉，号草堂，本贯阳川，有《草堂集》。其长子、次子和三子及三女许楚姬（1563—1589，字景樊，号兰雪轩）皆为著名朝鲜文人。五月，平安道节度使金秀文发兵驱逐女真，焚其屋，老、幼、女皆死，青壮年逃遁。是月，遣睦詹为千秋使如明，书状官李珥[11]。是月，遣朴淳（1523—1589）为远接使迎接钦差成宪、王玺，李海寿、辛应时为从事官。八月，遣冬至使航海如明，申悦道为书状官。申悦道（1589—1659）《懒斋集》卷一有记述。是岁，李滉（1501—1570）《圣学十图》完成，该书乃李滉晚年的代表作。是岁起，朝鲜《宣祖实录》经“壬辰倭乱”被毁过多，记录简略。

1569年，己巳，〔明〕穆宗隆庆三年，☆黄帝历四千二百六十七年；◇檀君历三千九百〇二年，〔朝鲜〕宣祖二年。五月，遣朴谨元（1525—1585）为千秋使如明。隆庆帝登极后，明以文人为鸿胪卿，朝鲜使臣例拜礼部、不拜鸿胪。鸿胪卿怒，置朝鲜使节团于僧道之后。朴谨元拱默而归。七月，遣李后白为圣节使如明，柳成龙（1542—1607）为书状官。柳成龙在北京

---

1 参见朝鲜文人许篈《海东野言》（三），〔韩〕《大东野乘》卷之九。

2 见〔韩〕民族文化推进会《韩国文集丛刊》，第7卷，第402页，1990年版。

3 参见杜宏刚、邱瑞中、韩登庸、刘羚、阎崇东主编《韩国文集中的明代史料》，第五卷，第78页，广西师范大学出版社，2006年版。

4 参见朝鲜文人李珥《石潭日记》（卷之上），〔韩〕《大东野乘》卷之十四。

5 详细见杜宏刚、邱瑞中、韩登庸、刘羚、阎崇东主编《韩国文集中的明代史料》，第三卷，第424页，广西师范大学出版社，2006年版。

6 朝鲜文人许篈《荷谷先生朝天记》（燕行时间为明万历二年甲戌，1574）八月初一日载，成宪于明隆庆二年戊辰（1568）出使朝鲜。朝鲜文人尹根寿《松汀漫笔》记载成宪出使朝鲜之行较为详细。见〔韩〕《大东野乘》卷之五十七。

7 蓟州，今天津市蓟县。

8 见杜宏刚、邱瑞中、韩登庸、刘羚、阎崇东主编《韩国文集中的明代史料》，第三卷，第80页，广西师范大学出版社，2006年版。

9 参见杜宏刚、邱瑞中、韩登庸、刘羚、阎崇东主编《韩国文集中的明代史料》，第三卷，第426页，广西师范大学出版社，2006年版。

10 朝鲜文人杨士彦（1517—1584）《蓬莱诗集》有《送许草堂出使江南》一诗。参见杜宏刚、邱瑞中、韩登庸、刘羚、阎崇东主编《韩国文集中的明代史料》，第四卷，第139页，广西师范大学出版社，2006年版。

11 李珥（1536—1584），字叔献，号栗谷，本贯德水，朝鲜大儒，其《栗谷全集》卷三十五《行状》有本年栗谷如明的记载。参见杜宏刚、邱瑞中、韩登庸、刘羚、阎崇东主编《韩国文集中的明代史料》，第五卷，第381、399页，广西师范大学出版社，2006年版。

与吴京等辩论阳明之学，是岁所作《朝天行》一诗收入其《西厓集》卷一，见面二十九。八月，遣户曹参判柳从善（1519—1578）为冬至使、工曹参判朴承任为副使如明贺正，李济臣[1]为质正官。十一月，朴承任上礼部书，为朝鲜使臣朝见时所站位置事也，礼部乃恢复使节团朝见班次。朴承任（1517—1586）《啸皋集》卷二有“燕行诗”[2]。

1570年，庚午，〔明〕穆宗隆庆四年，☆黄帝历四千二百六十八年。七月，遣使至朝鲜颁诰命，封朴氏（1552—1608，懿仁王妃，本贯磻南，朴应顺之女）“王妃”。是岁，明将李成梁出任辽东总兵[3]；◇檀君历三千九百〇三年，〔朝鲜〕宣祖三年。正月，遣姜士尚、吏曹判书金贵荣为奏请使正副使如明，奏请册封王妃。金贵荣（1519—1593）《东园集》多处提及其曾与钦差成宪唱和，时成宪为礼部尚书，朝鲜请封王妃事遂定。五月，遣柳景深为圣节使如明[4]。十二月，朝鲜大儒李滉卒。李滉（1501—1570），本贯安东，号退溪，朝鲜性理学大家，有《退溪集》共55卷传世。是岁，朝鲜纂《国朝儒先录》。

1571年，辛未，〔明〕穆宗隆庆五年，☆黄帝历四千二百六十九年；◇檀君历三千九百〇四年，〔朝鲜〕宣祖四年。五月，遣朴素立（1514—1582，字豫叔）为圣节使如明，书状官金启。十一月，广印《朱子语类》。是岁，朝鲜刊印崔溥（1454—1540）《飘海录》，该书1573年重印。

1572年，壬申，〔明〕穆宗隆庆六年，☆黄帝历四千二百七十年。七月，隆庆帝崩。十一月，遣翰林院编修韩世能[5]、吏科左给事中陈三谟，至朝鲜颁万历帝登极诏[6]。两使参观朝鲜成均馆。朝鲜文人卢守慎（1515—1590）为两钦差馆伴，其《稣斋集》卷五自第三十六面起，有14首诗记此行；◇檀君历三千九百〇五年，〔朝鲜〕宣祖五年。六月，遣金添庆如明贺千秋[7]。八月，遣朴启贤、书状官洪圣民如明陈慰。洪圣民（1536—1594）现存《拙翁燕行诗》当为是岁或1575年作品[8]。是月，遣吏曹判书吴祥（1512—1573）如明进香[9]。是月，遣议政府右议政朴淳为正使、成世章为副使，率登极进贺使节团如明。朴淳（1523—1589）《思庵集》中有“燕行诗”[10]。许震童（1525—1610）随行来华并著有《朝天录》[11]。是月，遣司译院正全希献，送被掳逃回朝鲜汉人男女至辽东[12]。韩才住等70人多为辽东金州卫人，被蒙古人所掳。九月，遣谢恩使朴民献、金继辉如京师。是月，禁绝朝鲜男人穿耳悬珰旧俗。是月，遣郑惟吉为钦差远接使。

1　李济臣（1536—1584），字梦应，号清江，本贯全义，有《清江集》传世。参见杜宏刚、邱瑞中、韩登庸、刘羚、阎崇东主编《韩国文集中的明代史料》，第五卷，第300、314页，广西师范大学出版社，2006年版。

2　参见〔韩〕林基中《燕行录研究》，第492页，一志社，2006年增补版；杜宏刚、邱瑞中、韩登庸、刘羚、阎崇东主编《韩国文集中的明代史料》，第四卷，第92页，广西师范大学出版社，2006年版。

3　李成梁远祖在元末逃入朝鲜，至其祖父母方回明朝。朝鲜文人许筠（1569—1618）《惺所覆瓿稿》云：“宁远伯李成梁，其祖父居本国理山地秃鲁江，因杀人，夫妻逃入铁岭卫”。见杜宏刚、邱瑞中、韩登庸、刘羚、阎崇东主编《韩国文集中的明代史料》，第九卷，第351页，广西师范大学出版社，2006年版。

4　参见朝鲜文人曹植《南冥集》卷四《补遗》。

5　韩世能（1528—1598），字存良，南直隶长洲（今苏州）人。〔韩〕无名氏《再造藩邦志》云，万历十九年（1591）三月，朝鲜遣金应南如明贺圣节。金应南到北京后，拜见了时任礼部左侍郎的韩世能。

6　参见朝鲜文人李珥《石潭日记》（卷之上），〔韩〕《大东野乘》卷之十四。

7　参见杜宏刚、邱瑞中、韩登庸、刘羚、阎崇东主编《韩国文集中的明代史料》，第三卷，第435页，广西师范大学出版社，2006年版。

8　参见〔韩〕林基中《燕行录研究》，第506页，一志社，2006年增补版。

9　参见杜宏刚、邱瑞中、韩登庸、刘羚、阎崇东主编《韩国文集中的明代史料》，第三卷，第361页，广西师范大学出版社，2006年版。

10　见杜宏刚、邱瑞中、韩登庸、刘羚、阎崇东主编《韩国文集中的明代史料》，第四卷，第282页，广西师范大学出版社，2006年版。

11　收入〔韩〕林基中主编《燕行录全集》，第3卷，东国大学出版部，2001年版。

12　参见朝鲜文人许篈《荷谷朝天记（下）》，杜宏刚、邱瑞中、韩登庸、刘羚、阎崇东主编《韩国文集中的明代史料》，第七卷，第352页，广西师范大学出版社，2006年版。

郑惟吉（1515—1588），字吉元，号林塘、尚德斋，本贯东莱，其《林塘遗稿》卷下有《傧接录》，是陪同钦差的诗歌作品[1]。

1573年，癸酉，〔明〕神宗万历一年，☆黄帝历四千二百七十一年。九月，遣朝鲜使臣李后白赍“宗系许改”敕回；◇檀君历三千九百〇六年，〔朝鲜〕宣祖六年。是岁，以李成梁许人耕垦边界事，移咨辽东。二月，遣吏曹判书李后白为奏请使，尹根寿为副使[2]如明，奏请宗系辩诬，书状官尹卓然[3]。六月，遣权德舆、书状官李承杨如明贺圣节[4]，李元翼[5]为质正官。八月，朝鲜印《吕氏乡约》。九月，以神宗帝“宗系许改”敕书至，增科举“别试”以为庆祝。十月，遣李阳元如明谢恩。十一月，以明将李成梁设堡于鸭绿江方山镇，移咨辽东。

1574年，甲戌，〔明〕神宗万历二年，☆黄帝历四千二百七十二年。九月，遣朝鲜使臣朴希立、许篈赍敕回，以银两、彩币勉励其遣全希献送明人归国。是岁，觉昌安、塔克世（努尔哈赤祖、父[6]）父子引领李成梁所率明军攻伐王杲女真部；◇檀君历三千九百〇七年，〔朝鲜〕宣祖七年。二月，印朱熹书札。八月，平安道欲至海西坪收割谷物，被女真射回。是月，遣刑曹参判朴希立为正使、许篈为书状官的圣节使团如明。许篈（1551—1588）著有《荷谷朝天记（上、中、下）》[7]。许篈以数次见到万历皇帝并亲聆玉音为傲。质正官赵宪（1544—1592）随同朴希立使节团如明，上书礼部质问夫子庙配享位次。赵宪著有《朝天日记（上、中、下）》[8]，收入其《重峰集》卷十、卷十一、卷十二[9]。其卷十一载，赵宪于蓟州见到成宪牌楼，住于城南莫违忠家。十月，遣安自裕为冬至使如明，书状官李彦愉。十二月，遣户曹参判洪圣民（1536—1594）如明谢恩，兼奏请将弑逆已辩诬事写入新的《大明会典》，书状官丁胤福[10]。

1575年，乙亥，〔明〕神宗万历三年，☆黄帝历四千二百七十三年；◇檀君历三千九百〇八年，〔朝鲜〕宣祖八年。正月，王大妃沈氏（1532—1575，仁顺王妃，明宗妃，本贯青松，沈钢之女）薨[11]。七月，遣圣节使如明，质正官朴汝谆。是岁，朝鲜改孔子“大成至圣文宣王”尊号为“至圣先师”。

1576年，丙子，〔明〕神宗万历四年，☆黄帝历四千二百七十四年。六月，辽东遣王守清为差送官，送济州漂风人梁俊等22人回朝鲜；◇檀君历三千九百〇九年，〔朝鲜〕宣祖九年。

1 见杜宏刚、邱瑞中、韩登庸、刘羚、阎崇东主编《韩国文集中的明代史料》，第三卷，第507页，广西师范大学出版社，2006年版。

2 尹根寿在北京见到了茉莉花。见朝鲜文人尹根寿《松汀漫笔》，〔韩〕《大东野乘》卷之五十七。

3 参见朝鲜文人韩浚谦《柳川劄记》，〔韩〕《大东野乘》卷之七十一。

4 参见杜宏刚、邱瑞中、韩登庸、刘羚、阎崇东主编《韩国文集中的明代史料》，第三卷，第439页，广西师范大学出版社，2006年版。

5 李元翼（1547—1634），字公励，号梧里，朝鲜世宗大王第十一子益宁君之后。其《梧里集》卷二有“燕行录”。参见李元翼《梧里集》续集卷一《年谱》。

6 参见〔清〕蒋良骐原著，林树惠、傅贵九点校《东华录》，第2页，中华书局，1980年版。

7 收入〔韩〕林基中主编《燕行录全集》，第6、7卷，东国大学出版部，2001年版。见杜宏刚、邱瑞中、韩登庸、刘羚、阎崇东主编《韩国文集中的明代史料》，第七卷，第287页，广西师范大学出版社，2006年版。

8 收入〔韩〕林基中主编《燕行录全集》，第5卷，东国大学出版部，2001年版。赵宪记载，八月十七日是万历皇帝圣节，清晨有官唱曰：“呵呵呵呵日出卯，呵呵呵呵光四表，呵呵呵呵照万邦”。见赵宪《朝天日记》，《重峰集》卷十一，面十八。

9 参见〔韩〕林基中主编《燕行录全集》，第5卷，东国大学校出版部，2001年版；杜宏刚、邱瑞中、韩登庸、刘羚、阎崇东主编《韩国文集中的明代史料》，第七卷，第62页，广西师范大学出版社，2006年版。

10 见〔韩〕韩浚谦《柳川劄记》，〔韩〕《大东野乘》卷之七十一；杜宏刚、邱瑞中、韩登庸、刘羚、阎崇东主编《韩国文集中的明代史料》，第五卷，第462页及第六卷，第439页，广西师范大学出版社，2006年版。

11 参见朝鲜文人韩浚谦《柳川劄记》，〔韩〕《大东野乘》卷之七十一。

九月，遣佥知中枢府事具思孟为冬至使如明[1]，崔庆昌为副使。崔庆昌（1539—1583）《孤竹遗稿》有“燕行诗”[2]，该书所收朴世采《孤竹诗集后序》有“万历丙子，赞价朝京师”句[3]。

1577年，丁丑，〔明〕神宗万历五年，☆黄帝历四千二百七十五年。九月，礼部遣朝鲜使臣尹斗寿赍敕回；◇檀君历三千九百一十年，〔朝鲜〕宣祖十年。三月，遣尹斗寿、书状官金诚一如明谢恩，兼奏请宗系改正[4]，质正官崔岦[5]。尹斗寿（1533—1601），字子仰，号梧阴，本贯海平，有《梧荫遗稿》传世[6]。金诚一（1538—1593）著有《朝天录》[7]《金诚一朝天日记》[8]。崔岦（1539—1612）著有《丁丑行录》[9]，收入其《简易集》卷六。郑逑（1543—1620），字道可，号寒冈、泗阳病叟，本贯清州，由其《寒冈集》可见，郑逑乃为此次使节团副使。五月，遣吏曹参议梁应鼎、书状官尹暻如明贺圣节。梁应鼎（1519—1581）《松川遗集》卷一有“丁丑年”“燕行诗”。通事金寿仁将本道路线、亭台图画送与明人，梁应鼎、尹暻皆因此罢职[10]。九月，遣黄琳为奏闻使如明，请将“辩诬详细”奏闻于帝，书状官黄允吉[11]。十月，遣安宗道为冬至使如明，书状官郑经世（1563—1633）。是岁，王大妃、仁宗妃朴氏（1514—1577，仁圣王妃，本贯罗州，朴墉之女）薨。

1578年，戊寅，〔明〕神宗万历六年，☆黄帝历四千二百七十六年。正月，辽东送开城漂风人至朝鲜。六月，遣朝鲜使臣黄琳赍敕回。是月，辽东遣官至薪岛。是岁，李成梁与土蛮大战于辽东。是岁，李时珍《本草纲目》完成，该书对朝鲜医学影响很大；◇檀君历三千九百一十一年，〔朝鲜〕宣祖十一年。二月，有人模仿中国，在汉城印行《朝报》，王震怒，下之狱[12]。五月，遣圣节使节团如明，副使权思悦，书状官朴伯善。六月，为明人至薪岛捕鱼，移咨辽东。八月，郭再佑随其大父、冬至使正使如明[13]，书状官李廷馨（1549—1607）。郭再佑（1552—1617），字季绥，号忘忧，本贯玄风，有《忘忧（堂）集》传世。

1579年，己卯，〔明〕神宗万历七年，☆黄帝历四千二百七十七年。是岁，李成梁与土蛮大战于辽东，胜之[14]；◇檀君历三千九百一十二年，〔朝鲜〕宣祖十二年。八月，遣权擘为冬至使如明[15]，金晬（1547—1615）为书状官。权擘（1520—1593），字大手，号安排堂、习斋，本

1　参见〔韩〕《宣祖实录》卷十；杜宏刚、邱瑞中、韩登庸、刘羚、阎崇东主编《韩国文集中的明代史料》，第五卷，第1页，广西师范大学出版社，2006年版。
2　参见杜宏刚、邱瑞中、韩登庸、刘羚、阎崇东主编《韩国文集中的明代史料》，第六卷，第319页，广西师范大学出版社，2006年版。
3　见〔韩〕民族文化推进会《韩国文集丛刊》，第50卷，第34页，1990年版。
4　参见朝鲜文人崔岦《简易集》卷四《上礼部郎中书（丁丑）》。
5　见杜宏刚、邱瑞中、韩登庸、刘羚、阎崇东主编《韩国文集中的明代史料》，第七卷，第25页，广西师范大学出版社，2006年版。
6　见杜宏刚、邱瑞中、韩登庸、刘羚、阎崇东主编《韩国文集中的明代史料》，第五卷，第93页，广西师范大学出版社，2006年版。
7　见杜宏刚、邱瑞中、韩登庸、刘羚、阎崇东主编《韩国文集中的明代史料》，第六卷，第17、64页，广西师范大学出版社，2006年版。
8　参见〔韩〕金诚一《鹤峰集》续集卷一；〔韩〕林基中主编《燕行录全集》，第4卷，东国大学校出版部，2001年版；杜宏刚、邱瑞中、韩登庸、刘羚、阎崇东主编《韩国文集中的明代史料》，第六卷，第71页，广西师范大学出版社，2006年版。
9　该书亦收入〔韩〕林基中主编《燕行录全集》，第4卷，东国大学出版部，2001年版。见杜宏刚、邱瑞中、韩登庸、刘羚、阎崇东主编《韩国文集中的明代史料》，第六卷，第275页，广西师范大学出版社，2006年版。
10　参见朝鲜文献《宣祖实录》卷十二。
11　参见朝鲜文人韩浚谦《柳川劄记》，〔韩〕《大东野乘》卷之七十一。
12　参见朝鲜文人李珥《石潭日记》（卷之下），〔韩〕《大东野乘》卷之十五。
13　参见朝鲜文人郭再佑《忘忧集》之《年谱》。
14　参见《明史》卷二百三十八《李成梁传》。
15　参见朝鲜文人许筠（1569—1618）《惺所覆瓿稿》卷二十五。

贯安东。其《习斋集》有《燕行诗》[1]。

1580年，庚辰，〔明〕神宗万历八年，☆黄帝历四千二百七十八年。十一月，遣朝鲜使臣李增赍敕回；◇檀君历三千九百一十三年，〔朝鲜〕宣祖十三年。六月，遣李增如明贺圣节，并奏请修正辩诬后《大明会典》二字之误。七月，王命冬至使购求明后妃、诸王燕居帽子，及宫女帽子、民间妇人帽子。十月，遣梁喜为冬至使如明，洪麟祥为书状官，申湜为质正官。梁喜至十三山[2]遇女真军兵进攻明军，数日后才得前行。梁喜（？—1580）在北京病逝。十二月，日本国使僧玄苏至朝鲜，欲假道朝鲜进贡大明，朝鲜以其语言狂悖却之。是岁，尹根寿刊印明人李梦阳作品。

1581年，辛巳，〔明〕神宗万历九年，☆黄帝历四千二百七十九年；◇檀君历三千九百一十四年，〔朝鲜〕宣祖十四年。五月，遣礼曹参判假刑曹判书金继辉[3]为“宗系辩诬”奏请使如明，书状官高敬命[4]，质正官崔岦。高敬命（1533—1592）《霁峰集》卷四有是岁出使中国诗作，面四十为《题同行韩上舍景洪诗帖》。其后“壬辰倭乱”发，高敬命与次子高因厚与日军激战，父子战死于锦山。崔岦（1539—1612）著有《辛巳行录》，收入其《简易集》[5]。金继辉之子金长生随父来华[6]。金长生（1548—1631），字希元，号沙溪，本贯光山，是朝鲜著名的性理学家，有《沙溪遗稿》传世。十月，遣柳希霖为冬至使如明。崔岦《辛巳行录》中称冬至使书状官为“宋寡尤”[7]。柳希霖使节团所载黑麻布丢失11匹、绵紬丢失10匹，至礼部方觉。是岁，洪纯彦（1546—1609）来华并有“燕行录”著作[8]。

1582年，壬午，〔明〕神宗万历十年，☆黄帝历四千二百八十年。十一月，以皇太子诞生，遣翰林院编修黄洪宪[9]、兵科右给事中王敬民至朝鲜颁诏[10]，黄应旸随行至半岛[11]。朝鲜文人郑惟吉为《壬午年皇华集》作序；◇檀君历三千九百一十五年，〔朝鲜〕宣祖十五年。正月，遣汉城府判尹郑琢如明进贺，兼送金州卫漂风人赵元禄等入京师。郑琢（1526—1605），字子精，号药圃、柏谷，本贯清州，著有《药圃集》。七月，遣李海寿如明贺圣节[12]，兼奏柳希霖科罪事、金州卫赵元禄等漂风人送至辽东事。十月，王命李珥为钦差远接使，李德馨（1561—1613）以制述官随同。李珥与王敬民有唱和[13]。是岁，西洋人冯里伊漂风至于济州岛，朝鲜遣官送之大明。

1583年，癸未，〔明〕神宗万历十一年，☆黄帝历四千二百八十一年。正月，女真侵扰朝

1 参见〔韩〕林基中《燕行录研究》，第492页，一志社，2006年增补版；杜宏刚、邱瑞中、韩登庸、刘羚、阎崇东主编《韩国文集中的明代史料》，第四卷，第249页，广西师范大学出版社，2006年版。

2 十三山，今辽宁省凌海市石山站。

3 参见朝鲜文人崔岦（1539—1612）《简易集》卷二《大司宪金公神道碑铭》、卷四《上礼部尚书书（辛巳）》。

4 参见朝鲜文人韩浚谦《柳川劄记》，〔韩〕《大东野乘》卷之七十一；杜宏刚、邱瑞中、韩登庸、刘羚、阎崇东主编《韩国文集中的明代史料》，第五卷，第533页，广西师范大学出版社，2006年版。

5 另见〔韩〕林基中主编《燕行录全集》，第4卷，东国大学出版部，2001年版；杜宏刚、邱瑞中、韩登庸、刘羚、阎崇东主编《韩国文集中的明代史料》，第六卷，第279页，广西师范大学出版社，2006年版。

6 见杜宏刚、邱瑞中、韩登庸、刘羚、阎崇东主编《韩国文集中的明代史料》，第十卷，第436页，广西师范大学出版社，2006年版。

7 参见朝鲜文人李海寿（1536—1599）《药圃遗稿》之《年谱》；杜宏刚、邱瑞中、韩登庸、刘羚、阎崇东主编《韩国文集中的明代史料》，第六卷，第284页，广西师范大学出版社，2006年版。

8 参见〔韩〕林基中《燕行录研究》，第492页，一志社，2006年增补版。

9 参见朝鲜文人权应仁《松溪漫录》（上），〔韩〕《大东野乘》卷之五十六。

10 朝鲜文人高敬命（1533—1592）《霁峰集》卷四有书赠正使黄翰林大人、副使王给事诗作。

11 参见朝鲜文人尹国馨《甲辰漫录》，〔韩〕《大东野乘》卷之五十五。

12 参见朝鲜文人李海寿（1536—1599）《药圃遗稿》之《年谱》。

13 参见朝鲜文人权应仁《松溪漫录》（上），〔韩〕《大东野乘》卷之五十六。

鲜庆源府。朝鲜遣李济臣与之战，不利。李济臣（1536—1584）遭罢职，旋卒。二月，李成梁所率明军在尼堪外兰引领下进讨阿海、阿台部女真，努尔哈赤祖父觉昌安、父亲塔克世死于乱军之中；◇檀君历三千九百一十六年，〔朝鲜〕宣祖十六年。二月，王斩庆源府使于阵前，褒奖申砬（1546—1592）等将军，乃击退女真。五月，遣崔滉为圣节使如明，李圣任为书状官。是岁，沈喜寿（1548—1622）以质正官如明，沈喜寿有《一松集》传世。是岁，宣祖命刊印金时习（1435—1493）《梅月堂集》。是岁，韩濩手书《千字文》付印[1]。

1584年，甲申，〔明〕神宗万历十二年，☆黄帝历四千二百八十二年。十一月，遣朝鲜使臣黄廷彧赍敕回；◇檀君历三千九百一十七年，〔朝鲜〕宣祖十七年。正月，朝鲜大儒李珥卒。李珥（1536—1584），字叔献，号栗谷、石潭，本贯德水，有《栗谷全书》传世。五月，遣黄廷彧[2]为宗系奏请使、韩应寅为副使如明，宋象贤为书状官，上通事洪纯彦随行。韩应寅（1554—1614），字春卿，号百拙斋，本贯清州，后官至右议政，有《百拙斋遗稿》传世，是岁著有“燕行诗”[3]。十月，遣尹仁涵为冬至使如明，顺送漂风福建人阮齐柱等10余人回。十一月，以宗系辩诬事完成，告宗庙并大赦，遣李友直如明谢恩，书状官李圣任。

1585年，乙酉，〔明〕神宗万历十三年，☆黄帝历四千二百八十三年。九月，辽东军民告状于礼部，朝鲜乃移造山坪界碑于夹江西岸；◇檀君历三千九百一十八年，〔朝鲜〕宣祖十八年。五月，遣尹自新为圣节使如明，许篈（1551—1588）为书状官。尹自新在北京时，会同馆失火，烧11间，礼部公文一并烧掉。正使尹自新及副使归国后罢职。

1586年，丙戌，〔明〕神宗万历十四年，☆黄帝历四千二百八十四年；◇檀君历三千九百一十九年，〔朝鲜〕宣祖十九年。十月，遣佥知中枢府事成寿益为冬至使如明，柳永询为书状官。成寿益（1528—1598）著有《朝天录》[4]。途中因螺钿小盒被窃4个，成寿益、柳永询皆被鞫问。是岁，朝鲜设乡校督学。

1587年，丁亥，〔明〕神宗万历十五年，☆黄帝历四千二百八十五年。十月，女真侵入朝鲜鹿屯岛。九月，遣朝鲜使臣裴三益赍敕及钦赐大红纻丝衮龙袍1袭、彩缎4表里回。冬，禁朝鲜使节团携武器入京城[5]；◇檀君历三千九百二十年，〔朝鲜〕宣祖二十年。三月，以玉河馆被焚、螺钿丢失事，遣裴三益率陈谢使节团如明谢恩，书状官元士安。裴三益（1534—1588）著有《裴三益日记》（第一部分为“燕行录”）《朝天录》[6]。六月，遣朴忠元如明贺圣节。朴忠元回途在辽东被村民所抢。八月，遣刑曹参议李纯仁（1533—1592）为冬至使如明[7]，完兴君李幼

1　现日本东京大学“东洋文库”收藏有韩濩手书的《千字文》。参见朝鲜文人李德泂《松都记异》“韩濩者，松都人也”一节，〔韩〕《大东野乘》卷之七十一。

2　黄廷彧（1532—1607），字景文，号芝川，本贯长水，有《芝川集》传世。参见杜宏刚、邱瑞中、韩登庸、刘羚、阎崇东主编《韩国文集中的明代史料》，第五卷，第80页，广西师范大学出版社，2006年版。

3　参见〔韩〕林基中《燕行录研究》，第506页，一志社，2006年增补版；杜宏刚、邱瑞中、韩登庸、刘羚、阎崇东主编《韩国文集中的明代史料》，第七卷，第499页，广西师范大学出版社，2006年版。

4　参见〔韩〕林基中《燕行录研究》，第492页，一志社，2006年增补版；杜宏刚、邱瑞中、韩登庸、刘羚、阎崇东主编《韩国文集中的明代史料》，第五卷，第536页，广西师范大学出版社，2006年版。

5　参见〔新〕许齐雄《事大至诚》，复旦大学文史研究院编《从周边看中国》，第349页，中华书局，2009年版。许齐雄所论“朝鲜宗系辩诬”事始末，朝鲜文人韩浚谦《柳川劄记》记述较为详细。见〔韩〕《大东野乘》卷之七十一。

6　收入〔韩〕林基中主编《燕行录全集》，第3、4卷，东国大学校出版部，2001年版。参见左江《〈燕行录〉考订》，张伯伟编《域外汉籍研究集刊》，第四辑，中华书局，2008年版。

7　见〔韩〕李纯仁《孤潭逸稿》卷之五《神道碑铭》；见杜宏刚、邱瑞中、韩登庸、刘羚、阎崇东主编《韩国文集中的明代史料》，第七卷，第15页，广西师范大学出版社，2006年版。

澄（1562—1593）为质正官[1]。九月，日本国使橘康广至朝鲜，告丰臣秀吉当政，欲借朝鲜入大明。是月，送漂风14人至辽东。十月，遣俞泓（1524—1594）如明谢恩，并奏请颁新刊《大明会典》[2]，书状官尹暹。是岁，黄琎（1542—1606）来华并著有《朝天行录》[3]。

1588年，戊子，〔明〕神宗万历十六年，☆黄帝历四千二百八十六年。四月，遣朝鲜使臣俞泓赍敕、钦赐衮龙袍及新刊《大明会典》一册回[4]。俞泓出山海关，兵部主事马维铭作诗贺之[5]；◇檀君历三千九百二十一年，〔朝鲜〕宣祖二十一年。正月，朝鲜边兵入女真部落抢掠。二月，日本国使平义智、（僧）玄苏至朝鲜，求假道朝鲜进贡大明[6]。五月，王亲到慕华馆迎敕，大赦八道，并命大臣和马维铭诗。是月，遣右议政柳琠、汉城府判书崔滉如明，谢改宗系[7]。谢恩使节团书状官黄佑汉。十月，遣冬至使黄廷彧、书状官尹晫如明。尹晫（？—1588）回途中逝于朝鲜顺安县。十一月，全罗道左水营镇抚金介同、李彦世回到朝鲜。金、李去岁在损竹岛海战中被倭掳，转卖南洋，逃回中国。礼部交朝鲜谢恩使臣柳琠赍敕带回[8]。

1589年，己丑，〔明〕神宗万历十七年，☆黄帝历四千二百八十七年。十一月，遣朝鲜圣节使尹根寿赍敕及《大明会典》全秩回。是月，朝鲜使臣奇苓奏报琉球船败，漂风至朝鲜，请将船民送至京师。礼部允之[9]；◇檀君历三千九百二十二年，〔朝鲜〕宣祖二十二年。六月，日本国使平秀吉、平义智、（僧）玄苏至朝鲜，刷还朝鲜160余人。日本人并献鸟铳，此是朝鲜鸟铳出现之始[10]。是月，遣尹根寿（1537—1616）为圣节使如明，书状官尹泂[11]。尹根寿是岁著有《月汀朝天录》[12]。该"燕行录"前有明翰林院侍讲陆可教"万历十七年"《序》，收入尹根寿《月汀集》卷八。十月，遣奇苓为冬至使如明，奇苓至辽东怀远馆，数万女真军兵突至，护送军马皆被掳走。十一月，遣左参赞郑琢[13]如明谢赠《大明会典》，并大赦八道。郑琢之子郑允穆随团来华[14]。是岁，朝鲜著名才女许楚姬（1563—1589）卒。许楚姬乃朝鲜文人许晔三女，嫁金诚立为妻，其《兰雪轩诗集》得明朝使节朱之蕃、梁有年激赏，两钦差为之作序。许楚姬部分作品收入明人赵世杰编《古今女史》。

---

1 参见杜宏刚、邱瑞中、韩登庸、刘羚、阎崇东主编《韩国文集中的明代史料》，第十三卷，第344页，广西师范大学出版社，2006年版。

2 参见朝鲜文人韩浚谦《柳川劄记》，〔韩〕《大东野乘》卷之七十一。

3 参见〔韩〕林基中《燕行录研究》，第492页，一志社，2006年增补版。

4 参见《明史·列传第二百八·外国一·朝鲜》（卷三百二十）；〔新〕许齐雄《事大至诚》，复旦大学文史研究院编《从周边看中国》，第349页，中华书局，2009年版。

5 俞泓与马维铭二人诗作见〔韩〕无名氏《再造藩邦志》所载。和诗经过参见朝鲜文人韩浚谦《柳川劄记》，〔韩〕《大东野乘》卷之七十一。

6 参见朝鲜文人尹国馨《甲辰漫录》，〔韩〕《大东野乘》卷之五十五。

7 参见朝鲜文人韩浚谦《柳川劄记》，〔韩〕《大东野乘》卷之七十一。

8 参见朝鲜文人许筠《惺所覆瓿稿》附录《鹤山樵谈》。

9 参见《明史·列传第二百八·外国一·朝鲜》（卷三百二十）。

10 1543年，王直与葡萄牙人漂流至鹿儿岛，开启了日本史上"铁炮东传"时代。

11 尹根寿有《次书状尹而远韵》，见〔韩〕林基中主编《燕行录全集》，第4卷，第230页，东国大学出版部，2001年版。参见朝鲜文人韩浚谦《柳川劄记》，〔韩〕《大东野乘》卷之七十一。

12 收入〔韩〕林基中主编《燕行录全集》，第4卷，东国大学出版部，2001年版。见杜宏刚、邱瑞中、韩登庸、刘羚、阎崇东主编《韩国文集中的明代史料》，第五卷，第540-550页，广西师范大学出版社，2006年版。

13 南一佑《燕记（金、木、水、火、土）》（1879）载，万历庚寅（1590），朝鲜郑琢使节团在狼子山被女真人围困。见〔韩〕林基中、〔日〕夫马进编《燕行录全集日本所藏编》卷三，第356页，东国大学校韩国文学研究所，2001年版。

14 参见杜宏刚、邱瑞中、韩登庸、刘羚、阎崇东主编《韩国文集中的明代史料》，第四卷，第380页，广西师范大学出版社，2006年版。

1590年，庚寅，〔明〕神宗万历十八年，☆黄帝历四千二百八十八年；◇檀君历三千九百二十三年，〔朝鲜〕宣祖二十三年。三月，遣佥知中枢府事黄允吉为通信使如日本，副使金诚一，书状官许筬，从事官车天辂。黄允吉等与日本国使平义智同时渡海赴日[1]。金诚一在日本与南京太学生稽玉泉会谈。稽玉泉于戊寅岁（1578）往福建，漂风至南洋，随日本商船抵日安家，已十数年矣[2]。次年辛卯（1591）春，日本遣玄苏为使、平调信为副使，随朝鲜通信使节团至半岛[3]。六月，李晬光（1563—1628）以圣节使书状官来华。十月，遣郑士伟为冬至使、副使李寿俊如明，崔铁坚为书状官。冬至使节团军官崔铁崐病逝于北京。

1591年，辛卯，〔明〕神宗万历十九年，☆黄帝历四千二百八十九年。是岁，琉球世子尚宁遣使节如明，告日本全国调兵，将进攻朝鲜再图大明。是岁，居萨摩岛被倭掳福建人许仪后，冒死密报日本军兵全国总动员详情。十一月，遣朝鲜使臣金应南赍敕、钦赐银两回。《明史·列传第二百八·外国一·朝鲜》(卷三百二十)“万历十九年”记朝鲜“壬辰倭乱”十分详细。是岁，辽东总兵李成梁解任；◇檀君历三千九百二十四年，〔朝鲜〕宣祖二十四年。三月，遣金应南如明贺圣节，并以回还通信使事赍咨礼部，告日本大军将侵半岛[4]。朴而章（1547—1622）为书状官，其《龙潭集》卷二有是岁“燕行诗”，《年谱》载“十九年辛卯五月，以贺节使书状官赴天朝”[5]。六月，朝鲜宣祖致日本国王书，内有“惟我东国，即殷太师箕子受封之旧也”句。七月，遣李元翼率冬至兼陈奏使节团如明，再奏倭情[6]。副使尹暹，书状官赵正立。十月，遣礼曹判书韩应寅（1554—1614）为奏请使如明，详告日本将假朝鲜进攻中国，并为朝鲜通日本传言辩诬。辛庆晋为奏请使书状官、吴亿龄为质正官。吴亿龄（1552—1618）著有《朝天录》[7]。是岁，派出以柳梦寅（1559—1623）为正使的问安使节团如明，书状官李惕。柳梦寅著有《朝天录》，收入其《於于集》卷二[8]。

1592年，壬辰，〔明〕神宗万历二十年，☆黄帝历四千二百九十年。是岁，应朝鲜王朝之请，万历帝派李如松带兵出援，开始了长达7年的援朝战争。六月，遣崔世臣、林世禄至平壤，拜见朝鲜宣祖，询问军情。是月，辽东游击史儒、原任参将郭梦征率1000军士至朝鲜林畔馆，旋还义州。是月，辽东遣指挥宋国臣赍咨至朝鲜，指责朝鲜抗击不利。时朝鲜宣祖退至义州，随时准备渡江入明。参将郭梦征赍敕及钦赐银2万两至朝鲜。是月，遣行人薛藩赍敕到朝鲜义州[9]。薛藩，号仰屏，广东顺德人[10]。七月，遣黄应旸至朝鲜察军情，黄应旸曾于万历十年壬午（1582）随钦差黄洪宪至朝鲜。黄应旸视察后与宣祖相对大哭[11]。是月，辽东巡抚郝杰受命

1 参见〔韩〕金诚一《鹤峰集》卷二，第32–33页；朝鲜文献《增正交邻志》卷五《通信使行》。
2 见杜宏刚、邱瑞中、韩登庸、刘羚、阎崇东主编《韩国文集中的明代史料》，第六卷，第28页，广西师范大学出版社，2006年版。
3 参见朝鲜文人朴东亮《寄斋史草》(上)，〔韩〕《大东野乘》卷之五十一。
4 〔韩〕无名氏《再造藩邦志》云，随行译官洪纯彦与1567年出使朝鲜钦差许国的舍人俞深相友善。洪纯彦一行进入山海关后，先与俞深联系，并得到礼部尚书许国的支持。
5 《龙潭集》收入〔韩〕民族文化推进会《韩国文集丛刊》，第56卷，1990年版。见杜宏刚、邱瑞中、韩登庸、刘羚、阎崇东主编《韩国文集中的明代史料》，第七卷，第187页，广西师范大学出版社，2006年版。
6 李元翼（1547—1634），字公励，号梧里，本贯全州，其《梧里集》卷二有“燕行录”。
7 收入〔韩〕林基中主编《燕行录全集》，第8卷，东国大学出版部，2001年版。见杜宏刚、邱瑞中、韩登庸、刘羚、阎崇东主编《韩国文集中的明代史料》，第七卷，第405页，广西师范大学出版社，2006年版。
8 见杜宏刚、邱瑞中、韩登庸、刘羚、阎崇东主编《韩国文集中的明代史料》，第八卷，第152页，广西师范大学出版社，2006年版。
9 参见朝鲜文人尹国馨《甲辰漫录》，〔韩〕《大东野乘》卷之五十五。
10 见杜宏刚、邱瑞中、韩登庸、刘羚、阎崇东主编《韩国文集中的明代史料》，第九卷，第279页，广西师范大学出版社，2006年版。
11 参见朝鲜文人尹国馨《甲辰漫录》，〔韩〕《大东野乘》卷之五十五。

遣副总兵祖承训[1]、游击史儒等率5000明军进朝鲜。祖承训攻平壤不克，史儒战死。八月，遣沈游记等赍钦赐银两至义州。十一月，钦差经略、兵部右侍郎宋应昌移檄。十二月，游击将军吴惟忠率4000人渡江后，提督李如松于二十五日率大军入朝，副总兵杨元为中协大将、副总兵李如柏为左翼大将、副总兵张世爵为右翼大将。是岁，努尔哈赤自请赴朝抗倭，朝廷拒之；◇檀君历三千九百二十五年，〔朝鲜〕宣祖二十五年。二月，遣申点如明谢恩。三月，遣柳梦鼎如明贺圣节，书状官闵梦龙[2]。四月十三日，日本军阀丰臣秀吉派17万大军由对马岛进犯朝鲜。日军随即占领了大半个朝鲜半岛，朝韩史上"壬辰倭乱"爆发。加藤清正率日军攻占汉城。二十八日，改策光海君为王世子。二十九日，宣祖在大臣扈从下逃出汉城奔义州，随时准备入辽，同时派使臣前往北京。驻永柔县时，宣祖命建诸葛武侯（诸葛亮）祠。六月，遣大司宪李德馨[3]为请援使至辽东。李德馨快马加鞭至辽东，在巡抚郝杰帐下大哭。九月，遣黄赫为冬至使、李尚信为书状官如明，文武官员送行至义州南门。是月，以全罗道水兵使崔远等斩杀倭寇千人之八道抗击之况，移咨辽东。是月，以世子临海君李珒[4]及其弟顺和君李玒[5]两王子被俘、祖坟被毁事，移咨辽东都司，请援兵。金贵荣、黄廷彧（1532—1607）护送两王子亦被俘，黄廷彧幼孙被日军斩杀。金贵荣谋送两王子出，日军发觉，尽杀随行朝鲜丁壮。是月，工曹判书韩应寅过江至九连城，请佟总兵帮助。十月，边备司启，进入半岛天兵48005人（军官不计）及马26700匹，朝鲜只可支应2月军粮。是月，派出大司谏郑昆寿（1538—1602）为正使、献纳沈友胜为书状官的请兵陈奏使节团。郑昆寿著有《赴京日录》，收入其《柏谷集》卷三[6]。郑昆寿哭请大明出兵至于泣血，其血衫至1726年尚留其家。时人比之于申包胥哭秦廷。十二月，遣李德馨、韩应寅为接伴使，入辽东迎接明将李如松。是岁，朝鲜派出李准（1545—1624）随行的运饷使节团。我国学者左江认为，韩国林基中教授主编《燕行录全集》第5卷所收《燕槎贶诗》与李准无关，乃1729年谢恩使节团出发时，亲朋送副使宋成明的作品[7]。

1593年，癸巳，〔明〕神宗万历二十一年，☆黄帝历四千二百九十一年。正月，遣兵部武库清吏司员外郎刘黄裳、兵部职方清吏司主事袁黄赍咨至朝鲜。袁黄在朝鲜宣讲阳明之学，其专著《袁了凡纲鉴》在半岛知名度很高。岁初，明军在李如松率领下克平壤、破开城。朝鲜文献《宣祖实录》卷三有详细记述。平壤大捷后，朝鲜17万兵马先后调动起来抗倭。李如松随后于碧蹄馆败绩。与日军谈判后，日军退出汉城至釜山。八月，明军大规模撤回，留守2万人。十月，遣行人司行人司宪[8]、都司张三畏赍敕至汉城，着朝鲜设法稳定局势，严禁杀戮被倭

---

1 祖承训是祖大寿的祖父。清朝来华的朝鲜"燕行录"作者皆要从其家乡走过，记述、评论很多。

2 参见朝鲜文人郑昆寿（1538—1602）《赴京日录》，见杜宏刚、邱瑞中、韩登庸、刘羚、阎崇东主编《韩国文集中的明代史料》，第六卷，第120页，广西师范大学出版社，2006年版。

3 李德馨（1561—1613），字明甫，号汉阴、双松、抱雍散人，本贯广州，有《汉阴文稿》传世。

4 宣祖在逃离汉城时，命金贵荣陪临海君李珒往咸镜道，韩准陪顺和君往江原道。二王子皆被日军俘获。参见朝鲜文人朴东亮《寄斋史草》（下），〔韩〕《大东野乘》卷之五十二。

5 参见杜宏刚、邱瑞中、韩登庸、刘羚、阎崇东主编《韩国文集中的明代史料》，第十三卷，第321页，广西师范大学出版社，2006年版。

6 见〔韩〕林基中主编《燕行录全集》，第4卷，东国大学校出版部，2001年版；杜宏刚、邱瑞中、韩登庸、刘羚、阎崇东主编《韩国文集中的明代史料》，第六卷，第116页，广西师范大学出版社，2006年版。

7 见左江《〈燕行录〉考订》，张伯伟编《域外汉籍研究集刊》，第四辑，中华书局，2008年版。

8 参见朝鲜文人柳成龙《西厓集》卷十六《记癸巳冬司天使事》。见杜宏刚、邱瑞中、韩登庸、刘羚、阎崇东主编《韩国文集中的明代史料》，第九卷，第279页，广西师范大学出版社，2006年版。

掳人，并督促世子临海君李珒南下[1]。司宪，河南睢州人，万历丙戌（1586）进士，好骑马狂奔，朝鲜远接使郑昆寿等无法跟随，回国后被罢职。是岁，明参军沈懋呈《朝鲜善后七事》于朝鲜宣祖。是岁，经略宋应昌与朝鲜文人黄慎、李廷龟[2]、柳梦寅暇时讲论性理学，极欣赏三人学问。是岁，努尔哈赤乘明军大量从辽东抽调援朝之机，大败叶赫部，统一了建州女真；◇檀君历三千九百二十六年，〔朝鲜〕宣祖二十六年。五月，派出以领敦宁府事郑澈为正使、柳根为副使的谢恩使节团，谢天兵收复朝鲜三京。书状官李民觉。郑澈（1536—1593）著有《郑松江燕行日记》[3]，回国后于十二月病逝江华岛。六月，倭寇夺取晋州，金千镒（1537—1593）战死，金千镒有《健斋集》传世。是月，遣洪麟祥为圣节使如明。七月，遣黄琎（1542—1606）为正使，率奏请使节团如明，书状官金庭睦。十月，派出以许晋为正使的冬至使节团[4]，闵汝庆为副使[5]。是月，宣祖还至都城汉阳，满目疮痍。十一月，派出以刑曹判书金晬（1547—1615）为正使、吏曹参判崔岦为副使的谢恩兼奏请使节团，如明进方物。书状官成均馆司艺柳拱辰[6]。金晬泣告礼部，倭寇残忍，杀害手无寸铁朝鲜人6万余名。是岁，朝鲜世子临海君李珒及其弟顺和君李玒被日军送还，倭寇诈言讲和。

1594年，甲午，〔明〕神宗万历二十二年，☆黄帝历四千二百九十二年。四月，蓟辽总督、兼理朝鲜事、侍郎顾养谦，遣参将胡泽赍书信入见宣祖，督促朝鲜集结兵力抗倭[7]。五月，钦赐27000石粮食输至朝鲜，皆由辽之金州、复州起运。十月，辽东都司为倭情移咨朝鲜。十二月，封议定，拟遣临淮侯李宗诚为使，往封日本王，行长封都督佥事；◇檀君历三千九百二十七年，〔朝鲜〕宣祖二十七年。二月，遣许顼为请粮使如明[8]，书状官韩怀。是月，朝鲜设立“训练都监”，用明戚继光《纪效新书》训练新军。是月，又派出以许筬为正使的奏请使节团。三月，派出以李德馨为正使的告急使节团。五月十七日，宣祖接见胡泽[9]。是月，派出以黄汉佑为正使、朴顺男为书状官的圣节使节团。八月，为封奏事，遣领中枢府事尹根寿为奏请正使、礼曹判书崔岦为副使如明，书状官成均馆司成申钦（1566—1628）[10]。崔岦（1539—1612）著有《甲午行录》，收入其《简易集》，内有与琉球使臣的唱和[11]。是月，遣崔天健为冬至使书状官随团如明。无名氏《甲午朝天路程》记录尹根寿使节团燕行，该书收入韩国林基中教授主编《燕行录全集》第

1　参见朝鲜文献《宣祖实录》卷四十七。

2　李廷龟（1564—1635），字圣征，号月沙、秋崖、习静、痴庵、保晚亭主人，本贯延安，善汉语口语。是岁《大学讲语》收入其《月沙集》。参见杜宏刚、邱瑞中、韩登庸、刘羚、阎崇东主编《韩国文集中的明代史料》，第九卷，第82页，广西师范大学出版社，2006年版。

3　收入〔韩〕林基中主编《燕行录全集》，第4卷，东国大学出版部，2001年版。参见杜宏刚、邱瑞中、韩登庸、刘羚、阎崇东主编《韩国文集中的明代史料》，第五卷，第428页，广西师范大学出版社，2006年版。

4　参见朝鲜文人崔岦《简易集》卷五《为使臣呈礼、兵部书（冬至使许晋之行）》。

5　参见朝鲜文人崔岦《简易集》卷五《咨回琉球国》。

6　三使姓名见朝鲜文人崔岦《简易集》卷四《上顾总督书（甲午）》。

7　参见朝鲜文人尹宣举《混定编录》（六），〔韩〕《大东野乘》卷之六十七。

8　参见朝鲜文献《乱中杂录》卷六；杜宏刚、邱瑞中、韩登庸、刘羚、阎崇东主编《韩国文集中的明代史料》，第十三卷，第350页，广西师范大学出版社，2006年版。

9　参见朝鲜文人尹宣举《混定编录》（六），〔韩〕《大东野乘》卷之六十七。

10　尹根寿一行在蓟州（今天津市蓟县）与算命先生笔谈。参见朝鲜文人尹根寿《松汀漫笔》，〔韩〕《大东野乘》卷之五十七；朝鲜文人崔岦（1539—1612）《简易集》卷四《上礼部书》《上兵部书》。

11　见杜宏刚、邱瑞中、韩登庸、刘羚、阎崇东主编《韩国文集中的明代史料》，第六卷，第287页，广西师范大学出版社，2006年版。参见《明史·列传第二百八·外国一·朝鲜》（卷三百二十）。

100卷，但标明时间、作者未详。是岁，遣许筠（1569—1618）为赍咨官赴辽东[1]。

1595年，乙未，〔明〕神宗万历二十三年，☆黄帝历四千二百九十三年。正月，兵部为封日本关白为国王事移咨朝鲜。四月，遣都指挥使李宗诚、杨方亨为册封使往日本，奉“龙节”[2]先至朝鲜。九月，两使南下赴日本。是月，礼部就朝鲜请封光海君为世子移咨，着朝鲜使臣韩准赍回。十一月，遣神机三营游记将军、署都指挥遣使赍敕至朝鲜，责朝鲜无人伴送册封使赴日。岁末，礼部驳朝鲜封次子光海君为王世子之请；◇檀君历三千九百二十八年，〔朝鲜〕宣祖二十八年。二月，遣韩准为王世子奏请使如明，书状官尹唯几[3]。四月，派出以闵仁伯为正使、成晋善为书状官的圣节使节团。闵仁伯[4]是岁著有《朝天录（上）》[5]。是月，以奇自献为问礼官、李恒福和朴东亮为接伴使，陪伴李宗诚、杨方亨一行，王迎接钦差于南别宫[6]。八月，派出以郑淑夏为正使、尹晖为书状官的冬至使节团如明[7]。十月，主簿申忠一徒步进入建州佛阿拉城，受到努尔哈赤[8]接见。申忠一（1554—1622）著有《建州纪行图记》[9]。

1596年，丙申，〔明〕神宗万历二十四年，☆黄帝历四千二百九十四年。正月，辽东都司就努尔哈赤等侵扰事移咨朝鲜。三月，督察御史移咨朝鲜，着即时通报东封信息。四月，礼部遣百总官朱国用、兵部差官刘梦麟至朝鲜，督促东封事宜。五月，为正使李宗诚逃出、副使杨方亨被日本所缚事，辽东连发三咨至朝鲜。六月，兵部差官詹永祥赍札至朝鲜，升副使杨方亨为正使，沈惟敬为副使，继续东封事宜。九月，户部咨至朝鲜，内开大明预备3万大军出征朝鲜，则自金、复、海、盖、东昌五仓运粮11万余石，自辽阳、甜水站[10]、凤凰城、汤站、定辽右卫运6万余石，朝鲜八道可供粮8万余石，军粮、马料可供大军使用九个月。户部并着安徽、山东等地提前筹措；◇檀君历三千九百二十九年，〔朝鲜〕宣祖二十九年。正月，移咨辽东都司，诉努尔哈赤侵扰边民。二月，派出以韩应寅为正使的奏请使节团如明[11]，奏请封宣祖次子光海君李珲为王世子，黄吉哉为书状官。是月，朝鲜官员2人随明朝官员进入后金。四月，以明使李宗诚私自逃出事，两次移咨辽东。是月，宣祖在汉城会见逃出的李宗诚，并移咨辽东。李宗诚言，沈惟敬已在日本娶娘子，并已怀孕。日本绝非要讨封，而是要侵略。七月，以敦宁都正黄慎为通信正使、前府使朴弘长（1558—1598）为副使至日本[12]。黄慎（1560—1617），字思叔，号秋浦，本贯昌原，有《秋浦集》传世。八月，以隆庆帝之陈皇后崩，遣李辂为陈慰使如明，

1 参见杜宏刚、邱瑞中、韩登庸、刘羚、阎崇东主编《韩国文集中的明代史料》，第九卷，第343页，广西师范大学出版社，2006年版。

2 龙节，代表皇帝的节杖。

3 参见杜宏刚、邱瑞中、韩登庸、刘羚、阎崇东主编《韩国文集中的明代史料》，第六卷，第96页及第七卷，第394页，广西师范大学出版社，2006年版。

4 闵仁伯（1552—1626），朝鲜文人，字伯春，号苔泉，本贯骊兴。其《苔泉集》卷四《朝天录（上、下）》载，八月十九（七）日是万历皇帝诞辰。《朝天录（上、下）》收入〔韩〕林基中主编《燕行录全集》，第8卷，东国大学出版部，2001年版。

5 《朝天录（上）》开头即说自己为圣节使、成晋善为书状官。见杜宏刚、邱瑞中、韩登庸、刘羚、阎崇东主编《韩国文集中的明代史料》，第七卷，第390页，广西师范大学出版社，2006年版。

6 参见朝鲜文人尹国馨《甲辰漫录》，〔韩〕《大东野乘》卷之五十五。

7 参见杜宏刚、邱瑞中、韩登庸、刘羚、阎崇东主编《韩国文集中的明代史料》，第七卷，第395页，广西师范大学出版社，2006年版。

8 我国著名满族学者于植元认为，瀛云萍先生的说法是对的，“努尔哈赤”来自回纥语，是“光明圣裔”的意思。参见瀛云萍《八旗源流》，“序”，大连出版社，1991年版。

9 该书又名《申忠一建州见闻录》，是研究清初历史的重要文献。1939年，日本人稻叶岩吉将其收入《新京二道河子旧老城》一书。〔韩〕《宣祖实录》卷七十一收录申忠一状启。另见〔韩〕林基中主编《燕行录全集》，第8卷，东国大学出版部，2001年版。

10 现名“甜水”，在辽阳至本溪之间的省道沿线。

11 参见朝鲜文人崔岦《简易集》卷六《送黄吉哉奏请书状官》。

12 参见朝鲜文献《海行总载 · 东槎日记 · 前后通信使座目》。

书状官权惜。是月，又遣李钮为进香使如明[1]。是月，遣朴东亮为冬至使如明[2]，李廷龟为书状官。九月，派出以卢稷为正使的奏闻使节团。十一月，遣刑曹参判郑期远为告急请兵使，柳思瑗为书状官，昼夜奔赴如明，奏请发兵、运粮以备战倭寇。郑期远在北京拜见兵部尚书石星，得圣旨再次发兵援朝。柳思瑗（1541—1608）著有《文兴君控于录》[3]，该“燕行录”抄录了多份奏本、咨文。十二月，黄慎、朴弘长回，言日本大军即将再次出动[4]，朝鲜急移咨辽东。

1597年，丁酉，〔明〕神宗万历二十五年，☆黄帝历四千二百九十五年。正月，兵部移咨至朝鲜。二月，帝以东封事罪杨方亨，并罢兵部尚书石星职。三月，兵部以倭情紧急移咨朝鲜。五月，明遣麻贵、邢玠、杨镐、廉贵等率4万明军入朝。八月，赞画丁应泰入朝鲜。九月，于稷山大败日军，此即“稷山大捷”。是月，都察院奉圣旨，严办弃守南原的明将杨元，经理府布告之。是月，遣御史陈效监察东征诸军[5]。十一月，邢玠以尚方宝剑督军朝鲜。十二月，遣董汉儒赍敕到朝鲜督理粮饷；◇檀君历三千九百三十年，〔朝鲜〕宣祖三十年。正月，宣祖接见册封使杨方亨一行，并为之饯行。是月，派出以行护军权悏为正使、成惟美为副使的告急使节团[6]。权悏（1553—1618）著有《石塘公燕行录》[7]。二月，丰臣秀吉以陆军14万、战船数百艘，再攻朝鲜，“丁酉再乱”发。抗倭名将李舜臣（1545 – 1598）被撤，继任者元均指挥海战，朝鲜水军几乎全军覆没。是月，宣祖会见大明册封副使沈惟敬。是月，朝鲜移咨总督军门。三月，宣祖会见明差官、指挥宁国胤。宁国胤言，前锋部队9000人，其后将有15万大军入朝作战。是月，遣李德新迎接杨镐经理。四月，宣祖会见明都司胡应元，并回复兵部咨文。是月，以北京皇极殿火灾，遣李晬光（1563—1628）为陈慰使如明，书状官尹而述。李晬光著有《安南使臣唱和问答录》[8]《朝天录》[9]，收入其《芝峰集》卷八、卷十。书状官尹而述与是岁进入北京朝贡的越南使臣冯克宽亦有唱和。冯克宽（1528—1613），字弘夫，号毅斋。五月，宣祖会见明总兵杨元，并移咨兵部。七月，宣祖至慕华馆迎慰明都督麻贵。是月，以大明皇宫三殿火灾，派出以李尚毅为正使的陈慰使节团，副使宋骏，书状官许筠。李尚毅（1560—1624）著有《丁酉朝天录》[10]。许筠（1569—1618）亦著有《丁酉朝天录》[11]，收入其《惺所覆瓿稿》。八月，遣奇自献

1　柳思瑗《文兴君控于录》载，大年初一在沙河驿见到了先来的陈慰、进香两使节团。见〔韩〕林基中、〔日〕夫马进编《燕行录全集日本所藏编》卷一，第15页，东国大学校韩国文学研究所，2001年版。

2　柳思瑗《文兴君控于录》载，腊月二十三日在广宁卫遇见回国的冬至使节团朴东亮一行。见〔韩〕林基中、〔日〕夫马进编《燕行录全集日本所藏编》卷一，第13页，东国大学校韩国文学研究所，2001年版。

3　柳思瑗《文兴君控于录》载，至辽阳“怀远馆”，都司刘孔胤索贿后乃发马牌。见〔韩〕林基中、〔日〕夫马进编《燕行录全集日本所藏编》卷一，第13页，东国大学校韩国文学研究所，2001年版。

4　参见朝鲜文献《海行总载·日本往还日记》。

5　参见〔韩〕金尚容《仙源遗稿·年谱》。

6　柳思瑗《文兴君控于录》载，三月二十五日在中后所遇见告急使节团权悏一行。见〔韩〕林基中、〔日〕夫马进编《燕行录全集日本所藏编》卷一，第13页，东国大学校韩国文学研究所，2001年版。

7　该书收入〔韩〕林基中主编《燕行录全集》，第5卷，东国大学出版部，2001年版。权悏生卒年参见左江《〈燕行录〉考订》，张伯伟编《域外汉籍研究集刊》，第四辑，中华书局，2008年版。

8　见杜宏刚、邱瑞中、韩登庸、刘羚、阎崇东主编《韩国文集中的明代史料》，第八卷，第376页，广西师范大学出版社，2006年版。

9　另见〔韩〕林基中主编《燕行录全集》，第10卷，东国大学出版部，2001年版；杜宏刚、邱瑞中、韩登庸、刘羚、阎崇东主编《韩国文集中的明代史料》，第八卷，第390页，广西师范大学出版社，2006年版。

10　收入〔韩〕林基中主编《燕行录全集》，第9卷，东国大学出版部，2001年版。

11　收入〔韩〕林基中主编《燕行录全集》，第13卷，东国大学出版部，2001年版以及杜宏刚、邱瑞中、韩登庸、刘羚、阎崇东主编《韩国文集中的明代史料》第九卷。后者见第343页，广西师范大学出版社，2006年版。参见〔韩〕崔溶澈《朝鲜中期文人许筠的中国体验和诗文集编撰》，复旦大学文史研究院编《从周边看中国》，第349页，中华书局，2009年版。

为冬至使如明。九月，以杨元在南原被倭寇包围受伤，仅以身免事移咨。是月，宣祖至慕华馆迎慰明经理杨镐。是月，遣郑昆寿（1538—1602）为谢恩兼辩诬陈奏使如明，沈喜寿（1548—1622）为副使，李尚毅为书状官[1]。十月，遣郑晔为冬至使如明。郑晔（1563—1625），字时晦，号守梦、雪村，本贯草溪，有《守梦集》传世。十一月，移咨山东按察府、提督总兵府。是岁，别提鲁认被敌军俘虏押送日本。两年后在明人帮助下到达福建。鲁认（1566—1622），字公识，号锦溪、锦里，本贯咸平，其《锦溪集》有“燕行录”[2]。

1598年，戊戌，〔明〕神宗万历二十六年，☆黄帝历四千二百九十六年。正月，杨镐围困加藤清正所率日军于岛山，毛利秀元率5万日军增援。杨镐大军突围，还至庆州，以图再战。二月，麻贵麾下鞑靼兵抢掠奸淫，麻贵枭其首、割其耳。是月，赞画丁应泰奏称杨镐与朝鲜国王联手，欺瞒皇上。七月，万历帝以治理不严、情报不准而夺杨镐兵权，朝鲜人遮道为杨镐送行。是月，帝不准朝鲜之奏，敕命天津巡抚万世德为经理，代替杨镐经略朝鲜军务。十月，斩杨元，悬其头于汉城南大门。是月，中、朝联军20万余与日军交战。是岁，丰臣秀吉死，侵朝日军始退。是岁，遣兵部给事中徐观澜[3]出使朝鲜，吴明济随行。吴明济住宿朝鲜文人许筠家中，并编辑《朝鲜诗选》，该书现藏我国国家图书馆[4]。是岁，蓝芳威从朝鲜回国，后编辑《朝鲜诗选全集》，该书现藏北大图书馆与美国伯克利大学图书馆[5]；◇檀君历三千九百三十一年，〔朝鲜〕宣祖三十一年。四月，遣金尚容（1561—1637）为圣节使如明[6]。七月，遣领议政李元翼为陈奏使、崔天健为陈奏副使、李庆暹为书状官，如明为杨镐等在朝作战将军辩白。八月，遣郑晔为冬至使如明，书状官尹宲。郑晔（1563—1625）有《守梦集》传世。十月，以皇明赞画丁应泰奏文中涉朝鲜筑城、通倭等被诬事，派出以右议政李恒福为正使、工曹参判李廷龟为副使、司艺黄汝一为书状官的陈奏辩诬使节团[7]。李恒福（1556—1618）著有《朝天录（上、下）》[8]《朝天日乘》《朝天记闻》[9]。李恒福《朝天录（下）》于“三月二十六日”载，在抚宁县见流民卖子女，男孩身价不过银一钱半。自辽东至北京沿途，满人骚扰不断。李廷龟（1564—1635）著有《戊戌朝天录（上、下）》《戊戌辨诬录》[10]。李廷龟前书载，在义州见到回国的金尚容，在沙河镇见到了回国的冬至

1 参见朝鲜文人郑琨寿（1538—1602）《柏谷集》之《年谱》；朝鲜文人柳台佐《鹤栖集》卷十三，面三。

2 参见杜宏刚、邱瑞中、韩登庸、刘羚、阎崇东主编《韩国文集中的明代史料》，第六卷，第542页《鲁任》，广西师范大学出版社，2006年版。

3 朝鲜文人尹国馨《甲辰漫录》记其为“徐仲素”，并说其在朝鲜时，恰逢亲丧。见〔韩〕《大东野乘》卷之五十六。

4 参见〔韩〕崔溶澈《朝鲜中期文人许筠的中国体验和诗文集编撰》，复旦大学文史研究院编《从周边看中国》，第349页，中华书局，2009年版。朝鲜文人尹国馨《甲辰漫录》记述吴明济事较为详细。见〔韩〕《大东野乘》卷之五十六。

5 参见张伯伟编《域外汉籍研究集刊》，第四辑，第319页，中华书局，2008年版。

6 参见〔韩〕金尚容《仙源遗稿·年谱》；杜宏刚、邱瑞中、韩登庸、刘羚、阎崇东主编《韩国文集中的明代史料》，第八卷，第247页，广西师范大学出版社，2006年版。

7 奏文见朝鲜文献《文苑黼黻》之《别编》卷二，面四十九。

8 见杜宏刚、邱瑞中、韩登庸、刘羚、阎崇东主编《韩国文集中的明代史料》，第八卷，第101、117页，广西师范大学出版社，2006年版。

9 李恒福有《白沙集》传世。其“别集”卷之五为“燕行录”。其“燕行录”收入〔韩〕林基中主编《燕行录全集》，第8、9卷，东国大学出版部，2001年版。林书第19卷所收无名氏是岁《朝天日乘》亦李恒福作品。参见左江《〈燕行录〉考订》，张伯伟编《域外汉籍研究集刊》，第四辑，中华书局，2008年版。

10 李廷龟《戊戌朝天录（上、下）》收入其《月沙集》。另收入〔韩〕林基中主编《燕行录全集》，第10卷，东国大学校出版部，2001年版以及杜宏刚、邱瑞中、韩登庸、刘羚、阎崇东主编《韩国文集中的明代史料》第九卷。见该书第19页，广西师范大学出版社，2006年版。另参见杜书第82页。

使郑晔。黄汝一（1556—1622）著有《银槎录诗》《银槎录》[1]。十一月，宣祖拜见军门邢玠。是月，朝鲜民族英雄李舜臣将军与明军一道抗击倭寇，取得海上大捷。统制使李舜臣指挥“龟船”与日军战船激战，壮烈牺牲[2]。李舜臣（1545—1598），字汝谐，本贯德水。万历四年丙子（1576年）武科及第，有《李忠武公全书》传世，其四兄弟之名分别为“李羲臣”、“李尧臣”、“李舜臣”、“李禹臣”。是月，宣祖于慕华馆迎慰万世德经理。

1599年，己亥，〔明〕神宗万历二十七年，☆黄帝历四千二百九十七年。岁初，明朝间谍使林震虩在日本见到被俘朝鲜文人鲁认，乃带其乘船到福建。鲁认经徐宗师匡岳引荐，进入两贤祠书院，与诸生讲论经学，诗歌唱和。鲁认上疏万历皇帝，帝于夏月下诏护送其回国，史汝梅乃送鲁认归朝鲜。史汝梅之父史世用时任“朝鲜经理标下参谋”。详见鲁认（1566—1622）《锦溪集》[3]。四月，遣总兵李如梅至朝鲜会勘岛山军功。八月，遣辽东镇抚杜良臣，至朝鲜颁《平倭诏书》。十一月，万世德经理以留守明军事移咨朝鲜。十二月，遣朝鲜使臣尹安性、权盼赍敕回。是岁，明军回国前，于汉城东大门外建成关帝庙[4]；◇檀君历三千九百三十二年，〔朝鲜〕宣祖三十二年。正月，领议政李元翼回自北京，乃派出以李好闵为正使、韩应寅（1554—1614）为副使的进贺谢恩使节团。二月，为留兵事，移咨经略等处。是月，左议政李德馨以诋毁明将刘綎功劳请辞。是月，宣祖于慕华馆为户部郎中董汉儒饯行。三月，宣祖为监军御史陈效、副将邓子龙举哀，邓子龙在露梁海战中与李舜臣并肩战斗，身先士卒而战死。四月，宣祖于慕华馆慰饯万世德经理及邢玠。是月，遣尹安性为正使、权盼为书状官如明贺圣节，兼进献土䌷5000匹、人参500斤。六月，遣申湜为正使如明谢恩。七月，遣行护军黄琎为正使、礼曹佐郎赵守寅为书状官如明谢恩。八月，移咨万世德经理，请封光海君为世子。是月，遣金尚宪、柳根、车天辂为迎诏使，迎接钦差。九月，遣韩德远为冬至使，韩寿民为副使，赵翊为书状官。赵翊（1556—1613）著有《朝天录》[5]《皇华日记》。是月，遣李时彦为奏请使，如明奏请救济粮饷。

1600年，庚子，〔明〕神宗万历二十八年，☆黄帝历四千二百九十八年。正月、三月，万世德经理两次移咨朝鲜，告万历帝驳丁应泰奏文，嘉奖朝鲜君臣协力抗日，守护东藩。四月，“天朝提督总兵官都督李谕日本诸酋长檄书”颁发。是月，游击将军张良相在釜山缴获倭船2艘，内有先年委官陈文栋等40人及对马岛丰臣义智派出将官1名。是月，将明军在义州仓库中粮食送与朝鲜[6]。六月，以朝鲜请留明军数目前后矛盾，万世德经理揭帖。岁初应朝鲜之请，明军留守24000人至九月撤回；◇檀君历三千九百三十三年，〔朝鲜〕宣祖三十三年。三月，遣陈奏使南以信、书状官曹倬如明，奏请留水兵一支，并称本国上年岁入不过4000石，留守天兵

1　收入〔韩〕林基中主编《燕行录全集》，第8卷，东国大学出版部，2001年版。参见左江《〈燕行录〉考订》，张伯伟编《域外汉籍研究集刊》，第四辑，中华书局，2008年版。

2　朝鲜文人安邦俊《隐峰全书》之《露梁记事》记载李舜臣激战详细。

3　见杜宏刚、邱瑞中、韩登庸、刘羚、阎崇东主编《韩国文集中的明代史料》，第九卷，第216页，广西师范大学出版社，2006年版。神宗诏书片段见该书第232页。

4　参见朝鲜文人尹国馨《甲辰漫录》，〔韩〕《大东野乘》卷之五十五。但朝鲜文人许筠《惺所覆瓿稿》卷十六《敕建显灵关王庙碑》载，万历帝敕令经理万世德在汉城修关帝庙，钦赐银4000两。参见朝鲜文人柳成龙《记关王庙》，杜宏刚、邱瑞中、韩登庸、刘羚、阎崇东主编《韩国文集中的明代史料》，第六卷，第539页，广西师范大学出版社，2006年版。

5　收入〔韩〕林基中主编《燕行录全集》，第9卷，东国大学出版部，2001年版。

6　参见《明史·列传第二百八·外国一·朝鲜》（卷三百二十）。

（明军）即使3000人，其月俸亦无力支给。五月，朝鲜为停中江关市移咨。是月，遣李好闵如明谢恩。六月，南以信驰报，朝廷官员颇有微词，明军多留不给饷，少留则3000人。有明朝官员以为，“国家为朝鲜灭数万人命，千余万饷，今似有厌惮我军之意”。七月，南以信回，进《汉书评林》50册、《史记评林》30册，言在前屯卫附近，女真人抢狗儿河堡，夺人畜300余。八月，派出以朴承宗为正使的冬至使节团，书状官睦禹卿。九月，宣祖亲至弘济院，慰饯万世德经理。是月，遣辛庆晋为奏请使如明。十月，韩应寅驰报，盘踞辽东之金得时号称“东方真主”，其追随者已被官军扫荡殆尽[1]。是岁，遣李直彦（1545—1628）率陈奏使节团如明请粮[2]。

1601年，辛丑，〔明〕神宗万历二十九年，☆黄帝历四千二百九十九年。正月，万世德经理为“大成至圣文宣王”改正事移咨朝鲜。二月，兵部拟朝鲜“练兵士、守冲要”等七事。四月，遣司宪（生卒年不详）赍敕至朝鲜。十二月，原辽东都司指挥使王汲赍咨至朝鲜，责不报军情。是月，太监高淮遣张谦、李自泰至朝鲜采办土物；◇檀君历三千九百三十四年，〔朝鲜〕宣祖三十四年。四月，派出以郑光绩为正使、李安讷为书状官的进贺使节团，如明进贺讨平杨应龙。李安讷（1571—1637）时任礼曹正郎兼司宪府持平，是岁著有《朝天录》，收入其《东岳集》卷二[3]。书中多次追述其曾祖李荇（1478—1534）于1500年来华事。六月，遣赵挺为圣节使如明。七月，派出以李廷龟为正使的陈奏兼奏请使节团，奏请赐战时所遗失、损毁冠冕[4]。九月，遣柳根为冬至使如明，金善余为副使，李廷馠为书状官。柳根（1549—1627），字晦夫，号西坰、孤山，本贯晋州，有《西坰集》传世。十一月，遣权憘为正使、朴弘老为副使，赵诚立为书状官，如明进贺封皇太子。

1602年，壬寅，〔明〕神宗万历三十年，☆黄帝历四千三百年。正月，遣谭宗仁赍咨至朝鲜。二月，遣朝鲜使臣赵挺赍补封诰命、冕服回，补封宣祖妃金氏（1584—1632，昭敬王妃，本贯延安，金悌男之女）为“王妃”。三月，遣翰林院侍讲顾天峻、行人崔廷健至朝鲜颁诏，诏告立皇太子事[5]，两使索细数百匹、人参数百斤[6]。驻守鸭绿江边镇江堡的游记将军丘坦随行入朝鲜。五月，御史何尔建参劾辽东镇守太监高淮所遣张谦、李自泰在朝鲜索人参等事。是岁，利玛窦在北京刊印《坤舆万国全图》共6幅；◇檀君历三千九百三十五年，〔朝鲜〕宣祖三十五年。三月，遣李廷龟等在义州迎接钦差，李廷龟（1564—1635）著有《东槎录》[7]。四月，遣李光胤为圣节使书状官如明。八月，派出以金玏为正使、金时献为副使的冬至使节团，李民宬为书状官。兵部以为天朝兵将刚刚撤回，难以再发大军，设“五难”诘问使臣，金玏对答如流。金玏（1540—1616）著有《朝天录》。金玏有《柏岩集》传世[8]。李民宬（1570—1629）著有《壬寅朝

1 吴晗先生书将本年标注为“1560年”，显然有误。见吴晗《朝鲜李朝实录中的中国史料》，第2638页，中华书局，1980年版。

2 参见杜宏刚、邱瑞中、韩登庸、刘羚、阎崇东主编《韩国文集中的明代史料》，第十二卷，第326页，广西师范大学出版社2006年版。

3 该书亦收入〔韩〕林基中主编《燕行录全集》，第15卷，东国大学出版部，2001年版。见杜宏刚、邱瑞中、韩登庸、刘羚、阎崇东主编《韩国文集中的明代史料》，第十卷，第99页，广西师范大学出版社，2006年版。

4 奏文见朝鲜文献《文苑黼黻》之《别编》卷二。

5 〔韩〕崔溶澈《朝鲜中期文人许筠的中国体验和诗文集编撰》说，朝鲜专门接待明使顾天峻一行的远接使为李廷龟、从事官是许筠。见复旦大学文史研究院编《从周边看中国》，第349页，中华书局，2009年版。

6 参见朝鲜文人尹国馨《甲辰漫录》，〔韩〕《大东野乘》卷之五十五。

7 韩国林基中教授将《东槎录》收入其主编《燕行录全集》第11卷，不妥。见该书东国大学校出版部2001年版。

8 金玏《朝天录》收入〔韩〕林基中主编《燕行录全集》，第4卷，东国大学出版部，2001年版。另见杜宏刚、邱瑞中、韩登庸、刘羚、阎崇东主编《韩国文集中的明代史料》，第六卷，第327页，广西师范大学出版社，2006年版。

天录》[1]。十一月，遣郑赐湖为谢恩使如明，副使赵庭芝，书状官尹安国[2]。是岁，王命申钦（1566—1628）撰写《天朝将官东征纪实》。申钦有《象村集》传世，内收录抗倭援朝将官姓名较全。《象村集》部分收入杜宏刚、邱瑞中、韩登庸、刘羚、阎崇东主编《韩国文集中的明代史料》，第九卷，广西师范大学出版社，2006 年版。

1603 年，癸卯，〔明〕神宗万历三十一年，☆黄帝历四千三百〇一年。二月，辽东镇守太监高淮索朝鲜土产。三月，遣朝鲜使臣金功、金时献赍皇朝约束日本敕回，并着朝鲜自强御敌。帝赐金功《大学衍义》1 部。是月，辽东都司以参事调停奉旨督催事移咨朝鲜，并送《大明一统历》100 本。四月，遣朝鲜使臣李光庭、权憘赍敕及诰命、冕服、彩缎 52 匹还。五月，礼部遣朝鲜使臣金信元、张晚赍咨还，不允封光海君。六月，辽东都司移咨朝鲜，咨文着用大字，以便阅读。十月，蓟辽总督蹇达为倭情事移咨朝鲜；◇檀君历三千九百三十六年，〔朝鲜〕宣祖三十六年。正月，遣行佥知中枢府事李光庭、上护军权憘如明，奏请王妃诰命，书状官朴晔。李光庭一行在北京得到了利玛窦《坤舆万国全图》印本。朝鲜文人李晬光（1563—1628）《芝峰类说》载："万历癸卯，余忝副提学时，赴京回还使臣李光庭、权憘以欧罗巴国舆图一件六幅，送于本（弘文）馆"[3]。二月，遣左赞成金信元、工曹参判张晚（1566—1629）[4]如明，奏请册封光海君为王世子。郑忠信随张晚来华。郑忠信（1575—1636），字可行，号晚云，本贯光州，有《晚云集》传世。四月，遣南瑾如明谢赐诰命。五月，遣李廷馨（1549—1607）率圣节使节团如明[5]，申棁为书状官。李廷馨著有《朝天录》，收入〔韩〕林基中主编《燕行录全集》第 5 卷，该书云在辽东见到了李光庭一行[6]。七月，遣宋骏为冬至使、朴而章为副使如明，李忠完为书状官。朴而章《龙潭集》卷二有是岁"燕行诗"[7]，《年表》交代此次燕行清楚。十一月，遣郑瑴为谢恩兼陈奏使如明，尹守谦为书状官。郑瑴（1559—1617）著有《松浦公朝天日记》[8]。朴而章《龙潭集·年表》说，冬至使节团于次年正月初三在海州卫遇见郑瑴一行。是岁，《皇华集类编》完成。

1604 年，甲辰，〔明〕神宗万历三十二年，☆黄帝历四千三百〇二年。五月，钦差巡抚辽东御史赵濈以倭情移咨朝鲜。六月，太监高淮遣铁九奏等至朝鲜，督进磁青纸 15000 张。九月，遣游击将军董正谊至朝鲜。十一月，礼部以朝鲜自 10 年前屡次请废长立幼，移"不允"光海君为王世子咨；◇檀君历三千九百三十七年，〔朝鲜〕宣祖三十七年。三月，派出以李廷龟为正使、闵仁伯为副使的王世子请封使节团，书状官李埈[9]。李廷龟（1564—1635）著有《甲辰朝

1 李民宬（1570—1629），字宽甫，号敬亭，本贯永川，其《敬亭集》卷六、七为《诗·燕槎唱酬集》，该书《续集》有《朝天录》。参见〔韩〕林基中主编《燕行录全集》，第 13、14、15 卷，东国大学出版部，2001 年版；杜宏刚、邱瑞中、韩登庸、刘羚、阎崇东主编《韩国文集中的明代史料》，第九卷，第 397、405 页，广西师范大学出版社，2006 年版。

2 参见朝鲜文人许筠《惺所覆瓿稿》卷十八《西征记》。

3 参见曹中屏《朝鲜近代史（1863—1919）》，第 3 页，东方出版社，1993 年版。

4 参见杜宏刚、邱瑞中、韩登庸、刘羚、阎崇东主编《韩国文集中的明代史料》，第十二卷，第 164 页，广西师范大学出版社，2006 年版。

5 参见朝鲜文人李廷馨（1549—1607）《知退堂集》卷十四《年谱》。

6 见杜宏刚、邱瑞中、韩登庸、刘羚、阎崇东主编《韩国文集中的明代史料》，第七卷，第 269、276 页，广西师范大学出版社，2006 年版。

7 参见〔韩〕林基中《燕行录研究》，第 493 页，一志社，2006 年增补版。

8 参见〔韩〕林基中《燕行录研究》，第 493 页，一志社，2006 年增补版。

9 参见韩国文献《赵花川燕行酬唱录》卷四。

天录》，收入其《月沙集》卷四[1]，李廷龟在山海关与赵鹗一家保持了数十年友情。闵仁伯著有《朝天录（下）》，收入其《苔泉集》卷四[2]。闵仁伯（1552—1626），字伯春，号苔泉，本贯骊兴。李埈（1560—1635），字叔平，号苍石、西溪，本贯兴阳，其《苍石集》卷一有《丰润雨中抒怀，呈月沙、苔泉两使案下》[3]。五月，遣韩寿民如明贺千秋，书状官申光立。六月，遣安克孝为圣节使、成均馆典籍兼司宪府监察闵德男为书状官如明。八月，遣尹敬立为冬至使、尹昉为副使如明，书状官李命俊[4]。是岁，无名氏来华并著有《朝天日录》，收入〔韩〕林基中主编《燕行录全集》，第20卷。

1605年，乙巳，〔明〕神宗万历三十三年，☆黄帝历四千三百〇三年。正月，太监高淮遣人至朝鲜，送蟒缎4端、安息香1000支。是岁，忽温女真酋长卓古掠朝鲜边境。是岁，朝鲜复请封光海君为世子。礼部驳之[5]；◇檀君历三千九百三十八年，〔朝鲜〕宣祖三十八年。四月，僧人惟正回，带回朝鲜被倭掳男女3000余人。是月，派出以禹俊民为正使的圣节使节团，派出以姜签为正使的谢恩使节团，俞昔曾为书状官。是月，遣李馨郁（1551—1631）为千秋使如明，书状官申慄。李馨郁著有《燕行日记》[6]。十月，遣李尚信为冬至使、郑协为副使如明，书状官柳时行。是岁，休静（1520—1605，俗姓崔，字玄应，号清虚堂）圆寂。大师曾于"壬辰倭乱"时率僧徒1500人随明军克复汉城，经略宋应昌激赏之。

1606年，丙午，〔明〕神宗万历三十四年，☆黄帝历四千三百〇四年。四月，以皇太子长子诞生，遣翰林院修撰朱之蕃、礼科左给事中梁有年至朝鲜[7]。朱之蕃（1561—1626），字元介，号杏村、兰隅，南直上元[8]人。万历二十三年乙未（1595）状元，官至吏部右侍郎。朱之蕃在朝期间与车天辂等唱和，回国后著有《使朝鲜稿》。朱之蕃、梁有年并为朝鲜著名女诗人许楚姬（1563—1589）《兰雪轩诗集》作序；◇檀君历三千九百三十九年，〔朝鲜〕宣祖三十九年。二月，遣柳根为远接使、李廷龟为傧接使，迎接钦差。李廷龟著有《傧接录（上）》[9]。许筠为远接使从事官，并著有《丙午纪行》。三月，遣闵梦龙为进贺使如明，副使柳思瑗，书状官李惕[10]。四月，遣洪庆臣为千秋使如明，李馨远为书状官。是月，遣李觉为圣节使如明，书状官柳宗庆。五月，派出以韩述为正使、黄廷喆为副使、宋仁及为书状官的谢恩使节团，并奏请明朝禁制女真、允贸火药。八月，遣宋骏为冬至使如明，书状官梁应洛[11]。十二月，遣柳寅吉、崔

1 见杜宏刚、邱瑞中、韩登庸、刘羚、阎崇东主编《韩国文集中的明代史料》，第九卷，第39页，广西师范大学出版社，2006年版。

2 见〔韩〕林基中主编《燕行录全集》，第8卷，东国大学出版部，2001年版；杜宏刚、邱瑞中、韩登庸、刘羚、阎崇东主编《韩国文集中的明代史料》，第七卷，第395页，广西师范大学出版社，2006年版。

3 见杜宏刚、邱瑞中、韩登庸、刘羚、阎崇东主编《韩国文集中的明代史料》，第八卷，第226页，广西师范大学出版社，2006年版。该诗刊第232页。

4 参见杜宏刚、邱瑞中、韩登庸、刘羚、阎崇东主编《韩国文集中的明代史料》，第七卷，第400页，广西师范大学出版社，2006年版。

5 参见《明史·列传第二百八·外国一·朝鲜》（卷三百二十）。

6 收入〔韩〕林基中主编《燕行录全集》，第20卷，东国大学出版部，2001年版。但林书标注作者为"李祚永、李馨郁"，有误。林书第5卷所收《燕行日记》与该书是同一部著作。见左江《〈燕行录〉考订》，张伯伟编《域外汉籍研究集刊》，第四辑，中华书局，2008年版。

7 朝鲜文人尹国馨《甲辰漫录》有对朱之蕃的介绍。见〔韩〕《大东野乘》卷之五十六。

8 南直上元，今江苏省南京。

9 见杜宏刚、邱瑞中、韩登庸、刘羚、阎崇东主编《韩国文集中的明代史料》，第九卷，第68页，广西师范大学出版社，2006年版。

10 参见朝鲜文人许筠《惺所覆瓿稿》卷十八《丙午行录》。

11 参见杜宏刚、邱瑞中、韩登庸、刘羚、阎崇东主编《韩国文集中的明代史料》，第十二卷，第306页，广西师范大学出版社，2006年版。

濂如明谢恩，受王命于北京多方购求杨镐经理画像，为朝鲜敬拜之用。是岁，许筠（1569—1618）随团来华，并参观北京南堂，回国后积极研究天主教义[1]。

1607年，丁未，〔明〕神宗万历三十五年，☆黄帝历四千三百〇五年；◇檀君历三千九百四十年，〔朝鲜〕宣祖四十年。二月，遣吕吉佑、李庆暹为通信使正副使如日本，从事官丁好宽[2]。四月，派出以崔沂为正使的圣节使节团。崔沂（1553—1616）著有《朝天日记》[3]。是月，遣李庆涵为千秋使如明[4]。

1608年，戊申，〔明〕神宗万历三十六年，☆黄帝历四千三百〇六年。四月，辽东抚院及总镇遣参将龚念遂、游记将军崔吉致祭宣祖。六月，李成梁卸任辽东总兵。是月，遣辽东都司严一魁、自在州知州万爱民至朝鲜，查察临海君李珒病症真伪[5]。是岁，努尔哈赤掠朝鲜庆源。是岁，万历帝不准光海君继位，谕命朝鲜上臣民义疏[6]；◇檀君历三千九百四十一年，〔朝鲜〕宣祖四十一年。二月，宣祖薨[7]。是月，光海君派出以延陵府院君李好闵为正使、行龙骧卫上护军吴亿龄（1552—1618）为副使的告讣、请谥兼请承袭使节团，李好义为书状官。李好闵（1553—1634）著有《燕行录》[8]。八月，吕佑吉回自日本，带回被倭掳朝鲜人1240余。四月，遣尹晖（1571—1644）如明贺圣节。是月，遣柳涧如明谢恩。六月，遣李德馨为陈奏使，黄慎为副使，姜弘立为书状官如明，奏请允光海君承袭。李德馨（1561—1613），字明甫，号汉阴、双松、抱雍散人，本贯广州，其《汉阴文稿》中有"燕行诗"以及与明朝差官金希元的对谈记录。金希元（一作"余希允"）奉援朝大明游记将军胡大受之命，从满浦进入努尔哈赤营地，了解满洲动静，并提及浙江人龚正时为努尔哈赤塾师，颇得信任[9]。七月，遣申渫为冬至使如明，兼送漂风明人回。副使尹旸，书状官崔晛[10]。崔晛（1563—1640）著有《朝天日录》[11]。申渫途中驰报，李成梁见皇帝不允朝鲜册封，乃上疏请郡县其地，万历帝虑李成梁生事，乃罢其兵权，令归京养老[12]。申渫赍琉球国使臣咨文及礼物回国。十月，李好闵、吴亿龄回，言帝不允光海君承袭[13]，并告剩余银钱1,450两7钱，纳于府库。是岁，宣祖妃朴氏（1552—1608，懿仁王妃，本贯磻南，朴应顺之女）薨，朝鲜尊宣祖妃金氏（1584—1632，昭敬王妃，本贯延安，金悌男之女。1602

1 参见杨昭全、何彤梅《中国—朝鲜韩国关系史》，第576页，天津人民出版社，2001年版。
2 参见〔日〕仲尾宏《朝鲜通信使》附录《朝鲜通信使一览表》，岩波书店，2007年版。
3 参见〔韩〕林基中《燕行录研究》，第493页，一志社，2006年增补版。
4 参见朝鲜文人李好闵（1553—1634）《五峰集》卷六。
5 参见朝鲜文人尹国馨《甲辰漫录》，〔韩〕《大东野乘》卷之五十五；朝鲜文人金时让《荷潭破寂录》，〔韩〕《大东野乘》卷之七十二。
6 参见《明史·列传第二百八·外国一·朝鲜》（卷三百二十）。
7 参见朝鲜文人黄有詹《丁戊录》，〔韩〕《大东野乘》卷之五十八。该书记录明万历三十五年丁未（1607）至万历三十六年戊申（1608）年朝鲜宣祖薨等事。
8 收入〔韩〕林基中主编《燕行录全集》，第8卷，东国大学出版部，2001年版。见杜宏刚、邱瑞中、韩登庸、刘羚、阎崇东主编《韩国文集中的明代史料》，第七卷，第425页，广西师范大学出版社，2006年版。
9 见杜宏刚、邱瑞中、韩登庸、刘羚、阎崇东主编《韩国文集中的明代史料》，第八卷，第257、276、315页，广西师范大学出版社，2006年版。
10 参见朝鲜文人崔晛（1563—1640）《讱斋集》之《年谱》。
11 参见〔韩〕林基中《燕行录研究》，第493页，一志社，2006年增补版。
12 参见朝鲜文人尹国馨《甲辰漫录》，〔韩〕《大东野乘》卷之五十五。
13 参见朝鲜文人尹国馨《甲辰漫录》，〔韩〕《大东野乘》卷之五十五。

年补诰封）为王大妃。是岁，苏光震（1566—1610）来华，并著有《朝天日录》[1]《后泉赴燕诗》[2]。

1609年，己酉，〔明〕神宗万历三十七年，☆黄帝历四千三百〇七年。三月，遣朝鲜使臣申渫赍敕回，着光海君权署国事。四月，帝遣太监刘用、行人司行人熊化、监生徐明至朝鲜，致祭宣祖并颁谥号“昭敬”，颁诏册光海君为“朝鲜国王”，诰封其妻柳氏（1576—1623，本贯文化，柳自新之女）为“王妃”[3]。六月，辽东总兵李芳春送彩缎至朝鲜，贺光海君受册封。朝鲜遣洪瑞凤（1572—1645）为都司迎慰使至鸭绿江；◇檀君历三千九百四十二年，〔朝鲜〕光海君李珲（1575—1641，被废后称“光海君”）一年。三月，光海君在慕华馆迎敕书及钦赐文锦、白银。是月，遣许筠迎接钦差，许筠至义州行程记录于《己酉西行纪》，收入其《惺所覆瓿稿》卷十九[4]。许筠对于中国小说情有独钟。四月，光海君迎接诏书。是月，光海君流放其长兄、临海君李珒，李珒次年卒[5]。六月，光海君在慕华馆接受册封，拜谢钦赐诰命、彩缎等。是月，遣吏曹参判郑经世、礼曹参判吕裕吉如明谢恩，书状官李芬。郑经世在京演礼期间，羞于站立僧道之后，乃呈文。郑经世（1563—1633），字景任，号河渠、乘成子、石潆道人、松麓、愚伏，本贯晋州，其《愚伏集》内收呈文有三使姓名[6]。是月，遣赵存世为千秋使如明，书状官柳湙[7]。是月，遣刑曹参判柳梦寅入明贺圣节，李好信为副使，书状官金孝敬[8]。柳梦寅（1559—1623）乃柳湙叔父，是岁著有《朝天录》，收入其《於于集》[9]。八月，遣俞大祯为冬至使如明[10]，书状官郑之羽。九月，遣通事送被掳山东莱州孙应麟、薛沙等21人至辽东。十一月，遣知中枢府事申钦、副使具义刚、书状官韩缵勇如明，奏请册封光海君之子李祬[11]为王世子。申钦（1566—1628）著有《奏请使朝天日记》[12]。是岁，遣回满洲叛民千余户[13]。是岁，朝鲜与日本订立《己酉约条》，规定日本可发“岁遣船”，至东莱[14]草梁倭（和）馆。

1610年，庚戌，〔明〕神宗万历三十八年，☆黄帝历四千三百〇八年。正月，辽东遣蔡得时、李变龙赍咨至朝鲜，收取“壬辰倭乱”时明军所遗火器。是月，辽东指挥使司遣蒋天泽赍咨至朝鲜，责朝鲜阻挠中江关市，多为贡路私贸。是月，遣朝鲜使臣郑经世赍礼部咨回。七月，遣冉登[15]赍敕至朝鲜，册封光海君之子李祬为王世子[16]，并送钦赐彩缎；◇檀君历三千九百四十三

---

1 收入〔韩〕林基中主编《燕行录全集》，第11卷，东国大学出版部，2001年版。

2 参见〔韩〕林基中《燕行录研究》，第493页，一志社，2006年增补版。

3 熊化一行的远接使是朝鲜文人李尚毅，从事官是许筠。见〔韩〕崔溶澈《朝鲜中期文人许筠的中国体验和诗文集编撰》，复旦大学文史研究院编《从周边看中国》，第349页，中华书局，2009年版。

4 韩国林基中教授主编《燕行录全集》第13卷所收许筠《己酉西行录》非“燕行录”作品。参见左江《〈燕行录〉考订》，张伯伟编《域外汉籍研究集刊》，第四辑，中华书局，2008年版。

5 参见朝鲜文人金时让《荷潭破寂录》，〔韩〕《大东野乘》卷之七十二。

6 见杜宏刚、邱瑞中、韩登庸、刘羚、阎崇东主编《韩国文集中的明代史料》，第八卷，第516页，广西师范大学出版社，2006年版。

7 参见朝鲜文人许筠《惺所覆瓿稿》卷十九《己酉西行记》。

8 参见朝鲜文人许筠《惺所覆瓿稿》卷十九《己酉西行记》。

9 该书亦收入〔韩〕林基中主编《燕行录全集》，第9卷，东国大学出版部，2001年版。

10 参见杜宏刚、邱瑞中、韩登庸、刘羚、阎崇东主编《韩国文集中的明代史料》，第九卷，第131页，广西师范大学出版社，2006年版。

11 “李祬”之名，参见朝鲜无名氏《癸亥靖社录》，〔韩〕《大东野乘》卷之五十九。

12 参见〔韩〕林基中《燕行录研究》，第493页，一志社，2006年增补版。

13 见〔近代〕周沆原著，全国公共图书馆古籍文献编委会编《满洲编年纪要》，第37页，中华全国图书馆文献缩微复制中心，1995年版。

14 东莱，今韩国釜山。

15 朝鲜文人尹国馨《甲辰漫录》云，冉登至朝鲜，王以朴弘耇为远接使、以黄慎为馆伴。〔韩〕《大东野乘》卷之五十六。

16 光海君之子李祬于1623年被废，同年赐死。

年，〔朝鲜〕光海君二年。二月，移咨辽东，乞罢中江关市。四月，遣圣节使洪瑞凤、书状官丁好恕如明[1]。五月，遣千秋使黄士佑、副使李时用、书状官金终男如明，黄士佑著有《朝天录》[2]，收入其《桧山世稿》卷五。但韩国林基中教授所认定黄士佑生卒年“1486—1536”显然有误，1536年已去世的人，无法在1610年来华[3]。六月，遣郑文孚为圣节使如明[4]。七月，遣李直彦（1545—1628）、韩德远为正副使如明谢恩，书状官赵纬韩[5]。赵纬韩在北京所作《次韩提督万象韵二首并序》的“序”中，有“第未知季子观乐之日，亦在于封锁闭钥之中耶？呵呵”句。韩万象，太原人。八月，派出以郑士信为正使、金时让为书状官[6]的冬至使节团。郑士信（1558—1619）著有《梅窗先生朝天录》。韩国林基中教授认为，是岁，郑□□（名不详）著有《庚戌朝天日录》（上、下）》，并将其收入《燕行录全集》第20卷，我国学者左江认为，该书即第9卷所收《梅窗先生朝天录》，作者郑士信[7]。是岁，朝鲜名医许浚所著《东医宝鉴》完成，共25卷。该书自1596年开始编纂，是岁脱稿[8]。

1611年，辛亥，〔明〕神宗万历三十九年，☆黄帝历四千三百〇九年。九月，皇后王氏（泰昌帝朱常洛生母）崩。十一月，遣朝鲜使臣李顺庆赍敕回，钦赐光海君银100两、彩缎4匹，纻丝12表里；◇檀君历三千九百四十四年，〔朝鲜〕光海君三年。五月，遣洪瑞凤（1572—1645）为圣节使如明，书状官丁士推[9]。七月，遣刑曹参判李顺庆如明，送福建兴化漂风人林润台等32人京师。八月，辽广都御史杨镐求其在半岛时朝鲜人碑颂诗文，光海君命印6卷数百册送之。是月，以女真翻译河世国为司果[10]。十月，派出以李尚毅为正使、李晬光为副使的冬至兼奏请使节团，朴思齐为书状官。李尚毅（1560—1624）著有《辛亥朝天录》[11]。李晬光（1563—1628）著有《续朝天录》[12]《琉球使臣赠答录》，收入其《芝峰集》卷十六，回国途中有《新安馆，别千秋使吴德者》一诗。

1612年，壬子，〔明〕神宗万历四十年，☆黄帝历四千三百一十年。六月，杨镐遣指挥黄应旸至朝鲜巡视南边。黄应旸，浙江人，永乐大学士黄淮后人，“壬辰倭乱”时为出兵朝鲜事奔

1　参见朝鲜文人李晬光（1563—1628）《续朝天录》，收入其《芝峰集》卷十六。

2　黄士佑（疑其生卒年为1586—1636）《朝天录》云：“万历三十八年庚戌五月初七日，奉笺诣慕华馆查对。宿净土寺。书状官金终男，字子始”。见〔韩〕林基中主编《燕行录全集》，第2卷，第524-527页，东国大学校出版部，2001年版。

3　见〔韩〕林基中《燕行录研究》，第33页，一志社，2006年增补版。黄士佑《朝天录》载，八月十一日是千秋节，八月十七日是圣诞（万历帝诞辰）。

4　郑文孚（1565—1624），字子虚，号农圃，本贯海州，其《农圃集》中有“燕行诗”。见杜宏刚、邱瑞中、韩登庸、刘羚、阎崇东主编《韩国文集中的明代史料》，第九卷，第209页，广西师范大学出版社，2006年版。参见〔韩〕林基中主编《燕行录全集》，第2卷，第484页，东国大学校出版部，2001年版；朝鲜文人黄士佑《朝天录》，《桧山世稿》卷五。

5　赵纬韩（1567—1649），字持世，号素翁、玄谷，本贯汉阳，其《玄谷集》内有“燕行诗”，收入〔韩〕林基中主编《燕行录全集》第2卷。见该书第530页，东国大学校出版部，2001年版。参见朝鲜文人黄士佑《朝天录》，《桧山世稿》卷五。《玄谷集》内“燕行诗”，另见杜宏刚、邱瑞中、韩登庸、刘羚、阎崇东主编《韩国文集中的明代史料》，第九卷，第308页，广西师范大学出版社，2006年版。

6　金时让《紫海笔谈》云：“万历庚戌，余以贺至书状，将赴京师”。《紫海笔谈》收入〔韩〕《大东野乘》卷七十一。

7　见左江《〈燕行录〉考订》，张伯伟编《域外汉籍研究集刊》，第四辑，中华书局，2008年版。

8　参看韩国电视剧《医道》。

9　李晬光《续朝天录》中载，在路上见到了会还的洪瑞凤一行。见杜宏刚、邱瑞中、韩登庸、刘羚、阎崇东主编《韩国文集中的明代史料》，第八卷，第412页，广西师范大学出版社，2006年版。

10　司果，朝鲜官名，正四品。

11　收入〔韩〕林基中主编《燕行录全集》，第9卷，东国大学出版部，2001年版。

12　收入〔韩〕林基中主编《燕行录全集》，第10卷，东国大学出版部，2001年版。见杜宏刚、邱瑞中、韩登庸、刘羚、阎崇东主编《韩国文集中的明代史料》，第八卷，第407页，广西师范大学出版社，2006年版。

走。是岁，女真努尔哈赤改姓“童（佟）”为“爱新觉罗”[1]；◇檀君历三千九百四十五年，〔朝鲜〕光海君四年。五月，以倭情移咨杨镐。是月，遣吴德耉为千秋使如明。六月，改竖《杨镐去思碑》于慕华馆侧。十月，遣赵存性为冬至使、李成吉为副使如明，权尽己为书状官。十一月，光海君接见黄应旸。十二月，遣许筠为陈奏使、郑晔为副使，如明请册封光海君本生母。是岁，以半岛鲜于氏为祭祀箕子“崇仁殿”殿监，世守祭祀。

1613年，癸丑，〔明〕神宗万历四十一年，☆黄帝历四千三百一十一年。正月，遣朝鲜使臣赵存性、李成吉赍咨还。朝鲜以赵存性不知咨文内容而罪之，三使臣皆罢官；◇檀君历三千九百四十六年，〔朝鲜〕光海君五年。五月，以浙江总兵杨宗业奏日本与朝鲜于釜山开市，遣宋英耉、高用厚（1577—1652）率圣节[2]兼陈奏使节团如明辩解，并请购硝磺于明，得允。郑弘翼（1571—1626）随团来华，并著有《燕行录》[3]。九月，光海君接见辽东差官傅廷献。十月，以女真事移咨辽东。十二月，遣朴弘耉、李志完率恭圣王妃册封奏请使节团如明。

1614年，甲寅，〔明〕神宗万历四十二年，☆黄帝历四千三百一十二年。五月，明差刘姓官至朝鲜颁敕，告皇太子妃郭氏（？—1613，泰昌帝登基后追封为皇后）薨；◇檀君历三千九百四十七年，〔朝鲜〕光海君六年。五月，遣闵馨男为进香使、吕佑吉为陈慰使，奉表如明祭奠皇太后李氏（1545—1614，万历帝生母，隆庆帝皇贵妃）。是月，遣郑弘翼、书状官杨子升如明贺圣节[4]。六月，遣许筠为千秋兼谢恩使[5]如明，金中清为书状官。许筠在北京购买书册上千本[6]。金中清（1567—1629）著有《朝天录》《朝天诗》，收入其《苟全集》别集[7]，并著有《赴京别章（上、中、下）》[8]。八月，全罗道获船1只，内有倭人及明人95名。是月，遣冬至使尹䁘、副使李廷馦如明。十一月，遣朴弘耉为奏请使、李志完为副使如明，奏请册封光海君本生母，书状官吴翊。

1615年，乙卯，〔明〕神宗万历四十三年，☆黄帝历四千三百一十三年。六月，遣朝鲜使臣尹昉赍敕及册光海君本生母诰命回，封其为宣祖“次妃”。时朝鲜王大妃为宣祖妃金氏（1584—1632，昭敬王妃，本贯延安，金悌男之女）[9]；◇檀君历三千九百四十八年，〔朝鲜〕光海君七年。正月，派出以海昌君尹昉为正使、李馨郁为副使的谢恩使节团，书状官赵持世[10]。李馨郁（1551—1630）著有《燕行日记》。六月，遣朴东望为圣节使如明，朴东望中途病逝于朝鲜安州，乃遣李惕如明贺圣节。闰八月，以王世贞著作与《吾学编》《经世实用编》《续文献统考》内有“（朝鲜太祖）李成桂乃高丽李仁任后人”之语，遣闵馨男、许筠为冬至兼陈奏正副使如明，

1　我国当代学者瀛云萍认为，“觉罗”读“角烙”，在流放五国城（今黑龙江省依兰县附近）宋徽、钦二帝一族自造的“徽宗语”中是“赵”的意思。见瀛云萍《八旗源流》，第32-33页，大连出版社，1991年版。

2　参见杜宏刚、邱瑞中、韩登庸、刘羚、阎崇东主编《韩国文集中的明代史料》，第十一卷，第108页，广西师范大学出版社，2006年版。

3　收入〔韩〕林基中主编《燕行录全集》，第15卷，东国大学出版部，2001年版。

4　参见朝鲜文人金中清（1567—1629）《朝天录》，《苟全集》别集。

5　参见〔韩〕《光海君日记》，“七年六月五日”。

6　见〔韩〕崔溶澈《朝鲜中期文人许筠的中国体验和诗文集编撰》，复旦大学文史研究院编《从周边看中国》，第349页，中华书局，2009年版。

7　该书亦收入〔韩〕林基中主编《燕行录全集》，第11、12卷，东国大学校出版部，2001年版。

8　参见〔韩〕林基中《燕行录研究》，第494页，一志社，2006年增补版。

9　参见《明史·列传第二百八·外国一·朝鲜》（卷三百二十）。

10　参见朝鲜文人许筠《惺所覆瓿稿》卷五《送赵持世赴京序》。

书状官吴焕。光海君付使节团现银万数千两，闵馨男分给副使、书状官收藏。途中，副使许筠称所赍银被盗。许筠（1569—1618）著有《乙（卯）丙（辰）朝天录》[1]。该书2005年由崔康贤译注，韩国国立中央图书馆印行[2]。

1616年，丙辰，〔明〕神宗万历四十四年，☆黄帝历四千三百一十四年。是岁，努尔哈赤称汗，建立后金政权，年号“天命”，并致书朝鲜，威胁其不得助明；◇檀君历三千九百四十九年，〔朝鲜〕光海君八年。六月，遣金瑬如明贺圣节[3]。八月，遣权庆佑为冬至使如明。渡鸭绿江后不久，权庆佑病逝，乃改遣睦大钦（1575—1638）如明贺冬至，副使苏时雨。苏时雨两子皆随父来华，并在玉河馆拜见李廷龟。睦大钦著有《丙辰朝天录》[4]，收入其《茶山集》。十一月，派出以左议政李廷龟为正使、工曹判书柳涧为副使、张自好为书状官的奏请使节团如明，奏请帝赐光海君本生母恭嫔冕服。李廷龟（1564—1635）著有《丙辰朝天录》，收入其《月沙集》卷六[5]。明游记将军丘坦在鸭绿江边为李廷龟设立彩棚，宴会、戏曲招待之。李廷龟在北京得病，次年六月才启程回国。是岁，遣权悏（1553—1618）率谢恩使节团如明，副使金止男，书状官李忠养[6]。权悏回国后病逝于戊午年正月[7]。

1617年，丁巳，〔明〕神宗万历四十五年，☆黄帝历四千三百一十五年。四月，辽东游记将军丘坦送骆驼及马30匹至朝鲜，求土产。六月，丘坦送咨文，并求土产。朝鲜送之扇子，拒送人参。八月，遣朝鲜使臣李廷龟、柳涧赍敕及钦赐恭嫔冕服、纻丝12匹等回。是岁为后金天命二年；◇檀君历三千九百五十年，〔朝鲜〕光海君九年。四月，以开市事移咨辽东。是月，遣千秋使尹安国、书状官安璥如明，并陈奏对马岛送日本修好书信至于朝鲜事。安璥（1564—？）著有《驾海朝天录》[8]。是月，遣金存敬为圣节使如明。八月，派出以李尚吉为正使、李昌庭为副使、金鑑为书状官的冬至兼谢恩使节团。李尚吉（1556—1637）著有《朝天日记》[9]。金鑑（1556—1637）著有《朝天日记》[10]。是岁，遣吴允谦、朴梓为通信使正副使如日本，从事官李景稷[11]。

1618年，戊午，〔明〕神宗万历四十六年，☆黄帝历四千三百一十六年。三月，辽东游击将军丘坦移咨朝鲜。四月，女真围沙河堡等处，辽东副总兵战死，帝谕命朝鲜发兵助攻努尔哈

1 收入〔韩〕林基中主编《燕行录全集》，第7卷，东国大学出版部，2001年版。林书该卷所收许篈（1551—1588）《朝天录》有误，1588年去世的人，1615年无法来华。林书所收乃许筠《乙丙朝天录》与同卷第427页所收许篈《荷谷朝天录》的混合体。参见左江《〈燕行录〉考订》，张伯伟编《域外汉籍研究集刊》，第四辑，中华书局，2008年版。

2 参见〔韩〕崔溶澈《朝鲜中期文人许筠的中国体验和诗文集编撰》，复旦大学文史研究院编《从周边看中国》，中华书局，2009年版。

3 金瑬（1571—1648），字冠玉，号北渚，本贯顺天，有《北渚集》传世。见杜宏刚、邱瑞中、韩登庸、刘羚、阎崇东主编《韩国文集中的明代史料》，第十卷，第158页以及第十三卷，第142页，广西师范大学出版社，2006年版。

4 参见〔韩〕林基中《燕行录研究》，第494页，一志社，2006年增补版；杜宏刚、邱瑞中、韩登庸、刘羚、阎崇东主编《韩国文集中的明代史料》，第十一卷及第十三卷，第380页，广西师范大学出版社，2006年版。

5 见〔韩〕林基中主编《燕行录全集》，第11卷，东国大学校出版部，2001年版；杜宏刚、邱瑞中、韩登庸、刘羚、阎崇东主编《韩国文集中的明代史料》，第九卷，第51页，广西师范大学出版社，2006年版。

6 参见杜宏刚、邱瑞中、韩登庸、刘羚、阎崇东主编《韩国文集中的明代史料》，第十一卷，第11页，广西师范大学出版社，2006年版。

7 参见杜宏刚、邱瑞中、韩登庸、刘羚、阎崇东主编《韩国文集中的明代史料》，第十二卷，第220页，广西师范大学出版社，2006年版。

8 参见〔韩〕林基中《燕行录研究》，第494页，一志社，2006年增补版。

9 收入〔韩〕林基中主编《燕行录全集》，第9卷，东国大学出版部，2001年版。

10 参见〔韩〕林基中《燕行录研究》，第494页，一志社，2006年增补版。

11 参见〔日〕仲尾宏《朝鲜通信使》附录《朝鲜通信使一览表》，岩波书店，2007年版。

赤。六月，经略杨镐到达山海关。七月，杨镐差官于承恩至朝鲜。八、九月，杨镐数次移咨朝鲜，严令朝鲜军队出击。是岁为后金天命三年；◇檀君历三千九百五十一年，〔朝鲜〕光海君十年。二月，义州府尹李克信设棚练兵，民众惊逃，辽东游击将军丘坦大怒，鞫问李克信。是月，遣申湜、朴鼎贤、书状官尹知敬如明谢赐冕服，并送明漂风41人回。申湜一行在辽东被抢，行囊如空，八月始自北京回国。五月，遣千秋使李士庆、书状官李重吉如明。六月，遣尹晖、朴鼎吉如明贺圣节兼陈奏，书状官权光焕。是月，以姜弘立为都元帅，带兵1万助明击后金军。七月，移咨杨镐，又遣李庆全[1]为禀画使如明。八月，遣礼曹参议朴思齐为管押使，送战马700匹入明。是月，又遣户曹参判尹义立为冬至使、工曹参判睦大钦为副使如明，书状官郑世矩。睦大钦（1575—1638）是岁"燕行诗"收入其《茶山集》。郑世矩回国途中，于朝鲜嘉平馆求李廷龟诗作。十月，遣尹圣任赍咨至辽东。是岁起，光海君幽禁王大妃、宣祖妃金氏（1584—1632，昭敬王妃，本贯延安，金悌男之女），幽禁达五年之久。是岁，金淮（1578—1641）来华，并著有《朝天日记》。

1619年，己未，〔明〕神宗万历四十七年，☆黄帝历四千三百一十七年。正月，明经略杨镐、总兵刘綎移咨朝鲜，谢送700匹战马，并督促出兵。二月，明遣朝鲜使臣申湜、尹晖赍敕回，嘉奖朝鲜送漂风人并督促出战，给朝鲜马价和火药。四月，努尔哈赤遣朝鲜降人郑应井[2]、安汝讷赍书信回，威逼朝鲜绝明。八月，明辽东差官袁见宠赍敕及钦赐赏银至朝鲜，着朝鲜夹攻女真。四月，礼部尚书方从哲等竭力为朝鲜辩护，万历帝降明敕嘉奖朝鲜。七月十六日，着朝鲜使臣李廷龟御前接敕[3]。是岁为后金天命四年；◇檀君历三千九百五十二年，〔朝鲜〕光海君十一年。二月，都运使尹守谦不肯发粮，姜弘立援明大军止步牛毛寨。三月，姜弘立大军进军深河，粮草不继，全军大败。姜弘立等被俘投降，逃回者不过千人[4]。元帅从事官李民寏被拘押17个月后回国，著有《栅中日录》《建州闻见录》[5]。李民寏（1573—1649），字而壮，号紫岩，本贯永川，有《紫岩集》传世。朝鲜文献《光海君日记》卷三于"深河之役"有详细记述。是月，遣原昌君李觉如明陈奏，吴䎘（1592—1634）为书状官[6]。是月，因辽镇塘报上说朝鲜以牛、米、布匹资助满族军队，或言明朝翰林徐光启提出在朝鲜设立"监国"，乃派出李廷龟为正使、尹晖为副使的奏请与辩诬使节团，书状官柳汝恪。李廷龟（1564—1635）本被罪斥，王急招之为正使。李廷龟是岁著有《庚申燕行录》《庚申朝天纪事》[7]《庚申朝天录（上下）》[8]。李廷龟载，三月十七日在李成梁庙宇，辽东经略制造火药大院内爆炸，70000斤火药报废[9]。四月，光海君

---

1 李庆全（1567—1644），字仲集，号石楼、瑞草，本贯韩山，其《石楼遗稿》部分收入杜宏刚、邱瑞中、韩登庸、刘羚、阎崇东主编《韩国文集中的明代史料》第九卷。见该书，第324页，广西师范大学出版社，2006年版。

2 《清史稿·列传三百十三·属国一·朝鲜琉球》、《满洲实录》记此人为"张应京"。书信全文见《满洲实录》卷五，第119–121页，收入《国学文库》，第九编，辽海书社民国二十三年（1934）重印本。

3 见杜宏刚、邱瑞中、韩登庸、刘羚、阎崇东主编《韩国文集中的明代史料》，第九卷，第179页，广西师范大学出版社，2006年版。

4 参见《满洲实录》卷五，第117页"姜功立率兵归降"，收入《国学文库》，第九编，辽海书社民国二十三年（1934）重印本。

5 见杜宏刚、邱瑞中、韩登庸、刘羚、阎崇东主编《韩国文集中的明代史料》，第十卷，第363、388页，广西师范大学出版社，2006年版。

6 参见杜宏刚、邱瑞中、韩登庸、刘羚、阎崇东主编《韩国文集中的明代史料》，第十三卷，第6页，广西师范大学出版社，2006年版。

7 参见《明史·列传第二百八·外国一·朝鲜》（卷三百二十）；朝鲜文人李廷龟（1564—1635）《月沙集》卷七；杜宏刚、邱瑞中、韩登庸、刘羚、阎崇东主编《韩国文集中的明代史料》，第九卷，第179、185页，广西师范大学出版社，2006年版。

8 见杜宏刚、邱瑞中、韩登庸、刘羚、阎崇东主编《韩国文集中的明代史料》，第九卷，第55页，广西师范大学出版社，2006年版。

9 见杜宏刚、邱瑞中、韩登庸、刘羚、阎崇东主编《韩国文集中的明代史料》，第九卷，第190页，广西师范大学出版社，2006年版。

拒绝回复努尔哈赤书信，回信以“朝鲜国平安道观察使朴化”名义发出，强调“明国与我国，犹如父子”[1]。五月，派出以李弘胄为正使、金寿贤为副使、金起宗为书状官的谢恩兼千秋使节团如明。李弘胄（1562—1638）著有《梨川相公使行日记》[2]。是月，遣南拨如明贺圣节。六月，遣洪霶为冬至使如明，高傅川为书状官。九月，遣睦大钦遥祭刘綎等战死明将。

1620年，庚申，〔明〕光宗泰昌一年，☆黄帝历四千三百一十八年。十月，以万历帝崩，明遣使至朝鲜颁诏。十一月，明遣朝鲜使臣李廷龟赍敕还。十二月，明遣使至朝鲜颁神宗、光宗帝崩诏。是岁，毛文龙据守皮岛，全凭朝鲜供应给养。岁末，明从朝鲜之请，发山东粟支应毛文龙部[3]。是岁为后金天命五年；◇檀君历三千九百五十三年，〔朝鲜〕光海君十二年。二月，遣告急使洪命元入北京，奏请留明军镇守鸭绿江，兵部许之，特颁银2万两。洪命元（1573—1623）《海峰集》中有部分“燕行诗”以及呈兵部文等[4]。三月，遣金大德、康昱为千秋使如明，郑应斗为书状官。是月，遣李春元（1571—1634）为圣节使如明[5]。四月，遣黄中允为奏闻使如明，黄中允（1577—1648）著有《西征日录》[6]。六月，遣吏曹参判任硕龄为冬至使如明，书状官权世矩，并送漂风14人回。七月，陈奏使李廷龟、副使尹晖与圣节使、千秋使在北京参加万历帝葬礼和光宗泰昌帝登基大典，朝鲜文献《光海君日记》卷四记述详细。朝鲜使节回国路途已被战火，乃从海路归国，郑应斗溺死，康昱病死于海岛。

1621年，辛酉，〔明〕熹宗天启一年，☆黄帝历四千三百一十九年。二月，经略袁应泰遣官至朝鲜，以银1200两买铁锅3000口。四月，明遣翰林院编修刘鸿训为正使、礼科都给事杨道寅为副使，颁天启帝登基诏于朝鲜[7]。刘鸿训（1561—？），字默承，号青岳，山东长山[8]人。杨道寅，岭南人。《明史·刘鸿训传》载：“（万历）四十一年（1613年）鸿训登第，由庶吉士授编修。神、光二宗相继崩，颁诏朝鲜。甫入境，辽阳陷。朝鲜为造二洋船从海道还”。蒲松龄《聊斋志异》中的《安期岛》乃刘鸿训出使朝鲜的传说故事。是月，遣朝鲜使臣任硕龄、崔挺云赍敕及钦赐白银、彩缎还。八月，明允朝鲜之请，改海路经登州入贡[9]。是岁，明又遣刘兴祚为使至朝鲜，着出兵助守辽阳。辽阳陷落后，投奔朝鲜之明朝将士甚多。后金数次至朝鲜搜索。是岁为后金天命六年；◇檀君历三千九百五十四年，〔朝鲜〕光海君十三年。三月，遣柳涧为圣节使[10]、李必荣为副使如明。是月，遣朴彝叙为千秋使如明，书状官李先得。四月，朝鲜以陆路不通，移咨明朝礼部，请开海路朝天。归国时节使柳涧、朴彝叙溺死大海。五月，遣陈慰正使

1　见《满洲实录》卷五，第121–122页，收入《国学文库》，第九编，辽海书社民国二十三年（1934）重印本。

2　收入〔韩〕林基中主编《燕行录全集》，第10卷，东国大学出版部，2001年版。

3　参见《明史·列传第二百八·外国一·朝鲜》（卷三百二十）。

4　见杜宏刚、邱瑞中、韩登庸、刘羚、阎崇东主编《韩国文集中的明代史料》，第十卷，第406–429页，广西师范大学出版社，2006年版。

5　朝鲜奏闻使李廷龟《庚申朝天纪事》（1620）云：“（七月）千秋使金大德等入来。三十日，圣节使李春元等入来”。李春元原名“李信元”，其《九畹集》部分收入杜宏刚、邱瑞中、韩登庸、刘羚、阎崇东主编《韩国文集中的明代史料》第十卷。参见该书第十三卷，第191、397页，广西师范大学出版社，2006年版。

6　见〔韩〕林基中主编《燕行录全集》，第16卷，东国大学出版部，2001年版。

7　参见朝鲜文人赵庆男《续杂录》（一）“天启一年”，〔韩〕《大东野乘》卷之三十。

8　长山现属山东省淄博。

9　登州，今山东省蓬莱。参见《明史·列传第二百八·外国一·朝鲜》（卷三百二十）。

10　朝鲜文人金时让《紫海笔谈》曰：“丁巳二月在涪溪，梦柳参赞涧，遣其子汝恪示汝诗。觉而记其一句曰：时论正如三漆墨，归期难得一帆风。莫晓其意，载于日录。后五年，柳忤于时议，以蔚山府使特命朝京。时奴胡跋扈，势甚张，赴京者皆有泛海之忧。柳既赴燕，而贼据辽阳，路绝取海路以还，船败溺死，亦可谓奇矣”。

权尽己、副使柳汝恒，乘船随刘鸿训船如明。是月，遣进香使安璥、谢恩使崔应虚乘船如明。六月，朝鲜陈慰使权尽己与钦差刘鸿训船在旅顺口遭遇大风，权尽己与刘鸿训得救，其余多溺死，六月十六日才在登州上岸。十二月，都元帅韩浚谦会见明游击将军毛文龙，并劝其入海岛。韩浚谦（1557—1627），字益之，号柳川，本贯清州，有《柳川遗稿》传世。

1622年，壬戌，〔明〕熹宗天启二年，☆黄帝历四千三百二十年。三月，遣辽东南路监军梁之垣率兵船60艘，赍敕及钦赐银3万两至，请朝鲜发兵助恢复。梁之垣，字孟坚，号丹崖，丁未（1607）进士，登州人，以河南按察副使行监军。梁之垣在朝鲜入住王宫，贪污索贿，回国后被削职为民。是岁，努尔哈赤发书至朝鲜威胁。是岁为后金天命七年；◇檀君历三千九百五十五年，〔朝鲜〕光海君十四年。三月，遣李廷龟为钦差梁之垣傧接使，李廷龟著有《傧接录（中）》[1]。五月，以明熹宗登基，派出以吴允谦为正使、边潝为副使的进贺登极使节团，柳应元为书状官。吴允谦（1559—1636）著有《楸滩朝天日录》《海槎朝天日录》[2]，收入其《楸滩集》[3]。时朝鲜使臣于海路十分畏惧，百般逃避。十月，遣冬至使李显英如明，并奏请购买火药。李显英之子李基祚随行来华[4]。十二月，毛文龙入椵岛[5]，欲以银1万两换米。是岁，王妃柳氏（1576—1623，本贯文化，柳自新之女）力主再次发兵助明，不报。

1623年，癸亥，〔明〕熹宗天启三年，☆黄帝历四千三百二十一年。三月，遣朝鲜使臣李庆全赍敕还，并领回漂风朝鲜人。十月，毛文龙求买朝鲜黄豆1万硕。是岁为后金天命八年；◇檀君历三千九百五十六年，〔朝鲜〕仁祖李倧（1595—1649，字和伯，号松窗）一年。三月，西人党李贵、李适、金自点等拥立宣祖之孙、定远大院君李琈之子绫阳君李倧即位，大北派的李尔瞻、郑仁弘等被赐死，是为朝鲜史上“仁祖反正”。王大妃、宣祖妃金氏（1584—1632，昭敬王妃，本贯延安，金悌男之女）指责光海君不守礼义，令将帅作壁上观，乃有1619年的援明深河之败。光海君被废，流于江华岛，至崇祯十年（1637）移济州岛，1641年死于是。光海君妃柳氏（1576—1623，本贯文化，柳自新之女）被废为庶人，是岁卒。三月，仁祖接见毛文龙特使南以恭及守备应时泰。南以恭等献衮龙袍、玉带。四月，派出以左议政李庆全为正使、礼曹判书尹暄为副使、司宪府掌令李民宬为书状官的请封兼奏闻使节团如明，王大妃（即宣祖妃，又称“昭敬王妃”）上表奏报仁祖反正，并请皇帝册封仁祖与王妃[6]。使节团乘坐6船从宣沙浦出发，共345人。李庆全（1567—1644），字仲集，号石楼、瑞草，本贯韩山，有《石楼遗稿》传世，内有“燕行诗”。尹暄（1573—1627）著有《白沙公航海路程日记》[7]。李民宬（1570—1629）著有《癸亥朝天录（上、中、下）》，收入其《敬亭集》续集卷三[8]，其中有《过天津卫》及在登州与明人吴大斌诗歌唱和。吴大斌，号晴川，越州山阴人。李民宬《癸亥朝天

1 见杜宏刚、邱瑞中、韩登庸、刘羚、阎崇东主编《韩国文集中的明代史料》，第九卷，第71页，广西师范大学出版社，2006年版。
2 参见〔韩〕林基中《燕行录研究》，第494页，一志社，2006年增补版。
3 朝鲜文人尹镌《白湖全书》卷二十一有《(吴允谦）行状》。另参见朝鲜文人赵庆男《续杂录》（二），〔韩〕《大东野乘》卷之三十；杜宏刚、邱瑞中、韩登庸、刘羚、阎崇东主编《韩国文集中的明代史料》，第八卷，第220页，广西师范大学出版社，2006年版。
4 参见杜宏刚、邱瑞中、韩登庸、刘羚、阎崇东主编《韩国文集中的明代史料》，第九卷，第461页，广西师范大学出版社，2006年版。
5 椵岛，现属朝鲜平安北道铁山郡，在鸭绿江口，大约20平方公里。
6 王大妃上表全文参见朝鲜无名氏《癸亥靖社录》，〔韩〕《大东野乘》卷之五十九。
7 收入〔韩〕林基中主编《燕行录全集》，第15卷，东国大学校出版部，2001年版。
8 参见《明史·列传第二百八·外国一·朝鲜》（卷三百二十）；〔韩〕林基中主编《燕行录全集》，第14卷，东国大学校出版部，2001年版；杜宏刚、邱瑞中、韩登庸、刘羚、阎崇东主编《韩国文集中的明代史料》，第九卷，第405、458页，广西师范大学出版社，2006年版。

录（中）》载，七月十九日过小稍口10里抵达天津卫北门，二十一日呈文天津巡抚李邦华，户部侍郎毕自严亦驻天津，督理辽饷[1]。六月，派出以礼曹参判赵濈为冬至兼圣节正使、任赉之[2]为书状官的谢恩使节团航海如明。赵濈（1568—1631），字花川，本贯丰壤。赵濈与李庆全在北京时，分居玉河馆东西馆，次年四月航海回到平安道宣沙浦，其间多有诗歌唱和。赵濈著有《朝天日乘》[3]《朝天录》[4]，其"燕行诗"由其十四代孙辑为《花川酬唱集》。是月二十五日，废世子、光海君之子李祬自缢身死[5]。九月，遣义州人南香改装进入后金，刺探军情[6]。

1624年，甲子，〔明〕熹宗天启四年，☆黄帝历四千三百二十二年。四月，明遣朝鲜使臣李庆全、尹暄、李民宬赍敕及钦赐还，告将遣使册封仁祖。十一月，毛文龙移咨朝鲜。是岁为后金天命九年；◇檀君历三千九百五十七年，〔朝鲜〕仁祖二年。正月，副元帅李适反叛，举兵入汉城，仁祖奔公州。李适旋被部下杀死。与李适共同谋反的龟城府使韩明琏亦被杀，韩明琏之弟韩义（尼）、子韩润[7]投奔努尔哈赤，韩润授游击，韩义授备御[8]。二月，遣李安讷（1571—1637）为毛都督问安使。三月，毛文龙送仁祖四种绸绢，贺平内乱。是月，王接见毛文龙部下李见。四月，派出以李德泂为正使、吴䎘为副使、洪翼汉为书状官的辩诬奏请使节团航海如明[9]，奏请诰命、冕服。李德泂（1566—1645）著有《朝天录》[10]。吴䎘（1592—1634）著有《燕行诗》，收入其《天坡集》卷一、卷二[11]。洪翼汉（1586—1637）著有《花浦先生朝天航海录》，收入韩国成均馆大学大东文化研究院编《燕行录选集》上册[12]。随行军官李现兆（译音）用韩语写下《竹泉行录》。该书分乾、坤两部，现只有《竹泉行录（坤）》，近年被崇实大学国文系曹圭益教授发现[13]。但韩国林基中教授认为，《竹泉行录》乃是岁来华的朝鲜文人许穆（1595—1682）的"燕行录"[14]。五月，王接见毛文龙部下毛承禄，遣知敦宁府事金尚容为问安使拜见毛文龙。

1　见杜宏刚、邱瑞中、韩登庸、刘羚、阎崇东主编《韩国文集中的明代史料》，第九卷，第486页，广西师范大学出版社，2006年版。

2　任赉之，字三山，朝鲜文人。

3　水路部分为韩语书写，这是朝鲜第一份用韩语书写的"燕行录"。收入〔韩〕林基中主编《燕行录全集》，第12卷，东国大学出版部，2001年版。

4　收入〔韩〕林基中主编《燕行录全集》，第12卷，东国大学出版部，2001年版。

5　参见朝鲜无名氏《癸亥靖社录》，〔韩〕《大东野乘》卷之五十九。

6　事见〔韩〕《国朝宝鉴别编》卷一、《尊周汇编》卷一。

7　一说韩义乃韩润堂弟。见《满洲实录》卷八，第187页，收入《国学文库》，第九编，辽海书社民国二十三年（1934）重印本。"韩润"常误为"韩云"，"韩义"常误为"韩尼"，当是清初多用满语记录所致。

8　韩义（尼）次子韩杰殷（《清史稿》卷二百五十八有传）后为满洲正黄旗副都统，康熙十九年（1680）战死后追赠世袭骑都尉。参见韩杰音（殷）曾孙所刻碑文，〔清〕盛昱《雪屐寻碑录》卷十四，收入金毓黻编《辽海丛书》，辽海书社排印本，1931-1934年。另参见〔清〕弘昼、鄂尔泰等编《八旗满洲氏族通谱》卷七十二，第792页"韩云"、"韩尼"，辽沈书社，1989年版；杜宏刚、邱瑞中、韩登庸、刘羚、阎崇东主编《韩国文集中的明代史料》，第十二卷，第165页，广西师范大学出版社，2006年版。

9　见朝鲜文人李德泂《竹窗闲话》"天启甲子"，〔韩〕《大东野乘》卷之七十一。

10　朝鲜文人吴载纯（1727—1792）著有《航海朝天图跋》（收入其《醇庵集》卷六），追述李德泂使节团燕行。

11　韩国林基中教授《燕行录全集》第18卷所收，乃收录于该书第78卷李承辅（1814—？）的《燕行诗》。见左江《〈燕行录〉考订》，张伯伟编《域外汉籍研究集刊》，第四辑，中华书局，2008年版。参见杜宏刚、邱瑞中、韩登庸、刘羚、阎崇东主编《韩国文集中的明代史料》，第十三卷，第14页，广西师范大学出版社，2006年版。

12　收入〔韩〕林基中主编《燕行录全集》，第17卷，东国大学出版部，2001年版。林书同卷所收洪翼汉《花浦西征录》不是"燕行录"作品。参见左江《〈燕行录〉考订》，张伯伟编《域外汉籍研究集刊》，第四辑，中华书局，2008年版。

13　参见《朝鲜日报》2001年5月7日报道。朝鲜著名文人蔡济恭（1720—1799）所著《题李竹泉〈航海盛览图〉后》收入〔韩〕林基中主编《燕行录全集》，第40卷，东国大学出版部，2001年版。

14　参见〔韩〕林基中《燕行录研究》，第494页，一志社，2006年增补版。

八月，遣刑曹参议郑笠为通信使如日本，姜弘重为副使，从事官辛启荣[1]。十月，王接见毛文龙部下毛有俊。是月，遣权启为冬至兼谢恩使、金德承为书状官航海如明。十一月，朝鲜禁椵岛私商。是岁，无名氏来华并著有《朝天录》[2]。

1625年，乙丑，〔明〕熹宗天启五年，☆黄帝历四千三百二十三年。三月，毛文龙移咨朝鲜，请铸货币。六月，遣司礼监太监王敏政、御马监太监胡良辅至朝鲜颁诏，册仁祖为"朝鲜国王"，诰封其妻韩氏（1594—1635，仁烈王妃，本贯清风，韩浚谦之女）为"王妃"，赐王、王妃冠服、彩币、彩缎[3]。两太监在朝鲜索贿不止[4]。是岁为后金天命十年；◇檀君历三千九百五十八年，〔朝鲜〕仁祖三年。正月，送粮26600石于毛文龙。二月，命民田4结[5]出布1匹，以备明太监之敛。四月，遣金尚容为远接使，迎接钦差王敏政、胡良辅。五月，以私带牟利之徒，入北京逮捕冬至使权启。六月，明太监王敏政、胡良辅在朝鲜大肆勒索，所受礼单至17000两白银。是月，遣朴鼎贤、郑云湖如明谢恩，书状官南宫儆。七月，王接见毛文龙部下毛有见。八月，遣全湜为冬至兼圣节使如明，李莯为副使，南埙为书状官。全湜（1563—1642）著有《槎行录》《沙西航海朝天日录》[6]。十二月，送明漂风32人回国。

1626年，丙寅，〔明〕熹宗天启六年，☆黄帝历四千三百二十四年。六月，以皇子诞生，明遣翰林院编修姜日广[7]、工科给事中王梦尹至朝鲜颁诏。两使在朝鲜不受礼单，广加皇恩，半岛朝野赞叹。朝鲜文人崔鸣吉撰有《诏使姜、王两公去思碑（文）》[8]。姜日广回国后著有《輶轩纪事》。八月，努尔哈赤在宁远被袁崇焕炮火击中，伤病而死，皇太极即汗位[9]。是岁为后金天命十一年；◇檀君历三千九百五十九年，〔朝鲜〕仁祖四年。五月，遣李廷龟为馆伴，迎接钦差。李廷龟著有《傧接录（下）》[10]。六月，朝鲜以毛文龙语涉诬陷，遣使辩诬，派出以吏曹判书金尚宪为正使、成均馆直讲兼司宪府持平金地粹为副使的圣节兼陈奏使节团。书状官金去非。金尚宪在济南结识张延登，金、张二人笔谈十分投机。金尚宪（1570—1652）是岁著作为《朝天录》[11]，张延登为之在华刊刻[12]。金地粹（1585—1636）著有《朝天录》[13]《印本苔川朝天录》。是月，遣户曹判书南以雄为冬至兼谢恩使如明。南以雄（1575—1648）著有《路程记》《市北先生路程记》[14]。南以雄副使在金尚宪《朝天录》中被称为"吴晴川"。是岁，定远大院君李琈（1580—

1 参见朝鲜文献《海行总载·东槎日记·前后通信使座目》；〔日〕仲尾宏《朝鲜通信使》附录《朝鲜通信使一览表》，岩波书店，2007年版。

2 收入〔韩〕林基中主编《燕行录全集》，第22卷，东国大学校出版部，2001年版。

3 但《明史·列传第二百八·外国一·朝鲜》（卷三百二十）载："（天启）四年四月，封倧为国王"。

4 参见朝鲜文人赵庆男《续杂录》（二），〔韩〕《大东野乘》卷之三十一。

5 一等结约为15亩，二等结约为17.6亩。

6 全湜《沙西航海朝天日录》收入其《沙西集》卷五。《槎行录》收入〔韩〕林基中主编《燕行录全集》，第10卷，东国大学校出版部，2001年版。见杜宏刚、邱瑞中、韩登庸、刘羚、阎崇东主编《韩国文集中的明代史料》，第八卷，第460、464页，广西师范大学出版社，2006年版。

7 姜日广，字居之，新建人，《明史》卷二百七十四有传。

8 见杜宏刚、邱瑞中、韩登庸、刘羚、阎崇东主编《韩国文集中的明代史料》，第十二卷，第168页，广西师范大学出版社，2006年版。

9 见《满洲实录》卷八，第209页，收入《国学文库》，第九编，辽海书社民国二十三年（1934）重印本；〔韩〕《尊周汇编》卷一。

10 见杜宏刚、邱瑞中、韩登庸、刘羚、阎崇东主编《韩国文集中的明代史料》，第九卷，第77页，广西师范大学出版社，2006年版。

11 收入〔韩〕林基中主编《燕行录全集》，第13卷，东国大学出版部，2001年版。见杜宏刚、邱瑞中、韩登庸、刘羚、阎崇东主编《韩国文集中的明代史料》，第十卷，第15页，广西师范大学出版社，2006年版。

12 参见〔明〕王士祯《带经堂诗话》卷二十一。

13 收入〔韩〕林基中主编《燕行录全集》，第17卷，东国大学出版部，2001年版。

14 参见〔韩〕林基中《燕行录研究》，第494页，一志社，2006年增补版。

1619，后追封"元宗"，无在位时间）之妻具氏（1578—1626，仁献王妃，本贯绫州，具思孟之女。仁祖生母）卒。是岁，南汉山城建成。

1627年，丁卯，〔明〕熹宗天启七年，☆黄帝历四千三百二十五年。正月，后金皇太极改元，是岁为"天聪元年"，并派阿敏率兵马3万攻朝鲜。阿敏连下义州、安州，杀义州府尹李莞。朝鲜降将姜弘立误信家属被杀，与朴兰英、韩润[1]为后金军先导。三月，明天启帝敕命袁崇焕援毛文龙，并援朝鲜。大明水师逼近后金，皇太极急与朝鲜媾和。是月，登州督抚李嵩奏，援朝大明都司王三桂战死，后金正月攻下朝鲜安州时，南以兴自焚[2]。四月，明遣朝鲜使臣金尚宪赍圣旨回[3]。是月，后金遣朝鲜原昌君李觉回国，并送姜弘立、朴兰英等回朝鲜，其中有汉人270名，朝鲜置其于半岛南方。七月，后金遣阿什达尔汉至朝鲜回礼，将义州归还朝鲜[4]。八月，明天启帝崩，崇祯即位；◇檀君历三千九百六十年，〔朝鲜〕仁祖五年。正月，仁祖逃至江华岛[5]。二月，王接见姜弘立，答应了后金的条件，遣原昌君李觉送棉布15000匹等物，拜见皇太极且求和。三月，仁祖与后金阿敏盟誓，至此，朝鲜史所谓"丁卯胡乱"结束。四月，遣权怗为奏闻使、郑世矩为书状官如明，奏报不得已与后金讲和事。朝鲜文献《尊周汇编》卷一全文收录奏文。权怗、郑世矩在北京时，玉河馆失火，烧十数间，天启帝未追究。是月，仁祖还汉城。四月，姜弘立归国后，因妇孺皆骂，得心疾死。五月，仁祖接见后金两使。六月，遣边应璧为圣节兼冬至使航海如明，尹昌立为书状官。是月，遣使至后金谢恩。八月，仁祖接见后金阿什达尔汉，并回复后金刘兴祚书信。十月，移咨毛文龙。是月，闻天启皇帝驾崩，王率大臣举哀。十一月，遣朴兰英为回答使如后金人所占沈阳。十二月，边应璧驰报，尹昌立所乘船被大风吹去，两船79人不知生死。是月，仁祖接见明差官金承忠。是岁，辽东都司生员全世爵投奔朝鲜，并上疏仁祖。

1628年，戊辰，〔明〕毅宗崇祯一年，☆黄帝历四千三百二十六年。是岁为后金"天聪二年"。二月，皇太极致书朝鲜国王，请开中江关市、会宁关市。是月，以崇祯帝登基，明遣户部尚书黄中色至朝鲜颁诏，并视察毛文龙部。五月，后金遣英额尔岱、马福塔与朝鲜在中江互市，此为满清与朝鲜互市之始[6]。八月，后金遣英额尔岱至朝鲜传书，归还义州于朝鲜，并求借粮赈灾。是月，又遣阿什达尔汉至朝鲜，搜索逃奔朝鲜之明人。是月，皇太极致书朝鲜国王，责朝鲜报告毛文龙消息。十二月，毛文龙与女真修好；◇檀君历三千九百六十一年，〔朝鲜〕仁祖六年。二月，以韩汝溭（1575—1638）、闵圣征为贺登极正副使，航海如明，金声发为书状官。是月，朝鲜安置明人239名在平壤，发放口粮。是月，遣总兵官李兰如后金，献方物及

---

1 《清史稿·列传三百十三·属国一·朝鲜琉球》记二降者"郑梅、韩润"，无"朴兰英"之名。韩润1624年因其父韩明琏（廉）被杀，投奔努尔哈赤。朝鲜文人赵庆男《续杂录》（二）载，除了上述三人外，随同后金军进入半岛的朝鲜人还有吴信男。吴信男于1619年姜弘立朝鲜援军深河战中被俘，其时吴为元帅中军。见〔韩〕《大东野乘》卷之三十一。

2 南以兴（1576—1627），朝鲜名将，字士豪，号城隐。武科及第后历任忠清、平安、庆尚道兵马节度使。1627年，皇太极不满朝鲜的亲明倾向而发兵攻打。南以兴以兵使守安州，兵败后与安州牧使安浚同时点着弹药库自焚。另参见《明史·列传第二百八·外国一·朝鲜》（卷三百二十）。

3 参见〔韩〕《尊周汇编》卷一。

4 参见〔近代〕周沆原著，全国公共图书馆古籍文献编委会编《满洲编年纪要》，第87–88页，中华全国图书馆文献缩微复制中心，1995年版。

5 江华岛在今韩国仁川。

6 见〔近代〕周沆原著，全国公共图书馆古籍文献编委会编《满洲编年纪要》，第89页，中华全国图书馆文献缩微复制中心，1995年版。

米2000石。是月，权怗赍大明天启帝遗敕回。四月，以洪滂为陈慰兼进香使、姜善余为书状官，航海如明[1]。六月，遣宋克讱为冬至使、刑曹佐郎申悦道为书状官航海如明。其国内路线是从汉城至平壤，自大同江开船，到石多山入海口。宋克讱请从平壤陆路经甑山下海，王不许。申悦道（1589—1659）著有《戊辰朝天时闻见事件启》，收入其《懒斋集》卷三。七月，毛文龙部下毛永卿在王宫前拔剑，双方几战斗。八月，议政府移咨毛文龙都督府，请撤监视女真使之散兵。是月，遣使进贡秋季方物于后金[2]。十一月，冬至使宋克讱船上银钱、人参被毛文龙遣人抢掠。十二月，仁祖接见后金使龙骨大[3]。是月，朝鲜移咨毛文龙都督府。韩国林基中教授认为，是岁金德承（1595—1658）来华，并著有《天槎大观》；郑文翼（1574—1639）亦于是岁来华，并著有《私日记》[4]。

1629年，己巳，〔明〕毅宗崇祯二年，☆黄帝历四千三百二十七年。是岁为后金“天聪三年”。三月，皇太极遣英额尔岱致书朝鲜。四月，后金遣马福塔致书，指责朝鲜包庇逃人。是月，毛文龙乘船发登州。五月，明遣朝鲜使臣宋克讱、申悦道赍敕还，告周皇后生第一皇子。七、八月，袁崇焕经略两次移咨朝鲜。十月，皇太极于朝鲜求汉籍[5]，朝鲜送《春秋》《周易》《礼记》《通鉴》《史略》；◇檀君历三千九百六十二年，〔朝鲜〕仁祖七年。二月，仁祖接见后金使满月介。四月，遣户曹判书郑斗源为陈奏使，航海如明登州[6]。六月，派出以李忔为正使的谢恩圣节使节团如明。是月，派出以刑曹参议尹安国为正使、郑之羽为书状官的冬至使节团如明。李忔、尹安国请走平壤至甑山，其途仅80里。而于大同江开船至石多山，水浅难行，约需10天才得下海。王许之。李忔、尹安国经广鹿岛、三山岛、海城岛、旅顺口、铁山嘴、南汛口、北汛口往宁远卫。海上船败，尹安国淹死。李忔（1568—1630）经山海关入京师，次年病逝于北京玉河馆[7]，有遗著《雪汀先生朝天日记》传世[8]。六月初五日，袁崇焕诱杀毛文龙。七月，朝鲜致书袁崇焕表示感谢。九月，遣赍咨使崔有海乘船拜见袁崇焕经略，并为流传朝鲜“媾倭款虏”辩诬。是岁，无名氏来华并著有《朝天日记》，现已收入〔韩〕林基中主编《燕行录全集》第23卷。朝鲜文人睦大钦（1575—1638）《茶山集》有数首诗歌标为是岁西行作品，待查。是岁，朝鲜以经觉华岛[9]上岸金安国罹难大海事，奏请崇祯帝，仍在山东登州上岸。

1630年，庚午，〔明〕毅宗崇祯三年，☆黄帝历四千三百二十八年。是岁为后金“天聪四年”。岁初，崇祯帝遣礼部主事致祭朝鲜使臣李忔，谕命顺天府为其治棺。四月，毛文龙旧部刘兴仁杀副都督陈继盛。七月，明遣朝鲜使臣崔有海赍封皇太子敕还，并赠朝鲜王、王妃彩缎、文锦。九、十月，刘兴仁数次遣官至朝鲜王廷。是岁，后金索朝鲜人参1700斤；◇檀君历

1　朝鲜使节团海路入境路线，参见南一佑《燕记（金、木、水、火、土）》（1879）所收《崇祯时航海路程》，〔韩〕林基中、〔日〕夫马进编《燕行录全集日本所藏编》卷三，第539页，东国大学校韩国文学研究所，2001年版。

2　参见《清史稿》卷二。

3　“龙骨大”即英额尔岱。朝鲜文献中“龙马二将”即英额尔岱与马福塔。见〔韩〕佚名《沈馆录》“叙”，〔中〕金毓黻编《辽海丛书》，辽海书社排印本，1931-1934年。

4　参见〔韩〕林基中《燕行录研究》，第495页，一志社，2006年增补版。

5　朝鲜文人李景奭《白轩集》载，后金差人投奔满族军兵的是朝鲜下人朴仲男。见杜宏刚、邱瑞中、韩登庸、刘羚、阎崇东主编《韩国文集中的明代史料》，第十三卷，第63页，广西师范大学出版社，2006年版。

6　参见《明史·列传第二百八·外国一·朝鲜》（卷三百二十）。

7　事见〔韩〕《尊周汇编》卷二。

8　见〔韩〕林基中主编《燕行录全集》，第13卷，东国大学出版部，2001年版。

9　现今菊花岛，在辽宁葫芦岛附近。

三千九百六十三年，〔朝鲜〕仁祖八年。正月，遣朴兰英为春信使至后金。二月，派出以崔有海为正使的馆饷使节团如明。崔有海（1587—1641）著有《东槎录》[1]。三月，遣韩明勖为圣节使如明，金秀南为书状官。五月，遣李曙、郑忠信讨刘兴仁，刘兴仁败走。六月，仁祖接见后金两使。是月，遣秋信使吴信男[2]至后金。八月，遣高用厚（1577—1652）为冬至使如明。十月，遣郑斗源为陈奏使航海如明，李志贱为书状官[3]。陈奏使节团并送兵器于明，译官李荣在北京随传教士陆若汉学习西洋历法，牌将郑秀吉向陆若汉学习西洋火炮操作法[4]。十二月，中和人截杀刘兴仁部下，30人多半反被刘兴仁杀死。

1631年，辛未，〔明〕毅宗崇祯四年，☆黄帝历四千三百二十九年。是岁为后金“天聪五年”。二月，皇太极为督中江开市事致书朝鲜。三月，刘兴仁为部下所杀，明朝遣黄龙为都督至椵岛。是月，后金遣使至朝鲜求药材。六月，后金军攻朝鲜北部。七月，后金遣使至朝鲜。九月，明朝差官王承恩送朝鲜漂风人回，并请用青布换朝鲜粮食。是月，椵岛明军因黄龙贪渎而囚禁之，因朝鲜助力乃开释黄龙；◇檀君历三千九百六十四年，〔朝鲜〕仁祖九年。正月，遣朴兰英为春信使至后金，宣若海[5]以节度使随行，朝鲜文献有“宣若海片言折后金”的记述[6]。朴兰英（？—1636）著有《朴兰英沈阳日记》《沈阳往还日记》[7]。六月，仁祖接见后金两使。七月，派出以高用厚为正使的冬至兼进贺使节团如明，书状官罗宜素。高用厚航海经登州入京师，进贺关内乱平。高用厚（1577—1652）有《晴沙集》传世，是岁著有《朝天录》[8]。是月，朝鲜送40艘战船于登州总兵孙元化。是月，郑斗源赍西洋传教士陆若汉所送望远镜、自鸣钟、西洋炮回。九月，仁祖接见椵岛差官江定国，许资粮。十月，椵岛都督黄龙为部下拘禁，朝鲜檄文至，乃释之。十一月，仁祖接见后金使3人。十二月，登州游击将军宋有仓航海向椵岛，漂风至朝鲜，仁祖接见之。

1632年，壬申，〔明〕毅宗崇祯五年，☆黄帝历四千三百三十年。是岁为后金“天聪六年”。三月，皇太极遣满达尔汉至朝鲜，致书仁祖要朝鲜出兵攻明，被拒绝。七月，明朝礼部奉旨嘉奖朝鲜去岁送登州火铳。十月，后金遣使至朝鲜吊大王大妃金氏之丧。是月，后金遣巴笃理至朝鲜，索要岁币金银各1万两、五色布10万匹、白苎布1万匹、马3000匹，并要朝鲜出兵3万人助攻明。是月，明遣朝鲜使臣李善行、金蓍国赍敕还。十一月，黄龙都督遣官致祭大王大妃、宣祖妃金氏（1584—1632，昭敬王妃，本贯延安，金悌男之女）[9]。是月，后金遣库尔缠至朝鲜，责其违约；◇檀君历三千九百六十五年，〔朝鲜〕仁祖十年。正月，进贡后金数额不足，被退。是月，平壤居民明辅忠上书，言其乃闲居朝鲜明升后人，何以强为军籍[10]？王命开释之。

---

1 见〔韩〕林基中主编《燕行录全集》，第17卷，东国大学校出版部，2001年版。

2 朝鲜文人赵庆男《续杂录》（二）载，吴信男本朝鲜康津人，于1619年姜弘立朝鲜援军深河战中被俘，其时吴为元帅中军。1627年皇太极派阿敏大军攻下半岛的“丁卯胡乱”中，吴信男随后金军进入朝鲜。见〔韩〕《大东野乘》卷之三十一。

3 朝鲜文人李植（1584—1647）《泽堂集》有《李志贱书状佐价朝天，以患晕船为忧》一诗。见杜宏刚、邱瑞中、韩登庸、刘羚、阎崇东主编《韩国文集中的明代史料》，第十一卷，第414页，广西师范大学出版社，2006年版。

4 参见杨昭全、何彤梅《中国—朝鲜韩国关系史》，第577页，天津人民出版社，2001年版。

5 宣若海乃明太祖时监司宣允祉后孙，出生于朝鲜半岛。

6 参见吴晗《朝鲜李朝实录中的中国史料》，第5125页，中华书局，1980年版。

7 见〔韩〕林基中《燕行录研究》，第485页，一志社，2006年增补版。

8 收入〔韩〕林基中主编《燕行录全集》，第16卷，东国大学出版部，2001年版。

9 昭敬王妃通常被称为“仁穆大妃”。她的遭遇被宫女写成《癸丑日记》。该书与《仁显王后传》和《恨中录》是朝鲜宫中小说三部曲。

10 明太祖朱元璋送明升到半岛时，谕命“不做军，不做民”。参见本年历“1372年”。

二月，仁祖接见明漂风人。五月，仁祖接见后金使。六月，遣李善行、金蓍国为圣节、千秋兼冬至正副使如明，书状官李庆相（字汝弼）。是月，朝鲜试图以虎皮代金银，其他岁币减半进贡后金。后金使者拒绝。是月，遣朴兰英为秋信使之后金。是月，派出以洪霶（1586—1664）为正使、李安讷为副使、洪镐为书状官的奏请使节团如明，奏请追封仁祖生父定远大院君李琈（1580—1619）与仁祖生母具氏（1578—1626）。李安讷（1571—1637）时为刑曹参判，假衔礼曹判书，是岁所著《朝天后录》收入其《东岳集》卷二十[1]，其中有与礼部主事孔闻标的唱和。洪镐（1586—1646）著有《朝天日记》，收入其《无住逸稿》卷四[2]。十月，遣元翽为回答使之后金。十二月，以申得渊为回答使赴后金沈阳[3]，皇太极径遣其还，申明岁币数额。是岁，朝鲜追崇定远大院君妻具氏（1578—1626，本贯绫州，具思孟之女。仁祖生母）为"仁献王妃"。

1633年，癸酉，〔明〕毅宗崇祯六年，☆黄帝历四千三百三十一年。是岁为后金"天聪七年"。正月，后金遣朝鲜使臣申得渊赍书还。三月，后金遣朝鲜使臣金大乾持书还，责朝鲜助明。四月，明叛将毛承禄死，叛将孔有德等至鸭绿江口，后金与朝鲜为之而开战。五月，明遣朝鲜使臣洪霶赍准追封仁祖生父母敕还，追封仁祖生父定远大院君李琈（1580—1619为"朝鲜国王"（即朝鲜"元宗"，无在位时间），追封仁祖生母具氏（1578—1626，仁献王妃，本贯绫州，具思孟之女）为"朝鲜国王妃"[4]。六月，后金遣满达尔汉、董讷密至朝鲜，征朝鲜战船[5]。七月，都督黄龙遣官移咨朝鲜。八月，孔有德引后金军杀都督黄龙。九月，后金遣英额尔岱、岱松阿率93人至朝鲜，带马、骡170匹，押送满浦朝鲜采参人回，索要粮食并约互市章程。十月，明副总兵程龙（号飞生）自登州航海至朝鲜。十一月，驻海岛明都督沈世魁部下跋扈，被朝鲜人殴杀，沈世魁乃移咨。闰十一月，后金遣库尔缠如朝鲜，责其违约。十二月，程龙求朝鲜诗文；◇檀君历三千九百六十六年，〔朝鲜〕仁祖十一年。正月，遣李曙率兵北伐后金，金时让、郑忠信为正副元帅督战。二月，遣武人金大乾为回答使赴后金递交绝交书，金大乾被金时让扣留于义州。王流放金时让等，金大乾至辽东，不得入而还[6]。是月，遣朴簹、罗绘素为春信使如后金，同意增加岁币给后金。五月，派出以韩仁及为正使、金荣祖为副使的谢恩兼世子请封奏请使节团如明[7]。六月，仁祖接见后金使董讷密，称"明国犹吾父也，助人攻吾父之国，可乎？船，殆不可藉也"[8]。董讷密恼怒而去。十一月，仁祖接见椵岛副总兵程龙。程龙以明兵部咨文，要朝鲜与后金绝交。是岁，朝鲜常平厅设监，始铸"常平通宝"。

1634年，甲戌，〔明〕毅宗崇祯七年，☆黄帝历四千三百三十二年。是岁为后金"天聪八年"。正月，程龙入汉城，与朝鲜文人诗文酬唱。四月，后金遣使巴都礼、察哈喇至朝鲜，颁定贡额，并捕捉造朝汉人34名。巴都礼回报，朝鲜只贡十分之一，并拒贡献金银[9]。六月，明

1　该书亦收入〔韩〕林基中主编《燕行录全集》，第15卷，东国大学出版部，2001年版。见杜宏刚、邱瑞中、韩登庸、刘羚、阎崇东主编《韩国文集中的明代史料》，第十卷，第124页，广西师范大学出版社，2006年版。

2　该书亦收入〔韩〕林基中主编《燕行录全集》，第17卷，东国大学出版部，2001年版。

3　参见吴晗《朝鲜李朝实录中的中国史料》，第3496–3497页，中华书局，1980年版。

4　诏书见杜宏刚、邱瑞中、韩登庸、刘羚、阎崇东主编《韩国文集中的明代史料》，第十三卷，第83页，广西师范大学出版社，2006年版。

5　《清史稿》卷二"巴都礼"作"董讷密"。

6　参见〔韩〕《尊周汇编》卷二。

7　传说金荣祖带回崇祯帝手书"思无邪"三字。参见朝鲜文人柳台佐《鹤栖集》卷十。

8　见《清史稿·列传三百十三·属国一·朝鲜琉球》（卷五百二十六）。

9　参见《清史稿·列传三百十三·属国一·朝鲜琉球》（卷五百二十六）。

遣太监卢维宁赍敕至朝鲜，册封李淏为王世子（即昭显世子），并送钦赐纻丝、文锦。九月，登莱监军黄孙茂[1]赍敕至朝鲜，太监李文成、总兵蔡裕等率明官兵3万人随至。十月，明朝监军黄孙茂移咨朝鲜，告太监卢维宁回国后已被拘押，财产充公。十一月，后金遣使如朝鲜，定进贡数额；◇檀君历三千九百六十七年，〔朝鲜〕仁祖十二年。正月，以李时英为春信使如后金。二月，送明漂风10人于椵岛。六月，仁祖迎敕，给大明钦差卢维宁银1万两、人参300斤。是月，遣宋锡庆、洪命亨、书状官元海率冬至使节团航海如明。七月，遣罗德宪为秋信使之后金。是月，遣朴鼎贤如明，谢册封王世子恩[2]。十月，助明朝山东泰安漂风人修船回国。十二月，入汉城后金军兵求《春秋》《三国志》、笔墨等，王允之。是岁，王命去掉开城孔子塑像，代以牌位[3]。

1635年，乙亥，〔明〕毅宗崇祯八年，☆黄帝历四千三百三十三年。是岁为后金"天聪九年"。四月，后金使节及商人携银17475两、人参76斤至朝鲜。明军3000人欲抢夺，朝鲜极力劝阻乃止。七月，明都督沈世魁移咨朝鲜，指责与后金来往。八月，明都督沈世魁带兵上岸。是月，后金遣博尔惠、马福塔送汗书，切责朝鲜不诚心进贡。九月，都督沈世魁请买朝鲜3万石粮，朝鲜许3000石。十一月，后金遣英额尔岱至朝鲜，索岁贡红柿3万个，并赠朝鲜马327匹、骆驼3匹。十二月，后金致书朝鲜，责其文书中不用"奉"字；◇檀君历三千九百六十八年，〔朝鲜〕仁祖十三年。正月，仁祖接见后金使。二月，遣李浚为春信使如后金。李浚（1579—1645）著有《沈行日记》[4]。六月，遣洪命亨、崔惠吉[5]为冬至使，航海如明。十月，以沈世魁部下曲承恩杀朝鲜人移咨都督，请处斩曲承恩，都督不从，曲承恩愈加骄横。十一月，朝鲜印发《洪武正韵》。十二月，仁烈王妃韩氏（1594—1635，本贯清风，韩浚谦之女）薨。

1636年，丙子，〔明〕毅宗崇祯九年，〔清〕崇德一年，☆黄帝历四千三百三十四年。正月，后金遣英额尔岱、马福塔为使至朝鲜，吊仁烈王妃韩氏（1594—1635，本贯清风，韩浚谦之女）之丧，因礼遇问题而忿辞。后金十王子致书朝鲜，告后金主即将称帝[6]。是月，椵岛都督沈世魁遣人送金帛于朝鲜。四月，后金改国号为"清"，改"天聪"年号为"崇德"。朝鲜使臣罗德宪、李廓不拜，皇太极怒遣其归，并命朝鲜遣子弟为人质[7]。九月，明遣监军黄茂孙赍敕至朝鲜，奖励有加，且督促朝鲜助攻后金。是月，清遣马福塔至朝鲜义州，监督互市。十月，清遣使退回朝鲜檄文。十一月，黄茂孙求朝鲜战马。是月，清遣朝鲜译官朴仁范赍敕还，乃最后通牒也。十二月，皇太极率礼亲王代善、睿亲王多尔衮、贝勒豪格等出兵攻打朝鲜[8]；◇檀君历三千九百六十九年，〔朝鲜〕仁祖十四年。正月，遣佥知中枢府事罗德宪为春信使入后金。罗

1　黄孙茂，江西建昌人，明天启壬戌（1622）进士。

2　参见杜宏刚、邱瑞中、韩登庸、刘羚、阎崇东主编《韩国文集中的明代史料》，第十卷，第13页，广西师范大学出版社，2006年版。

3　参见朝鲜文人韩浚谦《柳川劄记》，〔韩〕《大东野乘》卷之七十一。

4　参见〔韩〕林基中《燕行录研究》，第495页，一志社，2006年增补版。

5　参见朝鲜文人尹舜举《童土集·送崔参议子迪（惠吉）赴燕十韵（乙亥）》。杜宏刚、邱瑞中、韩登庸、刘羚、阎崇东主编《韩国文集中的明代史料》，第十三卷，第395页，广西师范大学出版社，2006年版。

6　《清史稿》载："八和硕贝勒与外籓四十九贝勒各遣书朝鲜，约其国王劝进尊号"。

7　参见〔韩〕《尊周汇编》卷二。

8　诸事见《清史稿》卷三。皇太极亲征朝鲜事，参见〔清〕蒋良骐原著，林树惠、傅贵九点校《东华录》，第39页，中华书局，1980年版。

德宪（1573—1640）著有《北行日记》[1]。二月，遣同知中枢府事李廓为回答使如清。四月，罗德宪等赍皇太极书还，言后金自称“大清”，称朝鲜“尔国”。六月，遣译官朴仁范如沈阳，以檄文答清书。檄文全文见朝鲜文献《尊周汇编》卷二。七月，遣金堉为冬至、圣节、千秋陈贺使，李晚荣为书状官，航海如明，路闻清兵攻打宁远城甚急。李晚荣（1604—1672）著有《崇祯丙子朝天录》[2]。是月，译官朴仁范自沈阳还，传皇太极最后通牒。八月，遣任絖、金世濂（1593—1646）[3]为通信使正副使如日本，从事官黄杘（1604—1656）[4]。岁末，皇太极率大军至朝鲜，仁祖退至南汉山城，被清军包围。朝鲜遣使至明告急，朝鲜史所称“丙子虏乱”发。次年初，金堉在北京听说朝鲜投降，乃率使节团东向大哭。金堉（1580—1658）是岁著有《朝京日录》《朝天录》，收入其《潜谷遗稿》卷十四[5]。九月，为受敕奖并闻皇都被围，遣金大德为谢恩兼奔问使，崔时遇为书状官，航海如明。是月，送明人男女300余至椵岛。十月，遣译官朴仁范送书至满洲。十月至十一月，朝鲜大臣为“战”与“和”争论不休，所派如清使节朴篰，终未过江。迟疑至十二月，皇太极大军已进至安州[6]。仁祖退至南汉山，先遣崔鸣吉等与清军会谈，又遣绫峰君李偁见皇太极求和。马福塔问李偁是否真王弟，李偁不能答。朴兰英答是，马福塔杀死朴兰英[7]，要朝鲜遣王世子为人质。是月，朝鲜又遣洪瑞凤进入清营谈判。是月二十二日乃崇祯帝圣诞，王率百官在南汉山城行望阙礼[8]。是岁，无名氏著有《沈阳日录（松溪纪稿）》[9]。

1637年，丁丑，〔明〕毅宗崇祯十年，〔清〕崇德二年，☆黄帝历四千三百三十五年。正月，皇太极率清军攻下朝鲜江华。是月，明总兵陈洪范急召各镇水舟兵援朝。二月，清赠朝鲜“高丽玉印”，并退兵朝鲜，皇太极回盛京。是月，明军自海路援助朝鲜，竟遭清军与朝鲜联军炮击。是月，清以朝鲜表请，减其贡额，准减丁丑（1637）、戊寅（1638）两年，从己卯（1639）年计算贡额。三月，清军攻下椵岛，屠杀汉人近5万。明都督沈世魁战死，朝鲜厚葬之。是月，援朝明军还。五月，清遣朝鲜助攻皮岛总兵林庆业赍敕还，奖朝鲜王[10]。七月，皇太极遣朝鲜使臣李圣求赍敕还。十一月，清遣英额尔岱、马福塔[11]、达云[12]赍敕书、印章及钦赐骏马、皮货至朝鲜，诏册仁祖为“朝鲜国王”[13]。是月，崔鸣吉病留沈阳，清乃遣朝鲜使臣金南重等赍敕还。是岁，清军定朝鲜贡道：经凤凰城[14]走陆路；◇檀君历三千九百七十年，〔朝鲜〕仁祖十五年。正月，朝鲜军兵集中于南汉山城内抵抗清军。初一日，王率百官在南汉山城向北京方向行望阙礼[15]。

---

1 参见〔韩〕林基中《燕行录研究》，第495页，一志社，2006年增补版。

2 参见〔韩〕林基中《燕行录研究》，第495页，一志社，2006年增补版。

3 参见杜宏刚、邱瑞中、韩登庸、刘羚、阎崇东主编《韩国文集中的明代史料》，第十三卷，第53页，广西师范大学出版社，2006年版。

4 参见朝鲜文献《海行总载·东槎日记·前后通信使座目》。

5 该书亦收入〔韩〕林基中主编《燕行录全集》，第16卷，东国大学出版部，2001年版。见杜宏刚、邱瑞中、韩登庸、刘羚、阎崇东主编《韩国文集中的明代史料》，第十一卷，第277–298页《朝京日录》，广西师范大学出版社，2006年版。

6 参见朝鲜文人金时让《荷潭破寂录》，〔韩〕《大东野乘》卷之七十二。

7 朴兰英（？—1636），投向后金的朝鲜人，娶代善养女为妻。

8 见〔韩〕《国朝宝鉴别编》卷二。

9 参见〔韩〕林基中《燕行录研究》，第495页，一志社，2006年增补版。

10 事见《清史稿》卷三。

11 马福塔在朝鲜文献里记作“马夫大”。见〔韩〕佚名《沈馆录》“叙”，〔中〕金毓黻编《辽海丛书》，辽海书社排印本，1931–1934年。

12 朝鲜文人赵庆男《续杂录》（三）记清使书状官为汉人“高学士”，见〔韩〕《大东野乘》卷之三十三。

13 事见《清史稿·列传三百十三·属国一·朝鲜琉球》（卷五百二十六）。

14 凤凰城在今辽宁省丹东。

15 见〔韩〕《国朝宝鉴别编》卷三。

二十二日，清军攻陷江华，金尚容（1561—1637）自焚殉国[1]。是月，左相洪凤瑞、右相李弘胄多次求入皇太极军营，被拒。月末，朝鲜接受皇太极谕书并回复。是月二十九日，仁祖率昭显世子、从臣50人、侍卫500人出南汉山城，在三田浦对皇太极行三拜九叩头大礼，献出明朝所颁印、敕。皇太极命仁祖西向坐，位于诸王之上。朝鲜乃以昭显世子李滏为质，称臣并定岁纳贡黄金百两、白银千两、细布1万匹、米1万包等[2]。清军规定，朝鲜昭显世子李滏长居沈阳，另一质子由凤林大君李淏（1619—1659，后来的朝鲜孝宗）和麟坪大君李㴭轮流。从事官金宗一（1597—1675）随行，并著有《沈阳日乘》[3]，收入其《鲁庵集》卷三。二月，昭显世子李滏赴沈阳，赵全素等陪同[4]。四月，派出以右议政李圣求为正使、怀仁君李德仁为副使的谢恩使节团如清，感谢王世子一行到达沈阳，蔡裕后以书状官随行。李圣求（1584—1644）乃敬宁君后人，朝鲜文人尹镌《白湖全书》卷二十二有其《谥状》。是月，遣户曹参判辛启荣赍银3000两赎回被清军掳走之人[5]。是月，主战派洪翼汉、尹集、吴达济被清军在沈阳杀死，洪翼汉等后被朝鲜尊称为"三学士"。洪翼汉（1586—1637）在沈阳著有《北行录》[6]。六月，金堉自北京还，王详问大明近况。九月，派出以崔鸣吉为正使、金南重为副使、李时楳为书状官的谢恩陈奏兼圣节冬至使节团如清[7]。无名氏随崔鸣吉使团来华，并著有《燕中闻见》（Ⅰ）[8]。十一月，王命张维[9]、李庆全等撰《三田渡碑文》，张维坚辞，李庆全等勉强撰写[10]。十二月，派出以韩亨吉为正使、李后阳为书状官的正朝使节团如清。是岁，数位无名氏分别著有《沈阳日记》三种[11]、《沈阳日记抄》《乘槎录》《使行录·使行年人记》[12]《同行录（沈阳质馆同行录·沈中日记）》[13]。

1638年，戊寅，〔明〕毅宗崇祯十一年，〔清〕崇德三年，☆黄帝历四千三百三十六年。正月，清遣使送5尺大鱼与烧酒至朝鲜。四月，明都督洪承畴致书朝鲜[14]。七月，清遣朝鲜使臣洪霫赍敕还，不允免征兵之请，并禁朝鲜私商售卖烟草于清人；◇檀君历三千九百七十一年，〔朝鲜〕仁祖十六年。岁初，朝鲜潜遣僧人独步如明，向洪承畴诉清兵之祸。正月，仁祖率群臣向中原哭拜，并派出以申景禛为正使、李行远为副使、李裯为书状官的谢恩使节团如清。是月，昭显世子李滏在沈阳会见被俘明太仆寺卿张春（1565—？）[15]。二月，李景奭所撰《三田渡碑文》经

1 参见〔韩〕金尚容《仙源遗稿·年谱》。

2 详见《清史稿·列传三百十三·属国一·朝鲜琉球》（卷五百二十六）。

3 另见〔韩〕林基中主编《燕行录全集》，第19卷，东国大学出版部，2001年版。

4 参见〔韩〕《国朝宝鉴别编》卷五。

5 参见杜宏刚、邱瑞中、韩登庸、刘羚、阎崇东主编《韩国文集中的明代史料》，第十二卷，第197页，广西师范大学出版社，2006年版。

6 收入〔韩〕林基中主编《燕行录全集》，第17卷，东国大学校出版部，2001年版。详见〔韩〕《尊周汇编》卷三。

7 参见〔韩〕林基中主编《燕行录全集》，第95卷，第150页，东国大学出版部，2001年版。

8 参见〔韩〕林基中主编《燕行录全集》，第95卷，第60页，东国大学出版部，2001年版及拙著《半岛唐风：朝韩作家与中国文化》，第344页，宁夏人民出版社，2004年版。

9 张维（1587—1638），字持国，号溪谷、默所，本贯德水，朝鲜进贺表文多出其手。有《溪谷集》共36卷传世。

10 见杜宏刚、邱瑞中、韩登庸、刘羚、阎崇东主编《韩国文集中的明代史料》，第九卷，第329页，广西师范大学出版社，2006年版。

11 收入〔韩〕林基中主编《燕行录全集》，第24、25、27卷，东国大学出版部，2001年版。

12 三书收入〔韩〕林基中主编《燕行录全集》，第27卷，东国大学出版部，2001年版。

13 《同行录（沈阳质馆同行录·沈中日记）》似与《沈阳日录》是同一部书的不同抄本，比较简单。见〔韩〕林基中、〔日〕夫马进编《燕行录全集日本所藏编》卷一，第75–85页，东国大学校韩国文学研究所，2001年版。参见〔韩〕佚名《沈馆录》，〔中〕金毓黻编《辽海丛书》，辽海书社排印本，1931–1934年。

14 洪承畴书信见〔韩〕《国朝宝鉴别编》卷三面二十。

15 参见朝鲜文人沈光世《哀辽阳张御使》，小注"张公名国昌"。杜宏刚、邱瑞中、韩登庸、刘羚、阎崇东主编《韩国文集中的明代史料》，第十一卷，第130页，广西师范大学出版社，2006年版。

清臣范文程修改后刻碑。是月，清皇太极赦免柳琳死罪，朝鲜乃遣柳琳如清谢恩。三月，遣义州府尹林庆业秘与明朝都司洪承畴联络，转述朝鲜无奈情状。五月，派出以洪霬为正使、金重镒为书状官的陈奏使节团如清，请免征兵。七月，刷还清逃人，并送侍女10名于沈阳。是月，遣李时英为都督使，率朝鲜军兵如清助战，朝鲜国内反清声浪甚高，李时英九月才过鸭绿江。八月，朝鲜人私将来自日本的烟草“南灵草”贩至沈阳，清朝严责朝鲜。朝鲜文献《仁祖实录》卷六对烟草在朝鲜与清初的流行有详细记述。九月，以清朝严责出兵迟缓，朝鲜鞫问李时英、柳琳，并遣领议政崔鸣吉如清陈奏。是月，又派出以朴瀰为正使、柳淰为书状官的谢恩陈奏兼圣节使节团如清。十一月，派出以金荣祖为正使、郑泰齐为书状官的正朝使节团如清。十二月，派出以尹晖为正使的问安使节团如清。

1639年，已卯，〔明〕毅宗崇祯十二年，〔清〕崇德四年，☆黄帝历四千三百三十七年。正月，清军将攻锦州，移咨着朝鲜发水兵助攻。四月，清军以诬告译官罪杀在沈阳之朝鲜世子弼善郑雷卿（1608—1639）[1]。六月，清遣户部左参政马福塔、刑部参政巴哈纳赍敕至朝鲜，册封仁祖继妃赵氏（1624—1688，庄烈王妃，本贯杨州，赵昌远之女）为“王妃”，册封昭显世子李溰为“王世子”[2]。九月，清遣满月介至朝鲜拜望仁祖。十月，清颁新历书100部于朝鲜。十一月，清遣马福塔赍敕至朝鲜，嘉奖朝鲜助击熊岛叛军。是岁，清人编辑自天聪九年（1635）至是岁的《朝鲜国王来书》，藏于现今沈阳故宫的崇谟阁[3]；◇檀君历三千九百七十二年，〔朝鲜〕仁祖十七年。是岁，朝鲜发水军助清军攻锦州。正月，仁祖率群臣遥拜大明北京。二月，派出以尹晖为正使、吴竣为副使、郑致和为书状官的奏请使节团如清，乞册封仁祖继室为王妃，并请封王世子。郑致和（1609—1677）著有《燕蓟謏闻录》[4]。吴竣（1587—1666），字汝完，号竹南，本贯同福，其《竹南堂稿》中有“燕行诗”[5]。是月，遣李英征赍咨如清辩白贿赂事，并请杀朝鲜译官郑雷卿等2人。三月，尹晖还，因其轿内私藏烟草为清军查出，乃罢职。六月，以克熊岛，派出以右议政沈悦为正使、林墰为副使、成楚客为书状官的进贺使节团如清。沈悦（1569—1646），字学而，号南坡，本贯青松，其《南坡相国集》内有《己卯六月，奉使沈阳，道上口号》等“燕行诗”[6]。八月，派出以申景禛为正使、许启为副使、赵锡胤为书状官的谢恩使节团如清[7]。申濡（1610—1665）随团来华，并著有《沈馆录》[8]。九月，派出以权大任（1595—1645）为正使、郑之羽为副使、李元镇[9]为书状官的圣节冬至使节团如清。十一月，派出以崔鸣吉为正使、李景宪为副使、申翊全为书状官的谢恩兼正朝使节团如清。崔鸣吉病卧义州不能过江，副使李景宪率团入沈阳。是月，朝鲜送岁贡米粮万石，清户部拖延收点，朝鲜人马多死于凤凰城。

1640年，庚辰，〔明〕毅宗崇祯十三年，〔清〕崇德五年，☆黄帝历四千三百三十八年。

1 参见〔韩〕《国朝宝鉴别编》卷八；杜宏刚、邱瑞中、韩登庸、刘羚、阎崇东主编《韩国文集中的明代史料》，第十二卷，第272页，广西师范大学出版社，2006年版。

2 事见《清史稿·列传三百十三·属国一·朝鲜琉球》（卷五百二十六）。赵氏即后来通称的“赵大妃”，她是首位接受清朝册封的朝鲜王妃。

3 见辽宁省图书馆编《盛京风物：辽宁省图书馆藏清代历史图片集》，第228页，中国人民大学出版社，2007年版。

4 参见〔韩〕林基中《燕行录研究》，第496页，一志社，2006年增补版。

5 见杜宏刚、邱瑞中、韩登庸、刘羚、阎崇东主编《韩国文集中的明代史料》，第十二卷，第232页，广西师范大学出版社，2006年版。

6 见杜宏刚、邱瑞中、韩登庸、刘羚、阎崇东主编《韩国文集中的明代史料》，第九卷，第387页，广西师范大学出版社，2006年版。

7 参见〔韩〕林基中主编《燕行录全集》，第95卷，第149页，东国大学出版部，2001年版。

8 见〔韩〕林基中主编《燕行录全集》，第21卷，东国大学出版部，2001年版。

9 参见朝鲜文人成海应（1760—1839）《研经斋全集》外集卷六十《沈阳宴会》。

三月，清遣户部参政詹硕，征朝鲜水师5000人及粮米万石，运往大凌河。五月，清遣满达尔汉、董纳密出使朝鲜。十月，清遣英额尔岱、鄂莫克图赍敕至朝鲜问罪，并察《三田渡碑》是否被毁。十一月，清遣满达尔汉、库尔缠至朝鲜，诏免朝鲜岁贡米十分之九（9000包）。十二月，清使英额尔岱拘捕朝鲜老臣金尚宪等4人回，金尚宪着布衣、草鞋，扶杖而入，不拜而对[1]。金尚宪（1570—1652），字叔度，号清阴，本贯安东，有《清阴集》传世。《清史稿》卷三记其为“朝鲜尚书金声黑尼”；◇檀君历三千九百七十三年，〔朝鲜〕仁祖十八年。闰正月，鞫问李景宪、申翊全，以其擅请昭显世子李溰回国，清朝乃有遣世孙为人质之命也。是月，麟坪大君李㴭夫妇入沈阳[2]。是月，朝鲜送元孙如清，并送稻种50石至凤凰城。二月，朝鲜被迫发兵助清攻锦州明军，平安道兵使林庆业所率水军暗破清军船只。是月，遣尹顺之[3]至沈阳，问清帝起居。三月，昭显世子李溰回国，探其父王病情。是月，派出以判中枢府事李圣求为正使、礼曹参判郑广敬为副使、礼曹正郎李䅘为书状官的谢恩兼陈奏使节团如清。四月，昭显世子李溰回沈阳。是月，以清严禁烟草，朝鲜人私自贩卖不绝，乃宣王命，贩卖1斤者就地处斩。七月，凤林大君李淏回自沈阳省亲。八月，世孙自沈阳回朝鲜。九月，派出以怀恩君李德仁为正使、安应亨为副使、尹得悦为书状官的谢恩兼圣节冬至使节团如清。十月，凤林大君李淏回沈阳。十一月，派出以申景禛为正使、韩会一为副使、李庆相为书状官的陈奏兼谢恩正朝使节团如清，请减岁贡谷米。十二月，派出以怀恩君李德仁为正使、李以存为书状官的陈奏使节团，如清谢罪。

1641年，辛巳，〔明〕毅宗崇祯十四年，〔清〕崇德六年，☆黄帝历四千三百三十九年。是岁，明船至朝鲜，得朝鲜密资遣。正月，以申得渊告发，清军枷锁朝鲜前判书金尚宪、前持平曹汉英、学生蔡以恒，审问抗清事由。金尚宪慷慨激昂，深得敬重。曹汉英面无惧色，三人日咏诗，结为《雪窖集》，收入金尚宪《清阴集》[4]。二月，清遣朝鲜使臣申景禛赍钦赐马匹、银两、貂皮回。三月，调朝鲜粮万石至锦州。八月，汉船20艘至椵岛。是月，明遣朝鲜僧独步赍崇祯帝敕、兵部咨还，着夹击清军[5]。十月，清遣杨恕之、卢施赍敕至朝鲜，嘉奖柳琳等参战官兵。十一月，杨恕之、卢施杀越境采参朝鲜人，枭首示众。是月，清以“逃入大明罪”，诛杀朝鲜人崔孝一全族，并杀庇护崔孝一之前府尹黄一皓全家[6]；◇檀君历三千九百七十四年，〔朝鲜〕仁祖十九年。正月，麟坪大君李㴭回。二月四日，朝鲜凤林大君李淏长子李棩（1641—1674，后来的朝鲜显宗）出生于沈阳“朝鲜馆”[7]。四月，文学南老星欲入沈阳，焚香于外祖父金尚容墓，母以其事女真，不许。五月，林庆业、李浣、柳琳率数十名炮军参与清军进攻锦州，朝鲜军卒李士龙故意放空炮，被清军斩杀[8]。是月，朝鲜收集八道民间史草。六月，遣李浣送新罗时代黄金20斤至清。黄金乃朝鲜咸阳郡新溪寺附近居民袁年掘地所得，瓦罐上书“一千年”字样，其一金块上镌“宜

1 参见《清史稿》卷三。

2 麟坪大君李㴭《燕途纪行序》（1656）云：“庚辰闰孟春，挈眷质沈。辛巳孟春，还朝（时公行为昭显世子归觐。替质入沈。而世子还沈后。清国又许孝庙出觐。故公仍留待孝庙还驾。始为还朝。见神道碑文）”。

3 尹顺之（1591—1666），字乐天，号涬溟，本贯海平，其《涬溟斋诗集》中有“燕行诗”。

4 已收入杜宏刚、邱瑞中、韩登庸、刘羚、阎崇东主编《韩国文集中的明代史料》第十卷。见该书第42页，广西师范大学出版社，2006年版。

5 参见〔韩〕《尊周汇编》卷三。

6 黄一皓乃黄慎之子。参见本年历“1715年”及〔韩〕《尊周汇编》卷三。

7 “朝鲜馆”在沈阳大南门附近。

8 参见〔韩〕《国朝宝鉴别编》卷八。

春大吉”字样。清款待朝鲜使臣，退还黄金[1]。七月初一日，光海君李珲（1575—1641）卒于流放地济州岛[2]。是月，昭显世子李溰与将军柳廷益率炮手400人助清军攻明将祖大寿所守锦州。八月，世子贰师（宫师）李景奭自清还，随即返回沈阳，清军以其敷衍拘之[3]。李景奭著有《西出录（下）》。九月，派出以元斗杓为正使、李景严为副使、郭圣龟为书状官的圣节冬至使节团如清。韩国林基中教授认为，李景稷（1577—1640）随副使来华并著有《沈阳日记》，显然有误，该书乃副使李景严作品[4]。是月，报告20艘汉船消息于清，并出马336匹运送军粮至锦州。是月，松山、杏山之战开，明军大败，昭显世子幕（帐篷）旁有炮弹落下。是役朝鲜发射火药970斤，铅丸53200个。十一月，汉人船1艘漂流至朝鲜，生还6名水手被请上岸，朝鲜送之沈阳。是月，派出以崔来吉为正使、李晢为书状官的正朝使节团如清。十二月，以揭帖回复明兵部尚书洪承畴咨。是岁，无名氏著有《沈阳日记》[5]。

1642年，壬午，〔明〕毅宗崇祯十五年，〔清〕崇德七年，☆黄帝历四千三百四十年。正月，清遣兵，将金尚宪、曹汉英、蔡以恒等押回朝鲜监禁。是月，清邀朝鲜世子同观蹴鞠之戏。三月，清分配沙河堡老家塞、王富村土地，着朝鲜世子等耕种，自给自足。九月，清廷着朝鲜严查沿海，搜索汉人船只。十月，清遣英额尔岱至凤凰城，会审崔鸣吉等人聚集于平壤箕子庙并上书明朝事[6]。十一月，清遣送宣川府使李烓回朝鲜，以其尽卖朝鲜情报；◇檀君历三千九百七十五年，〔朝鲜〕仁祖二十年。二月，遣金大乾至锦州领朝鲜兵。五月，派出以麟坪大君李㴭为正使、卞三近为副使、洪处亮为书状官的进贺兼陈奏使节团如清沈阳[7]。八月，派出以南以雄为正使、金耆国为副使、郑昌胄为书状官的圣节兼冬至使节团如明。十月，朝鲜领相崔鸣吉、礼曹判书李显英、吏曹判书李植、行护军李景会、大司宪徐景雨、大司谏李厚源、义州府尹林庆业等因通明反清，被清军逮捕。林庆业在押送途中逃走，朝鲜八道搜索之。是月，朝鲜押送57人至辽东。是月，重修迎恩门。是月，遣右议政沈器远为正使、吏曹判书李明汉为副使、舍人尹绛为书状官，如沈阳陈奏兼谢恩。十一月，朝鲜斩杀卖国者李烓，并移咨清礼部，告搜捕林庆业情形。林庆业（1594—1646）历任义州府尹、平安道节度使，逃走后入山东海丰县，率兵抗清。清军执送回国后被杀[8]。十二月，派出以尹履之为正使、南溟翼为书状官的正朝使节团如清。

1643年，癸未，〔明〕毅宗崇祯十六年，〔清〕崇德八年，☆黄帝历四千三百四十一年。岁初至七月大疫，北京城中死者无数，清军破怀柔[9]，李自成、张献忠部攻潼关、抚州等地。三月，清遣满达尔汉赍敕至朝鲜，告金尚宪下狱。金尚宪是岁在沈阳著有《雪窖后集》，次年著

---

1 参见《清史稿·列传三百十三·属国一·朝鲜琉球》（卷五百二十六）。

2 参见《光海初丧录》，〔韩〕《大东野乘》卷之五十一。

3 参见〔韩〕李景奭《沈馆上世子书》，杜宏刚、邱瑞中、韩登庸、刘羚、阎崇东主编《韩国文集中的明代史料》，第十三卷，第107页，广西师范大学出版社，2006年版。

4 该书收入韩国林基中教授《燕行录全集》第15卷。见〔韩〕林基中《燕行录研究》，第34页，一志社，2006年增补版；左江《〈燕行录〉考订》，张伯伟编《域外汉籍研究集刊》，第四辑，中华书局，2008年版。另参见李景稷（1577—1640）之弟李景奭所写墓志铭，杜宏刚、邱瑞中、韩登庸、刘羚、阎崇东主编《韩国文集中的明代史料》，第十三卷，第183页，广西师范大学出版社，2006年版。

5 收入〔韩〕林基中主编《燕行录全集》，第28卷，东国大学出版部，2001年版。

6 参见〔清〕蒋良骐原著，林树惠、傅贵九点校《东华录》，第55-56页，中华书局，1980年版。

7 见麟坪大君李㴭《燕途纪行序》（1656）云：“壬午仲夏，以锦州出降，进贺赴沈。仲秋，还朝。副贰右尹卞三近，行台持平洪处亮也”。

8 参见〔韩〕《尊周汇编》卷三。

9 怀柔，今属北京市。

有《雪窖别集》[1]。八月，清遣朝鲜宾客李昭汉赍敕还，诏告与明交战之大捷。九月，清以皇太极崩，遣于斯介、割斯介两博氏至朝鲜颁哀诏。是月，以银2500两购买朝鲜白绵纸2万卷、丹木2000斤、槐花200斤。是月，清以解送明朝战船，奖朝鲜银两[2]。十月，清遣马葛林、郑命寿至朝鲜，诏告顺治登基，并减朝鲜进贡数，并补棺敛所购丹木、槐花银1500两。是岁，明遣胡克己出使朝鲜，归路断绝。胡克己乃留半岛，后娶南阳洪氏为妻，定居于加平郡大明滩，为半岛巴陵胡氏始祖[3]；◇檀君历三千九百七十六年，〔朝鲜〕仁祖二十一年。是岁，天主教自明传入半岛。二月，以世子之请，申翊圣[4]、申翊全兄弟被清释放回国。是月，遣尹顺之、赵絅[5]为通信使正副使如日本，申濡为从事官[6]。三月，李明汉、李敬舆、许启等被清释回。四月，发450兵将如清。是月，以皇太极风眩，遣针灸医师柳达赍竹沥至沈阳。是月，金尚宪、崔鸣吉等朝鲜被拘官员回国。崔鸣吉（1586—1647），字子谦，号沧浪、迟川，本贯全州，其《迟川集》收录在沈阳以及沿途诗作[7]。五月，派出以李昭汉为正使的使节团，护送世子到沈阳，并请求减少贡品数量。是月，派出以沈器远为正使、金南重为副使、丁彦璜为书状官的谢恩使节团如清。六月，请锦州戍卒每年轮流更换。八月，朝鲜军兵攻击自天津开出明朝侦察船，并解送于清军。九月，以清太宗皇太极崩，派出以麟坪大君李㴭为正使、刑曹判书韩仁及为副使、舍人沈东龟为书状官的陈慰兼进香使节团如清沈阳[8]。十月，派出以密山君李澯为正使、曹文秀为副使、金泰基为书状官的冬至使节团如清。十一月，派出以郑良弼为正使、李明传为书状官的正朝使节团如清。是月，又以清世祖顺治帝登基，派出以左议政金自点为正使、行司直吴竣[9]为副使、赵重吕为书状官的进贺兼谢恩使节团。十二月，派出以徐景雨为正使、李后山为书状官的圣节使节团如清。是月，朝鲜世孙一行入沈阳，清军放昭显世子李溰回国省亲。是岁，李昭汉（1598—1645）在沈阳为世子宾客，并著有《沈馆录》[10]。李昭汉有《玄洲集》传世[11]。

1644年，甲申，〔明〕毅宗崇祯十七年；〔清〕世祖顺治一年，☆黄帝历四千三百四十二年。正月，清送朝鲜盈车之大鱼，该鱼即《大明一统志》所载“牛鱼”。二月，清遣朝鲜使臣郑良弼赍钦赐黑貂皮10张、紫貂皮100张、白银100两还。三月十九日，崇祯帝自缢而崩，明亡。四月，清遣使赍敕至朝鲜，减朝鲜岁贡粗布5000匹，细布2000匹等。五月，清遣破音所、豆音所两博氏为使赍敕至朝鲜，告清军入关以及明崇祯皇帝、皇后身死。十一月，清送朝鲜漂风8人还。是岁，清翰林院下设四译馆，内有朝鲜通事官6人；◇檀君历三千九百七十七年，〔朝鲜〕仁祖二十二年。二月，昭显世子李溰再次作为人质回沈阳，三月初一日在平壤参观箕

1 已收入杜宏刚、邱瑞中、韩登庸、刘羚、阎崇东主编《韩国文集中的明代史料》第十卷。见该书第65页，广西师范大学出版社，2006年版。

2 参见《清史稿·列传三百十三·属国一·朝鲜琉球》（卷五百二十六）。

3 参见杨昭全、何彤梅《中国—朝鲜韩国关系史》，第529页，天津人民出版社，2001年版。

4 申翊圣（1588—1644），字君奭，号乐斋、乐全堂、东淮居士，本贯平山，有《乐全堂集》传世。

5 赵絅（1586—1669），字日章，号龙洲、柱峰，本贯汉阳，有《龙洲遗稿》传世。

6 参见朝鲜文献《海行总载·东槎日记·前后通信使座目》；〔日〕仲尾宏《朝鲜通信使》附录《朝鲜通信使一览表》，岩波书店，2007年版。

7 收入杜宏刚、邱瑞中、韩登庸、刘羚、阎崇东主编《韩国文集中的明代史料》，第十二卷，广西师范大学出版社，2006年版。

8 麟坪大君李㴭《燕途纪行序》（1656）云：“癸未季秋，以清主丧进香赴沈，副价秋部尚书韩仁及，行台中书舍人沈东龟也”。

9 吴竣（1587—1666），字汝完，号竹南，本贯同福，其《竹南堂稿》中有“燕行诗”。

10 见〔韩〕林基中主编《燕行录全集》，第19卷，东国大学出版部，2001年版。

11 参见拙著《朝鲜半岛汉学史》，第177页，学苑出版社，2009年版。

子井[1]。是月，派出以右议政李敬舆为正使、右参赞洪茂绩为副使、司艺李汝翊为书状官的使节团如沈阳，谢送世子回国。三月，沈器远谋立怀恩君李德仁，事觉，沈、李皆被杀。四月，遣沈悦（1569—1646）为谢恩使如清。是月初九日，昭显世子李溰追随清军从沈阳出发，经山海关、蓟州，五月初二日进入北京。是月，派出以洛兴府院君金自点为正使、礼曹参判李必荣为副使、沈廧为书状官的谢恩进贺兼陈奏使节团如清。六月，宾客任絖驰报，世子于六月十八日回到沈阳[2]，大清将于八月迁都北京。七月，凤林大君李淏回沈阳。八月，汉船1艘漂风至朝鲜，遣之自还。是月，世孙回国，带回大批西方书籍，乃在北京时西洋人汤若望所赠。八月十九日，昭显世子李溰、凤林大君李淏随清皇室自沈阳发向北京。是月，遣崔惠吉、金守玄、书状官李奎老率冬至兼岁币使节团入北京。自此，朝鲜使节团如清不再向沈阳。九月，派出以崔惠吉为正使、金守贤为副使、李奎老为书状官的冬至兼年贡使节团如清。是月，凤林大君李淏回国，3岁的凤林大君之子李棩（1641—1674，后来的朝鲜显宗）随父回国。月底，世子手书驰报进北京情形。十月，派出以郑吉齐为正使、吴翻为书状官的正朝使节团入京师。十一月初一日，昭显世子李溰在北京参与清皇室祭天。是月，派出以金素为正使、洪缵绪为书状官的圣节使节团。十二月，清传谕林庆业无罪。自逃离后，林庆业到达山东海丰县，在海卫都督黄飞部下马腾高总兵手下为将，至统兵4万人。马腾高降清后，林庆业乃与数十人留登州[3]。是岁，无名氏著有《西行日记》《沈阳日记》[4]。是岁，日本福冈商人竹内藤右卫门等被风漂流至珲春，被带入北京，1646年经朝鲜回国。其中园田兵右卫门等口述被整理成《韃靼漂流记》一书。

1645年，乙酉，〔清〕世祖顺治二年，☆黄帝历四千三百四十三年。二月，清遣郑命寿赍敕至朝鲜颁诏，诏告平定天下，并折半减朝鲜岁贡数目，粗布7000匹减至2000匹。同时，令朝鲜运粮20万石至北京。闰六月，遣工部尚书兴能、礼部启心郎邬黑为使，赍敕及摄政王书信至朝鲜，致祭昭显世子，并减朝鲜岁贡棉布4100匹等。十月，马儒为天津军饷事乘船出，漂风至半岛，朝鲜热情接待之。十一月，清遣内阁学士祈充格、礼部郎中朱世起赍敕至朝鲜，册封凤林大君李淏为朝鲜王世子。祈充格使节团并带竹内藤右卫门等日本人经朝鲜回国；◇檀君历三千九百七十八年，〔朝鲜〕仁祖二十三年。正月，昭显世子李溰从北京回到沈阳。二月，昭显世子李溰被放还国，与之一同回国的还有崔鸣吉、金尚宪。是月，朝鲜以船送粮10万石至北京。三月，凤林大君李淏自北京回国。是月，派出以麟坪大君李㴭为正使、吏曹判书郑世规为副使、应教成以性为书状官的进贺兼谢恩使节团如清北京[5]。麟坪大君李㴭（1622—1658）著有《燕行诗》[6]，回国时带汉人画师孟荣光至朝鲜，1648年才放其回中国。书状官成以性（1595—1664）著有《燕行日记》[7]，收入其《溪西逸稿》卷一。四月，昭显世子莫名死于汉阳[8]。是月，遣

1　见无名氏《沈阳日录（松溪纪稿）》，〔韩〕林基中、〔日〕夫马进编《燕行录全集日本所藏编》卷一，第166页，东国大学校韩国文学研究所，2001年版。“松溪”指麟坪大君李㴭。

2　参见无名氏《沈阳日录（松溪纪稿）》，〔韩〕林基中、〔日〕夫马进编《燕行录全集日本所藏编》卷一，东国大学校韩国文学研究所，2001年版。“松溪”指麟坪大君李㴭。

3　登州，今山东省蓬莱。

4　二书见〔韩〕林基中主编《燕行录全集》，第28卷，东国大学出版部，2001年版。

5　麟坪大君李㴭《燕途纪行序》（1656）云：“乙酉暮春，昭显永还之后，以河北平定，进贺赴燕。副贰天部尚书郑世规，行台应教成以性也。路值今上回驾，湛乐数日于沈阳。转入燕都，闻昭显哀讣，倍道旋旆。闰季夏，还朝”。

6　收入〔韩〕林基中主编《燕行录全集》，第21卷，东国大学出版部，2001年版。

7　成以行《燕行日记》收入〔韩〕林基中主编《燕行录全集》，第18卷，东国大学出版部，2001年版。

8　半岛之“汉阳”即今韩国首尔市。

尹圣举、崔瀷赍咨星夜如清，为世子及日本事也。崔瀷（1598—1645）病逝于北京[1]。五月，凤林大君李淏（1619—1659）自沈阳回国。七月，朝鲜送清赠昭显世子前明太监、宫女还。八月，以请封凤林大君李淏为王世子事，派出以洛兴府院君金自点为正使、南阳君洪振道为副使、赵寿益为书状官的谢恩兼奏请使节团。九月，派出以副提学李基祚为正使、兵曹参议南铣（1582—1654）为副使、李应蓍为书状官的三节年贡使节团如清。

1646年，丙戌，〔清〕世祖顺治三年，☆黄帝历四千三百四十四年。六月，遣朝鲜使臣李景奭，赍敕押原义州府尹林庆业等回。九月，与朝鲜中江开市[2]。十月，免朝鲜贡米，急索朝鲜梨、柿、桦皮数万；◇檀君历三千九百七十九年，〔朝鲜〕仁祖二十四年。二月，派出以李景奭为正使、金堉为副使、柳淰为书状官的谢恩兼陈奏使节团。李景奭（1595—1671）著有《燕行录》[3]，收入其《白轩集》。六月，李景奭回，言在中原见被清军掳朝鲜人李奇英，颇通算术，乃使之就学于西洋人汤若望。是月，朝鲜鞫问林庆业，林庆业旋死。九月，派出以柳廷亮为正使、李厚源为副使、朴吉应为书状官的谢恩使节团。十月，派出以吕尔载为正使、崔有渊为副使、郭弘祉为书状官的三节年贡使节团。郭弘祉（1600—1656）著有《燕行日记（上、下）》[4]。

1647年，丁亥，〔清〕世祖顺治四年，☆黄帝历四千三百四十五年。二月，户部移咨，着朝鲜多以犁铧贸易，以助辽东农耕。是月，遣户部启心郎布党，赍敕至朝鲜，责其贡品粗糙。八月，遣使至朝鲜，告减免朝鲜岁贡中米900石、棉布2100匹、绵䌷200匹、弓角200桶、顺刀10柄、胡椒10斗；◇檀君历三千九百八十年，〔朝鲜〕仁祖二十五年。四月，以遣使颁敕事，派出以麟坪大君李㴭为正使、兵曹参判朴遾为副使、金振为书状官的谢恩使节团[5]。七月，福建商船主徐胜等52人漂风至朝鲜，王细问前明消息并送之回。十一月，派出以永安尉洪柱元为正使、闵圣徽为副使、李时万为书状官的谢恩兼冬至使节团。副使闵圣徽（？—1647）在北京病逝。洪柱元（1606—1672）著有《燕行录》[6]。李时万（1601—1672）著有《赴燕诗》[7]。

1648年，戊子，〔清〕世祖顺治五年，☆黄帝历四千三百四十六年。二月，清遣使至朝鲜颁经汤若望修订之时宪历。三月，清使以越境偷猎罪，杀朝鲜会宁、钟城2军官；◇檀君历三千九百八十一年，〔朝鲜〕仁祖二十六年。三月，派出以李行远为正使、林墰为副使、李惕然为书状官的谢恩使节团。正使李行远于中途病逝，林墰使节团无正使入京师，滞留数月[8]。九月，遣天文学正宋仁龙如清学习历法。十月，派出以吴竣[9]为正使、金霱为副使、李埣为书状

1 参见杜宏刚、邱瑞中、韩登庸、刘羚、阎崇东主编《韩国文集中的明代史料》，第十三卷，第208-209页，广西师范大学出版社，2006年版。

2 清乾隆年间蒙古族文人博明《凤城琐录》一书对“马市”记述较为详细。见金毓黻编《辽海丛书》，辽海书社排印本，1931—1934年。

3 收入〔韩〕林基中主编《燕行录全集》，第18卷，东国大学出版部，2001年版。见杜宏刚、邱瑞中、韩登庸、刘羚、阎崇东主编《韩国文集中的明代史料》，第十三卷，第72页，广西师范大学出版社，2006年版。

4 参见〔韩〕林基中《燕行录研究》，第496页，一志社，2006年增补版。

5 麟坪大君李㴭《燕途纪行序》（1656）云：“丁亥孟夏，以颁赦进谢赴燕。季秋，还朝。缘岁币半革，深蒙殊恩。副价都宪朴遾，行台应教金振也”。

6 参见〔韩〕林基中《燕行录研究》，第496页，一志社，2006年增补版。

7 参见〔韩〕林基中《燕行录研究》，第496页，一志社，2006年增补版。

8 参见〔韩〕林基中主编《燕行录全集》，第95卷，第157页，东国大学出版部，2001年版及拙著《半岛唐风：朝韩作家与中国文化》，第353页，宁夏人民出版社，2004年版。

9 吴竣（1587—1666），字汝完，号竹南，本贯同福，其《竹南堂稿》有“燕行诗”。

官的三节年贡使节团。副使金霱病逝于北京，礼部送棺椁、致祭，并派人抬送棺椁至凤凰城[1]。书状官李𡋯（1594—1653）著有《燕行日记》[2]。

1649 年，己丑，〔清〕世祖顺治六年，☆黄帝历四千三百四十七年。正月，遣使至朝鲜。十月，遣郑命寿[3]为使至朝鲜，吊仁祖丧，并赠谥号。又遣户部启心郎布丹、侍卫撤尔岱赍诏敕至朝鲜，册孝宗为"朝鲜国王"，诰封其妻张氏（1618—1674，仁宣王妃，本贯德水，张维之女）为"王妃"[4]；◇檀君历三千九百八十二年，〔朝鲜〕仁祖二十七年。三月，派出以郑太和为正使、金汝钰为副使、睦行善（1609—1661）为书状官的进贺兼谢恩使节团。郑太和（1602—1673）著有《己丑饮冰录》，收入其《阳坡遗稿》卷十三[5]。五月，仁祖薨，孝宗即位。是月，仁祖妃赵氏（1624—1688，庄烈王妃，本贯杨州，赵昌远之女）被尊为大妃。六月，派出以洪柱元为正使、金鍊为副使、洪瑱为书状官的告讣兼请谥、请承袭使节团如清[6]。七月，朝鲜兵船追捕山西、河南、湖北商船。八月，左议政金尚宪以羞见清使请辞，王不准。十一月，派出以宣祖之子仁兴君李瑛为正使、李时昉为副使、姜与载为书状官的谢恩陈奏兼三节年贡使节团如清[7]。仁兴君李瑛（1604—1651）著有《燕山录》[8]。译官李馨长多处作梗，仁兴君李瑛一行在北京 50 多日。

1650 年，庚寅，〔清〕世祖顺治七年，☆黄帝历四千三百四十八年。三月，清遣祈青古、户部尚书巴哈那（巴屹乃）以及通事郑命寿至朝鲜[9]，为新丧福晋之摄政王多尔衮求婚于朝鲜，并追究朝鲜修城池、造甲胄之责，罢其领议政李景奭、前大提学赵絅[10]等职。六月，多尔衮以 6 万骑兵于连山关迎候朝鲜义顺翁主。十月，以皇祖母加谥号，遣俄色黑为使至朝鲜颁诏。十一月，以摄政王多尔衮薨，遣俄色黑为使赍敕至朝鲜。十二月，清遣使至朝鲜传敕命，以领议政（首相）李敬舆反清而"永不叙用"，李敬舆等三臣乃得活命；◇檀君历三千九百八十三年，〔朝鲜〕孝宗李淏（1619—1659，字静渊，号竹梧）一年。是岁，仁祖妃赵氏（1624—1688，庄烈王妃，本贯汉阳，赵昌远之女）被尊为王大妃。三月，派出以金堉为正使、密山君李潫为副使、李尚逸为书状官的陈慰兼进香使节团。五月，金尚宪、金集请辞。六月，派出以麟坪大君李㴭为正使、吏曹判书林𬊤为副使、李弘渊为书状官的谢恩使节团如清[11]。是月，又派出以元斗杓为正使、申翊全为副使的护行团，护送锦林君李恺胤之女义信翁主，远嫁清摄政王多尔衮，侍女 16 人从行。十一月，派出以麟坪大君李㴭为正使、李基祚为副使、郑知和为书状官的进贺

1　凤凰城在今辽宁省丹东市。

2　参见〔韩〕林基中《燕行录研究》，第 496 页，一志社，2006 年增补版。

3　《清史稿・列传三百十三・属国一・朝鲜琉球》记为"礼臣启心郎渥赫"。

4　参见《清史稿・列传三百十三・属国一・朝鲜琉球》（卷五百二十六）。

5　该书收入〔韩〕林基中主编《燕行录全集》，第 19 卷，东国大学出版部，2001 年版。参见拙著《朝鲜半岛汉学史》，第 178 页，学苑出版社，2009 年版。

6　见朝鲜文献《孝宗实录》卷一，面二。

7　见朝鲜文献《孝宗实录》卷二，面十八。

8　收入〔韩〕林基中主编《燕行录全集》，第 19 卷，东国大学出版部，2001 年版。参见朝鲜文人许穆《王子仁兴君墓碑铭》，杜宏刚、邱瑞中、韩登庸、刘羚、阎崇东主编《韩国文集中的明代史料》，第十三卷，第 377 页，广西师范大学出版社，2006 年版。

9　见朝鲜文献《孝宗实录》卷三，面二十二。

10　赵絅（1586—1669），字日章，号龙洲、柱峰，本贯汉阳，有《龙洲遗稿》传世。参见朝鲜文人许穆为其所写《谥状》，杜宏刚、邱瑞中、韩登庸、刘羚、阎崇东主编《韩国文集中的明代史料》，第十三卷，第 300 页，广西师范大学出版社，2006 年版。

11　麟坪大君李㴭《燕途纪行序》（1656）云："庚寅季夏，以锦女事夺衰（仁庙大丧时）赴燕。季秋，还朝。副贰天部尚书林𬊤，行台执义李弘渊也"。另见朝鲜文献《孝宗实录》卷四，面十五。

谢恩兼三节年贡使节团如清[1]，并上奏本为李敬舆、李景奭、赵絅辩护。李敬舆（1585—1657），字直夫，号白江、凤岩，本贯全州。其《白江集》内有在沈阳时诗作以及《上世子书》等[2]。

1651 年，辛卯，〔清〕世祖顺治八年，☆黄帝历四千三百四十九年。正月，遣使至朝鲜，诏告顺治亲政。清使责问朝鲜奏文中为何有"乾清坤夷"字样。三月，以上皇太后封号遣使至朝鲜，并减朝鲜岁贡数目。是月，遣使赍敕至朝鲜，历数摄政王多尔衮罪恶。五月，遣使至朝鲜，求买牛 150 头。十月，以封皇后遣使赍敕至朝鲜；◇檀君历三千九百八十四年，〔朝鲜〕孝宗二年。二月，派出以柳廷亮为正使、朴遾为副使、李晚荣为书状官的陈慰兼进香使节团，如清致祭多尔衮。柳廷亮一行至牛庄[3]，驰报顺治帝已定摄政王多尔衮罪为"谋逆"。朝鲜即令柳廷亮使节团回国。三月，派出以右议政韩兴一（1587—1651）为正使、吴竣为副使、赵珩为书状官的进贺兼谢恩使节团。韩兴一回国后即病逝。吴竣（1587—1666），字汝完，号竹南，本贯同福，其《竹南堂稿》有"燕行诗"[4]。十一月，派出以麟坪大君李㴭为正使、黄杘为副使、权堣为书状官的进贺谢恩兼冬至使节团[5]。黄杘（1604—1656）著有《燕行录》[6]。十二月，王以仁兴君李瑛之死，斩杀译官李馨长。

1652 年，壬辰，〔清〕世祖顺治九年，☆黄帝历四千三百五十年。二月，苏州商船 28 人漂风至朝鲜，请送至日本，勿送归满清，朝鲜依然送如清。前此送回汉船商人皆被清军斩杀。九月，遣侍郎伊勒都、蒋赫德赍敕至朝鲜慰问[7]。十二月，遣内院学士苏纳海为使，赍敕押送越境采参犯人至朝鲜；◇檀君历三千九百八十五年，〔朝鲜〕孝宗三年。三月，遣李寿昌奏报赵照元谋逆伏诛事[8]。八月，派出以右议政李时白为正使、申濡为副使、权坽为书状官的谢恩使节团如清。申濡（1610—1665）著有《燕台录》[9]。十月，派出以李澥为正使、郑攸为副使、沈儒行为书状官的三节年贡使节团[10]。李澥等所押送岁币被水火，回国后三使皆被下义禁府关押[11]。

1653 年，癸巳，〔清〕世祖顺治十年，☆黄帝历四千三百五十一年。三月，与朝鲜于会宁开市。是月，礼部改铸朝鲜国王印章颁之，以原印上只有满文、无汉文故也[12]。十一月，为降皇后为妃事，清遣使赍敕至朝鲜。《清史稿·列传三百一十三·属国一·朝鲜琉球》（卷五百二十六）记，岁末，清遣使至朝鲜，册封王世子。但朝鲜文献记载，清廷册封李棩为王世子乃顺治十二年（1655）三月事；◇檀君历三千九百八十六年，〔朝鲜〕孝宗四年。一月，派

1 麟坪大君李㴭《燕途纪行序》（1656）云："庚寅仲冬，国事孔艰，慨然请行。以三臣（相臣李敬舆禁锢，相臣李景奭，判书赵絅）安置白马山城，俱论极律。陈奏暨元朝节仪。一岁再赴燕京，其间在家才一月矣。辛卯暮春，竣事还朝，便蒙殊渥。副价地部尚书李基祚，行台中书舍人郑知和也"。

2 见杜宏刚、邱瑞中、韩登庸、刘羚、阎崇东主编《韩国文集中的明代史料》，第十一卷，第 326–408 页，广西师范大学出版社，2006 年版。

3 牛庄，今属辽宁省海城市。

4 见杜宏刚、邱瑞中、韩登庸、刘羚、阎崇东主编《韩国文集中的明代史料》，第十二卷，第 232 页，广西师范大学出版社，2006 年版。

5 麟坪大君李㴭《燕途纪行序》（1656）云："辛卯仲冬，以颁敕进谢暨元朝节仪赴燕。壬辰暮春，还朝。副贰大司谏黄杘，行台司谏权堣。而回湾，副贰闻有长沙之命，非使事也"。

6 参见〔韩〕林基中《燕行录研究》，第 496 页，一志社，2006 年增补版。

7 参见《清史稿》卷二百三十八。

8 参见《清史稿·列传三百十三·属国一·朝鲜琉球》（卷五百二十六）。

9 见〔韩〕林基中主编《燕行录全集》，第 21 卷，东国大学出版部，2001 年版。

10 见〔韩〕林基中主编《燕行录全集》，第 95 卷，第 153 页，东国大学出版部，2001 年版。

11 见拙著《半岛唐风：朝韩作家与中国文化》，第 353 页，宁夏人民出版社，2004 年版。

12 参见《清史稿·列传三百十三·属国一·朝鲜琉球》（卷五百二十六）。

出以麟坪大君李㴭为正使、柳𣚨为副使、李光载为书状官的谢恩兼陈奏使节团。六月，麟坪大君李㴭赍钦赐黑色蟒龙袍回[1]。七月，派出以洪柱元为正使、尹绛为副使、林葵为书状官的谢恩兼陈奏使节团[2]。八月，往日本西洋商船败于济州，内有木香、龙脑香及鹿皮27000张。朝鲜乃送之大清，与钦差会商后留之半岛。后查清该船主乃荷兰籍，海梅尔（Hendrick Hamel，1630—1692）等36人被朝鲜安置于全罗道等地。直到1668年，海梅尔等8人才逃出朝鲜，经日本回国。海梅尔著有《荷兰船济州岛遇难记》，是第一部西方人记述朝鲜的书，后被译为英文、法文、德文[3]。十一月，派出以沈之源为正使、洪命夏为副使、金寿恒为书状官的三节年贡使节团。沈之源（1593—1662）著有《癸巳燕行日乘》[4]，收入其《晚沙稿》卷五。洪命夏（1607—1667）著有《癸巳燕行录》，但韩国林基中教授将其误认为"1664年"作品，显然混淆了"癸巳"与"癸卯"[5]。是月，洪柱元还，言在玉田[6]见汉人李连城，谈论彼中情势。

1654年，甲午，〔清〕世祖顺治十一年，☆黄帝历四千三百五十二年。二月，清遣译官韩巨源赍礼部咨至朝鲜，着出火枪手200人出击罗刹（也称"罗禅"，即俄罗斯）侵略军[7]。四月，于会源府开市。七月，遣使至朝鲜鞫问李敬舆、李景奭、赵絅。朝鲜请宽恕3人，帝不允。九月，遣使至朝鲜；◇檀君历三千九百八十七年，〔朝鲜〕孝宗五年。二月，派出以具仁垕为正使、赵启远为副使、李齐衡为书状官的谢恩使节团。五月，遣北虞侯边岌[8]率鸟铳手等百余前往宁古塔与清军会合，与入侵我国的斯捷潘诺夫部俄军在松花江下游激战。九月，派出以灵丰君李滉为正使、李时楷[9]为副使、成楚客为书状官的谢恩兼陈奏使节团，奏请册封王世子。十月，派出以麟坪大君李㴭为正使、李一相为副使、沈世鼎为书状官的进贺谢恩兼冬至使节团[10]。李一相（1612—1666）著有《燕行诗》[11]。十一月，应日本之请，朝鲜送其《医巫闾集》《张南轩集》《朱子语类》《五经大全》等汉籍及朝鲜文人李滉《退溪集》。

1655年，乙未，〔清〕世祖顺治十二年，☆黄帝历四千三百五十三年。三月，遣使赍敕至朝鲜，册封李棩（1641—1674，后来的朝鲜显宗）为王世子。八月，遣吴拜为使至朝鲜，鞫问庆源府将官蔡允立使人越境斫木、采参并杀厚春部2人夺其牛事，斩蔡允立等4人；◇檀君历三千九百八十八年，〔朝鲜〕孝宗六年。四月，派出以全昌君柳廷亮为正使、吴挺一为副使、姜镐为书状官的谢恩兼陈奏使节团。是月，遣赵珩、俞瑒为通信使正副使出使日本，南龙翼为从事官[12]。五月，忠清道水使金汉文与汉船3艘战于海中，杀尽船上之人。六月，赍咨官黄珽回，

1 麟坪大君李㴭《燕途纪行序》（1656）云："癸巳孟春，以颁敕进谢赴燕。季夏，停敕行，仍带敕书还朝，亦被恩渥。副价都宪俞，行台即李光载。而及归，李之诬捏，无人不遭。幸赖天日照临，旋雪其冤"。

2 见拙著《半岛唐风：朝韩作家与中国文化》，第353页，宁夏人民出版社，2004年版。

3 参见曹中屏《朝鲜近代史（1863 1919）》，第3–4页，东方出版社，1993年版。

4 收入〔韩〕林基中主编《燕行录全集》，第18卷，东国大学出版部，2001年版。

5 见〔韩〕林基中主编《燕行录全集》，第20卷，东国大学出版部，2001年版。

6 玉田，今河北省玉田县。

7 参见蒋廷黻《最近三百年东北外患史》，《国立清华大学学报》单行本，第15–16页，民国二十一年（1932）十二月。

8 边岌回国后，朝鲜孝宗详询俄罗斯情形。参见〔韩〕《国朝宝鉴别编》卷四。

9 李时楷，号松崖，乃李春英之子，曾在沈馆陪同作为人质的朝鲜两大君。其父李春英著有《体素集》。

10 前此，麟坪大君李㴭一行为迎接顺治帝东巡已经到了沈阳，闻皇帝取消幸沈才回国。麟坪大君李㴭《燕途纪行序》（1656）云："甲午仲秋，清主东归省墓，以问安使赴沈，行台司谏沈世鼎也。到箕京，北报溴然，移节降仙，以俟值传。闻其停驾，仍为还朝。甲午仲冬，以册封进贺赴燕。乙未暮春，还朝。副贰都宪李一相，行台即沈世鼎也"。

11 收入〔韩〕林基中主编《燕行录全集》，第21卷，东国大学出版部，2001年版。

12 参见朝鲜文献《海行总载·东槎日记·前后通信使座目》；〔日〕仲尾宏《朝鲜通信使》附录《朝鲜通信使一览表》，岩波书店，2007年版。

言在高桥堡与朝鲜被掳人应祥、汉人郑高同谈。据说南明所铸货币书“隆理”年号。十月，派出以锦林君李恺胤为正使、李行进为副使、李枝茂为书状官的谢恩陈奏兼三节年贡使节团[1]。是月，黄海道延安府居民明梦得、明光立请依明玉珍子明升例，免服役。王不允[2]。

1656年，丙申，〔清〕世祖顺治十三年，☆黄帝历四千三百五十四年。五月，遣议政大臣哈什屯则赍敕至朝鲜，送多尔衮遗妇、义顺翁主（锦林君李恺胤之女）归国；◇檀君历三千九百八十九年，〔朝鲜〕孝宗七年。三月，利川府人李景允逃入清，被遣回，鞫问时毙于杖下。五月，以锦林君李恺胤私请其女归国，罢其职。是月，给义顺翁主月廪至于终老。义顺翁主初侍多尔衮，多尔衮死后，归某亲王。亲王又死，乃从其父请归国，翁主于1662年病逝。七月，仿中国漂风南人所携武器，新造鸟铳。八月，派出以麟坪大君李㴭为正使、金南重为副使、郑麟卿为书状官的谢恩使节团。麟坪大君李㴭（1622—1658）著有《燕途纪行（上、中、下）》[3]。金南重（1596—1663）著有《野塘燕行录》[4]。十月，派出以尹绛为正使、李晳为副使、郭齐华[5]为书状官的三节年贡使节团。我国学者徐东日《朝鲜朝燕行使臣笔下的“紫禁城”形象》[6]一文认为，在麟坪大君李㴭燕行之前，是岁赵庆南来华并著有《乱中杂录》，该书收于潘喆等编《清入关前史料选辑（三）》，由中国人民大学出版社1985年出版。

1657年，丁酉，〔清〕世祖顺治十四年，☆黄帝历四千三百五十五年。三月，以上皇太后尊号，遣使赍敕至朝鲜，命朝鲜送鸟铳100杆。是月，以麟坪大君李㴭去岁使节团私买火药，遣大学士俄色黑等赍敕至朝鲜问责。五月，以帝父、祖配祀，遣使至朝鲜颁诏。十二月，遣使赍敕至朝鲜；◇檀君历三千九百九十年，〔朝鲜〕孝宗八年。正月，以朝鲜四角笠乃丧人所戴，禁之。是月，朝鲜大臣议论，唐宋以来中国人往往笑朝鲜穿白衣如丧服，其实乃商朝服装也。五月，遣麟坪大君李㴭[7]，随以左议政元斗杓为正使、严鼎耇为副使、权大运为书状官的进贺谢恩兼陈奏使节团入北京谢罪。十一月，派出三节年贡正使沈之源所率使节团，副使尹顺之，书状官李俊耇。沈之源（1593—1662）著有《丁酉燕行日乘》[8]。

1658年，戊戌，〔清〕世祖顺治十五年，☆黄帝历四千三百五十六年。三月，遣译官李一先赍敕至朝鲜，着派遣火枪手助攻俄侵略军；◇檀君历三千九百九十一年，〔朝鲜〕孝宗九年。四月，谴申浏率鸟铳手等200余人前往宁古塔与清军会合，杀死入侵的斯捷潘诺夫等俄国人。四月，派出以全昌君柳廷亮为正使的进贺兼谢恩使节团。九月，金堉（1580—1658）卒。金堉官至领议政（首相），乃大司成金湜（1563—1642）之后，有《潜谷集》传世。明将麻贵后人

---

1 朝鲜文献《孝宗实录》“六年·七月十五号”载，以锦林君李恺胤为冬至使、南星老为副使、安后稷为书状官。

2 参见本年历“1372年”。

3 麟坪大君李㴭《燕途纪行（上、中、下）》前有《燕途纪行序》（1656），追述了其多次出使中国的坎坷经历，《序》云：“丙申八月，以搢绅罹祸，差陈奏正使赴燕京。副使户曹参判金南重，书状官柏府掌令郑麟卿也。十二月，还朝”。《燕途纪行（上、中、下）》收入〔韩〕林基中主编《燕行录全集》，第22卷，东国大学出版部，2001年版。

4 收入〔韩〕林基中主编《燕行录全集》，第18卷，东国大学出版部，2001年版。

5 参见朝鲜文人许穆《送郭仲望燕京之行小序（丙申）》，杜宏刚、邱瑞中、韩登庸、刘羚、阎崇东主编《韩国文集中的明代史料》，第十三卷，第312页，广西师范大学出版社，2006年版。

6 徐东日《朝鲜朝燕行使臣笔下的“紫禁城”形象》，《吉林大学学报》，第49卷，第6期，2009年11月。

7 麟坪大君李㴭（1622—1658）《燕途纪行序》（1656）云：“丁酉仲夏，以焇黄谢罪事，偕谢恩使右相元斗杓、副使右尹严鼎耇、行台执义权大运，鳞次赴燕。孟冬，还朝。使事完了，死者减律，以是两行俱被殊恩。是役也，三伏在途，八旬留馆，不服水土，仅得生还（此条即公之追记于纪行之末者，而今兹移录）”。

8 参见〔韩〕林基中《燕行录研究》，第496页，一志社，2006年增补版。

麻舜裳投奔朝鲜，金堉与之多次谈论南方养蚕等事[1]。十一月，派出以许积为正使、姜瑜为副使、金益廉为书状官的三节年贡使节团。是岁，麟坪大君李㴭卒。李㴭（1622—1658）字用涵，号松溪，仁祖大王第三子，曾多次来华。

1659年，己亥，〔清〕世祖顺治十六年，☆黄帝历四千三百五十七年。正月，遣使至朝鲜，致祭麟坪大君李㴭。二月，遣朝鲜使臣许积等赍钦赐白银、彩缎还。十一月，遣工部尚书郭科，至朝鲜吊祭孝宗并赐谥号。是月，遣大学士蒋赫德以及吏部侍郎、觉罗博硕辉至朝鲜，册封李棩为“朝鲜国王”，诰封其妻金氏（1642—1683，明圣王妃，本贯清风，金佑明之女）为“王妃”[2]；◇檀君历三千九百九十二年，〔朝鲜〕孝宗十年。三月，派出以岭阳君李儇为正使、南老星为副使、睦兼善为书状官的谢恩使节团。五月，孝宗薨，显宗继位。是月，孝宗妃张氏（1618—1674，仁宣王妃，本贯德水，张维之女）被尊为大妃，仁祖妃赵氏（1624—1688，庄烈王妃，本贯汉阳，赵昌远之女）被尊为王大妃。六月，派出以判中枢府事郑维城为正使、柳淰为副使、郑榏为书状官的告讣兼请谥、请承袭使节团。郑维城回国时带回南京人所著述《明季遗闻》一书。十一月，派出以蔡裕后[3]为正使、郑之虎为副使、权尚矩为书状官的三节年贡兼谢恩使节团如清。是岁，朝鲜除去军饷外，户部可支配者仅4万石粮。

1660年，庚子，〔清〕世祖顺治十七年，☆黄帝历四千三百五十八年。十一月，免朝鲜进贡驯鹰[4]；◇檀君历三千九百九十三年，〔朝鲜〕显宗李棩（1641—1674，字景真）一年。李棩出生于中国沈阳朝鲜馆，3岁时随父凤林大君回朝鲜。二月，派出以益平尉洪得箕为正使、郑知和为副使、李元祯为书状官的谢恩使节团。洪得箕一行在朝鲜国内路途中遇老虎，用火器打死1只[5]。十月，派出以赵珩为正使、姜柏年为副使、权格为书状官的冬至兼谢恩使节团。赵珩（1606—1679）著有《翠屏公燕行日记》[6]。姜柏年（1603—1681）著有《燕行路程记》《燕京录》[7]。十二月，满浦人金成元等14人越境采参，遇清军而被杀，朝鲜追究满浦佥使韩休之罪。

1661年，辛丑，〔清〕世祖顺治十八年，☆黄帝历四千三百五十九年。正月，顺治帝崩，遣使至朝鲜颁诏。二月，以康熙帝登基，遣使至朝鲜颁诏。五月，清遣使至朝鲜。九月，杀朝鲜龙川越境采参贵仁等3人；◇檀君历三千九百九十四年，〔朝鲜〕显宗二年。二月，以顺治帝崩，派出以洪柱元为正使、李正英为副使的陈慰兼进香使节团。是月，又派出以沈之溟为正使、李袗为副使、李东老为书状官的陈慰兼进香使节团，吊皇后之丧。三月，派出以右议政元斗杓为正使、洪琢为副使、金宇亨为书状官的进贺兼谢恩使节团，进贺康熙帝登基。六月，派出以锦林君李恺胤为正使、柳庆昌为副使、吴斗寅为书状官的进贺谢恩兼三节年贡使节团。吴斗寅回途中不慎行止，为清军捉拿，旋放，回国后即被罢职。十二月，遣人看护宣祖于“壬辰倭乱”时在永柔县所建武侯祠。

---

1 参见〔韩〕《国朝宝鉴别编》卷八。

2 参见《清史稿·列传三百十三·属国一·朝鲜琉球》（卷五百二十六）。

3 蔡裕后（1599—1660），字伯昌，号湖洲，本贯平康，有《湖洲集》传世。

4 参见《清史稿·本纪第五·世祖》卷五。

5 见〔韩〕林基中主编《燕行录全集》，第96卷，第358页，东国大学出版部，2001年版及拙著《半岛唐风：朝韩作家与中国文化》，第366-367页，宁夏人民出版社，2004年版。

6 收入〔韩〕林基中主编《燕行录全集》，第20卷，东国大学出版部，2001年版。

7 收入〔韩〕林基中主编《燕行录全集》，第19卷，东国大学出版部，2001年版。

1662年，壬寅，〔清〕圣祖康熙一年，☆黄帝历四千三百六十年。五月，以云南大捷，遣使赍敕至朝鲜。十一月，遣使赍敕至朝鲜，免李时术等死罪，罢其职。十二月，以上慈和皇太后（顺治孝康章皇后佟佳氏，1639—1663，康熙帝生母）尊号，遣使赍敕至朝鲜；◇檀君历三千九百九十五年，〔朝鲜〕显宗三年。五月，显宗与清使鞫问义州府使李时术，以其纵容边民越江斫木也。李时术辩称国界乃两岸，故放义州人于江中岛屿伐木。清使大怒，乃定绞杀李时术，斩杀数人。七月，派出以领议政郑太和为正使、许积为副使、李东溟为书状官的进贺兼陈奏使节团，奏请赦李时术。郑太和（1602—1673）为领议政（首相）30余年，是岁著有《壬寅饮冰录》，收入其《阳坡遗稿》卷十四[1]。八月，派出以吕尔载为正使、洪处大为副使、李端锡为书状官的三节年贡使节团。十一月，郑太和等还，使节团医师安礼留北京，为大清阁老苏伊针灸。

1663年，癸卯，〔清〕圣祖康熙二年，☆黄帝历四千三百六十一年。三月，遣使至朝鲜颁敕，告慈和皇太后之丧。敕使求倭铳、倭刀4件还。十月，提督李一先赍咨至朝鲜，处理许龙盗卖禁人物品事。朝鲜以其非敕使而口角；◇檀君历三千九百九十六年，〔朝鲜〕显宗四年。二月，北边民姜立太以屡次越境采参被枭首。四月，派出以右议政郑维城为正使、完原君李㬚，1605—1664）为副使、朴承健为书状官的进贺兼谢恩使节团。五月，派出以朗善君李俣为正使、李后山为副使、沈梓为书状官的陈慰使节团，李俣（1637—1693）《朗善君癸卯燕行录》收入韩国林基中教授主编《燕行录全集》第24卷。九月，朗善君李俣等回，因私自贿赂通官4000两银，李后山、沈梓皆被鞫问。十一月，派出以赵珩为正使、权坽为副使、丁昌焘为书状官的冬至使节团。

1664年，甲辰，〔清〕圣祖康熙三年，☆黄帝历四千三百六十二年；◇檀君历三千九百九十七年，〔朝鲜〕显宗五年。二月，派出以右议政洪命夏为正使、任义伯为副使、李程为书状官的谢恩兼陈奏使节团。洪命夏（1607—1667）著有《燕行录》[2]。七月，派出以礼曹判书郑致和为正使、李尚逸为副使、禹昌绩为书状官的冬至使节团。八月，被掳人安秋元自沈阳还。安秋元"丙子虏乱"时被掳，时年12岁。是月，兵曹判书金佐明进献明朝名将戚继光《纪效新书》于王。

1665年，乙巳，〔清〕圣祖康熙四年，☆黄帝历四千三百六十三年。十一月，以册皇后赫舍里（1653—1674）及上太皇太后、皇太后尊号，遣工部侍郎柯郎中石至朝鲜颁诏。清使求倭铳等物。七月，满军20人进入朝鲜境内抢夺粮食、物资；◇檀君历三千九百九十八年，〔朝鲜〕显宗六年。七月，潜买中国硫磺27000斤。十月，刊印《大明律》《五礼仪》等书在咸镜道发放。是月，派出以金佐明为正使、洪处厚为副使、李庆果为书状官的冬至使节团。

1666年，丙午，〔清〕圣祖康熙五年，☆黄帝历四千三百六十四年。正月，逃回朝鲜被掳人安秋元，再入辽东，清军执送回国。四月，遣送朝鲜被掳人安顺一等。七月，为朝鲜潜买硫磺事，遣使赍敕至半岛。十一月，遣使至朝鲜抓捕潜买硫磺者；◇檀君历三千九百九十九年，〔朝鲜〕显宗七年。正月，派出以青平尉沈益显为正使、金始振为副使、成后卨为书状官的谢

1 《壬寅饮冰录》收入〔韩〕林基中主编《燕行录全集》，第19卷，东国大学出版部，2001年版。林书该卷所收郑太和《西征录》不是"燕行录"。

2 收入〔韩〕林基中主编《燕行录全集》，第20卷，东国大学出版部，2001年版。

恩兼陈奏使节团。九月，派出以右议政许积为正使、刑曹参判南龙翼为副使、孟胄瑞为书状官的谢恩使节团[1]。韩国林基中教授认为，是岁许积（1610—1680）著有《燕行录》，并将其收入《燕行录全集》第21卷，但该书实为书状官孟胄瑞作品[2]。副使南龙翼（1628—1692）入今天津市蓟县"宋家城"参观，并著有《燕行录》[3]。南龙翼有《壶谷集》传世。十一月，派出以郑知和为正使、闵点为副使、赵远期为书状官的三节年贡使节团。

1667年，丁未，〔清〕圣祖康熙六年，☆黄帝历四千三百六十五年。正月，礼部移咨朝鲜，责其进贡棉布、白纸粗劣。九月，以除鳌拜，遣使赍敕至朝鲜；◇檀君历四千年，〔朝鲜〕显宗八年。二月，郑知和、闵点、赵远期罢职。三月，派出以桧原君李伦为正使、金徽为副使、庆寂为书状官的谢恩兼陈奏使节团。六月，重修永柔县诸葛武侯祠。是月，泉州商人林寅观等95人漂风至朝鲜。林寅观等皆未剃头，持"永历二十一年"历书，言郑成功据守台湾事。十月，朝鲜陆路押送林寅观等如清[4]，林寅观等皆被杀[5]。十一月，派出以郑致和为正使、李翊汉为副使、李世翊为书状官的进贺谢恩兼三节年贡使节团。李翊汉病逝于北京，礼部送祭文致祭。

1668年，戊申，〔清〕圣祖康熙七年，☆黄帝历四千三百六十六年。正月，上皇太后、太皇太后尊号，遣使至朝鲜颁诏；◇檀君历四百〇一年，〔朝鲜〕显宗九年。三月，建"愍忠坛"祭奠援朝牺牲明军将士[6]。五月，派出以福昌君李桢为正使、闵僴为副使、郑樸为书状官的进贺兼谢恩使节团[7]。六月，漳州商船约40人漂风至朝鲜，给柴、米、水而还。十月，派出以李庆亿为正使、郑钥为副使、朴世堂为书状官的三节年贡使节团。书状官朴世堂（1629—1703）著有《西溪燕录》，收入其《西溪集》卷一[8]。十二月，朝鲜仿中国建"启圣祠"，奉孔子之父叔梁纥。

1669年，己酉，〔清〕圣祖康熙八年，☆黄帝历四千三百六十七年。三月，遣朝鲜使臣李庆亿赍钦赐银1000两还。四月，礼部以改今岁闰朔移咨朝鲜；◇檀君历四千〇二年，〔朝鲜〕显宗十年。二月，前判中枢府事赵絅卒。赵絅（1586—1669）字日章，本贯汉阳，久秉文衡，1654年以反清被流放，有《龙洲遗稿》传世[9]。九月，民人崔吉自蒙古逃回，言蒙古王乃顺治帝妹夫，亦被拘。朝鲜押送崔吉、金大善等逃回人回清。十月，派出以闵鼎重为正使、权尚矩为副使、慎景尹为书状官的三节年贡使节团。闵鼎重（1628—1692）著有《老峰燕行诗》《老峰燕行记》，收入其《老峰集》卷十[10]。十二月，熙川3人以越境偷采人参被刑。是岁，成后龙（1621—1671）来华并著有《燕行日记》[11]。

---

1 参见〔韩〕林基中主编《燕行录全集》，第95卷，第53页，东国大学出版部，2001年版及拙著《半岛唐风：朝韩作家与中国文化》，第343页，宁夏人民出版社，2004年版。

2 参见左江《〈燕行录〉考订》，张伯伟编《域外汉籍研究集刊》，第四辑，中华书局，2008年版。被林基中署名为"许积"的《燕行录》收入〔韩〕林基中主编《燕行录全集》，第21卷，东国大学出版部，2001年版。林书第23卷所收"南翼龙《曾祖考燕行录》"实际上也是是岁书状官孟胄瑞的作品。

3 收入〔韩〕林基中主编《燕行录全集》，第23卷，东国大学出版部，2001年版。

4 参见〔韩〕《尊周汇编》卷五。

5 朝鲜正祖李祘至1798年还为送回林寅观等而遗憾。参见〔韩〕《国朝宝鉴别编》卷八。

6 见〔韩〕《国朝宝鉴别编》卷五。

7 参见〔韩〕林基中主编《燕行录全集》，第95卷，第20页，东国大学出版部，2001年版。

8 另见〔韩〕林基中主编《燕行录全集》，第23卷，东国大学校出版部，2001年版。

9 参见拙著《朝鲜半岛汉学史》，第176页，学苑出版社，2009年版。

10 参见拙著《朝鲜半岛汉学史》，第180页，学苑出版社，2009年版；〔韩〕林基中主编《燕行录全集》，第22卷，东国大学校出版部，2001年版。

11 收入〔韩〕林基中主编《燕行录全集》，第21卷，东国大学出版部，2001年版。

1670年，庚戌，〔清〕圣祖康熙九年，☆黄帝历四千三百六十八年。二月，以宫殿重修，遣内大臣巴昂邦胥赍敕至朝鲜。次通官张孝礼随行，并至京畿探望其老母。七月，清遣使至朝鲜；◇檀君历四千〇三年，〔朝鲜〕显宗十一年。闰二月，闵鼎重回，言清朝“八高山（八旗）之制”，步兵年给银24两（每月2两）、骑兵则为48两。六月，派出以郑载仑为正使、李元桢为副使、赵世焕为书状官的进贺兼谢恩使节团。七月，福建、浙江来往日本商船漂风65人至济州，济州牧使卢锭秘密资送之回。九月，边民越境入清者7人枭首示众。十月，派出以福善君李柟为正使、郑榏为副使、郑华齐为书状官的进贺谢恩兼三节年贡使节团。是岁，李海澈（1645—？）著有《庆尚道漆谷石田村李进士海澈燕行录》[1]。

1671年，辛亥，〔清〕圣祖康熙十年，☆黄帝历四千三百六十九年。岁初，康熙帝接见朝鲜使臣李柟，并询问朝鲜君臣、人民情形。十二月，与朝鲜开市于会宁、庆源；◇檀君历四千〇四年，〔朝鲜〕显宗十二年。十月，以康熙帝出巡沈阳，派出以朗善君李俣为正使的问安使节团。李俣至沈，康熙帝已返回，李俣乃自沈阳入北京问安。十一月，派出以左议政郑致和为正使、礼曹参判李晚荣为副使、司艺郑槙为书状官的谢恩兼冬三节年贡使节团。书状官郑槙于途中病逝。是岁，朝鲜岁税米11万石。

1672年，壬子，〔清〕圣祖康熙十一年，☆黄帝历四千三百七十年。正月，以天下大定，遣使赍敕至朝鲜颁诏，命朝鲜选28人为皇帝近侍。钦差求朝鲜故判书吴竣（1587—1666）[2]墨迹；◇檀君历四千〇五年，〔朝鲜〕显宗十三年。六月，派出以福平君李梴为正使、洪处大为副使、李柙为书状官的进贺兼谢恩使节团。十月，派出以昌城君李佖为正使、李正英为副使、姜硕昌为书状官的谢恩兼三节年贡使节团。是月，朝鲜新铸铜大字66100个、小字46600个。是岁，朝鲜将军李浣（？—1672）卒。早在1641年，清军胁迫朝鲜助攻锦州明军，朝鲜遣林庆业为大将，副将李浣率朝鲜炮手至锦州城外，先通消息于明军，尽日对射，两无伤亡，李浣乃被清军杖罚，押送回国。

1673年，癸丑，〔清〕圣祖康熙十二年，☆黄帝历四千三百七十一年。八月，礼部移咨朝鲜，减梨、松子等果品进贡数；◇檀君历四千〇六年，〔朝鲜〕显宗十四年。二月，以中国书籍述朝鲜仁祖有不实之处，欲遣使辩诬，因皆野史乃罢。十一月，派出以左议政金寿恒为正使、权瑀为副使、李宇鼎为书状官的谢恩陈奏兼三节年贡使节团。金寿恒（1629—1689），字久之，本贯安东，乃朝鲜名臣金尚宪之孙，有《文谷集》传世。是岁，柳馨远卒。柳馨远（1622—1673），号磻溪，朝鲜著名实学家。

1674年，甲寅，〔清〕圣祖康熙十三年，☆黄帝历四千三百七十二年。六月，以孝诚仁皇后赫舍里氏（1653—1674）崩，遣使赍敕至朝鲜。九月，遣使至朝鲜，清使尚不知显宗之薨；◇檀君历四千〇七年，〔朝鲜〕显宗十五年。四月，以大妃、孝宗妃张氏（1618—1674，仁宣王妃，本贯德水，张维之女）薨，派出以俞瑒为正使、权瑎为书状官的告讣使节团。五月，吴三桂叛军势大。朝鲜儒生姜硕佐等上疏，请备战抗清以雪耻。不报。七月，派出以闵点为正使、

1　参见〔韩〕林基中《燕行录研究》，第497页，一志社，2006年增补版。
2　朝鲜文人吴竣（1587—1666），字汝完，号竹南，本贯同福，有《竹南堂稿》传世。

睦来善为副使的进香使节团，如清祭奠赫舍里皇后。是月，又派出以灵慎君李滢为正使、姜硕耈为书状官的陈慰使节团[1]。八月，显宗薨，肃宗继位。显宗妃金氏（1642—1683，明圣王妃，本贯清风，金佑明之女）被尊为大妃。十月，派出以沈益显为正使、闵蓍重为副使、宋昌为书状官的告讣兼请谥、请承袭使节团。十一月，派出以福昌君李桢为正使、尹深为副使、洪万钟为书状官的谢恩兼三节年贡使节团[2]。

1675 年，乙卯，〔清〕圣祖康熙十四年，☆黄帝历四千三百七十三年。三月，遣内大臣寿西特、侍卫桑厄恩特为使，赍敕 3 道至朝鲜，致祭显宗，册封肃宗李焞为"朝鲜国王"，诰封其妻金氏（1661—1680，仁敬王妃，本贯光山，金万基之女）为王妃，并索火炮、鞍马、环刀[3]；◇檀君历四千〇八年，〔朝鲜〕肃宗李焞（1661—1720，字明普）一年。正月，以清朝削三藩之乱，王与尹镌、许积等大臣数日讨论戚继光激赏之"武刚车"制造事。尹镌称，汉将军卫青以 4 车自卫，其"武刚车"独轮，多铁甲，可用以雪耻恢复。是月，资助"壬辰倭乱"援朝明军备御韩宗功之孙韩登科（1596—？）以及明军后人刘太山（1617—？）米粮[4]。五月，宁古塔 5 人至朝鲜，朝鲜君臣极详尽问询中国军事。六月，派出以昌城君李佖为正使、李之翼为副使、闵点为书状官的谢恩使节团，如清谢致祭、谢册封[5]。十一月，派出以左议政权大运为正使、庆 为副使、柳谭厚为书状官的三节年贡使节团如清，兼进贺平蒙古乱。是岁，朝鲜人口 4703505 名，民间人心浮动，多有来年造兵车、渡江抗清之说。

1676 年，丙辰，〔清〕圣祖康熙十五年，☆黄帝历四千三百七十四年。二月，遣使至朝鲜颁诏册封王世子。三月，以上太皇太后、皇太后尊号，遣使至朝鲜颁诏；◇檀君历四千〇九年，〔朝鲜〕肃宗二年。四月，兵曹判书金锡胄于平安道新设三镇，以备兵也。八月，朝鲜以明人所撰《十六朝记》记朝鲜仁祖李倧即位不实，派出以福善君李柟为正使、郑晳为副使、李瑞雨为书状官的进贺谢恩兼陈奏辩诬使节团。郑晳（1619—1677）著有《燕行诗》[6]。十月，派出以吴梃纬为正使、金禹锡为副使、俞夏谦为书状官的三节年贡使节团[7]。是岁，朝鲜重印崔溥（1454—1540）《飘海录》。

1677 年，丁巳，〔清〕圣祖康熙十六年，☆黄帝历四千三百七十五年。五月，以冬至使一行中搜出地图，移咨朝鲜责之。十一月，以册皇后钮祜禄氏（？—1678），遣使赍敕至朝鲜；◇檀君历四千〇一十年，〔朝鲜〕肃宗三年。四月，派出以福昌君李桢为正使、权大载为副使、朴纯为书状官的进贺谢恩兼陈奏使节团，再奏请辩诬。李桢以兹事体大，一行赍白银 15000 两用于路费。十一月，派出以瀛昌君李沉为正使、沈梓为副使、孙万雄为书状官的冬至兼谢恩使

1 参见拙著《半岛唐风：朝韩作家与中国文化》，第 349 页，宁夏人民出版社，2004 年版。
2 见〔韩〕林基中主编《燕行录全集》，第 95 卷，第 12 页，东国大学出版部，2001 年版；拙著《半岛唐风：朝韩作家与中国文化》，第 339–340 页，宁夏人民出版社，2004 年版。
3 参见《清史稿 · 列传三百十三 · 属国一 · 朝鲜琉球》（卷五百二十六）。
4 参见〔韩〕《国朝宝鉴别编》卷六。
5 见〔韩〕林基中主编《燕行录全集》，第 95 卷，第 133 页，东国大学出版部，2001 年版及拙著《半岛唐风：朝韩作家与中国文化》，第 350 页，宁夏人民出版社，2004 年版。
6 参见〔韩〕林基中《燕行录研究》，第 497 页，一志社，2006 年增补版。
7 见〔韩〕林基中主编《燕行录全集》，第 96 卷，第 338 页，东国大学出版部，2001 年版。

节团[1]。孙万雄（1643—1712）著有《燕行日录》[2]。是岁，朴大运等重刊《朴通事谚解》。韩国林基中教授认定是岁权喜学（1672—1742）来华，并著有《燕行日记稿本》《燕行日录（上、下）》，显然有误，权喜学不可能在5岁时来华[3]。

1678年，戊午，〔清〕圣祖康熙十七年，☆黄帝历四千三百七十六年。三月，以皇后钮祜禄氏崩，遣侍卫郎晖赍敕至朝鲜，孙致弥（1642—1709）为副使。孙致弥著有《朝鲜采风录》；◇檀君历四千〇十一年，〔朝鲜〕肃宗四年。三月，派出以李夏镇为正使、郑樸为副使、安如石为书状官的陈慰兼进香使节团。李夏镇（1628—1682）著有《北征录》[4]。九月，以吴三桂战事紧，王出箭10万支，送平安、咸镜两道备战。十月，派出以福平君李梴为正使、闵点为副使、金海一为书状官的谢恩进贺陈奏兼三节使节团。金海一（1640—1691）著有《燕行录》《燕行日记》[5]。

1679年，己未，〔清〕圣祖康熙十八年，☆黄帝历四千三百七十七年。三月，遣朝鲜使臣李梴赍礼部咨还，告明人所撰《十六朝记》虽存记朝鲜文字，因系野史，不予修正；◇檀君历四千〇十二年，〔朝鲜〕肃宗五年。八月，派出以朗原君李偘为正使、工曹参判吴斗寅为副使、李华镇为书状官的进贺兼谢恩使节团，进贺皇太子痘候痊愈。无名氏随行，其所著《燕中闻见》（Ⅱ）记录了朗原君李偘一行在通州和北京所见大地震情况：大地裂开一尺，白沙涌出，冒着黑水[6]。九月，肃宗阅兵于露梁津[7]校场。十月，派出以李观徵为正使、李端锡为副使、李濡为书状官的三节年贡使节团。十一月，李偘回，言通州至蓟州无一完屋，北京比通州稍轻，遇难者57000余人。十二月，领议政许积细究通官张孝礼所送清人所画朝鲜地图，惊叹其准确。是岁，郑晢（1619—1677）来华并著有《南岳燕行诗》[8]。

1680年，庚申，〔清〕圣祖康熙十九年，☆黄帝历四千三百七十八年。正月，为长白山祭拜事，遣使至朝鲜，并颁康熙罪己诏书。闰八月，以朝鲜人越境之宁古塔，遣使赍敕至。是岁，护军统领韩杰殷（？—1680）卒。韩杰殷本朝鲜人；◇檀君历四千〇十三年，〔朝鲜〕肃宗六年。六月，以扫平许坚[9]等谋逆事，派出以沈益显为正使、申晸为副使、睦林儒为书状官的陈慰兼陈奏使节团。申晸（1628—1687）著有《燕行录》[10]，首次记录榛子店“季文兰诗”。十一月，以肃宗妃金氏（1661—1680，仁敬王妃，本贯光山，金万基之女）薨，派出以金寿兴为正使、李柚为副使、申怀为书状官的谢恩陈奏告讣使节团。

1681年，辛酉，〔清〕圣祖康熙二十年，☆黄帝历四千三百七十九年。三月，遣翰林、侍

1　见〔韩〕林基中主编《燕行录全集》，第95卷，第188页，东国大学出版部，2001年版；拙著《半岛唐风：朝韩作家与中国文化》，第359页，宁夏人民出版社，2004年版。
2　收入〔韩〕林基中主编《燕行录全集》，第28卷，东国大学出版部，2001年版。
3　参见〔韩〕林基中《燕行录研究》，第497页，一志社，2006年增补版。
4　参见〔韩〕林基中《燕行录研究》，第497页，一志社，2006年增补版。
5　二书收入〔韩〕林基中主编《燕行录全集》，第28卷，东国大学出版部，2001年版。
6　见〔韩〕林基中主编《燕行录全集》，第96卷，第295页，东国大学出版部，2001年版；拙著《半岛唐风：朝韩作家与中国文化》，第361-362页，宁夏人民出版社，2004年版。
7　露（鹭）梁津在今韩国首尔市汉江之南。
8　参见〔韩〕林基中《燕行录研究》，第497页，一志社，2006年增补版。
9　许坚乃领议政许积（1610—1680）之庶子。
10　收入〔韩〕林基中主编《燕行录全集》，第22卷，东国大学出版部，2001年版。

读学士牛枉为使，赍敕至朝鲜，致祭肃宗妃金氏（1661—1680，仁敬王妃），并奉敕查察椴岛[1]；◇檀君历四千〇十四年，〔朝鲜〕肃宗七年。三月，金寿兴回，言与丰润人[2]李有伦笔谈中国形势。李有伦曾于湖广任知县。八月，送漂风26人入京师。九月，派出以昌城君李佖为正使、尹阶为副使、李三锡为书状官的谢恩使节团[3]。十月，派出以东原君李濮为正使、南二星为副使、申琓为书状官的奏请兼三节年贡使节团，三使与来华琉球正使毛见龙、副使梁邦翰有交流[4]。十二月，以越境至清采参、伐木，枭金天鹤等10人首示众。是岁，肃宗迎娶闵氏（1667—1701，仁显王妃，本贯骊兴，闵维重之女）。

1682年，壬戌，〔清〕圣祖康熙二十一年，☆黄帝历四千三百八十年。二月，遣使赍敕二道至朝鲜颁诏，诏告平三藩。三月，为加尊号太皇太后，遣使至朝鲜颁诏。七月，遣使至朝鲜颁诰命，册肃宗继室闵氏（1667—1701，仁显王妃，本贯骊兴，闵维重之女）为"王妃"[5]；◇檀君历四千〇十五年，〔朝鲜〕肃宗八年。正月，李佖回，言礼部责朝鲜奏文中将免罚银书写为"万两"。二月，以康熙帝巡幸沈阳，派出以左议政闵鼎重为正使、掌令尹世纪为书状官的问安使节团如盛京[6]。五月，遣户曹参议尹趾完出使日本，李彦纲为通信使副使，从事官朴庆后[7]。七月，派出以瀛昌君李沉为正使、尹以齐为副使、韩泰东（1646—1687）为书状官的进贺谢恩兼陈奏使节团[8]。韩国林基中教授认定，韩泰东（1646—1687）著有《两世燕行录》，有误。收入林基中《燕行录全集》第29卷的《两世燕行录》，乃1712年李泽《两世疏草》的翻版[9]。十月，派出以右议政金锡胄为正使、柳尚运为副使、金斗明为书状官的谢恩兼三节年贡使节团。金锡胄（1634—1684）著有《擣椒录（上、下）》，收入其《息庵遗稿》卷七[10]以及韩国林基中教授主编《燕行录全集》第24卷。韩国林基中教授与日本夫马进教授将无名氏《沈行录（沈使启录）》定为是岁"燕行录"作品，但该书是朝鲜历年派往盛京的问安使、书状官和首译的"状启"，其中分别有乾隆、嘉庆的年号[11]。

1683年，癸亥，〔清〕圣祖康熙二十二年，☆黄帝历四千三百八十一年；◇檀君历四千〇十六年，〔朝鲜〕肃宗九年。十月，派出以赵师锡为正使、尹攀为副使、郑济先为书状官的三节年贡使节团。赵师锡在周流河[12]结识郭朝瑞，与之交谈多次。郭朝瑞曾在吴三桂手下任职，

1　参见《清史稿·列传三百十三·属国一·朝鲜琉球》（卷五百二十六）。

2　丰润县现为河北省唐山市丰润区。

3　参见拙著《半岛唐风：朝韩作家与中国文化》，第359–360页，宁夏人民出版社，2004年版。

4　分别见〔韩〕林基中主编《燕行录全集》，第95卷，第38、205页，东国大学出版部，2001年版及拙著《半岛唐风：朝韩作家与中国文化》，第342–343页，宁夏人民出版社，2004年版。

5　参见《清史稿·列传三百十三·属国一·朝鲜琉球》（卷五百二十六）。

6　清人高士奇《扈从东巡日录》记载康熙帝此次巡视东北较详细。该书收入近人金毓黻编《辽海丛书》，辽海书社排印本，1931—1934年。另参见〔韩〕林基中主编《燕行录全集》，第96卷，第330页，东国大学出版部，2001年版。

7　参见朝鲜文献《海行总载·东槎日记·前后通信使座目》；朝鲜文献《增正交邻志》卷五《通信使行》；〔日〕仲尾宏《朝鲜通信使》附录《朝鲜通信使一览表》，岩波书店，2007年版。

8　见无名氏《燕中闻见》（Ⅱ），收入〔韩〕林基中主编《燕行录全集》，第96卷，第280–378页，东国大学出版部，2001年版以；拙著《半岛唐风：朝韩作家与中国文化》，第360页，宁夏人民出版社，2004年版。

9　参见左江《〈燕行录〉考订》，张伯伟编《域外汉籍研究集刊》，第四辑，中华书局，2008年版。

10　参见朝鲜文人金景善（1788—？）《燕辕直指》（1832）卷之二《榛子店记》，〔韩〕林基中主编《燕行录全集》，第70卷，东国大学校出版部，2001年版。

11　见〔韩〕林基中、〔日〕夫马进编《燕行录全集日本所藏编》卷一，第85–124页，东国大学校韩国文学研究所，2001年版以及〔韩〕林基中《燕行录研究》，第35、43页，一志社，2006年增补版。

12　今辽宁巨流河。

颇解文字[1]。副使尹攀（1637—1685）著有《燕行日记》[2]。十一月，显宗妃、大妃金氏（1642—1683，明圣王妃，本贯清风，金佑明之女）薨。

1684年，甲子，〔清〕圣祖康熙二十三年，☆黄帝历四千三百八十二年。七月，遣使赍敕至朝鲜，致祭大妃金氏（1642—1683，明圣王妃）。十二月，以天下太平，遣使赍敕至朝鲜；◇檀君历四千〇十七年，〔朝鲜〕肃宗十年。三月，以明圣王妃金氏薨，派出以李濡为正使、李蓍晚为书状官的告讣使节团[3]。十月，派出以南九万为正使、李世华为副使、李宏为书状官的谢恩兼三节年贡使节团[4]。南九万（1629—1711）著有《甲子燕行杂录》[5]。十二月，辽东巨流河汉人郭朝瑞书信入朝鲜宫廷，备言中国情形。

1685年，乙丑，〔清〕圣祖康熙二十四年，☆黄帝历四千三百八十三年。十一月，以长白山、宁古塔多见持鸟铳朝鲜人及鸭绿江三道沟清人被射事，遣使赍敕至汉城，命朝鲜国王与使者共同审查越境者。是岁，康熙帝不准朝鲜停互市之奏请[6]；◇檀君历四千〇十八年，〔朝鲜〕肃宗十一年。三月，派出以朴弼成为正使、尹趾善为副使、李善溥为书状官的谢恩使节团。十一月，清使与朝鲜官员鞫问越境采参25人，咸镜道佥使赵之瑗畏罪自杀。是月，派出以朗原君李偘为正使、李选为副使、金澋为书状官的陈奏兼谢恩三节年贡使节团。十二月，王与钦差共审越境犯人，流放140余人。

1686年，丙寅，〔清〕圣祖康熙二十五年，☆黄帝历四千三百八十四年。岁初，朝鲜韩得完等28人越境至大清东北采参，并开枪打伤清朝绘画舆图官吏。韩得完等被捕[7]。三月，清遣朝鲜使臣朗原君李偘赍礼部咨回，内开“该国王放纵下人，违禁越境采参，将钦差官役放枪伤人，殊干法纪”。为此罚朝鲜国王银20000两[8]；◇檀君历四千〇十九年，〔朝鲜〕肃宗十二年。一月，派出以右议政郑载嵩为正使、崔锡鼎为副使[9]、李塈为书状官的陈奏兼谢恩使节团。郑载嵩在北京听闻礼部罚银咨文，乃上疏。康熙帝大怒，责其不请示国王，擅自上疏，命打出、革职。礼部移咨朝鲜，历数郑载嵩狂悖、文字不通之罪[10]。六月，派出以南九万（1629—1711）为正使、李奎龄为副使、吴道一为书状官的谢恩兼陈奏使节团。南九万著有《丙寅燕行杂录》[11]。吴道一（1645—1703）著有《丙寅燕行日乘》，收入其《西坡集》卷二十六[12]。吴道一还著有《燕槎录》[13]。

1 见〔韩〕林基中主编《燕行录全集》，第96卷，第352页，东国大学出版部，2001年版。另参见拙著《半岛唐风：朝韩作家与中国文化》，第366页，宁夏人民出版社，2004年版。

2 收入〔韩〕林基中主编《燕行录全集》，第27卷，东国大学出版部，2001年版。

3 见〔韩〕林基中主编《燕行录全集》，第95卷，第107页，东国大学出版部，2001年版。

4 见〔韩〕林基中主编《燕行录全集》，第96卷，第346页，东国大学出版部，2001年版。

5 参见〔韩〕林基中《燕行录研究》，第497页，一志社，2006年增补版。

6 参见《清史稿·列传三百十三·属国一·朝鲜琉球》（卷五百二十六）；〔清〕林佶《全辽备考》卷下“互市”，金毓黻编《辽海丛书》，辽海书社排印本，1931–1934年。

7 参见《清史稿·列传三百十三·属国一·朝鲜琉球》（卷五百二十六）。

8 参见〔韩〕《肃宗实录》卷一。

9 参见朝鲜文人崔锡鼎《明谷集》卷三《椒余录》。

10 参见〔韩〕《肃宗实录》卷一及〔韩〕林基中主编《燕行录全集》，第95卷，第60页，东国大学出版部，2001年版及拙著《半岛唐风：朝韩作家与中国文化》，第344页，宁夏人民出版社，2004年版。

11 见〔韩〕林基中主编《燕行录全集》，第23卷，东国大学校出版部，2001年版。

12 参见〔韩〕林基中主编《燕行录全集》，第29卷，东国大学校出版部，2001年版。

13 参见〔韩〕林基中《燕行录研究》，第497页，一志社，2006年增补版。

是月，朝鲜流放郑载嵩，斩杀越境采参并开枪的韩得完等6人，旋秘召郑载嵩回。七月，游魏等81人漂风至朝鲜，自言福建台湾人。朝鲜助其修船，给粮、水，并送出海。十一月，派出以朗善君李俣为正使、金德远为副使、李宜昌为书状官的谢恩兼三节年贡使节团。李俣与丰润县王氏相识[1]。

1687年，丁卯，〔清〕圣祖康熙二十六年，☆黄帝历四千三百八十五年。七月，遣使赍敕至朝鲜。是岁，周培功绘制成《皇舆全图》；◇檀君历四千〇二十年，〔朝鲜〕肃宗十三年。三月，李俣、金德远回。金德远言其在周流河[2]与郭朝瑞笔谈。十一月，派出以东平君李杭为正使、任相元为副使、朴世㒞为书状官的三节年贡兼谢恩使节团。任相元（1638—1697）著有《燕行诗》[3]。是月，江界府使李孝源纵容朝鲜人越界采参，王流放之。

1688年，戊辰，〔清〕圣祖康熙二十七年，☆黄帝历四千三百八十六年。正月，以康熙帝祖母孝庄太皇太后（博尔济吉特氏，1612—1687）崩，遣使赍敕至朝鲜。十二月，以太皇太后祔庙，遣使赍敕至朝鲜；◇檀君历四千〇二十一年，〔朝鲜〕肃宗十四年。二月，派出以洪万钟为正使、任弘望为副使、李万岭为书状官的陈慰兼进香使节团如清，为孝庄太皇太后进香。三月，因明人康世爵乱中至朝鲜，其子女皆出于妓，至此许赎[4]。十月，以大王大妃、仁祖妃赵氏（1624—1688，庄烈王妃，本贯杨州，赵昌远之女）薨，派出以尹世纪为正使、金洪福为书状官的告讣使节团如清。金洪福（1649—1698）著有《燕行日记》[5]。十一月，派出以洪万容为正使、朴泰逊为副使、李三硕为书状官的三节年贡使节团[6]。是月，义州民人越境，王枭其首。

1689年，己巳，〔清〕圣祖康熙二十八年，☆黄帝历四千三百八十七年。正月，遣使赍敕至朝鲜，致祭大王大妃赵氏。八月，以皇后佟佳氏（？—1689）崩，遣使赍敕至朝鲜。是月，将栅门自凤凰城内移出20里[7]，此即大清“边门”设置之始。十一月，以上皇后佟佳氏谥号，遣使赍敕至朝鲜；◇檀君历四千〇二十二年，〔朝鲜〕肃宗十五年。二月，朝鲜济州人金泰璜等漂风至安南，遇宁波商船，得以宁波府票文[8]船送朝鲜。朝鲜乃将护送人朱汉源等28人陆路送至北京[9]。礼部于是定二则：有船之漂风清人则送其出海，无船则陆路送至凤凰城[10]。三月，朝鲜江界府1奴子越境狩猎，枭首。八月，派出以东平君李杭为正使、申厚载为副使、权持为书状官的进贺谢恩陈奏兼奏请使节团，奏朝鲜王废闵妃、立张妃。申厚载（1636—1699）著有《葵亭燕京录》[11]。十月，以皇后佟佳氏崩，派出以朴泰尚为正使、金海一为副使、成瓘为书状官的

1　见〔韩〕林基中主编《燕行录全集》，第96卷，第312页，东国大学出版部，2001年版及拙著《半岛唐风：朝韩作家与中国文化》，第363页，宁夏人民出版社，2004年版。

2　今沈阳附近的巨流河。

3　收入〔韩〕林基中主编《燕行录全集》，第28卷，东国大学出版部，2001年版。

4　参见拙著《半岛唐风：朝韩作家与中国文化》，第299-300页“康世爵”，宁夏人民出版社，2004年版。〔韩〕《国朝宝鉴别编》卷六面十二载，康世爵祖父乃杨镐部下、援朝军官康霖，曾祖康佑战死于蒙古。

5　参见〔韩〕林基中《燕行录研究》，第497页，一志社，2006年增补版。

6　分别见〔韩〕林基中主编《燕行录全集》，第95卷，第113、119页及第96卷，第328页，东国大学出版部，2001年版及拙著《半岛唐风：朝韩作家与中国文化》，第348-349、363-364页，宁夏人民出版社，2004年版。

7　栅门最初设于凤凰城（今辽宁省凤城）城外，后移至于今辽宁省边门，在今沈丹高速公路沿线。清乾隆年间蒙古族文人博明《凤城琐录》一书对“边门”记述较为详细。参见金毓黻编《辽海丛书》，辽海书社排印本，1931-1934年。

8　“票文”即经商公文，经商许可证。

9　参见朝鲜文献《海行总载·东槎日记·前后通信使座目》，面128所列人名。

10　凤凰城在今辽宁省丹东。

11　参见〔韩〕林基中《燕行录研究》，第497页，一志社，2006年增补版。

陈慰兼进香使节团[1]。金海一（1640—1691）著有《燕行日记续》《燕行续录》[2]。十一月，派出以俞夏益为正使、姜世龟为副使、赵湜为书状官的三节年贡使节团[3]。十二月，李杭驰报，奏文中有犯忌“玄”字[4]，且礼部以为朝鲜国君乃诸侯，不得用“后宫”字样。

1690年，庚午，〔清〕圣祖康熙二十九年，☆黄帝历四千三百八十八年。正月，遣使至朝鲜，以奏文不当罚金；◇檀君历四千〇二十三年，〔朝鲜〕肃宗十六年。五月，派出以全城君李濬为正使、权愈为副使、金元燮为书状官的进贺谢恩兼陈奏使节团[5]。九月，咸镜道10人越境到厚春，开枪打死采参人，夺其参。朝鲜乃遣同知中枢府事郑忠源赍咨如清奏报。十月，全城君李濬回，礼部以其名与朝鲜肃宗李焞音同，改之为“全城君李混”。十一月，派出以瀛昌君李沉为正使、徐文重为副使、权缵为书状官的谢恩兼三节年贡使节团。徐文重（1634—1709）著有《燕行杂录》《燕行日录》[6]。是月，捉拿咸镜道越境21人，定8人罪并移咨。

1691年，辛未，〔清〕圣祖康熙三十年，☆黄帝历四千三百八十九年。正月，礼部奏，朝鲜李沉、徐文重使节团在京私买《大清一统志》等书，请罢正使、副使、通官张灿职。康熙帝命宽大，免罢其官。四月，以朝鲜越境杀人抢人参之事，遣大学士兼礼部侍郎西安、一等侍卫罗科多赍敕至朝鲜参审。清使在《纳清亭记》见“上曰”二字，问诸侯何以称“上”，朝鲜陪臣答：帝为“皇上”、王为“君上”。十一月，移咨朝鲜，将遣大臣经朝鲜义州至长白山考察。至是岁，编入清八旗兵的“高丽姓氏”共43姓[7]；◇檀君历四千〇二十四年，〔朝鲜〕肃宗十七年。三月，瀛昌君李沉回至，礼部例给银1000两。是月，参赞官闵昌道启，先朝曾以东俗穿白衣为丧服，令改穿黑衣，至今依旧为白衣。四月，王与清使同审咸镜道林仁等人。林仁供认去年八月十四日越境到一毡幕（毡子搭的帐篷）外开枪，抢夺人参。清使出圣旨，帝谕务必宽大。肃宗与群臣离座，北向叩头谢恩。闰七月，派出以闵点为正使、姜硕宾为副使、李震休为书状官的谢恩兼陈奏使节团。是月，肃宗亲为《千字文》作序并刊行。肃宗序文追溯梁人周兴嗣作《千字文》的经历，并论述了《千字文》的社会功用。十一月，派出以李宇鼎为正使、尹以道为副使、成偶为书状官的三节年贡使节团[8]。李宇鼎（1534—1691）于途中病逝。是月，以清人过义州至长白山有假虞灭虢之意，反复斟酌，终无对策。是月，斩杀越境入清者林仁等6人。

1692年，壬申，〔清〕圣祖康熙三十一年，☆黄帝历四千三百九十年；◇檀君历四千〇二十五年，〔朝鲜〕肃宗十八年。正月，肃宗亲为《大明集礼》作序。二月，以清五大臣将自义州赴长白山，定惠山－云宠－吉州路途为10站。后乃闻五大臣之行取消。十月，派出以朗

1 分别见〔韩〕林基中主编《燕行录全集》，第95卷，第30页及第96卷，第319页，东国大学出版部，2001年版及拙著《半岛唐风：朝韩作家与中国文化》，第341、363页，宁夏人民出版社，2004年版。

2 收入〔韩〕林基中主编《燕行录全集》，第28卷，东国大学出版部，2001年版。

3 见〔韩〕林基中主编《燕行录全集》，第95卷，第123页，东国大学出版部，2001年版及拙著《半岛唐风：朝韩作家与中国文化》，第349页，宁夏人民出版社，2004年版。

4 康熙帝名“玄烨”。

5 见〔韩〕林基中主编《燕行录全集》，第95卷，第80页，东国大学出版部，2001年版；拙著《半岛唐风：朝韩作家与中国文化》，第346页，宁夏人民出版社，2004年版。

6 收入〔韩〕林基中主编《燕行录全集》，第24卷，东国大学出版部，2001年版。

7 见孙春日《中国朝鲜族移民史》，第60页，中华书局，2009年版。

8 见〔韩〕林基中主编《燕行录全集》，第95卷，第103页，东国大学出版部，2001年版；拙著《半岛唐风：朝韩作家与中国文化》，第347页，宁夏人民出版社，2004年版。

原君李偘为正使、闵就道为副使、朴昌汉为书状官的三节年贡兼谢恩使节团。

1693年，癸酉，〔清〕圣祖康熙三十二年，☆黄帝历四千三百九十一年。三月，礼部遣朝鲜使臣李偘赍敕还，永减朝鲜岁贡中黄金100两、棉布600匹[1]；◇檀君历四千〇二十六年，〔朝鲜〕肃宗十九年。二月，命燕行使节留意明朝皇帝墨宝。三月，王以《披衣忆皇恩》为题，命文臣赋诗[2]。五月，派出以临阳君李恒为正使、申厚命为副使、崔恒斋为书状官的谢恩使节团[3]。申厚命（1633—1701）著有《燕行日记》[4]。十月，派出以柳命天（1633—1705）为正使、李麟征为副使、沈枋为书状官的三节年贡使节团。柳命天著有《燕行日记》《燕行别曲》[5]，因为来自俄罗斯的伊兹勃兰特·义杰斯一行已到北京，柳命天一行移住在智化寺。十二月，北道御史李宇谦捉朝鲜三水越境入清采参30人，一境人皆逃匿。李宇谦报，其人皆赖此为生也。

1694年，甲戌，〔清〕圣祖康熙三十三年，☆黄帝历四千三百九十二年；◇檀君历四千〇二十七年，〔朝鲜〕肃宗二十年。正月，肃宗亲为朱熹《小学》作序。二月，漂风清人程乾顺至济州，依礼部咨送之出海。六月，金仁白等5人越境采参、伐木，王枭其首。八月，以王妃闵氏（1667—1701，仁显王妃，本贯骊兴，闵维重之女）复位，派出以朴弼成为正使、吴道一为副使、俞得一为书状官的陈奏兼奏请使节团。吴道一（1645—1703）著有《后燕槎录》[6]。俞得一（1650—1712）著有《日记草》[7]。十一月，派出以申琓为正使、李弘迪为副使、朴权为书状官的三节年贡使节团。朴权（1658—1715）著有《西征别曲》[8]。

1695年，乙亥，〔清〕圣祖康熙三十四年，☆黄帝历四千三百九十三年。正月，遣使赍敕至朝鲜，再册王妃闵氏（1667—1701，仁显王妃，本贯骊兴，闵维重之女）；◇檀君历四千〇二十八年，〔朝鲜〕肃宗二十一年。三月，申琓回，被罢黜。四月，钦差留骆驼1头，汉城百姓争相观看，王亦命牵入宫中一观。六月，以越界事频发，朝鲜不肯发还统一收缴之北边鸟铳。七月，派出以全城君李混为正使、李彦纲为副使、金演为书状官的谢恩使节团。十月，李混驰报，帝怒上笺内有忌讳字样，多方周旋，乃免罚银。十一月，派出以李世白为正使、洪受畴为副使、崔启翁为书状官的三节年贡使节团[9]。洪受畴（1642—1704）著有《燕行录》[10]。书状官崔启翁（1654—?）著有《燕行录》。韩国林基中教授将崔启翁《燕行录》排在了1654年，并标明燕行时间“未详”[11]，显然有误，可参见朝鲜文献《肃宗实录》“二十一年十一月”所载三使事。

1 参见《清史稿·列传三百十三·属国一·朝鲜琉球》（卷五百二十六）。

2 见〔韩〕《国朝宝鉴别编》卷六。

3 见〔韩〕林基中主编《燕行录全集》，第95卷，第24页，东国大学出版部，2001年版；拙著《半岛唐风：朝韩作家与中国文化》，第341页，宁夏人民出版社，2004年版。

4 收入〔韩〕林基中主编《燕行录全集》，第28卷，东国大学出版部，2001年版。另见〔韩〕林基中《燕行录研究》，第36页，一志社，2006年增补版。

5 收入〔韩〕林基中主编《燕行录全集》，第23卷，东国大学出版部，2001年版。

6 收入〔韩〕林基中主编《燕行录全集》，第29卷，东国大学出版部，2001年版。

7 收入〔韩〕林基中主编《燕行录全集》，第31卷，东国大学出版部，2001年版。

8 收入〔韩〕林基中主编《燕行录全集》，第34卷，东国大学出版部，2001年版。

9 李宜显《庚子燕行杂识》（1720）载：“到丰润谷碕家，碕是应泰之侄孙。应泰撰《明史本末》，以文著名，而此人则不文无识。炕室极其精丽，内贴‘耐轩’二字，满壁书画多可观。先君子赴燕时，副价洪参判受畴宿此家”。可见正使李世白是李宜显之父。且李宜显《庚子燕行杂识》（1720）多次提及“先君子日记”，可见李世白是岁著有燕行录。

10 收入〔韩〕林基中主编《燕行录全集》，第28卷，东国大学出版部，2001年版。

11 见〔韩〕林基中《燕行录研究》，第35页，一志社，2006年增补版。参见〔韩〕林基中主编《燕行录全集》，第55卷，东国大学出版部，2001年版。

1696年，丙子，〔清〕圣祖康熙三十五年，☆黄帝历四千三百九十四年；◇檀君历四千〇二十九年，〔朝鲜〕肃宗二十二年。五月，义州人次良等奉命送逸来清人之马匹还，潜自贸易于辽东。次良等5人被枭首。七月，派出以东平君李杭为正使的谢恩使节团。李杭中路病重，乃改派以临昌君李焜为正使、洪万朝为副使、任胤元为书状官的谢恩使节团。洪万朝（1645—1725）著有《燕槎录》《观中杂录》[1]。十一月，派出以右议政徐文重为正使、李东郁为副使、金弘桢为书状官的奏请兼三节年贡使节团，如清奏请册封王世子。

1697年，丁丑，〔清〕圣祖康熙三十六年，☆黄帝历四千三百九十五年。九月，遣永吉、寿耐赍敕至朝鲜，告大捷及皇极殿完工。十月，遣使赍敕至朝鲜，册封李昀为王世子[2]；◇檀君历四千〇三十年，〔朝鲜〕肃宗二十三年。闰三月，派出以崔锡鼎为正使、崔奎瑞为副使、宋相琦为书状官的奏请兼陈奏使节团，再次奏请册封王世子。崔锡鼎（1646—1715）著有《椒馀录》《蔗回录》[3]，收入其《明谷集》[4]。宋相琦（1657—1732）著有《星槎录》[5]。十一月，派出以临阳君李桓为正使、柳之发为副使、柳重茂为书状官的进贺谢恩兼三节年贡使节团。是岁，朝鲜大饥，乃移咨请开粮市，康熙帝允之[6]。是岁，王世子李昀迎娶沈氏（1686—1718，后追封“端懿王妃”，本贯青松，沈浩之女）为世子嫔。是岁，朝鲜两班贵族、常民、奴婢的比例已达到7.4%、49.5%、43.1%，部分文人建议学习清朝，改变奴婢过多的状况[7]。

1698年，戊寅，〔清〕圣祖康熙三十七年，☆黄帝历四千三百九十六年。正月，运米2万石至朝鲜北道开市，另赠朝鲜1万石救灾，遣吏部侍郎陶岱押送。康熙帝亲撰《海运赈济朝鲜记》[8]。十二月，宁古塔副都统耿额称敕到会宁，旋回；◇檀君历四千〇三十一年，〔朝鲜〕肃宗二十四年。四月，右议政崔锡鼎于中江迎接钦差侍郎陶岱，运粮船共110艘。崔锡鼎率官民北向叩头，以谢皇恩。七月，派出以徐文重为正使、闵镇周为副使、李健命为书状官的谢恩使节团。书状官李健命（1663—1722）著有《寒圃斋使行日记》，收入其《寒圃斋集》[9]。是月，以康熙帝之沈阳，派出以全城君李混为正使、尹弘离[10]为书状官的问安使节团。尹弘离之弟尹弘禽（1641—？）随团来华，并著有《沈行录》。十一月，派出以李彦纲为正使、李德成为副使、李坦为书状官的三节年贡使节团。李彦纲在北京购买史书，于栅门[11]被查出，多方周旋才得回国。

1699年，己卯，〔清〕圣祖康熙三十八年，☆黄帝历四千三百九十七年。正月，送朝鲜漂风18人回。康熙接见之并厚赠。是岁，遣朝鲜使臣赍敕并带回咸镜道钟城人严贵玄一家。严贵玄一家居于宁古塔附近，被查出；◇檀君历四千〇三十二年，〔朝鲜〕肃宗二十五年。岁初，为宁古塔副都统入朝事，遣金起门为赍咨使如清。十月，派出以东平君李杭为正使、姜铣为副

---

1 参见〔韩〕林基中《燕行录研究》，第498页，一志社，2006年增补版。
2 参见《清史稿·列传三百十三·属国一·朝鲜琉球》（卷五百二十六）。
3 收入〔韩〕林基中主编《燕行录全集》，第29卷，东国大学出版部，2001年版。
4 参见拙著《朝鲜半岛汉学史》，第183页，学苑出版社，2009年版。
5 参见〔韩〕林基中《燕行录研究》，第498页，一志社，2006年增补版。
6 参见《清史稿·列传三百十三·属国一·朝鲜琉球》（卷五百二十六）。
7 参见〔韩〕卢仁淑《朱子家礼与韩国礼学》，第116页，人民文学出版社，2000年版。
8 参见《清史稿·列传三百十三·属国一·朝鲜琉球》（卷五百二十六）。
9 参见拙著《朝鲜半岛汉学史》，第185页，学苑出版社，2009年版。
10 参见〔韩〕林基中、〔日〕夫马进编《燕行录全集日本所藏编》卷一，第119页，东国大学校韩国文学研究所，2001年版。
11 栅门即今辽宁省边门。

使、俞命雄为书状官的谢恩兼三节年贡使节团。姜铣（1645—？）著有《燕行录》，收入韩国学者林基中《燕行录全集》第28卷。林书第99卷所收无名氏《燕行录》实乃副使姜铣是书[1]。林教授新书中已确认了1699年《燕行录》的作者，但误书为“畺铣（1645—？）”[2]。是岁，朝鲜饥饿、疾病致25万余人死亡。

1700年，庚辰，〔清〕圣祖康熙三十九年，☆黄帝历四千三百九十八年。十月，移咨朝鲜，命遣人于中江开市收税；◇檀君历四千〇三十三年，〔朝鲜〕肃宗二十六年。正月，以帝谕命，减死而流放严贵玄一家。九月，追赠半岛庆源府居明人康世爵，录其子孙为官[3]。十一月，派出以李光夏为正使、李壄为副使、姜履相为书状官的三节年贡使节团。正使李光夏次年二月初六日病逝于北京玉河馆。十二月，鞫问咸镜道三水县监（知县）慎之逸，以其勾结邻近地区，越境采参、伐木也。

1701年，辛巳，〔清〕圣祖康熙四十年，☆黄帝历四千三百九十九年；◇檀君历四千〇三十四年，〔朝鲜〕肃宗二十七年。是岁，王以“诅咒国王”、“巫蛊后宫”赐张禧嫔死[4]。正月，定启圣祠[5]从祀者。二月，咸镜道观察使李思永驰报，受三水县监（县令）慎之逸指使，朝鲜人陈礼龙等越境偷采参并杀清人。王急遣司勇李后勉赍咨如清奏报。四月，王为海州首阳山夷齐庙亲书“清圣庙”三字。八月，以肃宗妃闵氏（1667—1701，仁显王妃，本贯骊兴，闵维重之女）薨[6]，派出以宋廷奎为正使、孟万泽为书状官的告讣使节团如清。韩国林基中教授主编《燕行录全集》第39卷《闲闲堂燕行录》标注作者为“无名氏”，作者当为孟万泽[7]。十月，派出以姜鋧为正使、李善溥为副使、朴弼明为书状官的三节年贡使节团。姜鋧（1645—？）著有《看羊录》[8]。十一月，户曹给甲申年（1644）投奔朝鲜明朝女子崔回姐养老之资。崔回姐在朝鲜王宫为尚宫，已年近八旬[9]。

1702年，壬午，〔清〕圣祖康熙四十一年，☆黄帝历四千四百年。二月，遣满保赍敕至朝鲜，致祭仁显王妃闵氏。是岁，遣员外郎邓德至中江收税，以4000两白银为额[10]；◇檀君历四千〇三十五年，〔朝鲜〕肃宗二十八年。三月，姜鋧、李善溥等还。李善溥言，沿途与1685年他出使中国时大不相同，人口多至10倍。七月，朝鲜理山人洪太望越境被捉，同行6人躲藏于辽东。八月，派出以临昌君李焜为正使、沈枰为副使、李世奭为书状官的谢恩使节团。十一月，派出以临阳君李恒为正使、李墩为副使、黄一夏为书状官的奏请兼三节年贡使节团。是月，以清人善捕猎，朝鲜老虎骤然增多为患，发还北道所收缴私人鸟铳。

1703年，癸未，〔清〕圣祖康熙四十二年，☆黄帝历四千四百〇一年。五月，以天下太平遣使赍敕至朝鲜。六月，遣明珠之子明揆叙、吴泰周赍敕至朝鲜，诰封肃宗新王妃金氏（1687—

1 参见拙著《半岛唐风：朝韩作家与中国文化》，第367–368页，宁夏人民出版社，2004年版。
2 见〔韩〕林基中《燕行录研究》，第36页，一志社，2006年增补版。
3 参见〔韩〕《尊周汇编》卷六。
4 参见韩国电视连续剧《张禧嫔》。
5 该祠主祭孔子之父叔梁纥。
6 朝鲜宫女所写《仁显王后传》是著名的宫廷小说。
7 见左江《〈燕行录〉考订》，张伯伟编《域外汉籍研究集刊》，第四辑，中华书局，2008年版。
8 参见〔韩〕林基中《燕行录研究》，第498页，一志社，2006年增补版。
9 见〔韩〕《国朝宝鉴别编》卷六，面十一、十四。
10 参见《清史稿·列传三百十三·属国一·朝鲜琉球》（卷五百二十六）。

1757，仁元王妃，本贯庆州，金柱臣之女)，并赍康熙帝“藩封世守，柔远恪恭”御笔赠之。是岁，正黄旗包衣第四参领第二佐领由于朝鲜人多，专门分出一“高丽佐领”[1]；◇檀君历四千〇三十六年，〔朝鲜〕肃宗二十九年。六月，清使明揆叙、吴泰周在朝鲜多求文人翰墨，朝鲜乃命李濡等12人与钦差唱和，肃宗亦亲书以赠。九月，派出以砺山君李枋为正使、徐文裕为副使、李彦经为书状官的谢恩使节团。十月，派出以徐宗泰为正使、赵泰东为副使、金栽为书状官的三节年贡使节团。是岁，我国古典小说《三国演义》朝鲜文译本出现。

1704年，甲申，〔清〕圣祖康熙四十三年，☆黄帝历四千四百〇二年；◇檀君历四千〇三十七年，〔朝鲜〕肃宗三十年。正月，肃宗与大臣因是岁乃甲申年，追念明崇祯帝，且论朝鲜士绅多怀念前明事。闵镇厚启，其叔父闵鼎重于北京得崇祯帝手书“非礼不动”，送宋时烈，宋时烈乃于华阳绝壁刻四字，并做小庵祭祀。宋时烈临终惦记为崇祯帝立祠纪念事[2]。二月，庆源府人金有一等越境偷盗并杀清3人，遣赍咨官李后勉如清。三月十九日乃明朝皇都沦陷、崇祯帝自尽日，朝鲜君臣于后苑春塘台筑坛祭祀，献太牢、读祭文，肃宗呜咽，大臣悲哭。是日，宣武祠[3]、愍忠坛同时祭祀[4]。五月，李彦经进其在北京所得明太史焦竑《养正图解》，该书撷取古代君臣著名故事，绘画注解。七月，金有一等枭首。八月，派出以临昌君李焜为正使、李世载为副使、李夏源为书状官的谢恩兼陈奏使节团。九月，肃宗以明神宗皇帝再造之恩万世不可忘，命筑坛纪念。十月，派出以李颐命为正使、李喜茂为副使、李明浚为书状官的三节年贡使节团。李颐命（1658—1722）著有《燕行诗》《燕行杂识》，收入其《疏斋集》[5]。是月，福建黄使、李时芳等113人往日本贸易漂风，船破至朝鲜，货物多象牙、犀角之类，朝鲜给货价送入京师。黄使、李时芳感激涕零。是月，朝鲜“皇历赍赍官”在栅门[6]附近被劫掠。十二月，大提学宋相琦以《礼记·郊特牲》为据，请命名崇祯帝祭坛为“大报坛”，王允之。岁末，大报坛在汉城昌德宫禁苑曜金门外筑成，朝鲜文献《肃宗实录》卷二详细记述其制。直至1893年朝鲜高宗亲祭大报坛，大报坛祭祀延续了190年。

1705年，乙酉，〔清〕圣祖康熙四十四年，☆黄帝历四千四百〇三年；◇檀君历四千〇三十八年，〔朝鲜〕肃宗三十一年。三月，肃宗亲至大报坛行礼并赋诗，令黄钦等15大臣和之。四月，李颐命回，进《山东海防图》及抄写明末辽蓟关防著作《筹胜必览》。十月，派出以东平尉郑载仑为正使、黄钦为副使、南迪明为书状官的谢恩兼三节年贡使节团。

1706年，丙戌，〔清〕圣祖康熙四十五年，☆黄帝历四千四百〇四年；◇檀君历四千〇三十九年，〔朝鲜〕肃宗三十二年。三月，儒生宋婺源等上疏，论领议政崔锡鼎乃与清军主和派崔鸣吉之孙，不可主大报坛祭祀。八月，领议政崔锡鼎以拟遣冬至使、吏曹判书李寅烨名字犯忌[7]，请王改派。十月，派出以俞得一为正使、朴泰恒为副使、李廷济（1636—1738）为书状官的三节年贡使节团。俞得一（1650—1712）著有《燕行日记抄》[8]。

1 见孙春日《中国朝鲜族移民史》，第59页，中华书局，2009年版。
2 参见〔韩〕《国朝宝鉴别编》卷七。
3 在今首尔市南大门附近，每年二月祭祀援朝明将杨镐。
4 事见〔韩〕《肃宗实录》卷二。
5 另收入〔韩〕林基中主编《燕行录全集》，第34卷，东国大学出版部，2001年版。
6 栅门，今辽宁省边门。
7 康熙帝名“玄烨”。
8 收入〔韩〕林基中主编《燕行录全集》，第30卷，东国大学出版部，2001年版。

1707年，丁亥，〔清〕圣祖康熙四十六年，☆黄帝历四千四百〇五年；◇檀君历四千〇四十年，〔朝鲜〕肃宗三十三年。三月，肃宗亲祀大报坛。七月，判义州潜自越境经商金昌奎枭首，金昌奎逃逸，捕捉未得。十一月，派出以晋平君李泽[1]为正使、南致熏为副使、权㰖为书状官的谢恩兼三节年贡使节团。

1708年，戊子，〔清〕圣祖康熙四十七年，☆黄帝历四千四百〇六年。十一月，为废太子胤礽事，遣朝鲜皇历赍咨官韩重琦赍咨回；◇檀君历四千〇四十一年，〔朝鲜〕肃宗三十四年。十一月，派出以闵镇厚为正使、金致龙为副使、金始焕为书状官的三节年贡使节团。金始焕著有《燕行日录》，该书收入韩国林基中主编《燕行录全集》第39卷，但标明“作者未详”[2]。

1709年，己丑，〔清〕圣祖康熙四十八年，☆黄帝历四千四百〇七年。四月，凤城将传令义州：清军安排集体采参。五月，以复立胤礽为皇太子，遣仪度额真、头等侍卫敖岱、内阁学士年羹尧赍敕至朝鲜。是岁，朱彝尊（1629—1709）逝世。朱彝尊《明诗综》卷九十四、九十五收录高丽、朝鲜诗人作品[3]；◇檀君历四千〇四十二年，〔朝鲜〕肃宗三十五年。五月，应天府人殳敏随年羹尧使团至，观朝鲜山川。殳敏字捷公，号霁峰，绘画出众且医术高明，汉城缙绅多请之诊治。七月，派出以临阳君李恒为正使、柳集一为副使、李翊汉为书状官的谢恩兼进贡使节团。九月，肃宗曰，“箕子八条之教，实为东方之大功”，命修缮、守护平壤箕子庙、武烈祠。后者乃为祭祀明朝援朝功臣石星、李如松、李如柏、张世爵、杨元所建。十月，派出以赵泰耈为正使、任舜元为副使、具万理为书状官的三节年贡使节团。赵泰耈等行至玉田县[4]，表、咨文副本被盗，康熙帝怒，逐出并钦命押解出送。

1710年，庚寅，〔清〕圣祖康熙四十九年，☆黄帝历四千四百〇八年。八月，遣使送朝鲜漂风商人郑道弼回。郑道弼漂流至海州，江苏巡抚张伯行驰报。帝谕善待之，并送还[5]。九月，礼部奉旨移咨，盛京将军宋柱围剿海贼，余部逃脱，着朝鲜警戒；◇檀君历四千〇四十三年，〔朝鲜〕肃宗三十六年。二月，以谢恩兼进贡使节团随从牵马人落后不晓，被清军捕捉，临阳君李恒等三使及义州府尹罢职。三月，赵泰耈等三使罢职。十月，派出以郑载仑为正使、朴权为副使、洪禹宁为书状官的谢恩兼三节年贡使节团，朝鲜译官金指南随团如清。金指南，字秀明，多次来华，与其子金庆文编印《通文馆志》。是月，训导金泽等入凤凰城，拜见清军守尉，问海贼情形。十一月，渭原人李万建等9人越境采参，夜杀5清人。是月，朝鲜为此事遣司直金弘祉赍咨如清。十二月，越境人皆被擒拿。

1711年，辛卯，〔清〕圣祖康熙五十年，☆黄帝历四千四百〇九年。三月，礼部移咨，着朝鲜共同查察犯越者。四月，礼部郎中、盛京副都统至凤凰城，调查朝鲜越境杀人事。五月，康熙帝命乌拉总管穆克登勘察中朝边界，但朝鲜陪臣宋正明百般阻挠，致未成行[6]。六月，查官至

---

1 李泽《两世疏草》（1714）卷首云：“余素以多病之人，曾于丁亥年往来燕京”。见〔韩〕林基中、〔日〕夫马进编《燕行录全集日本所藏编》卷一，第127页，东国大学校韩国文学研究所，2001年版。

2 参见左江《〈燕行录〉考订》，张伯伟编《域外汉籍研究集刊》，第四辑，中华书局，2008年版。

3 所收具体目录见〔韩〕柳晟俊《韩国汉诗与唐诗的比较》，第221-225页，Prunsasang，korea.2002年版。

4 玉田县今属河北省唐山。

5 参见《清史稿·列传三百十三·属国一·朝鲜琉球》（卷五百二十六）。

6 参见《清史稿·列传三百十三·属国一·朝鲜琉球》（卷五百二十六）及孙春日《中国朝鲜族移民史》，第180-182页，中华书局，2009年版。

渭原查察。是月，遣朝鲜赍咨官张远翼赍礼部咨还，着罪犯亲兄弟中，留1人奉养父母。十一月，礼部遣朝鲜译官金万喜赍咨还，永减朝鲜进贡红豹皮142张、白银1000两；◇檀君历四千〇四十四年，〔朝鲜〕肃宗三十七年。正月，印《资治通鉴》。是月，王亲询古今岛“关王庙”事[1]。三月，派出以宋正明为正使的参核使节团至凤凰城。是月，遣司译正金庆门赍咨如清。四月，郑载仑回，言其军官田井一之父，乃东莱[2]居民、明人田好谦。其族属田维枢，与李光地、诚明之师徒相识。李光地为宰辅，田维枢多告清国事。是月，延恩门上有人贴出“后洪武三年二月日，天朝兵马大元帅”檄文。六月，杖译官，罢宋正明，又遣赵泰东为参核使。七月，清长白山采参9人误入朝鲜甲山，遣赍咨官张远翼执送凤凰城。是月，斩李万建等越境5人。是月，遣赵泰亿、任守干为通信使正副使如日本，从事官李邦彦[3]。十月，派出以砺山君李枋为正使、金演为副使、俞命凝为书状官的谢恩陈奏兼三节年贡使节团。是月，清商40人漂风至，朝鲜资送出海。十二月，清商人船破漂风至，遣赍咨官金鼎禹送入京师。韩国林基中教授认定是岁赵荣顺著有《燕行录》，但该书乃林基中主编《燕行录全集》第36卷闵镇远的同名作品，时间为1712年[4]。

1712年，壬辰，〔清〕圣祖康熙五十一年，☆黄帝历四千四百一十年。二月，礼部移咨，穆克登将视察长白山地方，着朝鲜协助。五月，穆克登至长白山顶，奉旨与朝鲜汉城府尹朴权、咸镜道观察使李善溥共同在两国国界处立碑[5]。是岁，免朝鲜进贡百金1000两、豹皮142张。是岁，帝谕奉天、海州、盖州等地居民，严禁到朝鲜采伐、捕猎[6]；◇檀君历四千〇四十五年，〔朝鲜〕肃宗三十八年。二月，派出以锦平尉朴弼成为正使、礼曹参判闵镇远为副使、柳述为书状官的谢恩使节团。闵镇远（1664—1732）著有《燕行录》[7]。六月，朝鲜陪臣协助穆克登视察庆源等地，穆克登指斥朝鲜边人越境伐木。七月，海西捕获清人“荒唐船”[8]19艘，送之出海。是月，朴弼成、闵镇远还。闵镇远言，其在蓟州见一老人，名“丁含章”。丁曰其父实为明宗室“朱伦”，明末改姓名避乱于此，朱伦父即崇祯第四皇子朱毅然。十一月，派出以金昌集为正使、尹趾仁为副使、卢世夏为书状官的谢恩兼三节年贡使节团。金昌集赍银数万两，并送穆克登髢发（假发）70部、鹰铃数十个。金昌集（1648—1722），字汝成，号梦窝，本贯安东，是岁著有《燕行埙篪录》[9]，收入其《梦窝集》卷三。崔德中、金昌业随团来华。崔德中著有《燕行录》[10]。金昌业（1658—1721）乃正使金昌集之弟，朝鲜名臣金尚宪曾孙。金昌业著有《老稼斋燕行日记（1—6）》《燕行日记》[11]《稼斋燕录》，收入其《稼斋集》[12]。金昌业是岁著《老稼斋燕

1　两庙其一乃援朝明将薛虎臣所建，另一乃援朝明将茅国器所建。见〔韩〕《国朝宝鉴别编》卷六。

2　东莱，今韩国釜山。

3　参见朝鲜文献《增正交邻志》卷五《通信使行》;〔日〕仲尾宏《朝鲜通信使》附录《朝鲜通信使一览表》，岩波书店，2007年版。

4　韩国林基中教授《燕行录全集》第36卷收录此《燕行录》。林基中《燕行录研究》一书认定赵荣顺的生卒年为1672—1728，来华时间是1711年，有误。另参见〔韩〕林基中《燕行录研究》，第36页，一志社，2006年增补版。

5　参见《清史稿·列传三百十三·属国一·朝鲜琉球》（卷五百二十六）及孙春日《中国朝鲜族移民史》，第180–182页，中华书局，2009年版。

6　参见《清史稿·列传三百十三·属国一·朝鲜琉球》（卷五百二十六）。

7　葛兆光教授认为，韩国林基中教授主编《燕行录全集》第36卷赵荣福的“燕行录”，实与第34卷所收闵镇远的《燕行录》是同一本书。见葛兆光《揽镜自鉴》，复旦大学文史研究院编《从周边看中国》，第482页，中华书局，2009年版。

8　“荒唐船”，在朝鲜近海活动的清人船只。

9　收入〔韩〕林基中主编《燕行录全集》，第29、34卷，东国大学出版部，2001年版。但第34卷标注作者为“金昌业”，有误。

10　收入〔韩〕林基中主编《燕行录全集》，第39卷，东国大学出版部，2001年版。

11　见〔韩〕林基中主编《燕行录全集》，第31、32卷，东国大学校出版部，2001年版。

12　参见拙著《朝鲜半岛汉学史》，第185页，学苑出版社，2009年版。

行日记（3）》载，在榆关住在荣琮家，详问废皇太子缘故。在永平府，住汉人房洞宾家。金昌业说，其先父“癸丑年”[1]曾住在永平府。是岁，洪致中（1667—1732）来华并著有《燕行录》[2]。

1713年，癸巳，〔清〕圣祖康熙五十二年，☆黄帝历四千四百一十一年。五月，康熙帝以60寿庆及询问朝鲜国王身体近况事，遣头等侍卫阿其图、获猎总管穆克登[3]赍敕至朝鲜。六品通官3人，跟役19人随行；◇檀君历四千〇四十六年，〔朝鲜〕肃宗三十九年。三月，以康熙帝要看朝鲜诗文，王命有司拣选抄送，剔除语涉忌讳者。四月，涟川县朱子书院赐号“临漳”，王遣大臣致祭。五月，王冒雨至慕华馆迎接敕使阿其图、穆克登。七月，派出以临昌君李焜为正使、权尚游为副使、韩重熙为书状官的进贺兼谢恩使节团。李焜等赍《东文选》入送皇城，并赍使节团路费银25000两。十月，派出以赵泰采为正使、金相稷为副使、韩祉为书状官的三节年贡使节团。赵泰采（1660—1722）著有《癸巳燕行录》[4]。十一月，王命设置专柜，用以收藏明太祖、崇祯帝所赐马牌[5]。韩国林基中教授主编《燕行录全集》第29卷所收《两世燕行录》，作者并非是岁韩祉，乃次年（1714）三节年贡使李泽的作品。

1714年，甲午，〔清〕圣祖康熙五十三年，☆黄帝历四千四百一十二年。是岁，谕命朝鲜使臣李泽押回越境乞讨朝鲜坡州人郭万国；◇檀君历四千〇四十七年，〔朝鲜〕肃宗四十年。正月，肃宗亲制五言绝句，下赠海昌尉吴泰周，其一云：“新年何以祝？燕氛愿廓清！泰运从今启，皇朝业复明”。三月，赵泰采回，进登州总督李雄题奏抄本。七、八月，王以西海“荒唐船”过多，议于大臣。九月，李汉谦进其先父、参赞李玄锡所撰《明史》于王。十一月，派出以晋平君李泽为正使、权𢢜为副使、俞崇为书状官的谢恩兼三节年贡使节团。李泽（1651—1719）著有《两世疏草（燕行日记附）》，记录是岁大清税银3000万两，并述其回国时在栅门被查出私买角弓360把[6]。十二月，以庆源等2处有清人越境居耕，遣金庆门赍咨礼部。

1715年，乙未，〔清〕圣祖康熙五十四年，☆黄帝历四千四百一十三年。二月，以朝鲜通事金有基私买角弓，礼部移咨朝鲜国王。是岁，清拆除珲春与朝鲜庆源之间民居窝棚；◇檀君历四千〇四十八年，〔朝鲜〕肃宗四十一年。二月，仿华制做铜斗，作为标准斗颁发八道。四月，以通事金有基私买角弓被清军查出及郭万国越界事，遣司译正卞时和赍咨如清。李泽等三使旋罢职。八月，追赠平安道人崔孝一为从二品官员。崔孝一于明末举家移居中国，先在吴三桂手下为把总，明亡后于崇祯墓前绝食7天身亡。九月，朝鲜斩杀越境入清乞讨人郭万国。十一月，派出以郑载仑为正使、李光佐为副使、尹阳来为书状官的谢恩陈奏兼三节年贡使节团。

1716年，丙申，〔清〕圣祖康熙五十五年，☆黄帝历四千四百一十四年。八月，礼部为杖朝鲜角弓贸易人严立、贵先并充军事，移咨朝鲜，着朝鲜杖通事金有基40并罢其职。十二月，遣通事赍咨送全罗道珍岛金瑞等9人回国。金瑞等于甲午年（1714）八月初六为捕鳆鱼出海，漂风至琉球，乙未年（1715）末随琉球使节团发船抵达福建，七月十五日自福建发京师，十月

1　参见本年历“1673年”所载金寿恒（1629—1689）率使节团来华事。
2　收入〔韩〕林基中主编《燕行录全集》，第34卷，东国大学出版部，2001年版。
3　朝鲜文人李泽《两世疏草》载，其所率825人的庞大使节团在丰润附近的榛子店见到了被贬为乌喇（乌拉）总管的穆克登。见〔韩〕林基中、〔日〕夫马进编《燕行录全集日本所藏编》卷一，第137页，东国大学校韩国文学研究所，2001年版。
4　见〔韩〕林基中主编《燕行录全集》，第34卷，东国大学校出版部，2001年版。
5　现今韩国有仿制“五马牌”作为纪念品出售。
6　见李泽《两世疏草（燕行日记，附）》（1714），〔韩〕林基中、〔日〕夫马进编《燕行录全集日本所藏编》卷一，第141、147页，东国大学校韩国文学研究所，2001年版。

二十三日抵达北京玉河馆；◇檀君历四千〇四十九年，〔朝鲜〕肃宗四十二年。正月，以清50人于庆源开市时越界，移咨礼部。十月，派出以砺山君李枋为正使、李大成为副使、权熀为书状官的谢恩兼三节年贡使节团。十二月，遣洪万运赍咨入京师，谢送金瑞等漂风人回。

1717年，丁酉，〔清〕圣祖康熙五十六年，☆黄帝历四千四百一十五年。十月，遣翰林侍读学士阿克敦[1]、佐领张廷枚赍敕及御用眼药水“空青”至朝鲜，王有眼疾也[2]；◇檀君历四千〇五十年，〔朝鲜〕肃宗四十三年。二月，黄海道获荒唐船1艘，清12人押送回。四月，都提调金昌集言，全罗道儒生得百年前孔子画像，定州[3]儒生模得朱熹画像。五月，黄海道救助漂风17人回清国，并报荒唐船过多。六月，礼曹以为祭祀多违《五礼仪》，乃详细考订。七月，王眼疾发，遣赍咨官李枢如清，求中药“空青”[4]。八月，王世子听政。十一月，派出以俞命雄为正使、南就明为副使、李重协为书状官的三节年贡使节团。十二月，派出以朴弼成为正使、李观命为副使、李挺周为书状官的谢恩使节团。

1718年，戊戌，〔清〕圣祖康熙五十七年，☆黄帝历四千四百一十六年。正月，以皇太后崩，遣翰林侍读学士阿克敦、佐领张廷枚为使赍敕至朝鲜[5]。是月，康熙帝命将朝鲜使臣朴弼成所献礼物留作正朝礼。此例至于光绪朝不改，即其后朝鲜王朝“燕行录”中常见“今年则前方物移准”的由来[6]；◇檀君历四千〇五十一年，〔朝鲜〕肃宗四十四年。正月，义州越境潜商金得达等2人枭首。三月，派出以砺原君李柱为正使、吕必容为副使、金砺为书状官的陈慰兼进香使节团。十一月，派出以俞集一（1653—1724）为正使、李世瑾为副使、郑锡三为书状官的三节年贡使节团。俞集一等与是岁来华的越南使臣阮公沆有唱和。阮公沆（1680—1732），字太清，号静庵。是岁，世子嫔沈氏（1686—1718，后追封“端懿王妃”，本贯青松，沈浩之女）卒。

1719年，己亥，〔清〕圣祖康熙五十八年，☆黄帝历四千四百一十七年。正月，以皇太后祔庙，遣内阁大学士、礼部侍郎德音及治仪正张正枚赍敕至朝鲜；◇檀君历四千〇五十二年，〔朝鲜〕肃宗四十五年。六月，遣洪致中、黄璿为通信使正副使如日本，从事官李明彦[7]。八月，派出以砺山君李枋为正使、俞命弘为副使、宋必恒为书状官的进贺兼谢恩使节团。十月，派出以赵道彬为正使、赵荣福为副使、申晢为书状官的三节年贡使节团。赵荣福（1672—1728）著有《燕行日录》《燕行别章》[8]。

1720年，庚子，〔清〕圣祖康熙五十九年，☆黄帝历四千四百一十八年。十一月，遣内阁学士额和纳、一等侍卫宜都额，赍敕至朝鲜致祭肃宗[9]；◇檀君历四千〇五十三年，〔朝鲜〕肃

1 阿克敦（1685—1756），字仲和，号恒岩，满洲正蓝旗人，其所著《奉使图》是研究中朝关系与“燕行录”的重要文献。1999年，辽宁民族出版社出版黄有福、千和淑注本。阿克敦有《德阴堂集》传世，该书卷六为《东游集》。

2 参见《清史稿·列传第九十》。另参见黄风《空青》，《新商报》 2008年12月20日。

3 朝鲜王朝的定州别号“新安”。

4 “空青”是孔雀石中的汁液，也是贵重的颜料。

5 参见〔韩〕《肃宗实录》卷四“四十三年”。

6 参见《清史稿·列传三百十三·属国一·朝鲜琉球》（卷五百二十六）。

7 参见朝鲜文献《增正交邻志》卷五《通信使行》；〔日〕仲尾宏《朝鲜通信使》附录《朝鲜通信使一览表》，岩波书店，2007年版。

8 收入〔韩〕林基中主编《燕行录全集》，第36卷，东国大学出版部，2001年版。

9 李宜显《庚子燕行杂识》（1720）载：“敕使还来。大通官金士杰随先去，敕回还时，落后入来已久云。而本国消息，漠然无闻。使首译辈探得，今日始觅来通官手笔，即书通于首译者也。概言去岁十一月二十五日至王京，二十七日欲往山陵。国王遣领议政金公，恳请勿往”。

宗四十六年。四月，王出示自制金印，其上用大明篆刻文字。六月，肃宗薨，景宗继位。肃宗妃金氏（1687—1757，仁元王妃，本贯庆州，金柱臣之女）被尊为王大妃。七月，派出以李颐命为正使、李肇为副使、朴圣辂为书状官的告讣兼请谥、请承袭使节团。十一月，派出以议政府右参赞李宜显为正使、礼曹参判李乔岳为副使、赵荣世为书状官的三节年贡使节团。李宜显（1669—1745）著有《庚子燕行杂识》《庚子燕行诗》，收入其《陶谷集》卷二十九[1]。其《庚子燕行杂识》记述说，山海关税官常明来言："吾祖先乃是本国人也，吾虽仕宦于此，何可忘本乎？"常明之祖父乃朝鲜人金新达礼。金新达礼（1606—1657），义州人，与其弟金音达礼、金三达礼、金季达礼于天聪元年（1627）投奔后金[2]。李宜显在北京与年羹尧[3]之兄年希尧笔谈。是岁，李器之（1690—1722）来华，并著有《一庵燕记》[4]。

1721年，辛丑，〔清〕圣祖康熙六十年，☆黄帝历四千四百一十九年。二月，遣散秩大臣查柯丹（亶）、礼部右侍郎罗瞻，赍敕至朝鲜颁诏，册李昀为"朝鲜国王"，诰封其继室鱼氏（1705—1730，宣懿王妃，本贯咸从，鱼有龟之女）为"王妃"；◇檀君历四千〇五十四年，〔朝鲜〕景宗李昀（1688—1724，字辉瑞）一年。三月，派出以赵泰采为正使、李正臣为副使、梁圣揆为书状官的谢恩使节团。李正臣（1660—1727）著有《燕行录》[5]。六月，江华录用明将李如梅后孙李葂[6]。十月，以景宗无嗣，奏请立李昑（后来的朝鲜英祖[7]）为王世弟，乃派出以左议政李健命为正使、尹阳来为副使、俞拓基为书状官的陈奏、奏请兼三节年贡使节团。李健命（1663—1772）著有《寒圃斋使行日记》（外）[8]。书状官俞拓基（1691—1767）著有《燕行录》[9]。此次使节团赍所用银7万两。

1722年，壬寅，〔清〕圣祖康熙六十一年，☆黄帝历四千四百二十年。五月，以朝鲜景宗之请，遣阿克敦（1685—1756）、侍卫佛伦率75名随员，赍敕至朝鲜，册李昑（后来的朝鲜英祖）为"王世弟"。十二月，以康熙帝崩，遣额真那、吴尔泰至朝鲜，颁康熙遗诏；◇檀君历四千〇五十五年，〔朝鲜〕景宗二年。十月，派出以全城君李混为正使、李万选为副使、梁廷虎为书状官的谢恩陈奏兼三节年贡使节团。十二月，遣汉学教授申之淳赍咨，送山东漂风渔民杨三等14人入京师[10]。是岁，赵锡命（1674—1753）随团来华，并著有《燕行诗》[11]。

1723年，癸卯，〔清〕世宗雍正一年，☆黄帝历四千四百二十一年。正月，遣额和纳、广福至朝鲜，诏告雍正帝登基。四月，以上康熙帝谥号，遣内阁学士、礼部侍郎常保以及头等侍卫额真明，至朝鲜颁诏。七月，遣通政使图兰赍敕至朝鲜，告皇太后乌雅氏（雍正生母，

1　参见拙著《朝鲜半岛汉学史》，第185页，学苑出版社，2009年版。另参见本年历"1695年"。

2　参见〔清〕弘昼、鄂尔泰等编《八旗满洲氏族通谱》卷七十二，第790页，辽沈书社，1989年版；本年历"1742年"。

3　年羹尧曾于1709年出使朝鲜。

4　参见〔韩〕林基中《燕行录研究》，第498页，一志社，2006年增补版。

5　收入〔韩〕林基中主编《燕行录全集》，第34卷，东国大学出版部，2001年版。

6　〔韩〕《国朝宝鉴别编》卷七载，李如梅之孙李成龙乃刘綎部下，后奔朝鲜，娶女生子李飞。李飞之子为李东培、李东栽。李葂乃李东栽之子。

7　参看韩国电视连续剧《李祘》。

8　李健命（1663—1722），字仲刚，号寒圃斋、霁月斋，本贯全州，有《寒圃斋集》传世。参见〔韩〕林基中《燕行录研究》，第499页，一志社，2006年增补版。

9　收入〔韩〕林基中主编《燕行录全集》，第38卷，东国大学出版部，2001年版。

10　参见《清史稿·列传三百十三·属国一·朝鲜琉球》（卷五百二十六）。

11　参见〔韩〕林基中《燕行录研究》，第499页，一志社，2006年增补版。

1660—1723）之丧。是月，减朝鲜岁贡中布800匹、獭皮300张、青黍皮300张、纸2000卷。十月，以康熙祔庙，遣宗室曾成赍敕至朝鲜；◇檀君历四千〇五十六年，〔朝鲜〕景宗三年。一月，以康熙帝崩，派出以砺山君李枋为正使、金始焕为副使、李承源为书状官的陈慰兼进香使节团。四月，派出以密昌君李樴为正使、徐命均为副使、柳万重为书状官的使节团，进贺雍正皇帝登基。八月，以皇太后乌雅氏崩，派出以吴命峻为正使、洪重禹为副使、黄晸为书状官的陈慰兼进香使节团。黄晸（1689—1752）著有《癸卯燕行录》[1]。是月，义州改用"兼济马"供应使节团回还。九月，密昌君李樴还，赍回钦赐书册、笔墨及西洋人造推昼夜雨阴之"问辰钟"。是月，都承旨金始焕言，现任北京通官总管常明，其心多向朝鲜，常明之母曾为康熙帝保姆[2]。十月，派出以西平君李桡为正使、李明彦为副使、金始煐为书状官的进贺谢恩兼三节年贡使节团。韩国林基中教授认为，是岁李宜万（1650—1736）来华，并著有《农隐入沈记》，并将其收入《燕行录全集》第30卷，但该书实乃1783年沈阳问安使节团作品[3]。

1724年，甲辰，〔清〕世宗雍正二年，☆黄帝历四千四百二十二年。三月，以册封皇后，遣一等伯钦拜赍敕至朝鲜颁诏；◇檀君历四千〇五十七年，〔朝鲜〕景宗四年。三月，派出以益阳君李檀为正使、权以镇为副使、沈埈为书状官的进贺兼谢恩使节团。权以镇（1669—1734）著有《燕行日记》[4]。八月，景宗薨，英祖继位。景宗妃鱼氏（1705—1730，宣懿王妃，本贯咸从，鱼有龟之女）被尊为王大妃，肃宗妃金氏（1687—1757，仁元王妃，本贯庆州，金柱臣之女）被尊为大王大妃。十月，派出以密昌君李樴为正使、李真儒为副使、金尚奎为书状官的告讣兼请谥、请承袭使节团[5]。书状官金尚奎（1682—1736）著有《启下》[6]。是月，派出以砺原君李柱为正使、李夏源为副使、柳綎为书状官的进贺谢恩兼三节年贡使节团。是岁，崔溥（1454—1540）《飘海录》在朝鲜再次重印。

1725年，乙巳，〔清〕世宗雍正三年，☆黄帝历四千四百二十三年。三月，遣散秩大臣觉罗舒鲁、翰林院学士阿克敦（1685—1756），赍敕至朝鲜致祭景宗，颁诏册封李昑为"朝鲜国王"，诰封其妻徐氏（1692—1757，贞圣王妃，本贯达城，徐宗悌之女）为王妃[7]。十一月，雍正帝破例遣使至朝鲜，册封朝鲜英祖侧室所生子李縡（孝章世子，字圣敬，后朝鲜追封为"真宗"，1719—1728）为王世子；◇檀君历四千〇五十八年，〔朝鲜〕英祖李昑（1694—1776，字光叔，号养性轩）一年。四月，派出以砺城君李楫为正使、权𪟝为副使的谢恩兼进奏、奏请使节团，奏请册封李縡为王世子。赵文命（1680—1746）为书状官并著有《燕行录》[8]。赵文命有《鹤

1　见〔韩〕林基中主编《燕行录全集》，第37卷，东国大学校出版部，2001年版。

2　常明之祖父乃朝鲜人金新达礼（1606—1657）。张廷玉撰《皇清诰赠光禄大夫、佐领兼总理内务府三旗火器营事务金公神道碑》曰，金新达礼乃朝鲜翼州（义州）人，与其弟金音达礼、金三达礼、金季达礼于天聪元年（1627）投奔后金。金新达礼初为通官，后为内务府佐领兼总理三旗火器营事务。金新达礼之子金花住（1636—1681）神道碑铭文亦张廷玉所撰。金花住之子常明官至内务府总管。参见〔清〕盛昱《雪屐寻碑录》卷十一，收入金毓黻编《辽海丛书》，辽海书社排印本，1931-1934年。

3　参见左江《〈燕行录〉考订》，张伯伟编《域外汉籍研究集刊》，第四辑，中华书局，2008年版。

4　见〔韩〕林基中主编《燕行录全集》，第35卷，东国大学校出版部，2001年版；葛兆光《揽镜自鉴》，复旦大学文史研究院编《从周边看中国》，第480页，中华书局，2009年版。

5　参见〔韩〕《英宗实录》卷一。

6　参见〔韩〕林基中《燕行录研究》，第499页，一志社，2006年增补版。

7　参见《清史稿·列传三百十三·属国一·朝鲜琉球》（卷五百二十六）。

8　李宜显《壬子燕行杂识》（1732）载："至乙巳，赵文命以书状回来，以不复辨诬为慨惋语，书之日记以启"。赵文命《燕行录》收入〔韩〕林基中主编《燕行录全集》，第37卷，东国大学出版部，2001年版。

岩集》传世[1]。十一月，派出以金兴庆（1666—1750）为正使、柳复明为副使、崔命相为书状官的三节年贡使节团。韩国林基中教授在书中误把金兴庆生年写成了“1766”[2]，并认为金兴庆著有《燕行诗赠季君》[3]，但该书乃1798年金勉柱作品[4]。柳复明侄子柳忠（？—1726）随行，在沈阳与圣人后裔孔毓贵秀才相识，归途病逝于我国[5]。十二月，胡斗弼自称宋儒胡安国十九代孙，朝鲜给其官职。

1726年，丙午，〔清〕世宗雍正四年，☆黄帝历四千四百二十四年；◇檀君历四千〇五十九年，〔朝鲜〕英祖二年。二月，派出以西平君李橈为正使、金有庆为副使、赵命臣为书状官的奏请使节团，为仁祖辩诬[6]。三月，王命刻印崇祯皇帝御笔，藏于清州焕章庵。十一月，遣密丰君李坦为冬至使如清，副使郑亨益、书状官金应福。

1727年，丁未，〔清〕世宗雍正五年，☆黄帝历四千四百二十五年。是岁，商人胡嘉佩亏欠国帑，乃将朝鲜人所欠款银6万两字据呈堂，有司会同朝鲜在中江交割。朝鲜移咨支吾，礼部请按银数追还，帝命宽恕免追[7]；◇檀君历四千〇六十年，〔朝鲜〕英祖三年。三月，王祭皇明坛。五月，移咨礼部请严禁清人越界采参。十一月，派出以洛昌君李樘为正使、李世瑾为副使、姜必庆为书状官的谢恩兼三节年贡使节团。是岁，金天泽编成《青丘永言》是半岛第一部非汉文的历代时调（诗歌）总集，亦是朝鲜国语诗歌的初步整理。是岁，李时恒（1672—1736）来华，并著有《燕行见闻录》；姜浩溥（1690—？）来华，并著有《桑蓬录》[8]。

1728年，戊申，〔清〕世宗雍正六年，☆黄帝历四千四百二十六年；◇檀君历四千〇六十一年，〔朝鲜〕英祖四年。一月，为礼部移咨朝鲜潜商数百人欠银60000两事，派出以右议政沈寿贤为正使、李明彦为副使、赵镇禧为书状官的谢恩兼陈奏使节团。八月，派出以西平君李橈为正使、郑锡三为副使、申致云为书状官的谢恩兼陈奏使节团。十一月，派出以尹淳为正使、赵翼命为副使、权一衡为书状官的三节年贡使节团。尹淳（1680—1741），字仲和，号白下，与抚宁[9]贡士徐升立笔谈[10]。十二月，孝章世子李縡（1719—1728，字圣敬，后朝鲜追封为“真宗”，无在位时间）卒。是岁，沈錥（1685—1753）来华，并著有《燕行录》《戊申燕行诗》[11]。

1729年，己酉，〔清〕世宗雍正七年，☆黄帝历四千四百二十七年。四月，遣朝鲜使臣赍钦赐银10000两还。五月，遣使赍敕至朝鲜，致祭王世子李縡[12]；◇檀君历四千〇六十二年，〔朝鲜〕英祖五年。八月，派出以骊川君李增为正使、吏曹判书宋成明为副使[13]、兼执义尹光益为书状官

1　参见拙著《朝鲜半岛汉学史》，第187页，学苑出版社，2009年版。拙著记其卒年为1746年。

2　见〔韩〕林基中《燕行录研究》，第37页，一志社，2006年增补版。

3　收入〔韩〕林基中主编《燕行录全集》，第65卷，东国大学出版部，2001年版。

4　参见左江《〈燕行录〉考订》，张伯伟编《域外汉籍研究集刊》，第四辑，中华书局，2008年版。

5　尹汲《燕行日记（乾、坤）》说，其于白塔堡见到了曾与柳忠友善的孔秀才。见〔韩〕林基中、〔日〕夫马进编《燕行录全集日本所藏编》卷一，第224页，东国大学校韩国文学研究所，2001年版。

6　此次朝鲜使节团奏文参见《清史稿·列传三百十三·属国一·朝鲜琉球》（卷五百二十六）。

7　参见《清史稿·列传三百十三·属国一·朝鲜琉球》（卷五百二十六）。

8　参见〔韩〕林基中《燕行录研究》，第499页，一志社，2006年增补版。

9　抚宁县现属河北省。

10　1746年尹淳族弟尹汲来华时，尚见尹淳书法藏于徐升立（有三子：徐松年、徐鹤年、徐阜年）之家。见尹汲《燕行日记（乾、坤）》（1746），〔韩〕林基中、〔日〕夫马进编《燕行录全集日本所藏编》卷一，第230页，东国大学校韩国文学研究所，2001年版。

11　参见〔韩〕林基中《燕行录研究》，第499页，一志社，2006年增补版。

12　参见《清史稿·列传三百十三·属国一·朝鲜琉球》（卷五百二十六）。

13　参见本年历“1592年”。

的谢恩使节团。九月，以稳城府越境 7 人被清军捉拿，鞫问府使崔齐白。十一月，派出以金东弼为正使、赵锡命为副使、沈星镇为书状官的三节年贡使节团。赵锡命（1674—1753）著有《墨沼燕行诗》[1]。金舜协（1693—1732）随团来华，并著有《燕行录》《燕行日录》[2]。

1730 年，庚戌，〔清〕世宗雍正八年，☆黄帝历四千四百二十八年；◇檀君历四千〇六十三年，〔朝鲜〕英祖六年。六月，改铸马牌。先是，济州漂风官员持“大明天启年铸”字样马牌，清军发问。至是，朝鲜汉城及八道 670 余个马牌皆改铸为“大清雍正年铸”。八月，以王嫂、王大妃即景宗妃鱼氏（1705—1730，宣懿王妃，本贯咸从，鱼有龟之女）薨，派出以慎无逸为正使、南泰良为书状官的告讣使节团如清。南泰良（1695—1752）著有《燕行杂稿》。十一月，派出以西平君李桡为正使、尹游为副使、郑必宁为书状官的谢恩兼三节年贡使节团，谢中国史书中准改仁祖反正之恩。尹游中路病重，改遣尹惠教为副使如清。

1731 年，辛亥，〔清〕世宗雍正九年，☆黄帝历四千四百二十九年。四月，遣礼部侍郎傅德赍敕至朝鲜，致祭王大妃鱼氏[3]。五月，奉天将军那苏图奏报，中江有洲，名“江心沱”，为中朝边界地区，往往有匪类出入，请于莽牛哨设水师防之。帝以询王，敕循旧例[4]。十一月，遣大理寺少卿巴德保赍敕至朝鲜，告皇后乌喇那拉氏（？—1731）崩；◇檀君历四千〇六十四年，〔朝鲜〕英祖七年。十一月，派出以洛昌君李樘为正使、赵尚絅为副使、李日跻为书状官的谢恩兼三节年贡使节团。赵尚絅（1681—1746）著有《燕槎录》[5]。十二月，以皇后崩，派出以阳平君李櫶为正使、李春跻为副使、尹得和为书状官的陈慰兼进香使节团。是月，有司参三节年贡使团擅改咨文。

1732 年，壬子，〔清〕世宗雍正十年，☆黄帝历四千四百三十年。二月，凤凰城将通知朝鲜派人领取敕书、咨文。因前所未有，遣义州府尹迎于江边。三月，以上皇后谥敕至朝鲜。是月，雍正帝特旨，于《明史》颁布前将修改后《朝鲜传》誊录付之。五月，遣朝鲜使臣李樘赍钦赐誊本《明史 · 朝鲜传》、貂皮 200 张及彩缎等还；◇檀君历四千〇六十五年，〔朝鲜〕英祖八年。二月，观象监官员购买清朝万年历及《鳌头通书》等，得赐职。闰五月，杀义州、渭原潜商崔万重等 8 人。七月，派出以李宜显为正使、赵最寿为副使、韩德厚为书状官的进贺兼谢恩使节团。李宜显（1669—1745）著有《壬子燕行杂识》《壬子燕行诗》，收入其《陶谷集》卷三十[6]。赵最寿著有《壬子燕行日记》[7]，书状官韩德厚著有《燕行日录》《(承旨公) 燕行日录》[8]。是月，平安道潜商李之永等 2 人枭首。十一月，派出李真望为正使、徐爕宗为副使、吴瑗[9]为书状官的三节年贡使节团。是月，送漂风清人数名入京师。是岁，李喆辅（1691—1770）来华，

1 参见〔韩〕林基中《燕行录研究》，第 499 页，一志社，2006 年增补版。
2 收入〔韩〕林基中主编《燕行录全集》，第 38 卷，东国大学出版部，2001 年版。
3 参见朝鲜文献《英祖实录》卷二十九。
4 参见《清史稿 · 列传三百十三 · 属国一 · 朝鲜琉球》(卷五百二十六)。
5 见〔韩〕林基中主编《燕行录全集》，第 37 卷，东国大学出版部，2001 年版。
6 李宜显是岁参观了宣武门天主教堂。其“燕行录”收入〔韩〕林基中主编《燕行录全集》，第 35 卷，东国大学出版部，2001 年版。
7 收入〔韩〕林基中主编《燕行录全集》，第 50 卷，东国大学出版部，2001 年版。
8 收入〔韩〕林基中主编《燕行录全集》，第 49、50 卷，东国大学出版部，2001 年版。
9 吴瑗（1700—1740），字伯玉，号月谷、观物居士，本贯海州，有《月谷集》传世。

并著有《丁卯燕行录》[1]。

1733年，癸丑，〔清〕世宗雍正十一年，☆黄帝历四千四百三十一年；◇檀君历四千〇六十六年，〔朝鲜〕英祖九年。正月，理山潜商张世赞等人枭首。二月，遣韩寿禧赍咨送漂风清商16人入京师。十月，清军越界捕捉朝鲜校卒，遣赍咨官金是瑜如清。十一月，派出以密昌君李枳为正使、闵应洙为副使、尹汇贞为书状官的谢恩兼三节年贡使节团。是月，平安道朝鲜水军打破漂来清人马尚所率船只11艘，以示警戒。

1734年，甲寅，〔清〕世宗雍正十二年，☆黄帝历四千四百三十二年。二月，盛京礼部移咨朝鲜，捉到越境朝鲜人徐贵江。八月，礼部以汤成越境至朝鲜索要米、酒被捉拿事移咨；◇檀君历四千〇六十七年，〔朝鲜〕英祖十年。三月，英祖亲祭皇明坛。五月，徐贵江等5人枭首。七月，为平安道人金世丁等越境杀人事，派出以左议政徐命均为正使、朴文秀为副使、黄梓为书状官的陈奏使节团。黄梓（1689—？）著有《甲寅燕行录》[2]。十一月，派出以尹游为正使、洪景辅为副使、南泰温为书状官的三节年贡使节团。十二月，朝鲜刊印《女四书》、昭惠王妃韩氏《内训》。

1735年，乙卯，〔清〕世宗雍正十三年，☆黄帝历四千四百三十三年。十月，以雍正帝崩，遣使赍敕至朝鲜告哀；◇檀君历四千〇六十八年，〔朝鲜〕英祖十一年。三月，英祖亲祭大报坛。七月，以越境朝鲜人免罪，派出阳平君李樯为正使、徐宗伋为副使、申致瑾为书状官的陈奏兼谢恩使节团。八月，金世丁等8人枭首。十月，派出以洛昌君李樘为正使、李寿沆为副使、李润身为书状官的陈慰兼进香使节团。十一月，派出以骊善君李壆为正使、李德寿为副使、具宅奎为书状官的谢恩兼三节年贡使节团。李德寿（1637—1744）著有《燕行日记》[3]。

1736年，丙辰，〔清〕高宗乾隆一年，☆黄帝历四千四百三十四年。正月，为上雍正帝谥号，遣噶尔散赍敕至朝鲜。三月，以上皇太后（雍正孝圣宪皇后钮祜禄氏，1692—1777，乾隆生母）尊号，遣信勇公照德、镇国将军什家保至朝鲜颁诏。照德、什家保不和，照德回途中自刎几死，二人回国后皆被罢职；◇檀君历四千〇六十九年，〔朝鲜〕英祖十二年。二月，派出以咸平君李泓为正使、郑锡五为副使、任珽为书状官的登极进贺兼谢恩使节团。任珽（1694—1750）著有《燕行录》[4]。七月，王命弘文馆提学李德寿译《女四书》为谚文并刊印。十月，派出以长溪君李棅为正使、金始炯为副使、徐命珩为书状官的进贺谢恩兼三节年贡使节团。

1737年，丁巳，〔清〕高宗乾隆二年，☆黄帝历四千四百三十五年。正、二月，盛京礼部两次移咨朝鲜，着中江开市。六月，以雍正祔庙，遣保德[5]赍敕至朝鲜，颁升祔诏；◇檀君历四千〇七十年，〔朝鲜〕英祖十三年。正、二月，遣赍咨官吴泰说等至沈阳。七月，派出以徐命均为正使、柳俨为副使、李喆辅为书状官的陈奏兼世子册封奏请使节团，力陈不应开市。书状官李喆辅（1691—1770）著有《丁巳燕行日记》[6]《燕槎录》[7]。十一月，派出以海兴君李橿为正使、

1 参见〔韩〕林基中《燕行录研究》，第499页，一志社，2006年增补版。
2 参见〔韩〕林基中《燕行录研究》，第499页，一志社，2006年增补版。
3 参见〔韩〕林基中《燕行录研究》，第499页，一志社，2006年增补版。
4 参见〔韩〕林基中《燕行录研究》，第499页，一志社，2006年增补版。
5 参见刘子敏、姜孟山、王世英、金荣国主编《中国正史中的朝鲜史料》（第2卷），第428页，延边大学出版社，1996年版。
6 见〔韩〕林基中主编《燕行录全集》，第37卷，东国大学出版部，2001年版。
7 参见〔韩〕林基中《燕行录研究》，第500页，一志社，2006年增补版。

金龙庆为副使、南渭老为书状官的进贺谢恩兼三节年贡使节团。金龙庆（？—1737）病逝于丰润县，丰润知县为之操办后事。1746年海兴君李橿再次出使大清时，受金龙庆之子金士迪之托道谢，知县恰于山西奔丧不遇[1]。是月，录用明将李如梅后孙。十二月，徐命均回，购得《康熙文集》以进。

1738年，戊午，〔清〕高宗乾隆三年，☆黄帝历四千四百三十六年。二月，以上皇太后尊号、册皇后富察氏（1712—1748），遣使赍敕至朝鲜。三月，遣使赍敕至朝鲜，册封新王世子李愃（庄献世子，又称"思悼世子"，字允宽，后朝鲜追封为"庄祖"，无在位时间，1734—1762）[2]；◇檀君历四千〇七十一年，〔朝鲜〕英祖十四年。二月，英祖于慕华馆设"山棚"[3]迎敕，围观者踩踏，至有死伤者。清使不敢受礼，只求《东医宝鉴》1部及清心丸[4]50粒、髢发（假发）2部。三月，英祖亲祭大报坛。四月，以清大通官刘万权退赠礼物，罢迎敕使官员。七月，派出以金在鲁为正使、金始炳为副使、李亮臣为书状官的进贺谢恩兼陈奏使节团。金在鲁长子金致一（字诚之）随团来华，韩国林基中主编《燕行录全集》第69卷标明作者为"金相国"的《燕行　行帖》为亲朋送别金在鲁作品，第98卷标明作者为"鹤山"的《燕行贶草》为亲朋送金致一的作品[5]。十一月，派出以赵最寿为正使、李瀗为副使、金光世为书状官的三节年贡使节团。是岁，金相国随团来华，并著有《燕行贶时帖》。

1739年，己未，〔清〕高宗乾隆四年，☆黄帝历四千四百三十七年。是岁，朝鲜渔船漂流至海宁，护送朝鲜渔民金铁等回国。盛京礼部侍郎德福上疏具详。自此至光绪朝皆如此例护送朝鲜漂风人[6]；◇檀君历四千〇七十二年，〔朝鲜〕英祖十五年。二月，金在鲁赍新刊《明史·朝鲜传》回，英祖率大臣跪接。是月，清漂风船破，157人至济州上岸，朝鲜接济之并遣使赍咨以送。十月，以皇太子薨，派出以密阳君李梡为正使、徐宗玉为副使、李德重为书状官的陈慰兼谢恩使节团[7]。十一月，派出以绫昌君李橚为正使、李匡德为副使、李道谦为书状官的三节年贡兼谢恩使节团，王命于北京购买全套《明史》。

1740年，庚申，〔清〕高宗乾隆五年，☆黄帝历四千四百三十八年。十一月，盛京礼部移咨表彰送漂风人事；◇檀君历四千〇七十三年，〔朝鲜〕英祖十六年。正月，特除明将李如梅后孙李葂为佥知。三月，清人数名漂风至黄海道，遣张采维赍咨从陆路送回。六月，王命致祭李如梅等明将。七月，王命拔擢明兵部尚书田万秋曾孙田得雨。九月，平安道越境20人被清军捉拿，监司、兵使罢职并移咨盛京礼部。十月，送漳州漂风人回海上。十一月，派出以洛丰君李楙为正使、闵亨洙为副使、洪昌汉为书状官的三节年贡兼谢恩使节团。书状官洪昌汉（1698—？）著有《燕行日记》[8]，其中有洪昌汉与俄罗斯大司祭伊拉里昂·特鲁索夫在北京见面

1 参见尹汲《燕行日记（乾、坤）》（1746），〔韩〕林基中、〔日〕夫马进编《燕行录全集日本所藏编》卷一，第231页，东国大学校韩国文学研究所，2001年版。

2 参见《清史稿·列传三百十三·属国一·朝鲜琉球》（卷五百二十六）。

3 "山棚"是朝鲜的戏剧演出形式，又称为"彩棚百戏"。

4 清心丸是朝鲜使节团来华时经常赠送的小礼品，以牛黄为主料。韩国电视连续剧《名家》有对朝鲜王朝市场上牛黄贩卖情况的描述。

5 参见左江《〈燕行录〉考订》，张伯伟编《域外汉籍研究集刊》，第四辑，中华书局，2008年版。

6 参见《清史稿·列传三百十三·属国一·朝鲜琉球》（卷五百二十六）。

7 参见吴晗《朝鲜李朝实录中的中国史料》，第4500页，中华书局，1980年版。

8 收入〔韩〕林基中主编《燕行录全集》，第39卷，东国大学出版部，2001年版。收入林书第99卷无名氏同名著作亦洪昌汉此书。见左江《〈燕行录〉考订》，张伯伟编《域外汉籍研究集刊》，第四辑，中华书局，2008年版。

的记载。是岁，英祖封掉宁越等地铜矿，而命推广孝宗大王在沈阳所学水车。

1741年，辛酉，〔清〕高宗乾隆六年，☆黄帝历四千四百三十九年。二月，遣使送济州漂风21人回。21人自琉球经福建入京师；◇檀君历四千〇七十四年，〔朝鲜〕英祖十七年。二月，购得清朝《辽东志》1函，王览之。三月，王亲祭大报坛。四月，明将李成梁后人李著、李薰随使节团如清，得李成梁画像，英祖召见并观览之。是月，弘文馆设明朝书籍、文献专门收藏。是月，以“谋私利、辱先贤”罪，毁八道书院170所。八月，遣司译院正李命稷赍咨送漂风清人。九月，江华筑明将李如梅庙，李葂等奉祀。十一月，派出以骊善君李壆[1]为正使、郑彦燮为副使、金宗台为书状官的三节年贡兼谢恩使节团。

1742年，壬戌，〔清〕高宗乾隆七年，☆黄帝历四千四百四十年。七月，常明（？—1742）逝世。常明乃朝鲜人金新达礼三子花住之子，官至御前大臣、领侍卫内大臣、办理上驷院事务、内务府总管。金新达礼于1627年投奔努尔哈赤[2]；◇檀君历四千〇七十五年，〔朝鲜〕英祖十八年。八月，为清船上岸抢夺军器，黄海道水使洪元益罢职。十一月，派出以洛昌君李樘为正使、徐命彬为副使、洪重一为书状官的三节年贡兼谢恩使节团。是岁前后，由奉天移居天津朝鲜人安岐病逝。安岐（1682—约1742），字仪周，号麓村，自署松泉老人、朝鲜人，与其父安尚义贩盐致富。安岐是著名书画收藏家，居津门30余年，并著有《墨缘汇观》[3]。

1743年，癸亥，〔清〕高宗乾隆八年，☆黄帝历四千四百四十一年。十月，遣朝鲜问安使臣赵显命赍乾隆帝御笔“式表东藩”及鞍马还[4]；◇檀君历四千〇七十六年，〔朝鲜〕英祖十九年。三月，为朝鲜人金时宗等越境犯法事，遣赍咨官李邦如清。七月，以乾隆帝巡盛京，派出以右议政赵显命为正使、金尚迪为书状官的问安使节团如沈阳。赵显命（1691—1752）著有《归鹿集·燕行日记》《燕行录》[5]，述其在沈阳与自称圣人68世孙的孔毓贵秀才以及李培基秀才、陈费秀才笔谈，秀才们被清军捉拿，赵显命求情后放还。赵显命多次与秀才魏廷熙笔谈，讨论诗文，并于文庙与教授高晅笔谈程朱理学在华近况[6]。是月，英祖亲制《感皇恩》三章，用于内宴。其第一章云：“受命朝鲜兮，定都汉阳。九章辉映兮，八音铿锵。继继承承兮，垂恩东方”[7]。八月，京畿监司柳俨，言西鞑[8]若来，事之如清则可矣。王斥之，并命史官勿记。十一月，派出以绫昌君李橚为正使、柳复明为副使、俞宇基为书状官的三节年贡兼谢恩使节团如清。

1744年，甲子，〔清〕高宗乾隆九年，☆黄帝历四千四百四十二年。八月，礼部送皇太后、皇后表文格式至朝鲜；◇檀君历四千〇七十七年，〔朝鲜〕英祖二十年。一月，以钦赐御笔手书及鞍马，派出以阳平君李橧为正使、李日跻为副使、李裕身为书状官的进贺兼谢恩使节团。

1 尹汲《燕行日记（乾、坤）》(1746) 说，在北镇庙见到了与骊善君李壆相友善的秀才李天一。见〔韩〕林基中、〔日〕夫马进编《燕行录全集日本所藏编》卷一，第227页，东国大学校韩国文学研究所，2001年版。

2 参见〔清〕弘昼、鄂尔泰等编《八旗满洲氏族通谱》卷七十二，第790-791页，辽沈书社，1989年版。

3 参见《(乾隆)天津县志·流寓》。

4 参见《清史稿·列传三百十三·属国一·朝鲜琉球》(卷五百二十六)；〔韩〕林基中、〔日〕夫马进编《燕行录全集日本所藏编》卷一，第176页，东国大学校韩国文学研究所，2001年版。赵显命《归鹿集·燕行日记》中有朝鲜水路至中国以及牛家庄路程记述。

5 收入〔韩〕林基中主编《燕行录全集》，第38卷，东国大学出版部，2001年版。

6 见〔韩〕林基中、〔日〕夫马进编《燕行录全集日本所藏编》卷一，第163、165、168、169页，东国大学校韩国文学研究所，2001年版。赵显命有《归鹿集》传世，参见拙著《朝鲜半岛汉学史》，第188页，学苑出版社，2009年版。

7 参见〔韩〕《国朝宝鉴别编》卷七，面八、面九。

8 西鞑，此处泛指蒙古人。

三月，重印《光国志庆录》。1588年，宗系辩诬事成，俞泓赍钦赐衮龙袍、新修《大明会典》出山海关回国，明朝兵部主事马维铭作诗贺之，朝鲜文人和之，乃成是书。八月，朝鲜以前无上皇太后、皇后表文事，遣李枢赍咨礼部。九月，王命兵曹擢用明人之后郑翊周。郑翊周乃逃至朝鲜之明末郑善甲后孙。十一月，派出以西平君李橈为正使、鱼有龙为副使、李夏宗为书状官的三节年贡兼谢恩使节团。

1745年，乙丑，〔清〕高宗乾隆十年，☆黄帝历四千四百四十三年；◇檀君历四千〇七十八年，〔朝鲜〕英祖二十一年。正月，王遣承旨致祭永柔县武侯祠。三月，王亲祭大报坛。七月，赏赐译官进献所贸来清国历书者。十一月，派出以赵观彬为正使、郑俊一为副使、闵百祥为书状官的三节年贡使节团。赵观彬（1691—1757）著有《燕行诗》[1]《悔轩燕行诗（附月谷燕行诗）》[2]，收入《悔轩集》[3]。是岁，庄献世子迎娶尹氏（1735—1815，惠庆宫嫔，本贯丰山，尹凤汉之女）。尹氏生正祖李祘，卒后追封“献敬懿王妃”。

1746年，丙寅，〔清〕高宗乾隆十一年，☆黄帝历四千四百四十四年。三月，盛京礼部以退栅事移咨朝鲜。八月，钦命兵部尚书班第，至莽（牤）牛哨查看并寝退栅之议。朝鲜遣平安道兵使持牛、酒越境劳问。九月，减中江税额。十月，遣朝鲜使臣李塈赍礼部咨回；◇檀君历四千〇七十九年，〔朝鲜〕英祖二十二年。三月，王亲祭大报坛，以明将杨镐、邢玠配享。四月，为退栅事派出以骊善君李塈为正使、赵荣国为副使、李台重[4]为书状官的陈奏兼谢恩使节团，奏请免退栅、免牤牛哨屯之设立。李塈使节团于通远堡丢失银两，报盛京礼部[5]。六月，平安道赵时延等越境7人枭首。八月，致祭宣武祠。十一月，以乾隆帝恩准退栅还寝事，派出以海兴君李橿为正使、户曹参判尹汲为副使、安僕为书状官的谢恩兼三节年贡使节团。副使尹汲（1697—1770）著有《燕行日记（乾、坤）》。该使节团共335人，马225匹，携带白银73000两，在会宁岭、青石岭附近虎狼洞失银千两。使节团从人私自在北京买马40匹，在鸭绿江边被查出，三使臣皆罢职[6]。十二月，赍咨官李命稷私贸有纹绸缎15匹被捉，专供朝鲜北京商人郑世泰听闻此事，即令苏、杭代理退货。是岁，李縡卒。李縡（1680—1746），朝鲜著名礼学家，官至艺文馆大提学、吏曹参判，并著有《四礼便览》[7]。

1747年，丁卯，〔清〕高宗乾隆十二年，☆黄帝历四千四百四十五年。八月，盛京御史以朝鲜使节团屡次声称辽东途中丢失银两，扣留证人及朝鲜刷马82匹。十二月，盛京礼部以朝鲜婢女2人自宁古塔刷来，移咨朝鲜领回。2人在宁古塔附近居住14年，生儿育女。十二月，盛京拘捕朝鲜李楙使团从人及辽东万宝桥人宋二。朝鲜从人逸马失银，乃诡称迷路，指宋二偷

1 收入〔韩〕林基中主编《燕行录全集》，第37卷，东国大学出版部，2001年版。

2 赵观彬《悔轩燕行诗》(1745)内《附月谷燕行诗》乃吴瑗作品。见〔韩〕林基中、〔日〕夫马进编《燕行录全集日本所藏编》卷一，第191-210页，东国大学校韩国文学研究所，2001年版。参见本年历“1732年”。

3 参见拙著《朝鲜半岛汉学史》，第188页，学苑出版社，2009年版。

4 李台重，号三山，本贯韩山。

5 尹汲《燕行日记（乾、坤）》说，因陈奏使节团失银事，通远堡民人不接纳朝鲜人住宿。见〔韩〕林基中、〔日〕夫马进编《燕行录全集日本所藏编》卷一，第224页，东国大学校韩国文学研究所，2001年版。

6 见〔韩〕林基中、〔日〕夫马进编《燕行录全集日本所藏编》卷一，第211-278、225、266页，东国大学校韩国文学研究所，2001年版。尹汲说，自凤凰城开始，清朝有例赠朝鲜使行之料：凤城40担，沈阳50担，山海关40担，皆以白银携带。至北京后，每5日发大米17担、大豆44担及鸡、鸭、鱼、肉、柴、米、油、盐、酱、醋、茶。尹汲在蓟州与秀才张昕笔谈，还见到了1716年来华的德籍传教士戴进贤的遗疏。见该书，第223、225、232、254页。

7 参见〔韩〕卢仁淑《朱子家礼与韩国礼学》，第169-170页，人民文学出版社，2000年版。

银。官府审核，朝鲜从人认罪，帝敕赦之[1]。是岁，朝鲜人李云吉越境转卖女人被捉，判斩监候。是岁，帝命宁古塔将军拆毁乌拉部房屋，清空中朝边境地区[2]；◇檀君历四千〇八十年，〔朝鲜〕英祖二十三年。三月，《皇坛仪轨》成书，英祖亲祭大报坛。五月，遣韩寿禧赍咨如清，报贩买马匹事。十一月，派出以洛丰君李楙为正使、李喆辅为副使、赵明鼎为书状官的三节年贡兼谢恩使节团。副使李喆辅（1691—1770）著有《燕槎录》[3]。韩国林基中教授认定，是岁洪景海随团来华，并著有《随槎日录》。但复旦大学葛兆光教授已指出，洪景海乃朝鲜派往日本通信使节团成员，《随槎日录》不是“燕行录”，而是次年去日本的记录[4]。

1748年，戊辰，〔清〕高宗乾隆十三年，☆黄帝历四千四百四十六年。四月，以孝贤纯皇后富察氏（1712—1748）崩，遣使赍敕至朝鲜。七月，为皇后富察氏上谥号事，遣头等公舒灵阿、礼部侍郎钟音赍敕至朝鲜；◇檀君历四千〇八十一年，〔朝鲜〕英祖二十四年。一月，遣司译正韩致恒赍咨如清，报犯越堪断事。三月，王亲祭大报坛。五月，派出以海运君李梿为正使、赵明谦为副使、沈鐄为书状官的陈慰兼进香使节团。十月，以皇后富察氏上谥号，派出以领敦宁府事郑锡五为正使、郑亨复为副使、李彝章为书状官的进贺谢恩兼三节年贡使节团。正使郑锡五中途病逝于十里铺。十二月，以译官李允芳银子450两丢失纠纷事，派出以金尚迪为正使的使节团，入凤凰城参核。是岁，遣洪启禧、南泰耆为通信使正副使如日本，从事官曹命采。洪景海随行，并著有《随槎日录》[5]。

1749年，己巳，〔清〕高宗乾隆十四年，☆黄帝历四千四百四十七年。六月，遣副都统苏呼济、内阁学士嵩寿赍敕至朝鲜，告上皇太后尊号及平南事。七月，奉天将军阿兰泰奏，朝鲜使节团在边门临时租赁民居，诸多不便，乞禁之。帝准；◇檀君历四千〇八十二年，〔朝鲜〕英祖二十五年。二月，王闻李允芳失银疑十里铺房主郑忠，且参核时不问李允芳，仅拷问郑忠，急传书至金尚迪。三、四月，英祖亲祭大报坛，并享明太祖与明毅宗皇帝[6]。九月，派出以赵显命为正使、南泰良为副使、申暻为书状官的进贺兼谢恩使节团。十一月，派出以洛昌君李樘为正使、黄晟为副使、俞彦述为书状官的三节年贡兼谢恩使节团。书状官俞彦述（1703—1773）著有《燕京杂识》[7]。

1750年，庚午，〔清〕高宗乾隆十五年，☆黄帝历四千四百四十八年。十月，为封乌喇那拉氏（1718—1766）为皇后事，遣使赍敕至朝鲜。是岁，定朝鲜使节团入栅门后车马安排规则[8]；◇檀君历四千〇八十三年，〔朝鲜〕英祖二十六年。正月，遣官调查柔远镇土兵金仁述杀人事。交易时清人拿走米不给布，金仁述怒杀5人。二月，赵显命还，进献文天祥画像。三月，王亲祭大报坛，以文天祥配享武侯祠。是月，明兵部尚书田万秋曾孙田得雨、田昌雨皆得拔擢。四月，为调查犯越者，派出以南泰耆为正使的参核使节团。十一月，派出以海春君李栐为正使、

1 参见《清史稿·列传三百十三·属国一·朝鲜琉球》（卷五百二十六）“乾隆十二年”盛京刑部侍郎奏。

2 参见《清史稿·列传三百十三·属国一·朝鲜琉球》（卷五百二十六）。

3 参见〔韩〕林基中主编《燕行录全集》，第37卷，东国大学出版部，2001年版。

4 见葛兆光《揽镜自鉴》，复旦大学文史研究院编《从周边看中国》，第480页，中华书局，2009年版。

5 该书收入〔韩〕林基中主编《燕行录全集》，第59卷，东国大学出版部，2001年版。参见〔日〕仲尾宏《朝鲜通信使》附录《朝鲜通信使一览表》，岩波书店，2007年版。

6 〔韩〕《国朝宝鉴别编》卷七有祝版全文。

7 见〔韩〕林基中主编《燕行录全集》，第39卷，东国大学出版部，2001年版。

8 参见《清史稿·列传三百十三·属国一·朝鲜琉球》（卷五百二十六）。

黄梓为副使、任璪为书状官的谢恩陈奏兼三节年贡使节团。黄梓（1689—？）著有《庚午燕行录》[1]。十二月，派出以洛丰君李楙为正使、尹得和为副使、尹光缵为书状官的进贺兼谢恩使节团。

1751年，辛未，〔清〕高宗乾隆十六年，☆黄帝历四千四百四十九年；◇檀君历四千〇八十四年，〔朝鲜〕英祖二十七年。三月，英祖亲祭大报坛。擢李成梁后人李菀为同中枢。十月，王召见宫门外中国人后代，并说孝宗已将投奔朝鲜明人安置在宫殿附近本宫洞居住[2]。十一月，派出以洛昌君李樘为正使、申思健为副使、赵重晦为书状官的谢恩兼三节年贡使节团。是月，孝章世子嫔赵氏（1715—1751，孝纯王妃，本贯丰壤，赵文命之女）卒。英祖为孝纯嫔祔葬制志文，书年号为"时皇明崇祯纪元后百二十四年，予即祚二十七年仲冬也"。

1752年，壬申，〔清〕高宗乾隆十七年，☆黄帝历四千四百五十年。正月，为皇太后上尊号事，遣使赍敕至朝鲜；◇檀君历四千〇八十五年，〔朝鲜〕英祖二十八年。七月，派出以海运君李梿为正使、韩师得为副使、俞汉萧为书状官的进贺兼谢恩使节团。十一月，派出以海兴君李橿为正使、南泰齐为副使、金文行为书状官的三节年贡兼谢恩使节团。南泰齐（1699—1776）著有《椒蔗录》[3]。

1753年，癸酉，〔清〕高宗乾隆十八年，☆黄帝历四千四百五十一年；◇檀君历四千〇八十六年，〔朝鲜〕英祖二十九年。三月，王亲祭大报坛。五月，朝鲜译官以自燕京购得明崇祯帝手书"思无邪"献王。十一月，派出以洛丰君李楙为正使、李命坤为副使、郑纯俭为书状官的谢恩兼三节年贡使节团。

1754年，甲戌，〔清〕高宗乾隆十九年，☆黄帝历四千四百五十二年；◇檀君历四千〇八十七年，〔朝鲜〕英祖三十年。二月，宋良弼进献崇祯帝赐其六世祖宋硕范玉灯酒樽。三月，王亲祭大报坛。四月，登州清人船3只漂至，朝鲜水路送之回。五月，以荒唐船人不愿被陆路送回而逃脱，拘禁校官1人，杖黄海道水使申思彦。六月，王命制《华人录》，永免半岛华人楚、田、潘三姓徭役。是月，兵曹拔擢明将李成梁后人李萱。七月，以乾隆帝巡盛京，派出以俞拓基为正使、沈鏽为书状官的沈阳问安使节团。俞拓基（1691—1767）著有《沈行录·沈使还渡江启别单》[4]。俞拓基有《知守斋集》传世[5]。十一月，派出以长溪君李棅为正使、李宗白为副使、李惟秀为书状官的三节年贡兼谢恩使节团。十二月，派出以海春君李栐为正使、金相奭为副使、沈墢为书状官的谢恩使节团。

1755年，乙亥，〔清〕高宗乾隆二十年，☆黄帝历四千四百五十三年。三月，遣朝鲜使臣李棅赍钦赐纹绸21匹、貂皮400张回，八月，以平西之事遣使赍敕至朝鲜。是岁，淑佳皇贵妃金氏（？—1755）薨。淑佳皇贵妃乃天聪元年（1627）投奔努尔哈赤的朝鲜人金三达礼曾孙女，金三保之女。初入乾隆潜邸为贵人，后生皇四子、皇八子、皇九子、皇十一子[6]。其兄金简（？—1794）官至工部、吏部尚书；◇檀君历四千〇八十八年，〔朝鲜〕英祖三十一年。十月，

1　参见〔韩〕林基中《燕行录研究》，第500页，一志社，2006年增补版。

2　正祖李祘论及"大明洞"，说是"壬辰倭乱"时援朝明中军施文用宅邸。施文用之父施允济力赞石星援朝，施文用积劳成疾留居半岛。今韩国首尔有"明洞"，类似北京的"王府井"。参见〔韩〕《国朝宝鉴别编》卷八；朝鲜文人申钦《象村杂录》，〔韩〕《大东野乘》卷之二十五。

3　参见〔韩〕林基中《燕行录研究》，第500页，一志社，2006年增补版。

4　收入〔韩〕林基中主编《燕行录全集》，第38卷，东国大学出版部，2001年版。

5　参见拙著《朝鲜半岛汉学史》，第189页，学苑出版社，2009年版。

6　参见《清史稿》卷二百十四《后妃传》。

派出以海运君李梴为正使、吏曹判书黄景源为副使、兼执义徐命膺为书状官的进贺兼谢恩使节团。十一月，派出以海蓬君李橉为正使、郑光忠为副使、李基敬为书状官的三节年贡兼谢恩使节团。副使郑光忠著有《燕行日录》[1]。李基庆（1713—1787）随行，并著有《饮冰行程历（上、下）》[2]。

1756年，丙子，〔清〕高宗乾隆二十一年，☆黄帝历四千四百五十四年。正月，遣使送朝鲜漂风40人回；◇檀君历四千〇八十九年，〔朝鲜〕英祖三十二年。正月，钟城府使李师祚因开市时私自允清人射箭于朝鲜军营，流之。是月，遣司译正李廷熺送福建漂风24人回，并移咨礼部谢恩。二月，王亲制明朝皇帝御书、御画柜子《小识》。三月，王亲祭大报坛。十一月，派出以长溪君李棅为正使、曹命采为副使、任师夏为书状官的谢恩兼三节年贡使节团。

1757年，丁丑，〔清〕高宗乾隆二十二年，☆黄帝历四千四百五十五年。六月，礼部以钟城人赵自永越境，移咨至朝鲜。九月，遣祥泰赍敕至朝鲜，致祭大王大妃、王妃；◇檀君历四千〇九十年，〔朝鲜〕英祖三十三年。三月，王亲祭大报坛。四月，以大王大妃、肃宗妃金氏（1687—1757，仁元王妃，本贯庆州，金柱臣之女）薨，派出以金尚重为正使的告讣使节团如清。是月，以英祖妃徐氏（1692—1757，贞圣王妃，本贯达城，徐宗悌之女）薨，派出以安僳为正使、李命植为书状官的告讣使节团。六月，以调查犯越者，派出以李彝章为正使的参核使节团。十月，杀碧潼越境首犯。十一月，派出以海兴君李橿为正使、金相翼为副使、李彦衡为书状官的谢恩兼三节年贡使节团。

1758年，戊寅，〔清〕高宗乾隆二十三年，☆黄帝历四千四百五十六年。是岁，因朝鲜熟悉礼数，礼部减少通事官人数[3]。是岁，孙卫刊刻其祖父孙鋐编订《皇清诗选》，内有朝鲜诗人作品32首、文1篇。孙鋐族亲孙致弥于1678年出使朝鲜并著有《朝鲜采风录》；◇檀君历四千〇九十一年，〔朝鲜〕英祖三十四年。正月，禁从清人买进青布。五月，定每年开市时从清人买进马匹20–30匹，放养于济州。六月，拔擢明人后孙黄世中。十一月，派出以长溪君李棅为正使、李得宗为副使、李德海为书状官的谢恩奏请兼三节年贡使节团。

1759年，己卯，〔清〕高宗乾隆二十四年，☆黄帝历四千四百五十七年；◇檀君历四千〇九十二年，〔朝鲜〕英祖三十五年。五月，王亲祭大报坛。十月，派出以海春君李栐为正使、赵明鼎为副使、权導为书状官的谢恩、奏请兼三节年贡使节团。是岁，孔子后裔孔瑞麟[4]在半岛名声大振。是岁，图画署画员郑鄯（1676—1759）卒，享年八十四。郑鄯是朝鲜山水画著名画家，其《仁旺霁色图》受到中国文人的称赞。是岁，福建人黄森（1723—？）等43人漂风至半岛康津，朝鲜文人李德懋（1741—1793）与之笔谈，笔谈载于李德懋《青庄馆全书》卷三，十分详细。

1760年，庚辰，〔清〕高宗乾隆二十五年，☆黄帝历四千四百五十八年。正月，以平大小

1　韩国林基中教授《燕行录全集》第39卷标作者为“无名氏”。林书第61卷所收无名氏《燕行日录》亦为郑光忠此书。见左江《〈燕行录〉考订》，张伯伟编《域外汉籍研究集刊》，第四辑，中华书局，2008年版。

2　韩国林基中教授将此书作者分别标为“李基庆”、“李基敬”，显然有误。见〔韩〕林基中《燕行录研究》，第500页，一志社，2006年增补版。

3　参见《清史稿·列传三百十三·属国一·朝鲜琉球》（卷五百二十六）。

4　参见朝鲜文人安璐《己卯录补遗》（卷上）“孔瑞麟传”，〔韩〕《大东野乘》卷之十。

和卓，遣辅国将军钟福、内阁学士富德赍敕至朝鲜。五月，遣使赍敕至朝鲜，册封英祖继室金氏（1745—1805，贞纯王妃，本贯庆州，金汉耉之女）为王妃[1]；◇檀君历四千〇九十三年，〔朝鲜〕英祖三十六年。正月，王亲祭大报坛。七月，派出以海运君李梿为正使、徐命臣为副使、赵㥫为书状官的进贺兼谢恩使节团。徐命臣著有《庚辰燕行录》，收入韩国林基中主编《燕行录全集》第62卷，但标注"作者未详"[2]。十一月，派出以洪启禧为正使、赵荣进为副使、李徽中为书状官的三节年贡使节团。收入韩国林基中主编《燕行录全集》第100卷的《燕行图：陆路》，林先生以为当为是岁作品。林先生认为，是岁李商凤来华并著有《北辕录》[3]。

1761年，辛巳，〔清〕高宗乾隆二十六年，☆黄帝历四千四百五十九年；◇檀君历四千〇九十四年，〔朝鲜〕英祖三十七年。三月，王亲祭大报坛。七月，拔擢大报坛守护黄缙，黄缙乃明朝钱塘知府黄功五世孙。十月，派出以海兴君李橿为正使、南泰会为副使、李宜光为书状官的三节年贡兼谢恩使节团。海兴君李橿回国时病逝于太子河附近的永寿寺村[4]。十二月，英祖遣重臣致祭平壤箕子庙。

1762年，壬午，〔清〕高宗乾隆二十七年，☆黄帝历四千四百六十年。十二月，清廷遣使赍敕至朝鲜，致祭庄献世子李愃（即"思悼世子"，1734—1762，字允宽，后朝鲜追封为"庄祖"，无在位时间）[5]；◇檀君历四千〇九十五年，〔朝鲜〕英祖三十八年。三月，英祖亲祀大报坛。五月，因英祖妃金氏外戚的"老论派"[6]与世子岳父、领议政洪凤汉为首的"少论派"倾轧，刑曹判书尹汲的下人罗景彦密告世子不轨，庄献世子（思悼世子）被英祖关在米柜里活活饿死，朝鲜史称"壬午祸变"[7]。是月，又因济州等地饥饿，停本年贡马。十一月，派出以咸溪君李櫄为正使、李奎采为副使、朴弼逵为书状官的进贺谢恩兼三节年贡使节团。

1763年，癸未，〔清〕高宗乾隆二十八年，☆黄帝历四千四百六十一年。五月，礼部以朝鲜人越境事移咨。九月，遣使赍敕至朝鲜，册李祘为"王世孙"（后来的朝鲜正祖）[8]；◇檀君历四千〇九十六年，〔朝鲜〕英祖三十九年。二月，派出以长溪君李棅为正使、洪孝重为副使、洪趾海为书状官的谢恩兼陈奏奏请使节团，奏请册封王世孙。三月，王亲祀大报坛。八月，遣赵曮、李仁培为通信使正副使出使日本，从事官金相翊[9]。十月，王赐永柔县武侯祠名"三忠祠"。十一月，派出以顺悌君李烜为正使、洪名汉为副使、李宪默为书状官的谢恩兼三节年贡使节团。李宪默（1714—1788）著有《燕行日录》[10]。是岁，世孙李祘妻金氏（1753—1821，孝懿王妃，本贯清风，金时默之女）进为世孙嫔。

1764年，甲申，〔清〕高宗乾隆二十九年，☆黄帝历四千四百六十二年。三月，朝鲜平安

1 参见《清史稿·列传三百十三·属国一·朝鲜琉球》（卷五百二十六）。
2 参见左江《〈燕行录〉考订》，张伯伟编《域外汉籍研究集刊》，第四辑，中华书局，2008年版。
3 参见〔韩〕林基中《燕行录研究》，第500页，一志社，2006年增补版。
4 参见朝鲜文人李德懋（1741—1793）《青庄馆全书》卷六十七《入燕记》"闰六月初七日"。
5 参见《清史稿·列传三百十三·属国一·朝鲜琉球》（卷五百二十六）。
6 "老论派"与"少论派"分别代表勋贵阶层与通过科举进入统治阶层的人们。
7 参见韩国电视连续剧《李祘》，第一至第三集。
8 参见《清史稿·列传三百十三·属国一·朝鲜琉球》（卷五百二十六）及韩国电视连续剧《李祘》。
9 参见朝鲜文献《海行总载·东槎日记·前后通信使座目》；朝鲜文献《增正交邻志》卷五《通信使行》；〔日〕仲尾宏《朝鲜通信使》附录《朝鲜通信使一览表》，岩波书店，2007年版。
10 参见〔韩〕林基中《燕行录研究》，第500页，一志社，2006年增补版。

道人金凤守、金世柱越境杀人，判斩监候。部议追朝鲜王之责，帝谕宽免[1]；◇檀君历四千〇九十七年，〔朝鲜〕英祖四十年。二月，王命世孙李祘（后来的朝鲜正祖）承孝章世子（后追封"真宗"，无在位时间，1719—1729）之嗣。三月，为调查犯越者，派出以金钟正为正使的参核使节团如盛京。金钟正（1722—1787）著有《沈阳日录》[2]。是月，平安道观察使郑淳被罢职[3]。三、四月，以甲申年故，王亲祭大报坛、宣武祠，并书"皇朝日月，我东大明"八字。文臣写诗文纪念明亡二周甲。六月，汉学教授洪述梅讲《老乞大》不通，王笑之。十一月，派出以全恩君李墩为正使、韩光会为副使、安杓为书状官的谢恩陈奏兼三节年贡使节团。

1765年，乙酉，〔清〕高宗乾隆三十年，☆黄帝历四千四百六十三年；◇檀君历四千〇九十八年，〔朝鲜〕英祖四十一年。三月，王亲祀大报坛。六月，王亲试汉学教授。十月，派出以顺义君李烜为正使、金善行为副使、洪檍为书状官的三节年贡兼谢恩使节团。洪大容（1731—1783）随季父洪檍来华[4]。洪大容有《湛轩燕记》《燕行杂记》《乙丙燕行录》等传世[5]。洪大容在华期间，与浙江钱塘文人严诚（1732—1767）[6]交情甚笃，后被称作"洪严之交"。洪大容是朝鲜实学家，他的燕行著作主张客观看待清朝的文化与经济发展，认真向中国学习[7]。是岁，王命世孙李祘（1752—1800，后来的朝鲜正祖）代理听政。

1766年，丙戌，〔清〕高宗乾隆三十一年，☆黄帝历四千四百六十四年。十月，盛京礼部遣使赍咨送朝鲜漂风人；◇檀君历四千〇九十九年，〔朝鲜〕英祖四十二年。八月，英祖亲祭大报坛。十月，派出以咸溪君李橉为正使、尹得养为副使、李亨达为书状官的三节年贡兼谢恩使节团。

1767年，丁亥，〔清〕高宗乾隆三十二年，☆黄帝历四千四百六十五年；◇檀君历四千一百年，〔朝鲜〕英祖四十三年。十月，派出以全恩君李墩为正使、李心源为副使、李寿勋为书状官的三节年贡兼谢恩使节团。李心源著有《丁亥燕槎录》[8]。李心源在沈阳"（以银）三两买《康熙字典》，七钱买《水浒志（传）》，七钱买《三国志（演义）》，七钱买《西游记》"[9]。

1768年，戊子，〔清〕高宗乾隆三十三年，☆黄帝历四千四百六十六年；◇檀君历四千一百〇一年，〔朝鲜〕英祖四十四年。七月，拔擢明将李如梅五代孙李薰[10]。十月，派出以顺义君李烜为正使、具玉珏为副使、李永中为书状官的三节年贡兼谢恩使节团。十一月，送清登州、荣城漂风人回。是岁，李器之（1690—1722）来华，并著有《燕行诗》[11]。是岁，朝鲜人

1 参见《清史稿·列传三百十三·属国一·朝鲜琉球》（卷五百二十六）。
2 收入〔韩〕林基中主编《燕行录全集》，第41卷，东国大学出版部，2001年版。
3 参见《清史稿·列传三百十三·属国一·朝鲜琉球》（卷五百二十六）。
4 参见〔韩〕李德懋（1741—1793）《青庄馆全书》卷六十三《天涯知己书》。
5 见〔韩〕林基中主编《燕行录全集》，第42、43卷、第49卷，东国大学校出版部，2001年版。
6 韩国国史编纂委员会藏有《铁桥全集》抄本。另外，哈佛大学燕京图书馆有严诚《铁桥全集》，索书号：T54756405。见王振忠《朝鲜柳得恭笔下清乾嘉时代的中国社会》，复旦大学文史研究院编《从周边看中国》，第285页，中华书局，2009年版。
7 参见金柄珉《试论洪大容与古杭三才的思想文化交流》，收入朴真奭、姜孟山主编《朝鲜中世纪史研究》，延边大学出版社，1988年版。
8 参见〔韩〕林基中、〔日〕夫马进编《燕行录全集日本所藏编》卷一，第279–316页，东国大学校韩国文学研究所，2001年版。但夫马进教授以为，李心源本名"李仁源"。见〔日〕夫马进《日本现存朝鲜燕行录解题》，《京都大学文学部研究纪要》，第42期，2003年。
9 见〔韩〕林基中、〔日〕夫马进编《燕行录全集日本所藏编》卷一，第287页，东国大学校韩国文学研究所，2001年版。
10 参见〔韩〕《国朝宝鉴别编》卷七。
11 收入〔韩〕林基中主编《燕行录全集》，第37卷，东国大学出版部，2001年版。

口共7006248名。至是岁，英祖大王汉文著作《御制集庆堂编辑》《英宗御制续编》皆已出版。

1769年，己丑，〔清〕高宗乾隆三十四年，☆黄帝历四千四百六十七年；◇檀君历四千一百〇二年，〔朝鲜〕英祖四十五年。三月，英祖亲祭大报坛。十月，派出以徐命膺为正使、洪梓为副使、洪乐信为书状官的三节年贡使节团。徐命膺（1716—1787）曾受王命著《箕子外记》，有《保晚斋丛书》传世，该书卷九、卷十《畴史》即箕子史[1]。十一月，禁买大清人参。十二月，刊印《追感皇恩编》，纪念大明。

1770年，庚寅，〔清〕高宗乾隆三十五年，☆黄帝历四千四百六十八年。六月，送济州漂风8人回；◇檀君历四千一百〇三年，〔朝鲜〕英祖四十六年。正月，送王德顺等清漂风人回。三月，王亲祭大报坛。十月，派出以庆兴君李栴为正使、宋瀅中为副使、李命彬为书状官的三节年贡兼谢恩使节团。李栴于回途中病逝于朝鲜平山。是月，刊印《朱子语类》《朱子大全》。是岁，朝鲜许“庶子通政”，但八道阻力很大。

1771年，辛卯，〔清〕高宗乾隆三十六年，☆黄帝历四千四百六十九年。九月，礼部为有不实朝鲜史记述移咨朝鲜，告朱璘《明史辑略》已于乾隆二十二年（1757）经浙江都抚杨廷璋销毁，陈建《皇明通纪》若朝鲜尚有，可自行销毁。十二月，送朝鲜漂风至浙江18人回，1人病故；◇檀君历四千一百〇四年，〔朝鲜〕英祖四十七年。正月，送清漂风人回。三月，王亲祭大报坛，并制祭文于宣武祠。四月，鞫问冒充汉人王汉吉等。五月，以清人朱璘《明史辑略》诬朝鲜太祖事，派出以金尚喆为正使、尹东暹为副使、沈颐之为书状官的陈奏兼谢恩使节团入京师。是月，前参判严璘改名“严璹”，避“恶人”朱璘也。六月，八道查抄清人朱璘《青庵集资》《明史辑略》。十月，金尚喆等回，书状官沈颐之从人购来《通鉴刚要》。十一月，派出以海溪君李㯖为正使、赵荣顺为副使、李宅镇为书状官的谢恩兼三节年贡使节团。

1772年，壬辰，〔清〕高宗乾隆三十七年，☆黄帝历四千四百七十年；◇檀君历四千一百〇五年，〔朝鲜〕英祖四十八年。正月，议黄海道人参赋税事，体参市价每斤1600两、尾参每斤480两，江界府每年9000参户，需上交银92904两。三月，擢明兵部后人田得雨进中枢府。六月，英祖亲祭大报坛。九月，派出以顺义君李烜为正使、尹东升为副使、李致中为书状官的进贺谢恩兼三节年贡使节团。英祖命使节团画工描摹沈阳“朝鲜馆”，此即现藏韩国LG延安文库的“沈阳馆图帖”。是岁来华越南使臣段阮俶与尹东升、李致中有唱和。段阮俶（1718—1775），原名段惟靖。

1773年，癸巳，〔清〕高宗乾隆三十八年，☆黄帝历四千四百七十一年；◇檀君历四千一百〇六年，〔朝鲜〕英祖四十九年。三月，英祖亲祭大报坛。五月，拔擢明末逃来茂山人康世爵后孙康相尧。六月，刊印《皇华集》，王亲自作序。十一月，派出以乐林君李埏为正使、严璹为副使的谢恩兼三节年贡使节团，任希简随行。严璹（1716—1786）著有《燕行录》，内中有关于《四库全书》编纂的记述[2]。十二月，朝鲜刊印麟坪大君李㴭（1622—1658）《燕行录》，此乃朝鲜首次刊印《燕行录》。

1774年，甲午，〔清〕高宗乾隆三十九年，☆黄帝历四千四百七十二年。是岁，金简出任

1　参见拙著《朝鲜半岛汉学史》，第191页，学苑出版社，2009年版。

2　收入〔韩〕林基中主编《燕行录全集》，第40卷，东国大学出版部，2001年版。另参见朝鲜文人李德懋（1741—1793）《青庄馆全书》卷五十六《四库全书》。

户部汉右侍郎，并以活字开印《四库全书》，此即“武英殿聚珍版”。金简（？—1794），字可亭，乃天聪元年（1627）投奔努尔哈赤的朝鲜人金三达礼曾孙，后官至工部、吏部尚书，《清史稿》卷三百二十一有传[1]；◇檀君历四千一百〇七年，〔朝鲜〕英祖五十年。三月，英祖抱病亲祭大报坛。十一月，派出以海溪君李㯒为正使、赵德成为副使、李世奭为书状官的三节年贡兼谢恩使节团。是岁，罢以官帽税为使节团费用之法。该法由来已久。

1775年，乙未，〔清〕高宗乾隆四十年，☆黄帝历四千四百七十三年。正月，魏佳氏（1727—1775，嘉庆帝生母）薨，追谥懿皇贵妃，嘉庆元年（1796）追封为“孝仪皇后”；◇檀君历四千一百〇八年，〔朝鲜〕英祖五十一年。十一月，派出以乐林君李埏为正使、李海重为副使、林得浩为书状官的三节年贡兼谢恩使节团。十二月，王世孙李祘听政。

1776年，丙申，〔清〕高宗乾隆四十一年，☆黄帝历四千四百七十四年。十月，遣镶白旗副都统万福、蒙古副都统嵩贵[2]，赍敕至朝鲜致祭英祖，颁诏册封正祖为“朝鲜国王”，诰封正祖妃金氏（1753—1821，孝懿王妃，本贯清风，金时默之女）为“王妃”。清使宣诏，告讨平两金川，并送钦赐衮龙袍、彩缎、貂皮。同时，赐先世子李绛（1719—1729，孝章世子，朝鲜追封为“真宗”，无在位时间）谥号，追赐其妻赵氏（1715—1751，孝纯王妃，本贯丰壤，赵文命之女）诰命。已于1751年逝世的孝纯王妃赵氏旋被朝鲜追尊为大妃。十二月，金简（？—1794）上《武英殿聚珍版程式》，乾隆帝御赐诗赞之并敕令颁行[3]；◇檀君历四千一百〇九年，〔朝鲜〕英祖五十二年。四月，以英祖薨，派出以判中枢府事金致仁[4]为正使、郑昌顺为副使、李镇衡为书状官的告讣、奏请兼陈奏使节团。十一月，派出以李溵为正使、徐浩修为副使、吴大益为书状官的进贺兼谢恩使节团[5]。柳得恭叔父柳琴随同使节团如清。柳琴随身携带李德懋、朴齐家、柳得恭、李书九四人诗歌选，命名为《四家诗集资》（又名《韩客巾衍集》），清人李调元、潘庭筠为之作序、跋[6]。是月，又派出以朴明源为正使、郑好仁为副使、申思运为书状官的冬至兼谢恩使节团。是岁，尹孝杰（1716—1793）来华并著有《燕行录：仁、义、礼、智、信》（韩文本）[7]。是岁，英祖妃金氏（1745—1805，贞纯王妃，本贯庆州，金汉耉之女）被尊为王大妃。是岁，正祖李祘生母尹氏（1735—1815，本贯丰山，尹凤汉之女）被尊为“惠庆宫嫔”。

1777年，丁酉，〔清〕高宗乾隆四十二年，☆黄帝历四千四百七十五年。三月，以皇太后钮祜禄氏（1692—1777，乾隆生母）崩，遣佐领隆兴、内阁学士兼礼部侍郎永信，赍敕至朝鲜告哀；◇檀君历四千一百一十年，〔朝鲜〕正祖李祘（1752—1800，字亨运，号弘斋）[8]一年。

---

1 参见徐凯《满族八旗中高丽士大夫家族》，《明清论丛》，第一辑，1999年12月。

2 赵凤夏《燕蓟纪略》（1842）在朝鲜洞仙岭见石上墨书“经筵、内阁学士、礼部侍郎、副都统嵩贵，乾隆丙申冬（1776）十月廿日晓过去”，见〔韩〕林基中、〔日〕夫马进编《燕行录全集日本所藏编》卷二，第105页，东国大学校韩国文学研究所，2001年版。

3 参见《清史稿》卷三百二十一《金简传》。

4 吴载绍《燕行日记》（1801）追述，当年金致仁在玉田丢失银两，知县以私银补足。金致仁回国报告后，朝鲜将知县银还于礼部，玉田知县因此被罢官。见〔韩〕林基中、〔日〕夫马进编《燕行录全集日本所藏编》卷一，第382页，东国大学校韩国文学研究所，2001年版。

5 清乾隆年间蒙古族文人博明《凤城琐录》一书说，“丁酉春”他在边门见到了李溵、徐浩修、吴大益以及朴明源、郑好仁、申思运两个使节团。见金毓黻编《辽海丛书》，辽海书社排印本，1931-1934年。

6 朝鲜文人柳得恭《滦阳录》卷二述其在京拜见潘庭筠时，追述“丁酉春，家叔父入燕”求潘作序事。见〔韩〕柳得恭《滦阳录》，〔中〕金毓黻编《辽海丛书》，辽海书社排印本，1931-1934年。另参见〔韩〕金台俊原著，张琏瑰译《朝鲜汉文学史》，第166页，社会科学文献出版社，1996年版。

7 收入〔韩〕林基中主编《燕行录全集》，第67卷，东国大学出版部，2001年版。

8 参见韩国电视剧《李祘》。

李祘乃庄献世子（思悼世子）第二子。二月，李溵、徐浩修等还，受王命以白银2150两在华购得《古今图书集成》[1]。四月，以皇太后钮祜禄氏崩，派出以郑尚淳为正使、宋载经为副使、姜忱为书状官的陈慰兼进香使节团。八月，朝鲜铸汉字15万个，后俗称其为“丁酉字”。十月，派出以河恩君李垙为正使、吏曹判书李坤为副使、司宪府执义李在学为书状官的进贺谢恩陈奏兼冬至使节团，使节团所赍奏文详述去岁以来洪麟汉、郑厚谦[2]等人作乱事。副使李坤（1737—1795）著有《燕行记事》[3]。是岁来华越南使臣胡士栋（1739—1785）有《赠朝鲜国使李垙、郑宇淳、尹坊回国》一诗。是月，送漳州龙溪漂风28汉人从海路回国。十二月，遣赍咨官金弘喆送广东、福建等漂风24人陆路回[4]。

1778年，戊戌，〔清〕高宗乾隆四十三年，☆黄帝历四千四百七十六年。三月，遣朝鲜译官朴宝树，领济州岛漂风13人回[5]。十月，乾隆帝巡沈阳，遣朝鲜问安使臣李溵赍御笔“东藩绳美”回[6]；◇檀君历四千一百一十一年，〔朝鲜〕正祖二年。三月，遣蔡济恭为谢恩兼陈奏正使如清，郑一祥（1721—？）为副使，沈念祖为书状官，谢罪于奏文中用“储君”、“(国王)嗣位”字样。蔡济恭（1720—1799）是岁“燕行诗”结集名《含忍录》[7]。蔡济恭与副使、书状官在北京通州登上一船参观，受到船主、山东等处督粮道何裕城以及其婿鲍紫卿（1756—？）热情接待。朝鲜实学家朴齐家（1790—1815）随正使来华。在中国的见闻，对朴齐家的震动很大，其《北学议》等著作则彻底颠覆了以往朝鲜士大夫“满清文化落后”的看法。李德懋（1741—1793）亦随书状官沈念祖来华[8]，并著有《入燕记》[9]，收入其《青庄馆全书》卷六十六、六十七。朴齐家、李德懋在北京与潘庭筠、祝德麟、李鼎元、唐乐宇多次笔谈，并为时任《四库全书》誊校官的抚宁人徐绍薪传家书。李德懋与使节团写字官在北京期间抄写、购买了大量的书籍[10]。李德懋还与浙江海宁人查祖馥有交往，祝德麟的母亲是海宁人查嗣韩孙女。回国前，李德懋一行还参观了北京的天主教堂，其《入燕记》记述细致。回国途中，李德懋与沈阳书院教官裴振笔谈。六月，派出以李溵为正使、南鹤闻为书状官的盛京问安使节团。柳得恭（1749—1807）随团来华，在沈阳书院会见孙镐[11]，笔谈甚欢。柳得恭是岁所著诗文收入其《泠斋集》[12]。九月，派出以河恩君李垙为正使、尹坊为副使、郑宇淳为书状官的谢恩使节团。李垙（？—1778）于回途中病逝于朝鲜肃川。十一月，派出以郑光汉为正使、李秉模为副使、赵时伟为书

1 参见朝鲜文人李德懋（1741—1793）《青庄馆全书》卷五十六《图书集成》。

2 郑厚谦（1750—1777），字伯益，本贯延日，过继给江城尉郑致达而成为和缓翁主之子，乃正祖李祘继位后被诛杀的叛臣。清乾隆年间蒙古族文人博明《凤城琐录》一书说，他于十一月二十九日在边门见到了李在学使节团，该书还详述了洪相格以20000两银收买刺客谋杀李祘未遂的经过。参见韩国电视剧《李祘》。

3 《燕行记事》已收入韩国成均馆大学大东文化研究院编《燕行录选集》，第六辑以及〔韩〕林基中主编《燕行录全集》，第52卷，东国大学出版部，2001年版。

4 参见朝鲜文人李德懋（1741—1793）《青庄馆全书》卷六十六《入燕记》。

5 参见朝鲜文人李德懋（1741—1793）《青庄馆全书》卷六十六《入燕记》“四月二十七日”。

6 参见《清史稿·列传三百十三·属国一·朝鲜琉球》（卷五百二十六）。

7 收入〔韩〕林基中主编《燕行录全集》，第40卷，东国大学出版部，2001年版。

8 参见朝鲜文人李德懋（1741—1793）《青庄馆全书》卷五十六《图书集成》。

9 收入〔韩〕林基中主编《燕行录全集》，第57卷，东国大学出版部，2001年版。

10 见朝鲜文人李德懋（1741—1793）《青庄馆全书》卷六十七《入燕记》“五月十九日”。

11 见〔韩〕柳得恭《滦阳录》卷一，第1页，〔中〕金毓黻编《辽海丛书》，辽海书社排印本，1931-1934年。该书第10页有从“新店”到热河的路程记。

12 朝鲜文人柳得恭《滦阳录》卷一有对其于1778年来沈阳的追述。另参见杨昭全、何彤梅《中国—朝鲜韩国关系史》，第637页，天津人民出版社，2001年版。

状官的三节年贡使节团。

1779年，已亥，〔清〕高宗乾隆四十四年，☆黄帝历四千四百七十七年。是岁，四大徽班进京，其后朝鲜使节团多有在华观看京剧的记述；◇檀君历四千一百一十二年，〔朝鲜〕正祖三年。三月，王亲祭大报坛。是月，朝鲜议大报坛等礼乐仪式。十月，派出以黄仁点为正使、洪检为副使、洪明浩为书状官的冬至兼谢恩使节团如清。是岁，李檗把基督教思想付诸实施，开始礼拜，他本人也因此被称作半岛的"开教圣祖"[1]。

1780年，庚子，〔清〕高宗乾隆四十五年，☆黄帝历四千四百七十八年。二月，凤凰城捉拿朝鲜义州越境人刘利定等送回。十一月，遣朝鲜使臣遣朴明源赍钦赐金佛还，该金佛后安放于朝鲜妙香寺。十二月，以会同四译馆屋坏，压毙朝鲜使臣，下部严议有关官员，礼部侍郎达椿革职留任；◇檀君历四千一百一十三年，〔朝鲜〕正祖四年。七月，遣朴明源为进贺兼谢恩正使，郑元始为副使，赵鼎镇为书状官，率祝贺乾隆皇帝70大寿的使节团来华。朴趾源（1737—1805）随族兄朴明源来华，并著有《热河日记》[2]。《热河日记》是最著名的"燕行录"，半岛学生纷纷模仿朴趾源文笔，并称其为"燕岩体"。朴趾源此次在北京，见到书肆有朝鲜医生许浚《东医宝鉴》共25卷在出售。朴趾源有《燕岩集》共6卷传世[3]。十月，遣茂林君李塘为正使、李崇祜为副使、尹长烈为书状官的谢恩使节团来华。李崇祜（1723—1789），字德而，号勿斋，本贯龙仁，其《勿斋集》卷一有诗《以副使赴燕，过龙湾，家儿适尹是府，出迎境上以入镇边轩，遂夜饮口占》[4]。十一月，遣吏曹判书徐有庆为正使、礼曹参判申大升为副使、林济远为书状官，率三节年贡使节团如清。卢以渐（1720—1788）随团来华，并著有《随槎录》[5]。十二月，苏州一艘挂"天后娘娘"画像商船漂风至朝鲜，朝鲜从海路送之回国，并移咨礼部。是岁，徐命膺等将所编订《御定宋史筌》进王。

1781年，辛丑，〔清〕高宗乾隆四十六年，☆黄帝历四千四百七十九年。二月，遣朝鲜使臣李塘、李崇祜赍敕、钦赐骏马1匹、貂皮数百张回，奉旨"所有陈谢表章随贡物品，概令停止"。是岁，遣通官徐宗显送朝鲜漂风人李再晟等12人至义州。李再晟等漂风至福建，被送至北京；◇檀君历四千一百一十四年，〔朝鲜〕正祖五年。三月，王亲祭大报坛。六月，王亲自编订唐宋散文八大家之《八子百选》。是月，徐浩修等《奎章（阁）总目》编成。七月，拔擢明将李成梁后人李萱之子李光遇。李萱时为镇海县监（知县）。是月，儒学朴宗饶上疏，述其收藏万历二十八年（1600）平安道监司徐渻（1558—1631）购来赵孟頫所画《箕子对武王陈洪范图》经历[6]。十一月，派出以黄仁点为正使、洪秀辅为副使、林锡喆为书状官的三节年贡兼谢恩使节团。

1782年，壬寅，〔清〕高宗乾隆四十七年，☆黄帝历四千四百八十年。四月，遣朝鲜使臣黄仁点赍钦赐彩缎、貂皮还。是岁，《四库全书》完成修纂；◇檀君历四千一百一十五年，〔朝

---

1 参见黄德宽《韩国教友与韩国天主教》，台湾《辅仁大学神学论集》，第64号，1985年。

2 《热河日记》收入〔韩〕林基中主编《燕行录全集》，第53、54卷，东国大学出版部，2001年版。

3 参见拙著《半岛唐风：朝韩作家与中国文化》，第369–391页，宁夏人民出版社，2004年版。

4 参见〔韩〕金台俊（译音）等编译《勿斋遗稿》，第53、283页，纯学社，2006年版。

5 见〔韩〕林基中主编《燕行录全集》，第41卷，东国大学出版部，2001年版。

6 参见〔韩〕《正祖实录》卷一。

鲜〕正祖六年。三月，王亲祭大报坛。是岁初，黄仁点等三使在北京参加了圆明园观看焰火等活动，此是朝鲜使节首次进入圆明园。十月，派出以郑存谦（1722—1794）为正使、洪良浩为副使、洪文泳为书状官三节年贡使节团。洪良浩（1724—1802）作有《燕云纪行》，收入其《耳溪集》卷六[1]。

1783年，癸卯，〔清〕高宗乾隆四十八年，☆黄帝历四千四百八十一年。八月，盛京礼部移咨朝鲜。十月，遣朝鲜使臣李福源赍钦赐御制诗文、如意回[2]；◇檀君历四千一百一十六年，〔朝鲜〕正祖七年。二月，郑存谦、洪良浩驰报其在圆明园的活动。三月，王亲祭大报坛。六月，派出以李福源为正使、吴载纯[3]为副使、尹曦为书状官的圣节兼问安使节团至盛京。吴载纯（1727—1792）著有《航海朝天图跋》，收入其《醇庵集》卷六[4]。正使侄子李田秀随行来华，并著有《农隐入沈记（上、中、下）》[5]。李晚秀亦来华（1752—1820），并著有《醇轩录》，该书收入韩国林基中教授主编《燕行录全集》第60卷。七月，大司宪朴明源上疏，论中原与朝鲜车马、砖瓦、驴与羊等的牧养、语言等异同，其论皆属其族弟朴趾源力主之“朝鲜实学”。十月，派出以洪乐性为正使、尹师国（1728—1809）为副使、李鲁春为书状官的谢恩使节团。书状官李鲁春（1752—？）用韩文写出《北燕纪行》一书。十月，派出以黄仁点为正使、柳义养为副使、李东郁为书状官的三节年贡兼谢恩使节团。随父李东郁来华的李承薰在北京天主教南堂接受了西方神甫关维亚的洗礼，并取教名“伯多禄”（即“彼得”）。李承薰回国后，积极宣传天主教教义，并为李檗、权日身代施洗礼，此3人乃创立半岛天主教的代表人物[6]。他们在译官金禹范的家定期聚会、祈祷，此地即现今韩国首尔市的明洞教堂。十月廿三日，洪大容病逝。洪大容（1731—1783），字德保，号湛轩，本贯南阳，朝鲜著名实学家。其五世孙洪容善所编《湛轩书》附录有陆飞、潘庭筠、严诚等清朝文人的诗文，诸人皆洪大容来华时在北京结识者。《湛轩书》卷二载，洪大容向中国朋友介绍说：“故迹则平壤有箕子陵，有井田遗制，可数百千亩。阡陌虽湮废，而沟路正方，尚有余制之可考”。

1784年，甲辰，〔清〕高宗乾隆四十九年，☆黄帝历四千四百八十二年。十二月，以帝执政50年，遣西明为正使、阿肃为副使赍敕至朝鲜，并册封王世子李𬎆（1782—1786）。阿肃做七律二首，正祖和就四首。朝鲜国王之诗传至北京，大得乾隆帝赞赏；◇檀君历四千一百一十七年，〔朝鲜〕正祖八年。七月，派出以金熤为正使、金尚集为副使、李兢渊为书状官的谢恩兼陈奏、奏请使节团，请册封李𬎆为王世子。韩国电视剧《李祘》第101集[7]描述，李𬎆（1782—1786）乃宜嫔成松渊（1753—1786）所生，成松渊是卑贱的图画署茶母出身。十月，派出以李徽之为正使、姜世晃为副使、李泰永为书状官的进贺谢恩兼三节年贡使节团。李徽之在给正祖的呈报中，详细描绘了乾隆帝在瀛台乘坐“冰床”[8]游戏的情形。姜世晃（1713—

1 《燕云纪行》收入〔韩〕林基中主编《燕行录全集》，第41卷，东国大学出版部，2001年版。

2 参见《清史稿·列传三百十三·属国一·朝鲜琉球》（卷五百二十六）。

3 吴载绍《燕行日记》（1801）在朝鲜龙川有“昔在癸卯，我伯氏以副使赴沈阳，过此”的记述，可见吴载绍即吴载纯之弟。见〔韩〕林基中、〔日〕夫马进编《燕行录全集日本所藏编》卷一，第368页，东国大学校韩国文学研究所，2001年版。

4 参见〔韩〕林基中《燕行录研究》，第501页，一志社，2006年增补版。

5 见左江《〈燕行录〉考订》，张伯伟编《域外汉籍研究集刊》，第四辑，中华书局，2008年版。

6 参见杨昭全、何彤梅《中国—朝鲜韩国关系史》，第653页，天津人民出版社，2001年版。

7 凤凰卫视2009年播出。

8 方形木架，底安铁条，在冰上滑行。皇帝所乘坐乃在冰上滑行的轿子。

1791）著有《豹庵燕京编》[1]。十二月，派出以朴明源为正使、尹承烈为副使、李鼎运为书状官的使节团。朴明源在北京拜见了西明与阿肃，李鼎运（1743—？）著有《燕行录》。无名氏随书状官李鼎运来华，亦著有《燕行录》[2]。

1785年，乙巳，〔清〕高宗乾隆五十年，☆黄帝历四千四百八十三年；◇檀君历四千一百一十八年，〔朝鲜〕正祖九年。三月，正祖召见在朝汉人及子孙。九月，正祖赐额“文益渐书院”。文益渐（？—1398）乃高丽大臣，1363年出使中国时，于路边摘取棉花种，传播半岛。十月，派出以安春君李烿为正使、吏曹判书李致中为副使、宋铨为书状官的三节年贡兼谢恩使节团。李烿等在京参加乾隆帝举行的“千叟宴”，接受乾隆帝赐国王玉如意、仿宋版《五经》等礼物，并在圆明园进汉诗多次。是月，宋铨呈报，中国米价飞涨，斗米1300文[3]。是岁，朝鲜拔擢明将李如松六代孙李光遇[4]。

1786年，丙午，〔清〕高宗乾隆五十一年，☆黄帝历四千四百八十四年。二月，礼部以日食事咨至朝鲜。闰七月，敕使行期画虎号牌[5]至朝鲜。九月，遣敕谕使苏凌阿、副使徐保至朝鲜，致祭王世子李晫；◇檀君历四千一百一十九年，〔朝鲜〕正祖十年。正月，义州严查朝鲜人所购买中国书籍，儒学以外不得带入。三月，王亲祭大报坛并赋诗。五月，王世子李晫（1782—1786）卒，遣礼曹正郎沈乐洙赍咨报礼部。沈乐洙（1739—1799）是岁著有《燕行日乘》[6]。六月，明将李如松后人李萱病卧，正祖遣人照顾其子李光遇[7]。十月，派出以黄仁点为正使、尹尚东为副使、李勉兢为书状官的三节年贡兼谢恩使节团。黄仁点在北京拜见苏凌阿。是岁，正祖宜嫔成松渊（1753—1786）病逝。

1787年，丁未，〔清〕高宗乾隆五十二年，☆黄帝历四千四百八十五年；◇檀君历四千一百二十年，〔朝鲜〕正祖十一年。三月，王亲祭大报坛。五月，拔擢茂山幼学胡昌祖。胡昌祖乃明朝翰林胡士表之孙胡尚德五代孙。十月，派出以俞彦镐为正使、赵环为副使、郑致淳为书状官的三节年贡兼谢恩使节团。俞彦镐（1730—1796）有《燕石集》传世[8]，是岁著有《燕行录》[9]。十一月，皇历赍咨官李镇夏抄来上谕，清廷拟于乾隆五十五年大庆。是岁，由两艘军舰组成的法国远东探险队，侵入朝鲜济州岛和郁陵岛一带，测量东南沿海的航道[10]。是岁，徐命膺卒。徐命膺（1716—1787），本贯达城，其《保晚斋丛书·考事十二集》“六”以为，古“淹菜”即现朝鲜“沉菜”，见该书面十九。

1788年，戊申，〔清〕高宗乾隆五十三年，☆黄帝历四千四百八十六年；◇檀君历四千一百二十一年，〔朝鲜〕正祖十二年。正月，以是岁为大明开国第七周甲（共420年），召明人子孙授爵。八月，皇历赍咨官洪命福上手本，言说中国情形。十月，派出以李在协为正使、

1 参见〔韩〕林基中《燕行录研究》，第501页，一志社，2006年增补版。

2 收入韩国林基中主编《燕行录全集》第70卷，东国大学出版部，2001年版。

3 参见《清史稿·列传三百十三·属国一·朝鲜琉球》（卷五百二十六）。

4 参见〔韩〕《国朝宝鉴别编》卷八。

5 画鹰最急，其次画虎，其次画月。

6 《燕行日乘》收入〔韩〕林基中主编《燕行录全集》，第57卷，东国大学出版部，2001年版。

7 我国学者杨昭全、何彤梅记述，1592年明将李如松在朝鲜娶琴氏，生李天忠。李天忠后改名“李天根”躲避刷还，居岭南巨济岛鹅州贯松村。参见本年历“1800年”及杨昭全、何彤梅《中国—朝鲜韩国关系史》，第626页，天津人民出版社，2001年版。

8 参见拙著《朝鲜半岛汉学史》，第192页，学苑出版社，2009年版。

9 收入〔韩〕林基中主编《燕行录全集》，第41卷，东国大学出版部，2001年版。

10 参见徐万民《中韩关系史（近代卷）》，第一章第一节，社会科学文献出版社，1996年版。

鱼锡定为副使、俞汉谟为书状官的三节年贡兼谢恩使节团。鱼锡定（1731—1793）著有《燕行录》[1]。十一月，户曹送米、布匹于明将李如松后孙。

1789 年，己酉，〔清〕高宗乾隆五十四年，☆黄帝历四千四百八十七年；◇檀君历四千一百二十二年，〔朝鲜〕正祖十三年。十月，派出以行判中枢府事李性源（1725—1790，字善之，号湖隐）为正使、礼曹判书赵宗铉（1731—1800）为副使、成种仁为书状官的进贺谢恩兼三节年贡使节团。李性源、赵宗铉和御制诗之作，收入近人徐世昌编《清诗汇》。十二月，拔擢明将李如松后孙、行副护军李源。是岁，赵秀三（1762—1849）随团来华，并著有《燕行纪程》[2]。

1790 年，庚戌，〔清〕高宗乾隆五十五年，☆黄帝历四千四百八十八年；◇檀君历四千一百二十三年，〔朝鲜〕正祖十四年。三月，设立大报坛守值官 3 人。四月，训练都监麾下白东修等撰《武林图谱通志》汉文版及韩文版《武林图谱通志谚解》刊出，正祖为之作序。今朝鲜中央图书馆有该书藏本[3]。五月，派出以昌城尉黄仁点为正使、徐浩修为副使、李百亨为书状官的进贺兼谢恩使节团，赴热河进贺乾隆帝八十万寿。黄仁点一行得钦赐彩缎 26 匹，于十月十一日回到汉阳[4]。黄仁点（？—1802）著有《燕槎录》[5]。徐浩修（1736—1799）著有《燕行记》《热河纪游：元、亨、利、贞》[6]。朴齐家（1790—1815）、柳得恭（1749—1807）随团来华。柳得恭在京会见纪昀等，所著《滦阳录》开头即交代其随副使徐浩修来华情形[7]。柳得恭还著有《辽野车中杂咏》。十月，派出以金箕性为正使、闵台爀（1746—1806）为副使[8]、李祉永为书状官的冬至兼谢恩使节团如清。金箕性（1752—1811）著有《燕行日记（坤）》（缺“乾”卷）。金箕性与朴齐家等一起游览北京。在紫禁城，乾隆帝问国王安否？和珅马上示意金箕性叩头回答。帝又询问国王去岁得子胤之事，且言以后接连得子也说不定[9]。是月，朝鲜拔擢明将李如梅后孙李葂为佥知中枢府事。

1791 年，辛亥，〔清〕高宗乾隆五十六年，☆黄帝历四千四百八十九年。是岁，有法国传教士由我国到朝鲜传教[10]。是岁，天主教徒、苏州人周文谟自北京进入朝鲜，积极推动半岛天主教的发展。随后，朝鲜大肆搜捕天主教徒，周文谟乃自首；◇檀君历四千一百二十四年，〔朝鲜〕正祖十五年。三月，王召见明朝兵部尚书石星别孙石汉英[11]等，又以天主教盛行，收缴西洋书集中焚毁，并令燕行者不得购买稗官杂著，尤禁中国小说。十月，派出以金履素为正使、李祖源为副使、沈能翼为书状官的冬至兼谢恩使节团。金履度[12]、金士龙随正使来华，金士龙著

1　参见〔韩〕林基中《燕行录研究》，第 501 页，一志社，2006 年增补版。

2　参见〔韩〕林基中《燕行录研究》，第 501 页，一志社，2006 年增补版。

3　参见〔朝〕《朝鲜画报》2006 年第 12 期赵熙承文。

4　参见《清史稿 · 列传三百十三 · 属国一 · 朝鲜琉球》（卷五百二十六）。朝鲜文献《文苑黼黻续编》卷十。

5　参见〔韩〕林基中《燕行录研究》，第 501 页，一志社，2006 年增补版。

6　收入〔韩〕林基中主编《燕行录全集》，第 50、51 卷，东国大学出版部，2001 年版。

7　见〔韩〕柳得恭《滦阳录》卷一，〔中〕金毓黻编《辽海丛书》，辽海书社排印本，1931-1934 年。

8　闵台爀（1746—1806），字子三，本贯骊兴。1779 年（朝鲜正祖三年，清乾隆四十四年）增试文科状元，1788 年为大司宪、全罗道观察史，1790 年冬至兼谢恩副使。1803 年，以礼曹判书为冬至使。

9　林基中、夫马进两位教授将金箕性《燕行日记（坤）》定为 1791 年作品，当是根据卷首的“辛亥正月（下）”五字。金书现缺《燕行日记（乾）》记庚戌年事。

10　参见《清史稿 · 列传三百十三 · 属国一 · 朝鲜琉球》（卷五百二十六）。

11　石汉英、石汉俊乃明朝兵部尚书石星之弟石奎后孙。参见〔韩〕《国朝宝鉴别编》卷八。

12　朝鲜文人金士龙《燕行录》载：“十六年冬十一月，庸庵金相公以冬至正使兼谢恩使，衔命出疆。携季氏松园居士，与之作万里之役”。这里的“季氏松园居士”即正使金履素的弟弟金履度。

有《燕行录·燕行日记（上、下）》[1]。金士龙，字正中，在北京琉璃厂与徽商程嘉贤相识，程嘉贤并为其《燕行录》作序。十一月，鞫问平泽县监（县令）、天主教徒李承熏。十二月，忠清道陆路送登州福山县[2]漂风清人回。该道水军节度使金明遇对该船、船上男女人物记述十分详细，尤其是一山东新娘子[3]。

1792 年，壬子，〔清〕高宗乾隆五十七年，☆黄帝历四千四百九十年；◇檀君历四千一百二十五年，〔朝鲜〕正祖十六年。三月，正祖亲祭大报坛。七月，王召见半岛明人后孙 49 人。八月，致祭明朝抗倭副总兵邓子龙。是月，王召见孔允东，并仿中国衍圣公例，命朝鲜孔子两支后裔分别奉祀其祖。九月，以孔子后裔至半岛者世居水原，遣官考访水原中逵面九井村孔庙，并访龙仁等地圣人后裔。十月，派出以朴宗岳为正使、徐龙辅为副使、金祖淳为书状官的三节年贡兼谢恩使节团，并移咨礼部请准使节团在京换银钱。金祖淳（1765—1832）著有《燕行录》[4]。金祖淳乃纯元肃王妃之父，有《枫皋集》传世[5]。是月，朝鲜议罢刷马[6]。大臣云，自鸭绿江至北京，雇清人之马卜物（驮货）100 斤，需银 6 两。十二月，宪书赍咨官卞复圭回。是月，儒生李珏（1760—1813）参加科举时使用稗官小说体，朝野大惊，正祖乃发起“文体反正”运动，压制“燕岩体”[7]。

1793 年，癸丑，〔清〕高宗乾隆五十八年，☆黄帝历四千四百九十一年。二月，礼部移咨朝鲜，称朝廷不准朝鲜换钱之请[8]。九月，礼部移咨朝鲜；◇檀君历四千一百二十六年，〔朝鲜〕正祖十七年。二月，朴宗岳驰报其在圆明园等地，得钦赐彩缎 16 匹，乾隆帝赐膳桌上御酒等事。三月，王亲祭大报坛。七月，擢明将李如松后人李源为知中枢府事兼都总管。十月，派出以黄仁点为正使、李在学为副使、郑东规为书状官的三节年贡兼谢恩使节团。李在学（1745—1806）著有《燕行记事（元、亨、利、贞）》《癸丑燕行诗》[9]。韩国林基中教授认为，是岁金正中来华并著有《燕行录》，有误[10]。是月，宪书赍咨官洪宅福驰报，英吉利使节马嘎尔尼、斯当东再贡大清。洪宅福并抄录英吉利贡品 19 种之名目。

1794 年，甲寅，〔清〕高宗乾隆五十九年，☆黄帝历四千四百九十二年；◇檀君历四千一百二十七年，〔朝鲜〕正祖十八年。十月，派出以领中枢府事朴宗岳为正使、郑大容为副使、郑尚愚为书状官的陈贺使节团，检书官朴宗善。朴宗岳乃朴明源之侄，中途病逝。是月，派出以洪良浩为正使、李义弼为副使、沈兴永为书状官的三节年贡兼谢恩使节团。洪良浩

1 收入〔韩〕林基中主编《燕行录全集》，第 74 卷，东国大学出版部，2001 年版。

2 今山东省烟台市福山区。

3 参见〔韩〕《正祖实录》卷二。

4 金祖淳该书被韩国林基中教授定为 1789 年作品，收入〔韩〕林基中主编《燕行录全集》，第 65 卷，东国大学出版部，2001 年版。

5 参见拙著《朝鲜半岛汉学史》，第 197 页，学苑出版社，2009 年版。

6 刷马，各邑铺马之称。

7 “燕岩体”是模仿朴趾源“燕行录”的文体。见任晓丽、梁利《略论朝鲜李朝正祖的“文体反正”》，《解放军外国语学院学报》，第 32 卷，第 2 期，2009 年 3 月。

8 参见《清史稿·列传三百十三·属国一·朝鲜琉球》（卷五百二十六）。

9 见〔韩〕林基中主编《燕行录全集》，第 57、58 卷，东国大学校出版部，2001 年版。

10 金正中即金士龙。〔韩〕林基中主编《燕行录全集》第 75 卷所收《燕行录》，与该书第 74 卷所收金士龙《燕行录·燕行日记（上、下）》为同一作品。见左江《〈燕行录〉考订》，张伯伟编《域外汉籍研究集刊》，第四辑，中华书局，2008 年版；本年历“1791 年”。

(1724—1802）作有《燕云续咏》，收入其《耳溪集》卷七，其中有在北京与纪昀的交往记录[1]。其子洪羲浚（1761—？）随团来华，并著有《燕行诗》[2]。十一月，送登州漂风人陆路归国。是月，明将李如松与琴氏之后人居于巨济岛，王命拔擢之[3]。十二月，刊印《朱书百选》。是岁，朝鲜禁购中国小说。

1795年，乙卯，〔清〕高宗乾隆六十年，☆黄帝历四千四百九十三年。十一月，以乾隆皇帝退位为太上皇、嘉庆皇帝即位事，礼部移咨朝鲜；◇檀君历四千一百二十八年，〔朝鲜〕正祖十九年。正月，以活字印《三书》《五经》。三月，王亲祭大报坛。五月，华城文宣王庙奠基。十月，派出以闵钟显为正使、李亨元为副使、赵德润为书状官的三节年贡兼谢恩使节团。十一月，派出以李秉模为正使、徐有昉为副使、柳畊为书状官的进贺兼谢恩使节团，进贺乾隆帝执政60年并传位。是月，宪书赍咨官下复圭驰报北京情形。十二月，遣赍咨官郑思贤入京师。

1796年，丙辰，〔清〕仁宗嘉庆一年，☆黄帝历四千四百九十四年。正月，礼部移咨朝鲜，告皇帝（嘉庆）称“圣旨”，太上皇（乾隆）称“敕旨”。二月，礼部移咨朝鲜，告皇后三大节永停表笺贺；◇檀君历四千一百二十九年，〔朝鲜〕正祖二十年。是岁，蔡济恭主持的水原华城[4]建成。三月，王亲祭大报坛并赋诗。是月设“铸字所”，朝鲜自太宗起所铸汉字活字至此共30万个[5]。九月，《尊周录》编成。是月，济州武将李邦翼（1757—？）等8人漂流至澎湖，次年被护送至台湾，经浙江、江苏、山东送至北京，然后回国。李邦翼著有《漂海歌》[6]，朝鲜文人朴趾源《燕岩集》别集卷六有《书李邦翼事》。十月，遣沈颐之为正使，率使节团如清。沈颐之至薛刘站[7]卒。朝鲜改派以黄海道节度使金思穆为正使、柳焵为副使、李翊为书状官的三节年贡兼谢恩使节团如清。金思穆等参加千叟宴，赍太上皇（乾隆帝）钦赐《千叟宴诗》回[8]。十一月，朝鲜祭祀孔子。十二月，宪书赍咨官金在洙回，抄来和珅捷报。是月，朝鲜刊印《御定史记英选》。是岁，洪致闻来华，并著有《丙辰苦块录》[9]。

1797年，丁巳，〔清〕仁宗嘉庆二年，☆黄帝历四千四百九十五年。二月，嘉庆之皇后喜塔腊氏（1761—1797）崩；◇檀君历四千一百三十年，〔朝鲜〕正祖二十一年。三月，拔擢明将李如松后人李熙章[10]。八月，王以“再造藩邦”为题，面试儒生。十月，派出以金文淳为正使、申耆为副使、洪乐游为书状官的三节年贡兼谢恩使节团。正使金文淳以病留栅门，副使、书状官率使节团入京师。十二月，朝鲜刊印《春秋》。

1798年，戊午，〔清〕仁宗嘉庆三年，☆黄帝历四千四百九十六年；◇檀君历四千一百三十一年，〔朝鲜〕正祖二十二年。正月，送漂风人回。该漂风清船乃“云宝发”号，长15丈、阔2丈，在朝鲜停泊26日，内有豆、米1161担，每担合朝鲜40斗。朝鲜记录船

1 《燕云续咏》收入〔韩〕林基中主编《燕行录全集》，第41卷，东国大学出版部，2001年版。

2 洪氏父子是岁著作情况参见〔韩〕林基中《燕行录研究》，第501页，一志社，2006年增补版。

3 〔韩〕《武艺通志》载李如松赠琴氏剑事，参见〔韩〕《国朝宝鉴别编》卷八。

4 华城在今韩国水原市，世界文化遗产。

5 朝鲜铸造铜活字情况，参见杨昭全、何彤梅《中国—朝鲜韩国关系史》，第571-572页，天津人民出版社，2001年版。

6 《飘海歌》收入〔韩〕林基中主编《燕行录全集》，第61卷，东国大学出版部，2001年版。参见衣若芬《漂流到澎湖：朝鲜人李邦翼的意外之旅及其相关书写》，张伯伟编《域外汉籍研究集刊》，第四辑，中华书局，2008年版。

7 即今辽宁省“沈丹高速”沿线的薛礼站。

8 参见《清史稿·列传三百十三·属国一·朝鲜琉球》（卷五百二十六）。

9 参见〔韩〕林基中《燕行录研究》，第501页，一志社，2006年增补版。

10 参见〔韩〕《国朝宝鉴别编》卷八。

形、船内甚为详细。七月，祭祀显忠祠。十月，派出以工曹判书李祖源为正使、金勉柱为副使、徐有闻为书状官的三节年贡兼谢恩使节团。金勉柱著有《燕行诗赠季君》[1]。徐有闻（1762—？）著有《戊午燕录》，对和珅被赐死记述详细。韩国林基中教授主编《燕行录全集》第62卷无名氏《戊午燕录》，即同卷所收徐有闻《戊午燕录》[2]。

1799年，己未，〔清〕仁宗嘉庆四年，☆黄帝历四千四百九十七年。三月，以乾隆崩逝，遣副都统张承勋、礼部侍郎恒杰赍敕至朝鲜，颁太上皇（乾隆）遗诏[3]。十二月，以朝鲜黄历赍咨官李光稷（1745—？）私自通书于京师张承勋宅，礼部知照朝鲜；◇檀君历四千一百三十二年，〔朝鲜〕正祖二十三年。二月，王命访问明将李如梅后孙。三月，以太上皇（乾隆帝）驾崩，派出以具敏和为正使、金履翼为副使、曹锡中为书状官的陈慰兼进香使节团如清。是月，王亲祭大报坛。七月，派出以赵尚镇为正使、徐滢修为副使、韩致应为书状官的进贺兼谢恩使节团，进贺上乾隆帝尊谥并进方物。十月，派出以金载瓒为正使、李基让为副使、具得鲁为书状官的进贺谢恩兼岁币使节团。

1800年，庚申，〔清〕仁宗嘉庆五年，☆黄帝历四千四百九十八年。正月，以乾隆帝祔庙，遣散秩大臣田国荣（1738—？）、英和（1771—1840）赍敕至朝鲜。英和乃前礼部尚书德保之子，作五言诗《文物衣冠国》进朝鲜国王。十一月，遣散秩大臣公明俊为正使、内阁学士纳清保为副使至朝鲜，颁诏并致祭正祖。使节团随行大通官太平保、双林，副大通官常善、吉尔通阿。《清史稿·列传三百一十三·属国一·朝鲜琉球》（卷五百二十六）载，公明俊使节团本是前去册封李玜为朝鲜王世子的，中途接报正祖薨，乃奉敕改为致祭正祖、册李玜为“朝鲜国王”[4]；◇檀君历四千一百三十三年，〔朝鲜〕正祖二十四年。正月，派出以具敏和为正使的进贺兼谢恩使节团，韩用龟为副使、柳畊为书状官，祝贺嘉庆皇帝亲政。是月，以元子李玜为王世子。三月，具得鲁回，言去年十一月二十一日，帝为德明奏“朝鲜赍咨官李光稷私自投书张承勋宅”事下旨，四译馆卿、郎中明安询问此事：以未即时阻止，帝着从轻发落。四月，派出以领议政李秉模为正使的陈奏兼奏请使节团，奏请册封王世子[5]。李集斗为副使、朴钟淳为书状官。是月，明将李如松8代孙李熙章登武科，其所藏“红牌”为朝鲜所珍视。六月，正祖李祘薨，11岁世子李玜继位，正祖妃金氏（1753—1821，孝懿王妃，本贯清风，金时默之女）被尊为大妃并听政，英祖妃金氏（1745—1805，贞纯王妃，本贯庆州，金汉耉之女）被尊为大王大妃。正祖李祘有百册《弘斋全书》传世。八月，派出以绫城尉具敏和为正使的告讣兼请谥、请承袭使节团，礼曹判书郑大容为副使、张至冕为书状官。请承袭奏文乃由大妃、正祖妃金氏（孝懿王妃）所上。是月，遣吴载纯为冬至使如清。十一月，派出以李得臣为正使的岁币兼谢恩使节团，林蓍喆为副使、尹羽烈为书状官。十二月，陆路送登州漂风6人回。是岁前后，我国小说与戏剧作

1 金勉柱被林基中教授误作“金兴庆”，收入〔韩〕林基中主编《燕行录全集》，第65卷，东国大学出版部，2001年版。见左江《〈燕行录〉考订》，张伯伟编《域外汉籍研究集刊》，第四辑，中华书局，2008年版。

2 见左江《〈燕行录〉考订》，张伯伟编《域外汉籍研究集刊》，第四辑，中华书局，2008年版。

3 见《清史稿·列传三百十三·属国一·朝鲜琉球》（卷五百二十六）。韩国电视剧《李祘》里出现了一个叫“张成伟”的大清使臣，当是以清朝靖逆侯张勇玄孙、副都统张承勋为原型。

4 据统计，自1636年至是岁的245年间，清廷派遣朝鲜的敕使共169次。见李善洪《清代朝鲜对华外交文书的传送》，《历史档案》，2009年第3期。

5 参见朝鲜文献《文苑黼黻续编》卷七。

品《桃花扇》《红楼梦》《续红楼梦》《水浒传》[1]《续水浒传》《列周志》《封神演义》《西游记》《聊斋志异》等传入朝鲜[2]。

1801年，辛酉，〔清〕仁宗嘉庆六年，☆黄帝历四千四百九十九年。二月，盛京礼部为朝鲜人李显宅私入辽阳采参数年移咨。六月，以嘉庆帝册封皇后钮祜禄氏（1776—1849），遣松龄（1757—？）、吉纶（1750—？）至朝鲜颁敕；◇檀君历四千一百三十四年，〔朝鲜〕纯祖李玜（1790—1834，字公宝，号纯斋）一年。正月，陆路送苏州漂风6人回。二月，派出以赵尚镇为正使的谢恩使节团如清，申献朝为副使、申绚为书状官。朴齐家（1790—1815）、柳得恭（1749—1807）随行来华。柳得恭所著《燕台再游录》卷一开头交代说，其来华使命乃购买朱子书善本[3]。柳得恭另著有《热河记行诗》，此两部"燕行录"收入其《竝世集》[4]。柳得恭在京拜见纪昀，并与清人李鼎元兄弟开始了长期的友谊[5]。三月，朝鲜致祭明崇祯帝及李如松等明将。是月，"邪学罪"发，黄仁点被撤职。八月，派出以青城尉沈能建为正使的进贺兼谢恩使节团，吴载绍为副使、弘文馆校理郑晚锡为书状官。吴载绍（1729—1811）著有《燕行日记》，卷首言此行谢帝遣松龄颁敕之恩[6]。是月，李显宅等枭首示众。十月，派出以曹允大（1748—1813）为正使的冬至兼陈奏使节团，陈奏半岛天主教流行事，并奏请于中朝边境严查。徐美修为副使、李基宪（1763—？）[7]为书状官。李基宪著有《燕行日记》《燕行诗轴》《燕行日记启本》[8]。是月，朝鲜以传播天主教罪，杀清朝苏州人周文谟及朝鲜信徒李家焕、李承熏、权日身、洪乐敏等数十人。十一月，黄嗣永等天主教徒等被杀，庄献世子第三子恩彦君李䄄也以"邪学罪"被杀死。此即朝鲜史上的"辛酉邪狱"，共300名天主教信徒被处死。十二月，遣司译正李恒载赍咨送银州漂风25人至北京。是岁，朝鲜人口7513792人。〔韩〕林基中、〔日〕夫马进编书卷一所收无名氏《蓟程诗稿》，并非如两位教授所说是本年的作品，而是朝鲜文人李海应（1775—1825）《蓟山纪程》（1803）里面的诗歌部分[9]。

1802年，壬戌，〔清〕仁宗嘉庆七年，☆黄帝历四千五百年。三月，礼部以所送漂风人中有外国人移咨朝鲜，其中5人因文字不晓、语言不通送还朝鲜。直至1807年，方知此5人是吕宋人[10]；◇檀君历四千一百三十五年，〔朝鲜〕纯祖二年。十月，派出以青城尉沈能建为正使、韩晚裕为副使、闵命　为书状官的奏请兼冬至谢恩使节团，奏请册封纯祖妃金氏。十二月，送

1　参见〔韩〕李德懋（1741—1793）《青庄馆全书》卷六十《招安梁山泊榜文》。

2　参见朝鲜文人李圭景（1788—？）《五洲衍文长笺散稿》（七）。

3　见〔韩〕柳得恭《燕台再游录》卷一，第1页，〔中〕金毓黻编《辽海丛书》，辽海书社排印本，1931—1934年。

4　二书收入〔韩〕林基中主编《燕行录全集》，第60卷，东国大学校出版部，2001年版。柳得恭是岁《辽野车中杂咏》收入林书第60卷。

5　见〔韩〕柳得恭《燕台再游录》卷一，第2页，〔中〕金毓黻编《辽海丛书》，辽海书社排印本，1931-1934年。参见杨昭全、何彤梅《中国—朝鲜韩国关系史》，第637-638页，天津人民出版社，2001年版。

6　吴载绍《燕行日记》（1801）追述其高祖吴䎘（1592—1634）1624年以副使航海燕行、曾祖阳谷公吴斗寅1661年以副使燕行、其父月谷府君吴瑗（1700—1740）于1732年以书状官燕行、其兄吴载纯1783年以副使燕行事。见〔韩〕林基中、〔日〕夫马进编《燕行录全集日本所藏编》卷一，第365、369页，东国大学校韩国文学研究所，2001年版。

7　吴载绍《燕行日记》（1801）载，十一月二十六日在栅门遇见回国的曹允大徐美修、李基宪冬至使节团。见〔韩〕林基中、〔日〕夫马进编《燕行录全集日本所藏编》卷一，第404页，东国大学校韩国文学研究所，2001年版。

8　收入〔韩〕林基中主编《燕行录全集》，第64、65卷，东国大学出版部，2001年版。

9　见〔韩〕林基中、〔日〕夫马进编《燕行录全集日本所藏编》卷一，第407页，东国大学校韩国文学研究所，2001年版。参见拙作《朝鲜文人李海应〈蓟山纪程〉细读》，学苑出版社，2010年版。其后夫马进教授根据佟景文1801年进士及第等资料，断定该书乃《蓟山纪程》一部分。见〔日〕夫马进《日本现存朝鲜燕行录解题》，《京都大学文学部研究纪要》，第42期，2003年。

10　参见本年历"1807年"。

山东漂风8人从陆路回。

1803年，癸亥，〔清〕仁宗嘉庆八年，☆黄帝历四千五百〇一年。二月，遣散秩大臣成德、内阁学士明志，赍敕至朝鲜册纯祖妃金氏（1789—1857，纯元肃王妃，本贯安东，金祖淳之女）为“王妃”，并送钦赐彩缎30匹。九月，盛京工部侍郎巴札文为高丽沟子偷斫木事移咨朝鲜，又因刘青山等逃至獐子岛（薪岛），着朝鲜派人追捕。十一月，礼部以讳字事移咨朝鲜；◇檀君历四千一百三十六年，〔朝鲜〕纯祖三年。三月，王行皇坛拜望礼。五月，亲祭大报坛。七月，遣李晚秀（1752—1820）为“坤殿册诰谢恩使”如清，谢册封王妃之恩。洪义浩[1]为副使、洪奭周为书状官。洪义浩（1758—1826）著有《燕行诗》；洪奭周（1774—1842）亦著有《燕行诗》[2]。李晚秀《屐园遗稿》卷十二有“燕行诗”。十月，遣闵台爀（1746—1806）为冬至使率团如清，权𢢜为副使、徐长辅[3]为书状官。李海应（1775—1825）随行，有《蓟山纪程》传世[4]。李海应等在玉河馆见全罗道黑山岛漂风人文顺得等6人，他们详细述说了漂风至吕宋岛、经我国苏州回国经历。十一月，洪奭周驰报，二月，帝自圆明园回至紫禁城神武门，有人执剑刺杀，被大臣拦截。其人姓名“陈德”，已伏诛。十二月，儒生李近源等727人联名上疏，论朝鲜公私文书当用大明“崇祯”年号事。是月，王大妃金氏（1753—1821，孝懿王妃，本贯清风，金时默之女）还政于纯祖。

1804年，甲子，〔清〕仁宗嘉庆九年，☆黄帝历四千五百〇二年。十月，盛京刑部移咨朝鲜，着追查偷斫在逃者。十二月，盛京礼部移咨朝鲜，告帝明年巡视东北；◇檀君历四千一百三十七年，〔朝鲜〕纯祖四年。三月，徐长辅回言高丽沟子偷斫木事，钦差副都统策拔克调查，以为高丽沟子距獐子岛40里，着朝鲜严防之。五、七月，王亲祭大报坛。八月，獐子岛越境偷斫木8人押送盛京，其余在逃者继续追捕。十月，派出以金思穆为正使、宋铨为副使、元在明为书状官的冬至兼谢恩使节团。元在明（1763—1817）著有《芝汀燕记》[5]。

1805年，乙丑，〔清〕仁宗嘉庆十年，☆黄帝历四千五百〇三年。闰六月，遣佐领瑞龄[6]、内阁学士兼礼部侍郎德文赍敕至朝鲜，致祭大王大妃金氏（贞纯王妃）；◇檀君历四千一百三十八年，〔朝鲜〕纯祖五年。二月，以大王大妃、英祖妃金氏（1745—1805，贞纯王妃，本贯庆州，金汉耇之女）薨，派出以吴鼎源为正使、姜浚钦为书状官的告讣使节团。姜浚钦（1768—？）著有《輶轩录》[7]。姜时永（1788—？）欲随父姜浚钦来华，到平壤以病不行。闰六月，派出以李秉模为正使、洪受浩为书状官的盛京问安使节团。李秉模、洪受浩驰报，嘉

1 洪义浩（1758—1826），字养仲，号澹宁，本贯丰山。1884年廷试文科及第后，历任持平、应教、大司宪等，有《澹宁集》传世。

2 参见〔韩〕林基中《燕行录研究》，第502页，一志社，2006年增补版。

3 徐长辅（1767—1830），朝鲜文人，字公瑞，号长溪、秋阳，本贯达城。纯祖元年（1801）增试文科状元，1803年为冬至使书状官。

4 韩国林基中教授与日本夫马进教授所著书中的末部《燕程录》，两位教授认定作者不详、写作时间不详，其实乃李海应《蓟山纪程》的卷五。见〔韩〕林基中、〔日〕夫马进编《燕行录全集日本所藏编》卷三，第613–642页，东国大学校韩国文学研究所，2001年版。另参见〔韩〕林基中主编《燕行录全集》，第66卷，东国大学校出版部，2001年版；拙著《朝鲜文人李海应〈蓟山纪程〉细读》，学苑出版社，2010年版。

5 参见〔韩〕林基中《燕行录研究》，第502页，一志社，2006年增补版。

6 〔清〕金朝觐《三槐书屋诗钞》卷三有《和瑞芝庭〈奉使朝鲜抚宁道中〉元韵》，笔者疑该诗乃为瑞龄所作。见金毓黻编《辽海丛书》，辽海书社排印本，1931–1934年。

7 收入〔韩〕林基中主编《燕行录全集》，第67卷，东国大学出版部，2001年版。

庆帝在沈阳钦赐手书“礼教绥藩”，回程时李、洪二人于方士屯[1]20 里路边跪送，帝随护军 15 万人至山海关回，辽东随护军 15 万交接[2]。十月，派出以徐龙辅为正使、李始源为副使、尹尚圭为书状官的进贺兼谢恩使节团。李始源（1753—1807）著有《赴燕诗》[3]。李始源之子李凤秀（1778—1852）随团来华，其《赴燕诗》收入韩国林基中主编《燕行录全集》第 67 卷，但只有部分是“燕行诗”[4]。是月，又派出以李时秀为正使、李普天为副使、尹鲁东为书状官的冬至兼谢恩使节团。十二月，送镇江府漂风 10 人旱路回。

1806 年，丙寅，〔清〕仁宗嘉庆十一年，☆黄帝历四千五百〇四年；◇檀君历四千一百三十九年，〔朝鲜〕纯祖六年。四月，遣司译正李永达赍咨，陆路送太仓县、上海县漂风傅鉴周等 23 人回。朝鲜《边备司誊录》第 197 册有朝鲜官员问傅鉴周话记录。十月，派出以沈能建为正使、吴泰贤为副使、李永老为书状官的冬至兼谢恩使节团。十一月，皇历赍咨官李时升回，赍盛京将军开列朝鲜使节团入境程序六条。是岁，朝鲜著名风俗画家金弘道逝世。金弘道（1745—1806），字士能，号檀园，所画《书堂》《五柳归庄》至今在半岛广泛流传。传为金弘道所画“燕行图”，现藏韩国崇实大学基督教博物馆，2009 年韩国报刊多次介绍[5]。

1807 年，丁卯，〔清〕仁宗嘉庆十二年，☆黄帝历四千五百〇五年。是岁，帝以朝鲜报白大贤、李士楫私商事，钦赐王大缎、玻璃器、漆器、茶叶各 4 件以为嘉奖[6]；◇檀君历四千一百四十年，〔朝鲜〕纯祖七年。是岁，朝鲜人口数为 7561403。三月，王亲祭大报坛。八月，济州牧使韩鼎运驰报，辛酉年（1801）礼部送还外国 5 人中，病逝 2 人，其中 3 人得漂风琉球朝鲜人文顺得帮助，乃知是吕宋人。吕宋 3 人听到国语，如癫如痴，手舞足蹈。九月，遣上护军金在洙为赍咨官，以逮捕獐子岛朝鲜潜商白大贤、李士楫事移咨礼部。白大贤等本义州商人，潜用商船运朝鲜米 220 石卖与辽东商人，换回铜器、银钱、木材等。十月，派出以吏曹判书南公辙[7]为正使、林汉浩为副使、金鲁应为书状官的冬至兼谢恩使节团。王命南公辙购入中国书籍。《蓟山纪程》的作者李海应（1775—1825）随同来华，并著有《中州偶录（入燕记）》[8]。该书载，南长（掌）国使节已到北京。

1808 年，戊辰，〔清〕仁宗嘉庆十三年，☆黄帝历四千五百〇六年。三月，朝鲜漂风船至长江口崇明岛，朝鲜 7 人不识字，江苏巡抚汪日章上奏送京；◇檀君历四千一百四十一年，〔朝鲜〕纯祖八年。三月，王亲祭大报坛。十月，派出以沈能建为正使、赵弘镇为副使、金启河为书状官的冬至兼谢恩使节团。十一月，遣朴宗行赍咨送江南省漂风 13 人、山东省漂风 40

1　方士屯原址在今辽宁省沈阳市区的西北。

2　见〔清〕佚名《嘉庆东巡纪事》卷二有路程记，金毓黻编《辽海丛书》，辽海书社排印本，1931–1934 年。

3　见〔韩〕林基中主编《燕行录全集》，第 68 卷，东国大学校出版部，2001 年版。

4　参见左江《〈燕行录〉考订》，张伯伟编《域外汉籍研究集刊》，第四辑，中华书局，2008 年版。

5　参见韩国基督教博物馆宣传手册。笔者在该校任教时多次前往参观。

6　参见《清史稿 · 列传三百十三 · 属国一 · 朝鲜琉球》（卷五百二十六）。

7　南公辙（1760—1840），朝鲜文人，字符平，号金陵、颖翁、归恩堂、思颍、思颍居士、宜阳子、尔雅道人、尔雅堂、古董阁、书船阁、篆经斋，本贯宜宁。其《金陵集》卷四有“燕行诗”。

8　笔者以为，〔韩〕林基中、〔日〕夫马进两位教授认定的无名氏《中州偶录（入燕记）》（1807），当是李海应的作品。其中有作者在沈阳寻找程伟元的记载，并说几年前曾与程伟元会面，程伟元的诗很好。见〔韩〕林基中、〔日〕夫马进编《燕行录全集日本所藏编》卷一，第 448、449、451 页，东国大学校韩国文学研究所，2001 年版。另，朝鲜文人赵秀三《秋斋集》卷之四有《送李东华圣瑞再入燕京》《李东华归自燕京，适冬至夜。东华赍传吴兰雪答书及和诗》。其中“吴兰雪”即清朝文人吴嵩梁（1766 – 1834）。吴嵩梁有《香苏山馆诗钞》《清史列传》等书行于世。

人回。是月，参赞官李光益言，仁祖时烟草自日本流入朝鲜，后流入中国[1]。清初曾严禁，但朝鲜商人把烟草种子藏在笔管里，吸烟在中国已广泛流行。韩国林基中教授认为，是岁无名氏来华并著有《西行录》[2]。但该书不是“燕行录”[3]。

1809年，己巳，〔清〕仁宗嘉庆十四年，☆黄帝历四千五百〇七年。三月，遣朝鲜使臣沈能建等赍敕还，为嘉庆50寿诞也；◇檀君历四千一百四十二年，〔朝鲜〕纯祖九年。五月，以吕宋漂风人事，遣司译正李时亨赍咨礼部[4]。七月，派出以韩用龟为正使、尹序东为副使、闵致载为书状官的圣节进贺兼谢恩使节团。十月，派出以朴宗来为正使、金鲁敬为副使、李永纯为书状官的冬至兼谢恩使节团。朝鲜书法家金正喜（1786—1856）随其父金鲁敬来华，拜见翁方纲，与翁方纲父子结下了深厚的友谊[5]。李敬卨亦随行，并著有《燕行录》[6]。

1810年，庚午，〔清〕仁宗嘉庆十五年，☆黄帝历四千五百〇八年；◇檀君历四千一百四十三年，〔朝鲜〕纯祖十年。三月至七月，王三次亲祭大报坛。十月，派出以李集斗为正使、朴宗京为副使、洪冕燮为书状官的冬至兼谢恩使节团。十一月，遣副司直李时夏陆路送泉州漂风29人回。

1811年，辛未，〔清〕仁宗嘉庆十六年，☆黄帝历四千五百〇九年；◇檀君历四千一百四十四年，〔朝鲜〕纯祖十一年。是岁，洪景来以“清君侧”起兵，杀死嘉山郡守，王遣李尧宪率兵击之。三月，王亲祭大报坛。十月，派出以曹允大（1748—1813）为正使、李文会为副使、韩用仪为书状官的冬至兼谢恩使节团。是岁，李鼎受（1783—1834）来华，并著有《游燕录》[7]。是岁，遣金履乔、李勉求为通信使正副使如日本[8]。

1812年，壬申，〔清〕仁宗嘉庆十七年，☆黄帝历四千五百一十年。三月，盛京将军和宁奉上谕移咨朝鲜。是月，帝遣禄成率清军至中江，为朝鲜官军后援，洪景来败死[9]。十二月，遣散秩大臣公孟住、内阁学士廉善及六品大通官太平保、八品通官博庆等，赍敕至朝鲜册封李炅（孝明世子，1809—1830）为王世子；◇檀君历四千一百四十五年，〔朝鲜〕纯祖十二年。七月，为洪景来败死及奏请王世子册封事，派出以李时秀为正使、金铣为副使、申纬为书状官的陈奏兼奏请使节团。李时秀（1745—1821）著有《续北征诗》[10]。申纬（1769—1846）是朝鲜著名诗人、书法家、画家，是岁所著《奏请行卷》收入其《警修堂全稿》卷一[11]。十月，派出以沈象奎为正使、朴宗正为副使、李光文为书状官的冬至兼谢恩使节团。是岁，擢李成梁嗣孙李熙章为守令[12]。

1813年，癸酉，〔清〕仁宗嘉庆十八年，☆黄帝历四千五百一十一年；◇檀君历

1 参见本年历“1638年”。
2 收入〔韩〕林基中主编《燕行录全集》，第77卷，东国大学校出版部，2001年版。
3 参见左江《〈燕行录〉考订》，张伯伟编《域外汉籍研究集刊》，第四辑，中华书局，2008年版。
4 辛酉年（1801）漂风至朝鲜的吕宋5人是岁尚有3人在世，全罗道黑山岛漂风人文顺得等以吕宋方言试之，3人欣喜如狂。
5 参见杨昭全、何彤梅《中国—朝鲜韩国关系史》，第640–641页，天津人民出版社，2001年版；朝鲜文人金正喜《阮堂全集》卷首“阮堂金公小传”。
6 李敬卨《燕行录》(1809) 见〔韩〕林基中、〔日〕夫马进编《燕行录全集日本所藏编》卷 ，第474页，东国大学校韩国文学研究所，2001年版。
7 参见〔韩〕林基中《燕行录研究》，第502页，一志社，2006年增补版。
8 参见〔日〕仲尾宏《朝鲜通信使》附录《朝鲜通信使一览表》，岩波书店，2007年版。
9 参见《清史稿·列传三百十三·属国一·朝鲜琉球》(卷五百二十六)。
10 见〔韩〕林基中主编《燕行录全集》，第57卷，东国大学出版部，2001年版。
11 该书亦收入〔韩〕林基中主编《燕行录全集》，第67卷，东国大学出版部，2001年版。
12 见〔韩〕《国朝宝鉴别编》卷九。

四千一百四十六年，〔朝鲜〕纯祖十三年。二月，派出以李相璜为正使、任希存为副使、洪起燮为书状官的谢恩使节团。该团至蓟州，一朝鲜译官丢失细缎衣服等物。五、七月，王亲祭大报坛。十月，派出以韩用铎为正使、曹允遂为副使、柳鼎养为书状官的冬至兼谢恩使节团。十一月，皇历赍咨官刘连吉至蓟州，收取译官丢失细缎衣服，与当地官员发生纠葛，蓟州驰报礼部。十二月，遣司译正金阳淳赍咨，护送福建漂风22人、47人两批陆路回国。

1814年，甲戌，〔清〕仁宗嘉庆十九年，☆黄帝历四千五百一十二年。二月，礼部移咨朝鲜，责其教训派出人员。闰二月，董诰等编《全唐文》完成，卷一千收录高丽太祖王建、后百济甄萱文章。该书汇聚了全国百余名学者，用6年时间完成[1]；◇檀君历四千一百四十七年，〔朝鲜〕纯祖十四年。十月，派出以林汉浩为正使、尹尚圭为副使、李钟穆为书状官的冬至兼谢恩使节团。是岁，正祖大王李祘（1776—1800年在位）汉文著作《弘斋全书》出版，共184卷，100册。

1815年，乙亥，〔清〕仁宗嘉庆二十年，☆黄帝历四千五百一十三年；◇檀君历四千一百四十八年，〔朝鲜〕纯祖十五年。是岁，朝鲜逐巫师、僧尼出城外。十月，派出以洪义浩为正使、赵钟永为副使、曹锡正为书状官的冬至兼谢恩使节团。洪义浩（1758—1826）著有《澹宁燕行诗》[2]。是岁，正祖李祘生母尹氏（1735—1815，惠庆宫嫔，本贯丰山，尹凤汉之女）逝世。因其子正祖李祘已被英祖过继给孝章世子（朝鲜真宗，无在位时间），尹氏终身不得封王妃，死后才追封"献敬懿王妃"。尹氏是思悼世子之妻，著有宫廷笔记《恨中录》。

1816年，丙子，〔清〕仁宗嘉庆二十一年，☆黄帝历四千五百一十四年；◇檀君历四千一百四十九年，〔朝鲜〕纯祖十六年。七月，忠清水使李载弘驰报：异样船只停泊马梁镇后开拔，无法追及。内中有"英王差去天津北运河口"字样文书一张。十月，派出以李肇源为正使、李志渊为副使、朴绮寿为书状官的冬至兼谢恩使节团。李肇源（1758—1832）著有《黄粱吟》[3]。朴绮寿是岁"燕行录"收入朝鲜文献《同文汇考》。

1817年，丁丑，〔清〕仁宗嘉庆二十二年，☆黄帝历四千五百一十五年；◇檀君历四千一百五十年，〔朝鲜〕纯祖十七年。五月，王亲祭大报坛。十月，派出以韩致应为正使、申在明为副使、洪羲瑾（字晚窝）为书状官的冬至兼谢恩使节团。韩致应使节团三使、随团来华的朝鲜文人权永佐（字晶山）、洪羲锡（字骆皋）、郑五锡（字山石），与清朝文人陶澍在琉璃厂相遇，笔谈并酬唱[4]。其后，朝鲜文人韩永元（字西园）、韩永宪（字小湖）、李晚用（字石樵）、南尚中（字雨村）、许栎（字淡岩）等亦通过寄送方式与陶澍唱和。陶澍（1779—1839）后官至两江总督。十一月，朝鲜杀平安道顺川府人徐镜，以其越境采参故。

1818年，戊寅，〔清〕仁宗嘉庆二十三年，☆黄帝历四千五百一十六年。正月，帝将金简（？—1794）家族抬入上三旗，将"朝鲜人"身份改为"满族"，并赐姓为"金佳"。三月，沈

1　参见〔清〕董诰等编《全唐文》，《出版说明》，中华书局，1983年影印版。
2　参见〔韩〕林基中《燕行录研究》，第502页，一志社，2006年增补版。
3　韩国林基中教授认为，是岁无名氏来华并著有《李尚书燕行日记》，见〔韩〕林基中《燕行录研究》，第502页，一志社，2006年增补版。
4　见〔韩〕柳晟俊《韩国汉诗与唐诗的比较》，第514-521页，Prunsasang，2002年版。参见近人徐世昌《清诗汇》卷二百。

阳礼部移咨朝鲜，为嘉庆帝至沈谒陵事也。九月，帝于盛京赐御制诗、手书“福”字于朝鲜使臣韩用龟[1]；◇檀君历四千一百五十一年，〔朝鲜〕纯祖十八年。四月，朝鲜人崔斗灿等自济州岛漂流至我国浙江，被送到北京后回国。崔斗灿（1779—1821）著有《乘槎录》《江海乘槎录》[2]。七月，派出以韩用龟为正使、赵万永[3]为书状官的沈阳问安使节团，问安使节团并送通州[4]漂风12人至北京。十月，派出以朴仑寿为正使、赵万元为副使、李羲肇为书状官的谢恩使节团，谢钦赐。是月，又派出以郑晚锡为正使、吴翰源为副使、李潞为书状官的进贺兼冬至谢恩使节团。是岁，成佑曾（1783—1864）来华并著有《茗山燕诗录（地）》[5]。

1819年，己卯，〔清〕仁宗嘉庆二十四年，☆黄帝历四千五百一十七年；◇檀君历四千一百五十二年，〔朝鲜〕纯祖十九年。七月，派出以李鲁益为正使、尹鼎烈为副使、金敬渊为书状官的圣节进贺兼谢恩使节团。十月，派出以洪羲臣（1761—1825）为正使、李鹤秀为副使、权敦仁为书状官的冬至使节团。是月，朝鲜护送泉州漂风27人陆路回。

1820年，庚辰，〔清〕仁宗嘉庆二十五年，☆黄帝历四千五百一十八年。九月，以嘉庆帝崩于热河，礼部移咨至朝鲜。十一月，遣使赍敕至朝鲜，颁嘉庆帝遗诏[6]。是岁，中国GDP占全球27%，英国只占5%[7]；◇檀君历四千一百五十三年，〔朝鲜〕纯祖二十年。正月，护送苏州漂风16人陆路回，赍咨官为副司直李时复。五月，王亲祭大报坛。十月，派出以李羲甲为正使、尹行直为副使、李沆为书状官的冬至兼谢恩使节团。十一月，派出以韩致应为正使、徐能辅为副使、朴台寿为书状官的陈慰兼进香使节团。

1821年，辛巳，〔清〕宣宗道光一年，☆黄帝历四千五百一十九年。三月，为册皇后佟佳氏（？—1833）及上皇太后尊号，遣使赍敕至朝鲜。九月，以上嘉庆帝谥号，遣散秩大臣花沙布、内阁学士恒龄赍敕至朝鲜颁诏。《清史稿·列传三百一十三·属国一·朝鲜琉球》（卷五百二十六）记，是岁帝命删改《皇朝文献统考》所涉金昌集等四陪臣事。金昌集乃朝鲜纯组的景宗李昀朝的领议政（首相），因景宗有痼疾无嗣，1722年受景宗之命，议定请封王弟为“王世弟”。后金昌集被赵泰耇等诬陷为弄权四臣之一，则朝鲜纯组的曾祖父、“王世弟”英祖有篡位之嫌；◇檀君历四千一百五十四年，〔朝鲜〕纯祖二十一年。一月，派出以李肇源为正使、宋冕载为副使、洪益闻为书状官的进贺兼谢恩使节团，进贺道光帝登基。李肇源著有《菊壶笔话》，记载其与清人周达等的文字交往[8]。四月，以王大妃、正祖妃金氏（1753—1821，孝懿王妃，本贯清风，金时默之女）薨，派出以洪命周为正使、洪彦谟为书状官的告讣使节团。洪命周于

1　参见《清史稿·列传三百十三·属国一·朝鲜琉球》（卷五百二十六）。

2　收入〔韩〕林基中主编《燕行录全集》，第68卷，东国大学出版部，2001年版。

3　朴永元1846年来华著《燕行日录（上、中、下）》载，其于沈阳书院见教授张震（1783—？），张震问朝鲜赵万永以及随从洪在喆、赵秀三近况。见〔韩〕林基中、〔日〕夫马进编《燕行录全集日本所藏编》卷二，第258页，东国大学校韩国文学研究所，2001年版。赵万永（1776—1846），字胤卿，号石厓，封丰恩府院君，乃丰壤赵氏领袖人物。

4　通州，今江苏省南通。

5　收入〔韩〕林基中主编《燕行录全集》，第69卷，东国大学校出版部，2001年版。

6　〔清〕金朝觐《三槐书屋诗钞》卷三有关于嘉庆帝遗诏、程伟元画作的两首诗歌。见金毓黻编《辽海丛书》，辽海书社排印本，1931–1934年。

7　参见2004年7月8日韩国前总统金大中访华期间在清华大学的演讲稿。韩国驻华大使馆提供演讲稿全文（http://china.koreanembassy.cn/，2010/10/08）。

8　参见〔韩〕朴现圭《朝鲜正使李肇源与清松江周达的真正友谊与笔谈录〈菊壶笔话〉》，张伯伟编《域外汉籍研究集刊》，第四辑，中华书局，2008年版。韩国朴现圭教授说，李肇源此“燕行录”现藏我国国图。

途中发现奏文中"王后"违制，在辽东修改为"王妃"之后前行。是月，遣金命喜送琉球漂风6人至京师。韩国林基中教授《燕行录全集》第99卷里有两部无名氏《燕行录》，前一记述"道光元年"当即此次燕行事，书中多次提及与正使、副使的活动，作者当是书状官[1]。十月，派出以判中枢府事李好敏为正使、赵钟永为副使、李元默为书状官的进贺兼谢恩陈奏使节团，为《皇朝文献统考》卷二百九十四卷"四裔考"中记述朝鲜领议政金昌集及李颐命、李健命、赵泰采等鸣冤。李好敏（1762—？）著有《北游漫录》[2]。是月，派出以赵万元为正使、尹命烈为副使、尹秉烈为书状官的进贺兼冬至岁币使节团。是岁，无名氏来华并著有《简山北游录》[3]。

1822年，壬午，〔清〕宣宗道光二年，☆黄帝历四千五百二十年；◇檀君历四千一百五十五年，〔朝鲜〕纯祖二十二年。三月，李好敏等回，言道光帝特准改刊《皇朝文献统考》。七月，派出以南履翼为正使、权丕应为副使、林处镇为书状官的谢恩使节团。南履翼（1757—1833）著有《椒蔗续录》[4]。权复仁随团来华，其《天游稿燕行诗》[5]记有其随叔祖父端离先生权丕应的在华活动。权丕应、权复仁在北京玉河馆与龚自珍、魏源等多有唱和。权复仁还著有《随槎闲笔》[6]。十月，派出以金鲁敬为正使、金启温为副使、徐有素为书状官的冬至兼谢恩使节团。金鲁敬（1766—1840）著有《燕行录》[7]。徐有素（1785—？）著有大部头《燕行录》[8]。副使金启温的堂侄金学民著有《蓟程散稿（考）》[9]。是岁，纯祖生母、绥嫔朴氏（1770—1822，朴准源之女）卒。

1823年，癸未，〔清〕宣宗道光三年，☆黄帝历四千五百二十一年；◇檀君历四千一百五十六年，〔朝鲜〕纯祖二十三年。是岁，儒生万人上书，略改孽庶入仕法。朝鲜王朝庶子不得参加科考局面有所改变。三月，金鲁敬回，进所购《皇朝三通》。七月，派出以朴宗熏为正使、徐俊辅为副使、洪赫为书状官的进贺兼谢恩使节团。十月，派出以洪义浩为正使、李龙秀为副使、曹龙振为书状官的冬至兼谢恩使节团。洪义浩（1758—1826）著有《三人燕蓟录》[10]。

1824年，甲申，〔清〕宣宗道光四年，☆黄帝历四千五百二十二年。正月，盛京礼部以宣川人金振声越界被捉事，移咨朝鲜；◇檀君历四千一百五十七年，〔朝鲜〕纯祖二十四年。三月，纯祖以明崇祯皇帝殉国三周甲，亲祭大报坛，并录用在朝明将李如松后人[11]。是月，朝鲜陆路送

1　该无名氏《燕行录》劈头就说："八月二十五日丙寅，晴。自义州行三十里，九连城站中火。四十里汤池子止宿"。见〔韩〕林基中主编《燕行录全集》，第99卷，第203页，东国大学出版部，2001年版。

2　参见〔韩〕林基中《燕行录研究》，第502页，一志社，2006年增补版。

3　参见〔韩〕林基中《燕行录研究》，第502页，一志社，2006年增补版。

4　参见〔韩〕林基中《燕行录研究》，第502页，一志社，2006年增补版。

5　收入〔韩〕林基中主编《燕行录全集》，第94卷，东国大学出版部，2001年版。

6　参见〔韩〕林基中《燕行录研究》，第502页，一志社，2006年增补版。

7　参见〔韩〕林基中《燕行录研究》，第502页，一志社，2006年增补版。

8　徐有素（1785—？）《燕行录》是现存文字最多的一部"燕行录"，见〔韩〕林基中主编《燕行录全集》，第79卷，东国大学校出版部，2001年版。

9　韩国林基中教授与日本夫马进教授认为，是岁金学民著有《蓟程散稿》。但该书书中所标为《蓟程散考》，实乃1804年李海应《蓟山纪程》的翻版，内中文字完全一样的情况比比皆是。只有"二月二十四日"所载沈阳将军所送御笔"海表同文"四字匾额等是新加内容。见〔韩〕林基中、〔日〕夫马进编《燕行录全集日本所藏编》卷一，第498-536、527页，东国大学校韩国文学研究所，2001年版。而"海表同文"乃是清皇分别赐予琉球国王的两幅字拼接而成。由此推断，金学民（字稚瑞）《蓟程散稿（考）》当是1855年以后的朝鲜文人游戏之作。另参见朝鲜文人徐有素《燕行录》之"燕行杂录内篇"。

10　参见〔韩〕林基中《燕行录研究》，第502页，一志社，2006年增补版。

11　参见〔韩〕《国朝宝鉴续编》卷九。

清漂风50人回。六月，杀越境人金振声。十月，派出以权常慎（？—1824）为正使、李光宪为副使、李镇华为书状官的冬至兼谢恩使节团。权常慎[1]即1803年作为副使来华的"权㯙"。权常慎回国时病逝于今辽宁省葫芦岛高桥镇[2]。

1825年，乙酉，〔清〕宣宗道光五年，☆黄帝历四千五百二十三年。二月，遣朝鲜使臣李光宪赍钦赐银300两，回交权常慎家属；◇檀君历四千一百五十八年，〔朝鲜〕纯祖二十五年。一月，陆路送漳州漂风37人回。赍咨官张舜相。十月，派出以李勉升为正使、李锡佑为副使、朴宗学为书状官的冬至兼谢恩使节团。无名氏（笔者疑为"玄杞泉"，1791—1835）随团来华，并著有《随槎日录》。该书载，次年正月十九日，朝鲜济州岛5人漂风至于琉球，被送回北京[3]。

1826年，丙戌，〔清〕宣宗道光六年，☆黄帝历四千五百二十四年；◇檀君历四千一百五十九年，〔朝鲜〕纯祖二十六年。是岁，平安道设立道科（科举）考试。二月，吏曹参议李奎铉因于大报坛书清"道光"年号（祭祀例书大明"崇祯后"某某年）被罢职。十月，派出以洪羲浚[4]为正使、申在植为副使、郑礼容为书状官的冬至兼谢恩使节团。洪锡谟（1781—1850）随其父洪羲浚来华，并著有《游燕藁》共33卷。洪锡谟与纪晓岚第五孙纪树蕤多次笔谈，因他们的祖父洪良浩与纪昀30年前在北京结识，故彼此感到十分亲切[5]。洪锡谟《游燕藁》载，他与俄罗斯人在北京用汉语进行了笔谈[6]。

1827年，丁亥，〔清〕宣宗道光七年，☆黄帝历四千五百二十五年；◇檀君历四千一百六十年，〔朝鲜〕纯祖二十七年。二月，王命王世子李旲代理机务。三月，朝鲜拔擢明朝钱塘太守黄功后孙黄载谦为五卫将。五月，王亲祭大报坛。七月，派皇历赍咨官送漂风清27人陆路回。十月，派出以宋冕载为正使、李愚在为副使、洪远谟为书状官的冬至兼谢恩使节团。十二月，茂山府越境延弼元等2人被枭首。

1828年，戊子，〔清〕宣宗道光八年，☆黄帝历四千五百二十六年。三月，以平西并生擒张格尔，遣英和（1771—1840）至朝鲜颁诏[7]，朝鲜使臣宋冕载随同回半岛；◇檀君历四千一百六十一年，〔朝鲜〕纯祖二十八年。四月，派出以南延君李球为正使、李奎铉为副使、赵基谦为书状官的进贺兼谢恩使节团，进贺平回疆[8]。金芝叟（1787—？）随行来华，并著有《西行录》[9]。十月，派出以洪起燮为正使、柳鼎养为副使、朴吉宗为书状官的冬至兼谢恩使节团。

1　玄杞泉《随槎日录》(1825)载"去年上使权公尚（常）慎至高桥，以老病不起"。见〔韩〕林基中、〔日〕夫马进编《燕行录全集日本所藏编》卷一，第579页，东国大学校韩国文学研究所，2001年版。

2　无名氏《随槎日录》(1829)载，因"权尚书常慎"病逝，使节团不在高桥住宿。见〔韩〕林基中、〔日〕夫马进编《燕行录全集日本所藏编》卷二，第34页，东国大学校韩国文学研究所，2001年版。

3　《随槎日录》前有李晚圃"序"，后有作者之子的"跋"。见〔韩〕林基中、〔日〕夫马进编《燕行录全集日本所藏编》卷一，第538、569页，东国大学校韩国文学研究所，2001年版。

4　正使洪羲浚乃洪良浩之子，1794年洪羲浚曾随其父来华。

5　洪锡谟《游燕藁》(1826)全书共33卷，见〔韩〕林基中、〔日〕夫马进编《燕行录全集日本所藏编》卷一，第589、615页，东国大学校韩国文学研究所，2001年版。

6　与洪锡谟笔谈的是俄罗斯第十届传道团（1821–1830）团长彼得·卡缅斯基和实习生克里木斯基、扎哈尔·列昂捷夫斯基。洪锡谟有《陶厓集》传世。

7　英和于上年腊月出发。参见其《恩福堂年谱》。

8　参见《清史稿·列传三百十三·属国一·朝鲜琉球》(卷五百二十六)。

9　见〔韩〕林基中主编《燕行录全集》，第70卷，东国大学出版部，2001年版。

朴思浩随正使来华，并著有《燕纪程（天、地、人）》《燕蓟纪略》，分别收入韩国林基中主编《燕行录全集》第85、98卷，但前者林先生标明“作者未详”。朴思浩有《心田稿》[1]传世。《心田稿》载，在辽宁迎水寺路途遇见被官车送回的朝鲜水原大青岛漂风人13名，到北京时又有慎恒贵等12朝鲜漂风人滞留玉河馆，等待使节团带回。慎恒贵等漂流南海两年有余。无名氏是岁来华，并著有《赴燕日记》[2]。

1829年，己丑，〔清〕宣宗道光九年，☆黄帝历四千五百二十七年。四月，以上皇太后尊号，遣朝鲜使臣洪起燮赍敕还。是月，盛京礼部以道光帝谒陵盛京[3]移咨朝鲜。是岁，道光帝于盛京赐朝鲜使臣李相璜御笔“缵服扬休”[4]；◇檀君历四千一百六十二年，〔朝鲜〕纯祖二十九年。三月，王亲祭大报坛。四月，派出以徐能辅为正使、吕东植为副使、俞章焕为书状官的进贺兼谢恩使节团。副使吕东植（？—1829）病逝于榆关站[5]，礼部赐银300两[6]。七月，派出以李相璜[7]为正使、朴来谦为书状官的盛京问安使节团。朴来谦（1780—？）著有《沈槎日录》[8]。十月，派出以柳相祚[9]为正使、洪羲瑾为副使、赵秉龟为书状官的冬至兼谢恩使节团。赵秀三（1762—1849）随书状官赵秉龟来华并著有《秋斋燕行诗》[10]。无名氏亦随团来华，并著有《随槎日录》[11]。十一月，派出以李光文为正使、韩耆裕为副使、姜时永为书状官的进贺兼谢恩使节团[12]。姜时永（1788—？）著有《輶轩续录》，书中交代说：“进贺者，贺皇帝谒沈阳陵无事回銮也；谢恩者，谢皇帝赐赍礼品且赐沈阳使内宴及缎匹、银子也”[13]。该书前有作者玄孙姜箕锡的《序言》，《序言》作于“檀纪四千三百二十六年癸酉”（1993）。十一、十二月，陆路送漂风山东省等地20人回。朝鲜文献《国朝宝鉴别编》卷十记，是岁自北京购入400余卷“皇朝实录”。

1830年，庚寅，〔清〕宣宗道光十年，☆黄帝历四千五百二十八年。十月，清遣散秩大臣额勒浑、内阁学士裕诚，赍敕至朝鲜致祭王世子李炅（1809—1830，孝明世子，1835年道光帝追封其为国王。半岛史称“朝鲜翼宗”，无在位时间），并着盛京将军查察敕使回国后行李，是否有多拿、多带之物；◇檀君历四千一百六十三年，〔朝鲜〕纯祖三十年。五月，世子李炅（即孝明世子，字德寅，号敬轩，后朝鲜追封为“翼宗”，无在位时间，1809—1830）病逝。六月，遣赍咨官李应信入京师，报世子卒。十月，派出以徐俊辅为正使、洪敬谟为副使、李南翼为书

1　朴思浩（1784—？），朝鲜文人，字心田，号诚夫，其《心田稿》（1828）开头就有“戊子十月二十六日”的记述。《心田稿》后有《耽罗飘海录》，记述“戊子九月”，朝鲜济州岛金光显等7人漂风至我国定海县事。

2　收入〔韩〕林基中主编《燕行录全集》，第85卷，东国大学校出版部，2001年版。

3　盛京，今辽宁省沈阳。

4　清人何汝霖《沈阳纪程》记述其扈驾至盛京的经历，说夷齐庙附近有“大营行宫”。见近人金毓黻编《辽海丛书》，“八月二十四日”，辽海书社排印本，1931-1934年。

5　榆关在今河北省秦皇岛，102国道277公里处。

6　参见《清史稿·列传三百十三·属国一·朝鲜琉球》（卷五百二十六）。

7　李相璜（1763—1841），字周玉，号渔桐，本贯全州，1820年为吏曹判书，1824年为左议政，1838年为领议政（首相）。

8　见〔韩〕林基中主编《燕行录全集》，第69卷，东国大学出版部，2001年版。

9　朝鲜文人柳台佐（1763—1837）《鹤栖集》卷二面三十四有送其“从兄丰安君”以冬至正使赴燕诗。

10　参见〔韩〕林基中《燕行录研究》，第503页，一志社，2006年增补版。

11　无名氏《随槎日录》（1829）载，赵秀三67岁，七次赴燕京，此次随书状官来华。见〔韩〕林基中、〔日〕夫马进编《燕行录全集日本所藏编》卷二，第11页，东国大学校韩国文学研究所，2001年版。

12　无名氏《随槎日录》（1829）载，渡江来华前遇见李光文、韩耆裕使节团。见〔韩〕林基中、〔日〕夫马进编《燕行录全集日本所藏编》卷二，第21页，东国大学校韩国文学研究所，2001年版。

13　收入〔韩〕林基中主编《燕行录全集》，第73卷，东国大学出版部，2001年版。参见拙著《半岛唐风：朝韩作家与中国文化》，第391页“姜时永八代都是燕行者”，宁夏人民出版社，2004年版。

状官的冬至兼谢恩使节团。洪敬谟（1774—1851）著有《槎上韵语》[1]。十一月，派出以李相璜为正使、李志渊为副使、尹心圭为书状官的陈奏兼奏请使节团，奏请册封孝明世子之子李奂为王世孙[2]。十二月，遣汉学教授秦应焕赍咨如清，陆路送福建漂风35人回。

1831年，辛卯，〔清〕宣宗道光十一年，☆黄帝历四千五百二十九年。五月，遣散秩大臣兼乾清门侍卫文辉、内阁学士兼乾清门侍卫庆敏，赍敕至朝鲜，册封王世孙李奂（后来的朝鲜宪宗）[3]；◇檀君历四千一百六十四年，〔朝鲜〕纯祖三十一年。七月，派出以洪奭周为正使、俞应焕为副使、李远翊为书状官的谢恩使节团。洪奭周（1774—1842）著有《渊泉燕行诗》，收入其《渊泉集》[4]。朝鲜译官李尚迪随洪奭周使节团来华，与清人仪克中（1796—？，疑卒年为1838）交往深厚。李尚迪（1803—1865），字惠吉，号藕船，有《恩诵堂集》传世[5]。金直渊（1811—？）1858年所著《燕槎日录（上、中、下）》[6]第九十三页记述了李尚迪与山东永成县令姚涵结为兄弟事。是月，朝鲜于陆路送琉球漂风3人至京师。九月，故监司宣允祉、故节度使宣若海、故营将宣世纲等明遗民子孙，以王命许参皇坛拜望[7]。十月，派出以郑元容为正使、金宏根为副使、李鼎在为书状官的冬至兼谢恩使节团。郑元容（1783—1873）有《经山集》传世[8]，是岁著有《燕槎录》《燕行日录》[9]。是岁，无名氏著有《燕行日录》[10]。是岁，朝鲜拔擢明朝监司宣允祉后人宣若海之后孙。是岁，韩弼教（1807—1878）随团来华，著有《随槎录》[11]。

1832年，壬辰，〔清〕宣宗道光十二年，☆黄帝历四千五百三十年。十二月，礼部遣朝鲜赍咨官赍咨回，并带回钦赐彩缎30匹，奖励朝鲜善处英吉利船只事；◇檀君历四千一百六十五年，〔朝鲜〕纯祖三十二年。三月，王亲祭大报坛。是月，甲山府人张豪京越境入清偷猎，王命枭首。是月，褒奖宣允祉抗清而死的后孙宣世纲等。七月，以英吉利船阿姆伯斯特勋爵号抵朝鲜并求通商[12]，遣皇历赍咨官移咨礼部。朝鲜文献《纯宗实录》对英国船内外记述详细。十月，派出以徐畊（耕）辅为正使、尹致谦为副使、金景善为书状官的冬至兼谢恩使节团。金景善（1788—？）著有《燕辕直指》[13]，其"十一月二十二日"记，朝鲜使节团自栅门租赁马车，"每车贳三十两，回还亦如之"。冬至使节团棉布81匹在朝鲜境内被偷，临时购买凑数才得上路，偷盗首犯洪大宗旋被枭首。是岁，金祖淳卒。金祖淳（1765—1832），纯祖之岳丈，安东金氏首长。

1833年，癸巳，〔清〕宣宗道光十三年，☆黄帝历四千五百三十一年。七月，以皇后佟佳氏（？—1833）崩，遣散秩大臣盛桂、理藩院右侍郎赛尚阿，赍敕至朝鲜告哀。十一月，以上

1 参见〔韩〕林基中《燕行录研究》，第503页，一志社，2006年增补版。

2 参见朝鲜文献《文苑黼黻续编》卷十。

3 参见《清史稿·列传三百十三·属国一·朝鲜琉球》（卷五百二十六）。

4 参见拙著《朝鲜半岛汉学史》，第198页，学苑出版社，2009年版。

5 参见拙著《朝鲜半岛汉学史》，第199页，学苑出版社，2009年版。另参见温兆海《"异苔知己在，画里接芳邻"：朝鲜诗人李尚迪与晚清仪克中的交游》，《东疆学刊》，第26卷，第2期，2009年4月。

6 见〔韩〕林基中、〔日〕夫马进编《燕行录全集日本所藏编》卷三，第12页，东国大学校韩国文学研究所，2001年版。

7 参见〔韩〕《国朝宝鉴别编》卷九。

8 参见拙著《朝鲜半岛汉学史》，第198页，学苑出版社，2009年版。

9 参见〔韩〕林基中《燕行录研究》，第503页，一志社，2006年增补版。

10 该无名氏《燕行日录》分别被韩国林基中教授收录于《燕行录全集》，第69卷和第86卷，前者标明作者为郑元容，有误。见葛兆光《揽镜自鉴》，复旦大学文史研究院编《从周边看中国》，第480页，中华书局，2009年版。

11 参见〔韩〕林基中《燕行录研究》，第503页，一志社，2006年增补版。

12 金景善（1788—？）是岁所著《燕辕直指》卷之一"附"《英吉利国漂船记》记载详细。

13 《燕辕直指》收入〔韩〕林基中主编《燕行录全集》，第70卷，东国大学出版部，2001年版。

皇后谥号，遣朝鲜使臣李止渊赍敕还。是岁，朝鲜漂风33人自琉球被使节团带至北京，礼部交朝鲜使臣徐畊辅带回[1]；◇檀君历四千一百六十六年，〔朝鲜〕纯祖三十三年。三月，纯祖亲祭大报坛。七月，派出以李止渊为正使、朴晦寿为副使、李　祐为书状官的陈慰兼进香使节团。李止渊（1777—1841）著有《燕行诗》[2]。十月，派出以曹凤振为正使、朴来谦为副使、李在鹤为书状官的谢恩兼冬至使节团。日本夫马进教授以为，曹凤振字仪卿，号“慎庵”；副使朴来谦号“晚悟”[3]。十一月，遣赍咨官如京师礼部。

1834年，甲午，〔清〕宣宗道光十四年，☆黄帝历四千五百三十二年；◇檀君历四千一百六十七年，〔朝鲜〕纯祖三十四年。二月，以道光帝册皇后钮祜禄氏（咸丰生母，1808—1840）事，派出以洪敬谟为正使、李光正[4]为副使、金鼎集[5]为书状官的进贺兼谢恩使节团。洪敬谟（1774—1851）著有《槎上续韵》《冠岩游记》[6]。李辉正（1760—？）随团来华，著有《放野漫游燕行诗》《燕行诗》[7]。十月，派出以李翊会为正使、朴齐闻为副使、黄䄙为书状官的冬至兼谢恩使节团。十一月，纯祖薨。纯祖妃金氏（1789—1857，纯元肃王妃，本贯安东，金祖淳之女）被尊为王大妃。十二月，派出以朴宗薰为正使、李羲准为副使、成遂默为书状官的告讣兼请谥、请承袭使节团。

1835年，乙未，〔清〕宣宗道光十五年，☆黄帝历四千五百三十三年。七月，遣散秩大臣、乾清门行走庆兴为正使，散秩大臣、内阁学士兼礼部侍郎倭什纳为副使，赍敕至朝鲜致祭纯祖，宣诏追册故世子李旲（孝明世子，字德寅，号敬轩，朝鲜后追封为“翼宗”，无在位时间，1809—1830）为国王，诰封孝明世子嫔赵氏为王后，并册世孙李奂为“朝鲜国王”[8]；◇檀君历四千一百六十八年，〔朝鲜〕宪宗李奂（1827—1849，字文应，号元轩）一年。宪宗为纯祖之孙，年仅8岁。其父孝明世子李旲早逝，王母赵大妃（1808—1890，神贞王妃）尊纯祖妃金氏（1789—1857，纯元肃王妃，本贯安东，金祖淳之女）为大王大妃，并请之听政。赵大妃（1808—1890，神贞王妃，本贯丰壤，赵万永之女）本孝明世子李旲嫔，清使诰命封为翼宗王妃后，旋被朝鲜尊为王大妃。四月，以皇后册封事，派出以洪命周为正使、尹声大为副使、赵鹤年为书状官的进贺兼谢恩使节团。八月，派出以金鐇为正使、李彦淳为副使、郑在絅为书状官的谢恩使节团。十月，派出以朴晦寿为正使、赵斗淳为副使、韩镇庭为书状官的冬至使节团。赵斗淳（1796—1870）著有《燕行诗》[9]。

1836年，丙申，〔清〕宣宗道光十六年，☆黄帝历四千五百三十四年。是岁，礼部禁朝鲜使节团在玉河馆外贸易；◇檀君历四千一百六十九年，〔朝鲜〕宪宗二年。二月，派出以权敦仁为正使、安光直为副使、宋应龙为书状官的进贺兼谢恩使节团，进贺孝和睿皇太后（钮祜禄

1　金景善《燕辕直指》卷之三《济州漂人问答记》记载琉球、我国沿海路途较详细。
2　参见〔韩〕林基中《燕行录研究》，第503页，一志社，2006年增补版。
3　参见〔韩〕林基中、〔日〕夫马进编《燕行录全集日本所藏编》卷三，第558、601、604页，东国大学校韩国文学研究所，2001年版。
4　日本夫马进教授以为，李光正字“景服”。见〔日〕夫马进《日本现存朝鲜燕行录解题》，《京都大学文学部研究纪要》，第42期，2003年。
5　日本夫马进教授以为，金鼎集字“九汝”。见〔日〕夫马进《日本现存朝鲜燕行录解题》，《京都大学文学部研究纪要》，第42期，2003年。
6　参见〔韩〕林基中《燕行录研究》，第503页，一志社，2006年增补版。
7　参见〔韩〕林基中《燕行录研究》，第503页，一志社，2006年增补版。
8　参见《清史稿·列传三百十三·属国一·朝鲜琉球》（卷五百二十六）。
9　参见〔韩〕林基中《燕行录研究》，第503页，一志社，2006年增补版。

氏，1776—1849）60 诞辰。十月，派出以申在植为正使、李鲁直为副使、赵启升为书状官的冬至兼谢恩使节团。申在植（1770—1843）著有《相看编》[1]。是岁，任百渊（1802—1866）来华，并著有《镜浯游燕日录》[2]。是岁，法国传教士罗伯多禄等 3 人潜入朝鲜活动 [3]。是岁，朝鲜著名实学家丁若镛卒。丁若镛（1762—1836），字美镛，号茶山、与犹堂，1789 年文科及第，官至刑曹参议。1802 年因“辛酉邪狱”[4] 被流放 18 年，有《与犹堂集》传世。

1837 年，丁酉，〔清〕宣宗道光十七年，☆黄帝历四千五百三十五年。九月，清遣散秩大臣倭什纳、内阁学士明训，赍敕至朝鲜颁诰命，册宪宗妃金氏（1828—1843，孝显王妃，本贯安东，金祖根之女）为“王妃”，兼送钦赐彩缎 30 匹 [5]；◇檀君历四千一百七十年，〔朝鲜〕宪宗三年。三月，为奏请诰封金氏（1828—1843）为王妃事，派出以东宁尉金贤根为正使、礼曹判书赵秉铉 [6] 为副使、兼执义李源益为书状官的奏请兼谢恩使节团。金贤根著有《玉河日记》[7]。十月，派出以朴绮寿为正使、金兴根为副使、李光载为书状官的冬至兼谢恩使节团。金兴根（1796—1870）著有《燕行诗》。

1838 年，戊戌，〔清〕宣宗道光十八年，☆黄帝历四千五百三十六年；◇檀君历四千一百七十一年，〔朝鲜〕宪宗四年。七月，济州高汉禄等，以越境贸易被枭首。十月，派出以李羲准为正使、尹秉烈为副使、李时在为书状官的冬至兼谢恩使节团。

1839 年，己亥，〔清〕宣宗道光十九年，☆黄帝历四千五百三十七年；◇檀君历四千一百七十二年，〔朝鲜〕宪宗五年。七月，重申严禁购买稗说杂书。八月，朝鲜杀天主教法国神职人员范世亨等 3 人，朝鲜信徒丁夏祥 [8]、刘进吉、南履灌、金济俊、赵信喆等 80 人同时被杀，此即朝鲜史上的“己亥邪狱”[9]。十月，派出以李嘉愚为正使、李鲁秉为副使、李正履为书状官的冬至兼谢恩使节团。韩弼教（1807—1878）、崔浩溥随行。韩弼教著有《随槎录》，崔浩溥著有《桑蓬录》，收入其《四养斋（外集）》[10]。是岁，赵万永之弟赵寅永 [11] 任领议政，丰壤赵氏独霸朝政。是岁，成海应卒。成海应（1760—1839），字龙汝，号研经斋。其《研经斋全集》卷三十七至卷四十三为《皇明遗民传》。

1840 年，庚子，〔清〕宣宗道光二年，☆黄帝历四千五百三十八年。是岁，第一次鸦片战争爆发；◇檀君历四千一百七十三年，〔朝鲜〕宪宗六年。正月，李嘉愚驰报皇后钮祜禄氏（咸丰生母，1808—1840）崩。三月，派出以完昌君李时仁为正使、尹命圭为副使、韩启源为书状

1 参见〔韩〕林基中《燕行录研究》，第 503 页，一志社，2006 年增补版。

2 参见〔韩〕林基中《燕行录研究》，第 503 页，一志社，2006 年增补版。

3 参见曹中屏《朝鲜近代史（1863—1919）》，第 3-4 页，东方出版社，1993 年版。

4 参见本年历“1801 年”。

5 参见《清史稿 · 列传三百十三 · 属国一 · 朝鲜琉球》（卷五百二十六）。

6 赵秉铉（1791—1849），字景吉，号成斋、羽堂、菊斋，本贯丰壤，参见其《成斋集》之《年谱》。朝鲜文人赵凤夏《燕蓟纪略》（1842）有“昔在丁酉秋，家君以奏请副使回驾”句，见〔韩〕林基中、〔日〕夫马进编《燕行录全集日本所藏编》卷二，第 106 页，东国大学校韩国文学研究所，2001 年版。可见此次奏请使节团副使赵秉铉乃赵凤夏之父。

7 金贤根乃金尚宪后人。其《玉河日记》（1837）“六月二十七日”、“七月二日”收有此次使节团的相关文件。见〔韩〕林基中、〔日〕夫马进编《燕行录全集日本所藏编》卷二，第 51、94、95 页，东国大学校韩国文学研究所，2001 年版。

8 丁夏祥的父亲丁若中也因信奉天主教被杀。

9 见曹中屏《朝鲜近代史（1863—1919）》，第 6 页，东方出版社，1993 年版。

10 参见〔韩〕林基中《燕行录研究》，第 503 页，一志社，2006 年增补版。

11 赵寅永（1782—1850），字羲卿，有《云石遗稿》传世。

官的陈慰进香兼谢恩使节团。是月，李正履回，言康熙时所设“常平仓”用以平抑粮价，至今施行。七月，进香副使尹命圭（？—1840）病逝于北京。十月，派出以朴晦寿为正使、赵冀永为副使、李绘九为书状官的进贺谢恩兼冬至使节团。十二月，英国兵船至朝鲜沿海，开炮并掠走耕牛。是岁，朝鲜铸造钱币。

1841年，辛丑，〔清〕宣宗道光二十一年，☆黄帝历四千五百三十九年；◇檀君历四千一百七十四年，〔朝鲜〕宪宗七年。三月，宪宗亲祭大报坛。五月，流放庆源越境人吴戒坤。十月，派出以判中枢府事李若愚为正使、礼曹判书金东健为副使[1]、韩宓履为书状官的冬至兼谢恩使节团。是岁，金贞益（1813—？）来华，并著有《北征日记》[2]。

1842年，壬寅，〔清〕宣宗道光二十二年，☆黄帝历四千五百四十年。是岁，禁内地人民私越边界，垦田筑屋[3]；◇檀君历四千一百七十五年，〔朝鲜〕宪宗八年。十月，派出以兴寅君李最应为正使、李圭祐为副使、赵凤夏为书状官的冬至兼谢恩使节团。赵凤夏著有《燕蓟纪略（一、三、四）》，现卷二缺失，但该书附录朝鲜来华诸文书至详。行至秦皇岛红花店，赵凤夏一行路遇被官军送回的朝鲜济州岛漂风人高尚烨、高泽根、尹景禄。3人出海，漂风至苏州附近。该书记述，是岁前后朝鲜漂风人较多[4]。李梁重以正使赵凤夏“伴倘”（陪伴者）身份随团来华，并著有《燕行记著》[5]。

1843年，癸卯，〔清〕宣宗道光二十三年，☆黄帝历四千五百四十一年；◇檀君历四千一百七十六年，〔朝鲜〕宪宗九年。四月，拔擢明将麻贵后孙麻夏帛。十月，以宪宗妃金氏（1828—1843，孝显王妃，本贯安东，金祖根之女）薨，派出以沈宜升为正使、徐相教为书状官的告讣使节团。是月，又派出以李穆渊为正使、俞星焕为副使、金鐗为书状官的冬至兼谢恩使节团。

1844年，甲辰，〔清〕宣宗道光二十四年，☆黄帝历四千五百四十二年。二月，遣柏葰[6]赍敕至朝鲜，致祭孝显王妃金氏（1828—1843），柏葰著有《奉使朝鲜日记》；◇檀君历四千一百七十七年，〔朝鲜〕宪宗十年。三月，王亲祭大报坛。十月，派出以兴完君李晸应为正使、权大肯为副使、尹穳为书状官的奏请兼谢恩冬至使节团如清，奏请册封洪氏（1831—1903）为新王妃。尹程（1809—？）随团来华，并著有《西行录》[7]。

1845年，乙巳，〔清〕宣宗道光二十五年，☆黄帝历四千五百四十三年。四月，遣蒙古正黄旗人花沙那为使，赍敕至朝鲜颁诰命，册封宪宗继室洪氏（1831—1903，孝定王妃，本贯安

1 赵凤夏《燕蓟纪略》(1842)《冬至兼谢恩使臣参宴谢恩表》有李若愚、金东健之名，见〔韩〕林基中、〔日〕夫马进编《燕行录全集日本所藏编》卷二，第219页，东国大学校韩国文学研究所，2001年版。

2 参见〔韩〕林基中《燕行录研究》，第503页，一志社，2006年增补版。

3 参见《清史稿·列传三百十三·属国一·朝鲜琉球》(卷五百二十六)。

4 赵凤夏《燕蓟纪略》(1842)，见〔韩〕林基中、〔日〕夫马进编《燕行录全集日本所藏编》卷二，第102、137页，东国大学校韩国文学研究所，2001年版。参照〔韩〕林基中主编《燕行录全集》，第85卷，东国大学出版部，2001年版。

5 《燕行记著》诗句中有“款治皆呼李老爷”句。见〔韩〕林基中、〔日〕夫马进编《燕行录全集日本所藏编》卷一，第325页，东国大学校韩国文学研究所，2001年版。但〔韩〕林基中、〔日〕夫马进以《燕行记著》卷首“壬寅十月”认定该书为无名氏1782所作，似有误。李梁重在蓟县买眼药是朝鲜使节团很少的行为，与赵凤夏记述一致。参见赵凤夏《燕蓟纪略》(1842)，〔韩〕林基中、〔日〕夫马进编《燕行录全集日本所藏编》卷二，第144、151、190页。

6 参见《清史稿》卷三百八十九。

7 参见〔韩〕林基中《燕行录研究》，第503页，一志社，2006年增补版。

东，洪在龙之女）为“王妃”。花沙那（1806—1859），字毓仲，号松岑，是岁著有《东使纪程》[1]。是岁始，派往朝鲜使节团只许带通官 1 人，且永为定例。是岁，以英国兵船测朝鲜海域事[2]，帝命耆英质询英使；◇檀君历四千一百七十八年，〔朝鲜〕宪宗十一年。七月，以英国兵船偷测济州[3]附近海域，移咨礼部[4]。十月，派出以李宪球为正使、李同淳为副使、李裕元为书状官的冬至兼谢恩使节团[5]。李宪球（1784—1858）著有《燕槎录》[6]。

1846 年，丙午，〔清〕宣宗道光二十六年，☆黄帝历四千五百四十四年。八月，辽东遣军越江追捕匪类；◇檀君历四千一百七十九年，〔朝鲜〕宪宗十二年。三月，以孝和睿皇太后（钮祜禄氏，1776—1849）七旬上尊号，派出以朴永元为正使、赵亨复为副使、沈熙淳为书状官的进贺兼谢恩使节团。朴永元（1791—1854）著有《燕行日录（上、中、下）》[7]《梧墅燕槎录》。五月，以江界等地匪类出现，移咨盛京礼部。七月，法国兵船载 870 名军人，在元帅瑟西尔率领下开至朝鲜忠清道附近岛屿，致书诘责朝鲜己亥年（1839）杀害其国天主教神职人员事。是月，朝鲜杀天主教徒金大建、玄锡文。金大建（教名“Andre”，？—1846），龙仁人，14 岁逃往中国广东，学会外语，后为朝鲜神甫。十月，派出以东宁尉金贤根为正使、朴容寿为副使、宋柱献为书状官的冬至兼谢恩使节团。

1847 年，丁未，〔清〕宣宗道光二十七年，☆黄帝历四千五百四十五年；◇檀君历四千一百八十年，〔朝鲜〕宪宗十三年。正月，江界越境人许广春、金上实枭首。二月，王亲祭大报坛。三月，定是岁朝鲜人参对华贸易额为 4 万斤。七月，法国 2 兵船至朝鲜。是月，遣前司译正金学勉赍咨如清。八月，朝鲜人宋得哲、金光云越境杀人抢物，被清军追击杀之。是月，法国一艘船坏于朝鲜海岸，乃派一小船，自江南省上海县雇来 3 艘大船拖之。朝鲜给其米、水并移咨礼部。十月，派出以成遂默为正使、尹致定为副使、朴商寿为书状官的冬至兼谢恩使节团。

1848 年，戊申，〔清〕宣宗道光二十八年，☆黄帝历四千五百四十六年；◇檀君历四千一百八十一年，〔朝鲜〕宪宗十四年。五月，王亲祭大报坛。是月，以朴禧英私从大清买来鸦片烟具，流放之。十月，派出以判中枢府事姜时永（1788—？）为正使、礼曹判书宋持养为副使、兼执义尹哲求为书状官的冬至兼谢恩使节团。李有骏（1801—1867）随书状官来华，并著有《梦游燕行录（上、下）》[8]。

1849 年，己酉，〔清〕宣宗道光二十九年，☆黄帝历四千五百四十七年。十二月，遣

---

1 花沙那（1806—1859）《东使纪程》由中华书局于 2007 年出版。

2 参见《清史稿 · 列传三百十三 · 属国一 · 朝鲜琉球》（卷五百二十六）。

3 济州，今韩国济州岛。

4 参见《清史稿 · 列传三百十三 · 属国一 · 朝鲜琉球》（卷五百二十六）。

5 李裕元 1875 所作《蓟槎日录》“渔阳桥望盘山”有 30 年前来华的追忆。见〔韩〕林基中、〔日〕夫马进编《燕行录全集日本所藏编》卷三，第 280 页，东国大学校韩国文学研究所，2001 年版。

6 参见〔韩〕林基中《燕行录研究》，第 503 页，一志社，2006 年增补版。

7 朴永元《燕行日录（上、中、下）》（1846）于“三月十五日”载，路遇回国途中的李宪球为正使、李同淳为副使、李裕元为书状官的冬至使节团。见〔韩〕林基中、〔日〕夫马进编《燕行录全集日本所藏编》卷二，第 235、239 页，东国大学校韩国文学研究所，2001 年版。

8 收入〔韩〕林基中主编《燕行录全集》，第 76 卷，东国大学校出版部，2001 年版。参见左江《〈燕行录〉考订》，张伯伟编《域外汉籍研究集刊》，第四辑，中华书局，2008 年版。

瑞常（？—1872）、和色本至朝鲜颁诏，册封李昇为“朝鲜国王”，并致祭宪宗[1]；◇檀君历四千一百八十二年，〔朝鲜〕宪宗十五年。六月，宪宗薨而无嗣，立庄献世子第三子恩彦君李䄄之孙李昇，是为朝鲜哲宗。宪宗妃洪氏（1831—1903，孝定王妃，本贯安东，洪在龙之女）被尊为王大妃。大王大妃金氏（1789—1857，纯元肃王妃，本贯安东，金祖淳之女）听政。七月，派出以朴晦寿为正使、李根友为副使、沈敦永为书状官的告讣请谥兼承袭奏请使节团，皇历赍咨官随行。沈敦永著有《燕行录》[2]。黄惠庵以朝鲜太医随团来华，并著有《燕行日记》[3]。十月，又派出以领中枢府事李启朝为正使、吏曹判书韩正教为副使、沈膺泰为书状官的冬至兼谢恩使节团。李启朝（1793—1856）著有《燕行日记》[4]。是岁，崔敬休来华并著有《北行日记》[5]。韩国林基中主编《燕行录全集》第90卷所收无名氏《燕行日录（元、亨、利、贞）》非“燕行录”，而是清朝官员的奏折等[6]。

1850年，庚戌，〔清〕宣宗道光三十年，☆黄帝历四千五百四十八年。二月，遣朝鲜使臣李启朝赍孝和睿皇太后（钮祜禄氏，1776—1849）遗诏及敕书回；◇檀君历四千一百八十三年，〔朝鲜〕哲宗李昇（1831—1863，字道升，号大勇斋）一年。一月，派出以赵鹤年为正使、南献教为副使、郑鎏为书状官的谢恩使节团[7]。是月至二月，义州府尹李裕元驰报皇太后、道光帝崩。三月，派出以徐左辅为正使、洪羲锡为副使、金会明为书状官的陈慰进香兼谢恩使节团，又派出以成遂默为正使、李明迪为副使、尹行福为书状官的陈慰兼进香使节团。七月，派出以李景在为正使、徐宪淳为副使、尹堉为书状官的进贺兼谢恩使节团，进贺咸丰登基。十月，派出以权大肯为正使、金德喜为副使、闵致庠为书状官的进贺谢恩兼岁币使节团。权时亨随行，并著有《石湍燕记（天、地、人）》[8]。

1851年，辛亥，〔清〕文宗咸丰一年，☆黄帝历四千五百四十九年。正月，以登极兼传讣，遣刑部左侍郎全庆、正蓝旗汉军副都统隆庆[9]至朝鲜宣诏，并赍诰册王妃金氏（1837—1878，哲仁王妃，本贯安东，金汶根之女）[10]；◇檀君历四千一百八十四年，〔朝鲜〕哲宗二年。一月，为恩彦君辩诬事，派出以金景善为正使、李圭祊为副使、李升洙为书状官的陈奏兼谢恩使节团。庄献世子第三子恩彦君李䄄乃哲宗祖父，辛酉年（1801）遭外戚金龟柱诬陷为传播天主教的“邪学罪人”，惨遭斩杀。金景善（1788—？）著有《出疆录》[11]。十月，派出以益平君李曦为正使、

1 参见《清史稿·本纪十九·宣宗本纪三》。

2 参见〔韩〕林基中《燕行录研究》，第504页，一志社，2006年增补版。

3 黄惠庵《燕行日记》（1849）末页有朴晦寿、李根友、沈敦永等三使及相关人员名单，书后附路程记。见〔韩〕林基中、〔日〕夫马进编《燕行录全集日本所藏编》卷二，第401、426页，东国大学校韩国文学研究所，2001年版。

4 李启朝《燕行日记》（1849）载，于沙河驿听闻皇太后崩，在北京惊闻道光皇帝崩，并于次年正月二十六日参加了咸丰皇帝登基大典。见〔韩〕林基中、〔日〕夫马进编《燕行录全集日本所藏编》卷二，第436、440、450–454页，东国大学校韩国文学研究所，2001年版。

5 参见〔韩〕林基中《燕行录研究》，第504页，一志社，2006年增补版。

6 参见左江《〈燕行录〉考订》，张伯伟编《域外汉籍研究集刊》，第四辑，中华书局，2008年版。

7 李启朝《燕行日记》（1849）载，庚戌年（1850）三月初七日于沈阳附近沙河店遇见赵鹤年、南献教、郑鎏一行。见〔韩〕林基中、〔日〕夫马进编《燕行录全集日本所藏编》卷二，第467页，东国大学校韩国文学研究所，2001年版。

8 见〔韩〕林基中主编《燕行录全集》，第90卷，东国大学出版部，2001年版。

9 朝鲜文人李启朝《燕行日记》（1849）记录此人为“德兴”，〔韩〕林基中、〔日〕夫马进编《燕行录全集日本所藏编》卷二，第465页，东国大学校韩国文学研究所，2001年版。

10 参见《清史稿·本纪十九》。

11 收入〔韩〕林基中主编《燕行录全集》，第72卷，东国大学出版部，2001年版。

成原默为副使、俞锡焕为书状官的进贺谢恩奏请兼岁币使节团，进贺上道光帝尊号[1]，并奏请严禁清人至朝鲜境内渔采。是岁，朝鲜为恩彦君李祵昭雪[2]。

1852年，壬子，〔清〕文宗咸丰二年，☆黄帝历四千五百五十年。是岁，册钮祜禄氏为皇后，即后来的慈安东太后（1837—1881）。是岁，咸丰帝传谕盛京将军，严禁民人至朝鲜渔采[3]；◇檀君历四千一百八十五年，〔朝鲜〕哲宗三年。是岁，朝鲜人口6810206人[4]。三月，王亲祭大报坛。六月，派出以徐念淳为正使、赵忠植为副使、崔遇亨为书状官的谢恩使节团。崔遇亨（1805—1878）著有《燕行录》《燕行别曲》[5]。十月，派出以徐有熏为正使、李寅皋为副使、宋谦洙为书状官的进贺谢恩兼冬至使节团，进贺册立慈安皇后（1837—1881）。是岁，权鲁郁来华并著有《山房录燕行裁简》[6]。

1853年，癸丑，〔清〕文宗咸丰三年，☆黄帝历四千五百五十一年；◇檀君历四千一百八十六年，〔朝鲜〕哲宗四年。四月，以道光帝祔庙，派出以姜时永为正使、李谦在为副使、赵云卿为书状官的进贺兼谢恩使节团。姜时永（1788—？）著有《輶轩三录》[7]。十月，派出以尹致秀为正使、李玄绪为副使、李纲峻为书状官的进贺谢恩兼冬至使节团。

1854年，甲寅，〔清〕文宗咸丰四年，☆黄帝历四千五百五十二年。四月，押送朝鲜越境人张添吉回。张添吉私至京师，帝谕送其国查办[8]；◇檀君历四千一百八十七年，〔朝鲜〕哲宗五年。八月，开城府人张添吉以越境枭首。十月，派出以金鍏为正使、郑德和为副使、朴弘阳为书状官的冬至兼谢恩使节团。郑德和（1789—？）著有《燕槎日录》[9]。

1855年，乙卯，〔清〕文宗咸丰五年，☆黄帝历四千五百五十三年。九月，以康慈皇太后（道光帝皇贵妃）崩，移咨朝鲜；◇檀君历四千一百八十八年，〔朝鲜〕哲宗六年。五、六月，遣副司直李林、李闰益赍咨，送漂风人如清。十月，派出以徐宪淳为进香陈慰使、赵秉恒为副使、申佐模为书状官的使节团。申佐模（1799—1877）著有《燕行杂记》《燕槎纪行》[10]。徐宪淳堂弟徐庆淳（1802—？）随行，并著有《梦经堂日史》[11]。是月，又派出以赵得林为正使、俞章焕为副使、姜长焕为书状官的冬至兼谢恩使节团。姜长焕（1806—？）著有《北辕录》[12]。是岁，朝鲜送美国船败商人5名至北京[13]。

1856年，丙辰，〔清〕文宗咸丰六年，☆黄帝历四千五百五十四年；◇檀君历

---

1 参见《清史稿·列传三百十三·属国一·朝鲜琉球》（卷五百二十六）“咸丰元年”。

2 参见《清史稿·列传三百十三·属国一·朝鲜琉球》（卷五百二十六）。

3 参见《清史稿·列传三百十三·属国一·朝鲜琉球》（卷五百二十六）。

4 见翦伯赞主编《中外历史年表》，第638页，中华书局，2008年版。

5 参见〔韩〕林基中《燕行录研究》，第504页，一志社，2006年增补版。

6 参见〔韩〕林基中《燕行录研究》，第504页，一志社，2006年增补版。

7 收入〔韩〕林基中主编《燕行录全集》，第73卷，东国大学出版部，2001年版。

8 参见《清史稿·列传三百十三·属国一·朝鲜琉球》（卷五百二十六）。

9 参见郑德和《燕槎日录》（1854），该书后附“路程记”清楚、详细。见〔韩〕林基中、〔日〕夫马进编《燕行录全集日本所藏编》卷二，第476、563页，东国大学校韩国文学研究所，2001年版。

10 二书收入〔韩〕林基中主编《燕行录全集》，第75卷，东国大学出版部，2001年版。

11 参见拙著《半岛唐风：朝韩作家与中国文化》，第396–397页，宁夏人民出版社，2004年版；〔韩〕林基中主编《燕行录全集》，第94卷，东国大学校出版部，2001年版。

12 见〔韩〕林基中主编《燕行录全集》，第77卷，东国大学校出版部，2001年版。

13 参见《清史稿·列传三百十三·属国一·朝鲜琉球》（卷五百二十六）“咸丰五年”。

四千一百八十九年，〔朝鲜〕哲宗七年。二月，派出以朴齐宪为正使、林肯洙为副使、赵翼东为书状官的进贺兼谢恩使节团入清，进贺上“孝静康慈皇太后”谥号。朴齐宪之子朴显阳随团来华，并著有《朴显阳燕行日记》[1]。韩国林基中教授主编《燕行录全集》第99卷第201—280页载无名氏《燕行录》，后半所记乃是岁来中国观感[2]，此无名氏当与1888年《燕辕日录》的作者“无名氏”为同一人，被称为“尚公”的这位作者，也许是朴显阳的同伴、译官李尚健。十月，遣以徐戴淳为正使、任百经为副使、李容佐为书状官的冬至兼谢恩使节团如清。是岁，朝鲜书法大家金正喜逝世。金正喜（1786—1856），字元春，号秋史、阮堂等，书作有禅风，今韩国奉恩寺等地多有其作品。金正喜《阮堂全集》卷一有对《汉书·河间王传》中“实事求是”四字的阐释。

1857年，丁巳，〔清〕文宗咸丰七年，☆黄帝历四千五百五十五年。七月，凤凰城将遣人赍盛京礼部咨，以帝谕押送朝鲜越境人金益秀回[3]。是岁，准朝鲜带紫铜4000斤，至北京玉河馆外交易；◇檀君历四千一百九十年，〔朝鲜〕哲宗八年。九月，以纯祖妃、大王大妃金氏（1789—1857，纯元肃王妃，本贯安东，金祖淳之女）薨，遣李维谦为正使、安喜寿为书状官的告讣使节团如清。十月，派出以庆平君李皓为正使、任百秀为副使、金昌秀为书状官的冬至兼谢恩使节团。十一月，私自越境人金益秀枭首。是岁，赵大妃（1808—1890，翼宗神贞王妃，本贯丰壤，赵万永之女）被尊为大王大妃。

1858年，戊午，〔清〕文宗咸丰八年，☆黄帝历四千五百五十六年。二月，遣工部侍郎景廉[4]赍敕至朝鲜，致祭大王大妃金氏（朝鲜纯祖妃，1789—1857）；◇檀君历四千一百九十一年，〔朝鲜〕哲宗九年。十月，派出以李根友为正使、金永爵为副使、金直渊为书状官的冬至兼谢恩使节团。金直渊（1811—？）著有《燕槎日录（上、中、下）》[5]，书中载，十二月二十八日三使臣跪于太和门内，咸丰帝驻辇，问“国王安乎”。该书第79页描绘了“摺跤”，第93页记述了作者与叶名琛之弟叶澧的交往。是岁，遣下钟闻出使日本[6]。

1859年，己未，〔清〕文宗咸丰九年，☆黄帝历四千五百五十七年；◇檀君历四千一百九十二年，〔朝鲜〕哲宗十年。户曹会计簿显示，朝鲜是岁储备只有黄金98两，银253454两，钱456354两，白米11万多石[7]。十月，派出以李㝝为正使、林永洙为副使、高时鸿为书状官的冬至兼谢恩使节团。高时鸿著有《燕行录》[8]。

1860年，庚申，〔清〕文宗咸丰十年，☆黄帝历四千五百五十八年；◇檀君历四千一百九十三年，〔朝鲜〕哲宗十一年。是岁，哲宗亲祭供奉明朝抗倭阵亡将士的大报坛。是岁，日本来使通报与俄、法、英、美通商事。三月，派出以林百经为正使、朴齐寅为副使、

1 见〔韩〕林基中主编《燕行录全集》，第91卷，东国大学校出版部，2001年版。

2 前半乃道光元年（1821）的“燕行录”作品。参见拙著《半岛唐风：朝韩作家与中国文化》，第394–396页，宁夏人民出版社，2004年版。

3 《清史稿·列传三百十三·属国一·朝鲜琉球》（卷五百二十六）记此人为“金益寿”。

4 参见《清史稿》卷四百三十九。景廉，字秋坪。

5 见〔韩〕林基中、〔日〕夫马进编《燕行录全集日本所藏编》卷三，第12页，东国大学校韩国文学研究所，2001年版。第39页有金直渊自言“四十有八”之记述。

6 参见朝鲜文献《增正交邻志》卷五《通信使行》。

7 见翦伯赞主编《中外历史年表》，第645、646页，中华书局，2008年版。

8 收入〔韩〕林基中主编《燕行录全集》，第92卷，东国大学出版部，2001年版。

李后善为书状官的圣节进贺兼谢恩使节团。朴齐寅著有《燕行录》《燕行日记》《燕槎录：天、地、人》[1]。十月，派出以申锡愚为正使、徐衡淳为副使、赵云周为书状官的冬至兼谢恩使节团。申锡愚（1805—1865）著有《入燕记（一、二）》[2]。十二月，皇历赍咨官驰报，帝在热河，未还都。是岁，无名氏《燕行日记》记述燕行经历[3]。是岁，崔济愚（1824—1864）创立“东学”，与天主教的“西学”对抗。是岁，遣李哲㦗出使日本[4]。

1861年，辛酉，〔清〕文宗咸丰十一年，☆黄帝历四千五百五十九年。十二月，遣使赍敕至朝鲜，告咸丰帝崩，并颁同治帝登基诏；◇檀君历四千一百九十四年，〔朝鲜〕哲宗十二年。一月，以咸丰帝病重，派出以赵徽林为正使、朴珪寿（1807—1876）为副使、申辙求为书状官的使节团，奔热河问安。《清史稿·本纪十九》载咸丰帝“温谕止之”，并钦赐朝鲜国王如意、彩缎、漆器、瓷器等[5]。十月，派出以李源命为正使、南性教为副使、闵达镛为书状官的冬至兼谢恩使节团。十二月，以咸丰帝崩，派出以李谦在为正使、俞镇五为副使、宋敦玉为书状官的陈慰兼进香使节团。

1862年，壬戌，〔清〕穆宗同治一年，☆黄帝历四千五百六十年。是岁，慈禧被尊为皇太后；◇檀君历四千一百九十五年，〔朝鲜〕哲宗十三年。一月，派出以徐宪淳为正使、俞致崇为副使、奇庆铉为书状官的进贺兼谢恩使节团，进贺同治帝登基。三月，王亲祭大报坛。十月，派出以李宜翼为正使、朴永辅为副使、李在闻为书状官的进贺兼谢恩、岁币使节团。朴永辅（1808—1872）著有《锦舲燕槎抄》[6]。韩国林基中主编《燕行录全集》第93卷末载，李恒亿、金时善、李丰九、吴相准以及副使次子朴凤彬随行来华。林基中教授认为，李恒亿《燕行日记》[7]、崔秉翰（1820—？）《燕槎从游录》以及丁学韶《西征集》记述是岁燕行经历[8]。李宜翼使节团次年一月在北京俄罗斯使馆前之留影，已由韩国明知大学朴柱硕教授发现，照片现藏伦敦大学东洋非洲学院。

1863年，癸亥，〔清〕穆宗同治二年，☆黄帝历四千五百六十一年。是岁，帝谕《廿一史约编》所记朝鲜太祖李成桂为李仁任之子，实属舛误，着书涉朝鲜史者，以钦定《明史》为准[9]；◇檀君历四千一百九十六年，〔朝鲜〕哲宗十四年。二月，以康熙朝文人郑元庆《廿一史约编》一书记述朝鲜王系不实，派出以尹致秀为正使、李容殷为副使、李寅命为书状官的奏请使节团。六月，尹致秀在北京购得新刊刻《廿一史约编》回国。十月，派出以赵然昌为正使、闵泳纬为副使、尹显岐为书状官的进贺谢恩兼冬至使节团。十二月，哲宗薨而无嗣，立宗室兴宣君李罡应（南延君李球之子）幼子李熙（1852—1919）。李罡应（1820—1898）进封大院君，协赞国务，开始了其10年（1863—1873）执政。翼宗妃、大王大妃赵氏（1808—1890，神贞

1　参见〔韩〕林基中主编《燕行录全集》，第76卷，东国大学校出版部，2001年版以及葛兆光《“不意于胡京复见汉威仪”》，北京大学学报，2010年1月。林基中主编《燕行录全集》第92卷所收《燕行日记》亦为朴齐寅书。但林书标注作者为“朴齐仁”。

2　收入〔韩〕林基中主编《燕行录全集》，第77卷，东国大学出版部，2001年版。

3　参见〔韩〕林基中《燕行录研究》，第504页，一志社，2006年增补版。

4　参见朝鲜文献《增正交邻志》卷五《通信使行》。

5　参见《清史稿·列传三百十三·属国一·朝鲜琉球》（卷五百二十六）。

6　参见〔韩〕林基中《燕行录研究》，第504页，一志社，2006年增补版。

7　收入〔韩〕林基中主编《燕行录全集》，第93卷，东国大学出版部，2001年版。

8　收入〔韩〕林基中主编《燕行录全集》，第78卷，东国大学出版部，2001年版。参见〔韩〕林基中《燕行录研究》，第504页，东国大学校出版部，2006年增补版。

9　参见《清史稿·列传三百十三·属国一·朝鲜琉球》（卷五百二十六）“同治二年”。

王妃，本贯丰壤，赵万永之女）听政。是月，尊哲宗妃金氏（1837—1878，哲仁王妃，本贯安东，金汶根之女）为大妃，尊宪宗妃洪氏（1831—1903，孝定王妃，本贯安东，洪在龙之女）为王大妃。韩国林基中教授认为，郑羲永《燕槎日记》记述是岁燕行经历[1]。是岁，崔济愚（1824—1864）发布东学经典《东经大全》，以对抗以天主教为代表的“西学”[2]。

1864年，甲子，〔清〕穆宗同治三年，☆黄帝历四千五百六十二年。八月，礼部以朝鲜庆源地方官请求越境伐木、修建开市房屋事移咨朝鲜[3]。九月，遣侍郎皂保、副都统文谦为使，赍敕至朝鲜，诏册高宗为“朝鲜国王”并致祭哲宗[4]。《清史稿·列传三百一十三·属国一·朝鲜琉球》（卷五百二十六）是岁记有“（熙）倧九世孙也”句。李倧乃1623年即位的朝鲜仁祖；◇檀君历四千一百九十七年，〔朝鲜〕高宗李熙（1852—1919，字圣临、明夫，号诚轩）一年。正月，朝鲜以哲宗薨，派出以李景在为正使、林肯洙为副使、洪必谟为书状官的告讣请谥兼承袭奏请使节团。是月，领议政金左根[5]启，去岁包参税收为21万两。二月，咸镜道监司李裕元驰报，俄罗斯5人从冰面来投汉字文书，欲通商。八月，以庆源府使申命羲擅自请求外交事宜，罢其职。是月，杀庆源潜商金正源，以其私自与清人贸易人参也。九月，派出以徐衡淳（1813—1893）为正使、赵熙哲为副使、郑显德为书状官的谢恩使节团入清。十月，派出以俞章焕为正使、尹正求为副使、张锡骏为书状官的冬至兼谢恩使节团。张锡骏（1813—？）著有《朝天日记》[6]。是岁，朝鲜杀“东学”创始人崔济愚。

1865年，乙丑，〔清〕穆宗同治四年，☆黄帝历四千五百六十三年；◇檀君历四千一百九十八年，〔朝鲜〕高宗二年。八月，朝鲜延日县漂到西方3白种人，言语不通[7]。十月，派出以李兴敏[8]为正使、李钟淳为副使、金昌熙为书状官的冬至兼谢恩使节团，并以飘来西方3人事移咨礼部。十一月，儒生1468人上疏，请罢停祀万东庙之王命。是岁，金进洙（1797—1865）逝世。金进洙，字稚高，号莲坡、碧芦斋，本贯庆州，有《莲坡诗钞》传世，其《碧芦燕行诗》写作时间未详[9]。是岁，俄国军舰开至元山，强迫通商，被拒。是岁，朝鲜天主教徒达到23000多人[10]。是岁，大院君重修景福宫，大兴土木，民众不满。

1866年，丙寅，〔清〕穆宗同治五年，☆黄帝历四千五百六十四年。七月，以法国驻华代理公使伯洛内向中国发出严重抗议，并欲发兵船追究朝鲜杀害传教士，礼部移咨朝鲜，告大院君做好万全准备。九月，遣侍郎魁龄，赍诰命至朝鲜，册闵氏（1851—1895，即后来的“明成

1 参见〔韩〕林基中《燕行录研究》，第504页，一志社，2006年增补版。
2 1905年，“东学”改称为“天道教”。
3 参见《清史稿·列传三百十三·属国一·朝鲜琉球》（卷五百二十六）。
4 参见《清史稿·本纪十九·穆宗》。
5 金左根（1797—1869），朝鲜文人，字景隐，号荷屋，本贯安东。
6 参见〔韩〕林基中《燕行录研究》，第504页，一志社，2006年增补版。
7 此次进入朝鲜的西方人乃普鲁士商人奥佩特一行。
8 南一佑《燕记（金、木、水、火、土）》（1879）载，于栅门附近与23岁何德溥笔谈并饮酒。何德溥言，朝鲜正使李兴敏曾住在他家。见〔韩〕林基中、〔日〕夫马进编《燕行录全集日本所藏编》卷三，第353页“冬至兼谢恩使行人马报单”，东国大学校韩国文学研究所，2001年版。
9 参见〔韩〕林基中《燕行录研究》，第506页，一志社，2006年增补版。
10 参见曹中屏《朝鲜近代史（1863—1919）》，第17页，东方出版社，1993年版。

皇后”。本贯骊兴，闵耆显之女。大韩帝国纯宗皇帝生母）为“王妃”[1]。十一月，礼部就美国、法国等要求入朝鲜事移咨；◇檀君历四千一百九十九年，〔朝鲜〕高宗三年。岁初，执政大院君李罡应杀天主教神父张敬一，随即搜捕并杀死天主教徒上万人，有9名法国传教士被斩首，法国传教士赖德尔逃至我国，到天津向法国印度支那舰队司令罗兹（P.G.Roze）报告。现今韩国首尔的“切头山公园”，即此次“丙寅邪狱”的见证[2]。二月十八日，英国船只至朝鲜，请通商。二十五日，釜山佥使尹锡万驰报，美国船在上海县人冯南山（1840—？）等带领下停泊于釜山，该船咸丰五年（1855）自上海离发周游世界，去年至日本贸易。四月，派出以柳厚祚为正使、徐堂辅为副使、洪淳学为书状官的进贺谢恩兼奏请使节团如清[3]。韩国林基中主编《燕行录全集》第75卷所收柳厚祚（1798—1876）《燕行日记》，乃随行来华朝鲜文人作品[4]。洪淳学（1842—1892）著有《燕行录》《燕行记》《燕行歌（北辕录）》[5]《丙寅燕行录》等。柳寅睦（1839—1900）随行，并著有《北行歌》[6]。七月，美舰“舍门[7]将军号”入侵平壤，平安监司朴珪寿发军吏焚其船，杀美国将军。九月，法舰在罗兹率领下入侵朝鲜，被击退，此即朝鲜史上的“丙寅洋扰”。十月，派出以李丰翼为正使、李世器为副使、严世永为书状官的冬至兼谢恩使节团如清。十月，法舰焚江华，抢走《朝鲜王朝实录》，掠走价值500000法郎的黄金、190000法郎的白银[8]。十一月，朝鲜移咨礼部，驳斥法国人“通商”之谎言，揭露法国殖民者焚烧江华之事实。十二月，朝鲜与清朝流民相互越境者上百人。是月，朝鲜以俄罗斯于咸镜道庆兴对面造房居住，时刻觊觎朝鲜边境移咨礼部。韩国林基中教授认为，无名氏《燕行路程记》记述是岁燕行经历，并收入其主编的《燕行录全集》第86卷。

1867年，丁卯，〔清〕穆宗同治六年，☆黄帝历四千五百六十五年。二月，礼部以法国《通商朝鲜三十一条》事移咨朝鲜。朝鲜坚拒法人。三月，礼部以日本兵舰80艘欲攻打朝鲜事移咨。四月，同治帝巡沈阳，随行潘祖荫所著《沈阳纪程》有“路程记”[9]；◇檀君历四千二百年，〔朝鲜〕高宗四年。正月，庆兴府越境人李光植枭首。是月，以清匪类出没移咨礼部。三月，移咨礼部并传书信对马岛。九月，训练大将申观浩以清人魏源《海国图志》为蓝本，试验水雷成功。十月，派出以金益文为正使、赵性教为副使、洪大钟为书状官的冬至兼谢恩使节团。

1868年，戊辰，〔清〕穆宗同治七年，☆黄帝历四千五百六十六年。二月，遣延煦、奕榕至奉天，会同都兴阿与朝鲜会查边境私垦土地事宜[10]；◇檀君历四千二百〇一年，〔朝鲜〕高宗五年。五月，以俄罗斯于庆兴府对面造房事，遣李建升赍咨礼部。十月，派出以金有渊为正使、

1 参见《清史稿·本纪第十九·穆宗》及韩国电视连续剧《明成皇后》。

2 参见曹中屏《朝鲜近代史（1863—1919）》，第18页，东方出版社，1993年版。

3 韩国林基中教授认定是岁柳厚祚（1798—1876）著有《燕行日记》，但该书当是随团来华朝鲜人的作品。见葛兆光《揽镜自鉴》，复旦大学文史研究院编《从周边看中国》，第482页，中华书局，2009年版。

4 参见左江《〈燕行录〉考订》，张伯伟编《域外汉籍研究集刊》，第四辑，中华书局，2008年版。

5 洪淳学（1842—1892）是岁著《燕行歌》现存韩文书写稿。见〔韩〕林基中、〔日〕大马进编《燕行录全集日本所藏编》卷三，第123页，东国大学校韩国文学研究所，2001年版；〔韩〕林基中主编《燕行录全集》，第87、88、89卷，东国大学出版部，2001年版。

6 见〔韩〕林基中主编《燕行录全集》，第86卷，东国大学校出版部，2001年版。

7 “舍门”又译作“夏曼”、“崔兰轩”。

8 参见《清史稿·本纪第十九·穆宗》、《清史稿·列传三百十三·属国一·朝鲜琉球》（卷五百二十六）及曹中屏《朝鲜近代史（1863—1919）》，第21页，东方出版社，1993年版。

9 参见〔清〕潘祖荫《沈阳纪程》，收入金毓黻编《辽海丛书》，辽海书社排印本，1931-1934年。

10 参见《清史稿·本纪第十九·穆宗》、《清史稿·列传三百十三·属国一·朝鲜琉球》（卷五百二十六）。

南廷顺为副使、赵秉镐为书状官的冬至兼谢恩使节团。岁末，日本遣樋口铁四郎为大修大差使至朝鲜东莱[1]，递交自称“皇”、“敕”字样的国书，此举标志日本“征韩论”开始实施。是岁，大院君李罡应父亲墓地被美国人詹金斯伙同普鲁士人、法国神甫率领的德、法、美军盗掘。

1869年，己巳，〔清〕穆宗同治八年，☆黄帝历四千五百六十七年。八月，礼部移咨朝鲜，告钦差都兴阿将军督察中、朝边境地区民人开垦事[2]；◇檀君历四千二百〇二年，〔朝鲜〕高宗六年。正月，黄海道监司曹锡舆用兵船追捕清捕鱼船，逮捕8人。因系首发事件，朝鲜移咨礼部。十月，派出以李承辅为正使、赵宁夏（1845—1884）为副使、赵定熙为书状官的冬至兼谢恩使节团。李承辅（1814—？）著有《燕行诗》[3]。成仁浩（1815—1887）随团来华，并著有《游燕录》[4]。无名氏《游燕录（燕行日记）》记是岁燕行经历，并有赠翰林李文田（1834—1895）[5]以及王恩锡、汪瑔（1828—1891）诗。是月，咸镜道庆兴府阿吾地朝鲜军民大批逃入我国。是月，以日本国书擅用违制字样拒之。随后，执政的大院君李罡应以日本“施行夷法”而与之绝交[6]。

1870年，庚午，〔清〕穆宗同治九年，☆黄帝历四千五百六十八年。七月，厚春协领移书朝鲜，告刷还逃入俄罗斯之朝鲜人事。九月，帝谕吉林副都统毓福秘敕珲春协领，悉数捉拿朝鲜越境人李东吉等移送。闰十月，礼部以朝鲜人男女逃入俄罗斯及被驱赶至绥芬河等地事，移咨朝鲜。是岁，帝谕朝鲜严禁越境。会朝鲜遇雹灾，饿殍遍地，涌入珲春[7]者甚众。吉林地方官不忍强力驱赶。《清史稿·列传三百一十三·属国一·朝鲜琉球》（卷五百二十六）载，是岁乃朝鲜人越境垦荒之始；◇檀君历四千二百〇三年，〔朝鲜〕高宗七年。二月、五月，朝鲜大饥，大批流众越境，朝鲜斩杀金得洪等流民。九月，庆元人李东吉越境到达珲春，盖房聚众。朝鲜奏请清军捉拿[8]。十月，派出以姜浍为正使、徐相鼎为副使、权膺善为书状官的冬至兼谢恩使节团如清。徐相鼎（1813—1876）著有《燕槎笔记》[9]。是岁，美国1艘舰船进入朝鲜平壤大同江搁浅，朝鲜民众误认其为法国船，将其抢劫一空[10]。

1871年，辛未，〔清〕穆宗同治十年，☆黄帝历四千五百六十九年。正月，盛京礼部移咨朝鲜，逃入厚春、宁古塔朝鲜109人，着遣官员领回。二月，美国驻法公使镂斐迪通过礼部照会朝鲜，将率兵船与朝鲜签约。七月，礼部为外国兵船事移咨朝鲜。是月，盛京礼部为朝鲜商人崔源昌在辽阳被盗抢事移咨朝鲜，告已由官兵追回货物并护送其回国。十月，遣朝鲜皇历赍咨官赍《已照会美国咨》还；◇檀君历四千二百〇四年，〔朝鲜〕高宗八年。正月，黄海道兵船追捕清19人。二月，大院君以美国请求通商事移咨礼部。三月，高宗亲祭大报坛。是月，大院君发布《书院撤废令》，全国保留74所赐额书院，其余600多所全部关闭[11]。四月，美铁甲

1 今韩国釜山即朝鲜王朝的东莱县。
2 参见《清史稿·本纪第十九·穆宗》。王恩锡于咸丰十年（1860）到同治一年（1862）为曾国藩幕僚。
3 收入〔韩〕林基中主编《燕行录全集》，第78卷，东国大学出版部，2001年版。
4 《游燕录》收入〔韩〕林基中主编《燕行录全集》，第78卷，东国大学出版部，2001年版。
5 见〔韩〕林基中、〔日〕夫马进编《燕行录全集日本所藏编》卷三，第154–172页，东国大学校韩国文学研究所，2001年版。
6 参见曹中屏《朝鲜近代史（1863—1919）》，第28页，东方出版社，1993年版。
7 珲春，今吉林省珲春。
8 参见《清史稿·列传三百十三·属国一·朝鲜琉球》（卷五百二十六）。
9 参见〔韩〕林基中《燕行录研究》，第505页，一志社，2006年增补版。
10 参见《清史稿·列传三百十三·属国一·朝鲜琉球》（卷五百二十六）。
11 参见曹中屏《朝鲜近代史（1863—1919）》，第11页，东方出版社，1993年版。

舰5艘在该国公使镂斐迪、海军上将罗杰斯（旧译“劳直耳司”）率领下突入仁川[1]孙乭项，大院君遣人致书责之[2]。美军1230人攻仁川，仁川军民坚决奋击，中军鱼在渊牺牲，此即朝鲜史上之“辛未洋扰”。五月，以江华镇抚使郑歧源启美军入侵情形，遣司译院佥正李应浚赍咨驰报礼部。十月，派出以闵致庠为正使、李建弼为副使、朴凤彬为书状官的冬至兼谢恩使节团。朴凤彬曾于1862年随其父、副使朴永辅来华。

1872年，壬申，〔清〕穆宗同治十一年，☆黄帝历四千五百七十年。六月，礼部、盛京礼部移咨朝鲜，告同治帝与皇后阿鲁特氏大婚。九月，朝鲜7名商人漂风至登州荣成县，该地修其船只并送其回国。十月，盛京礼部为追击响马贼船事移咨朝鲜。是岁，日本外务卿副岛种臣至北京，问朝鲜是否中国属国，若是，则当代其签署通商条约。总理各国事物衙门答：朝鲜虽藩属，内政外交听其自主[3]。副岛种臣回国宣传后，日本国内的“征韩论”甚嚣尘上；◇檀君历四千二百〇五年，〔朝鲜〕高宗九年。正月，以平安道厚昌郡匪类事移咨礼部。三月，王亲祭大报坛。七月，派出以朴珪寿[4]为正使、成彝镐为副使、姜文馨为书状官的进贺兼谢恩使节团，进贺同治帝册阿鲁特氏（？—1875）为皇后并上两宫皇太后尊号。十一月，派出以金寿铉为正使、南廷益为副使、闵泳穆为书状官的冬至兼谢恩使节团。是月，遣通官赍咨送通州[5]漂风13人回。

1873年，癸酉，〔清〕穆宗同治十二年，☆黄帝历四千五百七十一年。是岁，朝鲜匪船越境侵扰，清将都兴阿遣兵击之[6]；◇檀君历四千二百〇六年，〔朝鲜〕高宗十年。是岁，大院君李罡应（1820—1898）归政高宗。大院君当政10年中，杀死朝鲜天主教徒20多万人。三月，以同治帝亲政，派出以李根弼为正使、韩敬源为副使、赵宇熙为书状官的进贺兼谢恩使节团。五月，以平安道兵船追击清潜商船只并杀死6人事，移咨礼部。十月，派出以郑健朝[7]为正使、洪远植为副使、李镐翼为书状官的冬至兼谢恩使节团如清。郑健朝（1823—？）著有《北槎谈草》[8]。姜玮（1820—1884）随团来华，并著有《北游日记》[9]《北游草》《北游续草》。姜玮记述，次年二月二十日在中前所夜遇神机营头目福盛，福盛送给正使郑健朝一部八卷本小说《对山墨余录》[10]。

1874年，甲戌，〔清〕穆宗同治十三年，☆黄帝历四千五百七十二年。六月，以日军觊觎朝鲜事，礼部移咨朝鲜。岁末，同治帝驾崩，光绪帝继位。十二月，遣使至朝鲜，颁同治帝遗

1 仁川，今韩国仁川市。

2 参见《清史稿·列传三百十三·属国一·朝鲜琉球》（卷五百二十六）。

3 参见《清史稿·列传三百十三·属国一·朝鲜琉球》（卷五百二十六）。

4 南一佑《燕记（金、木、水、火、土）》（1879）载，于北京文天祥祠见到了朴珪寿手书朴趾源“记”，朴珪寿已辞世三年了。见〔韩〕林基中、〔日〕夫马进编《燕行录全集日本所藏编》卷三，第412页，东国大学校韩国文学研究所，2001年版。

5 通州，今江苏省南通。

6 参见《清史稿·本纪第十九·穆宗》。

7 南一佑《燕记（金、木、水、火、土）》（1879）载，南一佑在蓟县宋家城见到了堂内悬挂的郑健朝手书。在北京太庙，蒙古哈拉沁王六弟代请问候郑健朝、洪远植。见〔韩〕林基中、〔日〕夫马进编《燕行录全集日本所藏编》卷三，第347、401页，东国大学校韩国文学研究所，2001年版。

8 见〔韩〕林基中主编《燕行录全集》，第78卷，东国大学校出版部，2001年版。

9 参见姜玮《北游日记》（1873），〔韩〕林基中、〔日〕夫马进编《燕行录全集日本所藏编》卷三，第174页，东国大学校韩国文学研究所，2001年版。姜玮有《姜玮全集》传世。

10 见〔韩〕林基中、〔日〕夫马进编《燕行录全集日本所藏编》卷三，第198页，东国大学校韩国文学研究所，2001年版。《对山墨余录》，清人毛祥麟所著，1870年刊刻。

诏[1]；◇檀君历四千二百〇七年，〔朝鲜〕高宗十一年。三月至五月，朝鲜拨银10000两，重修怀念明朝的万东庙。十月，派出以李会正为正使、沈履泽为副使、李建昌为书状官的冬至兼谢恩使节团。沈履泽（1832—？）著有《燕行录（乾、坤）》[2]。李建昌（1852—1898）著有《北游诗草》，收入其《明美堂集》卷二[3]。是岁，朝鲜禁止大清铜钱流通。是岁，朝鲜国库存仅有黄金150两、白银154933两、叶钱1635498两[4]。

1875年，乙亥，〔清〕德宗光绪一年，☆黄帝历四千五百七十三年。四月，以同治皇后阿鲁特氏（？—1875）崩，遣盛京礼部侍郎铭安[5]赍敕至朝鲜告哀。六月，盛京礼部以剿匪事移咨朝鲜。是岁，押送朝鲜进香使节团方物的佐领恩俸、骁骑校塔隆阿拖迟时日并擅改海路，恩俸、塔隆阿革职查办。岁末，日本任命外务少辅森有礼为驻华特命全权公使，交涉朝鲜问题[6]；◇檀君历四千二百〇八年，〔朝鲜〕高宗十二年。四月，派出以姜兰馨为正使、洪兢周为副使、姜簪为书状官的陈慰兼进香使节团，入京师祭吊同治帝。姜兰馨（1813—？），字菊邨，是岁著有《燕行诗》[7]。五月，派出以李升应为正使、李淳翼为副使、沈东献为书状官的进贺兼谢恩使节团，进贺光绪帝登基。七月，以请封王世子，派出以李裕元为正使、金始渊为副使、朴周阳为书状官的陈奏兼奏请使节团。李裕元（1814—1888）著有《燕槎日录》，该书现藏日本天理图书馆[8]。李裕元回国途中请永平知府转交信函给李鸿章，转达仰慕之意。其后，中、朝二李之间互通信件数年。八月，日本军舰“云扬号”闯入朝鲜江华，守军击之，日军焚烧永宗岛。十月，派出以李秉文为正使、赵寅熙为副使、郑元和为书状官的陈慰进香兼谢恩使节团，入京师祭吊同治皇后。岁末，又派出以南廷顺为正使、李寅命为副使、尹致聃为书状官的进贺谢恩兼岁币使节团。

1876年，丙子，〔清〕德宗光绪二年，☆黄帝历四千五百七十四年。正月，礼部以日本欲与朝鲜通商事移咨朝鲜。是月，遣盛京户部侍郎志和、内阁学士乌拉喜崇阿为使，赍敕至朝鲜，册封李熙之子李坧（后来的朝鲜纯宗，1907—1910年在位）为王世子。七月，礼部以朝鲜人黄河立、崔天突之事移咨朝鲜，黄、崔两人冒用号牌，随韩敦源使团进入辽东，故意伤害人命，旋被捉拿。是岁，中国首位驻外公使郭嵩焘（1818—1891）出使英国并著有《使西纪程》[9]；◇檀君历四千二百〇九年，〔朝鲜〕高宗十三年。一月，日本遣开拓使长官黑田清隆为全权大使、井上馨为副使，逼迫朝鲜御营大将申櫶、礼曹判书尹滋承与之订立《江华条约》，规定釜山之

---

1 参见《清史稿·本纪二十三》。

2 沈履泽《燕行录（乾、坤）》（1874），见〔韩〕林基中、〔日〕夫马进编《燕行录全集日本所藏编》卷三，第202页，东国大学校韩国文学研究所，2001年版。

3 参见〔韩〕林基中《燕行录研究》，第505页，一志社，2006年增补版。

4 参见曹中屏《朝鲜近代史（1863—1919）》，第14页，东方出版社，1993年版。

5 李裕元在沈阳见到了铭安、盛京将军崇实，并见到了姜兰馨、洪兢周使节团一行。见〔韩〕林基中、〔日〕夫马进编《燕行录全集日本所藏编》卷三，第269页，东国大学校韩国文学研究所，2001年版。

6 参见《清史稿·列传三百十三·属国一·朝鲜琉球》（卷五百二十六）。

7 参见〔韩〕林基中《燕行录研究》，第505页，一志社，2006年增补版。

8 李裕元《燕槎日录》（1875），见〔韩〕林基中、〔日〕夫马进编《燕行录全集日本所藏编》卷三，第254-320页，东国大学校韩国文学研究所，2001年版。

9 郭嵩焘该书在光绪朝被毁版，郭嵩焘本人死后被戮尸。见〔清〕郭嵩焘原著，陆玉林选注《使西纪程：郭嵩焘集》，“编序”，辽宁人民出版社，1994年版。

外再开仁川、元山为通商口岸，规定日军舰船可自主勘测朝鲜海岸。三月，高宗亲祭大报坛。是月，以欲派修信使往日本事，移咨礼部。五月，派出以韩敦源为正使、林汉洙为副使、闵种默为书状官的冬至兼谢恩使节团到北京，进贺上慈安、慈禧两宫尊号。林汉洙（1817—1886）著有《燕行录》[1]。九月，冒牌越境人黄河立、崔天突被枭首，韩敦源、林汉洙、闵种默三使臣罢职。十月，派出以沈承泽为正使、李容学为副使、尹升求为书状官的谢恩兼岁币使节团如清。十一月，拔擢明将李如松后孙李寅植。李容学著有《燕蓟纪略》，该书收入〔韩〕林基中主编《燕行录全集》，第98卷，林基中教授标明作者未详[2]。是岁，朝鲜人口总数6691757人[3]。

1877年，丁丑，〔清〕德宗光绪三年，☆黄帝历四千五百七十五年。是岁，日本驻釜山领事馆以称大清"上国"诘责朝鲜，朝鲜以此事移咨礼部。总理衙门致书日本驳之[4]。是岁，辽宁省桓仁设治，书启关月山发现《好太王碑》；◇檀君历四千二百一十年，〔朝鲜〕高宗十四年。三月，送登州府文东县漂流民3人至辽东。五月，平安道人金文玉以越境入清枭首。十月，派出以曹锡兴为正使、李珪永为副使、李教荣为书状官的冬至兼谢恩使节团如清。

1878年，戊寅，〔清〕德宗光绪四年，☆黄帝历四千五百七十六年。五月，以法国传教士理若望被朝鲜捉拿事，移咨朝鲜，着朝鲜即送其至辽东。十月，遣朝鲜使臣赵翼永带回漂风至浙江朝鲜人12名（另1名在浙江病故）[5]。十二月，遣刑部左侍郎、镶蓝旗蒙古副都统继格以及正黄旗满洲副都统、署理镶蓝旗满洲副都统恩麟为敕使，至朝鲜致祭王大妃金氏[6]；◇檀君历四千二百一十一年，〔朝鲜〕高宗十五年。六月，以王大妃金氏（1837—1878，哲仁王妃，本贯安东，金汶根之女）薨，派出正使赵翼永、书状官洪在瓒率领的告讣使节团。十月，派出以沈舜泽为正使、赵秉世为副使、郑元夏[7]为书状官的冬至兼谢恩使节团如清[8]。是岁，美国海军中将薛斐尔至朝鲜请通商，朝鲜拒之。是岁，赵秀三（1762—1849）随团来华并著有《秋斋燕行录》[9]。

1879年，己卯，〔清〕德宗光绪五年，☆黄帝历四千五百七十七年。三月，日本吞并琉球。七月，清廷决定由李鸿章负责开导朝鲜副相李裕元，细论朝鲜与外国通商事，李鸿章乃与李裕元书。《朝鲜王朝实录·高宗实录》卷一全文收录此信件。李裕元（1814—1888），本贯庆州，有手写本《嘉梧藁略》二十卷传世。是岁，清朝进口值82227424两白银，出口值72281262两

1　收入〔韩〕林基中主编《燕行录全集》，第78卷，东国大学出版部，2001年版。

2　见左江《〈燕行录〉考订》，张伯伟编《域外汉籍研究集刊》，第四辑，中华书局，2008年版。

3　见《清史稿·列传三百十三·属国一·朝鲜琉球》（卷五百二十六）及曹中屏《朝鲜近代史（1863—1919）》，第51页，东方出版社，1993年版。

4　参见《清史稿·列传三百十三·属国一·朝鲜琉球》（卷五百二十六）。

5　见南一佑《燕记（金、木、水、火、土）》所收《漂民梁孟然等出送谢恩表》，〔韩〕林基中、〔日〕夫马进编《燕行录全集日本所藏编》卷三，第479页，东国大学校韩国文学研究所，2001年版。

6　参见南一佑《燕记（金、木、水、火、土）》，〔韩〕林基中、〔日〕夫马进编《燕行录全集日本所藏编》卷三，第353、469页，东国大学校韩国文学研究所，2001年版。

7　南一佑《燕记（金、木、水、火、土）》载，鸿胪寺卿寿昌送书信，问"钟岘沈尚书、杨州赵判书、绮堂赵校理"回国途中安否。见〔韩〕林基中、〔日〕夫马进编《燕行录全集日本所藏编》卷三，第400页，东国大学校韩国文学研究所，2001年版。

8　南一佑《燕记（金、木、水、火、土）》载，去岁冬使节团失银于永平府（今河北省卢龙），实乃朝鲜义州从人所为。永平府民人因此不愿接待朝鲜使节团。见〔韩〕林基中、〔日〕夫马进编《燕行录全集日本所藏编》卷三，第379页，东国大学校韩国文学研究所，2001年版。

9　参见拙著《朝鲜文人李海应〈蓟山纪程〉细读》，第53页，学苑出版社，2010年版。

白银，征货税银13531067两白银[1]。八月，礼部就法国传教士崔镇胜被囚禁朝鲜事移咨。是岁，福建巡抚丁日昌上书总理衙门，论朝鲜情势；◇檀君历四千二百一十二年，〔朝鲜〕高宗十六年。三月，资助漂风清人船3只回国。四月，越境4人枭首。九月，遣皇历赍咨官李容肃如清[2]。十一月，派出以韩敬源为正使、南一佑为副使、李万教（1851—？）为书状官的谢恩兼冬至使节团来华。南一佑（1837—？）[3]著有《燕记（金、木、水、火、土）》[4]。南一佑结识了时任玉田县教谕的天津人邹廷翰。在蓟县宋家城，南一佑结识了宋舒恂。宋舒恂，字小坡。南一佑先祖南龙翼1666年以副使来华，曾入宋家城参观[5]。

1880年，庚辰，〔清〕德宗光绪六年，☆黄帝历四千五百七十八年。七月，为同治帝祔庙，遣朝鲜赍咨官卞元圭赍敕回。八月，礼部为渔船越境入朝鲜事移咨。九月，帝谕天津海关道郑藻如与朝鲜赍咨官卞元圭商定学造事[6]。是岁，美国海军中将薛斐尔至天津，请李鸿章帮助与朝鲜通商；◇檀君历四千二百一十三年，〔朝鲜〕高宗十七年。正月，韩敬源使节团首译卞元圭欲由北京至保定拜见李鸿章，请求派员于天津学习制造，礼部以其无公文，不准[7]。七月，朝鲜以讲求武备事移咨礼部。是月，遣赍咨官卞元圭至天津。九月，修信使金弘集回自日本，进献清人黄遵宪《私拟朝鲜策略》。是月，朝鲜秘派李东仁赴日本，请清驻日公使何如璋出面，帮助与美国通商[8]。十月，送广东漂流商人9名、暹罗国人18名至辽东。十一月，派出以任应准为正使、郑稷朝为副使、洪钟永为书状官的进贺兼冬至谢恩使节团如清。任应准（1816—1883）著有《未信录》《澹斋谈草》[9]。译官李容肃以王命随行[10]，并专程前往天津拜见李鸿章，递交朝鲜领议政（首相）李最应书信。

1881年，辛巳，〔清〕德宗光绪七年，☆黄帝历四千五百七十九年。岁初，英国公使威妥玛向总理衙门提请与朝鲜通商事。六月，遣使赍敕至朝鲜，告慈安太后（东太后，1837—1881）崩并颁皇太后遗诏。六月，美国将军薛斐尔（R. W. Shufeldt）到天津拜见李鸿章。九月，允朝鲜派工匠至天津学造器械[11]；◇檀君历四千二百一十四年，〔朝鲜〕高宗十八年。二月，儒生李晚孙等万人上疏，痛斥黄遵宪《私拟朝鲜策略》之开放策略。六月，遣陈慰兼进香使洪佑昌（1819—1890）、副使赵昌永、书状官柳宗植如清，兼奏报与日本交聘[12]。是月，礼曹参议金弘集率修信使团访日，在日期间金弘集多次拜访中国驻日公使何如璋。公使馆参赞黄遵

1　见翦伯赞主编《中外历史年表》，第663页，中华书局，2008年版。

2　朝鲜使臣南一佑于是岁腊月初三日在栅门（今辽宁边门）见到了回还的赍咨官李容肃。见〔韩〕林基中、〔日〕夫马进编《燕行录全集日本所藏编》卷三，第352页，东国大学校韩国文学研究所，2001年版。

3　南一佑（1837—？），原名“南一愚”，字愚堂，本贯宜宁，咸丰九年（1859）文科及第，此次来华时任户曹参判，权署礼曹判书。书状官李万教（1851—？），字青岩。见南一佑《燕记（金、木、水、火、土）》，〔韩〕林基中、〔日〕夫马进编《燕行录全集日本所藏编》卷三，第347页“冬至兼谢恩使行人马报单”、第386、405页，东国大学校韩国文学研究所，2001年版。

4　见〔韩〕林基中、〔日〕夫马进编《燕行录全集日本所藏编》卷三，第323页，东国大学校韩国文学研究所，2001年版。

5　蓟州宋家城在许多“燕行录”里皆有记述。朝鲜文人朴永元1845年所著《燕行日录（上、中、下）》载，宋家城是明朝都指挥使宋峪所建。见〔韩〕林基中、〔日〕夫马进编《燕行录全集日本所藏编》卷二，第307页，东国大学校韩国文学研究所，2001年版。

6　《清史稿·列传三百十三·属国一·朝鲜琉球》（卷五百二十六）记此人为“卞元奎”，有误。见南一佑《燕记（金、木、水、火、土）》，〔韩〕林基中、〔日〕夫马进编《燕行录全集日本所藏编》卷三，第347页，东国大学校韩国文学研究所，2001年版。

7　见〔韩〕林基中、〔日〕夫马进编《燕行录全集日本所藏编》卷三，第414页，东国大学校韩国文学研究所，2001年版。

8　参见曹中屏《朝鲜近代史（1863—1919）》，第66页，东方出版社，1993年版。

9　参见〔韩〕林基中《燕行录研究》，第505页，一志社，2006年增补版。

10　李容肃即《清史稿》所载李鸿忠奏章中提及的“朝鲜国王委员李应浚”。此处“委员”是特派员的意思。

11　参见《清史稿·本纪第二十三》。

12　参见《清史稿·本纪第二十三》。

宪撰写《朝鲜策略》一册送金弘集。十月，进贺谢恩兼岁币冬至使节团在正使洪钟轩率领下来华，副使金益容，书状官曹寅承。十二月，领选使金允植（1835—1922）率使节团进入我国境内，从事官尹泰骏。金允植将与李鸿章、周馥等会谈朝鲜未来的地位及与西方列强通商事宜，近百人的使团里有一批人是来天津北洋水师学堂学习制造技术的。金允植著有《阴晴史》，其中一部分单独成书，名《天津谈草》[1]。

1882年，壬午，〔清〕德宗光绪八年，☆黄帝历四千五百八十年。是岁，清廷派李鸿章、马建忠（1845—1900）帮助朝鲜与各国订通商条约。二月，吉林将军铭安奏，朝鲜人越境至图们江上嘎河至高丽镇200里边地垦荒，帝谕允其领照、纳租、隶籍[2]。是月，李鸿章在津与美国特使薛斐尔反复会谈，商定朝美通商条款。四月，朝鲜请遣使驻京师，光绪帝不许。是月，丁汝昌、马建忠至朝鲜。七月，吴长庆[3]率"威远"等7艘兵舰官兵至朝鲜，袁世凯随军至，开始了他在朝鲜13年的活动。日军兵舰亦至，日本公使花房义质提出苛刻条件，朝鲜拒之。花房义质恼怒而去。朝鲜惧，遣李裕元与日谈判，签署《济物浦条约》，答应开放元山、釜山，允日军驻扎汉阳，并赔偿日本500000元。八月，翰林院侍读张佩纶上朝鲜善后六策[4]。十二月，马建忠之兄马建常（即复旦大学创建者马相伯）被聘为朝鲜议政府赞议。是岁，近代意义上的"华侨"在半岛出现；◇檀君历四千二百一十五年，〔朝鲜〕高宗十九年。正月，送清漂风15人回。四月，遣鱼允中、李祖渊（1843—1884）为问议官入天津。鱼允中（1848—1896）著有《西征记》[5]。是月，遣李应浚赍"朝美约条"如清，呈礼部、总理衙门，并以英国商办事，咨礼部与北洋大臣衙门。是月，李鸿章协助拟定的《朝美通商条约》由朝鲜申櫶、美国薛斐尔签订。该条约成为其后西方各国与朝鲜订立通商条约的蓝本。六月，"壬午军乱"发，乱军杀死闵谦镐和李最应，矛头直指协助编练新军的日本教官和腐败的闵妃胞兄，并抬出大院君李罡应来主政。乱军杀死日本教官掘本礼造等7人，火烧日本使馆。日本公使花房义质逃回长崎。是月，高宗谎称闵妃被杀，遣李承宇为正使、李建昌为书状官如清告讣。七月，领选使金允植引领吴长庆、魏伦先所率清军到达朝鲜，迅定军乱，拘捕大院君李罡应（1820—1898）。李罡应被送至天津，光绪帝旋以李鸿忠之奏拘之于保定旧清河道署。是月，遣赵宁夏、金弘集、李祖渊入京师谢恩，兼陈奏"壬午军乱"善后事宜。李鸿章与赵宁夏签订《中朝商民水陆贸易章程》。是月，金允植乘船再往天津，接回滞留在水师学堂的朝鲜学徒。岁末，金允植回国，还带回了李鸿章推荐的德国人穆麟德（Paul Geory von Müllen Dorff，1848—1901）及天津技工唐绍仪[6]。八月，高宗接见丁汝昌、吴长庆。是月，遣沈舜泽为正使、李起镐为副使，赵钟云为书状官，率进贺、谢恩兼岁币使节团如清，又选派500军兵，由袁世凯训练。九月，派李载德为问候官赴保定，看望大院君。是月，赵宁夏、金宏集抵达天津。十月，高宗接见吴长庆、朱先民，并检阅清军。十一月，遣沈舜泽为冬至正使、闵种默为副使、郑夏源为书状官如清。是月，高宗

---

1 收入〔韩〕林基中主编《燕行录全集》，第93卷，东国大学出版部，2001年版。参见拙著《王朝间的对话：朝鲜领选使天津来往日记导读》，宁夏人民出版社，2006年版。

2 参见《清史稿·本纪第二十三·德宗》《清史稿·列传三百十三·属国一·朝鲜琉球》（卷五百二十六）及拙著《王朝间的对话》，第294页，宁夏人民出版社，2006年版。

3 吴长庆（1829—1884年），字筱轩，淮军名将。

4 此"六策"详见曹中屏《朝鲜近代史（1863—1919）》，第103页，东方出版社，1993年版。

5 《西征记》收入〔韩〕林基中主编《燕行录全集》，第89卷，东国大学出版部，2001年版。

6 参见拙著《王朝间的对话：朝鲜领选使天津来往日记导读》，第360、371、406页，宁夏人民出版社，2006年版。

接见清舍人马建常及德国人穆麟德。十二月，遣李载冕赴保定探望大院君，又遣闵泳翊作为权知协办交涉通商事物赴上海、天津参观海关。是岁，高宗设立统理机务衙门，赵宁夏（1845—1884）、金宏集经理其事。是岁，丁汝昌、马建忠从中斡旋后，赵宁夏与英国驻华公使巴夏礼签订了朝英通商条约。是岁，朝鲜第10次刊印朱子在半岛后裔家谱[1]。是岁，朴泳玉、金玉均（1851—1894）在开往日本的船上画下了“太极旗”，准备用其设计国旗。

1883年，癸未，〔清〕德宗光绪九年，☆黄帝历四千五百八十一年。岁初，奉天东边道陈本植、前刑部郎中彭光誉分别与朝鲜西北经略使鱼允中（1848—1896）议定《奉天与朝鲜边民交易章程》《吉林朝鲜商民贸易地方章程》。原有的“中江开市”外贸模式被彻底改变。中国在中江附近九连城设海关，修建市场。朝鲜则在义州西城之外设海关，修建市场，这就是“新义州”的由来；◇檀君历四千二百一十六年，〔朝鲜〕高宗二十年[2]。是岁，朝鲜聘袁世凯代练新军，高宗批准将太极旗作为朝鲜国旗。是岁，遣使入清，进贺上“孝贞显皇后”谥号，并献慈禧皇太后方物[3]。是岁，朝鲜首份报纸《汉城旬报》出版发行，完全用汉文[4]。是岁，洪英植、金玉均等主持，与日本签订了《朝日电缆敷设条约》《朝日通商章程与海关税目》《仁川日本租界条约》等，形成了一股被竹添进一郎称作“日本党”（即开化党）的势力。是岁，朝鲜正式要求间岛领有权，后来的“间岛问题”由是岁始[5]。

1884年，甲申，〔清〕德宗光绪十年，☆黄帝历四千五百八十二年。十月，朝鲜“甲申政变”发，光绪帝遣左副都御使吴大徵以及续昌为朝鲜办事大臣，赍敕如朝鲜查办[6]。十一月，李鸿章调发军兵至朝鲜[7]。岁末，袁世凯向李鸿章提交张謇提议，向朝鲜派重兵，设“监国”，李鸿章未予理睬；◇檀君历四千二百一十七年，〔朝鲜〕高宗二十一年。十月十七日，“开化党人”金玉均、洪英植、朴泳孝、徐光范、徐载弼等制造“邮政局纵火事件”，拘禁高宗及太妃、王妃、世子、世子嫔等，由日军“保护”，并密谋逼迫高宗退位而让8岁的国王庶子继位。开化党杀左营使李祖渊、前营使韩圭稷、后营使尹泰骏、辅国闵台镐和赵宁夏、总管海防闵泳穆、中官柳在贤等7人。朝鲜民众呼吁清军平叛，南廷哲等大臣纷纷请清军出兵营救国王。袁世凯带兵拼死击退日军，救出高宗。朝鲜军人杀死洪英植，金玉均、朴泳孝、徐光范、徐载弼等追随日本公使竹添进一郎逃往仁川，这场由朝鲜维新派发起的“甲申政变”彻底失败。“甲申政变”持续了3天，其所推行11条政纲有明显的进步意义，但维新派建立在日本势力的基础上，得不到国内外民众的支持，其失败是历史的必然[8]。十月，日本遣井上馨为全权大臣至朝鲜。金弘集与井上馨签订《汉城条约》，对日本所提苛刻要求，金弘集一一照办。是岁前后，朝鲜“乐善斋本”《红楼梦》由李钟泰等文人译出。是岁，遣金晚植率三节年贡使节团如清。金晚植上

1　参见杨昭全、何彤梅《中国—朝鲜韩国关系史》，第625页，天津人民出版社，2001年版。
2〔韩〕《高宗实录》缺本年记录。
3　参见《清史稿·列传三百十三·属国一·朝鲜琉球》（卷五百二十六）。
4　参见杨昭全《朝鲜1884年的政变》，第9–10页，商务印书馆，1986年版。
5　参见孙春日《中国朝鲜族移民史》，第186页，中华书局，2009年版。
6　参见《清史稿·列传三百十三·属国一·朝鲜琉球》（卷五百二十六）。
7　参见《清史稿·本纪第二十三·德宗》。
8　参见《清史稿·列传三百十三·属国一·朝鲜琉球》（卷五百二十六）“光绪十年”及杨昭全《朝鲜1884年的政变》，商务印书馆，1986年版。

奏请求勘界，礼部留中不发[1]。

1885年，乙酉，〔清〕德宗光绪十一年，☆黄帝历四千五百八十三年。正月，日本宫内大臣伊藤博文、农商务大臣西乡从道至天津，光绪帝谕命李鸿章、吴大徵与日使议朝鲜事。三月，《中日天津条约》由李鸿章、伊藤博文签订。是月，李鸿章为英国军舰抢占巨文岛事致函朝鲜，展开斡旋。是月，珲春副都统衙门照会朝鲜，图们江不准朝鲜边民越界开垦。六月，《中朝电线条约》签订，仁川、汉城、义州电线由华商垫资铺设，朝鲜逐年归本，不取利息。是月，通化县民邢可贵为报仇杀死朝鲜人朴辰弘，事报朝鲜高宗。七月，中方派总理衙门贾元桂、通商局督理秦瑛，至朝鲜会宁府。中朝两国代表对于土门（图们）、豆满是否一江认识出现分歧，遂决定分别报告本国政府[2]。是月，礼部咨文至朝鲜，乃吉林与朝鲜通商事。八月，遣袁世凯为总理交涉通商事宜全权代表，常驻朝鲜。是岁，吉林设立“越恳局”。是岁，以日本抗议德国人穆麟德怂恿朝王亲俄，穆麟德从朝鲜回到我国。是岁，奉天至朝鲜仁川电报线路完成；◇檀君历四千二百一十八年，〔朝鲜〕高宗二十二年。三月，遣李应浚为赍咨官如清，奏请勘界。四月，英国军舰强行进驻扎朝鲜巨文岛。是月，遣严世永搭乘中国军舰抵巨文岛，与英国水师将领谈判，在朝德国人穆麟德参与交涉。六月，高宗派出以闵种默为正使、赵秉世为副使、金世基为书状官的陈奏使节团如清，奏请放回大院君。是月，督办交涉通商事务金允植为巨文岛事致函中国公使。七月，遣安边府使李重夏作为特使，京外主事赵昌植为副使，参与中朝图们江勘界事宜。十月，朝鲜高宗请兵镇抚，李鸿章再次派兵入朝。十一月，派出以郑海仑为正使、徐相雨为副使、李勋卿为书状官的冬至使节团如清。是岁，为与俄国通商事，遣南廷哲到天津拜见李鸿章，并到保定拜望大院君李罡应。

1886年，丙戌，〔清〕德宗光绪十二年，☆黄帝历四千五百八十四年。正月，礼部移咨，朝鲜参包一律免税。七月，袁世凯上《朝鲜大局论》，朝鲜文献《高宗实录》全文收录之。是岁，出使英法德俄大臣刘瑞芬致书李鸿章，议收朝鲜为内地一省，清廷不准[3]。八月，光绪帝放大院君李罡应（1820—1898）回国[4]，李鸿章遣袁世凯护送之回半岛。是岁，朝鲜李罡应、闵泳翊等皆主张中国向朝鲜派监国[5]，在华总税务司、英国人赫德也向李鸿章提出类似主张。李鸿章与军机处坚决维护朝鲜的独立地位。是岁，唐绍仪出任大清驻朝鲜总领事；◇檀君历四千二百一十九年，〔朝鲜〕高宗二十三年。二月，《中国代办朝鲜陆路电线续款合同》签订。是月，朝鲜任命在华之朴齐纯为驻津督理通商事务大臣，成歧运为从事官。十月，以副修撰金嘉镇[6]代替在天津生病的成歧运。是月，派出以徐相雨为正使、沈相学为副使、尹琥为书状官的谢恩兼冬至使节团如清。

1887年，丁亥，〔清〕德宗光绪十三年，☆黄帝历四千五百八十五年。正月，吉林将军派候补同知方郎、珲春协领德玉、通商越垦局督理秦瑛，与朝鲜勘界使李重夏，重勘两国界线。

1　见参见孙春日《中国朝鲜族移民史》，第198页，中华书局，2009年版。

2　见孙春日《中国朝鲜族移民史》，第196—203页，中华书局，2009年版。

3　参见《清史稿·列传三百十三·属国一·朝鲜琉球》（卷五百二十六）。

4　参见《清史稿·列传三百十三·属国一·朝鲜琉球》（卷五百二十六）。

5　大院君李罡应的说法是：“朝鲜之于上国，系属邦也，他邦似无他议也。至于本国，百口同然。如闻此命，大小李必手舞也，中堂前后曲庇之恩泽，岂可忘之也？”

6　金嘉镇当即驻津督理金明圭。

中国认红丹水为图们江正源，亦即两国分界。朝方则坚持以红土山水为界[1]。是岁，帝准朝鲜派各国使节随中国使节之后等三条，着李鸿章筹划朝鲜通使各国体制[2]；◇檀君历四千二百二十年，〔朝鲜〕高宗二十四年。正月，遣德源府使李重夏为勘界使，与大清争边界领土。三月，中国允让朝鲜自设汉城至釜山电话线。四月，派出以李承五为正使、金商圭为副使、郑闇朝为书状官的进贺使节团，祝贺光绪帝亲政。李承五（1837—？）[3]著有《观华录》（现缺卷三、卷四）《燕槎日记》[4]。九月，朝鲜前守门将柳锡用将借来房屋典当与旅居清人周福龄，引发纠纷，汉城府报至高宗。十一月，派出以赵秉世为正使、金完秀为副使、闵哲勋（字圣若）[5]为书状官的冬至使节团。赵秉世（1827—1905）著有《丁亥燕行日记》《路程记》。是岁，朝鲜在不通知中国情况下，决定派朴定阳为赴美全权大臣，派赵臣熙[6]为出使英、德、俄、意、法等国全权大臣。李鸿章、袁世凯多次与朝鲜协商，决定将朝鲜全权大使置于中国公使的保护之下。朴定阳至美国，完全抛开大清公使馆，引起中、朝不满。赵臣熙乃留香港，不发程。

1888 年，戊子，〔清〕德宗光绪十四年，☆黄帝历四千五百八十六年。十月，免朝鲜红参厘税[7]。是岁，陆心源《唐文拾遗》完成，该书卷 34-44 为新罗崔致远文。是岁，上海－烟台－仁川海上运输开航；◇檀君历四千二百二十一年，〔朝鲜〕高宗二十五年。是岁，朝鲜与俄、美、德、法、意等国订立通商条约。十月，派出正使李淳翼、副使金绮秀（字仓山）、书状官宋荣大率领的进贺兼谢恩使节团[8]。无名氏《燕辕日录》记载了此次行程。书中，无名氏被人称作“尚公”，他记述了己丑年二月初三日慈禧归政光绪事。无名氏《燕辕日录》收入韩国林基中教授主编《燕行录全集》第 95-96 卷[9]。其中第 418-419 页有无名氏在北京海淀所记“余曾于丙辰四月始观此处”，可见其曾于 1856 年春到过中国。笔者认为，无名氏当为朝鲜译官李尚健。

1889 年，己丑，〔清〕德宗光绪十五年，☆黄帝历四千五百八十七年。正月，光绪帝大婚，皇后叶赫那拉氏（？—1913）。二月，遣朝鲜使臣李淳翼赍钦赐彩缎等回。是月，礼部以朝鲜译官李应浚贪财妄译移咨，着朝鲜国王拿问；◇檀君历四千二百二十二年，〔朝鲜〕高宗二十六年。五月，高宗亲祭大报坛。六月，高宗接见中国提督丁汝昌、统领吴兆有。十一月，派出以李敦夏为正使、李僖鲁为副使、尹始荣为书状官的冬至使节团如清。

1890 年，庚寅，〔清〕德宗光绪十六年，☆黄帝历四千五百八十八年。九月，光绪帝念朝鲜国方经国乱，特遣户部左侍郎、统理各国事务大臣续昌以及户部右侍郎崇礼，赍敕经天津乘北洋轮船经仁川入汉城，致祭大王大妃赵氏[10]。是岁，总理衙门假华商之手，贷给朝鲜 18 万元。是岁，光绪帝准总理衙门疏，着朝鲜越境垦荒者归籍。吉林将军长顺颁发执照，朝鲜越境开荒

---

1 见孙春日《中国朝鲜族移民史》，第 203 页，中华书局，2009 年版。
2 参见《清史稿 · 列传三百十三 · 属国一 · 朝鲜琉球》（卷五百二十六）。
3 李承五（1837—？），字奎瑞，号三隐，本贯韩山，李景在之子。哲宗九年（咸丰八年，1858）文科及第。其父李景在 1850 年来华。
4 收入〔韩〕林基中主编《燕行录全集》，第 86 卷，东国大学出版部，2001 年版。
5 闵哲勋，字圣若。近人徐世昌《清诗汇》卷二百有介绍。参见〔韩〕柳晟俊《韩国汉诗与唐诗的比较》，第 521 页，Prunsasang，korea.2002 年版。
6 赵臣熙原名“沈湘”。
7 参见《清史稿 · 本纪第二十三》。
8 朝鲜文人闵哲勋（字圣若）随行来华。参见近人徐世昌《清诗汇》卷二百。
9 另参见拙著《半岛唐风：朝韩作家与中国文化》，第 297-307 页，宁夏人民出版社，2004 年版。
10 参见《清史稿 · 列传三百十三 · 属国一 · 朝鲜琉球》（卷五百二十六）。

者留去自便，愿留下者剃发，为大清属民。是岁，清廷依朝鲜使臣洪钟永之请，准朝鲜使节团由海路经天津进贡；◇檀君历四千二百二十三年，〔朝鲜〕高宗二十七年。闰二月，驻津督理金明圭回国复命。四月，大王大妃赵氏（1808—1890，翼宗神贞王妃，本贯丰壤，赵万永之女。高宗即位时垂帘听政）薨。五月，派出以洪钟永为正使、赵秉圣为书状官的告讣使节团如清，并奏请朝廷免派祭奠使，一切从俭。洪钟永（1839—？）著有《燕行录》[1]。十一月，派出以李珪永为正使、曹寅承[2]为副使、郑云景为书状官的谢恩兼冬至使节团如清。

1891年，辛卯，〔清〕德宗光绪十七年，☆黄帝历四千五百八十九年。是岁，吉林延吉、珲春、和龙、汪清4县以及黑龙江等地朝鲜移民已达100000人[3]；◇檀君历四千二百二十四年，〔朝鲜〕高宗二十八年。是岁，朝鲜机制黄铜钱问世，铸行前后达260年的“常平通宝”逐步退出流通。四月，派出以徐正淳为首、赵东万为副使、李范赞为书状官的进贺兼谢恩使节团。十月，派出以李镐翼（字陶饮）为正使、沈琦泽为副使、郑翰谟（字观海）为书状官的冬至使节团[4]。是岁，朝鲜向日本出口大米近百万石，是1889年出口额的29倍。朝鲜粮食储备出现危机，八道纷纷发布“防谷令”[5]。

1892年，壬辰，〔清〕德宗光绪十八年，☆黄帝历四千五百九十年；◇檀君历四千二百二十五年，〔朝鲜〕高宗二十九年。朝鲜文献《高宗实录》缺本年记述。是岁，遣李乾夏（字仁崖）为冬至使如清，李暲（字盛斋）为副使、沈远翼（字友松）为书状官[6]。随同来华的朝鲜文人还有崔性学（字砚农）、曹寅承（字东谷）、李永珪（字春史）、郑景云（字其山）、李赞范（字丹圃），他们在京与清人黄膺笔谈并赋诗。这些朝鲜文人作品被收入近人徐世昌编《清诗汇》。是岁，朝鲜地方官发布“防谷令”，因未能按照《朝日条约》如期通知日方，日方索赔额达17万元。李鸿章周旋后，改为赔偿日方11万元。自此，朝鲜在饥荒之年也必须向日本出口粮食[7]。是岁，林泰辅《朝鲜史》完成。

1893年，癸巳，〔清〕德宗光绪十九年，☆黄帝历四千五百九十一年。是岁，许寅辉赴朝鲜，协助英国驻朝鲜使馆工作，并著有《客韩日记》[8]；◇檀君历四千二百二十六年，〔朝鲜〕高宗三十年。二月，李冕相与从事官徐相乔如天津，担任朝鲜督理。三月，高宗亲祭大报坛。十月，平安道越境杀人犯韩成贞等2人枭首。十一月，派出以李正鲁为首、李胄荣为副使、黄章渊为书状官的冬至使节团。岁末，遣判中枢府事李承纯为正使、户曹参判闵泳喆为副使、李裕宰为书状官的进贺使节团共199人如清，进贺慈禧皇太后60寿诞。光绪帝接见正副使。

1894年，甲午，〔清〕德宗光绪二十年，☆黄帝历四千五百九十二年。是岁，“华侨中华会馆”成立于朝鲜汉城。二月，淮军将领聂士成奉命入朝，考察朝鲜北部，并著有《东游纪程》[9]。

1 收入〔韩〕林基中主编《燕行录全集》，第86卷，东国大学出版部，2001年版。

2 曹寅承，字东谷。近人徐世昌《清诗汇》卷二百有介绍。参见〔韩〕柳晟俊《韩国汉诗与唐诗的比较》，第521页，Prunsasang，korea.2002年版。

3 见曹中屏《朝鲜近代史（1863—1919）》，第143页，东方出版社，1993年版。

4 见〔韩〕柳晟俊《韩国汉诗与唐诗的比较》，第522页，Prunsasang，korea.2002年版。

5 见曹中屏《朝鲜近代史（1863—1919）》，第138页，东方出版社，1993年版。

6 聂士成在从朝鲜回国途中见到了该使节团。朝鲜文人崔性学、金宏集从行来华。参见〔韩〕柳晟俊《韩国汉诗与唐诗的比较》，第522页，Prunsasang，korea.2002年版。

7 见曹中屏《朝鲜近代史（1863—1919）》，第139页，东方出版社，1993年版。

8 许寅辉《客韩日记》由中华书局于2007年出版。

9 参见《清史稿》卷四百六十七及〔清〕聂士成《东游纪程：日知堂笔记》，中华书局，2007年版。

五月，应朝鲜剿灭全州乱民之请，遣叶志超率“清远”、“扬威”两舰至仁川。先是，朝鲜亲日派首领金玉均被朝鲜人洪钟宇（洪钟宇乃洪英植之子）刺杀于上海。应朝鲜之请，金玉均尸体被清军军舰“威靖”号运回朝鲜。金玉均被戮尸，日本大哗。北洋舰队护送清军去朝鲜，遭日海军阻截，中日海军在大东沟爆发“甲午海战”，北洋舰队惨败。管带邓世昌率部下开船撞击日舰，不幸遇到鱼雷，壮烈殉国。七月，清对日宣战。九月，叶志超部经九连城退回国内，与宋庆共同抵御日军，旋败退。日军先后占领凤凰城、九连城，迅速向辽东纵深挺进[1]。是岁，驻朝“总理交涉通商事宜全权代表”袁世凯回国，其在朝经管之事，由唐绍仪代办。袁世凯在朝共经营13年[2]；◇檀君历四千二百二十七年，〔朝鲜〕高宗三十一年[3]。三月，东学党发。五月，东学道接主全奉准（1855—1895）的部队攻占全州，直逼汉城。高宗请求清兵支援围剿。中方据《中日天津条约》，同时约请日军派兵至朝。东学党灭后，日军继续留在朝鲜，并攻进王宫，拘禁高宗，扶大院君李罡应主国是。大鸟圭介迫朝鲜订立《暂定合同条款》《日朝同盟条约》。七月，高宗秘遣闵尚镐改穿西装，乘轮船到天津见李鸿章求救。闵尚镐当是《甲午燕行录》的作者[4]。是月，平壤监司闵丙奭转发朝鲜国王致李鸿章密电，再次求援。随后，日本击沉清运兵船“高升”号，并在朝鲜境内攻击叶志超部清军，叶志超败走。十一月，朝鲜颁布《保护清商规则》。是岁，朝鲜金弘集政府奉高宗旨意，施行“甲午更张”，国王改称“大君主”，王妃改称“王后”。自高丽王朝以来，朝鲜半岛的君主皆称“殿下”，自此改为“陛下”。“甲午更张”包括还改革官制、废除科举、废止奴婢买卖、改革财政体系。半岛的科举考试自958年在福建人双冀主持下开始，至此结束，共施行了936年。据杨昭全、何彤梅教授统计，自1851年至是岁43年间，朝鲜共派出73个使节团如清。是岁，朝鲜与清的贸易总额达到1332226海关两[5]。

1895年，乙未，〔清〕德宗光绪二十一年，☆黄帝历四千五百九十三年。三月，李鸿章与伊藤博文签订《马关条约》，中国承认朝鲜为独立自主国。朝鲜与清朝共延续了258年的藩属朝贡关系结束；◇檀君历四千二百二十八年，〔朝鲜〕高宗三十二年。岁初，高宗拜谒宗庙，发布《洪范十四条》。闵氏（1851—1895，后追封“明成皇后”。本贯骊兴，闵耆显之女。纯宗皇帝生母）联合俄军，排挤日军势力。日本公使三浦梧楼中将怀恨在心。八月二十日，日军拥大院君李罡应入王宫，杀闵妃（即“明成皇后”）并焚尸，此即朝鲜史称“乙未事变”。是岁，领导甲申农民战争的全奉准（1855—1895）率部攻打日军，不幸被捕，旋被杀。是岁，朝鲜官员改换日本式制服。是岁，柳锡麟（1843—1917）率朝鲜义兵起义。是岁，朝鲜重印崔溥（1454—1540）《飘海录》。是岁，朝鲜独立运动著名领导人金九渡过鸭绿江进入我国，参加金利彦义兵团抗日，归国途中杀死日军中尉土田让亮而被捕。金九（1876—1949），字白凡，黄海道海州人，12-17岁学汉文，读兵书。

1896年，丙申，〔清〕德宗光绪二十二年，☆黄帝历四千五百九十四年。十月，定于朝鲜派总领事1人，常驻汉城。岁末，委派唐绍仪为驻朝鲜总领事；◇檀君历四千二百二十九年，

1　参见〔清〕顾云《辽海闻见录》，金毓黻编《辽海丛书》，辽海书社排印本，1931-1934年。
2　《清史稿·列传三百十三·属国一·朝鲜琉球》（卷五百二十六）于本年记载详细。
3　吴晗《朝鲜李朝实录中的中国史料》所收资料止于本年。见该书，第5314页，中华书局，1980年版。
4　参见〔韩〕林基中《燕行录研究》，第505页，一志社，2006年增补版。
5　见杨昭全、何彤梅《中国—朝鲜韩国关系史》，第765、767页，天津人民出版社，2001年版。

〔朝鲜〕高宗建阳1年。是岁，朝鲜春川人民抗日起义，排日派军人因俄国军队帮助引领高宗入俄国使馆，高宗命杀亲日派官员数人。朝鲜史称“俄馆播迁”。是岁，鱼允中（1848—1896）被殴杀。是岁，徐载弼（1866—1951）、尹致昊（1865—1946）、李商在等人成立“独立协会”，改造原用以迎接中国皇帝圣旨的“迎恩门”为“独立门”。冬，徐载弼创办朝鲜文[1]《独立新闻》。《独立新闻》竭力贬低中国文化，称中国是“充满笑料的国家”。但由于是朝鲜首个非官方的报刊，很快发行量就达到了3000份。是岁创办的还有较温和的《皇城新闻》、普及型的《帝国新闻》[2]。是岁，遣朴台荣、赵秉稷来华，与唐绍仪会谈订立条约事[3]。是岁，朝鲜首位女权主义者罗蕙锡（1896—1948）出生。罗蕙锡与我国的何香凝、日本的平塚雷马并称为东北亚三位新时代女性领袖人物。是岁，“朝鲜八道”被重新划分为13道：京畿道、江原道、忠清北道、忠清南道、全罗北道、全罗南道、庆尚北道、庆尚南道、平安南道、平安北道、黄海道、咸镜南道、咸镜北道。

1897年，丁酉，〔清〕德宗皇帝光绪二十三年，☆黄帝历四千五百九十五年；◇檀君历四千二百三十年，〔大韩帝国〕高宗皇帝光武一年。是岁，高宗改国号、称帝并定年号，尊箕子为“太祖文宣王”[4]。是岁，高宗追封闵氏（1851—1895，本贯骊兴，闵耆显之女）为“明成皇后”[5]。是岁，俄国强迫朝鲜聘任其军官教练军队，英国派军舰逼近仁川。是岁，画家张承业（1843—1897）逝世，其作品有《仿黄子九山水图》等。2002年韩国拍摄电影《画圣》，即以张承业为生活原型。至是岁，朝鲜派往清朝使节团共有697次，清朝派往朝鲜使节团169次。

1898年，戊戌，〔清〕德宗皇帝光绪二十四年，☆黄帝历四千五百九十六年。是岁，“戊戌变法”失败，张之洞《劝学篇》发行。四月，清遣太仆寺卿、安徽按察使徐寿朋至半岛，为出使韩国大臣，其国书首句为“大清国大皇帝敬问大韩国大皇帝好”[6]。七月，徐寿朋与朝鲜外部大臣朴齐纯订立《中鲜通商条约》；◇檀君历四千二百三十一年，〔大韩帝国〕高宗皇帝光武二年。是岁，晋封李坧妃闵氏（1872—1904，纯明孝皇后，本贯骊兴，闵泰镐之女）为皇太子妃。是岁，高宗生父大院君李昰应（1820—1898）卒。是岁，金炳始卒。金炳始（1832—1898），字圣初，本贯安东，大韩帝国领相，倡导民族独立，坚决抵制日本。是岁，“独立协会”被取缔。是岁，汉城刊发的《皇城新闻》猛烈抨击中国，《独立新闻》等报刊竭力抹煞中国的文明史。朝鲜半岛历史上乙支文德等人被重新挖掘出来，树立为抗击中国军队的民族英雄。韩文[7]的地位迅速飙升，成为半岛的正统民族语言[8]。是岁，我国最早的基督教小说《张袁两友相论》被翻译为韩文。韩国学者吴淳邦教授发现，该书现藏韩国基督教博物馆，是根据1880年上海美华书馆排印本翻译的[9]。

---

1 朝鲜文即韩文，旧称“谚文”。旧时纯用汉字在半岛称“真文”。

2 参见周小川《脱离中央王国—朝鲜的文化独立运动（1895年—1911年）》，《世界博览》 2009年第3期。

3 参见周小川《故主情怀—中国人眼中的朝鲜（1895年—1945年）》，《世界博览》，2009年第4期。

4 参见孙卫国《传说、历史与认同：檀君朝鲜与箕子朝鲜历史之塑造与演变》，复旦大学文史研究院编《从周边看中国》，第333页，中华书局，2009年版。

5 1866年清同治帝诰封闵氏为“王妃”。

6 参见《清史稿·本纪二十四·德宗本纪二》。

7 朝鲜称“朝文”，即传统上所说“谚文”。

8 参见周小川《脱离中央王国—朝鲜的文化独立运动（1895年—1911年）》，《世界博览》 2009年第3期。

9 参见〔韩〕吴淳邦《第一本中国基督教小说与韩国基督教博物馆所藏早期基督教小说的韩译本研究》，《中国语文论译丛刊》，2005年特辑号。

1899年，己亥，〔清〕德宗皇帝光绪二十五年，☆黄帝历四千五百九十七年；◇檀君历四千二百三十二年，〔大韩帝国〕高宗皇帝光武三年。是岁，韩国与中国订立修好条约。是岁，半岛报纸《独立新闻》多次贬斥中国，说中国官员腐败、残忍，中国城乡充满了脏、乱、差。是岁至1910年，梁启超的著作被翻译、介绍到朝鲜，引起朝鲜知识分子极大关注。

1900年，庚子，〔清〕德宗皇帝光绪二十六年，☆黄帝历四千五百九十八年。是岁，八国联军进犯我国。是岁，置韩国各口岸领事；◇檀君历四千二百三十三年，〔大韩帝国〕高宗皇帝光武四年。

1901年，辛丑，〔清〕德宗皇帝光绪二十七年，☆黄帝历四千五百九十九年。是岁，清遣许台身出任驻韩国公使。山西省图书馆编印《中国日本朝鲜越南四国历史年代对照表（公元前660年—公元1918年）》附录《中国近代、现代史中几种特殊的纪年》中说，孙中山领导的同盟会、兴中会反对满清，在公元1901年即光绪二十七年用黄帝纪年。同盟会称是岁为"四千五百九十九年"，直至民国改元，才停用黄帝历。是岁，李鸿章（1823—1901）逝于北京，谥"文忠"。[1]李氏出任直隶总督兼北洋通商事务大臣后，朝鲜事多与焉；◇檀君历四千二百三十四年，〔大韩帝国〕高宗皇帝光武五年。是岁，朝鲜边界警务官李敬顺越江至和龙峪抚恳局，声称奉国王命来此扶绥边民。和龙峪抚恳局委员叶含芬驳斥之并设宴招待，李敬顺强辩不成，竟拔刀砍向叶含芬，幸被叶含芬躲过[2]。是岁，朝鲜学者林泰辅《朝鲜近代史》完成。

1902年，壬寅，〔清〕德宗皇帝光绪二十八年，☆黄帝历四千六百年。是岁，吉林省辑安（集安）县令吴光国发现毌丘俭征高句丽碑。十月，清朝接受朴齐淳为韩国首任驻华大使；◇檀君历四千二百三十五年，〔大韩帝国〕高宗皇帝光武六年。是岁，韩国遣外务大臣朴齐淳如清，奏请设立"韩国驻华全权大使馆"。是岁，担任韩国元帅府记录局长的朱熹第31代孙朱锡冕上疏高宗，建议半岛朱子后裔统一称为"新安朱氏"。高宗准之，并刊印《新安朱氏世谱》[3]。

1903年，癸卯，〔清〕德宗皇帝光绪二十九年，☆黄帝历四千六百〇一年。7月3日，刘师培在《国民日日报》发表《黄帝纪年说》。是岁，清廷因韩国李范允"间岛"事，遣统领胡殿甲、延吉厅同知陈作彦，与韩国所派参领金命焕会谈关于延边的所谓"间岛"问题；◇檀君历四千二百三十六年，〔大韩帝国〕高宗皇帝光武七年。十二月，朴台荣接替朴齐淳任驻华大使。是岁，俄国强占韩国龙崖浦。是岁，大王大妃、宪宗妃洪氏（1831—1903，孝定王妃，本贯安东，洪在龙之女）薨。是岁，韩国任命李范允为"北边垦岛视察使"，并照会清使许台身，又致函中国越垦局。李范允并训练1000人，将韩国侨民组织起来不断滋事。

1904年，甲辰，〔清〕德宗皇帝光绪三十年，☆黄帝历四千六百〇二年。十一月，曾广铨出任驻韩国公使，直至1906年。是岁，签订《中韩边界善后章程》[4]；◇檀君历四千二百三十七年，〔大韩帝国〕高宗皇帝光武八年。二月，闵泳喆接替朴台荣任驻华大使。岁初，日本军舰击破朝鲜仁川的俄国兵船，"日俄战争"爆发。七月，日本在朝鲜全境实行军事管制。是岁，

1 山西省图书馆编《中国日本朝鲜越南四国历史年代对照表（公元前660年－公元1918年）》，1979年印行。
2 见孙春日《中国朝鲜族移民史》，第207页，中华书局，2009年版。
3 见杨昭全、何彤梅《中国—朝鲜韩国关系史》，第625页，天津人民出版社，2001年版。
4 见孙春日《中国朝鲜族移民史》，第212页，中华书局，2009年版。

日军主持修筑“京义铁路”[1]，并擅自将该铁路延长为安东[2]至奉天[3]。是岁，驻朝鲜公使林权助大力推行“顾问政治”，胁迫韩国外部大臣李址镕签订《日韩议定书》，规定韩国的外交和财政受日本监督。是岁，就清国派驻韩国代表事宜，遣直提学闵泳喆率团如清。是岁，皇太子妃闵氏（1872—1904，本贯骊兴，闵泰镐之女）薨，后朝鲜追尊其为“纯明孝皇后”。

1905年，乙巳，〔清〕德宗皇帝光绪三十一年，☆黄帝历四千六百〇三年。正月，光绪帝于乾清宫接见韩国等国使节。是岁，宋教仁参与推断黄帝历，宣布是岁为黄帝历四千六百〇三年。是岁，撤回驻韩公使。是岁，我国留日学生潘宗礼路经朝鲜仁川，写下遗书后自投黄海，以死抗议日本军国主义[4]；◇檀君历四千二百三十八年，〔大韩帝国〕高宗皇帝光武九年。是岁，美国承认日本为韩国的宗主国[5]。是岁，伊藤博文与日本公使林权助一道，胁迫韩国外部大臣朴齐纯签订《乙巳保护条约》，剥夺了韩国的全部主权。条约签订后，汉城一片哭声，法务部主事宋秉瓒等11人在王宫前自杀，金泽荣（1850—1927）愤然出国。乙巳条约规定日本在韩国设立“统监”。日本随即在汉城建立宪兵司令部，并派驻“朝鲜统监”伊藤博文。日本军阀扶植的李完用政府随之登台。是岁，半岛京釜铁路[6]开通。

1906年，丙午，〔清〕德宗皇帝光绪三十二年，☆黄帝历四千六百〇四年。《辞海》（1979年版）《附录 · 中国历史纪年表 · 附二 · 辛亥革命期间所用黄帝纪年对照表》中，依《民报》所用推断是岁为黄帝历四千六百〇四年。是岁，清廷将曾广铨从驻韩国公使任上撤回，派马廷亮至韩国任驻韩总领事；◇檀君历四千二百三十九年，〔大韩帝国〕高宗皇帝光武十年。岁初，日本“朝鲜统监”伊藤博文开始在韩国外务部旧址办公。伊藤博文禁朝鲜人集会结社，禁朝鲜刊发“悲愤类”新闻。是岁，朝鲜部分文人主张用“檀君四千二百三十九年”代替“光绪三十二年”，来抵抗日本军方强加的“明治三十九年”。是岁，张志渊[7]创立“大韩自强会”。是岁，韩国皇太子李坧迎娶新妃尹氏（1894—1966，纯贞孝皇后，本贯海丰，尹泽荣之女）。

1907年，丁未，〔清〕德宗皇帝光绪三十三年，☆黄帝历四千六百〇五年。是岁，东三省总督徐世昌、奉天巡抚唐绍仪等痛斥日本派到图们江的中佐斋藤季治郎等，批驳日本人的“间岛属韩论”，并派遣陈昭常为吉林边务督办，派吴禄贞为吉林边务帮办，加强延吉地区的边境监察工作。吴禄贞坚决保护间岛主权，并著有《延吉边务报告》，次年出版；◇檀君历四千二百四十年，〔大韩帝国〕纯宗皇帝李坧（1874—1926）隆熙一年。六月，高宗秘密派李儁（1859—1907）、李相卨、李玮钟为使到海牙和会，试图控诉日本罪行。朝鲜使节被和会拒之门外，李儁悲愤至极，剖腹自杀。是岁，日本在韩增兵，“朝鲜统监”伊藤博文与在韩的日本外相林熏逼迫朝鲜高宗退位，扶李坧即位。李坧乃被立为朝鲜纯宗，其妻尹氏（1894—1966，纯贞孝皇后，本贯海丰，尹泽荣之女）被封为皇后。日本军方强派纯宗弟、英亲王李垠（1897—1970，韩国淑明女子大学创建者，日本定其为朝鲜皇位继承人）留学日本。是岁，日

1 京义铁路即朝鲜京城（今韩国首尔市）至（新）义州的铁路。
2 安东，今辽宁省丹东。
3 奉天，今辽宁省沈阳。
4 见曹中屏《朝鲜近代史（1863—1919）》，第252页，东方出版社，1993年版。
5 见曹中屏《朝鲜近代史（1863—1919）》，第234页，东方出版社，1993年版。
6 今韩国首尔至釜山的铁路。
7 张志渊（1864—1921），号韦庵、嵩阳山人，韩国爱国启蒙运动的领袖人物，曾参修《大韩礼典》，有《韦庵文稿》传世。

本在朝鲜施行“次官政治”，由日本人担任的“次长”成了实际上的掌权者。是岁，朝鲜被解散军队官兵17000人逃往北部，成为抗击日寇的“义兵”。周时经等朝鲜文人与是岁建立的“全国语言研究会”推进了一种书写本国文字的新体系的普及，官方文本与书信中不再完全使用汉字，改为汉字和韩字混合使用。是岁，亲日派首脑宋秉畯竭力主张把朝鲜半岛以1亿日元的价格卖给日本。是岁，遣学部大臣金明圭如清，督理驻天津朝鲜馆事宜。

1908年，戊申，〔清〕德宗皇帝光绪三十四年，☆黄帝历四千六百〇六年。是岁，光绪帝、慈禧太后崩；◇檀君历四千二百四十一年，〔大韩帝国〕纯宗皇帝隆熙二年。日本派驻“朝鲜统监”伊藤博文。是岁，日本人主持举外债开发朝鲜。是岁，驻韩统监府非法设置“间岛事务官”，配技师1人，通译官2人，通译生5人。统监府此举表明“间岛问题”一直是日本军国主义侵略计划的组成部分[1]。是岁，朝鲜义兵总数达到69800人，与日军战斗上千次，但逐步被日军消灭。

1909年，己酉，〔清〕宣统皇帝一年，☆黄帝历四千六百〇七年。是岁，洋务派代表人物之一张之洞（1837—1909）逝世，其“中体西用”论在朝鲜被金允植等改造为“东道西器”论。是岁，清廷抗议日本擅自在我国修安奉铁路[2]，随后《中日议定安奉铁路节略》签订，日方同意部分主权由清廷收回，但日本随即在鸭绿江修建铁桥。七月，外务部尚书梁光彦与日本公使伊集院彦吉签订《图们江中韩界务条款》，我国的延吉主权得以重申[3]。是岁，《大清国籍法》颁布，对在华朝鲜人有详细规定[4]。是岁，清对朝贸易总额达到500万海关两[5]；◇檀君历四千二百四十二年，〔大韩帝国〕纯宗皇帝隆熙三年。九月，朝鲜义士安重根（1879—1910）在我国哈尔滨火车站刺死伊藤博文。安重根乃黄海道海州人氏，其父安泰勋，鲜末进士。是岁，移居延边的韩国人近90000人。是岁，李容九、洪肯燮为首的半岛亲日团体“一进会”大力倡仪日韩合并。是岁，日本人曾弥荒助继任“朝鲜统监”。

1910年，庚戌，〔清〕宣统皇帝二年，☆黄帝历四千六百〇八年。三月，清廷遣奉天交涉司韩国钧，与日本总领事小池张造签署《鸭绿江架设铁桥协定》。八月，日本驻华使节伊集院向清外务部递交《日韩合并条约》。按朝鲜华侨总会的统计，是岁在朝华侨约10000人，主要是山东人。是岁，梁启超著有《朝鲜灭亡之原因》。收入其《饮冰室专集》十七、二十、二十一的是梁启超的三部朝鲜亡国专论[6]；◇檀君历四千二百四十三年，〔大韩帝国〕纯宗皇帝隆熙四年。8月29日，日本伊藤博文政府迫使朝鲜李完用（1868—1926）政府签订《日韩合并条约》[7]，日本正式吞并朝鲜，纯宗皇帝被改为“李王”，朝鲜沦为殖民地，519年的朝鲜王朝寿终正寝。是月，“朝鲜总督府”建立，日本陆军大将、前陆军大臣寺内正毅为首任“朝鲜总督”。朝鲜高宗被日本人改为“李太王”，纯宗李坧被改为“李王”，他们的活动范围受限，成了自己王国内的宫殿囚徒。是月，朝鲜半岛“日据时期 ”开始，直至1945年日本投降。日本强迫朝

1 见曹中屏《朝鲜近代史（1863—1919）》，第264-265页，东方出版社，1993年版。
2 安奉铁路，丹东至沈阳的铁路。
3 见〔近代〕周沆原著，全国公共图书馆古籍文献编委会编《满洲编年纪要》，第867页，中华全国图书馆文献缩微复制中心，1995年版。
4 见孙春日《中国朝鲜族移民史》，第168页，中华书局，2009年版。
5 见杨昭全、何彤梅《中国—朝鲜韩国关系史》，第769页，天津人民出版社，2001年版。
6 见梁启超《饮冰室合集》，中华书局，1989年版。
7 见《日韩合并条约》原文图片，载共同编写委员会《东亚三国的近现代史》，第72页，社会科学文献出版社，2005年版。

鲜人必须使用日本纪年，是岁为“明治四十三年”。从本年到1945年的36年间，朝鲜半岛的出版物皆标日本“明治”、“大正”、“昭和”年号。8月，日本人公布《朝鲜教育法》，规定日语为朝鲜人的“国语”，禁止学习和使用朝鲜语，朝鲜人民反抗不断。是岁，在韩日本侨民达143000多人。是岁，朝鲜义士安重根（1879—1910）被日军枪杀于我国旅顺。是岁，朝鲜“启蒙三杰”之一申采浩（1880—1936）[1]流亡我国东北。申采浩来华前曾把梁启超的政治小说翻译为朝鲜文。申采浩所创作《乙支文德》《李舜臣》等，皆是受梁启超影响的政治小说[2]。自是岁起，朝韩人民将“8月29日”作为“国耻日”。是岁，韩国著名独立运动领导人李始荣举家流亡我国东北。李始荣（1868—1953），字圣翁，号省斋，汉城人，1891年文科及第，鲜末任同副承旨、平安道观察使。到东北后他开办新式军官学校，努力培养韩国复国人才。1919年到上海参与建立“大韩民国临时政府”，历任法务总长、财务总长和议长。1948年为首任韩国副总统。是岁，鲜末来华领选使金允植出任“总督府”中枢府副议长。是岁，日本军方焚烧朝鲜书籍20余万册，并指示“南满铁道株式会社研究部”雇用历史学家撰写歪曲史实的书籍。

1911年，辛亥，〔清〕宣统皇帝三年，☆黄帝历四千六百〇九年。岁初，清廷设朝鲜新义州领事。10月10日，辛亥革命在武昌爆发，推翻了清王朝。中华民国历法是对黄帝历法的继承。孙中山采用《民报》的说法，认定是岁为黄帝历四千六百〇九年[3]；◇檀君历四千二百四十四年。“朝鲜总督府”总督寺内正毅强迫朝鲜人记是岁为“明治四十四年”，并发布教育令，规定日语为朝鲜国语。是岁，在韩日本侨民达210000人。是岁，朝鲜人尹致昊谋刺寺内正毅，未成被捕。是岁，李承晚获得美国普林斯顿大学博士学位，此乃朝鲜人在美国首次获得博士学位。李承晚（1875—1965），黄海道平山人，号雩南，自称朝鲜让宁大君李禔（1394—1462）第十六代孙，娶奥地利实业家之女弗朗西斯卡·端娜（F.Doner，1900—1992）为妻，端娜是第二次世界大战后韩国首位第一夫人。是岁，朝鲜“启蒙三杰”之一的申圭植（1880—1922）流亡我国上海，参加了辛亥革命，在上海参加了同盟会。申圭植是唯一一个参加辛亥革命的朝鲜人。申圭植在华积极开展抗日救国运动，并成为柳亚子“南社”成员。是岁，朝鲜文人桂延寿、李沂编著《檀桓古记》，把檀君朝鲜自“王俭”至“古列加”共排列出47位君主，并认定檀君朝鲜开始于公元前2333年。是岁，朴容九任伪总督府中央官署事务长[4]。

1912年，壬子，中华民国，民国一年[5]，☆黄帝历四千六百一十年。临时大总统孙中山（1866—1925），临时大总统袁世凯[6]。元月2日，孙中山通电各省，以黄帝历四千六百〇九年（辛亥）的十一月十三日为中华民国元旦，并规定自此使用公历[7]。民国首任国务总理是1882年

1 见共同编写委员会《东亚三国的近现代史》，第86页申采浩照片，社会科学文献出版社，2005年版。

2 参见杨昭全、何彤梅《中国—朝鲜韩国关系史》，第774页，天津人民出版社，2001年版。

3 参见《辞海》（1979年版）《附录·中国历史纪年表·附二·辛亥革命期间所用黄帝纪年对照表》。

4 是岁为伪“朝鲜总督府”服务的还有：京畿道参与官柳赫鲁，忠清北道参与官俞星濬，忠清南道长官朴重阳、参与官郑兰教，全罗北道长官李斗璜、参与官金润晶，全罗南道参与官元应常，庆尚北道长官李轸镐、参与官申锡麟，庆尚南道参与官崔廷德，黄海道长官赵羲闻、参与官金彰汉，平安南道参与官张宪植，平安北道参与官尹甲炳，江原道长官李圭完、参与官李鹤圭，咸镜南道长官申应熙、参与官赵秉教，咸镜北道参与官李范来。

5 参见陈旭麓、李华兴主编《中华民国史辞典》附录，1《中华民国纪年表》，第511页，上海人民出版社，1991年版。

6 参见陈旭麓、李华兴主编《中华民国史辞典》附录，3《中华民国历届国家元首、政府首脑简表》，第512页，上海人民出版社，1991年版。

7 参见方诗铭《中国历史纪年表》，（十五）《民国纪年表》，上海辞书出版社，1980年版。

入朝鲜的唐绍仪，唐绍仪在朝鲜工作9年；◇檀君历四千二百四十五年。是岁，“朝鲜总督府”总督寺内正毅强迫朝鲜人记为“大正一年”。7月，申圭植、朴殷植、曹成焕在上海成立“同济会”。朴殷植来华前是朝鲜《西北学会日报》主笔，著有《朝鲜痛史》《安重根传》。是岁，申采浩、李东辉、李甲等在海参崴建立了“光复会”。至是岁，张志渊、朴殷植、申采浩等朝鲜启蒙“三杰”皆已来华[1]。北朝鲜自1997年推广的“主体历”，因金日成（1912—1994）诞生，称是岁为“主体1年”。

1913年，癸丑，中华民国，民国二年，☆黄帝历四千六百一十一年。大总统袁世凯。是岁，光绪遗孀、隆裕皇太后1868—1913）逝于紫禁城；◇檀君历四千二百四十六年，朝鲜半岛为日据时期。“朝鲜总督府”总督寺内正毅强迫朝鲜人记是岁为“大正二年”。是岁，金奎植（1877—1952）流亡我国东北。

1914年，甲寅，中华民国，民国三年，☆黄帝历四千六百一十二年。大总统袁世凯；◇檀君历四千二百四十七年。“朝鲜总督府”总督寺内正毅强迫朝鲜人记是岁为“大正三年”。是岁，吕运亨（1886—1947）考入我国金陵大学英文系，后肄业在协和书局工作。

1915年，乙卯，中华民国，民国四年，☆黄帝历四千六百一十三年。大总统袁世凯。是岁，袁世凯积极准备称帝，并于年底宣布次年为“洪宪元年”。是岁，中国分海军为三区，其中自鸭绿江至烟台为“北区”，设司令部于秦皇岛。是岁，中日发生“间岛交涉”[2]；◇檀君历四千二百四十八年。“朝鲜总督府”总督寺内正毅强迫朝鲜人记是岁为“大正四年”。是岁，李范奭（1900—1972）流亡我国上海。李范奭（1900—1972），号铁骥，汉城人，1919年云南讲武堂毕业，1940年任中国中央训练团连长，1941年为在华“韩国光复军”参谋长。

1916年，丙辰，中华民国，民国五年，☆黄帝历四千六百一十四年。是岁，在全国人民的声讨下，袁世凯被迫取消帝制，旋死。黎元洪于6月7日继任大总统；◇檀君历四千二百四十九年。“朝鲜总督府”总督寺内正毅、长谷川好道。长谷川好道此前曾任日本陆军大将、参谋本部总长。是岁，日本强迫朝鲜人记是岁为“大正五年”。是岁，朝鲜人卞荣泰在北平的协和医学院毕业。卞荣泰（1892—1969），字逸石，京畿道人。1912年在我国东北的“满洲新兴学校”毕业。1954年卞荣泰出任韩国国务总理兼外长。是岁，鲜末文人金泽荣在我国南通领衔校正高丽文人金富轼《三国史记》，并由南通翰墨林书局出版。是岁，半岛亲日团体“大正宗亲会”积极活动，会长赵重应，副会长赵镇泰。

1917年，丁巳，中华民国，民国六年，☆黄帝历四千六百一十五年。广州非常国会推立大元帅孙中山，大总统黎元洪，代理总统冯国璋。是岁，胡适发表“文学革命”主张。是岁，在朝华侨人数为17，967人[3]；◇檀君历四千二百五十年。“朝鲜总督府”总督长谷川好道强迫朝鲜人记是岁为“大正六年”。

1918年，戊午，中华民国，民国七年，☆黄帝历四千六百一十六年。大元帅孙中山，大总统徐世昌。是岁，教育家严范孙经朝鲜去日本、美国[4]。是岁，清对朝贸易总额达到2400万

1 参见杨昭全、何彤梅《中国—朝鲜韩国关系史》，第773页，天津人民出版社，2001年版。
2 见〔近代〕周沆原著，全国公共图书馆古籍文献编委会编《满洲编年纪要》，第912页，中华全国图书馆文献缩微复制中心，1995年版。
3 见杨昭全、何彤梅《中国—朝鲜韩国关系史》，第755页图表，天津人民出版社，2001年版。
4 参见周小川《故主情怀—中国人眼中的朝鲜（1895年—1945年）》，《世界博览》 2009年第4期。

海关两[1]；◇檀君历四千二百五十一年。"朝鲜总督府"总督长谷川好道强迫朝鲜人记是岁为"大正七年"。是岁，朝鲜人李东辉在俄领伊尔库茨克成立"韩人社会党"。

1919年，己未，中华民国，民国八年，☆黄帝历四千六百一十七年。大总统徐世昌。5月4日，"五四运动"爆发。是岁，李大钊、陈独秀《每周评论》、毛泽东《湘江评论》、周恩来《天津学生联合会报》纷纷发表文章，声援朝鲜"三一独立运动"。孙中山领导的"中华革命党"机关报《民国日报》发表的报道、评论文章最多，孙中山还发表谈话，主张日本军队撤出朝鲜。是岁，郭沫若创作小说《牧羊哀话》，描绘朝鲜人；◇檀君历四千二百五十二年。"朝鲜总督府"总督长谷川好道、斋藤实。斋藤实（1858—1936）曾任日本海军大臣。他强迫朝鲜人记是岁为"大正八年"。1月，朝鲜高宗李熙（1852—1919）突然逝世。2月，具春先等在我国延边成立"大韩国民会"。是月，朝鲜反日义兵名将洪范图与金奎植（1877—1952）在我国延边成立"大韩独立军"。3月1日起，朝鲜全国掀起了声势浩大的"三一独立运动"。"天道教"是该运动的主导者。独立运动中，许多朝鲜文告皆标"檀历四千二百五十二年"。是月，徐一主持的"北路军政署"、李相龙主持的"西路军政署"在我国东北地区成立。是月，金九到达我国上海。4月10–11日在上海法租界宝昌路309号召开会议，"大韩民国临时政府"于11日在上海成立，会议通过了《大韩民国临时宪章》，定是岁为"大韩民国元年"，李承晚（1875—1965）被缺席选举为国务总理[2]。"大韩民国临时政府"在上海共13年，1932年被迫转移。8月，朝鲜64岁老人姜宇奎（1855—1920）向斋藤实投掷炸弹[3]。是月，洪范图率"大韩独立军"回国与日军正面作战。8月21日，"大韩民国临时政府"机关报《独立新闻》在我国上海创刊，主编李光洙。9月6日，"大韩民国临时政府"颁布首部宪法，并选举李承晚为首任总统。10月28日，朝鲜文人申采浩主编的《新大韩》周报创刊，与《独立新闻》唱对台戏[4]。11月28日，吕运亨（1886—1947）主持的"新韩青年党"在我国上海成立。是月，"朝鲜义烈团"在我国吉林省成立，团长金若山（又名金元凤）。是岁，李完用为总督府中枢府副议长，朴容九为总督府事务长，金允植为经学院大提学[5]。

1920年，庚申，中华民国，民国九年，☆黄帝历四千六百一十八年。大总统徐世昌；◇檀君历四千二百五十三年。"朝鲜总督府"总督斋藤实强迫朝鲜人记是岁为"大正九年"。12月20日，大韩民国临时政府外务部次长吕运亨到广州拜见孙中山。是岁，朝鲜人李光辉在我国东北发行《大韩独立报》。是岁，朝鲜学者梁白华（1889—1944）译介胡适《文学改良刍议》外，并翻译《西厢记》《琵琶记》及《王昭君》《棠棣之花》等[6]。是岁，鲜末英亲王李垠（1897—1970）被日军安排与日本贵族梨本宫方子（后改名"李方子"）结婚。由于日本鼓吹"日韩一体"，

1 见杨昭全、何彤梅《中国—朝鲜韩国关系史》，第770页，天津人民出版社，2001年版。

2 4月11日，"大韩民国临时政府"推举李承晚为国务总理、安昌浩为内务部长、申圭植为外务部长。

3 共同编写委员会《东亚三国的近现代史》记此日本人总督名为"斋藤宾"，有误。见该书第70页，社会科学文献出版社，2005年版。

4 见崔相哲《二十世纪初发行于上海的朝鲜报纸及其宗旨》，收入中国朝鲜史研究会编《朝鲜历史研究论丛（二）》，延边大学出版社，1991年版。

5 是岁为日本"朝鲜总督府"服务的还有：京畿道参与官俞星濬，忠清北道长官张宪植、参与官徐相勉，忠清南道参与官郑兰教，全罗北道长官李轸镐、参与官金润晶，全罗南道参与官金宽铉，庆尚北道参与官申锡麟，庆尚南道参与官崔廷德，黄海道长官申应熙、参与官金彰汉，平安南道参与官李范来，平安北道参与官尹甲炳，江原道长官元应常、参与官李鹤圭，咸镜南道长官李圭完、参与官赵秉教，咸镜北道参与官朴荣喆。

2879 参见拙著《半岛唐风：朝韩作家与中国文化》，第417页，宁夏人民出版社，2004年版。

6 见杨昭全、何彤梅《中国—朝鲜韩国关系史》，第798、808–809页，天津人民出版社，2001年版。

是岁至1930年，“朝鲜总督府”允朝鲜人办报，《朝鲜日报》《东亚日报》《时事新闻》创刊。是岁，在华朝鲜文人金泽荣代作《大韩民国总理大臣陈情中华民国总理书》。

1921年，辛酉，中华民国，民国十年，☆黄帝历四千六百一十九年。非常大总统孙中山，大总统徐世昌。3月21日，长沙成立“中韩互助组”，毛泽东、何叔衡及大韩民国临时政府宣传员黄永熙等参加。随后，安庆、广州、上海、北京、武汉分别成立了中韩互助社。7月1日，中国共产党诞生。8月，“上海中韩互助总社”成立。11月18日，孙中山举行仪式，接见大韩民国临时政府特使申圭植。孙中山并著有《韩国魂》。11月21日，广州非常国会张万纯等10议员提出“承认韩国独立案”[1]；◇檀君历四千二百五十四年。“朝鲜总督府”总督斋藤实强迫朝鲜人记是岁为“大正十年”。1月，“大韩独立军团”约3000人转入前苏联赤塔。4月，申圭植在上海成立“韩中亲友会”。5月，朝鲜人李东辉在我国上海建立“高丽共产党”。10月，日本军部派朝鲜军第十九师团越过图们江进入珲春，屠杀朝鲜居民，破坏朝鲜独立运动。此次日、朝军队制造的“珲春事件”，杀害朝鲜独立人士过万人。11月3日，大韩民国临时政府特使申圭植（1880—1922）到广州，拜见非常大总统孙中山，就中韩建交与请求朝鲜青年进入军校、借款5万元、请租借地域以培养、训练韩国独立军等事，与孙中山会谈[2]。是岁，崔德新（1914—？）来华。崔德新1936年在黄埔军校毕业后，在蒋介石新一军任营长。是岁，吕运亨（1886—1947）到上海，为孙中山工作。是岁，半岛亲日团体“大正宗亲会”会长为闵泳绮，副会长赵镇泰。是岁，“朝鲜语学会”成立，该学会积极宣传朝鲜民族语言。自是岁起，半岛民众于11月3日庆祝檀君开天节，但经常遭到日军的镇压。是岁，张志渊逝世。张志渊（1864—1921），号韦庵、嵩阳山人，爱国启蒙运动的领袖人物，曾参修《大韩礼典》，有《韦庵文稿》传世。他对韩国衣冠制度的考证很详细。

1922年，壬戌，中华民国，民国十一年，☆黄帝历四千六百二十年。非常大总统孙中山，大总统徐世昌、黎元洪。是岁，孙中山接见韩国临时政府代表申圭植[3]。是岁，梁启超在南通会见鲜末文人金泽荣。按朝鲜华侨总会的统计，是岁在朝华侨（多数原籍山东）约100000人。是岁，逊帝溥仪与婉容（1905—1946）大婚，婉容成为末代皇后；◇檀君历四千二百五十五年。“朝鲜总督府”总督斋藤实强迫朝鲜人记是岁为“大正十一年”。7月，韩国党人攻击在我国东北头道沟日商及日本领事馆[4]。是岁，申圭植（1880—1922）因“大韩民国临时政府”内讧而在华绝食自杀。是岁，日本学者今西龙发表《箕子朝鲜传说考》，极力否认箕子朝鲜的存在，得到崔南善等半岛学者的积极呼应[5]。是岁，朝鲜学者丁来东译介《一只马蜂》《模特》等现代中国戏剧。

1923年，癸亥，中华民国，民国十二年，☆黄帝历四千六百二十一年。非常大总统孙中山，大总统黎元洪、代理大总统高凌蔚、大总统曹锟。是岁，“上海中韩互助总社”第三次理

1 见谭其骧主编《简明中国历史地图集》，第17–18页，中国地图出版社，1991年版。

2 见杨昭全、何彤梅《中国—朝鲜韩国关系史》，第808–809页，天津人民出版社，2001年版。

3 参见周小川《故主情怀—中国人眼中的朝鲜（1895年—1945年）》，《世界博览》 2009年第4期。

4 见〔近代〕周沆原著，全国公共图书馆古籍文献编委会编《满洲编年纪要》，第961页，中华全国图书馆文献缩微复制中心，1995年版。

5 参见孙卫国《传说、历史与认同：檀君朝鲜与箕子朝鲜历史之塑造与演变》，复旦大学文史研究院编《从周边看中国》，第333页，中华书局，2009年版。

事会改选，周剑秋等中方6人当选理事，曾任大韩民国临时政府官员的李裕弼、吕运亨等为韩方理事[1]；◇檀君历四千二百五十六年。"朝鲜总督府"总督斋藤实强迫朝鲜人记是岁为"大正十二年"。是岁，毕业于云南讲武堂的崔庸健（1900—1976）进入黄埔军校担任战术教官。是岁，申采浩（1880—1936）在我国东北执笔起草《朝鲜革命宣言》。申氏后被捕，1936年死于旅顺监狱。是岁，朝鲜人武亭（1905—1951），进入中国，次年进军校学习炮兵技术，后参加工农红军长征，北上抗日。是岁，朝鲜人朴烈因向日本皇太子（后来的日本昭和天皇）投掷炸弹而被"朝鲜总督府"处死。

1924年，甲子，中华民国，民国十三年，☆黄帝历四千六百二十二年。大总统曹锟、临时执政段祺瑞。是岁，溥仪被逐出紫禁城；◇檀君历四千二百五十七年。"朝鲜总督府"总督斋藤实强迫朝鲜人记是岁为"大正十三年"。

1925年，乙丑，中华民国，民国十四年，☆黄帝历四千六百二十三年。临时执政段祺瑞，广东国民政府主席汪精卫。是岁，孙中山（1866—1925）逝于北京；◇檀君历四千二百五十八年。"朝鲜总督府"总督斋藤实强迫朝鲜人记是岁为"大正十四年"。4月17日，"朝共"在汉城建立，委员长金在凤。是岁，金日成（1912—1994）回到我国东北[2]。是岁，韩国国史学创立者朴殷植（1859—1925）逝世。朴殷植主张"儒教求新"，把阳明学升华为"大同思想"[3]。是岁，朝鲜人崔贤（1907—1982）被奉系军阀逮捕，投入延吉监狱。1932年出狱后，崔贤积极参加抗日并加入中共。1938年他参加"抗联"第一军作战，任团长。抗美援朝后，崔贤晋升为朝鲜人民军大将，后长期主管朝鲜国防部。是岁，洪承均任"总督府"事务长，"总督府"中枢院副议长为李完用。是岁，亲日派首脑宋秉畯病死，日方授予其勋章。宋秉畯（1858—1925）曾任"一进会"会长，曾竭力主张把朝鲜半岛以1亿日元的价格卖给日本。

1926年，丙寅，中华民国，民国十五年，☆黄帝历四千六百二十四年。临时执政段祺瑞，国民政府代理主席谭延闿。是岁，作家蒋光慈创作小说《鸭绿江上》；◇檀君历四千二百五十九年。"朝鲜总督府"总督斋藤实。是岁，因日本裕仁天皇即位，"大正十五年"改为"昭和元年"。4月1日，汉城的"京城帝国大学"创办完成并开学。4月，朝共满洲总局成立，委员长曹奉岩。6月10日，朝鲜爆发"6·10万岁"反日独立运动，但随即被日军血腥镇压。是岁，朝共上海、北京支部分别建立[4]。是岁，鲜末纯宗帝李坧（1874—1926，1907—1910在位）在忧郁中辞世，鲜末英亲王李垠（1897—1970）继承"李王"称号。

1927年，丁卯，中华民国，民国十六年，☆黄帝历四千六百二十五年。国民政府主席谭延闿、汪精卫、胡汉民，大元帅张作霖。6月至9月，杜锡珪以总理临时署理大总统。是岁，著名画家张大千在平壤结识朝鲜少女池春红（？—1939），并坠入爱河。自此，张大千每年都要到朝鲜与池春红相聚，直至抗战爆发。张、池合影至今尚存[5]。是岁，奉系军阀驱逐与迫害

1　见杨昭全、何彤梅《中国—朝鲜韩国关系史》，第800页，天津人民出版社，2001年版。
2　金日成早期在华活动参见杨昭全、何彤梅《中国—朝鲜韩国关系史》，第855-857页，天津人民出版社，2001年版。
3　见李甦平《韩国儒学史》，第587页，人民出版社，2009年版。
4　见杨昭全、何彤梅《中国—朝鲜韩国关系史》，第827页，天津人民出版社，2001年版。
5　参见颜坤琰《张大千的朝鲜之恋》，《名人传记》2009年第3期。

东北朝鲜人，并被半岛报刊大肆渲染[1]。自1924年黄埔军校开课至是岁，200多朝鲜人在该校学习。蒋介石制造“四一二”政变后，黄埔军校中的150人转移到黄埔武汉分校；◇檀君历四千二百六十年。“朝鲜总督府”总督斋藤实、宇垣一成、山梨半造。日本军方强迫朝鲜人记是岁为“昭和二年”。岁初，金日成在我国东北，进入吉林毓文中学学习。2月17日，朝鲜“京城放送局”开始播音。12月7日，朝鲜排华案发。上千华侨从朝鲜各地逃到仁川“中国街”，又受到数千朝鲜暴徒的围攻，华侨死2人、失踪40余人，重伤40人。12月11日，“朝鲜青年联盟”主席金山率全体中山大学朝鲜学生及崔庸健等人参加了“广州起义”[2]。是岁，鲜末著名文人金泽荣（1850—1927）自杀，其墓地至今尚在江苏省南通的狼山上。金泽荣在华期间，与张謇等文人亲密交往，数十年坚持不懈，整理朝鲜古代文献，并创作了千余首汉诗。

1928年，戊辰，中华民国，民国十七年，☆黄帝历四千六百二十六年。国民政府主席谭延闿（代）、蒋介石，大元帅张作霖。是岁，中共第六次代表大会确定，“朝鲜族”为中国境内的少数民族之一[3]；◇檀君历四千二百六十一年。“朝鲜总督府”总督山梨半造强迫朝鲜人记是岁为“昭和三年”。是岁，崔庸健（1900—1976）到我国东北地区进行抗日活动。

1929年，己巳，中华民国，民国十八年，☆黄帝历四千六百二十七年。国民政府主席蒋介石。5月，鲁迅会见曾在北大任教的朝鲜朋友金九经。12月，中共中央《红旗》第64期发表《朝鲜斗争消息》，声援朝鲜学生的独立活动；◇檀君历四千二百六十二年。“朝鲜总督府”总督山梨半造、斋藤实，他们强迫朝鲜人记是岁为“昭和四年”。是岁，“朝鲜总督府”主催[4]“朝鲜博览会”在汉城举办[5]。11月，光州学生罢课，随即全国各地学生罢课，要求朝鲜独立。12月，“朝共再建联盟”在北京成立，委员长安光泉。因派系林立，该联盟至1931年解散。是岁，朝鲜医生方禹镛至延安，参加抗日救护工作。

1930年，庚午，中华民国，民国十九年，☆黄帝历四千六百二十八年。国民政府主席蒋介石。3月1日，延安《解放日报》发表朱德总司令《团结复国》和朝鲜人金科奉《“三一运动”的概况与经过》。是岁，国民党中央政治学校发表《为援助韩国革命致全国各级党部及民众团体通电》[6]。是岁，因朝共满洲总局解散，中共中央指示中共满洲省委，吸收原朝共满洲总局的共产主义者为中共党员。是岁，中共中央对在华的“大韩民国临时政府”持否定态度[7]。是岁，奉系军阀大规模驱逐与迫害东北朝鲜人[8]；◇檀君历四千二百六十三年。“朝鲜总督府”总督斋藤实强迫朝鲜人记是岁为“昭和五年”。是岁，朝鲜人曹奉岩在上海被捕。曹奉岩（1898—1959），号竹山，1925年加入朝共，后到上海组建“ML党”。1946年脱离朝鲜共产党，1948为韩国农林部长官，1959年因违反国家保安法被韩国处死。是岁，朝鲜人金显宅（1904—1990）加入中国国籍。金显宅出生于汉城，后在美国获得医学博士学位。1980年出任天津市人民医院院长和天津市肿瘤研究所所长。是岁，“总督府”中枢院副议长为朴泳孝，经学院大

1　见孙春日《中国朝鲜族移民史》，第328页，中华书局，2009年版。
2　参见杨昭全、何彤梅《中国—朝鲜韩国关系史》，第813、819、966页，天津人民出版社，2001年版。
3　见孙春日《中国朝鲜族移民史》，第732页，中华书局，2009年版。
4　主催，现今韩、日仍然使用的汉字词汇，主办。
5　见共同编写委员会《东亚三国的近现代史》，第92页博览会广告图片，社会科学文献出版社，2005年版。
6　参见周小川《故主情怀—中国人眼中的朝鲜（1895年—1945年）》，《世界博览》，2009年第4期。
7　参见杨昭全、何彤梅《中国—朝鲜韩国关系史》，第831、915、920页，天津人民出版社，2001年版。
8　见孙春日《中国朝鲜族移民史》，第329–330页，中华书局，2009年版。

提学郑万朝。

1931年，辛未，中华民国，民国二十年，☆黄帝历四千六百二十九年。国民政府代主席林森。春，长春县万宝山镇李升薰等180余名朝鲜侨民强挖水沟，构成与我国吉林农民的冲突事件[1]。日本人唆使朝鲜驻长春记者金利三，通过《朝鲜日报》《东亚日报》大肆报道，称中国"排朝"。后金利三醒悟，在报纸上道歉，又被日本人指使的朝鲜警察暗杀。7月7日，中共满洲省委发表《万宝山事件及朝鲜惨案宣传提纲》，指出"万宝山事件"乃是日本军人一手制造的事件，是"日本帝国主义占领满蒙的表现"[2]。9月12日，日本抛出《满蒙问题解决方案》。六天后，日军占领沈阳，制造了"九一八事变"。中共发表"九一八通电"，号召全国人民团结起来抗日；◇檀君历四千二百六十四年。"朝鲜总督府"总督斋藤实强迫朝鲜人记是岁为"昭和六年"。1月8日，朝鲜爱国团团员李奉昌向日本天皇投掷炸弹未遂，此即"樱田门事件"。3月1日，安昌浩、李东宁创立了"韩国独立党"，并创办《上海新闻》[3]。是岁，金台俊（1905—1949）与李熙升、赵润济创立"朝鲜语文学会"。金台俊并出版《朝鲜汉文学史》一书，指出："如果今后我们需要输入中国文学，那必定是'白话文学'"[4]。是岁，朝鲜半岛掀起大规模的排华浪潮，上百华侨被杀死，千余人失踪，华侨大规模回国，此即震惊世界的"万宝山事件"。在华"大韩民国临时政府"外长赵素昂发表声明，谴责朝鲜国内的排华事件，并"限令国内民众立即停止排华"[5]。是岁，日本总督府派朝鲜军第十九师团侵入我国延边，镇压朝鲜独立人士。是岁，鲜末英亲王李垠之子李玖（1931—2005）生于日本。

1932年，壬申，中华民国，民国二十一年，☆黄帝历四千六百三十年。国民政府主席林森。3月，伪"满洲国执政"溥仪在日军扶植下于长春宣誓就职，日军把"五族共和"篡改为"汉、满、蒙、日、鲜"共存共荣，日本人与朝鲜人大量移居我国东北。4月2日，日军向间岛派兵[6]。5月，原浙江省政府主席褚辅成把金九安置在浙江嘉兴老家。日军悬赏60万现大洋通缉金九，褚辅成不放心，乃命儿媳朱佳蕊送金九至其海盐娘家的载青别墅。朱佳蕊冒着生命危险护送金九，其经过金九《白凡逸志》一书有载。5月，蒋介石在中央军校接见金九并笔谈，其后民国政府每月资助"大韩民国临时政府"5000元。7月，辽宁民众自卫队与朝鲜革命军并肩抗日。9月15日，伪"满洲国总理"郑孝胥与关东军司令官武藤信义签订《日满议定书》；◇檀君历四千二百六十五年。"朝鲜总督府"总督斋藤实强迫朝鲜人记是岁为"昭和七年"，并由总督府组织编写《朝鲜史》，对半岛的历史进行歪曲和改写。4月9日，在民国京沪卫戍司令陈铭枢、大韩民国临时政府首脑金九支持下，朝鲜人尹奉吉（1908—1932）[7]制造了上海虹口公园爆炸案，炸死、炸伤侵华司令官白川义则大将以及野村大将、重光公使等多名日军军人。金九发表声明，号召韩国同胞共同抗日。今上海鲁迅公园内有"梅亭"（尹凤吉号"梅轩"）[8]。5月，"大韩民国

1　参见〔日〕关宽治、岛田俊彦原著，王振锁、王家骅译《满洲事变》，第101-106页、第271页，上海译文出版社，1983年版。
2　见杨昭全、何彤梅《中国—朝鲜韩国关系史》，第833-841页，天津人民出版社，2001年版。
3　见崔相哲《二十世纪初发行于上海的朝鲜报纸及其宗旨》，收入中国朝鲜史研究会编《朝鲜历史研究论丛（二）》，延边大学出版社，1991年版。
4　见〔韩〕金台俊原著，张琏瑰译《朝鲜汉文学史》，《译者前言》与《结论》，社会科学文献出版社，1996年版。
5　见杨昭全、何彤梅《中国—朝鲜韩国关系史》，第838页，天津人民出版社，2001年版。
6　见〔日〕关宽治、岛田俊彦原著《满洲事变》附录，王振锁、王家骅译，上海译文出版社，1983年版。
7　见共同编写委员会《东亚三国的近现代史》，第117页金九与尹奉吉合影照片，社会科学文献出版社，2005年版。
8　参见共同编写委员会《东亚三国的近现代史》，第116页，社会科学文献出版社，2005年版。

临时政府”逐步转移至浙江。今杭州市长生路55号有“大韩民国临时政府杭州旧址纪念馆”[1]。8月至11月，李青天率“韩国独立党军”3000多人配合中国抗日部队攻打双城堡，与日伪军展开激烈战斗。是岁，梁凤瑞任“朝鲜革命军”总司令[2]，高而虚主持“朝鲜革命党”，在我国东北坚持抗日[3]。是岁，汉城帝国大学法文学部影印出版《李朝实录》，全书共印30部。我国北平图书馆有1部，即为吴晗（1909—1969）所读之书。吴晗时为清华大学历史系学生。

1933年，癸酉，中华民国，民国二十二年，☆黄帝历四千六百三十一年。国民政府主席林森。5月，鲁迅会见朝鲜《东亚日报》记者申彦俊；◇檀君历四千二百六十六年。“朝鲜总督府”总督斋藤实强迫朝鲜人记是岁为“昭和八年”。是岁，金雄（1914—1956）进入南京军官学校学习。金雄在20世纪50年代晋升为朝鲜人民军大将。岁末，“韩国独立党军”在李青天指挥下在我国黑龙江省与中国抗日部队一起，围歼日军，取得“大甸子大捷”。是岁，金日成出任汪清抗日游击队大队政委[4]。是岁，在我国东北的朝鲜人为671535人[5]。是岁，半岛的“朝鲜语学会”确立了朝鲜语的新拼写法。

1934年，甲戌，中华民国，民国二十三年，☆黄帝历四千六百三十二年。国民政府主席林森。是岁，中朝贸易额达到11631425海关两。是岁，金毓黻主编“辽海丛书”基本出齐。由于收有数部朝鲜人“燕行录”著作，该丛书被现今“燕行录学”称作“辽海丛书本”。金毓黻（1887－1962），字静庵，灯塔市人，就学于北大文科。1943年，发起成立中国史学会。1947年，任国史馆纂修、沈阳博物馆筹委会主任。1949年，任北大、辅仁大学教授。1952年起，任中科院历史所研究员；◇檀君历四千二百六十七年。“朝鲜总督府”总督斋藤实强迫朝鲜人记是岁为“昭和九年”。9月26日，在我国东北坚持抗日的“朝鲜革命军”总司令梁凤瑞被敌人暗杀。10月，高而虚主持的“朝鲜革命党”改为“朝鲜革命军政府”，高而虚任总统，金浩石任革命军总司令，下辖两个方面军。第一方面军与中共东北人民革命军紧密配合，第二方面军司令韩剑秋与辽宁民众义勇军司令王凤阁会合，组成“中韩抗日同盟会”[6]。

1935年，乙亥，中华民国，民国二十四年，☆黄帝历四千六百三十三年。国民政府主席林森；◇檀君历四千二百六十八年。“朝鲜总督府”总督斋藤实强迫朝鲜人记是岁为“昭和十年”。7月5日，金若山主持的“韩国民族革命党”成立。是岁，移居我国东北的朝鲜人有100000多人。是岁，中国工农红军师参谋长、朝鲜人金勋（又名杨林、杨宁，1898—1935）在东渡黄河的战斗中牺牲。金勋1919年来华，先入东北“新兴武官学校”，后至云南讲武堂学习，1924毕业后到黄埔军校任教官，1925年参加中国共产党，同年在叶挺独立团任三营营长，1927年赴莫斯科学习，1930年回到中国出任中共满洲省委军委书记，1932年任中央苏区“劳动与战争动员委员会参谋长”。参加工农红军长征时，金勋为干部团参谋长，到达陕北后任工农红军第十五军团七十五师参谋长。是岁，金日成成立抗日团体“祖国光复会”并任会长[7]。是

1 笔者夫妇于2010年11月14日前往参观。
2 共同编写委员会《东亚三国的近现代史》记“朝鲜革命军”司令为梁世奉。见该书，第115页，社会科学文献出版社，2005年版。
3 见杨昭全、何彤梅《中国—朝鲜韩国关系史》，第848、852、871页，天津人民出版社，2001年版。
4 见杨昭全、何彤梅《中国—朝鲜韩国关系史》，第853、858页，天津人民出版社，2001年版。
5 见孙春日《中国朝鲜族移民史》，第587页，中华书局，2009年版。
6 见杨昭全、何彤梅《中国—朝鲜韩国关系史》，第850、969页，天津人民出版社，2001年版。
7 见杨昭全、何彤梅《中国—朝鲜韩国关系史》，第814-816、861、877页，天津人民出版社，2001年版。

岁，“朝鲜总督府”中枢院副议长朴泳孝，经学院大提学郑万朝。

1936年，丙子，中华民国，民国二十五年，☆黄帝历四千六百三十四年。国民政府主席林森；◇檀君历四千二百六十九年。“朝鲜总督府”总督斋藤实强迫朝鲜人记是岁为“昭和十一年”。2月，“朝鲜革命军政府”在今辽宁桓仁召开会议，整编军队为3个师。是岁，朝鲜人金策（1903—1951）出任东北抗日联军第三军第三师政治部主任、中共北满省委书记。是岁，朝鲜人崔益昌（1896—1957）出任延安抗日军政大学教授。崔益昌1925年毕业于日本早稻田大学，1935年来华，1945年回国。是岁，朝鲜名将崔庸健（1900—1976）出任东北“抗联”第七军参谋长，次年代理军长。是岁，音乐家郑律成（1918—1976）赴延安，进入“鲁艺”学习。他创作的《八路军进行曲》后为中国人民解放军军歌。

1937年，丁丑，中华民国，民国二十六年，☆黄帝历四千六百三十五年。国民政府主席林森。2月，辽宁民众义勇军司令王凤阁被俘后遭敌人杀害。7月，国民党批准每月支援在华的“大韩民国临时政府”7万元法币。10月，吉林抚松县共产党员张蔚华为掩护朝鲜战友、老同学金日成而牺牲。是岁，中共中央开始友好接待“大韩民国临时政府”成员[1]；◇檀君历四千二百七十年。“朝鲜总督府”总督斋藤实强迫朝鲜人记是岁为“昭和十二年”。6月4日，时任“抗联”第二军第六师师长的金日成将军率部打击日本侵略军，取得“普天堡大捷”。“普天堡大捷”使金日成将军在半岛声名大振。“卢沟桥事变”后，朝鲜军第二十师团被日本人派入我国华北，在山海关、唐山、天津与我国军队作战。7月28日，该师团进攻北京南苑。

1938年，戊寅，中华民国，民国二十七年，☆黄帝历四千六百三十六年。国民政府主席林森。10月10日，周恩来参加了“朝鲜义勇队”成立大会。是岁，胡适在瑞士苏黎世参加国际历史学大会，呼吁重视“日本朝鲜所存中国史料”[2]；◇檀君历四千二百七十一年。“朝鲜总督府”总督斋藤实强迫朝鲜人记是岁为“昭和十三年”。日本人强制半岛教授日语，不准朝鲜青少年学习自己的民族语言。7月，“大韩民国临时政府”迁往广东，10月，迁往广西柳州。10月10日，金若山为首的“朝鲜义勇队”在我国武汉成立。国民党军委会政治部秘书长贺衷寒担任指导委员会主任，军委会周咸堂、潘文治参与了筹建工作。是岁，金日成将军任中国东北抗日联军第二军第六师师长，随后指挥抗联第二方面军。是岁，在华抗日的朝鲜人武亭（原名“金武亭”，1905—1951）在延安出任八路军总部炮团团长。是岁，在我国东北坚持抗日的“朝鲜革命军”解体，总司令金浩石被捕后叛变，副总司令朴大浩、二师师长崔允龟参加了东北“抗联”[3]。是岁，朝鲜人林元圭（1916—？）毕业于伪满“建国大学”，同年在伪满“拓殖公社”任职。1961年任韩国时事通讯社会长。是岁，朝鲜人韩俭秋所作《中韩进行曲》在我国东北和朝鲜半岛流传[4]。

1939年，己卯，中华民国，民国二十八年，☆黄帝历四千六百三十七年。国民政府主席林森。是岁，徐世昌病逝。徐世昌（1855—1939），天津人，字卜五，号菊人，前清翰林，曾

1　见杨昭全、何彤梅《中国—朝鲜韩国关系史》，第921、934、937页，天津人民出版社，2001年版。
2　见葛兆光《揽镜自鉴》，复旦大学文史研究院编《从周边看中国》，第472页，中华书局，2009年版。
3　参见杨昭全、何彤梅《中国—朝鲜韩国关系史》，第852、878、890页，天津人民出版社，2001年版。
4　歌词见共同编写委员会《东亚三国的近现代史》，第115页，社会科学文献出版社，2005年版。

任民国大总统，其所编《清诗汇》卷二百收录了包括大院君在内的朝鲜人诗歌108首；◇檀君历四千二百七十二年。“朝鲜总督府”总督斋藤实、南次郎，他们强迫朝鲜人记是岁为“昭和十四年”。南次郎原为日本陆军大将，他积极推行“内鲜一体论”。3月，“大韩民国临时政府”迁往四川綦江。7月，“大韩民国临时政府”遣曹成焕为特派团团长，将筹备军队的特派员派往我国东北地区。是岁，日本总督府规定朝鲜人要在正午时分停工，向日本皇宫方向鞠躬，此所谓“宫城遥拜”。是岁，半岛日本人数达到100万人[1]。

1940年，庚辰，中华民国，民国二十九年，☆黄帝历四千六百三十八年。国民政府主席林森。2月23日，“抗联”第一路军总司令杨靖宇牺牲，杨靖宇作有《中朝民众联合抗日歌》。6月，阎锡山接受“大韩民国临时政府”所遣特派员李俊植等，分派他们到临汾开展抗日工作。8月，董必武、张澜等18名参议员向国民政府参议院提交关于朝鲜独立的提案[2]；◇檀君历四千二百七十三年。“朝鲜总督府”总督南次郎强迫朝鲜人记是岁为“昭和十五年”。日本军方推行奴化半岛人民的“创氏改名”运动，强迫朝鲜人改为日本姓氏和名字，半岛各界民众坚决抵制。9月，金九(1876—1949)率“大韩民国临时政府”迁往重庆。9月17日，“韩国光复军”在重庆成立，李青天任总司令，李范奭（1900—1972）为参谋长[3]。国民党中央秘书长吴铁城及中共代表周恩来、董必武出席光复军成立典礼，宋美龄资助光复军10万元[4]。10月8日，“大韩民国临时政府”选举金九为主席。是岁，后成为韩国总统的朴正熙（1917—1979）到我国东北的“满洲军官学校”学习，1942年预科毕业后赴日本陆军士官学校学习。是岁，朝鲜人金雄(1914—1956）进入新四军工作。是岁，朝鲜人李忠焕（1917—）在伪满取得文官资格，李忠焕毕业于“满洲大同学院”，1948年以后长期为韩国议员。

1941年，辛巳，中华民国，民国三十年，☆黄帝历四千六百三十九年。国民政府主席林森。10月，“东方各民族反法西斯大会”在延安召开，毛主席致辞，朝鲜义勇军司令武亭作报告。10月，蒋介石批准资助在华的“大韩民国临时政府”10万元。11月，晋冀鲁豫边区人民政府颁布《优待朝鲜人民规程》。12月，蒋介石批准每月支援“大韩民国临时政府”6万元[5]；◇檀君历四千二百七十四年。“朝鲜总督府”总督南次郎强迫朝鲜人记是岁为“昭和十六年”，并禁止各类学校教授朝鲜语。1月，武亭等在山西桐谷成立了“华北朝鲜青年联合会”。3月，金若山领导的朝鲜义勇队在两年时间里随中国军队抗击日军后，分派三批人员北上。7月，三批人员与“华北朝鲜青年联合会”合并，改称“朝鲜义勇队华北支队”，支队长朴孝三。12月9日，“大韩民国临时政府”对日宣战，发表建国纲领，并要求国际社会承认本国独立。是岁，金日成率东北“抗联”第一支队进入前苏联境内休整数月后，返回我国东北抗日[6]。是岁，著名学者金台俊（1905—1949）因抗日被捕后假释，随即来华参加太行山的朝鲜义勇军。金台俊本于京城帝国大学[7]执教，于1931年与同道建立了“朝鲜语文学会”。是岁，朝鲜人陆寅修（1919—)、郑

1　参见〔朝〕朴庆植《日本帝国主义强夺朝鲜人纪实（二)》，池明学译，收入中国朝鲜史研究会编《朝鲜历史研究论丛（一)》，延边大学出版社，1987年版。

2　见杨昭全、何彤梅《中国—朝鲜韩国关系史》，第886、913页，天津人民出版社，2001年版。

3　现今韩国著名学者金俊烨教授（1920—）时任光复军军官。

4　参见徐万民《中韩关系史（近代卷)》，《前言》，社会科学文献出版社，1996年版。

5　见杨昭全、何彤梅《中国—朝鲜韩国关系史》，第917、934页，天津人民出版社，2001年版。

6　见杨昭全、何彤梅《中国—朝鲜韩国关系史》，第882、893、921页，天津人民出版社，2001年版。

7　日据时代朝鲜第一位的大学，在今韩国首尔市大学路。

寿昌（1919—）分别在伪满经济部和兴业银行任职。陆寅修1963年当选韩国国会议员，郑寿昌1978年出任韩国斗山财团会长。是岁，“总督府”中枢院副议长为李家轸镐。其时在日本“朝鲜总督府”任职的半岛人多改为日本名字，或将姓名改为4字，如“李家轸镐”即“李轸镐”。是岁为日本“朝鲜总督府”服务的还有：京畿道参与官平松昌根（即“李昌根”），忠清北道知事伊藤泰彬（即“尹泰彬”），忠清南道知事松村基弘（即“李基枋”），全罗北道知事李家源甫（即“李源甫”），全罗南道知事武永宪树（即“严春燮”），庆尚北道参与官竹山清（即“具斗璟”），庆尚南道参与官金大羽，黄海道知事金村泰男（即“金秉泰”），平安南道参与官山本重夫（即“权重植”），平安北道参与官山木文华（即“宋文华”），江原道参与官松本启三（即“李启汉”），咸镜南道知事山木文宪（即“宋文宪”），咸镜北道参与官三州海用（即“李海用”）。

1942年，壬午，中华民国，民国三十一年，☆黄帝历四千六百四十年。国民政府主席林森。7月2日，国民党中央常委会第206次会议决定，成立“朝鲜问题专案小组”。8月，蒋介石批准支援在华的“大韩民国临时政府”100万元。10月11日，“中韩文化协会”在重庆成立，周恩来为名誉理事。是岁，朝鲜义勇军副司令朴孝三被选为晋冀鲁豫边区参议员。12月27日，蒋介石批准《扶助朝鲜复国运动指导方案》，决定“先他国承认韩国临时政府”[1]。是岁，作家卜乃夫以“无名氏”笔名将描绘朝鲜将军李范奭（1900—1972）的小说《北极风情画》在报纸上连载；◇檀君历四千二百七十五年。“朝鲜总督府”总督南次郎、小矶国昭，他们强迫朝鲜人记是岁为“昭和十七年”。5月，“朝鲜义勇队华北支队”参加了山西麻田庄战斗，与日军激烈厮杀。7月，“华北朝鲜青年联合会”第二次代表大会在山西辽县桐谷召开，彭德怀作了报告。会议决定将“华北朝鲜青年联合会”扩大改组为“朝鲜独立同盟”，委员长金科奉。“朝鲜独立同盟”发表了建国纲领。会议还决定将“朝鲜义勇队华北支队”改称“朝鲜义勇军”。朝鲜义勇军司令武亭，副司令朴孝三、朴一禹。9月，崔庸健、金日成分别担任中共“抗联”教导旅委员会的书记、副书记。10月1日，“朝鲜语学会事件”发，学会负责人被日军逮捕和囚禁。是岁，“韩国光复军”总部设于我国西安。是岁，朝鲜人柳珍山（1905—1974）被派到我国东北，联络重庆“大韩民国临时政府”，旋被日军逮捕，遣送回国。1948年以后，柳珍山数次被选为韩国国会议员。

1943年，癸未，中华民国，民国三十二年，☆黄帝历四千六百四十一年。国民政府主席林森、蒋介石[2]。5月24日，蒋介石批准支援在华“大韩民国临时政府”经费每月增加14万元。11月23日至26日，蒋介石在“开罗会议”上极力争取朝鲜复国，得到美苏认可。12月3日《开罗会议宣言》发布，允诺在第二次世界大战结束的适当时候朝鲜独立；◇檀君历四千二百七十六年。“朝鲜总督府”总督小矶国昭强迫朝鲜人记是岁为“昭和十八年”。5月15日，“朝鲜义勇队”改编为“韩国光复军”。是岁，崔圭夏（1919—2006）、李敏载在我国东北的“满洲大同学院”毕业。崔圭夏于1979年12月出任大韩民国总统，沧严李敏载于1978年出任韩国江原大学校长。是岁，朝鲜人宋志英（1916—？）在南京中央大学毕业。宋志英后先后在《东亚日报》《朝鲜日报》任职。

---

1 见杨昭全、何彤梅《中国—朝鲜韩国关系史》，第925页，天津人民出版社，2001年版。

2 1943年10月10日，蒋介石宣誓就任国民政府主席。参见陈旭麓、李华兴主编《中华民国史辞典》，第517页，上海人民出版社，1991年版。

1944年，甲申，中华民国，民国三十三年，☆黄帝历四千六百四十二年。国民政府主席蒋介石。9月，胡秋原等参议员在重庆提出《立即承认韩国临时政府承认永久中立案》，获得参议会一致通过。是岁，因物价飞涨，蒋介石数次为在华的“大韩民国临时政府”增加支援经费；◇檀君历四千二百七十七年。“朝鲜总督府”总督小矶国昭、阿部信行，他们强迫朝鲜人记是岁为“昭和十九年”。1月，后为韩国精神文化院（类似中国社科院）院长的著名学者金俊烨（1920—）在日本庆应大学攻读中国史，被强行征兵并派到中国徐州作战。3月，金俊烨逃奔中国抗日游击队[1]。是岁，在华“大韩民国临时政府”大规模改组，金九当选主席[2]。岁末，“朝鲜独立同盟”在华设立了晋察冀分盟、华中分盟等[3]。是岁，后成为韩国总统的朴正熙（1917—1979）到我国东北，任伪满中尉军官，1945年回国。1950年朝鲜战争爆发时，朴正熙任第九师参谋长。是岁，朝鲜人郑熙燮（1920—？）来华，分别在河南、浙江省立医院工作。郑熙燮后于1966至1969年任韩国保健社会部长官（部长）。

1945年，乙酉，中华民国，民国三十四年，☆黄帝历四千六百四十三年。国民政府主席蒋介石。岁初，美苏两国在“雅尔塔会议”上达成口头协议，决定以“三八线”划分美国与前苏联的受降区域，为朝鲜半岛南北分治定下了基调。4月，朝鲜义勇军副司令朴一禹作为大会代表参加了中共“七大”。5月1日，国民政府与在重庆的“大韩民国临时政府”达成了《援助韩国光复军办法》。8月10日，朱德总司令命令朝鲜义勇军司令武亭率部随解放军入东北，解放朝鲜[4]。8月18日，苏军挺进朝鲜半岛。几周后，美军从菲律宾基地进入朝鲜半岛。9月3日，毛泽东在延安为朝鲜同志们送行。10月，在沈阳集中的“朝鲜义勇军”已达20000多人。11月，周恩来、董必武在重庆设宴欢送即将回国的“大韩民国临时政府”成员。是岁，蒋介石接见金九，并派专机护送临时政府要员到上海，转乘美军飞机回国。蒋介石还拨款法币1亿元、美金20万元作为韩国临时政府的启动经费。岁末，何应钦报告中说“韩俘及韩侨六万四千一百一十八人”[5]。是岁，在华朝鲜人2163115人[6]。按朝鲜华侨总会的统计，是岁半岛华侨约50000人；◇檀君历四千二百七十八年。是岁，“朝鲜总督”阿部信行。岁初，日本强迫朝鲜人记是岁为“昭和二十年”。8月15日，阿部信行向盟军投降，朝鲜半岛解放，进入了为期3年的“军政时期”。其时在朝日本人、在日朝鲜人均为200多万人[7]。8月25日，“朝鲜人民执行委员会”在半岛北部成立。9月2日，盟军最高指挥官麦克阿瑟划定半岛“三八线”，其南为美军受降区，其北为苏军受降区。9月5日，金日成回国。9月6日，吕运亨（1886—1947）为首的“建准”发布“朝鲜人民共和国”宣言。10月10日，朝鲜劳动党在半岛北部成立。10月14日，金日成在平壤市发表胜利演讲。11月3日，因美国为首的西方不承认在华“大韩民国临时政府”，说他们没有参加抗战，金九的“主席”和金奎植的“副主席”以及李青天的“总

1 见何培忠主编《当代国外中国学研究》，第478页，商务印书馆，2009年版。
2 见共同编写委员会《东亚三国的近现代史》，第172页，社会科学文献出版社，2005年版。
3 见杨昭全、何彤梅《中国—朝鲜韩国关系史》，第898页，天津人民出版社，2001年版。
4 朱德总司令命令全文，参见孙春日《中国朝鲜族移民史》，第652-653页，中华书局，2009年版。
5 参见杨昭全、何彤梅《中国—朝鲜韩国关系史》，第908、922页，天津人民出版社，2001年版。
6 见孙春日《中国朝鲜族移民史》，第635页，中华书局，2009年版。
7 参见〔朝〕朴庆植《日本帝国主义强夺朝鲜人纪实（二）》，池明学译，收入中国朝鲜史研究会编《朝鲜历史研究论丛（一）》，延边大学出版社，1987年版。

司令”得不到认可，三人分别以个人名义自上海回国[1]。12月，“驻朝美军军政府”在南部成立。据朝鲜学者金正雄的统计，日军占领朝鲜半岛的近40年间，掠走朝鲜840多万青壮年，其中100多万人成了炮灰。日军还掠走朝鲜3900多万吨大米和17多万头牛、400多吨黄金，还强迫20万朝鲜女子充当“慰安妇”[2]。是岁，1942年在山西建立的“朝鲜军政学校”迁往延安，校长金科奉，副校长朴一禹。是岁，“大韩民国临时政府”委派以团长濮纯为首的代表团留在我国，临时处理韩国光复军、韩侨、日军中韩国俘虏等问题。

1946年，丙戌，中华民国，民国三十五年，☆黄帝历四千六百四十四年。国民政府主席蒋介石。3月29日，朝鲜义勇军司令、炮兵专家武亭（1905—1951）及副司令朴孝三、朴一禹在沈阳致函延安，报告义勇军大批滞留、无法回国。4月，国民政府东北保安司令部颁发《处理韩侨临时办法》，大规模遣送朝鲜人回国[3]；◇檀君历四千二百七十九年。1月16日至2月5日，美军霍奇将军与苏军斯蒂可夫将军在朝鲜半岛会谈，无果而终。2月8日，“北朝鲜临时人民委员会”成立，金日成（1912—1994）将军出任主席。7月7日，尹奉吉（1908—1932）被隆重安葬于汉城市孝昌公园内[4]。12月，崔奎植当选韩国过渡立法议院议长。是岁，金九之子、在华16年的金信（1922— ，生于上海）着手韩国空军的创始工作。是岁，鲜末英亲王李垠的“李王”称号被剥夺。

1947年，丁亥，中华民国，民国三十六年，☆黄帝历四千六百四十五年。国民政府主席蒋介石。至是岁，国民政府始终称在华朝鲜人为“韩侨”，而没有“朝鲜族”的称谓。是岁，国民政府东北行辕韩国侨事务处规定在华朝鲜人要领取居留证；◇檀君历四千二百八十年。3月2日，曾长期流亡我国上海、重庆的“朝鲜临时政府”（即“大韩民国临时政府”）在半岛宣布执政，李承晚为主席，金九为副主席。尽管该政府遭到驻半岛美军否定，但半岛南部人民反“托管”的呼声日益高涨。是岁，李承晚访问中国国统区。是岁，金九致信中国国民政府，对东北国民党军人将韩侨与日本人一样对待表示不满，呼吁妥善解决在华韩侨问题。是岁，曾在我国金陵大学英文系学习的半岛独立运动人士吕运亨（1886—1947）在韩被暗杀。

1948年，戊子，中华民国，民国三十七年，☆黄帝历四千六百四十六年。民国总统蒋介石[5]；◇檀君历四千二百八十一年。2月8日，朝鲜人民军成立。4月，金九穿越“三八线”到平壤参加会议，他反对美军“托管”朝鲜，也反对南部朝鲜单独成立政府，竭力促成南北联合。4月22日，南北56个政党和社会团体代表共545人在平壤开会，其中南方代表240人。5月10日，韩国举行了首次民主选举。6月，李承晚当选制宪议会议长。7月17日，韩国公布首部宪法，公布李承晚当选总统。8月5日，韩国第一次国会会议即讨论使用檀君历问题。大韩民国8月15日[6]成立，首任总统李承晚（1875—1965），原在华“韩国光复军”参谋长李范奭（1900—1972）为首任国务总理。9月28日，韩国公布使用檀君历，同时使用公历。是月，半

1 参见杨昭全、何彤梅《中国—朝鲜韩国关系史》，第904页，天津人民出版社，2001年版。
2 〔朝〕金正雄《日寇在朝鲜掠夺财产》，《朝鲜画报》 2006年第3期。
3 见孙春日《中国朝鲜族移民史》，第636页，中华书局，2009年版。
4 参见本年历“1932年”。
5 1948年4月19日，蒋介石当选总统。参见陈旭麓、李华兴主编《中华民国史辞典》，第517页，上海人民出版社，1991年版。
6 因1945年8月15日日本投降，是日被定为韩国“光复节”。

岛北部的朝鲜人民委员会选举金日成为首相。朝鲜民主主义人民共和国9月9日成立，内阁首相金日成（1912—1994）。1997年，朝鲜民主主义人民共和国追记金日成（1912—1994）诞生的1912年为“主体1年”，故是岁为朝鲜主体历37年。是岁，在华22年的炮兵专家、朝鲜义勇军司令武亭出任朝鲜炮兵司令。

1949年，己丑，中华民国，民国三十八年，☆黄帝历四千六百四十七年。民国总统蒋介石、代总统李宗仁[1]。中华人民共和国10月1日成立，中央人民政府主席毛泽东。毛主席领导的中华人民共和国开始采用公历纪年。7月，蒋介石访问韩国，与李承晚总统会谈；◇檀君历四千二百八十二年，大韩民国总统李承晚。3月25日，李承晚总统宣布将太极旗作为韩国国旗。6月26日，金九被“白衣社”骨干、军官安斗熙暗杀。金九（1876—1949），字白凡，从1898年开始在中国领导半岛抗日，长期担任大韩民国临时政府负责人，曾任主席，被尊为“韩国国父”。韩国国民十分悲痛，为金九举行了盛大的葬礼。是岁，韩国改“开天节”农历十月初三为公历10月3日。是岁，韩国庆熙大学尹永春教授出版《中国现代文学史》，这是韩国首部研究我国现代文学的专著。〔朝鲜主体历〕38年，朝鲜民主主义人民共和国内阁首相金日成。4月，人民军政治部主任金一来华访问。是岁至1950年初，原中国人民解放军“四野”第一六四、一六六师以及新编第十五师移交朝鲜。此三师官兵主要是朝鲜人，师长分别是方虎山、李德山、全宇[2]。10月6日，中朝两国建交，朝鲜是同新中国最早建交的国家之一。

1950年，庚寅，中华人民共和国成立1周年，☆黄帝历四千六百四十八年。中央人民政府主席毛泽东。7月，倪志亮（1900—1965）将军被任命为我国首任驻朝鲜大使。10月8日，应朝鲜民主主义人民共和国之请，毛主席命令中国人民志愿军入朝参战[3]。10月19日，志愿军司令员兼政委彭德怀率部从辑安[4]跨过鸭绿江。10月26日，“中国人民抗美援朝总会”成立。11月25日，毛主席之子毛岸英同志在朝鲜战场牺牲。后成为解放军上将的朝鲜族志愿军赵南起（1927—）与毛岸英住同一宿舍，2人负责翻译。次日，宋时轮兵团的3个军包围了美军第十军，另有18万人包围了美军第八军。麦克阿瑟急令美军全线撤退。11月28日，伍修权在美国纽约联合国大会上发言，抗议美国武装占领台湾，并提出美军撤出朝鲜半岛，由半岛人民自己决定自己的命运。11月30日，志愿军第三十八军一部穿插至顺川公路，把往德川溃退的美李军完全吃掉，此即国产影片《奇袭》的生活原型。12月31日，志愿军与人民军发动第三次战役，歼美李军近2万人。美李军被压回到“三八线”以南；◇檀君历四千二百八十三年，大韩民国总统李承晚。6月25日，朝鲜战争爆发，中国、前苏联和美国皆卷入了此次战争。9月15日，美军[5]在李承晚军引领下于仁川登陆。10月7日，美李军越过“三八线”，向平壤推进。是岁任韩国陆军参谋总长的丁一权（1917—），第二次世界大战前于我国吉林省龙井中学、

1　1949年1月，蒋介石宣布“隐退”，李宗仁乃为代总统，直至9月30日。参见陈旭麓、李华兴主编《中华民国史辞典》，第517页，上海人民出版社，1991年版。

2　见孙春日《中国朝鲜族移民史》，第728-729页，中华书局，2009年版。

3　1950年10月1日，斯大林电告毛泽东主席，主张由中国出兵朝鲜，苏方出动空军配合。但直至抗美援朝结束，苏军飞行员皆着便装，美国方面也一直没有宣布苏军参战。

4　辑安，今吉林省集安。

5　美军为主的联合国军包括澳大利亚、新西兰、英国、法国、加拿大、南非、土耳其、泰国、希腊、比利时和卢森堡的部分军人，斯堪的纳维亚三国所派为战地医务人员。

伪满新京[1]军官学校第六期毕业后，曾在伪满宪兵司令部任职。是岁，曾任上海“大韩民国临时政府”副主席的金奎植（1877—1952）被金日成的朝鲜人民军俘虏，1952年逝于朝鲜。是岁，原在华“韩国光复军”参谋长李范奭（1900—1972）出任韩国驻台湾“大使”。12月23日，美第八军司令官沃尔顿·沃克中将在视察途中因车祸致死[2]。〔朝鲜主体历〕39年，朝鲜民主主义人民共和国内阁首相金日成。1月20日，李周渊（1904—1969）就任朝鲜首任驻华大使。6月，曾在八路军、新四军工作过的金雄（1914—1956）被委任为朝鲜人民军第一军团中将军团长。8月，在华抗日多年的炮兵专家武亭指挥8个师与美李军作战。美军仁川登陆后，武亭部失利。12月7日，中朝联合司令部成立，金雄（1914—1956）为副司令员，并兼任朝鲜人民军司令员。是岁，金策晋升大将，出任朝鲜东线司令。

1951年，辛卯，中华人民共和国成立2周年，☆黄帝历四千六百四十九年。中央人民政府主席毛泽东。1月4日，中国人民志愿军与朝鲜人民军攻进汉城，美李军退至“三七线”附近。是月25日，我军发动第四次战役，2月11日，志愿军与李奇微指挥的美李军在原州至汉城之间的砥平里发生激战。3月12日，志愿军和朝鲜人民军退出汉城，坚守“三八线”以北。至4月21日，志愿军与朝鲜人民军的第四次战役结束，歼敌近8万人。4月至6月，志愿军又组织了大规模的第五次战役，歼美李军20万人。7月，美李军被迫在朝鲜开城市与中朝军谈判。是岁，王辑五《五千年的中朝友好关系》由开明书店出版；◇檀君历四千二百八十四年，大韩民国总统李承晚。4月11日，“联合国军总司令”麦克阿瑟被撤换，李奇微接任。8月18日、9月29日，美李军发动夏季攻势、秋季攻势，并用飞机实施绞杀战。〔朝鲜主体历〕40年，朝鲜民主主义人民共和国内阁首相金日成。是岁，朝鲜名将金策（1903—1951）在与美军战斗中因心脏病逝世，金日成痛悼。现朝鲜有用“金策”命名的城市和大学。

1952年，壬辰，中华人民共和国成立3周年，☆黄帝历四千六百五十年。中央人民政府主席毛泽东。1月2日，志愿军战士罗盛教为救朝鲜儿童而牺牲。2月，倪志亮大使因病奉调回国，甘梦陶代理大使事务。3月8日，周恩来总理发表声明，谴责美国在朝鲜战场使用“细菌战”。9月3日，延边朝鲜民族自治区（1955年改为自治州）成立[3]。10月14日，中国人民志愿军秦基伟所率十五军在半岛与朝鲜人民军并肩作战，坚守上甘岭，沉重打击了美李军队。美军向五圣峰附近的上甘岭发射了200万发炮弹，发动了900多次冲锋，均被打退。志愿军战士黄继光、邱少云英勇牺牲。是岁，全国人民全力支援抗美援朝；◇檀君历四千二百八十五年，大韩民国总统李承晚。4月28日，李奇微调离朝鲜，美军克拉克上将就任半岛“联合国军总司令”，美军第八军司令范佛里特上将具体部署作战计划。〔朝鲜主体历〕41年，朝鲜民主主义人民共和国内阁首相金日成。3月，权五稷继任朝鲜驻华大使。是岁，金雄（1914—1956）为朝鲜人民军前线司令官。是岁，“朝鲜科学院”建立，下设社科部。

1953年，癸巳，中华人民共和国成立4周年，☆黄帝历四千六百五十一年。中央人民政府主席毛泽东。5月、6月，中国人民志愿军与朝鲜人民军发起两次大规模进攻。7月13日发动金城战役。至此，美军近40万人战死在朝鲜半岛。7月27日，朝鲜停战协定在板门店签署，以“三八

1 伪满新京即今吉林省长春。

2 见〔韩〕战史编辑委员会原著，固城、齐丰、龚黎编译《朝鲜战争》，附录《战争日志》，黑龙江朝鲜民族出版社，1988年版。

3 见孙春日《中国朝鲜族移民史》，第733页，中华书局，2009年版。

线”分割朝鲜半岛，联合国指派永久中立国瑞士及瑞典驻军于共同警备区域，DMZ 形成；◇檀君历四千二百八十六年，大韩民国总统李承晚。4 月 17 日，原大韩民国首任副总统、独立运动家李始荣（1868—1953）病逝于釜山。李始荣是鲜末高官，1910 年举家来华，在东北、上海、重庆为半岛解放与民族独立奔走几十年。7 月，韩国派出板门店谈判代表崔德新（1914— ）。崔德新乃 1936 年的黄埔军校毕业生，1961—1963 年任韩国外长。自是岁起，临津阁成了韩国民众可以到达的最北端，那里有翘望北方的“拜望坛”。〔朝鲜主体历〕42 年，朝鲜民主主义人民共和国内阁首相金日成。2 月 5 日，崔庸健接替金雄为中朝联合司令部副司令员。11 月 12 日，金日成首相率朝鲜政府代表团访问我国。11 月 23 日，中朝两国签署了经济与文化合作协定。是岁起，朝鲜民众只能在“都罗展望台”遥望南方亲人。是岁，崔一继任朝鲜驻华大使。岁末，崔庸健晋升次帅，金雄晋升大将，出任民族保卫省副相（国防部副部长）。

1954 年，甲午，中华人民共和国成立 5 周年，☆黄帝历四千六百五十二年。国家主席毛泽东。是岁起至 1992 年中韩建交，台湾为韩国留学生提供了优厚的学习条件。现今韩国各大学的中文教授，多从台湾地区获得博士学位；◇檀君历四千二百八十七年，大韩民国总统李承晚。是岁，史学家李丙焘被选为韩国学术院终身会员（类似我国的两院院士）。李丙焘（1896— ），字斗溪，京畿道龙仁人。1919 年日本早稻田大学史学系毕业，自 1960 年起任韩国学术院会长。〔朝鲜主体历〕43 年，朝鲜民主主义人民共和国内阁首相金日成。是岁，金日成首相访问我国。

1955 年，乙未，中华人民共和国成立 6 周年，☆黄帝历四千六百五十三年。国家主席毛泽东。5 月，潘自力继任驻朝鲜大使。11 月，中国工艺品展览会在平壤举行，潘自力大使参加了开幕式；◇檀君历四千二百八十八年，大韩民国总统李承晚。是岁，韩国影印出版朝鲜时代文人柳允谦、曹伟等撰《杜诗谚解》，并标注出版年份为“檀纪 4288 年”[1]。〔朝鲜主体历〕44 年，朝鲜民主主义人民共和国内阁首相金日成。2 月，金日成首次提出“主体思想”，即在思想方面的主体、在政治方面的自主、在经济方面的自立、在国防方面的自卫。是岁，金日成首相访问我国，与抗美援朝时的老战友彭德怀亲切会见。

1956 年，丙申，中华人民共和国成立 7 周年，☆黄帝历四千六百五十四年。国家主席毛泽东。4 月 23 日至 29 日，中共中央委员、中央军委委员聂荣臻出席朝鲜劳动党第三次代表大会。是月，乔晓光继任驻朝鲜大使；◇檀君历四千二百八十九年，大韩民国总统李承晚。是岁，申翼熙逝世。申翼熙（1892—1956），字汝耇，号海公，京畿道广州人。申翼熙 1919 年到上海，先后出任在华“大韩民国临时政府”的文教部、内务部长官，1945 年回国，1948 年以后两次当选韩国国会议长。〔朝鲜主体历〕45 年，朝鲜民主主义人民共和国内阁首相金日成。3 月至 4 月，金雄大将访华，在张爱萍总长陪同下参观哈工大。6 月，金雄（1914—1956）在朝鲜遇刺身亡。

1957 年，丁酉，中华人民共和国成立 8 周年，☆黄帝历四千六百五十五年。国家主席毛泽东。11 月 2 日至 20 日，毛泽东主席在访苏期间，会见金日成首相，商定中国人民志愿军于 1958 年撤出朝鲜；◇檀君历四千二百九十年，大韩民国总统李承晚。是岁，崔南善逝世。崔南善（1890—1957），号六堂，曾在 1911 年创办“光文会”，是“三一独立活动”的参加者和策划人之一。崔南善于 1939 年到我国东北，在伪满“建国大学”任教。后于 1988 至 1990 年

1 现日本东京大学“东洋文库”收藏有该书。

出任韩国国务总理的姜英勋（1922— ）时在该校学习[1]。崔南善极力否定箕子朝鲜的存在，他所编高丽僧人一然的《三国遗事》现今在韩国还很畅销。〔朝鲜主体历〕46年，朝鲜民主主义人民共和国内阁首相金日成。是岁，崔庸健（1900—1976）晋升朝鲜人民军元帅，被选为最高人民会议委员长。是岁，李永镐继任朝鲜驻华大使。

1958年，戊戌，中华人民共和国成立9周年，☆黄帝历四千六百五十六年。国家主席毛泽东。2月14至21日，周总理、陈毅副总理率中国政府代表团访问朝鲜，陈毅作《访问朝鲜诗录》共12首诗。周总理、陈毅副总理与金日成等朝鲜同志共度春节。是岁，中国人民志愿军在司令员邓华、政委王平率领下从朝鲜回国；◇檀君历四千二百九十一年，大韩民国总统李承晚。是岁，韩国首尔大学车相辕、车柱环（1920—）、张基槿合著《中国文学史》出版。〔朝鲜主体历〕47年，朝鲜民主主义人民共和国内阁首相金日成。9月27日，以李周渊副相为首的朝鲜政府代表团访华，中朝签订《1959—1962年长期贸易协定》和《中国向朝鲜提供两项贷款的协定》。是岁，金日成首相访问我国。

1959年，己亥，中华人民共和国成立10周年，☆黄帝历四千六百五十七年。国家主席毛泽东、刘少奇。是岁，中科院与朝鲜科学院合作影印了《李朝实录》，由科学出版社出版；◇檀君历四千二百九十二年，大韩民国总统李承晚。〔朝鲜主体历〕48年，朝鲜民主主义人民共和国内阁首相金日成。是岁，朝鲜金日成首相访问我国。是岁，朝鲜拆毁平壤市箕子陵，改建"牡丹峰青年公园"[2]。

1960年，庚子，中华人民共和国成立11周年，☆黄帝历四千六百五十八年。中国共产党中央委员会主席毛泽东，国家主席刘少奇。10月，贺龙、罗瑞卿率中国军事友好代表团访问朝鲜；◇檀君历四千二百九十三年，大韩民国总统李承晚、尹潽善（1897—1990）。4月，韩国总统李承晚在全国学生的愤怒声讨中下野，持续了12年的韩国"第一共和国"时期结束。4月至8月，许政、郭尚勋临时代理总统。许政（1896—？），釜山人，1919年流亡中国，参加在华"大韩民国临时政府"工作。8月，尹潽善当选总统，张勉出任国务总理。韩国"第二共和国"时期开始。是岁，在我国东北出生的李钟甲（1918— ）出任"大韩足球协会"理事长。李钟甲毕业于伪满吉林师道大学体育系。是岁，申性模（1891—1960）逝世。申性模1913年毕业于我国上海吴淞商船学校，后在南京海运学院学习，1950年为韩国国防部长，并曾短期署理韩国国务总理。〔朝鲜主体历〕49年，朝鲜民主主义人民共和国内阁首相金日成。

1961年，辛丑，中华人民共和国成立12周年，☆黄帝历四千六百五十九年。党中央委员会主席毛泽东，国家主席刘少奇。7月，《中朝友好合作互助条约》签订。8月，郝德青继任驻朝鲜大使。9月，邓小平率中国共产党代表团参加朝鲜劳动党第四次代表大会；◇檀君历四千二百九十四年，大韩民国总统尹潽善、朴正熙。6月15日，朴正熙（1917—1979）发动军事政变，议长张都暎代行总统职权，尹潽善被迫辞职。尹潽善（1897—1990），字海韦，忠清南道牙山人，在英国爱丁堡大学取得博士学位。〔朝鲜主体历〕50年，朝鲜民主主义人民共和国

1　参见〔韩〕崔博光原著，王瑜译《日帝强占期知识分子的活动与荣辱：以六堂崔南善为中心》，载王晓平主编《东亚诗学与文化互读—川本皓嗣纪念论文集》，中华书局，2009年版。

2　见杨军《谁把黄河文明带进古朝鲜？》，《东北之窗》2009年第11期。

和国内阁首相金日成。7月，金日成首相率朝鲜党政代表团访问我国。是岁，朝鲜粮食总产量近400万吨[1]。

1962年，壬寅，中华人民共和国成立13周年，☆黄帝历四千六百六十年。党中央委员会主席毛泽东，国家主席刘少奇。4月，彭真率全国人大代表团访问朝鲜，副团长陈叔通、张治中。金日成委员长接见了代表团全体成员。朝鲜最高人民会议委员长崔庸健授予彭真一级国旗勋章[2]；◇檀君历四千二百九十五年，大韩民国朴正熙执政。3月至12月，朴正熙代行韩国总统职权。是岁，在上海出生并在华生活了16年的金九之子金信（1922— ）出任韩国驻台湾"大使"，任职8年。是岁，成均馆大学大东文化研究院出版二卷本《燕行录选集》。〔朝鲜主体历〕51年，朝鲜民主主义人民共和国内阁首相金日成。是岁，韩益洙继任朝鲜驻华大使。

1963年，癸卯，中华人民共和国成立14周年，☆黄帝历四千六百六十一年。党中央委员会主席毛泽东，国家主席刘少奇。9月，刘少奇主席访问朝鲜。平壤20万群众欢迎刘少奇主席，并推出了毛主席、刘主席和金首相的巨幅画像[3]；◇檀君历四千二百九十六年，大韩民国总统朴正熙。是岁，申铉俊（1916—？）出任韩国驻摩洛哥大使。申铉俊1937年毕业于伪满"陆军军官学校"，1945年编入在华抗日的"韩国光复军"，1961年晋升韩国中将。〔朝鲜主体历〕52年，朝鲜民主主义人民共和国内阁首相金日成。6月5日，朝鲜最高人民议会常任委员长崔庸健访华。

1964年，甲辰，中华人民共和国成立15周年，☆黄帝历四千六百六十二年。党中央委员会主席毛泽东，国家主席刘少奇；◇檀君历四千二百九十七年，大韩民国总统朴正熙。是岁，丁一权为韩国国务总理，直至1970年。丁一权（1917—），我国吉林省龙井中学及伪满新京[4]"陆军军官学校"第六期毕业后，在伪满宪兵司令部任职，1946年回国。是岁，1944年毕业于伪满"建国大学"的朴重润出任韩国陆军大学校长。〔朝鲜主体历〕53年，朝鲜民主主义人民共和国内阁首相金日成。是岁，"朝鲜社科院"建立。是岁，朴世昌继任朝鲜驻华大使。

1965年，乙巳，中华人民共和国成立16周年，☆黄帝历四千六百六十三年。党中央委员会主席毛泽东，国家主席刘少奇。12月，焦若愚继任驻朝鲜大使；◇檀君历四千二百九十八年，大韩民国总统朴正熙。是岁，鲜末英亲王李垠（1897—1970）与日本夫人梨本宫方子（韩国名"李方子"）经韩国准许回国。李垠于1907年被强制赴日本留学。〔朝鲜主体历〕54年，朝鲜民主主义人民共和国内阁首相金日成。

1966年，丙午，中华人民共和国成立17周年，☆黄帝历四千六百六十四年。党中央委员会主席毛泽东，国家主席刘少奇。是岁，"文革"开始；◇檀君历四千二百九十九年，大韩民国总统朴正熙。4月27日，韩国的一批史学家成立"白山学会"，"以研究、编著、发刊国史中大陆关系为目的"，着力研究所谓"韩民族支配满洲"的历史[5]。是岁，朴正熙总统访问台湾，与蒋介石会谈。是岁，鲜末纯宗皇后尹氏（1894—1966，纯贞孝皇后，本贯海丰，尹泽荣之女）逝世。〔朝鲜主体历〕55年，朝鲜民主主义人民共和国内阁首相金日成。

1 参见人民出版社编《中朝友谊，鲜血凝成：中国全国人民代表大会代表团访问朝鲜》，第48页，人民出版社，1962年版。
2 参见人民出版社编《中朝友谊，鲜血凝成：中国全国人民代表大会代表团访问朝鲜》，人民出版社，1962年版。
3 参见人民出版社编《刘少奇主席访问朝鲜》，人民出版社，1963年版。
4 伪满新京即今吉林省长春。
5 见马大正、李大龙、耿铁华、权赫秀《古代中国高句丽历史续论》，第442页，中国社会科学出版社，2003年版。

1967年，丁未，中华人民共和国成立18周年，☆黄帝历四千六百六十五年。党中央委员会主席毛泽东，国家主席刘少奇；◇檀君历四千三百年，大韩民国总统朴正熙。是岁，民族文化推进会《燕行录选集》国译多卷本出版。〔朝鲜主体历〕56年，朝鲜民主主义人民共和国内阁首相金日成。年底，朝鲜是岁新任驻华大使玄峻极被召回国。

1968年，戊申，中华人民共和国成立19周年，☆黄帝历四千六百六十六年。党中央委员会主席毛泽东，国家主席刘少奇、国家副主席宋庆龄、董必武；◇檀君历四千三百〇一年，大韩民国总统朴正熙。〔朝鲜主体历〕57年，朝鲜民主主义人民共和国内阁首相金日成。

1969年，己酉，中华人民共和国成立20周年，☆黄帝历四千六百六十七年。党中央委员会主席毛泽东，国家副主席宋庆龄、董必武。12月29日至1970年1月29日，中朝鸭绿江、图们江航运合作委员会第九次会议在沈阳举行；◇檀君历四千三百〇二年，大韩民国总统朴正熙。〔朝鲜主体历〕58年，朝鲜民主主义人民共和国内阁首相金日成。10月，崔庸健率朝鲜党和政府高级代表团来北京，参加中华人民共和国成立20周年庆典活动。是岁，朝鲜驻华大使玄峻极回到北京。

1970年，庚戌，中华人民共和国成立21周年，☆黄帝历四千六百六十八年。党中央委员会主席毛泽东，国家副主席宋庆龄、董必武。3月，李云川继任驻朝鲜大使。4月5日至7日，周恩来总理访问朝鲜，受到热烈欢迎。10月，中国代表团访朝，纪念中国人民志愿军赴朝参战20周年；◇檀君历四千三百〇三年，大韩民国总统朴正熙。是岁，鲜末英亲王李垠（1897—1970）逝世。〔朝鲜主体历〕59年，朝鲜民主主义人民共和国内阁首相金日成。10月，朝鲜代表团访华，纪念中国人民志愿军赴朝参战20周年。是岁，朝鲜影片《血海》（上、下）及《看不见的战线》由长春电影制片厂译制完成，后者大受我国观众欢迎。

1971年，辛亥，中华人民共和国成立22周年，☆黄帝历四千六百六十九年。党中央委员会主席毛泽东，国家副主席宋庆龄、董必武；◇檀君历四千三百〇四年，大韩民国总统朴正熙。是岁，曾参加上海“大韩民国临时政府”工作的梁一东被选为韩国国会议员。梁一东（1912—1980），字玄谷，全罗北道人，毕业于我国北平市民锋高级中学，后为韩国“儒道会”副会长。〔朝鲜主体历〕60年，朝鲜民主主义人民共和国内阁首相金日成。8月，副首相郑准泽率朝鲜政府经济代表团访华。是月，人民军总参谋长吴振宇率朝鲜军事代表团访华。是岁，朝鲜影片《鲜花盛开的村庄》《摘苹果的时候》由长春电影制片厂译制完成。其时我国处于“文革”的文化荒漠阶段，就连前苏联的影片都极少，朝鲜、越南、阿尔巴尼亚电影构成了进口影片“三国鼎立”的格局。国人反复观看它们，有人甚至走几十里山路去“追电影”。观众总结说：“朝片又哭又笑，越片有枪有炮，阿片搂搂抱抱，国产《新闻简报》”。

1972年，壬子，中华人民共和国成立23周年，☆黄帝历四千六百七十年。党中央委员会主席毛泽东，国家副主席宋庆龄、董必武代理主席事务。4月，中共中央政治局委员陈锡联率中国政府军事代表团访朝。5月，上海市“革委会”副主任徐景贤率中国上海芭蕾舞代表团访问朝鲜、日本。12月22—25日，外交部长姬鹏飞应朝鲜外务相许锬的邀请访问朝鲜。是岁，台湾“中国文化院”授予韩国圆佛教负责人朴吉真（法号“崇山”，1915— ）哲学博士学位；◇檀君历四千三百〇五年，大韩民国总统朴正熙。是岁，韩国宪法修正案通过。〔朝鲜主体历〕

61年，朝鲜民主主义人民共和国主席金日成。是岁，朝鲜影片《卖花姑娘》宽银幕版由长春电影制片厂译制完成。次年，普通银幕版发行，在我国引起巨大反响。

1973年，癸丑，中华人民共和国成立24周年，☆黄帝历四千六百七十一年。党中央委员会主席毛泽东，国家副主席董必武代理主席事务。是岁，辽宁省喀左出土“亚箕侯”、“孤竹”铭文的青铜器，似乎是匆匆埋下的[1]；◇檀君历四千三百〇六年，大韩民国总统朴正熙。是岁，韩国“新安朱氏中央宗亲会”成立[2]。〔朝鲜主体历〕62年，朝鲜民主主义人民共和国主席金日成。2月9日，朝鲜外务相许锬访问中国。

1974年，甲寅，中华人民共和国成立25周年，☆黄帝历四千六百七十二年。党中央委员会主席毛泽东，国家副主席董必武代理主席事务；◇檀君历四千三百〇七年，大韩民国总统朴正熙。8月15日，朴正熙夫人陆英修被刺身亡。显然，第一夫人不是刺客的目标。〔朝鲜主体历〕63年，朝鲜民主主义人民共和国主席金日成。

1975年，乙卯，中华人民共和国成立26周年，☆黄帝历四千六百七十三年。党中央委员会主席毛泽东，国家副主席董必武代理主席事务。9月，张春桥[3]与中联部部长耿飚率中国共产党代表团访问朝鲜；◇檀君历四千三百〇八年，大韩民国总统朴正熙。是岁，韩国学者方善柱根据天文学资料推断出《竹书纪年》“天再旦于郑”为公元前899年[4]。是岁，韩国首尔大学车相辕教授出版《中国古典文学批评史》一书。〔朝鲜主体历〕64年，朝鲜民主主义人民共和国主席金日成。4月18日至26日，金日成应中国共产党中央委员会、中华人民共和国政府的邀请，对中国进行了正式访问。毛主席、周总理接见金日成主席。同年，日本法政大学安井郁教授《主体国家的社会主义特点》一文被译为朝文[5]。是岁，朝鲜影片《金姬和银姬的命运》由长春电影制片厂译制完成，颇受欢迎。

1976年，丙辰，中华人民共和国成立27周年，☆黄帝历四千六百七十四年。9月9日，毛泽东主席逝世，华国锋继任党中央委员会主席。是月，吕志先继任驻朝鲜大使；◇檀君历四千三百〇九年，大韩民国总统朴正熙。5月，光州附近新安郡发现元代沉船。“新安沉船”上有“至治三年”字样木签，并载有铜钱28吨、瓷器3396件，该船是元朝至治年间从今浙江省宁波开往日本的贸易船。〔朝鲜主体历〕65年，朝鲜民主主义人民共和国主席金日成。6月4日，金承俊率朝鲜广播电视代表团访华。是岁，朝鲜兴南化肥厂树立周恩来铜像。是岁，崔庸健（1900—1976）逝世。崔庸健毕业于云南讲武堂，曾在黄埔军校任教官，1837年任“抗联”第七军参谋长、代理军长，1948年后长期担任朝鲜领导人，乃人民军元帅。

1977年，丁巳，中华人民共和国成立28周年，☆黄帝历四千六百七十五年。党主席华国锋；◇檀君历四千三百一十年，大韩民国总统朴正熙。〔朝鲜主体历〕66年，朝鲜民主主义人民共和国主席金日成。4月，朝鲜作家朴泰远《甲午农民战争》第一部出版。是岁，全明洙继任朝鲜驻华大使。

1978年，戊午，中华人民共和国成立29周年，☆黄帝历四千六百七十六年。改革开放总

1　参见杨军《谁把黄河文明带进古朝鲜？》，《东北之窗》　2009年第11期。
2　参见杨昭全、何彤梅《中国—朝鲜韩国关系史》，第625页，天津人民出版社，2001年版。
3　张春桥（1917—2005），“四人帮”之一，时任中央政治局常委。
4　参见〔美〕班大为原著，徐凤先译《中国上古史实揭秘：天文考古学研究》，“朱渊清序”，上海古籍出版社，2008年版。
5　见〔朝〕本社编《朝鲜的奇迹》，朝鲜外国文出版社，1976年版。

设计师邓小平，党主席华国锋。5月，华国锋主席访问朝鲜[1]，朝鲜团体操显示汉字“紧跟华主席，胜利向前进”。9月8日，中共中央副主席、国务院副总理邓小平率中国党政代表团赴朝鲜，参加朝鲜民主主义人民共和国成立30周年庆祝活动。12月，“十一届三中全会”召开，确定了我国“发展经济”和“改革开放”的基本国策；◇檀君历四千三百一十一年，大韩民国总统朴正熙。是岁，朴钟和成为韩国艺术院终身会员[2]。朴钟和（1901—1981），号月滩，1907年入私塾学习汉文，1920年从徽文义塾毕业，1922年创办文学杂志《白潮》，后分别在东国、延禧、成均馆等大学任教，1970年到台湾接受“中华学术院”授予的名誉博士学位。〔朝鲜主体历〕67年，朝鲜民主主义人民共和国主席金日成。

1979年，己未，中华人民共和国成立30周年，☆黄帝历四千六百七十七年。改革开放总设计师邓小平，党主席华国锋。5月，邓颖超副委员长访问朝鲜；◇檀君历四千三百一十二年，大韩民国总统朴正熙、崔圭夏。4月8日，檀国大学学者在忠清南道中原郡可金面龙田里发现《中原高句丽碑》，碑文为汉隶，可读出386字[3]。10月26日，朴正熙（1917—1979）被韩国中央情报局局长、中将金载圭（1926—1980）刺杀而死。是月，崔圭夏（1919—2006）代理总统，并于12月当选。是岁，韩国学术界展开“国史论争”，对日据时代半岛史书进行清算，同时主张要高扬民族精神，出版了1911年桂延寿、李沂编著《檀桓古记》。是岁，高丽大学许世旭（1934—2010）教授出版《韩中诗话渊源考》一书。〔朝鲜主体历〕68年，朝鲜民主主义人民共和国主席金日成。是岁，朝鲜社会科学院历史研究所完成《朝鲜全史》共33卷本，由朝鲜科学百科辞典综合出版社出版。该书认定，高句丽建国是在公元一世纪初[4]。

1980年，庚申，中华人民共和国成立31周年，☆黄帝历四千六百七十八年。改革开放总设计师邓小平，党主席华国锋。5月9日，出席铁托葬礼的华国锋主席在贝尔格莱德市会见了金日成主席。10月，中共中央副主席李先念率中国共产党代表团参加朝鲜劳动党第六次代表大会。是岁，中国工艺品展览会在平壤举行，中国博物馆代表团、中国卫生代表团分别访问朝鲜；◇檀君历四千三百一十三年，大韩民国总统崔圭夏、全斗焕。5月，光州发生反军事独裁的游行示威，被军方血腥镇压下去。“光州事件”标志着军人独裁政权在半岛的彻底结束[5]。但朴正熙自1961年5月所建立的经济模式，却使得韩国的人均GDP从1962年的87美元达到了1980年1503美元，出口从1962年的5670万美元达到了1980年的187亿美元，经济每年保持9.2%的增长。8月16日，陆军上将全斗焕（1931—　）发动武装政变，崔圭夏辞职，朴忠勋代理正统职务。9月，全斗焕以唯一的候选人当选韩国总统。是岁，赵一文出任韩国建国大学校长。赵一文于1944年毕业于我国的南京大学。〔朝鲜主体历〕69年，朝鲜民主主义人民共和国主席金日成。11月11日，朝鲜各政党、团体召开联席会议，就金日成主席提出建立“高丽民主联邦共和国”方案，发表致南朝鲜、朝侨公开信[6]。

1981年，辛酉，中华人民共和国成立32周年，☆黄帝历四千六百七十九年。国家名誉主

---

1 参见人民出版社编《华国锋主席访问朝鲜》，人民出版社，1978年版。
2 类似我国的“院士”。
3 见马大正、李大龙、耿铁华、权赫秀《古代中国高句丽历史续论》，第202—203页，中国社会科学出版社，2003年版。
4 见马大正、李大龙、耿铁华、权赫秀《古代中国高句丽历史续论》，第429页，中国社会科学出版社，2003年版。
5 参见〔韩〕光州广域市5·18史料编辑委员会编，〔韩〕金河林译、〔中〕孟祥英监修《5·18光州民众抗争》，2000年。
6 〔朝〕朝鲜画报社编辑委员会《朝鲜画报》 1980年12期。

席宋庆龄，改革开放总设计师邓小平，党主席华国锋，总书记胡耀邦。12月，赵紫阳总理率中国党政代表团访问朝鲜。是岁，中联部代表团、中国友好参观团、甘肃省歌舞团（演出《丝路花雨》）分别访问朝鲜；◇檀君历四千三百一十四年，大韩民国总统全斗焕。〔朝鲜主体历〕70年，朝鲜民主主义人民共和国主席金日成。1月，朝鲜政务院总理李钟玉访问中国。是岁，金日成主席就建立“高丽民主联邦共和国”方案、不结盟运动中的问题等答新华社记者问。是岁，朝鲜20集系列影片《无名英雄》（导演柳虎孙）由长春电影制片厂译制完成，在我国中央电视台播出。

1982年，壬戌，中华人民共和国成立33周年，☆黄帝历四千六百八十年。改革开放总设计师邓小平，总书记胡耀邦。4月，邓小平、胡耀邦应金日成的邀请访问朝鲜。5月，中国民航一架客机被武装分子劫持要求飞往台湾，临时降落于韩国春川机场。韩国政府持友好态度帮助中国。6月，宗克文继任驻朝鲜大使。是岁，中联部代表团访问朝鲜；◇檀君历四千三百一十五年，大韩民国总统全斗焕。〔朝鲜主体历〕71年，朝鲜民主主义人民共和国主席金日成。9月16日，金日成主席访问我国。是岁，朝鲜人民军崔贤（1907—1982）大将病逝。崔贤1938年在我国任“抗联”第一军某团团长。

1983年，癸亥，中华人民共和国成立34周年，☆黄帝历四千六百八十一年。改革开放总设计师邓小平，总书记胡耀邦，国家主席李先念。9月，全国人大常委会委员长彭真率中华人民共和国党政代表团访问朝鲜，金日成接见并到宾馆看望。是岁，李彦率中国共产党宣传工作者代表团访朝。是岁，王兆国为团长的中国共青团代表团访朝。是岁，洪学智率中华人民共和国人民友好代表团访朝。是岁，中国外文出版社代表团访问朝鲜。是岁，谭启龙率中国共产党友好访问团访朝。是岁，杨克昌率中国鸭绿江开发计划制定小组代表团访朝。是岁，中国人民解放军歌舞团访朝演出。是岁，马凤森率中国煤炭化学工业考察组访朝。是岁，韩凯率北京市工会代表团访问朝鲜。是岁，陈希同率北京市友好代表团访问朝鲜。是岁，黑龙江省友好代表团访问朝鲜；◇檀君历四千三百一十六年，大韩民国总统全斗焕。是岁，韩国陆军本部编辑出版《向着统一与雄飞的民族历史》一书，用以教育韩国军人。其目标除南北统一之外，是“收复失去的满洲大陆，即那萦绕着我们祖先雄赳赳气象的辽阔的满洲原野”[1]。〔朝鲜主体历〕72年，朝鲜民主主义人民共和国主席金日成。5月，朝鲜外长许锬访华。6月8日至12日，金日成主席对我国进行非正式访问。7月，议长杨亨燮率朝鲜最高人民议会代表团访华。是岁，朝鲜记者同盟代表团访华。是岁，朝鲜新义州市和中国丹东市少年儿童举行友谊联欢，欢庆“六一”国际儿童节。是岁，朱贤玉率朝鲜中央通讯社代表团访问中国。是岁，朝鲜代表团参加在北京举行的南南会议——发展战略、谈判及合作讨论会。

1984年，甲子，中华人民共和国成立35周年，☆黄帝历四千六百八十二年。改革开放总设计师邓小平，总书记胡耀邦，国家主席李先念。5月，胡耀邦总书记在中央军委副主席杨尚昆陪同下访问朝鲜[2]。12月，团中央第一书记胡锦涛率中国青年代表团访问朝鲜；◇檀君历

1 马大正、李大龙、耿铁华、权赫秀《古代中国高句丽历史续论》，第8页，中国社会科学出版社，2003年版。

2 〔朝〕《万古长青的伟大友谊：胡耀邦同志访问朝鲜民主主义人民共和国（1984年5月4日–5月11日）》，外国文出版社，1984年版。

四千三百一十七年，大韩民国总统全斗焕。是岁，韩国学者赵钟业《中韩日诗话研究》一书由台湾学海出版社出版。〔朝鲜主体历〕73年，朝鲜民主主义人民共和国主席金日成。3月，朝鲜总理姜成山访问中国。11月26日，金日成应中共中央邀请，对中国进行非正式访问。是岁，申仁夏继任朝鲜驻华大使。

1985年，乙丑，中华人民共和国成立36周年，☆黄帝历四千六百八十三年。改革开放总设计师邓小平，总书记胡耀邦，国家主席李先念。5月4日至6日，胡耀邦总书记访问朝鲜。是岁，吉林省集安印刷厂出土鎏金释迦牟尼铜像，专家推测该处是高句丽佛寺[1]；◇檀君历四千三百一十八年，大韩民国总统全斗焕。是岁，韩国有天主教信徒200万人，基督教信徒大约700万人，后者半数以上属于长老教派[2]。〔朝鲜主体历〕74年，朝鲜民主主义人民共和国主席金日成。

1986年，丙寅，中华人民共和国成立37周年，☆黄帝历四千六百八十四年。改革开放总设计师邓小平，总书记胡耀邦，国家主席李先念。9月20日，袁伟民率中国体育代表团参加了在韩国汉城举办的第10届亚运会开幕式。10月，国家主席李先念访问朝鲜；◇檀君历四千三百一十九年，大韩民国总统全斗焕。是岁，韩国首尔大学宋荣培教授出版《中国社会思想史》一书。〔朝鲜主体历〕75年，朝鲜民主主义人民共和国主席金日成。

1987年，丁卯，中华人民共和国成立38周年，☆黄帝历四千六百八十五年。改革开放总设计师邓小平，总书记胡耀邦、赵紫阳，国家主席李先念。10月，温业湛继任驻朝鲜大使。是岁，我国故宫与长城被联合国教科文组织（UNESCO）认定为世界文化遗产，前者是朝鲜使节团在500年间反复记述的地方；◇檀君历四千三百二十年，大韩民国总统全斗焕。是岁，全斗焕在“要民主”的呼声中被迫下台，韩国实行总统直选。是岁，韩国外国语大学柳晟俊教授出版《王维诗研究》一书。〔朝鲜主体历〕76年，朝鲜民主主义人民共和国主席金日成。5月，金日成主席访问我国。8月，朝鲜人民军总参谋长吴克列访华。10月，朝鲜最高人民会议常设会议议长杨亨燮访华。11月，朝鲜总理李根模访华。

1988年，戊辰，中华人民共和国成立39周年，☆黄帝历四千六百八十六年。改革开放总设计师邓小平，总书记赵紫阳，国家主席李先念、杨尚昆。9月，国家主席杨尚昆率中国党政代表团参加朝鲜民主主义人民共和国建国40周年庆典，并对朝鲜进行友好访问；◇檀君历四千三百二十一年，大韩民国总统卢泰愚（1932—　）。9月17日，在韩国汉城举办的第24届奥运会开幕，我国运动员299人参加，并夺得5枚金牌。是岁，韩国小说家李文烈（1948—）将我国古典小说《三国演义》翻译为韩文版《三国志》，大受欢迎。〔朝鲜主休历〕77年，朝鲜民主主义人民共和国主席金日成。是岁，朱昌骏继任朝鲜驻华大使。

1989年，己巳，中华人民共和国成立40周年，☆黄帝历四千六百八十七年。改革开放总设计师邓小平，总书记赵紫阳、江泽民，国家主席杨尚昆。4月，应金日成的邀请，中共中央总书记赵紫阳对朝鲜进行正式友好访问；◇檀君历四千三百二十二年，大韩民国总统卢泰愚。是岁，朝鲜金日成总书记访问我国。是岁，韩国《中央日报》邀请许世旭、金时俊、柳中夏、

1　马大正、李大龙、耿铁华、权赫秀《古代中国高句丽历史续论》，第195页，中国社会科学出版社，2003年版。
2　黄德宽《韩国教友与韩国天主教》，台湾《辅仁大学神学论集》，第64号，1985年。

成民烨等学者主持《中国现代文学全集》的翻译。是岁，韩国高丽大学民族文化研究院出版大型工具书《中韩辞典》。〔朝鲜主体历〕78年，朝鲜民主主义人民共和国主席金日成。8月，朝鲜劳动党政治局候补委员、人民军总参谋长崔光访华。9月，朝鲜最高人民会议副议长孙圣弼访问中国。是月，原人民军大将李相朝（1913—）由前苏联叛入韩国。李相朝出生于我国沈阳，1945年与朱德海在我国东北建立"朝鲜义勇军"[1]，任第三支队司令员。后为朝鲜人民军大将、朝鲜驻前苏联大使。1956年后长期隐居前苏联。9月底至10月初，朝鲜劳动党政治局委员、国家副主席李钟玉率朝鲜党政代表团前来中国参加中华人民共和国成立40周年庆祝活动。11月5日，金日成主席对中国进行非正式访问。

1990年，庚午，中华人民共和国成立41周年，☆黄帝历四千六百八十八年。改革开放总设计师邓小平，总书记江泽民，国家主席杨尚昆。3月14日至16日，江泽民总书记访问朝鲜。6月，郑义继任驻朝鲜大使。8月，国防部长秦基伟率中国军事友好代表团访问朝鲜。9月22日，第11届亚运会开幕式在北京举行，韩国、朝鲜运动员参加。10月，中共中央政治局常委宋平访朝，参加朝鲜劳动党建党45周年庆祝活动。10月25日，国务委员李铁映率团赴朝，参加朝鲜隆重纪念中国人民志愿军入朝参战40周年活动。是月，国家体委主任伍绍祖率体育代表团访朝；◇檀君历四千三百二十三年，大韩民国总统卢泰愚。是岁，韩国"新安朱氏中央宗亲会"会长朱昌均率代表团至福建寻根祭祖[2]。〔朝鲜主体历〕79年，朝鲜民主主义人民共和国主席金日成。3月，朝鲜人民武装力量部部长吴振宇访华。5月，社会安全部部长白鹤林、咸镜北道党委责任书记姜成山访华。6月，教育委员会委员长崔基龙访华。7月，朝鲜祖国统一民主主义战线议长廉泰俊访华。9月，李钟玉副主席参加了在北京举行的第11届亚运会开幕式。11月，延亨默总理对中国进行正式友好访问。

1991年，辛未，中华人民共和国成立42周年，☆黄帝历四千六百八十九年。改革开放总设计师邓小平，总书记江泽民，国家主席杨尚昆。5月3日至6日，李鹏总理访问朝鲜。11月，钱其琛外长访问韩国；◇檀君历四千三百二十四年，大韩民国总统卢泰愚。9月17日，韩国以主权国家地位加入联合国。〔朝鲜主体历〕80年，朝鲜民主主义人民共和国主席金日成。9月17日，朝鲜以主权国家地位加入联合国。10月，应江泽民总书记和杨尚昆主席的邀请，金日成主席来到中国，这是他对中国的第39次访问，也是最后一次访问。

1992年，壬申，中华人民共和国成立43周年，☆黄帝历四千六百九十年。改革开放总设计师邓小平，总书记江泽民，国家主席杨尚昆。1月，邓小平发表"南方谈话"。4月，应金日成的邀请，国家主席杨尚昆访问朝鲜。7月，钱其琛外长访问朝鲜。8月24日，中韩两国建交，首任驻韩国大使张庭延。台湾将驻韩国外事机构所在地移交给中华人民共和国大使馆，原"中华民国驻韩大使"改为"驻韩代表处代表"。是岁，中韩贸易额为63亿美元，双方来往人数为13万人。是岁，上海普庆里4号的"大韩民国临时政府"所在地改为纪念馆，韩国舆论普遍关注；◇檀君历四千三百二十五年，大韩民国总统卢泰愚。8月24日，韩国李相玉外长对我国进行工作访问。9月7日，卢载源被任命为韩国首任驻华大使。9月27日至30日，卢泰愚

1 该支队乃中国人民解放军一六四师的前身，全部由朝鲜族组成。
2 见杨昭全、何彤梅《中国—朝鲜韩国关系史》，第625–626页，天津人民出版社，2001年版。

总统对我国正式访问。卢泰愚是首位访问中国的韩国总统。〔朝鲜主体历〕81 年，朝鲜民主主义人民共和国主席金日成。是岁，金日成主席为老同学、我国吉林省抚松县共产党员张蔚华立碑。1937 年 10 月，张蔚华为掩护金日成而牺牲。

1993 年，癸酉，中华人民共和国成立 44 周年，☆黄帝历四千六百九十一年。改革开放总设计师邓小平，总书记江泽民，国家主席杨尚昆、江泽民。5 月，钱其琛副总理访问韩国。6 月，田纪云副委员长访问韩国。9 月，乔宗准继任驻朝鲜大使。是月，李岚清副总理、王光英副委员长访问韩国。11 月，洪学智率中国政协代表团访朝。是岁，中央电视台播出大陆首次引进的韩剧《嫉妒》，"韩流"开始在我国涌动；◇檀君历四千三百二十六年，大韩民国总统金泳三（1927—）。2 月 25 日，金泳三正式就职，他是韩国第一位直选总统。6 月，任命黄秉泰为第二任韩国驻华大使。8 月至 11 月，世界博览会在韩国大田市举行，以"中华门"为标志的中国馆内展示了新中国的航天技术。10 月，韩升洲外长访华。〔朝鲜主体历〕82 年，朝鲜民主主义人民共和国主席金日成。10 月 4 日，朝鲜《劳动新闻》发表文章，宣布朝鲜考古界在平壤市发掘出檀君墓。

1994 年，甲戌，中华人民共和国成立 45 周年，☆黄帝历四千六百九十二年。改革开放总设计师邓小平，国家主席江泽民。10 月，李鹏总理访问韩国；◇檀君历四千三百二十七年，大韩民国总统金泳三。1 月，李万燮议长访华。3 月 26 日至 30 日，金泳三总统对我国进行正式访问。6 月，韩升洲外长访华。是岁，韩国直航中国空运开始。〔朝鲜主体历〕83 年，朝鲜民主主义人民共和国主席金日成、委员长金正日（1942— ）。是岁，金日成逝世，其子金正日继任。10 月，朝鲜在史学家姜仁淑等的促成下，在平壤市江东郡大朴山下建成"檀君陵"。

1995 年，乙亥，中华人民共和国成立 46 周年，☆黄帝历四千六百九十三年。改革开放总设计师邓小平，国家主席江泽民。2 月，陈慕华副委员长访问韩国。4 月，全国人大乔石委员长访问韩国。11 月，江泽民主席对韩国进行国事访问；◇檀君历四千三百二十八年，大韩民国总统金泳三。5 月，李洪九总理访华。12 月，黄珞周议长对我国进行正式访问。12 月 28 日，原韩国"高句丽研究所"扩充为"高句丽研究会"，由徐吉洙教授（1944— ）主持的该会至 2001 年已召开 19 次研讨会 [1]。是岁，韩国崇实大学教授吴淳邦（1955— ）在北京大学出版社出版《清代讽刺小说研究》一书。〔朝鲜主体历〕84 年，朝鲜劳动党总书记、朝鲜民主主义人民共和国国防委员会委员长金正日。1 月，朝鲜政务院副总理兼文化艺术部部长张澈访问中国。5 月，朝鲜同意和我国台湾省互设"办事室"。

1996 年，丙子，中华人民共和国成立 47 周年，☆黄帝历四千六百九十四年。改革开放总设计师邓小平，国家主席江泽民；◇檀君历四千三百二十九年，大韩民国总统金泳三。2 月，任命郑钟旭为第三任驻华大使。3 月，孔鲁明外长访华。是岁，韩国学者李中访问中国，其后在韩出版了《追寻毛泽东的革命轨迹：一个韩国人眼中的毛泽东》一书 [2]。〔朝鲜主体历〕85 年，朝鲜民主主义人民共和国委员长金正日。5 月，朝鲜政务院副总理洪成南率政府代表团访华，

---

1 见马大正、李大龙、耿铁华、权赫秀《古代中国高句丽历史续论》，第 457–459 页，中国社会科学出版社，2003 年版。
2 李中该书的中译本后由人民出版社 2006 年出版，译者崔文哲。

与中国签订了两国政府经济技术合作协定。

1997年，丁丑，中华人民共和国成立48周年，☆黄帝历四千六百九十五年。改革开放总设计师邓小平，国家主席江泽民。2月19日，我国改革开放总设计师邓小平（1904—1997）逝世。4月，万永祥继任驻朝鲜大使。是月，王光英副委员长访问韩国。8月5日至7日，中国、美国与朝鲜、韩国的“四方会谈”在日内瓦举行[1]。是岁，香港回归祖国，全世界关注。是岁，中央电视台播出韩国电视连续剧《爱情是什么》；◇檀君历四千三百三十年，大韩民国总统金泳三。1月，金守汉议长访华。5月，柳宗夏外长访华。是岁，韩国青年画家徐勇开始了其在我国敦煌的8年临摹。〔朝鲜主体历〕86年，朝鲜民主主义人民共和国委员长金正日。是岁，朝鲜推行“主体历”，将金日成诞生之年的1912年确定为“主体历1年”。“朝鲜主体元年”恰与我国的“民国元年”是同一年。是岁，朝鲜劳动党中央书记黄长烨（1922—2010）叛逃至韩国。黄长烨毕业于前苏联莫斯科大学并获得哲学博士学位，1971—1982年为最高人民议会议长，后长期主管朝鲜意识形态。是岁，朝鲜文人李边（1391—1473）《训世评话》一书在佚失400多年后，被挪威奥斯陆大学艾皓得教授发现于日本名古屋[2]。

1998年，戊寅，中华人民共和国成立49周年，☆黄帝历四千六百九十六年。国家主席江泽民。4月，胡锦涛副主席访问韩国。9月，武大伟继任驻韩国大使；◇檀君历四千三百三十一年，大韩民国总统金大中（1925—2009）。金大中政府乃执政党向反对党和平移交政权后产生的。4月，任命权丙铉为第四任驻华大使。7月，朴定洙外长访华。11月，韩国总统金大中对中国进行国事访问。〔朝鲜主体历〕87年，朝鲜民主主义人民共和国委员长金正日。是岁，朝鲜加入联合国教科文组织（UNESCO），并积极将其境内高句丽壁画、古墓申请为联合国世界文化遗产[3]。

1999年，己卯，中华人民共和国成立50周年，☆黄帝历四千六百九十七年。国家主席江泽民。5月，全国政协主席李瑞环访问韩国。10月，中朝双方共同纪念建交50周年，唐家璇外长应邀对朝进行友好访问，并参加朝方纪念活动。是月，全国政协王兆国副主席访问韩国；◇檀君历四千三百三十二年，大韩民国总统金大中。是岁，韩国出版金经一《孔子死，国家兴》、崔炳哲《孔子永生，国家兴隆》观点完全对立的两部书。〔朝鲜主体历〕88年，朝鲜民主主义人民共和国委员长金正日。6月3日至7日，最高人民会议常任委员会委员长金永南率团对中国进行正式友好访问。是岁，朝鲜历史学家孙永钟（1928—）《高句丽史》三卷本出齐。该书认定，高句丽建国不是金富轼《三国史记》所说公元一世纪初，而是公元前三世纪。

公元2000年，农历庚辰年，龙年，中华人民共和国成立51周年，☆黄帝历四千六百九十八年。国家主席江泽民。4月，王国章继任驻朝鲜大使。是月，全国政协副主席赵南起访问韩国。5、7月，彭佩云、周光召副委员长分别访问韩国。9月，全国政协副主席孙孚凌访问韩国。10月9日，江泽民主席应邀出席朝驻华使馆举行的建党55周年纪念宴会。10月25日，中央军委副主席、国务委员兼国防部长迟浩田为团长的中国高级军事代表团对朝进行正式友好访问，并参加朝方隆重纪念中国人民志愿军抗美援朝出国作战50周年活动。10月，朱镕基总理应金大中

1 见刘金质《朝鲜核问题的由来与发展》，北京大学韩国学研究中心编《韩国学论文集》，第十二辑，北京大学出版社，2004年版。

2 参见〔中〕刘德隆《中韩小说交流的例证》，〔韩〕《中国语文论译丛刊》 1998年第2辑。

3 见马大正、李大龙、耿铁华、权赫秀《古代中国高句丽历史续论》，第9页，中国社会科学出版社，2003年版。

总统邀请对韩国进行正式访问。是岁，北京大学“韩国学研究中心”主任杨通方教授被韩国高丽大学授予荣誉博士学位。杨通方于1948年赴首尔大学留学，乃首位在韩的中国留学生[1]。是岁，韩国梨花女子大学卢仁淑教授《朱子家礼与韩国礼学》一书，由北京的人民文学出版社出版；◇檀君历四千三百三十三年，大韩民国总统金大中。4月，李廷彬外长访华。金大中总统6月12日至14日访问平壤，与朝鲜领导人金正日签署了《北南共同宣言》。8月，任命洪淳瑛为第五任驻华大使。〔朝鲜主体历〕89年，朝鲜民主主义人民共和国委员长金正日。3月5日，金正日委员长访问我国驻朝鲜大使馆。5月29日至31日，应江泽民总书记邀请，金正日总书记对中国进行非正式访问。是岁，崔镇洙继任朝鲜驻华大使。

2001年，辛巳，中华人民共和国成立52周年，☆黄帝历四千六百九十九年。国家主席江泽民。5月，应韩国国会议长李万燮邀请，全国人大常委会委员长李鹏对韩国进行正式访问。7月9至13日，中共中央政治局委员、全国人大副委员长姜春云率中国友好代表团访朝。9月3至5日，应金正日总书记邀请，江泽民总书记对朝鲜进行正式友好访问，中国决定向朝鲜提供20万吨粮食和3万吨柴油的无偿援助。是月，全国政协马万祺副主席访问韩国。10月，李滨继任驻韩国大使。12月，武东和继任驻朝鲜大使。是岁，韩国电影《我的野蛮女友》在我国上映，受到好评；◇檀君历四千三百三十四年，大韩民国总统金大中。6月，韩国国务总理李汉东来华进行工作访问。10月，任命金夏中为第六任驻华大使。是岁，韩国林基中教授主编《燕行录全集》（共100卷）由东国大学出版部出版，韩国林基中、日本夫马进两位教授编《燕行录全集日本所藏编》由东国大学校韩国文学研究所出版。后者韩文前言里，林基中教授标注时间是“4334年仲秋节”。〔朝鲜主体历〕90年，朝鲜民主主义人民共和国委员长金正日。1月15日至20日，应江泽民总书记邀请，金正日总书记对中国进行非正式访问。

2002年，壬午，中华人民共和国成立53周年，☆黄帝历四千七百年。国家主席江泽民。5月6至10日，中共中央政治局委员、北京市委书记贾庆林率中国共产党代表团访朝。8月，唐家璇外长访问韩国。9月29日至10月14日，中国代表团参加在韩国釜山举行的第14届亚运会，并夺得150枚金牌，居于榜首；◇檀君历四千三百三十五年，大韩民国总统金大中。1月，韩国国会议长李万燮来华进行正式访问。3月，崔成泓外长访华。4月，韩国总理李汉东赴海南出席博鳌亚洲论坛首届年会。5月至6月，韩国、日本共同承办的第十七届世界杯足球赛（FIFA）决赛在韩国举行，我国球迷十分关注。7月，韩国百余位崔溥后裔及学者，到浙江省宁海越溪乡举行立碑活动，纪念明成化十九年（1488）朝鲜文人崔溥漂风被救起。是岁，韩国“中国学会”会员达到1271人[2]。〔朝鲜主体历〕91年，朝鲜民主主义人民共和国委员长金正日。是岁，金正日委员长访问中国。10月15至19日，最高人民会议常任委员会副委员长杨亨燮率朝鲜国家代表团对华进行正式友好访问。

2003年，癸未，中华人民共和国成立54周年，☆黄帝历四千七百〇一年。国家主席江泽民、胡锦涛。2月，中国政府特使钱其琛副总理访问韩国，出席卢武铉总统的就职典礼。4月23日至25日，中国、朝鲜和美国三方会谈在北京举行。7月，中韩日三国探险漂流竹筏“东

1 见葛振家《我国韩国学的铺路人》，北京大学韩国学研究中心《韩国学论文集》，第十二辑，北京大学出版社，2004年版。
2 参见何培忠主编《当代国外中国学研究》，第465页，商务印书馆，2009年版。

亚地中海号”从我国浙江省舟山市出发，成功漂流至韩国大黑山岛，抵达仁川市。东国大学校长宋锡球等到海岸迎接，中方参加者为吴连宝。8月，李肇星外长访问韩国。8月27日至29日，首轮“六方会谈”在京举行[1]。9月、10月，中共中央政治局常委、中国全国人大常委会委员长吴邦国率中国国家代表团分别对朝鲜、韩国进行正式友好访问。11月，中国农业科技代表团访问朝鲜。是岁，韩国电视连续剧《澡堂老板家的男人们》在我国中央电视台播出；◇檀君历四千三百三十六年，大韩民国总统卢武铉（1946—2009）。6月，韩国发表《培养中国问题专家的报告》，准备在5年内培养22000名通晓中国的技术型专家[2]。4月，尹永宽外长访华。7月，韩国卢武铉总统对我国进行国事访问，两国发表联合声明，宣布要建立全面合作伙伴关系。7月11日，韩国108位崔溥后裔及研究中韩交流史的专家学者，到浙江宁海越溪乡举行立碑活动，并设立“崔溥漂流录”奖学金[3]。9月，韩国国会议长朴宽用访华。10月5日，在首尔市昌庆宫举办“朝鲜时代科举再现行事”，所出题目“古宫怀古”。时任首尔市市长的李明博参加了此次活动。署名为“京畿道加平郡加平邑垈谷里慎英范”的一位老人当场用毛笔写下诗句“尧舜天下槿花畅，弘益人间檀树香”。〔朝鲜主体历〕92年，朝鲜民主主义人民共和国委员长金正日。

2004年，甲申，中华人民共和国成立55周年，☆黄帝历四千七百〇二年。国家主席胡锦涛。2月25日至28日，第二轮“六方会谈”在京举行，我国代表团团长王毅[4]。6月23日至26日，第三轮“六方会谈”在京举行。7月，在苏州举行的联合国科教文组织世界遗产委员会第28次会议上，决定把中国与朝鲜的高句丽墓列为世界遗产。8月，全国政协主席贾庆林访问韩国。9月10至13日，中共中央政治局常委李长春率中国党政代表团对朝鲜进行正式友好访问。10月和11月，温家宝总理在出席亚欧首脑会议、东盟与中日韩领导人会议时，两次同韩国卢武铉总统会晤。11月，胡锦涛主席出席亚太经合组织领导人非正式会议，并与韩国卢武铉总统会晤。是岁，韩国电视连续剧《明成皇后》在我国中央电视台播出，大受关注；◇檀君历四千三百三十七年，大韩民国总统卢武铉。3月，潘基文外长访华。4月至5月，卢武铉总统遭弹劾，高建代理总统职务。7月，前总统金大中访华并在清华大学发表演讲。是岁，中断了12年的韩国汉城[5]至台北航线恢复。〔朝鲜主体历〕93年，朝鲜民主主义人民共和国委员长金正日。4月19至21日，朝鲜劳动党总书记、国防委员会委员长金正日应中共中央总书记、国家主席胡锦涛邀请，对我国进行非正式访问。10月18至20日，最高人民会议常任委员会委员长金永南率朝鲜国家代表团对中国进行正式友好访问。

2005年，乙酉，中华人民共和国成立56周年，☆黄帝历四千七百〇三年。国家主席胡锦涛。5月8日，在第二次世界大战胜利60周年纪念期间，胡锦涛主席同韩国卢武铉总统于莫斯科举行会谈。7月12至14日，国务委员唐家璇作为胡锦涛主席的特别代表访朝。7月26日，第四轮“六方会谈”在京开幕。是月，浙江省委书记习近平访问韩国。9月，宁赋魁继任驻韩国大使。是月，全国人大成思危副委员长访问韩国。10月8日，吴仪副总理率中国政府代表

1 见刘金质《朝鲜核问题的由来与发展》，北京大学韩国学研究中心编《韩国学论文集》，第十二辑，北京大学出版社，2004年版。
2 参见《朝鲜日报》2003年6月23日报道。
3 参见本年历“1487年”。
4 见刘金质《朝鲜核问题的由来与发展》，北京大学韩国学研究中心编《韩国学论文集》，第十二辑，北京大学出版社，2004年版。
5 汉城，今韩国首尔市。韩国对外的航运中心最初是麻浦空港，后改为仁川国际机场。

团访问朝鲜，金正日委员长接见吴仪副总理。10月9日，北京大学韦旭升（1928— ）教授荣获韩国总统颁发的“宝冠文化勋章”。10月28日至30日，国家主席胡锦涛访问朝鲜，朝鲜数十万群众在沿途40里的道路上迎接。中朝随即签订了《中华人民共和国政府与朝鲜民主主义人民共和国政府关于经济技术合作的协定》。11月，国家主席胡锦涛对韩国进行国事访问，并出席在韩国釜山举行的APEC“亚太经合组织第十三次领导人非正式会议”。11月9日，第五轮“六方会谈”在京举行。是岁，韩国电视连续剧《大长今》在我国湖南电视台等处热播；◇檀君历四千三百三十八年，大韩民国总统卢武铉。1月，汉城市市长李明博召开新闻发布会，公布韩国首都“Seoul City”的汉字改为“首尔”，不再使用“汉城”。“首尔”二字乃韩国延世大学中文系主任全寅初教授等拟定，并竭力促成使用的，现今朝鲜民主主义人民共和国并不使用，而是沿用“汉城”二字。5月，韩中亲善国会议员团访华。是月，大国家党代表朴槿惠访华，朴槿惠乃朴正熙之女。6月，李海瓒总理访华。是月，韩德洙副总理访华。8月，潘基文外长访华。11月25日，韩国提交的“江陵端午祭”被联合国教科文组织批准为“人类传说及无形遗产著作”，引发中国网民的普遍议论。是岁，鲜末英亲王李垠之子李玖（1931—2005）病逝于日本，无后嗣。是岁，韩国前总统金泳三访问台湾。〔朝鲜主体历〕94年，朝鲜民主主义人民共和国委员长金正日。3月22至27日，应国务院总理温家宝邀请，朝鲜内阁总理朴凤柱对中国进行正式友好访问。10月31日，开城市郊五关山上的灵通寺复原竣工。灵通寺是高丽王子义天出家修行的地方，义天俗名“王煦”，1085年入宋研习佛学。12月24至27日，朝鲜内阁副总理卢斗哲率朝鲜政府代表团访华。中国副总理曾培炎和卢斗哲分别代表中国和朝鲜政府签署了《中朝政府间关于海上共同开发石油的协定》。

2006年，丙戌，中华人民共和国成立57周年，☆黄帝历四千七百〇四年。国家主席胡锦涛。4月，国防部长曹刚川访问朝鲜，与朝鲜人民武力部长、次帅金一哲会谈。4月18至22日，全国人大副委员长、全国妇联主席顾秀莲访朝。7月10至15日，中共中央政治局委员、国务院副总理回良玉率中国友好代表团访朝，出席纪念《中朝友好合作互助条约》签订45周年活动。9月，刘晓明继任驻朝鲜大使。是月，全国人大乌云其木格副委员长访问韩国。9月27日至30日，第六轮“六方会谈”第二阶段会议在京举行。10月，国家主席特使唐家璇访问朝鲜，金正日委员长接见；◇檀君历四千三百三十九年，大韩民国总统卢武铉。1月，韩国金元基议长访华。2月，韩国国会议员团访华。6月，韩国潘基文外长访华。7月，韩中亲善国会议员团访华。10月13日，卢武铉总统对我国进行工作访问。10月27日，韩国潘基文外长访华。〔朝鲜主体历〕95年，朝鲜民主主义人民共和国委员长金正日。1月10日至18日，朝鲜金正日委员长对我国进行非正式访问，国家主席胡锦涛接见金正日委员长。7月11至15日，朝鲜最高人民会议常任委员会副委员长杨亨燮率朝鲜友好代表团访华，出席纪念《中朝友好合作互助条约》签订45周年活动。

2007年，丁亥，中华人民共和国成立58周年，☆黄帝历四千七百〇五年。国家主席胡锦涛。4月10日，温家宝总理访问韩国。7月，杨洁篪外长访问朝鲜。10月，中共中央书记处书记刘云山访问朝鲜。是岁为“中韩交流年”，浙江省杭州市“大韩民国临时政府杭州旧址纪念馆”与“慧因高丽寺”整修完毕，接待游客参观。是岁，旅居朝鲜民主主义人民共和国的华侨约22000人；◇檀君历四千三百四十年，大韩民国总统卢武铉。1月，宋旻淳外长访华。3月，韩国女性国会议员代表团访华。7月，韩国林采正议长访华。9月17日，韩国公布日据时期第二批亲日、反民族人员名单，包括宋秉畯等共202人。10月3日，韩国总理韩升洙参加在首尔“世宗文化会馆”举行的纪念第4340个开天节典礼上，与群众高呼“开天节万岁！”[1] 12月，总理韩升洙（1949—）访华。是岁，李顺才等主演的韩国电视连续喜剧《搞笑一家人》（第一部、第二部）在华大受欢迎。是岁，郑恩主在“韩国学中央研究院”完成博士论文《朝鲜时代对清使行观览绘画研究》。〔朝鲜主体历〕96年，朝鲜民主主义人民共和国委员长金正日。3月4日，金正日委员长访问平壤中国大使馆，会见刘晓明大使。10月3日，朝鲜隆重纪念开天节，“檀君民族统一协议会”会长柳美英等在檀君陵参加了纪念活动[2]。

2008年，戊子，中华人民共和国成立59周年，☆黄帝历四千七百〇六年。国家主席胡锦涛。2月，胡锦涛主席特使、国务委员唐家璇访问韩国，出席李明博总统的就职典礼。6月，国家副主席习近平访问朝鲜，两国签署了航空运输、汽车运输等协定。8月，杨洁篪外长访问韩国。8月8日，北京奥运会成功召开，朝、韩皆派代表团参加。8月25至26日，胡锦涛主席对韩国进行国事访问，两国发表联合公报。11月，程永华继任驻韩国大使。12月，温家宝总理在日本福冈出席中日韩领导人会议期间，会见韩国总统李明博。是月，全国人大陈至立副委员长访问韩国。是岁，在韩中国留学生达6万人，访韩中国人110余万人次。是岁，主张取消中医药的中南大学教授张功耀（1956— ）被邀请到韩国讲演，《朝鲜日报》等韩国报刊做了报道[3]；◇檀君历四千三百四十一年，大韩民国总统李明博（1941—）。3月，柳明桓外长访华。5月，任命辛正承为第七任驻华大使。5月27至30日，李明博总统对我国进行国事访问，并专程赴四川地震灾区慰问。两国发表联合声明，一致同意将中韩关系提升为“战略合作伙伴关系”。8月，韩国总统李明博来华出席北京奥运会开幕式。9月，韩国总理韩升洙来华出席北京残奥会开幕式。是岁，韩中贸易额达到513亿美元，双方来往人数超过513万人次。在华韩国留学生人数近6万人，访华韩国人近400万人次。〔朝鲜主体历〕97年，朝鲜民主主义人民共和国委员长金正日。3月1日，应中国驻朝鲜大使刘晓明邀请，朝鲜劳动党总书记、国防委员会委员长金正日再次做客中国驻朝鲜大使馆。5月13日，金正日就中国“5·12”四川汶川特大地震灾害向胡锦涛发来慰问电。8月8日，朝鲜最高人民会议常任委员会委员长金永南出席北京奥运会开幕式。

2009年，己丑，中华人民共和国成立60周年，☆黄帝历四千七百〇七年。国家主席胡锦涛。元旦，中共中央总书记、国家主席胡锦涛和朝鲜劳动党总书记、国防委员会委员长金正日互致新年贺电，并共同宣布“中朝友好年”正式启动。1月，中联部部长王家瑞访问朝鲜。3月，中央军委委员、总参谋长陈炳德上将访问韩国。4月，中共中央政治局常委李长春访问朝鲜。4月17日，全国政协副主席李金华访问朝鲜。是月，温家宝总理在泰国出席东亚领导人系列会议期间会晤韩国李明博总统。4月和9月，胡锦涛主席分别在G20伦敦峰会和匹兹堡峰会期间会见韩国总统李明博。9月，国家主席胡锦涛特使、国务委员戴秉国访问朝鲜。10月1日，

1 参见韩国《朝鲜日报》2007年10月4日报道。
2 参见〔朝〕洪勋《纪念开天节活动》，《朝鲜画报》 2007年第12期。
3 见〔韩〕《朝鲜日报》2008年3月29日报道，记者俞硕在。

北京举行盛大阅兵式庆祝国庆，全球瞩目。10月2日，陆昊率中国青年代表团访问朝鲜。10月4日，在中朝建交60周年之际，温家宝总理出访朝鲜，金正日委员长到机场迎接。温家宝总理与朝鲜总理金英日举行会谈，并到平安南道桧仓郡的中国人民志愿军烈士墓敬献花圈，还观看了朝鲜艺术家表演的歌剧《红楼梦》。10月28日，胡锦涛主席接见来访的朝鲜劳动党代表团。是月，唐家璇特使参加韩国金大中葬礼。11月22日，国防部长梁光烈访问朝鲜，与朝鲜武力部部长金永春次帅会谈。11月30日，陈至立副委员长率全国人大代表团访问朝鲜。12月17日，国家副主席习近平访问韩国，与李明博总统举行会谈；◇檀君历四千三百四十二年，大韩民国总统李明博。2月，柳明桓外长对我国进行工作访问。5月，韩国国防部长李相熹访华。5月23日，韩国前总统卢武铉跳崖身亡，韩国为其举行国民葬。7月，韩国国会副议长李允盛访华。7月，经韩国申请，朝鲜名医许浚1610年著《东医宝鉴》成功进入"世界记忆遗产名录"，并成为世界上首部进入该名录的医学著作。8月18日，前总统金大中病逝，韩国为其举行国葬。10月，李明博总统赴华出席第二次中日韩领导人会议。10月10日，韩国总统李明博至北京，参加中日韩三国首脑会谈。11月，韩国国会议长金炯旿访华。12月28日，韩国第八任驻华大使柳佑益正式走马上任。〔朝鲜主体历〕98年，朝鲜民主主义人民共和国委员长金正日。3月17日，朝鲜总理金英日访华。9月，朴在京大将访华。10月，崔福泰率朝鲜劳动党代表团访华。11月17日，朝鲜人民军总政治局第一副局长金正阁大将访华，习近平副主席接见。12月，书记局局长金完洙率朝鲜祖国战线代表团访华。是岁，朝鲜退出"六方会谈"，金正日确定第三子金正恩（1982— ）为其接班人。是岁，平壤排演中国戏剧《霓虹灯下的哨兵》。

2010年，庚寅，中华人民共和国成立61周年，☆黄帝历四千七百〇八年。国家主席胡锦涛。2月，刘晓明大使获朝鲜"一级友谊勋章"。3月，刘洪才继任驻朝鲜大使。4月，张鑫森继任驻韩国大使。5月5日，胡锦涛主席在人民大会堂与来访的金正日举行会谈。5月28至30日，温家宝总理对韩国进行正式访问，并出席在济州岛举行的第三次中日韩领导人会议。6月，胡锦涛主席在加拿大多伦多市出席20国集团领导人峰会期间会见韩国总统李明博。8月26日，武大伟访问韩国。8月27日，胡锦涛主席在长春会见朝鲜劳动党总书记、国防委员会委员长金正日。9月1日，张又侠将军率沈阳军区代表团访问朝鲜，受到金永春接见。10月9日，中共中央政治局委员、中央政法委书记周永康率中国共产党代表团访问朝鲜，并在金正日、金正恩陪同下观看了朝鲜艺术家表演的《阿里郎》。10月24日至26日，中央军委副主席郭伯雄率中国高级军事代表团访问朝鲜，并与金正日、金正恩等朝鲜领导人一起，参加了纪念中国人民志愿军赴朝参战60周年大会。11月11日，国家主席胡锦涛抵达韩国，出席20国集团首尔峰会。是日，胡锦涛主席会见韩国总统李明博。是月28日，国务委员戴秉国访问韩国，与李明博总统会谈半岛局势，并邀请韩国参加"六方会谈"12月9日，国务委员戴秉国访问朝鲜，受到朝鲜领导人金正日接见；◇檀君历四千三百四十三年，大韩民国总统李明博。3月17日，柳明桓外长对我国进行正式访问。4月，总统李明博出席上海世博会开幕式。8月29日，韩国各界举行集会，抗议100年前日本吞并朝鲜半岛。11月12日，广州亚运会开幕，韩国代表团千人参加此次运动盛会。是月23日，韩国仁川市西的延坪岛发生炮击事件，朝韩互相击发数百发炮弹。〔朝鲜主体历〕99年，朝鲜民主主义人民共和国委员长金正日。4月，崔秉宽继任朝鲜驻华大使。5月3日至5月7日，应胡锦涛主席的邀请，金正日对中国进行了非正式访问。

5月8日，朝鲜“血海歌剧团”在北京演出朝鲜语歌剧《红楼梦》。8月26日至30日，金正日访问我国吉林、长春、哈尔滨，并参观了其父金日成就读过的吉林毓文中学，经图们市回国。8月29日，朝鲜各界举办各种活动，铭记日本吞并朝鲜100周年。9月28日，朝鲜劳动党第七次党代会再次选举金正日为总书记，并选举金正恩为劳动党军委副委员长，28岁的金正日三子金正恩前一天刚刚被授予大将军衔。10月10日，金正日、金正恩等朝鲜领导人与中共中央政治局委员、中央政法委书记周永康出席了在平壤金日成广场举行的朝鲜劳动党建党65周年盛大阅兵活动。10月26日，池在龙（1942— ）继任朝鲜驻中国大使。11月，朝鲜代表团199名运动员参加第16届广州亚运会。11月30日，应吴邦国委员长邀请，朝鲜最高人民议会议长崔泰福访华。

征引文献

朝、韩、日文献

〔韩〕金富轼《三国史记》

〔韩〕一然《三国遗事》

〔韩〕李齐贤《益斋集》

〔韩〕李穀《稼亭集》

〔韩〕李穑《牧隐文藁》

〔韩〕权近《阳村集》

〔韩〕《国朝宝鉴》

〔韩〕《国朝宝鉴别编》

〔韩〕郑麟趾等《高丽史》

〔韩〕《朝鲜王朝实录》

〔韩〕李耔《阴崖集》

〔韩〕《恭惠王后顺陵志》

〔韩〕崔岦《简易集》

〔韩〕李㦕《燕山君日记》

〔韩〕李山海《鹅溪遗稿·鹅溪年谱》

〔韩〕许筠《惺所覆瓿稿》

〔韩〕《尊周汇编》

〔韩〕徐命膺等编订《御定宋史筌·列传第八十三·外国一·高丽》

〔韩〕李瀷《星湖僿说·万物门》

〔韩〕安邦俊《隐峰全书》

〔韩〕成伣《慵斋丛话》，〔韩〕《大东野乘》卷之一、二

〔韩〕徐居正《笔苑杂记》，〔韩〕《大东野乘》卷之三

〔韩〕南孝温《秋江冷话》，〔韩〕《大东野乘》卷之三

〔韩〕南孝温《师友名行录》，〔韩〕《大东野乘》卷之三

〔韩〕曹伸《謏闻琐录》，〔韩〕《大东野乘》卷之三

〔韩〕任辅臣《丙辰丁巳录》，〔韩〕《大东野乘》卷之三

〔韩〕鱼叔权《稗官杂记》(一、二、三、四)，〔韩〕《大东野乘》卷之四

〔韩〕车天辂《五山说林草藁》，〔韩〕《大东野乘》卷之五

〔韩〕沈光世《海东乐府》，〔韩〕《大东野乘》卷之五

〔韩〕李陆《青坡剧谈》，〔韩〕《大东野乘》卷之六
〔韩〕李耔《阴崖日记》，〔韩〕《大东野乘》卷之六
〔韩〕许篈《海东野言》（一、二、三），〔韩〕《大东野乘》卷之七、八、九
〔韩〕安璐《己卯录补遗》（卷上、下），〔韩〕《大东野乘》卷之十
〔韩〕安璐《己卯录续集》，〔韩〕《大东野乘》卷之十一
〔韩〕李中悦子《乙巳传闻录》，〔韩〕《大东野乘》卷之十二
〔韩〕金安老《龙泉谈寂记》，〔韩〕《大东野乘》卷之十三
〔韩〕沈守庆《遣闲杂录》，〔韩〕《大东野乘》卷之十三
〔韩〕李珥《石潭日记》（卷之上、下），〔韩〕《大东野乘》卷之十四、十五
〔韩〕黄赫《己丑录》（上、下），〔韩〕《大东野乘》卷之十六、十七
〔韩〕无名氏《己丑录续》，〔韩〕《大东野乘》卷之十八
〔韩〕权鳖《海东杂录》，〔韩〕《大东野乘》卷之十九至二十三
〔韩〕禹性传《癸甲日录》，〔韩〕《大东野乘》卷之二十四
〔韩〕无名氏《癸未记事》，〔韩〕《大东野乘》卷之二十五
〔韩〕郑澈（家藏）《时政非》，〔韩〕《大东野乘》卷之二十五
〔韩〕申钦《象村杂录》，〔韩〕《大东野乘》卷之二十五
〔韩〕赵庆男《乱中杂录》，〔韩〕《大东野乘》卷之二十六
〔韩〕赵庆男《续杂录》（一、二、三、四），〔韩〕《大东野乘》卷之三十至三十四
〔韩〕无名氏《再造藩邦志》，〔韩〕《大东野乘》卷之三十五至三十九
〔韩〕《光海君日记》，〔韩〕《大东野乘》卷之四十
〔韩〕无名氏《凝川日录》，〔韩〕《大东野乘》卷之四十三至四十六
〔韩〕无名氏《光海初丧录》，〔韩〕《大东野乘》卷之五十一
〔韩〕尹耆献《长贫居士胡撰》，〔韩〕《大东野乘》卷之五十一
〔韩〕朴东亮《寄斋杂记》，〔韩〕《大东野乘》卷之五十一
〔韩〕朴东亮《寄斋史草》，〔韩〕《大东野乘》卷之五十一
〔韩〕李廷馨《东阁杂记》，〔韩〕《大东野乘》卷之五十三
〔韩〕郑弘溟《畸翁漫笔》，〔韩〕《大东野乘》卷之五十四
〔韩〕柳成龙《云岩杂录》，〔韩〕《大东野乘》卷之五十五
〔韩〕尹国馨《闻韶漫录》，〔韩〕《大东野乘》卷之五十五
〔韩〕尹国馨《甲辰漫录》，〔韩〕《大东野乘》卷之五十五
〔韩〕李墍《松窝杂说》，〔韩〕《大东野乘》卷之五十六
〔韩〕权应仁《松溪漫录》（上、下），〔韩〕《大东野乘》卷之五十六
〔韩〕尹根寿《松汀漫笔》《梧阴杂说》，〔韩〕《大东野乘》卷之五十七
〔韩〕黄有詹《丁戊录》，〔韩〕《大东野乘》卷之五十八
〔韩〕无名氏《逸史记闻》，〔韩〕《大东野乘》卷之五十八
〔韩〕青白堂《青白堂记》，〔韩〕《大东野乘》卷之五十八
〔韩〕申翊圣《延平日记》，〔韩〕《大东野乘》卷之五十八

〔韩〕无名氏《癸亥靖社录》，〔韩〕《大东野乘》卷之五十九

〔韩〕安邦俊《默斋日记》（一、二、三），〔韩〕《大东野乘》卷之六十至六十二

〔韩〕尹宣举《混定编录》（一、二、三、四、五、六、七、八、九），〔韩〕《大东野乘》卷之六十三至卷之七十

〔韩〕韩浚谦《柳川劄记》，〔韩〕《大东野乘》卷之七十一

〔韩〕李德泂《竹窗闲话》，〔韩〕《大东野乘》卷之七十一

〔韩〕李德泂《松都记异》，〔韩〕《大东野乘》卷之七十一

〔韩〕金时让《紫海笔谈》，〔韩〕《大东野乘》卷之七十一

〔韩〕金时让《荷潭破寂录》，〔韩〕《大东野乘》卷之七十二

〔韩〕卢守慎《稣斋集》

〔韩〕奇大升《高峰集》

〔韩〕崔岦《简易集》

〔韩〕柳成龙《西厓集》

〔韩〕安鼎福《东史纲目》

〔韩〕金尚容《仙源遗稿·年谱》

〔韩〕李德懋《青庄馆全书》

〔韩〕洪大容《湛轩书》

〔韩〕《文苑黼黻》卷四十“奏文”、“咨文”，《别编》卷一“进香文”、“祭文”、“表”、“笺”

〔韩〕《文苑黼黻续编》卷十“表”、“奏文”

〔韩〕徐命膺《保晚斋丛书》之“五”《畴史》

〔韩〕柳台佐《鹤栖集》

〔韩〕金正喜《阮堂全集》

〔韩〕《海行总载》

〔韩〕《增正交邻志》

〔韩〕《朝鲜日报》，〔韩〕朝鲜日报社出版

〔朝〕朝鲜画报社编辑委员会《朝鲜画报》

〔朝〕朝鲜画报社编辑委员会《今日朝鲜》

〔日〕安井郁《主体国家的社会主义特点》，〔朝〕《朝鲜的奇迹》，朝鲜外国文出版社，1976年版

〔朝〕《万古长青的伟大友谊：胡耀邦同志访问朝鲜民主主义人民共和国（1984年5月4日—5月11日）》，〔朝〕外国文出版社，1984年版

〔韩〕民族文化推进会《韩国文集丛刊》，第9卷，1988年版

〔韩〕民族文化推进会《韩国文集丛刊》，第10卷，1988年版

〔韩〕民族文化推进会《韩国文集丛刊》，第11卷，1988年版

〔韩〕民族文化推进会《韩国文集丛刊》，第12卷，1988年版

〔韩〕民族文化推进会《韩国文集丛刊》，第13卷，1988年版

〔韩〕民族文化推进会《韩国文集丛刊》，第14卷，1988年版

〔韩〕民族文化推进会《韩国文集丛刊》，第15卷，1988年版

〔韩〕民族文化推进会《韩国文集丛刊》，第25卷，1988年版

〔韩〕《原典韩国汉文选》，〔韩〕启明文化社，1989年版

〔韩〕民族文化推进会《韩国文集丛刊》，第1卷，1990年版

〔韩〕民族文化推进会《韩国文集丛刊》，第2卷，1990年版

〔韩〕民族文化推进会《韩国文集丛刊》，第3卷，1990年版

〔韩〕民族文化推进会《韩国文集丛刊》，第4卷，1990年版

〔韩〕民族文化推进会《韩国文集丛刊》，第5卷，1990年版

〔韩〕民族文化推进会《韩国文集丛刊》，第6卷，1990年版

〔韩〕民族文化推进会《韩国文集丛刊》，第7卷，1990年版

〔韩〕民族文化推进会《韩国文集丛刊》，第8卷，1990年版

〔韩〕民族文化推进会《韩国文集丛刊》，第50卷，1990年版

〔韩〕民族文化推进会《韩国文集丛刊》，第56卷，1990年版

〔韩〕崔致远原著，崔英成译注《崔致远全集·四山碑铭》，〔韩〕亚细亚文化社，1998年版

〔韩〕李边原著，朴在渊、安章利、李在弘译解《训世评话》，〔韩〕太学社，1998年版

〔韩〕李康来校堪《原本三国史记》，Hangilsa Publishing Co.，Ltd.，korea.1998

〔中〕刘德隆《中韩小说交流的例证》，〔韩〕《中国语文论译丛刊》，1998年第2辑

〔韩〕昭惠王妃韩氏原著，〔韩〕李民树译解《内训》，〔韩〕一信书籍出版社，1998年版

〔韩〕一然原著，〔韩〕崔南善编《三国遗事》，〔韩〕瑞文文化社，1999年版

〔韩〕光州广域市5·18史料编辑委员会编，〔韩〕金河林译、〔中〕孟祥英监修《5·18光州民众抗争》，2000年

〔韩〕林基中主编《燕行录全集》，〔韩〕东国大学出版部，2001年版

〔韩〕林基中、〔日〕夫马进编《燕行录全集日本所藏编》，〔韩〕东国大学校韩国文学研究所，2001年版

〔韩〕柳晟俊《韩国汉诗与唐诗的比较》，prunsasang，korea.2002

〔日〕金文京、玄幸子、佐藤晴彦译注，〔韩〕郑光解说《老乞大：朝鲜中世的中国语会话读本》，〔日〕平凡社，2002年版

〔日〕夫马进《日本现存朝鲜燕行录解题》，〔日〕《京都大学文学部研究纪要》，第42期，2003年

〔韩〕吴淳邦《第一本中国基督教小说与韩国基督教博物馆所藏早期基督教小说的韩译本研究》，〔韩〕《中国语文论译丛刊》，2005年特辑号

〔韩〕金太浚（译音）等编译《勿斋遗稿》，〔韩〕纯学社，2006年版

〔韩〕圃隐学会编《圃隐先生集》，〔韩〕韩国文化社，2007年版

〔日〕仲尾宏《朝鲜通信使》，〔日〕岩波书店，2007年版

中国文献

（宋）司马光《资治通鉴》

（宋）《册府元龟》卷九百六十三《外臣部·册封》

（宋）郭若虚《图画见闻志》“高丽国”

（明）王士祯《带经堂诗话》

（明）雷礼《国朝列卿记》

（明）吴之鲸《武林梵志》卷三，文渊阁四库全书本

（清）《（乾隆）天津县志·流寓》

（清）芥子园原本《监本诗经》，京都文和堂藏板

徐世昌《清诗汇》卷二百

（金）王庭筠原著，金毓黻整理《黄华集》，金毓黻编《辽海丛书》，辽海书社排印本，1931—1934年

（明）田汝成《辽纪》，金毓黻编《辽海丛书》，辽海书社排印本，1931—1934年

（明）李辅《全辽志》，金毓黻编《辽海丛书》，辽海书社排印本，1931—1934年

（清）高士奇《扈从东巡日录》，金毓黻编《辽海丛书》，辽海书社排印本，1931—1934年

（清）杨宾《柳边纪略》，金毓黻编《辽海丛书》，辽海书社排印本，1931—1934年

（清）博明《凤城琐录》，金毓黻编《辽海丛书》，辽海书社排印本，1931—1934年

（清）何汝霖《沈阳纪程》，金毓黻编《辽海丛书》，辽海书社排印本，1931—1934年

（清）潘祖荫《沈阳纪程》，金毓黻编《辽海丛书》，辽海书社排印本，1931—1934年

（清）林佶《全辽备考》，金毓黻编《辽海丛书》，辽海书社排印本，1931—1934年

（清）缪公恩《梦鹤轩梅澥诗抄》，金毓黻编《辽海丛书》，辽海书社排印本，1931—1934年

（清）金朝觐《三槐书屋诗钞》，金毓黻编《辽海丛书》，辽海书社排印本，1931—1934年

（清）黄维翰《渤海国记》，金毓黻编《辽海丛书》，辽海书社排印本，1931—1934年

（清）王仁俊《辽文萃》，金毓黻编《辽海丛书》，辽海书社排印本，1931—1934年

（清）佚名《嘉庆东巡纪事》，金毓黻编《辽海丛书》，辽海书社排印本，1931—1934年

（清）顾云《辽海闻见录》，金毓黻编《辽海丛书》，辽海书社排印本，1931—1934年

〔韩〕佚名《沈馆录》，〔中〕金毓黻编《辽海丛书》，辽海书社排印本，1931—1934年

〔韩〕柳得恭《滦阳录》，〔中〕金毓黻编《辽海丛书》，辽海书社排印本，1931—1934年

〔韩〕柳得恭《燕台再游录》，〔中〕金毓黻编《辽海丛书》，辽海书社排印本，1931—1934年

蒋廷黻《最近三百年东北外患史》，《国立清华大学学报》单行本，1932年12月

《满洲实录》，收入《国学文库》第九编，辽海书社，民国二十三年（1934）重印本

（清）徐松《宋会要辑稿·番夷七》，中华书局，1957年影印版

人民出版社编《中朝友谊，鲜血凝成：中国全国人民代表大会代表团访问朝鲜》，人民出版社，1962年版

范祥雍《古本竹书纪年辑校订补》，上海人民出版社，1962年版

人民出版社编《刘少奇主席访问朝鲜》，人民出版社，1963年版

《清史稿·列传三百一十三·属国一·朝鲜琉球》（卷五百二十六），中华书局，1977年版

人民出版社编《华国锋主席访问朝鲜》，人民出版社，1978年版

万国鼎《中国历史纪年表》，中华书局，1978年版

山西省图书馆编印《中国日本朝鲜越南四国历史年代对照表（公元前660年—公元1918年）》，1979年印行

《辞海》(1979年版)附录《中国历史纪年表》附二《辛亥革命期间所用黄帝纪年对照表》，上海辞书出版社，1980年版
(宋)范镇《东齐记事》，中华书局，1980年版
(清)蒋良骐原著，林树惠、傅贵九点校《东华录》，中华书局，1980年版
吴晗《朝鲜李朝实录中的中国史料》，中华书局，1980年版
方诗铭《中国历史纪年表》，上海辞书出版社，1980年版
(清)彭定求等编《全唐诗》，中华书局，1983年影印版
(清)董诰等编《全唐文》，中华书局，1983年影印版
(清)陆心源《唐文拾遗》，中华书局，1983年版
黎东方《中国上古史八论》，台湾"中国"文化大学出版部，1983年版
〔日〕关宽治、岛田俊彦原著，〔中〕王振锁、王家骅译《满洲事变》，上海译文出版社，1983年版
王承礼《渤海简史》，黑龙江人民出版社，1984年版
〔韩〕赵钟业《中韩日诗话研究》，台湾学海出版社，1984年版
黄德宽《韩国教友与韩国天主教》，台湾《辅仁大学神学论集》，第64号，1985年
杨昭全《朝鲜1884年的政变》，商务印书馆，1986年版
中国朝鲜史研究会编《朝鲜历史研究论丛(一)》，延边大学出版社，1987年版
田久川《古代中日关系史》，大连工学院出版社，1987年版
朴真奭、姜孟山主编《朝鲜中世纪史研究》，延边大学出版社，1988年版
〔韩〕战史编辑委员会原著，固城、齐丰、龚黎编译《朝鲜战争》，黑龙江朝鲜民族出版社，1988年版
梁启超《饮冰室专集》十七、二十、二十一，收入梁启超《饮冰室合集》，中华书局，1989年版
(清)弘昼、鄂尔泰等编《八旗满洲氏族通谱》，辽沈书社，1989年版
李民、杨择令、孙顺琳、史道祥《古本竹书纪年译注》，中州古籍出版社，1989年版
冯宝胜编译《朝鲜旧石器研究》，文津出版社，1990年版
中国朝鲜史研究会编《朝鲜历史研究论丛(二)》，延边大学出版社，1991年版
瀛云萍《八旗源流》，大连出版社，1991年版
陈旭麓、李华兴主编《中华民国史辞典》，上海人民出版社，1991年版
曹中屏《朝鲜近代史(1863—1919)》，东方出版社，1993年版
宋镇豪《夏商社会生活史》，中国社会科学出版社，1994年版
(清)郭嵩焘原著，陆玉林选注《使西纪程：郭嵩焘集》，辽宁人民出版社，1994年版
《史记·世家第八·宋微子世家》(卷三十八)，台北中华书局，1995年版
《史记·列传第五十五·朝鲜》(卷一百一十五)，台北中华书局，1995年版
《汉书·西南夷两粤朝鲜传第六十五》(卷九十五)，台北中华书局，1995年版
《后汉书·东夷列传第七十五》(卷八十五)，台北中华书局，1995年版
《三国志·魏书八·二公孙陶四张传第八·公孙度》(卷八)，台北中华书局，1995年版
《晋书·列传第六十七·东夷》(卷九十七)，台北中华书局，1995年版
《晋书·志第一·天文上·十二次度数》(卷第十一)，台北中华书局，1995年版

《晋书·志第四·地理上·平州》(卷第十四)，台北中华书局，1995年版
《南史·列传第六十九·东夷》(卷七十九)，台北中华书局，1995年版
《宋书·列传第五十七·夷蛮·高句丽百济》(卷九十七)，台北中华书局，1995年版
《南齐书·列传第三十九·蛮东南夷》(卷五十八)，台北中华书局，1995年版
《梁书·东夷·列传第四十八·高句丽百济新罗》(卷五十四)，台北中华书局，1995年版
《陈书》，台北中华书局，1995年版
《北史·列传第八十二》(卷九十四)，台北中华书局，1995年版
《魏书·列传第八十八·高句丽》(卷一百)，台北中华书局，1995年版
《魏书·列传第八十八·百济》(卷一百)，台北中华书局，1995年版
《北齐书》，台北中华书局，1995年版
《周书·列传第四十一·异域上·高丽》(卷四十九)，台北中华书局，1995年版
《周书·列传第四十一·异域上·百济》(卷四十九)，台北中华书局，1995年版
《隋书·列传第四十六·东夷》(卷八十一)，台北中华书局，1995年版
《旧唐书·列传第一百四十九·东夷·高丽百济新罗倭国日本》(卷一百九十九)，台北中华书局，1995年版
《新唐书·列传第一百四十五·东夷·高丽百济新罗日本流鬼》(卷二百二十)，台北中华书局，1995年版
《旧五代史·四夷附录第三》(卷七十四)，台北中华书局，1995年版
《新五代史·四夷附录第三》(卷七十四)，台北中华书局，1995年版
《宋史·列传第二百四十六·外国三·高丽》(卷四百八十七)，台北中华书局，1995年版
《辽史·列传第四十五·二国外记·高丽》(卷百一十五)，台北中华书局，1995年版
《金史·列传第七十三·外国(下)·高丽》(卷一百三十五)，台北中华书局，1995年版
《元史·列传第九十五·外夷一·高丽》(卷二百八)，台北中华书局，1995年版
《元史·列传第九十五·外夷一·耽罗》(卷二百八)，台北中华书局，1995年版
《新元史·列传第一百四十六·外国一·高丽》(卷二百四十九)，台北中华书局，1995年版
《明史·列传第二百八·外国一·朝鲜》(卷三百二十)，台北中华书局，1995年版
周沆原著，全国公共图书馆古籍文献编委会编《满洲编年纪要》，中华全国图书馆文献缩微复制中心，1995年版
任范松、金东勋、孙振彪、马金科《朝鲜古典诗话研究》，延边大学出版社，1995年版
〔韩〕金台俊原著，张琏瑰译《朝鲜汉文学史》，社会科学文献出版社，1996年版
徐万民《中韩关系史(近代卷)》，社会科学文献出版社，1996年版
姜孟山、刘子敏、金荣国主编《中国正史中的朝鲜史料》(第1卷)，延边大学出版社，1996年版
刘子敏、姜孟山、王世英、金荣国主编《中国正史中的朝鲜史料》(第2卷)，延边大学出版社，1996年版
王文楚《古代交通地理丛考》，中华书局，1996年版
马楚坚《中国古代的邮驿》，商务印书馆，1997年版
史念海《中国古都和文化》，中华书局，1998年版

李裕民《宋高丽关系史编年》，连载于《城市研究》，1998 年

徐凯《满族八旗中高丽士大夫家族》，《明清论丛》，第 1 辑，1999 年

〔韩〕卢仁淑《朱子家礼与韩国礼学》，人民文学出版社，2000 年版

杨昭全、何彤梅《中国—朝鲜韩国关系史》，天津人民出版社，2001 年版

陈尚胜《五千年中外文化交流史》，世界知识出版社，2001 年版

柴剑虹、李肇翔主编《中国古典名著百部 · 语言文字类 · 说文解字》（本册郑连义、李中华点校、整理），九州出版社，2001 年版

葛振家《崔溥〈飘海录〉评注》，社会科学文献出版社，1992 年版；线装书局，2002 年版

马大正、李大龙、耿铁华、权赫秀《古代中国高句丽历史续论》，中国社会科学出版社，2003 年版

杜宏刚、邱瑞中、〔韩〕崔昌源辑《韩国文集中的蒙元史料》，广西师范大学出版社，2004 年版

王潇潇《〈中华帝国全志〉历史部分浅探》，阎纯德主编《国际汉学》，第 8 集，中华书局，2004 年版

复旦大学韩国研究中心编《韩国研究论丛》，第 11 辑，中国社会科学出版社，2004 年版

刘顺利《半岛唐风：朝韩作家与中国文化》，宁夏人民出版社，2004 年版

张哲俊《东亚比较文学导论》，北京大学出版社，2004 年版

共同编写委员会《东亚三国的近现代史》，社会科学文献出版社，2005 年版

王臻《朝鲜前期与明建州女真关系研究》，中国文史出版社，2005 年版

中国社会科学院语言研究所词典编辑室编《现代汉语词典》（第 5 版），附录《我国历代纪元表》，商务印书馆，2005 年版

杜宏刚、邱瑞中、韩登庸、刘羚、阎崇东主编《韩国文集中的明代史料》（第一卷—第十三卷），广西师范大学出版社，2006 年版

〔韩〕李中原著，崔文哲译《追寻毛泽东的革命轨迹：一个韩国人眼中的毛泽东》，人民出版社，2006 年版

刘顺利《王朝间的对话：朝鲜领选使金允植来往日记导读（1881 年 10 月—1883 年 9 月）》，宁夏人民出版社，2006 年版

（清）聂士成《东游纪程：日知堂笔记》，中华书局，2007 年版

方晓伟《崔致远思想和作品研究》，广陵书社，2007 年版

辽宁省图书馆编《盛京风物：辽宁省图书馆藏清代历史图片集》，中国人民大学出版社，2007 年版

齐晓棠、李双琦《沈阳考古 60 年成就展：800 年前沈城就有沈州站》，《沈阳晚报》，2008 年 11 月 6 日

翦伯赞主编《中外历史年表》，中华书局，2008 年版

丁山原著，沈西峰点校《商周史料考证》，国家图书馆出版社，2008 年版

〔美〕班大为原著，徐凤先译《中国上古史实揭秘：天文考古学研究》，上海古籍出版社，2008 年版

〔朝〕南翼龙编，赵季校注《箕雅》，中华书局，2008 年版

黄风《空青》，《新商报》，2008 年 12 月 20 日

左江《〈燕行录〉考订》，张伯伟编《域外汉籍研究集刊》，第四辑，中华书局，2008 年版

刘顺利《朝鲜半岛汉学史》，学苑出版社，2009 年版

李平《韩国儒学史》，人民出版社，2009年版

李善洪《清代朝鲜对华外交文书的传送》，《历史档案》，2009年第3期

任晓丽、梁利《略论朝鲜李朝正祖的“文体反正”》，《解放军外国语学院学报》，第32卷第2期，2009年3月

周小川《脱离中央王国——朝鲜的文化独立运动（1895年—1911年）》，《世界博览》，2009年第3期

刁书仁《明前期明朝向朝鲜索征的“别贡”》，《东北师大学报》，2009年第3期

温兆海《“异苔知己在，画里接芳邻”：朝鲜诗人李尚迪与晚清仪克中的交游》，《东疆学刊》，第26卷第2期，2009年4月

周小川《故主情怀——中国人眼中的朝鲜（1895年—1945年）》，《世界博览》，2009年第4期

朱文娟《从许慎〈说文解字〉看中国与古朝鲜的冲突与交流》，《大众文艺》，2009年第4期

栾凡《元朝与高丽关系：公主权力大于国王》，《古代文明》，2009年第4期

叶晔《明人域外赋双璧：董越〈朝鲜赋〉与湛若水〈交南赋〉》，《文史知识》，2009年第6期

杨军《谁把黄河文明带进古朝鲜？》，《东北之窗》，2009年第11期

徐东日《朝鲜朝燕行使臣笔下的“紫禁城”形象》，《吉林大学学报》，第49卷第6期，2009年11月

〔韩〕崔博光原著，王瑜译《日帝强占期知识分子的活动与荣辱：以六堂崔南善为中心》，载王晓平主编《东亚诗学与文化互读——川本皓嗣纪念论文集》，中华书局，2009年版

张箭《古印度阿逾陀国考：兼论许黄玉乃华裔非印裔》，《南亚研究季刊》，2009年第1期

何培忠主编《当代国外中国学研究》，商务印书馆，2009年版

孙春日《中国朝鲜族移民史》，中华书局，2009年版

复旦大学文史研究院编《从周边看中国》，中华书局，2009年版

陈波《兰秀山之乱与与明初海运的开展：以朝鲜史料〈吏文〉为中心》，《复旦大学文史研究院学术通讯》，2009年第4期

刘顺利《朝鲜文人李海应〈蓟山纪程〉细读》，学苑出版社，2010年版

《中国国家地理》，2010年第7期

杭州慧因高丽寺、“大韩民国临时政府杭州旧址纪念馆”资料，2010年11月

中华人民共和国驻大韩民国大使馆网站（http://kr.china—embassy.org/）

中华人民共和国驻朝鲜民主主义人民共和国大使馆网站（http://kp.china—embassy.org/）

大韩民国驻华大使馆网站（http://china.koreanembassy.cn/）

后记

本年历自公元前3000年（农历辛酉年）起，排至2010年。

本年历以黄帝历与檀君历为参照。近年来中国社会科学院考古研究所在山西省襄汾陶寺的挖掘工作证明，我国的文明起点问题还可以进一步探讨。希望数年后学术界能够提供确切的证据和比较一致的意见，我可以对此年历进行修改。在此之前，我在本年历里所使用的是中华民国首任大总统孙中山先生在通电里所确认的“黄帝元年”。

今年是辛亥革命100周年，谨以此书表示庆祝。

我能有两部著作纳入阎纯德、吴志良两位先生主编的“列国汉学史书系”，感到十分荣幸。本书是杨雷女士为我作责任编辑的第三本书，特此向杨女士表示感谢。杨雷女士是北大研究生毕业，专攻历史地理，她对拙著提出了许多宝贵的意见。

今年，我曾就朝韩问题请教过南开大学曹中屏教授。曹先生当年去平壤留学的时候，我只有三岁。先生对朝韩历史、文化的看法，给了我很多启发。

今年10月在日本奈良会议上，惊闻韩国著名学者、高丽大学教授许世旭（1934—2010）仙逝，不胜痛惜。1996—1998年我第一次去韩国工作时，就多次见到了许先生，先生一直热情鼓励我研究朝韩，尤其是研究“燕行录”。2004年拙著《半岛唐风》所载与先生的对话和照片，如今已成为珍贵的纪念了。

因为涉及时间跨度很大，涉及人名、地名很多，年历里的错误与遗漏，还望方家指正。

刘顺利

2011年9月